Das unterscheidend Christliche

Karl-Heinz Menke

Das unterscheidend Christliche

Beiträge zur Bestimmung seiner Einzigkeit

Verlag Friedrich Pustet
Regensburg

Bibliografische Information der Deutschen Nationalbibliothek

Die Deutsche Nationalbibliothek verzeichnet diese Publikation
in der Deutschen Nationalbibliografie;
detaillierte bibliografische Daten sind im Internet über
dnb.d-nb.de abrufbar.

ISBN 978-3-7917-2663-2

Umschlaggestaltung: Martin Veicht, Regensburg
Umschlagbild: Fresko aus den Domitilla-Katakomben. © akg-images / André Held
Druck und Bindung: Friedrich Pustet, Regensburg
Printed in Germany 2015

Diese Publikation ist auch als eBook erhältlich:
eISBN 978-3-7917-7066-6 (pdf)

Weitere Publikationen aus unserem Verlagsprogramm finden Sie unter
www.verlag-pustet.de.

„Auch Gott kann andere Freiheit nicht wollen,
ohne sie in ihrer Freigelassenheit zu achten und
das darin beschlossene Risiko auf sich zu nehmen."

Thomas Pröpper, Theologische Anthropologie, 943

In Dankbarkeit
und Verehrung
dem Andenken an

THOMAS PRÖPPER
(† 10. 2. 2015)

gewidmet

INHALT

Zweier Teil
DIE FRAGE NACH DEM UNTERSCHEIDEND CHRISTLICHEN

STATT EINER „EINFÜHRUNG“: CORDULA, ODER: DAS UNTERSCHEIDEND CHRISTLICHE

Den Reflexionen und theologiegeschichtlichen Exkursen, die dieser Sammelband zum Thema „Das unterscheidend Christliche“ vereint, soll ein Hinweis vorausgehen – ein Hinweis auf das kleine Büchlein von Hans Urs von Balthasar mit dem seltsam anmutenden Titel „Cordula oder der Ernstfall“.

Cordula ist der Name einer der Gefährtinnen der hl. Ursula. Wer nach Köln kommt und etwas Zeit hat, sollte die Kirche St. Ursula unweit des Hauptbahnhofs besuchen. Sie birgt die bei weitem größte Reliquienkammer nördlich der Alpen. Denn aufgrund eines im Mittelalter entdeckten Gräberfeldes und der sogenannten Clematius-Inschrift gelangte man zu der abenteuerlichen Annahme, Ursula sei mit elf*tausend* Gefährtinnen in Köln den Märtyrertod gestorben. In Wahrheit waren es wohl nur *elf* Zofen, die die britannische Königstochter Ursula in ihrem Gefolge hatte. Und eine davon war Cordula. Von Cordula berichtet die Legende, sie habe sich zunächst im Bauch eines Schiffes versteckt und erst einen Tag nach Ursulas Martyrium ihrerseits den Mut gefunden, die Treue zu Christus mit dem Tod zu bezahlen. Der hl. Albertus Magnus war überzeugt, Cordulas Gebeine in Köln wieder aufgefunden zu haben.

Balthasars Buch „Cordula oder der Ernstfall“ befasst sich überhaupt nicht mit der Frage, was an der Ursula-Cordula-Legende echt oder erfunden ist. Ihm geht es um den Ernstfall des Christseins – nicht nur zur Zeit des römischen Christenverfolgers Diokletian (zur Zeit von Ursula und Cordula), sondern heute. Denn heute werden – zum Beispiel in Nigeria, im Irak und in Syrien; aber keineswegs nur dort, sondern auf weniger offensichtliche Weise auch anderswo – Christinnen und Christen vor den Ernstfall gestellt.

Im Zentrum von Balthasars Buch steht ein fingierter Dialog zwischen einem kommunistischen Kommissar und einem, wie er sich ausdrückt, „modern gewordenen“ Christen. Der Dialog ist mit der vielsagenden Überschrift versehen: „Wenn das Salz dumm wird“[1]. Hier eine stark veränderte, aber m. E. doch sinngemäße Kurzfassung:

Der Kommissar geht auf den Christen zu und sagt: „Dein Christentum, was ist das eigentlich?“ Der Christ antwortet beflissen: „Gleichheit,

1 H. U. v. Balthasar, Cordula, 110–112.

Freiheit, Brüderlichkeit, das ist christlich.“ Der Kommissar: „Ach, endlich seid ihr auch so weit? Und wie ist es mit Darwin und der Evolution?“ Der Christ antwortet: „Auch ich bin überzeugt, dass der Mensch vom Affen abstammt.“ Der Kommissar: „Na prima, besser zu spät als gar nicht. Aber da ist doch noch dieser Jesus.“ Der Christ: „Ja, aber wir glauben weniger an den historischen Jesus als an den Christus des Kerygmas.“ Der Kommissar ärgerlich: „Was ist das denn? Chinesisch?“ Der Christ: „Nein. Griechisch. Gemeint ist das Sprachereignis. Es kommt darauf an, dass man davon betroffen wird. Das war jedenfalls die Erfahrung der Urgemeinde.“ Der Kommissar: „Das reicht. Dein Geschwätz ist ungefährlich. Idioten hat es immer gegeben; die muss man nicht erschießen.“

Die Wahrheit des Christentums – so Balthasar in seinem Kommentar – ist keine Idee, keine Theorie, kein Ethos à la „Freiheit, Gleichheit, Brüderlichkeit“; auch keine Moral oder ein Kerygma, das betroffen macht; sondern die Wahrheit des Christentums ist der historische Jesus. Balthasar wörtlich: „Glauben besagt: [...] mit dem ganzen Dasein danken dafür, dass man sein ganzes Dasein dem historischen Jesus verdankt.“[2]

Ein Christ – oft genug nicht braver, keuscher oder selbstloser als der Rest der Menschheit – weiß sich mit dem einzigen Geschöpf verbunden, das für immer untrennbar ist von Gott, nämlich mit dem Menschen Jesus. Sakramente bewirken unsere Gemeinschaft mit Jesus und durch Jesus mit Gott.

Jesus ist nicht bloßes Medium oder Sprachrohr Gottes; dann würde er sich von anderen Beauftragten – z. B. von den atl. Propheten oder von Johannes dem Täufer – bestenfalls durch seine größere Bedeutung oder Wirkungsgeschichte unterscheiden. Nein, Jesus ist die Anwesenheit Gottes selbst. Wer ihn sieht, sieht den Vater, lesen wir im vierten Evangelium (Joh 12,45). Nur drei Jahrzehnte nach dem Ereignis von Golgotha bekennt der Verfasser des Kolosserbriefes (Kol 2,9): Jesus ist in der Endlichkeit dieser Welt – heute würden wir sagen: in Raum und Zeit (griechisch: σωματικῶς) als dieser (und kein anderer) Leib – die Aussage von Gottes Wesen (der Logos Gottes).

Die Religionsgeschichte ist voll von mystizistischen Ausgriffen nach oben; voll von Projektionen und voll von Verneinungen des Diesseits bis hin zur Sehnsucht nach dem Aufgehen alles bloß Endlichen im Nirvana. Und die Geschichte der von Menschen gestrickten Weltanschauungen ist voll von Ausgriffen nach vorn; voll von ‚U-topien‘, voll von Topoi jenseits alles Realen. Christsein aber ist das Gegenteil von Weltflucht. Christ

2 H. U. v. Balthasar, Cordula, 17.

kann man nur sein im Verzicht auf die Flucht in ein fiktives Oben und im Verzicht auf die Flucht in eine fiktive Zukunft. Gott ist nicht oben und auch nicht vorn. Der trinitarische Gott (unbedingte personale Liebe) ist die Bewegung von oben nach unten, von der Ewigkeit in die Endlichkeit, in das Hier und Jetzt des Faktischen. Und es gibt keine Gemeinschaft mit ihm außerhalb dieser inkarnatorischen Bewegung von oben nach unten. Paulus hat uns das im dreizehnten Kapitel seines ersten Korintherbriefes (1 Kor 13,1f) mit einer Eindringlichkeit gesagt, die kaum noch zu überbieten ist: Und wenn ich in allen Sprachen reden könnte und alles, was es zu wissen gibt, wissen würde; und wenn ich dreifacher Nobelpreisträger wäre oder mit meinem Glauben Berge versetzen könnte, bliebe aber außerhalb der Bewegung von oben nach unten (außerhalb von Jesus Christus) – ich wäre eine scheppernde Schelle, eine dröhnende Pauke; ich wäre vielleicht alles Menschen Mögliche, aber sicher kein Christ.

Damit an dieser Stelle kein Missverständnis entsteht: Christsein ist nicht Nachahmung. Man kann Heilige wie Ursula oder Cordula nicht nachahmen, und erst recht nicht das Leben und das Sterben Jesu. Nachahmung, das wäre Christsein als geistliches Fitness-Studio, ein Traktat reiner Anstrengung; und das ohne jede Aussicht auf Erreichung des gesetzten Zieles. *Aber:* Jeder Mensch – mag er auch in den Augen unserer Leistungsgesellschaft so gut wie nichts zählen – kann Jesus Christus auf unnachahmlich singuläre Weise *darstellen* – sogar durch die Art und Weise, wie er seine Behinderung oder Krankheit lebt; sogar durch die Art und Weise, wie er oder sie mit Schuld und Versagen umgeht oder mit dem sicher vor Augen stehenden Tod.

Unter denen, die die Kirche heiliggesprochen hat, gab es Gestalten, die in fast alle Tümpel ihrer Zeit hineingewatet sind. „Auch sie waren oft über und über beschmutzt“[3]; aber irgendwann hat jeden Einzelnen von ihnen auf je eigene Weise die Überzeugung gepackt: Gott ist da; und Gott ist nicht anders als Jesus Christus; Gott ist die Bewegung von oben nach unten, die Bewegung vom Abstrakten ins Konkrete, er ist herabgestiegen bis in die tiefste Tiefe menschlicher Abgründigkeit; und er wartet, dass er auch in meine Konkretheit herabsteigen kann: in meine Schuldgeschichte, in meine Angst, in meine Armseligkeit – natürlich *auch* in meine Begabungen, in mein Können, in meine Pläne, in mein Glauben, Hoffen und Lieben.

Der heilige Ignatius von Loyola – zunächst ein Haudegen und Schürzenjäger; und dann, anfangs jedenfalls, ein Christ, der Christsein mit der

3 W. Nigg, Der exemplarische Mensch, 20.

wörtlichen *Nachahmung* legendärer Wüstenheiliger (z. B. des hl. Onuphrios) verwechselt hat – ist lange Wege gegangen, bis er endlich erkannt hat: Ich muss aufhören, ein anderer sein zu wollen. Ich muss *mich* mit den Augen Christi sehen lernen. Dann erkenne ich meine von niemandem ersetzbare Einmaligkeit. Ignatius hat diese Erkenntnis als ungeheure Befreiung erfahren. Nachdem er nichts anderes mehr sein wollte als Geselle Jesu – bekanntlich hat er seinen Orden „Gesellschaft Jesu“ genannt – hat er, obwohl intellektuell mittelmäßig begabt, körperlich behindert und von den Versuchungen eines cholerischen Charakters geplagt, nicht nur seine eigene Welt verändert. Die „Exerzitien“, mit denen sein Name untrennbar verbunden ist, sind nicht, wie das Wort „Exerzitien“ vermuten lässt, asketische Klimmzüge, sondern eine Anleitung, wie jeder Einzelne seine ihm von Christus zugedachte Einmaligkeit entdecken kann.

Hätte der kommunistische Kommissar aus Balthasars Buch „Cordula oder der Ernstfall“ Ignatius aufgefordert: „Sag mal, Genosse Ignatius, was ist das eigentlich: dein ‚Christentum‘?“, er hätte wohl die Antwort erhalten: „Die Gesellschaft Jesu.“ – „Und wer ist Jesus?“ – „Die Anwesenheit Gottes“ – „Und was ist Gott?“ – „Der, welcher mich, diesen Ignatius, unbedingt will und unbedingt liebt.“

Das unterscheidend Christliche ist die Eingestaltung des Christen in Christus. Diese Eingestaltung erfolgt normalerweise in der äußerlichen Unscheinbarkeit des normalen Alltags. Sie wird relativ selten vor den Ernstfall gestellt. Aber wenn, dann zeigt sich der Glanz oder aber das Elend des gelebten Christentums. Eine solche Situation schildert Friedrich Hoffmann in einer Erzählung, die auf einer authentisch bezeugten Begebenheit des Zweiten Weltkrieges basiert und den Titel „Das Jesuskind von Ostrowice“ trägt. Er berichtet von einem sogenannten Säuberungskommando der SS, eingesetzt, um sogenannte Sammeldörfer der Juden zu evakuieren. Ein beteiligter SS-Soldat erzählt: „Wir hatten einen dabei, der war dagegen. Häschen nannten wir den. Er sagte nichts, aber er war dagegen. Man merkt ja sowieso, was einer denkt. Pech, dass er in unserer Einheit war. Und der Alte verstand keinen Spaß. Ich war ja auch dabei und wusste nicht, was ich von dem Ganzen halten sollte. Bis zu dem Tag. Es muss im Advent gewesen sein. […] Wir hatten ein Dorf verladen. Das ganze Dorf leer: alles auf den Lastwagen, die im großen Viereck standen. Viel Jammern war gar nicht zu hören. Ich seh das noch: die weißen Lehmmauern, die Strohdächer, die breiten, zerfahrenen Straßen. Schnee lag auch, aber nicht viel. Der Spieß machte mit zwei Mann die Runde durch die Hütten. Da krabbelt ihm aus dem Ofenstroh ein Kind entgegen. Vergessen oder versteckt, was weiß ich, so ein oder zwei Jahre alt. Er bringts raus, und der Alte, der schon ungeduldig war zur Abfahrt, macht das Zeichen, dass ers hinters Haus bringen soll. Da stürzt Häschen vor und schreit: ‚Nein! Nein!‘, und reißt ihm das Kind aus der Hand. ‚Das ist doch das Jesuskind!‘, schreit er. Das Jesuskind! Verrückt, wie? Und wir lachen noch. Aber nicht alle, das musst du mir glauben. Und er läuft davon wie irre, ringsum war ja abgesperrt, und drückt das Kind an die Brust und knöpft es sich in den Mantel ein, alles im Laufen. [...] Schließlich stützte er sich an die nächstbeste Hauswand. Er zitterte und hielt das Kind im Mantel fest und schrie immer, ohne hinzusehen: ‚Das ist doch das Jesuskind! Das ist doch das Jesuskind! [...] Sie mussten ihn umlegen, er gab das Kind nicht her. Saß da wie eine Madonna. Ostrowice hieß das Dorf.“[4]

Diese Begebenheit in einem polnischen Dorf des Zweiten Weltkrieges spiegelt gewiss nicht die alltäglichen Situationen des Christseins, kann aber in besonderer Weise verdeutlichen, dass die in konkretes Tun übersetzte Annahme der in Christus geschehenen Bejahung viel mehr als die Betrachtung Jesu als bloßes Beispiel oder Vorbild ist. Kein Mensch außer Jesus Christus ist die Liebe, die stärker ist als das Sinnlose. Doch jeder Mensch kann – bewusst oder unreflex – so mit Christus kommunizieren, dass er das Geheimnis von Ostern auf je einmalige Weise darstellt.

Ich kenne ein junges Ehepaar – beide Wissenschaftler, sie Historikerin, er Physiker. Die beiden können keine eigenen Kinder bekommen. Deshalb haben sie sich vor einigen Jahren entschlossen, ein Kind zu adoptieren – nicht ein Kind nach eigenen Maßstäben und Begriffen, nach eigenen Wunschvorstellungen und Leistungsidealen, sondern ein an Narzissmus erkranktes, also neurotisch auf sich selbst fixiertes Kind. Die beiden sind alles andere als abgehobene Spinner. Sie leben ihren Glauben an Christus – gemeinsam! – auf eine sehr inkarnatorische, nüchterne und also glaubwürdige Weise. Sie lassen sich selbstverständlich von Ärzten und Psychotherapeuten beraten. Aber sie sind auch überzeugt: Durch ihre Verbundenheit mit Christus, mit der inkarnatorischen Bewegung von oben nach unten, vom Abstrakten ins Konkrete – durch das liebende Hineingehen in die Andersheit des ihnen anvertrauten Kindes – können sie unendlich viel mehr als ärztliche Kunst bewirken. Für mich sind diese beiden Eheleute die gelebte Wahrheit des Christentums.

Ein anderes Beispiel bietet einer der bedeutendsten russischen Maler: Alexeij Jawlenski, der etliche Jahre seines Lebens in Deutschland verbracht hat und 1941 in Wiesbaden gestorben ist[5]. Ihn hatte, als er älter wurde,

4 Zit. aus: L. Schmidt / D. Steinwede (Hg.), Vom Glauben erzählen, 74f.
5 Vgl. K. Müller, GegenSchattenMacht, 27f.

eine schlimme Krankheit befallen: Je länger, je mehr wurden seine Arme, besonders die Ellbogen und die Handgelenke von einer Lähmung befallen. Dennoch verlor er nicht seinen leidenschaftlichen Willen zur Kunst. Jeden Morgen ließ er sich von seiner Frau beide Hände mit einem Gürtel zusammenbinden und den Pinsel dazwischenstecken. So malte er – obwohl gefesselt durch seine Krankheit – Hunderte von Bildern. Aber was für Bilder! Auf den ersten Blick schauen sie alle gleich aus: ein dunkler vertikaler Strich in der Mitte, ein horizontaler Strich in der oberen Hälfte des Bildes – auf endlos wechselnden Hintergrundfarben. Wer diese Bilder eine Weile auf sich wirken lässt, macht eine verblüffende Entdeckung: Sämtliche dieser Bilder lassen erst bei intensiver Betrachtung – in letzter Reduzierung auf das Wesentliche – ein menschliches Gesicht erkennen. Der Maler zeichnete auf dem farbigen Grund den senk- und den waagerechten Strich in Kreuzesform so ein, dass ein Antlitz aufscheint, ein Antlitz von ungeheurer Strahlkraft. Jawlenski selber hat diese Werke „Meditationen Christi“ genannt. – Hier hat ein Mensch Christus buchstäblich hineingelassen in seine fortschreitende Lähmung, in das allerletzte Mittel, das ihm von seiner Begabung geblieben war.

Die Reliquien der Goldenen Kammer von St. Ursula in Köln[6] sind etwas ganz Ähnliches wie Jawlenskis Christus-Ikonen: nämlich Darstellungen Christi durch Christen, die Christus nicht theoretisch, sondern faktisch, nicht mit bloßen Gedanken, sondern mit ihrem Fleisch und Blut dargestellt haben.

Von manchen Heiligen gibt es keine Reliquien, die man zeigen könnte. Deshalb hat man in der großen Kirche St. Ursula in Köln aus weißen Steinen – beschriftet mit Namen wie Edith Stein oder Maximilian Kolbe – ein Symbol des mystischen Leibes Christi errichtet. Denn seine Glieder sind wir auch dann noch, wenn jede sichtbare Reliquie des irdischen Daseins zu Staub geworden ist.

Natürlich beruhen die erzählten Beispiele gelebter Inkarnation auf der Reflexion und Interpretation von Menschen, die Christus als ein Geschenk erfahren haben, durch das sie selbst verwandelt oder doch zu einer Haltung oder Tat befähigt wurden, welche das eigene Vermögen übersteigt. Auch in Bezug auf sie gilt: Man kann sie nicht nachahmen oder ihre Erfahrungen experimentell verifizieren. Jeder einzelne Christ, jede einzelne Christin ist auf je singuläre Weise eine je singuläre Darstellung oder Ikone Christi.

6 Dazu: R. Urbanek, Die Goldene Kammer, bes. 26–87.

Erster Teil
CHRISTSEIN ALS DARSTELLUNG DER EINZIGKEIT JESU CHRISTI

Die folgenden Ausführungen gliedern sich in zwei große Teile. Der erste vereint sieben Beiträge zur *positiven Beantwortung* der Frage nach dem, was Christsein ausmacht oder was Christen von Nichtchristen unterscheidet. Der zweite Teil hingegen blickt zurück auf die *Geschichte* des theologischen Fragens nach dem Inbegriff des Christlichen.

(A) Das erste Kapitel geht der Frage nach, wie sich die religionskritische Frage der griechischen Philosophie nach dem Grund aller Gründe zu dem Gott Israels und schließlich zu dem trinitarischen Schöpfer- und Bundesgott verhält, der vom christlichen Dogma doxologisch bezeichnet wird.

(B) Das zweite Kapitel unterscheidet zwischen aszendenten bzw. mystizistischen Religionen auf der einen und deszendenten bzw. revelatorischen Religionen auf der anderen Seite. Es fragt auf der Basis dieser Unterscheidung, ob das Christusereignis eine unter anderen Offenbarungen oder die einzige Selbst-Offenbarung Gottes ist; und, sofern Letzteres zutrifft, weshalb das Christusereignis im strengen Sinne dieses Wortes einzig und unwiederholbar ist. Anders gefragt: Ist dieses Ereignis nur das austauschbare Vehikel oder Medium einer Mitteilung Gottes an bestimmte Menschen; oder ist es als dieses und kein anderes Faktum das Offenbarsein Gottes?

(C) Wenn das Christusereignis kein bloßes Medium, sondern Konstitutivum der Offenbarkeit Gottes ist, dann ist durch dieses Faktum etwas geschehen, was ganz unabhängig von den Deutungen, Interpretationen und Glaubensbekenntnissen der Adressaten für die ganze Menschheit etwas bewirkt bzw. verändert hat. Deshalb ist – so soll das dritte Kapitel zeigen – die Bestimmung des unterscheidend Christlichen untrennbar von der Beantwortung der Frage: „Was hat Jesus Christus für alle Menschen aller Zeiten getan?“

(D) Gibt es – so fragt die ‚Komparative Theologie‘ – in nichtchristlichen Religionen ein funktionales Äquivalent für den Topos der Einzigkeit und Heilsuniversalität Jesu Christi? Ist die besagte Einzigkeit wirklich mehr als die Einzigkeit für die Mitglieder jeweils eines bestimmten religiösen

Sprachspiels? Und wenn ja, hängt dieses ‚Mehr' dann nicht ab von seiner Bewährung im Dialog mit anderen Sprachspielen, von seiner universalen Kommunikabilität und Praktikabilität? – Das vierte Kapitel beantwortet diese Fragen mit dem Hinweis auf die Untrennbarkeit *ausschließlich zweier* geschaffener Wirklichkeiten von Gott – mit dem Hinweis nämlich auf das vom göttlichen Logos untrennbare Menschsein Jesu (Ursakrament) und mit dem Hinweis auf die von Christus untrennbare Kirche (Grundsakrament → Einzelsakramente als Grundvollzüge der Kirche).

(E) Wenn Gott durch Christus alle Menschen aller Kulturen, Nationen und Religionen vereinen will, dann ist dieser Heilsuniversalismus nur dann nicht imperialistisch und totalitär, wenn Gott genauso ist wie Jesus Christus, und zwar der Gekreuzigte. Die christliche Theologie reflektiert diesen Sachverhalt in ihrer sogenannten Gnadenlehre. Denn Gnade ist der Grund der Schöpfung, der Grund jeder Erwählung und Berufung, der Grund der Erlösung und die Ermöglichung jener alles umfassenden Communio, die Christen erhoffen.

(F) Aber: Alles Reden über die Gnade als das Wesen des in Christus offenbaren Gottes bliebe ohne Realitätsbezug, wenn die Frage nach der Vereinbarkeit der Gnade mit dem *malum physicum* und dem *malum morale* unbeantwortet bliebe. Johann Baptist Metz spricht von dem Tribunal der Theodizeefrage und meint damit, dass jede theologische Aussage sich vor dem Ereignis ‚Auschwitz' rechtfertigen muss. Anders gesagt: Die Bezeichnung des Erlösers als Weg, Wahrheit und Leben für alle Menschen aller Zeiten verhöhnt die Opfer von Auschwitz, wenn sie deren Klage mit der Ausrede beruhigt, Gottes Logik sei nun einmal nicht menschliche Logik. Wenn Christus die eine und einzige Offenbarkeit Gottes selbst (identisch mit der Gnade) ist, dann muss an ihm auch ablesbar sein, dass der biblisch bezeugte Gott durch Auschwitz nicht moralisch diskreditiert ist. Allerdings geht es nicht um das, was der Name Auschwitz historisch bezeichnet, sondern um das grundsätzliche Problem der Vereinbarkeit des Glaubens an den biblisch bezeugten Schöpfer und Erlöser mit dem Leid der Geschöpfe.

(G) Nichts ist so überzeugend wie das gelebte Beispiel. Deshalb endet Teil I dieser Studie mit einer Reflexion auf das Leben, Suchen und Sterben der von den Nazis ermordeten Jüdin Edith Stein. Ihre „Kreuzeswissenschaft" ist eine durch das eigene Martyrium beglaubigte Antwort auf die Sinn- und speziell die Theodizeefrage. Die von Papst Johannes Paul II. mit

Bedacht zur Patronin Europas erklärte Philosophin hat nach einer langen Suche den gekreuzigten Christus mit der einen und einzigen Wahrheit identifiziert, die auch von Wirklichkeiten wie Bergen-Belsen und Auschwitz nicht widerlegt wird.

A. DER GOTT DER PHILOSOPHEN UND DER GOTT DER BIBEL

Die Ursprünge der europäischen Kultur werden exemplarisch anschaulich in den homerischen Epen, in der *Odyssee* ebenso wie in der *Ilias*. Die Welt, die dort geschildert wird, ist insgesamt und in jedem Detail Erscheinung von Gottheiten. Wenn der listig genannte Odysseus einen klugen Plan hat, dann ist er ein Phänomen der für die Klugheit zuständigen Göttin. Ein Schmied, der eine besonders schöne und wirkungsvolle Waffe schmiedet, ist Erscheinung des Schmiedegottes Hephaistos. Und ein Feldherr, der seine Gegner im Krieg besiegt, ist Erscheinung der Göttin Nike. Auch das Wetter – ob Wind, Sturm, Regen oder Eis – ist jeweils Erscheinung zuständiger Gottheiten. Es gibt keinen Einfall, keine Tugend und auch keine Schuld des einzelnen Menschen, für die er selbst die Ursache wäre. Wenn ein Mensch tugendhaft ist, ist er ebenso Epiphanie einer Gottheit wie wenn er lasterhaft ist. Es gibt kein Subjekt, keine Freiheit, keine Verantwortung des je Einzelnen. Alles, was ist, und alles, was geschieht, ist Erscheinung eines Gottes oder einer Göttin. Noch in einer Zeit, in der die griechische Philosophie längst den Übergang vom Mythos zum Logos[7] vollzogen hat, sind die großen Erzählungen der griechischen Literatur geprägt von der Vorstellung, dass das einzelne menschliche Leben die Erscheinung göttlicher Pläne, Voraussagen oder Interessen ist. Ein berühmtes Beispiel in den Tragödien des Sophokles (497–405 v. Chr.) ist Ödipus, der vergeblich alles unternimmt, um die Erfüllung der Voraussage zu verhindern, er werde seinen Vater töten und seine Mutter heiraten.

In der durchgängig mythisch geprägten Welt Homers gibt es nichts mit Hexen, Zauberern, Schamanen oder Magiern Vergleichbares; im Gegenteil, jeder Versuch, durch bestimmte Riten oder Praktiken auf die Götter Einfluss zu nehmen, war tabu. Erst wo der Mensch sich selbst nicht mehr als durchgängig durch das Göttliche bzw. durch Götter und Göttinnen bestimmt erfährt; wo er sich zutraut, die Ursachen des Bösen abzuwehren und die Ursachen des Guten zu beschwören, ist das mythische Weltbild aufgebrochen. Man kann es abstrakter auch so sagen: Der Übergang vom Mythos zum Logos erfolgt über das Phänomen der Magie[8]. Denn magi-

7 Dazu: H. Waldenfels, Gottes Wort in der Fremde, 50–74; H. Verweyen, Philosophie und Theologie, 26–54.

8 Vgl. K. Hübner, Die Wahrheit des Mythos, 344–348.

sche Riten und Praktiken erklären in allen Kulturgeschichten dieser Welt die Selbstunterscheidung des Menschen von aller übrigen Wirklichkeit. In der Magie tritt der Mensch den ihn bestimmenden Mächten mit der Überzeugung gegenüber, dass zumindest er selbst nicht bloßes Epiphänomen der Götter, nicht durchgängig durch numinose Substanzen determiniert ist. Und von der Magie ist es dann nur ein relativ kleiner Schritt hin zur kritischen Befragung (= Logos) des Mythos.

1. Die Ursprungsfrage der griechischen Philosophie

Der besagte Übergang vom Mythos zum Logos ist von der mythenkritischen Vermutung bestimmt, nicht die Götter, auch nicht das allen Göttern gemeinsame Wesen („das Göttliche"), sondern ein alle Phänomene (μορφαί) der Natur verbindender Stoff (ὕλη) erkläre das Verhältnis von Einheit und Vielheit, von Bleibendem und Vergänglichem. Die ersten Philosophen[9] – auch *Vorsokratiker* oder *Hylemorphisten* genannt – werden von ihren Zeitgenossen als ungläubig (ἄθεοι) wahrgenommen. Denn sie hinterfragen nicht nur bestimmte Inhalte der mythischen Erzählungen; sie ersetzen ganz generell die mythische bzw. theologische durch eine materielle Erklärung aller empirisch wahrnehmbaren Phänomene. Sie haben vermutlich weiterhin den Göttern geopfert und an den Riten und Gebräuchen des Götterkultes festgehalten; aber gleichzeitig unterscheiden sie zwischen solchen Gewohnheiten und der philosophisch eruierten Wahrheit und also zwischen Mythos und Logos.

a) Die Mythen-Kritik der Hylemorphisten

Thales von Milet (* 625 v. Chr.) sieht den einen Stoff (ὕλη), der alle empirisch wahrnehmbaren Gestalten (μορφαί) entstehen lässt, im Wasser. Sein Schüler Anaximenes (* 585 v. Chr.) sucht nach einer weniger bestimmten ἀρχὴ τῶν ἀρχῶν und bezeichnet deshalb die Luft als den Stoff, der einerseits universal ist, andererseits durch Verdichtung in ständig wechselnden Gestalten erscheint. Anaximander (* 611 v. Chr.) – auch er aus Milet

9 Zu den folgenden Ausführungen vgl.: E. Zeller, Die Philosophie der Griechen in ihrer geschichtlichen Entwicklung; H. Diels, Die Fragmente der Vorsokratiker; O. Gigon, Der Ursprung der griechischen Philosophie; V. Hösle, Wahrheit und Geschichte; W. Röd, Geschichte der Philosophie.

stammend – spricht von *einem* unendlichen Stoff, der unerschöpflich ist und allen endlichen Gestalten (μορφαί) ermöglichend zugrunde liegt. Natürlich denkt ein Hylemorphist bei dem Begriff *Unendlichkeit* (ἄπειρον) nicht an etwas Immaterielles. Wohl aber bezeichnet er mit diesem Terminus das Bleibende in allem Veränderlichen, das Eine, das alles Viele zugleich voneinander unterscheidet und miteinander verbindet.[10]

Pythagoras (* 570 v. Chr.) erklärt das, was alle Gestalten verbindet, ohne mit deren Summe identisch zu sein, als „Weltseele" (ἡ ψυχὴ τοῦ κόσμου). Und er versteht diese nicht als Stoff (ὕλη), sondern als das alles Stoffliche belebende Prinzip.[11] Heraklit, der griechische Königssohn aus Ephesus, der um 540 v. Chr. geboren als „der Dunkle" in die Philosophiegeschichte einging, spricht von einer Ordnung bzw. Vernunft, die wie das Feuer ist, das alles mit allem verschmelzen und aus der Schmelze immer wieder neue Gestalten formen kann. Er bezeichnet diese universale Kraft als „Logos" (λόγος). Das, was macht, dass ein Seiendes etwas Bestimmtes ist, nennt er „Seele" (ψυχή). Die Seele ist die Teilhabe eines Individuums oder einer bestimmten Sache am Logos. Der Logos selbst aber ist nichts Bestimmtes, sondern die alles Bestimmte verbindende und zugleich voneinander unterscheidende Kraft.

Im Unterschied zu den aus Milet stammenden Hylemorphisten tendieren die späteren Vorsokratiker zu einer strikten Trennung zwischen Einheit und Vielheit, Ewigkeit und Zeit, Unveränderlichkeit und Veränderlichkeit. Skeptisch gegenüber einer Bestimmung der alles begründenden Wirklichkeit (ἀρχὴ τῶν ἀρχῶν) als ewiges Werden, das nichts Beharrendes kennt, fragt Parmenides aus dem süditalienischen Elea (* 540 v. Chr.): Ist denn die Blume, die blüht und verwelkt, nicht ein und dieselbe Blume? Wenn ja, was ist der Grund ihrer Selbigkeit? Was ist dasjenige, worin sie sich nicht ändert? Was ist dasjenige, worin sie als blühende und als verwelkte identisch ist? Ist es der Umstand *zu sein*? Was aber ist *das Sein*? Wir wissen, so lehrt Parmenides: Die Blume ist geworden und wird vergehen, wie auch ein Mensch oder ein Stein geworden ist und vergehen wird. Vom *Sein* aber sagen wir nicht, dass es nur jetzt ist, früher nicht war und später nicht sein wird. Wir entdecken, dass das *Sein* in allen seienden Dingen irgendwie anwesend ist, ohne mit diesen zu entstehen und zu vergehen.

Parmenides bezeichnet die Erkenntnis, die man aus der sinnlichen Wahrnehmung gewinnt, als äußerlich, als bedingt. Denn, so seine Begrün-

10 Das Werden scheint bereits bei Anaximander mit dem Vorhandensein von Gegensätzen in der Welt in Verbindung gebracht worden zu sein: Wären alle Dinge im Gleichgewicht, dann gäbe es keine Veränderung; weil aber ein Gleichgewichtszustand nicht besteht und auch nicht erreicht werden kann, bleibt kein Zustand der Wirklichkeit erhalten.

11 Dazu: H. R. Schlette, Weltseele, bes. 60–66.

dung: Das, was bleibt; das, was nicht nichtsein kann, ist das Gegenteil des sinnlich Wahrnehmbaren; ist das, was jenseits aller Empirie als Begriff bezeichnet werden kann. Solange ein Mensch das Wesen einer Sache mit deren empirisch wahrnehmbaren Erscheinungsformen verwechselt, verbleibt sein Erkennen auf der Ebene bloßer Meinungen (δόξαι). Erst wenn er das hinter allen äußereren Wahrnehmungen liegende Wesen erfasst, gelangt er auf die Ebene des Verstehens (ἐπιστήμη) der Wirklichkeit. Und eben das ist die Ebene der Begriffe. Anders gesagt: Im eigentlichen Sinne wirklich ist nicht das, was man wahrnehmen, sondern das, was man denken kann; nicht die empirisch zugängliche Erscheinungsweise, sondern die Idee. Vordergründig mag das Grundaxiom des Parmenides, das Sein sei identisch mit dem Gedachten (τό δε νοεῖν ἐστίν δε γὰρ εἶναι), als verstiegene Abstraktion erscheinen. Was Parmenides mit seiner Formel sagen will, lässt sich am besten an einem Beispiel erklären: Der Stein, an dem ich mich stoße, über den ich stolpere, den *nehme* ich in seiner Härte, in seiner Farbe *wahr*. Farbe und Härte sind Eigenschaften des Steins, der sich in ihnen zeigt. Soweit Farbe und Härte *sind*, sind sie es kraft der Einheit, die der Stein ist. Sie *sind* nicht ein jedes für sich, sondern sind Farbe und Härte als Farbe und Härte des Steines. Dass der Stein eine Einheit ist, wird nicht durch die Sinne wahrgenommen, sondern *gedacht*. Das Eigentliche des Steins ist nicht das durch die Sinne Wahrgenommene, z. B. Härte und Farbe, sondern *das Gedachte* – nicht so, dass das Denken den Stein erst zu einem Seienden machen würde, aber doch so, dass der Inhalt des Denkens das ist, was ihn wirklich macht: *das Sein*. In der Philosophie des Parmenides ist das Sein das Ständige und Unveränderliche, woraus folgt, dass der Vielfalt der Erscheinungen innerhalb des Seins kein Ort zukommen kann: Das Sein kann nicht werden, und das Werden kann daher auch nicht sein. Das Sein kann nicht Vieles sein, sondern nur Eines, da das Viele aufgrund seines Werdecharakters dem Wechsel der Bewegung unterworfen ist, das Wesen des Seins aber Beharrung ist.

Weil Parmenides die Frage nach dem Verhältnis des einen Seins zu den vielen Seienden unbeantwortet ließ, kann es kaum überraschen, dass weitere Vorsokratiker ebendiese offen gebliebene Frage aufgreifen. Anaxagoras (* 500 v. Chr.) aus Klazomenoi (Kleinasien) spricht im Unterschied zu Parmenides nicht von einer einzigen unveränderlichen Wirklichkeit, sondern von vielen unentstandenen und unveränderlichen Entitäten[12], die

12 „Über den Charakter der ungewordenen und unvergänglichen Partikel, durch deren Kombination die beobachtbaren Dinge entstanden sein sollen, gingen die Meinungen […] auseinander: Empedokles sprach von vier Elementen, nämlich Feuer, Wasser,

durch Synthese und Trennung ständig neue Gestalten bilden. Dies geschieht, so lehrt er, durchaus sinn- und zielgerichtet. Anaxagoras bezeichnet die zugleich einende und unterscheidende Energie als geistige Energie (νοῦς). Der Geist bewirkt jede Gestalt von „Entschiedenheit"; nämlich dies, dass etwas dieses oder jenes ist.

Unschwer ist zu erkennen, dass die Lehre des Anaxagoras über den Geist (νοῦς) Ähnlichkeiten mit der Lehre des Heraklit über den Logos aufweist. Anaxagoras gilt auch als Wegbereiter der griechischen Hochphilosophie. Einerseits trennt er – wie Platon (427–347 v. Chr.) – die Welt des Geistes von jener der sinnlich wahrnehmbaren Gestalten. Andererseits versteht er den Geist – wie Aristoteles (384–322 v. Chr.) – als eine Art Energie, die die vielen unveränderlichen Entitäten der Materie formt und entfaltet.

b) Der sophistische Relativismus

Wenn man den bisher skizzierten Weg vom Mythos zum Logos resümiert, dann sind zwei Tendenzen unverkennbar: Die erste liegt in der kritischen Demaskierung des mythischen Polytheismus als unvernünftig (dem kritischen Denken bzw. Logos nicht gemäß). Und die zweite Tendenz liegt in der immer schärferen Abhebung der gedachten von der sinnlich wahrgenommenen Wirklichkeit – bis hin zu der eleatischen Identifizierung des Gedachten mit dem Sein (mit der eigentlichen, weil bleibenden Wirklichkeit) in Absetzung von der als Schein abgewerteten Welt der Empirie. Dass diese Entwicklung Widerspruch hervorgerufen hat, kann nicht überraschen. Und der Widerspruch war radikal. Er erfolgte durch die sogenannten Sophisten, die sich schon deshalb von den soeben erwähnten Vorsokratikern unterscheiden, weil sie ihre Philosophie als ein Können verstanden, in dem man sich ausbilden lässt, um einen bestimmten Beruf, z. B. den des Rechtsgelehrten oder des Rhetors und Politikers auszuüben. Was Parmenides oder Anaxagoras das wahre Sein nennen, ist aus der Sicht der Sophisten eine Fiktion. Für sie gibt es nur Meinungen über die Wirklichkeit; und eine Meinung bzw. Interpretation ist so wahr, wie sie sich als nützlich erweist. Es ist zwar zu beachten, dass wir die Argumente der

---

Erde und Luft; Anaxagoras nahm Partikel an, die von gleicher Art sein sollten wie die wahrnehmbaren Dinge, also knochenartig, fleischartig, holzartig usw.; Leukipp und Demokrit schließlich postulierten die Existenz von Atomen, d. h. von unteilbaren Partikeln, die nur durch Eigenschaften der Größe, der Masse, der Gestalt, der Lage und der Bewegung, nicht aber durch Eigenschaften, bestimmt sein sollten." (W. Röd, Der Weg der Philosophie, Bd. I, 63).

Sophisten zumeist nur aus den von Platon aufgezeichneten Dialogen des Sokrates mit ihnen kennen. Da aber bestimmte Thesen immer wiederkehren, lässt sich die Sophistik doch hinreichend zuverlässig charakterisieren. Durch Platon wissen wir, dass Protagoras von Abdera (* 490 v. Chr.) sein Hauptwerk (Καταβαλλόντων Λόγων: – „Wahrheit oder Niederringende Reden“) mit der These einleitet: „Aller Dinge Maß ist der Mensch, der seienden, dass (wie) sie sind, der nicht seienden, dass (wie) sie nicht sind. – Sein *ist gleich* jemandem Erscheinen.“[13] Nach Protagoras sind Urteile nicht deshalb wahr, weil sie das Wesen der beurteilten Wirklichkeit angemessen beschreiben, sondern weil sie eine allgemein akzeptierte Meinung ausdrücken. Infolgedessen ist nicht die Wirklichkeit selbst, sondern der Interpret das Maß der Wahrheit. Auch wenn man voraussetzt, dass Protagoras die Meinung für die jeweils wahrere hielt, die sich de facto Geltung verschaffte, bleibt seine Philosophie relativistisch, weil sie nur hypothetische Wahrheit kennt.

Unter den frühen Kritikern der mythischen Erzählungen wurde besonders Xenophanes (* 570 v. Chr.)[14] berühmt durch seine These, dass nicht die Götter die Menschen, sondern die Menschen die Götter gemacht hätten; und dass „das Göttliche“ – philosophisch betrachtet – nichts anderes sein könne als die höchste Einheit, das höchste Bleibende und das höchste Vollkommene. Xenophanes hält menschliche Eigenschaften wie Neid und Geiz, Eifersucht und Gier für unvereinbar mit dem Wesen des Göttlichen und betreibt deshalb so etwas wie eine purgierende Theologie. Ganz anders die Sophisten: Ihnen geht es nicht um die Übereinstimmung von Glaube (Religion) und Vernunft (Wahrheit), sondern um die Gleichsetzung des Wahren mit dem Nützlichen.

Ob Sokrates (* 470 v. Chr.) zumindest anfänglich zu den Sophisten gehört hat, lässt sich aus den platonischen Dialogen nicht ermitteln. Sicher ist, dass er sich in seinen von Platon aufgezeichneten Dialogen gegen den Relativismus der Sophisten gewandt und seine Gesprächspartner auf immer neue Weise davon überzeugt hat, dass es Einsichten und Werte gibt, die allen Menschen aller Zeiten zugänglich sind. Es ging ihm vor allem um die Wert- und Zielvorstellungen menschlichen Handelns in Absetzung von der sophistischen Nützlichkeitsmoral. Sokrates setzt voraus, dass jeder Mensch so auf das Gute ausgerichtet ist, dass er immer das Bessere tut, wenn er es denn als solches erkannt hat. Sokrates versteht sein

13 Protagoras, B. Fragmente, in: H. Diels, Die Fragmente der Vorsokratiker, Bd. II., 263.
14 Vgl. H. Verweyen, Philosophie und Theologie, 44–46.

Philosophieren als „Hebammenkunst" zur Hervorholung des Guten. In seinem Dialog mit dem Sophisten Laches über die Tapferkeit zum Beispiel führt er seinen Gesprächspartner von einer Definition zur nächsten, um wie eine Hebamme die Erkenntnis der Tapferkeit aus ihm hervorzuholen. Oder anders ausgedrückt: Weil Laches durch seine apriorische Ausrichtung auf die Wahrheit und Gutheit der Wirklichkeit eigentlich immer schon weiß, was wahre Tapferkeit ist, muss Sokrates lediglich die durch äußerere Wahrnehmungen und Einflüsse bedingten Meinungen seines Gesprächspartners hinterfragen bzw. wegräumen, bis die verschüttete Wahrheit zum Vorschein kommt.

c) Das Höhlengleichnis, oder: Die Suche nach dem Grund aller Wahrheit

Das besagte Fragen und Wegräumen hat der Sokrates-Schüler Platon in das berühmte Höhlengleichnis[15] des sokratischen Dialogs mit den Brüdern Glaukon und Adeimantos über das Wesen der Gerechtigkeit, des Staates und der Staatskunst gefasst. Platon zeichnet das Bild von Menschen, die in einer Höhle hausen und so gefesselt sind, dass sie immer nur auf eine vor ihnen liegende Wand blicken können. Hinter ihrem Rücken brennt ein Feuer; und zwischen diesem Feuer und den Gefesselten werden Dinge bewegt, deren Schatten sich auf jener Wand abzeichnen, auf die die Gefesselten fixiert sind. Platon will sagen: Obwohl sich alle in der Höhle Befindlichen irren, weil sie Schatten für Wirklichkeit halten, kommen sie doch erst zu besserer Erkenntnis, wenn sie von ihren Fesseln befreit werden, wenn sie sich herumwenden können und so den Unterschied zwischen den Dingen und deren Schatten erkennen. Auch dann noch verharren sie in relativem Irrtum, solange sie in ihrer Höhle bleiben; erst außerhalb können sie unterscheiden zwischen der eigentlichen, weil unveränderlichen Wirklichkeit *(Ideen)* und deren *Erscheinungen* in Dingen, Lebewesen und Ereignissen. Platon vergleicht die Sonne mit der Quelle aller Ideen, mit der Quelle alles Wahren, Guten und Schönen. Die einzelne Idee ist wie ein Strahl der Sonne; sie partizipiert am ewig Bleibenden und Unveränderlichen, während sinnlich wahrgenommene Einzelphänomene vorübergehende (vergängliche) Erscheinungen der Ideen sind. Also verhalten sich die Dinge zu den Ideen wie die Schatten zu den Dingen.

Der Mensch nimmt in der Welt des Vergänglichen eine besondere Position ein, weil das Wissen um die Ideen in seine mit Bewusstsein und Willen

15 Vgl. Platon, Der Staat, VII, 514a–515d (SS. 269–272).

ausgestattete Seele[16] eingebrannt ist. Die Seele ist das, was den Menschen mit dem Göttlichen (dem Ursprung der Ideen) verbindet. Der Körper ist dagegen das Prinzip des Endlichen, der Bindung an das Vergängliche. Platon ist überzeugt, dass jeder Mensch immer schon um vollkommene Gerechtigkeit wissen muss, um relative Gerechtigkeit erkennen zu können. Mit seinen Sinnen wahrnehmen kann er immer nur das mehr oder weniger Vollkommene, nie das Vollkommene selbst. Das Wissen um die Ideen wird ihm nicht von außen durch Wahrnehmung vermittelt, sondern durch Einkehr (Er-*Innerung*) in die eigene Seele als den Spiegel des ewig Bleibenden, des Göttlichen, kurzum: der Ideen. Von daher ist die Abkehr von der sinnlich wahrnehmbaren Welt des Äußereren und die durch Verinnerlichung erreichte Hinwendung zur Welt des Unveränderlichen die Grundformel aller platonisch gefärbten Ethik.

Einerseits beschreibt Platon das Reich der Ideen so ähnlich wie Parmenides das Sein, nämlich als ein von allem Veränderlichen und Vergänglichen strikt getrenntes Reich. Andererseits spricht er von einer gewissen Teilhabe (μέθεξις) der Dinge an den Ideen, ohne genau zu erklären, wie Gegensätzliches (Unvergängliches und Vergängliches; Sein und Werden) zu vermitteln ist. Kurz vor seinem Tod macht Platon im Dialog „Timaios" den Versuch, die mythischen Erzählungen der Griechen mit seiner Philosophie zu einer Kosmogonie zu verbinden[17]. Ursprung aller Ursprünge ist „das Göttliche" bzw. „der ewige Demiurgos", der das Prinzip des Lebens, die Welt-Seele, mehr oder weniger intensiv und andauernd zur Erscheinung bringt: in den von ihm gezeugten Göttern für immer, in den mit Bewusstsein ausgestatteten Lebewesen intensiver als in den Tieren und Pflanzen und in den Pflanzen mehr als in den unbelebten Dingen. Wenn der Mensch die Welt nicht nur sinnlich wahrnimmt, sondern versteht, dann erfasst er die Ideen und mit diesen das Wesen der Weltseele, d. h. die Wirklichkeit, die alles Seiende geordnet (vernünftig bzw. sinnvoll) miteinander verbindet und zugleich voneinander unterscheidet. Wie sich die

16 „Die Seele entsteht nicht erst mit der individuellen Person, sondern sie existierte schon vor ihrem Eintritt in den Leib, und zwar im Ideenreich, so dass sie die Ideen in ihrer Reinheit unmittelbar schauen konnte. Mit dem Eintritt der Seele in den Körper wird das ursprüngliche Wissen gleichsam verschüttet; es geht aber nicht völlig verloren, sondern es lässt sich […] wieder zu Bewusstsein bringen und gleichsam in Erinnerung rufen. Deshalb konnte Platon die vernünftige Einsicht als Wiedererinnerung (anamnesis) an ein Wissen charakterisieren, das die Seele des Menschen ursprünglich in aktueller Weise besaß. Die Wiedererinnerung erfolgt manchmal durch den Anstoß einer Wahrnehmung; manchmal stellt sie sich erst als Ergebnis anhaltender Bemühungen ein." (W. Röd, Der Weg der Philosophie, Bd. I, 111).

17 Dazu: E. Rudolph, Platons Weg vom Logos zum Mythos, 95–112.

Individualseelen zur Weltseele verhalten, bleibt letztlich ungeklärt. Wichtig ist Platon, dass es Grade der Annäherung eines mit Bewusstsein und Wille ausgestatteten Lebewesens an den Ursprung alles Wahren, Guten und Schönen gibt, und dass die Seele des einzelnen Menschen solange wiedergeboren wird, bis sie bleibend wahr, gut und schön ist.

d) Der Monismus von Platonismus, Aristotelismus, Mittel- und Neuplatonismus

Auch wenn Platon die sinnlich wahrnehmbare Welt als bloß vorübergehende Erscheinung von Ideen erklärt, hält er sie nicht für unwirklich. Sie ist in dem Maße wirklich, als sich die Weltseele mit ihren Ideen in ihr ausdrückt. Von dieser platonischen Position ist es gar nicht so weit hin zu der *aristotelischen* These, die Weltseele sei nichts anderes als die in ständiger Bewegung befindliche Formkraft der sinnlich wahrnehmbaren Dinge. Die Gemeinsamkeiten zwischen Aristoteles und Platon überwiegen bei Weitem die Unterschiede. Auch für Aristoteles ist das bloße Wahrnehmen und Beobachten noch kein Erkennen. Auch er unterscheidet letzte Gründe und Prinzipien von den Daten der sinnlichen Wahrnehmung; und wer diese eruiert, der ist, so lehrt er, unterwegs zur Erkenntnis des unbewegten Bewegers, des Prinzips, das alle anderen Prinzipien bedingt, kurzum: auf dem Weg zur Erkenntnis des Göttlichen. Wie im Denken Platons die Weltseele Urgrund aller Ideen und die Ideen Prinzipien alles sinnlich wahrnehmbaren Seienden sind, so ist im Denken des Aristoteles der unbewegte Beweger Urgrund aller weiteren Prinzipien; und diese Prinzipien sind die vom Urgrund bewegten Beweg-Gründe aller vergänglichen Gestalten. Der Unterschied zwischen aristotelischem und platonischem Monismus liegt lediglich in der Bewertung der Wirklichkeit dessen, was wir empirisch wahrnehmen. Während Platon letztlich nur der Weltseele und also den Ideen Wirklichkeit zuspricht und die vergänglichen Gestalten dieser Welt als vorübergehende Erscheinungen relativiert, betont Aristoteles die Untrennbarkeit der bewegenden Prinzipien von den Gestalten, die sie immer wieder neu formen.

Das platonische Denken erfährt eine gewisse Konsequenzialisierung und Universalisierung in den Rezeptionen des Mittel- und Neuplatonismus; das aristotelische Denken in der Philosophie des Stoizismus[18].

18 Das Wort ‚Stoa' stammt von dem Versammlungsort der Philosophenschule her, die 308 vor Christus von Zenon gegründet wurde. Die Philosophiegeschichtsschreibung

Die Stoa erklärt die gesamte Wirklichkeit wie einen Organismus. Denn alles hängt mit allem sinn- und zielgerichtet zusammen. Und das Prinzip dieser teleologischen Ordnung ist der Logos. Er bewirkt den Zusammenhang und die Unterschiedenheit alles Seienden, das Werden und auch das Vergehen. Je mehr ein Seiendes den alles ordnenden Logos vergegenwärtigt, desto höher steht es in der Hierarchie des Seienden. Weil der Logos das Prinzip aller Wirklichkeit ist, wird er von den Philosophen der Stoa mit dem Göttlichen schlechthin identifiziert. Während der unbewegte Beweger der aristotelischen Metaphysik allem Bewegten in gewisser Weise gegenübersteht, ist der Logos der Stoa das immanente Prinzip der Weltvernunft. Der Monismus der Stoa ist im Vergleich zum aristotelischen der konsequentere Pantheismus. Weil alles Seiende von der göttlichen Vernunft geordnet ist, ist alles, was ist, und alles, was sich ereignet, sinnvoll – auch dann, wenn der einzelne Mensch dies – noch nicht! – zu verstehen vermag. Es gibt in der Welt der Natur keine Kontingenz, sondern nur zielgerichtete Notwendigkeit. Allerdings kann der Mensch sich um die Erkenntnis dieser Notwendigkeit bemühen und sich ihr einfügen oder – letztlich immer vergeblich – aufbegehren. Gern beschreiben die Repräsentanten der Stoa die erzieherische Kraft von Gesetz und Vorbild. Denn darin spiegelt sich in besonderem Maße der Logos, den jeder Mensch immer mehr in sich ausprägen bzw. abbilden soll[19]. Auch wenn in der Literatur über die Stoa oft diskutiert wird, wie sich der als universal umgreifende Bestimmung (εἱμαρμένη) bzw. als Vorsehung (πρόνοια) verstandene Logos zu der starken Betonung der menschlichen Willensfreiheit verhält[20], ist

---

unterscheidet in der Regel drei Abschnitte der stoischen Philosophie: die ältere Stoa im 3. Jh. v. Chr. (Zenon, Chrysipp, Kleanthes), die mittlere Stoa im 2. und 1. Jh. v. Chr. (Panaitios, Poseidonios) und die Stoa der Kaiserzeit (Seneca, Epiktet, Marc Aurel). Vgl. M. Pohlenz, Die Stoa.

19 Vgl. G. Greshake, Gnade als konkrete Freiheit, 165–172.

20 H. Krämer (Die Grundlegung des Freiheitsbegriffs in der Antike, 239–270) kommt zu dem Ergebnis, dass die personale Mitte des Menschen aus der Sicht der Stoiker in der Zustimmung liegt: „In der Fähigkeit zuzustimmen oder die Zustimmung zu verweigern oder aber sich in beidem zu enthalten (Epoché zu üben) liegt die innere Freiheit des Menschen beschlossen, seine Haltung und Gesinnung gegenüber dem Weltlauf, die ihm bleibt, auch wo er nicht verändernd in ihn eingreifen kann. Freilich empfiehlt es sich, den Weltplan im Sinne eines amor fati sich zu eigen zu machen, denn wer sich verweigert, wird nichtsdestoweniger, wie es im Vergleich heißt, wie der Hund am Wagen mitgeschleppt: ‚Sträub ich mich, so handle ich schlecht und folgen muss ich doch', wie es ein Vers des Kleanthes formuliert, auf den wohl auch ein anderer, bei Seneca erhaltener zurückgeht: ‚Den Willigen geleitet das Schicksal, den Widerwilligen zieht es mit' […]. Wenn Freiheit hier als Einsicht in den Weltgang, als begriffene Notwendigkeit gedeutet wird […], so ist damit das letzte Wort noch keineswegs gesprochen. Dies zeigt sich zunächst in der stoischen Widerlegung

doch unbestritten, dass die Stoiker die Verantwortung des Menschen mindestens ebenso affirmieren wie die göttliche Vorsehung[21].

Die Stoa beschreibt die Welt als Ausdruck göttlicher Vernunft, verzichtet aber auf die aristotelische Zurückführung aller Ursachen auf eine erste Ursache und auch auf die in Platons Spätwerk „Timaios" aufgenommene Vorstellung von einem alle Wirklichkeit begründenden Demiurgos. Diese Vorstellung verschärft die schon von den Vorsokratikern traktierte Frage nach dem Verhältnis des Bleibenden zum Vergänglichen, des Ewigen zum Zeitlichen. Für die weitere Philosophiegeschichte von kaum überschätzbarer Bedeutung war das Zusammentreffen der platonischen Ideenlehre mit dem hebräischen Schöpfungsdenken in der Person des hellenisierten jüdischen Gelehrten Philon von Alexandrien († 40 n. Chr.)[22]. Er wird jener Platon-Renaissance zugeordnet, die man als *Mittelplatonismus* (80 v. Chr. bis 220 n. Chr.) vom Neuplatonismus (240–550 n. Chr.) unterscheidet. Die Spekulationen seiner allegorisierenden Genesis-Exegese (erster Teil bekannt unter dem lateinischen Titel „De opificio mundi") sind deutlich von der Tendenz bestimmt, durch Einführung von vermittelnden Instanzen eine Brücke vom transzendenten Gott zur materiellen Wirklichkeit zu schlagen. Der Logos bzw. die Ideen bilden eine geistige Welt, die das Vorbild der körperlichen Welt ist. Sie sind jene Mächte, die dem Formlosen – „Materie" genannt – Gestalt verleihen, ohne dadurch selbst eine Veränderung zu erfahren. Philon will die biblisch bezeugte Transzendenz Gottes wahren, erklärt aber die außergöttliche Wirklichkeit als eine Art Emanation. Jedenfalls kann bei ihm von einer Ablösung des platonisch-aristotelischen Monismus durch das biblische Schöpfungsdenken keine Rede sein.

des Vorwurfs eines quietistischen Fatalismus: Wenn alles ohnehin seinen Gang gehe, brauche man nicht mehr zu handeln. Gegen diesen sogenannten ‚faulen Schluss', das ‚Argument von der Passivität', wie man es damals nannte, macht Chrysipp geltend, dass die Mitwirkung oder Nichtmitwirkung des Menschen bereits providentiell eingeplant sei: Die Synergie ist ‚mitverhängt': ‚konfatal'. Hier wird deutlich, dass der Weltplan sich gleichsam durch den Menschen und seine vermeintliche Entscheidungsfreiheit hindurch realisiert. […]. Die Stoa hat also ihre Lösung nicht dialektisch halten können, sondern in letzter Instanz die freie Selbstbestimmung des Menschen dem tragenden Welt-Sinn untergeordnet. Überall dort, wo mit dem Providenzgedanken wirklich ernst gemacht wird, kann Freiheit eben nur scheinhaft bleiben – auch im christlichen Bereich, wo man sich zwar der stoischen Providenzlehre angeschlossen hat, aber ebenso wie im Neuplatonismus häufig der stoischen Konsequenz ausgewichen ist." (Ebd. 249–251).

21 M. Pohlenz (Griechische Freiheit, 143) hat die Stoa gar als die eigentliche Trägerin des Freiheitsdenkens in der Antike bezeichnet.

22 Dazu: W. Theiler, Philo von Alexandria, 52–63.

Der von Plotin (205–270 n. Chr.) repräsentierte *Neuplatonismus* bündelt die im Mittelplatonismus entwickelten Gedanken durch kritische Sichtung und konsequente Systematisierung. Die Transzendenz des göttlichen Ursprungs aller Ursprünge wird zu einem, wenn nicht dem zentralen Thema. Plotin unterscheidet zwischen dem schlechthin Einen, das er mit Gott identifiziert, und dem gedachten Einen, das die Zweiheit von Denkendem und Gedachtem impliziert. Das gedachte Eine ist nicht Gott. Das Denken erreicht Gott nicht, es kann Gott nur als den schlechthin Anderen von den eigenen Vorstellungen unterscheiden (negative Theologie)[23]. Immerhin ist das Denken (νοῦς) die Wirklichkeit, die durch Begriffe die vielen sinnlich wahrnehmbaren Gestalten einen und so auf das schlechthin Eine beziehen kann. Diese Bezogenheit alles Seienden auf das schlechthin Eine (Gott) ist die Weltseele (ἡ ψυχὴ τοῦ κόσμου). Und das Gegenteil des schlechthin Einen ist die Materie als das Nur-Viele. Doch da es ungeformte (ungeeinte) Materie faktisch gar nicht gibt, ist sie das immer schon relativierte Prinzip der Individualisierung und Unterscheidung, der Verendlichung und Begrenzung. Weil Plotin das schlechthin Eine in denkbar radikaler Weise transzendiert und Vielheit als Abfall vom Einen beschreibt, kann er nicht schlüssig erklären, warum das Eine nicht in sich selbst verblieben ist[24].

Die Ontologie des Neuplatonismus ist monistisch, die Ethik aber impliziert einen gewissen Dualismus. Weil die Materie das Gegenteil nicht nur des Einen, sondern auch des Vollkommenen bzw. Göttlichen ist, ist der mit Verstand und Wille ausgestattete Mensch hin und her gerissen zwischen der Hinwendung zum Einen und der Hinwendung zum Vielen.

23 „Die Hervorhebung der absoluten Negativität, Andersheit und Transzendenz des Einen löst nur scheinbar die Aussage auf: das Eine sei Alles, es fordert sie vielmehr geradezu, denn nur was im Sinne des Wesens alles Seiende nicht ist oder über ihm ist, kann dessen Ursprung sein oder als dessen Ursprung in sich, d. h. absolut bleibend dennoch im Seienden sein. Beide Aspekte: τὸ ἓν πάντα καὶ οὐδὲ ἕν, das In- und zugleich Über-Sein des Einen, sind demnach als eine pardoxe Einheit zu denken – paradox, weil das Zugleich der beiden Aspekte dem Denken die Aufhebung des Satzes vom Widerspruch zuzumuten scheint." (W. Beierwaltes, Denken des Einen, 47).

24 „Plotins Antwort lautet, dass das Eine als das Vollkommenste und Mächtigste sich nicht auf sich beschränken kann, sondern etwas aus sich hervorgehen lassen muss. Die Fülle der göttlichen Macht ist so groß, dass sie gleichsam überfließen muss in etwas anderes, und zwar zunächst in den Geist. Das Eine entlässt den Geist aus sich, weil seine Macht Denken ist. Zwar denkt das Eine nicht in Form des Durchlaufens verschiedener Denkinhalte, auch nicht so, dass ihm etwas als Gegenstand gegenübersteht, sondern mit seinem Denken ist das Gedachte unmittelbar und ohne Denkbewegung vereinigt; trotzdem hat es die Fähigkeit, sich in Denken und Gedachtes zu sondern. Indem das Denken dasjenige denkt, aus dem es geworden ist, wird es Geist. […] Der Geist ist also kein Geschöpf des Göttlichen, sondern das Göttliche entfaltet sich zum Geist." (W. Röd, Der Weg der Philosophie, Bd. I, 242).

Die Hinkehr zum Einen erfolgt – negativ gesprochen – durch Abtötung der nach außen gerichteten Sinne des Körpers, und positiv betrachtet durch Verinnerlichung, weil das Innere des Menschen, nämlich Geist und Seele, seine Bezogenheit auf das Eine sind. Bei Platon ist die Seele so etwas wie eine Vermittlerin zwischen der Welt der Ideen und der Welt der Einzeldinge. Bei Plotin aber ist die Seele nur in dem Maße sie selbst, als sie sich von den Dingen trennt und durch Einkehr in das eigene Innere ihre Verbindung zu dem *Einen* sucht. Außen und Innen geraten so – wenn nicht ontologisch, so doch anthropologisch betrachtet – in einen unüberbrückbaren Gegensatz.

Plotin hat sich regelrecht abgearbeitet an der Frage, wie das schlechthin Eine, von ihm mit Gott identifiziert, das ganz Andere sein kann, wenn die Hypostasen[25] von Geist, Seele und Welt immer schon Emanationen des Einen sind. Die Bilder[26], die er zur Auflösung dieses Widerspruchs verwendet, sind eher Verschleierungen als logisch konsistente Erklärungen. Plotin vergleicht das Eine mit der Sonne oder dem Feuer und die Hypostasen (Geist, Seele, Welt) mit dem Licht der Sonne oder der Wärme des Feuers. Er geht davon aus, dass die Sonne nichts verliert, wenn sie anderes erhellt; und dass das Feuer nichts verliert, wenn es anderes erwärmt. Das Eine, so betont er, verliert nichts, wenn es die Hypostasen von Geist, Seele und Welt aus sich hervorgehen lässt. Es gibt auch keinen Anfang der Hypostasen. Sie sind vielmehr so ewig wie das schlechthin Eine selbst. In seiner Reflexionen „Über Entstehung und Ordnung der Dinge nach dem Ersten" verwendet Plotin den Ausdruck „zeugen", um zu erklären, dass die Hypostasen zwar vom schlechthin Einen bzw. Göttlichen abhängen, aber deshalb nicht zu einem bestimmten Zeitpunkt zu existieren beginnen.

---

25 Der Terminus ὑπόστασις bedeutet allgemein das, was dauerhaften Bestand hat, im Unterschied zu dem, was vergänglich ist. Plotin bezeichnet mit diesem Begriff letztlich nur den Geist und die Seele. „Nach ihm kann die Materie, die nur auf das Dasein hin, aber noch nicht eigentlich existiert, nicht ‚Hypostase' genannt werden. So heißen nur die wahren, vollkommenen Wirklichkeiten, der Geist und die Seele, sofern sie aus der höheren, unverändert bleibenden Wirklichkeit ausgehen und immer auf sie bezogen bleiben. Die späteren Neuplatoniker entwickelten diese Auffassung weiter. Porphyrius betrachtet jedes Sein als Hypostase, insofern es ein höheres Sein ausdrückt und manifestiert. Aber er unterscheidet zwischen den vollkommenen, geistigen und den teilhabenden, in Raum und Zeit sich verwirklichenden Hypostasen. Später, besonders bei Proclus, bezeichnet ‚Hypostase' nicht nur das Sein, sofern es von einem höheren Sein ausgeht und es kundtut, sondern auch soweit es durch sich selbst subsistiert, in sich selbst Leben und Kraft besitzt, das geistige Individuum." (B. Studer, Hypostase, 1256).

26 Vgl. W. Beierwaltes, Plotins Metaphysik des Lichtes, bes. 81–83.

2. Die Ursprungsfrage Israels

Das Phänomen des Übergangs vom Mythos zum Logos kann man nicht nur in Griechenland beobachten. Denn es handelt sich dabei um eine Entwicklung, die in der Befähigung des Menschen angelegt ist, auch mit höchster Autorität tradierte Erzählungen, Erklärungen und Gewohnheiten kritisch zu hinterfragen. Sobald der polytheistische Götterhimmel mit der Frage nach dem Wesen des Göttlichen oder mit der Frage nach der Einheit alles Vielen, nach dem Grund aller Gründe (ἀρχὴ τῶν ἀρχῶν) konfrontiert wird, steht am Ende die Erkenntnis: Göttlich kann man nur das Ewige im Unterschied zum Gewordenen, das Unableitbare im Unterschied zum Ableitbaren nennen. Das Ewige ist das Bleibende im Unterschied zum Vergehenden; und das Unableitbare ist das Eine im Unterschied zum Vielen.

a) Vom eifersüchtigen Weg-Gott zum Bundes- und Schöpfergott

Karl Jaspers hat im Blick auf verschiedene Kulturkreise von einer fast zeitgleichen Entwicklung gesprochen[27]. Er bezieht auch Israel in seine Beobachtungen ein, weil er in der Kritik der Propheten Ähnlichkeiten mit der Mythen-Kritik der griechischen Philosophen entdeckt. Unbestritten ist: Israel gelangt nicht durch Philosophie, sondern durch geschichtliche Erfahrungen zu einer Beantwortung der Ursprungsfrage[28]. Hier kann nicht referiert werden, was Archäologen und Historiker über die Anfänge Israels zu sagen wissen. Denn es geht weniger um die Fakten selbst als um deren Deutung durch Israel. Nur so viel: Älteste Belege sprechen von den *Apirū* (Etymon von *Ibri* bzw. Hebräer) als Nomaden, die, nach Ägyp-

---

27 Was Karl Jaspers in seinem Werk „Vom Ursprung und Ziel der Geschichte" als „Achsenzeit" beschreibt, ist ein sich in vier Kulturkreisen fast zeitgleich zwischen 800 und 200 v. Chr. vollziehender Umbruch.

28 „Israels Glaube an einen einzigen Gott bedeutet gerade nicht, dass es aus den vielen Göttern einen einzigen Gott gemacht hätte, dass es die vielgestaltigen Mächte der Welt in einer einzigen Macht konzentriert hätte. Eine solche Integration alles Göttlichen hätte vielleicht zu dem Weltenlogos der Stoiker geführt, nicht aber zu dem Gott Israels. Israel erfuhr vielmehr in einem langen Aufklärungsprozess: Gott steht den Völkern und der Geschichte gegenüber – nicht als deren eigene Tiefe, sondern als der Herr der Geschichte. Gott ist nicht eine Naturkraft und nicht die Erweiterung der menschlichen Seele. Er ist in keiner Weise ein Stück Welt, auch nicht die Summe der Welt und ihrer Kräfte, nicht einmal der Urgrund der Welt, aus dem sie erfließt, sondern er ist jenseits der Welt – als der ganz Andere, der sie geschaffen hat und der deshalb nicht selbst wieder Welt ist." (G. Lohfink, Braucht Gott die Kirche?, 14).

ten gelangt, zur Zwangsarbeit herangezogen wurden, unter diesem Druck sich zu politischen Einheiten (Stämmen) zusammenschlossen, von Pharao Merenptah (wichtige Geschichtsquelle: Siegeslied des Pharao Merenptah über die *Ibri* von 1208) verfolgt wurden, sich der Unterdrückung aber – zumindest in beträchtlicher Zahl – durch Flucht nach Kanaan entziehen konnten. Von diesem Zeitpunkt an ist ein gewisses Volk mit dem Namen *Israel* historisch nachweisbar. In diesem Namen steckt das Wort *El*. Es ist in fast allen semitischen Sprachen die Bezeichnung für den *höchsten* Gott, in einigen Traditionen auch die Bezeichnung eines *bestimmten* Gottes. Einige Historiker vermuten, dass der an keinen bestimmten Ort gebundene „Weg-Gott“[29], den die Flüchtlinge aus Ägypten mitbrachten, mit einem bestimmten, in Kanaan verehrten *El* identifiziert wurde. In Gen 46,3 jedenfalls stellt JHWH sich dem Stammvater Jakob mit den Worten vor: „Ich bin *El*, der Gott deines Vaters.“ Ob die in dem Kultruf „Hallelu-*Ja*“ enthaltene Kurzform des Gottesnamens oder das bis heute verwandte Tetragramm JHWH[30] ursprünglicher ist, bleibt strittig. In unserem Zusammenhang entscheidend ist die erstaunliche Tatsache, dass ein politisch und kulturell unbedeutendes Nomadenvolk in eben der Zeit, in der die ersten griechischen Philosophen ihre kritische Suche nach der ἀρχὴ τῶν ἀρχῶν beginnen, zu folgenden theologischen Überzeugungen gelangt: (a)

29 Der Ursprung des JHWH-Glaubens und der etymologischen Wurzeln des JHWH-Namens lässt sich nicht eindeutig klären. „Ob die Hieroglyphenfolge jh […] für eine Spur des JHWH-Namens gehalten werden darf, ist nicht sicher, da unklar bleibt, ob *jh* einen Gott, einen Berg, eine Gegend oder menschliche Person meint. Ausgehend von Ex 3,14 wird die Form JHWH in der Regel als Imperfektbildung der Wurzel *hwh/hjh*, ‚sein, existieren, sich erweisen‘, angesehen. Der kausativen Stammbildung ‚er lässt sein‘ bzw. ‚ruft ins Dasein‘ (Vorstellung eines Schöpfergottes) wird, da ein Hifil von *hjh* nicht belegt ist, von den meisten Erklärern das Verständnis im Sinn eines präfigierten Stativs ‚er ist‘ bzw. ‚erweist sich‘ vorgezogen. Etymologische Ableitungen von *hwh*, ‚fallen, wehen‘, und diversen arabischen Wurzeln, die in Verbindung mit bestimmten religionsgeschichtlichen Vorstellungen Deutungen wie ‚der Wehende‘ bzw. ‚Blitzeschleuderer‘ u. a. ergeben, treten mehr und mehr zurück. […] Über die rein historisch-sprachanalytische Betrachtung hinaus muss für das Verständnis des J.-Namens die Glaubensreflexion Israels in Rechnung gestellt werden. In diesem Sinn nimmt Ex 3,14 den JHWH-Namen zum Anlass, die Erfahrung des Mitseins Gottes […] als ein für die heilsgeschichtliche Prägung des J.-Glaubens konstitutives Element am Namen Gottes selbst festzumachen: ‚Ich bin der Ich-bin-da‘. Die Übersetzung der LXX ‚Ich bin der Seiende‘ profiliert die schlechthinnige Überlegenheit des mitseienden Gottes gegenüber allen Kräften dieser Welt.“ (R. Brandscheidt, Jahwe. JHWH, 713). – Dazu umfassend: H. D. Preuss, Theologie des Alten Testaments, Bd. I, 158–167; F. Hartenstein, Die Geschichte JHWHs im Spiegel seiner Namen.

30 Später wird das Tetragramm mit den Vokalzeichen von Adonai und bei vorausgestelltem Adonai mit denen des Appellativs Elohim („Allherr“ → in der griechischen Übersetzung der LXX κύριος) versehen.

Israels Gott ist ein Gott, der keine anderen Götter neben sich duldet. – b) JHWH erwählt Abraham und schließt einen Bund mit Israel, um alle Völker einzubeziehen in die Ordnung des Friedens, die aus der Treue zu seinem Willen (zur Tora) erwächst. – c) JHWH ist der Herr der Geschichte. – d) JHWH ist der allmächtige Schöpfer des Himmels und der Erde.

b) Eine Alternative jenseits von Monismus und Dualismus

Wenn Plotin von Gott bzw. dem Göttlichen als dem schlechthin Einen spricht, dann in Absetzung von allem Konkreten, Endlichen, Vielen. Man muss, so lehrt der Neuplatonismus und die von ihm geprägte Mystik, alles sinnlich Wahrnehmbare, alle raum-zeitlich bedingten Gestalten und Vorstellungen hinter sich lassen, um in der Aufhebung des Gegenübers von Subjekt und Objekt das Göttliche als das schlechthin Eine zu erfahren. Doch die Transzendenz des schechthin Einen ist nur scheinbar radikal. Denn sie *ist* zugleich das Prinzip aller Wirklichkeit. Der Gott Plotins steht der Welt nur scheinbar als der ganz Andere gegenüber; denn es gehört zu seinem Wesen, sich zu verströmen bzw. zu emanieren. Plotin erklärt zwar nicht, wie genau das Nichtgöttliche am Göttlichen partizipieren kann; aber er bezeichnet als wirklich nur das, was teilhat am Einen; er beschreibt eine Hierarchie des Seienden nach dem Grad der Teilhabe am Einen. Anders gesagt: So transzendent das schlechthin Eine in den Systemen des Neuplatonismus auch scheinen mag, so wenig werden hier Gott und Welt ontologisch unterschieden.

Ganz anders die hebräische Bibel. In deren Genesis-Texten ist es der personal verstandene eine und einzige Gott Israels, der etwas entstehen oder vergehen lässt. Natürlich enthält auch der jüngere der beiden „Schöpfungsberichte" des ersten Buches der Bibel noch keine abstrakte Schöpfungslehre im Sinne des Axioms „creatio ex nihilo"; natürlich fließen in diese Texte auch außerbiblische Vorstellungen und Kategorien ein. Und doch überwiegt der Unterschied alles Gemeinsame. Denn die Schöpfung der biblischen Genesis ist keine Emanation des Schöpfers; sie ist nicht immer schon da; sie hat als geschaffene Wirklichkeit nichts gemeinsam mit der ungeschaffenen Wirklichkeit des Schöpfers; das Sein der Geschöpfe „partizipiert" nicht am Sein des Schöpfers; Schöpfungsakt und Schöpfung sind nicht notwendige, sondern kontingente Realitäten. Kurzum: Im Vergleich zur Transzendenz „des Einen" in den neuplatonischen Systemen ist die Transzendenz des biblisch bezeugten Schöpfers ungleich radikaler gedacht. Denn im Weltgebäude Plotins sind die nichtgöttlichen Hypostasen so ewig und notwendig wie das göttliche *Eine*. In den Genesis-Texten hingegen ist Gott als die Wirklichkeit, die *nicht* nichtsein kann, absolut verschieden von der Wirklichkeit, die nur ist, wenn und solange der Schöpfer ihr Dasein verleiht.

Die Fachliteratur verwendet nicht selten das Etikett *Dualismus,* um die biblische Verhältnisbestimmung zwischen Schöpfer und Schöpfung vom Monismus mythischer Kosmogonien und griechischer Philosophie abzuheben. Doch wer mit dem Etikett *Dualismus* nicht nur die Unabhängigkeit des Schöpfers von seiner Schöpfung, sondern auch die Unabhängigkeit der Schöpfung von ihrem Schöpfer bezeichnet, muss wissen, dass das „Selbst" eines Geschöpfes stets ein geschenktes ist. Denn in der Bibel bedeutet die „Frei-Lassung" der Schöpfung in ihr „Eigen-Sein" alles andere als deren Unabhängigkeit vom „frei-lassenden" Schöpfer. Psalm 104 zum Beispiel bringt eindringlich zum Ausdruck, dass der Schöpfer seine Schöpfung nicht einmal hervorbringt und dann sich selbst überlässt, sondern ständig im Dasein erhält. Dabei ist zu beachten, dass die Schöpfung nicht der Grund des Bundes zwischen Gott und Mensch, sondern umgekehrt der Bund JHWHs – zunächst mit Israel und über Israel mit der ganzen Menschheit – der Grund der Schöpfung ist. Der in der christlichen Dogmatik mit dem trinitarischen Gott identifizierte Schöpfer will ein freies Gegenüber, einen Bundespartner, der „Ja" und „Nein" sagen kann. Biblisch gesehen ist die ganze Schöpfung unterwegs zu diesem Bundespartner. Denn erst er kann dem Wort des Schöpfers antworten. Diese Antwort kann beides sein: Liebe oder deren Gegenteil, die Sünde. Weil das Geschöpf *Mensch* zu wirklicher (selbstbestimmter), nicht nur scheinbarer (fremdbestimmter) Freiheit befähigt ist, steht er auf der obersten Sprosse der Hierarchie des Seienden. Ein gewisses Maß an Eigensein (Selbstbestimmtheit) kann man auch anderen Lebewesen nicht absprechen. Selbst die anorganische Wirklichkeit ist, wie wir heute wissen, alles andere als durchgängig determiniert. Evolutiv betrachtet darf man von der Hervorbringung immer höherer Grade der Beziehungs- bzw. Kommunikationsfähigkeit sprechen. Jedenfalls gilt im Horizont des biblischen Schöpfungsdenkens ganz allgemein der Grundsatz: Je selbständiger ein Geschöpf ist, desto höher seine ontologische Dignität.

c) Der Gott, der da ist, ohne hier oder dort zu sein

Der Logos des Schöpfers („Gott sprach; und es wurde ...") hat durchaus Gemeinsamkeiten mit dem Logos der griechischen Philosophie. Denn auch in der Bibel bezeichnet „das Wort" bzw. „der Logos" den Grund, der jede einzelne Wirklichkeit von allem anderen Wirklichen unterscheidet und zugleich mit allem anderen Wirklichen verbindet[31]. Doch bei aller Kongruenz zwischen griechischem und biblischem Logos bleibt doch ein gravierender Unterschied: Während in der griechischen Ontologie das Einzelne immer das Uneigentliche ist, impliziert schon der Begriff *Schöpfung* die Bejahung jedes einzelnen Geschöpfes durch den Schöpfer.

Klaus Berger hat in einer bemerkenswerten Studie die Genese und Eigenart des biblischen Gottesbildes geschildert[32]. Er warnt vor der Eintragung der neuzeitlichen Subjekt-Philosophie in Vorstellungen, die einem ganz anderen Sprach- und Kulturkreis entstammen. Aber er zeigt auch, dass Israel JHWH in gewisser Weise als „Person" versteht, nämlich als konkretes Gegenüber, das dennoch nicht an einen bestimmten Ort oder an eine bestimmte Kulthandlung gebunden ist. Israel erfährt JHWH als den Gott, der „da ist", ohne im Sinne von Ortsgebundenheit hier *oder* dort zu sein. Weil er ein konkretes Gegenüber ist, hat der Gott Israels einen Namen; allerdings einen, der nicht ausgesprochen werden darf; andernfalls könnte man ihn mit den Göttern verwechseln, die identifiziert werden mit einem bestimmten Tempel oder Ort, mit einem Bild oder einer Zuständigkeit. Der Gott Israels ist konkret, weil er wie eine Person spricht und gebietet, wie eine Person beruft und sendet, wie eine Person erwählt, hört und erhört.

Die exegetische Forschung streitet bis heute über die Frage, ob der Gottesname JHWH eigentlich und ursprünglich ein „nichtssagender" (noch nicht mit bestimmten Konnotationen verknüpfter) oder „redender" (bestimmte Assoziationen weckender) Name ist[33]. In jedem Fall dürfen wir voraussetzen, dass Israel seine eigenen Gotteserfahrungen mit diesem Namen verbunden hat. Unbestritten ist die Bedeutung der in Ex 3,1–17

---

31 Lorenzo Perilli fasst seinen Versuch, die Bedeutungsvielfalt des griechischen Logos-Begriffs auf einen alles bestimmenden Kern zu reduzieren, in folgendes Resümee: „Logos […] bedeutet Einteilen und die Herstellung von Beziehungen zwischen einzelnen Erfahrungstatsachen, welche die Griechen ἕκαστα nannten, Einzigartigkeiten. […] Er bedeutet, Sinn zu verleihen, indem man Dinge miteinander in Beziehung setzt. […] Logos ermöglicht es, das Vielfältige auf die Einheit zurückzuführen – eine Verbindung, die Platon als δεσμός bezeichnet. Logos ist das Gleichgewicht zwischen Ordnung und Unordnung, der Übergang vom Abgetrennten zum Zusammenhängenden […]; es bedeutet, Ordnung in der Unordnung der Welt herzustellen, dem Unbekannten die Möglichkeit einer Definition zu geben und die Mitte zwischen Extremen zu finden." (Logos, 11).

32 Vgl. K. Berger, Ist Gott Person?, bes. 111–121.

33 Dazu: C. Dohmen, „Eifersüchtiger ist sein Name" (Ex 34,14); W. von Soden, Jahwe „Er ist, Er erweist sich".

geschilderten „Dornbusch-Szene“ für die Bestimmung des Tetragramms[34]. Wenn Mose in Ex 3,13 von Gott wissen will, was er den Israeliten auf ihre Frage antworten soll, welcher Gott mit welchem Namen ihn gesandt habe, dann ist offensichtlich: Diese Frage ist von der polytheistischen Vorstellung bestimmt, dass jeder Gott durch seinen Namen identifizierbar und von anderen Göttern unterscheidbar ist. Die Antwort Gottes an Mose in Ex 3,14 durchkreuzt alle Erwartungen der Israeliten. Denn sie lautet: „Ich bin (werde/will sein), der ich bin (sein werde/will).“[35] Das heißt: JHWH ist nicht an Raum und Zeit gebunden. Er ist als der Gott des Abraham, des Isaak und des Jakob auch der Gott der Gegenwart und der Zukunft. Er ist der, der sich erweist, als der er sich erweisen will. Deshalb sind Götter, die sich ort- und zeitgebunden bzw. nie anders als erwartet erweisen, für Israel bedeutungslos.

Wenn man den Gott, der sich vor dem brennenden Dornbusch als konkretes (ansprechbares und redendes), aber deshalb nicht objektivierbares „Dasein“ erweist, mit dem Begriff *Person* charakterisiert, dann natürlich in einem übertragenen (metaphorischen) Sinn. JHWH ist in vieler Hinsicht *wie* eine Person. Deshalb wird dem biblischen Befund nicht gerecht, wer die Vorstellung von einem ansprechbaren „Gegenüber“ als Verendlichung des Absoluten, als Reduktion des göttlichen Seins auf ein Seiendes verwirft. Er ist, wie Nikolaus von Kues (1401–1464) sagt[36], das „non aliud“, das „Nicht-Andere“, weil er weder ein einzelnes Etwas, noch die Summe

34 Man erfasst die Tiefendimensionen dieser Schlüsselpassage erst durch das diachrone Aufspüren der Texte, die in Ex 3,1–17 münden. Vgl. H. Irsigler, Von der Namensfrage zum Gottesverständnis.

35 Die LXX-Übersetzung ἐγώ εἰμι ὁ ὤν ist nicht selten im Sinne des metaphysischen Begriffs „Aseität“ (der Schöpfer als „ens a se“ im Unterschied zum Geschöpf als dem „ens ab alio“) missverstanden worden – nicht nur innerhalb der katholischen Scholastik, sondern auch in der protestantischen Systematik. Karl Barth bemerkt dazu: Man war geneigt, „das Positive, um das es hier primär gehen muss, wenn es wirklich um das Wesen Gottes gehen soll, die Freiheit Gottes, sich selbst zu sein, weniger bestimmt zu sehen und weniger wichtig zu nehmen als das Negative: die göttliche Freiheit von allen fremden Bedingungen. Der Anschluss an den biblischen Gottesbegriff, dem man doch an dieser Stelle, wo man Ex 3,14 mit besonderer Vorliebe zitierte, sehr nahekam, musste auf diesem Wege in der Folge verfehlt werden.“ (KD II/1, 340).

36 Vgl. Nikolaus von Kues, De non-aliud – Das Nicht-Andere. – Johannes Wolter bemerkt in diesem Zusammenhang: „Das Andere und das Nicht-Andere sind weder identisch noch nicht identisch, denn das Nicht-Andere umfasst das Andere, geht aber nicht in der Identität mit dem Anderen auf. Das non aliud ist zwar auch nur ein Begriff unseres Geistes, aber im Unterschied zu allen anderen Begriffen muss dieser Begriff nicht erst noch einmal verneint werden, um näher an die göttliche Wirklichkeit heranzureichen. Im non aliud wird negiert, dass Gott ein Anderes wie alles Andere ist, und gerade dadurch zugleich affirmiert, dass er allem Anderen gegenüber das Andere

aller einzelnen Entitäten, weil er als der Unendliche nicht das Gegenteil des Endlichen, als der Ewige nicht das Gegenteil des Zeitlichen, als der Allgegenwärtige nicht das Gegenteil des Konkreten ist[37].

d) Der Gott, der sich selbst bestimmt

Der biblisch bezeugte Gott ist keine Realisierung der Idee „Gott"; auch kein Subjekt von Prädikaten, die man auch anderen Subjekten zusprechen kann[38]. Nein, sagt Karl Barth (1886–1968): „Gottes Wesen ist *sein* Wesen. Gottes Tat ist *seine* Tat. Gottes Lieben ist *sein* Lieben."[39] Er ist nicht erst aufgrund des Christusereignisses das „universale concretum"[40]. JHWH ist nicht eines unter anderen Subjekten der Prädikate unendlich, einfach, unveränderlich oder allmächtig. Deshalb bemerkt Karl Barth: „Deutlicher noch als die Bestimmung Gottes durch den abstrakten Begriff des Unendlichen, des Einfachen, des Unbeweglichen usw. würde seine Bestimmung durch den der *Macht an sich* nicht nur eine Neutralisierung des Gottesbegriffs, sondern seine Verkehrung in sein Gegenteil zur Folge haben. *Macht an sich* ist ja nicht nur neutral, sondern *Macht an sich* ist böse. Denn was kann *Macht an sich* Anderes sein als Entfesselung und Unterdrückung, Ausbruch und Überwältigung. Wäre die *Macht an sich* die Allmacht Got-

---

ist. Er ist dadurch das Andere, dass er das Nicht-Andere des Anderen ist." (Apparitio Dei, 225f).

37 Karl Barth erklärt diesen, wie er betont, biblisch vorgegebenen Sachverhalt wie folgt: „Die Zeit ist diejenige Form der Schöpfung, kraft welcher diese zum Schauplatz der Taten der göttlichen Freiheit bestimmt geeignet wird. Gerade damit Gott auch nach außen der Ewige sei und als solcher handle, bedarf es als Bestimmung der Schöpfung der Zeit. Wäre auch die Schöpfung ewig statt zeitlich, so würde Gott gerade als der Ewige in der Schöpfung nicht ewig, d. h. nicht frei, nicht souverän, nicht majestätisch sein und handeln können; er würde dann an deren Ewigkeit wie an seine eigene gewissermaßen gebunden sein. [... Entsprechend ist der] Raum [...] diejenige Form der Schöpfung, kraft welcher diese als von Gott verschiedene Wirklichkeit Gegenstand seiner Liebe sein kann. Gerade damit Gott auch nach außen allgegenwärtig sei, wie er es in sich selber ist, bedarf es als Bestimmung der Schöpfung des Raumes. Wäre die Schöpfung ihrerseits sich selbst allgegenwärtig statt räumlich, so würde Gott gerade als der Allgegenwärtige in der Schöpfung nicht allgegenwärtig, er würde dort durch die eigene Allgegenwart der Schöpfung gewissermaßen verdrängt." (KD II/1, 523).

38 „Wie Gott kein Es, sondern ein Er ist, so ist er auch kein solcher Er, der an irgendeinem Es erst teilnehmen müsste, um dieser Er zu sein. In Gott ist kein Es, das nicht Er selbst wäre, kein Allgemeines, das nicht ein Besonderes, das Besondere seiner Tat und also seines Lebens und seines Liebens wäre." (KD II/1, 337).

39 KD II/1, 334.

40 Vgl. W. Löser, „Universale Concretum".

tes, dann hieße das, dass Gott böse [...] wäre. [...] Die heilige Schrift und die durch sie bezeugte Offenbarung ist es aber nicht, die uns auf diese fatale Spur leitet. In ihr offenbart sich *Gott* als [...] allmächtig und nicht eine [...] *Allmacht an sich* als göttlich!“[41] Von daher versteht es sich von selbst, dass Gott sich nicht entschließen kann, die Liebe zu sein, und dass er dennoch – oder gerade deswegen – identisch ist mit seiner Allmacht. Denn dass „Gott ‚Alles‘ kann, kann [...] nur gesagt werden, sofern bei diesem ‚Können‘ bedacht wird, dass er selbst in seinem Vermögen, er selbst zu sein, das Maß des Möglichen ist, sofern also ‚Alles‘ nicht platthin als die Summe irgend eines überhaupt ‚Möglichen‘, sondern die Summe des *ihm* Möglichen und so des echt Möglichen verstanden wird. Gott kann nicht unterschiedslos Alles, sondern nur das, was ihm (und was darum echt!) möglich ist. Und damit ist nun gerade keine Einschränkung seiner Allmacht ausgesagt, sondern eben damit ist sie als *seine* und also als *wirkliche* Allmacht bezeichnet.“[42]

Es gibt wohl kaum einen Theologen des 20. Jh., der den Unterschied des biblisch bezeugten Schöpfers zu dem Gott der griechischen, scholastischen und idealistischen Philosophie tiefer erfasst und umfassender artikuliert hat als Karl Barth. Er verwirft die Analogia-entis-Lehre der katholischen Tradition als den Versuch, Gott vom Menschen her denken, Gott unter die Logik menschlicher Begriffe zwingen zu wollen[43]. Es geht

41 KD II/1, 589f.

42 KD II/1, 599.

43 „Ich halte die analogia entis für die Erfindung des Antichrist und denke, dass man ihretwegen nicht katholisch werden kann. Wobei ich mir zugleich erlaube, alle anderen Gründe, die man haben kann, nicht katholisch zu werden, für kurzsichtig und unernsthaft zu halten.“ (KD I/1, VIIIf). – „Wir verstehen [...] Analogie [...] nicht als analogia entis, d. h. nicht als eine überschaubare und durchschaubare, vom Standpunkt eines Schauenden aus in einer Synthese als Analogie zu verstehende Analogie. Nicht ein Sein, das das Geschöpf mit dem Schöpfer bei aller Unähnlichkeit gemeinsam haben soll, sondern das keiner bloßen Theorie zugängliche Tun, die menschliche Entscheidung ist im Glauben in aller Unähnlichkeit ähnlich der Entscheidung der Gnade Gottes.“ (KD I/1, 252). – „Hat man das Urbild des Zusammenseins von Gott und Mensch: das Zusammensein des heiligen Gottes und des sündigen Menschen im Gnadenbund vor Augen, denkt man an den Gegensatz, der in Jesus Christus zur Gegensatzeinheit geworden ist, dann lässt man eben die Finger von allen andersartigen Zusammenstellungen und Vergleichungen; das böse Gelüste nach einem Oberbegriff, einem Generalnenner, einem Genus, einer Synthese, in der man Gott und sein Geschöpf vereinigen könnte, das Vergnügen an Analogien zwischen diesen zwei Subjekten kann dann überhaupt nicht aufkommen. Dass diese zwei Subjekte zusammen sind und sogar zusammenwirken, das kann dann nur als das Gnadengeheimnis einer Begegnung verstanden werden, in der das Unbegreifliche, das Unerwartete und Unverdiente Ereignis wird.“ (KD III/3, 120). – Zur theologiegeschichtlichen Einord-

ihm bei diesem Vorwurf nicht um negative statt positiv Bescheid wissen wollende Theologie; im Gegenteil, gerade er spricht mehr als jeder andere Theologe vom Offenbarsein Gottes; gerade er sieht den Grund der Schöpfung im Bundes-Gedanken, genauerhin in dem Bund zwischen Gott und Mensch, der in Jesus Christus „hypostatische Union" geworden ist. Der Schöpfer ist nicht einfach der ganz Andere; im Gegenteil, seine Andersheit ist ganz anders als man sich gemeinhin Andersheit denkt. Israel lernt seinen Gott als Schöpfer kennen, nachdem es ihn als den stets präsenten Wegbegleiter kennen und lieben gelernt hat. JHWH ist anders, als sich alle Nachbarvölker Israels ihre Götter denken; anders auch als Platons Idee des Guten, anders als der unbewegte Beweger des Aristoteles oder als das unbedingt Eine des Plotin, anders auch als Hegels Absolutum – anders vor allem deshalb, weil er als der an nichts und an niemanden Gebundene der sich selbst Bindende; weil er als der ganz und gar Transzendente zugleich der ganz und gar Immanente; weil er als der allen Begriffen Entzogene zugleich der ganz und gar Konkrete ist.

Wörtlich bemerkt Barth: „Gott kann in seiner Unbedingtheit [...] auch bedingt sein." Aus dieser Bemerkung und ähnlichen Sentenzen Barths darf man nicht folgern, er verteidige die u. a. von Sören Kierkegaard vertretene Theologie der Selbstbeschränkung des Schöpfers[44]. Nein, sagt Barth, Gott nimmt sich selber nichts, um den Geschöpfen da, wo er sich zurücknimmt, ein wenig Eigenwirksamkeit oder Autonomie zu ermöglichen. Der biblisch bezeugte Gott muss seine Allgegenwart und Allmacht nicht einschränken, damit die nichtgöttliche Wirklichkeit mit Freiheit aufgeladen wird. Im Gegenteil: Gott an und für sich ist so, dass er sich selbst entspricht, wenn er seinen Geschöpfen Eigenwirksamkeit und Freiheit schenkt. Er ist als Offenbarer zugleich seine Offenbarung und sein

---

nung dieser Zitate: K.-H. Menke, Analogia fidei; G. L. Müller, Analogie; A. Kreiner, Das wahre Antlitz Gottes, 75–109.

44 Das Theologumenon von der „Selbstzurücknahme" Gottes findet sich schon bei Nikolaus von Kues und in der jüdischen Mystik (Lehre vom „Zimzum"); auch in den Werken u. a. von Mikhail Bulgakov, Maurice Blondel, Emil Brunner oder Jürgen Moltmann. Die folgenden Anfragen von Gisbert Greshake würden von Karl Barth – so darf man vermuten – eher affirmiert als relativiert: „Gesetzt, der Gott absoluter, differenzloser Seinsmacht schränke zugunsten des Geschöpfes seine Allmacht ein – läuft dann die menschliche Geschichte vor einem ohnmächtigen Gott ab? Kann der Mensch sich dann noch vertrauensvoll an einen Gott wenden, der seine Allmacht und damit seine umfassende Vorsehung ‚suspendiert' hat? Muss es darum nicht gerade – salopp gesprochen – im Interesse des gläubigen Menschen liegen, dass Gott allmächtig ‚bleibt' (und doch zugleich der Schöpfung Selbstand gewährt)?" (Der dreieine Gott, 231f).

Offenbarsein[45]. Würde man das Selbstsein bzw. die Freiheit des Menschen als eine Wirklichkeit beschreiben, die nicht identisch ist mit der Relation des Schöpfers zu ihm, dann, so folgert Barth, wäre der Mensch in gewisser Weise etwas für sich selbst, in gewisser Weise eine Wirklichkeit unabhängig von seinem Schöpfer.

3. Der Bundes-Gott

Darin erkennt Barth die Verfälschung des biblischen Befundes durch eine aristotelisch geprägte Theologie: dass diese dem Geschöpf und insbesondere dem Menschen ein Für-sich-Sein (Substanzialität) außerhalb der Relation des Schöpfers zu ihm zuspricht. Der Protestant will das Substanzdenken der „katholischen Metaphysik" durch eine Ontologie ersetzen, die radikal relational denkt.

a) Das Geschöpf: Nichts außerhalb der Bezogenheit des Schöpfers zu ihm?

Diese Verkehrung des Substanzdenkens in dessen Gegenteil hat im Gefolge der Ökumene auch innerhalb der katholischen Theologie ihre Rezipienten gefunden – zum Beispiel in der „Ökumenischen Fundamentaltheologie" von Peter Knauer[46] und in der Religionsphilosophie des Knauer-Schülers Hans-Joachim Höhn[47]. Das Substanzdenken der aristotelisch geprägten

---

45 Eben dies drückt Barth mit den programmatischen Sätzen des ersten Bandes seiner „Kirchlichen Dogmatik" aus: „Gottes Wort ist Gott selbst in seiner Offenbarung. Denn Gott offenbart sich als der Herr und das bedeutet nach der Schrift für den Begriff der Offenbarung, dass Gott selbst in unzerstörter Einheit, aber auch in unzerstörter Verschiedenheit der Offenbarer, die Offenbarung und das Offenbarsein ist." (KD I/1, 311).

46 P. Knauer, Der Glaube kommt vom Hören, bes. 26–83.

47 Hans-Joachim Höhn resümiert den Ansatz seines Frankfurter Lehrers wie folgt: „Die Welt hat nicht eine Relation, sondern sie besteht als reale Relation; sie subsistiert in ihrem Bezogensein und das Bezogensein macht ihre Substanz aus. ‚Geschöpflichkeit' meint somit eine existentiale und unüberbietbare Relation der Welt zu Gott. Von diesem Verwiesensein ist nichts an der Welt ausgenommen; es ist insofern ein ‚restloses' Verwiesensein. Die Verwiesenheit der Welt auf Gott im Modus der Geschöpflichkeit ist […] nicht steigerbar oder überbietbar, denn sie macht bereits ihr Dasein im Ganzen aus." (Gott – Offenbarung – Heilswege. Fundamentaltheologie, Würzburg 2011, 124). – Zur Problematik der so umrissenen Position: D. Kraschl, Das prekäre Gott-Welt-Verhältnis, bes. 76–122. „Knauers Position erscheint im Rahmen ihrer Prämissen durchaus konsequent und stimmig. Diese Stimmigkeit ist aber freilich um einen respektablen Preis erkauft. Ihr Preis besteht darin, dass sie den Menschen, welcher das

Scholastik soll, so Knauers Grundforderung, endlich auch in der katholischen Theologie überwunden werden. Mit anderen Worten: Was ein Geschöpf bzw. die „Substanz“ eines Geschöpfes ausmacht, das *ist* sein Bezogensein auf den Schöpfer und sonst buchstäblich *nichts*. Knauer kommt es vor allem darauf an, dass auch ein mit Bewusstsein und freiem Willen ausgestattetes Geschöpf seiner geschöpflichen Bezogenheit (Relationalität) auf den Schöpfer von sich aus nichts hinzufügen kann. Der Mensch, so lehrt er, kann Gott nichts geben, was ihm nicht ohnehin gehört. Der Mensch kann Gottes Liebe (Bezogenheit auf die Schöpfung) nicht steigern – zum Beispiel durch sein Beten und Bitten. Denn solange der Schöpfer seine Schöpfung im Dasein erhält, ist er ihr in einer Weise zugewandt, die er nicht mindern oder verstärken kann, weil er stets in absoluter Vollkommenheit das *ist*, was er *tut*. Das Bitten des Menschen ist – so gesehen – ein Hineinwachsen in die Anerkennung von Gottes unbedingter Zugewandtheit auch da, wo der Beter seine Not nicht mit Gottes Liebe in einen logischen Einklang zu bringen vermag.

Im Unterschied zu Knauer hat Barth die vielen Erzählungen der Heiligen Schrift im Blick, in denen vom Zorn oder von der Reue Gottes, von einem regelrechten Handel des bittenden Menschen mit JHWH oder einfach vom „Bitt-Gebot“ Gottes die Rede ist[48]. Doch daraus darf man nicht schließen, Barth denke im Unterschied zu Knauer an einen irgendwie gearteten Einfluss des Beters auf die Zugewandtheit Gottes. Gott, so betont Barth, ist sich unbedingt treu. Er *erscheint* dem Menschen in seiner unbedingten Zugewandtheit einmal wie eine zornige, ein anderes Mal wie eine reuige Person. Aber deshalb ist das Beten des Menschen kein „Bewegen Gottes zu irgend etwas“, sondern eine Möglichkeit jedes Gläubigen, der unbedingten Bezogenheit des Schöpfers auf jedes Geschöpf immer

---

Gnadenangebot ablehnt, nicht ernst nimmt und ihn letztlich zu einem reinen Objekt des göttlichen Heilshandelns zu degradieren scheint.“ (Ebd. 424).

48 „Es fällt auf, mit welchem Nachdruck und in welcher Ausführlichkeit Luther im Großen Katechismus das Gebet […] ganz und gar vom Gebot her begründet hat: ‚Und soll nämlich das das Erste sein, dass man wisse, wie wir um Gottes Gebots willen schuldig sind zu beten.‘ Im mosaischen Verbot des Missbrauchs des Namens Gottes, so erklärt Luther, sei eingeschlossen […] ‚dass es streng und ernstlich geboten ist […], dass niemand denke, es sei gleich soviel, ich bete oder bete nicht, wie denn grobe Leute hingehen in solchem Wahn und Gedanken‘. […] Und nun kann man es ebenso auffällig finden, dass umgekehrt Calvin von ferne nicht so wuchtig wie Luther den Gebots- und Gehorsamscharakter des Gebetes hervorgehoben, dafür aber gerade auf die Frage: wieso Gebot? Inwiefern Gehorsam? faktisch eine viel schönere und tiefere Antwort gegeben hat. […] Auf die Frage: *comment et à quel titre nous pouvons avoir la hardiesse de nous présenter devant Dieu, vu que nous en sommes que par trop indignes*? ist nämlich entscheidend zu antworten: wir haben den Befehl und die Verheißung, dass wir Gott im Namen Jesu Christi anrufen dürfen und sollen.“ (KD III/4, 102f).

mehr zu entsprechen. Es ist kein Zufall, dass Barths Ausführungen über das Bittgebet denen eines Meister Eckhart[49] oder Nikolaus von Kues[50] sehr nahe kommen. Denn auch da, wo er die Lebendigkeit bzw. das Wie-eine-Person-Sein des Schöpfers schildert, denkt er die Bezogenheit des Schöpfers auf seine Schöpfung letztlich so statisch und unveränderlich wie ein Neuplatoniker das Verhältnis des schlechthin Einen zum Vielen. Es geht, so Barth wörtlich, nicht um eine Veränderung Gottes, sondern des Beters, nämlich um die Selbsterkenntnis des Menschen vor Gott; darum, „uns belehren zu lassen, bereit, manches nicht zu bitten, was wir wohl eigentlich gerne erbeten hätten, bereit, manches anders zu bitten, als wir es von uns aus zunächst wohl getan hätten"[51].

Hans-Joachim Höhn bringt die Konsequenzen dieser Beschreibung des Betens auf den Punkt. Er geht aus von der Prämisse: „Zwischen Welt und Gott besteht keine Interdependenz, keine wechselseitige Bedingung oder Beeinflussung, keine Wechselwirkung."[52] Und er folgert: Es ist zwecklos, Gott um etwas zu bitten[53]. Beten kann zwar die Augen öffnen für die immer schon bestehende Welt- und Menschenzugewandtheit Gottes, ihn aber nicht zu irgend etwas veranlassen. Denn – so Höhn wörtlich – der

49 In Eckharts Predigt 49 (Mulier, venit hora et nunc est, quando veri adoratores adorabunt patrem in spiritu et veritate [Joh 4,23]) lesen wir: „Ich habe zuweilen gesagt: Wer Gott sucht und irgend etwas zu Gott hinzu sucht, der findet Gott nicht; wer aber Gott allein wirklich sucht, der findet Gott und findet Gott nimmer allein; denn alles, was Gott zu bieten vermag, das findet er zusammen mit Gott." (Meister Eckhart, Deutsche Predigten und Traktate, 383f).

50 Ähnliche Voraussetzungen fasst Nikolaus von Kues in sein Gebet: „Quomodo ad te pervenit oratio mea, qui es omni modo inaccessibilis? Quomodo petam te? Nam quid absurdius quam petere ut tu te dones mihi, qui es omnia in omnibus? Et quomodo dabis tu te mihi si non pariter dederis mihi caelum et terram et omnia, quae in eis sunt? Immo quomodo dabis tu te mihi si etiam me ipsum non dederis mihi? Et cum sic in silentio contemplationis quiesco tu Domine intra praecordia mea respondes dicens: sis tu tuus et ego ero tuus." (Nikolaus von Kues, De visione Dei – Die Gottesschau, 120).

51 KD III/4, 112.

52 H.-J. Höhn, Gott – Offenbarung – Heilswege, 124.

53 Höhn bemerkt in einem Beitrag zum Thema „Bittgebet": „Prekär sind alle Prämissen, die auf ein Handeln Gottes abheben, welches das mit der Geschöpflichkeit der Welt verbundene Gott/Welt-Verhältnis überbietet. Und ebenso prekär sind alle Prämissen, von denen her das (Bitt)Gebet in einer existenziellen Not- und Mangelsituation des Menschen geortet wird, die zu ihrer Behebung eines besonderen Eingreifens Gottes bedarf. Gibt man diese Voraussetzungen auf, ergibt sich die Möglichkeit, das Gebet in Korrelation zur unüberbietbaren Grundsituation des Menschen als geschöpfliches Gegenüber Gottes zu deuten. Im Gebet erfasst dann der Mensch die ‚immer schon' bestehende Weltzugewandtheit Gottes in ihrer Unüberbietbarkeit." (H.-J. Höhn, Beim Wort genommen, 74f).

Schöpfer hat dem Menschen nicht eine gewisse Portion Dasein, Freiheit und Identität geschenkt; sein Geschenk ist wie er selbst vollkommen; es lässt sich nicht mindern oder steigern. Nein, „allem, was ist, kann nichts Besseres geschehen, als […] frei und sich zu eigen zu sein […]. Zur Welt in ebendiesem Verhältnis der Anerkennung von Dasein, Identität und Freiheit zu stehen, macht […] die Menschenzugewandtheit Gottes aus.“[54]

b) Die Allmacht, die zur Freiheit befreit

Richtig ist: Wenn der Schöpfer die alles bestimmende Macht ist, dann darf man diese Allmacht nicht gegen irgend etwas abgrenzen. „Die Vorstellung des Unendlichen, die dem Endlichen entgegengesetzt wird, ist, wie Hegel gezeigt hat, noch nicht wahrhaft als unendlich gedacht, weil sie noch durch Abgrenzung gegen anderes bestimmt wird, durch Abgrenzung vom Endlichen nämlich.“[55] Der biblisch bezeugte Schöpfer wird gründlich missverstanden, wenn er als der Unendliche oder Ewige *gegenüber* dem Endlichen oder Zeitlichen *definiert* wird. Er ermöglicht das Eigensein seiner Schöpfung und die Freiheit des Menschen auch nicht durch eine irgendwie geartete Einschränkung seiner selbst. Aber er bestimmt sich selbst dazu, sich von der von ihm selbst geschaffenen und im Dasein gehaltenen Freiheit des Menschen bestimmen zu lassen. Mit dieser Formulierung erklärt Thomas Pröpper die Allmacht des biblisch bezeugten Gottes als die Wirklichkeit, die größer nicht gedacht werden kann, weil sie die dem Menschen nicht nur scheinbare, sondern wirkliche Selbstbestimmung ermöglicht[56]. So gesehen kann Gott nicht verhindern, dass der Mensch seine Freiheit pervertiert. Folglich stellt sich die Frage, ob Gottes Allwissenheit nicht ähnlich wie seine Allmacht betrachtet werden

54 H.-J. Höhn, Beim Wort genommen, 68.

55 W. Pannenberg, Systematische Theologie, Bd. I, 432.

56 „Als Setzen einer analogielosen Ursprungsbeziehung ist das Schaffen aus nichts zwar nicht positiv zu begreifen, doch kann die freie Reflexion der Vernunft auf die eigene Faktizität wie auf die Kontingenz aller Dinge die Frage absoluter Begründung aufwerfen und die Bestimmung beibringen, ohne die ein von Welt und Mensch unterschiedener Gott nicht zu denken ist. Überdies lässt sich in einer Analyse menschlicher Freiheit der Gedanke einer vollkommenen (formal und material unbedingten, allen Gehalt eröffnenden) Freiheit als sinnvoll erweisen, und zwar so, dass mögliche Selbstmitteilung als primäres Prädikat Gottes und mit ihr eine Geschichte denkbar wird, in der Gott sich selbst dazu bestimmt, sich von menschlicher Freiheit bestimmen zu lassen, und doch in seinen kontingenten Handlungen seinem Heilswillen treu und mit sich identisch bleibt.“ (T. Pröpper, Evangelium und freie Vernunft, 292).

muss. Denn wie sich seine Allmacht nicht dadurch definiert, dass sie sich alles unterwirft, sondern dadurch, dass sie das wirkliche Anderssein des Anderen ermöglicht, so entspricht sein Wissen seiner unbedingten Liebe zum Bundespartner. Gottes Wissen ist kein Wissen, das das mit Freiheit begabte Geschöpf prädeterminiert.[57] Anthropomorph und also im Rahmen unserer Zeitvorstellung gesprochen: Gott weiß, weil er zu wirklicher Selbstbestimmung befreiende Liebe ist, nicht, ob ich morgen um 11.00 Uhr meine Mutter belügen werde; es sei denn, er hätte mich zu dieser Lüge prädeterminiert. Denn das wesentlich infallible göttliche Wissen ist nur dann mit geschöpflicher Freiheit vereinbar, wenn es deren Realisierung nicht vorentscheidet[58]. Und in der Tat: Der biblisch bezeugte Gott ist sich selbst (seinem Wesen) treu, wenn er die Freiheit des Menschen nicht durch sein Wissen unterläuft oder aufhebt, sondern diese auch dann noch wahrt, wenn sie sich in Gestalt der Sünde pervertiert.

Man könnte einwenden, eine Allmacht, die sich selbst dazu bestimmt, sich von der von ihr selbst ermöglichten Freiheit der Geschöpfe bestimmen zu lassen, degradiere sich zum bloßen Zuschauer eines Schauspiels mit offenem Ende. Doch dieser Einwand geht von der falschen Voraussetzung aus, Gott höre mit der Befreiung seiner Geschöpfe zu wirklicher Freiheit auf, fürderhin auf diese einzuwirken. Das Gegenteil ist richtig. Wenn man voraussetzt, dass die Liebe des Schöpfers offenbar geworden

---

57 Gottes „Allwissenheit bezieht sich nur auf zu einem bestimmten Zeitpunkt wahre oder falsche Aussagen. Aussagen über zukünftige kontingente Ereignisse sind aber gegenwärtig weder das eine noch das andere. Wenn die Zukunft tatsächlich teilweise offen ist, steht der Wahrheitswert von Aussagen über zukünftige freie Entscheidungen gegenwärtig nicht fest. Dass Gott diese Entscheidungen nicht definitiv kennt, liegt dann nicht daran, dass seine Allwissenheit unvollständig bzw. nicht maximal ist. Es liegt daran, dass es hier überhaupt nichts Definitives zu erkennen gibt. Die Allwissenheit Gottes ist […] durch das eingeschränkt, was zu erkennen logisch möglich ist. Gott kann aber nicht eine Welt mit einer offenen Zukunft erschaffen und gleichzeitig deren Ereignisverlauf erkennen." (A. Kreiner, Das wahre Antlitz Gottes, 358). – Dazu umfassend: R. Swinburne, The Coherence of Theism, 97–229.

58 "Creation is an act of God's omnipotence, but in order to relate himself to the creatures he has made, he must limit himself in a manner appropriate to the nature of what he has made, in the case we are considering, free finite persons. Similarly, the creation does not escape the purview of God's omniscience. He knows every past and present fact, and every future possibility. Nothing takes him by surprise. But he has made the world, with its temporal structure and open future, that the task of constructing a specific future has been given to the creature. God's omniscience, like his omnipotence, is self-limited by the nature of what he has made." (B. L. Hebblethwaite, Some reflections, 440f). Vgl. in diesem Zusammenhang die von Klaus von Stosch gebotenen „Anmerkungen zur Vorsehungslehre": Gott – Macht – Geschichte, bes. 347–355.

ist im Leben und Sterben Jesu Christi, dann tut Gott buchstäblich alles, um den Sünder aus seiner Verneinung zu befreien; um den Sünder von einem Neinsager in einen Mitliebenden zu bekehren. Zwingen allerdings kann die Allmacht, die identisch ist mit unbedingter Liebe, niemanden; erzwingen kann sie – wie schon Origenes staunend hervorhebt[59] – nichts. Die in Jesus Christus offenbare Liebe ist eine vom Sünder gekreuzigte Liebe. Man darf mit Hans Urs von Balthasar von einem wirklichen (nicht nur scheinbaren) Drama zwischen dem biblisch bezeugten Gott und dem zu wirklicher Freiheit befreiten Menschen sprechen. Deshalb ist der oben zitierte Grundsatz: *Zwischen Welt und Gott besteht keine Interdependenz, keine wechselseitige Bedingung oder Beeinflussung, keine Wechselwirkung*[60], in sein Gegenteil zu verkehren: *Zwischen Welt und Gott besteht eine Interdependenz, eine wechselseitige Bedingung oder Beeinflussung, eine wirkliche Wechselwirkung.*

Diese Antithese lässt sich allerdings nur unter der Voraussetzung vertreten, dass Gott sich selbst treu ist, wenn er sich als Schöpfer und Erlöser dazu bestimmt, sich von der Freiheit seiner Geschöpfe bestimmen zu lassen. Anders gesagt: Gott muss als er selbst sein, was er gegenüber dem Menschen ist, nämlich unbedingte Anerkennung des Selbstseins des Anderen – in der Terminologie der kirchlichen Trinitätslehre: Er ist Vater und Sohn bzw. deren wechselseitige Anerkennung, und zwar so unbedingt, dass die Einheit (der Heilige Geist) so vollkommen zu ihrem Wesen gehört wie ihrer beider Differenz. Nur wenn Gott trinitarisch gedacht wird; nur wenn Gott als er selbst unbedingte Anerkennung des Selbstseins des Anderen bzw. vollkommene Liebe *ist*, ist er ewig so, dass er etwas anfangen oder lassen kann; ist er so, dass er immer schon (ewig) Zeit im Sinne von Möglichkeiten hat und schenkt.

c) Der Gott, der Zeit hat und Zeit schenkt

Der platonischen (und augustinischen) Definition der Zeit als Gegenteil der Ewigkeit begegnet Karl Barth mit der Antithese: „Gott ist […] dadurch, dass er der Dauernde, ja die Dauer selbst ist, nicht gehindert, in und für sich selbst Ursprung, Bewegung und Ziel zu sein.“[61] Deshalb darf

59 Origenes, Selecta in Psalmos 4 [PG 12,133B]: Ουδένα γὰρ ἄκοντα νικᾶ ὁ Χριστὸς ἀλλὰ πείθων τῷ Λόγος εἶναι Θεοῦ („Christus trägt über keinen den Sieg davon, der es nicht will. Er siegt nur durch Überzeugen. Er ist ja das Wort Gottes.“).

60 H.-J. Höhn, Gott – Offenbarung – Heilswege, 124.

61 KD II/1, 690.

man sagen: „Die Ewigkeit Gottes *ist* selber Anfang, Folge und Ende. Und eben insofern *hat* sie sie auch: nicht bestimmt von ihnen, aber als Anfang, Folge und Ende bestimmend. Sie hat sie nicht passiv, sondern aktiv. [...] Gott hat Zeit, gerade weil und indem er Ewigkeit hat. [...] Es ist aber wirklich *er selber*, der Zeit für uns hat, er selbst *ist* Zeit für uns“[62]. Als der trinitarische ist Gott Ursprung, Bewegung und Ziel; allerdings nicht in Unterwerfung unter die Zeit des *Nicht-mehr* und *Noch-nicht*, sondern gewissermaßen wie die ewige Quelle der Zeit. Als der trinitarische ist Gott Beziehung, und zwar vollkommene Liebe. Und weil Liebe ohne Freiheit keine Liebe ist, ist die Beziehung, die Gott ist, gekennzeichnet durch das Anfangen- und das Lassen-Können; und mithin auch durch das Zeit-Haben, weil Zeit die Voraussetzung alles Kontingenten, alles Nicht-Notwendigen, des Etwas-anfangen-Könnens und des Etwas-lassen-Könnens, ist.

Dass der Begriff „ewige Quelle der Zeit“ genauso problematisch ist wie der von Spinoza eingeführte Begriff „causa sui“, ist kaum zu bestreiten. Zu Letzterem bemerkt Thomas Pröpper: „War Gott schon, bevor er sich Dasein verschaffte, dann brauchte er's ja nicht; war er aber nicht, so konnte er's ja nicht.“[63] Entsprechend kritisiert Magnus Striet[64] das bestenfalls als Problemanzeige taugliche Theologumenon „Quelle der Zeit“. Er gibt zu bedenken: Wenn Gott Quelle der Zeit sein soll, dann kann er sie nicht hervorgebracht haben, da sie dann ja immer schon zu ihm, dem Ewigen, gehört. Dennoch kann man mit dieser Metapher festhalten, dass Gottes Ewigkeit nicht zeitlos gedacht werden darf, da man andernfalls nicht erklären kann, wie der Schöpfer etwas anfangen oder lassen kann. Schöpfung und Schöpfungsakt sind ja – biblisch betrachtet – nicht notwendig und ewig, sondern kontingent.

d) Der Gott, der etwas anfangen und etwas lassen kann

Dass Gott als Schöpfer voraussetzungslos („ex nihilo“) hervorbringt, bedeutet, dass er Anfang in einem viel radikaleren Sinne ist als dies unsere Vorstellung von einer „Initialzündung“ nahelegt. Deshalb übersetzt die Vulgata Gen 1,1 mit „in principio“ statt mit „in initio“. Der Schöpfer ist nicht die Initialzündung eines bis heute andauernden Prozesses; dann wäre er so etwas wie der unbewegte Beweger der aristotelischen Metaphy-

62 KD II/1, 689. – Dazu: W. Pannenberg, Systematische Theologie, Bd. I, 429–456.
63 T. Pröpper, Theologische Anthropologie, 344.
64 Vgl. M. Striet, Die Zeit, 121.

sik; dann wäre er so etwas wie der Schlussstein eines gotischen Gewölbes, von dem zwar alles andere abhängt, der aber dennoch selbst zu diesem Gewölbe gehört; diesem jedenfalls nicht wie der biblische Schöpfer der Schöpfung als der ganz Andere gegenübersteht. Nein, der Schöpfungsakt geschieht nicht *in* der Zeit, auch nicht als deren Initialzündung; der Schöpfungsakt gehört nicht auf die Seite der Schöpfung, sondern auf die Seite des Schöpfers. Deshalb ist es so wichtig, dass Gottes Ewigkeit nicht zeitlos, nicht ohne das Etwas-anfangen-Können oder Etwas-lassen-Können gedacht wird. Der Schöpfungsakt ist ja kontingent, nicht notwendig; er hätte auch unterbleiben können. Und zugleich ist er ein Akt eben des Gottes, dem wir Ewigkeit zusprechen – Ewigkeit nicht verstanden als Unveränderlichkeit im Sinne der griechischen Metaphysik, sondern, wie oben erklärt, als trinitarische Liebe[65]. Der Schöpfer ist nicht „initium", sondern „principium" seiner Schöpfung, weil er sie nicht „los-lässt", sondern ständig im Dasein hält. Gott ist nicht der in der Vergangenheit liegende Auslöser der Evolution, sondern der ständig (in diesem Sinne „präsentisch") geschöpfliches Wirken ermöglichende Ursprung. Man darf sich diesen Ursprung nicht so vorstellen wie die von Aristoteles beschriebene Überführung von etwas Möglichem in etwas Wirkliches. Nein, der biblisch bezeugte Schöpfer ordnet nicht nur; er formt nicht nur, er bewegt nicht nur; er ist vielmehr der Grund dafür, dass das, was ist, überhaupt ist oder entstehen kann. Weil Gott also nicht der Anfang einer Kausalkette ist; weil er selbst nicht *in* der Zeit dieser Kausalkette (Evolution) ist, muss man sich von der gängigen Vorstellung verabschieden, der Schöpfer habe zunächst („im Anfang") die Materie geschaffen und „später" zu einzelnen von der Materie entwickelten Geschöpfen eine besondere Beziehung aufgenommen. Es gibt kein „allgemeines" Verhältnis des Schöpfers zu seiner Schöpfung „vor" oder unabhängig von jener Liebe, die jedes von jedem unterscheidbare Geschöpf als etwas schlechthin Singuläres will.

65 „Es gibt in Gott keine Notwendigkeit, die zur Schöpfung führen müsste (deshalb sind kausale Kategorien hier fehl am Platz). Gott schafft nicht selbstbezogen zur Mehrung seiner Seligkeit, sondern rein aus seiner schon in sich lebendigen Liebe (Schöpfungs-Motiv), damit anderes an ihr teilhabe, sie darstelle und mit-liebe (Schöpfungs-Zweck: DH 3002). Er bedarf der Schöpfung nicht, aber sie ist ihm nicht bedeutungslos. Gerade weil zu nichts nütze, ist sie ihm von unbedingtem Wert, unbedingt geliebt. Liebend will er sein Gottsein nicht ohne sie vollziehen. Insofern macht er sich in freier Selbstbindung von der Welt und uns abhängig, begibt sich in transzendentaler All-Macht seiner Allein-Macht, lässt sich auf den Weg der Welt ein, d. h. auch auf Leiden seiner Geschöpfe, die (da er allen innerlicher ist als sie sich selbst) ihn selber auf unausdenklich radikale Weise treffen." (H. Kessler, Schöpfung, 234).

Weil der Schöpfer nicht der Anfang der Evolution oder das erste initiierende Moment der Zeit ist, ist die Schöpfung unendlich viel mehr als eine Funktion des Schöpfers: nämlich nicht notwendige, kontingente, zum Selbstsein befähigte Wirklichkeit. Die biblisch durchgängig ausgewiesene Alternative zum Monismus der griechischen Metaphysik (von den Milesiern bis zu Plotin) ist der trinitarische Gott; der Gott, zu dessen Wesen die Freiheit und mit der Freiheit die Möglichkeit zum Anfangen-Können, zur Setzung von etwas Nicht-Notwendigem gehört. Der Nicht-Notwendigkeit der Schöpfung von Seiten des Schöpfers entspricht auf Seiten des Menschen das nicht noch einmal durch irgendeine äußerere Ursache bewirkte „Gegenüber" des eigenen Ich zu jedwedem Nicht-Ich. Wäre dieses „Gegenüber" nur ein bedingtes – bedingt zum Beispiel durch neuronale Prozesse des Gehirns –, dann wäre das, was man gemeinhin „Freiheit" nennt, nur eine Illusion des menschlichen Bewusstseins. Hermann Krings spricht deshalb von der „formalen Unbedingtheit" menschlicher Freiheit, weil diese trotz ihrer Einbettung in die Bedingungen von Natur, Welt und Geschichte doch nicht einfach deren Epiphänomen ist[66]. Und Thomas Pröpper verweist auf den logischen Zusammenhang des Wissens um die formale Unbedingtheit der eigenen Freiheit mit dem Glauben an einen Schöpfer, der mit formaler und materialer Unbedingtheit Neues setzen (anfangen) kann[67]. Denn wäre Gott nicht in diesem absoluten Sinn frei *gegenüber* seiner Schöpfung, dann könnte auch das mit Bewusstsein ausgestattete Geschöpf nur eine Funktion, nicht aber ein personales (formal unbedingt freies) *Gegenüber* Gottes sein. Ein Schöpfer, der unbedingte (trinitarische) Liebe ist, will ein Geschöpf, das ihn lieben kann. Wäre die Liebe des Menschen ein letztlich vom Schöpfer selbst bewirkter Akt, so wäre sie um die Grundbedingung ihrer Möglichkeit gebracht, nämlich um den radikal autonomen Entschluss zu ihrer Realisierung. Hier exakt treffen wir den Kern der von Knauer und Höhn bestrittenen Wechselseitigkeit des Gott-Mensch-Verhältnisses: Wenn nur ein *freies* Geschöpf Gott als Gott anerkennen kann, dann natürlich unter der Voraussetzung,

66 Vgl. H. Krings, System und Freiheit, 121–125.

67 „Letzte Instanz gegen jeden Monismus ist das Bewusstsein der menschlichen Freiheit von der eigenen formalen Unbedingtheit: Soll dieses gelten, kann menschliche Freiheit sich nur noch als ‚ins Dasein geworfene' hinnehmen oder als durch einen freisetzenden Schöpfungsakt begründet verstehen. […] Entweder ist das absolut Sinnerfüllende der menschlichen Freiheit selbst Freiheit (eben absolute, aller Wirklichkeit mächtige und zur Liebe entschlossene Freiheit), oder es ist kein letzter, der Freiheit gemäßer Sinn und ihr Dasein absurd." (T. Pröpper, Evangelium und freie Vernunft, 298).

dass der Schöpfer die geschöpfliche Freiheit nicht nur gesetzt hat, sondern auch unbedingt wahrt und anerkennt. „Deshalb hat [...] jede Konzeption von Gottes Handeln zu bedenken, dass er selbst sich bestimmt hat, sich von der menschlichen Freiheit bestimmen zu lassen: in der Offenheit einer Geschichte, die ihre verheißungsvolle Zukunft Gottes unerschöpflicher Innovationsmacht und ihre Kontinuität der Treue seines unbedingten Heilswillens verdankt."[68]

68 T. Pröpper, Evangelium und freie Vernunft, 299.

B. JESUS CHRISTUS, ODER: DIE DURCHKREUZUNG ALLER GOTTESBILDER

Papst Benedikt schreibt in seinem Jesus-Buch: „Das Kreuz ist die wahre ‚Höhe'. Es ist die Höhe der Liebe ‚bis zum Ende' (Joh 13,1); am Kreuz ist Jesus auf der ‚Höhe' Gottes, der die Liebe ist. Dort kann man ihn ‚erkennen', kann erkennen, dass ‚ich es bin'. Der brennende Dornbusch ist das Kreuz. Der höchste Offenbarungsanspruch, das ‚Ich bin es' und das Kreuz Jesu sind untrennbar."[69]

Im Anschluss an dieses Zitat soll im Folgenden die These begründet werden: Alle Bilder, die Menschen sich von Gott gemacht haben, werden auf Golgotha durchkreuzt; sogar die Bilder, die Jesus sich von seinem Abba gemacht hat; aber Gott ist nicht der Fluchtpunkt dieser Negationen, sondern da, wo Jesus alles, auch sein letztes Bild vom Vater loslässt, ist er selbst die Offenbarung des Vaters, der seinen Sohn auf eine Weise loslässt, wie sie radikaler nicht gedacht werden kann.

1. Das Christusereignis im Kontext der Religionsgeschichte

Der Begriff ‚Offenbarung' ist – nicht zuletzt im Kontext der Pluralistischen Religionstheologie (PRT) – so inflationär entwertet worden, dass er zum Inbegriff des kleinsten gemeinsamen Nenners aller Religionen wurde. Man kann auch von einer anthropozentrisch gewendeten Bedeutungsverlagerung sprechen, wenn man bei dem Wort ‚Offenbarung' nicht an ein Handeln Gottes, sondern an ein Erlebnis des Menschen denkt, dem sich irgendwie Sinn erschließt.

Viele haben sich so sehr an die religionsgeschichtliche Relativierung der christlichen Rede von Offenbarung gewöhnt, dass die Einzigkeit Jesu Christi kaum noch bewusst ist, geschweige denn eingesehen wird[70]. Wenn überhaupt, dann erklärt man die Einzigkeit Christi mit der Beantwortung der Frage, was er für alle Menschen aller Zeiten getan habe. Doch diese Antwort setzt ja immer schon voraus, dass der geschichtliche Jesus die eine und einzige Offenbarkeit Gottes war. Deshalb soll im Folgenden

69 J. Ratzinger (Benedikt XVI.), Jesus von Nazareth, Bd. I, 401.
70 Zur Geschichte und Verfallsgeschichte des Offenbarungsbegriffs: H. Waldenfels, Die Offenbarung; ders., Kontextuelle Fundamentaltheologie, 165–186.

zuerst von der Einzigkeit der Christusoffenbarung und *dann erst* von der Heilsuniversalität des Erlösers die Rede sein.

a) Aszendente bzw. mystizistische Religionen

Wenn man einmal vom Pantheismus des mythischen Weltbildes absieht, gibt es letztlich nur zwei Spielarten von Religion: eine aszendente und eine deszendente, die mystizistische und die relevatorische Spielart.

Betrachten wir zunächst die mystizistische Spielart: Mystizismus ist klar zu unterscheiden von Mystik. Der Begriff ‚Mystik' beschreibt das Bemühen eines Gläubigen, die von ihm geglaubten Inhalte als Wirklichkeit zu erfahren. Wenn Karl Rahner schreibt: „Der Fromme von morgen wird ein ‚Mystiker' sein, einer, der etwas ‚erfahren' hat, oder er wird nicht mehr sein."[71], dann will er sagen, dass heute auf Dauer wohl nur Christ bleibt, wer nicht nur einer Tradition oder Gewohnheit folgt, sondern sich selbst von dem überzeugt hat, was er glaubt. Der Begriff ‚Mystizismus' hingegen beschreibt Methoden der Religionsgeschichte, die den Menschen lehren, alle Differenzen zu überwinden. Innerhalb mystizistischer Methoden ist Gott bzw. das Göttliche kein Gegenüber, keine Person, sondern Inbegriff der Aufhebung jeder Differenz. Erst wenn das Ich das Bewusstsein seiner selbst (der Unterscheidung zwischen Ich und Nicht-Ich) überwunden hat, ist es eins geworden mit dem Ewigen und Unendlichen. Die Hochkunjunktur des asiatischen Mystizismus in der westlichen Welt ist maßgeblich motiviert durch die Relativierung aller dogmatischen Differenzen im Sinne vorläufiger Symbole einer Identität, die allem zugrundeliegt und auf die alles zurückstrebt. Man wählt sich aus unterschiedlichen Traditionen das aus, was dem eigenen Ich Entlastung von Widerständen, von Geboten und Verboten, von Festlegungen und überhaupt von allem Endlichen, Begrenzten, kurzum: ‚Differenten' verspricht. Mystizistische Religiosität ist bestimmt von Privatisierung und Innerlichkeit, von der Rückführung alles Bestimmten auf das Unbestimmte, zum Beispiel des Personalen auf das Impersonale; und vom Primat der eigenen Erfahrung vor jedem dogmatischen, rituellen oder ethischen Anspruch von außen. Ein Anhänger mystizistischer Religiosität betet nicht; denn für ihn ist Gott kein „Du"; keine Wirklichkeit, die sich ansprechen oder gar durch Bitten zum Handeln bewegen lässt. Kurzum: Mystizismus ist unvereinbar mit Monotheismus

71 K. Rahner, Frömmigkeit, 22. – Dazu: H. D. Egan, „Der Fromme von morgen wird ein ‚Mystiker' sein".

und deshalb auch mit der Vorstellung von einem personal verstandenen Gott, der sich willentlich mitteilt bzw. offenbart.

Aszendenzreligion bedeutet letztlich immer Aufstieg in die Erkenntnis der Identität alles Wirklichen mit dem Göttlichen. Die Polytheismen der ägyptischen, griechischen und römischen Antike beschreiben alle Phänomene der Natur und Geschichte als vorübergehende Erscheinungen des Göttlichen. Und die asiatischen Religionen werten alles Vergängliche und Endliche ab als vorübergehende Stadien einer Rückkehr in die absolute Einheit des Bleibenden und Ewigen.

b) Deszendente bzw. revelatorische Religionen

Betrachten wir die deszendente Alternative: die oben als ‚revelatorisch' gekennzeichnete Spielart! Die Ersetzung der aszendenten Identifikation von Gott und Welt durch deren radikale Unterscheidung ist das, was in der religionsphänomenologischen oder religionsgeschichtlichen Literatur die monotheistische Revolution genannt wird. Wo Gott als der eine und einzige Schöpfer und die nichtgöttliche Wirklichkeit als seine nicht notwendig, sondern willentlich realisierte Schöpfung erklärt wird, verkehrt sich die aszendente Sichtweise radikal in ihr Gegenteil: Unter der Voraussetzung eines kontingenten Schöpfungsaktes sind Differenz, Vielheit, Endlichkeit und Zeitlichkeit von Gott gewollt, von Gott geschenkt[72].

72 „Der Buddhist sucht die Befreiung vom Dasein als dem Leiden in einer noch viel radikaleren Form des Menschseins, in einer Disziplinierung des Leibes und der Konzentration des Geistes auf die Weisheit der totalen Ruhe. Stunde für Stunde läutert er sein Ich von jeder Unreinheit und meidet alles, was anderen schaden kann. Das Mitleid erstreckt sich auch auf die Blätter und Insekten. In einem Vierstufenplan will der Yoga die Leidenschaften und Wünsche zum Schweigen bringen, dann den Geist der Ruhe finden, dann das Schwinden aller Gefühle des Genusses erleben und auf der letzten Stufe auch noch das Glücksgefühl verlieren. Dann können ihm weder Freude noch Verdruss noch Schmerz etwas anhaben, weil er den heiligen Gleichmut und den Geist des Mitleids mit den Kreaturen als Weisheit besitzt. Das Mönchtum ist der konsequenteste Buddhismus. Wie sinnvoll ist es, einen Mitmenschen in seinem augenblicklichen Stand, der im Rahmen der Reinkarnation seiner Erlösung dienlich ist, durch karitatives Eingreifen zu stören, wenn alles nur auf das Erlöschen des Bewusstseins der eigenen Persönlichkeit ankommt? […] Gibt es nach der indischen Weltanschauung den Menschen als wirkliches Individuum? Selbst die Schriftstellerin Marguerite Yourcenar, die Indien feiert, weil es uns bereichere, ‚um die tiefste Erkenntnis der Einheit in der Vielfalt, um den Pulsschlag einer Wonne, die Pflanze, Tier, Mensch und Gottheit gleichermaßen durchbebt', muss gestehen: ‚Es kennt nicht einmal Persönlichkeit.'" (L. Weimer, Christsein angesichts der Religionen, 107f).

Ein Gott, der sich zur Realisierung der faktischen Schöpfung entschließt, ist nicht mehr Fluchtpunkt unseres Denkens, sondern dessen Herausforderung – zum Beispiel in Gestalt der folgenden beiden Fragen:

- Wenn Gott vollkommen frei ist, dann kann er jede mögliche Welt aktualisieren. Und wenn Gott vollkommen gut ist, dann muss er die beste aller möglichen Welten aktualisieren. Wie aber ist der Glaube an die vollkommene Allmacht mit dem Glauben an die vollkommene Güte Gottes angesichts der real existierenden Welt *logisch* in Einklang zu bringen?
- Wenn Gott ewig ist, dann kann sein Verhältnis zur Schöpfung nicht zeitlich sein; dann gehört sein Verhältnis zur Schöpfung immer schon (ewig) zu ihm; die Schöpfung ist daher so ewig wie Gott selbst. Andererseits: Wenn Gott schon war, bevor die Welt wurde, dann ist er nach der Erschaffung der Welt nicht mehr derselbe wie zuvor; dann hat er ein Verhältnis, nämlich das zur Schöpfung, das er vorher nicht hatte; wenn er aber nicht mehr derselbe ist wie zuvor, dann ist er der Veränderung unterworfen. Kurzum: Wie sind die Ewigkeit des Schöpfers und die Kontingenz von Schöpfungsakt und Schöpfung *logisch* in Einklang zu bringen?

Das christliche Trinitätsdogma ist vor allem anderen Ausweis einer Theologie, die auf der göttlichen Ebene keine andere Logik als auf der geschöpflichen Ebene duldet. Denn dieses Dogma besagt: Gott ist – anthropomorph gesprochen – so etwas Ähnliches wie interpersonale Beziehung. Implikat jeder interpersonalen Beziehung ist das Mögliche, nicht das Notwendige; ist das Etwas-anfangen- und das Etwas-lassen-Können[73]. Die Vollkommenheit Gottes ist nicht Unveränderlichkeit und nicht Absolutheit im Sinne Hegels, sondern vollkommene Anerkennung der Andersheit des Anderen. Mit dem Anderen ist innertrinitarisch vom Vater aus gesehen der Sohn und vom Sohn aus gesehen der Vater gemeint. Und weil auch deren wechselseitige Anerkennung kein notwendiges Attribut ihrer Beziehung, sondern Inbegriff des schlechthin Nicht-Notwendigen ist, ist *auch die wechselseitige Anerkennung* der Person des Vaters und der Person des Sohnes *eine Person*: nämlich der ‚Heilige Geist'.

Fazit: Das Trinitätsdogma besagt: Weil Gott nicht das schlechthin Eine oder Ewige, sondern Beziehung, Relation, kurzum: ‚Liebe' ist, kann er

73 Zu den nicht unumstrittenen Konsequenzen dieser These: T. Fößel, Gottes sakramental wirksame Wirklichkeit, bes. 281–293.

etwas lassen oder etwas anfangen, kann er sich personal (im Sinne von Nicht-Notwendigkeit) verhalten.

2. Das Christusereignis, oder: Gottes Handeln in der Schöpfung

Ein Blick in die jüngere theologische Literatur zum Thema „Gottes Handeln in der Schöpfung" lässt zwei Lager erkennen: Entweder schlägt man sich auf die Seite Karl Barths bzw. der Schule um Peter Knauer; oder man folgt den Vertretern einer strikten Bundes-Theologie (Hans Urs von Balthasar, Joseph Ratzinger, Walter Kasper).

Barth erklärt – wie oben erläutert – die kontingente Beziehung, die der trinitarische Gott (der Gott, der etwas anfangen und etwas lassen kann) zu seiner Schöpfung aufnimmt, als etwas, das von Seiten des Geschöpfes bestenfalls angenommen, nicht aber verändert oder gar verneint werden kann. Anders formuliert: Das Geschöpf ist buchstäblich nichts ‚für sich', nichts außerhalb der Bezogenheit auf seinen Schöpfer. Das gilt auch für das Geschöpf, das mit Bewusstsein und Freiheit begabt ist. Sein Verhältnis zu Gott kann nichts anderes sein als Ausdruck des Einverständnisses.

Die Heilige Schrift aber ist von Anfang bis Ende Bezeugung einer Geschichte, in der Gott sich auf seinen Bundespartner einlässt; in der Gott sich als geradezu „empfindlich" erweist[74], weil er seinen Bundespartner liebt; weil es ihm nicht gleichgültig ist, wenn der sich in die Gefangenschaften seiner Sünde einsperrt.

---

74 „Der Gott der Philosophen ist unempfindlich, der der Bibel überempfindlich. […] Was nicht gesagt wird und dennoch erzählt wird, ist doch dieses, dass Gott mit der Welt scheitert – immer wieder am Rande des zornigen Entschlusses steht, alles zurückzunehmen und mal so, mal so zugrundegehen zu lassen, woran sich durch die Welteinkehr des Logos so wenig ändert, dass nun erst recht der Widerruf der Schöpfung zum Inbegriff des Gotteswillens wird. Wer dies zu sagen verbietet oder verbieten lässt, muss damit rechnen, dass genau das eintritt, was das Christentum der ersten Jahrhunderte an den Rand des Ruins brachte: die ‚Erklärung' des Weltzustands durch einen degenerativen Prozess der Weltentstehung bis hin zur Trennung der ‚Götter' der Welt und Heilszuständigkeit, eingeschlossen die Scheinhaftigkeit der Heilstaten des einen vor den Augen des anderen im ‚Doketismus' der Gnosis. […] Der ‚Realismus' der Passion […] ist zuerst und vor allem ein Triumph über das gnostische Verbot, vom Heilsgott in einem Atemzug mit dem Weltgott zu sprechen, den einen im anderen bis zur bitteren Neige des Todes das Los der Kreatur ausschöpfen zu lassen, das unter dem Namen ihrer ‚Sünde' doch nur das Mäntelchen der Dezenz trug, den Überempfindlichen nicht mit der Wahrheit seiner Verstrickung in den Weltverfall zu konfrontieren. Das schließlich musste er mit sich selbst ausmachen können: die in diesem Kontext offene Frage, ob die Allmacht eine Welt ‚probieren' durfte, aufs Risiko des Scheiterns wie auf die Chance des Gelingens hin." (H. Blumenberg, Matthäuspassion, 19f).

Man kann das Verhältnis des trinitarischen Gottes zu dem Geschöpf, das sich – weil mit Bewusstsein und Freiheit begabt – zum Bund mit seinem Schöpfer und auch dagegen entscheiden kann, in ein Bild kleiden: Wenn man die Welt mit einem trockenen Boden vergleicht, der überall Leben hervorbringen kann, sobald Wasser in ihn eindringt; und wenn man die Menschen auf diesem Boden mit Poren vergleicht, die Wasser einlassen oder sich gegen das Eindringen des Wassers verschließen können; und wenn man den Schöpfergott mit dem besagten Wasser vergleicht, dann ist offensichtlich: Ohne dass sich möglichst viele Poren möglichst weit öffnen, kann das Wasser nicht in den Boden eindringen. Zugegeben: Man kann eine personale Wirklichkeit (Gott) nicht mit einer impersonalen Wirklichkeit (Wasser) identifizieren. Und das bloße Sich-Öffnen der Poren ist schwerlich vergleichbar mit dem Beten; jedenfalls darf Beten nie Ersatz für tätige Liebe sein. Aber klar wird in diesem Bild doch, was schon Ignatius von Loyola in die Formel gefasst hat: „Mit Gott vermag ich alles: ohne ihn vermag ich nichts."[75]

Wie sich Gottes Allmacht nicht darin erweist, dass sie sich alles unterwirft, sondern darin, dass sie ein wirkliches Selbstsein seiner Geschöpfe ermöglicht, so ist Gottes Wissen nicht identisch mit Prädetermination. Der trinitarische Gott ist sich selbst (seinem Wesen) treu, wenn er die Freiheit des Menschen nicht durch sein Wissen unterläuft oder aufhebt.

Der Mensch hat ebenso wie jedes andere Geschöpf eine spezifische Natur. Er weiß als sich seiner selbst bewusstes ‚Ich' immer schon, dass er sich selbst nur gerecht wird, wenn er das ‚Nicht-Ich' als solches anerkennt. Er ist, weil Mensch und nicht Tier, immer schon aufgefordert[76], dem Anderen (dem ‚Nicht-Ich') theoretisch und praktisch – erkennend und handelnd

75 Die Liebe des trinitarischen Gottes – so bezeugt Ignatius in seinem Geistlichen Tagebuch ebenso wie in seiner Exerzitienanleitung – gipfelt gerade darin, dass er den Sünder nicht zum bloßen Empfänger eines einseitigen Geschenkes bestimmt, sondern zum Geber dessen beruft, was er ihm schenkt. Gott wirft seine Gaben nicht einfach hin, sondern will sie in die offene Hand legen, die im Sich-Auftun das göttliche Geben mitermöglicht. Deshalb konnte Gábor Hevenesi das folgende Motto als Inbegriff der ignatianischen Gnadentheologie bezeichnen: „Sic Deo fide, quasi rerum successus omnis a te, nihil a Deo penderet. Ita tamen iis operam omnem admove, quasi tu nihil, Deus omnia solus sit facturus." (Scintillae Ignatianae, 2). Mit Gustave Martelet (La dialectique des Exercises, 1060) spricht Hugo Rahner (Ignatius von Loyola, 231) von einer „circumincessio" der beiden in der Formel angesprochenen Haltungen und schlägt deshalb die folgende Übersetzung vor: „Vertraue so auf Gott, dass du dabei nie auf das (von ebendiesem Vertrauen wesentlich geforderte) Mittun vergisst; und dennoch: Tu so mit, dass ebendieses Mitarbeiten erfüllt bleibe vom Wissen um die alleinige Gewalt Gottes."

76 Dazu: H. Verweyen, Gottes letztes Wort, 101–109.

– gerecht werden zu sollen. Er ist nie bloßes Epiphänomen seiner neuronalen Prozesse. Seine Möglichkeiten mögen noch so sehr eingeschränkt sein; er kann sich zu seiner Eingeschränktheit verhalten. Deshalb ist gegen Barth, Luther und Augustinus[77] mit Nachdruck festzuhalten: Die transzendentale Freiheit, die den Menschen auszeichnet, ist nicht identisch mit der Bezogenheit auf Gott. Der Mensch ist nicht nur solange Ebenbild Gottes, wie er sein will, was er sein soll; sondern auch, wenn er sich entscheidet, das Gegenteil von dem zu sein, was er sein soll. So wenig wie Gott notwendig Schöpfer ist, so wenig notwendig ist der Mensch das, was er von Natur aus sein soll.

a) Ein Handeln Gottes am Sünder ohne den Sünder, oder: Die Kreuzestheologie Karl Barths

Karl Barth hält es für unvereinbar mit der Vollkommenheit des Schöpfers, dass dieser einem seiner Geschöpfe die Möglichkeit gibt, ‚Nein' zu sagen zu seinem Schöpfer. Wenn Gott etwas nicht will, nämlich die Sünde, dann kann er – so meint Barth – unmöglich Schöpfer eines Geschöpfes sein, das aufgrund seines geschöpflichen Sohnseins, aufgrund seiner ihm geschenkten Freiheit, sündigen kann. Also bezeichnet Barth die Sünde als Paradoxon, als „unmögliche Möglichkeit"[78].

Barth entwickelt die These, dass der „wirkliche" Mensch nicht sündigen kann; dass die Sünde für den „wirklichen" Menschen eine „ontologische Unmöglichkeit"[79], eine „Absurdität"[80] ist. Denn der „wirkliche" Mensch *ist* seine Beziehung zum Schöpfer; nicht entweder Beziehung zu ihm oder das Gegenteil. Es gibt aus Barths Sicht keine Freiheit des Geschöpfes *gegenüber* Gott. Geschöpfliche Freiheit, so betont er immer wieder, ist *iden-*

77 Man kann Augustinus einen Vorläufer jenes Aktualismus nennen, der weite Teile der protestantischen Theologie des 20. Jh. charakterisiert. Jedenfalls ist die Freiheit des Menschen, die nicht nur in der Fähigkeit des Wählens, sondern in der Selbstbindung an das Gute besteht, keine Eigenschaft der Natur, sondern reines Gottesgeschenk. Sobald der Mensch dieses Gottesgeschenk verloren hat, denkt und handelt er nur noch vom eigenen Ich her und auf das eigene Ich hin. Weder die eigene Natur mit ihrer Vernunft noch die Betrachtung der Schöpfung oder des Gesetzes können den Sünder von seiner Verhaftung an das eigene Ego befreien. Nur Gott selbst kann ihn erneut zur Selbsttranszendenz der Liebe – zu einem das Ich transzendierenden Denken und Handeln – bewegen. Vgl. dazu: K.-H. Menke, Das Kriterium des Christseins, bes. 38–41.

78 KD IV/3, 203.

79 KD III/2, 162; KD IV/3, 204.

80 KD III/3, 405.408; KD IV/1, 454.544.560; KD IV/2, 449.

tisch mit ihrer Abhängigkeit vom Schöpfer. Solange der Mensch wirklich Geschöpf ist, d. h. in Gemeinschaft mit Gott steht (identisch mit ‚Glauben'), kann er nicht sündigen. Und umgekehrt: Sobald der Mensch seine Beziehung zu Gott verneint, *ist* er, was er *tut*: Sünde. Für Barth verbietet sich jede Unterscheidung zwischen dem Sünder und seiner Sünde. Denn – so seine Begründung – jede Unterscheidung zwischen dem Sünder als Subjekt und der Sünde als bloßem Prädikat des Subjekts unterstellt Gott die Schöpfung eines Menschen, zu dessen Ausstattung auch die Möglichkeit zum Sündigen gehört[81].

Wenn Gottes Nein nicht zwischen Sünde und Sünder unterscheidet, entsteht ein weiteres Paradoxon; nämlich dieses, dass der sich vom Nein Gottes getroffene Sünder nicht selber los ist[82]. Dieses Paradoxon, dass der Sünder Geschöpf bleibt, obwohl er der von Gott Verneinte ist, erschließt sich auf Golgotha. Barth beruft sich in diesem Zusammenhang auf Martin Luther, der die Kreuzigung bzw. Vernichtung des sündigen Menschen als das uneigentliche Werk Gottes am Sünder *(opus Dei alienum)* und die Ersetzung des sündigen durch einen neuen Menschen als das eigentliche Werk Gottes am Sünder *(opus Dei proprium)* beschreibt[83].

81 Barth ist sich bewusst: Seine These, von Gott werde nicht nur die Sünde, sondern mit der Sünde auch der Sünder verneint, impliziert die logische Konsequenz der Aufhebung bzw. Annihilierung des Sünders. Deshalb spricht er von dem Paradox, dass ich mich als Sünder „durchaus nicht los bin, dass ich selbst noch dabei sein, mich selbst in dieser Situation haben muss und nicht los werden kann" (KD IV/2, 550f). Dieses Paradox, dass der Sünder Geschöpf bleibt, obwohl er der von Gott Verneinte ist, erschließt sich als das Geheimnis der göttlichen Liebe, sobald sich der Sünder unter das Kreuz Jesu Christi stellt. Denn das Geschehen von Kreuz und Auferweckung bedeutet, dass der eine Mensch, der dieselbe Beziehung zum Vater lebt, die der innertrinitarische Sohn ist, an die Stelle derer getreten ist, die als Sünder von Gott Verneinte sind. Sie wären aufgrund dieser Verneinung Genichtete (Annihilierte), wenn nicht der sündelose Sohn an ihre Stelle träte und das den Sünder nichtende Nein Gottes auf sich nähme (vgl. KD IV/1, 279).

82 Vgl. KD IV/2, 550f.

83 Die 1995 unter dem Titel „Martin Luthers Kreuzestheologie" veröffentlichte Arbeit des katholischen Theologen Hubertus Blaumeiser erklärt die Rede von der Verborgenheit (absconditas) Gottes im Geschehen des Kreuzes bzw. im Geschehen von Verdammnis und Gericht als das Fehlurteil des Sünders, der noch nicht erkannt hat, dass die Kreuzigung des alten Adam (opus alienum) ebenso Offenbarkeit Gottes ist wie die Kehrseite der Heilung bzw. Vergöttlichung (opus proprium). Blaumeiser schließt sich der finnischen Lutherforschung an, die den Rechtfertigungsvorgang einerseits als Vernichtung des sündigen Menschen und andererseits als Wesensveränderung des Menschen (als Vergöttlichung) beschreibt (vgl. SS. 519–528). Dass diese Interpretation von Seiten der deutschen Lutherforschung nicht unwidersprochen blieb, zeigt exemplarisch die zur gegenteiligen Auffassung neigende Blaumeiser-Rezension von Reinhold Rieger in: ThRv 93 (1997) 479–482.

Aus Barths Sicht ist Religion in jedweder Gestalt der sündige Versuch, Gott zu definieren (Aszendenz) statt sich von ihm bestimmen zu lassen (Deszendenz); Religion ist das Gegenteil von Glauben, weil Religion Verfügung *über* Gott statt Gehorsam *gegenüber* Gott ist. Für Barth ist das Golgotha-Geschehen nicht Höhepunkt einer evolutiv gedachten Religionsgeschichte, sondern der Ort, an dem alle Religionen gerichtet werden. Die Kreuzigung dessen, der von sich sagen durfte: „Wer mich sieht, sieht den Vater", geschieht – so erklärt Barth – im Namen menschlich gestrickter Gottesdeutung, im Namen aszendenter Religiosität.

In diesem Punkt stimmt Barth mit Papst Benedikt überein: Als Durchkreuzung aller aszendenten Projektionen ist das Kreuz „der wahre Dornbusch". In der Dornbuschszene des Buches Exodus verweigert Gott eine Antwort auf die Frage des Mose nach seinem Namen (Ex 3,13f). Damit verneint er jeden Versuch, Gott zu definieren. Er antwortet dem Mose: „Ich bin der, als der ich mich erweisen werde." Und am Kreuz erweist er sich auf eine Weise, die in demselben Maße konkret wie begrifflich unfassbar ist. In dem Moment, in dem der Gekreuzigte den Psalmvers (22,2) zitiert „Mein Gott, mein Gott, warum hast Du mich verlassen?", wird jedes aszendente Gottesbild durchkreuzt[84]. In diesem Moment ist Jesus nicht mehr der etwas Bittende, sondern nur noch der sich Überlassende.

84 Die von Hansjürgen Verweyen an Papst Benedikts Synopse von Mk 15,34 und Lk 23,34 geäußerte Kritik (Ist Gott die Liebe?, 160–162) teile ich nicht. Denn Papst Benedikt XVI. will das dem Ganz-Loslassen des Vaters entsprechende Sich-ganz-Überlassen des Gekreuzigten nicht durch souveräne Akte (Lk 23,34: „Vater vergib ihnen ..." und Lk 23,43: „Heute noch wirst du mit mir im Paradies sein ...") relativieren oder gar „das Kernstück der Sühneproblematik neutralisieren" (ebd. 160). Im Gegenteil: Er will sagen, dass die lukanische der markinischen Darstellung theologisch nicht widerspricht. Dem Papst geht es um die Einheit von Vater und Sohn, nicht um die Relativierung der Agonie des Gekreuzigten, wenn er betont: „Gott selbst richtet sich als Ort der Versöhnung auf und nimmt das Leid in seinem Sohn auf sich. Gott selbst schenkt seine unendliche Reinheit in die Welt hinein. Gott selbst ‚trinkt den Kelch alles Schrecklichen aus und stellt so das Recht wieder her durch die Größe seiner Liebe, die im Leid das Dunkle verwandelt." (Jesus von Nazareth, Bd.II, 256). Papst Benedikt betrachtet das Geschehen vom Vater her, Verweyen aus der Perspektive des Gekreuzigten, wenn er schreibt: „Erst Jesus lässt sein menschliches Sein restlos in das durch unsere Lieblosigkeit geschundene Antlitz Gottes umschmelzen. Weil auch ihm auf dem Wege bis zur letzten Konsequenz seiner Sendung dieser Gott noch nicht in seiner ganzen Tiefe bekannt war, musste er sich in seinem Sterben von Gott verlassen fühlen. Indem er im Gebet die Verlassenheit der Liebe schlechthin in die Finsternis hinausschreit, die bis zu seinem Tode die ganze Erde bedeckte (Mk 15,35), wird seine volle Einheit mit dem Vater offenbar. Wenn diese Interpretation des Kreuzestodes Jesu zutrifft, dann ist der Satz: ‚Christus ist für unsere Sünden gestorben' von zwei Seiten her zu betrachten. [Erstens] Jesus wurde wegen unserer Sünden dahingegeben. [Zweitens] Nur in dem Schrei des vom Nein gegen seine Botschaft der Liebe zertre-

Oder anders gesagt: Das Sich-restlos-Überlassen, das Nichts-mehr-für-sich-selbst-Erhoffen des gekreuzigten Menschen Jesus ist das ungetrübte Bild des göttlichen Vaters, der in einer Weise „loslässt", wie sie radikaler nicht gedacht werden kann; der *sich selbst*, die Beziehung zum Sohn, die er wesentlich *ist*, dem kreuzigenden Nein der Sünde ausliefert.

Allerdings verkehrt Barth das Aszendenz-Denken der traditionellen Satisfaktionslehre so radikal in dessen Gegenteil, dass das Versöhnungsgeschehen in keiner Weise mehr ein Handeln der Erlösten, sondern ausschließlich das Handeln des Erlösers ist. Wörtlich bemerkt er: Das Geschehen von Golgotha war notwendig – nicht aufgrund „irgendeiner göttlichen Vergeltungs- und Rachsucht, sondern kraft der Radikalität der göttlichen Liebe, die sich selbst nur eben in der völligen Auswirkung ihres Zornes gegen den Menschen der Sünde, nur eben in seiner Tötung, Auslöschung und Beseitigung, ‚genug tun' konnte. Hier dürfte dieser problematische Begriff ‚Genugtuung' (Satisfaktion) am Platz sein: Gott hat in der Passion Jesu Christi, in der Dahingabe seines Sohnes in den Tod das zum siegreichen Kampf gegen die Sünde, sollte dieser Sieg radikal und total sein, Genügende getan: das Genügende zu ihrer Beseitigung und also zur Herstellung der Ordnung zwischen sich als Schöpfer und seinem Geschöpf, zur Heraufführung des mit ihm versöhnten, mit ihm im Frieden existierenden neuen Menschen, und also zu des Menschen Errettung aus dem Tode."[85] Mit anderen Worten: Indem der Mensch Jesus dieselbe Beziehung zu seinem göttlichen Abba lebt, die der innertrinitarische Sohn zum Vater ist, gelangt das liebende Ja-Wort Gottes dahin, wo der Mensch seine Gottebenbildlichkeit in deren Gegenteil, in das Gegenteil von Liebe, verkehrt hat. Die Außenseite des Golgatha-Geschehens – von Luther und Barth „opus Dei alienum" genannt – ist der Zorn Gottes. Und die Innenseite dieses Geschehens – von Luther und Barth „opus Dei proprium" genannt – ist die Ersetzung des aus der Selbstbestimmung (= Aszendenz) lebenden Sünders durch den aus dem Glauben (= Deszendenz) lebenden Menschen.

---

tenen Sohnes konnte Gott das wahre Bild seiner von der Lieblosigkeit der Menschen bis ins Mark verwundeten Liebe offenbaren." (Ist Gott die Liebe?, 187f).

85 KD IV/1, 280.

b) Ein Handeln Gottes mit dem Sünder, oder: Die Kreuzestheologie Joseph Ratzingers

Auch Joseph Ratzinger gehört zu den Kritikern der traditionellen Satisfaktionstheorie[86]. Auch er weist hin auf Luthers Bild vom Gnadenstuhl[87], in dem der Vater sich selbst mit dem Sohn dem kreuzigenden Hass des Sünders aussetzt[88]. Also muss der Vater weder durch den Sünder noch durch eine Ersatzleistung des Sohnes versöhnt werden. Der Vater muss

---

86 Vgl. J. Ratzinger, Stellvertretung; ders., Einführung in das Christentum, 186–189. – Dazu: K.-H. Menke, Stellvertretung, 321–339.

87 Man könnte den gesamten zweiten Band des Jesus-Buches von Papst Benedikt mit einem Bild vom „Gnadenstuhl" charakterisieren. Das Wort „Gnadenstuhl" stammt aus der Bibelübersetzung Martin Luthers. Der Reformator bezeichnet damit nicht eine bestimmte Art von Trinitätsdarstellungen, sondern den Deckel der Bundeslade (Lev 16,14f: hebräisch *kapporet*, griechisch *hilasterion* oder *hilasmos*), den Ort, der im nachexilischen Tempelkult der Ort der Anwesenheit JHWHs und deshalb am Versöhnungstag der Ort der versöhnenden Gnade ist; aber auch Jesus Christus, weil er in Röm 3,25 und Hebr 4,16; 9,5 als neuer „Thron der Gnade", als neuer „Sühneort" bezeichnet wird. Weil bestimmte Darstellungen des dreipersönlichen Gottes im 12. Jahrhundert mit dem Ziel angefertigt wurden, die Annahme der eucharistischen Vergegenwärtigung des Kreuzesopfers durch den Vater darzustellen, sind in diesen Bildern Altar und Trinität untrennbar verbunden. So wundert es nicht, dass Luthers Sprachschöpfung „Gnadenstuhl" im deutschen Sprachraum nicht nur auf den „Thron der Gnade Christi", auf den Altar, sondern auf das Gesamtbild von Versöhnungsort und Trinität übertragen wurde. Theologisch besonders aussagekräftig sind jene Exemplare der Gnadenstuhldarstellung, in denen der Vater den gekreuzigten Sohn so in seinen Händen hält, dass seine darreichenden Hände mit den gekreuzigten Händen des Erlösers eine ununterscheidbare Einheit bilden. Der Vater ist in diesen Darstellungen nicht der Opfernde und der Sohn der Geopferte, sondern beide sind im Sich-Verschenken eins, was die meisten Künstler durch eine Taube zum Ausdruck bringen, die den Mund des Vaters mit dem Mund des Sohnes verbindet; sie wollen damit sagen: In der Liebe des Heiligen Geistes sind der Wille des Vaters und der Wille des Mensch gewordenen Sohnes vollkommen geeint.

88 Fast ebenso folgenreich wie die trinitätsimmanente Dissoziation von Vater und Sohn in der traditionellen Satisfaktionslehre (der Sohn als Mittel des Vaters zur Begleichung der ausstehenden Satisfaktion der Sünder) ist die trinitätsökonomische Identifikation des Willens Jesu mit dem Willen des göttlichen Sohnes (Monotheletismus). Denn wenn der kreatürliche Wille Jesu immer schon (auf der naturalen Ebene) identisch ist mit dem Willen des göttlichen Sohnes, dann ist das biblisch bezeugte Leben und Leiden Jesu kein Geschehen zwischen Gott und Mensch, sondern nur so etwas wie ein Medium oder Instrument des göttlichen Sohnes. Deshalb betont Joseph Ratzinger, dass Jesus Christus die Einheit seines kreatürlichen Willens mit dem Willen des göttlichen Sohnes durchleidet, durchbetet und immer neu erringt. In seinen christologischen Meditationen aus dem Jahre 1984 schreibt er: „Diese freie Einheit – die von der Liebe geschaffene Einheit – ist höhere und innerlichere Einheit als eine naturale Einheit. Sie entspricht der höchsten Einheit, die es überhaupt gibt, der trinitarischen." (Schauen auf den Durchbohrten, 34f).

überhaupt nicht versöhnt werden. Vielmehr gilt das ganze Geschehen zwischen Bethlehem und Golgotha der Umkehrung des Sünders in einen Sohn. Allerdings – so erklärt Ratzinger schon in seiner „Einführung in das Christentum" und besonders auch in seinen Beiträgen zum Thema „Stellvertretung" – ist das Versöhnungsgeschehen kein Deszendenzgeschehen ohne Aszendenzgeschehen. Der Sünder (der alte Adam) wird nicht – wie Barth formuliert – durch den Glaubenden (den neuen Adam) ersetzt; er ist nicht bloßes *Objekt* des Handelns Gottes, sondern auch *Subjekt* des Versöhnungsgeschehens. Ratzinger spricht zwar ebenso häufig wie Barth von dem Hintreten der göttlichen Liebe „an die Stelle" der Verneinung der Liebe. Aber für Ratzinger ist Stellvertretung nicht die Ersetzung des Sünders durch den Sohn, sondern geradezu das Gegenteil von Ersatz. Barths Erklärung des Kreuzesgeschehens als Ersetzung oder Neuschöpfung, als Gnade, die ihre eigene Annahme bewirkt, ist notwendig verbunden mit der Apokatastasis-Lehre. Ratzinger hingegen erklärt die Notwendigkeit des Dramas zwischen Bethlehem und Golgotha damit, dass Gott buchstäblich bis zum Letzten gegangen ist, um den Sünder zur Umkehrung (zum „Umleiden") seiner Sünde in Sohnschaft zu befähigen.

3. Das Christusereignis: Nur ein interpersonales oder auch ein geschichtliches Ereignis?

Wo Offenbarung als reine Relation gedacht wird, da wird sie ungeschichtlich gedacht. Rudolf Bultmanns These, das eigentliche Christusereignis sei identisch mit seiner Bedeutung für den je einzelnen Gläubigen, hat in jüngster Zeit wieder Konjunktur. Der Wiener Dogmatiker Christian Danz zum Beispiel versteht Christologie als „Selbstbeschreibungsform des eigenen Glaubens und des mit diesem verbundenen Sich-Verstehens des Menschen"[89]. In der Christologie, so meint er, „kommt zur Darstellung, wie Gott beim Menschen präsent ist, nämlich allein im und als Geschehen des Sich-Verstehens"[90]. Sobald ein Mensch glauben kann, dass der Jesus, der ihm in Wort und Tat verkündet wird, der Christus ist, gelangt er „zu einem neuen und vertieften Selbstverständnis". Diese Verlagerung der Offenbarung aus der Geschichte Jesu in das Christusbild des je einzelnen Gläubigen hat Konsequenzen: zum Beispiel für das Verhältnis des Christentums zu den anderen Religionen und besonders für den jüdisch-

89 C. Danz, Grundprobleme der Christologie, 90.
90 C. Danz, Grundprobleme der Christologie, 214.

christlichen Dialog. Danz hält ein Christentum, das Mission treibt, weil Christus für alle Menschen aller Zeiten heilsnotwendig ist („konstitutive Christologie"), für antimodern. Er will sich aber auch nicht der „repräsentativen Christologie" der Pluralistischen Religionstheologie[91] anschließen, also sein Christentum nicht als eine unter anderen Repräsentationen des universalen göttlichen Heilswillens verstanden wissen. Seine Alternative: Das Christusbild des je Einzelnen, der Jesus als den Christus glaubt, ist die Wahrheit des Christentums; und die ist, wenn man die Gläubigen fragt, weder relativ noch allgemein verbindlich. Wer sich durch Christus gerechtfertigt weiß, glaubt an die Wahrheit, ohne sein Bild von der Wahrheit (Christusbild) verabsolutieren zu müssen. Danz wörtlich: „Wird die Christologie […] als eine Selbstdarstellung der reflexiven Struktur des Glaubensaktes ausgearbeitet, dann impliziert sie weder ein Urteil über andere Religionen, noch fordert sie im Interesse einer Anerkennung anderer Religionen eine Depotenzierung."[92] Letztere Schlussfolgerung soll besonders das schuldbeladene Verhältnis des Christentums zum Judentum bestimmen. Es genügt nicht, so meint Danz, den Mose-Bund als unge-

91 Die „repräsentative Christologie" – exemplarisch vertreten durch John Hick und Perry Schmidt-Leukel – unterscheidet mit Kant zwischen der ‚Wirklichkeit an sich' (Nooumenon) und der ‚Wirklichkeit für mich' (Phainomenon). Gott bzw. das Göttliche wird von John Hick als das Wirkliche schlechthin bezeichnet, aber zugleich so radikal transzendiert, dass keine Erfahrungsweise (Religion) des ‚Wirklichen' der anderen überlegen ist. Das ‚Wirkliche' offenbart bzw. manifestiert sich, ist aber deshalb nicht auch das Kriterium der Bewertung seiner Deutungen. Mit anderen Worten: Keine Religion sagt etwas über ‚das Wirkliche an sich', sondern ist lediglich Ausdruck einer bestimmten situationsgebundenen Erfahrungs- oder Sichtweise. Wenn aber die Deutungssysteme der Religionen nicht eine von menschlichen Erfahrungen verschiedene Wirklichkeit, sondern nur diese Erfahrungen als solche interpretieren, dann liegt der Schluss nahe, es handele sich bei diesen Deutungssystemen um bloße Projektionen. Hick selbst spricht zwar von Informationen, die, aus einer transzendenten Quelle an den Menschen vermittelt, in seinem Bewusstsein als Erfahrung erscheinen. Aber die transzendente Quelle ist nicht selbst das Kriterium der Unterscheidung zwischen ‚wahr' und ‚falsch'. Was – diese Fragen drängen sich geradezu auf – soll denn jene göttliche Wirklichkeit sein, der es unmöglich ist, sich so mitzuteilen, dass sie zutreffend gedeutet wird? Und woher weiß man eigentlich, dass es immer ein und dieselbe ‚Wirklichkeit an sich' ist, die sich in den Erfahrungsweisen der unterschiedlichen Religionen manifestiert? Und was sagt der Begriff ‚Wahrheit' noch aus, wenn Behauptungen, die sich inhaltlich widersprechen, dennoch gleichermaßen ‚wahr' sein sollen? „Man kann doch" – so bemerkt Armin Kreiner (Anfragen an die Pluralistische Religionstheologie, 88), „nicht von etwas überzeugt sein und gleichzeitig gegenteilige Überzeugungen als gleichermaßen gültig und wahr erachten. Die Auffassung, wonach etwas für mich ‚wahr' sein kann, ohne deshalb schon für alle ‚wahr' sein zu müssen, ist nicht ein Indiz für Toleranz, sondern eher ein untrügliches Indiz für die Verabschiedung des Wahrheitsbegriffs."

92 Danz, Grundprobleme der Christologie, 230.

kündigten Bund zu würdigen. Christen sollten zudem auf jede Dogmatik verzichten, die das Christusereignis als heilsnotwendig auch für jeden Juden beschreibt oder von einer eschatologischen Anerkennung des Jesus als des Christus auch durch die Juden spricht. Danz wörtlich: „Zu einem konstruktiven Umgang mit der Vielfalt von religiösen Deutungen gelangt man nicht durch deren noch so kunstvolle Reintegration in die eigene religiöse Binnenperspektive, sondern allein durch deren Anerkennung."[93]

Die Frage, warum der trinitarische Gott das Drama der Inkarnation zwischen Bethlehem und Golgotha auf sich genommen hat, statt durch bestimmte Mittel und Werkzeuge oder unmittelbar durch Inspiration denselben Effekt zu erzielen, wird von Danz nicht beantwortet. Es kommt ja, wie er immer wieder betont, nur auf das neue Selbstverständnis des je einzelnen Menschen an, nicht auf das historische Ereignis, durch das dieses Selbstverständnis bewirkt wird; auch nicht darauf, dass die Explikation des von Gott gerechtfertigten Gläubigen ein *wahres* Christusbild ist. Was das je eigene Christusbild für die Gläubigen der christlichen Tradition, das ist für Mitglieder anderer Religionen ein entsprechendes Pendant.

a) Das Christusereignis als Faktum, das seine Deutung bewirkt

Wo die Deszendenz Gottes bzw. Offenbarung als bloßes Verhältnis des Offenbarers zum je einzelnen Gläubigen gedacht wird, da ist Offenbarung nicht Geschichte, sondern eine weltlose Beziehung. Unter dieser Voraussetzung sind die Fakten der Jesus-Geschichte nur von Bedeutung, wenn sie dem je einzelnen Sünder den Glauben an sein bedingungsloses Geliebt- und Gerettetsein vermitteln. An und für sich haben sie keine Bedeutung. Man kann ganz allgemein konstatieren: Wenn die Bedeutung von Fakten nicht untrennbar an diesen selbst haftet, sind Fakten bloße Katalysatoren dessen, was Danz zutreffend als „Selbstverständigung" beschreibt[94]. Die großen religiösen Traditionen sind unter dieser Voraussetzung so etwas wie Kommunikationssysteme oder Wittgensteinsche Sprachspiele. Sie stehen nebeneinander. Und da es kein Kriterium der Unterscheidung von wahren und irrigen Deutungen gibt, bleibt lediglich das Vergleichen aus

93 Danz, Grundprobleme der Christologie, 237.
94 Zu der grundsätzlichen Frage, was ein historisches Ereignis ist, wie Faktum und Deutung sich zueinander verhalten, und unter welchen Voraussetzungen auch das Osterereignis als geschichtliches Ereignis bezeichnet werden kann: G. Essen, Historische Vernunft und Auferweckung Jesu, bes.161–385; ders., Geschichte als Sinnproblem.

der Perspektive des je eigenen Sprachspiels heraus[95]. Die „Komparative Theologie", die Klaus von Stosch als Alternative zum relativistischen Pluralismus empfiehlt[96], geht von der Voraussetzung aus, dass die Geschichte selbst nicht offenbart, welche Deutung wahr und welche weniger wahr oder falsch ist. Ausdrücklich nennt er das Beispiel der Offenbarung des Weges zum Vater durch Jesus[97]. Dass es einen Weg zum Vater gibt, kann – so schreibt er – auch durch andere Topoi der Weltgeschichte vermittelt werden. Wo die vermittelnde Geschichte mit der vermittelten Wahrheit identifiziert wird – zum Beispiel der geschichtliche Jesus mit dem Weg zum Vater für alle Menschen aller Religionen – vermutet er argumentativ nicht hinreichend ausgewiesene Behauptungen[98]. Gegen meine These von der universalen Einzigkeit Jesu Christi (Jesus als Gott der Sohn) stellt er die Frage, ob eine bestimmte Überzeugung des eigenen Sprachspiels in einem anderen religiösen Sprachspiel eine ähnliche Funktion erfüllt[99].

---

95 Klaus von Stosch (Komparative Theologie, 245) geht davon aus, dass die „Familienähnlichkeiten" unterschiedlicher religiöser Sprachspiele auf komparativem Wege die Wahrnehmung des genuin Andersartigen gegenüber der eigenen Überzeugung und sogar die Erarbeitung einer alle vergleichbaren Spachspiele prüfenden Kriteriologie (vgl. ebd. 293–316) erlauben. Dass dieser Optimismus auf schwachen Füßen steht, beweisen u.a. die Gegenargumente von Thomas Schärtl (Rez. zu K. v. Stosch).

96 Die „Öffnung für die mögliche Verschiedenheit anderer Gegebenheitsweisen der Offenbarung des einen Gottes kann keineswegs in den Pluralismus führen. Denn es geht hier gerade nicht um die hypothetische Gleichrangigkeit verschiedener Zugänge zur letzten Wirklichkeit, sondern um das Hineinholen des konkret anderen in seiner Andersheit in das eigene Denken und die gleichzeitige Bereitschaft, mich ihm in seiner Andersheit auszusetzen und von ihm bereichern zu lassen." (K. v. Stosch, Komparative Theologie, 282).

97 Klaus von Stosch unterstreicht, dass jede echte religiöse Überzeugung mit einem unbedingten Geltungsanspruch verbunden ist. Christen zum Beispiel bekennen Jesus Christus als den Weg, die Wahrheit und das Leben für alle Menschen aller Zeiten. Aber, so meint er: „Wenn ich ernst nehme, dass Jesus der Weg, die Wahrheit und das Leben für alle Menschen aller Zeiten ist, muss ich doch nicht behaupten, dass nur die geschichtliche Gestalt Jesu von Nazaret einen Weg zum Vater eröffnet." (Komparative Theologie, 291). Mit anderen Worten: Der Weg zum Vater bzw. zu Gott ist die Bedeutung der Geschichte Jesu. Aber nicht nur Jesu Geschichte hat diese Bedeutung, sondern – so vermutet von Stosch – es gibt auch entsprechende Topoi in anderen Sprachspielen der Religionsgeschichte.

98 Vgl. K. v. Stosch, Jesus als Gott der Sohn? – Einig ist sich Klaus von Stosch (Jesus als Gott der Sohn?,) z. B. mit Michael Schulz (Karl-Heinz Menkes Trinitätstheologie) und Georg Essen (Die Offenbarung Gottes in Jesus Christus) in Bezug auf den unaufhebbaren Nexus zwischen Christologie und Trinitätslehre; er gelangt aber aufgrund seiner eher monistischen als differenztheologischen Explikation des Trinitätsdogmas zu einer vergleichsweise relativierenden Auffassung von der Einzigkeit Christi.

99 Zum Begriff „religiöse Überzeugung" vgl.: T. Schärtl, Was heißt es, überzeugt zu sein?

Diese Position ist mit der biblischen Verhältnisbestimmung von Geschichte und Deutung unvereinbar[100]. Denn in der Bibel kann man quasi auf jeder Seite bestätigt finden, was Franz Rosenzweig so ausgedrückt hat: Judentum und Christentum sind „ursprünglich […] etwas ganz Unreligiöses, das eine eine Tatsache, das andere ein Ereignis. Religion, Religionen sahen sie um sich her, sie selbst wären höchst verwundert gewesen, auch als eine angesprochen zu werden. Erst ihre Parodie, der Islam, ist von vornherein Religion und will gar nichts andres sein; er ist mit Bewusstsein gestiftet."[101]

Dieses Rosenzweig-Zitat enthält keine Abwertung des Islam, sondern lediglich die oben ausführlich begründete Feststellung, dass die Offenbarung Gottes aus der Sicht des Judentums und ebenso des Christentums nur das Nicht-Notwendige sein kann. Der Islam „par-odiert" diese These, weil er Gott aus Welt und Geschichte geradezu verbannt, weil die einzige Berührung Allahs mit der Welt der dem Engel Gabriel und von diesem Muhammad diktierte Koran, also nicht ein Handeln Gottes in der Geschichte, schon gar keine Bundes-Geschichte mit den Menschen, sondern ein bis in jede Formulierung verbindliches Diktat ist[102].

b) Die Untrennbarkeit des Christusereignisses von der mit Christus kommunizierenden Kirche

Das Besondere und Ganz-Andere von Judentum und Christentum „liegt darin, dass Gott in der Bibel […] als der Handelnde erfahren wird […]: dass Gott den Menschen mitten in den weltlichen und irdischen Zusammenhängen sucht, dass Gott […] dem Menschen nachgeht und in Be-

---

100 Dazu: J. Daniélou, Vom Geheimnis der Geschichte, bes. 32–143; O. Cullmann, Christus und die Zeit; ders., Die Verbindung von Ur- und Endgeschehen; ders., Heil als Geschichte; W. Pannenberg, Einführung.

101 F. Rosenzweig, Das neue Denken, 203.

102 „Wenn der Koran, und dies ist das islamische Selbstverständnis, dem Propheten Muhammad vom Engel Gabriel diktiert wurde und unmittelbar Gottes Wort enthält, dann ist eine historisch-kritische Untersuchung des Koran, die sich nur auf die menschliche Seite der Vermittlung der Offenbarung beziehen könnte, grundsätzlich nicht möglich. […] Wenn etwa der frühere Professor für islamische Ideen- und Kulturgeschichte und heutige Berater der französischen Regierung für islamische Angelegenheiten, Mohammed Arkoun, eine bewusste ‚Entmythologisierung' und ‚Entmystifizierung' des Buches / der Bücher propagiert, hat er damit offenkundig einen Standpunkt außerhalb der islamischen Glaubensüberzeugung von der Identität zwischen Wort Gottes und Koran eingenommen." (R. Voderholzer, Offenbarung, Tradition und Schriftauslegung, 57f).

ziehung zu ihm tritt."[103] Unter dieser Voraussetzung ist die Geschichte nicht Katalysator von Deutungen, sondern ein von Gott bestimmter, zielgerichteter, allerdings nicht prädeterminierter Sinnzusammenhang. Robert Schlette hat diesen Sachverhalt in einem immer noch lesenswerten Büchlein mit dem Titel „Epiphanie als Geschichte" wie folgt beschrieben: Die Ereignisse der biblisch bezeugten Geschichte sind bereits von Anfang an als gedeutete da, aber eben als gedeutete *Ereignisse*[104]. „Die Deutung ist an das Ereignis angeschlossen, sie ist dem Ereignis zugewachsen, aber dass dieses geschehen konnte, beruht nicht auf Willkür, auf Beliebigkeit, sondern darauf, dass das Ereignis selbst die Deutung ermöglichte. Das die Deutung ermöglichende Element am Ereignis aber ist die Epiphanie, die nicht neben dem Geschehen her oder anlässlich des Geschehens sich einstellt, sondern als das Geschehen selbst."[105] Geschichte als Epiphanie – das ist es, wodurch „sich Israel den übrigen Völkern überlegen weiß"[106]. Allerdings ist diese Überlegenheit Proexistenz, Berufung zum Dienst an der ganzen Menschheit, deren Geschichte, wie gesagt, vom Logos Gottes her ein einziger Sinnzusammenhang ist[107]. Dies vor allem haben die Vertreter der Pluralistischen Religionstheologie, aber auch die Protagonisten der Komparativen Theologie bei ihrer vergleichenden Charakterisierung des Christentums vergessen.

Gewiss: Es gibt keine ungedeuteten Fakten. Deshalb stellt sich die Frage, wie denn verschiedene Deutungen anhand von Fakten geprüft werden können, die – auch als Epiphanie verstanden – immer schon gedeutet sind.

Gott, so hat es Gerhard Lohfink formuliert, braucht ein Volk[108] – deshalb das Faktum der Erwählung Israels und der Kirche. Es ist das Volk Gottes, das kanonische von nichtkanonischen Deutungen der Geschichte Gottes mit den Menschen scheidet. Und es ist die Kirche, die kanonische von nichtkanonischen Deutungen der Jesus-Geschichte trennt[109]. Die in

103 J. Ratzinger, Glaube – Wahrheit – Toleranz, 35.
104 Über jüngere Diskussionen zum Thema „objektive Evidenz" vgl. E.-M. Spiegelhalter, Objektiv evident?; M. Lerch: Selbstmitteilung Gottes, 193–214.
105 R. Schlette, Epiphanie als Geschichte, 46f.
106 R. Schlette, Epiphanie als Geschichte, 49.
107 „Dass die Epiphanie als Geschichte, die Israel erfahren darf, nicht eine willkürliche Privilegierung bedeutet, sondern die Berufung zu einer besonderen Weise des Dienstes, der allen zugute kommen soll, ist für die jahwistische Beschreibung des Anfangs keinen Augenblick zweifelhaft (vgl. Gen 12,3)." (R. Schlette, Epiphanie als Geschichte, 49).
108 Vgl. G. Lohfink, Braucht Gott die Kirche?, bes. 71–152.251–380.
109 Die Konsequenzen dieser Position sind von keinem katholischen Theologen so scharf ausgeleuchtet worden wie von dem protestantischen Exegeten Ulrich Luz in den folgenden Aufsätzen: Was heißt ‚Sola Scriptura' heute?; Kann die Bibel heute noch

den Schriften des AT und NT bewahrte Erinnerung an das Geschichtshandeln Gottes ist einem Volk anvertraut, das – so fomuliert es die Kirchenkonstitution des Zweiten Vatikanischen Konzils, „Mittel und Werkzeug zur Heimholung aller Menschen" sein soll.

Das Alte Testament setzt eine Einheit der Geschichte aller Menschen immer schon voraus. Es kennt Ereignisse der Verheißung und Ereignisse der Erfüllung, Wege und Umwege des Bundes-Handelns JHWHs mit der Menschheit und besonders mit seinem Volk Israel. Es gibt eine Teleologie auf Christus hin[110]. Und das Neue Testament besteht aus verschiedenen Bezeugungen des Christusereignisses, die alle eines gemeinsam haben, nämlich die Erklärung des Faktums von Kreuz und Auferstehung Jesu als Mitte nicht nur der biblisch bezeugten Bundes-Geschichte, sondern der Menschheitsgeschichte insgesamt [111].

Grundlage für die Kirche sein? – Vgl. dazu den Kommentar des katholischen Exegeten Marius Reiser: Bibel und Kirche. Eine Antwort an Ulrich Luz. – Des Weiteren die Replik von Ulrich Luz: Wirkungsgeschichtliche Hermeneutik und kirchliche Auslegung der Schrift.

110 Vgl. J. Daniélou, Vom Geheimnis der Geschichte, 32–43.

111 Oscar Cullmann (Christus und die Zeit, 23–84) betont, dass sich mit Bultmanns Exegese und der griechischen Philosophie zwei konträre Auffassungen von Zeit gegenüberstehen. Die griechische Weise, Zeit zu verstehen, ist zyklisch; Zeit ist hier so etwas wie ein geschlossener Kreis und damit stetige Wiederkehr desselben. Von daher erklärt sich der Mythos von Sisyphos, der dazu verurteilt ist, einen schweren Stein einen hohen Berg hinaufzurollen, der unmittelbar vor dem Ziel wieder nach unten rollt und dann wieder hinaufgerollt werden muss. Zeit wird hier als Versklavung, als Fluch empfunden. Unter solcher Voraussetzung erscheint der Gedanke, das Heil in der Zeit zu suchen, als Zumutung. Unter solcher Voraussetzung ist Heil der Ausbruch aus dem Zirkel der Zeit; wenn möglich, Flucht in die zeitlose Ewigkeit. Man kann die griechische Metaphysik nicht nur, aber zumindest auch als Suche nach dem Heil außerhalb der Zeit und also als Negation alles Vorübergehenden, Endlichen, Vorläufigen verstehen. Gegen diese Suche richtet Cullmann sein, wie er betont, von der Heiligen Schrift durchgängig gedecktes ‚Nein'. Gegen den zyklischen Zeitbegriff der Griechen, so führt er aus, stellt die Bibel ein lineares Verständnis von Zeit; Zeit wird im aufsteigenden Zusammenhang von Gestern, Heute, Morgen gesehen; als aufsteigende Linie bietet sie den Raum an, in dem sich die Erfüllung eines göttlichen Planes vollziehen kann. Für jüdisches Denken gibt es, so erklärt Cullmann, nur noch eine entscheidende Markierung in der Zeit, die Parusie, mit der der neue Äon beginnt. Diese Mitte, die die Äonen trennt, liegt in der Zukunft. Jesus aber hat – darin sieht Cullmann die christliche Korrektur – die Mitte aus dem Eschaton in die Gegenwart geholt. An der Gemeinschaft mit ihm, einem bestimmten Menschen der Geschichte, entscheidet sich die Zukunft eines jeden Menschen und damit der Schöpfung insgesamt – nicht im Sinne einer prädestinierenden Verfügung, sondern unter Wahrung der Freiheit der durch Christus Erlösten. – Dazu: W. Pannenberg, Einführung; J. Ratzinger, Auferstehung und ewiges Leben, bes. 78–82.

C. DIE BEANTWORTUNG DER FRAGE: „WAS HAT JESUS CHRISTUS FÜR ALLE MENSCHEN ALLER ZEITEN GETAN?"

Es ist kein Zufall, dass Theologen, die wie Karl Barth die Versöhnung des Menschen mit Gott als ausschließlich von ihm gewirkt erklären, das Wort ‚Sühne' meiden. Denn von Sühne kann man sinnvollerweise nur unter der Voraussetzung sprechen, dass der Schöpfer die Sünde und deren Folgen nicht *ohne* den Sünder, sondern nur *mit* ihm besiegen kann.

1. Die einzige Wirklichkeit, deren Ursprung nicht Gott, sondern der Mensch ist

Wäre Sünde nur ein vertikales Nein zu Gott, dann könnte Gott allein – „sola gratia" – für die Umkehrung des Nein in ein Ja sorgen. Aber Sünde geschieht in Raum und Zeit; sie ist niemals nur Relation zu Gott, sondern stets auch Relation zu anderen Menschen und deshalb eine Wirklichkeit in Raum und Zeit; eine objektive (geschichtliche) Wirklichkeit. Der Mensch kann im Unterschied zu Gott nichts erschaffen – von einer Ausnahme abgesehen: Er kann die Wirklichkeit erschaffen, die Gott nicht will; eine Wirklichkeit, die – anthropomorph gesprochen – von Gott gehasst wird, nämlich die Sünde[112]. Man muss nicht gleich an die geradezu monströsen Vergehen einzelner Menschen wie Adolf Hitler, Idi Amin oder Pol Pot denken; es genügt, sich die Folgen der Verleumdung zum Beispiel eines unschuldigen Menschen auszumalen, oder die Folgen einer aus Eifersucht und Neid erfolgten Lüge, um zu erkennen: Sünde schafft Wirklichkeit, die Gott nicht will und die dennoch so real ist wie ein Geschöpf Gottes auch. Und jede vermeidbare Schuld ist Sünde. Der Mensch schafft Fakten, wo immer er etwas schuldig bleibt – keineswegs nur dann, wenn er den Nächsten beleidigt, belügt, schädigt oder tötet, sondern auch dann, wenn er ihm nicht gerecht wird aus Gleichgültigkeit, Lieblosigkeit oder Beqemlichkeit.

112 „Nondum considerasti quanti ponderis sit peccatum." (Anselm von Canterbury, Cur Deus homo, § 21).

a) Ist jede Selbstverfehlung Sünde?

Wenn er ehrlich ist, erklärt sich jeder Mensch – ob gläubig oder nicht – schuldig, sobald er bewusst und willentlich (in Freiheit) gegen die ‚autonome' Verpflichtung seines Ich auf die Anerkennung des Nicht-Ich handelt. Aber die Selbstverfehlung (Schuld) des Menschen ist nicht erst dann ein Handeln gegen Gottes Willen (Sünde), wenn der Schuldige glaubt, dass er nicht nur gegen sein Gewissen, sondern auch gegen den Willen bzw. die Liebe Gottes gehandelt hat[113]. Denn vom Schöpfer her gesehen ist das, was Kant als das unbedingte Sollen des transzendentalen Ich bzw. als den kategorischen Imperativ der praktischen Vernunft beschreibt[114], identisch mit dem Logos der Schöpfung[115]. Anders gesagt: Wenn der Mensch Gottes Willen erfüllt, entspricht er seinem innersten Selbst; und wenn er seinem innersten Selbst entspricht, erfüllt er Gottes Willen[116]. Selbstverfehlung

113 Dazu: J. Knop, Sünde – Freiheit – Endlichkeit, 122–131.182–189.234–237.351–356.

114 Während H. Verweyen (Gottes letztes Wort, 101–109) betont, dass Kant das unbedingte Sollen der praktischen Vernunft nur unter der Voraussetzung für befolgbar hält, dass der Handelnde an eine Instanz glaubt, welche die Antinomie zwischen dem unbedingten Sollen des transzendentalen Ich und der Natur als bloß vorläufig erweisen wird, erklärt M. Striet („Erkenntnis aller Pflichten als göttlicher Gebote", 169–178): „Der Anspruch des Sollens ist ein durch sich selbst gesetzgebender. Anders formuliert: Die Vernunft soll sich deshalb gemäß ethisch verträglichen Maximen bestimmen, weil sie moralisch sein soll, nicht aber, weil andere Macht, auch nicht ein Gott, ein solches befiehlt. Die Moralität wird so gänzlich aus allen heteronomen Bestimmungen befreit." (171).

115 „Wird das ganze Ausmaß des menschlichen Verfallenseins an die Sünde erst in Christus offenbar, so sind es andererseits doch davon unabhängige Instanzen, die schon von sich her die Menschen schuldig sprechen: das Gesetz, das seine Übertreter anklagt (Röm 3,19; 5,13), und das Gewissen (Röm 2,15) bzw. die Vernunft (Röm 1,20; vgl. 7,23), durch welche die Heiden mit dem Anspruch des Schöpfers konfrontiert werden." (M. Theobald, Sünde, 1122).

116 Ingolf U. Dalferth (Malum, bes. 219–547) bringt Kants Diagnosen auf die Formel: „Wir können, weil wir sollen, aber zugleich können wir nicht, weil wir nicht wollen. Im Prinzip können wir das Gute wollen (denn wir sollen es ja), konkret aber wollen wir es gerade nicht (obwohl wir es sollten)." (274). So interpretiert, steht Kant in einer Reihe mit Augustinus, Luther und Leibniz. Was für erstere das Verhängnis der Erbsünde, ist für Leibniz das Verhängnis der Endlichkeit und für Kant der Schatten der Freiheit. Im Anschluss an die von Karl Barth und Eberhard Jüngel vorgegebene Theoriebildung der protestantischen Tradition lehnt Dalferth jede natürliche Theologie ab. *Nur im Glauben* kann der Mensch das besagte Verhängnis durchschauen; und *allein* „das Gottesprojekt", d. h. die Liebe des Gekreuzigten (449–517), kann das Böse überwinden. „Gott liebt das Geschöpf ins Leben – in sein Leben." (547).

ist nicht nur Schuld, sondern auch Sünde[117]. Natürlich kann man darüber streiten, unter welchen Voraussetzungen ein Mensch die eigene Schuld vorbehaltlos bekennen kann; ob solche Ehrlichkeit schon aus Angst vor dem Zorn Gottes oder erst im Glauben an die in Christus offenbar gewordene Liebe möglich ist. Aber die Behauptung, dass erst sündigen könne, wer glaubt, oder gar, dass man nur in dem Maße sündigen könne, in dem man gegen den eigenen Glauben handelt, ist abgründig[118]. Sie hat zur Konsequenz, dass die Henker von Auschwitz möglicherweise gegen das Sollen ihrer eigenen Vernunft gehandelt, aber – weil ungläubig – nicht gesündigt haben[119]. Wer gegen die dem eigenen Ich eingestiftete Hinordnung auf das Nicht-Ich handelt, handelt auch gegen Gottes Willen – unabhängig davon, ob er den kategorischen Imperativ seiner Vernunft ausdrücklich mit dem göttlichen Willen identifiziert oder nicht.

Gewiss, der Gehorsam gegenüber dem unbedingten Sollen der theoretischen und der praktischen Vernunft ist ebenso geschichtlich situiert wie der Gehorsam gegenüber dem göttlichen Willen. Er kann gefördert oder bis zur Taubheit behindert werden. Aber nie ist das ‚Ich' bloßes Epiphänomen der Verhältnisse, die es immer schon vorfindet.

Das Ungeheuerliche an der Wirklichkeit, die der Sünder durch seine Sünde schafft, ist dies, dass Gott sie zwar vergeben, aber nicht ungeschehen machen oder annihilieren kann[120] – es sei denn, er würde die Freiheit

117 Von daher kann ich nicht nachvollziehen, dass Magnus Striet seinem Wiener Kollegen Jan-Heiner Tück die Identifikation dessen, was Kant Schuld, mit dem, was die Bibel Sünde nennt, als unzulässig vorhält. Denn Tück leugnet nirgendwo die Legitimität von Kants Unterscheidung zwischen autonomer und heteronomer Instanz der Ethik, sondern nur die Richtigkeit der These, der Mensch könne erst sündigen, wenn er auf bestimmte Weise an Gott glaube. Striet schreibt: „Das Argumentationsmuster von Tück, das eine Unterscheidung von moralischer Schuld und Sünde nicht kennt, ist insofern ein vorneuzeitliches, als es weder eine moralische Vernunftautonomie kennt noch die Grenzen endlicher Vernunft bezogen auf die Frage der Wirklichkeit eines freien Gottes akzeptiert." (In der Gottesscheife, 159f).

118 Aktualismus (Identifizierung von Akt und Sein) führt notwendig zu dem Kierkegaard-Paradoxon: Wer glaubt, kann nicht sündigen, weil der Glaube – als *fides qua*, nicht als *fides quae* verstanden – das Gegenteil der Sünde ist; und der Ungläubige kann nicht sündigen, wenn der Glaube an Gott Voraussetzung der Identität von Selbstverfehlung (Schuld) und Sünde ist.

119 Hier liegt das m. E. tief Problematische der These: „Erst wenn Gott in bestimmter Weise geglaubt wird, als ein Gott, dem getraut werden darf, als der Gott, der aus der Unverfügbarkeit seiner Freiheit heraus den Menschen erwählt hat, wird die Sünde möglich." (Striet, In der Gottesscheife, 159).

120 Friedrich Wilhelm Joseph Schelling hat in seiner 1809 verfassten Abhandlung „Philosophische Untersuchungen über das Wesen der menschlichen Freiheit und die damit zusammenhängenden Gegenstände" jede neuplatonisch oder spinozistisch gefärbte

revozieren, die er seiner Schöpfung immer schon ermöglicht. Wenn Gott das, was meine Sünde anrichtet – z. B. das Leiden des Verleumdeten, z. B. den Hass der betrogenen Ehefrau, z. B. die psychische Krankheit im Gefolge verweigerter Liebe – annihilieren würde, dann wäre die besagte Freiheit bzw. Verantwortung des Sünders nur ein Schein. Denn das, was der Einzelne tut oder unterlässt, hätte keinerlei Relevanz.

b) Marcionismus, oder: Der Schöpfer als Sündenbock menschlicher Selbstverfehlung

Der theologische Versuch, den Menschen von der Verantwortung für seine Schuld bzw. Sünde zu entlasten, ist so alt wie der Marcionismus. In fast allen Gnostizismen ist die Schöpfung ein Vorgang, der eigentlich nicht sein sollte. Im Marcionismus ist Gott zerrissen zwischen der Erschaffung einer Welt, die fortlaufend Böses gebiert, und der Erlösung, die die Sünde der Schöpfung sühnt. Es scheint mir kein Zufall zu sein, dass diese Scheinlösung der Theodizeefrage wieder Konjunktur hat[121]. Denn in einer Welt, in der das Wort ‚Sünde' aus dem gängigen Wortschatz verschwindet oder in Schlagertexten für den Genuss von zuviel Schokolade verwandt wird; in einer Kirche, in der die Beichtstühle verwaist sind; und in einer Gesellschaft, in der alle immer nur Opfer von Veranlagung, Milieu, Erziehung und Umwelt sind, ist zumindest der einzelne Mensch kaum oder gar nicht verantwortlich für das Unheil der Welt und auch nicht für seine Selbstverfehlung. In der Attitüde des Opfers stellt er die Frage, warum diese Welt so ist, wie sie ist[122]; warum es sie überhaupt gibt oder nicht zumindest eine bessere Ausgabe der Schöpfung.

Beantwortung der Frage nach dem Ursprung des Bösen abgewiesen. „Es macht gerade die Pointe der schellingschen Konzeption aus, dass das Böse, ohne dass Güte, Allmacht und Verstehbarkeit Gottes in irgendeiner Weise geschmälert werden müssten, hier nicht im Sinne der ‚privatio boni'-Lehre als ein Seinsmangel gedacht wird, sondern dass er ‚aus der Fülle eines Seienden, nämlich aus dem Geist des Menschen, entspringt und somit weniger Anzeichen eines mangelhaften Vernunftgebrauchs ist als vielmehr gerade die ‚zur Geistigkeit erhobene Selbstheit' als äußerste und zugleich verheerendste Möglichkeit menschlicher Freiheit bezeichnet." (P. Höfele, Vergebung für die Täter?, 250f).

121 Schon 1976 bemerkt J. Ratzinger: „Wer den geistigen Entwicklungen von heute aufmerksam folgt, wird feststellen können, dass man geradezu von einer Wiederkehr Marcions in vielerlei Hinsicht sprechen darf." (Der Gott Jesu Christi, 62f).

122 Vgl. E. Drewermann, Glauben in Freiheit, Bd. I, bes. 231–241; R. Schwager, Der Gott des Alten Testamentes und der Gott des Gekreuzigten; ders., Erbsünde und Heilsdrama; T. Ruster, Der verwechselbare Gott, bes.192–214.

Der Tübinger Pastoraltheologe Ottmar Fuchs spricht vom „zerrissenen Gott“[123] – zerrissen zwischen dem, was er als Schöpfer zu verantworten hat; und dem, was er im Geschehen der Inkarnation und im Ereignis von Kreuz und Auferweckung ist: nämlich „der andere Gott“, der sich selbst den Bedingungen der eigenen Schöpfung unterwirft, damit die Leidenden wider alle Sinnlosigkeit an Sinn glauben können. Magnus Striet, der sich die Fuchs-These bereits durch einen Vortrag in der Münchener Akademie[124] angeeignet hat, bemerkt in seinem Vorwort zu Fuchs' „zerrissenem Gott“: „Und da ist sie dann wieder, die bange Frage, ob Gott dies alles hat wollen dürfen. Denn dass diese Welt nicht schmerzfrei sein würde, war klar. Und musste Gott nicht auch erahnen, dass der Mensch seine Freiheit missbrauchen würde? Zumal deren Bedingungen alles andere als ein zuverlässig glückliches Leben versprachen? Fuchs erinnert daran, wie Gott vermisst wird – entsetzlich vermisst wird, sich ausschweigt. Vielleicht ist gerade deshalb der Gedanke, dass Gott durch seine Menschwerdung sein Schöpfungswerk gesühnt hat, so aufregend. Nicht geht es bei dieser Sühne um die Sünde des Menschen, jedenfalls nicht vordergründig. Und erst recht musste das Leben Jesu nicht am Kreuz enden. Nein, Gott wird Mensch – um als dieser Mensch um die Zustimmung des Menschen zu seinem Schöpfungswerk zu werben.“[125]

Was Fuchs und Striet verbindet, ist die Überzeugung, der allmächtige Gott hätte auch eine andere als die faktische Welt schaffen können. Gott kann zwar die Eigenkausalität bzw. Freiheit, welche die Signatur des faktisch ins Dasein gerufenen Kosmos ist, nicht revozieren, ohne seine Schöpfung zu annihilieren. Aber er hätte voraussehen können, welche Konsequenzen eine Evolution mit sich bringt, die verunglücken kann, und welche Abgründe die Perversion der dem Menschen gegebenen Freiheit impliziert. Deshalb, so meinen Fuchs und Striet unisono, sollte man endlich aufhören, den Grund für alles Unheil in der Sünde des Menschen zu suchen, und stattdessen die gegen Gott gerichtete Klage Ijobs verstärken[126].

123 Vgl. O. Fuchs, Der zerrissene Gott, bes. 45–80. – Fuchs vertritt diese These bereits seit vielen Jahren; z. B. in dem 2000 publizierten Aufsatz: Dass Gott zur Rechenschaft gezogen werde. Seine Verkehrung der paulinischen Soteriologie in deren Gegenteil (Jesu Sterben am Kreuz: nicht Sühne für die Sünde der Menschheit, sondern für die eigene Sünde, nämlich für die seiner Schöpfung) findet sich auch in Texten der Paulus-Exegese von Slavoj Žižek – z. B. in: Die Puppe und der Zwerg, 16.

124 Vgl. M. Striet, Erlösung durch den Opfertod Jesu?, bes. 22–28.

125 M. Striet, Vorwort, 10f.

126 „Nicht die Theologie des Hiobbuches wurde ausgebaut, sondern eine auf die Sünde der Menschheit fixierte Theologie. […] Wenn man deshalb von Erschöpfungsten-

In einem Punkt zumindest unterscheiden sich die Positionen von Fuchs und Striet: Während Striet Gott Antworten zutraut, die der Mensch gegenwärtig schmerzlich vermisst, betont Fuchs: Der Schöpfer kann „uns nicht mit einer Sinnantwort kommen, dass alles einen notwendigen Sinn gehabt habe. Was soll das nur für ein Sinn sein, dem so viel an Leid zu opfern war? Was soll das für eine Notwendigkeit sein, die die Not nicht gewendet hat? Nein, mit einer solchen Sinnantwort, mit der er selbst ‚aus dem Schneider' wäre und auch relativ unbeteiligt sein könnte (weil ja alles einen Sinn hätte), kann Gott bei den leidenden Menschen keine Glaubwürdigkeit erringen. Im Gericht wird Gott gewissermaßen um das Vertrauen aller Menschen kämpfen müssen."[127]

Wenn man Fuchs nach seiner eigenen Antwort auf die Vereinbarkeit der Fakten des Leids mit dem Gott der Heiligen Schrift fragt, erhält man die Antwort: Sofern man glauben kann, dass der Schöpfer so Mensch werden konnte, dass er, ohne aufzuhören Gott zu sein, selbst die Folgen verunglückter Evolution und pervertierter Freiheit durchlitten hat, dann ist er glaubwürdig; dann erklärt er zwar nicht, warum das ganze Leid Sinn hat oder hatte; aber er ist glaubwürdig[128].

Einmal abgesehen davon, ob ein vom Leid erdrückter Mensch glauben kann, dass der inkarnierte Gott wie er selbst leidet – was nutzt ihm dieser Glaube? Was nutzt es ihm, dass der Urheber aller Wirklichkeit genauso wie er unter dieser Wirklichkeit leidet? Und warum ist ein Gott glaub-

---

denzen in der Moderne reden will, so wird man auch fragen müssen, ob diese nicht von einem bestimmten Christentum mit provoziert waren. Der alte Gott starb, weil dieser Gott den Menschen an den Pranger seiner Sündhaftigkeit stellte, dieser Gott aber keinerlei Sensibilität für das unschuldige Leiden aufbrachte." (M. Striet, In der Gottesschleife, 61).

127 O. Fuchs, Der zerrissene Gott, 189.

128 Magnus Striet begründet seine Abweisung der biblisch reich belegbaren These vom Sühnetod Christi um unserer Sünden willen mit – wie er selber meint – Argumenten, die den Versuch, die traditionelle Formel im gegenwärtigen Diskurs der Theologie zu bewähren, scheitern lassen. Er bemerkt: „Die von mir beanspruchten Gründe konzentrieren sich darauf, dass Gott um das Risiko seiner Schöpfung gewusst haben muss, so dass ich schließe, dass er als der offenbar gewordene unbedingt treue Gott bereits im Anfang entschieden war, Mensch zu werden, sich in allem uns gleich zu machen und das mit dem Menschen zu teilen, was Menschsein bedingt und ausmacht: die Freude, die Lust am Leben, aber eben auch das Unterworfensein unter die Logik der Tödlichkeit des Lebens. Was er dem Menschen, auf den er in seinem Schöpfungswillen gehofft hatte, zumutete, wollte er auch sich zumuten. Und er wollte sich vor allem offenbar machen. Damit Menschen bereits jetzt von ihm her zu leben beginnen können, sich in ihrer Lust am Leben nicht zermürben lassen von der Abgründigkeit, die dem Leben eingeschrieben ist." (In der Gottesschleife,155f).

würdig, der den Leidenden statt einer Antwort auf die Sinnfrage sein Mit-Leiden anbietet?

Striet ist erheblich konsequenter als sein Gewährsmann Fuchs. Denn aus seiner Sicht ist der Mensch gewordene Gott nicht schon deshalb glaubwürdig, weil er sich selbst den Unbilden seiner von Unglück und Sünde entstellten Schöpfung unterwirft, sondern erst unter der Voraussetzung, dass die Auferweckung des Gekreuzigten Möglichkeiten des Allmächtigen in Aussicht stellt, die Hoffnung wider alle Hoffnungslosigkeit ermöglichen. Striet weiß auch nicht, warum der von ihm als Inbegriff unendlicher Möglichkeiten gedachte Schöpfer nicht jetzt schon den Schrei nach Sinn beantwortet[129]; er kann verstehen, dass dieses Nichtwissen besonders die Denkenden unter den Gläubigen zur Leugnung Gottes führt[130]; er selbst aber glaubt aufgrund von Ostern, dass Gott ungeahnte Möglichkeiten hat, sein Nicht-Eingreifen und das Sosein seiner faktischen Schöpfung zu rechtfertigen[131].

Auf der einen Seite betont Striet, dass es keine doppelte Logik – eine für den ganz anderen Schöpfer und eine für seine mit Bewusstsein ausgestatteten Geschöpfe – geben darf; dass also jede Flucht in die angeblich dunklen Seiten Gottes unzulässig ist[132]. Andererseits traut er dem Gott, dem er alle Möglichkeiten des Eingreifens in seine Schöpfung zuspricht, Gründe für

129 „Wer Gott als den glaubt, der der Geschichte mächtig ist, der also eingreifen könnte in seiner Allmacht, wird ihn auch mit den Realitäten dieser Welt belasten müssen." (M. Striet, In der Gottesschleife, 39).

130 „Widerlegt nicht […] das Faktum, dass es überhaupt Schmerzen gibt, die Existenz eines allmächtigen Gottes? Eines Gottes, der nicht nur allmächtig, sondern auch gütig sein soll? War es da nicht nur redlich, schließlich ganz auf Gott zu verzichten? Ist es nicht redlicher, sich den Glauben an Gott überhaupt zu verbieten? Kommt dieser Gott nicht immer bereits zu spät, weil bereits gelitten wurde? Eine abschließende Antwort auf diese Frage ist nicht zu erwarten." (M. Striet, In der Gottesschleife, 141f).

131 „[…] solange Gott als eine Macht gedacht wird, die der Geschichte mächtig ist, ist Nicht-Handeln als Handeln zu interpretieren, bleibt das Alte Testament im Recht, wenn es Gott angeht, ihn anklagt. Vielleicht hat Gott Gründe nicht einzugreifen. Hat er sie nicht, so ist er moralisch diskreditiert. Aber selbst wenn er sie hat, so ist dieser Gott ein Gott, der nur allzu leicht im Abgrund der menschlichen Verzweiflung zu versinken droht." (Ebd. 161f).

132 „Im Übrigen halte ich gegen Tücks Mutmaßung auch weiterhin daran fest, dass eine Theodizee absurd wäre, die mit dunklen Seiten in Gott rechnet. Gerade deshalb arbeite ich ja konsequent den Gedanken aus, dass Gott im Schöpfungsentschluss sich dazu bestimmt hat, gemäß seinem Wesen dem nun anderen seiner selbst, der Welt und insbesondere den Menschen treu bleiben zu wollen. Aber das bedeutet nicht, dass er nicht auch um das Risiko seiner Schöpfung gewusst hat, des Brutalitätspotenzials von Freiheit – und dass diese von Anfang an dem Tod ausgeliefert war." (M. Striet, In der Gottesschleife, 161).

das faktische Nichteingreifen zu, deren Logik kein hiesiger Mensch auch nur erahnen kann. Das ist dann allen gegenteiligen Beteuerungen zum Trotz doppelte Theologie: eine für die gegenwärtige Logik des Menschen und eine ganz andere für das Eschaton.

Während Striet Gott als dem Inbegriff unendlicher Möglichkeiten zutraut, die Frage nach dem Warum und Wie aller Schöpfung und Geschichte beantworten zu können, betont Ottmar Fuchs, dass eine nachträglich gegebene Antwort immer zu spät kommt. Denn – so meint er mit Dostojewskijs Iwan Karamasow[133] – Gott kann einer Mutter, der ein SS-Scherge in Auschwitz ihren Säugling entrissen und gegen eine Wand geschlagen hat, nicht im Nachhinein erklären, das Ganze habe diesen oder jenen Sinn gehabt.

Striet will nicht das Gegenteil behaupten, denkt die Freiheit des allmächtigen Gottes aber doch so, dass er hätte eingreifen können und – soll er moralisch nicht diskreditiert sein – aus gutem Grunde nicht eingegriffen hat[134]. Doch: Wenn man so pointiert wie Striet die Flucht in einen „dunklen Gott" oder in eine doppelte Logik (Gottes Logik als das ganz Andere gegenüber der menschlichen Logik) verbietet, darf man dann selbst seine Hoffnung auf Möglichkeiten Gottes setzen, die alles jetzt Denkbare sprengen?

c) Das Kreuz auf Golgotha, oder: Die Antwort des Schöpfers an den Sünder

Nein! Gott der Vater hat keine anderen Möglichkeiten als der personal bzw. hypostatisch mit dem innertrinitarischen Sohn identische Mensch Jesus. Andernfalls wäre dieser Mensch nicht die Offenbarkeit Gottes selbst, sondern bestenfalls Instrument oder Medium Gottes. Folglich darf man von der Allmacht Gottes nicht anders denken und reden als von der Ohnmacht des Gekreuzigten. Das mag vordergründig paradox klingen, weil Menschen einen vorgefassten Begriff von Allmacht auf Gott projizie-

133 Vgl. F. M. Dostojewskij, Die Brüder Karamasow, 331.

134 „Dies wirft die Frage auf, ob es Gründe geben kann, die Gottes faktisches Nicht-Eingreifen in die Geschichte rechtfertigen, ohne dass damit der Schmerz als solcher gerechtfertigt wird. Unterstellt wird damit neben der Einzigkeit auch eine nicht nur partielle, sondern uneingeschränkte Handlungspotenz Gottes. Gottes Nicht-Eingreifen wird so als ein Handeln, als Verweigerung seines möglichen Eingreifens, interpretiert. Denn wenn sein empirisch kaum zu bestreitendes Nicht-Eingreifen nicht als Handeln, also als Verweigerung, eine Möglichkeit zu reaslisieren, begriffen würde, hätte es keinen Sinn, nach einer möglichen Rechtfertigung Gottes zu fragen." (M. Striet, Kommunikative Vernunft und Theodizee, 255).

ren, nämlich den unendlicher Möglichkeit. Aber am Kreuz hat der Vater selbst expliziert, was seine Allmacht ist: Sie ist identisch mit der Liebe, die sich lieber geißeln, mit Dornen krönen und kreuzigen lässt als irgend etwas zu erzwingen[135]. Von ebendieser gekreuzigten Liebe, der man auf Golgotha zuruft: „Hilf dir doch selbst und steig herab vom Kreuz!" (Mk 15,30), bekennt der Osterglaube, dass sie stärker war als der kreuzigende Hass ihrer Henker, und dass sie allem gegenteiligen Anschein zum Trotz kein Unglück und keine Sünde verhindern, wohl aber jeden Abgrund unterfassen kann.

Das Alte Testament erzählt immer wieder davon, dass der Beter JHWH gleichsam „hinein lassen" kann in jeden Winkel des eigenen Lebens[136]. Und das Neue Testament identifiziert Gott mit dem Gekreuzigten. Was es konkret bedeuten kann, ihn, den Gekreuzigten, „hinein zu lassen" in das eigene Leid, ist mir in der Begegnung mit einem jungen Paar aufgegangen, das ich als junger Vikar getraut hatte und dessen erstes Kind geistig und körperlich schwerstbehindert auf die Welt kam. Die junge Mutter war nach der Entbindung so geschockt, dass sie, sobald die Schwester mit dem Neugeborenen in ihr Zimmer trat, hysterisch zu schreien anfing. Sie konnte den Anblick des Kindes nicht ertragen. Ich habe ihr bei meinem ersten Besuch wortlos ein Kreuz auf den Nachttisch gelegt. Später erzählte sie, dass sie dieses Kreuz an sich gedrückt habe; und dann habe sie ihr Kind zum ersten Mal ansehen können und es dann mit einer Geste, die sie nie mehr vergessen könne, an sich gedrückt. Und sie sagte wörtlich: „So froh wie in diesem Augenblick bin ich niemals zuvor gewesen. Jetzt kann ich mein Kind lieben." – Es gibt Verwandlung, ja Verklärung durch die gekreuzigte Liebe. Gewiss, sie muss uns geschenkt werden, damit wir sie geben können; aber wenn sie uns geschenkt wird, ist sie stärker als jedes Leid. Christusförmige Liebe kann jedes Unglück und die Folgen jeder Sünde – der eigenen wie der fremden – tragen, ja sogar verwandeln.

Das vermeidbare Leid, das die Sünde anrichtet, wiegt ungleich schwerer als das unvermeidbare Unglück von Krankheit und Schicksal[137]. Unge-

135 Dazu: K. Hemmerle, Judentum und Christentum nach Franz Rosenzweig, 326–340; F. Genn, Denn dazu bin ich gekommen, 62–68.

136 Dazu: P. Kuhn, Gottes Selbsterniedrigung, bes. 23–44.

137 Die gängig gewordene Verharmlosung der Sünde wird von Magnus Striet durch ein neues Argument erweitert. Sünde ist – so führt er aus – gemessen an der Leidgeschichte der Schöpfung eine sehr spät auftauchende Möglichkeit bestimmter, nämlich an den Gott Jesu glaubender Menschen, und daher ungeeignet, das Nicht-sein-Sollende der Schöpfung zu erklären. Striet schreibt: „Erst wenn Gott in bestimmter Weise geglaubt wird, als ein Gott, dem getraut werden darf, als der Gott, der aus der Unverfügbarkeit seiner Freiheit heraus den Menschen erwählt hat, das heißt einen Bund mit

achtet der Tatsache, dass Sünder bis zu einem gewissen Grad auch Opfer der Sünde anderer sind, ist es die grundsätzlich vermeidbare Sünde – nicht das unvermeidliche Schicksal oder Unglück! –, die Familien und Ehen zerstört, Elendsviertel und Slums entstehen lässt, Schlachtlinien des Hasses, Kriege und Konzentrationslager. „Die falschen Entschuldigungen sitzen tief in uns. […] Im Blick auf den Holocaust kann man gelegentlich von deutschen Theologen hören: ‚Gott hat in Auschwitz geschwiegen', und dann entwickeln sie eine Mystik der Unbegreiflichkeit Gottes. Weshalb denken sie in diesem Zusammenhang über das Wesen Gottes nach? Weshalb sagen sie statt dessen nicht ganz schlicht: *Wir* haben geschwiegen – als die Scheiben der jüdischen Geschäfte von der SA eingeschlagen, als die Synagogen angezündet wurden und als die Nazis unsere jüdischen Schwestern und Brüder vergast und verbrannt haben? Es ist wahr: Die Kosten der Freiheit sind furchtbar, die Kosten, die daraus entstehen, dass der Mensch zu Gott ja oder nein sagen kann. Man darf nicht über das Gelingen des Planes Gottes reden, ohne auf all diese Opfer zu schauen. Sie zeigen, dass die Geschichte unserer Freiheit kein billiges Spiel ist. An der Entscheidung, ob wir dem Volk Gottes zu Hilfe kommen oder nicht, hängen unzählige Menschenleben. Denn wenn die Sache Gottes in der Welt lebt und wächst, wachsen auch Frieden und Gerechtigkeit in der Welt. Bleibt die Sache Gottes aber durch unsere Verweigerung schwach, bleiben Krieg, Hass und Gewalt."[138]

Es geht bei dem Drama zwischen Bethlehem und Golgotha nicht um die Glaubwürdigkeit eines angesichts der realen Schöpfung moralisch in Zweifel geratenen Schöpfers, sondern um die zerstörerische Macht der Sünde. Es gibt kaum eine Auskunft des Neuen Testamentes, die sich so klar und umfassend belegen lässt[139]. Die Erklärung des Kreuzestodes als

---

dem Menschen geschlossen hat, wird die Sünde möglich. Menschheitsgeschichtlich wird die Sünde, so gedacht, erst spät möglich." (In der Gottesschleife, 159).

138 G. Lohfink, Braucht Gott die Kirche?, 69f.

139 „Im Rahmen der sogenannten Sterbens- und Dahingabeformel gehörte der Sühne-Gedanke schon bald zum Allgemeingut des christlichen Bekenntnisses (gestorben ‚für bzw. wegen unserer Sünden': 1 Kor 15,2 [15,11]; Gal 1,4; Röm 4,25, bzw. ‚für uns' o. ä.: 1 Thess 5,10; Gal 2,20; 1 Kor 8,11; 2 Kor 5,15; Röm 5,6.8; 8,23; 14,15; vgl. 1 Petr 2,21; 3,18). […] Paulus übernahm die Sühne-Vorstellung der traditionellen Formeln, spitzte sie aber in der Weise zu, dass Christus nicht nur an der Stelle des homo peccator, sondern als dessen Repräsentant gestorben ist (Gal 3,13; 2 Kor 5,14f.21; Röm 8,3f). […] Der Hebräerbrief erhebt die kulttypologische Sicht des Todes Jesu zum theologischen Konzept: Jesus ist der Hohepriester (2,17; 3,1; 4,14f u. ö.), dessen Aufgabe es ist, ‚die Sünden des Volkes zu sühnen' (2,17). Sein Tod ist der Vollzug des eschatologischen Versöhnungstages, an dem er mit seinem eigenen Blut in das himmlische Heiligtum eingeht, um ein für allemal Erlösung zu bewir-

Sühne für die Sünde der Menschen ist kein zeitbedingtes Interpretament. Zeitbedingt ist die Einkleidung dieses Faktums in die Kategorien des nachexilischen Tempelkultes oder in die Kategorien der frühmittelalterlichen Satisfaktionstheorie. Aber die These, dass der trinitarische Gott da, wo er sich – das Ereignis der Inkarnation vorausgesetzt – dem Sünder bzw. der Sünde aussetzt, sein Wesen (gewaltlose, nichts erzwingende, aber möglicherweise doch alles transformierende, kurzum: trinitarische Liebe) auf nicht mehr überbietbare Weise offenbart, ist kein situativ bedingtes Interpretament[140].

d) Inkarnation, oder: Gott hat keine anderen Möglichkeiten als der Gekreuzigte

Es ist in der jüngeren Literatur zum Thema kaum oder selten verstanden worden, worum es eigentlich in jener Kontroverse um das Verhältnis von Kreuz und Auferstehung ging, die in den neunziger Jahren zwischen Hans Kessler und Hansjürgen Verweyen ausgetragen worden ist[141]. Es ging nicht, wie oft vermutet wird, um die Frage, ob Jesus erst aufgrund der Ostererscheinungen oder schon *vor* seinem Tod oder gar *in* seinem Sterben als der Christus erkennbar war. Es ging vielmehr um die Frage, ob der göttliche Vater noch andere Möglichkeiten zur Errettung der Sünder als die des Gekreuzigten hatte. Kessler und Striet beantworten diese Frage mit einem uneingeschränkten „Ja". Verweyen dagegen fragt: Wenn Gott der Vater andere Möglichkeiten als die in Christus offenbaren hatte, warum hat er dann zugeschaut, als der Sohn gegeißelt, mit Dornen gekrönt und gekreuzigt wurde? Wenn Gott der Vater noch andere Möglichkeiten als die des Golgatha-Geschehens hat, dann ist die Geschichte Jesu eine unter

---

ken (9,11–28; 10,10–14.18; vgl. 13,11f)." (H. Merklein, Sühne, 1100f). – Dazu: H. Verweyen, Ist Gott die Liebe?; ders., „... gestorben für unsere Sünden".

140 Magnus Striet relativiert das Kreuz mit der gegen Hansjürgen Verweyen gerichteten Frage: „Warum soll durch die Schmach des Kreuzes hindurch die Liebe Gottes offenbar geworden sein? Meint Verweyen mit Gewissheit ausschließen zu können, dass der Hingerichtete doch nur einer derjenigen war, die deshalb, weil sie für die Gerechtigkeit und Barmherzigkeit eintraten, ihr Leben ließen? Aber selbst wenn man so weit geht, Jesus als den Sohn Gottes zu glauben, so leuchtet mir nicht ein, warum Verweyen meint, die soteriologische Bedeutung des Kreuzestodes dann doch wieder auf die Sünde konzentrieren zu müssen." (In der Gottesschleife, 165).

141 H. Kessler, Sucht den Lebenden nicht bei den Toten; H. Verweyen, Rezension zu Hans Kessler (s. o.); H. Kessler, Irdischer Jesus, Kreuzestod und Osterglaube; H. Verweyen, Gottes letztes Wort, 441–465; ders., „Auferstehung", 105–144; H. Kessler, Erörterung der neuesten Kontroversen und aktuellen Fragen, 442–463; H. Verweyen, Botschaft eines Toten?, ; H. Kessler, Gott und das Leid seiner Schöpfung.

anderen Versöhnungserzählungen der Religionsgeschichte. Es hängt, wie Verweyen betont, alles an der Untrennbarkeit Jesu vom Vater; ob Jesus bloßes Mittel und Werkzeug des Vaters oder dessen Selbstoffenbarung war; ob er nur etwas mitteilen wollte (Glaubwürdigkeit des Schöpfers; Hoffnung wider alle Hoffnungslosigkeit), was er auch anders – und vor allem einfacher! – hätte mitteilen können; oder ob er die den Sünder von JHWH trennende Macht der Sünde (seit dem Babylonischen Exil ‚Sheol' genannt) für alle Menschen aller Zeiten faktisch (unabhängig davon, ob jemand das glauben kann oder nicht) entmachtet hat.

Israel war überzeugt, dass der physische Tod – ursprünglich das Geschenk des Übergangs vom irdischen Dasein in ein Leben bei Gott – durch die Sünde pervertiert worden ist in die Trennung von JHWH. Das Alte Testament kennt zwar Gerechte wie Henoch (Sir 44,16) und Elija (2 Kön 2,1–18), die den Tod der Trennung von Gott nicht erleiden mussten; aber jeder Mensch, der sein irdisches Leben als Sünder beendet, erfährt den physischen Tod als ‚Sheol', als Bindung an das Gefängnis seiner Sünde und also – metaphorisch gesprochen – als Bindung an den ‚Ort', an dem Gott nicht ist. Mit einem rachsüchtigen oder vergeltungssüchtigen Gott hat der Nexus zwischen physischem Tod und Sheol nichts zu tun; er ist Ausdruck der Überzeugung, dass Gott nicht in personaler Gemeinschaft (Himmel) mit der Wirklichkeit gedacht werden kann, die der Sünder schafft.

2. Keine Versöhnung ohne Sühne

JHWH steht dem Verhängnis der Sünde nicht gleichgültig gegenüber; im Gegenteil. Die nachexilischen Sühneriten des Jerusalemer Tempel-Kultes mit der Institution des jährlich begangenen Versöhnungstages sind Ausdruck der unbedingten Versöhnungswilligkeit JHWHs[142]. Aber sie sind auch Ausdruck der Tatsache, dass Gott die Sünde als eine vom Menschen geschaffene Wirklichkeit zwar vergeben, aber nicht ungeschehen machen (annihilieren) kann – es sei denn, er würde seine mit Freiheit begabte Schöpfung revozieren. Deshalb schenkt er dem Sünder die Möglichkeit der Sühne seiner Sünden. Nicht irgendeine äußere Wiedergutmachung bewirkt die Sühne, sondern nur das, was die Riten des in Lev 16 geschilderten Versöhnungstages symbolisieren: die Trennung der als ‚Sheol' (Gefängnis) veranschaulichten Folgen der Sünde vom Sünder.

142 Dazu: B. Janowski, Das Leben für andere hingeben.

a) Die Sühneriten Israels und der deuterojesajanische Gottesknecht

Der Deckel der Bundeslade *(kapporet)* war im nachexilischen Tempel Symbol der Anwesenheit JHWHs; und das Blut der Sündopfer war Zeichen der Hingabe und Umkehr der Sünder. Wenn der Hohepriester am Versöhnungstag das Blut von Tieren an die *kapporet* sprengte, war dieser Vorgang das Realsymbol der Versöhnung des Sünders mit JHWH. Was nutzen – so warnen die Propheten Israels – alle Brand- und Schlachtopfer und Riten, wenn der Sünder selbst nicht vollzieht, was da symbolisch veranschaulicht wird. Sühne konfrontiert den Sünder mit dem Gegenteil der eigenen Sünde, mit der Liebe Gottes. Der Sühnende sieht die Wahrheit seiner selbst im grellen Licht des Gegenteils aller Sünde, im Lichte der Heiligkeit Gottes. Und diese Wahrheit ist schmerzlich. Aber nur dieses Leiden des Nicht-mehr-Sünders (des zu Gott Umgekehrten) an der selbstverschuldeten Wirklichkeit kann die Sünde in Sohnschaft verwandeln[143].

Das Alte Testament spricht in nachexilischer Zeit von dem jährlichen Versöhnungstag (Lev 16) und von dem Gottesknecht (Jes 53,5f.11f), der – seinerseits ohne Sünde – den ihn treffenden Hass der Sünder mit dem freiwilligen Leid seiner Liebe beantwortet[144]. Aber zugleich spricht das Alte Testament von dem Überhand- und Universalwerden der Sünde.

---

143 „Nicht jeder, der Sündenübel trägt, sühnt. Dies trifft erst dann zu, wenn er das Übel, sofern es Sünde und mithin Gottesferne bedeutet, als Leid trägt: Das spezifische ‚Tragen' alttestamentlicher Sühnetheologie ist qualifiziert durch die Liebe. Derjenige, der Sünde so – d. h. als Leid – zu tragen vermag, dass dies ihre Nichtung bedeutet, ist – man beachte die Dialektik! – jener, der nicht mehr Sünder ist, der von seinem verkehrten Weg sich abgewandt, vor JHWH sich ‚gedemütigt' und gebeugt hat. An Sünde als Abkehr von JHWH leiden kann einzig der von Sünde Bekehrte […]. Nach alttestamentlicher Vorstellung erleidet der Sühnende, eben weil er ein Liebender ist, nicht nur ein der Sünde Äußeres, Hinzukommendes (Strafe, Folgen), sondern den Sachverhalt ‚Sünde' selbst, die Sünde in ihrem Kern, das Getrenntsein von JHWH." (N. Hoffmann, Kreuz und Trinität, 24f).

144 „Das Leiden des Gottesknechtes kam seinen Mitmenschen zugute: ‚Zu unserem Heil lag die Strafe auf ihm, durch seine Striemen sind wir genesen' (53,5) […] Ein stellvertretendes Leiden und Sterben begegnet im ganzen Alten Testament nur hier. […] Israel kann […] nicht stellvertretend für Israel leiden und sterben […]. Daher liegt es näher, an eine Einzelperson zu denken. Diese Einzelperson kann durchaus als Repräsentant des gesamten Volkes gedacht sein und in dieser Eigenschaft für es leiden und sterben. […] Wenn man den Gottesknecht als Symbolgestalt begreift, die der Prophet möglicherweise mit Zügen einer realen Person ausgestattet hat, aber durchaus nicht als Chiffre dieser bestimmten Person verstanden wissen wollte, dann legt sich keine Identifikation näher als die mit Christus. Ja, es ist fast ein Wunder, wie sich im Bezug auf ihn eins zum andern fügt, bis fast alle Elemente des Textes in seiner Gestalt zur Einheit kommen. Das Aufwachsen ‚wie ein Wurzeltrieb aus trockenem Boden' (53,2) kann man auf die Herkunft Jesu aus einfachen Verhältnissen beziehen oder auf die

Indem der Gottesknecht des Propheten Deuterojesaja Hass und Gewalt mit dem Gegenteil, mit der Feindesliebe, beantwortet, trägt er die Folgen, die eigentlich die Verursacher selber tragen müssten, und ermöglicht ihnen so, von diesen Folgen nicht festgehalten zu werden wie Gefangene von ihrem Gefängnis. In der Gestalt des Gottesknechtes bricht sich die Erfahrung Bahn: Wer die zerstörende Gewalt der Sünde des Anderen nicht nur erträgt, sondern mit deren Gegenteil, mit Liebe, beantwortet, kann der Sünde die Eigenschaft nehmen, Gefängnis des Sünders zu sein. Allerdings ist auch die Liebe des deuterojesajanischen Gottesknechtes kein Automatismus. Liebe, und mag sie bis zur letzten Konsequenz der Feindesliebe, gehen, zwingt den Sünder nicht zur Sühne; sie ermöglicht das Ausziehen aus dem besagten Gefängnis; aber sie zwingt nicht dazu.

b) Das „Ein-für-alle-Mal" des Golgotha-Ereignisses

Die Überbietung des deuterojesajanischen Gottesknechtes durch Jesus Christus erklärt sich im Blick auf das christologische Zentraldogma von der hypostatischen Union. Jesus Christus *ist* die Liebe Gottes selbst. Anders gesagt: Da, wo der Sünder die einzige Wirklichkeit erschafft, die Gott nicht will, lebt Christus als wahrer Mensch – „in allem uns gleich außer

---

Geburt aus Maria, die unberührt von einem Mann ‚keinen hochzeitlichen Regen empfangen hatte'. Das ‚und tat seinen Mund nicht auf' (53,7) erfüllt sich dann im Schweigen Jesu vor Pilatus (Mt 27,14; Mk 15,5) und Herodes Antipas (Lk 23,9); das ‚er ließ sich unter die Frevler rechnen' (53,12) in der Kreuzigung zwischen Banditen (Mk 15,27); das Eintreten für die Frevler (53,12) in dem ‚Vater, vergib ihnen …' (Lk 23.34). Selbst das rätselhafte ‚bei einem Reichen war er im Tod' (53,9) erhält dann unversehens einen Sinn: Der Reiche war Josef von Arimathäa, in dessen Gruft Jesus beigesetzt wurde (Mt 27,60). Ist es also verwunderlich, dass man sein Leiden aufgrund dieses Prophetentextes als notwendiges, in Gottes Plan und Absicht liegendes Leiden begriff, so dass alle Stellen im Neuen Testament, die davon reden, dass er leiden musste [Mt 26,54; Mk 8,31; 9,12; Lk 24,26], als Verweise auf Jes 53 zu verstehen sind, und ebenso alle, die von einem stellvertretenden Tod [Röm 4,25; 1 Kor 15,3; 2 Kor 5,21; 1 Petr 2,24; 3,18; Hebr 9,28; vgl. Mk 10,45] reden? Muss es verwundern, dass man das widerstandslose, stille Leiden des unschuldig Hingerichteten hier wiederfand? Kam es von ungefähr, dass man unserem Gedicht das Bild vom ‚Lamm Gottes' entnahm, das die ‚Sünde der Welt wegnimmt' [Joh 1,29.36], und des Lammes [Offb 5,6.9.12], das ‚wie geschlachtet dasteht' […] Auch das Motiv der ‚notwendigen' Erhöhung am Kreuz [Joh 3,14; 12,34], das im Johannesevangelium eine so wichtige Rolle spielt, entstammt unseremText […]. Schließlich war unserem Text auch ein Hinweis auf die Auferstehung unschwer zu entnehmen, da der Lebensweg des Gottesknechtes nicht im Tod endet [Röm 4,25; 1 Kor 15,4]. Seine ‚Nachkommen' (Jes 53,10) sind dann die Christen." (M. Reiser, Drei Präfigurationen Jesu, 342–345).

der Sünde“ (Hebr 4,15) – dieselbe Beziehung zum göttlichen Vater, die der innertrinitarische Sohn ist.

Der Hebräerbrief bringt diesen nur trinitätstheologisch erklärbaren Sachverhalt durch einen Vergleich zum Ausdruck: durch den Vergleich nämlich zwischen den Sühneriten des nachexilischen Tempelkultes mit dem Golgotha-Geschehen. Der Autor dieser neutestamentlichen Spätschrift leugnet an keiner Stelle, dass die Israel geschenkte Tora und der nachexilische Tempelkult von JHWH gestiftete Mittel des Heils sind. Aber faktisch erreichen sie nicht, was sie erreichen sollen. Am Versöhnungstag trug der Hohepriester das Blut von Opfertieren als Symbol der Hingabe der Israeliten an die Stelle, wo die *kapporet*, das Realsymbol der Gegenwart JHWHs, stand. Aber – so der Vergleich des Hebräerbriefes (Hebr 9,1–15) – was innerhalb des Tempelkultes nur symbolisch dargestellt wird, das ist in Christus Wirklichkeit. Christus ist nicht nur symbolische, sondern wirkliche Anwesenheit Gottes; und sein am Kreuz stellvertretend für alle Sünder vergossenes Blut gelangt nicht nur symbolisch, sondern wirklich zu JHWH (zum Vater). Wie der Hohepriester am Versöhnungstag durch den Vorhang des Tempels mit dem Opferblut von Böcken und Stieren zu der Stelle tritt, wo das Symbol der Anwesenheit Gottes (die *kapporet*), steht, so trägt Jesus Christus sein vom kreuzigenden Hass der Sünder vergossenes Blut durch den Vorhang seines Menschseins hindurch zum Vater; und dies nicht nur im Sinne eines jährlich wiederholten Symbols, sondern wirklich „ein für alle Mal“ (Hebr 9,26; 10,10). Seit der Erhöhung des Gekreuzigten zum Vater ist der physische Tod nicht mehr das Tor in den Sheol (Trennung von Gott), sondern Tor des Zugangs zum Vater. Wer im Abendmahl das Blut Christi empfängt, empfängt ungleich mehr als die Israeliten, die von Mose am Sinai mit dem Blut von Tieren besprengt wurden (Ex 24,8). Denn jenes Blut war Symbol für die Hingabe der Besprengten an den Willen Gottes, an die von JHWH gestiftete Tora. Wer hingegen das Blut und den Leib Christi empfängt, gehört wirklich zu dem Leib und dem Blut, das der Gekreuzigte in der Stunde seines Todes durch den zerbrechenden Vorhang seines irdischen Daseins hindurch zum Vater trägt. Joseph Ratzinger kommentiert den Vergleich des Hebräerbriefes zwischen Mose-Bund und Christus-Bund[145], zwischen

145 Paulus bezeichnet in 2 Kor 3,6 den Mose-Bund als alten Bund und den Christus-Bund als neuen Bund. Lukas und Paulus lassen Jesus die Worte sprechen: „Das ist der neue Bund in meinem Blute.“ (Lk 22,20; 1 Kor 11,25). Und der Hebräerbrief spricht gar von einer veralteten und überlebten Seite des Mose-Bundes (Hebr 8,3), von etwas „Erstem“, das Jesus Christus aufgehoben hat, um etwas „Zweites“ in Kraft zu setzen (Hebr 10,9). Aber – so erklärt Joseph Ratzinger (Die Vielfalt der Religionen

dem nachexilischen Versöhnungstag und dem Geschehen von Golgotha mit den Worten: „Wenn Jesus, den Kelch darreichend, zu den Jüngern sagt: ‚Das ist mein Blut des Bundes' [Mk 14,24; Mt 26,27f], dann sind die Sinaiworte [Ex 24,8: *„Da nahm Mose das Blut, besprengte damit das Volk und sagte: Das ist das Blut des Bundes, den der Herr aufgrund all dieser Worte mit euch geschlossen hat.“*] zu einem ungeheuren Realismus gesteigert, und zugleich erschließt sich eine vorher nicht abzusehende Tiefe. [...] Denn die sakramentale Blutsgemeinschaft, die nun Möglichkeit wird, verbindet die Empfänger mit diesem leibhaftigen Menschen Jesus und so zugleich mit seinem göttlichen Geheimnis“[146].

Man erfasst das Geschehen von Golgotha erst, wenn man das vom Hebräerbrief wiederholt unterstrichene „Ein-für-alle Mal“ dieses Geschehens versteht. Hans Urs von Balthasar hat dieses „Ein-für-alle-Mal-Ereignis“ die Mitte des Dramas der Weltgeschichte zwischen Gott und der Menschheit genannt. Seine ganze Theologie gipfelt, wie er selbst betont, in einer bestimmten Passage seiner „Theologie der drei Tage“, nämlich in folgender: „Wenn ohne den Sohn niemand den Vater sehen kann (Joh 1,18), niemand zum Vater kommen kann (Joh 14,6), der Vater für keinen offenbar sein kann (Mt 11,27), dann wird, wenn der Sohn, das Wort des Vaters, tot ist, niemand Gott sehen, von ihm hören, zu ihm gelangen. Und es gibt diesen Tag, wo der Sohn tot und damit Gott unzugänglich ist. Ja, um dieses Tages willen ist [...] Gott Mensch geworden.“[147]

Der physische Tod gehört zur Schöpfung; er war ursprünglich vom Schöpfer gewollt als Übergang vom irdischen Leben in die Gemeinschaft

---

und der Eine Bund, 1099–1115) – man würde diese Gegenüberstellung völlig missverstehen, wollte man daraus die Substitution des Mose-Bundes durch den Christus-Bund ableiten. Denn die alle Völker einbeziehende Universalität des mit dem Namen Abrahams versehenen Bundes charakterisiert zuerst den Mose-Bund und dann den Christus-Bund als Mittel und Werkzeuge zur Realisierung ein und derselben Verheißung. So gesehen wird der Mose-Bund durch den Christus-Bund nicht ersetzt, sondern so ergänzt, dass er doch noch sein Ziel erreichen kann. Weil diese Ergänzung auch eine Überbietung ist, spricht der Hebräerbrief in seinen Vergleichen von überholten Komponenten des Mose-Bundes. Das aber ist etwas ganz anderes als Substitution. Die Tora bleibt authentische bzw. kanonisierte Interpretation desselben Willens Gottes, den der Johannesprolog als präexistenten Logos beschreibt. Deshalb sind die Juden, die Jesus nicht als den Christus bekennen, zumindest dann in Gemeinschaft mit Christus, dem Fleisch gewordenen Logos, wenn sie dem Mose-Bund durch die Befolgung der Tora treu sind. Durch das Christusereignis wird die Tora zu einem Weg in die Gemeinschaft mit dem Einen, der von sich sagen durfte: „Niemand kommt zum Vater außer durch mich.“ (Joh 14,6).

146 J. Ratzinger, Die Vielfalt der Religionen und der Eine Bund, 1108.

147 H. U. v. Balthasar, Mysterium Paschale, 159.

mit ihm. Aber der physische Tod ist durch die Sünde pervertiert worden vom Tor in die Gemeinschaft mit Gott in das Tor des Sheol – Inbegriff der Trennung von allem, was man im Deutschen mit dem Wort ‚Sinn', im Griechischen mit dem Wort ‚Logos' bezeichnet. Was es eigentlich bedeutet, dass der Mensch, der personal identisch war mit dem göttlichen Logos, aus Liebe dahin gegangen ist, wo Gott nicht ist, das wird in Theologie und Verkündigung viel zu wenig bedacht[148]. Deshalb kann man die Bedeutung von Balthasars Karsamstagstheologie gar nicht überschätzen. In seiner Theologie ist der Tag, wo der Sohn tot ist, das wichtigste Ereignis der Menschheitsgeschichte. Denn mit dem physischen Tod des Geschöpfes, das aufgrund der hypostatischen Union auch im Tot-sein mit Gott verbunden ist, ist Gott buchstäblich eingetreten in das Gefängnis, das den Sünder festgehalten und so von Gott getrennt hat. Seitdem, so formuliert Hans Urs von Balthasar, hat der Sheol einen Ausweg. Man kann auch sagen: Das Gefängnis (die geschichtliche Wirklichkeit, die der Sünder gegen den Willen des Schöpfers geschaffen hat), hat einen Ausweg. Keine Sünde – und mag sie so abgründig sein wie die der Henker von Auschwitz – hat nach Christi Tod noch die Macht, den Sünder von Gott zu trennen – es sei denn, dieser weigert sich, die ihm vom Sohn ermöglichte Brücke zum Vater zu beschreiten. Man kann, wenn man will, unterscheiden zwischen dem ‚Sheol', den es seit dem Ereignis von Golgotha nicht mehr gibt, und den vielen (revidierbaren[149]) Höllen derer, die die ihnen hingehaltene Hand des Erlösers noch nicht ergreifen können oder noch nicht ergreifen wollen.

Der trinitarische Gott bleibt der Bundes-Gott. Der Erlöser, der – so formuliert es Paulus in 2 Kor 5,21f – an die Stelle tritt, wo der Sünder

---

148 Die Osterlieder sprechen von dem Sieger, der durch seinen physischen Tod den Tod des ‚Sheol' besiegt hat. Dabei ist, so betont von Balthasar, zu beachten: Dieser Sieg geschieht nicht im Modus des Kampfes oder des Triumphes, auch nicht im Bild der Osterikone des Ostens; denn der dem Vater gehorsame Sohn ist am Karsamstag nicht der Herabsteigende, während die, zu denen er herabsteigt, die ‚Sheol'-Gefangenen sind. Selbst da, wo der erste Petrusbrief vom Hingang des Erlösers in das Gefängnis der vormals Ungehorsamen (1 Petr 3,18–20) und von der Frohen Botschaft des Erlösers an die Toten spricht (1 Petr 4,6), wird das passive Mitsein des Gekreuzigten mit den vom Tod Gefangenen vorausgesetzt, bevor der Auferweckte im Bild des universalen Verkündigers zum Herrn der ganzen Schöpfung (Kol 1,23) proklamiert werden kann. Am Karsamstag ist Christus selbst Toter unter den ‚Sheol'-Toten. Balthasar (Mysterium Paschale, 247) spricht vom nackten Gehorsam des am Kreuz Sterbenden. Sein Eintritt in den ‚Sheol' erfolgt nicht in der doketischen Weise einer nur gespielten oder scheinbaren Übernahme des Todes.

149 Dazu: W. Maas, Gott und die Hölle, bes. 244–256; S. Hegner, Sperare contra spem, bes. 265–377.

von seiner Sünde gefangen ist, öffnet den Weg zum Vater; aber er geht diesen Weg nicht *statt* des Sünders. Stellvertretung ist das Gegenteil von Ersatz. Allerdings auch unendlich viel mehr als bloße Offenbarung von Vergebungsbereitschaft oder bloße Solidarität. Das Ereignis von Golgotha hat für alle Menschen aller Zeiten die Sünde ihrer von Gott trennenden Macht (ihres ‚Sheol'-Charakters) beraubt. Aber dieses Ereignis ist kein Handeln des Erlösers an den Erlösten ohne die Erlösten, sondern mit diesen. Die schmerzhafte Umkehrung der Sünde in Sohnschaft – sprich: ‚Sühne' – bleibt ihnen nicht erspart. Wir dürfen hoffen, dass Christus einmal alles in allen und in allem sein wird. Denn Gottes Liebe wartet[150] unendlich lange auf das Umkehren auch des verhärtesten Neinsagers unter seinen Brüdern und Schwestern. Aber Hoffnung ist kein Wissen. Die Hoffnung auf universale Versöhnung ist klar zu unterscheiden von jeder Apokatastasis-Lehre[151].

c) Das Kreuz auf Golgotha: bloßes Symbol oder Ereignis?

Man kann als Grundregel formulieren: Wo immer eine Theologie im Blick auf das Kreuz Jesu von Solidarität *statt* Stellvertretung spricht[152], geht es nicht mehr um die Versöhnung der Sünder; diese – so erklärt man – ist längst erfolgt, weil Gott ohne Bedingung vergibt. Es geht stattdessen um das Hintragen der frohen Botschaft von der unbedingten Liebe Gottes in diese Welt; dahin, wo Menschen als unschuldige Opfer oder aufgrund ihrer eigenen Schuld an Versöhnung nicht glauben. So gesehen ist das Golgotha-Geschehen im Sinne zum Beispiel von Ottmar Fuchs und Magnus Striet das Werben Gottes um Hoffnung wider alle Hoffnungslosigkeit.

Eine besondere Variante der Reduktion des Kreuzesgeschehens auf ein Zeichen der Glaubwürdigkeit des Schöpfers ist die kultursoziologische Theorie von René Girard[153]: Nachdem die Henker von Golgotha sich

---

150 Dazu: M. Müller, Christliche Theologie im Angesicht des Judentums, bes. 267–313, G. von Lengerke, „Was ich bin, das gebe ich dir".

151 Dazu: H. U.v. Balthasar, Was dürfen wir hoffen?, 24–58.69–78.102–108; H. Verweyen, Was ist die Hölle?; W. Kasper, Barmherzigkeit, bes. 102–116.

152 Balthasar (Theodramatik, Bd. III, 247–262) nennt als Beispiele einer Reduktion des Kreuzesgeschehens auf den Solidaritätsgedanken Juan Alfaro, Hans Kessler, Hans Küng, Christian Duquoc, Edward Schillebeeckx, Jean Moingt und – mit besonderem Nachdruck (ebd. 253–262) Karl Rahner. – Dazu: J. Knop, Stellvertretung und Solidarität, bes. 190–197.

153 Vgl. R.Girard, Das Heilige und die Gewalt, bes. 402–456; ders., Das Ende der Gewalt, bes. 14–52; ders., Der Sündenbock, bes. 148–163. – Dazu vgl. die Kontroverse

selbst durch ihre Lüge zu Unschuldigen und den gänzlich Unschuldigen zum einzig Schuldigen (Sündenbock) erklärt haben, entlarvt das unschuldige Opfer (der Gekreuzigte) diesen satanischen Mechanismus als Lüge: Denn der Gekreuzigte erweist sich durch seine Feindesliebe (Lk 23,34: „Vater, vergib ihnen; denn sie wissen nicht, was sie tun!") als das Gegenteil der Sünde und demaskiert so seine Ankläger als Lügner; zugleich verzichtet er seinerseits auf die Anklage der Schuldigen und ermöglicht so seinen Henkern den Verzicht auf die Fortsetzung des Sündenbockmechanismus.

Die Reduktion des Kreuzes auf ein bloßes Entlarven oder Offenbarmachen nimmt dem Drama zwischen Bethlehem und Golgotha den Ereignischarakter[154]. Wenn das Kreuz nur eine mögliche Gestalt der Offenbarung

---

zwischen dem Girard theologisch rezipierenden Systematiker Raymund Schwager und dem Exegeten Adrian Schenker: A. Schenker, Versöhnung und Sühne, bes. 121–144; R. Schwager, Versöhnung und Sühne; A. Schenker, Sühne statt Strafe und Strafe statt Sühne.

154 Thomas Pröpper will den Ereignischarakter des Golgotha-Geschehens ausdrücklich festhalten, ohne deshalb die Ausführungen Hans Urs von Balthasars über die Aufhebung des ‚Sheol' zu wiederholen. Er bemerkt: „Von der Macht der Sünde allerdings kann es Befreiung durch Andere und dabei auch stellvertretende Übernahme der Schuldfolgen geben. Oft ist dieses sogar der einzige Weg der Befreiung: dass nämlich ein Mensch, um für andere einen Neuanfang möglich zu machen, in ihre Schuldsituation eintritt, deren Auswirkung an sich selber erträgt und so, am Ort der Schuldigen selber, das reale Verhängnis durchbricht und den Schuldgefangenen eine neue Möglichkeit zu leben eröffnet. Allerdings kommt auch solche Befreiung erst an ihr Ziel, wenn der Befreite die neue Möglichkeit für sich selbst auch ergreift. Und eben in dieser doppelten Weise, als Vergebung der Schuld und als Befreiung aus der Macht ihrer Folgen, ist ja auch Gottes Gnade der Sünde der Menschen begegnet, sichtbar und geschichtlich unwiderruflich in Leben, Tod und Auferweckung Jesu. Er, der Sündlose, ist für uns zur Sünde geworden und hat ihren Fluch auf sich geladen, formuliert Paulus (Röm 8,3; 2 Kor 5,21; Gal 3,13). Doch heißt dies gerade nicht, dass Jesus selbst im formellen Sinne zum Sünder geworden und die wirklichen Sünder als verantwortliche Subjekte entlassen worden wären; es heißt nur, aber dies mit tödlichem Ernst, dass er Gottes Vergebungswillen, eben seine Liebe zu den Sündern, bis ins Äußerste, d. h. auch noch im Erleiden des Widerspruchs der Sünde, realisierte und so ihre Entschiedenheit auf geschichtlich endgültige Weise offenbar machte: als bleibendes, offengehaltenes Angebot fortan für jeden, der sie nur annehmen will (in welcher Situation auch immer), und als wirksame Ermächtigung gleichsam für die von der Sündenmacht Gefangenen und Verblendeten, im Angesicht solcher Liebe ihr verfehltes Menschsein zu erkennen, aber nun aus ihr sich selbst zu bestimmen und so als neue Menschen sich zu konstituieren. In diesem Sinn also war Jesu Tod die Sühne der menschlichen Sünde: nicht als Genugtuungsakt, den Gottes verletzte Ehre als Preis für sein Erbarmen und als Bedingung für seine Gnade verlangte, sondern als Erscheinungsgestalt seiner Gnade selbst, die eben dadurch, dass Jesus die tödliche Macht und äußersten Folgen der Sünde an sich selber bis an das Ende durchlebte, bei den Gottfernen ankam und für immer offenbar machte, dass von ihr – soweit es an Gott liegt – nichts mehr zu trennen braucht. Ein Gott dagegen, der fremde Schuld

des göttlichen Vergebungswillens ist, dann ist es austauschbar; dann ist es nicht, wie Balthasar formuliert, das Ereignis, um dessentwillen Gott Mensch geworden ist. Wenn das Drama zwischen Bethlehem und Golgotha nicht notwendig gewesen wäre, um den Sünder aus seiner selbst gewirkten Gefangenschaft zu befreien, dann könnte man im Sinne der Pluralistischen Religionstheologie das Golgotha-Geschehen als eines unter anderen Fakten relativieren, die in der Religionsgeschichte als Versöhnung mit Gott interpretiert wurden.

Es ist kein Zufall, dass Klaus von Stosch sich für die Christologie seiner „Komparativen Theologie“ mit besonderem Nachdruck auf Hans Kesslers Kritik[155] an dem römischen Lehrschreiben „Dominus Iesus“ beruft[156]. Er will gar nicht bezweifeln, dass Gott in den Jesus-Fakten alles gesagt hat, was er zu sagen hat; aber das heißt aus seiner Sicht nicht, dass Gott nicht auch in anderen als den biblisch bezeugten Fakten alles gesagt hat, was er zu sagen hat. Kurzum: Wenn das Jesus-Geschehen nur Mittel und Werkzeug der unbedingten Vergebungswilligkeit Gottes ist; wenn – trinitätstheologisch gesprochen – der Vater auch noch andere Möglichkeiten als die im Drama zwischen Bethlehem und Golgotha realisierten hat, dann ist das Christusereignis ein Offenbarungsmedium unter anderen; jedenfalls nicht der einzige Punkt der Geschichte, in dem Gott für alle Menschen aller Zeiten den physischen Tod von einem Tor in den Sheol in das Tor zum Vater verwandelt hat.

d) Die universale Bedeutung des Golgotha-Geschehens

Biblisch gesehen bildet die gesamte Menschheitsgeschichte eine, wie oben erläutert, vom Logos getragene Einheit, einen Sinnzusammenhang, in dem das Geschehen von Golgotha der Wendepunkt ist, der für alle Menschen aller Zeiten vor Christus und nach Christus ein für alle Mal eine Veränderung bewirkt hat, ohne welche die Menschheit verloren wäre. Schon Justin der Märtyrer hat seinen platonisch gebildeten Gesprächs-

---

anrechnen würde, sei es den Späteren die Schuld Adams oder dem stellvertretenden Erlöser die Schuld aller Anderen, er wäre nicht akzeptabel – inakzeptabel jedenfalls für ein Bewusstsein, das die unbedingte Evidenz des Ethischen und die Unvertretbarkeit verantwortlicher Freiheit erst einmal erfasst hat. Denn ein solcher Gott wäre nicht nur nicht gnädig, er wäre nicht einmal moralisch.“ (Theologische Anthropologie, 700f).

155 Vgl. H. Kessler, Was macht Religionen pluralismusfähig, bes. 304–314.

156 Vgl. K. v. Stosch, Komparative Theologie, 291.

partnern das in alle vier Himmelsrichtungen weisende Kreuz des Erlösers als den Realitätsgehalt der im Dialog „Timaios" beschriebenen „Weltseele" erklärt. Seine Ausführungen über die kosmische Dimension des Kreuzes sind wahrscheinlich ebenso von Philo von Alexandrien wie von der jüdischen Tempeltheologie beeinflusst. Für Philo ist der Tempel Sitz der kosmoserhaltenden Kraft des Logos[157]; für die Rabbinen der Ort der ‚shekinah', der Kraft und Herrlichkeit JHWHs. Die Zerstörung des Tempels bestätigt aus Justins Sicht, dass der „Ort" der *Shekinah* bzw. der *Tora* bzw. des *Logos* nicht mehr der Tempel, sondern das Kreuz Christi ist[158]. Kurz-

157 „Ausgangspunkt ist die Überzeugung, dass der jüdische Tempel als ganzer den Kosmos darstelle. Philo hält Jerusalem [...] für den Mittelpunkt der Welt, wenn er einerseits den Logos im Tempel thronen lässt und andererseits sagt, der Logos dehne sich von der Mitte der Welt bis zu den Enden und von den äußersten Spitzen bis zur Mitte zurück. Genau in der Mitte des Tempelbezirks befindet sich das Allerheiligste; es repräsentiert den Himmel, und in ihm waltet der Hohepriester. Das hat seine Wurzeln im Buch Jesus Sirach, das die den Himmel umkreisende Weisheit im Tempel thronen und den Kult ausüben lässt (Sir 24,5.10). Entsprechend thront nach Philo der Logos zwischen den Cherubim und übt seine den Kosmos erschaffende und regierende Kraft aus. Die Cherubim symbolisieren diese beiden Kräfte, durch die die Grenzen des Himmels und des ganzen Kosmos beschützt und gefestigt werden, so dass das Schöpfungswerk nicht auseinanderfällt. Entsprechend gibt es zwei hölzerne Tragestangen an der Lade. Sie versinnbildlichen die beiden Logoi, die Säulen, die die intelligible und die sichtbare Welt stützen. Ferner bezeichnet der mittlere, von einem Ende zum anderen durchlaufende Balken (aus Holz!) des Tabernakels (Ex 26,28) das unlösliche, alles umfassende Himmelsband, mit dem der Logos die auseinanderstrebenden Weltelemente zusammenhält." (S. Heid, Kreuz – Jerusalem – Kosmos, 32). – „Für Philo und Josephus symbolisiert der Vorhang [vor dem Allerheiligsten des Jerusalemer Tempels] die vier Weltelemente, so dass sein Zerreißen eine Zerstörung der Welt signalisieren muss. Und auch die Evangelien verlegen nicht nur in der prophetischen Chiffre des zerrissenen Tempelvorhangs die Tempelzerstörung in den Augenblick der Kreuzigung Jesu (Mt 27,51; Mk 15,38; Lk 25,45), sondern sehen das Geschehen auch in einem kosmischen Kontext: Matthäus durch seinen Hinweis auf das Erdbeben und das Zerbersten des Felsens, Lukas durch seinen Hinweis auf die Sonnenverfinsterung." (Ebd. 43f).

158 Mit dem Golgothageschehen verlässt „die Shekinah [...] den Tempel. In der Folge wird das verlassene Haus im jüdischen Krieg vernichtet werden. Zwei Fragen stellen sich: Wohin geht die Gottheit und was geschieht mit dem Kosmos? Zunächst wird die Shekinah unter den Flügeln des Kreuzes wohnen. Damit löst das Kreuz die Cherubim ab, die im Allerheiligsten den Thronsitz Gottes bilden (Ez 10,18; 11,22). Mit der Zerstörung des Tempels verlässt die Gottheit ihren bisherigen Thronsitz und lässt sich gleichsam auf dem Cherubim-Kreuz nieder. Schließlich wird auch mit der Gottheit deren ordnende Schöpferkraft auf das Kreuz hinüberwandern. Die Welt wird tatsächlich dem Untergang geweiht sein und in der Wasserflut versinken. Aus ihr rettet allein die Arche [...] des Kreuzes. Sie ist aber zugleich die arca, die Bundeslade, die unter den Flügeln der Cherubim im Tempel stand, nunmehr aber durch das Kreuz substituiert wird. Auch damit kommt die kosmische Dimension ins Spiel: Jene in der

um: Die apologetisch motivierten Spekulationen des Justin dokumentieren schon im zweiten Jahrhundert eine Theologie des Kreuzes, welche die gesamte Menschheitsgeschichte (einschließlich der Religionsgeschichte[159]) als Einheit und das Golgotha-Geschehen als jeden Menschen grundlegend betreffendes Ereignis betrachtet.

Wäre das Christusereignis nur die graduell intensivere Offenbarung bzw. Verheißung von Sinn wider alle Sinnlosigkeit, darf man – die Kongruenz von göttlicher und menschlicher Logik vorausgesetzt – fragen: Warum hat Gott nicht den einfacheren und zudem unblutigen Weg der *Inspiration* gewählt? Warum das Drama der *Inkarnation* zwischen Bethlehem und Golgotha?

Die Antwort auf diese Frage liegt in der oben erklärten Tatsache, dass die Sünde eine objektive geschichtliche Größe ist, die auch von Gott nur um den Preis der geschöpflichen Freiheit ungeschehen gemacht werden könnte; die also, wenn überhaupt, dann nur innergeschichtlich bekämpft und besiegt werden kann. Der in das Bild des ‚Sheol-Abstiegs' gekleidete Vorgang geschieht da, wo die Sünde ist, und also im Raum der Geschichte. Das Christusereignis ist ein geschichtliches Ereignis. Auch die Auferstehung Jesu kann daher nicht als schlechthin transgeschichtlich bezeichnet werden. Balthasar spricht von einem „die Geschichte übersteigenden Ereignis *innerhalb* der Geschichte"[160]. Und Papst Benedikt nennt

---

Lade geborgene Tora, die zugleich der Natur ihre Gesetze gibt, ist nun in der Lade des Kreuzes gelagert." (S. Heid, Kreuz – Jerusalem – Kosmos, 44).

159 Wenn man den Unterschied zwischen Aszendenz- und Deszendenzreligiosität beachtet, behalten alle aszendenten Suchbewegungen ebenso ihren Wert wie alle philosophischen Systeme der Geistesgeschichte – auch post Christum natum. Wo der Mensch sucht, findet die Christusverkündigung Anknüpfungspunkte. Das Judentum bleibt ohnehin die Wurzel des Christentums. Weil die Befolgung der Tora post Christum natum Bejahung des Logos ist, der in Jesus Fleisch angenommen hat, ist die Tora durch das Christusereignis aufgewertet zu einem antizipativen Sakrament. Ähnliches lässt sich vom Islam nicht sagen. Im Islam ist die Offenbarkeit Gottes keine Person und kein Ereignis, sondern ein Buch. Die Konsequenzen der Identifizierung von geschriebenen Sätzen mit dem Willen Gottes sind erheblich. Interreligiöser Dialog darf sich nicht in der Benennung von Gemeinsamkeiten unter Ausklammerung der Divergenzen erschöpfen, sondern muss auch den Mut haben, sich wechselseitig Fragen zu stellen. Eine der Fragen, die das Christentum an den Islam stellen muss, lautet: Ungeachtet der Tatsache, dass Christen ausgerechnet im Zeichen der gewaltlosen Liebe (des Kreuzes) Kreuzzüge veranstaltet haben, muss doch die Frage erlaubt sein: Ist es gleichermaßen absurd, wenn Muslime mit Berufung auf den Koran Gewalt ausüben? – Zum Theologumenon der antizipativen Sakramentalität schon bei Thomas von Aquin: C. Amor, „Um unseres Heiles willen", bes. 394–403.

160 Balthasar, Mysterium Paschale, 288.

die Auferstehung „ein Ereignis in der Geschichte, das doch den Raum der Geschichte sprengt und über sie hinausreicht“[161].

Weil die den Sünder von Gott trennende Macht der Sünde eine innergeschichtliche Wirklichkeit ist und also – unter Wahrung der geschaffenen Freiheit und ihrer Konsequenzen – nur innergeschichtlich besiegt werden kann, *musste* der Ewige *als er selbst* eintreten in die Zeit (Inkarnation). Gott begegnet dem Sünder nicht mittels oder im Medium Jesu, sondern *als* dieser Mensch. Er überwältigt den Sünder auch da nicht, wo er ihn von dem Gefesseltsein an seine Sünde (Sheol) befreit. Er hält sich ihm hin. Dieses innergeschichtliche Sichhinhalten ist das Phänomen des Leibes Christi: zunächst des historischen, dann des verklärten und des eucharistischen Leibes[162]. Dieser Leib ist auch am Karsamstag die reale Anwesenheit des vom göttlichen Vater untrennbaren Sohnes. Und dieser Leib ist auch nach Ostern die reale Anwesenheit Gottes in Zeit und Raum, in Welt und Geschichte. Denn der verklärte bzw. eucharistische Leib des Auferstandenen ist nur ein anderer Zustand desselben Leibes, der von Maria geboren, der gekreuzigt und begraben wurde. *Wie* genau die *Kontinuität* zwischen irdischem und verklärtem Leib, zwischen der Geschichte Jesu vor dem Osterereignis und der Vollendung des Gekreuzigten nach dem Osterereignis zu denken ist, bleibt dem Denken der Theologie überlassen. Aber *dass* es diese Kontinuität gibt, ist von kaum überschätzbarer Bedeutung für den Glauben an den *Bundes*charakter des Versöhnungs- und Vollendungsgeschehens.

Wäre Jesus qua Mensch im Vorgang des Ostergeschehens nur Medium oder Demonstrationsobjekt des versöhnungswilligen Gottes und nicht auch der mit ihm gemeinsam Handelnde, dann wäre die Versöhnung ein transgeschichtliches Dekret, das uns durch Jesus mitgeteilt bzw. offenbart wurde. Nein, dieses Geschehen ist ein *Bundes*handeln. Weil Jesus – wahrer Mensch, in allem uns gleich außer der Sünde (Hebr 4,15) – freiwillig (DH 553–559)[163] Ja sagt zum Willen des Vaters, ist er unendlich viel mehr

161 J. Ratzinger (Benedikt XVI.), Jesus von Nazareth, Bd. II, 299.

162 Dazu: K.-H. Menke, Die Sakramentalität der Eucharistie.

163 Obwohl die von Harnack geäußerten Verdikte über die angebliche Begriffshuberei des siebten Jh. gern zitiert werden, haben alle größeren Theologen des 20. Jh. erkannt, dass es gerade im Monotheletenstreit nicht um irgendeine unwichtige Fußnote zur längst geklärten Verhältnisbestimmung der beiden Naturen Christi geht. So bemerkt Joseph Ratzinger zum Ergebnis der teils politisch, teils dogmatisch motivierten Kontroversen um die Alternative zwischen Monotheletismus und Dyotheletismus: „Die metaphysische Zweiheit eines menschlichen und eines göttlichen Willens wird nicht aufgehoben, aber im personalen Raum, im Raum der Freiheit, vollzieht sich beider Verschmelzung, so dass sie nicht natural, aber personal ein Wille werden. Diese freie

als ein Medium der Offenbarung, nämlich neuer Anknüpfungspunkt der Liebe des Vaters in der von ihm mit Freiheit begabten Schöpfung. Diesen Anknüpfungspunkt, der er selber ist, lässt er im Sterben des physischen Todes hineintragen bis in die äußererste Gottesferne seiner Brüder und Schwestern. Wer sich, obwohl Sünder, mit dem in den ‚Sheol' gesenkten Leib des Gekreuzigten vereinen lässt, ist nicht mehr an seine Sünde gebunden, sondern hineingenommen in den *neuen Bund*. Diese Bundespartnerschaft ist zuerst und zunächst ein reines Geschenk; aber deshalb nichts Punktuelles, nichts Fertiges oder Abgeschlossenes, sondern der Beginn eines Weges, der erst in der vollendeten Gemeinschaft mit dem zum Vater Erhöhten sein Ziel erreicht.

Die Auferstehung bzw. Erhöhung des in den ‚Sheol' Gesenkten zum Vater ist die Voraussetzung für den heilsuniversalistischen Charakter des geschichtlichen Christusereignisses. Denn „das Wesen Mensch, an dem wir alle Anteil haben, [ist] auf eine unerhörte und neue Art eingetreten ins Innere Gottes. Es bedeutet, dass der Mensch in Gott Raum findet auf immer. Der Himmel ist nicht ein Ort über den Sternen, er ist etwas viel Kühneres und Größeres: das Platzhaben des Menschen in Gott, das in der Durchdringung von Menschheit und Gottheit im gekreuzigten und erhöhten Menschen Jesus seinen Grund hat. Christus, der Mensch, der in Gott ist, ewig eins mit Gott, ist zugleich das immerwährende Offenstehen Gottes für den Menschen. Er selbst ist so das, was wir ‚Himmel' heißen, denn der Himmel ist kein Raum, sondern eine Person, die Person dessen, in dem Gott und Mensch für immer trennungslos eins sind. Und wir gehen in dem Maß auf den Himmel zu, ja, in den Himmel ein, in dem wir zugehen auf Jesus Christus und eintreten in ihn."[164]

Wie das Christusereignis das reale Eintreten Gottes selbst bzw. des Ewigen in die Zeit ist, so ist die Erhöhung des Erlösers das reale Eintreten der Zeit in die Ewigkeit. Wer mit ihm Gemeinschaft hat, kann seine Zeit in die Ewigkeit tragen[165]. Kurzum: *Christus verbindet in seiner Person endliches*

Einheit – die von der Liebe geschaffene Einheit – ist höhere und innerlichere Einheit als eine bloß naturale Einheit. Sie entspricht der höchsten Einheit, die es überhaupt gibt, der trinitarischen." (J. Ratzinger, Schauen auf den Durchbohrten, 34f). Ratzinger sieht in der Frage nach dem menschlichen Willen Christi alles andere als theoretische Neugier. Denn „es geht hier durchaus auch um uns selbst, um die Frage nämlich: Wie können wir als Getaufte leben, von denen nach Paulus gelten muss: ‚ich lebe, aber nicht mehr ich, sondern Christus lebt in mir' (Gal 2,20)?" (Ebd. 77).

164 J. Ratzinger, Christi Himmelfahrt, 363.

165 Joseph Ratzinger unterscheidet mit Augustinus die Memoria-Zeit von der irdischen Bios-Zeit und der göttlichen Ewigkeit. Die Memoria-Zeit ist „von der Beziehung des Menschen auf die körperliche Welt geprägt, aber nicht gänzlich an sie gebunden und

und ewiges Sein, Zeit und Ewigkeit; deshalb ist er unendlich viel mehr als Wegweiser und Offenbarer.

Besonders bedenkenswert sind in diesem Zusammenhang die Reflexionen Béla Weissmahrs SJ (1929–2005) über den Zusammenhang des Dogmas von der hypostatischen Union mit der ntl. Bezeugung des leeren Grabes. Der Münchener Philosoph vertritt die These, dass man nur dann von einem realen Eintritt Gottes in die Geschichte und von einer realen Aufnahme des Geschöpfes Jesus in die innerste Wirklichkeit Gottes sprechen kann, wenn das Prinzip des Endlichen (die Materie) nicht aus der Vollendung des zum Vater Erhöhten ausgeklammert wird. Weissmahr betont, dass wir nur deshalb von Materie sprechen können, weil wir wissen, was ‚Geist' ist. Geist ist das Phänomen des Bei-sich-Seins, im Idealfall das Phänomen des Selbst-Bewusstseins, das Wissen eines endlichen Seienden um seine Endlichkeit und also die Selbsttranszendenz auf das Nichtendliche (Absolute). Materie ist der Gegenbegriff zu Geist. Sie ist „das ‚Nicht-Bei-sich-Seiende', das für Transzendenz überhaupt Verschlossene"[166]. Allerdings gibt es nirgendwo die Materie als solche. Die konkrete Materie ist immer durch einen gewissen Grad des Bei-sich-seins gekennzeichnet. Ein ‚total' von sich Verfremdetsein bzw. ein totaler Mangel an Selbststand und Selbstidentität ist undenkbar. Ein Seiendes, das in gar keiner Weise bei sich wäre, wäre schlicht und ergreifend nichts. Zusammenfassend formuliert Weissmahr: „Materialität als solche ist das Prinzip des Nichtseins im Seienden. Geist ist also im Grunde identisch mit Sein, das eben im Maße seiner Endlichkeit materiell ist. Reine Materialität wäre die vollständige Seinslosigkeit. Das konkrete Materielle verhält sich demnach zum Geist niemals kontradiktorisch, sondern nur mehr oder weniger konträr, da es immer schon irgendwie geistig ist."[167] Der Grad des Bei-sich-seins entscheidet über die Hierarchie des Seienden. Je mehr ein Geschöpf bei sich ist, desto mehr faltet es das Viele, aus dem es besteht ein in eine Einheit, die, wenn sie sich ihrer selbst bewusst ist, ‚Ich' und ‚Du' sagen kann. Geist

auch nicht gänzlich in sie auflösbar […]. Das bedeutet dann, dass sich beim Heraustreten des Menschen aus der Welt des Bios die Memoria-Zeit von der physikalischen Zeit löst und dann als reine Memoria-Zeit bleibt, aber nicht zu ‚Ewigkeit' wird. […] Der Mensch, der stirbt, tritt selbst aus der Geschichte heraus – sie ist für ihn (vorläufig!) abgeschlossen; aber er verliert nicht die Beziehung auf die Geschichte, weil das Netz der menschlichen Relationalität zu seinem Wesen selber gehört." (Auferstehung und ewiges Leben, 189f).

166 B. Weissmahr, Kann Gott die Auferstehung Jesu durch innerweltliche Kräfte bewirkt haben?, 458.

167 B. Weismahr, Kann Gott die Auferstehung Jesu durch innerweltliche Kräfte bewirkt haben?, 459.

im eigentlichen Sinn gibt es folglich erst dort, wo man von *personalisierter* Materie sprechen kann[168]. Was personalisierte Materie ist, kann man an Menschen beobachten, die die Kirche heiliggesprochen hat. Es gibt eine Durchdringung des Körpers durch die Person eines Menschen, die das Phänomen unbedingter Lauterkeit zur Anschauung bringt. Und es gibt Materie, die für immer zur Identität eines Menschen gehört. Diese Materie wird nicht mehr von der sie formenden Person getrennt (nicht mehr ausgetauscht); deshalb ist ganz und gar durchpersonalisierte Materie so wenig empirisch wahrnehmbar wie die Geistseele bzw. Person, von der sie geformt wird. Allerdings wird Materie nie selbst geistig; sie bleibt das Prinzip der Endlichkeit[169]. Ratzinger bemerkt deshalb: „Wenn es das Wesen der Seele ist, ‚forma' zu sein, dann ist ihre Zuordnung auf Materie hin unaufhebbar […] man müsste sie selber auflösen, um ihr dies zu nehmen."[170] Das trifft auch auf Jesus zu, der als der zum Vater erhöhte Erlöser wahres Geschöpf und also endlich bleibt.

Christus ist der Beginn des Eintretens der Geschichte in die Ewigkeit. Der Grad der Gemeinschaft jedes Einzelnen mit ihm entscheidet über das Fortschreiten der Vollendung. Und intensivere Gemeinschaft mit Christus bedeutet zugleich intensivere Inklusion in seine gekreuzigte Liebe zu den Brüdern und Schwestern, die sich der ausgestreckten Hand des Inkarnierten immer noch verweigern.

---

168 „Wenn der Geist als das eigentlich Subsistente die konkrete Materie (die von sich aus immer schon Ansätze der geistigen Seinsweise enthält, ohne jedoch das Ineinandersein von Verschiedenem formal verwirklicht zu haben) dermaßen in Besitz nimmt, dass dadurch die für sie charakteristische Entfremdung (das Auseinanderliegen von Verschiedenem bzw. […] das Nebeneinander-Auftreten von Innerlich-keinen-Bezug-Habendem […]) überwunden wird, entsteht das, was man personalisierte Materie oder pneumatischen Leib nennen kann." (B. Weissmahr, Kann Gott die Auferstehung Jesu durch innerweltliche Kräfte bewirkt haben?, 461).

169 Weil die ganz und gar personalisierte Materie nicht reiner Geist ist, ist sie nie welt- und geschichtslos. Nur wenn man das beachtet, kann man erklären, was die Ostererscheinungen sind. Weissmahr bemerkt: „Da die Auferstehungsleiblichkeit sinnlich nicht wahrnehmbar ist, müssen die Erscheinungen des Auferstandenen als eine ‚Transposition' dessen, was er selber ‚an sich' ist, in unsere Wahrnehmungswelt hinein aufgefasst werden. Die verklärte Menschheit wird nur von jenen gesehen, denen er sich zu erkennen geben will, d. h. sie bemächtigt sich gleichsam der Wahrnehmungsfähigkeit, der psychischen Kräfte der Jünger, indem er ihnen erscheint." (B. Weissmahr, Kann Gott die Auferstehung Jesu durch innerweltliche Kräfte bewirkt haben?, 467).

170 J. Ratzinger, Auferstehung und ewiges Leben, 185.

e) Das Bundes-Handeln des Gekreuzigten

Der trinitarische Gott erzwingt nichts; er hat dem Menschen wirkliche Freiheit geschenkt; deshalb lässt er sich von den Konsequenzen seines Geschenkes wirklich betreffen, und zwar so unbedingt, dass das Drama der Weltgeschichte offen bleibt. Zwar hat Christus den Nexus zwischen dem physischen Tod und dem Tod der Trennung von Gott (Sheol) für alle Menschen aller Zeiten und also ein für alle Mal aufgehoben, damit aber den Ausgang der Geschichte nicht vorweggenommen oder vorausbestimmt. Denn er ist nicht nur der Sieger über den Sheol, sondern auch der Weg zum Vater; Letzteres aber nur für jeden, der freiwillig „Ja" sagt zu ihm. Die Hölle der Ablehnung des Christusgeschenkes bleibt möglich. Wir dürfen zwar hoffen, dass alle Höllen verschwinden. Aber wir können uns dessen nicht sicher sein. Zwar wäre das Verbleiben auch nur eines einzigen Menschen im Zustand der Verweigerung (in seiner Hölle) eine ungeheure Tragödie nicht nur für den Verweigerer, sondern auch für die Communio Sanctorum und besonders für Gott selbst. Doch erzwingen kann die in Christus offenbare Liebe Gottes nichts, nicht einmal das Ja-Wort eines einzigen Menschen.

Der trinitarische Gott wartet auf das freie Ja jedes Einzelnen; und sein Warten ist nicht passiv; es trägt die Signatur des Kreuzes. Deshalb hat Balthasar seine Kreuzestheologie durch Gestalten veranschaulicht, die seine radikale Hoffnung auf das Leer-Lieben jeder Hölle teilen. In Dostojewskijs Romanen bedeutet das Wort „Hölle" nicht die Verlorenheit eines *anderen* Gliedes Christi, sondern die den Heiligen abverlangte Teilnahme am Abstieg des Erlösers in die Verweigerung der Verzweifelten[171]. Ähnlich radikal wendet sich Léon Bloy gegen „die blöde Moral" eines Klerus, der auf gesicherten Pfründen den Opfern eines erbarmungslosen Kapitalismus Gottvertrauen predigt, statt sich selbst allen voran in die Armut zu werfen. Als Sekretär des 1855 konvertierten Dichters Jules Barbey d'Aurevilly findet er zum Glauben an die Gemeinschaft der Heiligen, an den unsichtbaren Zusammenhang zwischen Erlösung und Leiden, zwischen dem Leiden Christi und dem unschuldigen Leiden unzähliger Heiliger, zwischen der Schuld des Einen und der gekreuzigten Liebe des Anderen. Charles Péguy, dem Balthasar die m. E. schönste Darstellung seines „Fächers der laikalen Stile" des Christseins gewidmet hat[172], tritt als junger Mensch aus der Kir-

171 Vgl. H. U. v. Balthasar, Die Gottesfrage des heutigen Menschen, 186; G. L. Müller, Gemeinschaft und Verehrung der Heiligen, bes. 111–158.

172 Vgl. H. U. v. Balthasar, Herrlichkeit, Bd. II/2, 769–880.

che aus, weil er die Lehre von einem Himmel der Glücklichen, der über der Hölle der Unglücklichen errichtet ist, für einen bourgeoisen Aberwitz hält. Er wird Kommunist, weil er nicht glücklich sein will, solange auch nur einer seiner Brüder oder Schwestern unglücklich ist. Aber je mehr er erkennt, dass eine verordnete Gerechtigkeit die Liebe zerstört, desto tiefer erkennt er das Wesen der christlichen Hoffnung als Stellvertretung; erkennt er eine Hoffnung, die den Anderen niemals aufgibt, weil sie nie „mit ihm fertig" ist[173].

Die exklusive Stellvertretung des für alle Menschen in den Sheol Herabgestiegenen bedingt die inklusive Stellvertretung der so von ihm Beschenkten. Balthasar spricht von der „Kirche aus dem Kreuz"[174] und von der „mit Christus gekreuzigten Kirche"[175]. Er will damit sagen: Keiner kann das Geschenk der gekreuzigten Liebe privatistisch für sich selbst empfangen; Christusgemeinschaft gibt es nur im Modus der Inklusion in sein Für-Leiden. Dabei geht es nicht um eine oberflächliche Solidarität, um psychologische Anempfindung oder bloße Nachahmung, sondern um die biblisch durchgängig bezeugte Tatsache, dass Christus jedes einzelnen Christen bedürfen will, um auch die Verhärtetsten seiner Brüder und Schwestern zu retten. Die trinitarische, in der Kenosis des Karfreitags und Karsamstags offenbare Liebe degradiert ihre Adressaten nicht zu bloßen Empfängern, sondern will Mit-Liebende. Diesen Sachverhalt der Inklusion in den stellvertretenden Gang des Erlösers zum Kreuz und zu den Toten meint Paulus, wenn er seine eigene Sendung mit den Worten

173 Als Sozialist schreibt Péguy ein erstes Werk mit dem Titel „Jeanne d'Arc"; nach seiner Rückkehr in die katholische Kirche ein zweites mit dem Titel „Mystère de Jeanne d'Arc". Balthasar bemerkt dazu: „Die sozialistische Jeanne erträgt es nicht, dass ihre Brüder ‚verlorengehen', ‚sich verdammen'; sie kann ihre irdische Aktion nur antreten, wenn sie sich zuvor für sie hingeweiht hat bis zur Kommunion mit ihrer Verlorenheit. Diese wird ihr, als Preis für die vollbrachte Aktion, am Ende zuteil, da sie, aus der kirchlichen Kommunion der Heiligen ausgestoßen und den Flammen der Hölle in der Nacht der Seele, in der Überzeugung von ihrer eigenen Verlorenheit, überliefert, den Tod für die Brüder stirbt. Die christliche Jeanne des ‚Mystère' wird nur in ihrem ersten Entschluss gezeigt, im Entschluss, sich christlich mit dem Verlorengehen ihrer Brüder nicht abzufinden. Sie weiß im Gebet, dass sie gegen Gott revoltiert. Aber ohne diese Revolte, sagt sie, wird selbst ihre Messe, ihre Kommunion, ‚wurmstichig und hohl'. Kein Hinweis auf ‚Ergebung in den Willen Gottes' […] kann sie stillen. Nur eine letzte Gewissheit rettet sie aus dieser furchtbaren Not: die Gewissheit, in ihrer Revolte gegen die Verlorenheit unversehens auf eine innerste Stelle im Herzen Gottes gestoßen zu sein. Auch Gott ist nicht neutral. Auch Gott ‚findet sich nicht ab' mit dem Unbegreiflichen, Unerträglichen, Unmöglichen." (H. U. v. Balthasar, Die Gottesfrage, 198f).

174 H. U. v. Balthasar, Mysterium Paschale, 219.

175 H. U. v. Balthasar, Mysterium Paschale, 221.

beschreibt: „Ich erstatte ergänzend für den Leib Christi, die Kirche, an meinem Fleische, was von den Bedrängnissen Christi noch aussteht" (Kol 1,24). Dieses Wort darf nicht additiv verstanden werden. Denn wie gesagt: Die inklusive Stellvertretung der Christen setzt die exklusive Stellvertretung des Hingangs Jesu an das Kreuz und zu den Toten als Bedingung ihrer eigenen Möglichkeiten voraus. Aber unter dieser Voraussetzung gilt dann auch, dass der Christ durch, mit und in Christus Berge versetzen und Höllen aufbrechen kann.

Balthasar unterstreicht die Unterschiedlichkeit der Gestalten inklusiver Stellvertretung. Da ist „die Verheißung an Petrus, mitgekreuzigt zu werden" (Joh 21,19); oder „die Johannes und Maria gegebene Gnade, unter dem Kreuz zu stehen"; oder bei Paulus „die Predigt mit der ganzen Existenz"[176]. Und relativ selten, aber alle Jahrhunderte des Christentums begleitend, gibt es auch Sendungen, die teilhaben lassen an der Erfahrung des Karsamstags. „Die große Therese kann gelegentlich solche Höllenqualen streifen, Johannes vom Kreuz beschreibt sie ausführlich. Die kleine Therese spricht von einem unterirdischen Gang, in dem sie, ohne zu wissen, wohin sie geht und wie lange sie dort auszuharren habe, dahinschreitet."[177] Adrienne von Speyr „war Konvertitin, Ärztin, geistig kerngesund, aber von einem tollkühnen Mut beseelt, für Gott und sein Werk in der Welt alles, was sie besaß und was man aus ihr herausholen konnte, hinzugeben. Und Gott hat sie in einem furchtbaren Ernst wörtlich verstanden. Sie wurde eingeweiht in alle leiblichen und seelischen Schmerzen des Kreuzes, in die letzteren vor allem, die so schrecklich sind, dass man gern die äußersten körperlichen Schmerzen ertrüge, wenn einem nur die unerträgliche Gottverlassenheit genommen würde. Dieser Frau wurden immer wieder die Nöte der Kirche und der Welt gezeigt, abständige, laue Priester, unzureichende, verlogene Beichten, Verdunkelungen des Glaubens Unzähliger, und dieser Anblick entflammte sie so sehr, dass sie sich bedingungslos zu allem anbot, was erfordert wäre, um zu helfen. Dann wurde sie in den geistigen Abgrund gestürzt, in das ‚Loch', wie sie es nannte, oft tage- und nächte-, oft auch wochenlang."[178] Im Herbst 1946 empfing Adrienne die Sterbesakramente; aber der ihr als gewiss vorausgesagte Tod trat nicht ein; stattdessen fühlte sie sich an der Grenze des Lebens aufgefordert, fortan nicht mehr in der eigenen, sondern in einer fremden Sendung zu leben. Was damit gemeint ist, schildern die von Balthasar herausgegebenen „Er-

176 H. U. v. Balthasar, Mysterium Paschale, 222.
177 H. U. v. Balthasar, Mysterium Paschale, 181.
178 H. U. v. Balthasar, Herrlichkeit, Bd. II/2, 3f.

fahrungsprotokolle“ mit dem Titel „Auftragshöllen“. Sie sieht die Sünder und die Sünden, für die sie stellvertretend leidet. Der theologische Kern ihrer Erfahrungen liegt im Geheimnis der Gemeinschaft der Heiligen. Adrienne von Speyr weiß, dass ihr etwas gezeigt wird, was andere nicht sehen; aber die Stellvertretung selbst ist für sie etwas im wahrsten Sinne des Wortes Alltägliches, ist für sie Wesen und Mitte jeder kirchlichen Sendung, ist die jedem Menschen auf seine Weise gegebene Möglichkeit, „den Herrn im eigenen Leib zu empfangen, ihm unsern Leib als Leib anzubieten, in unserem Leib das Leibsein des Sohnes [...] fortzuführen“[179].

Man würde diese Einblicke in das Geheimnis der inklusiven Stellvertretung völlig missverstehen, wollte man daraus eine masochistische Verherrlichung des Leidens ableiten. Das Kreuz ist und bleibt in jedweder Form das von Gott eigentlich nicht Gewollte. Aber genauso wahr ist, dass die Liebe, die in Christus bis in die Verlorenheit des Sheol herabgestiegen ist, das Antlitz des Kreuzes trägt. Wer diese Liebe glaubt, erfährt den Tod nicht mehr als Trennung von Gott, sondern als Zugang zum Vater; erfährt aber auch, dass dem Christen aufgrund seiner Inklusion in die Stellvertretung des Erlösers „ein härteres Kreuz“ auferlegt wird als dem sogenannten „natürlichen Menschen“[180]. Es gibt kein Christsein ohne das Tragen der Last des Anderen.

Die gekreuzigte Liebe ist bedingungslos. Aber: Kann ein Mensch vollkommene Gemeinschaft mit dem trinitarischen Gott leben, wenn er unversöhnt ist mit auch nur einem einzigen Mitmenschen? Wer z. B. als Henker von Auschwitz sein Menschsein bis in die Wurzeln deformiert hat, dessen Glaube an Christi bedingungslose Liebe wäre ein desinkarnierter und billiger Glaube ohne den mühsamen Weg der Versöhnung mit den Brüdern und Schwestern, ohne Umkehrung der Sünde in Sohnschaft (Sühne des Purgatoriums). Und jeder Psychologe wird bestätigen, dass die Annahme von Vergebung fast so schwierig ist wie das Schenken von Vergebung. Jeder weiß aus seiner eigenen Lebensgeschichte, dass er, wenn er tief gekränkt oder gedemütigt worden ist, solange ein Opfer bleibt, als er dem, der ihn verletzt hat, nicht vergeben *kann* – oft auch dann noch nicht, wenn der Täter wirklich bereut und kniefällig um Vergebung bittet. Gottes unbedingte Liebe unterscheidet den Täter von seiner Tat und schenkt ihm die Gnade, zu einem Mit-Liebenden werden zu können. Und Gottes unbedingte Liebe will die Opfer befähigen, sich mit Christi gekreuzigter Liebe zu verbünden. Erzwingen aber kann er weder das Eine noch das

179 B. Albrecht, Eine Theologie des Katholischen, Bd. I, 232.
180 Balthasar, Mysterium Paschale, 318.

Andere. Denn seine Allmacht ist keine andere Macht als die Macht der gekreuzigten Liebe.

Der Begriff „Purgatorium" bezeichnet nicht die Möglichkeit, nach dem Tod das gelebte Leben korrigieren oder gar revidieren zu können. Überhaupt verbietet sich die Elongatur zeitlicher Kategorien über den Tod hinaus. Es geht vielmehr um das Verhältnis des Einzelnen und seiner endgültig beendeten Lebensgeschichte zu Jesus Christus. Deshalb bemerkt Hans Urs von Balthasar: Christus *ist* als von mir bejahter mein Himmel; er *ist* als von mir ersehnter mein Purgatorium; er *ist* als von mir verweigerter die Hölle[181]. Christus ist das nichts erzwingende Warten der gekreuzigten Liebe, die das Ja oder Nein jedes *einzelnen* Menschen so unbedingt respektiert, dass seine Hoffnung auf universale Versöhnung kein prädestinierendes Wissen ist[182].

181 „Gott ist das ‚Letzte Ding' des Geschöpfs. Er ist als Gewonnener Himmel, als Verlorener Hölle, als Prüfender Gericht, als Reinigender Fegfeuer. Er ist Der, woran das Endliche stirbt und wodurch es zu Ihm, in Ihm aufersteht. Er ist es aber so, wie er der Welt zugewendet ist, nämlich in seinem Sohn Jesus Christus, der die Offenbarkeit Gottes und damit der Inbegriff der ‚Letzten Dinge' ist." (H. U. v. Balthasar, Umrisse der Eschatologie, 282).

182 Jan-Heiner Tück fasst diesen Sachverhalt am Schluss seiner Metz-Monographie (Christologie und Theodizee bei Johann Baptist Metz) in zwei Thesen: „Gott hat sich selbst dazu bestimmt, sich von der Freiheitsgeschichte der Menschen bestimmen zu lassen. [...] Indem Gott sich auf Golgotha mit allen identifiziert hat, ist seine Selbstbestimmung für die menschliche Freiheitsgeschichte selbst bestimmend geworden. Die Bedeutung des Kreuzes Christi liegt im stellvertretenden Einsatz für die Schuldigen und einer rückhaltlosen Solidarität mit den Leidenden. Eine theodizeenahe Christologie, die eine Identifikation mit allen im Blick auf die Täter und im Blick auf die Opfer thematisiert und auf die Frage möglicher Versöhnung bezieht, versucht, Auschwitz vor dem Hintergrund von Golgatha zu denken." (247). – „In Jesus Christus hat Gott die Versöhnung zwischen sich und den Menschen endgültig vollzogen. Diese Versöhnung kann für das Verhältnis zwischen den Menschen nicht folgenlos sein. Deswegen schließt die Hoffnung auf universale Versöhnung ein, dass mit der Vollendung der menschlichen Freiheitsgeschichte durch und in Christus auch das zerrüttete Verhältnis zwischen Tätern und Opfern wieder ins Lot gebracht werden kann. Der Täter kann durch die eschatologische Begegnung mit Christus zur Wahrheit über sich selbst befreit werden. Weil Christus sich zum Täter stellt, vermag dieser sich gegen sich selbst zu stellen, die Verantwortung für seine Schuld zu übernehmen und das Gericht über seine Untaten anzuerkennen. Das Opfer kann in Christus den mitleidenden Bruder erkennen, der sein Leid ausdrücklich zugunsten seiner Täter auf sich genommen hat. Dass das Opfer durch die eschatologische Begegnung mit Christus im Täter den vergebungsbedürftigen Nächsten erkennt, muss als Denkmöglichkeit offengehalten werden." (250). – Dazu: K.-H. Menke, Das Gottespostulat unbedingter Solidarität und seine Erfüllung durch Christus; G. von Lengerke, „Ich will den Mann nicht sehen!".

Die im Protestantismus weit verbreitete These, der physische Tod sei so etwas wie eine neue Schöpfung, nämlich die Ersetzung des alten Adam durch den neuen Adam, wirft die Frage nach der Verantwortung des Bundespartners auf. Wenn der Glaube an die Rechtfertigung allein aus Gnade verbunden wird mit der Prädestination aller zum Heil, dann wird der Unterschied zwischen Tätern und Opfern vergleichgültigt[183]. Dazu bemerkt Papst Benedikt in seiner Enzyklika „Spe salvi“: „Die Gnade löscht die Gerechtigkeit nicht aus. Sie macht das Unrecht nicht zu Recht. Sie ist nicht ein Schwamm, der alles wegwischt, so dass am Ende dann eben doch alles gleich gültig wird, was einer auf Erden getan hat. Gegen eine solche Art von Himmel und von Gnade hat zum Beispiel Dostojewski in seinen *Brüdern Karamasow* mit Recht Protest eingelegt. Die Missetäter sitzen am Ende nicht neben den Opfern in gleicher Weise an der Tafel des ewigen Hochzeitsmahls, als ob nichts gewesen wäre. […] Jesus hat uns zur Warnung im Gleichnis vom reichen Prasser und dem armen Lazarus (*Lk* 16,19–31) das Bild einer […] zerstörten Seele gezeigt, die selbst einen unüberbrückbaren Graben zwischen sich und dem Armen geschaffen hat: den Graben der Verschlossenheit in den materiellen Genuss hinein, den Graben der Vergessenheit des anderen, der Unfähigkeit zu lieben, die nun zum brennenden und nicht mehr zu heilenden Durst wird. Dabei müssen wir festhalten, dass Jesus in diesem Gleichnis nicht von dem endgültigen Geschick nach dem Weltgericht handelt, sondern eine Vorstellung aufnimmt, die sich unter anderem im frühen Judentum findet und einen Zwischenzustand zwischen Tod und Auferstehung meint, in dem das endgültige Urteil noch aussteht. Diese frühjüdische Vorstellung vom Zwischenzustand schließt die Auffassung ein, dass die Seelen nicht einfach nur in einer vorläufigen Verwahrung weilen, sondern schon Strafe erfahren, wie es das Gleichnis vom reichen Prasser zeigt, oder aber auch schon vorläufige Formen der Seligkeit empfangen. Und endlich fehlt nicht der Gedanke, dass es in diesem Zustand auch Reinigungen und Heilungen geben kann, die die Seele reif machen für die Gemeinschaft mit Gott. Die frühe Kirche hat solche Vorstellungen aufgenommen, aus denen sich dann in der Kirche des Westens allmählich die Lehre vom Purgatorium gebildet hat.“[184]

---

183 Vgl. dazu die Kontroverse: K.-H. Menke, Rechtfertigung: Gottes Handeln an uns ohne uns?; B. Oberdorfer, „Ohne uns“?; K.-H. Menke, Argumente statt Verdikte. – Vgl. dazu die in ökumenischer Absicht verfasste Analyse von Christiane Schubert: *mere passive?*, bes. 13–34.228–279.

184 Benedikt XVI., Auf Hoffnung hin gerettet. Die Enzyklika Spe Salvi, §§ 44f. – Die Passage dieser Enzyklika über das Gericht als Lernort der Hoffnung, die das Pur-

Der trinitarische Gott wartet auf das freie Ja jedes Einzelnen; und sein Warten ist nicht passiv; es trägt die Signatur des Kreuzes. Die exklusive Stellvertretung des für alle Menschen in den Sheol Herabgestiegenen bedingt die inklusive Stellvertretung der so von ihm Beschenkten. Balthasar spricht von der „Kirche aus dem Kreuz“[185] und von der „mit Christus gekreuzigten Kirche“[186]. Er will damit sagen: Keiner kann das Geschenk der gekreuzigten Liebe privatistisch für sich selbst empfangen; Christusgemeinschaft gibt es nur im Modus der Inklusion in sein Für-Leiden. Dabei geht es nicht um eine oberflächliche Solidarität oder um psychologische Empathie[187], sondern um die biblisch durchgängig bezeugte Tatsache, dass Christus jedes einzelnen Christen bedürfen will, um auch die Verhärtetsten seiner Brüder und Schwestern zu retten. Die trinitarische, in der Kenosis des Karfreitags und Karsamstags offenbare Liebe degradiert ihre Adressaten nicht zu bloßen Empfängern. Paulus beschreibt seine eigene Sendung mit den Worten: „Ich erstatte ergänzend für den Leib Christi, die Kirche, an meinem Fleische, was von den Bedrängnissen Christi noch aussteht“ (Kol 1,24). Dieses Wort darf nicht additiv verstanden werden. Denn die inklusive Stellvertretung der Christen setzt die exklusive Stellvertretung des Hingangs Jesu an das Kreuz und zu den Toten als Bedingung ihrer eigenen Möglichkeiten voraus. Aber unter dieser Voraussetzung gilt dann

---

gatorium als Begegnung mit Christus, dem Richter und Retter beschreibt, ist von Wolfgang Huber positiv rezipiert worden (vgl. ebd. 114f). Und kein Geringerer als Wolfhart Pannenberg (Systematische Theologie, Bd. III, 664–666) hat im Blick auf Ratzingers Reformulierung der klassischen Fegfeuerlehre angemerkt, dass durch die Konzentration auf das Motiv der reinigenden Christusbegegnung „der Anlass für den reformatorischen Widerspruch“ (666) entfalle. – Jan-Heiner Tück, dem ich den Hinweis auf dieses „ökumenische Ereignis“ verdanke, widmet sich seit Jahren der hier berührten Thematik (vgl. Christologie und Theodizee, 250–262; Mit dem Rücken zu den Opfern der Geschichte?; In die Wahrheit kommen; Unversöhnt in alle Ewigkeit?). Einen instruktiven Überblick über alle Aspekte der Debatte über die Untrennbarkeit der horizontalen von der vertikalen Versöhnung bietet: P. Höfele, Vergebung für die Täter?

185 Balthasar, Mysterium Paschale, 219.

186 Balthasar, Mysterium Paschale, 221.

187 „Sünde besteht in der Schuld, die sie anrichtet, nicht nur in ‚Schuldgefühlen‘, von denen heute fast nur noch die Rede ist. Gewiss: Schuldgefühle lassen sich durch Einsicht beseitigen und durch Worte warmer Zuwendung überwinden – angerichtete Schuld hingegen kann nur mitgetragen werden. Und aus partnerschaftlicher Erfahrung weiß man, wieviel stellvertretendes Auf-sich-Nehmen dessen, was der Partner einem angetan hat, zu gemeinsamer Schuldbewältigung oft nötig ist. Von daher mag sich ein Verständnis dafür gewinnen lassen, wie unendlich groß das Gewicht stellvertretenden Auf-sich-Nehmens ist, das Gottes Liebe sich zugemutet hat, um die Sünde als reale Abkehr der gesamten Menschheit von ihm zu überwinden und die Verderbnis des Lebens der Sünder aufzuheben und zu heilen.“ (U. Wilckens, Das Kreuz Christi, 29).

auch, dass der Christ durch, mit und in Christus Berge versetzen und Höllen aufbrechen kann.

Das Kreuz ist und bleibt in jedweder Form das von Gott eigentlich nicht Gewollte. Aber genauso wahr ist, dass die Liebe, die in Christus bis in die Verlorenheit des Sheol herabgestiegen ist, das Antlitz des Kreuzes trägt. Wer diese Liebe glaubt, erfährt den Tod nicht mehr als Trennung von Gott, sondern als Zugang zum Vater; erfährt aber auch, dass dem Christen aufgrund seiner Inklusion in die Stellvertretung des Erlösers „ein härteres Kreuz" auferlegt wird als dem sogenannten „natürlichen Menschen"[188]. Es gibt kein Christsein ohne das Tragen der Last des Anderen.

Nicht zufällig ist das Kreuzzeichen das Erkennungszeichen der Christen. Ganz bewusst stellen Christen Kreuze nicht nur in Kirchen, sondern auch an Wege und auf Gipfel und Häuser. Denn das Kreuz ist seit Ostern das Erkennungszeichen des Gottes, der nichts erzwingt und gerade so die Verneinung seiner selbst besiegt. Wer sich mit dem Kreuzzeichen bezeichnet, bekennt damit, dass Gott sich lieber kreuzigen lässt als irgendetwas mit Gewalt zu erzwingen; bekennt aber auch, dass die gekreuzigte Liebe jedes Kreuz verklären und jede Hölle aufbrechen kann. Wer sich mit dem Kreuzzeichen bezeichnet, glaubt, dass der Sheol schon aufgehoben ist; weiß aber auch, dass der gekreuzigte und auferstandene Christus seiner bedürfen will, um seine Liebe zu denen zu tragen, die sich noch immer einschließen in den Panzer ihrer Verweigerung.

Es gibt kein privates oder unsichtbares Christentum. Denn Christ kann nur sein, wer bereit ist, Christus (das Ursakrament) als Glied der Kirche (des Grundsakramentes) darzustellen. In gewisser Weise ist die Sakramentalität des Christen so heilsnotwendig wie das Christusereignis selbst. Genau das wollte Papst Johannes Paul II. mit seiner Verlautbarung zur Jahrtausendwende „über die Einzigkeit und Heilsuniversalität Jesu Christi *und über die Einzigkeit und Heilsuniversalität der Kirche*" ins Gedächtnis rufen.

188 Balthasar, Mysterium Paschale, 318.

D. SAKRAMENTALITÄT ALS INBEGRIFF DES UNTERSCHEIDEND CHRISTLICHEN

Die zeitgenössische Philosophie ist geprägt von einer regelrechten Metaphysikfeindlichkeit. Auch Menschen, die ganz einfach „Kinder ihrer Zeit" sind, ohne je den Zeitgeist zu reflektieren, praktizieren bewusst oder unbewusst einen Hass auf alles Unbedingte, natürlich auch auf den „Absolutheitsanspruch" des Christentums und die These, dass es entweder eine oder gar keine Wahrheit gibt. Das Phänomen der „Verdunstung des Glaubens" in ehemals kernkatholischen Regionen Europas ist begleitet von einer tiefen Resignation vor jeder Wahrheit, die verbindlich sein will.

Viele verwenden das Wort ‚Sinn' als Synonym des Wortes ‚Zweck'; aber ein Zweck ist immer nur ‚sinn-voll' für jemand; ‚Sinn' dagegen kann man auch nennen, was unabhängig vom Urteil des einzelnen Individuums alles Seiende als Zusammenhang erscheinen lässt[189]. Dieser Zusammenhang ist nicht identisch mit dem, was *ist*, sondern ist das, was *sein soll*. Indem das erkennende Subjekt alles, was ist, auf einen Zusammenhang beziehen muss, in dem Idealität (das, was sein soll) und Realität (das, was ist) zur Deckung kommen, erfährt es ‚Sinn'. So gesehen aber bezeichnet der Begriff ‚Sinn' das, was für *alle* Subjekte das Gute ist; so gesehen ist streng zu unterscheiden zwischen dem ‚Sinn an sich' und dem ‚Sinn für mich'.

1. Die Einzigkeit Jesu Christi im Spiegel ihrer Kritiker

Verschiedene religionsphilosophische und religionstheologische Trends der Gegenwart erstreben eine Überwindung des relativistischen Mottos „Jedem sein eigener Sinn" durch Methoden der Einigung auf ein gemeinsames Ethos bzw. allgemein akzeptable Regeln. Sie sind damit so erfolgreich, dass selbst unter Christen, die jeden Sonntag den Gottesdienst besuchen, die Meinung weit verbreitet ist, es komme nicht darauf an, was man glaubt, sondern darauf, dass der Glaube die Moral stärkt.

---

189 Dazu: R. Lauth, Die Frage nach dem Sinn des Daseins, bes. 254–258; G. Sauter, Was heißt nach Sinn fragen?

a) PRT, Weltethos, Diskursethik und Komparative Theologie

John Hick – bekanntester Repräsentant der ‚Pluralistischen Religionstheologie' (PRT)[190] – misst jede Religion an ihrem humanisierenden bzw. ethisierenden Effekt. Er setzt voraus, dass alle Aussagen über Gott bzw. das Göttliche geschichtlich bzw. kulturell bedingte Deutungsversuche des Menschen sind; dass Offenbarung überall da geschieht, wo Menschen Sinn erfahren. Es geht nicht um die wahre oder falsche Deutung der Sinnerfahrung, sondern um die Veränderung, die sie in den Gläubigen bewirkt. Das Kriterium für das ‚mehr oder weniger wahr' theologischer Deutungen und Deutungssysteme fasst Hick in die Formel „from self-centredness to Reality-centredness". Das heißt, eine Religion ist so wahr, wie sie ihre Anhänger aus Egoisten in Altruisten verwandelt.

Auch Hans Küng geht es in seinem „Projekt Weltethos" nicht um die Wahrheit der geglaubten Inhalte, sondern um deren Motivationskraft[191]. Die Deutungen jeder religiösen Tradition können zur Begründung des Weltethos beitragen; ja, sie sind, so meint Küng, als Motivationsinstanzen für die Mehrzahl aller Menschen unabdingbar[192]. Aber es geht nicht um die Wahrheit der Begründungen, sondern um das, was sie bewirken sollen: nämlich eine möglichst große Zahl von Menschen möglichst unbedingt zum Beispiel auf die fünf großen Topoi der Menschlichkeit (das Verbot zu töten, zu lügen, zu stehlen, die Ehe zu brechen, sowie auf das Gebot, die Eltern zu ehren) zu verpflichten. Die Religionen sind Mittel zum Zweck[193]. Man braucht sie, um Menschen – oft genug gegen die eige-

---

190 Zur Genese dieses Phänomens: K.-H. Menke, Jesus ist Gott der Sohn, 423–445.

191 Schon Immanuel Kant dachte über ein ‚Welt-Ethos' nach; allerdings im Unterschied zu Küng unter der Voraussetzung einer ‚Welt Kirche'. Dazu: M. Leiner, Überwindung und Reform der gegebenen Kirchen, bes. 162–182.

192 „Auch der Mensch ohne Religion kann ein echt menschliches, also humanes und in diesem Sinn moralisches Leben führen; eben dies ist Ausdruck der innerweltlichen Autonomie des Menschen. Doch eines kann der Mensch ohne Religion nicht, selbst wenn er faktisch für sich unbedingte sittliche Normen annehmen sollte: die Unbedingtheit und Universalität ethischer Verpflichtung begründen. Ungewiss bleibt: Warum soll ich unbedingt, also in jedem Fall und überall, solche Normen befolgen – selbst da, wo sie meinen Interessen völlig zuwiderlaufen? Und warum sollen dies alle tun? […] Aber wie immer die Unbedingtheit der ethischen Forderung in den verschiedenen Religionen begründet wird, ob sie ihre Forderungen mehr direkt von einem geheimnisvollen Absoluten oder einer Offenbarungsgestalt, ob von einer alten Tradition oder einem heiligen Buch ableiten, sicher ist das eine: Religionen können ihre ethischen Forderungen mit einer ganz anderen Autorität vorbringen als eine bloß menschliche Instanz." (Hans Küng, Projekt Weltethos, München 1990, 75–78).

193 Robert Spaemann kommentiert: „Es ist derselbe Fehler, den Küng mit Bezug auf den von ihm ständig strapazierten Paradigmabegriff macht. Paradigmen sind für ihn

nen Interessen – auf bestimmte Normen zu verpflichten. Letzter Maßstab für die Regeln des Weltethos ist die Zukunft der Menschheit. Was dieser Zukunft dient, ist wahr – Umkehrung des Satzes: ‚Was wahr ist, hat Zukunft'. Robert Spaemann hat die Folgen dieser Umkehrung am Beispiel „Sterbehilfe" demonstriert. Entweder ist der Sinn des menschlichen Lebens immer schon vorausgesetzt; oder er wird an Bedingungen geknüpft. Ausgerechnet da, wo sich faktisch alle großen Religionsgemeinschaften einig sind, verlässt Küng diesen Konsens aufgrund einer von ihm selbst definierten Bedingung – „nämlich Leiden, wenn es anders nicht geht, dadurch zu beseitigen, dass der Leidende beseitigt wird."[194]

Küngs „Projekt Weltethos" verbindet mit der Diskursethik von Jürgen Habermas, dass Gesprächspartner unterschiedlicher Traditionen, Kulturen und Religionen auf dem Weg argumentierender Kommunikation zu einem ethischen Konsens finden sollen, auf dessen Ergebnisse sich dann alle Beteiligten verpflichten. Die kommunikative Vernunft, so betont Habermas, „kann im Streit der religiösen Weltbilder und kulturellen Lebensformen gerade deshalb eine Moderatorenrolle übernehmen, weil sie sich in den Grenzen nachmetaphysischen Denkens auf den Universalismus von Recht und Moral beschränkt und auf die Auszeichnung eigener Konzeptionen des Guten verzichtet."[195] Mit den „Konzeptionen des Guten" meint Habermas auch und sogar vornehmlich die Religionen. Solange diese ihren ursprünglichen Wahrheitsanspruch aufrecht erhalten, sind sie nicht allgemein kommunikabel. Eine christliche Dogmatik zum Beispiel, welche die Dogmen des Christentums in allgemein konsensfähige Werte oder Regeln übersetzen würde, müsste den mit dem Christusglauben verbundenen Wahrheitsanspruch aufgeben. Sie wäre nicht mehr Dogmatik, sondern Philosophie. Habermas plädiert für eine strikte Unterscheidung zwischen Religion und säkularer Vernunft. Die Religion deckt zwar ein

Gegenstände von Optionen statt Voraussetzung von Optionen. Als in der Zeit der Französischen Revolution jemand den Vorschlag machte, eine neue Religion zu erfinden, erwiderte Talleyrand: ‚Es gab einmal einen Religionsstifter, der nach dreijähriger Lehrtätigkeit am Kreuz hingerichtet wurde und am dritten Tag wieder auferstand. Sie sollten irgend so etwas zu tun versuchen.' Der Skeptiker wusste sehr wohl, wie Religionen und wie ein Ethos sicher nicht entstehen. Der Satz Jesu im Johannesevangelium: ‚Nicht ihr habt mich erwählt, sondern ich habe euch erwählt.' (Joh 15,16) zeigt, wie religiöse ‚Paradigmen' entstehen. Jedenfalls nicht so, dass Menschen für sie ‚optieren'. Wen eine Liebe ergreift, der optiert so wenig wie der, dem ein mathematischer Satz plötzlich einleuchtet." (Grenzen, 534).

194 R. Spaemann, Grenzen, 534.

195 J. Habermas, Replik auf Einwände, 386f. – Vgl. das Gespräch zwischen J. Habermas (Vorpolitische Grundlagen des demokratischen Rechtsstaates?) und J. Ratzinger (Was die Welt zusammenhält).

Defizit der Vernunft ab, wenn sie zu moralischem Verhalten motiviert oder die Menschen in den Erfahrungen ihrer Kontingenz tröstet. Das aber ändert nichts an der „diskursiven Exterritorialität“ der geglaubten Inhalte. Solange eine Religion das ist, was sie ist, verbleibt sie außerhalb der universal verbindlichen Vernunft. Habermas verbindet mit Kants Kritik die endgültige Erledigung jeder Art von Metaphysik und mit den Namen von Wilhelm Dilthey und Ludwig Wittgenstein die Erledigung jeder Transzendentalphilosophie. Er hält den Wittgensteinschen Basissatz „Es gibt kein Denken außerhalb der Sprache“ für genauso unhintergehbar wie Transzendentalphilosophen das präreflexiv um sich selber wissende Ich. Doch aus der unhintergehbaren Bindung der Vernunft an die Sprache folgert Habermas nicht eine der Pluralität der Sprachen entsprechende Pluralität von Wahrheiten. Im Gegenteil: Er wendet sich gegen die postmoderne These von der Inkommensurabilität der Sprachspiele[196]. Ihm geht es um die Überwindung des Relativismus durch Kommunikation. Er ist überzeugt: Wo jeder seine Meinungen und Behauptungen, seine Geltungsansprüche und Interpretationen ergebnisoffen und gewaltfrei, unter der Voraussetzung der Anerkennung aller potentiellen Gesprächspartner als gleichberechtigt und nur dem stärkeren Argument verpflichtet, solange diskutiert, bis sich ein Konsens abzeichnet, da kann eine Gesellschaft auch in Fragen, die sie zu spalten drohen, friedlich zu Problemlösungen gelangen.

Habermas will, wie gesagt, den postmodernen Relativismus überwinden, kann aber nicht begründen, warum sich stets von Interessen geleitete Menschen verpflichten sollen, solange miteinander zu ringen, bis alle Gesprächsteilnehmer gewaltfrei zu einem Konsens gelangt sind. Habermas bietet ein Verfahren zur Überprüfung von Wahrheitsansprüchen, ohne die Frage zu beantworten, warum es überhaupt sinnvoll ist, den Anspruch auf Wahrheit zu erheben[197]. Und selbst unter der utopischen Voraussetzung, dass sich

196 „Entweder man verstrickt sich in einen Relativismus, der nicht ohne Selbstwiderspruch zu vertreten ist, weil der Relativist nicht sagen kann, von wo aus er selber spricht, wenn er sich auf eine Metaebene begibt, die er doch gerade leugnet. Oder man begegnet diesem Einwand mit Rortys methodischem Ethnozentrismus, wonach wir, wenn wir andere Weltbilder verstehen wollen, den fremden Sinn an unsere eigenen Rationalitätsmaßstäbe assimilieren müssen. […] Demgegenüber verteidige ich nach wie vor das hermeneutische Modell des Verstehens, wonach die pragmatischen Universalien der Sprechsituation […] eine hinreichend gesicherte Ausgangsbasis für eine gegenseitige Verständigung bereitstellen.“ (J. Habermas, Replik auf Einwände, 386).

197 Georg Essen bemerkt in diesem Zusammenhang: „Auch wenn es stimmt, dass sich die Philosophie, wie er [Habermas] unterstreicht, die religiöse Erfahrung *als solche* nicht zu eigen machen kann, so folgt daraus, so meine ich, keineswegs, dass die vernünftige Begründung der mit ihr verbundenen Wahrheitsbehauptungen abhängig sein soll von

zumindest die Eliten einer Gesellschaft auf die Ideale der Habermas'schen Kommunikation verpflichten, bleibt ungeklärt, warum ein von bestimmten Repräsentanten gewaltfrei erzielter Konsens vor Irrtum bewahren kann. Zumindest Fragen wie die nach dem Unterschied zwischen Tier und Mensch, nach dem Wesen der Person, nach dem Wesen der Freiheit, nach der Erlaubnis von Abtreibung, Euthanasie oder Gentechniken verlangen einen verlässlicheren Kompass als den eines diskursiv hergestellten Konsenses.

Diesen verlässlicheren Kompass will Klaus von Stosch anbieten, indem er die propositionalen Gehalte dessen, was man gemeinhin ‚die Wahrheit' oder ‚den wahren Sinn' nennt, so strikt wie Ludwig Wittgenstein an die gelebte Praxis bindet[198]. Dogmen sind aus Wittgensteins Sicht die Grammatik eines religiösen Sprachspiels. Ihre Bedeutung kann an der Praxis der Sprachspielteilnehmer abgelesen werden. Unabhängig davon existiert sie gar nicht – getreu dem Grundsatz, dass Deutungen ein Epiphänomen der Sprache bzw. Praxis, nicht umgekehrt die Sprache ein Epiphänomen von Bedeutungen ist. Christus ist das, was er praktisch für eine Sprachspielgemeinschaft bedeutet – nichts unabhängig oder außerhalb davon. Komparative Theologie kann schauen, ob es in nichtchristlichen Religionen ein sprachspielpraxeologisches Äquivalent für die Bedeutung Jesu Christi im Christentum gibt; und ob eine Regel (Dogma) des eigenen Sprachspiels in einem anderen Sprachspiel instantiierbar ist. Sie kann auf diese Weise beitragen zu einem tieferen Verstehen der eigenen Christo-Praxis[199].

---

einer Übersetzung ins Profane hinein." (Sinnstiftende Unruhe im System des Rechts, 70f).

198 „Die Betonung der Notwendigkeit sprachspielpraxeologischer Verankerung religiöser Sätze geht bei Wittgenstein [...] Hand in Hand mit der Herausstellung von deren regulativem Charakter. [...] Genau wie bei der Anwendung der Existenzprädikation auf Gott fragt sich [...] auch bei einem Glaubenssatz wie dem (allerdings nicht christlichen) der Trennung von Seele und Leib im Tod, ‚welche Konsequenzen' er nach sich zieht, auf welche Weise er also unser Leben regelt. Kommt man bei einer solchen Befragung zu keinem Ergebnis, so kann man den fraglichen Glaubenssatz solange nicht verstehen, bis man – aufgrund einer Änderung der Lebensweise [...] – den lebensregelnden Status dieses Satzes zumindest nachvollziehen kann. So gibt Wittgenstein z. B. an, Jesus nicht als ‚Herrn' bezeichnen zu können, weil ihm diese Bezeichnung ‚gar nichts sagt'. Die Erklärung dieser Prädikation dadurch, dass sie Jesus als den bezeichnet, der kommen wird, um ihn zu richten, hilft Wittgenstein nicht weiter, weil ihm auch ‚das nichts sagt', und nur etwas sagen könnte, wenn er ‚ganz anders lebte'." (K. v. Stosch, Glaubensverantwortung in doppelter Kontingenz, 227).

199 Zu Chancen, Potentialen und Grenzen der Komparativen Theologie: J. Werbick, Vom entscheidend und unterscheidend Christlichen, 77–113; ders., Systematisch-theologische Arbeit an der Identität des Christlichen in komparativ-interreligiöser Perspektive, in: Ders., Theologische Methodenlehre, 492–496.

Doch wie Rudolf Bultmann das historische Jesus-Faktum fast ganz in dessen Bedeutung für den je einzelnen Gläubigen aufhebt, so ähnlich identifiziert Klaus von Stosch das christologische Dogma mit dessen Bedeutung für die Praxis eines bestimmten Sprachspiels. Das biblisch bezeugte Verhältnis von Faktum und Bedeutung wird umgekehrt. Das Christusereignis hat nicht schon eine bestimmte Bedeutung, die es von Seiten der Gläubigen immer tiefer zu verstehen gilt; sondern Christus *ist*, was er für ein Sprachspiel bedeutet.

Ohne die nicht unerheblichen Differenzen zwischen den hier mehr skizzierten als referierten Positionen zu leugnen, darf man bilanzieren: (a) Hicks Formel „from self-centredness to Reality-centredness" entscheidet, welche Religion in welchem Maße wahr und zukunftsfähig ist. – (b) Eine dialogisch ermittelte Gemeinsamkeit (Küngs „Weltethos") oder ein diskursiv erlangter Konsens (Habermas Diskursethik) entscheiden, was für alle verbindlich sein soll und was nicht. – Oder (c) die Sprachspielpraxis entscheidet, ob und wie etwas wahr ist.

b) Die Einzigkeit oder ‚Ursakramentalität' Jesu

Der historische Jesus ist ein Faktum, das nicht einfach identisch ist mit seiner Bedeutung. Aber seine Bedeutung ist von der Faktizität seiner Geschichte so wenig trennbar wie die bezeichnende von der bezeichneten Ebene eines Sakramentes. Deshalb wird das Menschsein Jesu mit allem, was in den dreiunddreißig Jahren seines Lebens und Sterbens dazu gehört, als „Ursakrament" bezeichnet. Das Sprechen und Handeln des göttlichen Logos in Welt und Geschichte deutet sich selbst durch das mit ihm nicht identische, aber von ihm untrennbare Sprechen und Handeln des Menschen Jesus. Die Bedeutung des Jesus-Faktums hängt nicht ab von seiner Wirkungsgeschichte oder von der Grammatik bestimmter Sprachspiele. Sie ist nicht das Ergebnis von Diskursen oder das Resultat eines interreligiösen Wettbewerbs. Sie ist die geistgewirkte Selbstauslegung der Beziehung des innertrinitarischen Vaters zum Sohn und des innertrinitarischen Sohnes zum Vater *als* das Menschsein Jesu.

Die Untrennbarkeit (Ur-Sakramentalität) des Menschseins Jesu von der Selbst-Aussage (Logos) Gottes hat Wolfhart Pannenberg wie folgt erklärt: Jesus ist nicht *trotz*, sondern *wegen* seines wahren Menschseins die reale Offenbarkeit des innertrinitarischen Sohnes. Indem er in jeder Phase seines Lebens von sich fort auf den Vater verweist, lebt er sein Menschsein als Selbstunterscheidung von Gott[200]. Das Gegenteil dieser Selbstunterscheidung ist die Sünde; denn der Sünder will selbst Gott sein. Er will sich nicht von Gott sagen lassen, was gut und was böse ist; er will autonom und autark sein. Aber der Mensch ist nicht Gott; er wird im tiefsten Sinne dieses Wortes ‚un-menschlich', wenn er sich nicht mehr von Gott unterscheidet. Die Ursünde ist das Gott-sein-Wollen, die Verweigerung der Selbstunterscheidung von Gott, die Verweigerung des Gehorsams gegenüber Gott. Jesus lebt als wahrer Mensch das Gegenteil der Sünde. Er lebt geschichtlich dieselbe Selbstunterscheidung vom Vater, die der innertrinitarische Sohn ist. *So* ist er *personal* identisch mit dem ewigen Sohn. Deshalb bedeutet die Selbstoffenbarung Gottes im Christusereignis nicht so etwas wie das freiwillige Abstreifen aller göttlichen Eigenschaften, sondern im Gegenteil die sakramentale Darstellung der innertrinitarischen Selbstunterscheidung des Sohnes vom Vater durch die geschichtlich gelebte Selbstunterscheidung Jesu vom Vater. Mit den Worten Hans Urs von Balthasars ausgedrückt: „Gott entschlägt sich in seiner Erniedrigung nicht seiner Gottheit, sondern bestätigt sie gerade darin."[201]

Es ist bemerkenswert, wenn ein protestantischer Theologe, nämlich Wolfhart Pannenberg, aus der Ur-Sakramentalität Jesu die sakramentale Qualität der gesamten Schöpfung und Menschheitsgeschichte folgert[202]. Weil durch denselben Logos, dessen Ursakrament Jesus ist, alles geschaffen wurde, was wirklich ist; und weil die Menschwerdung des Logos Sinnziel der gesamten Menschheitsgeschichte ist[203], entscheidet sich im Blick auf das Ursakrament Jesus der Sinn des Ganzen und jedes Einzelnen. Und

200 Vgl. W. Pannenberg, Systematische Theologie, Bd. II, 365–440.

201 H. U. v. Balthasar, Mysterium Paschale, 183.

202 „Denn Pannenbergs Geschichtstheologie wie katholische Theologie, die sich im ganzen als eine sakramentale Theologie versteht, gehen gemeinsam und selbstverständlich von der Priorität der Offenbarung Gottes aus, und sie sind ebenso gemeinsam darum bemüht, diese Offenbarung Gottes im Kontext der menschlichen Erfahrungswirklichkeit, freilich nicht nur im Kontext der individuell-privaten Erfahrungen des Menschen, sondern auch im Kontext der konkreten und gesellschaftlichen Realität, einer umfassenden Bewährung auszusetzen, damit christliche Theologie dazu verhelfen kann, wozu sie berufen ist, dass das Christentum der Gegenwart und durch seine Vermittlung auch die Menschheit nicht weiterhin, wenn überhaupt, nur mit einer Abstraktion von Gott, mit der ‚Abstraktion eines nur jenseitig gedachten oder utopisch behaupteten Gottes' in Kontakt kommen, sondern in neuer Weise Gott als der alles, was überhaupt ist, bestimmenden und umgreifenden Wirklichkeit begegnen, indem sie die sakramentalen Implikationen der immanenten Weltwirklichkeit explizieren." (K. Koch, Der Gott der Geschichte, 422).

203 „Geschichte ist der umfassendste Horizont christlicher Theologie. Alle theologischen Fragen und Antworten haben ihren Sinn nur innerhalb des Rahmens der Geschichte, die Gott mit der Menschheit und durch sie mit seiner ganzen Schöpfung hat, auf

Pannenberg folgert: Wer Jesus als den Christus (als das Ursakrament des göttlichen Logos) glaubt, kann die Pluralität der Religionen nicht einfach als von Gott gewollt ansehen oder gar nichtchristliche Religionen als christusunabhängige Heilswege würdigen[204]. Jede Religion ist Ausdruck der den Menschen wesentlich kennzeichnenden Suche nach Sinn; und sehr vieles von dem, was sich in den Traditionen der Religionsgeschichte ausgebildet hat, ist von bleibendem Wert (auch *post Christum natum*). Denn der biblisch bezeugte Gott offenbart sich nicht an den Suchbewegungen seiner Adressaten vorbei[205], sondern, indem er, wenn möglich, anknüpft an die Vorstellungen, Kategorien und Erwartungen seiner Adressaten. Der Gott Israels ist wie eine Person[206]. Er handelt nicht *an* den Menschen *ohne* die Menschen, sondern *mit* ihnen.

Personen sind Inbegriff des Nicht-Notwendigen. Wo Personen sind, da ist Geschichte. Denn Geschichte ist das Unausdenkbare. Weil Gottes Offenbarung unausdenkbar ist, kann sie kein von Menschen erdachter Weg, kein von Menschen eruierter Konsens, keine von Menschen geschaffene Theorie sein. Weil Gottes Offenbarung unausdenkbar ist, muss sie geschichtlich erfolgen. Das Wort Gottes, von dem die Bibel spricht, ist geschichtlich vermittelt. Die Bibel ist von Menschen geschrieben, die von Gott befähigt (inspiriert) wurden, Gottes geschichtlich vermitteltes Wort authentisch zu bezeugen. Die Schriften des Alten Testamentes sind die Bezeugungen des Bundes-Handelns JHWHs, die das von ihm erwählte Volk Israel für immer in sein Gedächtnis geschrieben hat. Und die Schriften des Neuen Testamentes sind personale Bezeugungen der realen Selbstexplikation im Handeln und Reden Jesu, welche die Kirche sich für immer in ihr

---

eine Zukunft hin, die vor der Welt noch verborgen, an Jesus Christus jedoch schon offenbar ist." (W. Pannenberg, Heilsgeschehen und Geschichte, 22).

204 Dazu: Wolfhart Pannenberg, Erwägungen zu einer Theologie der Religionsgeschichte.

205 Wenn Karl Barth den allein von Gott unmittelbar (inspiratorisch) im Gläubigen gewirkten Glauben als das Gegenteil von Religion (für ihn Inbegriff der Ursünde des Menschen, begrifflich oder gar systematisch über Gott verfügen zu wollen) bezeichnet (KD I/2, 327), verkennt er den Bundescharakter der biblisch bezeugten Offenbarung und speziell auch der paulinisch bezeugten Rechtfertigung des Sünders. Das ganze Christusgeschehen wäre überflüssig, wenn Gott die Antwort des Menschen inspiratorisch erzwingen statt inkarnatorisch ermöglichen könnte. Der trinitarische Gott, der Gott, der die Liebe ist, kann nichts erzwingen, nicht einmal die Gegenliebe eines einzigen Menschen. Er hat sich mit seiner Schöpfung dazu bestimmt, die von ihm selbst ermöglichte Eigenkausalität und Freiheit unbedingt zu wahren. Deshalb ist seine Gnade stets geschichtlich vermittelt (gratia externa) und erst als freiwillig angenommene dem Empfänger innerlich (gratia interna). Deshalb ist sein Handeln in der Geschichte stets interpersonales Handeln bzw. Bundes-Handeln.

206 Dazu: K. Berger, Ist Gott Person?, bes. 28–57.

Gedächtnis geschrieben (kanonisiert) hat. Ähnliches lässt sich vom Koran nicht sagen; denn der Islam versteht seine Heilige Schrift nicht als Bezeugung einer von Gott initiierten Geschichte durch bestimmte Personen bzw. eine bestimmte Gemeinschaft, sondern als Instruktion Gottes[207].

Allerdings bedarf die Behauptung, das Menschsein Jesu (Ursakrament) sei nicht eine unter anderen Selbstauslegungen des göttlichen Logos, sondern Grund, Ermöglichung und Kriterium aller sekundären Sakramentalität (aller anderen Darstellungen), weiterer Begründung.

c) Die Bezeichnung des Ursakramentes als ‚Realsymbol'

Eine Person kann sich durch verschiedene Interpretamente – z. B. in Gestalt von vielen verschiedenen Büchern – ausdrücken; nicht aber durch verschiedene Leiber. Jeder Mensch *hat* nicht nur einen Leib; nein er *ist* so wesentlich *dieser* Leib wie er *diese* Person ist. Das heißt in Bezug auf Jesus: Sein Leib (sein Menschsein) ist gerade deshalb Ur-Sakrament des göttlichen Logos, weil er nicht austauschbar und also unwiederholbar einzig ist. Nach dem Ereignis der Inkarnation (Einfleischung) *hat* der Logos nicht *einen* Leib; nein, er *ist dieser* Leib; und zwar für immer und ewig. Am Fest ‚Christi Himmelfahrt' feiert die Kirche, dass Gott für ewig *dieser* Mensch bleiben will[208].

---

207 Mohammed hat bezeugt, ihm sei der Engel Gabriel erschienen, um ihm den „Koran" (wörtl. übersetzt „Lesung", „Rezitation") zu diktieren. Das angeblich durch dieses Diktat entstandene Buch besteht aus 114 Kapiteln (Suren), die nicht in der Reihenfolge des vom Engel Gabriel geleisteten Diktates, sondern in der Anordnung ihrer Länge (die längsten zuerst, die kürzesten zuletzt) 21 Jahre nach dem Tod des Propheten erstmals in Gestalt eines verbindlichen (fortan Variationen ausschließenden) Textes ediert wurden. In der angeblich ältesten Sure 96 findet sich das Wort „Koran". Dort richtet Gabriel an Mohammed die Aufforderung: „Im Namen Gottes, des Erbarmers, des Barmherzigen trage vor (rezitiere)!" Vor diesem Hintergrund ist die Geschichte des Islams von dem Bemühen geprägt, die Ungeschaffenheit des göttlichen Offenbarungswortes, das der Koran als Abschrift authentisch tradiert, zu affirmieren. Die im 9. Jh. aufkommende Lehre der Mu'taziliten über die Unvereinbarkeit des Dogmas der Ungeschaffenheit des Korans mit dessen nachweisbarer Entstehung in Raum und Zeit konnte sich nicht durchsetzen (vgl. W. Pannenberg, Erwägungen zu einer Theologie der Religionsgeschichte, bes. 336–338). Während das Christentum seine Trinitätslehre als Erklärung der realen Selbstoffenbarung Gottes in dem Geschöpf Jesus entwickelt, verbietet der Islam jede Frage nach den transzendentallogischen Voraussetzungen der behaupteten Identität des Koran mit Gottes Wort (vgl. J. Bouman, Gott und Mensch im Koran, bes. 61f). – Dazu: G. Greshake, Menschsein als Berufung zur Gemeinschaft mit Gott.

208 Vgl. A. Grillmeier, Jesus der Christus, Bd. I, 774.

Karl Rahner betont im Rahmen seiner Symboltheorie, dass sich die Seele eines Menschen so als Leib ausdrückt, dass sie ohne diesen gar nicht existiert. Der Leib ist nicht Instrument, sondern *Selbst*aussage je einer bestimmten Person; und dies so ausschließlich, dass er durch kein anderes Interpretament ersetzt oder potenziert werden kann[209]. Karl Rahner nennt den Leib deshalb nicht einfach Symbol, sondern *Real*symbol der Seele des je einzelnen Menschen. Wenn wir – so folgert er – die Menschheit Jesu „nur in einem statisch-ontischen Sinn subsistieren, also ‚getragen' und ‚angenommen' sein lassen durch den Logos, dann […] würde sich der Logos verlautbaren […] durch eine an sich ihm fremde, von außen zufällig angenommene, in ihrer inneren Wesenheit nichts mit ihm zu tun habende Wirklichkeit."[210] Inkarnation jedoch bedeutet, „dass Gott, gerade *indem* er und dadurch, dass er *sich* entäußerert, *sich* weggibt, das andere als *seine eigene* Wirklichkeit *setzt*"[211]. Anders gesagt: Das Menschsein Jesu ist kein bloßes Instrument oder Medium[212] der Alleinwirksamkeit des göttlichen Logos; auch kein Sakrament unter anderen Sakramenten; sondern aufgrund seiner unwiederholbaren Einzigkeit[213] Sakrament in ei-

209 Wenn Thomas von Aquin betont, dass die Erstursache jederzeit auch alle Zweitursachen außer Kraft setzen oder gar ersetzen kann (STh I 105,6); und wenn er auf dem Gleis derselben Überordnung der Allmacht Gottes über jedes andere Attribut des Schöpfers von der Unausschöpflichkeit einer göttlichen Person durch Geschöpfe spricht (STh III 3,7); wenn er die Möglichkeit der Menschwerdung auch des Vaters und des Heiligen Geistes (STh III 3,5.8) und die Möglichkeit der Subsistenz des göttlichen Logos in zwei oder mehr geschaffenen Naturen diskutiert (STh III 4,5), dann nicht, um die Einzigkeit der neutestamentlich bezeugten Inkarnation zu bezweifeln, sondern im Gegenteil, um mit Konvenienzargumenten die Einzigkeit Jesu zu begründen. Thomas unterscheidet zwischen logischer und realer Möglichkeit und will um der Allmacht Gottes willen den Unterschied zwischen Notwendigkeit und Konvenienz wahren. Dazu: M. Schulz, Die Gretchenfrage der Pluralistischen Religionstheologie, bes. 135–139.

210 K. Rahner, Zur Theologie des Symbols, 438.

211 K. Rahner, Zur Theologie des Symbols, 441.

212 Karl Rahner sieht mit dem vom dritten Konzil von Konstantinopel 680/81 (DH 553–559) verurteilten Monotheletismus die Vorstellung verbunden, das Erlösungshandeln sei ein Handeln des göttlichen Logos mit Hilfe des Instrumentes der menschlichen Natur Christi. Damit aber, so merkt er an, wären die dreiunddreißig Lebensjahre Jesu nicht die Offenbarkeit, sondern lediglich die geschöpfliche Verkleidung der zweiten göttlichen Person (Probleme der Christologie von heute, 267[7]). Wo immer eine Christologie das Menschsein des Erlösers zu einem bloßen Medium des göttlichen Handelns degradiert, da ist Jesus nicht selbst der Weg, die Wahrheit und das Leben, sondern nur noch Lehrer eines Weges zur Selbsterlösung (Meditation zum Buß-Sakrament, 89). Menschwerdung Gottes, das bedeutet aus Rahners Sicht, dass der trinitarische Gott sich nicht nur durch das Menschsein, sondern als das Menschsein Jesu offenbart.

213 Dazu: K.-H. Menke, Die Einzigkeit Jesu Christi, bes. 111–166.

ner Ausschließlichkeit, wie sie radikaler nicht gedacht werden kann. Der Leib Jesu – so der Horos des Konzils von Ephesus (DH 250f) – ist nicht zuerst Realsymbol einer geschaffenen Person und später in gewisser Weise (im Sinne eines nestorianisch gefärbten Adoptianismus) auch noch Realsymbol der Person des innertrinitarischen Logos. Im Gegenteil: Er ist von seiner Empfängnis durch Maria an das besagte ‚Ur-Sakrament'[214].

Wenn Vertreter der Pluralistischen Religionstheologie – allen voran Perry Schmidt-Leukel[215] – Rahner als ihren Gewährsmann bezeichnen, dann aufgrund einer unzulässigen Isolierung einer einzigen Formulierung im sechsten Gang seines berühmt gewordenen „Grundkurses". Dort bezeichnet er das Inkarnationsereignis zwar als „einmalig höchsten Wesensvollzug der menschlichen Wirklichkeit"[216], ergänzt aber die aszendenz- sofort durch die deszendenzchristologische Perspektive. Man kann seine Position mit folgendem Zitat aus demselben „Grundkurs" als das glatte Gegenteil[217] der von Schmidt-Leukel repräsentierten Position ausweisen: Solange die „endliche Vermittlung der göttlichen Selbstaussage nicht streng und im eigentlichen Sinne eine Wirklichkeit Gottes selbst darstellt, ist sie immer noch grundsätzlich vorläufig, überholbar, weil sie endlich und in dieser Endlichkeit nicht einfach Gottes Wirklichkeit selber ist und so von Gott selbst durch neue Setzung von Endlichem überholt werden kann. Soll also die Wirklichkeit Jesu, in der als Zusage und Annahme die Selbstmitteilung Gottes absoluter Art an die Gesamtmenschheit für uns ‚da ist', wirklich die unüberholbare und endgültige Zusage und Annahme sein, dann muss gesagt werden: sie ist nicht nur von Gott gesetzt, sondern ist Gott selbst.

214 Dazu: G. L. Müller, Maria, 116–225.

215 „Der Gedanke eines höchsten Falls menschlichen Wesensvollzugs setzt voraus, dass es in abgestuften Graden andere, weniger hohe, weniger geglückte, aber durchaus ebenfalls echte Fälle eines solchen Wesensvollzugs gibt. Könnte es dann nicht aber prinzipiell auch andere gleichermaßen hohe, gleichermaßen geglückte Fälle dieses Wesensvollzugs geben? Ja, ist, wenn es sich denn wirklich um Fälle eines menschlichen Wesensvollzugs handeln soll, nicht geradezu mit dieser Möglichkeit zu rechnen? Wäre es nicht überaus merkwürdig, wenn es unter allen Menschen nur bei einem einzigen von ihnen im vollen Sinn zum Vollzug des menschlichen Wesens gekommen sein sollte? Wäre dies nicht um so merkwürdiger, als dabei vorauszusetzen ist, dass von Gott her den Menschen alles zu einem solchen gelungenen Wesensvollzug drängt, dass also die gnadenhafte Selbstmitteilung Gottes an den Menschen überall und immer schon nach konkreter Gestaltwerdung in der Existenz eines jeden einzelnen Menschen drängt?" (P. Schmidt-Leukel, Was will die pluralistische Religionstheologie?, 324).

216 K. Rahner, Grundkurs des Glaubens, 210.

217 Dazu: G. L. Müller, Erkenntnistheoretische Grundprobleme einer Theologie der Religionen, 41–48; ders., Vom Vater gesandt, 23–38.67f.

Ist diese Zusage aber selbst eine menschliche Wirklichkeit als absolut begnadete und soll diese Zusage wirklich absolut Gottes selbst sein, dann ist sie die absolute Zugehörigkeit einer menschlichen Wirklichkeit zu Gott, also eben das, was wir, richtig verstanden, unio hypostatica nennen."[218] Weil die reale Selbstzusage Gottes an uns die menschliche Wirklichkeit bzw. das Faktum Jesus von Nazaret ist, „kann die Einheit zwischen dem Zusagenden und der Zusage nicht nur ‚moralisch' gedacht werden, wie etwa die zwischen einem menschlichen Wort (bloß Zeichenhaftem) einerseits und Gott anderseits, sondern nur als eine Einheit unwiderruflicher Art zwischen dieser menschlichen Wirklichkeit mit Gott, als eine Einheit, die eine Trennungsmöglichkeit zwischen der Verlautbarung und dem Verlautbarenden aufhebt, also das real menschlich Verlautbarte und die Zusage für uns zu einer Wirklichkeit Gottes selbst macht. Und ebendies sagt die unio hypostatica, dies und eigentlich nichts anderes"[219].

Auch wenn Karl Rahner in seinem Grundkurs – ähnlich wie vormals Anselm von Canterbury – methodisch autonom bzw. rein transzendentallogisch argumentieren will und deshalb das Belegen seiner Thesen durch Bibelzitate absichtlich vermeidet, darf man ihm völlige Übereinstimmung mit dem neutestamentlichen Befund attestieren. Nur drei Jahrzehnte nach dem Ereignis von Golgotha bekennt der Verfasser des Kolosserbriefes von Jesus, dem Sohn eines Zimmermanns aus der hintersten römischen Provinz, hingerichtet als jüdischer Aufrührer unter dem römischen Statthalter Pontius Pilatus: „Er ist das Ebenbild des unsichtbaren Gottes, der Erstgeborene der ganzen Schöpfung. Denn in ihm wurde alles erschaffen im Himmel und auf Erden, das Sichtbare und das Unsichtbare, Throne und Herrschaften, Mächte und Gewalten; alles ist durch ihn und auf ihn hin geschaffen. Er ist vor aller Schöpfung; in ihm hat alles Bestand. Er ist das Haupt des Leibes, der Leib aber ist die Kirche. Er ist der Ursprung, der Erstgeborene der Toten; so hat er in allem den Vorrang. Denn Gott wollte mit seiner ganzen Fülle in ihm wohnen, um durch ihn alles zu versöhnen. Alles im Himmel und auf Erden wollte er zu Christus führen, der Friede gestiftet hat am Kreuz durch sein Blut" (Kol 1,15–20). Der Mensch Jesus – so lesen wir im folgenden Kapitel desselben Briefes – ist die Verleiblichung der ganzen Fülle des göttlichen Wesens" (Kol 2,9: ἐν αὐτῷ κατοικεῖ πᾶν τὸ πλήρωμα τῆς θεότητος σωματικῶς)[220].

---

218 K. Rahner, Grundkurs des Glaubens, 195.

219 K. Rahner, Grundkurs des Glaubens, 195f.

220 Dazu: F. Mussner, Christus, das All und die Kirche, 46–64; J. Ernst, Pleroma und Pleroma Christi; L. Bouyer, Die Kirche, Bd. II, 79–117. – Über das sakramentale Pleroma der Kirche: I. de la Potterie, Le Christ, Plérôme de l'Église.

2. Die Heilsuniversalität Jesu Christi und seiner Kirche

Um die Ursakramentalität Jesu in ihrer ganzen Tiefe zu erfassen, gilt es, nicht nur die direkte Proportionalität zwischen der Einzigkeit der Person des göttlichen Logos und der Einzigkeit des Leibes (Menschseins) Jesu zu betrachten, sondern auch das ‚Ein-für-allemal', das ἐφ' ἅπαξ (Hebr 10,10) des Geschehens, durch das alle Menschen, wann immer sie leben und was immer sie glauben oder nicht glauben, durch Jesus Christus erlöst worden sind. Mit anderen Worten: Die Einzigkeit Jesu ist nicht nur begründet durch den geistgewirkten Nexus zwischen bezeichneter (göttlicher Logos) und bezeichnender Ebene (Menschsein Jesu) des Ursakramentes, sondern auch durch die Heilsuniversalität des Christusereignisses.

a) Die Heilsuniversalität des einzigen Mittlers zum Vater

Die universale Bedeutung des Christusereignisses ist untrennbar von dem Befund des ersten Johannesbriefes: „Wenn wir behaupten, wir hätten keine Sünde, dann täuschen wir uns selbst, und die Wahrheit ist nicht in uns" (1 Joh 1,8). Die Sünde ist die einzige Wirklichkeit, die der Mensch erschaffen kann – eine Wirklichkeit, die der Schöpfer absolut nicht will, aber nicht verhindern oder annihilieren kann – es sei denn um den Preis der Revozierung der Freiheit, die er dem Menschen geschenkt hat. Und die Sünde ist universal geworden, weil sie eine Versuchung impliziert, die durch jeden weiteren Sünder potenziert wird. Hinzu kommt: Kein Sünder kann sich von der Sünde, die er verursacht hat, trennen. Er bleibt ihr Verursacher. Wenn – um ein Beispiel zu nennen – ein Mensch einen anderen verleumdet hat, dann kann er sich selbst als Täter nicht von seiner Tat trennen. Auch dann, wenn der verleumdete Mensch ihm verzeiht, bleibt er derjenige, der diese Wirklichkeit in die Welt gesetzt hat: eine Wirklichkeit, die genauso real ist und genauso wenig ungeschehen gemacht werden kann wie ein Geschöpf Gottes.

Würde Gott die Sünde des Menschen einfach annihilieren, dann wäre auch der Mensch annihiliert. Er wäre für das, was er tut, so wenig verantwortlich wie ein Tier. Nein, Gott erbarmt sich des Sünders nicht durch Annihilierung der Sünde oder durch Aufhebung der dem Menschen geschenkten Freiheit, sondern durch das Geschehen zwischen Bethlehem und Golgotha.

Weil Jesus das eine und einzige Geschöpf ist, das untrennbar ist von Gott, ist er nicht nur ein Mensch, der den Hass seiner Feinde mit Liebe beantwortet, sondern die unbedingte Liebe Gottes selbst. Diese trägt er in seinem Sterben am Kreuz buchstäblich dahin, wo der Sünder gebunden ist an seine Sünde. Hier sei erinnert an Balthasars „Theologie der drei Tage“, mit deren Hilfe in den vorausgehenden Abschnitten bereits erklärt worden ist, was Jesus Christus für alle Menschen aller Zeiten – ob sie daran glauben oder nicht – ein für alle Mal getan hat (Aufhebung der Gefangenschaft der Sünder durch ihre Sünde)[221].

b) Die Transformation der Ursakramentalität des Erlösers in die Sakramentalität der Erlösten

Wer sich zuerst im Sakrament der Taufe und immer wieder in den Sakramenten der Versöhnung und der Eucharistie von dem bis in den ‚Sheol‘ herabgestiegenen Christus ergreifen und durch den Heiligen Geist in ihn eingestalten lässt, trägt auf je singuläre Weise bei zur Transformation der Ursakramentalität des Erlösers in die Sakramentalität der Erlösten. Denn niemand kann das befreiende Geschenk des Christusereignisses annehmen, ohne *sein* zu wollen, was er empfängt. Es gibt kein privatistisches Christsein. Wer die Eucharistie empfängt, ohne Kirche, ohne selbst Sakrament bzw. Mittel und Werkzeug Christi für die anderen Brüder und Schwestern sein zu wollen, isst und trinkt sich das Gericht (1 Kor 11,29). Das Zweite Vatikanische Konzil hat die Einseitigkeiten einer allzu vertikalen (Quasi-Identifikation der sichtbaren Institution Kirche mit dem mystischen Leib Christi) und einer allzu horizontalen Ekklesiologie (Kirche als Volk Gottes) durch die Bezeichnung der Kirche als Grundsakrament überwunden[222]. Aber die Umsetzung dieser Bezeichnung – so bilanziert

221 Vgl. H.U.v. Balthasar, Mysterium Paschale, bes. 159.

222 „Diesen gesunden Mittelweg hat die katholische Kirche [...] auf dem Zweiten Vatikanischen Konzil bewahrt, und zwar dadurch, dass sie den Sakramentsbegriff, der sowohl die Einheit als auch die Unterschiedenheit von Sichtbarem und Unsichtbarem, von Menschlichem und Göttlichem, von Sozialität und Mysterium artikuliert, auch auf die Kirche angewendet hat. Von daher zeigt sich [...], dass nicht die Kategorie des ‚Volkes Gottes‘ die wichtigste konziliare Bezeichnung der Kirche ist, sondern diejenige des ‚Heilssakramentes‘, und dass die Bezeichnung der Kirche als des ‚Volkes Gottes‘ allein von der Umschreibung der Kirche als des universalen Sakramentes des Heils für die ganze Welt her richtig verstanden werden kann. Indem das Konzil mit der Anwendung des Sakramentsbegriffes auf die Kirche die zwei Extreme, die in der gegenwärtigen Kirche dominieren und die eine belebende Polarisation in eine unheilvolle Polarisierung überführen, nämlich die spiritualistische und die soziologistische Sicht der Kirche, zu überwinden vermochte, brachte sie auch die Kirche als eine komplexe Wirklichkeit ‚jenseits von Spiritualismus und Naturalismus bzw. Soziologismus‘

Kurt Koch in seinen scharfsichtigen Analysen der nachkonziliaren Kirchenwirklichkeit[223] – lässt zu wünschen übrig.

Das zur Jahrtausendwende promulgierte römische Dokument ‚Dominus Iesus' über die Heilsuniversalität Jesu Christi *und* der Kirche[224] hat vor allem deshalb so viel Kritik auf sich gezogen, weil darin die Untrennbarkeit der Grundsakramentalität der Kirche von der Ursakramentalität Christi festgeschrieben wird. Zu den schärfsten Kritikern[225] gehörten jene Protagonisten des interreligiösen Dialogs, die wie Perry Schmidt-Leukel und Hans Küng das unterscheidend Christliche nicht in der Sakramentalität Jesu, der Kirche und jedes einzelnen Christen sehen, sondern in einer davon abstrahierbaren Ethik bzw. in einem von allen Religionen bejahten Ethos. Denn die Sakramentalität Jesu bedeutet ja: dass er das Heil für *alle* Menschen *aller* Zeiten ist; dass er *ein für alle Mal* für *alle* Menschen vor ihm und nach ihm der Sünde die Macht genommen hat, von Gott zu trennen. Wer Jesus in diesem Sinne als den Christus glaubt, kann die von Perry Schmidt-Leukel als „Gretchenfrage des interreligiösen Dialogs" bezeichnete Frage „Wäre es wünschenswert, dass alle Menschen dieser Erde Christinnen bzw. Christen der eigenen Konfession werden und damit alle anderen Religionen verschwinden, oder würde dies nicht eine schlimme Verarmung für das religiöse Leben der Menschheit bedeuten?"[226] nur mit ‚Ja' beantworten[227].

---

zur Geltung – eine Gratwanderung, die auch heute zu bewähren bleibt." (K. Koch, Gottlosigkeit oder Vergötterung der Welt, 172).

223 Vgl. K. Koch, Gottlosigkeit oder Vergötterung der Welt, bes. 107–231.

224 Kongregation für die Glaubenslehre, Erklärung „Dominus Iesus" über die Einzigkeit und die Heilsuniversalität Jesu Christi und der Kirche, in deutscher Übersetzung hg. vom Sekretariat der Deutschen Bischofskonferenz (VAS 148), Bonn 2000. – Dazu: M. Kahle, Singularität und Universalität des Heilmysteriums.

225 Hans Küng bezeichnet das Dokument als „eine Kombination aus mittelalterlicher Rückständigkeit und vatikanischem Größenwahn" (Dominus Iesus?, 255). Und der Vorstand der Deutschen Sektion der Europäischen Gesellschaft für Katholische Theologie sieht in der Erklärung „Tendenzen zur Ideologisierung und fundamentalistischen Überfremdung des Glaubens" (Dominus Iesus, 334). – Zu den Motiven dieser radikalen Kritik: H. Waldenfels, Auf den Spuren Gottes, 409–428; J.-H. Tück, Einheit der Kirche durch Vielfalt der Konfessionen?

226 P. Schmidt-Leukel, Was will die Pluralistische Religionstheologie?, 317.

227 Dazu: R. Schenk, Keine ‚unica vera religio'?

c) Jenseits des ‚Ausgriffs nach oben' und des ‚Ausgriffs nach vorn'

Die Kirche insgesamt hört auf, Kirche zu sein, wenn sie nicht *sein* will, was sie empfängt; und jeder einzelne Christ hört auf, Christ zu sein, wenn er sich als Empfänger des Christusgeschenkes nicht eingestalten lässt in die Heilsuniversalität des Erlösers. Also sind die Heilsuniversalität Christi und die Heilsuniversalität der Kirche untrennbar. Allerdings würde die Kirche ihre missionarische Heilsuniversalität verraten, wenn sie anderes sein wollte als sakramentale Darstellung der Heilsuniversalität des Erlösers. Diese aber unterscheidet sich grundlegend von zwei anderen Spielarten des Heilsuniversalismus.

Die erste nichtchristliche Spielart kann man die vertikale oder mystizistische nennen. Man findet sie vor allem in den asiatischen Religionen. Gleichgültig, ob das Absolute als alles bestimmendes Schicksal, als alles umfassende Ordnung, als alles durchdringender Logos oder als radikale Verneinung alles Innerweltlichen (‚Nirvana') verstanden wird, es geht immer um die Überwindung des Endlichen, Vergänglichen und Vielen auf das Unendliche, Ewige und Eine hin. Alle Gnostizismen – auch gegenwärtig praktizierte Gestalten der Esoterik – sind bestimmt von einer *entzeitlichten* Eschatologie, von einer weltflüchtigen und privatistischen Frömmigkeit der Vergeistigung, der Versenkung, der Ekstase und des Ausstiegs.

Die zweite nichtchristliche Spielart von Universalismus kann man die marxistische nennen. In ihr geht es um die Einheit der Menschheit durch Überwindung aller Klassenunterschiede. Das Heil wird als klassenlose Weltgesellschaft beschrieben, die jede Weltflucht in das Heil eines transzendenten Himmels erübrigt. Die *verzeitlichte* Eschatologie aller Utopien ist bestimmt von mehr oder weniger radikaler Geschichtsimmanenz, von der Identifikation der Zukunft mit dem vom Menschen selbst Machbaren, von der Funktionalisierung des je Einzelnen für ein kollektives Programm oder Ziel.

Ganz anders der christliche Heilsuniversalismus: Sein Grundcharakteristikum liegt in der Identifizierung eines konkret in Zeit und Raum lebenden Menschen mit dem Sinn und Ziel des Ganzen von Schöpfung, Geschichte und Menschheit. Kein Ausgriff nach oben; kein Ausgriff nach vorn; sondern eine Universalität, in der das Universale konkret, die Ewigkeit zeitlich, das Absolute endlich ist. Das allen nichtchristlichen Spielarten von Heilsuniversalismus Gemeinsame ist der Versuch, das Hier und Jetzt durch Flucht nach oben (Nirvana) oder nach vorn (Utopia) zu überwinden. Das Christentum hingegen beschreibt keine Bewegung nach oben oder nach vorn, sondern nach unten. Das Christentum spricht von dem Gott, der nicht Fluchtpunkt der Welt, sondern inkarnatorischer Einstieg in diese Welt, in das Hier und Jetzt, ja in die Selbstabschließung des Menschen (Sünde) ist. Hans Urs von Balthasar spricht im Blick auf Jesus Christus von dem „universale concretum“[228], weil an ihm, einer einzelnen, an Zeit und Raum gebundenen Person, der Sinn alles Seienden und besonders der Sinn jedes Menschenlebens abzulesen ist[229]. Balthasar beschreibt das *concretum* der faktischen Geschichte des Lebens, Sterbens und Auferstehens Jesu als die Norm, die gerade deshalb, weil sie kein Begriff, keine Idee, kein Prinzip, sondern ein unwiederholbar einmaliges Geschehen ist, das von jedem Menschen je einmalig befolgt bzw. sakramental dargestellt werden kann und soll[230]. Nicht durch Interpretation, sondern durch Gehorsam wird die Norm befolgt, die das *concretum* des geschichtlichen Jesus *ist*. Im Exerzitienbüchlein des Ignatius gelangt der einzelne Exerzitant nicht durch die Interpretation der Evangelien, sondern durch die Erkenntnis der Art und Weise, in der nur er Jesus darstellen kann, zu seiner Eigentlichkeit[231]. Nicht in der Anpassung der Jesus-Geschichte an

228 Vgl. W. Löser, Das Sein – ausgelegt als Liebe; ders., Im Geiste des Origenes, 67–75.97f.100–118.181–212; ders., „Universale Concretum“.

229 Ist denn – so fragt Hans Urs von Balthasar – „das besondere Verhältnis Jesus–Petrus erhellbar durch das allgemeine zwischen Meister und Jünger, ist die Weise, wie Petrus sein Amt ausübt, verständlich zu machen durch die allgemeine ‚Psychologie des beauftragten Menschen‘? Ist der Glaube eines Christen ein ‚Fall von Glaube überhaupt‘, dessen Erforschung einer menschlichen Verhaltenswissenschaft obliegt?“ (Theologie der Geschichte, 20). Und er beantwortet seine eigenen Fragen mit ‚Nein‘, weil Jesus Christus in seiner geschichtlichen Einzelheit zur konkreten Norm der abstrakten Norm geworden ist. Denn in „Jesus Christus ist der Logos nicht mehr das die Geschichte regierende und ihren Sinn stiftende Reich der Ideen, Geltungen und Gesetze, er ist selber Geschichte. Im Leben Christi fällt das Faktische mit dem Normativen nicht nur ‚faktisch‘, sondern ‚notwendig‘ zusammen, weil das Faktum zugleich Auslegung Gottes und gottmenschliches Urbild alles echten Menschentums vor Gott ist. Die Fakten sind nicht nur ein phänomenales Gleichnis für eine dahinter stehende Lehre, die daraus abstrahiert werden könnte […], sie sind in ihrer Tiefe und Ganzheit gefasst, der Sinn selbst.“ (Ebd. 20f).

230 „Eine Situation im Leben Jesu ist nicht als eine endliche, abgeschlossene Größe aufzufassen, die sich wie eine natürliche weltgeschichtliche Situation gegen andere, gleichzeitige, frühere oder nachfolgende abgrenzen würde. Die Dimension dieser Situation bleibt, da sie ja Darstellung des göttlichen, ewigen Lebens in die Welt hinein ist, nach oben offen. Ihr Sinngehalt, ihre Beziehungsfülle ist schon in ihrer eigenen Geschichtlichkeit eine unendliche, noch ganz abgesehen von den […] Formen ihrer Universalisierung im Hinblick auf die Kirche und den Einzelnen.“ (H. U. v. Balthasar, Theologie der Geschichte, 55).

231 Ignatius spricht von der Erfahrung des Heiligen Geistes, wo immer ein Mensch sich in Übereinstimmung mit dem in Christus Fleisch gewordenen Logos Gottes weiß. Denn der Heilige Geist ist keine zweite Selbstoffenbarung Gottes neben der des

die eigene Existenz, sondern umgekehrt in der sakramentalen Bezogenheit der eigenen Existenz (bezeichnende Ebene) auf die neutestamentlich bezeugte Existenz Jesu (bezeichnete Ebene) liegt der Schlüssel zum wahren Christsein. Erst in der Sakramentalität der Kirche insgesamt und jeder einzelnen Sendung bewahrheitet sich die These, die Geschichte Jesu (dieses ‚concretum') sei identisch mit dem Sinn alles Seienden (mit dem ‚universale' schlechthin). Wäre der Erlöser nur ein geistiges, geistliches oder sittliches Vorbild, dann wäre seine Geschichte (sein ‚concretum') nur ein Beispiel, nicht aber die Bedingung der Möglichkeit bzw. die Norm (das ‚universale') jedes Christen.

d) Christen empfangen, was sie sein sollen

Die Untrennbarkeit der Sakramentalität der Kirche bzw. jeder einzelnen christlichen Sendung von der Ur-Sakramentalität Jesu bedeutet nicht Gleichrangigkeit. Die Kirche kann dem, was Christus für alle Menschen aller Zeiten ein für alle Mal gewirkt hat, nichts hinzufügen. Ihr Handeln ist, wie gesagt, kein herstellendes, sondern ein darstellendes Handeln. Vieles spricht dafür, dass die Kirche im Verlaufe des ersten Jahrtausends jene sieben Zeichen als Sakramente definiert hat, in deren Vollzug sie ihre eigene Sakramentalität von Christus empfängt. Kurt Koch hat deshalb die „Revitalisierung der Ekklesialität der Initiationssakramente"[232] angemahnt. Die Taufe wird ja nicht deshalb empfangen, weil es außerhalb von ihr keine Gnade gäbe; sondern wer die Taufe empfängt, wird berufen, das, was Christus vor zweitausend Jahren für alle Menschen aller Zeiten getan hat, nicht nur zu empfangen, sondern auch darzustellen. Dasselbe gilt in noch deutlicherer Weise von der Firmung, der Priesterweihe und dem Ehesakrament[233]. Diese Sakramente empfängt niemand nur für sich selbst,

Christusereignisses, sondern im Gegenteil im Heiligen Geist ist der Sohn offenbar als wahrer Mensch: im Heiligen Geist ist der Gläubige in eben dem Maße ‚er selbst', in dem er eins ist mit Christus. Der Heilige Geist ist ja innertrinitarisch wie heilsgeschichtlich die Ermöglichung einer direkten Proportionalität von Einheit und Differenz. Der Heilige Geist ist geradezu das ermöglichende ‚Prinzip' aller Sakramentalität – wenn man mit diesem Wort das Phänomen bezeichnet, dass zwei verschiedene Wirklichkeiten so miteinander verbunden sind, dass die zweite die erste in dem Maße zum Ausdruck bringt, in dem sie ‚sie selbst' ist. – Dazu: M. Schneider, „Unterscheidung der Geister", bes. 15–22; K.-H. Menke, Sakramentalität, bes. 163–185.

232 K. Koch, Die Kirche Gottes, 140.

233 „Bisher haben wir die Ehe immer sehr individualistisch gesehen und waren leicht in der Gefahr, das Versagen in der Ehe nur moralisch zu bewerten. Weil jemand die Ehe

nicht einmal primär für sich selbst, sondern um für „die anderen" wirksame Vergegenwärtigung (Sakrament) Jesu Christi *sein* zu können. Auch das Bußsakrament darf nicht heilsindividualistisch missverstanden werden. Vergebung empfangen kann man auch auf nichtsakramentale Weise; wer aber das Sakrament der Versöhnung empfängt, ist bereit, handelnd zu bezeugen, was er selbst empfangen hat. Das von den Vätern bezeugte Bußinstitut der frühen Kirche hat den Pönitenten für eine gewisse Zeit aus der Eucharistiegemeinde ausgeschlossen (Exkommunikation), um ihn nach vollzogener Buße wieder feierlich aufzunehmen (Rekonziliation); so wurde sichtbar, dass die Buße nicht dem Ausgleich von Sünde und Sühne, sondern der Reinigung der Kirche galt. Der einzelne Pönitent verstand sich als Baustein einer Kirche, die Licht der Welt sein soll; wenn er dies aufgrund seiner Sünde nicht mehr war, musste er gleichsam herausgenommen (Exkommunikation), durch Buße „repariert" und dann wieder eingesetzt (Rekonziliation) werden. Analoges lässt sich von der Krankensalbung sagen: von dem Sakrament, das wohl am gründlichsten privatisiert wurde. Wer das Sakrament der Krankensalbung empfängt, will durch und mit Christus die ihn zerstörende Krankheit so annehmen, dass er selbst im Angesicht des Todes zu einem Zeichen (Sakrament) der Hoffnung für alle wird, die keine Hoffnung haben[234]. Kurzum: Katholiken empfangen die Sakramente primär, um das Sakrament Kirche *sein* zu können. Und sie empfangen besonders häufig die Eucharistie, weil dieses Sakrament das Ereignis der Erlösung als solches vergegenwärtigt und weil in ihm der Erlöser zur geistgewirkten ‚Nahrung' der Erlösten wird. Die „Eucharistie Feiernden" – so Kurt Kardinal Koch – „können bei der Darbringung der eucharistischen Gabe nicht gleichsam außen vor bleiben, sondern sie sind eingeladen und herausgefordert, sich in diese eucharistische Darbringung persönlich hineinnehmen zu lassen und selbst eine ‚lebendige Opfergabe' in Christus zu werden."[235]

---

gebrochen hat, darf er aus moralischen Gründen nicht zur Kommunion gehen. Ehe ist aber nach katholischer Auffassung ein Sakrament. Sakrament aber bedeutet Zeichen und Werkzeug für die innerste Vereinigung Gottes mit der Menschheit zu sein. So beschreibt das Konzil das Sakrament, das die Kirche als solche ist. Ich bringe das bewusst in den Zusammenhang mit dem Ehesakrament. Ehe stellt nämlich den Bund zwischen Christus und seiner Kirche dar." (F. Genn, Klartext Glaube, 151).

234 Michael Schulz spricht in seinem Aufsatz mit dem Titel „Sakramentale Theodizee" von der Möglichkeit, dass ein Kranker, der Gott und sein Leid reflex nicht vermitteln kann, durch den Empfang des Sakramentes der Krankensalbung zu einer „sakramentalen Theodizee" wird.

235 K. Koch, Die Kirche Gottes, 126.

e) Israel als bleibendes Integral des Grundsakramentes

Wer Sakrament Jesu Christi ist, wünscht zwar, dass alle Traditionen und Kulturen „Christus anziehen" (Röm 13,14; Gal 3,27; Eph 4,24; Kol 3,9f) mögen; weiß aber auch, dass die gekreuzigte Liebe nichts erzwingt, sondern unendlich lange warten[236] kann. Oft hat christliche Mission die Geduld des Erlösers vergessen. Israel hingegen wartet, bis die Heiden den einzigen und wahren Gott erkennen und von sich aus „zum Sionsberg pilgern" (Jes 2,2). Die Erwählung eines einzigen Volkes aus allen anderen Völkern ist deshalb erfolgt, weil an einer Stelle in Raum und Zeit sichtbar werden sollte, was es heißt, nicht aus dem eigenen Willen, sondern aus dem Gehorsam gegenüber Gottes Willen zu denken, zu planen, zu gestalten, zu leben und zu sterben. Von daher erklärt Papst Benedikt XVI. die Einzigkeit Jesu Christi durchgängig im Lichte der Einzigkeit Israels[237]. Aber mit der Kontinuität erklärt er zugleich auch das Neue des Christusereignisses. Denn der Jude Jesus ist nicht schon deshalb der Weg, die Wahrheit und das Leben für alle Menschen aller Zeiten, weil er im Vertrauen auf seinen Abba alle persönliche Angst überwindet oder sich selbst und alles Endliche auf den Vater bezieht. Dann wäre er zwar der schlechthin wahre Jude, aber deshalb noch kein Erlöser. Nein, Jesu Einzigkeit liegt darin, dass er seine Beziehung zum Vater im oben skizzierten Sinn bis in den kreuzigenden Hass verweigerter Beziehung (in den eigentlichen Tod, in die Sünde, in den ‚Sheol') trägt.

Paulus stellt die Unterscheidung zwischen Mose-Bund und Christus-Bund, zwischen dem „Gottesvolk Israel" und dem „neuen Gottesvolk" (Kirche) in die eschatologische Perspektive der Ölbaum-Metapher des Römerbriefes. In seiner Interpretation bildet Israel die Wurzel und den Stamm des Ölbaums. Aber durch den Juden Jesus wird der Baum Israel zum Leib des Erlösers, in den auch die anderen Völker – verglichen mit aufgepfropften Zweigen – Einlass finden und von dem sich die Israeliten, die Jesus nicht als den Christus bekennen, trennen (Trennung der Synagoge von der Kirche). Sie werden „herausgebrochen" – dies aber in der Hoffnung, dass sie eifersüchtig werden auf die Juden, die schon zum Leib Christi gehören und sich dann ihrerseits einfügen lassen (Röm 11,23f). Paulus ist gewiss: „Die Verstockung ist teilweise über Israel gekommen, bis die Vollzahl der Heiden eingetreten ist; dann wird auch ganz Israel das Heil erlangen" (Röm 11,25f).

236 Dazu: M. Müller, Christliche Theologie im Angesicht des Judentums, bes. 267–313.
237 Vgl. J. Ratzinger, Die Vielfalt der Religionen und der Eine Bund.

Die Sakramentalität der Kirche muss stets Bezug nehmen auf die bleibende Sakramentalität des auserwählten Volkes. Und alle christlichen Konfessionen sollten auf jede Art von direkter Missionierung der Juden verzichten[238]. Aber dieser Verzicht bedeutet nicht, dass die Tora im jüdischen Sprachspiel ein Äquivalent für die Bedeutung Jesu im christlichen Sprachspiel ist[239]. Die Heilsuniversalität des Christusereignisses ist – aus christlicher Sicht – Bedingung der Möglichkeit auch der Gottesgemeinschaft jedes Juden. Ebenso klar sollte sein: Jesus ist nicht gekommen, um die Tora aufzuheben, sondern um sie zu erfüllen. Die Tora ist also auch *post Christum natum* authentische Explikation des göttlichen Willens und also des göttlichen Logos, der in Jesus Christus Fleisch angenommen hat. Man kann sogar von einer Aufwertung der Tora zu einem ‚antizipativen Sakrament' durch das Christusereignis sprechen. Papst Benedikt hat das besondere Verhältnis des Christentums zum Judentum so charakterisiert: „Auch wenn die Christen wünschen, dass Israel eines Tages Christus als den Sohn Gottes erkennen möge und dass damit der Spalt sich schließe, der beide noch trennt, so sollten sie doch Gottes Verfügung anerkennen, der Israel offenbar in der ‚Zeit der Heiden' eine eigene Sendung aufgetragen hat, die die Väter so umschreiben: Sie müssen als die ersten Eigentümer der Heiligen Schrift uns gegenüber bleiben, um gerade so ein Zeugnis vor der Welt aufzurichten."[240]

Für den zehnjährigen Aaron [nach der Taufe: Aaron Jean-Marie] Lustiger – später Erzbischof von Paris – entscheidet sich an dem Bekenntnis zur Erwählung Israels die Treue auch aller Christen gegenüber Gottes Willen. Diese Erwählung bedeutet ja: Es gibt nur einen Herrn der Welt und ihrer Geschichte. Israel ist das Volk, das diese Wahrheit bezeugt; das Volk, „das vollständig abhängt von Gott und von ihm sein Auskommen im Gehorsam ihm gegenüber erhält"[241]. Heutzutage – so bemerkt Lustiger – bezeichnet der Begriff ‚Volk' oft etwas ganz anderes als innerhalb der Bibel. Da ist z. B. die Rede davon, dass ein souveränes Volk aus eigenem Willen handelt. In der Bibel wird diese Tendenz, aus dem eigenen Willen denken, planen und handeln zu wollen, als heidnisch bezeichnet. Auch Israel ist in

238 Dazu: K. Lehmann, „Judenmission".

239 So u. a. Klaus von Stosch in seinem Diskussionsbeitrag mit dem Titel „Das besondere Verhältnis von Judentum und Christentum als Lernort Komparativer Theologie" zu einem vom Zentralkomitee der Deutschen Katholiken am 9. 3. 2009 publizierten Papier, welches den Bund Gottes mit dem jüdischen Volk als Heilsweg auch unabhängig von Christus darstellt.

240 J. Ratzinger, Die Vielfalt der Religionen und der Eine Bund, 1130.

241 J.-M. Lustiger, Die Verheißung vom Alten zum Neuen Bund, 110.

seiner Geschichte immer wieder versucht, ein Volk in diesem Sinne – wie die anderen auch! – sein zu wollen. Und doch besteht sein Glaube an Gott exakt darin, „sich genau dessen zu enteignen"[242]. Gott allein bestimmt die Kriterien des wahren Volk- und des wahren Mensch-Seins; und Israel ist erwählt, diese Kriterien sichtbar zu machen, sie zu bezeugen. Lustiger anerkennt, dass die Präambeln der Verfassungen westlicher Demokratien von der unantastbaren Würde jedes Menschen sprechen. Aber er fügt hinzu: „Man hat in dieser Hinsicht solange nichts Entscheidendes gesagt, als man verschweigt, dass die Menschen den Quell ihrer wahren Würde nicht in sich selbst zu finden vermögen. Sie sind nach Gottes Bild geschaffen. Nur auf diesem Felsgrund kann Menschenwürde erbaut werden. Denn es gibt keine Grenzen, die der Mensch selber zu ziehen vermöchte, indem er seine Rechte bestimmt, das Unterhalb und Oberhalb der Ehrfurcht vor dem Menschen festlegt, als stünde es in des Menschen Macht, die Grenzen von Gut und Böse zu bestimmen."[243]

Über seinen vom eigenen Vater nie akzeptierten Schritt ins Christentum bemerkt Lustiger: „Ich hatte keineswegs das Gefühl, etwas zu verraten, mich zu verstecken oder irgendetwas aufzugeben, sondern vielmehr das Gefühl, erst jetzt die Tragweite und Bedeutung dessen, was ich von klein auf empfangen hatte, zu verstehen."[244] Im Rückblick bekennt er: „Ich habe an meiner Eigenschaft als Jude festgehalten [...] Natürlich bin ich kein ‚religiöser Jude' in dem Sinne, wie jene ihn verstehen, welche die jüdische Orthodoxie definieren. Aber sagen kann ich, dass ich, indem ich Christ wurde, nicht aufhören wollte, der Jude zu sein, der ich damals war."[245]

Im Unterschied zu dem protestantischen Theologen Friedrich-Wilhelm Marquardt erkennt Lustiger in Jesus Christus nicht eine Art *Wiederholung* der Geschichte Israels[246], sondern deren *Bestimmung*. Der Begriff *Bestimmung* drückt besser als der Begriff *Erfüllung* aus, dass etwas durch etwas näher bestimmt, aber deshalb nicht aufgehoben oder ersetzt wird. Während Marquardt die Frage unbeantwortet lässt, was Jesus Christus vor zweitausend Jahren für alle Menschen aller Zeiten bewirkt hat, geht es Lustiger vorrangig um eine klare Antwort auf ebendiese Frage.

Wenn Gott – so erkennt der junge Lustiger – Auschwitz hätte verhindern können, dann müssten wir erklären, warum er dieses Verbrechen

242 J.-M. Lustiger, Die Verheißung vom Alten zum Neuen Bund, 111.
243 J.-M. Lustiger, Wagt den Glauben, 78.
244 J.-M. Lustiger, Wagt den Glauben, 50.
245 J.-M. Lustiger, Wagt den Glauben, 46.
246 Vgl. F.-W. Marquardt, Das christliche Bekenntnis zu Jesus dem Juden, Bd. II, bes. 52–69.

nicht verhindert hat. Nur wenn die Allmacht Gottes identisch ist mit der gekreuzigten Liebe Jesu, entgehen wir der Konsequenz eines Atheismus um des Menschen willen[247]. In Lustigers Exerzitienvorträgen über das Geheimnis Israels finden wir die Feststellung: „Sollte eine christliche Theologie in ihre Sicht der Erlösung […] nicht einschreiben können, dass auch Auschwitz Teil des Leidens Christi ist, so befänden wir uns in völliger Absurdität."[248]

Kreuz und Auferstehung sind in der Christologie von Aaron Jean-Marie Lustiger nicht zwei verschiedene Ereignisse. Gott ist nicht einmal – am Karfreitag – der unter dem Gegenteil seiner selbst (Ohnmacht des gekreuzigten Jesus) Verborgene, um zwei Tage später – Ostern – zu zeigen, wer er eigentlich ist (nämlich der „All-mächtige"). Nein, wer er eigentlich ist, zeigt er an dem Kreuz von Golgotha, das ebenso wie Auschwitz das von ihm absolut nicht Gewollte ist. Indem er den kreuzigenden Hass der Sünde mit dem exakten Gegenteil, mit der Liebe beantwortet, die nichts und niemanden – auch die Henker nicht – ausschließt, entmachtet er – ein für alle Mal – kraft der ihm vom Vater geschenkten Beziehung den Tod, der mit der Hölle (Beziehungslosigkeit) identisch ist und der in der Heiligen Schrift als Sold der Sünde bezeichnet wird.

Lustiger bekennt im Rückblick auf seine eigenen Erfahrungen: „Geistlich und theologisch gesehen konnte ich erst wieder lachen, als ich begriff, dass diese Vernichtung [Auschwitz] nicht den Endsieg des Bösen über den Menschen bedeutete. Nein, Gott hat gesiegt in der Auferstehung, die dem Messias geschenkt wurde. Zu glauben, dass der leidende Christus der Messias ist, heißt nicht nur glauben, dass das Opfer der Erlöser ist, sondern auch, dass das Opfer letztlich über seinen Henker triumphiert."[249]

Ein Triumph allerdings, in dem das Opfer der Erlöser ist, hat nichts gemein mit den meisten Osterdarstellungen der christlichen Ikonografie.

---

247 Deshalb – so sagt Jürgen Moltmann aus guten Gründen – hängt alle Christologie ab von der Beantwortung der Frage: „Wer ist Gott im Kreuz des gottverlassenen Christus?" (Der gekreuzigte Gott, 9). – Jürgen Werbick (Die Gottverlassenheit des Gekreuzigten, 61f.) wendet sich zwar gegen die Logisierung der Anwesenheit Gottes im Gekreuzigten aus „einer desengagierten Betrachterper-spektive", lässt aber auch erkennen, dass er den Erlösungsanspruch des Christentums abhängig sieht von der Beantwortung der Moltmann-Frage.

248 J.-M. Lustiger, Die Verheißung vom Alten zum Neuen Bund, 64. – Bernhard Casper (Gott des Erbarmens) hat auf Stellen in den „Carnets de captivité" von Emmanuel Levinas verwiesen, die von einem Leiden sprechen, das so selbstlos einverstanden („reine Passivität") ist, dass es zur Darstellung des deuterojesajanischen Gottesknechtes bzw. zur Darstellung der Sohnschaft des Gekreuzigten wird.

249 J.-M. Lustiger, Gotteswahl, 117.

Der gekreuzigte Messias nimmt den „mordenden Willen des Menschen auf sich, indem er ihn erleidet und in Vergebung verwandelt, statt ihn zum Tod zu wenden“[250]. Es ist „Jesu Gehorsam, der die Auferstehung hervorruft, denn da er bis in den Tod hinein auf den Vater vertraut, eröffnet ihm sein Gehorsam den Weg des Lebens, der stärker ist als der Tod“[251].

Christsein heißt: Diese Wahrheit auf je singuläre Weise durch das eigene Leben und Sterben darstellen. Dazu gehört die Bereitschaft, die eigenen Interessen und Optionen mit keinen anderen Mitteln durchzusetzen als mit denen der gekreuzigten Liebe. Wie Israel – obwohl politisch ein Nichts – sein Anderssein inmitten einer erdrückenden Mehrheit Andersdenkender und Andersgläubiger leben soll, indem es das Entscheidende nicht von sich selbst, sondern von JHWH erwartet, so soll auch die Kirche ihre Erwählung dadurch ausweisen, dass sie die *bezeichnende* nicht mit der *bezeichneten* Ebene ihrer Sakramentalität verwechselt. Kriterium dieser Maxime ist die Gelassenheit des Wartenkönnens. Israel hat sein Erwähltsein immer als Stellvertretung gelebt – in der Überzeugung, dass auch relativ Wenige[252] „Salz der Erde“ und „Licht der Welt“ sein können. Entsprechend ist auch die Heilsuniversalität Christi und der Kirche weniger eine Frage der Quantität als der Qualität.

f) Sakramentale Darstellung der Inkarnation, oder: Das Kriterium des Christseins

Das oben gelobte Warten ist keine passive Haltung, sondern im Gegenteil Ausdruck einer Selbstlosigkeit, die sich nicht an Zahlen, Renditen und Erfolgen orientiert. Kurt Koch hat schon viele Jahre vor dem Beginn des Pontifikates von Papst Franziskus die Rückbindung der *Martyria* und der

250 J.-M. Lustiger, Die Verheißung vom Alten zum Neuen Bund, 53.

251 J.-M. Lustiger, Die Verheißung vom Alten zum Neuen Bund, 62.

252 „Den Wenigen, welche die Kirche sind, ist in der Fortführung der Sendung Christi die Vertretung der Vielen aufgetragen, und die Rettung beider geschieht nur in ihrer Zuordnung zueinander und in ihrer gemeinsamen Unterordnung unter die große Stellvertretung Jesu Christi, die sie beide umspannt. Wenn aber die Menschheit in dieser Vertretung durch Christus und in ihrer Fortführung durch die Dialektik von ‚Wenigen‘ und ‚Vielen‘ gerettet wird, so heißt das auch, dass jeder Mensch, dass vor allem die Gläubigen ihre unausweichliche Funktion im Gesamtprozess der Rettung der Menschheit haben. Wenn Menschen, ja sogar die größere Zahl der Menschen, gerettet werden, ohne der Gemeinschaft der Gläubigen im Vollsinn anzugehören, so doch nur, weil es die Kirche als dynamische und missionarische Größe gibt, weil diejenigen, die zur Kirche gerufen sind, ihre Aufgabe als die Wenigen tun.“ (J. Ratzinger, Die neuen Heiden und die Kirche, 1155).

Leiturgia an die *Diakonia* beschrieben[253]. Denn die Sakramentalität eines Christentums, das die inkarnatorische Bewegung von oben nach unten, vom Abstrakten ins Konkrete, nicht abbildet, bleibt bloße Gnosis oder Ästhetik. Kurt Koch erzählt von einer Pariser „Kneipe", die ein Priester als Anlaufstelle für Prostituierte und Süchtige gegründet hat und als „Tabernakel von Menschen für Menschen"[254] betreibt. Und er stellt die Frage, ob nicht jede sakramentale Darstellung Christi – auch die theologische, liturgische und institutionelle – zumindest irgendwie auch Hinwendung zu den leidenden Brüdern und Schwestern sein müsste.

Christ ist man nicht für sich selbst. Ein Christ kann nicht sagen: „Siehe, es werden andere gerettet ohne den vollen Ernst des katholischen Glaubens, warum nicht auch ich?"[255] Denn die Tatsache, dass ich christlich erzogen und in die Kirche eingegliedert wurde, ist nicht nur Geschenk, sondern auch geistgewirkte Eingestaltung in die Proexistenz Christi. „Was im Leib die Seele ist, das sind in der Welt die Christen."[256] ‚Erwählung' allerdings kann sehr unbequem sein und in die Einsamkeit des Nichtverstandenwerdens führen. Aber die Ablehnung der eigenen Erwählung ist das, was die Heilige Schrift die „Sünde wider den Heiligen Geist" (Mt 12,31) nennt[257].

Man darf nicht verschweigen, dass Christsein oft genug Stellvertretung in der Nachfolge des Gekreuzigten ist – bespielsweise für die in der ehemaligen DDR aufgewachsenen Menschen, die, wenn sie ihren Glauben sakramental (für alle sichtbar) lebten, auf gesellschaftliches Ansehen, Studium und Karriere verzichten mussten; und erst recht für Christen, die während der Hitler-Diktatur Christus mehr gehorcht haben als ‚dem Führer'; oder für die Christen, die zum Beispiel aus dem Irak und aus Syrien verfolgt oder vertrieben werden. Letztlich, so schreibt Joseph Ratzinger, ist sakramental gelebtes Christsein immer „ein Appell an den Großmut

253 Vgl. K. Koch, Gottlosigkeit oder Vergötterung der Welt?, 107–125.

254 K. Koch, Gottlosigkeit oder Vergötterung der Welt?, 107.

255 J. Ratzinger, Die neuen Heiden und die Kirche, 1156.

256 F. Wetter, Verantwortung vor Gott, Augsburg 2002, 152.

257 Wer nicht sein will, was er von Christus her sein soll (und daher auch sein kann!), begeht die Sünde des Hochmuts. Hochmut ist deshalb die einzige Sünde, die nicht vergeben werden kann, weil der Hochmütige, solange er hochmütig ist, keine Vergebung oder gar die Umkehr des eigenen Willens in die Übereinstimmung mit dem Willen Christi will. Und Hochmut ist „die Sünde wider den Heiligen Geist", weil da, wo Hochmut herrscht, das geistige Verstehen (das Phänomen des Geistes bzw. die unabschließbare Selbstüberschreitung des erkennenden ‚Ich' auf das ‚Nicht-Ich' hin) ebenso in sein Gegenteil verkehrt wird wie die christusförmige Liebe (das Phänomen des Heiligen Geistes bzw. das ‚In-Sein' des Sohneswillens im Willen des Vaters). – Dazu: G. Sauter, Das verborgene Leben, bes. 115–151.176–204.

des Menschen, an seine Hochherzigkeit, dass er bereit sei, mit Simon von Cyrene unter dem weltgeschichtlichen Kreuz Jesu Christi, unter der Last der ganzen Geschichte einherzugehen und so dem wahren Leben zu dienen“[258].

258 J. Ratzinger, Stellvertretung, 574.

E. DIE ALLES BEDINGENDE GNADE

Weil mit dem Christusereignis Gottes Verhalten zu seiner Schöpfung auf endgültige und unüberbietbare Weise offenbar geworden ist, ist die Darstellung Christi durch jeden einzelnen Christen und durch jede einzelne Christin Darstellung der ‚Gnade'. Von daher erklärt sich das nächste Kapitel. Es soll im Kontext der Bestimmung des unterscheidend Christlichen die Frage beantworten: „Was ist das eigentlich: ‚Gnade'?". Die folgenden Seiten sind ein Versuch, in Gestalt von sechs Thesen den weithin tabuisierten, weil oft missverstandenen Begriff zu bestimmen.

Für Christen gehört das Wort ‚Gnade' zu den unvermeidbaren Begriffen der Selbstreflexion. Dennoch verwendet es niemand gern – der Praktiker in Verkündigung und Katechese nicht, aber auch der Fachtheologe nicht, weil ihn dieses Wort an eine Theologie erinnert, die sich unter dem Decknamen des heiligen Thomas in ein System überzeitlicher Wahrheiten und in die Subtilitäten scholastischer Distinktionen verliert – z. B. zwischen äußerer und innerer Gnade, Gnadengaben und Heiligungsgnade, aktueller und habitueller Gnade, Verstandesgnade und Willensgnade, zuvorkommender und nachfolgender, wirksamer und hinreichender Gnade[259]. Gisbert Greshake spricht von einer zunehmenden Unzeitgemäßheit[260], weil der binnenkirchlich verwandte Begriff in einer demokratisierten Gesellschaft nur noch museal wirkt. Der gnädige Herr und das gnädige Fräulein sind Figuren von gestern. Selbst in der Rechtsprechung wirkt das Wort ‚Gnade' antiquiert, weil eine Begnadigung – z. B. eines Mitglieds der Baader-Meinhof-Bande durch den Bundespräsidenten – bei Licht betrachtet gar kein Gnadenakt sein darf. Man darf vermuten: Wenn der Bundespräsident seinen Gnadenakt nicht begründen und auf dessen gesellschaftliche Akzeptanz achten würde, könnte ihn sein Gnadenakt das eigene Amt kosten.

Reduktionen des deutschen Wortes auf seine biblischen Äquivalente oder etymologischen Wurzeln können die Semantik klären, nicht aber die bezeichnete Wirklichkeit. Was wissen wir über die gemeinte Sache, wenn wir feststellen, dass sich das deutsche Wort Gnade vom Mittelhochdeutschen *genada* bzw. vom Wortstamm *nidan* (sich herablassen) herleiten lässt; dass das griechische *charis* im Unterschied zum lateinischen *gratia*

259 Vgl. P. Hardt, Genealogie der Gnade, 203–252.
260 Vgl. G. Greshake, Gnade, 10–16.

allgemein das den Menschen Erfreuende meint; dass Jesus selbst das aramäische Äquivalent möglicherweise nie verwandt hat; oder dass Paulus aus autobiografischen Gründen das Wort *charis* anders und vor allem sehr viel häufiger als die Evangelisten verwendet?

Die vielfach unternommenen Analysen des hebräischen und griechischen Wortfeldes haben zu dem Ergebnis geführt, dass jede Einengung der Bedeutung des Wortes ‚Gnade' auf bestimmte Aspekte der scholastischen Gnadenlehre falsch wäre. Unbestritten ist:

- Das Wort ‚Gnade' steht ganz allgemein für das biblisch bezeugte Verhalten Gottes zum Menschen – aus der Perspektive des Neuen Testamentes für das letztgültig in Jesus Christus geoffenbarte Verhältnis Gottes zum Menschen.
- Nicht Gott selbst, sondern Gottes Verhalten[261] wird in den Schriften des AT mit dem Wortfeld ‚Gnade' – hebräisch: *chäsäd; rason; rechamim* – bezeichnet.
- Jesus Christus ist dieses Verhalten „in persona" – als der Mensch gewordene Logos.

1. Gnade als Grund der Schöpfung

Wenn man an Jesus Christus ablesen kann, was Gnade – also Gottes Verhalten zur Schöpfung und speziell zum Menschen – ist,

- dann kann Gott kein Absolutum im Sinne griechischer oder hegelianischer Metaphysik sein;
- dann muss in Gott selber das Nicht-Notwendige sein;
- dann berühren wir die Vorstellung von einem Gott, der Beziehung – interpersonales Schenken von Zeit und Möglichkeigten bzw. von Freiheit – ist.

Dieser Hinweis auf den trinitarischen Gott, dessen Wesen die Liebe und damit das Geschenk von Zeit und Möglichkeiten bzw. von Freiheit ist, soll das Problem der Verhältnisbestimmung von Freiheit und Notwendigkeit in Gott selbst nicht ausklammern. Die Frage ist berechtigt, ob Gottes Freiheit so zu denken ist, dass er sich nicht nur, wie zuvor dargestellt, bestimmen, sondern auch zu seinem Wesen entschließen kann – zum Beispiel zu

261 Gemeint sind besondere Taten (Ex 34,5f; Num 6,24–26; Jes 54,7), konkrete Hulderweise (Jes 63,7; 1 Kön 8,22–53) und bestimmte Gaben Gottes (Ex 31,3; Num 11,25.29; 1 Sam 16,13).

seiner vollkommenen Güte bzw. Gnade. Dennoch ist an dieser Stelle der Begriff ‚Geheimnis' besser als eine logische Auflösung der Frage. Denn in Bezug auf die Verhältnisbestimmung von Freiheit und Notwendigkeit „in Gott" ist das Etikett ‚Geheimnis' nicht das fromme Deckmäntelchen theologischer Denkfaulheit, sondern Hinweis auf die vom Trinitätsglauben bezeichnete, aber logisch nicht auflösbare Gleichursprünglichkeit zweier Größen, die sich – wenn sie der Zeit unterworfen sind – ausschließen[262]. Henri de Lubac spricht aus guten Gründen von dem Paradoxon[263], das aus der Warte aristotelischer Logik betrachtet zwei Unvereinbarkeiten verein-

262 „Wenn es eine Anfrage gibt, dann richtet sie sich an die innere Logik des Freiheitsbegriffes, die ein Stück Negation sozusagen unabdingbar macht für den Fall, dass wir Freiheit zum konzeptuellen Dreh- und Angelpunkt des Gottesbegriffes machen. Diese Anfrage hat mit der Einsicht in ein Dilemma zu tun, das man mit folgenden beiden Thesen bezeichnen kann: 1) Wenn Gott vollkommen frei ist, dann kann er (prinzipiell) jede mögliche Welt aktualisieren, die er aktualisieren will. 2) Wenn Gott vollkommen gut ist, dann muss er die beste aller möglichen Welten aktualisieren. Satz 2) scheint nicht nur dem Zustand unserer realen Welt geradezu zu widersprechen, sondern auch die vollkommene Freiheit Gottes, von der Satz 1) spricht, in Abrede zu stellen. Wie ist diesem Problem zu entkommen? Sollen wir sagen, dass Gottes Freiheit von seiner Vollkommenheit sozusagen begrenzt wird? Oder unterliegt die Vollkommenheit Gottes ebenfalls der Freiheit Gottes – etwa in dem Sinne, dass sich Gott in seiner Freiheit zur Vollkommenheit (und damit zur vollkommenen Güte etwa) entschlossen hat? Der erste Ausweg hat gravierende Konsequenzen für das vom Vf. andiskutierte Verhältnis von Freiheit und Notwendigkeit in Gott. Denn diese Lösung würde voraussetzen, dass Gott eine Natur hat, die er sich sozusagen nicht aussuchen konnte, auch wenn er sich zu dieser Gottnatur in ein Verhältnis setzt. Der Preis dieser Lösung ist hoch: der Freiheitsbegriff steht nicht mehr an exponierter Stelle. Aber auch die alternative Lösung ist nicht ohne einen gewissen Preis zu haben. Wer sagen will, dass sich Gott seine Eigenschaften sozusagen frei aussucht, der muss bereits eine minimale Menge von Eigenschaften voraussetzen, die die Grundlage dafür sind, dass Gott sich Eigenschaften sozusagen frei wählt. Aber müssten wir an dieser Stelle nicht weitergehen? Müssten wir nicht fragen, ob auch die vorausgesetzten Eigenschaften Produkt einer Wahl sind, damit die Bedingungen, an die These (1) anknüpft, erfüllt sind und sein können? Diese Frage drängt in einen Regress, der nur vermieden werden kann, wenn man weiteres Fragen abbricht. Das kann man aber nur, wenn man ein Stück negativer Theologie auch an dieser Stelle implementiert – etwa in der folgenden Gestalt: Auch wenn wir sagen, dass Gott sich seine Eigenschaften in jeder Hinsicht frei wählt, so dass er in letzter Konsequenz zur Aktualisierung der besten aller möglichen Welten nicht gezwungen wird, weil auch seine moralische Vollkommenheit das Produkt einer freien Wahl ist, so müssen wir doch eingestehen, dass wir die Umrisse einer solchen, gewiss radikalen Freiheit nicht verstehen, ja nicht verstehen können, weil sie in jeder erdenklichen Hinsicht der Grenzfall dessen ist, was wir sub specie mundi als Freiheit erleben." (T. Schärtl, Kommentar zu: Magnus Striet, Gottes unbeschränkte Freiheit – Balanceakte eines Grenzbegriffs, 35f). – Dazu auch: A. Kreiner, Das wahre Antlitz Gottes, 433–482.

263 Zu den beiden für de Lubacs Gesamtwerk zentralen Begriffen „Paradox" und „Mysterium": R. Voderholzer, Henri de Lubac begegnen, 80–92.

bart – nicht weil Gottes Logik mit der Logik des Menschen unvereinbar wäre, sondern weil menschliches Denken nicht einmal mit der Wirklichkeit eines einzelnen Grashalms, geschweige denn mit der Wirklichkeit des in Christus offenbar gewordenen Gottes „fertig wird“[264].

Der Gott, der sich Mose im brennenden Dornbusch als der Gott Abrahams, Isaaks und Jakobs geoffenbart hat, erklärt sich wie eine Person. Das Nicht-Notwendige – ‚Gnade‘ genannt – ist das Erste, was die Adressaten Gottes wahrnehmen. Er macht sich ihnen verständlich, behandelt sie nicht als Objekte, sondern will einen Bund mit ihnen, will „Mit-Liebende“[265]. Karl Barth hat diesen Sachverhalt in die immer wieder zitierte Formel gefasst: *Der Bund ist der Grund der Schöpfung, nicht umgekehrt die Schöpfung der Grund des Bundes*[266]. Gottes Verhältnis zu dem, was er geschaffen hat, zu dem, was wir „Natur“ nennen, ist nicht zuerst ein Schöpfungs- und dann erst ein Bundesverhältnis.

Das von der neuthomistischen Scholastik immer wieder diskutierte Problem der Zuordung von Natur und Gnade entpuppt sich im Blick auf den biblisch bezeugten Bundesgott als Scheinproblem. Denn der Gott, der die Liebe ist, verhält sich von Anfang an – d. h. vom Beginn der Schöpfung an – zu jedem Geschöpf, das wir erkennend unterscheiden können, auf je singuläre Weise. Das heißt, im Blick auf die biblisch bezeugte Heilsgeschichte ist die Unterscheidung zwischen einem natürlichen bzw. generellen und einem gnädigen bzw. besonderen Verhalten Gottes zu seinen Geschöpfen – und speziell zum Menschen – nicht nur überflüssig, sondern auch falsch[267].

Wenn es ein gesichertes Ergebnis der von Christoph Kardinal Schönborn neu entfachten Debatte um die Bezeichnung der Schöpfung als *Intelligent Design* (*ID*) gibt[268], dann dieses: Der Prozess, den wir mit dem Begriff ‚Evolution‘ beschreiben, ist kein notwendig so und nicht anders

264 Vgl. H. de Lubac, Die Freiheit der Gnade II, 225–248.

265 „[Deus] vult alios habere condiligentes, et hoc est velle alios habere amorem suum in se, – et hoc est praedestinare eos.“ (Ioannes Duns Scotus, Ord. III, d. 32, q. un., n. 21 [Vat. X,136–137]). – Zum theologischen und anthropologischen Hintergrund dieses Zitates: F. Wetter, Die Trinitätslehre des Johannes Duns Scotus, bes. 270–282.302–315.

266 „Der Bund ist der innere Grund der Schöpfung“, und „die Schöpfung ist der äußere und nur der äußere Grund des Bundes, man darf wohl sagen: seine technische Ermöglichung, die Bereitstellung und die Ausstattung des Raumes, in welchem die […] Geschichte des Bundes sich abspielen, des Subjektes, das in dieser Geschichte Gottes Partner sein […] sollte.“ (KD III/1, 106f).

267 Vgl. H. de Lubac, Die Freiheit der Gnade I, bes. 204–248.

268 Dazu: U. Lüke, Das Säugetier von Gottes Gnaden, 100–133.

verlaufender Prozess. Er ist nicht die Ausführung eines „intelligent design“. Wenn man die Evolution wie ein abgelaufenes Tonband bis zum Anfang zurückspulen könnte, um dann unter denselben Anfangsbedingungen den Entwicklungsprozess abermals zu initiieren, würde er keineswegs noch einmal genauso ablaufen, wie er faktisch abgelaufen ist. Was ein Wissenschaftler weltanschaulich „Zufall“ nennt, ist nur der vortheologische Name für Gnade, für das Nicht-Notwendige, für das ‚freie Handeln Gottes‘[269]. In unserem Zusammenhang entscheidend ist, dass der Akt, mit dem der Schöpfer jedem Seienden Wirklichkeit verleiht, nicht zuerst etwas entstehen lässt, das alle Gestalten der Schöpfung *gemeinsam* haben, um dann innerhalb des Gemeinsamen das *Besondere* der Einzelgestalt zu ermöglichen. Vielmehr hat jedes einzelne Seiende in dem Maße Anteil am Sein (an dem durch den Schöpfungsakt ermöglichten Wirklichsein), in dem es – anthropomorph gesprochen – einen wenn auch noch so rudimentären Grad von Selbstsein bzw. Innerlichkeit aufweist. Weil eine Pflanze über einen höheren Grad von Innerlichkeit als ein Stein verfügt, und weil ein Tier in entsprechender Weise über jeder Pflanze steht, ergibt sich wie von selbst eine Hierarchie des Wirklichen. Erst der Mensch kann sich bewusst und also willentlich bzw. frei auf sich selbst, auf das Sein im Ganzen und damit auch auf den Grund des Seins, auf den Schöpfer, beziehen.

Zusammenfassend darf man festhalten:

(1) Innerlichkeit bedeutet – wenn auch unterhalb der Noosphäre sehr anfanghaft und analog – ein gewisses „Selbst-sein“.

(2) Weil Gott Liebe ist, ist keines seiner Geschöpfe *nur* Objekt. Jedes Geschöpf besitzt ein *gewisses* „Selbst-sein“.

(3) Folglich ist die transzendentale Freiheit des Menschen nicht etwas der übrigen Schöpfung gegenüber vollkommen Neues, sondern die Einfaltung einer viele Milliarden Jahre währenden Entwicklung geschöpflicher Innerlichkeit.

Weil die Beziehung des Schöpfers zu jedem Geschöpf faktisch das Geschenk eines zumindest rudimentären „Selbst-seins“ impliziert, kann Gott nur *mit* seinen Geschöpfen, nicht *an* ihnen *ohne* sie handeln. Das Verhältnis des biblisch bezeugten Schöpfers ist zu jedem seiner Geschöpfe ein interkommunikatives bzw. dramatisches. Gott handelt in Kommunikation mit seinen Geschöpfen – auch mit solchen, die am Anfang der

269 Dazu: T. Möllenbeck, Der Kardinalfehler, 281.

Evolutionskette stehen und als einzelne nur einen denkbar geringen Grad an Innerlichkeit aufweisen.

Weil alle Geschöpfe auch aufeinander einwirken, kann man von einer doppelten Art und Weise des Handelns Gottes in der Welt sprechen: direkt bzw. unmittelbar durch Kommunikation mit der Innerlichkeit des je singulären Geschöpfs; und indirekt bzw. mittelbar über die Wirkung der Geschöpfe aufeinander.

Diese Ausführungen beziehen sich auf Béla Weissmahr SJ[270], der in vielen seiner Veröffentlichungen die folgende Grundthese entfaltet: *Es gibt gar kein Verhältnis des Schöpfers zu seiner Schöpfung, das nicht immer schon ein besonderes zu jedem von uns unterscheidbaren Seienden wäre. Wenn der Schöpfergott die absolute bzw. trinitarische Liebe ist, dann muss sein Verhältnis zur geschaffenen Wirklichkeit ein je singuläres zu jedem einzelnen Seienden sein.* Weissmahr wörtlich: „Je mehr ein endliches Seiendes an der Fülle des Seins partizipiert, um so mehr wirkt Gott in der Aktivität dieses endlichen Seienden ‚von innen', d. h. durch die ihm eigene Selbstaktivität und so – da die dem Geschöpf eigene Selbstaktivität zugleich unmittelbar von Gott herstammt – auf *unmittelbare* Weise. Je weniger dagegen ein Seiendes an der Fülle des Seins partizipiert, um so mehr wirkt Gott in der Tätigkeit dieses Seienden ‚von außen' her, d. h. durch das Wirken anderer Geschöpfe und so – da hier das Wirken Gottes auf der Ebene der Zweitursachen durch das Wirken anderer Geschöpfe vermittelt ist – auf *mittelbare* Weise."[271]

Dies alles vorausgesetzt, ergibt sich als eine erste Antwort auf die Themafrage „Was ist das eigentlich: ‚Gnade'?"

These I: *Gnade ist zuerst und zunächst das Verhalten des Schöpfers zu seiner Schöpfung. Der biblisch bezeugte Schöpfer schenkt jedem einzelnen Seienden eine unverwechselbare Identität. Damit gemeint ist auch auf den untersten Stufen der Evolution ein gewisser Grad von unverwechselbarer „Innerlichkeit" bzw. „Nicht-Notwendigkeit" bzw. „Selbstaktivität".*

270 Vgl. B. Weissmahr, Gottes Wirken in der Welt bes. 109–145; ders., Gibt es von Gott gewirkte Wunder?; ders., Bemerkungen zur Frage der Möglichkeit eines nicht durch Geschöpfe vermittelten göttlichen Wirkens in der Welt; ders., Kann Gott die Auferstehung Jesu durch innerweltliche Kräfte bewirkt haben?; ders., Philosophische Gotteslehre; ders., Menschliche Geistigkeit und Evolution; ders., Gottes Wirken in der Welt – Das Verhältnis von göttlicher und innerweltlicher Ursache; ders., Kann Geist aus Materie entstehen?.

271 B. Weissmahr, Gottes Wirken in der Welt, 143f.

2. Gnade als singuläre Berufung des je Einzelnen

Der Bundesgedanke besagt, dass der biblisch bezeugte Schöpfer nicht gegen und nicht ohne, sondern stets mit seinen Geschöpfen handelt. Das gilt im analogen Sinn auch unterhalb der Noosphäre und ganz unbestritten da, wo sein Adressat der Mensch ist. Das, was wir traditionell ‚Gnade' nennen, ist kein Handeln Gottes am Menschen ohne den Menschen, sondern mit ihm. Deshalb sollte man das missverständliche Axiom „Die Gnade setzt die Natur voraus" durch das weniger missverständliche Axiom „Die Gnade ermöglicht Freiheit und also Geschichte" ersetzen.

Im Blick auf den *Menschen* ist die Gnade des Schöpfers das Geschenk unverwechselbarer *Personalität*. Dieses Geschenk ist nichts Statisches, sondern eher so etwas wie eine je einmalige Beauftragung oder Sendung. Jeder Mensch ist von Gott her gesehen etwas ganz und gar Einmaliges, nicht nur aufgrund seiner singulären Beschaffenheit, sondern weil er in dieser Welt etwas sein soll, was kein anderer Mensch an seiner Stelle sein kann. Beispiele: Adam – Abraham – Mose – Maria.

Wenn die Bibel von Adam erzählt, geht es nicht um die Frage der biologischen Abstammung aller Menschen[272]. Die Einmaligkeit der Sendung des ersten Geschöpfes, das sich auf seinen Schöpfer beziehen kann und deshalb die Bezeichnung ‚Mensch' verdient, ist eine heilsgeschichtliche. Adam soll als Stammvater der gesamten Menschheit der Anfang des Bundes sein, dessentwegen der Schöpfer das Werk der Schöpfung verwirklicht hat[273]. Durch das Ja-Sagen zu dieser seiner Sendung wird er für alle seine

272 Obwohl heute als erwiesen gilt (vgl. M. Kuckenburg, Lag Eden im Neandertal?, 73–116), dass die Menschheit nicht von einem Menschenpaar hergeleitet werden kann, ist die These keineswegs erledigt, dass ein einzelner Mensch im theologischen Sinn – d. h. aufgrund seiner ihm von Gott geschenkten Erwählung – als der erste Mensch zu gelten hat. Karl Rahner ist lange Zeit von einer monogenistischen Erklärung des Zusammenhangs aller Menschen ausgegangen, hat aber auch früh darauf hingewiesen, dass die Enzyklika *Humani generis* von 1950 nur eine faktische, nicht aber eine notwendige Verknüpfung der Erbsündenlehre mit dem Monogenismus voraussetzt. Schon 1954 bemerkt er: Unter der Voraussetzung, dass das „propagatione, non imitatione" (DH 1513) eine theologische Erklärung, aber keine eigentliche Glaubensaussage ist, „wäre folgende Hypothese denkbar: Der erste im Stand der Urgerechtigkeit erschaffene Mensch ist von Gott als Treuhänder der allen Menschen von Gott verpflichtend zugedachten Gerechtigkeit aufgestellt für alle nach ihm kommenden Menschen, gleichgültig ob sie von ihm physisch abstammen oder nicht. Dieser erste Mensch verliert für sich und alle anderen Menschen diese Urgerechtigkeit." (K. Rahner, Theologisches zum Monogenismus, 295f).

273 Natürlich drängt sich hier der von Naturwissenschaftlern vorgetragene Einwand auf, es liege wohl näher, die kleine Erde und den auf ihr lebenden Menschen von den gewaltigen Dimensionen des Kosmos her zu relativieren, statt umgekehrt die Ge-

Nachkommen zum Mittler Gottes. Und umgekehrt: Durch sein Nein-Sagen wird er allen seinen Nachkommen zum Verhängnis, weil er das, was nur er vermitteln konnte, nicht vermittelt hat[274].

Gottes Gnade erreicht ihr Ziel nur da, wo der von ihr beschenkte Mensch sie in sein je einmaliges Da- und Sosein inkarniert. Deshalb ist jede privatisierende Verinnerlichung der Gnade Gottes eine Form von Verweigerung. Die Psychologie der Genesis-Erzählung vom Sündenfall ist die Erzählung von zwei Menschen, die nicht sein wollen, was sie von Gott her sein sollen. Sie wollen selbst Gott sein; sie wollen nicht aus der Gnade leben. So werden sie zu einer ‚Stelle', an der Gottes Gnade nicht angenommen und also nicht geschichtlich inkarniert wird. So werden Adam und Eva zu einer ‚Stelle' des Unheils statt des Heils. Dass sich das erste Geschöpf, das die ihm geschenkte Identität annehmen oder ablehnen kann, nämlich Adam, gegen das Leben aus der Gnade entscheidet, hat Auswirkungen auf alle seine Nachkommen. Deshalb spricht Augustinus von der Ursünde, die zur „Erbsünde" geworden ist[275]. Doch neben der ‚Unheilskette' der Verweigerung gibt es auch eine ‚Heilskette' der Bejahung.

Das Alte Testament spricht von „den Gerechten" und selbst in Zeiten zunehmender Verweigerung von dem „Heiligen Rest Israels"[276]. Man kann Abel, Henoch und Noach nennen. Aber das bekannteste Beispiel ist Abraham. Da heißt es in Gen 12,1–3: „Der Herr sprach zu Abraham: ‚Zieh weg aus deinem Land, aus deiner Verwandtschaft und aus deinem Vaterhaus – hinein in das Land, das ich dir zeigen werde. Ich will dich, Abraham, zu einem großen Volk machen, ich will dich segnen und deinen Namen groß machen. In dir sollen sich Segen zusprechen alle Geschlechter der Erde."

samtwirklichkeit als Bühne des Dramas zwischen Gott und Mensch zu beschreiben. Diesem Argument lässt sich aber entgegenhalten, dass es einen Kosmos an und für sich nicht gibt, sondern immer nur für ein ihn als solchen wahrnehmendes Bewusstsein. Deshalb ist das so genannte anthropische Prinzip nicht einfach der Versuch, im Nachhinein als notwendig zu beschreiben, was an und für sich das Zufallsprodukt bestimmter Konvergenzen ist. Vielmehr offenbart sich der Kosmos da, wo er als solcher von einer reflektierenden Intelligenz wahrgenommen wird, als Entwicklung immer komplexerer Gestalten, wobei die höher stehende Gestalt einen höheren Grad jener Innerlichkeit aufweist, die im Menschen als Subjektivität erscheint. Dazu: R. Breuer, Das anthropische Prinzip, bes. 17–34.

274 „Die Erbsünde ist ja nicht eine positive Qualität, die jeder Mensch von seinen Voreltern erbt, sondern sie ist das Fehlen einer Qualität, die er hätte erben sollen." (R. Spaemann, Über einige Schwierigkeiten mit der Erbsündenlehre, 64).

275 Zur dogmenhermeneutischen Synopse von DH 1513 und DH 1555 und zur theologiegeschichtlichen Einordnung bzw. Bewertung des Augustinismus: T. Pröpper, Theologische Anthropologie, bes. 981–1091.

276 Dazu: K.-H. Menke, Fleisch geworden aus Maria, 142–148.

– Aus dem Aufbruch eines einzelnen Menschen soll eine Veränderung von universalem Ausmaß erwachsen. Gott zwingt Abraham nicht, sondern er wirbt um seine Zustimmung. Gott handelt nicht ohne Abraham, sondern ganz ausdrücklich mit ihm und durch ihn. Gott überfordert Abraham nicht. Er fordert nichts Unmögliches. Äußerlich betrachtet zieht dieser Aramäer von Zeltplatz zu Zeltplatz, plagt sich mit den Problemen, mit denen alle Nomaden zu kämpfen haben. Und doch verbirgt sich hinter der Fassade des Gewöhnlichen etwas ganz Außergewöhnliches. Denn hier beginnt ein Mensch, sein ganzes Leben mit all seinen kleinen Sorgen und Nöten aus der Gnade zu gestalten. Die Geschichte Abrahams bedeutet, dass an einer Stelle die Annahme der Gnade die Welt konkret verändert[277]. Und wenn es in Gen 12,1–3 heißt, Abraham werde ein Segen sein, dann heißt das: Abraham und das Neue, das Gott mit ihm in der Welt beginnen lässt, wird denen, die mit Abraham in Berührung kommen, zum Heil gereichen. Es geht um das Ganze. Aber damit das Ganze erreicht wird, beginnt Gott bei einem einzelnen Menschen an einem bestimmten Ort, bei dem Menschen Abraham. So wird der Text Gen 18,17–19 verständlich. Da sagt Gott: „Abraham soll zu einem großen und mächtigen Volk werden; in ihm sollen sich Segen zusprechen alle Völker der Erde. Ich habe ihn nämlich dazu erwählt, dass er seinen Söhnen und seinem Haus, das nach ihm kommt, aufträgt, den Weg des Herrn einzuhalten und Gerechtigkeit und Recht zu üben".

Von seiner Bedeutung her mit Abraham vergleichbar ist Mose. Er wird erwählt, damit ein Volk – und mag es in den Augen der Mächtigen noch so gering und klein erscheinen – zu einem Ort der konkreten Darstellung des Willens Gottes wird, nicht um seiner selbst willen, sondern für die anderen Völker. Der Exeget Gerhard Lohfink spricht von der Gründung einer „Alternativgesellschaft". In gewisser Weise – so schreibt er[278] – darf man sagen, dass diese Alternativgesellschaft am Gottesberg Sinai mit der Übergabe der Tora in Gestalt der beiden steinernen Tafeln mit den Zehn Geboten erfolgt. Die Tora ist geschichtlich gewordene Gnade. Und die neue Gesellschaft, die durch die Befolgung der Tora entsteht, ist ebenfalls geschichtlich gewordene Gnade. Israel ist erwählt, um die Gnade Gottes für alle Völker sichtbar zu machen.

Gerhard Lohfink und Ludwig Weimer haben in ihrer gemeinsam erstellten Studie über Maria als Urbild der Gnade auf die geschichtliche Vermittlung auch der Befähigung Mariens zu einem vollkommenen Ja-

277 Dazu: K.-H. Menke, „Und ist Mensch geworden", 57–62.
278 Vgl. G. Lohfink, Braucht Gott die Kirche?, 96.

Wort verwiesen. Es genügt nicht zu sagen: Gnade ist dort, wo ein *einzelner* Mensch sich *innerlich* öffnet. „Wir müssen präzisieren: Gnade in ihrer weltverändernden Kraft ereignet sich dort, wo sich Menschen über Generationen hin auf Gott geöffnet haben. Gnade bedeutet dann, in die Lebenswelt dieser Menschen einzutreten – in ihren Glauben, in ihre Erzählungen, in das identitätsstiftende Gedächtnis, das diese Erzählungen bewahren, in die Freiheitsräume, die sie anderen eröffnen. Gnade hat also eine soziale, eine gesellschaftliche Dimension. Sie darf nicht rein individualistisch gedacht werden. Sie ist immer auch geschichtlich vermittelt."[279] Die Alleinverehrung JHWHs, die alle anderen Götter ausschloss, war ein unermessliches Potential an Gnade, aber von Gnade, die gesellschaftlich vermittelt wurde: im Ethos Israels, in seinem heilsgeschichtlichen Credo, in Erzählungen, in Gebeten, in Wallfahrten und Festfeiern, im Glauben vieler Väter und Mütter, der den Kindern vor Augen stand. „Da wurde erzählt vom Gehorsam Abrahams – und weil davon erzählt wurde, konnten Menschen in Israel diesen Gehorsam ihrerseits leben. Da war die Befreiungserfahrung des Exodus. Sie war nur von einer kleinen Gruppe gemacht worden. Aber sie wurde weitererzählt, durch die Exoduserfahrungen Späterer vertieft; und so traten viele in Israel in diese Erfahrung ein. Da war die Tora, aus altem Stammesethos erwachsen, immer wieder erweitert und auf den lebendigen Willen Gottes hin aktualisiert. Unzählige Menschen in Israel haben die Tora gelebt und an ihr die stille Freude erfahren, die jeden erfüllt, der den Willen Gottes tut. Unzählige haben sie auch missachtet. Aber selbst die, die sich an ihr stießen, haben an der Tora gelernt, dass es den anstößigen Willen Gottes in der Welt gibt. Da war der Tempel mit seinen Institutionen der Sühne, mit dem immer neuen Reinwerden vor Gott. Da war die ständige Konfrontation Israels mit dem Wort seiner Propheten, da war die überlieferte und im Schulunterricht vermittelte ‚Weisheit', die in jeder Generation den Samen der Gottesfurcht aussäte. Da waren schließlich die Psalmen, die von den ‚Armen' des Gottesvolkes gebetet wurden."[280] In all dem ereignete sich Gnade.

Vor diesem Hintergrund ist jede Erwählungsgeschichte der jüdisch-christlichen Tradition freizuhalten von der Vorstellung, Gott verteile seine Gnade in Portionen – einmal mehr und einmal weniger. Gewiss sind Adam, Abraham, Mose oder Maria wirkungsgeschichtlich betrachtet wichtiger als die Heiligen Israels, deren Namen nicht überliefert sind. Aber von Gott aus gesehen ist jeder Mensch ein unersetzlicher Mittler seiner Gnade.

279 G. Lohfink / L. Weimer, Maria – nicht ohne Israel, 317
280 G. Lohfink / L. Weimer, Maria – nicht ohne Israel, 319.

Das Alte Testament bezeugt fast auf jeder Seite, dass auch die ganz großen Gestalten ihre je singuläre Berufung nicht hätten realisieren können ohne die vielen anonym gebliebenen Gerechten, deren Beitrag zur Inkarnierung der Gnade z. B. die immer neu aktualisierte Tora oder die Bücher der Weisheit sind.

Die Bibel spricht ja nicht nur von einem Überhandnehmen der Sünde, sondern auch von einer Zunahme der Gnade in Israel. Gerhard Lohfink und Ludwig Weimer schreiben: Die in der Geschichte Israels inkarnierte Gnade „nahm zu, weil die Rettungsgeschichten Israels, seine Satzungen, seine Weisheit und die Gebete seiner Umkehr niedergelegt wurden in heiligen Büchern, die nun alles einsammelten und gegenwärtig machten – die Erfahrungen einer tausendjährigen Geschichte. Man konnte sich diese gesammelten und immer wieder überprüften Erfahrungen vor Augen halten. Man konnte sie hören. Man konnte sie lesen und aus ihnen lernen. Man konnte sie täglich vor sich hin murmeln, wie es das ‚Sch^{e}ma', das ‚Höre, Israel' verlangt (vgl. Dtn 6,4–9 mit 11,18–21 und Num 15,37–41)."[281]

Die geschichtlich verleiblichte Gnade dokumentiert, dass die „Gerechten" in Israel nicht aussterben. Immer wieder sprechen die Propheten von einem „heiligen Rest", der übrig bleibt (Jes 1,8; 4,3; 7,3; 10,20f; 11,4; 14,32; 28,16f; 62,12; Jer 31,6f; Mi 5,1ff; Zef 3,11–13; Sach 8,1–6). Paulus bezeichnet in Röm 11,1–12 den „Rest" als Zeichen dafür, dass Jahwe seine Bundestreue niemals aufgekündigt hat[282]. Er verweist in Röm 11,4 auf die Siebentausend, die Jahwe zur Zeit des Elija übrig gelassen hat, weil sie ihre Knie nicht vor Baal gebeugt haben. Und er fährt fort: „Ebenso gibt es auch in der gegenwärtigen Zeit einen Rest, der aus Gnade erwählt ist." (Röm 11,5).

Unter der Voraussetzung, dass es den heiligen Rest Israels gibt und dass dieser Rest nicht einfach vom Himmel fällt, sondern zur konkreten Heilsgeschichte Israels gehört, ist Marias „immakulates" Ja-Wort anders zu sehen als in vielen Dogmatiklehrbüchern. Maria steht nicht außerhalb Israels, sondern ganz im Gegenteil: Die Gnade, die ihr ein vollkommenes Ja-Wort zum Willen Gottes ermöglicht, wird ihr nicht unsichtbar und ungeschichtlich, sondern durch ihr Stehen in den heiligen Traditionen Israels vermittelt. „Maria hat ihren Glauben, ihre existentielle Grundhaltung,

281 G. Lohfink / L. Weimer, Maria – nicht ohne Israel, 319.

282 „Gott vermag immer wieder neue und unerwartbare Anfänge mit dem Menschen zu setzen, die erwarten lassen, dass sich ‚irgendwann einmal' menschliche Freiheit dem Werben Gottes öffnet. Dies ist keine Spekulation, sondern eben dies zeigt die ganze Heilsgeschichte, die von vielen solcher ‚Neuanfänge' geprägt ist und trotz oftmaligen Scheiterns dennoch zum Ziel kommt." (G. Greshake, Maria – Ecclesia, 280).

empfangen aus dem von aller Untreue geläuterten Glauben des Restes. Von diesem Rest her war ihr das reine, unbedingte Ja zum einbrechenden Gottesreich geschichtlich erschlossen, d. h. heilsgeschichtlich von Gott ermöglicht und erwirkt. […] Sie steht von Anfang an in der lebendigen Glaubensüberlieferung Israels, und zwar eben des getreuen und in der Treue geläuterten Restes, so dass die Untreue Israels, das ist die konkretgeschichtliche Gestalt der Erbsünde, den geschichtlich erschlossenen Raum, in dem sie zur Glaubensentscheidung heranreift, nicht erreicht."[283]

Als zweite Antwort auf die Fage: „Was ist das eigentlich: ‚Gnade'?" folgt aus diesen Überlegungen These II:

Die Gnade des biblisch bezeugten Gottes ist kein einseitiges Geschenk Gottes an den Menschen, sondern ein Bundeshandeln. Gnade ist die Berufung, die Gott jedem einzelnen Menschen auf je singuläre Weise schenkt. Der Berufene kann seine Berufung annehmen oder ablehnen. Niemand ist ersetzbar. Wo immer ein Mensch seine Berufung ablehnt, ist er das Gegenteil von Gnade, nämlich eine ‚Stelle', die sich der Vermittlung des göttlichen durch das eigene Handeln verschließt.

3. Gottes Dasein in dieser Welt (Gnade) ist Jesus Christus

Was oben von Abraham, Mose und Maria gesagt wurde, gilt ‚mutatis mutandis' auch von Jesus. Sein Leben ist von Gott her betrachtet eine ganz bestimmte Sendung bzw. Berufung. Aber damit allein wird man seiner Einzigkeit nicht gerecht. Denn nur von Ihm darf man sagen, dass er mit dem Verhalten Gottes zum Menschen – genannt ‚Gnade' – identisch ist; dass Er also die Gnade nicht nur vermittelt, sondern „in persona" *ist.* Er allein darf von sich sagen: „Ich und der Vater sind eins." (Joh 10,30). Oder: „Niemand kommt zum Vater außer durch mich." (Joh 14,6). Oder: „Wer mich sieht, sieht den Vater." (Joh 14,9). Oder: „Alles, was der Vater hat, ist mein." (Joh 16,15a).

Die Tora ist authentische (inspirierte) Auslegung des Verhaltens Gottes zu seiner Schöpfung und speziell zum Menschen. Sie ist aber nicht *identisch* mit dem Wort Gottes. Von Jesus aber bekennt der Kolosserbrief: „In Ihm wurde alles erschaffen im Himmel und auf Erden, das Sichtbare und das Unsichtbare, Throne und Herrschaften, Mächte und Gewalten: alles ist durch ihn und auf ihn hin geschaffen. Er ist vor aller Schöpfung; in ihm hat alles Bestand." (Kol 1,16). Jesus Christus *ist* die Gnade des Schöpfers.

283 B. Langemeyer, Konziliare Mariologie und biblische Typologie, 313f.

Aus christlicher Sicht war mit dem Einzug der Sünde in die Welt die Trennung der Sünder vom Schöpfer verbunden. Denn der Gott, der sich in der Schöpfung als Liebe offenbart hat, ist mit der Sünde unvereinbar. Im Alten Testament wird der physische Tod zum Realsymbol dieser Unvereinbarkeit. Denn die Sünde ist mit Gott so unvereinbar wie der Tod mit dem Leben. Der physische Tod ist im AT das Tor in den ‚Sheol', in den Ort also, an dem es keine Kommunikation mit Gott mehr gibt. Jesus aber ist „der neue Adam" (Röm 5,15), weil er – „in allem uns gleich außer der Sünde" (Hebr 4,15) – der erste Mensch ist, der im Erleiden des physischen Todes in Gemeinschaft mit seinem Vater (mit Gott) geblieben ist. Der „neue Adam" hat den vom „alten Adam" begründeten Nexus zwischen dem physischen Tod und der Trennung von Gott (Sheol) durchbrochen. Er hat den physischen Tod umqualifiziert von dem Realsymbol des ‚Sheol' in das Realsymbol der Gemeinschaft mit Gott. Deshalb lässt Johannes ihn sagen: „Niemand kommt zum Vater außer durch mich." (Joh 14,6). Jesus Christus *ist* die Gnade des Erlösers.

Jesus ist nicht nur einer jener „Gerechten" in Israel, die aus der ihnen geschenkten Gnade gelebt und so Heilsgeschichte geschrieben haben. Er *ist* „in persona" die Gnade, die von einzelnen Lichtgestalten wie Abraham, Mose oder Maria, vom „Heiligen Rest Israels", aber auch von den Objektivationen des Ja-Sagens wie der Tora und den Versöhnungsriten des Tempelkultes realsymbolisch veranschaulicht wird.

Daraus folgt als These III:

Jesus ist im Unterschied zur Tora nicht nur Mittler und Interpret des Wortes, durch das alles geschaffen wurde. Er ist dieses Wort selbst. Er ist der Grund und das Sinnziel alles Seienden. Kurzum: Er ist die Gnade des Schöpfers.

Fleisch geworden aus Maria, hat er als wahrer Mensch den physischen Tod, der seit dem Einzug der Sünde in die Welt die Trennung von Gott (Sheol) bedeutet, in das Realsymbol des Zugangs zum Vater verwandelt. Kurzum: Er ist die Gnade des Erlösers.

Von Christus her gesehen sind die Gerechten Israels und die Objektivationen der in Israel gelebten Kommunikation mit JHWH – die Tora, die Tempelliturgie, die Weisheit – auf antizipative Weise Sakramente des „neuen Adam".

4. Keine „gratia interna" ohne „gratia externa", oder: Gnade ist immer geschichtlich vermittelt

Die Frage Augustins und Luthers: „Wie finde ich einen gnädigen Gott?" hat in der Frömmigkeits- und Theologiegeschichte zu einer weitgehenden Trennung der *Gnade des Erlösers* von der *Gnade des Schöpfers* geführt. Die Erlösung wurde fast ausschließlich als Rechtfertigung des Sünders „allein aus Gnade" verstanden; zudem als ein unsichtbares Geschehen zwischen Gott und der Einzelseele. Die ‚eigentliche' Gnade wurde als innere Gnade beschrieben und mit dem Heiligen Geist identifiziert.

Augustinus setzt zumindest in seinen antipelagianischen Schriften voraus, dass das Wirken des Heiligen Geistes im *intimum* (in den Potenzen der Seele, in Verstand und Willen) des Menschen nicht durch das Heilswerk Jesu Christi vermittelt, sondern lediglich veranschaulicht oder bezeichnet wird[284]. Anders gesagt: Augustinus beschreibt nicht das geschichtliche Christusereignis selbst als Gnade, sondern spricht von dem Gott, der sein Wirken im Inneren des Sünders an die Gelegenheiten (*occasiones* → Ockasionalismus) bindet, in denen Jesus selbst oder die ihn bezeugenden Worte der kanonischen Schriften bzw. der Kirche dem einzelnen Menschen begegnen. Wer aber das Wirken des Heiligen Geistes im Innersten des Menschen nur noch äußerlich mit dem geschichtlichen Christusereignis verknüpft, kann kaum noch erklären, warum das Geschehen zwischen Bethlehem und Golgotha mehr ist als eine bloße Veranschaulichung dessen, was Gott auch ohne die Menschwerdung des Logos – nämlich allein durch das Wirken des Heiligen Geistes im Innersten des einzelnen Sünders – bewirken könnte. Was Gott als der Heilige Geist ist, das hat

284 Darin sieht Gottlieb Söhngen (Die neuplatonische Scholastik und Mystik der Teilhabe bei Plotin) nicht nur das neuplatonische Erbe Augustins, sondern *den* roten Faden seines gesamten Schrifttums, dass ‚Innen' und ‚Außen' unvermittelt bleiben. Dennoch wird dem ‚Außen' – den Gestalten der Schöpfung, den historischen Ereignissen, den Worten und Taten von Menschen – eine positive Funktion zugewiesen. Das ‚Außen' kann hinweisen, erinnern, anzeigen. Das gilt in besonderer Weise von den Worten der Heiligen Schrift und von den Ermahnungen der Kirche. Aber nicht sie vermitteln die Gemeinschaft mit Gott, sondern der innere Befreier und Lehrer, also der Heilige Geist bzw. die den Menschen innerlich umkehrende Macht Gottes. Wie Wilhelm Geerlings umfassend nachweist (Christus Exemplum, bes. 209–228), hat der geschichtliche Jesus im Werk des Augustinus fast ausschließlich exemplarische, belehrende, signifikative Bedeutung. Das eigentliche Ereignis der Gemeinschaft zwischen Gott und Mensch geschieht nicht durch Worte oder geschichtliche Ereignisse, sondern dadurch, dass Gott seine Adressaten bei der Gelegenheit (*occasio* → Ockasionalismus) des Sehens oder Hörens der Heilsgeschichte innerlich mit dem Logos (mit dem Sinn des Ganzen) verbindet.

er uns in Jesus Christus offenbart; nicht außerhalb und nicht unabhängig von Jesus Christus! Das Fest des Heiligen Geistes, das Pfingstfest, gehört zum Christusfest, gehört zum Osterfest. Die Kriterien für das Wirken des Heiligen Geistes sind (a) die Offenbarung des ewigen Logos in der Endlichkeit des Menschen Jesus und (b) die Verähnlichung der Gläubigen mit dem herabsteigenden, konkret (Fleisch) gewordenen Sohn. Mit anderen Worten: Die Gnade – verstanden als Gottes reale Gegenwart in Welt und Geschichte – ist untrennbar vom Leben, Sterben und Auferstehen Jesu und tritt deshalb immer geschichtlich bzw. ‚von außen' – als *gratia externa* – an den Menschen heran.

Dennoch: Der Terminus *gratia externa* wäre als Alternative zum Terminus *gratia interna* gründlich missverstanden. Denn Christus bleibt denen, die sich in der Zeit vor seiner Geburt oder in der Zeit nach seiner Auferstehung z. B. von der Tora, von den Propheten, den Psalmen, den Büchern der Weisheit oder von dem Zeugnis der Apostel, von den Martyrern oder von den Sakramenten der Kirche ergreifen lassen, ebenso wenig äußerlich wie denen, die ihm während seiner irdischen Lebenszeit begegnet sind. Durch den Heiligen Geist wird der im Glauben gerechtfertigte Mensch einbezogen in das den Tod besiegende Verhältnis des gekreuzigten und auferstandenen Erlösers zum Vater. Ohne das Wirken des Heiligen Geistes wären die Worte der alttestamentlichen Propheten, die Worte der Psalmen und der Tora, die Worte der Evangelisten, der Paulusbriefe und der verkündigenden Kirche keine Gnade. Ohne das Wirken des Heiligen Geistes bliebe die Sohnesbeziehung Jesu zum Vater dem einzelnen Gläubigen äußerlich.

Der Heilige Geist ist keine zweite Selbstoffenbarung neben der des Christusereignisses, sondern ermöglicht, vergegenwärtigt, expliziert und integriert mit dem Ziel, der Gekreuzigte und Auferstandene möge alles in allem und in allen (Eph 1,10; Kol 1,15–20) werden. Deshalb spricht Thomas Pröpper von zwei Weisen der Selbstpräsenz Gottes, die gemeinsam das Ereignis der Erlösung ermöglichen. Denn diese ereignet sich „als Zusammenkunft der erinnerten geschichtlichen Selbstbestimmung Gottes für uns in Jesus Christus mit der Selbstpräsenz Gottes und Jesu Christi in uns durch den Geist. Nur in dieser doppelten Weise, als Geschehen äußerer und innerer Gnade zugleich, konnte Gottes unbedingt entschiedene Liebe ihre Erwählten, die geschichtlich existierenden Menschen, erkennbar und wirksam erreichen. Denn in Jesu Geschichte gewinnt sie ihre reale, endgültige Bestimmtheit, durch den Geist bleibende, universale Gegenwart. In Jesus Christus, der sie ein für allemal vollbrachte, begegnet Gott selbst uns Menschen als Mitmensch[285], durch den Geist, der sie zueignet, kommt er selbst (in der Gemeinschaft des Sohnes) in steter Aktualität bei uns an."[286]

Dies vorausgesetzt, lässt sich These IV wie folgt formulieren:

Die biblisch bezeugte Gnade ist immer geschichtlich vermittelt. Alle Geschöpfe – nicht nur die Objektivationen der Heilsgeschichte Israels und die Sakramente der Kirche – können zu Christus führen. Denn durch dasselbe Wort, das in Christus Fleisch geworden ist, ist im Anfang alles geschaffen worden. Allerdings bedeutet die geschichtliche Vermittlung der Gnade nicht, dass sie ihren Empfängern äußerlich bliebe. Denn der Heilige Geist, den Christus nach seiner Auferstehung gesandt hat, bewirkt seine „Einwohnung" in jedem Menschen, der ihn glaubend, hoffend und liebend bekennt.

5. Gnade als das Geschenk einer Freiheit, wie sie radikaler nicht gedacht werden kann

Martin Luther betont zu Recht, dass der Sünder nichts zu seiner Rechtfertigung vor Gott beitragen kann, sondern allein aus Gnade bzw. allein durch den Glauben an die ihm in keiner Weise geschuldete Gnade gerechtfertigt wird. Aber der Reformator versteht die rechtfertigende Gnade nicht als Bundeshandeln, sondern als ein unsichtbares Handeln Gottes durch den Heiligen Geist im Inneren des Sünders, ja sogar gegen den Willen des Sünders[287].

Quelle dieser weitgehend ungeschichtlichen Sicht des Rechtfertigungsgeschehens ist eine bestimmte Paulus-Exegese (Augustinus → Luther). Ein zentraler Topos dieser Exegese ist die Gegenüberstellung von Gnade (bzw. Evangelium) und Gesetz (bzw. Tora). Inzwischen aber ist es auf Seiten der

285 Präziser müsste es heißen: Gott wirbt um die *Freundschaft* des Menschen. Zu diesem Grundgedanken der thomanischen Gnadenlehre: H. Dörnemann, Freundschaft, bes. 105–129; C. Amor, „Um unseres Heiles willen", bes. 137–157; T. Pröpper, Theologische Anthropologie, 488–656.

286 T. Pröpper, Evangelium und freie Vernunft, 256f; vgl. Ders., Theologische Anthropologie, 1319–1336; dazu auch: M. Stickelbroeck, Das Heil des Menschen als Gnade, bes. 157–174.

287 Jürgen Werbick (Gnade, 70–75) unterscheidet mit ähnlichen Argumenten wie Otto Hermann Pesch (Die Theologie der Rechtfertigung; ders., Existentielle und sapientiale Theologie; ders., Gottes Gnadenhandeln) zwischen dem *Wortlaut* und der davon zu unterscheidenden *Intention* jener vielen zuspitzenden Äußerungen Luthers, die ein Einwilligen oder Annehmen von Seiten des allein aus Gnade gerechtfertigten Sünders ausschließen.

protestantischen Exegese fast so unstrittig wie auf katholischer Seite, dass die Befolgung des Gesetzes die von der Gnade ermöglichte Antwort des gerechtfertigten Sünders ist. Christus schenkt dem Sünder nicht nur Vergebung, sondern auch die Möglichkeit, ‚Ja' oder ‚Nein' zu sagen und das, was er empfangen hat, auf je singuläre Weise (im Rahmen der ihm vom Schöpfer geschenkten Begabungen) zu verleiblichen. Die rechtfertigende Gnade ist ein Bundeshandeln.

Nach Paulus ist nicht das Tun der Tora, sondern die Übertretung der Tora Sünde[288]. Die Tora erweist sich jedem, der sie erfüllt, als Gemeinschaft mit Gott. Doch sie kann auch pervertiert werden – dann nämlich, wenn sie statt Verleiblichung des Glaubens an die von Christus geschenkte Rechtfertigung Mittel der Selbstrechtfertigung wird. Wo sich jemand durch das Erfüllen der Tora selbst gerecht machen will, wird das Gesetz zum Ausweis seiner Sünde. Wo jemand sich durch das Gesetz zur Selbstrechtfertigung verleiten lässt, wird ihm das Gesetz zum „Fluch". Aber daran ist nicht das Gesetz schuld. Im Gegenteil: „Das Gesetz ist zuallererst gnädige Gabe Gottes. Es ist die Bundesordnung, die Israel auszeichnet. Selbstverständlich muss es als solche auch befolgt werden. Seine Lebensverheißung gilt denen, die es erfüllen. An dieser Lebensverheißung zweifelt auch Paulus nicht. In Gal 3 hält er ausdrücklich das Urteil der Schrift fest: ‚Verflucht ist jeder, der nicht verharrt bei allem, was geschrieben steht im Buch des Gesetzes, um es zu tun' (Gal 3,10b = Dtn 27,26), und: ‚Wer sie (d. h. die im Buch des Gesetzes geschriebenen Gebote) tut, wird durch sie leben' (Gal 3,12b = Lev 18,5). Noch deutlicher formuliert er in Röm 2,13: ‚Denn nicht die Hörer des Gesetzes sind vor Gott gerecht, sondern die Täter des Gesetzes werden gerechtfertigt werden' (vgl. auch Röm 10,5). Paulus hält also fest an dem *soteriologischen Prinzip* des Gesetzes, das auf dem *Tun* beruht."[289]

Vor diesem Hintergrund aufschlussreich ist ein Vergleich[290] zweier Zeitgenossen, die das, was Christus- oder Gnadenerfahrung im Kern bedeutet, gleichermaßen als Befreiung – und doch ganz verschieden – erfahren haben. Gemeint ist das Turmerlebnis Martin Luthers einerseits und die Cardoner-Erfahrung des Ignatius von Loyola andererseits.

Luther verzweifelt schier an dem Versuch, die Sünde in sich ausmerzen zu wollen durch Möncherei, durch Beten und Fasten und Nachtwachen,

288 Dazu: K.-H. Menke, Das Kriterium des Christseins, 65–75; U. Roth, Gnadenlehre, 199–213.

289 H. Merklein, „Nicht aus Werken des Gesetzes …", 305.

290 Dazu: K.-H. Menke, Die Annahme der Gnade als Mitvollzug der Erlösung.

bis er beim Lesen des Römerbriefes entdeckt, dass ihm das Entscheidende geschenkt wird, obwohl er Sünder ist und Sünder bleibt. Und Ignatius? Nach seiner Bekehrung auf dem Krankenbett beschließt er, Soldat Christi zu sein. Und das nach dem Vorbild der radikalsten Asketen. Er lebt in Manresa als verwahrloster und verspotteter Bettler ein Bußleben härtester Art – begleitet von Anfällen tiefster Niedergeschlagenheit, von innerer Verzweiflung, von Skrupulosität, angsterfülltem Beichten, Lebensüberdruss und Selbstmordgedanken. Die große Wende erfolgt in einer Höhle am Fluss Cardoner, der in der Nähe von Manresa fließt. Ignatius erfährt Gott als den, der ihm das Entscheidende nicht abverlangt, sondern schenkt. Ignatius erfährt die Befreiung eines Menschen, der seine eigene Identität (den Sinn seines Lebens) leisten, machen, verdienen will, aber dann die im wahrsten Sinne des Wortes umwerfende Erfahrung macht, dass er nur eines muss: sich von dem Gott, der als der trinitarische unbedingte Liebe ist, durch, mit und in Christus ergreifen lassen.

Vergleicht man Luther und Ignatius, dann fällt auf, dass Luther seine Befreiung als reines Geschenk, als ausschließliches Empfangen erfährt. Seine Gebete variieren die Formel: „Du, Herr, bist alles; ich selbst nichts." Auch Ignatius erfährt sein Cardoner-Erlebnis als reine Gnade. *Aber* er erfährt das Geschenk der Rechtfertigung (die Erfahrung, unbedingt geliebt zu sein) als ‚Zugesellung' (→ Gründung der ‚Gesellschaft' Jesu), als Sendung und Auftrag. Ignatius hat sein Exerzitienbüchlein in der Überzeugung verfasst, dass jeder Mensch in der Betrachtung des Lebens, Leidens und Sterbens Christi seine je singuläre Rolle bzw. Sendung bzw. Identität entdecken kann.

Vor dem Hintergrund eines Vergleiches zwischen Luther und Ignatius erscheinen die alten Kontroversen – auf der einen Seite die protestantischen „sola"-Formeln („sola gratia"; „sola fide"); auf der anderen Seite das katholische „et–et" – obsolet. Niemand will behaupten, dass die Rechtfertigung teils durch Christus, teils durch den Christusempfänger, teils durch den Erlöser, teils durch die Kirche gewirkt wird. Es geht lediglich darum, dass die Gnade immer ein Bundeshandeln ist, dass, wer Christus empfängt, dies nicht privat und unsichtbar nur für sich selbst, sondern im Modus des Gebens bzw. der Einbeziehung seines innersten ‚Selbst', seines Lebens (seiner Identität) in das Erlösungswerk Christi tut.

Daraus folgt als These V:

Gnade ist Verähnlichung des Christusempfängers mit Christus. Wer Christus glaubt, dass er trotz seiner Sündhaftigkeit unbedingt geliebt ist, ist nicht nur passiv gerechtfertigt, sondern er empfängt eo ipso eine Sendung, eine Berufung, die ihn befähigt, selbst ‚Ja' zu sagen und Christus allen Widerständen der Sünde zum Trotz in den eigenen Begabungen und Grenzen darzustellen.

Der Modus des Christusempfangs ist ein Geben. Wer Christus empfängt, darf und soll sein, was er empfängt. Das gilt von jedem Einzelnen, aber auch von der Kirche insgesamt. Deshalb ist sie Grundsakrament, Mittel und Werkzeug Christi zur Heimholung aller Brüder und Schwestern.

6. Die freiwillige Versöhnung zwischen Tätern und Opfern als Implikat der rechtfertigenden Gnade

Vielleicht darf man schon heute feststellen, dass sich jede der an einer theologischen Fakultät vertretenen Disziplinen bemüht, nicht nur einzelne Inhalte, sondern auch die eigenen Perspektiven und Methoden durch das ‚Feuer' des jüdisch-christlichen Dialogs zu schicken. Umso erstaunlicher ist die Tatsache, dass ein Bereich von diesem ‚Feuer' weitgehend ferngehalten wird; gemeint sind die konfessionsspezifischen Differenzen zwischen Katholiken und Protestanten.

Johann Baptist Metz fordert die Verantwortung der christlichen Gnaden- und Erlösungslehre vor dem Forum des christlich-jüdischen Dialogs. Er konfrontiert die Rede von der rechtfertigenden Gnade des Erlösers z. B. mit folgenden Fragen:

– Was unterscheidet die Täter und die Opfer von Auschwitz, wenn die einzige Gerechtigkeit, die es vor Gott gibt, die ausschließlich durch Christus geschenkte Gerechtigkeit ist?
– Sollen in Auschwitz von deutschen SS-Schergen gequälte Juden im Blick auf Christus erkennen, dass auch sie, die Opfer, derselben rechtfertigenden Gnade Christi bedürfen wie die Täter?
– Kann Christus über die Opfer hinweg den Tätern mit dem Argument vergeben, alles, was die Täter ihren Opfern angetan haben, hätten sie auch ihm, Christus, angetan?

Wenn man die Heilsuniversalität Christi auf die Täter von Auschwitz bezieht und unter deren Erlösungsbedürftigkeit nur deren gestörtes Verhältnis zu Gott versteht, dann blendet man die Erinnerung an ihre Opfer aus; dann blendet man aus, dass die Erlösungsbedürftigkeit der Täter nicht nur auf die Vergebungsbereitschaft Gottes, sondern auch auf die Vergebungsbereitschaft der Opfer angewiesen ist. Oder kann einer der Täter von Auschwitz „richtig" (gerechtfertigt) sein vor Gott, wenn seine Opfer ihm nicht vergeben können? Und umgekehrt: Kann eines der Opfer von Auschwitz selig im Vollsinn dieses Wortes (ganz bei Christus) sein, solange es ihm auf ehrliche Weise unmöglich ist, seinen Henkern zu vergeben?

Ein Glaube, der rein innerliches, unsichtbares, rein passives[291] Annehmen ist, pervertiert aus jüdischer Sicht die Untrennbarkeit der Nächstenliebe von der Gottesliebe in deren Gegenteil. Das Judentum stellt dem Christentum unerbittlich und immer wieder die Frage: Ist der Glaube an die Rechtfertigung durch Christus ein ‚reines Empfangen'? Oder ist der Glaube ein Akt transzendentaler Freiheit, der sich ausweisen muss in der fortschreitenden Verähnlichung des Empfängers mit Christus?

Mit Recht betont die protestantische Rechtfertigungslehre, dass es seit dem Ostermorgen keinen Abgrund, keine Schuld, keine Hölle mehr gibt, die so tief ist, dass sie die definitive Trennung von Gott bedeutet. Das eben meint ja der Glaubensartikel „abgestiegen zur Hölle". Jesus bleibt auch in der Stunde, in der er – als wahrer Mensch – den physischen Tod, das Realsymbol der Trennung von jedwedem Sinn, von jedweder Hoffnung, kurz: von Gott – erleidet, in der klagenden, anklagenden, aber betenden Beziehung zum Vater. Deshalb ist sein physischer Tod, wie die Osterpräfation formuliert, der Sieg über den von der Sünde erwirkten eigentlichen Tod der Trennung von Gott. Oder anders formuliert: Jesus hat in seinem Sterben den von der Sünde bewirkten Nexus zwischen physischem Tod und eigentlichem Tod (Trennung von Gott) zerrissen. Dieses Geschenk gilt allen Menschen aller Zeiten. Aber dieses Geschenk ist kein Handeln Gottes am Sünder ohne den Sünder, sondern Gnade, die zugleich Gericht ist[292]; Gnade, die als Gericht zur Umkehr befähigt. Jesus Christus ist für alle Menschen aller Zeiten der Weg zum Vater, selbst für die Henker von Auschwitz – allerdings nur, wenn sie Christi Abstieg in ihre Hölle zulassen, wenn sie Jesus Christus, ähnlich konkret wie der Jude seine Tora „hineinlassen" in die Abgründe ihrer Schuld. Dieses „Hineinlassen" Christi ist identisch mit dem Glauben an die Rechtfertigung; aber dieser Glaube ist kein billiger Glaube, sondern ein schmerzlicher Prozess, ein Purgatorium. In der glaubenden Begegnung mit Jesus Christus wird der Sünder befähigt, sich dem Antlitz seiner Opfer auszusetzen, sich mit dem

---

291 Wie klärungsbedürftig das auch in der Konsenserklärung zur Rechtfertigungslehre (GER) von den Protestanten beibehaltene „mere passive" ist, hat Christiane Schubert in ihrer weit ausgreifenden Untersuchung (mere passive?) eindrucksvoll erwiesen. Auch Birgitta Kleinschärzer-Meister (In allem auf Christus hin, bes. 531–643) kommt in ihren Analysen aller wichtigeren Stellungnahmen zur Konsenserklärung (31.10.1999) in puncto „Rechtfertigungslehre" zu dem Ergebnis, dass nach wie vor interkonfessionell umstritten ist, ob man geschenkte Freiheit als Geschenk der Ermöglichung transzendental freier Zustimmung (oder Ablehnung) verstehen darf; und welche Konsequenzen daraus für das Verhältnis von Handeln Christi und Handeln der Kirche zu ziehen sind.

292 Dazu umfassend: R. Miggelbrink, Der Zorn Gottes; P. Steinmair, Gnade in Beziehung, bes. 261–278.318–337.

Gericht Gottes gegen die eigene Sünde zu verbünden und dem verbrennenden Feuer der gekreuzigten Liebe auszusetzen. Die durch Christus ermöglichte Rechtfertigung ist erst dann an ihr Ziel gelangt, wenn die Versöhnung mit Gott zugleich eine Versöhnung zwischen Tätern und Opfern ist. Denn „keine Versöhnung ohne Gerechtigkeit, keine Gerechtigkeit ohne Gericht, kein Gericht ohne Schmerz der einholenden Wahrheit“[293]. Und die Beantwortung der Frage, ob Christus einmal alles in allem und in allen sein wird, muss offen bleiben. Denn die gekreuzigte Liebe ist kein Handeln am Sünder ohne den Sünder, sondern mit dem Sünder. Die Opfer von Auschwitz können ihren Henkern erst dann von Herzen vergeben, wenn diese durch das Purgatorium der Wahrheit gegangen sind und also freiwillig durchlitten haben, was sie ihren Opfern angetan haben. Die Frage, ob die gekreuzigte Liebe Christi und die mit ihr verbündete Liebe der „Communio Sanctorum“ irgendwann auch die Selbstverschließung des verhärtetsten Sünders aufbrechen wird, ist nicht mit dem Hinweis darauf beantwortet, dass Jesus Christus vor zweitausend Jahren für alle Menschen aller Zeiten den Nexus zwischen dem physischen Tod und dem eigentlichen Tod der Trennung von Gott aufgehoben hat. Richtig ist, dass sich das Mittun des je einzelnen Gläubigen von Anfang an und fortwährend der erlösenden Gnade verdankt. Es gehört aber ebenso zum Wesen der Gnade des Erlösers, nicht nur die freie Zustimmung oder Ablehnung ihres Adressaten zu ermöglichen, sondern sich auch selbst von den Folgen der Zustimmung oder Ablehnung bestimmen zu lassen – falls nötig bis zur Konsequenz eines Geschichtsverlaufes, der die Hoffnung Gottes, nämlich die universale Versöhnung, nicht erfüllt[294]. Denn: Der Empfänger der rechtfertigenden Gnade ist nicht nur *in* der Bejahung Jesu Christi bzw. *in* der Annahme der Gnade frei, sondern auch *gegenüber* der Gnade[295]. In dieser Feststellung liegt eine

293 T. Pröpper, Evangelium und freie Vernunft, 274.

294 Vgl. M. Striet, Offenbares Geheimnis, 213–264.

295 Veronika Hoffmann dokumentiert in ihrer Habilitationsschrift (Skizzen zu einer Theologie der Gabe, bes. 326–334) durchgängig, dass sie die eigentliche Spitze der Kringsschen Freiheitsanalyse und ihrer gnadentheologischen Anwendung verfehlt. Sie spricht davon, dass Pröpper und ich alles auf die Wahlfreiheit setzen würden; und dies, obwohl ich in meiner Gnadenlehre (Das Kriterium des Christseins, bes. 24–53) die Wahlfreiheit als jene *uneigentliche* Freiheit ausweise, die selbst Augustinus dem vom Sündenfall Adams erbsündlich verdorbenen Menschen übrig lässt (vgl. ebd. 38f). Nirgendwo schreibe ich, dass der Sünder der Gnade wie einer Wahlmöglichkeit gegenübersteht. Das wäre in der Tat nicht nur tendenzieller, sondern eklatanter Synergismus. Es geht doch weder in Pröppers noch in meiner Gnadenlehre irgendwo um die Wahlfreiheit. Es geht doch um die transzendentale Freiheit, um die geschenkte „*Selbst*wahl der Freiheit“ (vgl. M. Lersch, Triplex Analogia, 257–265), die Kant und Fichte bzw. Krings beschreiben. Dass die transzendentale Freiheit ein Geschenk der Gnade (zunächst des Schöpfers, dann des Erlösers) ist, bezweifle ich an keiner Stelle.

deutliche Kritik an jedweder Gnadenlehre, die im Gefolge Augustins oder Luthers die Freiheit des Menschen mit der Existenz von Gott her und auf Gott hin *identifiziert*.

Allerdings: Das *Gegenüber*-der-Gnade-frei-Sein des Menschen bedeutet nicht *Unabhängig*-von-der-Gnade-frei-sein, sondern ist im Gegenteil Darstellung der biblisch bezeugten Tatsache, dass Gottes Allmacht sich in der Heilsgeschichte selbst dazu bestimmt, sich von wirklicher (transzendentaler) geschöpflicher Freiheit real bestimmen zu lassen[296].

Deshalb abschließend folgende These VI:

Die biblisch bezeugte Gnade ist als Geschenk der Rechtfertigung des Sünders auch Gericht. Christus hat sich – vgl. Mt 25,31–46 – so mit allen Opfern der Sünde identifiziert, dass die Täter in ihm auch ihren Opfern begegnen. Die Liebe, die stärker ist als die Hölle, unterscheidet den Täter von seinen Taten, aber sie trennt die Taten nicht vom Täter; sie deckt die Taten nicht zu, sondern erinnert sie. Die Liebe des Gekreuzigten ist Gnade, die den Sünder zur Wahrheit befähigt, zur Anerkennung der eigenen Schuld und zu der Bereitschaft, den schmerzlichen Weg der Sühne (des ‚Umleidens' der Sünde in Sohnschaft) zu beginnen.

Im Gegenteil: Wo ich erkläre, dass die augustinistische *Identifizierung* von Gnade und Freiheit in der Konsequenz gleichbedeutend ist mit Prädestination und Apokatastasis, erkläre ich doch auch die auf Fichtes Analysen basierende Alternative: Die Gnade schenkt dem Sünder eine Freiheit, wie sie radikaler nicht gedacht werden kann, nämlich eine Freiheit, die ihn auch *gegenüber* der seine Freiheit ermöglichenden Gnade frei sein lässt (vgl. ebd. 182f). Nur wenn Gott den von ihm begnadeten Menschen nicht nur im Modus der Freiheit bewegt, sondern zur wurzelhaft (transzendental) *eigenen* Entscheidung befähigt, ist Rechtfertigung von Prädestination verschieden (vgl. M. Greiner, Gottes wirksame Gnade und menschliche Freiheit).

296 Vgl. T. Pröpper, Evangelium und freie Vernunft, 288–321.

F. CHRISTUS UND DAS CHRISTENTUM VOR DEM TRIBUNAL DER THEODIZEEFRAGE

In den Ausführungen der Kapitel B bis E wurde immer wieder Bezug genommen auf das ‚Ein-für-alle-Mal' des Christusereignisses, auf die Offenbarkeit des trinitarischen Gottes nicht *in*, sondern *als* der Mensch Jesus; allerdings mit demselben Nachdruck auch auf den *Bundes*charakter der durch Christus erfolgten Erlösung und also auf den *darstellenden* bzw. *sakramentalen* Charakter des Christseins.

Diese Christozentrik ist in die Kritik geraten – nicht nur, weil die nichtchristlichen Religionen in einer zunehmend globalisierten Welt das Selbstverständnis des Christentums hinterfragen; sondern auch, weil die Medien das in Christus angeblich schon geschehene Heil tagtäglich mit himmelschreiendem Unheil konfrontieren.

1. Das von der ‚Metz-Schule' beschriebene Tribunal

Im deutschsprachigen Raum steht vor allem Johann Baptist Metz mit seinen zahlreichen Schülern und den von ihm geprägten Befreiungstheologen für eine Reformulierung der theologischen Tradition vor dem Tribunal der Shoah-Opfer. Sein Denken entwickelt kritische Kategorien zur Überprüfung christologischer und soteriologischer Thesen. Deshalb im folgenden Abschnitt der Versuch, dieses Denken wenigstens kurz zu charakterisieren.

a) Die drei Phasen der „neuen politischen Theologie" von Johann Baptist Metz

Wenn Gottes unbedingt befreiende Liebe sich im Ereignis der Inkarnation nicht nur dem Nein des einzelnen Sünders, sondern auch den geschichtlich greifbaren Folgen der Sünde aussetzt, dann – so betont Metz – verbietet sich jede bloß theoretische, unsichtbare, privatistische oder heilsindividualistische Versöhnung Gottes mit dem Elend; dann kann Christ nur heißen und sein, wer in der Parabel vom Wettlauf zwischen Hase und Igel[297] die Partei des Hasen ergreift. Denn wer wie der Igel gleichsam im

297 Gegen die Entzeitlichung der Eschatologie und gegen die Vertikalisierung bzw. Privatisierung der christlichen Erlösungsbotschaft richtet sich Metz mit seinem be-

Sprung über Welt und Geschichte hinweg „immer schon" bei Gott sein will, der hat nicht verstanden, dass es mit dem in Christus offenbar gewordenen Gott keine Gemeinschaft außerhalb des Engagements für den Nächsten in Welt und Geschichte (außerhalb der Existenz des sich die Zunge aus dem Halse rennenden Hasen) gibt. Vor diesem Hintergrund kommt dem 1962 in der Zeitschrift „Hochland" erschienenen Aufsatz mit dem Titel „Caro cardo salutis" eine Schlüsselstellung für das gesamte Werk von Metz zu: Als Leib ist der Mensch so unbedingt „Geist in Welt", dass sich sein Heil unter keinen Umständen in einer privaten und unsichtbaren Innerlichkeit, sondern stets und notwendig als Mitvollzug der Inkarnation – und das heißt immer auch als Kreuzesnachfolge (Leib als Fenster der Verwundbarkeit) – vollzieht.

In der Regel unterscheidet die Sekundärliteratur[298] drei Phasen seiner sogenannten „neuen politischen Theologie".

---

rühmt gewordenen „Plädoyer für den Hasen" in seiner gegen den Strich gebürsteten Relecture der Parabel vom Wettlauf zwischen Hase und Igel: „Um diese kritische Intention zu verdeutlichen, möchte ich an ein Märchen erinnern, das hierzulande zu den bekanntesten und beliebtesten zählt: das Märchen vom Hasen und vom Igel, näherhin die Geschichte von jenem krummbeinigen, aber pfiffigen ‚Swinegel', der am Sonntagmorgen auf dem Felde spazieren geht und dem Hasen, der ihn wieder einmal wegen seiner ‚schiefen Beine' gefoppt hatte, kurzerhand einen Wettlauf in den Ackerfurchen vorschlägt, und der dann vor dem Lauf erst noch einmal nach Hause geht (zum Frühstücken, wie er sagt, da es sich auf nüchternen Magen nicht gut laufe ...), um seine Igelfrau zu holen – ‚die bekanntlich genauso aussieht wie ihr Mann' – und sie am oberen, entfernteren Ende der Ackerfurche zu postieren, während er selbst sich am unteren Ende neben dem Hasen zum Lauf aufstellt. Wie man weiß, fällt der Hase auf diesen Igeltrick herein: er läuft und läuft in seiner Furche, der Igel ist, hier und dort, ‚immer schon da', und schließlich rennt und stürzt sich der Hase auf dem Ackerfeld zu Tode. Die ‚Kleinen', Zukurzgekommenen und ‚Langsamen' im Leben, zu deren Ermutigung das Märchen geschrieben ist, mögen mir gestatten, diese schöne Geschichte gegen ihre eigene, nur allzu berechtigte Intention zu lesen und – einen Augenblick lang – für den Hasen Partei zu ergreifen, der läuft und läuft und sich schließlich im Wettlauf zu Tode stürzt, während der Igel durch einen Trick siegt, der ihm das Laufen überhaupt erspart. Die Option für den Hasen, das wäre hier die Option für das Eintreten in das Feld der Geschichte, das man nur im Lauf, im Wettstreit, im Flug (und wie immer die Bilder gerade der paulinischen Traditionen für das geschichtlich-eschatologische Leben der Christen lauten) durchmessen kann. Und diese Option für den Hasen bedeutet gleichzeitig den Versuch, die idealistische Sicherung gefährdeter Identität des Christentums, die absieht von der identitätsrettenden Kraft der Praxis (des Laufens), kritisch zu entlarven – sozusagen als theologischen Igel-Trick, der Identität und Sieg ohne die Erfahrung des Laufens (d. h. auch ohne die Erfahrung der Bedrohung, und des möglichen Untergangs) verbürgt." (J. B. Metz, Glaube in Geschichte und Gesellschaft, 158f).

298 Empfehlend verwiesen sei hier auf: J.-H. Tück, Christologie und Theodizee; P. B. Kleden, Christologie in Fragmenten.

Die konzeptionelle Ausgestaltung der ersten Phase lässt sich durch die Stichworte *Zukunftsprimat, Praxisprimat* und *eschatologischer Vorbehalt* kennzeichnen. Metz beruft sich auf die Verheißungsdimension der biblischen Testamente und stellt kategorisch fest, das hermeneutische Grundproblem der Theologie sei nicht das Verhältnis von Dogma und Geschichte sondern das von Theorie und Praxis. Nicht die nachträgliche pastorale Applikation dogmatisch fixierter Wahrheiten, sondern die praktische Bewährung der Verheißungen erweist aus seiner Sicht den Wahrheitsgehalt des christlichen Glaubens. Allerdings wird die praktische Vermittlung der Wahrheit nicht im Sinne einer affirmativen Anknüpfung an vorhandene gesellschaftliche Emanzipationsprogramme vollzogen. Im Gegenteil: Die konkrete Humanisierung der gesellschaftlichen Verhältnisse soll vor allem kritisch-negativ vorangetrieben werden. Da die „neue politische Theologie" nicht mit einer Neo-Theologisierung der Politik verwechselt werden will, artikuliert sie sich in Gestalt einer Kritik, die sich an der Erfahrung bedrohter Humanität entzündet (vgl. Adornos „Negative Dialektik").

Metz distanziert sich von der marxistischen Geschichtsauffassung, indem er immer wieder betont, daß die schöpferisch-kritische Hoffnung der Christen nicht einfach mit einem „militanten Optimismus" zu identifizieren sei. Als theologisches Instrument der Ideologiekritik wird der *eschatologische Vorbehalt* eingeführt; er dient dazu, aus der Perspektive des Glaubens die Zukunft als Ankunft des größeren Geheimnisses Gottes zur Geltung zu bringen. Dieses Wissen um die größere Zukunft Gottes schützt vor überzogenen Erwartungen an die Möglichkeiten des Menschen, aufgrund wissenschaftlicher Fortschritte und technologischer Planung das vollkommene Humanum in der Zukunft selbst zu verwirklichen.

Maßgeblich für die Positionsverschiebung von der ersten zur zweiten Phase der „neuen politischen Theologie" war vor allem die *Kritik an der futurischen Engführung*. Denn Zukunft als Gegenstand christlicher Hoffnung kann gepaart sein mit dem Vergessen der Vergangenheit. Für Metz wird die Erinnerung an die Leidensgeschichte der Welt (*memoria passionis*) ebenso wichtig wie die eschatologische Praxis zur Herbeiführung einer besseren Zukunft. Die Überwindung der einseitigen Zukunftsbetonung durch Einbeziehung der Erinnerungsthematik ist vor allem auf den Einfluss der geschichtsphilosophischen Arbeiten Walter Benjamins zurückzuführen. Metz betont, dass die Solidarität nach rückwärts mit den Geschlagenen der Geschichte von selbst die Frage aufwirft, ob die Toten definitiv tot sind und ihr Schicksal endgültig besiegelt ist oder ob doch Hoffnung auf Rettung der Verlorenen besteht. Das Anliegen, eine erlösungsbedürftige Vergangenheit zu retten, erfordert theologische Kategorien. In seinen *Thesen zur Apokalyptik* verankert Metz die von Benjamin beschworene Hoffnung auf die Rettung der Toten und Geschlagenen in der *memoria passionis, mortis et resurrectionis Christi*. Damit bringt er nicht nur das Unabgegoltene in die Gegenwart ein, um diese zu verändern, sondern behauptet auch die Rettung der Toten mit Verweis auf die Auferweckung Jesu – in der Erwartung also einer Antwort, die nicht ausgedacht oder jetzt schon erahnt, aber doch erwartet werden kann.

Metz weiß, dass eine Theologie, die sich der Härte der geschichtlichen Negativität aussetzt, aber darüber den Erlösungsglauben fallen lässt, schlussendlich selbst suspendiert. Aber unerträglicher als ein Atheismus um des Menschen willen ist nach Metz ein Nicht-ernst-Nehmen des Leidens des konkreten Menschen durch die Behauptung, dieses Leiden sei ein Moment am Leiden Gottes selbst (Hegel, Moltmann, Jüngel, Balthasar). Um beide Extremata zu umgehen, schlägt Metz eine narrativ-memorative Soteriologie vor, die das christliche Erlösungsgedächtnis als gefährlich-befreiendes Gedächtnis erlöster Freiheit erzählend tradiert. Kurzum: Erzählung und Erinnerung werden zu leitenden Kategorien der zweiten Phase seiner „neuen politischen Theologie".

Mit besonderem Nachdruck charakterisiert Metz die Praxis als eine Form des Wissens und das Wissen als eine Form der Praxis. Nur in der Nachfolge Christi wissen Christen um den Weg, die Wahrheit und das Leben; und nur in der Nachfolge ist ihr Glaube nicht blind. Metz verortet seine als Christopraxis konzipierte Christologie im Spannungsfeld von Mystik und Politik. Denn Mystik, die sich nicht in politische Ausdrucksformen übersetzt, bleibt leer; und Politik, die sich nicht mystischer Orientierung verdankt, ist blind.

Die dritte und letzte Phase der „neuen politischen Theologie" besteht in nichts anderem als einer Applikation der geschilderten Postulate auf eine jüdisch perspektivierte Christologie. Metz unterscheidet drei zentrale Dimensionen einer solchen Christologie: a) die Idee der befristeten Zeit, wie sie exemplarisch in der jüdischen Apokalyptik und Messiaserwartung aufscheint; b) die Ableitung des Dogmas aus der Praxis, wie sie in der jüdischen Betonung des Tora-Gehorsams vor aller theoretischen Beschreibung des Verhältnisses zwischen JHWH und Israel zum Ausdruck kommt; c) die Aufnahme des erzählenden Gedenkens in die auf die Zukunft gerichtete Hoffnung der Praxis.

Die Sonderstellung von ‚Auschwitz' in der Theologie von Metz erklärt sich vor allem aus der Tatsache, dass dort das Judentum und die Juden vernichtet werden sollten. Das war der Versuch, ein Volk, eine Tradition auszulöschen, in der alle großen monotheistischen Religionen verwurzelt sind. In diesem Sinn wurde ‚Auschwitz' zu einem Attentat auf alles, was den Christen hätte heilig sein müssen. Metz folgert: Wir Christen kommen niemals hinter Auschwitz zurück; über Auschwitz hinaus aber kommen wir, genau besehen, nicht mehr allein, sondern nur noch mit den Opfern von Auschwitz. Metz ist der Überzeugung, dass aus der Aufnahme von Auschwitz in die Mitte der christlichen Theologie eine theologische Fähigkeit erwächst, mit der die Leidensgeschichten der Welt neu entdeckt werden können. Weil Gott in Israel ein „Tätigkeitswort" ist, an den zu glauben, seinen Willen zu tun bedeutet, bewahrheitet sich der jüdische Glaube in der weltverändernden Praxis. Die Verpflichtetheit zum Judentum, zu dieser erinnerungsbegabten Religionsgemeinschaft, treibt das Christentum dazu, die memorative Struktur der menschlichen Vernunft aufzudecken und auf die Bedeutung der Erinnerung für menschliches Zusammenleben hinzuweisen. In einer Welt der totalisierenden Gleichschaltung der Zeitdimensionen hilft die anamnetische Vernunft, die Erfahrung der Leidenden zu ermöglichen. Jeder, der sich an den Leidenden der Geschichte vorbei auf Gott bezieht, wird von Metz als theodizeeunempfindlich bezeichnet. So gesehen ist die Präsenz Gottes in der Geschichte (in der Gestalt eines konkreten Menschen) kein abgeschlossener Vorgang, sondern ein offener Prozess, bei dem diese Präsenz immer wieder vermisst wird und gesucht werden muss. Metz fordert die „eschatologische Offenheit der Christologie" und also eine Christuserinnerung, die nie nur Theorie ist. Er spricht von der „Theozentrik einer Christologie", in welcher der Name Jesu Christi gleichbedeutend ist mit der Offenheit und der Suche der Menschen nach Gott, in der Gestalt von Zukunftserwartung oder Hoffnung für die Leidenden oder in der Klage[299]. Metz hält fest, dass das Christusereignis Offenbarung ist, will damit aber nicht sagen, „dass in ihm allein diese Offenbarung geschehen ist"[300]. Die besagte *memoria passionis et resurrectionis* erscheint eher als Verheißung denn als abgeschlossenes Ereignis. Wenn die Erinnerung an Jesus Christus so erzählt wird, dass die lebendige Sprache zum handelnden Zeugnis wird, dann – so meint Metz – fädelt sich die Jesusgeschichte so ein in das Netzwerk der Sprachspiele und Sinnerzählungen, dass sie sich darin als normativ bewährt. Woher die so behauptete Normativität des Jesus-Sprachspiels kommt, sagt er nicht[301].

299 Vgl. P. B. Kleden, Christologie in Fragmenten, 408f.
300 P. B. Kleden, Christologie in Fragmenten, 406.
301 Vgl. dazu die Kontroverse zwischen Edmund Arens (Im Fegefeuer der Fundamentaltheologie) und Klaus Müller (Fegefeuer oder Feuerchen. Eine kleine Polemik).

Aus der Sicht von Metz ist jeder transzendentalphilosophisch argumentierende Versuch, die Möglichkeit letztgültigen Sinns zu denken[302], die Unterwerfung der realen Geschichte und speziell des realen Leids unter das Apriori des „Immer-schon-Bescheidwissens". Letztgültiger Sinn – so betont er immer wieder – kann nicht gedacht werden und hat sich auch in Christus nicht gezeigt; sondern Christus ist der Schrei nach unbedingtem Sinn und damit Ausdruck einer Hoffnung, die Gott noch andere als die dem Menschen erahnbaren Möglichkeiten zutraut.

b) Ein leidender Gott?

Wenn man die wichtigsten Beiträge der vergangenen Jahrzehnte zum Themenfeld der Theodizee bzw. Anthropodizee Revue passieren lässt, dann zeichnet sich ein bestimmter Trend ab: eine ständig wachsende Betonung der negativen Theologie bis hin zur Verteidigung der Rede vom „unberechenbar dunklen Gott"[303]; und eine gewisse Relativierung des ‚Zweiten' zugunsten des ‚Ersten' Testamentes. Diese Tendenzen sind, wie gesagt, vor allem verbunden mit dem Namen von Johann Baptist Metz, der 1972 in einem Vortrag auf der damaligen Systematikertagung[304] in Freising von der Unmöglichkeit sprach, den Glauben an den allmächtigen und allgütigen Gott *argumentativ* mit der geschichtlichen Realität zu vermitteln. Jede *argumentative* Vermittlung Gottes mit dem Elend der Geschichte mündet nach Metz in eine Aporie. Denn – so seine Begründung – entweder erklärt man alles, was nicht so ist, wie es sein sollte, zur Funktion einer politischen Utopie (Selbsterlösungslehre des Marxismus); oder man erklärt die menschliche Leidensgeschichte zur Teilhabe am Leiden Gottes, der – weil absolute Liebe (Trinität) – die Andersheit des Anderen (die geschöpfliche Freiheit) zugleich ermöglicht und zulässt, also nichts erzwingt, sondern sich von den Folgen pervertierter Freiheit kreuzigen lässt.

---

302 J. B. Metz hat sich in einer Sammelrezension (Theologie als Theodizee) dezidiert gegen die transzendentalphilosophisch argumentierenden Entwürfe von Thomas Pröpper und Hansjürgen Verweyen gewandt.

303 Besonders extrem: D. E. Blumenthal, Theodizee. – Magnus Striet kommentiert: „Als theologisch völlig absurd muss der Versuch D. Blumenthals […] gewertet werden, eine ausdrückliche ‚Theodizee des Missbrauchs' (92) zu entwerfen; eine Theodizee, die explizit mit bösen Seiten in Gott selbst rechnet und dennoch eine ‚Verehrung Gottes im Aufschrei des Protestes' als legitime Antwort (86) auf die empirische Erfahrung des Bösen für möglich hält." (M. Striet, Offenbares Geheimnis, 28f[61]).

304 Vgl. J. B. Metz, Erlösung und Emanzipation, bes. 123–125.

Beide Extreme werden nach Metz dem biblischen Gottesbild und der unauslotbaren Abgründigkeit geschichtlicher Leiderfahrung nicht gerecht[305]. Wenn Gott nichts anderes ist als die dem Menschen angeborene oder ihm von außen (z. B. im Antlitz des Anderen) begegnende Aufforderung zum Tun des Guten, dann ist jedes Gebet überflüssig oder im Sinne Kants eine Art autogenes Training zur Mobilisierung der eigenen sittlichen Kräfte. Und andererseits: Wenn Gott leidet, weil er nicht erzwingen kann, was seiner Liebe entspricht, dann ist jede an ihn gerichtete Klage sinnlos; und was für Metz noch gravierender ist, dann wird jedes Leid einschließlich der Ungeheuerlichkeiten der Shoah zu einem *Beweis* der an der Andersheit des Anderen leidenden Liebe Gottes.

Über die Balthasar[306] und Jüngel[307] zugerechnete Position von Gisbert Greshake, genauerhin über dessen Bezeichnung allen Leids als „Preis der Liebe“[308], schreibt der Metz-Schüler Hans-Gerd Janssen: Er „nähert sich damit bedenklich einem Ansatz, dem Sinnvolles wie Unsinniges, Gutes wie Böses zu gleichberechtigten und gleichwertigen Momenten des Gesamtprozesses werden, den Gott aus Liebe in Gang gesetzt habe. [...] Wenn der Preis der Liebe das Leiden ist, dann fragt sich, warum die Unkosten so ungleich verteilt sind, warum die einen mehr zu zahlen haben als die anderen, warum etwa die einen die Freiheit haben, im Überfluss zu leben, während andere nur die ‚Freiheit‘ zu Armut und langsamem Siechtum besitzen. Der ganze Ansatz [...] krankt an der Systematisierungswut eines Dogmatikers, dem es vor allem darauf anzukommen scheint, Leiden – das immer konkretes, individuelles ist – begrifflich und argumentativ in einen einsehbaren ‚Sinnzusammenhang‘ zu bringen; deshalb auch erscheint die leidbewältigende Praxis der Liebe als bloße Anwendung und Bewährung der Theorie: Diese geht nicht durch die Erfahrung konkreten Leidens und des Kampfes gegen es um Freiheit hindurch, sondern sucht einen Standpunkt, von dem aus alles Leiden, bevor es überhaupt eintritt, bereits als durch Liebe – fragt sich nur, was für eine! – überwunden, weil von Gott zugelassen und umfasst, durchschaut ist. So ist es nicht verwunderlich,

305 Dazu: J. B. Metz, Gott vor uns; ders., Zukunft aus dem Gedächtnis des Leidens; ders., Im Angesichte der Juden; ders, Theologie als Theodizee?; ders., Plädoyer für mehr Theodizee-Empfindlichkeit in der Theologie; ders., Theodizee-empfindliche Gottesrede. – Dazu: J.-H. Tück, Christologie und Theodizee, bes. 155–265; P. B. Kleden, Christologie in Fragmenten, bes. 320–395.

306 Dazu: T. Krenski, Passio caritatis, bes. 13–20.187–370; J.-H. Tück, Mit dem Rücken zu den Opfern der Geschichte?

307 Dazu: G. Neuhaus, Theodizee, 277–313; R. Faber, Der Selbsteinsatz Gottes, 281–380.

308 Vgl. G. Greshake, Wenn Leid mein Leben lähmt.

wenn sich bei Greshake eine Schizophrenie von Dogmatik und Pastoral zeigt: Wenn auch der Dogmatiker mit seiner Theorie um den Sinn des Leidens weiß, so soll doch der Seelsorger in ‚vielen Fällen', wo gelitten wird, in Respekt vor dem Leiden besser schweigendes Mit-Leiden [üben], statt mit eilfertigen Worten vorzugreifen und dem Leidenden Gewalt anzutun"[309].

Im Ton gemäßigter, aber in der Sache ebenso scharf wie Janssen wirft Karl-Josef Kuschel allen Theologen, die Gottes Allmacht trinitäts- und schöpfungstheologisch einschränken wollen, ein unbiblisches Gottesbild vor. In der Bibel – so stellt er kategorisch fest – ist keine Rede „von einem Selbstbegrenzer und einem Leidenden, einem Ohnmächtigen und Schwachen"[310]. Dabei beruft er sich vor allem auf die von Walter Gross erstellte Exegese von drei ausgewählten Stellen des „Ersten Testamentes"[311]. Dort erscheint Gott als der souveräne Herr der Geschichte, der auch die Verblendung und Verstockung Israels bewirkt (Jes 6,1–11). Dort erscheint JHWH als Schöpfer nicht nur des Heils, sondern auch des Unheils und der Finsternis (Jes 45,7). Und dort weist ein von Jugend auf durch Krankheit gequälter Mensch Gott die alleinige Verantwortung für sein Leid zu (Ps 88). Diese exegetischen Hinweise sind zumindest aus Kuschels Sicht eine Warnung vor einem Mangel an negativer Theologie. Für ihn ist der allmächtige Gott der ganz Andere gegenüber der transzendentalen Vernunft des Menschen, die alles in einen Zusammenhang (in eine alles erklärende Sinn-Einheit) zu zwingen versucht. Kuschels Fazit: „Es bleibt nur die unerschütterliche Hoffnung auf eine Selbst-Rechtfertigung Gottes, durch die der Mensch seine Würde und Freiheit zu Kritik und Protest, Gott aber seine Würde und Freiheit im Blick auf seine definitive Selbsterschließung behält. Angesichts des Übels hat deshalb Theologie die Aufgabe, die Erfahrungen des Übels *coram Deo* artikulierbar zu machen, die Anfechtungen Gott nicht zu verschweigen, Protest wie Klage nicht zu verinnerlichen oder zu beschwichtigen, sondern auszusprechen, Gott in die Verantwortung zu nehmen, selbstkritisch die eigene Verantwortung einzugestehen, und dies alles in der – letztlich – ungebrochenen Hoffnung, dass, wenn überhaupt, Gott selbst sich an ‚seinem Tag' angesichts aller Übel rechtfertigen wird."[312]

309 H.-G. Janssen, Das Theodizee-Problem der Neuzeit, 183f.
310 K.-J. Kuschel, Theologische Perspektiven heute, 191.
311 Vgl. W. Gross, Biblische Perspektiven.
312 K.-J. Kuschel, Theologische Perspektiven heute, 212f.

c) Eine schon erfolgte Erlösung?

Die Trinitätslehre steht – abseits von allen Spekulationen über das Verhältnis von Einheit und Dreiheit – für die Notwendigkeit, das personale Verhalten JHWHs – zum Beispiel Aussagen über die Kontingenz des Schöpfungsaktes, über die Erwählung Israels und die Stiftung eines Bundes – widerspruchsfrei erklären zu können[313]. Wenn Gott als „das absolut Eine" im Sinne der neuplatonischen Metaphysik oder als „der absolut Andere"[314] oder – im Sinne Hegels – als „notwendiger Prozess" verstanden wird, dann kann er nichts anfangen und nichts lassen; dann sind die biblischen Zeugnisse über die Geschichte JHWHs mit seinem Volk entweder eine Zumutung an jeden denkenden Menschen oder bloße Anthropomorphismen im Sinne von Feuerbachs Projektionsthese. Im Übrigen erweist man dem jüdisch-christlichen Dialog und insbesondere dem Monotheismus der Juden einen Bärendienst, wenn man meint, man könne die Anstrengungen der Vätertheologie als ontotheologische oder hellenisierende Verfälschung des neutestamentlichen Befundes vom Tisch wischen[315]. Denn die Väter und die ersten Konzilien wollten alles andere als den Monotheismus Israels relativieren[316]. Es ging ihnen im Gegenteil um eine Erklärung dieses Monotheismus durch radikales Ernstnehmen der biblischen Zeugnisse einerseits und rationale Durchdringung dieses Befundes andererseits. Gott kann nichts anfangen und Gott kann nichts lassen, wenn seine Vollkommenheit als unbezügliche Absolutheit, Notwendigkeit und Ewigkeit gedacht wird. Aber Gott ist auch kein dem Werden unterworfener Prozess. Er ist als der trinitarische vollkommenes ‚Bei-sich-Sein' als vollkommenes ‚Sich-Beziehen-auf'; vollkommene Einheit als vollkommene Differenz, kurzum: vollkommenes Person-Sein, weil vollkommene Liebe[317].

---

313 Dazu: W. Pannenberg, Systematische Theologie, Bd. II, 365–440; G. Greshake, Der dreieine Gott, bes. 179–216; M. Striet, Konkreter Monotheismus als trinitarische Fortbestimmung des Gottes Israels.

314 Besonders pointiert: J. Reikerstorfer, Politische Theologie als „negative Theologie".

315 Vgl. H. Vorgrimler, Randständiges Dasein des dreieinigen Gottes?; K.-H. Ohlig, Ein Gott in drei Personen?; T. Freyer, Vergessener Monotheismus?; ders., „Nähe".

316 Wie unberechtigt dieser Vorwurf schon aus historischen Gründen ist, zeigt exemplarisch Georg Essen in: Hellenisierung des Christentums?

317 Einen bemerkenswerten Versuch, die so behauptete Gleichursprünglichkeit von Einheit und Vielheit in Analogie zum Verhältnis von Präreflexivität und Reflexivität des menschlichen Bewusstseins zu erklären, bietet: B. Nitsche, Gott und Freiheit, bes. 177–191.

Letztlich geht es in Trinitätslehre und Christologie um die Frage, ob Jesus nur die Offenbarung einer Hoffnung wider alle Hoffnung auf den Gott ist, der noch ganz andere als die bisher geoffenbarten Möglichkeiten hat; oder ob Jesus der eine und einzige Mensch war, der von sich sagen durfte: „Ich und der Vater sind eins." (Joh 10,30), und: „Ich bin der Weg, die Wahrheit und das Leben." (Joh 14,6). Das Christusereignis ist nicht zuerst eine Antwort Gottes auf die Theodizeefrage, sondern die Tötung des Todes, den die Sünde verursacht hat. Erst unter dieser Prämisse enthält die christliche Erlösungsbotschaft ein gewisses Antwortpotential auch auf die vom ‚malum physicum' evozierten Sinnfragen.

Die Theodizeefrage ist – zumindest in dem Punkt hat Metz recht – das Tribunal der Theologie. Alles, was die Kapitel B bis E über die Einzigkeit Christi, über die Offenbarkeit des trinitarischen Gottes und über die bereits erfolgte Erlösung erklären, steht auf dem Prüfstand. Wer sich nicht in „rationale Aporetik"[318] flüchten will, muss eine Antwort auf folgende Fragen wenigstens versuchen:

- Kann eine Allmacht, die auf Seiten der Schöpfung wirkliche (transzendentale) Freiheit will, die bisherige Bilanz der Folgen verantworten?
- Was nützt es den weithin unschuldigen Opfern pervertierter Freiheit, wenn auch Gott sich mit dem Christusereignis den Folgen der Sünde aussetzt?
- Was eigentlich heißt „Erlösung durch den Gekreuzigten"? Kann man den unschuldigen Opfern pervertierter Freiheit verkünden, sie seien *schon* erlöst, weil Christus die von Gott trennende Macht ihrer Sünde besiegt hat?
- Hat Gott noch andere Möglichkeiten als die im Christusereignis offenbarten?
- Hat Gott sich mit Schöpfung und Menschwerdung so „verzeitlicht", dass er in der Zukunft andere (mehr) Möglichkeiten hat als in der Vergangenheit und in der Gegenwart?

318 Zur Verteidigung „aporetischer Rationalität": G. M. Hoff, Aporetische Theologie; ders., Ist die „reductio in mysterium" irrational?.

2. Ein Gott, der sich im Nachhinein rechtfertigt?

Die zum Beispiel von Janssen und Kuschel gewählte Terminologie verrät Anleihen bei der frühjüdischen Apokalyptik. Denn die Absurditäten dieser Welt werden von ihnen mit einem „Tag" konfrontiert, an dem das bzw. der ganz Andere hereinbrechen wird. Auch Gerd Neuhaus verweist auf den Gott, der uns am Tag seiner Parusie möglicherweise eine völlig unerwartete Antwort gibt oder der irgendwie vereinbaren kann, was für uns (noch!) paradox ist[319]. Allerdings beruft er sich nicht auf einen Gott, der zugleich gut und böse „tückisch wie ein Fallensteller, dunkel in seinem Verstocken, aber gerade so" [320] auch der Erbarmer ist, von dem man sich jenseits eines abstrakten Monotheismus viele verschiedene Geschichten erzählt[321]; sondern auf den Gott, der die von bestimmten geschichtlichen Bedingungen abhängigen Sinnentwürfe oder Sinnpostulate der transzendentalen Vernunft transzendiert.

a) Verpestete, fromme oder transzendentale Vernunft?

Neuhaus zeigt, dass der unbedingte Protest des Arztes Dr. Rieux in Camus' Drama „Die Pest" das furchtbare Leiden des sterbenden Philippe Othon eher verlängert als lindert, dass die Intensität seiner Auflehnung abhängig ist von der Dauer der Seuche und von der Quantität der Opfer und nicht zuletzt von bestimmten geistesgeschichtlichen Voraussetzungen, die im europäischen Kontext ganz andere sind als dort, wo die Welt des Werdens und Vergehens sich ins „brahman" bzw. „nirvana" auflöst. Neuhaus spricht von zwei Stufen der Absurdität: Die erste ist die Situation des Sisyphos, der immer wieder einen riesigen Stein einen hohen

319 In der letzten Fußnote seiner Habilitationsschrift verweist Neuhaus auf die von Gross und Kuschel vertretene These, „dass die Theodizeefrage als Ausdrucksgestalt des Glaubens eher in paradox anmutender Weise ‚Finsternis und Unheil' Gott zuschreibt, als an seiner Gottheit zu zweifeln" (Theodizee, 349[47]).

320 K. Berger, Wie kann Gott Leid und Katastrophen zulassen?, 117.

321 O. Marquard (Lob des Polytheismus) beklagt – Jahrzehnte vor den angeblich so innovativen Thesen von Jan Assmann (Moses der Ägypter) – im Namen der Toleranz und der Gewaltenteilung den Verlust der Polymythie und wirft dem biblischen Monotheismus vor, die alle Erfahrungen integrierende „Geschichtenvielfalt" unterdrückt und eine „abstrakte Allmacht" zum Programm erhoben zu haben – nach dem Motto: „Ich bin deine einzige Geschichte, du sollst keine anderen Geschichten haben neben mir." – Dazu: H. Timm, Remythologisierung?; J. Taubes, Zur Konjunktur des Polytheismus; J. B. Metz, Theologie versus Polymythie.

Berg hinaufrollen muss – in dem Bewusstsein, den Berg irgendwann doch einmal zu bezwingen. Diesem Sisyphos gelingt es, seinem Dasein durch sein transzendentales „Dennoch" Sinn zu geben. Wenn er jedoch zu dem Bewusstsein gelangt, dass seine Hoffnung wider alle Hoffnung selbst ein Teil der Gegebenheiten ist, gegen die er sich auflehnt, dann bricht sein opponierendes Ich zusammen, dann erst ist alles absurd (zweite Stufe der Absurdität). Neuhaus folgert aus der Relativität aller sittlichen Postulate und Proteste, aus der Kontextgebundenheit jeder Auflehnung gegen das Böse, dass Gott immer noch Antworten hat, die der Mensch nicht ahnt. Und überhaupt – so fragt Neuhaus – was soll der Protest gegen eine Welt, die, wenn es Gott nicht gibt, sich so entfaltet hat, dass ein Teil ihrer selbst, nämlich der protestierende Mensch, sich von ihr unterscheiden, sich – natürlich vergeblich (absurderweise) – von ihr distanzieren will?

Wie gesagt, Neuhaus rettet sich im Unterschied zu Gross und Kuschel nicht in ein archaisches Gottesbild, das gute und böse Eigenschaften umfängt oder ganz einfach nicht durchschaubar ist. Neuhaus anerkennt, dass die transzendentalphilosophisch fragende Vernunft ihre eigenen Antworten[322] niemals für das letzte Wort oder die endgültige Lösung halten kann oder darf; denn transzendentales Fragen ist nie fertig. Aber Neuhaus betont zugleich, dass die transzendentale nur dann nicht in die Falle der instrumentellen Vernunft tappt[323], wenn sie von Gott ganz andere als die

322 Gerd Neuhaus unterscheidet auch in seiner jüngsten Veröffentlichung (Fundamentaltheologie, 224–242) drei Kategorien von Antworten auf die Theodizeefrage: a) Das Böse als Kontrastgrund des Guten (Beispiel: Camus' Drama „Die Pest") – b) Die Instrumentalisierung des Bösen (Beispiel: Das Leiden des Josef im Buche Exodus) – c) Das Leiden als Preis der Freiheit (Beispiel: Die von A. Kreiner [Gott und das Leid, 163] gestellte Frage: „Wäre es wünschenswert, durch neurobiologische Manipulation den geliebten Menschen in einen Zustand zu versetzen, in dem er mir treu bleiben *muss*?") – d) Das Leiden aus der Vogelperspektive (Beispiel: Die exemplarisch von I. U. Dalferth [Die Kontingenz des Bösen, 48f] formulierte Überzeugung, dass den gläubigen Leidenden kein Abgrund von der im gekreuzigten Erlöser offenbaren Liebe Gottes trennen kann).

323 Gerd Neuhaus spricht von einer „privativen" und von einer „usurpativen" Gestalt des „Darüber-hinaus-Seins" der transzendentalen Vernunft und bemerkt mit Rekurs auf seine frühen Studien über das Denken der Frankfurter Schule (Atheismus oder anonymes Christentum?, bes. 82–118; Transzendentale Erfahrung als Geschichtsverlust?, bes. 187–333) über die „usurpative Gestalt": Sie „hält nicht aus, auf eine Überbietung hin angelegt zu sein, die nicht von ihr selber kommt, und versucht diejenige Grenze, von der sie ein positives Bewusstsein hat, eigenmächtig zum Verschwinden zu bringen. Was dabei herauskommt, hat Th. W. Adorno als ‚erpresste Versöhnung' bezeichnet, und diese mündet in eine Wahrnehmung der Geschichte, die sich in diejenigen Instrumentalisierungsme-chanismen verstrickt, die wir als gemeinsames Problem aller Theodizeeansätze kennengelernt haben. Ihre praktische Entsprechung

eigenen Antworten erwartet; wenn sie – anders gesagt – „fromm" wird[324]. Er betont: „Dies bedeutet nicht, wie A. Kreiner, K.-H. Menke und H. Verweyen suggerieren, dass die Vernunft an einen Punkt gerät, wo sie nicht mehr weiter weiß, und sich – um den atheistischen Konsequenzen ihres Scheiterns zu entgehen – in das Mysterium Gottes flüchtet. Die Theodizeefrage muss vielmehr offenbleiben, weil die moralische Vernunft im letztlichen Scheitern aller Theodizeeversuche nur den Projektionsgestalten ihrer eigenen Defizite begegnet. Das *reflektierte Bewusstsein* ihrer Defizite markiert dabei den Punkt, wo die Vernunft nicht nur schwach ist, sondern ein Bewusstsein ihrer Schwäche gewonnen hat und damit sich für eine solche Überbietung ihrer defizitären Gestalt offen hält, die nicht von ihr selbst kommt. Insofern ist die Theodizeefrage als eine echte Frage zu begreifen, die mit der Möglichkeit einer Antwort rechnen darf, die sie sich nicht selbst geben kann. Und diese Frage geht nicht ins Leere, sondern findet im Kreuz Jesu den Vorausverweis auf diejenige Antwort, die nur Gott selbst geben kann, wenn unser Glauben sich ins Schauen verwandelt. In diesem Sinne markiert die Theodizeefrage die reflektierte ‚Frömmigkeit der Theologie'. Sie kann […] nicht Gott eine Rechtfertigung zukommen lassen, die nur er selbst geben kann."[325]

So gut ich nachvollziehen kann, warum Neuhaus der transzendentalen bzw. moralischen Vernunft die Möglichkeit abspricht, die Vereinbarkeit Gottes mit dem Bösen jemals zu ergründen; und so richtig sein Verweis auf das Kreuz als Inbegriff der von Gott kommenden Antwort ist, meine ich doch: Die transzendentale Vernunft kann keine Antwort erwarten, die sie nicht schon hier und jetzt – unbeholfen und schemenhaft vielleicht; aber doch aufgrund der Überzeugung, dass Gott sich selbst als Jesus der Christus offenbart hat – formulieren kann. Wenn die transzendentale Vernunft von der Überzeugung ausgeht, dass besonders das Kreuz von Golgotha Vorausverweis auf die Antwort des Eschaton ist, dann doch aus Gründen, die sie selber beibringt. Wäre die Antwort des Gekreuzigten bzw. die endgültige Antwort des Eschaton eine hier und jetzt überhaupt nicht einsehbare Antwort, dann wäre das von Neuhaus gegebene Plädoyer für die „vorausverweisende Antwort" des Gekreuzigten ein Dezisionismus; und die Antwort des Eschaton wäre Ausdruck einer Logik, die mit der vom Schöpfer dem Menschen geschenkten nichts zu tun hat. Wenn es

findet diese theoretische Einstellung in einem Moralismus, der in sein unmoralisches Gegenteil umschlägt und nicht nur tendenziell das Leid der Geschichte legitimiert." (G. Neuhaus, Fundamentaltheologie, 244).

324 Vgl. G. Neuhaus, Frömmigkeit der Theologie, bes. 112–180.

325 G. Neuhaus, Fundamentaltheologie, 245.

aber ein und derselbe Logos Gottes ist, durch den und auf den hin alles Wirkliche geschaffen ist *und* auf den die transzendentale Vernunft des mit Bewusstsein begabten Geschöpfes immer schon (in Gestalt eines unbedingten Sollens) ausgerichtet ist, dann kann man zwar getrost zugeben, dass die an die Bedingungen geschöpflicher und geschichtlicher Endlichkeit gebundene Vernunft des Menschen über mehr oder weniger missglückte Antworten nicht hinausgelangt; dass dies aber keineswegs gleichbedeutend ist mit dem beschriebenen Hiatus zwischen menschlicher und göttlicher Logik. Gottes Logik ist trotz unserer äußerst beschränkten Erkenntnistiefe keine andere als die seines geschaffenen Bundespartners; andernfalls wäre Gott ein Zyniker, der seinen Gesprächspartner mit einer transzendentalen Vernunft begabt hat, die sich unbedingt nach der Wahrheit ausstrecken soll, diese aber schon deshalb verfehlt, weil der Schöpfer die eigene Logik der Logik seines Bundespartners entzieht.

Mit Kant erkläre ich die transzendentale Vernunft als das Vermögen des Menschen, das solange weiterfragen muss, bis es auf ein – zumindest vorläufig! – Erstes bzw. Letztes stößt. Wenn z. B. ein Mensch bemüht ist, eine Strecke solange zu teilen, bis er den „reinen Punkt" erreicht, dann ist deutlich: Auch wenn niemand mit diesem Bemühen jemals an ein definitives Ende gelangt, bleibt der apriorische Imperativ, mit dem Immer-wieder-Teilen der Strecke an ein unbedingtes Ende gelangen zu sollen. Auf unterschiedliche Weise, aber mit demselben Nachdruck verweisen Hansjürgen Verweyen und Thomas Pröpper auf das unbedingte Sollen, das in der Vernunft jedes Menschen ganz unabhängig von seiner intellektuellen oder sittlichen Kraft und ganz unabhängig auch von äußereren Bedingungen liegt[326].

b) Alternativlos: Das transzendentale ‚Über-hinaus' über alle Bedingungen

Vielleicht musste die Transzendentalphilosophie Kants, Fichtes und Husserls durch das Purgatorium des Historismus gehen, damit die geschichtliche Situiertheit der transzendentalen Vernunft des je einzelnen Fragenden ebenso stark gewichtet wird wie die Tatsache, dass kein Mensch nur das Ergebnis seiner naturalen oder geschichtlichen Bedingungen ist. Entscheidend für unser Thema aber ist ebendies: dass ein Mensch, der aufhören würde, dem *unbedingten* Sollen seiner transzendentalen (theoretischen

326 Dazu: P. Platzbecker, Radikale Autonomie vor Gott denken, 133–238; ders., „Freiheit als Prinzip aller Erscheinung".

wie praktischen) Vernunft zu entsprechen, sein Menschsein abschafft[327]. Es gehört zum Wesen der theoretischen (der erkennend auf die Wirklichkeit verwiesenen) und der praktischen (der handelnd auf die Wirklichkeit verwiesenen) Vernunft, sich solange zu bemühen, bis sie der Andersheit des Anderen erkennend und handelnd gerecht wird. Weit verbreitet ist heute die Meinung, dass man nach dem Sinn des Geschehens von Auschwitz schon deshalb nicht fragen darf, weil diese Frage von der falschen Voraussetzung ausgehe, alles, was ist, stehe in einem Sinnzusammenhang (Logos). In der Tat: Die Vernunft des Menschen kann gar nicht anders, als das, was ihr faktisch begegnet, in einen Zusammenhang mit allem anderen zu setzen; als solange zu fragen, bis ihre Frage eine Antwort erhält[328]. Wenn irgendeine Wirklichkeit – z. B. das Geschehen von Auschwitz – *prinzipiell* aus dem Zusammenhang (aus dem Logos alles Seienden) herausfällen würde, nach dem die transzendentale Vernunft in der Erfüllung eines unbedingten Sollens fragt, dann gäbe es den biblisch als unbedingten Logos bezeugten Gott nicht; und dann wäre die menschliche Vernunft gut beraten, nicht nach der einen und einzigen Wahrheit (dem Logos alles Seienden) zu fragen. Dann sollte sie dort, wo es ihr möglich und nützlich erscheint, einen je eigenen Sinn bzw. eine je eigene Wahrheit konstruieren; und ansonsten die Frage nach dem Sinn wie Nietzsche als eine Art Krankheit betrachten[329].

Wenn Theodor W. Adorno die Sinnfrage des transzendentalen Subjekts als die Versuchung zur instrumentalisierenden Einpassung alles Anderen in das Eigene (in die subjektive Einheit, in die eigenen Begriffe) verwirft und den einzigen Ausweg aus diesem „Verhängnis" in der Negation jeder Position, jedes Begriffs und jeder vermeintlichen Antwort sieht, muss er sich die Gegenfrage gefallen lassen, ob die apriorische Destruktion jeder Konstruktion nicht auch dies sein kann: „die sublimste Form des Willens zur Macht, die effizienteste Weise, die eigenen Positionen des Ich letztlich unangreifbar zu machen"[330].

327 Vgl. C. S. Lewis, Die Abschaffung des Menschen. – Dazu: N. Feinendegen, Denk-Weg zu Christus, bes. 27–121.

328 Dass das unbedingte Sollen der transzendentalen Vernunft eher Garantie als Verhinderung des bleibenden Abstandes zwischen Begriff und Wirklichkeit ist, zeigt: R. Langthaler, Gottvermissen, bes.128–184.

329 Vgl. dazu den von Henri de Lubac (Über Gott hinaus, 187–278) gebotenen Vergleich zwischen dem *Propheten* Nietzsche und dem *Christen* Dostojewskij.

330 H. Verweyen, Fundamentaltheologie – Hermeneutik – Erste Philosophie, 385. – Auch Hans Maier hat auf die von Verweyen angesprochene Dialektik verwiesen. Im Blick auf die theologische Rezeption der ‚Kritischen Theorie' fragt er: „Ob sich darin nicht eine neue und viel gefährlichere ‚Privatisierung' des Glaubens ankündigt als

3. Theodizeefähigkeit als Negation jeder Position?

Neuhaus spricht von einem „Urtrieb“ Israels, alle Erfahrungen in einen Sinnzusammenhang zu bringen; und er identifiziert diesen „Urtrieb“ mit dem von Kant unübertroffen analysierten Phänomen, dass die transzendentale Apperzeption des Menschen gar nicht anders kann, als alle Daten der sinnlichen Wahrnehmung in einen Zusammenhang (in eine Einheit) zu fassen. Israel aber – so weiter Neuhaus – lernt im Laufe seiner Geschichte, immer konsequenter zwischen dem „Gott (Sinn) an sich“ und dem von der eigenen Vernunft, von den eigenen Projektionen und Postulaten vermuteten Sinn zu unterscheiden. Anders gesagt: Israel wird „theodizeefähig“. Neuhaus unterscheidet vier Stadien der Theodizeefähigkeit des JHWH-Glaubens[331]: Zunächst ist da der Glaube an die Treue JHWHs zu seinem Volk in dessen Auseinandersetzungen mit zahlreichen Feinden. Dann entdeckt Israel seinen Gott auch inmitten der eigenen Unheilserfahrungen (Babylonisches Exil) als den „sub contrario“ Anwesenden. Ein drittes Stadium erhöhter Theodizeefähigkeit ist mit dem Glauben an den Schöpfergott erreicht, der nicht nur sein Volk Israel verteidigt, sondern der Herr aller Völker und der Lenker aller Geschichte ist. Und schließlich dominiert der im Leiden gereifte Glaube an den Gott, der sein Volk nicht im Unterschied zu allen anderen, sondern für alle anderen Völker erwählt hat.

a) Die ständig potenzierte Theodizeefähigkeit Israels

Neuhaus sieht die ständig potenzierte Theodizeefähigkeit Israels in der Bereitschaft, das eigene Gottesbild immer wieder durchkreuzen zu lassen[332]. Das ist sicher gut beobachtet. Nur wenn er daraus den Schluss zieht, Israel habe seinen Gott immer mehr als den ganz Anderen, als den von den Ka-

---

jene, die man in den Gestalten des Kierkegaardschen Einzelnen und der Existentialtheologie bekämpft?“ (Vom Ghetto der Emanzipation, 64).

331 Vgl. G. Neuhaus, Theodizee, 327–334; ders., Frömmigkeit der Theologie, 88–102.

332 „Die Frage, hat Martin Heidegger einmal bemerkt, sei die Frömmigkeit des Denkens. Ich ergänze: die Rückfrage an Gott ist die Frömmigkeit der Theologie. Die Theologie, wie ich sie zu verstehen und mitzuteilen versuche, kann die Theodizeefrage nicht ‚lösen‘. Ihre Aufgabe besteht vielmehr darin, sie als Rückfrage an Gott zu formulieren und den Begriff einer zeitlich gespannten Erwartung auszuarbeiten, dass, wenn überhaupt, Gott selbst sich an seinem Tag angesichts dieser Leidensgeschichte ‚rechtfertige‘.“ (J. B. Metz, Theologie als Theodizee?, 104). – Dazu umfassend: G. Neuhaus, Frömmigkeit der Theologie, 40–73.112–119.

tegorien und Erwartungen menschlicher Vernunft und Hoffnung gänzlich Verschiedenen, beschrieben, dann widerspreche ich ihm. Ohne den von Jonas traktierten Mythos der sogenannten „Selbstbeschränkung Gottes"[333] zu bejahen, affirmiere ich doch seine Feststellung: „Der *deus absconditus*, der verborgene Gott (nicht zu reden vom absurden Gott) ist eine zutiefst unjüdische Vorstellung. Unsere Lehre, die Thora, beruht darin und besteht darauf, dass wir Gott verstehen können, nicht vollständig natürlich, aber etwas von ihm – von seinem Willen, seinen Absichten und sogar von seinem Wesen, denn er hat es uns kundgetan. Es hat Offenbarung gegeben, wir besitzen seine Gebote und sein Gesetz, und manchen – seinen Propheten – hat er sich direkt mitgeteilt, als seinem Mund für alle in der Sprache der Menschen und der Zeit, gebrochen daher in diesem beschränkenden Medium, doch nicht in dunklem Geheimnis."[334] Wie Peter Kuhn auf überzeugende Weise nachgewiesen hat, ist das „Herabsteigen Gottes vom Himmel auf die Erde" ein Grundzug der rabbinischen Theologie[335], weshalb Hans Jonas auch von einer „nicht-trinitarischen Inkarnation" spricht.

Während die rabbinische Theologie nirgendwo auf den ganz anderen Gott vertröstet, bezeichet Metz das Verlangen des transzendentalen Bewusstseins nach vollkommener Übereinstimmung des „Außen" (des von außen Wahrgenommenen) mit den eigenen Anschauungsformen und Kategorien als den ständigen Versuch zur Vergewaltigung und Verfälschung der Wirklichkeit. Wie Theodor W. Adorno in jedem Begriff das Verhängnis einer alles in die eigene Identität einbeziehenden Macht sieht, so plädiert Metz für die ständige Hinterfragung aller Begriffe und Theorien.

333 „Jonas unterscheidet seinen Mythos [von der Selbsteinschränkung Gottes] von der christlichen Rede vom leidenden Gott, bezeichnet ihn im Briefwechsel mit Bultmann als ‚nicht-trinitarischen Inkarnationsmythus' und parallelisiert ihn mit dem altkirchlich zurückgewiesenen ‚Patropassianismus'. Nach Moltmann dagegen identifiziert sich der trinitarische Gott zwar als Sohn mit der Leidensgeschichte der Welt, bleibt aber als Vater zugleich von ihr unterschieden." (F. Hermanni, Das Böse und die Theodizee, 256). – Dazu umfassend: G. Schiwy, Abschied vom allmächtigen Gott; W. Baum, Gott nach Auschwitz; W. Thiede, Der gekreuzigte Sinn, bes. 93–196.232–254.

334 H. Jonas, Der Gottesbegriff nach Auschwitz, 38f. – Vgl. auch U. Bohn: Thora in der Grenzsituation, 124–134; E. Levinas: Schwierige Freiheit, 109–113.

335 P. Kuhn, Gottes Selbsterniedrigung in der Theologie der Rabbinen; ders., Gottes Trauer und Klage in der rabbinischen Überlieferung.

b) Iwan Karamasows Ablehnung jeder nachträglichen Antwort

Einmal abgesehen davon, dass transzendentales Denken aufgrund des ihm inhärenten unbedingten Sollens apriori gegen die Identifikation bestimmter Antworten mit der Wirklichkeit gefeit ist, scheint mir die ganze Schärfe der Theodizeeproblematik verkannt, wenn man sie mit der Unterscheidung zwischen dem ganz anderen Gott (dem „Sinn an sich") und den stets subjektiven Sinnentwürfen (dem „Sinn für mich") zu beruhigen versucht[336]. Dostojewskij hat durch die Gestalt des Iwan Karamasow ausgesprochen, was das eigentliche Problem innerhalb aller Rede von der Unvereinbarkeit geschichtlicher Leiderfahrung mit dem „lieben Gott" ist: nämlich dass dieser „liebe Gott" denen, die auf Erden so furchtbar gelitten haben, eine *nachträgliche* Antwort (nämlich den Himmel) verspricht. Iwan Karamasow will gar nicht bezweifeln, dass es Gott gibt, und auch nicht, dass er die Opfer der Geschichte mit einem ewigen Himmel entschädigt. Aber er gibt seine Eintrittskarte in diesen Himmel zurück. Er möchte nicht in der Nähe eines Gottes leben, der meint, er könne das Leid auch nur eines der unschuldigen Kinder[337], die von irgendwelchen

---

336 Wenn man den Gott, den wir denken, nicht völlig von dem Gott, den wir glauben, trennen will, dann bleibt der Verdacht bestehen, dass die vom einzelnen menschlichen Subjekt selbst vollzogene Unterscheidung zwischen der eigenen Sinnfrage und der ganz anderen Antwort Gottes Ausdruck einer Immunisierungsstrategie ist. Deshalb überzeugt mich nicht, was I. U. Dalferth in seiner Züricher Antrittsvorlesung („Was Gott ist, bestimme ich!") gesagt hat. Denn was meint er mit „Gott selbst" oder mit der „Selbstbestimmung Gottes" innerhalb der Fragen, die er jedem Theologen als sein eigentliches „Handwerkszeug" empfiehlt: „Wird die Differenz zwischen dem, was unter ‚Gott' verstanden wird, und dem, was Gott ist, kritisch gewahrt? Ist eine Bestimmung Gottes an Gott selbst und damit an der Selbstbestimmung Gottes orientiert oder an etwas anderem? Suchen einzelne (‚Was Gott ist, bestimme ich') oder Gemeinschaften (‚Was Gott ist, bestimmen wir') frei zu entscheiden, was Gott ist, oder räumen sie ein, dass sich das allein an Gott selbst entscheidet (‚Was Gott ist, bestimmt Gott selbst')?" (427f). Wenn Dalferth die selbstkritische (kommunikativ vollzogene) Überprüfung des „Gott für mich" am „Gott an sich" fordert, dann muss er doch immer schon irgendwie wissen, wer dieser „Gott an sich" ist. Oder besteht seine „kritische Überprüfung" in der prinzipiellen Aufhebung aller Begriffe?

337 In Dostojewskijs Roman „Die Brüder Karamasow" sagt Iwan zu seinem tiefgläubigen Bruder Aljoscha, dass er aus den Nachrichten immer ganz bestimmte Dinge sammle, die nach seiner Meinung mit einer guten Schöpfung ganz einfach unvereinbar sind. Mit einem Zeitungsbericht über das Eindringen der Türken in Bulgarien tritt er auf Aljoscha zu und sagt: „Stell dir vor: ein Säugling in den Armen seiner zitternden Mutter, ringsherum die eingedrungenen Türken. Sie haben sich etwas Lustiges ausgedacht: sie liebkosen das kleine Kind, lachen es an, um es zum Lachen zu bringen, und es gelingt ihnen, der Säugling lacht. In diesem Augenblick richtet ein Türke aus nächster Nähe eine Pistole auf das Gesicht des Kindes. Der kleine Junge lacht freudig,

Bestien in Menschengestalt gequält, zertreten und missbraucht worden sind, durch eine nachträgliche Ausgleichszahlung kompensieren. Für Iwan kommt eine nachträgliche Antwort in jedem Falle zu spät. Für ihn ist der Erfinder des Kompensationshimmels ein Zyniker.

Zugegeben: Auch Metz will mit seinem Verweis auf den ganz anderen, alle subjektiven Sinnentwürfe durchkreuzenden Gott Israels nicht auf einen Himmel vertrösten, der das unverstandene Leid der Gegenwart kompensiert. Vielmehr ist er der Auffassung, dass eine Antwort auf die unausrottbare Frage des Menschen nach der Vereinbarkeit seiner Leiderfahrungen mit dem von ihm geglaubten Gott *etwas ganz anderes* sein müsse als der von Iwan Karamasow zu Recht abgelehnte Kompensationshimmel. Es bleibt aber die Frage, was denn einen wirklich von Leid niedergeworfenen, an den Rand der Verzweiflung gedrängten Menschen motivieren soll, an eine Antwort seines Gottes zu glauben, die der immanenten Vernunft in gar keiner Weise zugänglich, sondern ganz und gar anders als

---

streckt die Ärmchen aus, um nach der Pistole zu greifen, und plötzlich drückt dieser Tausendsasa die Pistole ab, dem Kinde mitten ins Gesicht, und zerschmettert ihm das Köpfchen ... virtuos nicht wahr?" (F. M. Dostojewskij, Die Brüder Karamasow, 322). Und dann: „[...] ich habe sehr, sehr viel über russische Kinder gesammelt, Aljoscha. Da wurde zum Beispiel ein fünfjähriges kleines Mädchen von ihrem Vater und ihrer Mutter gehasst, die ‚sehr ehrenwerte, gebildete und wohlerzogene Leute aus dem Beamtenstand' waren. [...] Dieses fünfjährige Mädchen wurde von ihren gebildeten Eltern allen möglichen Misshandlungen unterzogen. Sie schlugen es, peitschten es, stießen es mit Füßen, ohne selbst zu wissen weswegen, bis sein ganzer Körper mit blauen Flecken bedeckt war; schließlich dachten sie sich eine ganz raffinierte Folter aus: in der Kälte, bei Frost, sperrten sie das Kind die ganze Nacht über im Abtritt ein, und das dafür, weil es sich nachts nicht gemeldet hatte – als ob ein fünfjähriges Kind, das seinen engelsreinen tiefen Schlaf schläft, in diesem Alter lernen könnte, sich zu melden! -, sie beschmierten ihm zur Strafe dafür das ganze Gesicht mit seinem eigenen Kot und zwangen es, diesen Kot zu essen, dazu zwang es die Mutter, die eigene Mutter! Und diese Mutter konnte schlafen, während nachts das arme Kind stöhnte, das in dem gemeinen Ort eingesperrt war. Kannst du das fassen: ein kleines Geschöpf, das noch nicht einmal begreifen kann, was mit ihm geschieht, schlägt sich an dem gemeinen Ort, in Dunkelheit und Kälte, mit seinen winzigen Fäustchen an die Brust und fleht mit arglosen sanften Tränen seinen ‚lieben Gott' an, Er solle es beschützen – kannst du diesen Aberwitz fassen, mein Freund und Bruder, du mein demütiger Gottesnovize, kannst du es fassen, wozu dieser Aberwitz notwendig und geschaffen ist?" (Ebd., 325f). Aljoscha, „sage mir geradeheraus, ich fordere dich dazu auf, antworte: stell dir vor, du selbst errichtetest das Gebäude des Menschenschicksals mit dem Endziel, die Menschen zu beglücken, ihnen endlich Frieden und Ruhe zu geben, aber du müsstest dazu unbedingt und unvermeidlich nur ein einziges winziges Geschöpf zu Tode quälen, beispielsweise jenes kleine Kind, das sich mit den Fäustchen an die Brust schlug, und auf seine ungerächten Tränen dieses Gebäude gründen – wärest du unter dieser Bedingung bereit, der Architekt zu sein? Sag es, ohne zu lügen!' – ‚Nein, ich wäre nicht bereit', sagte Aljoscha leise." (Ebd. 331).

alle menschlichen Kategorien und Erwartungen ist. Die jedem Menschen angeborene Sehnsucht nach völliger Übereinstimmung von Erkenntnis und Wirklichkeit darf jedenfalls nicht durch einen Sprung in den Glauben an die ganz andere Logik Gottes beantwortet werden. Denn sofern die von Gott nach dem Ablauf dieser Weltgeschichte gegebene Antwort nicht einem ganz anderen als dem hier und jetzt fragenden Menschen gelten soll, muss sie schon jetzt zumindest erahnbar sein.

4. Die Antwort Jesu Christi

Wie ich im Folgenden zu zeigen versuche, entspricht die Eschatologisierung der Antwort Gottes auf die vielleicht drängendste Frage des Menschen weder dem jüdischen Glauben an den durch die Tora in jede nur denkbare Situation des Lebens hineinsprechenden Gott, noch dem Glauben der Christen an die Selbst-Offenbarung Gottes in der Geschichte.

a) Die Tora oder: Das „Hineinlassen" der Zukunft in die Gegenwart

Der jüdische Historiker Yosef Hayim Yerushalmi hat das Spezifikum genuin jüdischen Denkens wie folgt charakterisiert: „War Herodot der Vater der Geschichtsschreibung, so waren die Juden die Väter des Sinns der Geschichte"[338]. Dabei bezeichnet er mit dem Wort „Sinn" den Zusammenhang jedes Zeitpunktes mit dem einen und einzigen Gott. Denn der Glaube Israels bekennt JHWH als den, der in allem, was ist und geschieht, der „Ich-bin-da" ist.

Die neuere Exegese hat sehr klar herausgearbeitet, dass im jüdischen Denken die Ewigkeit nicht der Gegensatz, sondern die Zukunft der Zeit ist, dass von daher der „ewige Gott" der Zeit nicht nur transzendent, sondern auch immanent ist. Zum Vergleich: Augustinus beschreibt die Ewigkeit als ständige Gegenwart, weil nur das „wirklich" ist, was nicht schon vergangen oder noch zukünftig ist. So gesehen ist die Zeit das Gegenteil der Ewigkeit, nämlich Nicht-mehr-Sein (Vergangenheit) oder Noch-nicht-Sein (Zukunft). Der Mensch kann zwar bewusstseinsmäßig die Vergangenheit und die Zukunft in die eigene Gegenwart holen (durch Erinnerung und Antizipation); aber damit werden Vergangenheit und Zukunft auf die Fassungskraft des einzelnen Subjekts, auf dessen Situation

338 Y. H. Yerushalmi, Zachor, 20.

und möglicherweise auch auf dessen Zwecke reduziert. Ähnliches lässt sich von Kants Darstellung der Zeit als Anschauungsform des transzendentalen Bewusstseins sagen: Zeit und Raum sind Mittel des erkennenden Subjekts, alles mit allem in Beziehung, in Analogie, in Korrelation zu setzen, alles mit allem zu vergleichen. Ganz anders das jüdische Denken: Für Israel ist die Zeit weder eine Anschauungsform des transzendentalen Bewusstseins, noch das Kontinuum, in dem etwas Bestimmtes geschieht, sondern Zeit ist das, was der Schöpfer seiner Schöpfung schenkt, indem er deren Zukunft wird[339]. Gershom Scholem[340], Eliezer Berkovits[341] und Hans Jonas[342] haben auf je eigene Weise gezeigt, dass die rabbinische Theologie die Allmacht des Schöpfers nicht als „Herrschaft über", sondern als „Selbstbeschränkung" (hebr. „Zimzum"[343]) beschreibt. Gott nimmt sich bzw. seine eigene Macht so zurück, dass das Nichtgöttliche es selbst (Freiheit; Personalität) sein kann. Doch die „Freilassung" der Schöpfung durch den Schöpfer bedeutet nicht, dass Gott, wenn er einmal zum Schöpfer geworden ist, der Welt nichts mehr geben kann. Im Gegenteil: Gott ermöglicht das Eigensein seiner Geschöpfe, indem er ihnen Zeit und also Möglichkeiten und also Zukunft schenkt. Die Zukunft ist allem Vergangenen und Gegenwärtigen zugleich immanent und transzendent. JHWH ist der „Ich-bin-da" – dies nicht im Modus einer Allgegenwart, sondern als die Zukunft, die jeder Zeit ihren Sinn verleiht. Wenn Juden sich an ihren großen Festtagen an die Ereignisse ihrer Geschichte erinnern – z. B. an das Heilsgeschehen des Exodus oder auch an das Unheilsgeschehen des babylonischen Exils –, dann schauen sie nicht zurück, sondern ehren den Gott, der allem Geschehen, auch den scheinbar ausweglosen Situationen des Unheils, Zukunft bzw. Sinn geschenkt hat. Franz Rosenzweig hat im dritten Teil seines Hauptwerkes mit dem Titel „Stern der Erlösung" gezeigt, dass die jüdischen Feste das Aufgehen in der Zeit unterbrechen: „in dem dreifachen Sinn des Aufrichtens, des Ausrichtens und so schließlich auch des Gerichtes"[344]. Also entwickelt Israel ein geschichtliches Bewusstsein, „das an Stelle des Mythos von der ewigen Wiederkehr die Singulari-

339 Prägnant formuliert Franz Rosenzweig: „Nicht in der Zeit geschieht, was geschieht, sondern sie selber geschieht." (Der Mensch und sein Werk, 148).

340 Vgl. G. Scholem, Die jüdische Mystik, 285–287; ders., Über einige Begriffe des Judentums, 53–89; ders., Art. ‚Kabbalah', bes. 588–597.

341 Vgl. E. Berkovits, Faith after the Holocaust, bes. 90–110.

342 Vgl. H. Jonas, Der Gottesbegriff nach Auschwitz, 15–48. – Dazu: G. Schiwy, Abschied vom allmächtigen Gott, 33–49.

343 Dazu: P. Kuhn, Gottes Selbsterniedrigung in der Theologie der Rabbinen, 47–60; J. Moltmann: Trinität und Reich Gottes, 123–127.

344 B. Casper, „Das Gebet stiftet die menschliche Weltordnung", 142.

tät des geschichtlichen Ereignisses betont und schließlich die Geschichte insgesamt als Epiphanie Gottes begreift“[345].

Was das konkret bedeutet, lässt sich nur erschließen, wenn man die jüdische Zeitauffassung als Grundlage auch des Bundes und der Tora erkennt. Die Tora als die Gesamtheit der geschichtlich erfolgten Willensoffenbarung Gottes ist keine Lehre über Gott, sondern das Medium, durch das Gott sich als Zukunft in die Zeit jedes Menschen hinein vermittelt. Oder anders ausgedrückt: Wenn der Mensch jeden Zeitpunkt seines Lebens, jede Situation, jedes Glück und Leid von JHWH her und auf JHWH hin betrachtet, dann ist die Gegenwart nie ohne Zukunft[346].

Die Tora ist zugleich Offenbarung Gottes und Aufgabe ihres Adressaten, des Menschen. Sie ist Inbegriff des Bundes, durch den JHWH sich so an das Hören und Tun seines Volkes Israel bindet, dass jeder einzelne Israelit für seine Sippe, seinen Stamm und sein Volk eine bestimmte Aufgabe (Sendung) erfüllen soll – wobei zunächst gleichgültig ist, ob diese Aufgabe politisch so bedeutsam wie die der großen Korporativpersonen Mose oder David ist oder in der Verborgenheit des alltäglichen Lebens verbleibt. Wer seine Aufgabe realisiert, wird zum Heil für alle; und wer sich verweigert, wird zum Unheil. Die Exegeten nennen diesen Sachverhalt den Tun-Ergehen-Zusammenhang und drücken so aus, dass die Gemeinschaft mit Gott (das Heil) nicht einfach ein Geschenk JHWHs, sondern in demselben Maße ein Tun Israels (des Volkes insgesamt und jedes einzelnen Israeliten) ist, nämlich die Erfüllung der Tora. Insofern kann man sagen, dass „die Existenz der Welt […] nicht nur von der Schöpfungsabsicht Gottes […], sondern auch vom ethischen Verhalten der Menschen in der Geschichte“[347] abhängig ist.

---

345 C. Münz, Der Welt ein Gedächtnis geben, 117. – Dazu: K.-H. Menke, Die Vermittlung des Glaubens an Gott mit der Geschichte der Shoah, bes. 237–242.

346 Dass diese „Antwort“ auf die Theodizeefrage nicht in eine inkarnationslogische Versöhnung Gottes mit dem Elend umschlagen darf, betont zu Recht Bernd J. Claret in: „Mitvollzug der Inkarnation“.

347 P. Schäfer, Die Geschichtsauffassung des rabbinischen Judentums, 30.

aa) Ein Vergleich: Die Tora und Jesus Christus

Der Begriff „Bund“ ist sehr vielschichtig[348]. Es gibt in der biblisch bezeugten Heilsgeschichte verschiedene Bundesstiftungen JHWHs[349]; aber sie alle stehen unter dem Maßstab der Tora, die Gottes heiligste Gabe und zugleich stete Aufgabe ihrer Empfänger ist. Auf Grund einer verfehlten Paulus-Exegese[350] wurde das Evangelium der Christen der Tora der Juden entgegengestellt – als ob dem Christen das Heil unmittelbar (ungeschichtlich) geschenkt werde, während der Jude durch vergebliche Gesetzestreue sich selbst rechtfertigen wolle. In Wahrheit verwirft Jesus das Bundesgesetz nicht, sondern ist dessen Erfüllung – und dies nicht, weil er durch Antithesen („Euch ist gesagt worden …; ich aber sage euch …“) eine buchstabengetreuere und rigorosere Auslegung der Tora einfordert. Denn die Antithesen, die Jesus zum Beispiel in der Bergpredigt vorträgt, sind dem Inhalt nach nichts Neues und dem zeitgenössischen Judentum durchaus geläufig. Das *Neue* des *Neuen* Testamentes ist die Bindung des Gehorsams gegenüber JHWH an die Person Jesu. Wer ihm begegnet, begegnet dem göttlichen Willen – gleichgültig, ob man diesen als *Tora* oder als *Logos* Gottes bezeichnet. Die ersten Zeilen des Johannesprologs („Im Anfang war das Wort, und das Wort war bei Gott, und das Wort war Gott.“) sind für einen Juden nicht akzeptabel. Denn ein Jude kann wohl sagen:

---

348 Dazu: A. Deissler, Die Bundespartnerschaft des Menschen mit Gott; C. Levin, Die Verheißung des neuen Bundes; E. Zenger (Hg.), Der Neue Bund im Alten; W. Gross, Neuer Bund oder Erneuerter Bund; N. Lohfink: Der niemals gekündigte Bund; ders.: Der Begriff „Bund“ in der biblischen Theologie; F.-L. Hossfeld: Der eine Gott des Ersten und des Neuen Bundes; ders.: Die vielen Bünde und der eine Gott; ders., Ein oder zwei Bünde?; R. Ahlers, Der „Bund Gottes“ mit den Menschen, bes. 114–167; E. Schönemann, Bund und Tora, bes. 97–150.

349 Im Noah-Bund (Gen 9,1–17) „verpflichtet sich Gott von sich aus und nur sich selbst, nie wieder das Leben auf der Erde zu zerstören. Der Bund wird durch ein Bundeszeichen, den Regenbogen, verstärkt und bekräftigt. Dieses Zeichen soll Gott immer wieder daran erinnern, den Bund zur Bewahrung allen Lebens auf Erden einzuhalten und ihn darin zu einem ewigen Bund werden zu lassen. […] Auch der Abrahambund (Gen 15 u. 17) ist ein Verheißungsbund, weil Abraham darin Land und Nachkommen zugesagt werden. Zu diesem Bund verpflichtet sich Gott ebenfalls von sich aus und verspricht nach Gen 15,18 selbst für die Erfüllung der Landverheißung zu sorgen, während in anderen Bundesschlüssen für die Realisierung des Bundesinhaltes die Menschen verantwortlich gemacht werden.“ (R. Ahlers, Der „Bund Gottes“ mit den Menschen, 95).

350 Dazu: U. Wilckens, Rechtfertigung als Freiheit; ders., Brief an die Römer (vgl. vor allem den Exkurs *Gerechtigkeit Gottes* in Bd. I, 202–233); E. P. Sanders, Paulus und das palästinische Judentum; H. Räisänen, Paul and the Law; ders., Torah and Christ, bes. 3–54.168–184; ders., Sturmzentrum; P. von der Osten-Sacken, Evangelium und Tora, bes. 157–236; O. Merk, Paulus-Forschung, bes. 42–52; J. D. G. Dunn, New Perspective.

„Im Anfang war die Tora, und die Tora war bei Gott." Aber er kann nicht sagen: „Und die Tora war Gott."

Joseph Ratzinger hat die Differenz zwischen Christentum und Judentum genauso klar wie die Untrennbarkeit des Christentums vom Judentum erklärt[351]. Nicht zufällig wurde Jacob Neusner, Professor für Geschichte und Theologie des Judentums am Bard College in New York, sein besonders bevorzugter Dialogpartner. Denn er bekennt: „Lange haben Juden Jesus als Rabbi gelobt, als Juden wie wir. Doch für den christlichen Glauben an Jesus Christus ist diese Beteuerung ungeheuer irrelevant. Und die Christen haben ihrerseits das Judentum als die Religion gelobt, aus der Jesus stammte; für uns ist das jedoch kein besonderes Kompliment."[352] Neusner verlangt nicht, dass die Christen ihr Christentum kritisch überprüfen. Er gesteht zu, dass es hundert gute Argumente dafür gibt, in Jesus genau den zu sehen, den die christliche Tradition beschreibt. Objektiv falsch – so betont er – ist nur die Behauptung, Jesus sei deshalb der dem Vater wesensgleiche Sohn, „weil er die Tora erfüllte oder die Tora aufrecht erhielt oder sich der Tora fügte". Denn – so Neusner weiter – „gemessen an diesem Kriterium wäre ich ihm damals nicht gefolgt und würde ich heute niemandem raten, ihm zu folgen"[353]. Der jüdische Theologe weiß sich einig mit Papst Benedikt in der Bezeichnung des Punktes, in dem Jesus das jüdische Tora-Verständnis so grundlegend sprengt, dass ihm kein ehrlicher Jude mehr Treue zur Tora bescheinigen kann. Es geht um die unbestreitbare Tatsache, dass Jesus die Seligpreisungen der Bergpredigt an seine Person bindet[354]: „Selig, wenn ihr um *meinetwillen* ...". Für den Juden gibt es nur die Bindung an den Willen des einen und einzigen Gottes. Hier aber tritt aus jüdischer Sicht ein Zweiter mit göttlicher Autorität auf. Neusner versetzt sich in die Hörer der Bergpredigt Jesu und ist entsetzt. Denn hier steht nicht irgendeine Interpretation der Tora auf dem Spiel, sondern der Monotheismus Israels. Und Ratzinger bestätigt Neusner, wenn er schreibt: „Der Streit zwischen Jesus und den jüdischen Autoritäten seiner Zeit geht letztlich nicht um diese oder jene einzelne Gesetzesverletzung, sondern um den Anspruch Jesu, *ex auctoritate divina* zu handeln, ja, diese *auctoritas* selbst zu sein. ‚Ich und der Vater sind eins' (Joh 10,30)."[355]

351 Dazu: K.-H. Menke, Die „älteren Brüder und Schwestern".

352 J. Neusner, Die Wiederaufnahme des religiösen Streitgesprächs, 295.

353 J. Neusner, Die Wiederaufnahme des religiösen Streitgesprächs, 297.

354 Vgl. J. Neusner, Ein Rabbi spricht mit Jesus, 34–53; J. Ratzinger (Benedikt XVI.), Jesus von Nazareth, Bd. I, 93–160. – Dazu in Gestalt eines Kommentars: J.-H. Tück, Jesus – das Wort Gottes in Person.

355 J. Ratzinger, Die Vielfalt der Religionen und der Eine Bund, 1093.

Papst Benedikt zeigt in seinem Jesus-Buch, dass die Juden, die zu Verfassern der ntl. Schriften wurden, den Monotheismus in keiner Weise verraten, wenn sie von der wahren Gottheit Jesu sprechen. Sie stellen Jesus nicht als einen zweiten Gott neben den Gott Israels, sondern sind durchgängig bestrebt, Jesus als die Offenbarkeit des einen und einzigen Gottes zu erklären. Wenn der vierte Evangelist Jesus die Worte sprechen lässt: „Ich und der Vater sind eins“ und „Wer mich sieht, sieht den Vater“, dann geht es um die Wahrung des jüdischen Monotheismus. Nicht unter dem Einfluss der griechischen Philosophie, sondern in Kenntnis der atl. Schriften unterstreichen alle ntl. Autoren die Identität des Handelns Jesu mit dem Handeln JHWHs. Papst Benedikt zeigt anhand zahlloser Beispiele, dass Jesus tut, was nach dem Zeugnis der atl. Schriften einzig und allein JHWH tun kann: Er vergibt Sünden (Mt 1,21; Mk 2,1–12). Er erweckt Tote zum Leben (Mk 5,41f; Lk 7,14f; Joh 11,43f). Er hat Macht über alle Gewalten der Natur (Mk 4,35–41; 6,45–52). Und er wird als „der alleinige Retter“ (Apg 4,12), als „der Herr aller Menschen“ (Röm 10,12), als „der Herr der Herrlichkeit“ (1 Kor 2,8), als „der Erste und der Letzte“ (Offb 1,17; 22,13) und nicht zuletzt als „der wahre Gott“ (Joh 20,28; 1 Joh 5,20) bezeichnet. Natürlich ist das gleichzeitige Bekenntnis zur wahren Gottheit Christi und zum Monotheismus Israels nur unter der Voraussetzung widerspruchsfrei, dass die von Jesus gelebte „Abba-Beziehung“ personal (hypostatisch) identisch ist mit der Beziehung des ewigen Logos zum Vater. Anders gesagt: Das „*Eins*-sein“ Jesu mit dem „Vater“ (mit JHWH) setzt die christliche Trinitätslehre notwendig voraus. Ratzinger kennt die allzu verständlichen Einwände des Judentums gegenüber dem Trinitätsdogma. Aber er spricht auch von Konvergenzen, wo die rabbinische Theologie von der „wesentlichen Relationalität“, z. B. von der „Selbsterniedrigung“ und vom „Herabsteigen“ Gottes spricht.

bb) Das „Hineinlassen“ der Tora, oder: Die Einfleischung Gottes in jeden ‚Ort‘ von Raum und Zeit

Um zu illustrieren, was die Inkarnierung der geschichtlich erfolgten Auslegung des Willens JHWHs (der Tora) in jeden ‚Ort‘ von Zeit und Raum bedeutet, empfiehlt sich ein Ausflug in die sogenannte Responsenliteratur des Judentums. Unter Responsen versteht man Rechtsgutachten, Antworten auf Anfragen, wie man sich in konkreten Fällen verhalten solle. Nahezu alle Bereiche des jüdischen Lebens sind in ihnen reflektiert, von der Organisation und Struktur der Gemeinden, über Speisegewohnheiten und Kleidervorschriften, bis hin zu prekären moralisch-ethischen Fragen. Solche Responsensammlungen gibt es auch aus der Zeit der Shoah – z. B.

aus dem Ghetto von Warschau und dem Ghetto von Kovno. Berühmt geworden sind die 1946 bei Aufräumarbeiten in Warschau gefundenen Aufzeichnungen des Rabbi Shimon Huberband. Hier ein Beispiel aus dem Ghetto von Kovno. Da heißt es in einer Anfrage: „Wir Juden des Ghettos von Kovno […] wurden versklavt durch die Deutschen; müssen schuften den ganzen Tag und die ganze Nacht ohne Pause; müssen verhungern und erhalten keinen Lohn. Der deutsche Feind hat unsere totale Vernichtung beschlossen. Wir sind vollständig entbehrlich. Die meisten werden sterben […]. Ist es da noch angemessen und möglich, das Morgengebet zu sprechen, in dem es heißt, man danke Gott, ‚der mich nicht zum Sklaven machte'?" Die Antwort des Rabbi Oshry lautet: „Einer der frühesten Kommentatoren der Gebete bemerkt, dass dieser Segen nicht gesprochen wird, um Gott zu loben für unsere physische Freiheit, sondern eher für unsere spirituelle Freiheit. Ich entscheide daher, dass wir dieses Gebet unter keinen Umständen unterlassen oder verändern sollten. Im Gegenteil, ungeachtet unserer physischen Gefangenschaft sind wir mehr verpflichtet denn je, dieses Gebet zu sprechen, um unseren Feinden zu zeigen, dass wir als Volk spirituell frei sind."[356]

Ein anderes Beispiel aus Auschwitz: Am Vorabend des jüdischen Neujahrsfestes 1944 entschied der Kommandant, 1600 Jungen im Alter zwischen 14 und 18 Jahren einer Selektion zu unterziehen. Sie sollten unter einer in einer bestimmten Höhe angebrachten Latte hindurchgehen. Wer mit dem Kopf an diese Latte reichte oder gar den Kopf einziehen musste, sollte am Leben bleiben. Alle anderen Jungen sollten am folgenden Tag vergast werden. Die Zahl der zum Tode Bestimmten wurde genau gezählt, und jüdische Kapos mussten, falls bei der Exekutierung jemand fehlte, Ersatz herbeischaffen. Angesichts dieser Situation ging ein Vater, dessen einziger Sohn bei den zum Tode bestimmten Jungen war, zu Rabbi Meisels und fragte ihn, ob er einen der jüdischen Kapos mit dem Ziel bestechen dürfe, seinen Sohn auszulösen, auch wenn die Gefahr bestehe, dass dann ein anderer jüdischer Junge statt seines Sohnes sterben müsse. Nachdem Rabbi Meisels keine klare Antwort geben konnte oder wollte, sagte dieser Vater: „Rabbi, ich habe getan, wozu die Tora mich verpflichtet. Ich habe halachische Unterweisung durch einen Rabbi gesucht; und einen anderen Rabbi gibt es hier nicht. Wenn du mir nicht sagen kannst, dass ich meinen Sohn auslösen darf, dann ist es offensichtlich, dass du dir selber nicht sicher bist, ob das Gesetz es erlaubt. Denn wenn du sicher wärest, dass es erlaubt ist, du hättest es mir fraglos mitgeteilt. So sind für mich

356 Zit. nach C. Münz, Der Welt ein Gedächtnis geben, 223.

deine Ausflüchte gleichbedeutend mit der klaren Entscheidung, dass es mir verboten ist, so zu handeln. Mein einziger Sohn wird sein Leben verlieren in Übereinstimmung mit der Tora und der Halacha. Ich akzeptiere das Gebot des Allmächtigen in Liebe und mit Freude. Ich werde nichts tun, um ihn auszulösen um den Preis eines anderen unschuldigen Lebens, denn so lautet das Gebot der Tora."[357] Durch Rabbi Meisels wissen wir, dass dieser Vater den ganzen Tag von Rosch HaSchanah umherlief, „still und voller Freude vor sich hinmurmelnd, er habe seinen einzigen Sohn zur Verherrlichung des Namens Gottes (*Kiddush haSchem*) geopfert, in Übereinstimmung mit dem Willen des Allmächtigen und Seiner Tora", – betend, „Gott möge seine Entscheidung und sein Tun ebenso anehmen wie die Bindung Isaaks durch Abraham, einem zentralen Motiv in der Liturgie von *Rosch HaSchanah*"[358].

Hier wird nicht darüber nachgedacht, wie Gott die Situation von Auschwitz zulassen kann; nicht einmal darüber, ob die bis zu dem Wort „Freude" gehende Sinnerfahrung des der Tora treuen Vaters nicht in krassem Gegensatz zur Situation des zur Exekution bestimmten Sohnes steht. Es handelt sich hier um die Inkarnation der Tora in die eigene Situation. Diese eher existenzielle als argumentative Vermittlung des Gottesglaubens mit dem Leid geht von dem Glauben aus, dass JHWH die Zukunft jedes Augenblickes ist, wenn der Gläubige ihn durch seine Treue zur Tora „hineinlässt" in jedwede Situation seiner Geschichte. Ein solches „Heineinlassen" ist das Gegenteil von Vertröstung auf die eschatologische Logik der alles Irdische transzendierenden Weisheit Gottes. Denn dieses „Hineinlassen" ist ein bis zum Letzten durchgehaltenes bzw. durchlittenes Bekenntnis zu dem Gott, der nicht in der Weise irdischer Potentaten, sondern in der Weise des deuterojesajanischen Gottesknechtes „das letzte Wort behält".

cc) Die Erfahrung der Allmacht, die sich wesentlich dazu bestimmt, nichts zu erzwingen

Es geht nicht darum, dass der „an und für sich" alles könnende Gott sich willentlich selbst beschränkt, um der geschaffenen Freiheit auch da Raum zu geben, wo diese sich gegen ihren eigenen Schöpfer und Erhalter wendet. Dann könnte Gott ja, wenn er wollte, seine Selbstbeschränkung jederzeit widerrufen oder reduzieren. Nein, der biblisch bezeugte Gott Israels *ist* allmächtig, *indem* er die nichts erzwingende (auch das Beste nicht erzwingende) Liebe *ist* – Liebe, die sich selbst nur treu ist, indem sie sich

357 C. Münz, Der Welt ein Gedächtnis geben, 227.
358 C. Münz, Der Welt ein Gedächtnis geben, 227.

dazu bestimmt hat, sich von der Freiheit der eigenen Geschöpfe real bestimmen zu lassen.

Sich bestimmen lassen heißt nicht: *passiv* geschehen lassen. Schon die Schöpfung impliziert anfanghaft das Geschenk der Tora, durch deren Erkennen und Befolgen der Gläubige JHWH gerade auch da als Zukunft seiner Gegenwart glauben kann, wo er Opfer pervertierter Freiheit ist. Das betende, nicht selten klagende und anklagende „Hineinlassen" der Tora in jeden, auch den dunkelsten Winkel des eigenen Lebens wird, wie der geschilderte jüdische Vater in Auschwitz bezeugt, schon hier und jetzt als Hoffnung wider alle Hoffnungslosigkeit erfahren. Argumentativ bzw. theologisch reflex vermag der geschilderte Vater die zynische Ermordung seines Sohnes nicht mehr in Einklang zu bringen mit seinem Festhalten an der Treue Gottes. Aber sein Beten ist nicht Selbstvertröstung auf eine jede irdische Logik sprengende Antwort Gottes im Eschaton. Sein Beten ist zumindest auch die vielleicht eher angefochtene als mit Gewissheit aufgeladene Erfahrung von Zukunft schon hier und jetzt – inmitten einer scheinbar allen Sinn zertretenden Sinnlosigkeit[359].

Für Israel ist das, was wir abstrakt mit dem Wort ‚Sinn' benennen, die Gemeinschaft mit JHWH, der die Zukunft aller Zeit ist. Und diese Gemeinschaft wird so sehr als eine hier und jetzt erfahrbare verstanden, dass Israel im Unterschied zu den Nachbarvölkern (z. B. Ägypten), die das Göttliche im Eschaton ansiedeln, zunächst keinen Himmel jenseits der Todesgrenze kennt. JHWH wird so sehr mit dem Leben identifiziert, dass da, wo jemand in Gemeinschaft mit ihm steht, der Tod nicht sein kann. Die Toten gelten zwar auch schon vor der Makkabäerzeit in Israel als „irgendwie noch vorhanden": nämlich in den eigenen Nachkommen bzw. in einer Art Unterwelt (Sheol); aber eigentliches Leben ist Gemeinschaft mit

359 Die Frage, ob ein Gott, dessen Allmacht identisch ist mit gewaltlos aushaltender und unendlich lange wartender Liebe, die Schöpfung nicht besser unterlassen hätte, ist angesichts der vielen unschuldigen Opfer pervertierter Freiheit berechtigt. Berechtigt ist aber auch die Gegenfrage, ob eine Leiderfahrungen additiv summierende Bilanz jedes dennoch gläubig bleibende Opfer der Leidgeschichte nach dem Grund seines Festhaltens an Gott befragt hat. Denn Leiden ist immer das Leiden des je Einzelnen. Wer Leid von außen beschreibt, statistisch bemisst, vergleicht oder bilanziert, urteilt nicht aus der Perspektive der Betroffenen, sondern aus der Vogelperspektive. Vermutlich ist der Prozentsatz der Gläubigen unter den besonders von Leid betroffenen Menschen dieser Erde erheblich größer als unter den relativ weitgehend Verschonten. – Dazu: G. Steiner, Grammatik der Schöpfung, bes. 43–54; M. Striet, Hoffen – warum?, bes. 137–140; D. Schmelter, Gottes Handeln und die Risikologik der Liebe, bes. 399–405.

JHWH[360], und die gibt es nur diesseits der Todesgrenze[361]. Erst in der Reflexion der unbestreitbaren Tatsache, dass die der Tora besonders treuen Israeliten unschuldig und vorzeitig den Tod finden, gelangt Israel zu dem Glauben, JHWH werde diesen Gerechten seine Gemeinschaft jenseits der Todesgrenze nicht entziehen. Bei den Totenerweckungen durch Elischa (2 Kg 4,31–37; 13,21) oder Elija (1 Kg 17,17–24) allerdings handelt es sich um die Rückführung in das Leben *diesseits* des Todes. Und die Entrückung des Elija (2 Kg 2,11) und des Henoch (Gen 5,24) geschieht *vor* dem Tod. Und auch die in Jes 26,19 schon angedeutete und in Dan 12,1–4 förmlich ausgesprochene Glaubensvorstellung von einer Auferstehung der physisch Toten meint ein dem diesseitigen Leben vergleichbares neues Leben derjenigen, die auch in der Drangsal bzw. im Martyrium der Tora treu geblieben sind. Allerdings wird die apokalyptische Eschatologie zwischen dem ersten Jahrhundert vor und dem zweiten Jahrhundert nach Christus immer stärker von einer Erwartung geprägt, die Belohnung oder Bestrafung nach der Zerstörung des gegenwärtigen in einem jenseitigen Äon verspricht[362].

---

360 „Für die Toten ist Jahwes Treue und Gnade gegenstandslos geworden (Jes 38,18f; Ps 88,11–13). In einem ganz ausschließlichen Sinne ist Jahwe der Gott der Lebenden: wo er ist, ist Leben; wo Tod ist, ist er nicht. Und so steht der Israelit nach dem Tod außerhalb des für ihn so unbedingt wichtigen irdisch-geschichtlichen Lebensbereiches, in dem es allein die Möglichkeit des Heils, der Teilhabe am Gottesverhältnis gibt. Dies ist der eigentliche Stachel des Todes für Israel: die mit ihm verbundene Trennung und Ferne von Jahwe, dem Gott des Lebens und des Bundes." (H. Kessler: Sucht den Lebenden nicht bei den Toten, 48).

361 „Ein Hoffen gegen den Tod des Einzelnen regt sich zunächst nur als Erwartung langen, erfüllten irdischen Lebens (gemäß der dem vierten Gebot beigegebenen Verheißung: Ex 20,12). Selbst endzeitliche Ausblicke der nachexilischen Zeit fassen keine Abschaffung des Todes ins Auge, sondern allenfalls eine relative Verlängerung des irdischen Lebensalters und eine Vermeidung vorzeitigen Todes. So hofft man ‚materialistisch' darauf, dass Gott ‚einen neuen Himmel und eine neue Erde schafft', ohne Weinen und Wehklagen (Jes 65,17ff), von paradiesischem Frieden durchwaltet (60,18.21; 65,25), wo ‚als jung gelten wird, wer mit hundert Jahren stirbt' (65,19f; vgl. Sach 8,4). Es bleibt dabei: er stirbt. Der Tod wird nicht entmachtet, nur die Lebensgrenze wird hinausgeschoben. Diese Auffassung begegnet übrigens auch noch später in apokalyptischen Texten (äthHen 10,17; 25,4ff: ca. 200 v. Chr.; Jub 23,15ff: ca. 100 v. Chr.). In Jub 23,30ff findet sich die Vorstellung, der Sheol-Aufenthalt der verstorbenen Gerechten sei nicht düster, sondern freudvoll aufgehellt dadurch, dass sie das Glück ihrer Nachfahren sehen (anders als etwa Ijob 14,21)." (H. Kessler: Sucht den Lebenden nicht bei den Toten, 51f).

362 Bis zum Entstehen der asidäischen Apokalyptik „arbeitete Israel an der Konzeption einer Geschichte, die sich ausschließlich aus der Abfolge von Fakten aufbaute, die Gott zum Heil der Nation markiert hatte. Erst mit dem Einbruch der apokalyptischen Eschatologie vollzieht sich durch die Entaktualisierung des alten heilsgeschichtlichen Denkens allmählich die dafür unabdingbare Änderung des Zeitbegriffs. Es kommt zur Vorstellung einer langen Zeitstrecke, an deren bald erreichtem Scheitelpunkt man

b) Jesus Christus, oder: Die Liebe des Menschen, die stärker war als der Tod

Die jüngere Exegese ist sich einig in der These, dass Jesus die auf den Abbruch des gegenwärtigen Äons gerichtete apokalyptische Hoffnung seiner Zeitgenossen in dem Sinne enteschatologisiert hat, dass er nicht nur die Ausständigkeit, sondern auch das „Schon-Gekommensein“ des Heils verkündet hat. In den vielen Einzelvollzügen, in denen Jesus den Willen des Vaters, die Tora, in jeden Moment seines Lebens „hineinlässt“, *ist* er das Ankommen der Gottesherrschaft. Und daraus folgt: Wer Jesus als den Christus bekennt, sucht Gott nicht nur jenseits und außerhalb von Welt und Geschichte, sondern glaubt an die *Selbst*-Mitteilung des Absoluten in der Geschichte.

Dass eine zeitimmanente Realität identisch ist mit dem Ganzen von Sinn, mit der absoluten Wahrheit, mit Gott bzw. Gottes Sohn, wird heute besonders von zwei Seiten bezweifelt: von denen, die zumindest bewusstseinsmäßig die Welt des Endlichen verlassen wollen, um den ganz Anderen bzw. das ganz Andere zu finden; und von denen, die Gott als das transzendente „Ding an sich“ bezeichnen, auf welches sich jeder im Medium seiner Religion bzw. Konfession beziehen kann. Während die Ersteren[363] ihr Heil in allen möglichen Experimenten heilsindividualistischer Therapie und esoterischer Praxis suchen, erheben Letztere[364] den Anspruch, den gemeinsamen Kern aller Religionen entdeckt zu haben: nämlich das ethische Prinzip der Relativierung alles Endlichen durch dessen Beziehung auf den schlechthin jenseitigen Gott. Für John Hick und Paul F. Knitter, die wohl bekanntesten Vertreter der „Pluralistischen Religionstheologie“ (PRT), ist die Vorstellungswelt der christologischen Konzilien eine mythische. Gott, so betonen sie, kann bestenfalls als Mensch erscheinen; aber nicht ein solcher sein[365].

---

eine einzige und endgültige Manifestation Gottes erwartet, die eine Heilsdimension eröffnen wird, deren Bemessung und Zuwendung jenseits der Norm aller kanonischen Geschichtstaten Gottes steht, die bisher das Geschichtsverständnis Israels konstituierten. Worum es nach der Außerkraftsetzung der überkommenen Erwählungstraditionen durch die eschatologische Predigt der asidäischen Apokalyptik geht, ist die Wahrnehmung der Geschichte als eines Zeitstroms, der deswegen ein integriertes Kontinuum bildet, weil ihn der Abfall und die Verfehlung der Menschen auf ein in Bälde über den ganzen kreatürlichen Bestand von Himmel und Erde hereinbrechendes Strafgericht Gottes zusteuern lässt.“ (Karlheinz Müller, Die jüdische Apokalyptik, 234).

363 Vgl. K.-H. Menke, Die Einzigkeit Jesu Christi im Horizont der Sinnfrage, 61–74.

364 Vgl. K.-H. Menke, Die Einzigkeit Jesu Christi im Horizont der Sinnfrage, 75–110.

365 Einen umfassenden Literaturbericht bietet: P. Schmidt-Leukel, Das Pluralistische Modell in der Theologie der Religionen.

Weil sie die Untrennbarkeit der konziliaren Christologie von der zu jeder Credoformel des Christentums gehörigen Trinitätslehre ausblenden, können Hick und Schmidt-Leukel die Immanenz des transzendenten Gottes nur durch die hegelianisch anmutende Formel „Gott ist Geist" erklären. Weil das Göttliche „Geist ist" – so argumentieren sie – lässt sich nicht entscheiden, ob es eher personal oder eher impersonal zu beschreiben ist. Aber die Religionsgeschichte ist ein durchgängiger Erweis der Erfahrbarkeit des Geistes, der freilich immer als etwas mehr oder weniger Bestimmtes interpretiert wird, weswegen die Religionen sich, was Dogmen, Riten, Institutionen betrifft, kulturell und geschichtlich bedingt unterscheiden. Wahr ist – so erklärt Paul F. Knitter – was den einzelnen Gläubigen unbedingt „angeht", was ihn vor dem Aufgehen im Vorläufigen, Bedingten und Uneigentlichen bewahrt. Und wahrer ist nach John Hick die Tradition, die mehr Menschen effektiver vom Egozentralismus zum Altruismus („from self-centrednes to Realitay-centredness") bewegt.

Das Credo des Christentums aber steht und fällt mit dem Anspruch Jesu, als wahrer Mensch in Raum und Zeit dieselbe Beziehung zu dem als „Vater" bezeichneten Gott zu leben, die der innertrinitarische Sohn von Ewigkeit her ist. Jesu Beziehung zu Gott ist wesentlich verschieden von jedem in geschöpfliche Worte oder Zeichen gekleideten Versuch, den Unaussprechlichen auszusprechen. Weil Jesu Beziehung zum Vater nicht die Beziehung eines von Josef gezeugten und von Maria geborenen Menschen zu Gott, sondern von Anfang an Konstitutivum seiner Personalität ist, darf Jesus als einziger Mensch der Welt- und Religionsgeschichte von sich sagen: „Wer mich sieht, sieht den Vater." (Joh 12,45). Der Kern des christlichen Glaubens liegt in der hypostatischen (personalen) Union des Menschen Jesus mit dem innertrinitarischen Logos[366]. Wo diese Mitte aufgegeben wird, wird mit logischer Konsequenz die Einzigkeit Christi und des Christentums geleugnet oder so subjektiviert, dass man wie Knitter nur noch von einer Einzigkeit sprechen kann, die dem Bekenntnis eines Verliebten „Du bist (für mich!) die Einzige." entspricht.[367] Der seit Ernst Troeltsch[368] nicht ausgestorbene Versuch, aus der Religionsgeschichte selbst Kriterien für die Höher- und Niederwertigkeit einer Religion zu entnehmen, hat sich mit ähnlicher Konsequenz wie die Suche nach dem wahren Jesus der Geschichte (Leben-Jesu-"Forschung") ad absurdum geführt. Denn die angeblich von der Geschichte selbst entwickelten Kriterien oder Normen

366 Dazu: W. Kasper, Einzigkeit und Universalität Jesu Christi.
367 Vgl. J. Hick, God and the Universe of Faiths.
368 Vgl. W. Pannenberg, Wissenschaftstheorie und Theologie, 105–117; H.-G. Drescher, Ernst Troeltsch, bes. 261–283.

entspringen stets der eigenen Perspektive und können von jedem Interpreten jedweder Religion auf konkurrierende Religionssysteme angewandt werden[369]. Das Christentum verliert seine Identität, wenn die Selbstoffenbarung Gottes nicht streng exklusiv mit dem Christusereignis identifiziert wird.

Dass man nicht – wie Hick unterstellt – aufhören muss zu denken, wenn man das Dogma von der hypostatischen Union wörtlich nimmt, haben die auf den Vorarbeiten von Hermann Krings und Wolfhart Pannenberg errichteten Christologien von Thomas Pröpper und Georg Essen überzeugend erwiesen[370]. Hier nur so viel: Wenn man das, was die Tradition mit den Begriffen ‚Hypostase' und ‚Person' beschreibt, nicht (wie Hick und seine Schüler) substanzontologisch als ein raumzeitlich definierbares ‚Etwas' versteht, sondern – abgelesen an der Trinität Gottes (dessen Wesen nicht vor oder unabhängig von den Beziehungen gedacht werden darf[371], die Vater, Sohn und Geist einen und gleichursprünglich unterscheiden) – als Identität von Sein und Relation, dann darf man mit Pannenberg sagen: Jesus lebt *als* wahrer Mensch – „in allem uns gleich außer der Sünde (Hebr 4,15) – dieselbe Beziehung, die – innertrinitarisch – der Sohn zum Vater ist.

Christlich an Gott glauben bedeutet das Bekenntnis zur *Selbst*-Mitteilung des Absoluten in der Endlichkeit von Raum und Zeit. Christlicher Glaube ist deshalb das Gegenteil aller „Ausgriffe" der Religionsgeschichte „nach oben" (Inbegriff aller neuplatonisch oder buddhistisch inspirierten Mystizismen) oder „nach vorn" (Inbegriff aller Utopien). Weil die Wahrheit, die Jesus Christus ist, keine Idee, keine Theorie, kein Programm, sondern ein geschichtliches Faktum[372] ist, kann auch das Verstehen dieser

---

369 Dazu: K. v. Stosch, Komparative Theologie; G. Gäde, Christus in den Religionen, bes. 39–82.131–190.

370 Dazu unter Einbeziehung aller bisher vorgetragenen Einwände und Differenzierungen: M. Lerch, Selbstmitteilung Gottes, bes. 239–376.

371 „Nur unter Voraussetzung des trinitarischen Gottesverständnisses – nur wenn Gott selbst Wort (Logos) bzw. Beziehung ist und nur wenn Gott Geist, d. h. Einheit mit dem Logos unter Wahrung der Differenz des Logos, ist – kann er sich auch nach außen so mitteilen, dass er sich mit einem Geschöpf – nämlich mit dem Geschöpf, das aufgrund seiner Transzendentalität ‚capax infiniti' ist – hypostatisch (als er selbst) identifiziert." (K.-H. Menke, Wort Gottes, 1301).

372 „Ein Faktum ist immer *ein Ganzes* und auf das Ganze bezogen. Es kann nicht bloß zur Hälfte oder unvollkommen der Fall sein; es ist der Fall oder es ist nicht der Fall. Wenn es aber der Fall ist, dann ist die ganze Reihe seiner Vorbedingungen vollständig durchlaufen. Darum lässt sich ein Faktum nie aus-denken, durch Denken oder Rechnen nachkonstruieren. Was dabei herauskäme, wäre immer nur ein Modell des Faktums, das abstrakt und daher bis zu einem gewissen Grade allgemeingültig bleibt, während das Faktum letzt-konkret und höchst einzeln ist. In dieser seiner konkreten Einzelheit (‚dies und nichts anderes ist der Fall') ist das Faktum dennoch nicht isoliert. Das Weltganze ist nicht ohne dieses eine Faktum, und dieses eine Faktum ist

Wahrheit nicht auf abstrakt begriffliche Weise, sondern nur geschichtlich erfolgen. Gemeint ist die Übersetzung der vertikalen Inkarnation (des Christus-Faktums) in die horizontale Inkarnation des in Raum und Zeit (faktisch) gelebten Glaubens.

aa) Die Evidenz eines Faktums

Es gibt eine Evidenz des Faktums, die kein Argument (keine Begründung) einholen kann. Sören Kierkegaard (1813–1855) hatte diese Evidenz im Blick, als er die Unterscheidung getroffen hat zwischen der sokratischen Wahrheit des Climacus (Sokrates) und der Ereignis-Wahrheit des Anti-Climacus (Jesus Christus)[373]. Problematisch an dieser Kontrastierung von gedachter und erlebter Wahrheit ist Kierkegaards Einseitigkeit. Indem er zunächst ausschließlich für die Wahrheit des Faktums, für die „Wahrheit von außen“, für die „para-doxe“ Wahrheit plädiert, gerät er – Verhängnis aller Dialektik – unversehens in die gegenteilige Einseitigkeit. Denn wenn ausschließlich die existenzielle Ergriffenheit des je einzelnen Gläubigen und in keiner Weise theologische Argumente die Identität eines bestimmten Faktums mit der Wahrheit Gottes ausweisen, dann wird die „Wahrheit an sich“ identisch mit der „Wahrheit für mich“[374].

nur im Weltganzen. Dadurch, dass es der Fall ist, steht es nicht nur gleich zu gleich zu allem anderen, was auch der Fall ist und war und sein wird; es drängt sich auch durch sein bloßes Der-Fall-sein allem anderen, was der Fall sein will, zur Berücksichtigung auf.“ (P. Henrici, Aufbrüche christlichen Denkens, 27f).

373 Die sokratisch-platonische Wahrheit – so erklärt Kierkegaard – setzt voraus, dass jeder Mensch die Wahrheit immer schon „hat“ – zumindest implizit; für Sokrates ist Wahrheit ein Sicherinnern an das, was man implizit immer schon weiß. In dieser Auffassung sieht Kierkegaard die Hegelsche „Aufhebung“ der Geschichte schon vorgebildet. Diesem apriorischen „Haben“ steht die Haltung dessen gegenüber, der die Wahrheit nicht in sich selber sucht, sondern in dem ganz Anderen. So gesehen ist Wahrheit ein Ereignis, das sich niemand ausdenken kann. Was Kierkegaard „para-dox“ nennt, ist nicht das Gegenteil des Vernünftigen oder Logischen, sondern das, was die eigenen Grenzen sprengt (vgl. H. Fischer, Die Christologie des Paradoxes, 22–47.59–64; H. Gerdes, Das Christusverständnis Sören Kierkegaards). Auf Jesus Christus übertragen heißt dies: Sich selbst in Welt und Geschichte offenbaren konnte Gott nur in einem unserem Meinen und Urteilen entgegenstehenden Faktum. Denn ein Faktum kann man sich nicht ausdenken. Es ist strikt vorgegeben. Nicht weil der Mensch der Relation zum Unbedingten fähig (Schleiermacher); nicht weil er selbst Geist ist (Hegel); sondern weil er im Glauben alles Eigene transzendiert, kann er Jesus anders wahrnehmen als durch seine Methoden und Begriffe; kann er Jesus „gleichzeitig“ werden, kann er in der Begegnung mit ihm den ganz Anderen, nämlich Gott selbst, erleben und also von einer Wahrheit ergriffen werden, die nicht sein eigenes Produkt ist.

374 Dass Kierkegaard in der Reduktion des Christusereignisses auf die Begegnung mit jedem je Einzelnen das Gegenteil von dem erreicht, was er intendiert hat, wurde von keinem Theologen so klar erkannt wie von dem zum Katholizismus konvertierten

Während Kierkegaards Plädoyer für die von außen kommende Wahrheit (Faktum) dialektisch umschlägt in die Reduktion der „Wahrheit an sich" auf die „Wahrheit für mich", gelingt dem französischen Denker Maurice Blondel (1861–1949) die Überwindung des Hiatus zwischen faktischer und gedachter Wahrheit, zwischen, wie er sich ausdrückt, Extrinsezismus und Intrinsezismus[375]. In einem 250 Seiten umfassenden Heft der „Annales de Philosophie Chrétienne" mit dem vordergründig befremdenden Titel „La Semaine Sociale de Bordeaux et le Monophorisme" kritisiert Blondel die traditionalistische These, nach der die Wahrheit des Christentums ganz von außen kommt, ohne dass sie einem inneren Verlangen entspricht. Er zeigt, dass die Traditionalisten die Offenbarung als ein System von unveränderlichen Sätzen beschreiben, deren göttlicher Ursprung ihnen in demselben Maße evident erscheint, als sie den Begriffen und Erwartungen des durch die Sünden verdorbenen Menschen widersprechen. Die Wahrheit wird als bittere Medizin beschrieben, die man dem Kranken mit Gewalt einverleiben muss. Blondel spricht von „der denkbar radikalsten Perversion des Evangeliums"[376], von einem Evangelium, das „Gesetz der Furcht und des Zwanges" statt Befreiung zur Freiheit ist[377]. Mit unerbittlicher Logik deckt er auf, dass eine Offenbarung, die nur geglaubt und in keiner Weise eingesehen werden kann, stets identisch ist mit der Deutung derer, die die Macht und die Autorität besitzen.

Blondel war allerdings auf dem linken Auge ebenso hellsichtig wie auf dem rechten. Aus seiner Sicht ist der Intrinsezismus des Modernismus (bzw. Historizismus[378]) nur die Kehrseite des Extrinsezismus. Der Modernismus reduziert die „Wahrheit an sich" auf die „Wahrheit für mich"; und der Traditionalismus verfährt umgekehrt. In einer Artikelserie mit dem Titel „Histoire et Dogme" gelingt Blondel die Formulierung einer

---

Protestanten Erik Peterson: „Darin", so bemerkt er, „liegt [...] das Irreführende in allen Reden Kierkegaards über das Existentielle und das existentielle Sein der Wahrheit, dass man hier nämlich vor lauter Geistesexistenz nicht zum Gehorsam gelangt. Und darin gründet es dann, dass Kierkegaard auch so leidenschaftlich die dogmatische Wahrheit bekämpft, denn gerade in dem, dass er existentiell die Wahrheit *sein* will, entzieht er sich dem Gehorsam *gegen* die Wahrheit, wie er im Sinn des Dogmas vorausgesetzt ist." (E. Peterson, Theologische Traktate, 20).

375 Dazu: K.-H. Menke, Vernunft und Offenbarung nach Antonio Rosmini, 277–283; ders., Deontologische Glaubensbegründung.

376 M. Blondel, La „Semaine sociale" de Bordeaux et le Monophorisme, 71.

377 M. Blondel, La „Semaine sociale" de Bordeaux et le Monophorisme, 67.

378 Im Blick auf Exegeten wie Alfred Loisy erkennt Blondel, dass überall, wo Historiker die Trennung des Jesus der Geschichte vom Christus des Glaubens anstreben, das Ergebnis eine den eigenen Interessen entsprechende Konstruktion ist. Insofern bestätigt er den Befund von Albert Schweitzers Geschichte der Leben-Jesu-Forschung.

Position jenseits von Extrinsezismus und Intrinsezismus. Gott – so betont er – ist in Jesus Christus geschichtliches Faktum geworden. Ein Faktum, das Person ist, wird verfehlt, wenn man es objektiviert, definiert, konstruiert oder funktionalisiert. Deshalb wird das historische Ereignis, das den Namen Jesus Christus trägt, von Anfang an nicht durch Begriffe oder durch historisch-kritische Methoden, sondern durch Zeugen tradiert[379]. Ursprünglich – so betont Blondel – bedeutet der biblische Terminus *paradosis* bzw. *traditio* das Ereignis der Selbsthingabe Jesu Christi. Und die Adressaten der Selbstauslieferung des Sohnes waren keine bloßen Objekte, sondern Subjekte dessen, was sie empfingen. Anders gesagt: Die *autotraditio* des Sohnes bedingt die *traditio* jedes einzelnen Gläubigen und der Kirche insgesamt[380]. Unter der Voraussetzung, dass mit „dem Wort" bzw. „dem Logos" nicht die Heilige Schrift, sondern Jesus Christus gemeint ist, liegt die Wahrheit nicht in einer Schrift als solcher, sondern stets in dem lebendigen (verkündigenden) Wort der Zeugen. In der Analyse Blondels sind die Schriften des Neuen Testamentes der authentische Ausdruck des „Christus-Tuns" der ersten Christen. Verstanden werden sie von denen, die sie nicht nur interpretieren oder historisch-kritisch analysieren, sondern auch in ihr eigenes „Christus-Tun", in ihre „traditio" übersetzen bzw. inkarnieren. Mit anderen Worten: Eine von der sichtbaren Kirche der Christuszeugen bzw. „Christus-Täter" isolierte Schrift würde das Neue Testament aus seinen Wurzeln reißen und also von vornherein missverstehen. Die Heilige Schrift ist die Sammlung inspirierter Zeugnisse, welche die Gemeinschaft der „Christus-Täter" (der Kirche) als authentische Urkunde ihres Glaubens kanonisiert hat. Und die Dogmen dieser Gemeinschaft sind die Regeln der Übersetzung der vertikalen Inkarnation des Christusereignisses in die horizontale Inkarnation des „Christus-Tuns" der Gläubigen.

Der wahre Zeuge lässt sich einerseits ganz und gar „von außen", nämlich von dem bezeugten Ereignis, bestimmen, entgeht aber dem Verhängnis der Fremdbestimmung, weil er sich gerade so zu sich selbst – zum begründeten Überzeugtsein von der Wahrheit des ihn bestimmenden Faktums – befreit weiß. Sein Zeugnis ist Ausdruck von freier Zustimmung und betreibt deshalb Mission ausschließlich im Modus der gekreuzigten Liebe Jesu Christi – das heißt unter der Prämisse des grundsätzlichen Verzichtes auf jede Beeinträchtigung der Freiheit seiner Adressaten.

379 Dazu: A. v. Hooff, Die Glaubenstat schafft sich die Tradition.

380 Vgl. M. Blondel, Dogma und Geschichte, bes. 85–119. – Eine ausgezeichnete Analyse und geistesgeschichtliche Einordnung bietet: G. Larcher, Modernismus als theologischer Historismus, bes. 65–214.

bb) Das Faktum der Liebe, die größer nicht gedacht werden kann

Hansjürgen Verweyen hat nicht nur in seiner Kontroverse mit Hans Kessler über das Osterereignis[381], sondern schärfer noch in seinen Blondel-Studien herausgearbeitet, warum das Geschehen von Golgotha zwar keine Auflösung des Theodizeeproblems, wohl aber die einzig mögliche Antwort auf die Theodizeefrage enthält. In der Auseinandersetzung mit Kessler geht es ihm um den Charakter der biblisch bezeugten Jesus-Geschichte als der Offenbarkeit des trinitarischen Gottes. Das bedeutet für das Thema „Thodizee": Hätte der göttliche Vater andere Möglichkeiten als die durch Jesus offenbaren, dann wäre er der Zyniker, der den Gekreuzigten vor seinem Martyrium hätte bewahren können, ohne dies faktisch getan zu haben. Und wäre Jesus nicht im Sinne des vierten Evangeliums der einzige Mensch, der von sich sagen darf: „Wer mich sieht, sieht den Vater" (Joh 12,45), dann wäre er lediglich ein Bote oder Instrument des Vaters, ein Prophet unter anderen. Er hätte nichts bewirken können, was nicht auch ein entsprechend begabter (inspirierter) anderer Prophet hätte vollbringen können. Wäre Jesu Beziehung zum Vater nicht die Beziehung des innertrinitarischen Sohnes zum göttlichen Vater, dann wäre das Osterereignis ein transgeschichtliches Handeln dieses Vaters an dem toten Jesus statt der Sieg der Beziehung Jesu zum Vater über das Gegenteil von Beziehung, über die mit dem Sheol-Tod identische Sünde.

Mit Blondel sieht Verweyen die Mitte aller Offenbarung gerade da, wo Jesus auch das letzte Bild, das er sich als wahrer Mensch von Gott gemacht hat, von der Auslieferung (*traditio*) seiner selbst durch den Vater zerbrechen lässt; wo er – anders formuliert – seine Beziehung zum Vater von der Beziehung des Vaters zu ihm so bestimmen lässt, dass er nichts mehr für sich festhält[382]. In diesem Moment (Mk 15,34.39) ist sein Wollen die Einfleischung des Vater-Willens in einer Weise, wie sie vollkommener nicht gedacht werden kann. Verweyen kommentiert die entsprechenden Ausführungen Blondels wie folgt: „Liebe bringt [...] geradezu zwangsläufig Leiden im Vollsinn mit sich, wenn der Liebende auf eine Antwort stößt, die ihn ins Leere laufen lässt, er aber dennoch weiter zu seinem Wort der Liebe steht. Genau dies ist aber in einem unfassbaren Maße das Los der Liebe Gottes zu seinen Geschöpfen. Jesus war zwar nicht auf Leiden ‚erpicht', betrieb keine ‚Abtötung'[383]. Er war aber bedingungslos bereit,

381 Dazu: K.-H. Menke, Jesus ist Gott der Sohn, bes. 39–56.

382 Die entsprechenden Ausführungen bilden auch das Zentrum der jüngsten Buchveröffentlichung von H. Verweyen: Ist Gott die Liebe?, bes. 147–188.

383 Blondel schreibt in seinem Hauptwerk: „Die Liebe wirkt auf die Seele wie der Tod auf den Leib: Sie versetzt den Liebenden in das Geliebte und das Geliebte in das Lieben-

den Willen seines Vaters zu erfüllen."[384] Als die Befolgung dieses Willens vollbracht ist (vgl. Joh 19,30), setzt sich die Auslieferung *(traditio)* des Sohnes durch den Vater und die Selbstauslieferung *(autotraditio)* Jesu an die Sünder unmittelbar um in das Christus-Tun *(traditio)* der Zeugen, deren erster – so erzählt Markus – ausgerechnet ein Nicht-Jünger, nämlich ein heidnischer Hauptmann ist, weil er noch unter dem Kreuz bekennt: „Wahrhaftig, dieser Mensch war Gottes Sohn." (15,39). Den Zusammenhang der Ausführungen Blondels zum Begriff der „traditio" mit dem Hauptwerk „L'Action" (1893) erklärt Verweyen mit der Anmerkung: „Die *volonté voulante*, das Grundwollen des Menschen, ist die unerkannte Gegenwart des göttlichen Willens in allen Menschen. Als Äußererung des ewigen Wortes verlangt sie danach, mit der *volonté voulue*, dem vom Menschen gesetzten Willen, zur Einheit zu kommen, ‚Fleisch' zu werden. In Jesus wurde der göttliche Wille im Menschen mit dem göttlichen Willen vereinigt. Tradition im Sinne Blondels ist das Fortwirken dieser Vereinigung, die in Jesu ‚Erhöhung' am Kreuze zur Vollendung kam, im Leben der Kirche"[385].

Wenn Gott sich in der restlosen Übereinstimmung des Willens Jesu mit dem Willen des Vaters in schlechthin nicht mehr überbietbarer Weise als „der Sohn" (innertrinitarisch das unbedingte Ja zum Willen des Vaters, der völlig an den Vater Hingegebene) geoffenbart hat, dann kann es im Nachhinein (im Eschaton) keine andere Antwort Gottes auf die Theodizeefrage geben als die im Golgotha-Geschehen schon gegebene; dann kann „Gott an sich" (gemeint ist der Vater) keine anderen Möglichkeiten haben oder offenbaren als die in der kurzen Zeitspanne des Lebens und Sterbens Jesu offenbaren – was selbstverständlich nicht ausschließt, dass der zur Vollendung gelangte Mensch das in Christus unter den Bedingungen von

de. Lieben heißt somit, das Leiden lieben, weil wir so Freude und Tun eines anderen lieben: diesen in sich liebenswerten und teuren Schmerz, den alle bejahen, die ihn erfahren und ihn gegen alle Lieblichkeit der Welt nicht tauschen möchten. Wenn es für den Menschen gut sein soll zu leiden, so ist das keine Konvention, sondern es ergibt sich aus der tieferen Natur der Sache. Wird nicht die höchste Schwierigkeit des Lebens gelöst und das stärkste Ärgernis für das menschliche Bewusstsein unterdrückt sein, wenn wir recht verstehen, dass der Schmerz die unendliche und wahre Freude bewirkt, weil er unserem Wollen endlich jene große Erleichterung schenkt, alles gutheißen zu können? Wer nur das Geheimnis weiß, in der Bitternis gütig zu sein, für den wird alles leicht." (M. Blondel, Aktion, 406 [L'Action, 382]). – Zu den Missverständnissen, die dieses Zitat evoziert hat, und zu dessen Einordnung: A. Raffelt, Spiritualität und Philosophie, 174–179; P. Reifenberg, Verantwortung aus der Letztbestimmung, 352–355.

384 H. Verweyen, Kommentar, 159.

385 H. Verweyen, Kommentar, 159.

Raum und Zeit offenbare Wesen des trinitarischen Gottes ungleich tiefer als unter den Bedingungen seiner irdischen Lebenszeit erkennt.

Aus Hans Kesslers Sicht geschieht der österliche Sieg des unbedingten Sinns über das Sinnlose (Kreuz und Tod), nicht *durch* den Menschen Jesus, sondern *an* ihm. Der Erweis Jesu als des Christus ist für ihn ein „nicht durch menschliche Aktivität vermitteltes"[386] Handeln Gottes *an* dem Gekreuzigten. Kessler erklärt zwar, Gott identifiziere sich mit dem Gekreuzigten so, dass er in dessen Leiden „selber leidet"[387]. Aber was heißt das, wenn der Vater dennoch der bleibt, der handeln kann, während Jesus der Ohnmächtige ist, dessen Liebe im Sterben „dahingeschieden ist"[388]? Und was bedeutet die Offenbarkeit Gottes als der Mensch Jesus, wenn der entscheidende Offenbarungsakt (die Erweisung des Jesus als des Christus) nicht das Leben und Sterben dieses Menschen, sondern ein nachträgliches exklusiv-innovatorisches Handeln an Jesus ohne Jesus ist?

Verweyen bezeichnet die dreiunddreißig Jahre des Lebens Jesu als das wahre Antlitz Gottes. Eine der Schlüsselpassagen seines fundamentaltheologischen Handbuches lautet: „Gegenüber der gnostischen Vorstellung von einem Scheinleib Jesu, den das Gottwesen gleichsam als Maskerade angenommen habe, hat die frühe Kirche zäh am Grunddogma der Inkarnation festgehalten: Gott hat es vermocht, sein ganzes Wesen ‚im Fleische' zu offenbaren, d. h. in jener ohnmächtigen Spanne menschlichen Lebens zwischen Empfängnis und Tod, die der Christus mit uns allen gemeinsam hat. Wäre das ‚Ein-für-allemal' Jesu erst in Ereignissen *nach* dem Tode Jesu begründet, dann würde der entscheidende Offenbarungsakt doch wieder von der *Inkarnation* in Richtung *Inspiration* verschoben. Dabei macht es keinen wesentlichen Unterschied, ob man die Osterevidenz auf einen reinen Akt des das Kerygma begründenden Geistes oder auf die Manifestation eines verklärten Leibs zurückführt."[389]

Indem Jesus da, wo die Sünde in Gestalt des kreuzigenden Hasses sich an ihm austobt, in Beziehung bleibt zum Vater, trägt er Gott in den Abgrund der Sinnlosigkeit. Was Jesus zum Erlöser aller Menschen aller Zeiten werden ließ, war kein Handeln Gottes an ihm, sondern ein Handeln Jesu selbst. Wenn man von Jesus sagt, dass er die Einheit mit dem Vater (bzw. die hypostatische Union mit dem innertrinitarischen Sohn) in der betenden, fragenden und suchenden Treue zur Tora „tun" bzw. „einfleischen" musste, dann darf man nicht nur sagen: „*Gottes* Liebe ist stärker als

---

386 H. Kessler, Sucht den Lebenden nicht bei den Toten, 296.
387 H. Kessler, Sucht den Lebenden nicht bei den Toten, 450[74].
388 H. Kessler, Sucht den Lebenden nicht bei den Toten, 452.
389 H. Verweyen, Gottes letztes Wort, 344.

der Tod"; dann darf man auch bekennen: „*Jesu* Liebe war stärker als der Tod".

Würde der trinitarische Gott jenseits der Liebe, die am Kreuz sichtbar geworden ist, auch noch „All-Macht" im Sinne eines nominalistisch gedachten „Alles-Könners" sein; hätte der trinitarische Gott über die Möglichkeiten Jesu Christi hinaus noch weitere Möglichkeiten gehabt, dann hätte er den nach ihm schreienden Jesus doch gar nicht erst sterben lassen brauchen; dann hätte er doch – natürlich unter Einbeziehung der geschöpflichen Zweitursachen – Auschwitz verhindern können. Gottes Allmacht aber *ist* die Liebe, die sich mit keinen anderen Mitteln durchsetzt als mit denen der gekreuzigten Liebe Jesu.

cc) Das „Hereinlassen" der Liebe, die stärker war als der Tod

Was oben über den Zusammenhang von jüdischer Zeitauffassung, Bund und Tora gesagt wurde, ist der heilsgeschichtliche Horizont, in den nicht nur das Leben, sondern auch das Sterben und die Auferstehung Jesu einzuzeichnen sind[390]. Indem der synoptisch bezeugte Jesus die vorbehaltlose (unbedingte) Anerkennung der von ihm selbst ermöglichten Freiheit des Anderen lebt, *ist* er Gemeinschaft mit dem Vater; *ist* er die Fleischwerdung des von JHWH gestifteten Bundes; *ist* er die Einheit von Gottes- und Nächstenliebe. Ontologische Aussagen über die Einheit Jesu mit Gott bzw. Gottes Sohn dürfen nicht im Sinne einer monophysitischen Aufhebung der wahren Menschheit Jesu missverstanden werden. Im Gegenteil: Jesus lebt seine Einheit mit Gott (die hypostatische Einheit mit dem innertrinitarischen Sohn) geschichtlich: indem er seine Zeit durch die Zukunft, die JHWH ist, durchkreuzen lässt; indem er den Willen des Vaters, die Tora, immer wieder neu – fragend, suchend, manchmal Nächte lang betend, am Ölberg Blut schwitzend vor Angst – in sein Tun übersetzt. So ist er die Einfleischung[391] seines Hingegebenseins durch den Vater (traditio) in die Selbsthingabe (autotraditio) an die Sünder.

390 Dazu: B. Klappert, Jesus Christus zwischen Juden und Christen; J. Schoneveld, Die Thora in Person; P. von der Osten-Sacken: Logos als Tora? Anfragen an eine neue Auslegung des Johannesprologs, in: KuI 9 (1994) 138–149; J. Ringleben, Der Gott des Sohnes; K. Wengst, Wie wäre von „universaler Heilsbedeutung Jesu" nach dem Römerbrief des Paulus zu reden?.

391 Auch wenn die fundamentaltheologische Grundposition von Michel Henry weit entfernt von jeder transzendentalphilosophisch ansetzenden Glaubensbegründung ist, sind seine Reflexionen über den Erlösungsprozess als ‚Kommen-in-ein-Fleisch' durch den ‚Ursohn' *(Incarnation)*" (M. Lersch, Triplex Analogia, 136) höchst bedenkenswert. Dazu auch: R. Kühn, „Johanneischer Logos" und Unmittelbarkeit des „fleischlichen Lebens".

Wer Jesus Christus, den endgültig und unwiderruflich mit Gott verbundenen Menschen, in sein eigenes Leben, gerade auch in seine Schwäche und Dunkelheit, in die Abgründe des Zweifelns und der Angst, „hineinlässt"[392], der erfährt – vielleicht nur im geängstigten Ringen einer Ölbergnacht –, dass es einen Sinnlosigkeit zwar nicht verhindernden oder annihilierenden, wohl aber verwandelnden bzw. verklärenden Sinn gibt. Dieser Sinn ist nie einfach nur Besitz, sondern immer auch Aufgabe. Aber wer die vertikale Inkarnation *(traditio Christi)* in die horizontale Inkarnation des eigenen Christus-„Tuns" *(traditio Christianorum)* übersetzt, der erfährt schon hier und jetzt den Sinn, der, wie Balthasar formuliert, alles Sinnwidrige „unterfassen" kann. Dieses ‚Schon' ist ein geschichtliches und also kein ekstatisches, weltflüchtiges, rein privates oder gar triumphalistisches Heil. Niemand darf einem leidenden Menschen sagen, das Heil sei ‚schon da', wenn er den Gekreuzigten nicht so als den auferstandenen erinnert, dass er selbst in praktischer Solidarität bzw. kommunikativer Praxis[393] an die Stelle des Leidenden tritt. Aber umgekehrt gilt auch der Grundsatz: Niemand darf den in die Abgründe dieser Welt gerissenen Mitmenschen mit der Hoffnung auf eine mögliche Antwort Gottes trösten – womöglich mit dem Kalenderspruch: „Gottes Wege sind nicht unsere Wege".

Das modern gewordene Theologumenon von der „Zeitlichkeit Gottes" bedeutet nicht, dass Gott der Zeit unterworfen ist; dass er heute nicht dieselben Möglichkeiten hat, die er vielleicht in Zukunft hat. Das wäre die Verendlichung Gottes. Nein, die schon von Joseph Ratzinger affirmierte Rede von der „Zeitlichkeit Gottes"[394] beschreibt eine Vollkommenheit,

392 Mit Recht spricht T. Pröpper (Erlösungsglaube und Freiheitsgeschichte, 214) von einer verhängnisvollen „Monopolisierung des Gnadengeschehens durch die amtlichen kirchlichen Vollzüge". Indem er auf die „Kategorien der Freiheit, der Interaktion und des Symbols (näher bestimmt durch die Elemente Erinnerung und Antizipation, Dank und Bitte)" verweist, deutet er an, wie Christus „hineingelassen" werden kann in jede Situation und jeden Zeitpunkt jedes menschlichen Lebens.

393 Auch wenn das „Schon" der Erlösung in der Christologie von Metz und seinen Schülern kaum oder gar nicht thematisiert wird, ist die nicht zuletzt im Dialog mit dem Judentum entwickelte Beschreibung des Christseins als „kommunikative Christopraxis" eine zutreffende Beschreibung des Verhältnisses von Erlöser und Erlösten. Vgl. H. Peukert, Wissenschaftstheorie – Handlungstheorie – Fundamentaltheologie, bes. 311–355; E. Arens, Christopraxis, bes. 121–164; A. Kreutzer, Kenopraxis, bes. 81–171.355–533.

394 Schon 1968 bemerkt Joseph Ratzinger: „ Das heutige Denken lässt sich meist von der Vorstellung leiten, dass die Ewigkeit gleichsam in der Unveränderlichkeit eingeschlossen sei; Gott erscheint als der Gefangene seines ‚vor allen Zeiten' gefassten ewigen Planes. ‚Sein' und ‚Werden' vermischen sich nicht. Ewigkeit wird so rein negativ verstanden als Zeitlosigkeit, als das andere gegenüber der Zeit, das schon deshalb nicht in die Zeit einwirken kann, weil es damit ja aufhören würde, unveränderlich zu sein,

die nicht deshalb das Größte ist, weil sie sich selbst genügt, sondern weil sie die Liebe ist, die einerseits unbedingte Anerkennung der einmal geschenkten Freiheit ist, aber unter dieser selbstgewählten Voraussetzung ein Bundes-Handeln ohne Ende ist. Denn Gottes Liebe ist seine Allmacht. Sie mag von außen betrachtet so ohnmächtig erscheinen wie der Gekreuzigte, den man zynisch auffordert, sich selbst zu helfen. Aber in Wahrheit ist sie die Liebe des Menschen, der den Vater auch in die Nacht seines Kreuzes so „hineingelassen" hat, dass sogar ein Nichtjünger noch auf Golgotha (Mk 15,39) erkennen konnte: Sie war stärker als der Tod.

Hansjürgen Verweyen hat schon in seiner Dissertation und dann in vielen seiner Veröffentlichungen Beispiele der Literatur für Situationen gesucht, in denen Menschen inmitten scheinbar auswegloser Sinnlosigkeit zu alles überwindendem Glauben, Hoffen und Lieben befähigt wurden[395]. In Wolfgang Borcherts Erzählung „Die Hundeblume"[396] zum Beispiel wird von einem Gefangenen, dem Sträfling aus „Nummer 432", berichtet, wie er in der grauen Öde seiner von Hässlichkeit und Eintönigkeit, von Enge, Kälte und Einsamkeit pervertierten Existenz durch das Sehen eines Löwenzahns zur Erfahrung von Sinn wider alle Sinnlosigkeit gelangt. Diese Erfahrung ist kein Besitz, sondern ein Geschenk, das glaubend, hoffend und liebend „getan" werden will, dann aber auch stärker ist als der Tod.

Mit ähnlicher Intention verweist Christof Gestrich[397] auf ein von Claude Lanzmann[398] aufgezeichnetes Filminterview mit einem tschechischen Juden, der Auschwitz überlebte, weil ihn eine in den Tod gehende Frau zur Hoffnung wider alle Hoffnungslosigkeit befähigt hat. Filip Müller – so der Name des Überlebenden – erzählt in diesem Interview, wie er – von den Nazis zur Aufsicht und Mithilfe bei der Vernichtung seiner Mithäftlinge gezwungen – eine Gruppe von Landsleuten in den Auskleideraum der Vernichtungsanstalt führen musste, wie diese dann die tschechische Nationalhymne angestimmt haben, wie angesichts dieser gegen die Übermacht des Bösen gesungenen Ohnmacht alle Hoffnung in ihm zusammenbrach, wie er sich entschloss, mit seinen Landsleuten in die Gaskammer zu gehen,

und selbst zeitlich würde. [...] Ewigkeit aber ist nicht das Uralte, das vor der Zeit war, sondern sie ist das ganz Andere, das zu jeder vorübergehenden Zeit sich als ihr Heute verhält, ihr wirklich heutig ist; sie ist nicht selbst wieder in ein Vor und Nach versperrt, sie ist vielmehr die Macht der Gegenwart in aller Zeit." (Einführung in das Christentum, 299). – Zum Vergleich: M. Striet, Die Zeit.

395 Vgl. H. Verweyen, Ontologische Voraussetzungen des Glaubensaktes, 167–170.

396 Vgl. W. Borchert, „Draußen vor der Tür", 95–106.

397 Vgl. C. Gestrich, Die Wiederkehr des Glanzes in der Welt, 186–193.

398 Vgl. C. Lanzmann, Shoah, 217–220.

wie aber auf dem Weg dahin eine Frau aus der Heimat ihn erkannte und anflehte, um ihret- und ihrer Brüder und Schwestern willen zu überleben, um einmal an sie und alle anderen Opfer zu erinnern. Das Antlitz dieser Frau war für Filip Müller inmitten einer scheinbar alles erdrückenden Sinnlosigkeit die Erfahrung eines Geschenkes, das ihn befähigte, stärker zu sein als die ihn erdrückende Sinnlosigkeit.

Die in konkretes Tun übersetzte Annahme der in Christus geschehenen Bejahung ist etwas ganz anderes als die Betrachtung Jesu als bloßes Beispiel oder Vorbild. Kein Mensch außer Jesus Christus *ist* die Liebe, die stärker ist als das Sinnlose. Doch jeder Mensch kann – bewusst und vielleicht auch unbewusst – so mit Christus kommunizieren[399], dass er zum „Täter" bzw. Zeugen Christi wird.

Beten – gerade ausdauerndes, existentielles Beten – geschieht meistens wortlos. Beten, wenn es still geworden ist, bittet nicht mehr um dies oder das, will den Gott, der in Christus das unbedingte Ja-Wort ist, nicht mehr zu irgendetwas veranlassen, sondern „Einfleischung" dessen sein, der auf sakramentale Weise da ist in dieser Welt, der aber – weil er das unbedingte Ja-Wort im Modus der Geschichte bzw. unter Wahrung des Bundes ist – nicht *an* uns bzw. *ohne* uns, sondern *mit* uns handelt[400].

399 Orte, in denen jeder dem in Christus ein für allemal in Geschichte und Welt inkarnierten Sinn begegnen kann, hat B. Welte (Auf der Spur des Ewigen, 135) als „Gipfel des Seienden" beschrieben. Zu diesen Gipfeln zählt er: a) alle Gestalten der Wahrheit, z. B. Gesichter von Heiligen; b) jedwedes Handeln, das den Anderen (den Nächsten) um seiner selbst willen bejaht; c) Begebenheiten, in denen Menschen zur Freiheit befreit werden; d) Kunstwerke – und dazu gehören auch die der Natur –, in denen sich das Ganze von Sinn in einem Detail der Wirklichkeit oder einem Fragment der Schöpfung inkarniert; e) Liturgische Vollzüge, die eine alles unterfassende Bejahung ausdrücken; f) Gestalten von Communio, in denen der einzelne seine unbedingte Einmaligkeit erfährt; g) Aufgaben, in denen Menschen das Staunen lernen.

400 Henri de Lubac variiert in seinem großen Werk über das Wesen des Christseins die folgende Beobachtung wie einen Leitfaden: „Wenn Gott uns ohne unser Mittun hätte retten wollen, dann hätte das bloße Opfer Christi genügt. Aber setzt nicht schon das Dasein des Erlösers eine lange Mitarbeit des Menschen voraus? Und obendrein wäre ein solches Heil unser nicht würdig gewesen, die wir nach Gottes Plan Personen mit Verstand und freiem Willen sein sollen. Gott hat die Menschheit nicht wie ein Wrack retten wollen." (Glauben aus Liebe, 197).

5. Exkurs I zu dem Thema: „Das Handeln Gottes in der Welt“

Was in den obigen Ausführungen als ‚Bundes-Handeln‘ charakterisiert wurde, soll in einem ersten Exkurs genauer analysiert und philosophisch reflektiert werden[401]. Denn die Theodizeefrage setzt nicht nur die Existenz Gottes voraus, sondern auch Handlungsmöglichkeiten Gottes in Welt und Geschichte.

a) Kausalanalytische Verhältnisbestimmung von göttlichem und geschöpflichem Handeln

Im Blick auf das Schöpfungshandeln des Schöpfers fragt der Münchener Philosoph Béla Weissmahr SJ: Warum sollte Gott, der die ganze Welt aus nichts erschaffen konnte, nicht auch beliebig jedes einzelne Seiende innerhalb der Welt ohne Mitwirken von Zweitursachen hervorbringen können? Warum sollte er nicht z. B. unmittelbar durch einen Eingriff von oben das Konzentrationslager Auschwitz beseitigen können? In dieser Frage wird vorausgesetzt, dass die Schöpfung der *ganzen* Welt und die Schöpfung eines *einzelnen* Seienden innerhalb der Welt in jeder Hinsicht als der gleiche Fall betrachtet werden können. Das ist aber – so bemerkt Weissmahr in seiner Analyse der entsprechenden Gedanken Karl Rahners – eine Annahme, die einer rationalen Prüfung nicht standhält. Denn es gibt eine Seinsbestimmung, die nur dem einzelnen Seienden und nicht der Welt als ganzer zukommt. Das einzelne Seiende, das ein Teil der Welt ist, unterscheidet sich von der Welt als ganzer durch das „Innerhalb-der-Welt-Stehen“. Von daher steht ein einzelnes Seiendes in einem *anderen* Abhängigkeitsverhältnis zu Gott als die Welt insgesamt. Während die Welt als ganze *nur* unmittelbar von Gott abhängt, ist das Abhängigkeitsverhältnis, welches das einzelne Seiende zu Gott hat, innerhalb seiner unmittelbaren Abhängigkeit zu Gott *zugleich* von unzähligen Zweitursachen vermittelt. Das Abhängigkeitsverhältnis des einzelnen Seienden innerhalb der Welt zu Gott ist also *nicht nur unmittelbar*, sondern *zugleich auch*

401 Zu den verschiedenen Konzepten einer Verhältnisbestimmung von göttlichem und kreatürlichem Handeln: U. Lockmann, Dialog zweier Freiheiten; H. C. Schmidbaur, Gottes Handeln in Welt und Geschichte; K. v. Stosch, Gott – Macht – Geschichte; C. Danz, Wirken Gottes; C. Büchner, Wie kann Gott in der Welt handeln?; D. Schmelter, Gottes Handeln und die Risikologik der Liebe; C. Böttigheimer, Wie handelt Gott in der Welt?; R. A. Siebenrock / C. J. Amor (Hg.), Handeln Gottes; S. Pemsel-Maier, Wirken Gottes in der Welt.

mittelbar. Würde es nur unmittelbar von Gott abhängen, dann wäre es kein Seiendes innerhalb der Welt, sondern eine von der unsrigen ganz verschiedene, eigenständige Welt. Ein von Gott ohne aktive Beteiligung innerweltlicher Ursachen innerhalb der Welt hervorgebrachtes Seiendes wäre – weil *nur* von Gott abhängig – kein Seiendes innerhalb der Welt, sondern es würde sich außerhalb der Welt befinden. Von daher – so folgert Weissmahr – ist es ausgeschlossen, dass der Schöpfer *dieser* Welt *unvermittelt* in derselben Welt wirkt. Doch daraus ist nicht der deistische Schluss zu ziehen, Gott habe das Ganze der Welt einmal geschaffen und seine Schöpfung dann sich selbst überlassen. Im Gegenteil: Weil Gott als der trinitarische absolute Liebe ist, ist er so Schöpfer, dass die Schöpfung insgesamt und jedes Partikel der Schöpfung und in besonderer Weise der mit Bewusstsein begabte Mensch, nicht nur Wirkung, sondern auch Ursache[402] ist. Erstursache (der Schöpfer) und Zweitursachen (die Geschöpfe) verhalten sich direkt proportional zueinander: Je mehr ein Geschöpf Ausdruck der Erstursache (der absoluten bzw. trinitarischen Liebe) ist, desto mehr ist es „es selbst". Erst vor dem Hintergrund dieser Argumentation sagt Weissmahr: „Ebenso wie Gott durch die Vermittlung der menschlichen Selbsthingabe Jesu die Erlösung als umfassende Heilstatsache verwirklicht hat, hat er auch das entscheidende Ereignis unseres Erlöstseins, die Auferstehung Jesu, bewirkt. Die Auferstehung Jesu ist einerseits ganz und gar ein schöpferischer Akt Gottes, reines Gnadengeschenk, andererseits aber das Ergebnis der Entscheidung der menschlichen Freiheit Jesu zur Selbsthingabe bis zum Tod."[403]

b) Freiheitsanalytische Verhältnisbestimmung von göttlichem und geschöpflichem Handeln

Sofern Gott von der theologischen Tradition zutreffend als Beziehung dreier Personen, als Anerkennung des Anderen und also als Liebe beschrieben wird, kann sein Handeln letztlich nur durch eine einzige Intention cha-

402 Keine einzige Wirkung kann vollständig auf eindeutig formalisierbare Faktoren zurückgeführt werden. Jedes Seiende ist trotz all seiner Erklärbarkeit durch innerweltliche Beziehungen und Ursachen *auch* etwas Neues, nicht schlechthin Ableitbares, also etwas Kontingentes, Faktisches, in gewisser Weise ein „Vorentwurf" der Freiheit des sich seiner selbst bewussten Subjekts.

403 B. Weissmahr, Kann Gott die Auferstehung Jesu durch innerweltliche Kräfte bewirkt haben?, 456.

rakterisiert sein: nämlich zur Freiheit befreien zu wollen[404]. Denn Liebe, wo sie selbstlos und also unbedingt ist, will das Selbstsein des Anderen. Liebe handelt nie als Bemächtigung, sondern immer als Befreiung. Wenn die Schöpfung in den Jahrmilliarden ihrer Evolution immer neue Qualitäten höherer Selbständigkeit (in gewisser Weise Vorentwürfe personaler Freiheit[405] hervorbringt, und wenn sich diese höheren Qualitäten nicht deterministisch (im Sinne eines innergeschöpflichen Kausalverhältnisses) vorausbestimmen lassen, dann liegt der Gedanke nahe, dass Gott überall wirkt, wo mehr Freiheit entsteht. Dabei ist der Inhalt dieses Begriffes so weit wie möglich zu fassen. Thomas Pröpper bemerkt: Zu einem zur Freiheit befreienden Handeln gehört „sicher jederzeit Befreiung von Krankheit und Not, Zwängen und Furcht, Verurteilung und Vereinsamung, Unterdrückung und Abhängigkeit; Gewährung von Lebens- und Entfaltungsmöglichkeiten, Ermutigung und Vergebung, Achtung und Freundschaft“[406]. Allerdings: Dass zum Beispiel da, wo ich selbst Sinn – und das ist im Kern Befreiung zur Freiheit – erfahren habe, Gott selbst gehandelt hat, dies anzunehmen und zu bekennen ist selbst ein Akt von Freiheit, nämlich ein Akt meines Glaubens – und nicht das Ergebnis einer Kausalanalyse[407].

Wenn die der gesamten Schöpfung und ihrer Geschichte zugrundeliegende Intention des trinitarischen Gottes Freiheit ist, dann handelt Gott in demselben Maße, in dem ein Mensch – symbolisch vermittelt – die Freiheit des Anderen anerkennt, wiederherstellt oder erst ermöglicht. Unter dieser Voraussetzung betont Thomas Pröpper: „Christliche Praxis […] ist Gottes Liebe unter den Menschen, d. h. durch Glaube und Hoffnung bestimmte menschliche Liebe, die bezeugt und mitteilt, was ihr geschenkt

404 Dazu: K. v. Stosch, Gott – Macht – Geschichte, 228–288.

405 Zur Problematik dieses Ausdrucks: G. Neuhaus, Fundamentaltheologie, 228–233.

406 T. Pröpper, Thesen zum Wunderverständnis, 86.

407 „Geschehnisse, die konkret auf einen Menschen eingehen und dabei ihn selber erreichen, die ihn zu seiner Bestimmung rufen und sie schon realisieren, die seiner tiefsten Sehnsucht, wie sie sich in Klage und Schrei, Bitte und Wunsch und noch in schweigender Erwartung ausdrücken kann, entgegenkommen oder auch unerwartet und beglückend begegnen, allererst Erwartungen begründen, Zutrauen und Hoffnung wecken, Selbstverschlossenheit lösen, Entfremdung überwinden und zu Selbstvertrauen aufrichten, solche Geschehnisse […] sollen Wunder genannt weerden; nicht weil sie unser Erkenntnis- und Erklärungsvermögen in Verlegenheit bringen, sondern weil sie die Kraft haben, einen Menschen in seiner absoluten Sinnoffenheit anzusprechen und seinem Selbstsein die Wahrheit und Gewissheit freier Anerkennung zu geben. Was denn sonst will man Wunder nennen, und wo will man sie finden, wenn nicht dort, wo eine Freiheit sich unbedingt und ursprünglich zu anderer Freiheit entschließt und ihr als schöpferische Liebe begegnet?“ (T. Pröpper, Thesen zum Wunderverständnis, 86f).

wird."[408] Im Blick auf die jüdisch-christliche Heilsgeschichte darf man sagen: Immer hat Gottes Handeln – „von den ersten Ansätzen zu einem Dekalog [...] bis zur Erwartung der Königsherrschaft Gottes (Zentralthema bei Jesus)" – ein und dieselbe Intention: „die Schaffung von Gegengesellschaften gegen die immer vorfindlichen inhumanen Zustände". Denn „das Verhältnis Gottes zum Nichtgöttlichen steht von Anfang an unter der Intention [...], sich dem Nichtgöttlichen mitzuteilen, in das Nichtgöttliche einzugehen und für immer eine Partnerschaft mit ihm zu begründen, mit jenem Teil des Nichtgöttlichen, der fähig ist, bewusst und frei Gott aufzunehmen"[409]. Gottes Intention zielt auf die Freiheit des Anderen, die sich in der Liebe bzw. im kommunikativen Handeln der zur Freiheit befreienden Anerkennung des Anderen realisiert.

c) Zeitanalytische Erklärungen des Handelns Gottes in der Welt

Von der an kabbalistischen und rabbinischen Vorlagen orientierten Schöpfungslehre (Gershom Scholem, Eliezer Berkovits und Hans Jonas) war weiter oben schon einmal die Rede. Zumindest Hans Jonas[410] scheint den hebräischen Ausdruck „Zimzum", der innerhalb des Midrasch vornehmlich die sich auf einen Ort beschränkende (kontrahierende) Gegenwart Gottes im Allerheiligsten des Tempels bedeutet, so auf das Zueinander von göttlichem und menschlichem Handeln zu übertragen, dass man eher von einem Nacheinander als von einem Zugleich (einer direkten proportionalen

408 T. Pröpper: Erlösungsglaube und Freiheitsgeschehen, 221.

409 H. Vorgrimler: Überlegungen zur Geschichtsmächtigkeit Gottes, 133f.

410 H. Jonas erklärt: „Nachdem er sich ganz in die werdende Welt hineingab, hat Gott nichts mehr zu geben: Jetzt ist es am Menschen, ihm zu geben. Und er kann dies tun, indem er in den Wegen seines Lebens darauf sieht, dass es nicht geschehe, und nicht seinetwegen, dass es Gott um das Werdenlassen der Welt gereuen muss. Dies könnte wohl das Geheimnis der unbekannten ‚sechsunddreißig Gerechten' sein, die nach jüdischer Lehre der Welt zu ihrem Fortbestand niemals mangeln sollen und zu deren Zahl in unserer Zeit manche der erwähnten ‚Gerechten aus den Völkern' gehört haben möchten: [...]." (Der Gottesbegriff nach Auschwitz, 47f). – Weil Jonas übersieht, dass die Schöpfungslehre der Rabbinen untrennbar mit der Beschreibung Gottes als der Zukunft aller Vergangenheit und Gegenwart verbunden ist, gelangt er zu einem fast deistischen Gottesbild und zu einer Mythisierung des „Zimzum". H. H. Henrix bemerkt deshalb zu Recht: „Im kabbalistisch verstandenen Zimzum behält Gott seine Souveränität gegenüber der möglich gewordenen Schöpfung. Er bleibt dort souveränes Gegenüber zur Welt; seine Kontraktion und Zusammenziehung ist partiell. Hans Jonas aber postuliert eine totale Zusammenziehung, eine Zusammenziehung nicht auf ein Nichts, wohl aber auf bedingungslose Immanenz." (Machtentsagung Gottes?, 129).

Zuordnung) sprechen kann. Das heißt: Wenn Gott einmal zum Schöpfer geworden ist, dann ist er „ohn-mächtig" angesichts des Prozesses der sich selbst evolvierenden Schöpfung und speziell in bezug auf die Folgen der von ihm selbst ermöglichten Freiheit des Menschen.

Noch weniger biblisch als diese Position erscheinen die Voraussetzungen der von christlichen „Prozesstheologen" entwickelten Handlungstheorien. Hier ist neben Alfred North Whitehead (1861–1947)[411] und Pierre Teilhard de Chardin (1881–1955)[412] der ausdrücklich auch mit der Theodizeefrage befasste Amerikaner David Ray Griffin (* 1939)[413] zu nennen.

Pierre Teilhard de Chardin hat an vielen Beispielen demonstriert, dass da, wo die Evolution einen qualitativen Fortschritt erzielt, dieser Fortschritt stets an das Wachsen der Einheit gebunden ist. Jede Einheit ist aber gleichzeitig ein „relatives Nichts", weil sie im Vergleich zu höherer Einheit noch-nicht-verdichtete, noch-nicht-organisierte, noch-nicht-geeinte Vielheit ist. Das „Nur-Viele" als solches hat keine Art von Existenz, nicht einmal eine flüchtige. Das Telos der Evolution, die Einfaltung aller Vielheit in die Communio mit dem mystischen Leib Christi, dem Alpha und Omega der Schöpfung, bedeutet zugleich, dass dort, wo vollständige Ent-Einung des kosmischen Stoffes vorliegt (in einer unendlichen Entfernung von Omega), „nichts" ist. Teilhard schreibt die Transformationskraft der Evolution nicht dem sich organisierenden Selbst der Materie zu. Vielmehr sieht er in dieser Transformationskraft das die Weltordnung uneinholbar Eröffnende wirksam. Dabei entspricht der expandierenden Kraft ins unendlich Große eine komplektierende (entropische) Kraft sozusagen „nach innen". Mit fortschreitender Komplexität konvergieren die Materieteilchen zur Bildung „kom-plizierter" Formen bis empor zum Leben: zu Zellen, zu Organismen, zu höheren Primaten, zum Menschen. Sobald der Mensch sich selbst zum Gegenstand seines Denkens machen kann (die „reditio ad seipsum" vollziehen kann), schlägt die „Biosphäre" um in die „Noosphäre" (in die Ebene des Geistes). Im Menschen nimmt die Evolution eine Wendung nach innen, was nicht allein bedeutet, dass sie bewusster wird,

411 Vgl. A. N. Whitehead, Prozess und Realität, bes. 79–88.294–313.611–627.

412 Vgl. P. Teilhard de Chardin, Der Mensch im Kosmos, bes. 13–54; ders., Die Entstehung des Menschen, bes. 103–129; ders., Über die Weisen des göttlichen Wirkens im Universum, 33–46; ders., Mein Weltbild, bes. 11–62. – Zu der heute zumeist positiv beantworteten Frage nach der Vereinbarkeit von Teilhards Prozessdenken mit dem biblischen Theismus: H. de Lubac, Teilhard de Chardins religiöse Welt, bes. 177–192. 292–307; M. Barthélemy-Madoule, Bergson und Teilhard, bes. 419–570; M. Trennert-Hellwig, Die Urkraft des Kosmos, bes. 193–354.

413 D. R. Griffin, God, Power and Evil; J. B. Cobb / D. R. Griffin, Prozesstheologie.

sondern auch, dass sie eben dadurch „moralisch wird" und „sich mit Freiheit lädt". Teilhard ist überzeugt, dass nach dem Entstehen der Noosphäre ein weiterer Fortschritt dem freien Wollen des Menschen überantwortet ist. Der einzelne muss die je größere Einheit mit dem Anderen wollen und in der Realisierung von immer größerer Selbstlosigkeit vollziehen. Nur so kann Christus alles in allem und in allen werden.

Ganz ähnlich wie Pierre Teilhard de Chardin betrachtet auch Alfred North Whitehead alle Dinge von der höchsten Stufe der Entwicklung, vom Menschen, her. Zum Prozess aller Dinge gehört z. B. *Gedächtnis* für das unmittelbar vorangegangene Geschehen; aber auch die Fähigkeit zur *‚Antizipation'* des Zukünftigen, verbunden mit einem gewissen Grad an *Freiheit* beim *Auswählen* des Zukünftigen aus dem Bereich des Möglichen. Schon die kleinsten Teile des Universums – für den Whitehead des 1929 erschienenen Werkes „Prozess und Realität" noch die „Atome" – implizieren ein gewisses Maß an Subjektivität. Kraft ihrer relativen, im Verlauf der Entwicklung des Kosmos wachsenden Freiheitsgrade können alle Entitäten auf etwas „ansprechen". Alle Entitäten haben für Whitehead im Unterschied zu den Leibnizschen Monaden „Fenster", die eine zumindest elementare Kontaktaufnahme bzw. Kommunikation ermöglichen. Diese Fenster, durch die hindurch sich die besagte „Subjektivität" zeigt, nennt er „feeling" (Empfindung). Vor diesem Hintergrund gibt Gott der stets erst relativ wirklichen Welt das Ziel ihrer Konkretion vor. Aber bestimmen heißt nicht verfügen. Gott handelt in Beziehung zu Wesenheiten, die ihr eigenes Maß an Selbstbestimmung haben. Er ist so gesehen nicht vor, sondern mit der Schöpfung das Prinzip des Konkretwerdens. Von daher erklärt sich Whiteheads radikale Kritik am traditionellen Theismus mit seinen Vorstellungen der Unabhängigkeit, Absolutheit und Allmacht Gottes. Indem er betont, dass Gott nicht kontrollierend oder zwingend, sondern gleichsam überredend (persuasiv) auf seine Schöpfung einwirkt, stellt Whitehead die These auf, dass Gott sich von der Welt nicht nur abhängig *macht*, sondern in der Tat von ihr abhängig *ist*. Gottes Vollkommenheit ist „teilnehmendes Erwidern", ist Responsivität, ist nicht ein „Für-sich-Sein" oder ein „Immer-schon", sondern ein „Mit-Sein". Gottes Vollkommenheit zeigt sich nicht in prädeterminierendem Wissen, sondern in der Irreversibilität aller Prozesse. Irreversibilität bzw. Unumkehrbarkeit aber besagt, dass der zukünftige Zustand ein anderer ist als der gegenwärtige. Zeit ist damit nicht abstrakt leere Dauer, sondern das Fortschreiten einer Bewegung. Die im Werden begriffene Welt ist ein „antizipatorisches System", das in keinem gegebenen Zustand verharren kann, das vielmehr auf jeder einmal erreichten Stufe über sich selbst hinaus auf neue und reichere Möglichkeiten seiner Entfaltung weist.

Auf der Basis dieser Prozesstheologie meint David Ray Griffin, dass von einer „creatio ex nihilo" nicht mehr gesprochen werden sollte; dass Gott vielmehr als die Macht zu verstehen sei, die Milliarden von Jahren braucht, um aus dem Chaos immer komplexere und höhere Formen von Ordnung entstehen zu lassen. Tragisch nennt Griffin die unbestreitbare Tatsache, dass ein höheres Maß an Beziehungsfähigkeit auch ein höheres Maß an Gefährdung mit sich bringt. Ein Mensch hat ungleich mehr Möglichkeiten der Beziehung auf seine Umwelt als ein Tier. Er ist also freier und mächtiger; aber er kann deshalb auch ungleich mehr Schaden anrichten. Nach Griffin handelt Gott wie einer, der ein ursprüngliches Chaos zu immer komplexeren Formen der Ordnung und Einheit „überredet". Armin Kreiner bemerkt zu der Theodizee von Griffin: Nach seiner Auffassung ist Gott von niemandem gezwungen worden, „das ursprüngliche Chaos dazu zu überreden, immer komplexere Wesen und schließlich uns Menschen hervorzubringen. In diesem Sinn bleibt Gott auch im Rahmen der Prozesstheologie für das Leid verantwortlich. Daher stellt sich [...] die Frage, ob man einen Gott, der ein derartiges Risiko auf sich nimmt, als gütig und weise bezeichnen kann. Immerhin musste Gott doch wissen, welche Gefahren er heraufbeschwört, indem er die Materie zur Entwicklung immer komplexerer Wesen überredet. Er konnte vielleicht nicht wissen, was Menschen tatsächlich tun werden. Aber er musste zumindest darum wissen, was Menschen sich und einander antun *können*. Die Möglichkeit zum Holocaust lag von Anfang an in der Macht der Menschen. Und vermutlich lag auch die Macht zur restlosen Selbstvernichtung im Bereich des Möglichen. All dies scheint Gott in Kauf genommen zu haben. Nach traditioneller Überzeugung hätte Gott immerhin noch die Macht, die Ereignisse vollständig zu kontrollieren. Nach prozesstheologischer Überzeugung besitzt er diese Macht nicht mehr. Er hat eine Entwicklung entfacht, die er gar nicht kontrollieren kann."[414]

Mit dem Theismus der Bibel ist die Depotenzierung Gottes im Sinne von Whitehead und Griffin nicht vereinbar[415]. Man hat Griffin allerdings

414 A. Kreiner, Gott und das Leid, 118.

415 Während Michael Welker (Universalität und Relativität der Welt) zu einer vornehmlich ablehnenden Beurteilung gelangt, begrüßt Wolfhart Pannenberg (Die Bedeutung der Kategorien „Teil" und „Ganzes") die Wiederaufnahme der Problemstellung der Liberalen Theologie mit ihrer entschiedenen Tendenz zur Vermittlung und Verifikation des Wahrheitsanspruchs des christlichen Gottdenkens im Horizont eines universalen Wirklichkeitsverständnisses. Dazu auch: H. Reitz, Was ist Prozesstheologie?; K. Koch, Schöpferischer Lockruf Gottes im Prozess der Welt; R. Spaemann, Bemerkungen zum Paradigma von Whiteheads Kosmologie; C. Hartshorne, Peirce, White-

zu Unrecht die theistische Tarnung einer an und für sich atheistischen Welterklärung vorgeworfen. Denn Atheisten, so erwidert er, erklären den Menschen rein naturalistisch, während er selbst das Phänomen natural unableitbarer Freiheit mit der Existenz Gottes bzw. „des Göttlichen" begründe. Es fragt sich aber, ob in Griffins Prozesstheologie Gott nicht eher Opfer des Eigenseins der Schöpfung als deren Ursprung und Herr ist. Deshalb bemerkt der Kreiner-Schüler Denis Schmelter: „Versteht man unter der Theodizee-Argumentation den Versuch, den Glauben an einen allmächtigen und allgütigen *Gott* – und das heißt im Sinne des *theistischen* Bekenntnisses des jüdisch-christlichen Glaubens: an ein als *eigenständiges Subjekt geschichtsmächtig handelndes personales* Wesen – angesichts der Erfahrung von Übel und Leid in der Welt zu rechtfertigen, dann kann der prozesstheologische Vorschlag dazu nicht wirklich überzeugen, da er (1) die Letztverantwortlichkeit Gottes für (die Möglichkeit von) Übel und Leid verschiebt, indem er den ‚schwarzen Peter' einer postulierten primordialen Materie zusteckt, und da er (2) dem ‚theodizeeverschärfenden' Problem unerhörter Gebete als unterlassener göttlicher Hilfeleistung dadurch aus dem Weg geht, dass er die Möglichkeit eines *echten Handelns* Gottes einfach hinfort eskamotiert, indem er das göttliche mehr oder weniger im menschlichen Agieren ‚aufgehen' lässt und die Möglichkeiten expliziten göttlichen ‚Tätigseins' auf allenfalls lockendes, teilnehmendes u. ä. Wirken beschränkt."[416]

Jede Gestalt von Prozesstheologie trägt das göttliche und das geschöpfliche Handeln auf einer sich von der Vergangenheit in die Zukunft bewegenden Zeitlinie ein. Demgegenüber identifiziert die *zeitanalytische Handlungstheorie* von Franz Rosenzweig[417], Walter Benjamin[418] oder Emmanuel Levinas[419] Gottes Handeln mit der Zukunft, die der Gegenwart jedes Menschen Sinn verleiht, wenn und insoweit dieser das eigene Handeln von der Zukunft bestimmen lässt. Gott selbst ist die „Zukunft, die, ohne aufzuhören Zukunft zu sein, dennoch gegenwärtig ist"[420]. Emmanuel Levinas hat gezeigt, dass die durch kein transzendentales Denken, durch keine Intention und keine Einfühlung einholbare „Andersheit des

head und die sechzehn Ansichten über Gott; H. Maaßen, Offenbarung, Mythos und Metaphysik.

416 D. Schmelter, Gottes Handeln und die Riskologik der Liebe, 394[1272].

417 Dazu: B. Casper, Zeit – Erfahrung – Erlösung; H.-J. Görtz, Tod und Erfahrung.

418 Dazu: G. Scholem, Walter Benjamin und sein Engel; M. Kehl, Eschatologie, 327–336; J. Wohlmuth, Zur Bedeutung der „Geschichtsthesen" Walter Benjamins.

419 Dazu: B. Casper, Illéité; M. Lersch, Triplex Analogia, 181–194.

420 F. Rosenzweig, Der Mensch und sein Werk, Bd. II, 250.

Du" der „Ort" ist, wo ich Gott als diese Zukunft erfahren kann. Denn Gottes Intention ist gerichtet auf die Freiheit, die Einmaligkeit, die Andersheit des Anderen. Deshalb begegne ich überall da, wo ich „meinen" Besitz, „meine Zeit", „meine" Gedanken, „meine" Pläne vom Anderen durchkreuzen lasse, dem, der mich unbedingt „an-geht", weil er die Zukunft „meiner" Vergangenheit und „meiner" Gegenwart ist. Wo immer ich mein Handeln von der Andersheit des Anderen beanspruchen lasse oder die Andersheit des Anderen (seine Freiheit bzw. Personalität) durch Anerkennung ermögliche, da handelt Gott in meinem Handeln; da lasse ich die Zukunft „meine Zeit" bestimmen.

Wenn man deszendenzchristologisch die Einzigkeit Jesu Christi (hypostatische Union) voraussetzt, dann darf man aufgrund der neutestamentlichen Zeugen aszendenzchristologisch sagen: Jesus konnte sich dem Anderen so öffnen, dass Gott (= der ganz und gar Andere bzw. die Zukunft) seine Gegenwart wurde; dass sein Handeln das Handeln Gottes selbst und sein Tod die Besiegung der absoluten Beziehungslosigkeit (Sheol bzw. Zeit-Losigkeit) durch absolute Communio (Trinität bzw. Zukunft ohne Ende) war. Jesus als den Christus bekennen bedeutet seitdem die „autotraditio" Jesu in die eigene „traditio" an den jeweils Nächsten zu inkarnieren oder, wie Paulus sagt, „Christus anziehen"; oder – anders formuliert – durch, mit und in Christus die eigene Vergangenheit und Gegenwart vom Anderen bzw. von der Zukunft bestimmen lassen.

Wie gesagt: Ein Beten, das den gekreuzigten und auferstandenen Christus erinnert, will Gott nicht zu irgendetwas veranlassen, sondern ihn in die eigene Gegenwart und in das eigene Handeln „hineinlassen" – wissend, dass er sich mit keinen anderen Mitteln als denen gekreuzigter Liebe durchsetzen kann[421]; und im Glauben daran, dass die angesichts des Bösen nicht selten ohnmächtig scheinende Liebe jenes Alpha und das Omega ist, das unsere Osterkerzen ziert. Das Ankommen der Liebe, die stärker als der Tod ist, geschieht immer *in* der Zeit, also nicht in einer Art welt- und geschichtsenthobener Vision, sondern in Analogie zu der durchlittenen Ölbergnacht Jesu. Deswegen trägt sie die Signatur des Wartens[422].

Ohne den Glauben an die Identität der gekreuzigten Liebe mit der im Credo affirmierten Allmacht Gottes wird die gekreuzigte Liebe zur ohnmächtigen Liebe. Simone Weil – als geborene Jüdin „ein Leben lang auf

421 Dazu: K.-H. Menke, Handelt Gott, wenn ich ihn bitte?, bes. 29–82; ders., Thesen zur Christologie des Bittgebetes.

422 Dazu: M. Müller, Christliche Theologie im Angesicht des Judentums, bes. 49–80.255–266.

dem Weg zu Christus“[423] – glaubt an „die Macht der wehrlosen Liebe“; deshalb bekennt sie: „Die Zeit ist das Warten Gottes, der um unsere Liebe bettelt.“ Emanuel Levinas setzt dagegen: „Die Zeit ist das Warten Gottes, der unsere Liebe befiehlt.“ Statt Werbung Gottes also sein Befehl, statt ästhetischer Lockung eine ethische Vorladung vor das Tribunal unendlicher Verantwortung. Dem verstorbenen Aachener Bischof Klaus Hemmerle hat Emanuel Levinas geantwortet: „Die Wehrlosigkeit hier kostet sehr viele leidende Menschen. Darf man das so sagen? Wissen Sie, wir sind hier nicht in einer Disputatio über das Mitleiden Gottes. Wissen Sie, ich verstehe diese Wehrlosigkeit nicht, heute nach Auschwitz. Manchmal scheint mir das, was in Auschwitz dort passiert ist, einen Sinn zu haben, als ob der liebe Gott eine Liebe verlangt, die ganz ohne Versprechen ist. Das denke ich mir so: Der Sinn von Auschwitz ist ein Leiden, ein Glauben ganz ohne Versprechen. […] Und dann sage ich mir: aber das kostet zu viel – nicht den lieben Gott, sondern die Menschheit.“[424]

Magnus Striet positioniert sich, was diesen Punkt betrifft, eher auf der Seite von Levinas als auf der von Simone Weil. In einem Beitrag zur Theodizeefrage aus dem Jahre 1998 bemerkt er: „Wenn nicht philosophisch apriori vorentschieden werden soll, dass im Sterben des Gerechten unbedingter Sinn bereits real erscheint, dann wird man nicht umhin können, die Frage zu stellen, warum denn im Sterben Jesu *Gottes* Liebe sich geoffenbart habe. War nicht Jesu Anspruch, vollmächtiger Verkünder des in seiner Person anbrechenden Gottesreiches zu sein, als solcher schon strittig? Abgesehen davon stünde ja, wenn man diese Offenbarungsthese teilte, immer noch die Frage im Raum, ob sie in der Theodizeediskussion wirklich weiterhilft. Denn würde nicht das Argument von Levinas immer noch zutreffen, dass die ‚ohnmächtige‘ Kenose Gottes den Menschen zu viel koste?“[425]

Ich setze dagegen: Sie hilft weiter – allerdings nur unter der Voraussetzung, dass ich den *Glauben* an Jesus als den Christus nicht auf eine nachträgliche oder erst im Eschaton gegebene Antwort gründe, sondern mich von dem heidnischen Hauptmann in Mk 15,39 auf eine Liebe verweisen lasse, wie sie radikaler nicht gedacht werden kann. Die geistgewirkte Identität der *autotraditio* des Gekreuzigten mit der *traditio* Gottes des Vaters lässt sich gewiss nicht beweisen. Aber man muss Mk 15,39 und das vierte Evangelium in Gänze ausblenden, wenn man das Kreuz nicht als „den

423 S. Goerlich, Sehnsucht nach der Wahrheit, 173.
424 E. Levinas, Judentum und Christentum nach Rosenzweig, 331.
425 M. Striet, Versuch über die Auflehnung, 56f[21].

wahren Dornbusch", sondern als Gott verbergendes Ereignis beschreibt. Und – wie schon gesagt – eine eschatologisch erwartete Antwort auf die Theodizeefrage, deren Logik eine hier und jetzt in keiner Weise erahnbare wäre, käme im Sinne des Iwan Karamasow nicht nur zu spät, sondern würde das Inkarnationsdogma weitgehend entwerten.

6. Exkurs II zu dem Thema: „Das christliche Menschenbild als Voraussetzung der Theodizeefrage"

Nicht zufällig berufen sich die Psychologen, Biologen und Neurophysiologen, die seit Jahrzehnten die großen Kongresse der Brain-mind-Debatte beherrschen, immer wieder auf Friedrich Nietzsche[426]. Ihre Argumentation ist von den Einzelheiten der Hirnforschung abgesehen recht einfach: Was z. B. in der Bibel als Besessenheit beschrieben wird und schon in der Antike von aufgeklärteren Geistern als eine Gehirnkrankheit mit dem Namen Epilepsie diagnostizert wird, kann man heute im Gehirn genau lokalisieren. Auf ähnliche Weise sind bestimmte Gehirnzellen oder Gehirnregionen für religiöse Sensibilität verantwortlich. Von daher liegt für viele Neurophysiologen die Schlussfolgerung nahe, dass das angeblich transzendentale Ich nichts anderes sei als die Aktivierung bestimmter Gehirnzellen. Oder anders ausgedrückt: Wenn der Mensch „ich denke" sagt, produzieren bestimmte Gehirnzellen das Bewusstsein der Unterschiedenheit von Begriff und Wirklichkeit, von denkendem Ich und gedachtem Gedanken.

a) Das ‚Ich': Strategie der Natur oder Ausdruck der Selbstbestimmbarkeit menschlicher Freiheit?

Wenn Kant von der ursprünglich-synthetischen Einheit der Apperzeption spricht, beschreibt er die Fähigkeit des ‚Ich', sich in Raum und Zeit mit sich selbst identisch und alle Wahrnehmungen und Begriffe als die eigenen zu wissen. Der Begriff der transzendentalen Apperzeption hat also bei Kant die Funktion einer theoretischen Selbsterfassung des Ich und wird deshalb als Bedingung der Möglichkeit des Denkens vom Denken selbst unterschieden. Auf dieses Phänomen bezogen spricht Hermann Krings

426 Vgl. dazu die brillanten Analysen von Thomas Pröpper in: Theologische Anthropologie, 787–921.

in seiner Freiheitsanalyse von der Selbstursprünglichkeit und formalen Unbedingtheit des transzendentalen gegenüber dem empirischen Ich. Aus der Sicht von Nietzsche aber sind nicht nur die Kantschen Anschauungsformen und Kategorien die dem Gehirn des Menschen angeborenen Bewältigungsstrategien, sondern auch das transzendentale Ich ist aus seiner Sicht nichts vom Denken selbst Verschiedenes, sondern bloße Fiktion. Mit anderen Worten: So wie ein neugeborenes Säugetier aufgrund der Vorgaben seines Gehirns geradezu automatisch den Euter seiner Mutter findet, so bewältigt der Mensch aufgrund seines Gehirns die Wirklichkeit durch das Denken, zu dem die Unterscheidung zwischen denkendem Ich und gedachtem Gedanken gehört, ohne dass das Ich von dem Denken selbst real verschieden wäre.

Magnus Striet sieht diese Auffassung Nietzsches auf exemplarisch klare Weise ausgedrückt in einem seiner nachgelassenen Fragmente aus dem Jahre 1885: „Was mich“ – so bekennt Nietzsche dort – „am gründlichsten von den Metaphysikern abtrennt, das ist: ich gebe ihnen nicht zu, dass das ‚Ich es ist, was denkt: vielmehr nehme ich das *Ich selber als eine Construktion des Denkens*, von gleichem Range, wie ‚Stoff‘, ‚Ding‘, ‚Substanz‘, ‚Individuum‘, ‚Zweck‘, ‚Zahl‘: also nur als *regulative Fiktion*, mit deren Hülfe eine Art Beständigkeit, folglich ‚Erkennbarkeit‘ in eine Welt des Werdens hineingelegt, *hineingedichtet* wird. Der Glaube an die Grammatik, an das sprachliche Subjekt, Objekt, an die Thätigkeits-Worte hat bisher die Metaphysiker unterjocht: diesen Glauben lehre ich abschwören. Das Denken setzt erst das Ich: aber bisher glaubte man, wie das ‚Volk‘, im ‚ich denke‘ liege irgend etwas von Unmittelbar-Gewissem und dieses ‚Ich‘ sei die gegebene Ursache des Denkens, nach deren Analogie wir alle sonstigen ursächlichen Verhältnisse ‚verstünden‘. Wie sehr gewohnt und unentbehrlich jetzt jene Fiktion auch sein mag, das beweist nichts gegen ihre Erdichtetheit: es kann etwas Lebensbedingung und *trotzdem falsch* sein.“[427]

Aus diesem Zitat geht eindeutig hervor, wie Nietzsche das Lebewesen Mensch auf die angeborenen Strategien seiner Natur reduziert. Die Tatsache, dass ‚Ich‘ mich in Akten wie Denken oder Planen als denjenigen weiß, der denkt oder plant, liegt für Nietzsche darin begründet, dass diese Form von Bewusstsein funktionale Bedeutung hat für die Natur. Sie wird von ihm zuweilen als die „große Vernunft“ im Unterschied zu der

427 F. Nietzsche, Nachgelassene Fragmente, 526. – Dazu: Striet, Selbst-Erlösung?, 42f.

„kleinen Vernunft" des menschlichen Gehirns bezeichnet[428]. Die „große Vernunft" ist nach Nietzsche nichts anderes als „Wille zur Macht"[429]. Er – dieser Wille – ist es, der nützliche Fälschungen wie z. B. die Funktion eines transzendentalen Ich entstehen lässt. Auch die Moral ist nichts anderes als erfundenes Mittel zum Zweck[430]. Und entsprechend verhält es sich mit dem Gottesbegriff. Der Mensch, der denkt, dass sein denkendes Ich von seinem Denken real verschieden sei und sich zu jedem Nicht-Ich frei verhalten könne, projiziert seine fiktive Unterscheidung zwischen Ich und Nicht-Ich in den fiktiven Gott[431], der sich als Ich von jedem Nicht-Ich nicht nur unterscheidet, sondern als immer schon vorhandenes Ich jedes Nicht-Ich schafft.

Wenn man die von Nietzsche konsequent betriebene Destruktion des Subjekts mit dem Denken des unbestritten konsequentesten Transzendentalphilosophen – nämlich dem Johann Gottlieb Fichtes – konfrontiert, wird deutlich: Es gibt für das Selbstverständnis des Menschen letztlich nur die Alternative zwischen zwei Grundoptionen. Diese Alternative hat Fichte selbst in seiner „Ersten Einleitung in die Wissenschaftslehre" 1797 als eine solche zwischen „Idealismus" und „Dogmatismus" beschrieben. Mit dem Begriff „Dogmatismus" bezeichnet er die Auffassung, dass das Ich innerhalb der Ich-Rede des Menschen eine bloße Fiktion und also ein „Dogma" – d. h. in diesem Zusammenhang: das Gegenteil von Realität – ist. Von Fichte her betrachtet erscheint Nietzsche als ein geradezu exemplarischer „Dogmatiker", weil er jedwede Unterscheidung zwischen Ich und Nicht-Ich als Epiphänomen der Natur bzw. der „großen Vernunft" bzw. des „Willens zur Macht" beschreibt. Fichte selbst charakterisiert den

428 „‚Leib bin ich und Seele' – so redet das Kind. Und warum sollte man nicht wie die Kinder reden? Aber der Erwachte, der Wissende sagt: Leib bin ich ganz und gar, und Nichts außerdem; und Seele ist nur ein Wort für ein Etwas am Leibe. Der Leib ist eine große Vernunft, eine Vielheit mit Einem Sinne, ein Krieg und ein Frieden, eine Herde und ein Hirt. Werkzeug deines Leibes ist auch deine kleine Vernunft, mein Bruder, die du ‚Geist' nennst, ein kleines Werk- und Spielzeug deiner großen Vernunft. ‚Ich' sagst du und bist stolz auf diess Wort. Aber das Größere ist, woran du nicht glauben willst, – dein Leib und seine große Vernunft: die sagt nicht Ich, aber thut Ich." (F. Nietzsche, Also sprach Zarathustra, 39).

429 Vgl. M. Striet, Das Ich im Sturz der Realität, 26–52.

430 Vgl. M. Striet, Das Ich im Sturz der Realität, 148–154.

431 Darin sieht Henri de Lubac „die Tragödie des atheistischen Humanismus": „Der Mensch schaltet Gott aus, um selber in den Vollbesitz der menschlichen Größe zu treten, die ihm ein anderer, wie er meint, wider Gebühr vorenthält. Indem er Gott stürzt, beseitigt er das Hindernis für die Erringung seiner Freiheit. Der moderne Humanismus erwächst also auf dem Boden eines Ressentiments und beginnt mit einem ‚Entweder – Oder'." (Über Gott hinaus, 19).

als Gegenteil der eigenen Position verworfenen Dogmatismus mit den Worten: „Nach ihm ist alles, was in unserem Bewusstseyn vorkommt, Product eines Dinges an sich, sonach auch unsere vermeinten Bestimmungen durch Freiheit, mit der Meinung selbst, dass wir frei seyen. Diese Meinung wird durch die Einwirkung des Dinges in uns hervorgebracht, und die Bestimmungen, die wir von unserer Freiheit ableiten, werden gleichfalls dadurch hervorgebracht: nur wissen wir das nicht, darum schreiben wir sie keiner Ursache, also der Freiheit zu. Jeder consequente Dogmatiker ist nothwendig Fatalist; er läugnet nicht das Factum des Bewusstseyns, dass wir uns für frei halten: denn die wäre vernunftwidrig; aber er erweist aus seinem Princip die Falschheit dieser Aussage."[432]

Fichte, der sich selbst als „Idealisten" bezeichnet, spricht von der Unmöglichkeit, die eigene Option als die wahre zu beweisen. Denn der konsequente Dogmatismus ist immun gegen das Retorsionsargument, „dass sich doch auch die Destruktion der Vorstellung von einem freien Ich, von einem Subjekt, noch theoretisch insofern verantworten lassen müsse, als die Instanz anzugeben sei, in der diese theoretische Destruktion vollzogen wird"[433]. Fichte spricht aber von „zwei Stufen der Menschheit": „Einige, die sich noch nicht zum vollen Gefühl ihrer Freiheit und absoluten Selbständigkeit erhoben haben, finden sich selbst nur im Vorstellen der Dinge; sie haben nur jenes zerstreute, auf den Objecten haftende, und aus ihrer Mannigfaltigkeit zusammen zu lesende Selbstbewusstseyn. [...] Alles, was sie sind, sind sie wirklich durch die Außenwelt geworden. Wer in der That nur ein Product der Dinge ist, wird sich auch nie anders erblicken [...]. Wer aber seiner Selbständigkeit und Unabhängigkeit von allem, was außer ihm ist, sich bewusst wird [...], der bedarf der Dinge nicht zur Stütze seines Selbst, und kann sie nicht brauchen, weil sie jene Selbständigkeit aufheben, und in leeren Schein verwandeln."[434]

Nicht selten wird die These vertreten, Gott hätte den Menschen doch auch so erschaffen können, dass er sich stets frei für das Gute entscheidet. Dann aber wäre die besagte Freiheit eine Eigenschaft der Natur des Menschen, so wie das Hamstern eine Eigenschaft der Natur des Hamsters ist. Der alles verantwortende und also lenkende Schöpfer würde sein Geschöpf ‚Mensch' im Modus der Freiheit bewegen, so wie er sein Geschöpf ‚Hamster' im Modus des Hamsterns bewegt. Nein, wenn Gott mit dem Menschen ein wirkliches Gegenüber, einen Bundespartner, ge-

432 J. G. Fichte, Erste Einleitung in die Wissenschaftslehre, 430.
433 M. Striet, Selbst-Erlösung?, 45.
434 J. G. Fichte, Erste Einleitung in die Wissenschaftslehre, 433f.

schaffen hat, dann gehört dessen Möglichkeit, zwischen Gut und Böse zu wählen, wesentlich dazu. Wirkliche Freiheit gibt es nur, wenn diese sich selbst bestimmen kann und nicht immer schon (zum Guten) bestimmt ist. Nicht weil transzendentale Freiheit eine Wirklichkeit ist, die sich *aus sich selbst hervorbringt*, sondern weil wirkliche Freiheit sich *zu sich selbst entschließen* muss, spricht Hermann Krings im Anschluss an Fichte[435] von ihrer „Selbstursprünglichkeit"[436]. Gerade *als* „selbstursprüngliche" ist die Freiheit ein Geschenk des Schöpfers – des *trinitarischen* Schöpfers, der sich selbst dazu bestimmt hat, sich von der von ihm geschaffenen und im Dasein erhaltenen Andersheit seiner Adressaten nicht nur scheinbar, sondern wirklich bestimmen zu lassen. Kurzum: Nur wenn es den personal verstandenen Schöpfer gibt, ist die Freiheit des Menschen keine Strategie der von Nietzsche als Wille zur Macht beschriebenen Natur, sondern das, was den Menschen grundlegend vom Tier unterscheidet.

b) Transzendentale Freiheit: Eine Illusion der Theodizeefrage?

Ohne die unbedingte Unterscheidung des Menschen von der Natur – d. h. ohne die Voraussetzung einer formal unbedingten *Autonomie* transzendentaler Freiheit – ist die Diagnose und Bekämpfung des Bösen mitsamt der Theodizeefrage eine bloße List der Natur. Wenn es den Schöpfer und wirkliche (transzendentale) Freiheit des Menschen nicht gibt, dann ist die Theodizeefrage so etwas Ähnliches wie die Beschimpfung des Tischbeins, an dem ich mich gestoßen habe. Unter dieser Voraussetzung sollen im Folgenden einige Autoren zur Sprache kommen, die sich – vor die Alternative „Nietzsche oder Fichte" gestellt – keineswegs auf die Seite Nietzsches schlagen würden, aber doch von einem Verhängnis sprechen, das den Menschen eher als Objekt (bzw. Opfer) denn als Subjekt (transzendental frei) erscheinen lässt.

aa) Gabriel Marcel: Der Bann des Habenwollens und das ‚Dennoch' der Hoffnung

Im Anschluss an Martin Heidegger bezeichnet Gabriel Marcel (1889–1973)[437] mit dem Terminus „Sein" das eigentliche Geheimnis der Wirk-

435 Vgl. J. G. Fichte, Erste Einleitung in die Wissenschaftslehre, 429.

436 Vgl. H. Krings, System und Freiheit, 62.

437 Zur geistigen Biographie Gabriel Marcels: P.-F. Ruelius, Mysterium spes, bes. 11–120.

lichkeit: das, was jedem erkennenden und verfügenden Zugriff des Subjekts (jedem „Haben-Wollen“ = „avoir“) Widerstand leistet.

Der Terminus „Sein“ verweist also auf jenen Zusammenhang alles Seienden, den wir im Deutschen mit dem vieldeutigen Begriff „Sinn“ bzw. „Sinnzusammenhang“ bezeichnen. Und der Sinn alles Seienden leuchtet dort am meisten auf, wo wir die Wirklichkeit am wenigsten als unser Objekt, als unsere Funktion instrumentalisieren; dort, wo wir der Andersheit des Anderen am meisten gerecht werden.

Wo aber werden wir der Andersheit des Anderen wirklich gerecht? Marcels Antwort lautet: In den Akten, die uns jedes Fertigwerden oder Fertigsein mit der Wirklichkeit verbieten[438], in den Akten des Glaubens, des Hoffens und des Liebens. Marcel wird zum großen Philosophen der Hoffnung, weil er in der Hoffnung, die auch über alle kleinen und großen Enttäuschungen hinweg nicht aufhört, die entscheidende Überwindung jener Haltung sieht, die uns als Versuchung geradezu angeboren ist, der Haltung des Haben-Wollens (avoir).

Die Haltung des Haben-Wollens führt – so schildert Marcel mit der Anschaulichkeit des Dramatikers und Phänomenologen – in die Verzweiflung. Denn wenn für mich das der Sinn der Wirklichkeit ist, was ich besitzen, erwerben, objektivieren, kurz: „haben“ kann, dann hänge ich mein Leben auf an etwas, was jederzeit zerstörbar und ersetzbar ist. Jedwede Verzweiflung, so lehrt Marcel, besteht darin, dass ich mit der Wirklichkeit fertig bin, weil ich sie reduziert habe auf meine Begriffe, auf mein Wissen und mein Haben. Das Gegenteil ist die glaubende Hoffnung[439], dass die

438 Martin Heidegger spricht von der antlitzlosen Faktizität, in die der Mensch geworfen ist. Verbunden mit diesem nackten „Dass“ seiner Existenz ist eine ursprüngliche Bedrohung, die ihn verleitet, seinem Dasein selbst einen Sinn zu geben durch die Mechanismen der Selbstsicherung, durch das, was Marcel das Haben nennt. Aber nichts, was wir selbst machen können, hat Bestand. Der Tod stellt alles ins Nichts. Von daher steht der Mensch vor der Alternative der Verzweiflung (des Verschlungenwerdens durch den Tod) oder der hoffenden Besiegung des Todes. – Zu Marcels Philosophie des Todes im Vergleich mit der Heideggers: P.-F. Ruelius, Mysterium spes, 283–310; A. Lohner, Der Tod im Existentialismus, 119–162.209–231.

439 Dass die Wahl der „glaubenden Hoffnung“ aus der Sicht von Marcel nicht vor dem Forum einer transzendentalen Vernunft verantwortet wird, sondern eher voluntaristisch – um nicht zu sagen: „fideistisch“ – zu verstehen ist, wird überall dort manifest, wo er von der Liebe spricht, die dem geliebten Du sagt: „Du wirst nicht sterben“ (z. B. Werkauswahl II, 266). In Marcels Ausführungen über „Das ontologische Geheimnis“ lesen wir: „Gegen alle Hoffnung hoffen, dass das Wesen, das ich liebe, über das Übel triumphiert, das unheilbar scheint und es aushöhlt, das heißt: es ist nicht möglich, dass ich allein bin mit meinem Wunsch seiner Heilung, es ist unmöglich, dass die Wirklichkeit in ihrem Innersten feindlich oder auch nur gleichgültig ist dem gegenüber, was ich als ein Gut an sich ansehe.“ (Werkauswahl I, 73).

Wirklichkeit bzw. „das Sein" mehr ist als alles, was ich wissen und haben kann.

Ausdrücklich spricht Marcel von Zeiten, die mehr als andere einladen zur Verzweiflung[440]. Jedenfalls erscheint der einzelne Mensch hin und her gerissen zwischen der Einladung zur Bejahung des Seins und der Einladung zum Verrat bzw. zum Alles-haben-Wollen[441].

Wenn man Marcels Phänomenologie der Hoffnung mit Kierkegaards Phänomenologie der Angst vergleicht, wird deutlich, dass beide so etwas wie eine „Einladung der Natur zum Verrat"[442] beschreiben und als Ausweg den „Sprung" des Glaubens auf die ganz andere (übernatürliche) Ebene empfehlen. Kierkegaard sieht die Einladung zum Verrat in der eigenartigen Struktur des einzigen Geschöpfes, das aufgrund seiner Geistbegabung um seine Endlichkeit weiß und sich zu dieser Endlichkeit verhalten muss[443]. Der Mensch ist ja das Geschöpf, das seine Erfüllung nicht im Endlichen finden kann, sondern auf das Andere aller Endlichkeit, auf das Unbedingte bzw. den „Sinn an sich" verwiesen ist, ohne dieses Ziel seines geistigen Verlangens je haben oder ergreifen zu können[444]. Da der Mensch sich als endlich weiß, *muss* er das Gegenteil des Endlichen zumindest denken – selbst dann, wenn er überzeugt ist, dass es nichts wirklich Unendliches bzw. Unbedingtes oder Absolutes gibt. Und nicht nur das! Weil der Mensch sich seiner Endlichkeit bewusst ist, verlangt er *notwendig* nach der Überschreitung alles Endlichen. Natürlich kann ein Mensch auch an

---

440 Mit Verweis auf G. Marcel (Werkauswahl I, 75) bemerkt Peter-Felix Ruelius (Mysterium spes, 189): „Marcel beantwortet die Frage nach der Gestalt unseres Zeitalters im Jahr 1933 mit der Feststellung, dass wir offensichtlich in das Zeitalter der Verzweiflung eingetreten seien." – Dazu auch: B. J. Claret, Hoffnung in einer zerbrochenen Welt, 40–49.

441 Liselotte Richter (Camus und die Philosophen, 133f) bezeichnet Marcel als Gegentypus von Camus – dies aber nicht, weil Marcel die Hoffnung des einzelnen Menschen als etwas zumindest formal Unbedingtes betrachtet, sondern weil er den Sprung in den Glauben an die Unbesiegbarkeit der Hoffnung empfiehlt. Wörtlich bemerkt sie: „Marcel und Camus verkörpern heute die beiden extremsten Möglichkeiten, die dem modernen Menschen für das Grunderlebnis des existentiellen Konflikts gegeben sind, wobei offenbleiben muss, wer wen am stärksten zur Trotzposition inspiriert. Nur macht uns Camus' Denkbemühung klar, dass die Einseitigkeit von Marcels Glaubenssprung und blinder Bejahung, wo der Existentialismus verneinen muss, auf die Dauer nicht überzeugen kann und Camus' Haltung des absurden Menschen in der absurden Welt dagegen ein notwendiges Korrektiv darstellt, um uns vielleicht für tiefere Neuansätze des Philosophierens bereitzumachen."

442 Vgl. B. J. Claret, Geheimnis des Bösen, 290–296.

443 Vgl. S. Kierkegaard, Der Begriff Angst. – Dazu: E. Drewermann, Strukturen des Bösen III, 436–588.

444 Vgl. G. Thonhauser, Über das Konzept der Zeitlichkeit bei Sören Kierkegaard.

seiner Endlichkeit verzweifeln – z. B. durch Suizid, den ein Tier gar nicht begehen kann, weil es um seine Endlichkeit nicht weiß und sich also auch nicht positiv oder negativ zu ihr verhalten kann. Aber auch diese und andere Formen der Verzweiflung sind ja bei Licht besehen nichts anderes als Versuche des Menschen, sein Ausgespanntsein zwischen Endlichkeit und Unendlichkeit entweder durch Flucht aus der Endlichkeit in die Unendlichkeit oder umgekehrt durch Verabsolutierung der Endlichkeit aufzuheben. Wer verzweifelt er selbst oder verzweifelt nicht er selbst sein will, hebt die Spannung zwischen Endlichkeit und Unendlichkeit auf, indem er entweder etwas Endliches verabsolutiert oder aber das Unendliche bzw. Absolute durch Flucht aus der Endlichkeit sucht.

Hier stellt sich die besagte Frage: Ist das Ich jedes einzelnen Menschen befähigt, aller Versuchung zum Verrat oder zur Verzweiflung entgegen zu hoffen und zu glauben? Oder verdankt sich die Fähigkeit zum transzendentalen „Dennoch" der Situation, in die das einzelne Ich „geworfen" ist? Anders gefragt: Ist das „Dennoch" des Menschen ein Epiphänomen der Verhältnisse seiner Natur und Geschichte? Oder ist dieses „Dennoch" Ausweis der Tatsache, dass der Mensch stets mehr ist als die Summe seiner naturalen und geschichtlichen Bedingungen?

bb) Theodor W. Adorno: Der Bann der Gewalt und das ‚Dennoch' negativer Dialektik

Was Gabriel Marcel als Einladung zum Verrat und was Kierkegaard als Einladung zur Verzweiflung beschreiben, schildert Theodor W. Adorno (1903–1969) als „universalen Bann". Die Natur selbst – so erklärt er – ist durchgehend bestimmt vom Prinzip der Selbsterhaltung und damit von der Ausübung von Gewalt. Georg Scherer fasst diese Beobachtung des Frankfurter Philosophen wie folgt zusammen: „Als Gewalt erlebt der Mensch zunächst die Natur selbst. Sie herrscht in der Unerbittlichkeit des Ablaufs der Naturprozesse über den Menschen. Wie sie aber über ihn herrscht, so tut der Mensch es auch ihr an. Zugleich zeigt sich, dass mit der Setzung von Macht als Realitätsprinzip die Herrschaft vom Menschen über andere Menschen mitgesetzt ist."[445] Da die Natur vom Menschen als alles verschlingende Gewalt erfahren wird, versucht der Mensch seinerseits, „alles andere, was nicht er selbst ist, alles ‚Draußen', eben die Natur, auszuschalten und in die Immanenz der eigenen Subjektivität hineinzuverwandeln"[446]. Der Mensch des mythischen Weltbildes sieht die

445 G. Scherer, Verblendung und Todeshorizont, 116.
446 G. Scherer, Verblendung und Todeshorizont, 118.

Natur als Kreislauf, in den er selbst unentrinnbar eingebunden ist. Aber schon der Mensch, der durch Magie versucht, das letztlich Unbezwingbare des ihm Vorgegebenen zu beeinflussen, offenbart mit aller Deutlichkeit, wohin sein sich ständig bedroht fühlendes, von der Angst bestimmtes Bewusstsein tendiert: nämlich zu dem Versuch, das es Zwingende selbst zu bezwingen.

Adorno spannt einen großen Bogen von der Entmythologisierung, die im Abendland mit der vorsokratischen Philosophie einsetzt, bis zu der Aufklärung, deren Markenzeichen die Logik der Bemächtigung bzw. der instrumentellen Vernunft ist. Mit Horkheimer spricht er von der „Dialektik der Aufklärung"[447] als dem steten Umschlagen der Selbstbefreiung des Subjekts in die Vergewaltigung der Andersheit des Anderen. Indem das einzelne Subjekt sich von der Natur dadurch unterscheidet, dass es sich *in dem Setzen der eigenen Differenz* von der Natur dem Herrschenwollen ergibt, verfällt es dem Gesetz der Natur, dem Gesetz der Unterwerfung. Und das Diabolische dieses Vorgangs liegt aus der Sicht Adornos darin, dass der sich alles unterwerfende Mensch diese seine Herrschaft *zu etwas* Natur*notwendigem* erklärt.

Dass der beschriebene „Bann"[448] ein „universales Verhängnis" und also „natur*gegeben*" ist, leugnet Adorno nicht. Aber er betont zugleich, dass das „Natur*gegebene*" nicht identisch ist mit dem „Natur*notwendigen*". Ausdrücklich wendet er sich gegen Hegels Identifikation des Geschichtlichen mit dem Notwendigen und bemerkt über Schopenhauer: Während es scheint , als liege der besagte Bann „über allem Lebendigen, ist er wahrscheinlich doch nicht, wie es nach Schopenhauers Sinn wäre, umstandslos eins mit dem *principium individuationis* und dessen sturer Selbsterhaltung. Das tierische Verhalten differiert vom menschlichen durch ein Zwanghaftes. An die Tiergattung Mensch dürfte es sich fortgeerbt haben, wird aber in dieser zu einem quantitativ Anderen. Und zwar gerade vermöge der Fähigkeit zur Reflexion, vor der der Bann zunichte werden könnte"[449]. Menschwerdung, so betont Adorno, vollzieht sich durch kritische Dis-

447 Vgl. M. Horkheimer / T. W. Adorno, Dialektik der Aufklärung, 22f.

448 Zur Erklärung dieses immer wieder verwandten Begriffs bemerkt Adorno (Negative Dialektik, 337f): „Nach wie vor stehen die Menschen, die Einzelsubjekte unter einem Bann. Er ist die subjektive Gestalt des Weltgeists, die dessen Primat über den auswendigen Lebensprozess inwendig verstärkt. Wogegen sie nicht ankönnen, und was sie selber negiert, dazu werden sie selber. […] Von sich aus, gleichsam a priori, verhalten sie sich dem Unausweichlichen gemäß. […] Die Hegelsche Lehre von der Substantialität des Allgemeinen im Individuellen eignet den subjektiven Bann sich zu."

449 T. W. Adorno, Negative Dialektik, 338f.

tanz. Wo immer sich ein Mensch von der Natur unterscheidet bzw. sich ihr gegenüberstellt, geschieht Menschwerdung. Allerdings ist auch dieses Sich-der-Natur-Gegenüberstellen ein ambivalenter Vorgang. Denn immer ist das sich gegen den Bann stemmende Individuum geneigt, im Hegelschen Sinne zu dem Subjekt zu werden, das alles Andere auf sich selbst bezieht bzw. der eigenen Identität unterwirft[450].

Wie Gerd Neuhaus von einer zweiten Stufe des Absurden spricht, so Adorno von einer zweiten Stufe der Natur[451]. Gemeint ist der Zusammenhang zwischen der alles verschlingenden Gewalt der Natur und der Gewalt, die der Mensch ausübt, der im angeblichen Widerstand gegen die Natur zu deren konsequentestem Vollstrecker wird. Wo das einzelne Subjekt alles Andere als „sein“ Objekt begreift und damit zum Instrument der eigenen Identität macht, ohne diesen Prozess kritisch zu hinterfragen, da ist nach Adorno „der Bann“ bzw. „das Böse“ allmächtig geworden.

Identität – so kritisiert er – gehört für den im Bann der instrumentellen Vernunft erzogenen Menschen zu den logischen Grundlagen seines gesamten Denkens. Schon alles Benennen von etwas setzt die Anwendung herrschaftlichen „Begreifens“ voraus, den Hang zur Bemächtigung, aufgrund dessen alles Individuelle ausgelöscht, die Menschen und alle übrigen Gegenstände gleich (identisch) gemacht werden. „Der Begriff wird von Adorno verstanden als instrumentaler Vollzug, durch den das Subjekt nach der Regel der Identität die Welt auf sich selbst und seinen Herrschaftswillen hin bestimmt und so dem Begriff homogen macht. Ja, das Prinzip der Herrschaft ist identisch mit der Herrschaft des Identitätsgesetzes.“[452] Anders gesagt: Das Prinzip der fortlaufend Begriffe erzeugenden Vernunft ist das Prinzip der Herrschaft, und das Prinzip der Herrschaft ist Identitätsdenken, und Identitätsdenken ist die „Urform der Ideologie“[453]. Unter dem „Bann“ prägt sich eine Weise der Wahrnehmung, der Begriffsbildung und Rationalität aus, welche die Gegenstände des Subjekts das nicht sein lässt, was sie von sich her sein könnten. „Dabei gewinnt die Welt im ganzen unter dem Zugriff dieser allerdings nie voll gelingenden

450 „Subjektivität, welche ja selbst bei Hegel das Allgemeine und die totale Identität ist, wird vergottet. Damit aber auch das Gegenteil erreicht, die Einsicht ins Subjekt als sich manifestierende Objektivität. Die Konstruktion des Subjekt-Objekts ist von abgründigem Doppelcharakter.“ (T. W. Adorno, Negative Dialektik, 343).

451 „Universal sind Ahnung und Angst, Naturbeherrschung webe durch ihren Fortschritt immer mehr mit an dem Unheil, vor dem sie behüten wollte; an jener zweiten Natur, zu der die Gesellschaft gewuchert ist.“ (T. W. Adorno, Negative Dialektik, 75).

452 G. Rohrmoser, Das Elend der Kritischen Theorie, 15.

453 T. W. Adorno, Negative Dialektik, 151.

Identifikation, d. h. der Angleichung der Objekte an das Subjekt, die Geschlossenheit eines einheitlichen Gefüges, einer systematischen Totalität, welche als ‚universaler Zwangsapparat' erfahren wird."[454]

Günter Rohrmoser sieht den wesentlichen Unterschied zwischen Adorno und dem marxistischen Konzept politischer und gesellschaftlicher Herrschaft darin, „dass Adorno das Prinzip Herrschaft auf den Begriff und damit auf das Prinzip Vernunft zurückführt, um deren Verwirklichung es in der großen Philosophie von Platon bis Hegel ging"[455]. Für Adorno ist das Einheitsdenken der abendländischen Metaphysik immer auch Gewalt. Die Identitätslogik arbeitet immer mit der Copula „ist". Diese Copula sagt: „Es ist so, nicht anders; die Tathandlung der Synthese, für welche sie einsteht, bekundet, dass es nicht anders sein soll: sonst würde sie nicht vollbracht. In jeglicher Synthesis arbeitet der Wille zur Identität"[456].

Der „Bann" wird von Adorno als eine kollektive Todesmaschinerie dargestellt. Unter seiner Herrschaft entwickelt sich die Subsumtion der Besonderheiten, der Differenzen und Individualitäten unter Allgemeinbegriffe zum Töten der Andersheit des Anderen bis hin zur systematischen Konsequenz der systematischen Ausrottung in der Ideologie der Faschisten. Für Adorno besteht ein offensichtlicher Zusammenhang zwischen der Identifizierungslogik (Tötungslogik) der instrumentellen Vernunft und den in ihrer Nacktheit gleich gemachten und anschließend in Gaskammern getöteten Opfern von Auschwitz. In den Konzentrationslagern, so betont er, starb „nicht mehr das Individuum, sondern das Exemplar"[457]. Aus seiner Sicht ist der Völkermord „die absolute Integration, die überall sich vorbereitet, wo Menschen gleichgemacht werden, geschliffen, wie man beim Militär sagt, bis man sie, Abweichungen vom Begriff ihrer vollkommenen Nichtigkeit, buchstäblich austilgt. Auschwitz bestätigt das Philosophem von der reinen Identität als Tod. […] Was die Sadisten im Lager ihren Opfern ansagten: morgen wirst du als Rauch aus diesem Schornstein in den Himmel dich schlängeln, nennt die Gleichgültigkeit des Lebens jedes Einzelnen"[458].

Obwohl Adorno zwischen der Natur*gegebenheit* und der Natur*notwendigkeit* des sogenannten „Bannes" unterscheidet und von der Menschwerdung des Menschen durch „negative Dialektik" spricht, kann man seine Antwort auf die Frage nach dem Ursprung des Bösen wohl kaum mit

---

454 G. Scherer, Verblendung und Todeshorizont, 122.
455 G. Rohrmoser, Das Elend der Kritischen Theorie, 15.
456 T. W. Adorno, Negative Dialektik, 151.
457 T. W. Adorno, Negative Dialektik, 355.
458 T. W. Adorno, Negative Dialektik, 355.

der christlichen Erbsündenlehre vergleichen[459]. Denn auch wenn man evolutionsgeschichtlich von einem Beginn der Menschwerdung sprechen muss, ist es doch ein großer Unterschied, ob – wie Augustinus meint – das Böse durch eine vermeidbare Fehlentscheidung des ersten Menschen in die Welt kam, oder aber – wie Adorno erklärt – durch einen in der Evolutionskraft der Natur selbst liegenden Prozess der Hervorbringung eines Lebewesens, das irgendwann beginnt, sich gegen die alles beherrschende Natur aufzulehnen. Anders gesagt: Die Natur selbst bringt mit dem Menschen ein Lebewesen hervor, das sich gegen die Bedingung seiner eigenen Möglichkeit auflehnt. Und der Mensch bewerkstelligt seine Auflehnung mit derselben Methode, mit der die Natur sich durchsetzt: mit der Methode der Beherrschung. Dabei eröffnet sich ihm die Alternative, die eigene Identitätslogik als nicht nur naturgegeben, sondern auch naturnotwendig zu befolgen *oder aber* ideologiekritisch am Fortschreiten zu hindern (Einspruch der „negativen Dialektik"). Warum allerdings das „Nein" bzw. die „Auflehnung" dieser kritischen Distanz ein anderes Gesicht als alle geschichtlich manifesten Gestalten von Emanzipation und Aufklärung tragen soll, sagt Adorno nicht. Deshalb spricht Günter Rohrmoser mit guten Gründen von dem „Elend der kritischen Theorie". Denn: „Ich kann [...] nicht Geschichte als Geschichte der Emanzipation verstehen, ohne anzuerkennen, dass Befreiung nur durch Beherrschung möglich war. Emanzipative Befreiung fordert – und das wird auch von der negativen Dialektik anerkannt, – Beherrschung dessen, wovon sich der Mensch befreien muss, um frei zu werden."[460]

Selbst Georg Scherer, der in Adornos Unterscheidung zwischen Natur*gegebenheit* und Natur*notwendigkeit* einen Anknüpfungspunkt für die christliche Theologie erkennt, muss zugeben: Der Einzelne erscheint unter dem von Adorno geschilderten Bann als ohnmächtiger Narr, „weil selbst der Versuch, sich dem Bann zu entziehen, noch von diesem verfälscht wird"[461]. Von daher besteht ein m. E. logisch unüberbrückbarer Widerspruch zwischen Adornos Postulat, sich durch negative Dialektik dem Bann zu entziehen, und seiner Ablehnung jeder grundsätzlichen Unterscheidung des Menschen von der alles unter sich begrabenden Natur.

Gewiss: „Adorno stellt den Gedanken einer Notwendigkeit des Geschichtsverlaufes im hegelianischen und marxistischen Sinn in Frage. Er sieht in einer solchen Notwendigkeit [...] einen zynischen Ausdruck des

459 Vgl. M. Knapp, „Wahr ist nur, was nicht in diese Welt passt", bes. 224–286.
460 G. Rohrmoser, Das Elend der Kritischen Theorie, 14f.
461 G. Scherer, Verblendung und Todeshorizont, 131.

Bannes selber."[462] Aber kann Adorno deshalb schon die Frage beantworten, worin sich sein Postulat der negativen Dialektik von dem Protest eines Kindes gegen den Tisch unterscheidet, an dem es sich gestoßen hat? Solange Adorno jede Auskunft über das An-sich des Unterschieds zwischen Mensch und Tier verweigert, erscheint die Auflehnung des Menschen gegen seine Verfallenheit an den Bann wie eine List derselben Natur, gegen die er protestiert. Wenn aber das sich auflehnende Nein Teil der Beherrschungslogik ist, dann ist in keiner Weise erklärlich, warum Adorno meint, dass Auschwitz vermeidbar gewesen wäre, dass es anders hätte sein können, und dass es einmal anders werden könne[463].

cc) René Girard und Jean-Luc Marion: Der Bann der Anklage und das ‚Dennoch' gekreuzigter Liebe

Während Adornos Analysen untrennbar mit dem Geschehen der Shoah verbunden sind, erkennt der französische Literaturwissenschaftler René Girard in allen literarisch bezeugten Kulturen der Welt die Entwicklung eines Mechanismus, der die Verheißung von Befreiung an die Ausübung der Anklage Unschuldiger bindet[464]. In jedem Menschen – so führt er aus – steckt von Anfang an der Impuls, nachzuahmen und sich zu vergleichen[465]. Aus der Mimesis, aus dem Sich-Vergleichen erwächst Rivalität, aus der Rivalität Aggression, aus der Aggression Gewalt und aus der Gewalt Zerstörung. Um sich nicht selbst zu zerstören, entwickelt jede von Gewalt beherrschte Gesellschaft geradezu instinktiv einen Ausweg. Die Vereinigung der gegeneinander gerichteten Aggressionen und deren Entladung auf ein einziges Objekt, den sogenannten Sündenbock. Dieser wird verbannt und zugleich sakralisiert, verflucht und zugleich als Befreier und Erlöser verehrt. In den Opfern aller Religionen erkennt Girard das Bestre-

462 G. Scherer, Verblendung und Todeshorizont, 130f.

463 „Nur wenn es anders hätte sein können; wenn die Totalität, gesellschaftlich notwendiger Schein als Hypostasis des aus Einzelmenschen herausgepressten Allgemeinen, im Anspruch ihrer Absolutheit gebrochen wird, wahrt sich das kritische gesellschaftliche Bewusstsein die Freiheit des Gedankens, einmal könne es anders sein." (T. W. Adorno, Negative Dialektik, 317).

464 Vgl. R. Girard, Das Heilige und die Gewalt, bes. 402–456; ders., Das Ende der Gewalt, bes. 14–52; ders., Der Sündenbock, bes.148–163. – Dazu: W. Palaver, René Girards mimetische Theorie.

465 In diesem Zusammenhang sei darauf hingewiesen, dass Adorno den Begriff der Mimesis in einem völlig anderen Sinn als Girard verwendet. Adorno spricht in seinen Ausführungen über das Naturschöne (Ästhetische Theorie, 111–114) von einer Verheißung der Natur, von der sich der Mensch mimetisch ergreifen lassen kann, wenn er in der ursprünglichen (kindlichen) Vertrautheit mit seiner Umwelt zum selbstvergessenen Empfänger wird.

ben, den ursprünglich spontan entwickelten Sündenbockmechanismus zu ritualisieren und zu institutionalisieren.

Was Girard als angeborene Veranlagung zur Mimesis, Rivalität und Aggression beschreibt, hat der in Paris lehrende katholische Theologe Jean-Luc Marion als Phänomen der Anklage dagestellt[466]. Er bemerkt wie Girard, dass das Böse keinen Namen hat, dass es nicht außerhalb der Mimesis, der Aggression, der Rivalität, sondern nur in jeder Form der Anklage des Anderen besteht. Marion betont, dass das hebräische Wort „Satan" wörtlich übersetzt „der Ankläger" bedeutet. Dieser Ankläger hat keinen Namen, ist kein bestimmter „Jemand"; er „ist" nur im Geschehen der Anklage. Wenn ich als „böse" angeklagt werde, mag ich mich tausendmal im Recht dünken; sobald ich die gegen mich gerichtete Anklage meinerseits als „böse" anklage, bestätige ich die Realität „des Bösen".

„Das Böse" – so führt Marion aus – „macht leiden, physisch oder geistig; und so stammt mein Widerspruch gegen dieses Leiden, gegen den mir zugefügten Schmerz vom verursachenden Bösen. Die Ursache will ich beheben, noch ehe ich sie als solche kenne. Denn das Böse, das mich angreift, weckt nur *eine* Antwort in mir: den Gegenangriff, um es seinerseits zu zerstören. Als Notwehr. Jedem Bösen entspricht zumindest ein Wunsch nach Rache, darin liegt die erste Notwendigkeit seiner Logik: dem Argen muss Arges vergolten werden, dem Aggressor seine Aggression"[467].

Was Adorno als Auflehnung beschreibt, wird hier als Ruf nach dem Schuldigen bzw. als Ruf nach Rache bezeichnet. Der Mensch wäre kein Mensch, wenn er sich mit dem Leiden, mit dem erfahrenen Unrecht einfach abgeben würde wie ein Tier. Aber in der Realisierung der Anklage „erringt das Böse seinen ersten entscheidenden Sieg: es zwingt den Leidenden, anklagend seine Unschuld zu beteuern und durch die Forderung eines andern Leidens das Leiden fortzusetzen"[468]. Was Marion „die Logik des Bösen" nennt, erscheint nach außen wie „die Logik der Gerechtigkeit". Es ist doch – so denken wir alle – gerecht, dass der Schuldige bestraft wird! Es ist doch – so denken wir alle – nicht mehr als recht und billig, dass der, der mir Leid zugefügt hat, seinerseits leiden muss! Was Adorno „den Bann" nennt, erscheint in der Analyse Marions als die Einladung der Gerechtigkeit zur Vergeltung. Wer diese Natur*gegebenheit* als Natur*notwendigkeit* bejaht, arbeitet mit am Triumph der Gewalt bzw. des Bösen.

466 Vgl. J.-L. Marion, Das Böse in Person.
467 J.-L. Marion, Das Böse in Person, 243.
468 J.-L. Marion, Das Böse in Person, 244.

In einem entscheidenden Punkt allerdings unterscheiden sich diese Gedanken René Girards und Jean-Luc Marions von den oben skizzierten Analysen Theodor W. Adornos: Der Vater der Kritischen Theorie sieht die einzige Hoffnung der Menschheit in einem ständig erneuerten Nein jedes einzelnen Menschen zum Sog des „Bannes", kann aber nicht erklären, warum ein Nein, das im oben beschriebenen Sinn selbst den Charakter der Gewalt über die Andersheit des Anderen (den Charakter der Identitätslogik) an sich trägt, den Teufelskreis von Gewalt und Gegengewalt durchbrechen kann. Eine ins Unendliche perpetuierte Metakritik wäre ja nur dann Grund zu der Hoffnung, dass alles anders werden könnte, wenn sie selbst die Identitätslogik nicht mehr fortschreiben, sondern aufheben würde. Kurzum: Wenn der Mensch nichts anderes ist als ein Produkt derselben Natur, gegen deren Gewalt er sich auflehnt, dann ist seine Auflehnung nur die nächste Stufe einer sich dialektisch entfaltenden Natur – auch dann, wenn das Selbstbewusstsein des Menschen der Illusion aufsitzt, die natürliche Dialektik unterbrechen zu können.

Girard und Marion halten eine Selbsterlösung des Menschen durch perpetuierte Kritik für eine Illusion. Sie sehen in einem aus ihrer Sicht völlig singulären Geschehen der Weltgeschichte nicht nur die Aufdeckung des mehrfach beschriebenen *circulus vitiosus*, sondern auch dessen reale Durchbrechung. Diese Durchbrechung geschieht auf Golgotha. Indem sich der ans Kreuz geschlagene „Sündenbock Jesus" als das Gegenteil dessen offenbart, wozu ihn seine Ankläger und Richter stempeln, wird die Anklage der ihn kreuzigenden Henker als das entlarvt, was sie ist: nicht der Vollzug des göttlichen Willens oder der Gerechtigkeit, sondern die Realisierung eben der Sünde, die die Schuldigen mit der Anklage eines Unschuldigen eliminieren wollen. Indem sich der, der durch seine Verfolger „zur Sünde gemacht" (2 Kor 5,21) wird, als das Gegenteil der Sünde, nämlich als absolute Liebe, erweist, kommt es zur Entmachtung der Anklage. Denn die Ankläger des Unschuldigen werden nicht ihrerseits angeklagt, sondern durch bedingungslose Vergebung (stellvertretende Sühne) von dem Verhängnis des geschilderten Sündenbockmechanismus befreit.

Marion bestätigt diese von Girard vorgetragene Sicht des Christusereignisses: Weil Jesus Christus die Anklage nicht weiterreicht, sondern sich von ihr kreuzigen lässt, ohne seinerseits anzuklagen, entmachtet er das Böse durch Liebe. Und jeder Sünder, der diese Liebe glaubt, erfährt die Befreiung aus dem besagten Teufelskreis der ewigen Dialektik von Klage und Gegenklage. Und wie „Christus das Böse dadurch besiegt, dass er es bis zum Tod auf sich sitzen lässt, so müssten seine Nachfolger Böses erleiden, ohne sich zu rächen, also leiden gleich als wären sie

Schuldige"[469]. Denn: „Wer sich entschuldigt, kann es nur tun, indem er einen andern anklagt. Die Ursünde entsteht so: Adam wälzt die Schuld auf die Frau ab, Eva auf die Schlange: das Böse betritt die Welt mit einer voll entfalteten Logik: Sünde ist von jeher verbunden mit Weitergabe. Schließlich: Wer die ‚Erbsünde' leugnet, indem er behauptet, er trage keinerlei Schuld an der ersten Sünde, stellt sich eben damit unter die Logik des Bösen (Selbstrechtfertigung, Weigerung, Schuld bei sich zu behalten), der er zu entgleiten vermeint. Gott selber als erste Ursache des Bösen anzuklagen (Dostojewski, Camus usf.) wäre vielleicht nur die äußerste Form der Logik der Rache, denn wer anders könnte der Letztverantwortliche sein? Und so wäre der letzte Dienst, den Gott der rachsüchtigen Menschheit erweisen könnte, der, ihr einen zu liefern, der sich als der stillschweigend Schuldige der allgemeinen Anklage für das universale Übel aussetzen würde, ohne es an einen absoluten und universalen Nächsten, an Gott, weiterzugeben. Das aber wäre nur möglich, wenn der absolut Schuldige, damit absolut Gestrafte, absolut Tote Gott wäre."[470]

c) Die Rede von dem, was auf keinen Fall sein sollte (vom ‚Bösen'): Epiphänomen der Natur oder Ausweis formal unbedingter Freiheit?

Wenn man die real existierende Vernunft auf das faktisch entfaltete oder faktisch nicht entfaltete moralische Bewusstsein des je einzelnen Menschen reduziert, dann stellt sich die Frage, ob das moralische Bewusstsein ein Epiphänomen der je wechselnden Verhältnisse ist. Der eine protestiert stärker als der andere gegen das Böse; viele protestieren überhaupt nicht; und jeder, der protestiert, kann dies nur unter der Bedingung von Opfern, ist also involviert in das Geschehen des Bösen, gegen das er sich auflehnt. Ein in dieser Weise geschichtlich bedingtes „moralisches Bewusstsein" hat mit der Freiheit, die transzendentallogisch betrachtet „formal unbedingt" ist, nichts zu tun. Denn ein Ich, dessen Verhalten zum Nicht-Ich *ausschließlich* geschichtlich bedingt ist, ist kein autonomes Sich-Verhalten. Autonomie aber ist die *conditio sine qua non* transzendentaler Freiheit. Gestützt auf die von Hermann Krings vorgetragene Freiheitsanalyse[471] kann man sagen: Der Mensch kann nur dann als mit Freiheit begabt bezeichnet werden, wenn ihm die Fähigkeit angeboren ist, sich als Ich zu je-

469 J.-L. Marion, Das Böse in Person, 245.
470 J.-L. Marion, Das Böse in Person, 245f.
471 Dazu: H. Krings, Transzendentale Logik; ders., System und Freiheit.

dem Nicht-Ich selbstbestimmt zu verhalten (formale Unbedingtheit bzw. Autonomie transzendentaler Freiheit). Wie weit ein Ich in seinem konkreten (material bedingten) Sich-Verhalten faktisch von außen (heteronom) bestimmt wird, steht auf einem anderen Blatt. Das konkrete (meistens von vielen Bedingungen begrenzte bzw. eingeschränkte) Sich-Verhalten des einzelnen Ich ist jedenfalls nur dann realisierte (konkrete) *Freiheit*, wenn die Bedingungen, die es begrenzen, bezogen bleiben auf einen unbedingten Maßstab, nämlich auf die formale Unbedingtheit (Autonomie) transzendentaler Freiheit.

Oft wird nicht hinreichend klar zwischen der transzendentallogischen und der transzendentalgenetischen Betrachtung des transzendentalen Ich unterschieden. Natürlich realisiert der einzelne Mensch sein sittliches Bewusstsein in Abhängigkeit von seiner Erziehung, von seiner Veranlagung, von seiner geschichtlichen Situiertheit. Aber deshalb ist das sittliche Bewusstsein doch nicht einfach ein Ergebnis der Verhältnisse, in die es geschichtlich eingebettet ist. Ob der einzelne Mensch *faktisch* zur Freiheit befreit wird, hängt zum Beispiel von seinen Eltern ab. Aber dass er ganz unabhängig von seinen Bezugspersonen kein Affe, sondern ein Mensch ist, entscheidet sich nicht erst mit seiner Erziehung. Hansjürgen Verweyen[472] verweist deshalb auf die Tatsache, dass man ein Affenbaby solange anlächeln kann wie man will. Es wird dadurch nicht befähigt, das Lächeln zu erwidern. Wenn ein Kind das Lächeln seiner Mutter erwidert, verhält es sich *als Ich* zu einem Du. Dieses Können ist einem Affenbaby auch mit äußererster Anstrengung nicht vermittelbar.

Die Realisierung der formal unbedingten Freiheit des transzendentalen Ich kann eine „gebrochene"[473] sein. Aber von einer „Gebrochenheit" der formal unbedingten Freiheit zu reden ist so sinnvoll wie der Ausdruck „ein bißchen schwanger". Das menschliche Ich ist entweder im von Krings erklärten Sinne selbstbestimmt bzw. selbstursprünglich oder das Gegenteil. Eine „Zwischenlösung" gibt es nicht. Wenn Marcel und Kierkegaard, den von seinem Haben- oder Autark-sein-Wollen gefangenen Menschen auffordern, den „Sprung in den Glauben" zu wagen, dann bleibt der „Springende" solange bloßes Objekt dieser Aufforderung, als er sich nicht *selbst* – in diesem Sinne *autonom*! – von der Sinnhaftigkeit seines „Sprungs" überzeugt hat. Das Ich, das sich über die ihm von außen begegnenden Bedingungen aufklärt, kann nicht selbst noch einmal das Ergebnis dieser Bedingungen sein. Wenn es dem einzelnen Menschen nur aufgrund seiner

472 Vgl. H. Verweyen, Gottes letztes Wort, 190f.
473 G. Neuhaus. Frömmigkeit der Theologie, 169.

zufälligen Vitalität, sittlichen Kraft oder gelungenen Erziehung möglich ist, sich gegen Vorgebenes zu wehren oder dem Sog der Verhältnisse zu entziehen, dann ist sein moralisches Bewusstsein bloßes Epiphänomen des Vorgebenen, nicht aber Ausweis einer aus Vorgegebenem unableitbaren Transzendentalität[474].

Adorno steht vor der Alternative: Entweder ist das endlose Nein der „negativen Dialektik" bloß scheinbar das unbedingt Andere gegenüber der Logik der Natur; dann besteht kein Grund für die Hoffnung, dass irgendetwas anders werden könnte; oder aber der Mensch, der unendlich lange Nein sagt zum Bann der Identitätslogik, ist selbst nicht Produkt dieser Logik; nur dann wäre Adornos Hoffnung, dass alles besser wird, begründet. Da Adorno aber von der Supposition einer formal unbedingten (in diesem Sinne autonomen) Freiheit nichts wissen will, bleibt die Hoffnung der „negativen Dialektik" ohne hinreichenden Grund.

Ähnliches gilt im Blick auf die Aufklärung, die René Girard leistet. Noch nie hat Wissen um etwas allein genügt, um Menschen zu verändern. Die Entlarvung eines weltweit praktizierten Mechanismus verhindert nicht dessen Fortsetzung. Erst wenn hinreichend viele Menschen sich eingestalten lassen in Christus, werden die bereit und fähig sein, auch unter Inkaufnahme irdischer Nachteile Hass mit Liebe zu vergelten. Die Hoffnung Girards auf eine Welt ohne Opferlogik und Gewalt setzt die „Christifizierung" (Blondel) der von ihm Aufgeklärten voraus.

Nichts beweist die Wahrheit dieser Feststellung so evident wie das gelebte Beispiel einer Frau, die das dunkelste Kapitel der Judenverfolgung durchlitten und mit derselben Feindesliebe beantwortet hat, die Girard als Durchbrechung des Sündenbockmechanismus erklärt. Papst Johannes Paul II. hat diese Heilige 1999 zur Patronin Europas erklärt.

474 Eigens zu diskutieren wäre an dieser Stelle eine Frage, die Bernd J. Claret in seiner Habilitationsschrift über die „tragische Weltanschauung" Joseph Bernharts („Warum ist die Schöpfung so, warum nicht anders?", 141f.252–266.364–373) gestellt hat. Er äußert die Vermutung, das, was Bernhart als „Chaos" und „Dämonie der Natur" beschreibt, sei vom Schöpfer her betrachtet jene Gnade, die eine endgültige Selbstverfehlung des mit Freiheit begabten Geschöpfes verhindern kann. Wenn Freiheit im ständigen Kampf gegen das Widerständige der Natur steht, dann – so meint Claret – kann Gott sich ebendieses Widerständigen bedienen, um den an seiner Freiheit Gescheiterten „an seiner Freiheit zu packen" und ihm also einen neuen Anfang zu ermöglichen.

G. CHRISTSEIN ALS STELLVERTRETUNG, ODER: DIE PATRONIN EUROPAS

„Im allgemeinen sind es eigentlich nur zwei Sachen, die meine Spannkraft aufrecht erhalten: die Begier zu sehen, was aus Europa wird, und die Hoffnung, etwas für die Philosophie zu leisten."[475] – Diese Zeilen finden sich in einem der zahlreichen Briefe Edith Steins (* 12.10.1891 – † 9.8.1942) an Roman Ingarden (1893–1970), der den langen Weg der leidenschaftlichen Sucherin lange Zeit begleitet hat. Beide in diesem Brief genannten Motive – die Frage nach der Zukunft Europas und die philosophische Frage nach der Wahrheitsfähigkeit des Menschen – gehören wie zwei Seiten derselben Medaille zusammen. Man kann es auch so sagen: Edith Stein ist 1999 von Papst Johannes Paul II. mit dem Titel „Patronin Europas" geehrt worden, weil sie *als* Anwältin des Unbedingten im Menschen zur Märtyrerin des Unbedingten geworden ist. Als Anwältin und Märtyrerin des Unbedingten ist sie auch Personifizierung des wahren Christseins und – was dasselbe ist – Stellvertreterin. Doch bevor diese für Außenstehende eher befremdliche Bezeichnung begründet wird, soll zuvor erklärt werden, was die Bezeichnung Edith Steins als Patronin Europas nicht nur für Gläubige bedeutet.

1. Das Projekt einer europäischen Verfassung und die Frage nach dem Unbedingten

Nachdem der erste Anlauf zu einer europäischen Verfassung gescheitert ist, werden gegenwärtig die Stimmen lauter, die ebendieses Fundament einer gemeinsamen Verfassung zur Bedingung aller Einigungsbemühungen und Krisenbewältigungsmechanismen erklären.

a) Ein kurzer Rückblick auf die deutsche „Präambel-Geschichte"

Bekanntlich ging es in den Kontroversen des ersten Anlaufs auch um die „nominatio Dei" der Präambel[476]. Diese Nennung Gottes war schon in der Vergangenheit alles andere als selbstverständlich. Die Verfassungen des 1871 ausgerufenen Deutschen Reiches und der Weimarer Repub-

475 E. Stein, Selbstbildnis in Briefen III, 62.
476 Dazu: G. Essen, Sinnstiftende Unruhe im System des Rechts, bes. 11–53.73–76.

lik (1919) kennen keine „nominatio Dei". Und es war auch nach dem Zweiten Weltkrieg nicht selbstverständlich, dass die Mütter und Väter des Grundgesetzes der Bundesrepublik Deutschland sich mehrheitlich für eine „nominatio Dei" entschieden haben. Es waren nicht nur liberale Verfechter einer radikalen Trennung von Staat und Kirche, sondern besonders auch protestantische Theologen, die für die Aussparung bzw. Streichung jeder Erwähnung Gottes plädiert haben. Vor dem Hintergrund der unseligen Symbiose von Protestantismus und deutschem Nationalismus[477] waren ihre Argumente vor allem von der Befürchtung getragen, mit der Erwähnung Gottes werde der Staat schon wieder sakralisiert[478]. Doch diese Gefahr ist eigentlich nur dann gegeben, wenn die „nominatio Dei" einer Verfassungspräambel die staatliche Autorität mit der göttlichen identifiziert, statt die staatliche von der göttlichen zu unterscheiden. Die Gefahr unzulässiger Sakralisierung aber ist ein Problem von gestern, seit das Gottesgnadentum königlicher Regenten überall verschwunden oder depotenziert ist. Heute steht die „nominatio Dei" einer Verfassungspräambel ausschließlich für die Unterscheidung jeder bedingten von der einzig unbedingten Instanz.

Nach den Erfahrungen Deutschlands mit der Diktatur des Nationalsozialismus waren es vor allem CDU-Politiker, die für eine Nennung Gottes in der Präambel des Grundgesetzes mit dem Argument plädiert haben, dass die staatliche Legislative und Exekutive von unbedingten Voraussetzungen abhängt, die sie selbst nicht begründen können. „Der ‚Gott' in der Präambel des Grundgesetzes ist damit Hinweis auf die Grundwerte, die nicht zur Disposition von Mehrheitsentscheidungen stehen, Ausdruck eines überstaatlichen und übergesellschaftlichen ethischen Prinzips, Chiffre für das Unverfügbare."[479]

---

477 Die Folgen dokumentiert mit vergleichenden Statistiken über das Wahlverhalten von Protestanten und Katholiken im Deutschen Reich der protestantische Politologe Jürgen W. Falter: Hitlers Wähler, bes. 169–193.

478 „Nachdem Theodor Heuss seinen eigenen Entwurf für eine Präambel vorgestellt hatte, in dem er gemeinsame Überzeugungen bei der Erarbeitung des Grundgesetzes verdeutlichen wollte, ging er auch auf einen Gottesbezug in der Verfassung ein. Diese lehnte er prinzipiell nicht ab, meldete jedoch aus theologischen Gründen Vorbehalte an: ‚Von dorther kommt auch die Sorge, dabei Gott zu bemühen für die Unzulänglichkeiten, die Torheiten und die Missverständnisse, die aufgrund eines sehr menschlichen Werkes entstehen. Man muss sehr vorsichtig sein um der theologischen Position willen, diese sehr diesseitigen Werke zu stark im Metaphysischen verankern zu wollen, weil man sich selber dann in eine quasi Nichtverantwortung begibt." (H.-G. Aschoff, Der Gottesbezug in den Präambeln der deutschen Verfassungen, 14).

479 Alexander Foitzik, Unverfügbar, 58.

Von Juristen geschriebene Kommentare zum Grundgesetz und speziell zur Präambel verstehen die Erwähnung Gottes nicht selten als Verstoß gegen die weltanschauliche Neutralität des Staates – so, als bedeute die Nennung Gottes eine Verpflichtung auf den Glauben an Gott. Man darf vermuten, dass dieser Irrtum durch Verfassungspräambeln bedingt ist, die statt einer „nominatio Dei" eine „invocatio Dei" enthalten. Beispiele dafür bieten Irland, die Schweiz und Griechenland.

Der Parlamentarische Rat, der den Verfassungsentwurf für die Bundesrepublik Deutschlands erarbeitet hat, war sich bewusst, dass ein weltanschaulich neutraler Staat niemanden zu einem Gottesbezug, geschweige denn zu einem bestimmten Gottesbezug, verpflichten kann. Nicht einmal für den praktisch ausgeschlossenen Fall, dass alle Bürgerinnen und Bürger eines Staates sich zu 100% für eine solche Verpflichtung aussprechen, kann oder darf eine Regierung auf einen bestimmten Gottesglauben verpflichten. Denn das Bekenntnis zu Gott ist wesentlich ein Akt der unableitbaren Freiheit des je einzelnen Menschen. Und der kann und darf unter keinen Umständen erzwungen werden. Kurzum: Der Hinweis einer Verfassungspräambel auf Gott erfolgt nicht, um Bürgerinnen und Bürger auf ein bestimmtes Selbst- und Gottesverständnis zu verpflichten, sondern um den Staat in seine Schranken zu verweisen. Anders formuliert: Der einzelne Mensch mit seiner unantastbaren Freiheit und Würde ist nicht um des Staates willen da, sondern umgekehrt der Staat für den Schutz und die Wahrung der personalen Rechte des je Einzelnen seiner Bürgerinnen und Bürger. Deshalb und *nur* deshalb sollte sich jeder Staat durch die ausdrückliche Unterscheidung seiner selbst von Gott relativieren.

b) Der Sinn der Erwähnung Gottes in der Präambel einer Verfassung

Natürlich darf man fragen, ob mit der Selbstunterscheidung des Staates von Gott nicht eine ganz *bestimmte Vorstellung* von Gott verbunden ist[480]. Die deutschen Bischöfe haben am 11. Februar 1949 dem mit dem Verfassungsentwurf der BRD befassten „Parlamentarischen Rat" eine Erklärung zukommen lassen, die den Gottesbezug der Präambel mit dem *christlichen* Glauben verknüpft[481]. Sie wollten damit keineswegs das Christentum zur

480 Zu der unter Rechtshistorikern und Staatsrechtlern bis heute kontrovers geführten Debatte über das ‚Ob' und das ‚Wie' christlicher Voraussetzungen des verfassungsrechtlichen Würdeverständnisses: Josef Isensee, § 87 Würde des Menschen, 58–62.

481 „Der Stand der Verhandlungen im Parlamentarischen Rat in Bonn lässt uns befürchten, dass in dem Bundesgrundgesetz wichtigste und für den Aufbau eines gesunden

Staatsreligion erklären. Sie wollten daran erinnern, dass das Christentum *jedem* Menschen eine unantastbare Würde zuspricht. Das Erkennungszeichen der Christen, das Kreuz, steht ja für einen Gott, der die Freiheit (die unbedingte Würde) seiner Geschöpfe auch da nicht aufhebt, wo diese sich gegen ihn selbst richten. Das Kreuz Jesu Christi steht für eine Allmacht, die sich lieber von ihren eigenen Kreaturen kreuzigen lässt, als irgendetwas, und sei es das objektiv Beste, zu erzwingen.

Wenn ein weltanschaulich neutraler Staat sich in der Präambel seiner Verfassung auf Gott bezieht, dann nicht, um den kleinsten gemeinsamen Nenner der in ihm gelebten Weltanschauungen zu bezeichnen[482]. Das schon deshalb nicht, weil besonders in den Staaten, die sich ausdrücklich zur Religions- und Meinungsfreiheit bekennen, eine zunehmende Anzahl von Bürgerinnen und Bürgern atheistisch lebt und denkt. Es geht nicht um den kleinsten gemeinsamen Nenner aller Religionen und Weltanschauungen. Und es geht auch nicht um die Verankerung des staatlichen Rechts in einer absoluten Instanz; denn die Gesetze eines weltanschaulich neutralen Staates werden ja nicht im Namen Gottes, schon gar nicht im Namen

---

staatlichen Lebens unentbehrliche Grundrechte und Grundsätze außer Acht gelassen werden. Das Grundgesetz eines Staates kann nur dann seinen Zweck erfüllen, wenn darin die schon in der Natur gegebene, ewig gültige, durch Christus neu gefestigte und vollendete Gottesordnung als die tragende Grundlage des staatlichen Gebäudes anerkannt wird. Die Würde der freien sittlichen Persönlichkeit muss geachtet werden. Jeder Staatsbürger muss die unbedingte Gewähr haben, sein persönliches Leben und das Leben seiner Familie nach seinem Gewissen gestalten zu können, […].“ (Michael M. Feldkamp [Hg.], Die Entstehung des Grundgesetzes, 140f).

482 „Nicht ohne Grund führen diejenigen, die totalitäre Herrschaft anstreben, zunächst eine ordnungslose Freiheit der Einzelnen und einen Zustand des Kampfes aller gegen alle herbei, um sich dann mit ihrer Ordnung als die wahren Retter der Menschheit hinstellen zu können. *Freiheit bedarf also eines Inhalts.* Wir können ihn definieren als die Sicherung der Menschenrechte. […] Freilich denken wir zunächst einmal vor allem an die Freiheit als das wahre Gut des Menschen; alle anderen Güter erscheinen uns heute eher strittig und allzu leicht zu missbrauchen. Wir wollen nicht, dass der Staat uns eine bestimmte Idee des Guten aufdränge. Das Problem wird noch deutlicher, wenn wir den Begriff des Guten durch den Begriff der Wahrheit verdeutlichen. Die Achtung der Freiheit jedes Einzelnen scheint uns heute ganz wesentlich darin zu bestehen, dass die Wahrheitsfrage nicht vom Staat entschieden wird: Wahrheit, also auch die Wahrheit über das Gute, erscheint nicht als gemeinschaftlich erkennbar. Sie ist strittig. Der Versuch, allen aufzuerlegen, was einem Teil der Bürger als Wahrheit erscheint, gilt daher als Knechtung der Gewissen: Der Begriff der Wahrheit ist in die Zone der Intoleranz und des Antidemokratischen gerückt. […] Trotzdem stellt sich bei näherem Zusehen die Frage, ob es nicht doch einen nichtrelativistischen Kern auch in der Demokratie geben müsse: Ist sie denn nicht letztlich um die Menschenrechte herumgebaut, die unverletzlich sind […]?“ (J. Ratzinger, Werte in Zeiten des Umbruchs, 50f).

des Gottes einer bestimmten Religionsgemeinschaft, sondern im Namen des Volkes erlassen.

Es geht vielmehr um die Tatsache, dass jeder Mensch qua Person etwas völlig anderes ist als ein Tier, nämlich eine unbedingte – also durch nichts und niemanden bedingte – Wirklichkeit. Und die unbedingte bzw. unantastbare Würde jedes Menschen kann nicht biologisch oder soziologisch oder rechts- und staatsphilosophisch begründet werden; dann wäre sie stets an bestimmte Bedingungen geknüpft. *Unbedingte* Würde kann nur *theologisch* begründet werden. Der Begriff „Gott" bezeichnet in den Präambeln von Verfassungen mehr als eine Projektionsfläche für alle möglichen Vorstellungen der Religionsgeschichte. Die „nominatio Dei" in der Verfassung der BRD – und hoffentlich auch in einer zukünftigen europäischen Verfassung – verweist auf eine unbedingte Instanz, die jedem Menschen unabhängig von Hautfarbe, Nationalität, An- und Aussehen, Intelligenz und Leistungsfähigkeit eine unbedingte Würde zuspricht.

Die Machthaber in China haben sehr gut verstanden, dass der kritische Hinweis westlicher Politiker auf die Menschenrechte die Allgewalt des Staates selbst da in Frage stellt, wo die demokratische Mehrheit bestimmte Praxen wie die staatlich erzwungene Verhinderung aller wirtschaftlich als überflüssig beschriebenen Geburten toleriert oder gar befürwortet. Die Machthaber in China haben sehr gut verstanden, dass sie nicht mehr mit dem Willen des Volkes argumentieren können, wenn es Rechte des einzelnen Menschen gibt, die ganz unabhängig von demokratischen Mehrheiten, Staatsinteressen oder geschichtlich bedingten Traditionen oder Gewohnheiten gelten.

Die philosophische Tradition des sogenannten Abendlandes weiß, dass jeder Mensch, sofern er sich reflektierend auf sich selbst beziehen kann, um seine Endlichkeit und also auch seine Bedingtheit weiß; dass er somit das Gegenteil alles Endlichen und Bedingten denken (wenn auch nicht begreifen) kann; ja dass er den Begriff des Unendlichen und Unbedingten bilden *muss*, weil er selbst das Gegenteil ist und darum weiß. Descartes beschreibt diesen Sachverhalt als das transzendentale Wesen des Menschen, als dessen apriorische Verwiesenheit auf das Unbedingte. Ja, er folgert aus der Transzendentalität des Menschen die Existenz des Transzendenten. Immanuel Kant hält diese Schlussfolgerung für einen naturalistischen Fehlschluss. Er bestreitet zwar nicht die von Descartes beschriebene Transzendentalität; aber er hält es zumindest für denkbar, dass der Mensch wesentlich auf das Nichtendliche bzw. Unbedingte verwiesen ist, ohne dass es das, worauf er verwiesen ist, tatsächlich gibt. Dann allerdings – das weiß auch er – wäre der Mensch das absurdeste unter allen Geschöpfen. Wer als Mensch seiner

Verwiesenheit auf das Unbedingte getreu leben will, muss – so folgert Kant in seiner Kritik der praktischen Vernunft – das Dasein Gottes mindestens postulieren – nicht irgendeines Gottes, nein des einen und einzigen Gottes, der die Sinnhaftigkeit jenes unbedingten Sollens garantiert, das der Transzendentalität des Menschen theoretisch wie praktisch eingeschrieben ist.

Kant stellt uns in § 6 seiner „Kritik der praktischen Vernunft" einen ostpreußischen Gutsbesitzer vor Augen, der einen seiner Leibeigenen unter Androhung der Todesstrafe dazu bringen will, vor Gericht gegen einen Unschuldigen falsch auszusagen. Der Leibeigene, so erklärt Kant, hat keine Schule besucht und ist auch nicht religiös erzogen oder in Sachen des Rechtes und der Moral gebildet worden. Dennoch weiß er – ob gebildet oder ungebildet, ob Hottentotte oder Grönländer – immer schon, was er unter keinen Umständen – auch nicht bei Androhung von Gewalt – tun darf: nämlich ein falsches Zeugnis ablegen gegen einen Unschuldigen. Und – so bemerkt Kant – weil er nicht erst aufgrund einer von außen kommenden Belehrung, sondern autonom, aus sich selbst heraus, immer schon weiß, was er unbedingt – unter jeder Bedingung – tun oder lassen soll, entdeckt er in sich etwas Unbedingtes, ein unbedingtes Sollen, kurzum: die transzendentale Freiheit. Gemeint ist die Fähigkeit, sich unbedingt an das dem eigenen Ich eingeschriebenene Sollen zu binden.

Die Unbedingtheit dieses Sollens ist – wie Kant zeigt – keine von außen (von einem belohnenden oder bestrafenden Gott) auferlegte. Und dennoch wird jeder auf kurz oder lang auf die Frage gestoßen: Warum soll ich dem kategorischen Imperativ jenes unbedingten Sollens folgen, wenn z. B. ein übermächtiger Gutsherr mit der Folterkammer droht? Ist nicht ausgerechnet der Mensch der Benachteiligte oder schlicht Dumme, der dem unbedingten Sollen seines „transzendentalen Ich" gehorsam ist? Wer verbürgt ihm denn, dass es sinnvoll ist, dem unbedingten Sollen des eigenen Ich auch dann treu zu bleiben, wenn er dafür das Gegenteil von Lohn oder Belohnung empfängt, wenn mit dem Tod alles aus ist, wenn es keine ausgleichende Gerechtigkeit für den Einzelnen und schon gar keine generelle Kongruenz zwischen dem unbedingten Sollen der Transzendentalität des Menschen und der real existierenden Wirklichkeit (Natur) gibt?

Ein Staat kann nicht begründen, warum seine Bürger dem unbedingten Sollen ihrer praktischen Vernunft bzw. Transzendentalität auch dann entsprechen sollen, wenn sie dafür Nachteile und möglicherweise gar den Tod in Kauf nehmen müssen. Ein Staat kann auch dann, wenn er sich im Sinne Hegels als „Wirklichkeit der sittlichen Idee"[483] versteht, das besagte Sollen nicht

483 G. W. F. Hegel, Grundlinien der Philosophie des Rechts, § 257, S. 398.

begründen. Denn wenn es Gott und damit die Sinnhaftigkeit des unbedingten Sollens gar nicht gibt, dann kann niemand – auch ein Staat mit allen ihm zur Verfügung stehenden Mitteln nicht – erzwingen, dass seine Bürgerinnen und Bürger die Würde jedes Menschen als *unbedingten* Wert behandeln.

Hermann Krings hat in seiner Analyse des Phänomens der menschlichen Freiheit gezeigt, dass der einzelne Mensch als Subjekt, als „Ich", sich selbst nur dann gerecht wird, wenn er alles, was nicht er selbst ist, jedwedes Nicht-Ich, als solches anerkennt. Denn wenn er sich entschließt, ein „Ich" zu sein, dann muss er, um sich als „Ich" gerecht zu werden, alles andere als Nicht-Ich ausweisen und entsprechend behandeln; dann akzeptiert er zugleich das unbedingte Sollen, das Kant als Grundphänomen der menschlichen Transzendentalität erklärt. Ich soll, wenn ich ein „Ich" sein will", alles andere als Nicht-Ich anerkennen. Und diese Anerkennung ist unerschöpflich, weil ich mit der Andersheit des Anderen weder erkennend (theoretisch), noch handelnd (praktisch) jemals fertig bin. Krings weiß: Es ist keineswegs selbstverständlich, dass jeder Mensch sich entschließt, ein „Ich" sein zu wollen. Innerhalb der sogenannten Brain-mind-Debatte hat die Gegenthese eine wachsende Zahl von Anhängern. Sobald aber das, was alle Menschen gemeinhin ihr „Ich" nennen, ausschließlich naturalistisch als Epiphänomen des Gehirns erklärt wird; sobald alles, was wir uns als freie Entscheidung zuschreiben, das notwendige Ergebnis naturaler Kausalitäten ist, sind wir als Menschen so wenig für irgendetwas verantwortlich wie ein Tier. Krings wörtlich: „Freiheit erscheint mit dem Entschluss zur Freiheit. Dieser Sittlichkeit begründende Entschluss kann im Unterschied zu geschichtlich bedingten Entschlüssen als unbedingter oder als transzendentaler Entschluss bezeichnet werden. [...] Sich eines Handelns bewusst zu sein, das durch keine genetische Ausstattung und keinen Umwelteinfluss bedingt, sondern unbedingt ist, ist die Auszeichnung eines Wesens, das nach dem Bilde Gottes geschaffen ist."[484]

c) Exemplarisch: Edith Steins Suche nach dem Unbedingten

Was Edith Stein von Kind an ausgezeichnet hat, das war die leidenschaftliche Frage nach dem Unbedingten. Sie war sich bewusst, dass von der Beantwortung dieser Frage die unbedingte Anerkennung der unbedingten Würde jedes Menschen abhängt. Es war diese Frage, die sie ins Christen-

484 H. Krings, System und Freiheit, 198.

tum, ins Martyrium und schließlich auch in das Geheimnis der Stellvertretung geführt hat.

Edith Stein hat Anfang der zwanziger Jahre eine „Untersuchung über den Staat"[485] verfasst, die in keiner Weise auf Gott rekurriert. Sie wollte ausschließlich philosophisch, nicht metaphysisch oder gar theologisch argumentieren[486]. Edith Stein hat von sich gesagt, sie sei von ihrem 13. bis zu ihrem 21. Lebensjahr Atheistin gewesen[487]. Jedenfalls hat sie eine Zeit lang das Forschen der kritischen Vernunft als nicht vereinbar betrachtet mit dem Glauben. Sie hatte gleichsam ihre eigene Aufklärung beschlossen, ihre Selbstbefreiung von Anpassungen an Traditionen, Rituale, Dogmen und Gewohnheiten. Es war kein Zufall, dass sich die hochbegabte Abiturientin zunächst in Breslau, dann in Göttingen und Freiburg der Transzendentalphilosophie verschrieb, insbesondere der phänomenologischen Schule Edmund Husserls. Transzendentales Denken ist einerseits ein bescheidenes Denken; denn es geht aus von dem, was ist; es arbeitet nicht mit vorgefassten Begriffen oder Theorien; es ist aber auch ein unerbittliches Denken, weil es ein bohrendes Denken ist, ein Fragen ohne Rücksicht auf Autoritäten oder Traditionen; ein methodisch radikal-autonomes Fragen. Das transzendentale Denken Husserls entsprach einem immer schon gegebenen Charakterzug Edith Steins. Sie konnte sich einfach nicht mit vorgefertigten Antworten zufrieden geben; es lag in ihrer Natur, so lange zu fragen, bis sie persönlich überzeugt war[488]; alles Oberflächliche und

485 E. Stein, Eine Untersuchung über den Staat.

486 Dazu: I. Riedel-Spangenberger, Einleitung, XXV.

487 Dazu: H. Graef, Edith Stein, 18f.

488 In der Ausarbeitung ihrer Dissertation gerät Edith Stein in eine ernste Krise. Sie bemerkt in ihren autobiographischen Aufzeichnungen: „Ich quälte mich damit ab, etwas Einheitliches und Festes in den Griff zu bekommen, um von da aus alle Abwandlungen verstehen und entwickeln zu können. Zum ersten Mal begegnete mir hier, was ich bei jeder späteren Arbeit wieder erfahren habe: Bücher nützten mir nichts, solange ich mir die fragliche Sache nicht in eigener Arbeit zur Klarheit gebracht hatte. Dieses Ringen um Klarheit vollzog sich nun in mir unter großen Qualen und ließ mir Tag und Nacht keine Ruhe. Damals habe ich das Schlafen verlernt, und es hat viele Jahre gedauert, bis mir wieder ruhige Nächte geschenkt wurden. Nach und nach arbeitete ich mich in eine richtige Verzweiflung hinein. Es war zum ersten Mal in meinem Leben, dass ich vor etwas stand, was ich nicht mit meinem Willen erzwingen konnte. Ohne dass ich es wusste, hatten sich die Kernsprüche meiner Mutter: ‚Was man will, das kann man' und ‚Wie man sich's vornimmt, so hilft der liebe Gott' ganz tief in mir festgesetzt. Oft hatte ich mich damit gerühmt, dass mein Schädel härter sei als die dicksten Mauern, und nun rannte ich mir die Stirn wund, und die unerbittliche Wand wollte nicht nachgeben. Das brachte mich so weit, dass mir das Leben unerträglich schien. Ich sagte mir oft selbst, dass das ja ganz unsinnig sei. Wenn ich die Doktorarbeit nicht fertigbrächte – fürs Staatsexamen würde es doch wohl reichen;

Halbe war ihr schon als Kind zuwider. Und wenn ich recht sehe, kannte sie als Erwachsene auch, was mehr oder weniger alle großen Frager und Sucher kennen – jedenfalls dann, wenn sie ständig reflektieren, ständig weiter bohren oder immer wieder hinterfragen, was sie selbst formuliert haben: die Schwermut, von der Sören Kierkegaard und Romano Guardini exemplarisch und zugleich erschütternd erzählen[489].

Edith Steins großer Lehrer Edmund Husserl wendet sich gegen den historistischen Relativismus und verweist auf die Unterscheidung der alten Griechen zwischen bloßem Meinen (δόξα) und wirklichem Wissen (ἐπιστήμη). Was wir Tatsachen nennen, ist, so erklärt Husserl, stets von Interessen geleitet – beispielsweise aus der Perspektive des Studenten, des Arbeiters, des Wissenschaftlers. Husserl spricht von der Beschränkung auf die jeweilige Sonderwelt. Aufgeschlossenheit für die Wahrheit an sich beginnt mit der Reduktion der sonderweltlichen Interessen. Nur im Gefolge solcher Reduktionen wird das Erkennen offen für das Phänomen an sich, für das, was sich zeigt. Niemals ist ein Phänomen identisch mit seinen Erscheinungsformen. Was Husserl als transzendentale Reduktion aller interessebedingten Partialhorizonte oder Sonderwelten bezeichnet, nennt er anderswo auch ἐποχή, was griechisch so viel heißt wie: Innehalten, nämlich Innehalten mit dem interessegeleiteten Zudecken der Wirklichkeit.

Die transzendentale Frage nach dem, was alle Partialhorizonte transzendiert, ist die Suche nach dem Unbedingten. Und ebendiese Suche war Edith Stein schon vertraut, als sie ihr Philosophiestudium begann. Als Husserl-Schülerin war sie überzeugt, dass immer tieferes Erkennen oder „Sicheinfühlen in den Anderen" eine Leistung der besagten ἐποχή sei; des immer weiterschreitenden Hinterfragens aller geschichtlich bedingten Sichtweisen[490]. Mit dieser transzendentalen Reduktion verbunden war für sie schon in ihren frühen phänomenologischen Schriften die Frage nach dem Unbedingten, das den Menschen von jedem Tier unterscheidet[491]; die Frage nach dem „specificum humanum"

---

und wenn ich keine große Philosophin werden könnte, dann doch vielleicht eine brauchbare Lehrerin. Aber die Vernunftgründe halfen nichts. Ich konnte nicht mehr über die Straße gehen, ohne zu wünschen, dass ein Wagen über mich hinwegführe. Und wenn ich einen Ausflug machte, dann hoffte ich, dass ich abstürzen und nicht lebendig zurückkommen würde." (Aus dem Leben einer jüdischen Familie, 226f).

489 Mit den entsprechenden Zitaten aus Kierkegaard: R. Guardini, Vom Sinn der Schwermut. – Dazu: H.-B. Gerl-Falkovitz, Romano Guardini, 323–329.

490 Vgl. Edith Steins 1917 eingereichte Inauguraldissertation: Zum Problem der Einfühlung.

491 „Statt der transzendentalen Phänomenologie Husserls sucht sie eine *ontologische Phänomenologie*. Denn ihre Kritik betrifft […] jene Philosophie, die in der Konzentration auf das Denken innerhalb der eigenen Grenzen verharrt […]. *In der Philosophie der*

– verbunden mit der Diskussion, ob man dieses im Bewusstsein verortet oder als Person, Seele und/oder Geist beschreibt[492].

Durch Max Scheler und Martin Heidegger wird Edith Stein mit der Frage konfrontiert, ob die transzendentale Suche nicht eigentlich das vergebliche Bemühen eines Sisyphos ist; ob es nicht umgekehrt darum gehen müsste, sich von der Wahrheit des Seins ergreifen zu lassen, statt nach ihr zu greifen[493]. Bekanntlich spricht Heidegger von der „Lichtung des Seins", wo immer der Mensch die Wirklichkeit nicht mehr mit dem Zuhandenen verwechselt oder im besorgenden Umgang mit der Wirklichkeit aufgeht. Deshalb, so zeigt er in seiner Existenzialanalyse, kann die Konfrontation mit der eigenen Endlichkeit in Gestalt von Angst und Todesfurcht herausrufen aus der Uneigentlichkeit in die Eigentlichkeit. Edith Stein hat diese Grundgedanken Heideggers in dem großen Werk aufgegriffen, das sie unmittelbar vor ihrem Eintritt in den Kölner Karmel (15.4.1934) vollenden, aber selbst nicht mehr publizieren konnte. Es trägt den bezeichnenden Titel: „Endliches und ewiges Sein. Versuch eines Aufstiegs zum Sinn des Seins".

Allerdings ist darin der Abstand zu Heidegger größer als die Übereinstimmung mit ihm. Wo Heidegger von einem anonymen Sinn spricht, der sich lichtet oder zuschickt, wenn der Mensch nicht in der Zeit aufgeht, sondern sich geistig und willentlich und also „ek-sistenziell" zu ihr verhält, da spricht Edith Stein von der Annahme der eigenen Endlichkeit als Auftrag oder Sendung durch den Herrn des Seins, der Person ist. Wörtlich bemerkt sie: „Sinn schenken kann nur, wer das Sein wahrhaft besitzt, wer darüber Herr ist. Herr sein kann nur eine *Person*. Herr des Seins aber wäre sie nicht, wenn sich etwas

---

Person, nicht allein in der Ontologie, liegt Edith Steins gedankliches Ziel." (H.-B. Gerl, Unerbittliches Licht, 89).

492 „Die menschliche Persönlichkeit als Ganzes betrachtet stellt sich uns als eine Einheit von qualitativer Eigenart dar, die aus einem Kern, einer Bildungswurzel heraus gestaltet ist. Sie gestaltet sich in Seele, Leib und Geist, aber nur in der Seele kommt die Individualität rein und unvermischt zur Ausprägung. Weder der materielle Leib noch die Psyche als die substantielle Einheit alles sinnlichen und seelisch-geistigen Seins und Lebens des Individuums ist durch und durch vom Kern her bestimmt. In ihm gründet wohl die Zugänglichkeit für die Welt der Werte, deren Rangstufen seinen Tiefenschichten entsprechen, und damit ‚der Charakter' in spezifischem Sinne; aber der ausgebildete Charakter ist zugleich abhängig von der Natur der Psyche, von den Kräften, die ihr zu Gebote stehen, und von den psychischen Vermögen, die nicht im Kern wurzeln: sinnliche Fähigkeiten, Gedächtnis, Verstand." (E.Stein, Beiträge zur philosophischen Begründung der Psychologie und der Geisteswissenschaften, 199). – Vgl. dazu die detailgenaue und genetische Analyse von A. U. Müller: Grundzüge der Religionsphilosophie Edith Steins, bes. 60–73.

493 Dazu: H.-B. Gerl, Unerbittliches Licht, 87–94.

ihrer Seinsmacht entzöge: wenn es unabhängig von ihr Sein oder Nichtsein gäbe."[494]

2. Edith Steins Entdeckung des Unbedingten

Obwohl Edith Stein sich immer nur in Andeutungen über den Grund ihrer Hinwendung zum christlichen Glauben geäußert oder sogar ausdrücklich von ihrem „persönlichen Geheimnis" gesprochen hat, darf man vermuten, dass ihre jahrelange Suche nach dem Unbedingten die entscheidende Vorbereitung darauf war. Welchen Einfluss Begegnungen mit Max Scheler oder die freundschaftlichen Beziehungen zu Roman Ingarden, Adolf Reinach, Hans Lipps und Hedwig Conrad-Martius hatten, lässt sich nur indirekt aus den Briefen und autobiografischen Reflexionen Edith Steins schließen[495]. Unbestritten ist, dass die gelebte Christusbeziehung der Witwe des im Ersten Weltkrieg gefallenen Adolf Reinach sie nachhaltig beeindruckt hat. Und unbestritten ist auch, dass Edith Stein in Teresa von Avila und Johannes vom Kreuz die entscheidenden Wegweiser gefunden hat über alle transzendentalphilosophischen Methoden der sinnlichen und geistigen Wahrnehmung hinaus hin zur glaubenden Begegnung mit dem personalen Sinngrund alles Wirklichen. In dem autobiografischen Text mit dem Titel „Wie ich in den Kölner Karmel kam" lesen wir: „Etwa zehn Tage nach meiner Rückkehr aus Beuron kam mir der Gedanke: Sollte es nicht jetzt endlich Zeit sein, in den Karmel zu gehen? Seit zwölf Jahren war der Karmel mein Ziel. Seit mir im Sommer 1921 das ‚Leben' unserer hl. Mutter Teresia in die Hände gefallen war und meinem langen Suchen nach dem wahren Glauben ein Ende gemacht hatte."[496]

---

494 E. Stein, Endliches und ewiges Sein, 100. – Dazu: E. Otto, Welt – Person – Gott, 101–119.

495 Dazu: R. Leuven, Heil im Unheil, 30–49.

496 E. Stein, Aus dem Leben einer jüdischen Familie, 350. – „In der Stein-Biographie von Teresia Renata de Spiritu Sancto (Posselt) liest man, dass Edith Stein bei ihrem Aufenthalt in Bergzabern (seit 30.5.1921 laut polizeilicher Anmeldung) im Haus des Philosophenpaares Conrad das Buch der Vida Teresas von Avila fand. Dagegen steht jetzt die Aussage von Augustina (Pauline) Reinach OSB im Seligsprechungsprozess für Edith Stein: Sie wisse bestimmt, dass sie und ihre Schwägerin Anne Reinach, die Witwe ihres Bruders Adolf, Edith Stein vor der Abfahrt nach Göttingen baten, sich aus ihrem Bücherschrank ein Abschiedsgeschenk auszusuchen, und Edith Stein habe das erwähnte Buch Teresas gewählt. Vermutlich ist Edith Stein erst in Bergzabern zum Lesen des Werkes gekommen. So erklärt sich auch, dass Hedwig Conrad-Martius sich später nicht entsinnen konnte, die Vida von Teresa je besessen zu haben. Tatsächlich trägt jedoch das jetzt in der Pfarrkirche St. Martin in Bad Bergzabern

Die Wahrheit – das wurde Edith Stein in ihrer umstürzenden Begegnung mit Teresa von Avila zur Gewissheit – ist nicht der Fluchtpunkt der Husserlschen ἐποχή, sondern die Begegnung mit dem Antlitz Christi, und zwar des Gekreuzigten[497]. Sie erfährt, dass ihr Innerstes, ihr ‚Ich' bzw. ihre ‚Seele', das Geschenk der Gottesebenbildlichkeit eben des Schöpfers ist, den das christliche Dogma als die trinitarische Liebe erklärt[498]. Edith Stein erfährt sich unbedingt gewollt und unbedingt geliebt. Mit dieser Erfahrung ist die Gewissheit verbunden, die Paulus in die unnachahmlichen Worte gekleidet hat: „Was kann mich scheiden von der Liebe Christi? Bedrängnis oder Not oder Verfolgung, Hunger oder Kälte, Gefahr oder Schwert? […] Ich bin gewiss: Weder Tod noch Leben, weder Engel noch Mächte, weder Gegenwärtiges noch Zukünftiges, weder Gewalten der Höhe oder Tiefe noch irgendeine andere Kreatur können mich scheiden von der Liebe Gottes, die in Christus Jesus ist, unserem Herrn." (Röm 8,35–39).

Was Teresa von Avila als ihre Seelenburg beschreibt[499], basiert genau auf dieser Grunderfahrung. Und was Johannes vom Kreuz als den Weg durch die dunkle Nacht der Sinne und des Geistes erklärt, ist – so erkennt Edith Stein – der Kreuzweg des Verzichtes auf das eigene Wahrnehmen, auf das eigene Verstehen und das eigene Suchen zugunsten eines Empfangens, das nicht mehr ergreift, sondern sich ergreifen lässt. Edith Stein hat ihr letztes Werk nicht nur deshalb „*Kreuzes*wissenschaft" genannt, weil es sich mit

---

aufbewahrte Exemplar in Hedwig Conrad-Martius' Schrift die Eintragung: ‚Sommer in Bergzabern 1921'. Vermutlich hat Edith Stein das Buch ihrer Freundin und Patin geschenkt und diese hat es ihr später zurückgegeben; denn tatsächlich befindet sich auch der Stempel des Karmel von Köln-Lindenthal auf der nächsten Seite." (Ebd. 350f[20]).

497 „Edith Stein findet bei Teresa den personalen Offenbarungsgehalt: in Gott sind Wahrheit und Liebe eins. Dies bedeutet: den Zugang zu dieser göttlichen Wahrheit gewährt nur die Selbstübereignung, das Sich-geben in Liebe." (E. Otto, Welt – Person – Gott, 110).

498 „Die Liebe in ihrer höchsten Vollendung ist aber nur in Gott verwirklicht: in der Wechselliebe der göttlichen Personen, in dem sich selbst hingebenden göttlichen Sein. Die Liebe ist Gottes Sein, Gottes Leben, Gottes Wesen. Sie entspricht jeder der göttlichen Personen und ihrer Einheit." (E. Stein, Endliches und ewiges Sein, 382). – „Was in der Seele die Trinität abbildet, muss etwas Bleibendes sein, es darf der unsterblichen nicht verloren gehen, muss also in dem gesucht werden, was in ihr unsterblich ist." (Ebd. 384). – Zu Edith Steins Ausführungen über das Abbild des trinitarischen Schöpfers in der Schöpfung und speziell im Menschen: A. U. Müller, Einführung, bes. XXVIII–XXXI.

499 Vgl. E. Stein, Die Seelenburg, in: Dies., Endliches und ewiges Sein, 501–525. – Dazu: U. Dobhan, Zur Christusmystik Teresas von Avila; E. Münzebrock, „Denn in der Mitte der Seele ist eine Wohnung für Gott".

der Mystik des hl. Johannes vom Kreuz befasst, sondern auch, weil die Wissenschaft, die sie als Philosophin betrieben hat, der „*Kreuzes*wissenschaft" gewichen ist.

a) Die Entdeckung JHWHs im Kreuz des Juden Jesus

Der zuweilen geäußerte Vorwurf, Johannes vom Kreuz und Edith Steins Spätwerk stünden für eine radikal dualistische Unvermitteltheit von natürlichem und übernatürlichem Erkennen, von Natur und Gnade, Vernunft und Offenbarung, trifft auf beide nur dann zu, wenn man einzelne Zuspitzungen isoliert betrachtet. Johannes vom Kreuz hat vielleicht deshalb die schönsten Hymnen auf die Schöpfung gedichtet, weil er durch „die dunkle Nacht der Sinne" (durch die lange Schule einer Abtötung des verfügenden oder konstruierenden Wahrnehmens) gegangen ist, um dann gleichsam mit den Augen des Schöpfers auf die Schöpfung blicken zu können. Erst wenn man aufhört, die Dinge in die eigene Perspektive oder in das eigene Interesse zu zwängen, beginnt man, die Dinge so zu sehen, wie sie „an und für sich" sind. Wer die Dinge sein lassen kann, was sie sind, muss die begreifende Wahrnehmung kreuzigen; aber diese Kreuzigung ist keine Verneinung der Natur, sondern deren Vollendung[500]. Auch Edith Stein erklärt ihre *Kreuzes*wissenschaft nicht zum Gegenteil ihrer transzendentalen Suche nach Wahrheit, sondern als deren Vollendung. Mit fortlaufenden Zitaten aus den Reflexionen des hl. Johannes vom Kreuz über den Aufstieg der Seele bemerkt Edith Stein: „Wie Jesus in seiner Todesverlassenheit sich in die Hände des unsichtbaren und unbegreiflichen Gottes übergab, so wird sie [die nicht mehr in der eigenen Suche gefangene Seele] sich hineinbegeben in das mitternächtliche Dunkel des Glaubens, der der einzige Weg zu dem unbegreiflichen Gott ist. [...] Es ist kein bloßes Annehmen der gehörten Glaubensbotschaft, kein bloßes Sichzuwenden zu Gott, den man nur vom Hörensagen kennt, sondern ein inneres *Berührtwerden* und ein *Erfahren* Gottes, das die Kraft hat, von allen geschaffenen Dingen loszulösen und emporzuheben und zugleich in eine Liebe zu versenken, die ihren Gegenstand nicht kennt. [...] Es ist die Hingabe der Seele durch den Willen (als ihren Mund) an das liebende Entgegenkommen des immer noch verborgenen Gottes: Liebe, die nicht Gefühl, sondern Tat- und

500 Dazu: T. Bahne, Person und Kommunikation, 345–358.

Opferbereitschaft ist, Hineinstellen des eigenen Willens in den göttlichen Willen, um von ihm allein geleitet zu werden."[501]

Der islamische Schriftsteller Navid Kermani hat 2009 in einer deutschen Zeitung die bloße Tatsache, dass Christen mit dem Kreuz bzw. dem Kreuzzeichen Gott darstellen, als abwegig, wörtlich: „als „barbarisch", als „Gotteslästerung und Idolatrie"[502] bezeichnet. Akzeptabel erschien ihm aber die Darstellung des Gekreuzigten durch Guido Reni (1575–1642) in der römischen Kirche San Lorenzo in Lucina; denn – so seine Begründung – in dieser Darstellung werde Jesus als vom Kreuz gar nicht berührt dargestellt. Bekanntlich setzt die islamische Tradition voraus, dass Jesus gar nicht gelitten hat und erst recht nicht am Kreuz gestorben ist (Sure 4,157f); dahinter steht die Überzeugung, dass nicht einmal ein Prophet, geschweige denn Allah selbst durch einen Gekreuzigten darstellbar ist[503]. Kermani will sagen: Gott ist doch das Gegenteil von Ohnmacht und Passivität, das Gegenteil von Leid und Tod. Deshalb – so folgert er – ist die christliche Symbolisierung Gottes durch das Kreuz Blasphemie.

Die hl. Schwester Teresia Benedicta a Cruce hingegen bekennt: Gott darf nicht anders gedacht werden als Jesus; genauer gesagt, nicht anders als die Sohnesbeziehung Jesu zu seinem „Abba". Jesus *lebt* als wahrer Mensch *dieselbe* Beziehung zu Gott dem Vater, die – trinitätstheologisch gesprochen - der Sohn *ist*. Oder anders gesagt: Die Beziehung des Vaters zum Sohn und des Sohnes zum Vater, die der trinitarische Gott in der Einheit des Heiligen Geistes ist, ist offenbar in Raum und Zeit *als* die im Heiligen Geist gelebte Beziehung Jesu zum Vater. Edith Stein erkennt: Gott ist nicht anders allmächtig als Jesus der Gekreuzigte; andernfalls wäre Jesus nicht die *Selbst*offenbarung Gottes[504].

---

501 E. Stein, Kreuzeswissenschaft, 100f. – Edith Stein spricht von der Heilung ihrer selbstbestimmten Suche nach der Wahrheit durch Kreuzigung: „All die Schwächen", so erfährt sie, „heilt Gott durch die *Entblößung*, die sich in der dunklen Nacht vollzieht, ‚indem Er den Verstand der Finsternis ausliefert, den Willen der Trockenheit, das Gedächtnis der Leere und die Neigungen der Seele äußerster Betrübnis, Bitterkeit und Bedrängnis. ...' Hier erfahren Geist und Sinne zusammen die letzte Reinigung." (Ebd. 101). – Zur Relativierung der Reduktion der Mystik des hl. Johannes vom Kreuz auf eine „Kreuzeswissenschaft": U. Dobhan, Einführung, XXIII–XXVI.

502 N. Kermani, Warum hast du uns verlassen?, in: Neue Züricher Zeitung vom 14. 3. 2009.

503 Dazu unter Einbeziehung der Interpretationsgeschichte von Sure 4 innerhalb und außerhalb des Islam: J. Gnilka, Die Nazarener und der Koran, bes. 105–122; M. Bauschke, Der Sohn Maria. Jesus im Koran, 110–148.

504 „Alle natürliche, von den Geschöpfen aufsteigende Gotteserkenntnis schließt ja sein verborgenes Wesen nicht auf. Sie kann Ihn, trotz aller Entsprechung, die Geschöpf und Schöpfer verbinden muss, doch immer nur als den ganz Anderen fassen. [...] Um

Und andernfalls würde der Koran zu Recht fragen, warum der allmächtige Gott seinen geliebten Propheten Jesus nicht vor der Schande des Kreuzestodes bewahrt habe. Darin unterscheidet sich das Christentum radikal vom Islam: dass Gott nicht anders ist als so, wie er sich *als* Jesus, und zwar *als* der Gekreuzigte, geoffenbart hat.

Die für den christlichen Glauben schlechthin entscheidende Frage „Was hat der Erlöser vor nunmehr zweitausend Jahren für alle Menschen aller Zeiten getan?“ wird – wie in den vorausliegenden Abschnitten B und C erläutert – erst da zutreffend beantwortet, wo man von der unseligen Vorstellung Abschied nimmt, Gott der Vater habe gleichsam vom Himmel her zugeschaut, wie sein Sohn – durch das Ereignis der Inkarnation auf die Seite der Menschen getreten – ersatzweise die Sünden der Brüder und Schwestern am Kreuz gesühnt habe (Satisfaktionstheorie). Einmal abgesehen von der Frage, warum der Kreuzestod des Unschuldigen die Sünde der Schuldigen sühnen kann und soll, ist Jesus Christus innerhalb dieser Theorie nicht die *Selbst*offenbarung Gottes, sondern das Objekt eines Vaters, der jederzeit die Kreuzigung des Sohnes zulassen oder verhindern kann. Selbst wenn man betont, dass es bei der Opferung des Sohnes nicht um die Befriedigung der Gerechtigkeit des Vaters, sondern um die Wiederherstellung der Ehre des Sünders ging, wird die Satisfaktionstheorie nicht salviert[505]. Denn auch so verstanden trägt sie einen Gegensatz in Gott hinein, der ganz und gar unbiblisch ist, nämlich den Gegensatz zwischen der Allmacht des opfernden Vaters und der Ohnmacht des geopferten Sohnes. Kurzum: Wer für möglich hält, dass der Vater den Kreuzestod seines Sohnes als Ausgleich für die Sünde seit Adam wollte; und wer außerdem für möglich hält, dass der Vater den unschuldigen Sohn ersatzweise für die Sünder sterben ließ, obwohl er dies hätte verhindern können, der vertritt nicht nur eine antibiblische Theologie, sondern auch eine theologische Rechtfertigung von Gewalt.

Edith Stein – mehr Fachphilosophin als Theologin – hat es nicht gewagt, die ihr durch entsprechende Schulbücher[506] vermittelte Satisfaktionslehre einfach abzulehnen; aber die entsprechenden Passagen ihres Werkes „End-

sich Ihm aber liebend hinzugeben, müssen wir Ihn als den Liebenden kennenlernen. Und so kann nur Er selbst sich uns erschließen.“ (Edith Stein, Endliches und ewiges Sein, 386).

505 Dazu: K.-H. Menke, Musste einer für alle sterben?.

506 Edith Stein fertigte umfangreiche Exzerpte (s. T. Bahne, Person und Kommunikation, 408f[368]) an aus den dogmatischen Handbüchern u. a. von Matthias Joseph Scheeben, Bernhard Bartmann und Karl Adam. Dieses noch nicht veröffentlichte Material lässt nur indirekt und mit äußerster methodischer Vorsicht auf die eigenen theologischen Positionen der Konvertitin schließen.

liches und ewiges Sein" lassen doch erkennen, dass sie mit dieser unseligen Theorie ringt. Jedenfalls interpretiert sie die Satisfaktionslehre nicht so, dass das Geschehen der stellvertretenden Sühne als Bezahlung einer ausstehenden Rechnung (Weltsünde) durch ein quantitativ äquivalentes Verdienst (bezahlt an den Vater durch den unschuldigen Jesus ersatzweise für die unvermögenden Sünder) erscheint. Aus ihrer Sicht *ist* das Kreuz *Jesu Christi* ebenso Offenbarkeit des Vates wie Selbsthingabe des Sohnes[507]. Der zumindest in den eigenständigen Reflexionen[508] Edith Steins bemerkenswert klar gesehene Zusamenhang von Trinität und Kreuz wäre eine eigene Untersuchung wert. In der Menschwerdung und Kreuzigung des Sohnes – so erklärt sie – setzt sich der Vater mit und in seinem Sohn dem Hass der Sünder aus. Der Vater kann den Kreuzestod des Sohnes ebenso wenig verhindern wie der Gekreuzigte. Nicht nur dem Sohn, sondern auch dem Vater gelten die Worte: „Hilf dir doch selbst und steig herab vom Kreuz!" (Mk 15,30). Denn der trinitarische Gott ist als die Beziehung des Vaters zum Sohn und des Sohnes zum Vater jene Liebe, die sich eher kreuzigen lässt als irgendetwas, und mag es das objektiv Beste sein, zu erzwingen.

Hier wenigstens ein Beispiel aus Edith Steins geistlichen Schriften: Unter der Überschrift „Signum Crucis" hat sie am 16.11.1937 eine Meditation verfasst, in der sie sich selbst und ihre Adressaten auffordert: „Schau auf das Kreuz: Es breitet seine Balken wie einer seine Arme öffnet. Als wollt' er alle Welt umfassen: Kommt her, ihr alle, Mühsel'ge und Belad'ne, auch ihr, die ihr mir rieft: ans Kreuz mit ihm. Es ist das Bild des Gottes, der am Kreuz erblich. Es steigt vom Erdengrund hinauf zum Himmel gleich ihm, der auf zum Himmel fuhr, und tragen möchte es alle mit hinauf. Umfasse nur das Kreuz, so hast du ihn,

507 „Jesus Christus leistet durch sein Leiden und seinen Tod Sühne für die Sünden aller Menschen und genügt der göttlichen Gerechtigkeit. Die menschliche Natur ist Werkzeug dieser Genugtuung, weil sie Leiden und Tod ermöglicht. Dass die Sühneleistung hinreichenden, ja überfließenden Wert hat, beruht darauf, dass sie das Werk einer göttlichen Person ist: dadurch ist sie unendlich, wie die Beleidigung Gottes unendlich war, und durch keine menschliche Leistung, auch durch alle guten Werke der ganzen Menschheit nicht, ersetzbar. Wie ist es aber zu verstehen, dass den Menschen diese Leistung zugerechnet werden kann, dass sie von ihrer Schuld befreit werden? Ist es ein freies Geschenk der göttlichen Barmherzigkeit? Das ist es freilich. Es besteht für Gott keine Verpflichtung zur Sündenvergebung um der Verdienste Christi willen. Dennoch ist es nicht *nur* ein Geschenk: es ist notwendig, dass die Menschen, ‚die durch die Sünde von Gott abgewandt waren' und durch die *zuvorkommende*, erweckende und helfende Gnade Christi zur Bekehrung und Rechtfertigung berufen werden, ‚durch *freie* Zustimmung und Mitwirkung mit der Gnade sich bereitmachen'." (E. Stein, Endliches und ewiges Sein, 436).

508 Vgl. L. Börsig-Hover, „Im Wahrzeichen des Kreuzes"; U. Ferrer, Spuren von Johannes vom Kreuz; H.-B. Gerl-Falkovitz, „Im Dunkel wohl geborgen".

der Wahrheit, Weg und Leben ist. Trägst du dein Kreuz, so trägt es dich und wird dir Seligkeit." [509]

Auf keinen Fall sollte man die Kreuzes*frömmigkeit* der Heiligen von der Kreuzes*theologie* der Wissenschaftlerin trennen. Dies schon deshalb nicht, weil ihr m. E. bedeutendstes Werk den Titel „Kreuzes*wissenschaft*" trägt. Edith Stein bleibt auch nach ihrer „Kehre" die nüchtern Fragende: Wenn Gottes Macht nicht anders gedacht werden darf als die Macht dessen, den man wegen seiner Ohnmacht verspottet, was – so fragt sie – *kann* er dann noch? Um was kann man ihn dann noch bitten, was noch von ihm erwarten?

b) Die Entdeckung des „proprium christianum"

Als Jüdin hat Edith Stein gelernt: Es gibt eine Wirklichkeit, die Gott (JHWH) in keiner Weise will; die mit Gott völlig unvereinbar ist; und über die Gott dennoch keine Macht hat, die er nicht einfach beseitigen kann, es sei denn, er würde seine Schöpfung auslöschen wollen[510]. Denn deren Sinnziel ist der Bund mit dem Menschen; und der Bund setzt auf Seiten des Bundespartners wirkliche Freiheit voraus; Freiheit, die sich gegen den Grund ihrer selbst richten kann. Würde Gott alles, was die Sünde in dieser Welt anrichtet, einfach ungeschehen machen können, dann wäre die dem Menschen geschenkte Freiheit keine wirkliche, sondern nur eine scheinbare Freiheit. Wenn Gott auf Seiten seines Bundespartners wirkliche Freiheit will, dann *kann* er die Sünde weder verhindern, noch sie aufheben oder beseitigen.

Edith Stein kennt Nietzsches berühmten Vorwurf, die Juden seien die Erfinder der Sünde; sie hätten dem Menschen ein schlechtes Gewissen eingeredet und ihm den natürlichen Willen zur Macht ausgeredet. Die aus tiefster Überzeugung Christin gewordene Jüdin gibt Nietzsche in diesem einen Punkt recht: Wer wirklich Jude ist, unterwirft nichts dem eigenen, sondern alles dem göttlichen Willen. Judenverfolgung war – bewusst oder unbewusst – immer auch der abgründige Versuch, mit der Eliminierung der Juden die eigene Verantwortung vor Gott zu entsorgen. Hier genau sieht Edith Stein den eigentlichen Grund der Judenverfolgung durch die

509 E. Stein, Geistliche Texte II, 49.

510 „Wahrheit und Barmherzigkeit sind sich begegnet im Werk der Erlösung. […] Die Entsetzlichkeit der Sünde und die Macht der Finsternis sind offenbar geworden im Leiden und Sterben Jesu. Barmherzigkeit ist es, dass wir nicht zugrunde gehen, sondern durch seine Wunden geheilt werden, durch Seine Verlassenheit zum Vater geführt werden, durch Seinen Tod das Leben gewinnen." (E. Stein, Geistliche Texte II, 63).

Nationalsozialisten. Solange Juden leben, stehen sie überall unter den Völkern für den Willen JHWHs, für die Tora, und gegen jede angemaßte Vergottung irdischer Mächte und Gewalten.

Als Jüdin weiß Edith Stein: Weil IHWH das Gegenteil der Sünde ist, und weil kein Sünder sich von der von ihm begangenen Sünde selbst befreien kann, beschreibt Israel den Tod jedes Sünders als Trennung von Gott. Diese Trennung, so weiß sie, ist keine Strafe oder gar Rache JHWHs am Sünder, sondern der Preis für die dem Menschen geschenkte Freiheit. Denn wer dieses Geschenk pervertiert, trennt *sich selbst* von JHWH.

Hier exakt erreichen wir den Punkt christlicher Dogmatik, der Edith Stein von der Wahrheit des Christentums fasziniert sein lässt. Hier erfährt sie das Christusereignis als Antwort. Hier erkennt sie das Kreuz von Golgotha als die antitypische Überbietung der Dornbuschszene des Buches Exodus.

Weil Jesus Christus als wahrer Mensch der ganz mit dem Vater verbundene Sohn war, konnte er im Erleiden des physischen Todes seine Verbindung mit dem Vater (seine Sohnschaft) bis in den kreuzigenden Hass der ihn tötenden Sünder hineintragen[511]. Seit Ostern, so erkennt Edith Stein, ist kein von der Sünde geschaffener Abgrund so tief, dass die gekreuzigte Liebe ihn nicht mehr erreichen könnte. Edith Stein hat dieses „proprium christianum“ in seiner ganzen Tiefe ausgelotet. Sie hat verstanden, was Christus für alle Menschen aller Zeiten getan hat. Einbezogen sind aus ihrer Sicht auch alle Israeliten. Die Tora ist zwar Gemeinschaft mit Gott, wenn man sie hält und lebt. Aber die von JHWH trennende Macht der Sünde kann durch das Befolgen der Tora allein nicht beseitigt werden. Deshalb, so betont Edith Stein, kann auch Israel unabhängig vom Christusereignis nicht gerettet werden[512]. Wenn sie in ihrem Testament vom 9. 6. 1939 den Herrn bittet, er möge ihr Leben und Sterben u. a. auch

511 Vgl. Edith Stein, Was ist der Mensch?, 83–103.

512 „Die *kirchliche Rechtfertigungslehre*, wie sie das Konzil von Trient als Ergebnis der Auseinandersetzung mit den Irrlehren des 16. Jahrhunderts zusammengefasst hat, begründet die *Notwendigkeit der Rechtfertigung* damit, dass „alle Menschen in der Übertretung Adams die *Unschuld verloren hatten* (Röm 5,12.18; 1 Kor 15,22) … und bis zu dem Grade *Knechte der Sünde* waren (Röm 6,20) …, dass nicht nur die Heiden durch die Kraft der Natur … nicht mehr imstande waren, sich davon zu befreien oder zu erheben, sondern nicht einmal die Juden durch den Buchstaben des Gesetzes Mosis; denn obzwar die *freie Entscheidung* in ihnen *keineswegs erloschen* war …, war sie doch an Kraft geschwächt und (zum Bösen) geneigt. Darum ‚würden sie niemals gerechtfertigt‘, wenn sie nicht in *Christus* wiedergeboren würden, da ihnen diese Wiedergeburt durch das *Verdienst* seines *Leidens* zuteil wird, kraft der Gnade, durch die sie gerecht werden.“ (Edith Stein, Endliches und ewiges Sein, 435).

als Sühne annehmen „für den Unglauben des jüdischen Volkes"[513], dann meint sie damit vermutlich nicht, dass Juden nur über den Weg der ausdrücklichen Anerkennung des Jesus als des Christus zum Heil gelangen. Vielmehr ist sie überzeugt, dass das Christusereignis der Grund dafür ist, dass, wie Paulus verheißt (Röm 11,26), am Ende alle Glieder des auserwählten Volkes gerettet werden.

Edith Stein ist überzeugt: Erst in dem Juden Jesus ist die den Sünder von Gott trennende Macht der Sünde gebrochen worden. Aber sie ist genauso überzeugt, dass die Einzigkeit und Heilsuniversalität Christi die Einzigkeit und Heilsuniversalität Israels nicht aufhebt, sondern bestätigt[514]. Denn durch das Christusereignis ist die Tora nicht abgewertet, sondern aufgewertet worden[515]. Wer die Tora als den Willen Gottes glaubt und befolgt, bejaht indirekt auch Christus, den Fleisch gewordenen Willen (Logos) des Vaters. Edith Stein unterstreicht zwar das Vorläufige der alttestamentlichen sacramenta[516], bekennt aber mit der Einzigkeit und Heilsuniversalität Jesu Christi auch die Einzigkeit und Heilsuniversalität Israels. Denn die Tora ist die von Jesus selbst affirmierte (nicht aufgehobene!) authentische Auslegung desselben göttlichen Willens, der er selbst ‚in persona' (als Fleisch gewordener göttlicher Logos) ist. Anders gesagt: Nur Israel kann mit der Treue zur Tora Christus bejahen, ohne ihn ausdrücklich als den Grund der Tora, als den ewigen Logos, zu bekennen

513 E. Stein, Aus dem Leben einer jüdischen Familie, 375.

514 Schwer getragen hat Edith Stein an der Tatsache, dass die meisten ihrer Verwandten, besonders die eigene Mutter, nicht verstehen konnten, dass sie als Christin ihrer Zugehörigkeit zum auserwählten Volk tiefer noch als vor der Konversion entsprechen wollte. Vgl. dazu: Aus dem Leben einer jüdischen Familie, bes. 346f.359f.

515 Aus christlicher Sicht ist die Tora Interpretation des ewigen Logos und nicht umgekehrt der Fleisch gewordene Logos die bloße Veranschaulichung oder Personifikation der Tora. Das Befolgen der Tora führt den Israeliten in die Gemeinschaft mit JHWH und ist deshalb Vermittlung desselben Heiles, das auch Jesus verkündet hat. Aber die Tora als solche *ist* im Unterschied zu Jesus Christus nicht die Gemeinschaft mit JHWH (das ewige Leben). Sie wird aber durch das Christusereignis aufgewertet von einer Bedingung des Glaubens an JHWH zu einem antizipativen Sakrament (zu einem Mittel, das bewirkt, was es bezeichnet) der Gemeinschaft mit JHWH.

516 Vgl. E. Stein, Was ist der Mensch?, 116.

c) Die Entdeckung der „inklusiven Stellvertretung"

Es ist kein Zufall, dass Edith Stein die inklusive Stellvertretung Israels und der Kirche, speziell des Karmel[517], noch ausführlicher würdigt als die exklusive Stellvertretung des Erlösers. Sie glaubt an das Ein-für-alle-Mal des Christusereignisses, weiß aber auch, dass die schon erfolgte Erlösung kein Automatismus ist. Christen glauben keineswegs, dass die bis in die Höllen der Sünder herabreichende Liebe des Erlösers alle Sünder automatisch zum Vater zieht. Die Verweigerung der ausgestreckten Hand ist möglich, unendlich lange möglich. Deshalb bedarf die *exklusive* Stellvertretung des Erlösers der *inklusiven* Stellvertretung ihrer Adressaten. Denn das Christusereignis hebt den Bund JHWHs mit Israel so wenig auf wie es die Kirche überflüssig macht. Im Gegenteil: Wer Christus, wie Paulus sagt, anzieht (Röm 13,14; Kol 1,24), der muss *sein* wollen, was er im Geschehen der Rechtfertigung *empfangen* hat.

Zur Verdeutlichung dessen, was Edith Stein als Inklusion Israels, der Kirche und besonders des Karmel in die Stellvertretung Christi versteht, hier zwei längere Zitate aus ihren geistlichen Texten:

– „*Der Heiland ist auf dem Kreuzweg nicht allein* […]. Jeder, der in der Folge der Zeiten ein schweres Schicksal im Gedanken an den leidenden Heiland trug oder freiwillige Sühneleistungen auf sich nahm, hat damit etwas von der gewaltigen Schuldenlast der Menschheit getilgt und dem Herrn seine Last tragen helfen; vielmehr: *Christus*, das Haupt, *leistet*

517 In einem Brief von Schwester Teresia Benedicta a Cruce an Roman Ingarden aus dem Sommer 1937 lesen wir: „Was Sie an Voraussetzungen über unsere Einstellung zum Leben aussprechen, geht so gründlich daneben, dass wir wohl an kein Ende kämen, wen ich mich aufs Widerlegen einlassen wollte. Es wird besser sein, wenn ich Ihnen ganz einfältig etwas von unserem Leben erzähle. Wir glauben, dass es Gott gefällt, sich eine kleine Schar von Menschen auszuwählen, die besonders nahen Anteil an seinem eigenen Leben haben sollen, und glauben, zu diesen Glücklichen zu gehören. Wir wissen nicht, nach welchen Gesichtspunkten die Auswahl getroffen wird. Jedenfalls nicht nach Würde und Verdienst, und darum macht uns die Gnade der Berufung nicht stolz, sondern klein und dankbar. Unsere Aufgabe ist es, zu lieben und zu dienen. Weil Gott die Welt, die er geschaffen hat, niemals preisgibt und vor allem die Menschen sehr lieb hat, ist es natürlich für uns unmöglich, die Welt und die Menschen zu verachten. Wir haben sie nicht verlassen, weil wir sie für wertlos hielten, sondern um für Gott frei zu sein. […] Eine sehr schwere Prüfung habe ich in diesem Jahr durchmachen müssen. Das war die letzte Krankheit und der Tod meiner Mutter. Wir hatten uns seit meinem Abschied von daheim [1933] nicht wiedergesehen. Im letzten Sommer habe ich monatelang in ständiger Erwartung der Todesnachricht gelebt. Meine Mutter starb am 14. September [1936], am Fest der Kreuzerhöhung, gerade zu der Stunde, als wir hier – wie alljährlich an diesem Tage – unsere Gelübde feierlich erneuerten." (Selbstbildnis in Briefen III, 237f).

Sühne in diesen Gliedern seines mystischen Leibes, die sich ihm mit Leib und Seele für sein Erlösungswerk zur Verfügung stellen. Wir dürfen annehmen, dass der Ausblick auf die Getreuen, die ihm auf seinem Leidensweg folgen würden, den Heiland in der Ölbergnacht gestärkt hat. Und die Kraft dieser Kreuzträger kommt ihm nach jedem Fall zu Hilfe. Die Gerechten des Alten Bundes sind es, die ihn ein Stück Weges vom *ersten bis zum zweiten Fall* begleiten. Die Jünger und Jüngerinnen, die sich während seines Erdenlebens um ihn scharten, sind die Helfer auf der *zweiten* Wegstrecke. Die Kreuzesliebhaber, die er erweckt hat und immer aufs neue erwecken wird in der wechselvollen Geschichte der streitenden Kirche, das sind seine *Bundesgenossen in der Endzeit*. Dazu sind auch wir berufen."[518]

– „Wer sich dem Lamm vermählen will, der muss sich mit ihm ans Kreuz heften lassen. Dazu sind alle berufen, die mit dem Blut des Lammes bezeichnet sind, und das sind alle Getauften. Aber nicht alle verstehen den Ruf und folgen ihm. Es gibt einen Ruf zu engerer Nachfolge, der eindringlicher in die Seele hineintönt und eine klare Antwort fordert. Das ist der Ruf zum Ordensleben, und die Antwort sind die heiligen Gelübde."[519]

Edith Stein hat die Untrennbarkeit der Stellvertretung Christi von jener Israels und der Kirche erst nach ihrer Taufe und ihrem Eintritt in den Karmel erkannt und reflektiert. Ihre Mutter war zwar praktizierende Jüdin, konnte aber dem Erklärungsanspruch ihrer Kinder nicht entsprechen. Diese entfernten sich von der angestammten Religion in demselben Maße, in dem ihre kritischen Fragen ohne Antwort blieben. Allerdings ging die Distanzierung von den Traditionen des orthodoxen Judentums im Hause Stein nicht so weit, dass die Kinder nicht mehr wussten, was der Sabbat bedeutete oder was der Versöhnungstag war. Man wusste: Nach der Zerstörung des zweiten Tempels durch die Römer im Jahre 70 nach Chr. gab es für das Judentum nicht mehr die eine Sühneinstitution des Tempels. Deshalb wurde der *jom kippur* ein in jeder Synagoge gefeierter Tag (Abschluss des jüdischen Neujahrsfestes) – geprägt durch strenges Fasten, das nach Sonnenuntergang in ein Fest der Freude, in das eigentliche Fest der Versöhnung, überging und deshalb von Edith Stein rückblickend als eine Art Synthese von Karfreitag und Ostern erinnert wurde.

518 E. Stein, Geistliche Texte II, 112.
519 E. Stein, Geistliche Texte II, 138.

Rückschauend erkennt Edith Stein ihren Lebensweg als Eingestaltung in die Stellvertretung des Gottesknechtes Israel *und* in die Stellvertretung des Gekreuzigten. Sie bezeichnet ihre Inklusion in die Stellvertretung Christi als die ihr als Jüdin entsprechende Berufung. Schon wenige Monate nach Hitlers Machtergreifung richtet sie über den Beuroner Abt Raphael Walzer einen Brief an Papst Pius XI., in dem sie sich als Kind des jüdischen Volkes *und* als Kind der katholischen Kirche vorstellt[520]. Und in demselben Jahr (1933) bekennt sie: „Ich sprach mit dem Heiland und sagte ihm, ich wüsste, dass es sein Kreuz sei, das jetzt auf das jüdische Volk gelegt würde. Die meisten verstünden es nicht, aber die es verstünden, müssten im Namen aller bereitwillig es auf sich nehmen. Ich wollte das tun, Er solle mir nur zeigen, wie."[521] Nach immer bedrückender erscheinenden Nachrichten über die Verfolgung ihrer Verwandten schreibt Schwester Teresia Benedicta 1938 an die ihr befreundete Ursulinin Mater Petra Brüning: Wenn meine Geschwister „nur wüssten, wo sie hin sollen! Aber ich vertraue, dass die Mutter aus der Ewigkeit für sie sorgt. Und darauf, dass der Herr mein Leben für alle angenommen hat. Ich muss immer wieder an die Königin Esther denken, die gerade darum aus ihrem Volk herausgenommen wurde, um für das Volk vor dem König zu stehen. Ich bin eine sehr arme und ohnmächtige kleine Esther; aber der König, der mich erwählt hat, ist unendlich groß und barmherzig. Das ist ein so großer Trost."[522] Und in demselben Jahr an dieselbe Ursulinin in Dorsten: „Ich muss Ihnen sagen, dass ich meinen Ordensnamen schon als Postulantin mit ins Haus brachte, Ich erhielt ihn genauso, wie ich ihn erbat. Unter dem Kreuz verstand ich das Schicksal des Volkes Gottes, das sich damals schon anzukündigen begann. Ich dachte, die es verstünden, dass es das Kreuz Christi sei, die müssten es im Namen aller auf sich nehmen. Gewiss weiß ich heute mehr davon, was es heißt, dem Herrn im Zeichen des Kreuzes vermählt zu sein. Begreifen wird man es nie, weil es ein Geheimnis ist."[523] Ulrich Dobhan vermutet[524]

520 „Heiliger Vater! Als ein Kind des jüdischen Volkes, das durch Gottes Gnade seit elf Jahren ein Kind der katholischen Kirche ist, wage ich es, vor dem Vater der Christenheit auszusprechen, was Millionen von Deutschen bedrückt. [...] Seit Wochen warten und hoffen nicht nur die Juden, sondern Tausende treuer Katholiken in Deutschland – und ich denke, in der ganzen Welt – darauf, dass die Kirche Christi ihre Stimme erhebe, um diesem Missbrauch des Namens Christi Einhalt zu tun. Ist nicht diese Vergötzung der Rasse und der Staatsgewalt, die täglich durch Rundfunk den Massen eingehämmert wird, eine offene Häresie?" (E. Stein, Brief an Papst Pius XI., 237f).

521 E. Stein, Aus dem Leben einer jüdischen Familie, 348.

522 E. Stein, Selbstbildnis in Briefen II, 333.

523 E. Stein, Selbstbildnis in Briefen II, 338.

524 Vgl. U. Dobhan, Ave Crux – Spes unica, 388.

einen direkten Zusammenhang zwischen Hitlers Ankündigung von der „Vernichtung der jüdischen Rasse in Europa" und der am Passionssonntag 1939 von Schwester Teresia Benedicta ihrer Oberin vorgetragenen Bitte: „Liebe Mutter, bitte, erlauben E. E. mir, mich dem Herzen Jesu als Sühnopfer für den wahren Frieden anzubieten: dass die Herrschaft des Antichrist wenn möglich ohne einen neuen Weltkrieg zusammenbricht und eine neue Ordnung aufgerichtet werden kann. Ich möchte es heute noch, weil es die 12. Stunde ist. Ich weiß, dass ich ein Nichts bin, aber Jesus will es, und Er wird gewiss in diesen Tagen noch viele andere dazu rufen."[525]

Im Nachhinein erkennt Schwester Teresia Benedicta a Cruce nicht nur ihre Zugehörigkeit zum auserwählten Volk[526] und ihren Eintritt in den Karmel[527], sondern auch scheinbar Zufälliges wie ihr Geburtsdatum (12. Oktober 1891) als ihre singuläre Berufung. Ihr Geburtstag war der Versöhnungstag, der höchste Festtag des jüdischen Kalenders[528]. Während es in den täglich im Jerusalemer Tempel dargebrachten Sündopfern um die Sühnung einzelner Sünden ging, hatte der Ritus des Versöhnungstages die Entsühnung des ganzen Volkes zum Inhalt. Schwester Benedicta a Cruce befasst

525 E. Stein, Selbstbildnis in Briefen II, 373.

526 An den Jesuiten Johannes Hirschmann richtet Edith Stein die Worte: „Sie glauben nicht, was es für mich bedeutet, Tochter des auserwählten Volkes zu sein, nicht nur geistig, sondern auch blutsmäßig zu Christus zu gehören." (zit. nach: H.-B. Gerl, Unerbittliches Licht, 32).

527 „Als Edith Stein 1933 den Karmel unter verschiedenen möglichen Orden wählte, war sie von einer noch unklaren, aber merkwürdig sicheren Empfindung durchdrungen, ihr sei im Karmel etwas aufgespart, was sie in einem anderen Orden nicht unmittelbar gefunden hätte. Je länger je mehr wird sie begreifen, dass das Aufgesparte in der Stellvertretung, schärfer noch: im Angebot der Sühne bestehe. Um diesen Gedanken war sie durchaus schon früher gekreist, lernte ihn aber unter dem Druck der politischen Ereignisse deutlicher auf sich beziehen. So verdichten sich die Äußerungen über die Jahre hinweg, von einer allgemeinen Theologie der Sühne bis zu einer persönlich auf sie selbst zugeschnittenen Stellvertretung." (H.-B. Gerl, Unerbittliches Licht, 35).

528 Nach der Rückkehr der Juden aus dem babylonischen Exil wurde der neu errichtete Tempel von Jerusalem zur Sühneinstitution Israels. Die Sühneriten des nachexilischen Tempelkultes galten als von JHWH gestiftete Mittel zur Versöhnung des Sünders mit Gott. Zu jedem Sühneritus gehörte ein Opfer und gewöhnlich auch ein Blutritus. Die lange Zeit verbreitete Satisfaktionstheorie, das Opfertier sei eine Gabe des Sünders an Gott zum Ausgleich (als Satisfaktion) für die begangenen Sünden hat sich in der exegetischen Forschung als ebenso unhaltbar erwiesen wie die Substitutionstheorie, nach der das Opfertier ersatzweise (substitutiv) für den Sünder stirbt, der eigentlich selbst den Tod als Strafe erleiden müsste. Vielmehr ist das Blut des Opfertieres so etwas wie ein von JHWH gestiftetes Zeichen bzw. Sakrament, mit dem der Opfernde ausdrücken kann: ‚In dem Blut des Tieres (Zeichen des Lebens) übereigne ich, Herr, mein eigenes Blut bzw. Leben Deinem Verzeihen und Deinem Willen.' – Dazu: B. Janowski, Sühne als Heilsgeschehen; A. Schenker, Versöhnung und Sühne.

sich detailliert mit der jüdischen Liturgie[529], weil sie die Einzigkeit und Heilsuniversalität des Christusereignisses (Hebr 9f) durch die Einzigkeit und Heilsuniversalität Israels erklärt. Der Hohepriester tritt am Versöhnungstag durch den Vorhang des Tempels mit dem Opferblut von Böcken und Stieren zu der Stelle, wo das Symbol der Anwesenheit Gottes (die *kapporet*) steht und bringt durch die Vereinigung des Tierblutes (Zeichen für das Blut bzw. Leben der Sünder) mit der *kapporet* (Zeichen für die Anwesenheit JHWHs) die Versöhnung der Sünder mit JHWH zum Ausdruck. Jesus Christus (die wahre Anwesenheit Gottes) hingegen setzt sich selbst (nicht Tiere) dem kreuzigenden Hass der Sünder aus, besprengt die Sünder nicht mit Tierblut, sondern verschenkt sich selbst eucharistisch in den Sakramenten seines Leibes und Blutes an die Sünder, nimmt sie wahrhaft in sich auf und trägt sie so durch den Vorhang des physischen Todes hindurch zum Vater.

Edith Stein fragt in ihrer am 24.11.1933 aus Anlass des Festes des hl. Johannes vom Kreuz gehaltenen Betrachtung: „Hat nicht Christus die Gefangenschaft gefangen weggeführt?" Und sie antwortet: „Der Anblick der Welt, in der wir leben, Not und Elend und der Abgrund menschlicher Bosheit, ist geeignet, den Jubel über den Sieg des Lichts immer wieder zu dämpfen. [...] Noch ist der Kampf zwischen Christus und dem Antichris-

529 Aus Anlass ihrer Gelübdeerneuerung schreibt Edith Stein zum 14.9.1940: „Wenn an dem größten und heiligsten Tag des Jahres der Hohepriester ins Allerheiligste eintrat, an den furchtbar heiligen Ort der Gegenwart Gottes, dann hatte er vorher vom Volk zwei Böcke genommen; den einen um die Sünden des Volkes darauf zu laden, damit er sie hinaustrage in die Wüste; den andern, um mit seinem Blute das Zelt und die Bundeslade zu besprengen (3. Buch Mose 16). Das war das Sündopfer für das Volk. Für sich selbst und sein Haus musste er außerdem einen jungen Stier als Sündopfer und einen Widder als Brandopfer darbringen. Auch mit dem Blut des Stieres musste er den Gnadenthron besprengen. Und wenn er, von keines Menschen Auge gesehen, für sich und für sein Haus und für das ganze Volk Israel gebetet hatte, dann trat er heraus zu dem harrenden Volke, besprengte auch den Altar draußen, um ihn von seinen und des Volkes Sünden zu entsühnen. Dann entsandte er den lebendigen Bock in die Wüste, brachte sein und des Volkes Brandopfer dar und ließ die Reste des Sündopfers vor dem Lager (und später vor den Toren) verbrennen. Ein großer und heiliger Tag war der Versöhnungstag. Das Volk verharrte unter Beten und Fasten im Heiligtum. Und wenn, am Abend alles vollbracht war, dann war Friede und Freude in den Herzen, weil Gott die Sündenlast hinweggenommen und Gnade geschenkt hatte. Aber was hatte denn die Versöhnung bewirkt? Nicht das Blut der geschlachteten Tiere und nicht der Hohepriester aus Aarons Geschlecht – das hat der heilige Paulus so eindringlich im Hebräerbrief klargemacht, sondern das wahre Versöhnungsopfer, das in all diesen gesetzlich vorgeschriebenen Opfern vorgebildet war [...]. Dort auf Golgotha, war das wahre Versöhnungsopfer vollbracht worden. Damit hatten die alten Opfer ihre Kraft verloren; und bald hörten sie ganz auf, wie auch das alte Priestertum, als der Tempel vernichtet wurde." (E. Stein, Geistliche Texte II, 136f).

ten nicht ausgefochten. In diesem Kampf haben die Gefolgsleute Christi ihre Stelle. Und ihre Hauptwaffe ist das Kreuz. Wie ist das zu verstehen? Die Kreuzeslast, mit der sich Christus beladen hat, das ist die Entartung der Menschennatur mit ihrem ganzen Gefolge an Sünde und Leid, womit die gefallene Menschheit geschlagen ist. Diese Last aus der Welt hinauszutragen ist der Sinn des Kreuzwegs. Die Rückkehr der befreiten Menschheit ans Herz des himmlischen Vaters, die Annahme an Kindesstatt ist freies Geschenk der Gnade, der allerbarmenden Liebe. Aber sie darf nicht geschehen auf Kosten der göttlichen Heiligkeit und Gerechtigkeit. Die ganze Summe menschlicher Verfehlungen vom ersten Fall bis zum Tag des Gerichts muss getilgt werden […]. Der Kreuzweg ist diese Sühne."[530]

Hinter diesen Zeilen der heiligen Schwester Teresia Benedicta a Cruce verbirgt sich die schmerzlich vertiefte Gewissheit: Die exklusive Stellvertretung des Erlösers – die Entmachtung der Sünde ein für alle Mal für alle Menschen aller Zeiten – kann diejenigen, die Christi ausgestreckte Hand ablehnen, nur dann aus ihren selbstgewählten Höllen befreien, wenn sich möglichst viele Brüder und Schwestern möglichst intensiv eingestalten lassen in seine gekreuzigte Liebe. Anders gesagt: Die exklusive Stellvertretung des für alle Menschen in den Hass der pervertieren Freiheit Herabgestiegenen bedingt die inklusive Stellvertretung der so von ihm Beschenkten. In ihren geistlichen Texten spricht die Märtyrerin immer wieder von dem Mitgekreuzigtsein der von Christus Erwählten. Ohne Christus – so betont Edith Stein – kann kein Mensch die Folgen der Sünde besiegen; aber durch ihn, mit ihm und in ihm kann der wahrhaft Gläubige in die tiefsten Abgründe herabsteigen und Hass mit Liebe beantworten.

Der mit Edith Stein bekannte Jesuit Johannes Hirschmann hat darauf hingewiesen, dass der von den Nazis verfolgten Karmelitin nichts ferner lag als dies: dem Schicksal der Juden aufgrund ihrer Taufe entrinnen zu wollen. Im Gegenteil: Sie betrachtete ihre Taufe als Auftrag, sich in die Stellvertretung des Gekreuzigten inkludieren zu lassen. Und „Edith Stein war nicht nur eine ihrem Volk in Liebe verbundene Jüdin; sie war gleichzeitig eine dem deutschen Volk verbundene Deutsche. Und als solche hat sie gefragt – sie hat es mir oft gesagt –: ‚Wer sühnt für das, was am jüdischen Volk im Namen des deutschen Volkes geschieht?' Sie hat gelitten darunter, dass getaufte Christen wie Hitler und Himmler diese entsetzliche Schuld am jüdischen Volk auf sich nahmen. ‚Wer wendet diese entsetzliche Schuld zum Segen für beide Völker?' – Die, die die Wunden, die hier der Hass schlägt, nicht neuen Hass gebären lassen, sondern die, obwohl

530 E. Stein, Geistliche Texte II, 111f.

sie selbst mit Opfer dieses Hasses sind, das Leid unter den Gehassten und das Leid der Hassenden auf sich nehmen.' Nie werde ich die Gespräche mit dieser wahrhaft christlichen Philosophin und Zeugin vergessen, wenn sie darüber sprach: Niemals darf doch in der Welt der Hass das letzte Wort haben. Es muss doch möglich sein, dem Hass – betend und stellvertretend für ihn sühnend – so zu begegnen, dass das Tragen dieses Hasses zu einer letzten Gnade für die Hassenden zu werden vermag. [...] Wir sprachen gelegentlich zusammen über jene Zeit, in der Dostojewski überlegte, einen Roman zu schreiben über einen Menschen, in dem er sozusagen alle menschliche Verwerflichkeit zusammendichten wollte, dem er aber auch einen Christen begegnen lassen wollte, dem er zeigte: stärker als aller Hass ist Er, ist – und gerade durch den Hass ausgelöst – die Liebe, die Christus in die Welt gebracht hat."[531]

Die heilige Schwester Benedicta a Cruce hat diese Wahrheit bis in die letzte Konsequenz gelebt. Sie hat das letzte Kapitel ihrer „Kreuzeswissenschaft" nicht mit der Feder, sondern mit dem Weg nach Auschwitz vollendet[532]: eingestaltet in die Stellvertretung Israels *und* in die Stellvertretung des Gekreuzigten[533]. Sie, die Tochter Israels, verweist auf *den* einen und

531 J. Hirschmann, Schwester Theresia Benedicta vom Heiligen Kreuz, 125f.

532 „Es sollte ihr nicht mehr vergönnt sein, diese Studie zu vollenden, denn nachdem sie auf rührende Weise den Tod des großen Kreuzesverehrers *Johannes vom Kreuz* geschildert hatte, bricht das Manuskript ab. Der Überfallwagen der Gestapo stand vor dem Karmel von Echt, und Edith Stein, oder vielmehr Teresia, die Gesegnete vom Kreuz, musste das Kloster verlassen und einsteigen, um ihren Kreuzweg zu vollenden." (R. Leuven, Heil im Unheil, 39).

533 Ein Zeuge aus dem Durchgangslager Westerbork bezeugt: „Als kein Zweifel mehr bestand, dass sie mit den anderen Getauften innerhalb weniger Stunden weiterbefördert werden sollte, fragte ich sie, wen ich hiervon benachrichtigen sollte, wer vielleicht noch helfen könnte. Sollte einer der zuverlässigen Militärpolizisten Utrecht anrufen? Wieder lächelte sie: ‚Nein, tun Sie das nicht. Bitte nicht tun'. Warum eine Ausnahme für sie oder diese Gruppe? War nicht gerade dieses Gerechtigkeit, dass sie aus ihrer Taufe keinen Nutzen ziehen konnten? Wenn sie nicht das Los der andern teilen würde, dann wäre ihr Leben vernichtet. Nun aber nicht. ... Und sie ging betend, neben ihrer Schwester [Rosa], die ebenfalls Nonne war, zum Viehwagen. Und ich sah ihr Lächeln ... ihre Kraft ... ihre ungebrochene Festigkeit ..., die sie begleitete nach Auschwitz." (R. Leuven, Heil im Unheil, 177f). – „Noch ein letzter Händedruck der wenigen Zurückbleibenden, die den Mut hatten, diesen Exodus anzusehen, und dann begann ‚die Fahrt nach dem Osten', wie Schwester Benedicta es nannte. Dieser Transport vom 7. August 1942 brachte 987 Juden von Westerbork nach Auschwitz. In den langen Listen, welche das Justizministerium mit den Namen der Verstorbenen Woche für Woche erscheinen ließ, konnte man in der Auslieferung vom 16. Februar 1950 lesen: ‚Nr. 44074 Edith Teresia Hedwig Stein, geboren 12.10.1891 zu Breslau, wohnhaft in Echt, gestorben 9. August 1942 in Oswiecim (polnischer Name für Auschwitz)'. Für die Kinder der Finsternis war sie nur eine Nummer, eine der

einzigen Gott, der jedem Menschen – unabhängig von Herkunft, Intelligenz, An- oder Aussehen – eine unbedingte Würde zuspricht. Schon deshalb verdient sie den Titel ‚Patronin Europas'. Aber nach Auschwitz noch aus einem tieferen zweiten Grund: dem nämlich dass sie den einzigen Weg weist, der Opfer mit Tätern versöhnen kann, den Weg der Stellvertretung Christi, den Weg der gekreuzigten Liebe.

3. Die Patronin Europas: Anwältin und Märtyrerin der unbedingten Würde jedes einzelnen Menschen

Edith Stein hat ihr philosophisches Werk vor allem der Frage gewidmet: „Was ist der Mensch?" Am Ende ihrer langen Suche steht das Unbedingte, das Juden und Christen als „Gottesebenbildlichkeit" jedes einzelnen Menschen beschreiben. Auch ein weltanschaulich neutraler Staat basiert auf der Anerkennung dieses Unbedingten in jedem einzelnen Menschen. Und die große Vision eines Europa der gelebten Menschenrechte kann nur gelingen, wenn es auf den kleinen Bühnen von Familie, Beruf und Arbeit ebenso wie auf den großen Bühnen der Politik Versöhnung zwischen Opfern und Tätern gibt. Edith Stein lehrt die versöhnende Macht der gekreuzigten Liebe. Sie war überzeugt: Nur wenn es eine hinreichende Anzahl von Stellvertreterinnen und Stellvertretern gibt, wird die unbedingte Würde jedes einzelnen Menschen richtender Maßstab aller irdischen Mächte und Gewalten bleiben.

Millionen. Auch ihre Schwester Rosa – Nr. 44075 –, die einst Ediths Chormantel als Taufkleid getragen hatte, Symbol ihrer Verbundenheit in Leben und Tod für Christus, fand am gleichen Tag den Tod." (Ebd. 181).

Zweiter Teil
DIE FRAGE NACH DEM UNTERSCHEIDEND CHRISTLICHEN

Die Frage nach *dem unterscheidend Christlichen* ist zwar verwandt, aber nicht identisch mit der Frage nach *dem Wesen des Christentums*[534]. Die letztere birgt in sich die Tendenz zur Abstraktion des zeitlos Gültigen vom zeitlich Bedingten. Das immer gleich bleibende „Wesen" soll von Zufälligkeiten und geschichtlich bedingten Interpretationen getrennt werden.

(A) Erst da, wo man das real gelebte Christentum bzw. die Kirche als Abfall vom wahren oder eigentlichen Christentum kritisiert hat, entstanden Bücher über das *Wesen* des Christentums. Es waren zunächst ausschließlich vom Pietismus und von der Aufklärung bestimmte Protestanten, die den Versuch machten, das Wesen von der Schale zu trennen: das Christentum der Überzeugungen vom Christentum der Gewohnheiten, das Christentum des Glaubens von dem der Kirche und schließlich auch den zeitlich bedingten Jesus der Geschichte vom Christus der zeitlos gültigen Begriffe. Die von Schleiermacher und Baur begründete Identifikation des protestantischen mit dem vernünftigen Christentum mündet in Adolf von Harnacks Berliner „Vorlesungen über das Wesen des Christentum" anlässlich der Wende vom 19. zum 20. Jahrhundert. Von Harnack angeregt oder in Auseinandersetzung mit ihm sind alle weiteren Antworten zu verstehen: die von Troeltsch, Barth, Bultmann, Bonhoeffer und Pannenberg; aber auch die Antworten katholischer Theologen wie Loisy, Blondel und Rahner. Das erste Kapitel der folgenden Ausführungen will die Geschichte der Frage nach dem Wesen nicht nur analysieren, sondern auch wertend problematisieren. Am Schluss steht das Verdikt von der Ideologieanfälligkeit der Wesensfrage. Wo immer das Christentum sein Wesen außerhalb der inkarnatorischen Bewegung von oben nach unten, vom Abstrakten ins Konkrete gesucht hat, war es nämlich in der Gefahr, menschliche Interessen und Institutionen zu rechtfertigen, statt diese zu hinterfragen.

534 Dazu: H. U. v. Balthasar, Wer ist ein Christ?; W. Kasper, Was heißt eigentlich christlich?; M. Kehl, Hinführung zum christlichen Glauben; H.-J. Lauter, Der Inbegriff des Christlichen; A. Tafferner, Gottes- und Nächstenliebe; J. Werbick, Vom entscheidend und unterscheidend Christlichen; K.-H. Menke, Christ; H. Schmidinger (Hg.), Identität und Toleranz.

(B) Deshalb liegt es nahe, im zweiten Kapitel des zweiten Teils dieser Studie zurückzublicken auf die *Ur*versuchung des Christentums. Diese lag bekanntlich in der Gnosis mit ihrer doketischen Christologie und ihrer Trennung der sichtbaren (uneigentlichen) von der unsichtbaren (eigentlichen) Kirche. Es ist kein Zufall, dass der Verfasser der Jahrhundert-Vorlesungen über das Wesen des Christentums sein Leben lang Marcion-Forschung betrieben hat – nicht um das Christentum an seine Urversuchung zu erinnern, sondern im Gegenteil um Konvergenzen zwischen dem wahren Christentum (Protestantismus) und der Lehre Marcions aufzudecken. Harnack repräsentiert eine erste Gestalt von aktualisiertem Marcionismus. Aber seine Marcion-Rezeption ist nicht die einzige Spielart des Marcionismus im 20. Jahrhundert. Deshalb wird im Folgenden der Versuch unternommen, die Geschichte der Neo-Marcionismen nachzuzeichnen – nicht aus der Perspektive des neutralen Beobachters, sondern unter der Voraussetzung, dass die mehr oder weniger treu rezipierten Grundthesen Marcions das Christentum bis heute gefährden.

(C) Weil das unterscheidend Christliche in dem zu suchen ist, was das Wort ‚Inkarnation' beschreibt, ist Christentum stets Eingestaltung des je Einzelnen und der Kirche insgesamt in die Bewegung vom Abstrakten ins Konkrete. Das heißt im Umkehrschluss: Jede Reduzierung des Christentums auf ein Prinzip, eine Strategie oder Ethik ist Verfälschung oder gar Perversion. Eine neue Spielart der Reduktion hat sich im Kontext des interreligiösen Dialogs entfaltet. Dieser geht nicht immer, aber doch oft von der Prämisse aus, das Festhalten an der Einzigkeit der Wahrheit und erst recht die Überzeugung von der objektiven Erkennbarkeit der Wahrheit seien mit der Anerkennung einer anderen Überzeugung unvereinbar. Nur so erklärt sich die Welle des Protestes gegen das nicht zufällig zur Jahrtausendwende von Papst Johannes Paul II. promulgierte Dokument *Dominus Iesus.* Die darin ausgesprochene Identifikation Jesu Christi mit dem Heil für alle Menschen aller Zeiten wird zunehmend häufig als fundamentalistisch oder gar als imperialistisch und totalitär bezeichnet. Die in den siebziger Jahren von England ausgehende Bewegung der Pluralistischen Religionstheologie (PRT) zum Beispiel erklärt die Deabsolutierung der Christologie zur Grundvoraussetzung des Religionsfriedens. Die eine und einzige Wahrheit wird als das Transzendente schlechthin erklärt, auf das sich alle religiösen Traditionen in Gestalt von suchenden Deutungssystemen beziehen. Ein Christentum, das seinen Wahrheitsanspruch diesem Trend folgend relativiert, muss – so schlussfolgert man – die traditionelle Inkarnationschristologie durch eine ‚Geist-Christologie' ersetzen. Im Blick auf dieses Postulat wird im dritten Kapitel von Teil II ein Überblick vermittelt über das Phänomen der sogenannten Geist-Christologien. Es gibt antitrinitarische Geist-Christologien, die sich als Alternative zur Inkarnationschristologie verstehen (Hick, Lampe, Berkhof, Schoonenberg, Kraus, Moltmann); und es gibt trinitätstheologisch fundierte Geist-Christologien (Mühlen, von Balthasar, Kasper), die Christi Einzigkeit nicht relativieren, sondern im Gegenteil pneumatologisch begründen.

(D) Das vierte und letzte Kapitel von Teil II konfrontiert die zuvor in drei Kapiteln analysierten Gefährdungen des unterscheidend Christlichen mit dem Grundanliegen des deutschen Papstes. Dieses Grundanliegen liegt – wie Benedikt XVI. schon in der ersten Ansprache seines Pontifikates erklärt hat – in der Bekämpfung des Relativismus oder – positiv ausgedrückt – in der Verteidigung der Einzigkeit und Heilsuniversalität Jesu Christi und der Kirche. Im Einzelnen geht es um die Beiträge von Joseph Ratzinger zur Verhältnisbestimmung von Wahrheit und Geschichte, von Vernunft und Glaube; um seine Aufsätze zur Verhältnisbestimmung des Christentums zu den anderen Religionen, besonders zum Judentum und zum Islam; und schließlich um seine Interpretation der christlichen Hoffnung auf die Eingestaltung aller Menschen in Christus.

A. DIE FRAGE NACH DEM „WESEN DES CHRISTENTUMS“

Thomas von Aquin verwendet den Terminus „christianitas“ in seiner ganzen „Summa theologica“ kein einziges Mal, außer im gelegentlichen Kirchenväterzitat“[535]. Denn für ihn ist *Christentum* identisch mit der *Kirche.* Wo er die Kirche nennt, meint er auch den Glauben, weil aus seiner Sicht der Glaubensvollzug des je Einzelnen (fides qua) untrennbar ist vom Inhalt des wahren bzw. kirchlichen Glaubens (fides quae). Für den evangelischen Neutestamentler Erik Peterson war die Erkenntnis der Untrennbarkeit des Glaubensvollzugs vom Glaubensinhalt (Dogma) der entscheidende Beweggrund zur Konversion. Er erkannte in der neuzeitlichen Wende zum Subjekt – beginnend mit dem Nominalismus und der entsprechenden Mystik (Devotio moderna) – die Vorbereitung des reformatorischen Subjektivismus von Luther bis zu Kierkegaard und Bultmann[536] und deshalb in der Frage nach dem *wesentlichen* im Unterschied zum *unwesentlichen* Christentum den Protest des Subjekts gegen alles Objektive und Vorgegebene[537].

1. Die Entstehung der Frage nach dem Wesen des Christentums

Die von Nominalismus, Mystik und Reformation bezeichnete „Wende zum Subjekt“ hatte die zunehmende Unterscheidung zwischen *außen* (Schrift, Tradition, Kirche) und *innen* (je individuelle Erfahrung) zur Folge. Die „neue Frömmigkeit“ des 14. Jh. (Devotio moderna) setzt der zeitgenössischen Possibilientheologie die Verheißung der Erfahrung Got-

535 R. Schäfer, Christentum, 1009.
536 „Bultmanns Irrtümer [...] sind grundsätzlich schon bei Kierkegaard vorgebildet, ist doch die Behauptung Kierkegaards, dass die Subjektivität die Wahrheit sei, sinnvoll nur auf Christus anwendbar. ‚Christus *ist* die Wahrheit, Christus *ist* die Aneignung [das heißt der Weg], und Christus *ist* das Leben, aber dieses Johanneische Wort auf den Einzelnen anwenden, heißt entweder zum Ausdruck bringen, dass man kein Christ ist, oder prätendieren, dass man Christus ist. Beides aber ist Ausdruck der Verzweiflung und zugleich Ärgernis am Glauben.‘ [...] Als inspirierte Schrift sagt die Bibel Gottes Wort. Und doch *sagt* sie ja nichts, denn sie ist ja heilige *Schrift.* Das unterscheidet sie von den Propheten. Aber die Bibel *ist* nun auf der andern Seite auch nicht Gottes Wort. Denn Wort *ist* nur der Logos. Wenn die Bibel aber nicht Gottes Wort *sagt* und auch nicht Gottes Wort *ist*, dann folgt, dass die Bibel erst darin Gottes Wort sagt, dass sie [von der Kirche] gesagt wird.“ (E. Peterson, Theologische Traktate, 23–25).
537 Vgl. E. Peterson, Theologie und Theologen, bes. 49–199.209–233.324–349.

tes durch Verinnerlichung und Transzendierung entgegen. Luther ist zwar kein Befürworter nominalistischer Possibilientheologie und schriftvergessener Mystik. Aber er bekennt sich zu dem nominalistischen Grundsatz, dass alle Begriffe des Menschen Gott verfehlen; dass nur der von Gottes Wort ermöglichte Glaube (fides qua) das Christsein ausmacht. Das Wort der Schrift und die dem Sünder durch Christus geschenkte Gerechtigkeit bleiben „außen vor", wenn sie nicht „im Inneren" des je einzelnen Gläubigen ankommen. Entscheidend ist also nicht, worin sich der Glaube äußert – die Werke der Barmherzigkeit, die Gemeinschaft der Kirche oder das Bekenntnis der *articuli fidei* –, sondern die stets unsichtbare Beziehung des einzelnen Gläubigen zu Christus ist die „forma christianismi"[538]. Dieser nicht nur von Luther, sondern auch von Melanchthon verwandte Ausdruck[539] bezeichnet die unsichtbare Bezogenheit des Christen auf Christus im Unterschied zu den sichtbaren Gestalten des Christentums. Die Unterscheidung zwischen „Form" und „Inhalt" ist nicht zu verwechseln mit der Unterscheidung zwischen „substantia christianismi" und „accidentiae christianismi"[540]. Letztere Distinktion ist das von den sogenannten Irenikern – z. B. Martin Bucer, Johannes Acontius, Hugo Grotius – angewandte Mittel, die auf der reflexen Ebene des Bekenntnisses (fides quae) getrennten Konfessionen durch Abwertung des Trennenden (Sekundärartikel) zugunsten des Verbindenden (Fundamentalartikel) zu einen[541].

538 „Luther war nicht weniger als Erasmus von der spätmittelalterlichen Reformbewegung beeinflusst. Er überwand den Asketismus jedoch in einer anderen Richtung, nämlich im Sprung ins entschiedene Vertrauen auf das von aller Gesetzlichkeit befreiende Evangelium. Das Heil sei ausschließlich das Werk der göttlichen Gnade. So warf er denn auch Erasmus vor, die von ihm gelehrte ‚Form des Christentums' sei Werkgerechtigkeit und missachte die Allmacht und Freiheit Gottes, in der die ‚ganze Summe des Christlichen' besteht. Er habe nicht begriffen, was die Christen für notwendig und nützlich halten sollen und was nicht, und erkläre gerade das für unnötig, was unabdingbar sei und sicher erfasst werden müsse, weil sonst Gott, Christus, das Evangelium, der Glaube und das Christentum verloren seien." (H. Wagenhammer, Das Wesen des Christentums, 47).

539 Vgl. die von Rolf Schäfer (Welchen Sinn hat es, nach dem Wesen des Christentums zu fragen?, 332f.) gesammelten Belegstellen in den Werken von Luther und Melanchthon.

540 Vgl. H. Wagenhammer, Die Formel „substantia christianismi" bei Martin Bucer, in: Ders., Das Wesen des Christentums, 50–54.

541 „Wie im Abendmahlsstreit den Schweizern und Straßburgern im Gegensatz zu Luther die Erkenntnis, dass verschiedene Abendmahlsauffassungen nicht den Christenstand berühren, und damit überhaupt die Unterscheidung zwischen Wesentlichem und Unwesentlichem im Christentum aufging, hat Walther Köhler eindrucksvoll gezeigt [in der Abhandlung: Geistesahnen des Johannes Acontius]. Die Wurzeln dieser Erkenntnis liegen im Humanismus und im Laienempfinden der Reformationszeit, das

a) Die pietistische Unterscheidung zwischen innerlichem und äußerlichem Christentum

Der sogenannte Altprotestantismus[542] war von der These bestimmt, dass man den Glauben des je Einzelnen am objektiven Wort der Schrift überprüfen kann. Der Pietismus hingegen verlegt das Wahrheitskriterium nach innen. Das innere Ergriffensein des je Einzelnen avanciert im pietistischen Protestantismus von Johann Arndt (1555–1621) und Philipp Jakob Spener (1635–1705) zum alleinigen Kriterium der Unterscheidung des wahren (weil aus innerer Überzeugung gelebten) vom falschen (weil veräußerlichten) Christentum[543]. Nikolaus Ludwig Graf von Zinzendorf (1700–1760) formuliert die programmatische These: „Nicht bestehet darinnen das Wesen des Christentums, dass man fromm sei, sondern dass man glückselig sei.“[544] Er spricht vom „seligen Genießen des Christusheils“ und von der Verblendung derjenigen, die durch Lehrsätze, Kirchendisziplin oder

früh und stark viele Streitpunkte der Theologen als unwesentlich empfand. Von da aus geht über Castellio, Acontius, Coornheert, Grotius, die übrigen Arminianer, die Ireniker, Calixt und die englischen Latitudinarier ein dünner, nie abgerissener Faden bis in die Tage der Aufklärung. Aber mit der Feststellung des Vorkommens dieser Idee ist über den Gebrauch des Begriffs ‚Wesen des Christentums‘ noch nichts gesagt.“ (H. Hoffmann, Zum Aufkommen des Begriffs „Wesen des Christentums“ 458f.).

542 Vgl. R. H. Grützmacher, Alt- und Neuprotestantismus.

543 „Das ‚wahre Christentum‘ ist nun aber nicht weit vom ‚Wesen des Christentums‘ entfernt, so dass es naheliegt, den Ursprung des letzteren im Pietismus zu vermuten. Und dort – nicht etwa im Kreise der Aufklärung – scheint der Begriff auch tatsächlich geprägt worden zu sein. Spener, der ähnlich wie Arndt den christlichen Glauben gerne als ‚Christentum‘ bezeichnet, schreibt in seiner 1695 erschienenen Predigtsammlung, betitelt ‚Der Evangelische Glaubenstrost‘ (II,105): ‚Wir müssen allemal wissen, unser *Christentum* bestehe in nichts *Äußerlichem,* dass wir eben Christen heißen, zu dieser oder jener Lehre uns bekennen, in die Kirche gehen, hören, beten, lesen und singen, das Heilige Abendmahl gebrauchen, äußerlich einander Gutes tun und das Böse lassen. Denn alle diese Dinge können wohl so Mittel wie Früchte des *Christentums* sein, wann dieses in dem Herzen ist. Sie sind aber das rechte *Wesen* davon nicht, sondern das stehet in der Wiedergeburt, dass wir sowohl von Gott zu Gnaden angenommen und gerechtfertigt als nächstdem auch zu ganz andern Menschen geworden sind. Also ist's lauter innerliches, aber wahrhaftiges [sc. Christentum] und eine ganz innerliche Änderung […].‘ – Dem Äußerlichen am Christentum, wozu Lehre, Konfession, Kirchgang, Gottesdienst, Sittlichkeit zu zählen sind, steht das Wesen gegenüber: die Äußerung des innerlichen Sinnes. So hat das ‚wahre Christentum‘ Arndts durch Spener – wenn auch gleichsam im Vorbeigehen und noch wenig betont – den Namen ‚Wesen des Christentums‘ erhalten.“ (R. Schäfer, Welchen Sinn hat es, nach einem Wesen des Christentums zu suchen?, 335f.).

544 N. L. v. Zinzendorf, Der Teutsche Socrates, 32. – Dazu: B. Böhm, Sokrates im 18. Jahrhundert, 159–162.

Bußgerichte einen Menschen zum Christen machen wollten[545]. Das wahre Christentum ist, so unterstreicht er, ein herzliches „Immediatverhältnis des Einzelmenschen zu Christus“[546]. Gottfried Arnold (1666–1714) verbindet diese Bestimmung mit dem Toleranzgedanken; er verfasst 1688 eine „Unparteiische Kirchen- und Ketzer-Historie“ mit dem Ziel, die Ketzer und ihre Sekten zu verstehen und deren Verurteilungen als parteilich zu relativieren. Ohne schon das Wort „Frühkatholizismus“ zu benutzen[547], sieht er in der Identifikation des eigentlichen Christentums mit einer rechtlich verfassten und von Menschen bestimmten Institution den großen Abfall vom Ursprung. In den meisten Schriften des zweiten Jahrhunderts werde noch hinreichend deutlich, dass die Christen „das Wesen des Christentums nicht in äußerlichen Worten oder Schein“[548] oder in prunkvollen Kirchenbauten oder irgendwelchen Adiaphora suchen dürfen. Zu dieser Zeit habe man noch nicht irgendwelche Lehren, sondern nur eine Christus verleugnende Praxis als Irrtum gebrandmarkt. Fanatismus sei dem Christentum in seinem Wesen zuwider. Deswegen sei nicht der gegenüber dem Heidentum tolerante Kaiser Julian, sondern dessen Ermordung Ausweis eines vom Abfall gekennzeichneten Christentums[549].

b) Der Antidogmatismus von Pietisten und Neologen

Heinrich Hoffmann hat in seinen Untersuchungen zum Vorfeld der Traktate des 19. Jh. über das Wesen des Christentums von einem fließenden Übergang des Pietismus in die Aufklärung gesprochen. Was vordergründig betrachtet Gegensätze sind, nämlich das auf dem Ergriffensein des je Einzelnen basierende Christentum des Pietismus und das auf den Prinzipien der allen Menschen gemeinsamen Vernunft errichtete Christentum der Aufklärung, erklärt sich dem Historiker als Zusammenhang. Denn die Aufklärung teilt mit dem Pietismus die Überzeugung vom Vorrang der Praxis vor der Theorie. Pietisten wie Aufklärer wenden sich gegen die Dogmatisierung des Christentums und plädieren für „Simplizität, Laienmä-

545 N. L. v. Zinzendorf, Der Teutsche Socrates, 57. – Dazu: F.-H. Philipp, Zinzendorf und die Christusmystik des frühen 18. Jahrhunderts.

546 P. Baumgart, Zinzendorf als Wegbereiter historischen Denkens, 35.

547 Dazu: H. Wagner, Für ein „inwendiges Reich Gottes“; J. Wallmann, Johann Arndt und die protestantische Frömmigkeit.

548 G. Arnold, Die erste Liebe der Gemeinden Jesu Christi, 59.

549 Vgl. G. Arnold, Die erste Liebe der Gemeinden Jesu Christi, 132.

ßigkeit und schlichte Verständlichkeit der Religion“[550]. Was wesentlich am Christentum ist, erweist sich in der Praxis der Gläubigen – diese Grundüberzeugung teilen Spener, Zinzendorf und Arnold mit den englischen Deisten John Locke (1632–1704) und Thomas Chubb (1679–1746) sowie den deutschen Neologen[551] Romanus Teller (1703–1750) und Johann Salomo Semler (1725–1791).

Die Abwendung von allen theologischen Fragen, deren praktische Relevanz nicht unmittelbar evident erscheint, war verbunden mit einem Biblizismus, der das komplizierte Dogma durch schlichte Schriftwahrheit ersetzen sollte. John Locke und Arthur Bury (1624–1713), dessen Werk „The Naked Gospel“ 1690 in Oxford als häretisch verbrannt wurde, propagieren ein auf seine ursprüngliche Reinheit – d. h. auf die jeden Menschen bewegenden Erzählungen des Neuen Testamentes – reduziertes Christentum[552]. Auch die deutschen Neologen Romanus Teller, Karl Friedrich Bahrdt (1741–1792) und Heinrich Eberhard Gottlob Paulus (1761–1851) verteidigen die allgemein einleuchtende Vernunftgemäßheit eines ausschließlich an der Bibel orientierten Christentums. Selbst der Neologismus-kritische Leipziger Professor Johann August Heinrich Tittmann (1773–1831) lobt den Durchbruch des reformatorischen Prinzips „sola scriptura“ in einem aufgeklärten, d. h. von dogmatischen Lehrmeinungen purgierten und also auf den Geist des reinen Evangeliums gegründeten Christentums[553].

c) Die Subtraktion des verkündigenden Jesus vom verkündigten Christus

Allerdings stellt sich schon zu Beginn der so erfolgten Gleichsetzung von Schriftgemäßheit und Vernunftgemäßheit die Frage nach der Scheidung des Wesentlichen vom Unwesentlichen in den Zeugnissen des Neuen Testamentes selbst. Man beginnt, das von Jesus selbst Gelehrte von dem zu trennen, was die Apostel daraus gemacht haben. Der verkündigende Jesus soll vom verkündigten Christus subtrahiert werden. So wird die histo-

550 H. Hoffmann, Die Frage nach dem Wesen des Christentums in der Aufklärungstheologie, 354.

551 Das Wort „Neologie“ bezeichnet eine um Ausgleich mit der Aufklärung bemühte Richtung der deutschen protestantischen Theologie. Vgl. K. Aner, Die Theologie der Lessingzeit; E. Hirsch, Geschichte der neuern evangelischen Theologie, Bd. IV, 1–119; W. Sparn, Vernünftiges Christentum.

552 Vgl. J. Locke, Reasonableness of Christianity, bes. 128–135.

553 Vgl. J. A. H. Tittmann, Pragmatische Geschichte, 319f.

rische Bibelkritik mit ihrer berühmten Anfangsfrage nach dem historischen Jesus in Absetzung vom Christus des kirchlichen Dogmas geboren; und damit auch die Frage nach einem hinter dem Buchstaben der Schrift liegenden „Wesen". Heinrich Hoffmann konstatiert: „Bisher hatte man aus der Summe der Bibellehren Wesentliches vom Unwesentlichen ausgesondert, jetzt suchte man ein in den Bibelworten enthaltenes und hinter ihnen stehendes Wesen zu erfassen. Hier ist die Stelle, wo das eigentliche Problem: ‚Wesen des Christentums' aufging."[554]

d) Jesus als Vermittler dessen, was immer und überall wahr ist

Die Neologen interessierten sich zunehmend weniger für den historischen Jesus als solchen und immer mehr für die Gegenwartsbedeutung oder für das zeitlos Gültige hinter dem geschichtlich Bedingten[555]. Fürderhin geht

554 H. Hoffmann, Die Frage nach dem Wesen des Christentums in der Aufklärungstheologie, 358.

555 Heinrich Hoffmann bemerkt: „So verhielt sich z. B. Zachariae, der Vater der Disziplin der biblischen Theologie. Gegenüber der bisherigen dogmatischen Anschauung empfand er historisch: ‚Man solle alle erlernte Wahrheit gleichsam vergessen und bloß, was die heilige Schrift lehrt, erkennen wollen'. Dieser Satz lässt eine lebendige historische Versenkung in die Schrift erwarten. Aber diese Erwartung wird enttäuscht: Zachariaes Ziel ist vielmehr, die Gegenwartsbedeutung der Schrift zu erfassen, ihre Ideen in unsere Sprache zu kleiden. Ganz ähnlich verfuhr Teller. Sein Wörterbuch des Neuen Testaments deutet die neutestamentlichen Begriffe in gangbare Gegenwartsmünze in einer Weise um, dass dabei ihr wahrer Sinn und Gehalt fast immer verloren geht, und ist deshalb als eine des historischen Empfindens bare Vergewaltigung des Neuen Testaments berüchtigt. Und doch ist sein Unternehmen zweifelsohne gerade aus der neuen Entdeckung des historisch bedingten Charakters der Bibel hervorgewachsen. Auch bei ihm erklärt sich diese eigentümliche Erscheinung daraus, dass ihn die neue Erkenntnis vom historisch bedingten Charakter der Schrift sofort dazu trieb, das gegenwärtig Gültige aus dem Historischen herauszulösen. […] Das ‚Wesen', nach dem man tastend suchte, wurde mit verschiedenen Ausdrücken bezeichnet. Semler unterschied von der temporell und lokal bedingten ‚Lehrart' die eigentliche ‚Lehre'. Teller wollte untersuchen, wieviel auf die besonderen Vorstellungsarten des Neuen Testaments fällt und was dann übrig bleibt. Er wollte ‚das reine Metall des Christentums von seinen Schlacken sondern'. Er suchte ‚das ewige Evangelium Gottes' oder das ‚allgemeine Christentum'. Eckermann erstrebte ‚eine von allen zufälligen Formen und Vorstellungsarten an abgesonderte Darstellung der Lehre Jesu'. Ammon wollte die ‚reinen und von allen Eigenheiten des Vortrags abgesonderten biblischen Begriffe' gewinnen. Er empfand es als schwierig, ein in diesem Sinne vollkommenes und reines System der Lehre Jesu darzustellen, hoffte aber doch, dass es gelänge. Man beachte, dass ‚reine' biblische Begriffe hier nicht historische biblische Begriffe bedeuteten, sondern gerade von historischen Zufälligkeiten befreite Begriffe. Eberhard Paulus suchte die zeitliche Hülle von dem zu unterscheiden, was ‚*semper et ubique et omnibus ver-*

es um das Wesen des Christentums in Ablösung von den historisch bedingten Einkleidungen oder Vermittlungen dieses Wesens[556]. Der Terminus „Geist des Christentums" fungiert als Synonym des Terminus „Wesen des Christentums" – z. B. in den Werken von Johann Salomo Semler, Johann Friedrich Wilhelm Jerusalem (1709–1789), Gottlob Christian Storr (1746–1805) und Gotthilf Samuel Steinbart (1738–1809). Steinbarts Radikalität evozierte den Widerstand der weniger konsequent denkenden Neologen[557]; dabei ging es nicht um die *Unterscheidung* des Wesens von dessen geschichtlicher Vermittlung, sondern um die *Inhalte* des Wesens und um die *Methode* der Scheidung des Eigentlichen vom Uneigentlichen. Steinbart versteht unter dem „Wesen des Christentums" ein von Dogmen und Wortformeln, vor allem von der augustinistischen Schlechtmacherei des Menschen, von Sündengerede und angstmachender Eschatologie gereinigtes Predigen; nicht Theorie, sondern Hilfe zu einem glückseligen Leben. Steinbart ist überzeugt, er habe durch seine Methode der kritisch fragenden Vernunft die von der Tradition angehäuften Verzerrungen des wahren Evangeliums erkannt: dass Jesus nichts anderes gewesen sei als „ein außerordentlicher Mann mit seltenen Talenten und seltener Rechtschaffenheit" und „dass Gott nur als Vater angesehen, nur geliebt und nicht gefürchtet werden will, für alle Umstände und kleinste Veränderung unsres Lebens sorgt und bloß durch Redlichkeit und wohlwollende Gesinnungen gegen andere unter dem fröhlichen Genuss alles Guten in der Welt von uns dankbar verehrt werden will"[558].

---

um' sei." (Die Frage nach dem Wesen des Christentums in der Aufklärungstheologie, 359f).

556 Vgl. J. S. Semler, Ueber historische, gesellschaftliche und moralische Religion der Christen, 43–70. – Dazu: H. H. R. Schulz, Johann Salomo Semlers Wesensbestimmung des Christentums, 206–221.

557 „Gegen Steinbart schrieb Lavater und erklärte, dessen Glückseligkeitslehre sei keine Glückseligkeitslehre des Christentums, sondern Deismus mit einiger christlicher Färbung […]. Gegen Lavater schrieb ein ungenannter Schüler Semlers. Bei ihm kommt der Ausdruck ‚Wesen des Christentums' viermal vor. […] Semler selbst hat zu dessen Büchlein Widmung, Vorrede und Zusätze beigesteuert […] Semler verlangt für einen, der Christ sein will, nichts anderes, als dass die eigene Anschauung im Verkehr mit dem Neuen Testamente entsteht […]. Weil das auch Steinbart tue, dürfe ihm Lavater das Christentum nicht absprechen." (H. Hoffmann, Zum Aufkommen des Begriffs „Wesen des Christentums", 454–456). – Auch Lessing hat sich in diesen Streit eingeschaltet. Er hat Semler vergeblich aufgefordert, bestimmte Inhalte als Wesen des Christentums zu benennen. Vgl. G. E. Lessing, Sämtliche Werke, Bd. II, 165.

558 G. S. Steinbart, System der reinen Philosophie oder Glückseligkeitslehre des Christenthums, XIf.

Die Reduktion des Erlösers auf einen bloßen Katalysator der in jedem Menschen immer schon schlummernden Wahrheit ermöglicht es den Neologen Johann Gottlieb Töllner (1724–1774) und Johann Joachim Spalding (1714–1804), das Wesen des Christentums als Inbegriff dessen zu feiern, worauf jeder Mensch immer schon hingeordnet ist. Den Menschen zeichnen seine Religiosität und seine Begabung mit Vernunft aus; von daher darf es – so betonen sie – keinen Widerspruch geben zwischen Religion und Vernunft. Während die Pietisten „das eigentliche Christsein" als eine strikt *individuelle*, unsichtbare und letztlich inkommunikable Erfahrung des jeweils einzelnen Gläubigen beschreiben, beantworten die Aufklärer die für sie typisch gewordene „Frage nach dem Wesen des Christentums" mit dem Hinweis, dieses sei das *allgemein* jedem um Wahrheit bemühten Menschen Einleuchtende. Als *christlich* bezeichnet Semler die „allgemeine, unveränderliche, wahre und geistliche Religion" nur deshalb, „weil Christus mehr als die andern [Religionen] vom Geist der allgemeinen, unveränderlichen, wahren und geistlichen Religion erfasst war"[559]. Jedenfalls bedeutet das Christusereignis und dessen Bezeugung durch das Wort der Schrift aus der Sicht von Semler keine inhaltliche Erweiterung der schon mit der Schöpfung gegebenen „natürlichen Offenbarung"[560]. Ähnlich wie Gotthold Ephraim Lessing (1729–1781) betrachtet er die Geschichte als den Weg, dessen Gott sich bedient, um den Menschen an das zu erinnern, was er eigentlich immer schon wissen könnte, wenn er denn seine von Natur aus gegebene Religiosität und Vernunft entsprechend aktuiert hätte[561].

559 F. X. Bantle, Unfehlbarkeit der Kirche in Aufklärung und Romantik, 253.

560 Erik Peterson bemerkt: „An Semlers Erörterungen über den Kanon erkennt man, wie schwierig die Lage wird, wenn der Pietismus und die Aufklärung die Objektivität der Kirche auflösen. In demselben Augenblick nämlich verliert die subjektive Vernunft ihre eigenen Grundlagen. Kanonisch ist dann nicht mehr die Schrift, sondern der Mensch, der über die Zugehörigkeit zum Kanonischen entscheidet. Der Semlersche Grundsatz musste zur Auflösung des Christentums führen. Wenn der Mensch der *letzte Richter* war, dann musste als Residuum dieses vom Pietismus zur Aufklärung führenden Auflösungsprozesses der *Glaube* an den Menschen das Endstadium darstellen. Die Humanitätsreligion, die in den Werken unserer sogenannten Klassiker sich ausspricht, stellt die letzte Phase dieser vom Pietismus eingeleiteten Entwicklung dar." (Theologie und Theologen, 439).

561 Vgl. A. Schilson, Geschichte im Horizont der Vorsehung, 149f.

e) Neuprotestantische „Geistes- und Glaubensreligion“ gegen katholische „Sakramentsreligion“

Weil Semler sich für seine Trennung des Unsichtbar-Eigentlichen vom Sichtbar-Uneigentlichen (Katholischen) des Christentums auf die Reformatoren beruft, gilt er späteren Vertretern der These von der schon früh einsetzenden Veräußerlichung – „Frühkatholizismus“[562] genannt – als Gewährsmann. Das Christentum, das die natürliche Religiosität der Menschen entfaltet, ist – so betont Semler in allen seinen Schriften – ein „moralisches Christentum“, das nicht mit Lehrbegriffen oder Institutionen, sondern „mit Sanftmut, mit herzlicher Verträglichkeit, mit Wohltun, mit innigster Ergebenheit in Gott“[563] zu identifizieren ist. Semler richtet sich vor allem gegen das Selbstverständnis der römisch-katholischen Kirche[564], betont aber ganz allgemein, dass die „öffentliche Religion“ eine äußere

562 „Die Chiffre ‚Frühkatholizismus‘ ist zwar ein verhältnismäßig junges Kunstwort der theologischen Fachsprache innerhalb der neutestamentlichen Wissenschaft mit arbeitshypothetischem Anspruch – ohne allerdings bi s heute ein Modewort zu werden – die damit anvisierte Sache jedoch ist längst – seit F. Chr. Baur – in der neutestamentlichen Wissenschaft bekannt. Schon im 19. Jh. sprach man z. B. von einer ‚leibhaftig sich anmeldenden, katholischen Kirche‘ (H. J. Holtzmann), von ‚der werdenden katholischen Kirche‘ (P. Wernle), vom ‚ältesten Katholizismus‘ (R. Knopf), vom ‚katholisierenden Christentum‘ (E. von Dobschütz), von der ‚Entwicklung zum Katholizismus‘ (H. von Soden), von den ‚Anfängen der katholischen Kirche‘ (E. Meyer), von den ‚Grundzügen des alten Katholizismus‘ (A. Jülicher), vom ‚katholisch werdenden Heidenchristentum‘ (A. Ritschl) oder vom ‚embryonalen Katholizismus‘ (A. von Harnack). […] Der Katholizismus aber ist die prozesshafte Ausprägung der frühkatholischen Denkbewegung und Entwicklungsstufe, die sich im Laufe des 2. Jahrhunderts gegen andere Bewegungen (wie den christlichen Gnostizismus, die Gegenkirche des Marcion und den Montanismus) als die ‚katholische Kirche‘ (= ἡ καθολικὴ ἐκκλησία) bzw. die eine, heilige, apostolische und katholische ‚Großkirche‘ (= ἡ μεγάλη ἐκκλησία) durchsetzte. […] Unübersehbare und typische Merkmale des Katholizismus am Ende des 2. Jh. sind m. E. folgende: Die katholische Großkirche mit apostolischer Glaubensregel, apostolischem Schriftkanon und monarchischem Episkopat versteht sich als Heilsanstalt. Konstitutive Bedeutung haben für sie das Kirchenrecht und das Priestertum. Der Geist ist an das kirchliche und in apostolischer Sukzession stehende Amt gebunden. Die hierarchisch-rechtliche hat die charismatische Gemeindeordnung endgültig abgelöst. Im Zusammenhang damit steht die Unterscheidung von ordinierten Priestern und Laien, wobei erstere das Heil durch Sakrament und kirchlich geregelte Disziplin verwalten. Die apokalyptische Eschatologie ist endgültig aufgegeben, man richtet sich vielmehr auf unbestimmte Dauer in der Welt ein. Christliche Bürgerlichkeit, eine Gesetzes- und Ständeethik und schließlich eine ‚natürliche‘ Theologie runden dieses Bild vom Katholizismus ab.“ (S. Schulz, Die Mitte der Schrift, 77–79).

563 E. Hirsch, Geschichte der neuern evangelischen Theologie, Bd. IV, 164f.

564 Vgl. J. S. Semler, Gedanken über die bedenklichsten Einwendungen, Salzburg 1794.

Gegebenheit sei, in die der einzelne Mensch zufällig hineingeboren werde. Nur in dem Maße, als die „öffentliche Religion" dem einzelnen Menschen zur Entfaltung seines „moralischen Christentums" verhelfe, unterscheide sie sich von jenen Instrumenten der Geschichte, die den Menschen immer wieder geknechtet, unmündig gehalten und sich selbst entfremdet haben.

Ernst Troeltsch (1865–1922) hat die mit der Frage nach dem Wesen des Christentums verbundene Bestimmung des reformatorischen Prinzips unter den bis heute umstrittenen Begriff „Neuprotestantismus" gefasst[565]. Mit dieser Wortschöpfung wollte er keinen Bruch der reformatorischen Theologie des 19. Jh. mit der von Luther initiierten Reformation bezeichnen, sondern im Gegenteil eine Entwicklung charakterisieren, die das Grundprinzip der Reformatoren von allen Inkonsequenzen der sogenannten protestantischen Orthodoxie befreit. In seinem Werk mit dem Titel „Luther, der Protestantismus und die moderne Welt" stellt er der katholischen „Sakramentsreligion" die „Geistes- und Glaubensreligion" des Protestantismus gegenüber. Nicht unmittelbar, aber mit wachsender Konsequenz[566] seien nach der Reformation die individuelle Glaubensgewissheit und die persönliche Überzeugung an die Stelle der Unterwerfung des einzelnen Gläubigen unter das Dogma der Kirche getreten. „Jedes Individuum", so schreibt Troeltsch, „steht nicht bloß unmittelbar in Geist und Gedanken seinem Gott gegenüber, sondern es steht auch auf eigene Weise und in eigenem Sinne Gott gegenüber"[567]. Natürlich gibt es auch aus seiner Sicht eine Kommunikation der gläubigen Individuen untereinander und deshalb auch Verständigungen über die je individuell erfahrene

565 Vgl. E. Troeltsch, Die Bedeutung des Protestantismus für die Entstehung der modernen Welt; H. Stephan, Die heutigen Auffassungen des Neuprotestantismus.

566 Über die aus der Sicht der Liberalen Theologie des 19. Jh. reformatorische Inkonsequenz des sogenannten Altprotestantismus bemerkt Volker Drehsen: „Während W. M. L. de Wette den Begriff des Altprotestantismus noch als synonyme Schulbezeichnung für die Altprotestantische Orthodoxie benutzt, verwendet David Friedrich Strauß ihn für die sich gegen Sozinianismus und Arminianismus abgrenzende Richtung der Theologie. Bei Karl August von Hase erscheint ‚altkirchlich' zur Charakterisierung eines nachreformatorisch-inkonsequenten Protestantismus: Da die Reformation den Durchbruch der freien, individuellen Subjektivität gegen hierarchisch-institutionelle Kirchenautorität und der gläubigen Innerlichkeit gegen allen äußerlichen Dogmenzwang sowie gegen die Verobjektivierung des Heils durch die Unbedingtsetzung eines Bedingten erzielt hat, stellt sich die ‚altprotestantische Dogmatik' als eine Form der Routinisierung des reformatorischen Charismas, als Rückfall in vorreformatorische Verhältnisse dar. Eine Renaissance der reformatorisch-freiheitlichen Grundeinsichten ließe sich nur in Form einer entobjektivierten, nachorthodoxen, d. h. sich in der Vielfalt seiner Ausdrucksmöglichkeiten frei entfaltenden und einer einheitlichen Begriffsbestimmung entziehenden Glaubensweise denken." (Neuprotestantismus, 366).

567 E. Troeltsch, Luther, der Protestantismus und die moderne Welt, 220.

oder praktizierte Wirklichkeit. Aber alles Konfessionelle und Kirchliche am Christentum ist stets abgeleitet, geschichtlich bedingt und relativ.

2. Die neuprotestantische Frage nach dem Wesen des Christentums

Wenn man die Theologie analysiert, die Ernst Troeltsch als neuprotestantisch charakterisiert hat, dann muss man mindestens zwei Richtungen unterscheiden. Die erste wird von Friedrich Daniel Ernst Schleiermacher (1768–1834) und seinen zahlreichen Anhängern[568], die zweite von Ferdinand Christian Baur (1792–1860) und dessen Schülern David Friedrich Strauß (1808–1874) und Albrecht Ritschl (1822–1889) repräsentiert. Die erste ist mehr dem Pietismus und der Kant'schen Erkenntnistheorie, die zweite mehr der Aufklärung und der Hegel'schen Geschichtsphilosophie verbunden.

a) Christentum als reinste Gestalt des „Gefühls der schlechthinnigen Abhängigkeit“ (Friedrich Daniel Ernst Schleiermacher)

Schleiermacher unterscheidet sich schon in seinem Frühwerk „Über die Religion. Reden an die Gebildeten unter ihren Verächtern“ von den Theologen der Aufklärung durch den an Luther orientierten Grundsatz, dass dem Christen das für sein Christentum Entscheidende von außen, nämlich durch das Christusereignis, vermittelt wird; dass also das Wesen des Christentums nicht identisch ist mit einer geschichtsunabhängigen Idee[569]. Allerdings scheint ihm Luther bzw. die später als „altprotestantisch“ bezeichnete Orthodoxie deshalb auf halbem Wege stehen geblieben zu sein, weil sie nicht erkannt habe, dass jeder Mensch immer schon – ob bewusst oder unbewusst – bezogen ist auf das Christusereignis. Dies zu zeigen, ist das zentrale Anliegen der genannten Frühschrift an die Gebildeten unter den Verächtern des Christentums. Schleiermacher bestimmt das

568 Zu nennen sind u. a. Johann Christian Friedrich Steudel (1779–1837); Wilhelm Martin Leberecht de Wette (1780–1849); Daniel Schenkel (1813–1885); Richard Rothe (1799–1867).

569 Markus Schröder spricht von Schleiermachers „Hermeneutik des faktischen Christentums“ (Die kritische Identität des neuzeitlichen Christentums, 26) und überschreibt seine Darstellung von Schleiermachers Wesensbestimmung des Christentums mit dem Titel „Die Wesensbestimmung als ‚kritische‘ Vermittlung von Spekulation und Empirie“ (ebd., 124–183).

Wesen des Christentums auf doppelte Weise – im Blick auf die angeborene Religiosität jedes Menschen (anthropologisch)[570] und im Blick auf die faktische Religionsgeschichte (religionsgeschichtlich). Jeder Mensch – so erklärt er – weiß sich auf einer Ebene, die dem Bewusstsein vorgelagert ist, abhängig von einer Wirklichkeit, von der auch alles andere (alles Seiende, Welt, Geschichte, Menschheit, kurz: „das Universum"[571]) abhängt. Diese apriorische Verwiesenheit auf das, wovon „das Ganze" abhängt, enthebt den Menschen nicht seiner Bindung an die Endlichkeit von Welt und Geschichte. Denn Religion ist aus der Sicht von Schleiermacher die geschichtlich vermittelte Beziehung auf das Transzendente. Die Verwiesenheit des Menschen auf das Unbedingte, Unendliche bzw. Transzendente kann durch Flucht aus der Endlichkeit oder durch Verabsolutierung des Endlichen pervertiert werden. Die Sünde trägt deshalb immer das Gesicht der Lüge (Verabsolutierung von etwas Endlichem) oder der Angst (Flucht aus der Endlichkeit).

Weil der Mensch Jesus von Nazaret seine Endlichkeit ganz und gar auf den bezogen hat, von dem alles abhängt, spricht die Tradition von seiner Sündlosigkeit und nennt ihn wahrhaft endlich *und* unendlich, wahrhaft Mensch *und* Gott. „Wenn alles Endliche" – so Schleiermacher wörtlich – „der Vermittlung eines Höheren bedarf, um sich nicht immer weiter vom Universum zu entfernen und ins Leere und Nichtige hinausgestreut zu werden, um seine Verbindung mit dem Universum zu unterhalten und zum Bewusstsein derselben zu kommen: so kann ja das Vermittelnde, das doch selbst nicht wiederum der Vermittlung benötigt sein darf, unmöglich bloß endlich sein; es muss beiden angehören, es muss der göttlichen

570 Zu Schleiermachers Kant-Rezeption: M. Heesch, Kants Wirkung auf Schleiermacher, bes. 210–217.

571 Paul Seifert (Die Theologie des jungen Schleiermacher, 80) erklärt den vom jungen Schleiermacher immer wieder verwandten Begriff „Universum" als Bezeichnung der durch den Schöpfer bestimmten Einheit alles Seienden. Franz Courth (Das Wesen des Christentums in der Liberalen Theologie, 41f) widerspricht dieser Analyse nicht, betont aber eher die Bedeutungsvielfalt, wenn er bemerkt: „Der Universum-Begriff, wie ihn Schleiermacher in den Reden [Courth benutzt die von Hans Joachim Rothert in Meiners Philos. Bibl. Bd. 255, Hamburg 1961, besorgte Ausgabe] verwendet, ist von großer Bedeutungsfülle und Vielschichtigkeit. Als Synonyme und Parallelbegriffe werden gebraucht: ‚das Unendliche' (30), ‚die unendliche Welt' (30), die ‚unendliche, lebendige Natur' (41), die ‚unendliche Natur des Ganzen, des Einen und Allen' (29), ‚Geist, der das Ganze leitet' (56), ‚das Heilige' (10), ‚das Unsichtbare' (10), ‚die lebendigen Götter' (58), ‚die Gottheit' (49.62.69). Das Universum ist die alles Seiende, Welt, Geschichte und Menschheit tragende und umfassende Wirklichkeit. Darum spricht Schleiermacher vom Universum als dem ‚Eins und Alles' (29.71.73), als ‚dem Ganzen' (29.70)."

Natur teilhaftig sein, eben so und in eben dem Sinne, in welchem es der endlichen Natur teilhaftig ist“[572]. Obwohl Schleiermacher an dieser Stelle von den beiden Naturen Jesu Christi spricht, verneint er zugleich jedes ontotheologische Verständnis dieser traditionellen Ausdrucksweise[573]. Es geht ihm um die „Urbild“-Funktion eines Menschen, dessen endliches Dasein ohne ‚Wenn‘ und ‚Aber‘ Relation zum Unendlichen war.

In seiner Frühschrift an die Gebildeten unter den Verächtern des Christentums spricht Schleiermacher niemals von der *Einzigkeit* des Mittlers aus Nazareth[574]. Das ändert sich mit der Arbeit an seiner systematischen Darstellung des christlichen Glaubens. Dort beschreibt er die Erlösung „als ein allgemein und vollständig durch Jesum von Nazareth Vollbrachtes“[575]. Deutlicher als in seiner Frühschrift erkennt Schleiermacher in seiner Glaubenslehre, dass der Erlöser nur dann die Umkehrung der Unheilsgeschichte von Adam her bewirken kann, wenn er sich wesentlich von jedem Menschen und auch von jedem Religionsgründer vor ihm und nach ihm unterscheidet. Wörtlich bemerkt er: „Wollte man […] der menschlichen Natur vor Christo und ohne ihn das Vermögen einräumen, ein reines und vollkommnes Urbild in sich zu erzeugen: so könnte sie wegen des natürlichen Zusammenhanges zwischen Verstand und Willen nicht in dem Zustand allgemeiner Sündhaftigkeit gewesen sein. Soll daher der Mensch

572 Vgl. F. D. E. Schleiermacher, Ueber die Religion, 291f.

573 Schleiermachers Kritik an der sogenannten ‚Zwei-Naturen-Lehre‘ richtet sich zunächst gegen alle, die sich die Aneignung der Credoformeln ersparen, indem sie deren Wortlaut (deren ‚An-sich‘) rezitieren, ohne diesen als Ausdruck des für sie selbst Heilsnotwendigen verinnerlicht zu haben. Dazu: K.-H. Menke, Jesus ist Gott der Sohn, 341–343.

574 Franz Courth fasst die frühe Position Schleiermachers wie folgt zusammen: „Auch Jesu Mittlerfunktion ist keine absolute und unersetzbare. Hat er doch nie behauptet, ‚das einzige Objekt der Anwendung seiner Idee, der einzige Mittler zu sein, und nie hat er seine Schule verwechselt mit einer Religion‘. Dies gilt ebenfalls für seine Jünger, die ja auch Schüler des Täufers in ihre Reihen aufnahmen, obgleich diese ein sehr unvollkommenes Christusverständnis hatten. Darum gilt für Schleiermacher: ‚Wer dieselbe Anschauung in seiner Religion zum Grunde legt, ist ein Christ ohne Rücksicht auf die Schule, er mag seine Religion historisch aus sich selbst oder von irgendeinem anderen ableiten‘ [Schleiermacher, Reden, 169]. Zu dieser Kennzeichnung fühlt sich Schleiermacher berechtigt durch die Offenheit der Jünger für das vielfältige Wirken des Geistes, dem sie keinerlei Grenzen zogen. Zwar ist die christliche Anschauung des Universums durch Jesus vermittelt; er ist damit aber nicht absolute Norm jeder Christlichkeit. Man kann nach Schleiermacher den Mittler nehmen, der einem zusagt: ‚Das Prinzip ist echt christlich, solange es frei ist‘ [ebd. 170]. Von einer strengen Christozentrik wie später in der ‚Glaubenslehre‘ wird man in den ‚Reden‘ nicht sprechen können.“ (Das Wesen des Christentums in der Liberalen Theologie, 74f).

575 F. D. E. Schleiermacher, Der christliche Glaube (1830/31) I, 97.

Jesus urbildlich gewesen oder soll das Urbild in ihm geschichtlich und wirklich geworden sein – der eine Ausdruck gilt was der andere – um ein neues Gesamtleben zu stiften innerhalb des alten und aus ihm: so muss er zwar in das Gesamtleben der Sündhaftigkeit hereingetreten sein, aber er darf nicht aus demselben her sein, sondern muss in demselben als eine wunderbare Erscheinung[576] anerkannt werden […]. Sein eigentümlicher geistiger Gehalt nämlich kann nicht aus dem Gehalt des menschlichen Lebenskreises, dem er angehörte, erklärt werden, sondern nur aus der allgemeinen Quelle des geistigen Lebens durch einen schöpferischen göttlichen Akt, in welchem sich als einem absolut größten der Begriff des Menschen als Subjekt des Gottesbewusstseins vollendet."[577]

Adam ist für Schleiermacher Prototyp des Menschen, der seine Verwiesenheit auf „das Ganze" bzw. auf den Schöpfer verleugnet, statt diese in der Transzendierung des eigenen Ich (auf das Du des Nächsten hin) zu realisieren. Adam ist der Mensch, der aus sich selber leben will, der autark sein will, der seine Mitmenschen als Rivalen, als Gegenüber oder gar als Mittel seiner eigenen Zwecke sieht und behandelt. Jesus hingegen ist „der neue Adam", das Gegenteil des alten: ganz und gar Liebe. Wenn die von Schleiermacher als Organismus gedachte Menschheit durch die Sünde seit Adam in viele sich in ihr Ich einigelnde Individuen zerfällt, dann bedeutet Erlösung das Überwinden dieser Vereinzelung durch den Einen, der ganz und gar Selbsttranszendenz, Für-Sein, Beim-Du-Sein ist. Jesus ist in Schleiermachers Glaubenslehre der Mensch, der nicht aus sich selbst, nicht aus seiner menschlichen Natur heraus, sondern aufgrund eines ganz und gar singulären Gottesbewusstseins befähigt wird, das Gegenteil der Sünde darzustellen[578]. Als der Sündlose inmitten von Sündern wird er zum Wendepunkt der postadamitischen Unheilsgeschichte bzw. zum Initiator einer Umkehr des Egozentrismus der vielen Einzelnen in den Altruismus eines Gesamtlebens, das den Namen „Leib Christi" bzw. „Kirche" verdient.

Allerdings sollte man aus Schleiermachers Ausführungen über die Untrennbarkeit des Christusereignisses von der Kirche nicht voreilig katholisierende Tendenzen herauslesen. Im Gegenteil: Aus seiner Sicht liegt die letztlich einzige gravierende Differenz zwischen Protestantismus und

576 Schleiermacher spricht zwar von dem göttlichen Element in der Person Jesu, lehnt aber jede Verbindung der Christologie mit der Trinitätslehre ab. Er bestreitet, dass Jesus habe wahrer Mensch sein können ohne eine von der Personalität des Logos unterschiedene eigene Personalität.

577 F. D. E. Schleiermacher, Der christliche Glaube (1830/31) II, 46f.

578 Dazu: G. Bader, Sünde und Bewusstsein der Sünde.

Katholizismus in der unterschiedlichen Verhältnisbestimmung Christus / Kirche[579]. Weil jeder Mensch – so betont er – gebunden ist an Raum und Zeit, muss seine Gemeinschaft mit Christus sichtbar werden in der Gemeinschaft mit dem Nächsten. Aber die so entstehende und wachsende Gemeinschaft ist nicht identisch mit einer sichtbaren Institution. Institutionen können aus Schleiermachers Sicht Instrumente der Seelsorge sein, sind aber auf keinen Fall konstitutiv für die Gemeinschaft des einzelnen Menschen mit Christus. Das Wesen des Christentums ist vielmehr gerade deshalb dem Wesen jeder anderen Weltreligion überlegen, weil es die in jedem Menschen von Natur aus angelegte Verwiesenheit auf das Ganze von Sinn („Universum") nicht mit der Bindung an irgendetwas Endliches – seien es Riten, Dogmen, Gesetze, Reinheitsvorschriften, Bilder, Bräuche oder Institutionen – bindet, sondern all dieses Äußere von Grund auf relativiert[580].

Schleiermacher möchte auf der einen Seite dem lutherischen „solus Christus" bzw. dem lutherischen „sola gratia" entsprechen, gleichzeitig aber auch Ernst machen mit dem von Pietismus und Aufklärung auf je unterschiedliche Weise explizierten Grundsatz, dass der einzelne Mensch sich in der Annahme Jesu Christi selbst (seiner apriorischen Ausrichtung auf den, von dem alles abhängt) entspricht. Weil Rechtfertigung und Befreiung zur Freiheit bei ihm die beiden Seiten derselben Medaille sind, wird Schleiermacher von Troeltsch als der überzeugendste Vertreter eines den Altprotestantismus konsequent zu Ende denkenden Neuprotestantismus gefeiert. Das „ab extra" der Gnade (bzw. des Wortes) und das, was Pietismus und Aufklärung auf je eigene Weise als Befreiung des Menschen zu sich selbst beschreiben, sind im Neuprotestantismus keine Gegensätze mehr. Der Neuprotestantismus feiert das reformierte Christentum in Absetzung vom Katholizismus als „Konfession der Freiheit". Vergessen ist Luthers Anti-Erasmus-Schrift „De servo arbitrio"; vergessen Luthers augustinistischer Dualismus zwischen „Leben aus dem Ich" und „Leben aus der Gnade"; vergessen Luthers Bestimmung der Erlösung als Handeln des Erlösers am Sünder ohne den Sünder, ja gegen den Sünder[581].

---

579 § 154 der „Glaubenslehre" Schleiermachers trägt die Überschrift: „*Erster Lehrsatz:* Keine von der sichtbaren Kirche ausgehende Darstellung christlicher Frömmigkeit trägt lautere und vollkommene Wahrheit in sich." (F. D. E. Schleiermacher, Der christliche Glaube [1830/31] II, 446).

580 Dazu: C. Senft, Wahrhaftigkeit und Wahrheit, bes. 19–46; T. Rendtorff, Kirchlicher und freier Protestantismus.

581 Dazu: H. Vorster, Das Freiheitsverständnis bei Thomas von Aquin und Martin Luther, bes. 286–399; H. Zschoch, Martin Luther und die Kirche der Freiheit; J. Schwanke,

Die Frage, wie Jesus als der Erlöser erkennbar war, beantwortet Schleiermacher mit dem Hinweis auf den Menschen, der sich selbst entspricht, der ganz frei ist, weil er seine wesentliche Verwiesenheit auf das Universum bzw. auf den, von dem das Universum abhängt, als Bejahung ohne Einschränkung (ohne Sünde) lebt. Jesus ist Erlöser nicht aufgrund seiner Präexistenz oder aufgrund der hypostatischen Union mit der zweiten innertrinitarischen Person, sondern als der Mensch, der tatsächlich war, was jeder Mensch sein sollte: der neue Adam, der den vom alten Adam eingeleiteten Prozess der Vereinzelung in den Prozess zunehmender Kommunialisierung der Menschheit gewendet hat.

Thomas Pröpper hat seine Schleiermacher-Analyse wie folgt zusammengefasst: „Dass Schleiermachers Erlösungslehre und Christologie nur die Realisierung dessen thematisieren, was bereits die Anthropologie als Wesensbestand sichert, oder dass – umgekehrt formuliert – die Anthropologie inhaltlich schon enthält, was doch erst durch Jesus gegeben sein soll – in der Geschlossenheit dieses Zirkels sehe ich die Problematik seiner Hermeneutik des Glaubens. Und sie weist bereits auf den Ansatz. Auch seine Gotteslehre hat Schleiermacher nur als Entfaltung dessen verstanden, was im Gefühl schlechthinniger Abhängigkeit gesetzt ist.“[582]

Weiter entfaltet bzw. modifiziert wurde Schleiermachers Antwort auf die Frage nach dem Wesen des Christentums u. a. durch Julius Kaftan[583] und dessen Schüler Georg Wobbermin[584]. Letzterer beschreibt das Christentum als vorläufig „reinste, schärfste und tiefste“ Gestalt des Abhängigkeitsgefühls, das, wie er meint, der Entstehungsgrund aller Religionen ist. Wobbermin leitet aus der für ihn offensichtlichen Untrennbarkeit des Geborgenheitsgefühls (in dem Fleisch gewordenen Logos) und des religiösen Sehnsuchtsgefühls (nach der Einheit im Heiligen Geist) vom „Gefühl der schlechthinnigen Abhängigkeit“ (von Gott dem Vater) die Überlegenheit des trinitarischen gegenüber dem jüdischen oder islamischen Monotheismus ab[585].

Freier oder unfreier Wille?, bes. 46–51.

582 T. Pröpper, Schleiermachers Bestimmung des Christentums und der Erlösung, 209.

583 Vgl. J. Kaftan, Das Wesen der christlichen Religion; ders., Die Wahrheit der christlichen Religion.

584 Vgl. G. Wobbermin, Das Wesen des Christentums; ders., Wesen und Wahrheit des Christentums.

585 „Religionspsychologisch betrachtet liegt es nämlich so, dass im christlich-trinitarischen Monotheismus die Grundüberzeugung aller Religion, alles religiösen Lebens und Glaubens, sich vollendet und zum Abschluss bringt. Denn die religiöse Überzeugung umschließt überall drei Grundmotive, die drei Motive, die im religiösen Abhängigkeitsgefühl, im religiösen Geborgenheitsgefühl und im religiösen Sehnsuchtsgefühl zum Ausdruck kommen. Diese Dreiheit religiöser Gefühle finden wir, in wie

b) Der Protestantismus als vorläufig höchste Realisierung des „objektiven Geistes“ (Ferdinand Christian Baur)

Vor diesem Hintergrund darf man feststellen, dass Ferdinand Christian Baurs Schleiermacher-Kritik in ähnlicher Weise konsequent ist wie Hegels Kant-Kritik. Baur wirft Schleiermacher vor, das Verhältnis des Urbildlich-Idealen zum Geschichtlich-Konkreten nicht hinreichend geklärt zu haben[586]. Er anerkennt zwar das Bemühen Schleiermachers, eine Position zu finden, die im Unterschied zur Aufklärung die Geschichte nicht als das Zufällige den stets und überall gültigen Begriffen gegenüberstellt. Aber im Unterschied zu Schleiermacher beschreibt Baur die Geschichte – speziell das Christusereignis – nicht nur als äußeres Mittel zur Vermittlung eines bestimmten Bewusstseins. Mit Hegel sieht er in der Geschichte als solcher den Entfaltungsprozess des absoluten Geistes.

Hegel setzt sich bekanntlich ab von jeder Logik, die den Stoff des Erkennens als eine fertige Welt außerhalb des Denkens annimmt, als eine leere Form, die äußerlich zur Materie hinzutritt. Denn – so seine Begründung – diese Auffassung setzt voraus, dass das Objekt ein für sich Vollendetes, Fertiges sei, das des Denkens zu seiner Wirklichkeit vollkommen entbehren kann. So meinte das ja Kant mit seiner Verhältnisbestimmung von „Ding für mich“ und „Ding an

---

verschiedener Tönung immer, in allen Religionen, in der Religion der Primitiven und im Buddhismus, in den polytheistischen und in den monotheistischen Religionen, in den Gesetzesreligionen und in den Erlösungsreligionen. Das Abhängigkeitsgefühl bildet die Grundlage der beiden anderen. Es ist das religiöse Grundgefühl im engeren Sinne. Aber in irgendwelchen Ansätzen wenigstens finden sich in Verbindung mit ihm auch die beiden anderen überall, wo wir überhaupt Religion anzuerkennen haben. Diese Dreiheit der religiösen Grundgefühle erhält nun ihre spezifisch christliche Ausprägung im christlichen Gottesglauben, wie er sich als trinitarischer Monotheismus gestaltet. Und mit dieser spezifisch christlichen Ausprägung erhält jene Dreiheit der religiösen Grundgefühle zugleich ihre denkbar höchste Entfaltung.“ (G. Wobbermin, Wesen und Wahrheit des Christentums, 432f).

586 „Welches Zeugnis“ – so fragt Baur – „sollte denn die Geschichte über absolute Unsündlichkeit geben können? Die geschichtliche Betrachtung kann uns immer nur den relativ besten zeigen; zwischen dem relativ besten aber und dem absolut vollkommenen ist eine Kluft, die die Geschichte nie überspringen kann. Entweder ist daher Jesus von Nazareth nur in einem sehr unbestimmten, verschiedene Deutungen zulassenden Sinn Erlöser genannt, oder es ist nur die Religionsphilosophie, die auf dem Wege der Spekulation zu dem wahren und eigentlichen Begriff des Erlösers gelangt und ihn auf die Person Jesu von Nazareth überträgt; und wenn nur das letztere angenommen werden kann, so ist es überhaupt nur die Religionsphilosophie, die dem Christentum die Würde und Bedeutung, die es als absolute Religion hat, zuerkennt und sicherstellt.“ (F. C. Baur, Die christliche Gnosis, 638).

sich". Bei Kant bleiben die beiden Sphären, nämlich Gegenstand und Denken, voneinander geschieden[587].

Aus Hegels Sicht steht dem erkennenden Subjekt der Gegenstand nicht als Verschiedenes gegenüber. Denn der eigentliche Gegenstand des Erkennens ist der Logos einer Sache. Was Hegel mit seiner „Logik-als-Ontologie" intendiert, wird deutlich in der Bemerkung, dass das Bewusstsein, sofern es für einen Gegenstand (eine Sache, einen Inhalt) Wahrheit in Anspruch nimmt, im Denken dieses Gegenstandes mit sich selbst übereinstimmt. Daraus folgt: Das, worin das Bewusstsein mit der in ihm befindlichen und doch von ihm [dem Bewusstsein] verschiedenen Sache übereinstimmt, ist das eigentliche Sein, nämlich der „Begriff" der Sache. Anders gesagt: *Die Wirklichkeit (das Sein) der Sache ist das In-Sein dieser Sache im Bewusstsein.*

Vom Logos-Charakter aller Dinge her schlägt Hegel in seinen Berliner „Vorlesungen über die Philosophie der Religion"[588] einen Bogen zum christlichen Trinitäts-, Schöpfungs- und Inkarnationsdenken. Wenn ich – so resümiert er – Gott das Unendliche nennen würde und mit dieser Bezeichnung das Endliche aus Gott ausschließen würde, dann hätte ich Gott verendlicht; denn dann wäre das Endliche die Grenze Gottes[589]. Die „Einheit des Endlichen und Unendlichen", die nicht statisch, sondern als Werden, als Bewegung, als Prozess zu fassen ist, kann als eine neue Definition des Absoluten bezeichnet werden. Hegel sieht in dieser Auffassung die Überlegenheit des Christentums über jede andere Religion. Während die jüdische Religion Gott nur als den Unendlichen und die griechische Religion Gott nur als „Erscheinung" (Epiphanie) des Unendlichen im Endlichen sieht, sagt das Christentum von Gott, er sei Geist.

---

587 Vgl. G. W. F. Hegel, Wissenschaft der Logik II, 11–52.

588 Wir zitieren im Folgenden unter dem Kürzel R I-II Hegels Berliner „Vorlesungen über die Philosophie der Religion" nach der Suhrkamp-Tb.-Ausgabe von 1986, Bde. 16–17.

589 „In jedem [dem Endlichen und dem Unendlichen] liegt die Bestimmtheit des Anderen […]; es kann keines gesetzt und gefasst werden ohne das Andere, das Unendliche nicht ohne das Endliche, dieses nicht ohne das Unendliche. Wenn gesagt wird, was das Unendliche ist, nämlich die Negation des Endlichen, so wird das Endliche selbst mit ausgesprochen. […] Vom Endlichen seinerseits wird zugleich zugegeben, dass es das Nichtige ist; aber seine Nichtigkeit ist die Unendlichkeit, von der es ebenso untrennbar ist. […] Dies gibt denn […] das Unendliche in einem anderen Sinn als in dem, wonach das Endliche von ihm abgetrennt und auf die andere Seite gestellt ist. – Die Antwort auf die Frage, wie das Unendliche endlich werde, ist somit diese, dass es nicht ein Unendliches gibt, das vorerst unendlich ist und das nachher erst endlich zu werden, zur Endlichkeit herauszugehen habe, sondern es ist für sich selbst schon ebenso sehr endlich als unendlich." (G. W. F. Hegel, Vorlesungen über die Philosophie der Religion II, 143).

Hegel betont, dass Gott, weil er Geist ist, immer schon des Gegenübers (des Anderen) bedarf, um Geist sein zu können. Wörtlich bemerkt er: „Die Natur des Geistes selbst ist es, sich zu manifestieren, sich gegenständlich zu machen; dies ist seine Tat und seine Lebendigkeit, seine einzige und unendliche Tat. Gott ist als Geist wesentlich dies, für ein anderes zu sein, sich zu offenbaren; er erschafft nicht *ein*mal die Welt, sondern ist der ewige Schöpfer, dies ewige Sich-Offenbaren. Dies ist er, dieser *actus*; das ist sein Begriff, seine Bestimmung.“[590] Also ist die Geschichte nicht etwas außerhalb von Gott, sondern der Selbstentfaltungsprozess des absoluten Geistes. Gott bringt nicht nur die menschliche Geschichte in Gang als der selbst transzendent bleibende Schöpfer und Erhalter der Welt.

Ferdinand Christian Baur sieht den von Kant beschriebenen und von Schleiermacher theologisch vertieften Graben zwischen Subjekt und Objekt, zwischen „Sinn für mich“ und „Sinn an sich“, zwischen Bewusstsein bzw. Vernunft und Geschichte durch Hegel überwunden. Nach seiner festen Überzeugung hat der Tübinger Philosoph erwiesen, warum die Geschichte – wenn man sie nicht nur als eine endlose Reihe von Fakten missversteht, sondern als Offenbarkeit des absoluten Geistes entziffert[591]

590 G. W. F. Hegel, Vorlesungen über die Philosophie der Religion II, 35. – Hegels Trinitätslehre, die von F. C. Baur rezipiert wird (Die christliche Lehre von der Dreieinigkeit und Menschwerdung Gottes), ist nichts anderes als eine Entfaltung der Bezeichnung Gottes als „absoluter Geist“. Hegel erklärt: „Gott ist Selbstbewusstsein, er weiß sich in einem von ihm verschiedenen Bewusstsein, das *an sich* das Bewusstsein Gottes ist, aber auch *für sich,* indem es seine Identität mit Gott weiß, eine Identität, die aber vermittelt ist durch die Negation der Endlichkeit. – Dieser Begriff macht den Inhalt der Religion aus: Gott ist dies: sich von sich selbst zu unterscheiden, sich Gegenstand zu sein, aber in diesem Unterschiede schlechthin mit sich identisch zu sein.“ (G. W. F. Hegel, Vorlesungen über die Philosophie der Religion II, 187). – „Dies, dass es so ist, ist nun der *Geist* selbst oder, nach Weise der Empfindung ausgedrückt, die ewige *Liebe.* Der heilige Geist ist die ewige Liebe. Wenn man sagt: ‚Gott ist die Liebe‘, so ist es sehr groß, wahrhaft gesagt; aber es wäre sinnlos, dies nur so einfach als einfache Bestimmung aufzufassen, ohne es zu analysieren, was die Liebe ist. Denn die Liebe ist ein Unterscheiden zweier, die doch füreinander schlechthin nicht unterschieden sind. Das Gefühl und Bewusstsein dieser Identität ist die Liebe, dieses, außer mir zu sein; ich habe mein Selbstbewusstsein nicht in mir, sondern im Anderen, aber dieses Andere […] hat sein Selbstbewusstsein nur in mir, und beide sind nur dieses Bewusstsein ihres Außersichseins und ihrer Identität. […] Gott ist die Liebe, d. i. dies Unterscheiden und die Nichtigkeit dieses Unterschieds. […] Diese ewige Idee ist dann in der christlichen Religion ausgesprochen als das, was die heilige *Dreieinigkeit* heißt.“ (G. W. F. Hegel, Vorlesungen über die Philosophie der Religion II, 221f).

591 Weil die Geschichte der Selbstentfaltungsprozess des Geistes ist, ist jede historische Forschung ohne Spekulation, „mit welchem Namen sie auch prangen mag, ein bloßes Verweilen auf der Oberfläche und der Außenseite der Sache, und je wichtiger und umfassender der Gegenstand ist, mit welcher sie sich beschäftigt, je unmittelbarer er

– nicht nur die endliche Veranschaulichung einer apriorischen Idee oder eines je subjektiven Gottesbewusstseins, sondern die Entfaltung der Wahrheit selbst ist. Die historische Forschung verdient nach Baur erst dann die Bezeichnung „Wissenschaft", wenn sie nicht bei der Frage stehen bleibt, ob und wie sich etwas zugetragen hat. Erst wenn die historische Kritik „den Wegen nachgeht, welche der Geist selbst, in seiner Entwicklung im Großen, in den verschiedenen Richtungen seiner stets fortschreitenden Bewegung gegangen ist, um zum Bewusstsein über sich selbst und über die höchsten Interessen, die das geistige Leben bedingen, zu kommen"[592], ist sie vor der doppelten Versuchung gefeit, entweder die Geschichte mit den eigenen Ideen zu verwechseln oder aber – wie der Katholizismus[593] – bestimmte Schritte (Fakten) der Geschichte (z. B. bestimmte Dogmen) für die Wahrheit selbst zu halten.

Wie die Religionsgeschichte insgesamt eine Entfaltung des Wesens der Religion ist, so ist die Geschichte des Christentums aus Baurs Sicht eine Entfaltung des Wesens des Christentums. In seiner viel gelesenen „Kirchengeschichte des neunzehnten Jahrhunderts" greift er den von vielen Katholiken gegen die Protestanten gerichteten Vorwurf der Autonomie, des Subjektivismus und der individuellen Willkür[594] auf; auch den typisch

dem Element des Denkens angehört, desto mehr kommt es darauf an, nicht bloß, was der Einzelne gedacht und getan, in sich zu reproduzieren, sondern die ewigen Gedanken des ewigen Geistes, dessen Werk die Geschichte ist, in sich nachzudenken" (F. C. Baur, Vorrede, 198).

592 F. C. Baur, Lehrbuch der christlichen Dogmengeschichte, 59.

593 Das Wesen des Katholizismus ist – wie Baur in seiner Schrift „Der Gegensatz des Katholizismus und Protestantismus nach den Prinzipien und Hauptdogmen der beiden Lehrbegriffe. Mit besonderer Rücksicht auf Herrn Dr. Möhlers Symbolik" (Tübingen 1834) darlegt – der Versuch, das Wesen des Christentums mit einem bestimmten Schritt seiner geschichtlichen Entfaltung zu identifizieren. In der 1838 veröffentlichten Abhandlung „Über den Ursprung des Episkopats in der christlichen Kirche" heißt es: „Der Katholizismus [...] kann seinem Selbstbewusstsein zufolge nie bloßes Moment sein, sondern immer nur der an sich seiende Begriff selbst in seiner unmittelbaren Existenz. Sobald demnach der Katholizismus nicht als die absolute christliche Gemeinschaft selbst, sondern nur als ein Moment ihrer geschichtlichen Entwicklung betrachtet wird, ist dies nicht die katholische, sondern nur die protestantische Ansicht des Katholizismus [...]." (435). Dazu ausführlich: H. Wagner, An den Ursprüngen des frühkatholischen Problems, bes. 207–235.

594 „Da das Wesen des Katholizismus in jedem Fall in das Prinzip der Heteronomie gesetzt werden muss, so hat der Gegensatz des Katholizismus und des Protestantismus entweder keine absolute Bedeutung, oder er hat sie nur darin, dass sich Protestantismus und Katholizismus zu einander verhalten wie Autonomie und Heteronomie. Ist aber, muss man nun gleich weiter fragen, diese Autonomie nicht eben jene Subjektivität und individuelle Willkür, die der Katholik als das eigentliche Wesen des Protestantismus betrachtet? Dies ist die echt katholische Ansicht vom Protestantismus,

katholischen Hinweis auf die Spaltungen im Gefolge der Ersetzung der kirchlichen Autorität durch die Schrift-Autorität[595]. Baur bezweifelt diesen „traurigen Befund" nicht, hält aber dennoch fest am „protestantischen Grundprinzip". Denn – so seine Begründung: „Die Subjektivität, welche das Prinzip des Protestantismus ist, ist nicht subjektive Willkür, sondern subjektive Freiheit, und diese subjektive Freiheit, durch welche der Protestantismus selbst erst ins Dasein getreten ist, ist der notwendige, im Wesen des Geistes selbst gegründete Fortschritt von der Objektivität zur Subjektivität, zur Freiheit und Autonomie des Subjekts. Mit demselben Recht, mit welchem man sagt, der Geist wäre nicht Geist, dieser lebendige immanente Prozess der Vermittlung mit sich selbst, wenn er nur objektiver, nicht auch subjektiver Geist wäre, muss man auch sagen, der subjektive Geist wäre nicht, was er als solcher sein soll, das freie selbstbewusste Subjekt, wenn nicht die Entwicklung des Geistes vom Katholizismus zum Protestantismus fortgeschritten wäre. Nur aus dem Wesen des Geistes kann das Wesen und die Notwendigkeit des Protestantismus begriffen werden, der Protestantismus ist selbst der in der Unendlichkeit seiner Subjektivität, in

---

die Beschuldigung, die von dieser Seite immer wieder gegen ihn erhoben wird, und die ganze geschichtliche Entwicklung des Protestantismus wird zum Zeugnis dafür aufgerufen, dass der Protestantismus nichts anderes sei, als der sich selbst aufhebende Prozess der subjektiven Willkür." (F. C. Baur, Kirchengeschichte des neunzehnten Jahrhunderts, 313).

595 Die Reformation – so erklärt Baur die Sichtweise der Katholiken – „trennte die Bibel von der Kirche und musste das tun, nachdem sie sich selbst von der Kirche getrennt hatte, zugleich aber doch die Notwendigkeit fühlte, eine göttlich beglaubigte Autorität und Norm des neuen Glaubens zu besitzen, welche nur die Bibel sein konnte; die Reformation stellte sie daher in ihrer Isoliertheit als alleinige Norm des Glaubens auf. Aber dieser von der Not abgedrungene Behelf trug Folgen und Konsequenzen, welche die Reformatoren aus Mangel an Überlegung und Scharfsinn zwar größtenteils nicht ahnten, welche aber nichts desto weniger auf naturgemäße Weise zu ihrer Entwicklung kommen mussten. Die erste und nächste war die unbeschränkte Freigebung der Schriftauslegung an das Individuum und dessen geistige und sittliche Kapazität. Diese Folge begriffen die ersten Reformatoren und gesellten daher die individuelle Freiheit der Auslegung als zweiten Grundsatz dem ersten von der alleinigen Autorität der Schrift bei. Bald aber zeigte die allgemeine Verwirrung der Begriffe, zeigten die Spaltungen und Streitigkeiten, wohin jener zweite Grundsatz führe, und man nahm seine Zuflucht zu Kolloquien und Konkordienformeln, durch welche die individuelle Freiheit beschränkt und gebunden werden sollte, dies war aber nichts anderes als eine Rückkehr zu der kurz vorher so feierlich verworfenen menschlichen Autorität, und zwar einer Autorität, welche in keiner Beziehung die Vergleichung mit der Autorität der Kirche aushalten konnte. […] Gegen das in seiner Entwicklung so gefährliche Prinzip [des Protestantismus] könne man nur den katholischen Standpunkt festhalten, und die Bibel als ein kirchliches Buch betrachten, auf welchem Grundsatz die Erhaltung des Christentums selbst beruhe." (F. C. Baur, Kirchengeschichte des neunzehnten Jahrhunderts, 314).

der Absolutheit des Selbstbewusstseins sich durch sich selbst bestimmende Geist. Was das höchste Prinzip des Geistes ist, dass alles nur für das Selbstbewusstsein ist, und durch dasselbe seine wahre Realität nur darin hat, dass das Selbstbewusstsein sich mit ihm eins wissen kann, ist auch das Prinzip des Protestantismus. Es ist hiermit in der Hauptsache gar nichts Anderes gesagt, als was man gewöhnlich in populärer Weise so ausdrückt: im Protestantismus trete man aus dem Zustand der Unmündigkeit und Unselbständigkeit, der Bevormundung [...], in den Zustand der Mündigkeit und Selbständigkeit ein."[596]

Baur versteht die gesamte Geschichte im Sinne Hegels als „objektiven Geist". Aber – so betont er – das Objektive, in dem der Geist sich offenbart bzw. konkretisiert, ist immer nur ein Moment der Geschichte. Würde der Katholizismus seine Dogmen, Riten, Traditionen und Institutionen als Momente der Religionsgeschichte oder als Stadien der Entfaltung des Christentums betrachten, dann hätte er sich der Reformation Luthers nicht verschlossen. Der Protestantismus ist – so betont Baur – die notwendige Fortentwicklung des Wesens (des Begriffs) des Christentums. Denn erst da, wo das geschichtliche Christusereignis nicht bloß eine „objektive Sache" der Tradition, des Lehrbegriffs oder der rituellen Erinnerung, sondern vom Einzelnen „begriffen", d. h. intellektuell und existentiell die „eigene Sache" geworden ist, ist das Wesen des Christentums identisch geworden mit dem Wesen des Geistes, der das Einfalten des Außen in das Innen ist.

aa) Jesus als Vermittler der höchsten Idee (David Friedrich Strauß)

Obwohl Baur immer wieder betont hat, dass das Prinzip des Geistes – und mithin auch das Prinzip des Christentums – nicht ablösbar sei von der Geschichte, haben schon seine unmittelbaren Schüler David Friedrich Strauß (1808–1874) und Albrecht Ritschl (1822–1889) auf die mangelnde Erklärung dieser Behauptung verwiesen.

Strauß sieht in der Geschichte Jesu lediglich die Vermittlerin einer der ganz großen Ideen der Menschheitsgeschichte[597]. In seiner zweibändigen Christologie bezeichnet er den historischen Jesus als den eher zufälligen als notwendigen Vermittler der Idee der Einheit bzw. Versöhnung von Gott und Mensch, von Unendlichkeit und Endlichkeit. Strauß spricht von Beschränktheit, wo man immer noch meint, der Inhalt der Christologie sei notwendig mit der Person und Geschichte eines Einzelnen verknüpft.

596 F. C. Baur, Kirchengeschichte des neunzehnten Jahrhunderts, 315.
597 Dazu: O. Wintzek, Ermächtigung und Entmächtigung des Subjekts, 83–88.

Er fordert ein Christentum, das „zur Idee im Faktum, zur Gattung im Individuum“[598] vorstößt.

bb) Jesus als Ursprung des Evangeliums von der Gottesherrschaft (Albrecht Ritschl)

Albrecht Ritschl gesteht David Friedrich Strauß zu, er habe den gemeinsamen Lehrer F. C. Baur durchaus zutreffend interpretiert[599]. Denn Baur habe den historischen Jesus zwar als die einmalige und daher unentbehrliche Vermittlung der Idee gottmenschlicher Einheit bezeichnet, aber nie erklärt, warum diese Idee nicht auch durch ein anderes historisches Ereignis bzw. durch eine andere historische Gestalt habe vermittelt werden können. Beide – Baur und Strauß – hätten vergessen, dass der historische Jesus *als solcher* Gottes Offenbarung *ist*. Nicht in einer Idee oder in einem Prinzip, sondern in der Person des historischen Jesus sieht Albrecht Ritschl das Wesen des Christentums.

Ritschl spricht von den zwei Brennpunkten dieses Wesens: (a) von der Erlösung durch Christus, welcher auf Seiten der Empfänger die Befreiung zur Freiheit entspricht; und (b) von dem Reich Gottes, das der „gemeinsame Endzweck“ aller durch Christus Erlösten ist[600]. Die Geschichte des Christentums ist aus seiner Sicht nicht die von Baur beschworene Entfaltung eines beständigen Fortschritts einer Idee vom Unvollkommeneren (Katholizismus) zum Vollkommeneren (zum Protestantismus), sondern eher eine Geschichte des Abfalls vom Ursprung. In seinem Werk mit dem bezeichnenden Titel „Die Entstehung der altkatholischen Kirche“ bezeichnet Ritschl die schon im zweiten Jahrhundert einsetzende *Identifizierung* der Kirche mit dem von Jesus verkündeten Reich Gottes als Verrat an der von Luther neu entdeckten Rechtfertigung allein und ausschließlich durch das Handeln Gottes. Wo immer die Kirche mehr sein wollte als die unsichtbare Gemeinschaft der Empfänger des Erlösungshandelns, da kam es – so versucht Ritschl zu zeigen – zu einer fortschreitenden Ersetzung des Handelns Christi durch das Handeln einer von Menschen geschaffenen

598 D. F. Strauß, Das Leben Jesu kritisch bearbeitet II, 738.

599 Dazu: H. Wagner, An den Ursprüngen des frühkatholischen Problems, 249–294; F. Courth, Das Wesen des Christentums in der Liberalen Theologie, 334–488.

600 „Das Christenthum […] ist die monotheistische vollendet geistige und sittliche Religion, welche auf Grund des erlösenden und das Gottesreich gründenden Lebens ihres Stifters in der Freiheit der Gotteskindschaft besteht, den Antrieb zu dem Handeln aus Liebe in sich schließt, das auf die sittliche Organisation der Menschheit gerichtet ist und in der Gotteskindschaft wie in dem Reiche Gottes die Seligkeit begründet (A. Ritschl, Die christliche Lehre von der Rechtfertigung und Versöhnung III, 13).

Institution. Die Verhältnisbestimmung Christus / Kirche ist aus seiner Sicht der Prüfstein des wahren Christentums. Wo immer die Kirche nicht nur als Empfängerin, sondern auch als Vermittlerin des Heils, wo immer die Kirche nicht nur als unsichtbare *communio sanctorum,* sondern – z. B. durch die Ausbildung eines „besonderen Priestertums" – auch als sichtbare Repräsentantin des Erlösers auftritt, ist sie im konfessionellen Sinn *katholisch geworden*[601].

Wie ein roter Faden zieht sich durch Ritschls Werk die Forderung einer strikten Rückbeziehung aller späteren Entwicklungen auf das Geschehen des Ursprungs. Am Anfang, so betont er, steht der Jude Jesus, der die Herrschaft Gottes nicht als etwas Zukünftiges, sondern als eine in seiner Person schon präsente Wirklichkeit erklärt. Anders gesagt: Das Reich Gottes entsteht in dem Maße, in dem „die Herrschaft Gottes durch Christus eine Gemeinde gefunden hat, welche sich von Gott beherrschen lässt"[602]. Auch wenn Jesus das Gesetz nicht verwirft, ist er doch Gründer eines Gottesreiches, in dem die Gemeinschaft der Liebe den Wert jedes Dogmas, jeder Regel und jeder Institution bestimmt[603].

3. Adolf von Harnacks Vorlesungen zur Jahrhundertwende 1899/1900: „Über das Wesen des Christentums"

Albrecht Ritschl darf als der Weichensteller und Vorläufer jener berühmt gewordenen Vorlesungen gelten, die der zur prominentesten Gestalt des zeitgenössischen Protestantismus aufgestiegene Adolf von Harnack (1851–1930) zur Jahrhundertwende ganz bewusst unter den Titel „Über das Wesen des Christentums" gestellt hat. Denn wie Ritschl, so wendet sich auch Harnack gegen die Hegelianer unter den Historikern des Christentums[604]. Was sie als „Wesen des Christentums" bezeichnen, ist aus seiner Sicht die Aufhebung des historischen Jesus in eine Idee bzw. die Aufhebung des Faktums in den Begriff[605]. Mit Recht – so betont Harnack in diesem Zusammenhang – hat Ludwig Feuerbach alle Theologen als Lügner bezeichnet, die ihre interessegeleiteten Begriffe, Ideen und Spekulationen als Offenbarungen des absoluten Geistes deklariert haben.

601 Vgl. A. Ritschl, Die Entstehung der altkatholischen Kirche, bes. 347–464.
602 A. Ritschl, Die christliche Lehre von der Rechtfertigung und Versöhnung II, 30.
603 Vgl. A. Ritschl, Die Entstehung der altkatholischen Kirche, 48–50.
604 Vgl. K. H. Neufeld, Adolf von Harnack, 43–55.
605 Dazu: K. H. Neufeld, Adolf von Harnacks Konflikt mit der Kirche, 36–51.

a) Gegen die Reduktion des Christentums auf Anthropologie (Feuerbach) oder Geschichtsphilosophie (Hegel)

Feuerbach hält nicht jede von Christen produzierte Idee für schädlich. Im Gegenteil, er widmet einen Großteil seines Hauptwerkes mit dem Titel „Das Wesen des Christentums“ den Ideen der Geschichte des Christentums, die nützlich sein können. Im Vorwort zur zweiten Auflage wehrt er sich gegen den Vorwurf, mit der christlichen *Theologie* auch das Christentum in Gänze zu verwerfen. Wörtlich bemerkt er: „Allein ich sage keineswegs: – wie leicht hätte ich es mir dann machen können! – Gott ist *Nichts,* die Trinität ist *Nichts,* das Wort Gottes ist *Nichts* usw., ich zeige nur, das sie *nicht* das sind, was sie in der Illusion der Theologie sind, – nicht ausländische, sondern einheimische Mysterien, die Mysterien der menschlichen Natur; ich zeige, dass die Religion […] in den Bestimmungen, die sie von Gott, z. B. vom Worte Gottes gibt […], nur das *wahre Wesen* des menschlichen Wortes definiert und vergegenständlicht. Der Vorwurf, dass nach meiner Schrift die Religion Unsinn, Nichts, pure Illusion sei, hätte nur dann Grund, wenn ihr zufolge auch *Das,* worauf ich die Religion zurückführe, was ich als ihren *wahren Gegenstand* und *Inhalt* nachweise, der Mensch, die Anthropologie, *Unsinn, Nichts, pure Illusion* wäre. Aber, weit gefehlt, dass ich der Anthropologie eine nichtige oder auch nur untergeordnete Bedeutung gebe […], erhebe ich vielmehr die Anthropologie zur Theologie […] – nehme daher auch das Wort: Anthropologie, wie sich von selbst versteht, nicht im Sinne der Hegelschen oder bisherigen Philosophie überhaupt, sondern in einem unendlich höhern und allgemeineren Sinne. Die Religion ist der Traum des menschlichen Geistes. Aber auch im Traume befinden wir uns nicht im Nichts oder im Himmel, sondern auf der Erde – im Reiche der Wirklichkeit, nur dass wir die wirklichen Dinge nicht im Lichte der Wirklichkeit und Notwendigkeit, sondern im entzückenden Scheine der Imagination und Willkur erblicken. Ich tue daher der Religion – auch der spekulativen Philosophie oder Theologie nichts weiter an, als dass ich ihr die *Augen öffne,* oder vielmehr nur ihre *einwärts* gekehrten Augen *auswärts* richte, d. h. ich verwandle nur den Gegenstand in der Vorstellung oder Einbildung in den Gegenstand in der Wirklichkeit.“[606].

Adolf von Harnack gibt Feuerbachs Analysen so lange Recht, als das Wesen des Christentums mit den Begriffen und spekulativen Entwürfen der von Hegel bestimmten Theologen identifiziert wird. Allerdings – so

606 L. Feuerbach, Vorrede zur zweiten Auflage, 25f.

erklärt Harnack in Abgrenzung von Feuerbach – das Wesen des Christentums ist auch nicht identisch mit dem Wesen des Menschen. Es ist ohne seinen Ursprung nicht erklärbar. Programmatisch formuliert Harnack in der ersten seiner Vorlesungen über das Wesen des Christentums: Das Christentum ist keine Lehre, sondern „ein *Leben*, das, immer aufs neue entzündet, nun mit eigener Flamme brennt"[607].

Die ungeheure Wirkung[608] von Harnacks Berliner Vorlesungen des Wintersemesters 1899/1900 ist keineswegs nur aus seinem Bemühen erklärlich, eine einfache, für breite Leserkreise bestimmte, vom Fachjargon gereinigte Sprache zu sprechen. Mehr noch erklärt sich die Wirkung seines Vortrags aus der Tatsache, dass er das Wesen des Christentums besonders den vielen orientierungslos gewordenen Zeitgenossen erklären wollte. Harnack war sich bewusst, dass er mit der Ankündigung seiner Vorlesungen über das Wesen des Christentums zur Jahrhundertwende 1899/1900 ei-

607 A. v. Harnack, Das Wesen des Christentums, 20.

608 Eine akribische Auflistung aller Rezensionen und Reaktionen auf Harnacks berühmte Vorlesungen findet sich bei: T. Hübner, Adolf von Harnacks Vorlesungen über das Wesen des Christentums, 98–175.215–292. – Unter den zahlreichen Reaktionen auf die erste publizierte Fassung war es vor allem die von Karl Holl, welche Harnack als seinem Vortrag kongenial gewürdigt hat. Deshalb hier ein kurzer Auszug aus dem am 1. 7. 1900 verfassten Brief Holls an Harnack: „Verehrter Herr Professor, ich war gestern gerade an meiner gewohnten abendlichen Arbeit, als mir der Postbote Ihre *Vorlesungen* überbrachte. Ich habe eifrig nach dem Buch gegriffen, zu lesen angefangen, weiter aufgeschnitten und ziemlich über die Zeit hinaus, die mir der Doktor erlaubt hat, die Lektüre fortgesetzt. Ich habe mich so ganz hingeben können, wie selten an ein Buch: ich habe nicht denken mögen an das, was ich für die Technik der Vorlesung aus dem Buch lernen kann, auch nicht die Kunst studieren wollen, mit der Sie den Gegenstand herausgearbeitet haben, ich habe alles das über der Sache vergessen können. Das Buch ist ja ein Bekenntnis; in dem Sinne habe ich es gelesen und werde es weiter lesen. Wer gelehrt daran kritisieren mag, der tue es von mir aus; ich schweige vor dem Buch und glaube es damit am meisten zu ehren. Mich hat es in die Welt hinauf gehoben, in der es mir am wohlsten ist. Es tut mir gut, dass ich wieder einmal so unmittelbar vor jene Gestalt hingeführt werde, wie es in Ihren Vorlesungen geschieht. Ich habe in den letzten Jahren immer eine Scheu empfunden, mich mit dem Urchristentum und mit Jesus auseinanderzusetzen: die Empfindung, dass wir ihm doch nicht tief genug ins Herz sehen können, um die letzten Fragen zu entscheiden –, auch der Gedanke, dass das, was ich als Legende beiseite schieben muss, der mächtigste Hebel zur Verbreitung des Christentums gewesen ist, quälten mich immerfort; die harten Züge in seinem Bild sind mir schließlich die liebsten geworden; da spürte ich am meisten die Kraft, die nicht aus der Zeit und nicht von der Welt ist. Ihr Bild ist etwas anders; aber gerade darum ist mir ihre Darstellung heilsam. Wenn ich Ihnen danke, so danke ich Ihnen für mehr als für ein geschenktes Buch, und ich wünsche, dass die Vorlesungen viele Hörer finden, die durch sie die einfältige Freude und den einfachen Sinn für die Herrlichkeit des Christentums wiedergewinnen." (K. Holl, Briefwechsel mit Adolf von Harnack, 28f).

nen Bezug herstellte zu den Vorlesungen, die genau ein Jahrhundert zuvor Schleiermacher unter dem Titel „Über die Religion. Reden an die Gebildeten unter ihren Verächtern" gehalten hatte. Allerdings hatte Harnack im Unterschied zu Schleiermacher „weniger die ‚Verächter' der christlichen Religion [...] als die vielen Suchenden"[609] im Blick. Deren Sprache will er sprechen, auf überflüssiges Differenzieren verzichten und endlich Ernst machen mit der schon von Ritschl aufgestellten Forderung, dem genuin geschichtlichen Ursprung des Christentums mit keinen anderen Mitteln zu begegnen als mit denen einer ausschließlich induktiv operierenden Geschichtswissenschaft.

b) Harnacks Vorlesungen

Die erste Hälfte der Vorlesungen fragt unter der Überschrift „Das Evangelium" nach der Verkündigung des Stifters („Das Reich Gottes und sein Kommen"; „Gott der Vater und der unendliche Wert der Menschenwürde"; „Die bessere Gerechtigkeit und das Gebot der Liebe") und nach den Konsequenzen dieser Verkündigung für das Leben des Einzelnen, für das soziale Leben, für die irdische Rechts- und Staatsordnung, für das kulturelle Leben, für das Christentum des Einzelnen und für die kirchliche Verfassung des Christentums. Der zweite Teil geht der Geschichte der christlichen Religion nach. Im Einzelnen unterscheidet Harnack bis zu der großen Rückbesinnung des Christentums auf seinen Ursprung – genannt „Protestantismus" – die christliche Religion im apostolischen Zeitalter, die Anfänge des Katholizismus, die Ausbildung des griechischen Katholizismus und die Ausbildung des römischen Katholizismus.

aa) Christentum als griechischer Katholizismus

Den griechischen Katholizismus sieht Harnack vor allem durch drei Elemente bestimmt, nämlich durch den Traditionalismus, den Intellektualismus und den Ritualismus. Wörtlich bemerkt er: „Nach dem Traditionalismus ist die pietätsvolle und jede Neuerung abwehrende Bewahrung des überlieferten Erbes nicht nur etwas Wichtiges, sondern bereits die Betätigung der Religion selbst. Das ist ganz antik gedacht und ist dem Evangelium fremd"[610]. Und der Intellektualismus – so führt er aus – ist

609 A. M. Ritter, Adolf von Harnack und die Frage nach dem Wesentlichen des Christentums, 43.

610 A. v. Harnack, Das Wesen des Christentums, 137.

bestimmt durch den Wert, den die griechische Kirche „auf die *Orthodoxie* legt, auf die richtige Lehre. Sie hat diese Lehre aufs Genaueste ausgebildet und umschrieben, und sie hat sie oft genug zum Schrecken andersgläubiger Menschen gemacht. Nur wer die richtige Lehre hat, kann selig werden, wer sie nicht hat, ist ausgestoßen und soll aller Rechte verlustig gehen; ist er ein Volksgenosse, so soll er wie ein Aussätziger behandelt werden und jeden Zusammenhang mit seiner Nation verlieren."[611] Vor allem „die Formel, der Logos-Christus sei eines Wesens mit dem Vater"[612], ist aus Harnacks Sicht eine Verfälschung des Evangeliums durch die griechische Philosophie. Und mit diesem „erdachten Christus" untrennbar verbunden sieht er die Formel „Gott wurde Mensch, damit der Mensch Gott werde". Die griechische Überzeugung von der Unsterblichkeit der Seele wird nach seiner Meinung auf unzulässige Weise mit der ganz auf den rettenden Vatergott setzenden Hoffnung des Evangeliums vermischt[613]. Und was den dritten Sündenfall der griechischen Kirche, den Ritualismus, betrifft, so ist er nach Harnack der augenfälligste. Denn für neunundneunzig Prozent der griechisch-orthodoxen Christen sei das Christentum nichts anderes als „Zeremonienritual". „Nichts", so schreibt er, „ist trauriger zu sehen als diese Umwandlung der christlichen Religion aus einem Gottesdienst im Geist und in der Wahrheit zu einem Gottesdienst der Zeichen, Formeln und Idole! Man braucht gar nicht bis zu den religiös und intellektuell völlig verwahrlosten Gliedern dieser Christenheit, zu Kopten und Abessiniern heruntersteigen, um diese Entwicklung schaudernd zu erkennen – auch bei Syrern, Griechen und Russen steht es im Ganzen nur um Weniges besser. Wo aber ist in der Verkündigung Jesu auch nur eine Spur davon zu finden, dass man religiöse Weihen als geheimnisvolle

611 A. v. Harnack, Das Wesen des Christentums, 136.

612 A. v. Harnack, Das Wesen des Christentums, 140.

613 „Man mag endlich einräumen […], dass in der griechischen Dogmatik die verhängnisvollste Verbindung geschlossen ist zwischen dem antiken Wunsche nach unsterblichem Leben und der christlichen Verkündigung. Auch kann niemand leugnen, dass diese Verbindung, eingestellt in die griechische Religionsphilosophie und ihren Intellektualismus, zu Formeln geführt hat, die unrichtig sind, einen erdachten Christus an Stelle des wirklichen setzen und außerdem der Selbsttäuschung Raum geben, dass man die Sache habe, wenn man nur die richtige Formel besitze. Selbst wenn die christologische Formel die theologisch zutreffende wäre – wie weit hat sich die Kirche vom Evangelium entfernt, die da behauptet, man könne zu Jesus Christus kein Verhältnis gewinnen, ja man versündige sich an ihm und werde hinaus gestoßen, wenn man nicht allem zuvor anerkenne, dass er *eine* Person mit zwei Naturen und zwei Willensenergien, je einer göttlichen und einer menschlichen, gewesen sei? Bis zu einer solchen Forderung hat sich der Intellektualismus ausgebildet!" (A. v. Harnack, Das Wesen des Christentums, 142).

Applikationen über sich ergehen lassen soll, dass man ein Ritual pünktlich befolgen, Bilder aufstellen und Sprüche und Formeln in vorgeschriebener Weise murmeln soll? *Um diese Art von Religion aufzulösen, hat sich Jesus Christus ans Kreuz schlagen lassen;* nun ist sie unter seinem Namen und seiner Autorität wieder aufgerichtet! Die ‚Mystagogie' ist nicht nur *neben* die ‚Mathesis' (die Lehre) getreten, durch welche sie ja hervorgerufen ist, sondern in Wahrheit ist die ‚Lehre' – wie sie auch beschaffen sein mag, sie ist doch ein geistiges Element – in den Boden gesunken, und die Zeremonie beherrscht alles. Damit ist der Rückfall in die antike Form der Religion niederster Ordnung bezeichnet; der Ritualismus hat auf dem weiten Boden der griechisch-orientalischen Christenheit die geistige Religion nahezu erstickt. Sie hat nicht nur etwas Wesentliches eingebüßt, nein, sie ist auf ein ganz anderes Niveau geraten; sie ist auf jene Stufe herabgedrückt, auf der der Satz gilt: Religion ist Kultus, nichts anderes."[614]

bb) Christentum als römischer Katholizismus

Die römische Kirche wird von Harnack zwar als der griechischen überlegen beurteilt. Sie ist aber nach seiner Ansicht nicht weniger „katholisch", d. h. den Depravationen des Traditionalismus, der Orthodoxie und des Ritualismus verhaftet. Der als Inbegriff des ‚Katholischen' bezeichnete Abfall vom Ursprung ist das erste Charakteristikum der römischen Kirche. Außerdem nennt Harnack den römisch-imperialen und den augustinischen Charakter dieser Kirche. Beherrschend ist das zweite Charakteristikum. „Wenn wir", so bemerkt Harnack, „behaupten – und zwar noch für die Gegenwart gültig –, die römische Kirche sei das durch das Evangelium geweihte alte *römische Reich,* so ist das keine ‚geistreiche' Bemerkung, sondern die Anerkennung eines geschichtlichen Tatbestandes und die zutreffendste und fruchtbarste Charakteristik dieser Kirche. Sie regiert noch immer die Völker; ihre Päpste herrschen wie Trajan und Marc Aurel; an die Stelle von Romulus und Remus sind Petrus und Paulus getreten, an die Stelle der Prokonsuln die Erzbischöfe und Bischöfe; den Legionen entsprechen die Scharen von Priestern und Mönchen, der kaiserlichen Leibwache die Jesuiten. Bis in die Details hinein, bis zu einzelnen Rechtsordnungen, ja bis zu den Gewändern lässt sich das Fortwirken des alten Reichs und seiner Institutionen verfolgen. Das ist keine Kirche wie die evangelischen Gemeinschaften […], das ist eine politische Schöpfung, so großartig wie ein Weltreich, weil die Fortsetzung des römischen Reiches. […] *Dieser Kirche ist es ebenso wesentlich, Regierungsgewalt auszuüben,*

614 A. v. Harnack, Das Wesen des Christentums, 143.

wie das Evangelium zu verkündigen. Das ‚Christus vincit, Christus regnat, Christus triumphat‘ ist politisch zu verstehen: er herrscht auf Erden, indem seine von Rom geleitete Kirche herrscht, und zwar durch Recht und Gewalt, d. h. durch alle die Mittel, deren sich die Staaten bedienen. […] Dieser Staat aber identifiziert sich mit dem Himmelreich; im übrigen verfährt er wie andere Staaten auch. […] Auch das Exorbitanteste erscheint als das Selbstverständliche, sobald nur die beiden Obersätze richtig sind: ‚Die römische Kirche ist das Reich Gottes‘, und ‚die Kirche muss wie ein irdischer Staat regieren‘.“[615]

Dass sich die römische Kirche nicht in demselben Maße wie die griechische von dem „geistigen Ursprung“ und also von dem Evangelium des Erlösers entfernt hat, erklärt sich Harnack mit der kaum überschätzbaren Autorität der augustinischen Gnadenlehre durch alle Jahrhunderte hindurch[616]. Allerdings habe die römische Kirche weniger Augustins Lehre von der inneren Gnade als vielmehr dessen These von der Heilsnotwendigkeit der sichtbaren Kirche tradiert[617]. Harnack gesteht zu, dass das Wort des

615 A. v. Harnack, Das Wesen des Christentums, 151f.

616 „Diesen ‚Augustin‘ hat die abendländische Kirche, eben als sie sich zum Antritt der Herrschaft anschickte, in sich aufgenommen, aufnehmen müssen. Sie war ihm gegenüber ganz wehrlos; sie hatte ihm aus ihrer letzten Vergangenheit so wenig innerlich Wertvolles entgegenzusetzen, dass sie willenlos kapitulierte. So ist die erstaunliche ‚complexio oppositorum‘ im abendländischen Katholizismus entstanden: die Kirche des Ritus, des Rechts, der Politik, der Weltherrschaft, und die Kirche, in welcher eine höchst individuelle, zarte, sublimierte Sünden- und Gnadenempfindung und -Lehre in Wirksamkeit gesetzt wird. Das Äußerlichste und das Innerlichste sollen sich verbinden! Ganz aufrichtig konnte dies von Anfang an nicht beginnen; die Geschichte des abendländischen Katholizismus ist von ihm erfüllt. Aber bis zu einem gewissen Grade sind die Gegensätze vereinbar, wenigstens in denselben Menschen vereinbar. Das bezeugt kein Geringerer als Augustin selbst, der auch ein entschlossener Kirchenmann gewesen ist, ja das Ansehen und die Macht der äußeren Kirche samt ihrer ganzen Ausstattung aufs kräftigste gefördert hat.“ (A. v. Harnack, Das Wesen des Christentums, 155f).

617 „Nach Harnacks Auffassung sind […] augustinische Vorstellungen, vor allem seine Konzeption vom Verhältnis zwischen Gott und Mensch, von Sünde und Gnade, seine Idee von der Kirche und anderes […] äußerst wirksam. Diesen Einfluss hat Augustin nicht durch Dogmatisierung seiner Gedanken gewonnen, wohl aber durch die Entwicklung einer zusammenhängenden *Heilsordnung,* die in seinem grandiosen Werk an die Stelle von Dogma und Kult tritt. Darum sagt Harnack: ‚Augustin hat gerade in dem Besten, was er der Kirche geschenkt hat, Anregungen und Aufgaben gebracht, nicht aber ein festes Kapital.‘ Auf ihn geht mithin vor allem jene Dynamik zurück, die die wechselhafte Geschichte des christlichen Mittelalters innerhalb eines erstaunlich festen Gesamtrahmens kennzeichnet. Erst unter dem Druck der Reformation wurde dann im ‚tridentinischen und im altlutherischen Dogma auf neue Weise der straffe Zusammenhang zwischen Gott, dem Werke Christi und dem Heilsgut wiederhergestellt‘.“ (K. H. Neufeld, Adolf von Harnack, 132f).

Ursprungs bzw. des Evangeliums von dem Machtapparat der römischen Kirche nicht erstickt wurde, dass diese Kirche immer wieder Heilige hervorgebracht hat, zieht aber dennoch eine insgesamt vernichtende Bilanz: „Der römische Katholizismus als äußere Kirche, als ein Staat des Rechts und der Gewalt, hat mit dem Evangelium nichts zu tun, ja widerspricht ihm grundsätzlich [...]. Langsam vollzieht sich ein Prozess der Verarmung der Kirche bei allem scheinbaren Zuwachs an Macht, langsam aber sicher. [...] Der unfehlbare Papst, der ‚apostolisch-römische Polytheismus‘ der Heiligenverehrung, blinder Gehorsam und stumpfe Devotion – sie scheinen alle Innerlichkeit erstickt zu haben“[618].

cc) Protestantismus, oder: Christentum aus dem Ursprung

Was der Protestantismus im Unterschied zu dem Katholizismus aller Spielarten ist, das – so Harnack – wird deutlich, wenn man das Ereignis der Reformation zum einen als kritische Reduktion des Christentums auf seinen Ursprung bzw. auf sein Wesen und zum anderen als „Revolution in Bezug auf die Kirche“[619] begreift. Reduktiv ist die Reformation, weil sie das Christentum von dem Schutt befreit, der sich im Laufe der Jahrhunderte auf den Ursprung gelegt hat. Denn: „Nichts anderes soll gepredigt werden als der gnädige Gott, mit dem wir durch Christus versöhnt sind, und wiederum nicht Ekstasen und Visionen gilt es, kein Überschwang von Gefühlen ist nötig, sondern *Glaube* soll erweckt werden; er soll Anfang, Mitte und Ende der ganzen Frömmigkeit sein. In der Korrespondenz von Wort und Glaube wird die ‚Rechtfertigung‘ erlebt; sie ist darum das Hauptstück der reformatorischen Verkündigung; sie bedeutet nichts Geringeres, als durch Christus Frieden und Freiheit in Gott erlangt zu haben, Herrschaft über die Welt und innere Ewigkeit.“[620]

Aus dieser Reduktion des Christentums auf „das Evangelium“[621] folgt die besagte „Revolution in Bezug auf die Kirche“. Harnack wörtlich: „Re-

---

618 A. v. Harnack, Das Wesen des Christentums, 157–159.

619 A. v. Harnack, Das Wesen des Christentums, 160.

620 A. v. Harnack, Das Wesen des Christentums, 161.

621 Im Vorwort zur dritten Auflage des Schlussbandes der „Dogmengeschichte“ aus dem Jahre 1897 bemerkt Adolf von Harnack S. VII: „Ich will aber gern meine Meinung hier kurz zusammenfassen: die Predigt Jesu enthält drei große Hauptstücke, erstlich die Botschaft vom nahen Gottesreiche oder vom künftigen Heil, zweitens die Verkündigung des Tatbestandes und der Gedanken, wie sie in Sprüchen wie Matth. 6,25–34; 7,7–11; 9,2; 10,28–33 u. s. w. gegeben sind [...], drittens die neue Gerechtigkeit (das neue Gesetz). Jenes mittlere Stück, verknüpft mit Matth. 11,25–30 und deshalb auch verbunden mit dem urchristlichen Zeugnis über Jesus als den Herrn und Heiland, halte ich aus streng geschichtlichen und aus sachlichen Gründen für das rechte

formation bedeutet, dass die *Kirche* überhaupt kein anderes Merkmal haben soll als das, Gemeinschaft des Glaubens zu sein, in welcher das Wort Gottes recht gepredigt wird“[622]. Wort und Glaube sind für Harnack die Kriterien der wahren Kirche. Denn Sakramente – so betont er – sind nichts anderes als Veranschaulichungen des Wortes. Doch im Unterschied zu Rudolph Sohm[623] bezeichnet Harnack die Reformation nicht als *Aufhebung* der sichtbaren Kirche. Während Sohm die Ortskirche oder die Abendmahlsgemeinschaft in keiner Weise als Erscheinen der unsichtbaren Kirche Jesu Christi verstanden wissen will, spricht Harnack von einer punktuell mehr oder weniger intensiven Visualisierung der „Gemeinschaft des Geistes“. Wörtlich bemerkt er: „Es kann Momente geben, in denen sie [die unsichtbare Kirche] völlig unerkennbar ist, und wiederum solche, in denen sie so kräftig in Erscheinung tritt wie eine sinnenfällige Größe.“[624]

Hauptstück, für das Evangelium im Evangelium, und ordne ihm die anderen Stücke unter.“ – Karl Heinz Neufeld kommentiert: „Diese Bestimmung des Evangeliums wurde später im ersten Teil des ‚Wesen des Christentums‘ einfach wieder aufgenommen, ohne dass die Reihenfolge der drei Grundzüge geändert wäre.“ (Adolf von Harnack, 89).

622 A. v. Harnack, Das Wesen des Christentums, 162.

623 „Das Kirchenrecht steht mit dem Wesen der Kirche in Widerspruch. […] Das Wesen der Kirche ist geistlich; das Wesen des Rechts ist weltlich. Die Kirche will durch das Walten des göttlichen Geistes geführt, regiert werden; das Recht vermag immer nur menschliche Herrschaft irdischer, fehlbarer, der Zeitströmung unterworfener Natur hervorzubringen. […] Es ist undenkbar, dass das Reich Gottes menschliche (rechtliche) Verfassungsformen, dass der Leib Christi menschliche (rechtliche) Herrschaft in sich trage. Das Wesen des Rechts ist dem idealen Wesen der Kirche entgegengesetzt. […] Der Katholizismus behauptet umgekehrt, dass […] die Kirche, und zwar gerade das geistlich gedachte Reich Gottes, ohne eine bestimmte Rechtsordnung nicht sein könne. Ohne Papst, Bischöfe, Priester, ohne eine bestimmte Art kirchlicher Rechtsordnung gibt es nach katholischer Lehre keine christliche Kirche, kein Christentum. […] denn das ganze Wesen des Katholizismus beruht darin, dass er die Rechtsordnung als notwendig für die Kirche (und zwar als notwendig für das geistliche Wesen derselben) bejaht.“ (R. Sohm, Kirchenrecht, Bd. I, 1f). – „Bis auf Luther […] war der Gegensatz zwischen der Kirche Christi und der rechtlich verfassten Kirche für das Leben der Christenheit nicht vorhanden. Die ganze alte Zeit, vom ersten Jahrhundert bis zum Anfang des Mittelalters, hat nicht vermocht, zwischen der rechtlich verfassten Kirche und der Kirche Christi den rücksichtslos scharfen Trennungsstrich zu machen. Die Durchsetzung der Unterscheidung bedeutete das (heute die Kulturwelt beherrschende) protestantische Prinzip. Damit ist von selbst gesagt: der Mangel bedeutet das katholische Prinzip. Das Wesen des Katholizismus besteht darin, dass er zwischen der Kirche im religiösen Sinn (der Kirche Christi) und der Kirche im Rechtssinn nicht unterscheidet. Die Kirche im Lehrsinn ist ihm zugleich Kirche im Rechtssinn, und umgekehrt. Die Kirche Christi ist ihm eine rechtlich verfasste Organisation: das Leben der Christenheit mit Gott ist durch das katholische Kirchenrecht geregelt.“ (R. Sohm, Wesen und Ursprung des Katholizismus, 13f).

624 A. v. Harnack, Das Wesen des Christentums, 163.

Man würde Harnack völlig missverstehen, wollte man aus seiner ekklesiologischen Kontroverse mit Sohm[625] ein sakramentales Kirchenverständnis ableiten. Denn die sichtbare Kirche verhält sich zur unsichtbaren Kirche nicht wie die bezeichnende Ebene eines Sakramentes zur bezeichneten Ebene. Von einer Untrennbarkeit beider Ebenen kann auch bei Harnack keine Rede sein. Vielmehr spricht er von einem vorübergehenden Erscheinen der vom Evangelium gewirkten Christusgemeinschaft. Sie erscheint dann als „Bruderbund“[626], ohne dass eine solche Vereinigung in irgendeiner Weise Kriterium oder gar konstitutive Vermittlerin der Christusgemeinschaft wäre.

Selten geht Harnack auf die Protestantismus-Kritik der Katholiken ein. Aber an dieser Stelle erwähnt er das katholische Argument, der Protestantismus habe seine Urthese, das Evangelium selbst sorge für die Einheit im Glauben, durch immer neue Spaltungen widerlegt. Wo er nicht gespalten sei, verlasse er sich nicht nur auf die Autorität des Evangeliums, sondern auf die der Fürsten. Statt der geistlichen Autorität der Apostelnachfolger zu gehorchen, unterwerfe sich der organisierte Protestantismus dem Staat.

Harnack antwortet: „Der Protestantismus – das ist die Lösung – *rechnet darauf, dass das Evangelium etwas so Einfaches, Göttliches und darum wahrhaft Menschliches ist, dass es am sichersten erkannt wird, wenn man ihm Freiheit lässt, und dass es auch in den einzelnen Seelen wesentlich dieselben Erfahrungen und Überzeugungen schaffen wird.* Dabei mag er sich oft genug täuschen, und es mag auch nach Individualität und Bildung recht Verschiedenartiges entstehen – bisher ist er doch in dieser seiner Haltung nicht zuschanden geworden. Eine wirkliche geistige Gemeinschaft evangelischer Christen, eine gemeinsame Überzeugung in dem Wichtigsten und in der Anwendung desselben auf das vielgestaltige Leben ist entstanden und ist in Kraft. Diese Gemeinschaft umfasst deutsche und außerdeutsche Protestanten, Lutheraner, Calvinisten und andere Denominationen. In ihnen lebt, sofern sie ernste Christen sind, etwas Gemeinsames, und dieses Gemeinsame ist unendlich viel wichtiger und wertvoller als

625 Harnack bedankt sich bei Sohm dafür, dass er die Kirche so energisch als „eine rein religiöse, geistige Größe“ beschreibt. Aber, so wendet er ein, dies zugegeben „lässt sich doch, wenn man schlechthin alles Irdische vom Wesen der Kirche fernhält, nicht absehen, wie dann die Kirche etwas anderes sein kann als eine bloße Idee, an die jeder einzelne Christ in seiner Vereinzelung glaubt.“ (A. v. Harnack, Kirchenverfassung und Kirchenrecht, 148).

626 Dazu: G. Heinz, Das Problem der Kirchenentstehung, 61–74; K. H. Neufeld, Adolf von Harnack, 226–252.

alle Verschiedenheiten. Es erhält uns evangelisch und es schützt uns vor dem modernen Heidentum und vor Rückfall in den Katholizismus. Mehr aber bedürfen wir nicht, ja jede andere Fessel weisen wir zurück. [...] wir wünschen nicht, dass es anders wäre; im Gegenteil – wir wünschen noch mehr Freiheit, noch mehr Individualität in Aussprache und Lehre; [...] wir wünschen noch mehr Zuversicht zu der inneren Kraft und zu der Einheit schaffenden Macht des Evangeliums, das sich im freien Kampf der Geister sicherer durchsetzt als unter Bevormundung“[627].

Vor allem in dem zuletzt zitierten Auszug aus Harnacks Vorlesungen wird deutlich:

(a) Seine Vorlesungen gehen von dem reformatorischen Grundsatz aus, dass nicht das, was der Glaube äußert – also nicht die Dogmen, nicht die guten Werke, nicht die Riten und Gebräuche und auch nicht die Gemeinschaft der Gläubigen, welche man Kirche nennt – das Wesen des Christentums beschreibt, sondern einzig und allein die unsichtbar („sola fide“) angenommene Gnade der Rechtfertigung.

(b) Katholizismus bedeutet aus Harnacks Sicht in allen seinen Spielarten – griechisch, russisch, armenisch oder römisch – die Ausbildung einer rechtlich verfassten, mit Ämtern und Heilsmitteln ausgestatteten Institution, die sich für heilskonstitutiv hält. Von daher trifft er die Unterscheidung zwischen der äußerlichen, einem Staatswesen nachgebildeten „katholischen Kirche“ und der „geistigen Kirche“ des Protestantismus.

(c) Die eigentliche Kirche ist aus seiner Sicht unsichtbar. Wenn er dennoch den Vorwurf der Katholiken abweist, die Protestanten hätten der Kirche ihre Sichtbarkeit genommen, dann nur deshalb, weil die „sola gratia“ bzw. „sola fide“ gerechtfertigten Menschen vorübergehende Zweckbündnisse bilden, um ihren gemeinsamen Glauben darzustellen und wirksam werden zu lassen. Keinesfalls aber ist aus seiner Perspektive ein solches „Zweckbündnis“ heilskonstitutiv. Im Gegenteil: Was von der unsichtbaren (eigentlichen) Kirche sichtbar wird, ist stets etwas Sekundäres, Relatives und Zeitbedingtes.

c) Die Vorlesungen von 1899/1900 im Kontext von Harnacks Gesamtwerk

Adolf von Harnacks Vorlesungen über das Wesen des Christentums stehen nicht nur äußerlich an der Schwelle eines neuen Jahrhunderts. Sie

627 A. v. Harnack, Das Wesen des Christentums, 163f.

falten in gewisser Weise die nachreformatorische Entwicklung ein und bilden zugleich den wichtigsten Bezugspunkt für alle Theologen, die im 20. Jahrhundert die Frage nach dem Wesen des Christentums aufgreifen. Von daher empfiehlt es sich, Harnacks Vorlesungen einzubetten in die theologische Biografie und in das Gesamtwerk des Autors[628].

aa) Evangelium (wahres Christentum) versus Dogma (katholisches Christentum)

Erst 22 Jahre alt war Adolf von Harnack, als er im September 1873 – soeben zum Doktor der Theologie promoviert – folgende Sätze an seinen Onkel Moritz von Engelhardt schrieb: „Ich kann, soviel ich sehe, und ich glaube nichts Wesentliches zu übersehen, nicht einsehen, wie man die Lehre von der Präexistenz halten kann; würde ich sie halten, so müsste ich annehmen, dass in den heidnischen Völkern auch Gottesoffenbarungen stattgefunden haben, die sehr hoch anzuschlagen wären, denn nach allem, was ich übersehen kann, stammt diese Lehre doch aus heidnischer Philosophie, die sich um die Wende der alten Zeit mit semitischen Engel- und Präexistenzvorstellungen merkwürdig vermischt hat."[629]

Dies sind in vielerlei Hinsicht symptomatische Sätze. Denn sie enthalten beides: eine Kampfansage an den Vater Theodosius von Harnack, einen streng lutherischen Theologieprofessor. Und sie enthalten das von Albrecht Ritschl inspirierte Vorhaben, die gesamte Dogmatik gleichsam aus den Wolken hegelianischer Spekulation zu holen und auf den harten Boden der geschichtlichen Fakten zu stellen. Das Dogma von der „Präexistenz Christi" ist für Harnack mehr als jeder andere Glaubensinhalt exemplarischer Ausdruck einer von den Fakten der Geschichte abgehobenen Spekulation. Er kann nicht verstehen, warum man jemandem den rechten Glauben abspricht, wenn er die Trinität oder die Zwei-Naturen-Lehre bezweifelt, sich aber durch die Zusage Jesu Christi gerechtfertigt bzw. erlöst weiß. Die Begriffe der dogmatischen Theologie sind doch allesamt Abstraktionen, oft genug misslungene Deduktionen und eben nicht das historische Faktum selbst.

Man würde Adolf von Harnack gründlich missverstehen, wollte man ihm unterstellen, es sei ihm um die Verwandlung der gesamten Theologie in Geschichtswissenschaft gegangen. Nein, hinter seinem Programm steht die Erfahrung des Auseinanderfallens von „Theologie und Christentum". Er kritisiert die Präexistenzlehre gerade deshalb, weil sie ihm den Blick auf

628 Dazu: G. Wenz, Der Kulturprotestant.
629 Zitat übernommen aus: A. v. Zahn-Harnack, Adolf von Harnack, 65.

das Eigentliche des Christentums verstellt. Sie ist – so drückt er sich aus – eine „philosophische Verflüchtigung unseres Heilandes“[630].

bb) Die Dogmengeschichte als Geschichte der Entfernung des Christentums vom Ursprung

In dem Jahr (1888), in dem Harnack nach Berlin berufen wurde, war sein bedeutendstes Werk, die dreibändige „Dogmengeschichte“, bereits abgeschlossen. In dieser monumentalen Analyse schildert er zunächst die Geschichte eines Fortschritts (vom Alten Testament zum „Evangelium“), dann die Geschichte eines Abfalls (Frühkatholizismus bzw. Verbindung des Evangeliums mit der griechischen Metaphysik) und schließlich die Geschichte einer revolutionären Rückkehr zum Ursprung (Abtragung aller katholischen Verfälschungen des wahren Christentums, besonders der sich mit Christus selbst identifizierenden Heilsinstitution). Die Provokation, die von Harnacks „Dogmengeschichte“ ausging, kann nur ermessen, wer die Grundintention des Autors versteht.

Diese gilt der Beseitigung des „garstigen Graben[s]“ zwischen dem verkündigenden Jesus und dem verkündigten Christus. Der Graben soll aber nicht durch die Relativierung des geschichtlichen Jesus als des zufälligen Vermittlers allgemein evidenter und universal gültiger Ideen geschehen, sondern umgekehrt durch die Abtragung aller begrifflichen Verfälschungen des in der Geschichte wirkenden Faktums. Harnack entnimmt dem Zeugnis der Synoptiker, dass Jesus sich in einer Art von Entwicklungsprozess seiner messianischen Sendung bewusst geworden ist und entsprechend den Vater und sein Reich in das Zentrum seiner Verkündigung gerückt hat. Dabei nimmt er für sich in Anspruch, im Namen des Vaters mit Vollmacht zu reden und zu handeln. Aber – und das ist für ihn das Entscheidende: „Versichert hat er sich diese seine bleibende Bedeutung als der Herr nicht durch Enthüllungen über das *Geheimnis seiner Person*,

630 „Ich will nicht müde werden es zu wiederholen und immer wieder mir selbst und Anderen zu sagen, dass auf die Kräfte unseres Denkens in Bezug auf ein seliges und fröhliches Leben nichts zu bauen sei, und dass das Heil lediglich ein *geschichtliches* sein könne, das wir ergreifen müssen. Ich habe keinen Gedanken, den ich mit größerer Sicherheit denke, wie diesen, und er ist das fundamentum meiner gesamten Lebensbetrachtung. Darum ist mir alle philosophische Verflüchtigung unseres Heilandes und dessen, was wir durch ihn haben, im Grunde meiner Seele ein Zuwideres, und ich will keines anderen Glaubens Prophet sein, wenn Gott mir dieses vergönnt, als dieses, dass es gilt, nicht gleiche Empfindungen etwa wie Christus in sich hervorzurufen, sondern ihn selbst zu ergreifen.“ (Aus einem Brief Adolf von Harnacks im März 1875 an Moritz von Engelhardt, zitiert nach: A. v. Zahn-Harnack, Adolf von Harnack, 66f).

sondern durch die *Enthüllung des Vaters*, durch den *Eindruck seines Lebens* und durch die *Deutung seines Todes*. Er deutet ihn, wie alles Leiden, als einen Sieg, als den Übergang zu *seiner* Herrlichkeit, und er hat sich mächtig erwiesen, in den Seinen wirklich die Überzeugung, dass er [der Vater] lebe und über Tote und Lebendige Herr und Richter sei, zu erwecken, trotz der Worte der Gottverlassenheit, die er am Kreuze gerufen. Die Religion des Evangeliums steht auf diesem Glauben an Jesus Christus, d. h. im Hinblick auf ihn, diese geschichtliche Person, ist es dem Gläubigen gewiss, dass Gott Himmel und Erde regiert, und dass Gott der Richter auch der Vater und Erlöser ist."[631]

cc) Frühkatholizismus, oder: Die Judaisierung und Hellenisierung des Christentums

Mit dem zweiten Jahrhundert sieht Harnack den sogenannten Frühkatholizismus[632] allgemein auf dem Vormarsch. Diese Tendenz ist aus seiner Sicht charakterisiert durch zwei Komponenten: durch einen zunehmenden Rückfall in die durch Paulus nicht ganz, aber doch grundsätzlich überwundenen jüdischen Wurzeln; und durch die Hellenisierung des Evangeliums im Zuge einer gegen die Gnosis gerichteten Verbegrifflichung, Dogmatisierung und Institutionalisierung des Christentums.

Nicht aus sachlichen, sondern aus geschichtlichen Gründen – so Harnack – hat die frühe Christenheit an der Einbeziehung des Alten Testamentes in ihre Gründungsurkunden festgehalten. Sie hat damit der Tatsache Rechnung getragen, „dass Jesus und Paulus auf dem Boden des Alten Testamentes gestanden haben"[633]. Daraus folgert Harnack: „Das Alte Testament im zweiten Jahrhundert [wie Marcion] zu verwerfen, war ein Fehler, den die große Kirche mit Recht abgelehnt hat; es im 16. Jahrhundert beizubehalten, war ein Schicksal, dem sich die Reformation noch nicht zu entziehen vermochte; es aber seit dem 19. Jahrhundert als kanonische Urkunde im Protestantismus noch zu konservieren, ist die Folge einer religiösen und kirchlichen Lähmung."[634] Rückblickend, so meint Harnack, ist doch offensichtlich, dass Paulus aufgrund seiner nie ganz überwundenen Verwurzelung im Judentum nicht mit derselben Konsequenz handeln konnte wie ein Theologe des 19. Jahrhunderts. Denkt man daher „mit Paulus und Marcion den Gegensatz zwischen ‚der Gerechtigkeit aus dem

631 A. v. Harnack, Lehrbuch der Dogmengeschichte, Bd. I, 70.
632 Zur Charakterisierung des Phänomens „Frühkatholizismus" durch Adolf von Harnack: H.-J. Schmitz, Frühkatholizismus, 47–93.
633 A. v. Harnack, Marcion, 216.
634 A. v. Harnack, Marcion, 217.

Glauben' und ,der Gerechtigkeit aus den Werken' scharf durch und überzeugt sich zugleich von dem Unzureichenden der Mittel, mit denen Paulus das *kanonische* Ansehen des AT festhalten zu können geglaubt hat, so vermag kein konsequentes Denken die Geltung des Alten Testamentes als kanonischer Urkunde in der christlichen Kirche zu ertragen."[635] Was Paulus aus biografischen Gründen noch nicht möglich war, hätte – so bilanziert Harnack seine Ausführungen – Luther gut zu Gesicht gestanden. Denn: „Welch eine Entlastung der Christenheit und ihrer Lehre wäre es gewesen, wenn Luther diesen Schritt getan hätte!" Gehörte etwa – so fragt Harnack rhetorisch – mehr christlicher Freimut zur gänzlichen Lösung vom Alten Testament „als zu dem Schritt, den er in der Schrift *De captivitate babylonica* gegenüber den Sakramenten unternommen hat [...]? Hatte Luther nicht selbst seit der Leipziger Disputation und bis zu der Schrift über die Konzilien und Kirchen ein einschneidendes Urteil nach dem anderen an der kirchengeschichtlichen Überlieferung vollzogen? Waren nicht auch in Bezug auf das Alte Testament alle Prämissen gegeben, um ihm endlich sein *kanonisches Ansehen* in der Christenheit zu nehmen"[636]?

Harnack sieht im Selbstverständnis der römischen Kirche die vom Protestantismus überwundenen Grunddimensionen des Judentums ungebrochen wirksam. Das Entscheidende ist für ihn die konstitutive Inklusion des „Volkes Israel" bzw. „der römischen Kirche" in Gottes Heilshandeln[637]. Natürlich wolle das von Jesus verkündete Evangelium eine Gemeinschaft „als Haushalter im Dienst des Nächsten"[638] und „auf dem Bewusstsein einer geistigen Einheit"[639] ermöglichen. Diese „geistige Einheit" aber sei Ausdruck des gemeinsamen Glaubens an die vom Vater in Jesus Christus zugesprochene Rechtfertigung, nicht aber eine sichtbare und zudem noch heilskonstitutive Institution.

Judaisierung und Hellenisierung, das sind aus Harnacks Sicht die beiden Komponenten des Katholizismus. Im Blick auf die Entwicklung der Christologie fragt er, „wie aus dem Verkünder der Gottesherrschaft eine Art geistiges Himmelswesen wurde, wie aus der intimen, geheimnishaften, persönlichen Gottesbeziehung des Nazareners eine Theorie über seine göttlich-menschliche Natur wurde; wie das schlichte Evangelium sich in eine philosophische Theorie aufgelöst findet; wie durch die Verselbständi-

635 A. v. Harnack, Marcion, 216.
636 A. v. Harnack, Marcion, 219.
637 Dazu: P. von der Osten-Sacken, Rückzug ins Wesen und aus der Geschichte. Antijudaismus bei Adolf von Harnack und Rudolf Bultmann.
638 A. v. Harnack, Das Wesen des Christentums, 69.
639 A. v. Harnack, Das Wesen des Christentums, 69.

gung eines himmlischen Christus neben Gott die Monarchie Gottes nun bedroht ist"[640]. Die christologischen Konzilien der ersten Jahrhunderte stellen sich für Harnack dar als „Abfall vom Ursprung; als Verdrängung des historischen Jesus durch den präexistenten Christus; als intellektualistische, spekulative, kosmologische Entfremdung von der ursprünglichen Verkündigung Jesu"[641].

Im ersten Band seines „Lehrbuchs der Dogmengeschichte" erklärt er am Anfang die frühesten Schritte der Verwandlung des Christentums in ein Lehrsystem, um dann in zwei weiteren Kapiteln die „Grundlegung des Katholizismus" zu traktieren: nämlich die „Fixierung und allmähliche Verweltlichung des Christentums als Kirche"; und die „Fixierung und allmähliche Hellenisierung des Christentums als Glaubenslehre". Zusammenfassend bemerkt er: „Indem Christus als der im Fleische erschienene Logos Gottes bezeichnet und diese Prädizierung als die höchste aufgestellt wurde, war die Anweisung gegeben, das Göttliche in Christus als die im Weltbau und in der Geschichte der Menschheit realisierte Vernunft Gottes zu denken. Damit war eine bestimmte philosophische Ansicht von Gott, der Schöpfung und der Welt implicite mitgegeben, und das Taufbekenntnis wurde dadurch zu dem Kompendium einer wissenschaftlichen Dogmatik, d. h. einer mit der platonisch-stoischen Metaphysik verknüpften Glaubenslehre."[642] Harnack sieht in diesem Prozess einerseits eine unzulässige Vereinnahmung des Evangeliums, weiß aber auch, dass das Christentum sich nur deshalb so erfolgreich gegen die Religion der Griechen und Römer durchsetzen konnte, weil es im Unterschied zu diesen bereit war, die Inhalte des Glaubens vor dem Forum der philosophischen Vernunft eines Plato oder Aristoteles zu verantworten. Legitim wäre dieser Brückenschlag zwischen Evangelium und griechischer Philosophie aus seiner Sicht aber nur dann gewesen, wenn die Theologie nach Erreichung ihrer missionarischen Ziele das Christentum durch eine „Reformation" seines Ursprungs von allen Katholizismen gereinigt hätte. Das Gegenteil aber – so Harnack weiter – war der Fall. Er spricht von einer „Verdrängung des historischen Jesus durch den präexistenten"[643] und von einer christo-

640 K.-J. Kuschel, Geboren vor aller Zeit?, 49.
641 K.-J. Kuschel, Geboren vor aller Zeit?, 49.
642 A. v. Harnack, Lehrbuch der Dogmengeschichte, Bd. I, 699.
643 A. v. Harnack, Lehrbuch der Dogmengeschichte, Bd. I, 704.

logischen „Verdoppelung"[644] des einen Gottes. Und er nennt die von der platonischen Philosophie geprägte Zwei-Naturen-Lehre gnostisch[645].

dd) Hermann Cremers Anti-Harnack-Vorlesungen mit dem gleichnamigen Titel „Das Wesen des Christentums"

Innerhalb des Protestantismus erstand Harnack in dem Greifswalder Professor Hermann Cremer (1834–1903) ein mächtiger Gegner. Auslöser der heftig, aber fair geführten Kontroverse zwischen Harnack und Cremer wurde 1892 ein Pfarrer, der vom Dienst suspendiert wurde, weil er sich mit Berufung auf Harnack weigerte, weiterhin das Apostolicum im Gottesdienst und bei der Taufe zu sprechen[646]. Harnack flüchtete sich in eine geschichtliche Betrachtung des Apostolicum und zog sich aus der Affäre, indem er die jungfräuliche Empfängnis Jesu zur Metapher und das Bekenntnis „Jesus Christus, Gottes eingeborener Sohn, unser Herr" antimetaphysisch interpretierte. Mitte des 2. Jh. sei damit nichts anderes als der geschichtliche Jesus gemeint gewesen. Erst spekulierende christliche Apologeten hätten dieses Bekenntnis anders verstanden und in ihm das Verhältnis des Fleisch gewordenen Logos zu Gott ausgedrückt gefunden[647].

644 A. v. Harnack, Lehrbuch der Dogmengeschichte, Bd. I, 704.

645 „Indem die philosophische Logoschristologie zu vollem Siege gelangte, wurde mit der Verdammung der Lehre von der strengen Einzelpersönlichkeit Gottes die gnostische Zwei-Naturen-Lehre in Bezug auf Christus aufgerichtet. Aber diese scheinbare Bereicherung Christi kam einer Verarmung gleich, weil sie die volle menschliche Persönlichkeit Christi in Wahrheit strich. Die ‚Natur' trat an die Stelle; aber die ‚Natur' des Menschen ohne die ‚Person' ist ein Nichts." (A. v. Harnack, Lehrbuch der Dogmengeschichte, Bd. I, 704f).

646 Dazu: K. H. Neufeld, Adolf Harnacks Konflikt mit der Kirche, 114–127.

647 „In der Zeit nach dem Nicänum wird bei diesen Worten in der Kirche durchweg an die vorzeitliche, ewige Sohnschaft Christi gedacht und jede andere Auslegung gilt als Häresie. So hat auch Luther die Worte erklärt: ‚wahrhaftiger Gott, vom Vater in Ewigkeit geboren.' Allein diese Fassung verlangt, auf das Symbol übertragen, eine Umdeutung desselben. Es lässt sich nicht nachweisen, dass um die Mitte des 2. Jahrhunderts der Begriff ‚eingeborener Sohn' in diesem Sinne verstanden worden ist; vielmehr lässt sich geschichtlich zeigen, dass er nicht so verstanden worden ist. Wo Jesus Christus ‚Sohn' heißt, wo ein ‚geboren sein' von ihm ausgesagt wird, ist in jener Zeit an den geschichtlichen Jesus und an die irdische Erscheinung gedacht: der geschichtliche Jesus Christus ist der Sohn. Erst spekulierende christliche Apologeten und die gnostischen Theologen haben das Wort anders verstanden und in ihm das Verhältnis des vorgeschichtlichen Christus zu Gott ausgedrückt gefunden. Später noch wurde die ganze Zweinaturenlehre in die Worte hineingelegt: ‚der eingeborene Sohn' bedeute die göttliche Natur und erst in dem, was folgt, werde die menschliche Natur bekannt. Es dauerte aber längere Zeit, bis sich diese Auslegung in der Kirche durchsetzte, um dann die allgemeine zu werden und die ältere zu verdrängen. Wer also die ‚ewige Sohnschaft' in das altrömische Symbol hineinlegt, der gibt ihm einen anderen

Cremer hielt dagegen: Darf denn, so schrieb er, die Frage nach der Person Christi überhaupt auf dem Wege und mit Mitteln historischer Forschung entschieden werden? Kann denn die Geschichtsforschung die Person Jesu Christi überhaupt erreichen? Kann sie erfassen, wer Christus eigentlich gewesen ist? Harnacks Antwort erfolgte nicht nur direkt[648], sondern auch indirekt, nämlich in Gestalt der die Jahrhundertwende begleitenden „Vorlesungen über das Wesen des Christentums“. Das „Wesen des Christentums“ – so lautet seine Kernaussage – besteht nicht in komplizierten Unterscheidungen, Begriffskonstruktionen und komplizierten Reflexionen, sondern in Jesu Sohnesbewusstsein: „wie er zu diesem Bewusstsein der Einzigartigkeit seines Sohnesverhältnisses gekommen ist, wie er zu dem Bewusstsein seiner Kraft gelangt ist und der Verpflichtung und Aufgabe, die in dieser Kraft liegen“[649]. Jesus hat nicht sich verkündet, sondern das Werk des Vaters. Deshalb gelangt Harnack in seinen Vorlesungen über das Wesen des Christentums zu der Feststellung: „Nicht der Sohn, sondern allein der Vater gehört in das Evangelium, wie es Jesus verkündigt hat, hinein“[650].

Harnack orientiert das Wesen des Christentums an dem letztlich unsichtbaren Verhältnis Jesu zu dem Gott, den er seinen Vater nannte. Anders gesagt: Wo immer ein Sünder sich von der Bezeugung des liebenden Vaters im Evangelium Jesu Christi so treffen lässt, dass er sich all seiner Schuld und Schwäche zum Trotz gerechtfertigt bzw. geliebt glaubt, da ist das Wesen des Christentums realisiert. Cremer antwortet schon im Sommersemester 1901 in Gestalt seiner Greifswalder Gegen-Vorlesungen unter demselben Titel „Das Wesen des Christentums“. Im Vorwort zur ersten Auflage wirft er seinem Kontrahenten vor, statt vorurteilsfrei nach der Kontinuität zwischen dem historischen Jesus und dem Christus des Glaubens zu fragen, a priori von der unbewiesenen Voraussetzung auszugehen, „dass eine Gestalt, wie der Christus der neutestamentlichen Verkündigung eine Unmöglichkeit sei“[651]. In der Vorlesung über das Verhältnis von „Glaube und Geschichte“ erklärt Cremer: „Christus aber ist mehr als eine Person der Geschichte und darum gerade, nur darum, genügt

Sinn als der ursprüngliche lautete. Aber zum Häretiker ist trotzdem nach dem 3. Jahrhundert jeder gestempelt worden, der damals noch bei dem ursprünglichen Sinn des Symbols stehen blieb und sich weigerte, die neue Deutung anzuerkennen.“ (A. v. Harnack, Das Apostolische Glaubensbekenntnis, 242f).

648 Vgl. A. v. Harnack, Antwort auf die Streitschrift D. Cremers.

649 A. v. Harnack, Das Wesen des Christentums, 84.

650 A. v. Harnack, Das Wesen des Christentums, 92.

651 H. Cremer, Das Wesen des Christentums, V.

er unseren Bedürfnissen."[652] Und in der Schlussvorlesung mit dem Titel „Wesen des Christentums" bilanziert er: „Es ist gut, dass Harnack von seinem d. i. Harnacks Evangelium sagt, Christus gehöre nicht hinein – ein Satz so klar, so bestimmt, so einfach, dass daran nicht zu drehen und zu deuten ist. Dadurch unterscheidet sich das Evangelium Harnacks oder das von ihm rekonstruierte Evangelium Jesu aufs deutlichste und aufs völligste vom Evangelium des Neuen Testaments. Das Neue Testament kennt kein anderes Evangelium, als dessen Inhalt Christus ist, einerlei, ob es Christus verkündigt oder die Apostel."[653]

4. Harnacks Vorlesungen im Spiegel ihrer Kritiker

Die das 20. Jahrhundert einläutenden Vorlesungen Adolf von Harnacks haben Theologiegeschichte geschrieben – nicht nur auf Seiten der Protestanten, sondern auch auf Seiten der Katholiken. Wenn man einmal absieht von den Autoren, die dem Berliner Startheologen bedingungslos gefolgt sind oder seine Position nur ausgebaut oder ergänzt haben, lassen sich mindestens drei Stränge der Harnack'schen Wirkungsgeschichte unterscheiden, die jeweils eine anders ansetzende Kritik implizieren.

- Der erste – repräsentiert von Ernst Troeltsch (1865–1922) und Wolfhart Pannenberg (1928–2014) – kritisiert Harnacks Verhältnisbestimmung von Geschichte und Offenbarung.
- Der zweite – repräsentiert von Karl Barth (1886–1968), Rudolf Bultmann (1884–1976) und Dietrich Bonhoeffer (1906–1945) – kritisiert Harnacks Reduktion der Christologie auf die historische Freilegung „des Evangeliums".
- Der dritte – repräsentiert von dem katholischen Exegeten Alfred Loisy (1857–1940) und dem katholischen Transzendentalphilosophen Maurice Blondel (1861–1949) – kritisiert Harnacks Verhältnisbestimmung von Evangelium (Rechtfertigung) und Kirche.

a) Protestantische Kritik

Es gibt auf Seiten der Protestanten kaum einen bedeutenden Theologen des 20. Jahrhunderts, der Harnacks Vorlesungen über das Wesen des

652 H. Cremer, Das Wesen des Christentums, 102.
653 H. Cremer, Das Wesen des Christentums, 221.

Christentums nicht analysiert oder kommentiert hat. Deshalb verstehen sich die folgenden Ausführungen nicht nur als Bilanz der Harnack-Interpretation, sondern auch als Analyse der konfessionellen Selbstbestimmung des protestantischen Christentums.

aa) Ernst Troeltsch und Wolfhart Pannenberg

Ernst Troeltsch hat eine der wichtigsten und umfangreichsten Besprechungen zu Harnacks berühmten Vorlesungen verfasst. Er stellt sich nicht grundsätzlich gegen dessen antihegelianisches Postulat, durch historische Kritik zu ermitteln, was das Wesen des Christentums ist. Aber er wirft ihm vor, dabei auf halbem Wege stehen geblieben zu sein. Denn Harnacks Identifikation des verkündigenden Jesus („des Evangeliums") mit dem Wesen des Christentums verwechselt, wie er meint, in ähnlicher Weise Wirklichkeit und Interpretation (Begriff) wie die biblizistische, die pietistische oder die katholische Bestimmung desselben geschichtlichen Phänomens. Harnack habe zwar recht mit seiner Beobachtung, dass für alle wirkungsgeschichtlich bedeutsamen Phänomene der Geschichte der Ursprung eine bleibende Bedeutung für alle weiteren Gestalten der Zukunft behält; er setze aber reichlich unbegründet voraus, dass Jesu Evangelium ein von der Geschichte anderer Religionen uneinholbares und unüberbietbares Phänomen sei.

Troeltsch gesteht Harnack gern zu, über den Ursprung und den Abfall vom Ursprung (Frühkatholizismus), über Katholizismus und Protestantismus zutreffend geurteilt zu haben. Aber seine Begründung für diese an sich zutreffenden Urteile reicht aus seiner Sicht nicht aus. Harnack – so urteilt er – lässt sich zu wenig von der Tatsache herausfordern, dass Jesu Bedeutung für alle Menschen aller Zeiten nicht a priori evident, sondern bestenfalls „aus dem Überblick über die Gesamtheit aller mit diesem Gedanken zusammenhängenden Erscheinungen"[654] induktiv erschließbar ist.

Troeltsch hält eine wertende bzw. normative Geschichtswissenschaft für durchaus möglich. Aber er will die Norm seiner Wertungen und Urteile nicht aus einem a priori gefassten Begriff vom Ablauf der Universalgeschichte ableiten oder gar durch die dogmatische bzw. supranaturalistische Identifikation eines historischen Faktums mit dem Sinn des Ganzen (mit dem „Absoluten") gewinnen. Deshalb wendet er sich in einer Schrift, die er 1902 – also ungefähr zur gleichen Zeit wie seine Harnack-Rezension – verfasst hat, gegen jede These, die ein geschichtliches Faktum mit dem

654 E. Troeltsch, Was heißt „Wesen des Christentums"?, 393.

Absoluten identifiziert oder einem an Raum und Zeit gebundenen Subjekt die Möglichkeit zuspricht, das Absolute bzw. den Sinn des Ganzen von Welt und Geschichte definitiv bestimmen zu können[655]. Wer – so betont Troeltsch – die Person Jesu mit dem Absoluten identifiziert, kann seine wahre Menschheit bzw. seine Geschichtlichkeit nicht mehr ernst nehmen. Und wer das Christentum als absolute Religion ausweisen will, stellt sein eigenes Erkenntnisvermögen über die Geschichte. Kurzum: „Die Historie ist kein Ort für absolute Religionen und absolute Persönlichkeiten."[656]

Troeltsch zählt sich nicht zu den Vertretern des Historismus, die jede vergleichende Wertung geschichtlicher Phänomene ausschließlich der Perspektive, den Vorurteilen bzw. Wertvorstellungen des urteilenden Subjekts zuschreiben. Im Gegenteil, er möchte aus der Geschichte selbst erheben, was Harnack als selbstverständlich voraussetzt – z. B. den Abfallcharakter des Katholizismus gegenüber dem Ursprung des Christentums oder die Überlegenheit des Christentums über die anderen Weltreligionen[657]. Dar-

655 Über Schleiermacher bemerkt Troeltsch: „Er hat [...] die absolute Religion in Wahrheit auf *einen* Punkt beschränkt, auf die Person Jesu, die er denn auch wirklich historisch-dogmatisch als ein erlösendes Urbild absoluter, unbedingter und unbegrenzter, ja nur scheinbar werdender, in Wahrheit wandelloser religiöser Erkenntnis und Kraft konstruiert hat." (E. Troeltsch, Die Absolutheit des Christentums und die Religionsgeschichte, 57). Und über Hegel bemerkt er: Hegel hat „das Christentum zwar im ganzen als absolute Religion definiert, indem er in ihm die höchste und letzte Religionsstufe erkannte. Aber in Wahrheit war es ihm doch nur die letzte, in der Vorstellung befangen bleibende Vorstufe der absoluten Religion, die als reiner Gedanke zwar aus dem Christentum sich entwickeln, doch in ihrer Wahrheit nur durch die Ableitung aus dem absoluten Begriffe der in der Geschichte sich explizierenden absoluten Idee erweisen ließ. Danach also wäre der Gedanke der absoluten Religion nicht aus der Historie gewonnen, sondern aus dem Begriffe des Absoluten selbst. Sie ist ein rational notwendiger Begriff, der ganz konsequent aus einem rational notwendigen Begriffe Gottes abgeleitet ist und in der Geschichte als Enderwerb des Denkens auftritt, wobei nur die Verbindung dieses Begriffs mit dem historischen Christentum und vor allem mit der ihn praktisch vollkommen darlebenden Persönlichkeit Jesu behauptet wird." (Ebd., 58).

656 E. Troeltsch, Die Absolutheit des Christentums und die Religionsgeschichte, 59.

657 „Die Geschichte schließt die Normen nicht aus, sondern ihr wesentlichstes Werk ist gerade die Hervorbringung der Normen und der Kampf um Zusammenfassung dieser Normen. Aber diese Normen und ihre Vereinheitlichung selbst bleiben immer etwas Individuelles und temporär Bedingtes in jedem Moment ihrer Wirksamkeit, immer ein von der Lage mitgeformtes Streben nach einem vorschwebenden, noch nicht fertig verwirklichten, noch nicht absolut gewordenen Ziel. *Nicht das Entweder-Oder von Relativismus und Absolutismus, sondern die Mischung von beidem, das Herauswachsen der Richtungen auf absolute Ziele aus dem Relativen ist das Problem der Geschichte.* Die immer neue schöpferische Synthese, die dem Absoluten die im Moment mögliche Gestalt gibt und doch das Gefühl einer bloßen Annäherung an die wahren letzten allgemeingültigen Werte in sich trägt: das ist die Frage, um die es sich handelt und die

in unterscheidet er sich von dem relativistischen Historismus des ansonsten von ihm bewunderten Wilhelm Dilthey[658].

Von Dilthey übernimmt er die Beschreibung jedes mit Bewusstsein ausgestatteten Individuums als „Erlebniseinheit"[659]. Dahinter verbirgt sich die Beobachtung, dass jeder Mensch, wenn er die ihn umgebende Welt und Geschichte nicht begreifend bewältigt, sondern erfahrend erlebt, auf je einmalige Weise ein Ort ist, an dem der Sinn des Ganzen sich lichtet. Und wo immer Menschen ihr Erleben bzw. ihr Verstehen mitteilen, da entstehen Objektivationen bzw. Zwecksysteme des Erlebten bzw. Verstandenen. Ein Gesetzestext ist ebenso eine Objektivation miteinander kommunizierender Erlebniseinheiten wie ein Dogma oder ein Ritus. Eine Religion ist ebenso ein Zwecksystem wie ein Staat oder eine Universität.

Wichtiger aber als Troeltschs Dilthey-Rezeption ist seine Dilthey-Kritik. Das, was Dilthey Objektivationen nennt, ist – so betont er – immer Ausdruck von Werten und Zielen[660]. Deshalb gibt es unter allen Objekti-

weder durch die Naturalisierung der Geschichte noch durch die spezialistische Skepsis verdrängt werden kann. Sie erwächst unmittelbar aus der Sache." (E. Troeltsch, Die Absolutheit des Christentums und die Religionsgeschichte, 69).

658 Ernst Troeltsch hat den dritten Band seiner Gesammelten Schriften (Der Historismus und seine Probleme, Tübingen 1922, Neudr. Aalen 1961) Wilhelm Dilthey und Wilhelm Windelband gewidmet. Damit deutet er ein Programm an: nämlich seinen eigenen Versuch, den Relativismus des Dilthey'schen Historismus durch Kategorien der Transzendentalphilosophie des Neukantianers Wilhelm Windelband zu überwinden.

659 Dazu: R. Hohmann, Was heißt in der Geschichte stehen?, 109–186.

660 „Es wäre eine große Täuschung, den historischen Relativismus so zu verstehen, als gäbe es eine unbegrenzte Menge solcher kämpfender Werte. Ganz im Gegenteil. Die Erfahrung zeigt, dass es überaus wenige solcher Werte gibt und dass wirkliche Erschließungen neuer geistiger Ziele überaus selten sind. Nur auf den niedrigen Kulturstufen ist eine endlose Mannigfaltigkeit, die aber nur eine Mannigfaltigkeit des Äußern und der Formen ist und in Wahrheit eine große Monotonie bedeutet. Erst auf den höheren Stufen treten große bildende Mächte des inneren Lebens hervor, und die Durchbrüche zu solcher Stufe sind nicht allzu zahlreich. Diejenigen, die der Menschheit wirklich etwas Neues zu sagen hatten, sind immer überaus selten gewesen, und es ist erstaunlich, von wie wenig Gedanken die Menschheit in Wahrheit gelebt hat. So kommt denn auch vor allem in der Religionsgeschichte nicht eine Fülle mächtiger religiöser Kräfte in Betracht, zwischen denen die Entscheidung nie zu Ende kommen könnte, sondern nur einige wenige große Bildungen. Die massenhaften Religionen der unzivilisierten Völker und die Polytheismen bedeuten nichts für die Frage nach den höchsten religiösen Werten. Große ethische und geistige Religionen, die eine höhere Welt gegen die bloß vorgefundene physische und seelische Natur aufbauen, gibt es aber nur wenige. Es kann sich hier nur handeln um die aus gemeinsamem Stamme erwachsenen Religionen des Judentums, des Christentums und des Islams, andererseits um die großen östlichen Religionen, den Brahmanismus und vor allem den Buddhismus." (E. Troeltsch, Die Absolutheit des Christentums und die Religionsgeschichte, 71).

vationen und Zwecksystemen eine gewisse Konkurrenz. Und dieses Konkurrieren ist kein blindes oder zielloses Wetteifern. Denn die verschiedenen Objektivationen bzw. Zwecksysteme der Geschichte sind nicht nur durch das, was Troeltsch „Analogie" und „Korrelation" nennt, miteinander verbunden. Vielmehr streben sie durch Konkurrenz miteinander nach der immer adäquateren Darstellung eines „Endzweckes" der Universalgeschichte[661].

Für Troeltsch ist der Begriff „Korrelation" genauso charakteristisch wie für fast alle Werke der Neukantianer[662]. Doch während Wilhelm Windelband (1848–1915) und Heinrich Rickert (1863–1936) mit diesem Begriff die apriorische Beziehung zwischen dem transzendentalen Bewusstsein des wahrnehmenden (erlebenden) Subjekts und den sich in der

661 „Endlich schließt die historische Denkweise auch schlechterdings nicht aus, dass die großen Werte und Inhalte des geistigen Lebens miteinander verglichen und nach einem Wertmaßstabe beurteilt, also der Idee eines gemeinsamen Zieles untergeordnet werden. Dieses in seiner wandellosen Fertigkeit der Historie transzendente Ziel kann doch in ihr an den verschiedenen Stellen der Erhebung zu höheren Lebensinhalten in einer der historischen Voraussetzung und der Lage angemessenen Weise sich offenbaren, und diese verschiedenen Offenbarungen können miteinander sich messen und vergleichen in Bezug auf Einfachheit, Kraft und Tiefe." (E. Troeltsch, Die Absolutheit des Christentums und die Religionsgeschichte, 73). – „Bildet sich aber so in der Vergleichung ein Beurteilungsmaßstab, so ist eben damit die Vergleichbarkeit und die gemeinsame Beziehung der verglichenen Gebilde auf ein ihnen einwohnendes *Gemeinsames und Allgemeingültiges* ausgesagt. Dieses Gemeinsame ist nun aber nicht der aus den tatsächlichen Übereinstimmungen abstrahierte Allgemeinbegriff [...]. Es handelt sich vielmehr um jedes Mal vorschwebende *Ziele und Ideale*, die in jeder Lebensform eine individuell geartete Verwirklichung finden, und die in keiner voll verwirklicht sind, sondern nur als letzter, auf die Bahn der Verwirklichung geleiteter Endzweck vorschweben." (E. Troeltsch, Die Absolutheit des Christentums und die Religionsgeschichte, 76).

662 Aus der Sicht von Troeltsch trägt der Neukantianismus der sogenannten „Badischen Schule" vornehmlich bei zu einer Methodologie der historischen Wissenschaften. Vgl. dazu seine 1904 in der „Theologischen Rundschau" verfasste Rezension zu Heinrich Rickerts Hauptwerk mit dem bezeichnenden Titel „Die Grenzen der naturwissenschaftlichen Begriffsbildung. Eine logische Einleitung in die historischen Wissenschaften" (unter dem Titel „Moderne Geschichtsphilosophie" enthalten auch in: Gesammelte Werke, Bd. II). Nach Windelband spiegeln sich in der Zweiheit von Natur- und Geschichtswissenschaften nicht zwei verschiedene Seinsbereiche; vielmehr sind Natur und Geschichte Resultate unterschiedlicher Methoden der wissenschaftlichen Gegenstandskonstitution. Naturwissenschaften verfahren nomothetisch, Geschichtswissenschaften idiographisch. Nach Rickert thematisiert die Geschichtswissenschaft Fakten insoweit, als sich in ihnen die allgemeine Geltung von Werten bezeugt, an denen sich menschliches Handeln jeweils orientiert. Der Wandel und die Entfaltung solcher Wertgeltungen, nicht die chaotische Fülle dessen, was passiert, ist „Geschichte" im Sinne der Geschichtswissenschaft. – Dazu: W. Pannenberg, Wissenschaftstheorie und Theologie, 74–158.

Geschichte darstellenden Werten bezeichnen, wendet Troeltsch den Korrelationsbegriff auf die Beziehungen zwischen den geschichtlich manifestierten Werten bzw. Objektivationen von Sinn (Kultur, Recht, Religion etc.) an. Je mehr z. B. ein kulturhistorisch wertvoller Text in Beziehung (in Korrelation) zu vielen oder allen anderen Sinnobjektivationen steht, desto „wert-voller“ ist er. Anders gesagt: Die Geschichte selbst offenbart den Wert einer Sinnobjektivation durch deren quantitative und qualitative Korrelativität (durch deren Wirkungsgeschichte).

Aus der Annahme einer zielgerichteten Konkurrenz der geschichtlich greifbaren Objektivationen von Sinn ergibt sich nach Troeltsch die Feststellung: Nicht jede Objektivation ist ein gleicherweise relativer Ausdruck des Lebenszusammenhangs bzw. des Sinnganzen. Nein, es gibt ein gemeinsames Ziel aller Objektivationen. Es gibt so etwas wie einen durch Kämpfe und Konkurrenzen fortschreitenden Konsens individueller Objektivationen und Zwecksysteme.

Absolutheit im Sinne von Beziehungslosigkeit oder analogieloser Einmaligkeit ist unmöglich. Aber alle Erscheinungen der historischen Wirklichkeit in Vergangenheit, Gegenwart und Zukunft verbindet das Band der Analogie, ein Netzwerk wechselseitiger Bedingtheit bzw. Korrelation. Deshalb kann man – so meint Troeltsch – zwar nicht a priori, aber doch indirekt erschließen, wohin die höchsten Hervorbringungen der Geschichte tendieren. Beispiel: Je ethischer, je mehr vom Kultgesetz, von mystischer Selbstverhaftung oder von mythischer Weltabwendung befreit eine Religion ist, umso höher der von ihr dargestellte Wert und Endzweck aller religiösen Phänomene.

Das wertende Urteil des Historikers – so lautet Troeltschs hermeneutische Maxime – darf niemals von supranaturalistischer Offenbarung oder idealistischer Spekulation ausgehen; allein aus der faktischen Geschichte sind normative Aussagen zu erheben. Normative Urteilsfindung hat auf empirischer Geschichtsforschung zu beruhen. Anders ausgedrückt: Die spezifische Methode normativer Erkenntnis im Raum des Historischen ist keine rational konstruierende, aber auch keine blind glaubende, sondern eine verstehend einfühlende. Aus der induktiv wahrgenommenen[663] Entwicklungsrichtung der höchsten Hervorbringungen kann auf die normativen Grundwerte geschlossen werden, die der Geschichte in ihrer Gesamtheit vorausliegen und ihren Verlauf finalisieren, ohne ihn deshalb kausal zu bedingen oder gar zu determinieren.

An der faktischen Religionsgeschichte will Troeltsch ablesen, dass die Kriterien der je größeren Vergeistigung, Personalisierung und Ethisierung

663 E. Troeltsch spricht von „der hypothetischen Anempfindung an fremdartige Gebilde“ (Die Absolutheit des Christentums und die Religionsgeschichte, 66).

den Stellenwert einer Religion bestimmen[664]. „Gesetzesreligionen" wie Judentum und Islam sind trotz ihres personalistischen, ethischen und prophetischen Charakters aus seiner Sicht den „Erlösungsreligionen" unterlegen. Zu diesen rechnet er neben dem Christentum die Religionen Indiens. Doch in diesen fernöstlichen Systemen ist es – so meint er – letztlich der Mensch selbst, der seine Erlösung zu bewerkstelligen hat – zwar nicht durch Gesetzesobservanz, wohl aber durch geistige Selbstvertiefung und Rückzug aus der als Scheinwirklichkeit erklärten Welt. So bleibt am Ende die „prophetische Erlösungsreligion" mit den Namen ‚Christentum' als „stärkste und gesammeltste Offenbarung"[665] der genannten Werte.

Weil Troeltsch die eigene Hermeneutik stets mindestens ebenso kritisch wie die Entwürfe anderer Autoren betrachtet hat, äußert er gegen Ende seines Lebens immer häufiger Zweifel an der Objektivität seiner Urteile über die von der Geschichte offenbarten Normen. Und eines steht für ihn schon zu der Zeit, in der er Harnacks Vorlesungen rezensiert und seine berühmt gewordene Abhandlung über „die Absolutheit des Christentums und die Religionsgeschichte" schreibt, ganz außer Frage: nämlich die Möglichkeit, dass das Christentum nicht der endgültige Höhepunkt der religionsgeschichtlichen Entwicklung bleiben muss. Er hält es sogar für möglich, „dass unsere ganze

664 „Der Gottesbegriff enthält überall Tendenzen auf Vereinheitlichung, Vergeistigung, Versittlichung und Entgegensetzung gegen die Welt und die Seele. Die beiden letzten wiederum bilden sich aus zu scharfem Gegensatz voneinander und vom Gottesgedanken. In dieser wachsenden Entgegensetzung aber liegt zugleich die Empfindung eines die Gegensätze jenseits der Sinneserfahrung überwindenden höheren Lebens, die Teilnahme an der Erlösung. Diese an verschiedenen Stellen hervortretenden und dabei jedes Mal als die stärksten religiösen Kräfte sich bekundenden Tendenzen bleiben aber außerhalb des Christentums überall gebunden und gehemmt durch die ursprüngliche Veranschaulichung Gottes im Natursein und Naturwirken und durch die Betrachtung des Menschen als eines bloß seienden und nicht erst in eigener Hingabe und Tat werdenden. Die Gesetzesreligionen verkünden den göttlichen Geisteswillen, aber sie lassen den natürlichen Menschen selbst die Welt überwinden. Die nicht-christlichen Erlösungsreligionen verzehren die Welt und den Menschen in Gottes Substanz, aber verlieren damit auch jeden Gehalt und positiven Sinn im Wesen Gottes. Nur das Christentum hat diesen Rest der naturreligiösen Empfindung überwunden und eine lebendige Gottheit geoffenbart, die Tat und Wille im Gegensatz zu allem bloß Seienden und in dieser Entzweiung mit sich vereinigt, um sie geborgen und getröstet wie von Schuld und Trotz gereinigt in der Welt wirken zu lassen zum Aufbau eines Reiches rein persönlicher Werte oder des Reiches Gottes." (E. Troeltsch, Die Absolutheit des Christentums und die Religionsgeschichte, 89f).

665 E. Troeltsch, Die Absolutheit des Christentums und die Religionsgeschichte, 88. – „So muss das Christentum nicht bloß als der Höhepunkt, sondern auch als der Konvergenzpunkt aller erkennbaren Entwicklungsrichtungen der Religion gelten und darf daher im Vergleich zu den übrigen als die zentrale Zusammenfassung und als die Eröffnung eines prinzipiell neuen Lebens bezeichnet werden." (Ebd., 90).

antik-christlich-europäische Zivilisation wieder in die Barbarei zurückgeworfen werden könnte“ und dass ein solches Ereignis „dann wohl auch das Ende des Christentums […] in seiner Beziehung auf die Person Jesu und die übrigen geschichtlichen Fundamente“[666] bedeuten würde.

Mit diesen und vielen ähnlichen Bemerkungen unterstreicht Troeltsch den Abstand der eigenen Position zu der Harnacks. Die Religionsgeschichte lässt zwar erkennen, dass ihre Einzelphänomene sich nach denselben Werten ausstrecken und dass deshalb bestimmte Gestalten die überholten und andere Gestalten die überholenden sind. Aber keine religiöse Persönlichkeit und keine Religion kann definitiv als unüberholbar erwiesen werden. Das gilt nach Troeltsch auch für Jesus Christus und das Christentum. Deshalb wendet er sich gegen Harnacks Ausführungen über die kritische Destruktion aller Gestalten der Christentumsge-schichte zugunsten der ursprunggebenden Gestalt[667]. Wenn Troeltsch den Frühkatholizismus und erst recht den gegenreformatorischen Katholizismus ganz ähnlich wie Harnack abqualifiziert[668], dann nicht, weil jede Form von katholischem Christentum den Ursprung überlagert oder verfälscht, sondern weil die von der Religionsgeschichte insgesamt aufgedeckten Normen jeder höheren Gestalt des Religiösen vom Protestantismus neu entdeckt, selbstkritisch angeeignet[669] und vervollkommnet, vom Katholizismus hingegen veräußerlicht, verfälscht oder sogar aufgegeben werden[670].

666 E. Troeltsch, Die Absolutheit des Christentums und die Religionsgeschichte, 91.

667 „Somit ist die Anerkennung unausweichlich, dass die Erkenntnis des Wesens sich nicht ausschließlich auf die Urzeit und die Predigt Jesu begründen darf. In einer solchen Meinung wäre nur eine Nachwirkung des protestantischen Schriftprinzips enthalten, die nicht den Segen, sondern die Schranken dieses Prinzips festhält. Es gilt vielmehr, die Urgestalt und die in den Fortentwicklungen hervortretenden Offenbarungen des Wesens zusammenzufassen. Das Wesen kann, wenn anders von ihm überhaupt die Rede sein soll, nicht eine unveränderliche und ein für allemal in der Lehre Jesu gegebene Idee sein.“ (E. Troeltsch, Was heißt „Wesen des Christentums“?, 417f).

668 Der Katholizismus stellt sich Troeltsch dar „als Abplattung und Abschwächung, als Vergröberung und Versinnlichung, als Veräußerlichung und Verunreinigung. Der ursprüngliche Gedanke wird in ihm auf das Niveau der menschlichen Mittelmäßigkeit und Durchschnittlichkeit herabgezogen und mit fremden Elementen der antiken Volksreligion, des sakramentalen Priester- und Opferkultes, der antiken Mystik und der immer den Untergrund bildenden, populären Superstition versetzt“ (E. Troeltsch, Was heißt „Wesen des Christentums“?, 404f).

669 „Nach welchem Maßstab aber wird diese Kritik vollzogen? Sie ist eine Kritik historischer Gebilde aus dem ihrem Haupttrieb innewohnenden Ideal. Sie ist das, was man eine immanente Kritik zu nennen pflegt. Sie ist insofern in der Tat rein historisch gedacht; denn sie misst das Historische am Historischen, die Einzelbildung an dem intuitiv und divinatorisch erfassten Geiste des Ganzen.“ (E. Troeltsch, Was heißt „Wesen des Christentums“?, 407).

670 Troeltsch betont in seiner Harnack-Rezension, dass er sich zu einem ähnlichen Urteil über Katholizismus und Protestantismus berechtigt sieht, „weil das Wesen nicht ein-

Für Harnack ist das Wesen des Christentums eine geschichtstranszendente Wirklichkeit, nämlich die durch den historischen Jesus geschichtlich vermittelte Gewissheit des Einzelnen, als Sünder gerechtfertigt zu sein. So gesehen ist Jesus eine geschichtliche Größe, das Wesen des Christentums hingegen nicht. Troeltsch sieht das anders. Für ihn erschließt sich die Bedeutung Jesu nicht unabhängig von der Geschichte derer, die seiner Verkündigung Glauben schenken[671]. Erst die Geschichte in ihrer Gesamtheit kann erweisen, ob er wirklich für alle Menschen aller Zeiten eine unüberholte Bedeutung gewinnt. Mit anderen Worten: Das Wesen des Christentums ist das Gesamt der Gründe, die Troeltsch zu dem Urteil geführt haben, diese Religion sei diejenige, die bisher alle anderen Religionen überholt hat, ohne – bis jetzt! – selbst überholt worden zu sein.

Unter den führenden protestantischen Theologen der Gegenwart war es vor allem Wolfhart Pannenberg, der sich das Grundanliegen von Ernst Troeltsch, nämlich die Anerkennung des radikal geschichtlichen Charakters der Offenbarung, zu eigen gemacht hat[672]. Deshalb schreibt er in einer seiner programmatischen Abhandlungen: „Es gehört zum Vollsinn der Inkarnation, dass Gottes Heilstat innerhalb der universalen Korrelationszusammenhänge der Menschheitsgeschichte stattgefunden hat und nicht in einem heilsgeschichtlichen Ghetto, oder in einer Urgeschichte, deren Dimension ‚quer' zur gewöhnlichen Geschichte steht, (sie nur in jenem berühmten mathematischen Punkt schneidet, der ohne Ausdehnung auf der geschnittenen Ebene ist,) wenn sie nicht gar in einem urbildlichen Bereich oberhalb der geschichtlichen Ebene verharrt."[673] Ausdrücklich betont Pannenberg, dass die

fach aus dem Gesamtverlauf und der Totalität der Erscheinungen abstrahiert werden kann, sondern dass innerhalb dieser zwischen solchen Erscheinungen zu unterscheiden ist, die das Wesen aussprechen, und solchen, die es verwischen oder gar verkehren, oder die es lediglich individuell nuancieren" (E. Troeltsch, Was heißt „Wesen des Christentums"?, 405).

671 Im Blick auf Harnacks von der Geschichte abstrahierten Wesensbegriff betont Troeltsch: „So kann die Formel für das Wesen des Christentums überhaupt nicht ein einfacher Begriff, wie Gotteskindschaft, Geistesreligion oder Persönlichkeitsreligion, Gott-Vater-Glaube oder Ähnliches sein. Sie kann nur eine komplexe, die besondere christliche Gestalt der in aller Religion vereinigten Grundgedanken von Gott, Welt, Mensch und Erlösung bestimmende Idee sein." (E. Troeltsch, Was heißt „Wesen des Christentums"?, 421).

672 Die für unseren Zusammenhang wichtigsten Äußerungen zu Troeltsch finden sich in folgenden Werken von W. Pannenberg: Wissenschaftstheorie und Theologie, 105–117; Die Begründung der Ethik bei Ernst Troeltsch; Problemgeschichte, 322–332. – Dazu: M. Murrmann-Kahl, Die entzauberte Heilsgeschichte, 295–461; G. Essen, Historische Vernunft und Auferweckung Jesu, 108–134.286–294.386–403.

673 W. Pannenberg, Heilsgeschehen und Geschichte, 47.

Bezeichnung der Geschichte als Korrelationszusammenhang die Kontingenz des Einzelgeschehens in keiner Weise einschränkt. Es geht vielmehr nur um die Feststellung, dass ein Faktum in Raum und Zeit in Verbindung steht zu jedem anderen Faktum in Raum und Zeit. Das einzelne Faktum lässt sich weder in seinem *Dass-* noch in seinem *So-Sein* als notwendig erklären oder kausal ableiten. Von daher kann Pannenberg affirmieren, was Troeltsch über den Korrelationscharakter der Geschichte schreibt; nicht aber, was er unter „Analogie“ versteht: nämlich eine „prinzipielle Gleichartigkeit alles historischen Geschehens [...], die freilich keine Gleichheit ist, sondern den Unterschieden allen möglichen Raum lässt, im übrigen aber jedes Mal einen Kern gemeinsamer Gleichartigkeit voraussetzt, von dem aus die Unterschiede begriffen und nachgefühlt werden können“[674]. Pannenberg, der seine Habilitationsschrift dem Analogiebegriff gewidmet hat, bemerkt zu der von Troeltsch vorgelegten Definition: Wenn diese „nicht mehr besagte als die Erwartung, dass zwischen Begebenheiten in dieser Welt bei aller Ungleichheit doch immer auch diese oder jene Ähnlichkeit sich finden wird, wäre nichts dagegen einzuwenden. Doch die Meinung geht wohl dahin, dass alle Unterschiede von einer alles einheitlich durchdringenden Gleichartigkeit umgriffen sein sollen. In dieser Form führt das Postulat der Gleichartigkeit alles Geschehens zu einer Verengung des historischen Fragens selbst. Die Erkenntniskraft der Analogie beruht nämlich gerade darauf, dass sie das Gleichartige *im Ungleichartigen* sehen lehrt. Mit dem Ungleichartigen, in keiner Analogie restlos Aufgehenden hat es der Historiker zu tun, wenn er das unverwechselbar Individuelle und die Kontingenz einer Begebenheit ins Auge fasst. Wenn anders die Geschichtswissenschaft sich vor allem mit dem Besonderen, Individuellen der Phänomene beschäftigt, muss ihr Interesse also viel mehr am je Eigentümlichen, Ungleichartigen hängen als an den gleichartigen Zügen, die sich bei Analogien zunächst aufdrängen.“[675]

Vor diesem Hintergrund leuchtet ein, warum Pannenberg den Gedanken der prinzipiellen Unüberholbarkeit Jesu Christi im Unterschied zu Troeltsch für durchaus vereinbar hält mit der Betonung seiner unbedingten Geschichtsimmanenz. Allerdings unterscheidet er zwischen dem, was Jesus Christus an sich *ist*, und der *Erkennbarkeit* dieses ‚An-sich‘. Immer wieder wendet er sich in seinen Aufsätzen zur theologischen Hermeneutik[676] gegen jeden unmit-

674 E. Troeltsch, Über historische und dogmatische Methode in der Theologie, 732.

675 W. Pannenberg, Heilsgeschehen und Geschichte, 51.

676 Vgl. folgende Aufsätze in dem Sammelband „Grundfragen systematischer Theologie“ (Göttingen 1967): Die Krise des Schriftprinzips (11–21); Kerygma und Geschichte (79–90); Hermeneutik und Universalgeschichte (91–122); Über historische und theologische Hermeneutik (123–158).

telbaren Zugang zum Verstehen Jesu Christi. Dabei denkt er an den altprotestantischen Biblizismus mit seiner Lehre von dem sich selbst auslegenden Wort der Heiligen Schrift ebenso wie auf katholischer Seite an ein unfehlbar definierendes Lehramt der Kirche. Er denkt auf protestantischer Seite an die innere Gewissheit des Pietismus oder an den Sprung des Glaubens, von dem Kierkegaard und Karl Barth sprechen; und auf katholischer Seite an Rahners Lehre von einer Transzendentalität des Menschen, die unthematisch bzw. implizit immer schon von der in Jesus Christus geschichtlich gewordenen Gnade weiß[677]. Für Pannenberg handelt es sich bei allen diesen Ansätzen um Phänomene der Geschichtsvergessenheit. Wenn Gott sich selbst in Jesus Christus mitgeteilt hat, dann – so betont Pannenberg – in der wirklichen (und nicht nur scheinbaren) Bindung seiner selbst an die Geschichte. Das heißt: Nur antizipativ sind das Leben, das Sterben und die Auferweckung Jesu der Sinn des Ganzen von Welt und Geschichte. Mit dem Begriff ‚Antizipation' bezeichnet Pannenberg die Vorwegnahme des Zukünftigen unter Wahrung der Zukünftigkeit des Vorweggenommenen[678]. Wenn sich in Jesu Auferstehung Gott als Zukunft jedes einzelnen Punktes in Raum und Zeit erwiesen hat, dann wird sich im Laufe der Geschichte von immer mehr Menschen immer klarer erkennen lassen, dass Jesus der Christus, d. h. der Weg, die Wahrheit und das Leben für alle Menschen aller Zeiten ist; dann wird sich im Laufe der Geschichte zunehmend deutlicher zeigen, dass das Christentum die Religionsgeschichte integrierend vollendet, statt selbst nur Episode einer über es hinausschreitenden Entwicklung zu sein[679]. Pannenberg fordert die Ersetzung der jeweils auf den Glauben einer konfessionell begrenzten Kirchengemeinschaft bezogenen theologischen Fakultäten durch gemeinsame Fakultäten, an denen sich das Christentum dem wissenschaftlich argumentierenden Dialog mit jeder anderen Konfession, Religion und Weltanschauung ebenso aussetzt wie der Kritik von Seiten der Philosophie und der Naturwissenschaften – immer in der gelassenen Gewissheit, dass in einem gewaltfreien, nur der Wahrheit verpflichteten Diskurs sich die jeweils mehr Zukunft ermöglichende und eröffnende Position – zumindest langfristig betrachtet – durchsetzen wird[680].

Wie für Troeltsch, so gibt es auch für Pannenberg nicht die für Adolf von Harnack geradezu charakteristische Parallelität zweier Ebenen: der *ungeschichtlich-unsichtbaren* einer Gemeinschaft des einzelnen Gläubigen mit Gott

677 Vgl. K.-H. Menke, Existential (übernatürliches).

678 Vgl. W. Pannenberg, Begriff und Antizipation. – Dazu: L. Kugelmann, Antizipation, bes. 258–274; K.-H. Menke, Antizipation.

679 Vgl. W. Pannenberg, Erwägungen zu einer Theologie der Religionsgeschichte. – Dazu kritisch: R. Bernhardt, Der Absolutheitsanspruch des Christentums, 89–94.

680 Vgl. W. Pannenberg, Wissenschaftstheorie und Theologie, bes. 299–348.

und der *geschichtlich-sichtbaren* Ebene des verkündigenden Jesus. Vielmehr ist das Geschehen der Rechtfertigung selbst ein geschichtliches Ereignis, das nicht nur durch das Leben des einzelnen Empfängers, sondern auch durch die Jesu Evangelium tradierende Kirche vermittelt wird[681]. Allerdings ist die eine, heilige, katholische und apostolische Kirche immer die Gemeinschaft der wirklich an die in Christus zugesagte Rechtfertigung glaubenden Menschen. Und diese Gemeinschaft – so betont Pannenberg immer wieder – ist nicht identisch mit den Grenzen einer Konfession, nicht einmal mit den Grenzen aller addierten christlichen Konfessionen. Denn das gerade macht den geschichtlichen Charakter des Rechtfertigungsgeschehens aus, dass es nicht an die Grenzen eines geschichtlichen Einzelphänomens wie z. B. das der römisch-katholischen Kirche gebunden ist, sondern sich ebenso weit erstreckt wie die Universalgeschichte. Mit anderen Worten: Zu jeder Zeit und in jeder nur denkbaren Situation kann sich die Zusage der Rechtfertigung geschichtlich neu ereignen und so die Kirche erweitern[682].

Auf den ersten Blick nähert sich Pannenberg der römisch-katholischen Ekklesiologie in erstaunlichem Maße. Denn er spricht ja wiederholt von einer *mittelbaren* Unmittelbarkeit des Einzelnen zu Gott und sogar vom heilskonstitutiven Charakter der Kirche. Bei Licht besehen aber ist die Kirche, die er meint, bis zum Ende der Universalgeschichte ebenso wenig eindeutig identifizierbar wie die absolute Unüberholbarkeit der Selbstoffenbarung Gottes in Jesus Christus. Wenn die römisch-katholische Theologie von der Untrennbarkeit der einen wahren Kirche Jesu Christi von der durch die Apostelnachfolger und durch deren Haupt, den Papst, sichtbar verkörperten Kirche spricht, findet sie jedenfalls in Pannenberg einen ihrer entschiedensten Gegner.

bb) Karl Barth

Während Troeltsch und Pannenberg lediglich die Inkonsequenz des Harnack'schen Historismus bemangeln, stoßen wir im Blick auf den zweiten Strang der Wirkungsgeschichte Harnacks auf drei Gestalten einer Fundamentalkritik. Gemeint sind die Theologieentwürfe von Karl Barth, Rudolf Bultmann und Dietrich Bonhoeffer.

Karl Barth – als junger Student zunächst begeisterter Bewunderer des berühmten Adolf von Harnack – will sich dessen historisch-kritische Methode gern zu eigen machen. Aber am Ende aller wissenschaftlichen Be-

681 Dazu mit umfassenden Belegen aus Pannenbergs Gesamtwerk: S. Pemsel-Maier, Rechtfertigung durch Kirche?, 205–249.

682 Vgl. W. Pannenberg, Christsein ohne Kirche.

mühungen muss – so betont er – die Erkenntnis stehen, dass uns in dem geschichtlichen Jesus nicht nur ein Mensch begegnet, sondern Gott selbst. Harnacks Kardinalfehler liegt – so erkennt er immer deutlicher – in der Reduktion der Christologie auf Jesulogie[683]. Es gehe dem Berliner Historiker zwar um den verkündigenden Jesus und also um die Freilegung eben des Ereignisses, das die Menschheit insgesamt betrifft. Doch sei der Verkündiger des Reiches Gottes für Harnack nicht Gottes Wort selbst, sondern nur dessen Vermittler. Nicht von ungefähr habe Harnack die Christologie der frühen Konzilien als hellenistische Verfälschung des historischen Jesus verworfen. Deren zentrales Anliegen sei ja die wahre Gottheit des geschichtlichen Jesus Christus bzw. die im strengen Sinne dieses Wortes zu verstehende *Selbst*offenbarung Gottes in Raum und Zeit.

Wo Karl Barth die Untrennbarkeit von Geschichte und Offenbarung beschwört, spricht sein Lehrer Adolf von Harnack von der Vermischung der Ebene der Wissenschaft (Ebene der Geschichte) mit der Ebene des Glaubens (Ebene der Offenbarung). 1923 formuliert Harnack in der Zeitschrift *Christliche Welt* „Fünfzehn Fragen an die Verächter der wissenschaftlichen Theologie unter den Theologen“, auf die noch in demselben Jahr Karl Barth mit „Fünfzehn Antworten an Herrn Professor von Harnack“ repliziert[684]. In dieser Kontroverse wird deutlich, wie sehr Harnack das zentrale Anliegen seines ehemaligen Schülers missversteht. Denn er nimmt für sich in Anspruch, das Wesen des Christentums auf eine objektive, weil wissenschaftliche Basis zu stellen, wohingegen Barth das Objektive (die Geschichte) mit dem Subjektiven (dem Erleben des sich offenbarenden Gottes) identifiziere. Harnack übersieht, dass Barth das Geschäft des Historikers bzw. Wissenschaftlers keineswegs verachtet, sondern im Gegenteil befördern will[685]. Der Unterschied liegt vielmehr in der Beantwortung der Frage, ob Gott sich in Welt und Geschichte als er selbst offenbaren kann

683 Vgl. K. H. Neufeld, Adolf von Harnack, 293–327.

684 Die Texte der gesamten Kontroverse (einschließlich des sich anschließenden Briefwechsels) sind publiziert in: K. Barth, Theologische Fragen und Antworten, Bd. III, 7–31. – Dazu: E. Fascher, Adolf von Harnacks und Karl Barths Thesenaustausch von 1923.

685 Nicht zufällig beginnt Barth seine Antworten an Harnacks fünfzehn Anfragen mit folgendem Passus: „Jenseits der ‚Religion‘ und der ‚Offenbarungen‘ der Bibel dürfte als Thema der Theologie auch die *eine Offenbarung Gottes* in Betracht kommen. ‚Geschichtliches Wissen‘ könnte uns dann freilich sagen, dass die Mitteilung des ‚Inhalts des Evangeliums‘ jedenfalls nach dessen eigener Aussage nur durch eine Handlung dieses ‚Inhalts‘ *selbst* sich vollziehen kann. Aber ‚kritisches Nachdenken‘ könnte ja zu dem Ergebnis führen, dass diese Aussage des Evangeliums im Wesen der Sache (der Beziehung zwischen Gott und Mensch) begründet und also ernstlich zu respektieren ist. Die ‚Wissenschaftlichkeit‘ der Theologie wäre dann ihre Gebundenheit an die Erinnerung, dass ihr Objekt zuvor *Subjekt* gewesen ist und immer wieder werden muss

bzw. offenbart hat. Barth kehrt den Spieß geradezu um: Der Vorwurf des Subjektivismus treffe nicht ihn, sondern Harnack selbst. Denn subjektivistisch sei nicht die Entdeckung des ganz anderen (die eigenen Prämissen radikal durchkreuzenden) Gottes in der Geschichte Jesu, sondern im Gegenteil Harnacks Versuch, das Eigentliche, die Selbstoffenbarung Gottes, jenseits der objektiven Ebene der Geschichte, nämlich in dem stets subjektiven und unsichtbaren Erleben des je einzelnen Gläubigen, anzusiedeln.

Die radikale Abkehr Barths von dem einstmals verehrten Lehrer war nicht nur theoretisch bedingt. Der erste Anstoß zur Distanzierung ging vielmehr aus von Harnacks „Kriegstheologie“. Denn Harnack war es, der für Kaiser Wilhelm II. den an das deutsche Volk adressierten Aufruf zum Krieg und auch jenes „Manifest der 93 deutschen Intellektuellen“ verfasst hat, in dem das politische Interesse Deutschlands mit dem Willen Gottes identifiziert wird[686]. Harnacks Unterscheidung zwischen einer unsichtbaren Ebene der Erfahrung des göttlichen Willens und einer sichtbaren Ebene der Geschichte führt – so behauptet Barth – nicht zur Erkenntnis der Unvereinbarkeit z. B. des Ersten Weltkrieges mit Gottes Willen, sondern im Gegenteil in die theologische Verklärung des Krieges. Denn wenn der Ort für das Erfahren des göttlichen Willens das Erleben und Erfahren des einzelnen Gläubigen und nicht das in Jesus Christus Fleisch gewordene und von den Evangelisten authentisch bezeugte Wort Gottes ist, dann ist die Versuchung unvermeidlich, die eigenen Interessen für den Willen Gottes zu halten. Dass Harnack auch nach den Schrecken des Ersten Weltkriegs keine Veranlassung sah, die Unvereinbarkeit der eigenen Politik mit dem Willen Gottes zu bekennen, war für Barth unbegreiflich. Angesichts der Schrecken des Nationalsozialismus war für ihn, den theologischen Mentor der „Bekennenden Kirche“, offensichtlich geworden, dass sich Harnacks Unterscheidung zwischen der wissenschaftlich erfassbaren Ebene der Geschichte und der nur im Glauben fassbaren Ebene der Beziehung zu Gott nahtlos einfügen lässt in die aus seiner Sicht geradezu verheerende Wirkungsgeschichte der lutherischen Lehre von „den beiden Regimenten“[687].

– was mit ‚Erfahrung‘ und ‚Erlebnis‘ an sich *gar* nichts zu tun hat.“ (Theologische Fragen und Antworten, Bd. III, 9f).

686 Dazu: K. Hammer, Deutsche Kriegstheologie, bes. 30–72; ders., Adolf von Harnack und der Erste Weltkrieg; Axel von Harnack, Der Aufruf Kaiser Wilhelms II. beim Ausbruch des Ersten Weltkrieges.

687 Erwin Iserloh bemerkt dazu: „Seit kein Geringerer als Karl Barth in seiner Schrift ‚Grundfragen der christlichen Sozialethik‘ 1922 den Begriff ‚Zwei-Reiche-Lehre‘ eingeführt und die damit bezeichnete Auffassung in Frage gestellt hat, ist die Auseinan-

Während Harnack das Wesen des Christentums *vordergründig* in dem geschichtlichen Ereignis des verkündigenden Jesus, *eigentlich* aber in dem durch Jesus verheißenen Sohnesverhältnis des gerechtfertigten Sünders zum himmlischen Vater sieht, wenden sich so unterschiedliche theologische Ansätze wie die Karl Barths und Wolfhart Pannenbergs gegen die nach ihrer Meinung unbiblische und im oben bezeichneten Sinne auch gefährliche Unterscheidung einer *eigentlichen (unsichtbaren)* von einer *uneigentlichen (sichtbaren bzw. geschichtlichen)* Ebene. Beide Kritiker Adolf von Harnacks identifizieren das Wesen des Christentums mit der Person Jesu Christi bzw. mit dem Christusereignis. Beide betonen mit gleicher Vehemenz, dass das Wesen des Christentums in einem „extra nos", in einem von außen (objektiv) gegebenen Ereignis liegt. Allerdings ist das Ereignis, das Karl Barth beschreibt, ein alle anthropologischen, ontologischen und auch geschichtlichen Vorgegebenheiten durchkreuzendes – in diesem Sinne „para-doxes" – Ereignis, wohingegen Pannenberg von einem wirklichen Eingehen Gottes in die Gegebenheiten von Raum und Zeit spricht und deshalb das von Barth auf die Inkarnation angewandte Bild einer den Kreis nur in einem einzigen Punkt berührenden Tangente als Ausweis für eine der Kategorie des Geschichtlichen beraubte Wesensbestimmung des Christentums bezeichnet.

Die von Harnacks Jahrhundert-Vorlesungen über das Wesen des Christentums vorgegebene Kernfrage bleibt die nach der Vermittlung des Absoluten mit der Geschichte. Ist nur ein Punkt dieser Geschichte der Ort der Selbstmitteilung des Absoluten? Und wie ist dieser eine Punkt dann zu verstehen? Im Sinne Harnacks oder im Sinne Barths? Ist dieser eine Punkt ein geschichtliches Faktum, das dem einzelnen Gläubigen die ungeschicht-

dersetzung darüber bis heute nicht zur Ruhe gekommen. Besonders lebhaft wurde sie 1933/34 geführt, als die nicht fehlten, die meinten, von der Zwei-Reiche-Lehre eröffne sich ein Zugang zur Zusammenarbeit mit dem Nationalsozialismus. In den Jahren nach dem Zusammenbruch von 1945 erlebte die Diskussion einen neuen Höhepunkt, als man dem Luthertum vielfach vorwarf, es habe in der Linie der Lehre von den beiden Regimenten die Weltverantwortung des Christen nicht ernstgenommen und sich auf den Bereich der Innerlichkeit zurückgezogen […] Im Jahre 1943 sprach der deutschstämmige amerikanische Theologe Reinhold Niebuhr von Luthers ‚perverser Sozialmoral' und geißelte seine Gleichgültigkeit gegen die Tyrannis, welche für die deutsche Geschichte eine verhängnisvolle Fernwirkung gehabt habe. Es war vor allem wieder Karl Barth, der seit Kriegsbeginn und nach 1945 heftig Kritik übte am deutschen Luthertum und ihm vorwarf, es habe durch seine Lehre von den zwei Regimenten dem Nationalsozialismus Vorschub geleistet." („Mit dem Evangelium lässt sich die Welt nicht regieren", 163f). – Die kaum noch überschaubare Literatur zur sogenannten „Zwei-Reiche-Lehre" ist für die Jahre bis 1973 zusammengestellt bei: J. Haun, Zur Zwei-Reiche-Lehre Luthers, 215–245.

liche, weil unmittelbare Begegnung mit dem Absoluten nur vermittelt? Ist dieser eine Punkt ein die Geschichte nur tangential berührender Einbruch des „Oben“ in das „Unten“ (Karl Barth)? Oder ist die Geschichte erst in ihrer Gesamtheit (als „Universalgeschichte“) das Offenbarsein der punktuell in Jesus Christus schon vorweg (antizipativ) ereigneten Inkarnation des Absoluten (Wolfhart Pannenberg)?

Das Beharren Barths auf der Selbstoffenbarung des trinitarischen Gottes in Jesus Christus und sein gleichzeitiges Verdikt gegen jeden „Anknüpfungspunkt“ dieses Ereignisses in Schöpfung und Geschichte wurde nicht nur von den Epigonen der Liberalen Theologie des 19. Jahrhunderts, sondern auch von vielen Anhängern der Dialektischen Theologie als Flucht in die Paradoxie empfunden. Jedenfalls blieb das Problem der Vermittlung des Absoluten mit der Geschichte auf der Tagesordnung.

cc) Rudolf Bultmann

Der Marburger Exeget Rudolf Bultmann teilt nicht nur Barths Grundanliegen, nämlich die Wahrung der widerständigen Andersheit des Fleisch gewordenen Wortes. Nein, er greift bewusst auch auf den zentralen Topos der Harnack'schen Vorlesungen über das Wesen des Christentums zurück. Denn er war es, der nach dem Zweiten Weltkrieg für eine Neuauflage von Harnacks Vorlesungen über das Wesen des Christentums sorgte. In der Einführung zu dieser Neuauflage wendet er sich mit Barth gegen die Selbstverständlichkeit, mit der Harnack das Wesen des Christentums in Einklang sieht mit dem Zeitgeist[688]. Aber zugleich verteidigt er Harnacks Polemik gegen die traditionelle kirchliche Christologie. Denn diese – so betont er – kommt als „Lehre“ daher, „während das Entscheidende doch nur das sein kann, dass Christus derjenige ist, der allem, was christlich ‚gelehrt‘ werden kann und muss, den kerygmatischen Charakter gibt […]. Er wird also recht verkündigt, nicht wo etwas über ihn gesagt wird, sondern wo er selbst zum Verkündiger wird.“[689]

688 „Ihm [Harnack] machte die Vereinigung des christlichen Weltverständnisses mit dem Goetheschen offenbar keine große Schwierigkeit, und von daher ist es wohl verständlich, dass er für die Theologie Karl Barths trotz allen Bemühens – ja, man darf sagen: trotz allen, den heutigen Leser ergreifenden Bemühens – ‚keine Antenne‘ besaß.“ (R. Bultmann, Geleitwort, 9f).

689 R. Bultmann, Geleitwort, 13. – Im Unterschied zu Barth legt Bultmann Wert auf die Feststellung, dass die Begegnung mit Christus die Kategorien der Vernunft nicht außer Kraft setzt, sondern transzendiert. Wörtlich bemerkt er: „Die Paradoxie, von der allein in der Theologie mit Recht die Rede sein kann, besteht nicht in unbegreiflichen und absurden Gedanken, in irrationalen Aussagen, sondern in einem *Geschehen*, im Handeln Gottes, der in Christus die Sünde vergibt. Für den Verstand ist hier gar

Bultmann unterscheidet zwischen *Geschichtlichkeit* und *historischer Faktizität*[690]. Während Jesus Christus als historisches Faktum Objekt der Vergangenheit bleibt, bedeutet die Geschichtlichkeit des Christusereignisses ein Geschehen an mir selbst. Nicht die Historie, sondern die Geschichtlichkeit der Geschichte ist der ‚Ort' der Offenbarkeit des sich selbst mitteilenden Gottes.

Bultmann will das Ereignis ‚Jesus Christus' aller Kategorien entkleiden, die es zu einem historischen Faktum verobjektivieren, die das Gewesene zu einer distanten Sache machen und interpretierend über dieses Ereignis verfügen. Weil Gott sich nur als Geschehen und per se nie als Objekt mitteilen kann, wäre jedes ihn objektivierende Begreifenwollen nicht nur Nicht-verstehen, sondern auch Ausdruck der Ursünde, über Gott verfügen zu wollen, statt sich von ihm verfügen bzw. betreffen zu lassen.

Christus selbst – so betont Bultmann – muss in der Verkündigung der Kirche präsent werden – nicht irgendetwas über ihn, sondern das Ereignis unserer

---

nichts anstößig und paradox. Denn was Vergebung ist, kann jedermann verstehen, wenn er will; dass aber Gott wirklich vergeben hat, ist freilich nie einzusehen, sondern nur zu glauben." (R. Bultmann, Zur Frage der Christologie, 91f).

690 Besonders deutlich bringt R. Bultmann diese Unterscheidung zum Ausdruck in der Besprechung eines Buches, in dem 18 Autoren die Frage beantwortet haben, was für sie das Wesentliche am Christentum sei. Dort lesen wir: „*Woher aber wissen wir, welches die Idee des Christentums, des christlichen Glaubens ist?* Sehr richtig hat Ludwig Marcuse gesehen, dass man das nicht von den Christentümern, den historischen Gestalten des Christentums, ablesen kann und dass die Frage: ‚Was halten Sie vom Christentum?' verwandelt werden muss in die Frage: ‚Wie wollen Sie das Christentum?' Das heißt: Jeder muss für sich selbst entscheiden, was christlicher Glaube ist. Aber wie kann das sinnvoll gemeint sein? Doch jedenfalls nicht so, dass die Definition dessen, was christlicher Glaube ist, einfach der subjektiven Willkür anheimgestellt würde. [...] Hier scheinen wir in eine Aporie zu geraten. Einerseits lehnen wir es ab, was Christentum sei, von den empirischen historischen Phänomenen abzulesen, und andererseits behaupten wir, dass wir nur aus der Geschichte wissen können, was Christentum ist. Die Aporie löst sich auf, wenn wir bedenken, welches das echte, nämlich geschichtliche, *Verhältnis zur Geschichte* ist. Diejenigen Beobachter, die von Christentümern reden und darüber in Verlegenheit geraten, zu sagen, was Christentum eigentlich sei, stecken in jenem Historismus, für den die Geschichte das Schauspiel ist, das der neutrale Historiker unbeteiligt aus der Distanz beobachten und beschreiben kann als das Objekt, dem er als das Subjekt gegenübersteht. Hier wird das geschichtliche Geschehen objektiviert [...], weil dabei vergessen ist, dass der Historiker selbst geschichtlich ist und der Geschichte nicht als reines Subjekt gegenübersteht. [...] Wenn nämlich Geschichte mehr ist als die aufzählbare Summe von lokalisierbaren und datierbaren Fakten, die natürlich grundsätzlich objektiv erkennbar sind und deren Kenntnis eine unentbehrliche Voraussetzung des geschichtlichen Verstehens ist [...], so ist sie nur demjenigen erkennbar, der im existentiellen Zusammenhang dieser Aktionen und Passionen steht, dem sich ihr geschichtlicher Sinn auf Grund verantwortlicher Beteiligung erschließt." (Das Befremdliche des christlichen Glaubens, 199–201).

Erlösung als solches. Im Anruf des Kerygmas sieht Bultmann beides garantiert: die Verbindung zum historischen Ereignis und die Vergegenwärtigung dieses Ereignisses im Anruf der Gnade an die Existenz des Angesprochenen. Dass Jesus von Nazareth zu einem bestimmten Zeitpunkt unter diesen oder jenen Umständen zum Tode verurteilt wurde, ist historisches Faktum und unter gewissen Voraussetzungen wissenschaftlich verifizierbar; dass aber der Tod dieses Jesus von Nazareth *für mich* Erlösung und ewiges Leben bedeutet, das erfahre ich nur in der *existentiellen* Begegnung mit dem Kerygma.

Inspiriert von der Philosophie Martin Heideggers appliziert Bultmann dessen Ausführungen über die Geschichte der Verbegrifflichung des Seins auf die Geschichte der Christologien[691]. Wenn Heidegger in der Existenzialanalyse seines grundlegenden Werkes „Sein und Zeit" zwischen uneigentlicher und eigentlicher Existenz unterscheidet, meint er aus der Sicht Bultmanns etwas Ähnliches wie Paulus mit seiner Unterscheidung zwischen Leben aus der Sünde und Leben aus dem Glauben[692]. Die Uneigentlichkeit lebt aus den Sicherungen des Zuhandenen, des von mir Verfügbaren, des Vergänglichen und deshalb dem Tod Preisgegebenen. Die Eigentlichkeit dagegen ist Befreiung

691 Martin Heidegger zeigt in seinen Ausführungen über die Geschichte der Verbegrifflichung des Seins (vgl. Sein und Zeit, bes. 19–27), dass Begriffe interessegeleitete Abstraktionen, nicht aber Lichtungen der Wahrheit des Seins bzw. des Wirklichen sind. Jeder Mensch, der nicht einfach wie ein Gegenstand oder ein Tier in der Zeit aufgeht, sondern sich seiner Zeitlichkeit bewusst wird, kann mit der ihn umgebenden Welt anders umgehen als durch deren Reduktion auf die eigenen Begriffe und Perspektiven. Heidegger spricht von der den Menschen zum Menschen machenden Möglichkeit, sich die eigene Zeitlichkeit (z. B. den eigenen Tod) bewusst zu machen und also auszusteigen aus dem Um-zu-Zusammenhang, aus der ‚Uneigentlichkeit', aus dem bloß besorgenden (funktionalen) Umgang mit der Wirklichkeit. Sobald ein Mensch nicht mehr einfach in der Zeit aufgeht, sobald er ‚eigentlich' wird, sobald er den Vollzug der Ek-sistenzialität seiner Ek-sistenz wagt und also auf die Verbegrifflichung der Wirklichkeit verzichtet, lichtet sich das Sein, zeigt sich die Wirklichkeit. Das Sein ist das, was alles Seiende zugleich verbindet und unterscheidet, aber selbst kein Seiendes unter anderem Seienden oder die Summe alles kontingent Seienden. Das Sein – so betont Heidegger schon mit dem Buchtitel „Sein und Zeit" – ist ein Geschehen, ein Ereignis. Das Sein ‚ist' nur, indem es ‚sich gibt'. Das Sein ist also nichts Statisches, kein Gegenstand oder Objekt, sondern ein Geschehen. Das Sein ist nicht etwas, das zunächst irgendwo bereitliegt, um dann im ‚Ereignis' dem Menschen gegeben zu werden, sondern es ‚ist', indem es sich ereignet. So wird einsichtig, dass nur ein Mensch, der sich seiner Zeitlichkeit im Vollzug der Ek-sistenzialität seiner Ek-sistenz bewusst ist, überhaupt beginnen kann, das Sein bzw. die Wirklichkeit als solche (als Geschehen) wahrzunehmen.

692 Rudolf Bultmann ist überzeugt: „Der Glaube weiß, dass, wenn er glaubt, d. h. wenn er sich frei für Gott entscheidet, – dass er dann Gott an sich handeln lässt" (Gnade und Freiheit, 158), statt Gott mit den eigenen Interessen, Perspektiven und Begriffen zu identifizieren.

von der Welt des Dinglichen, des Habens und Begehrens, ist Öffnung für den Anspruch des Du und des Wir, ist Aufgabe des Versuches, die eigene Existenz in sich selbst zu gründen und zu sichern, ist Glaube in Gestalt von Hingabe.

Bultmann unterstreicht immer wieder, dass die Offenbarung nicht ein Ensemble von abstrakten Satzwahrheiten, sondern das konkrete Heilsgeschehen selbst ist und dass deshalb zwischen Offenbarung und Offenbarer nicht unterschieden werden darf[693]. Jesus *sagt* ja nicht nur die Wahrheit, sondern er *ist* sie zugleich. Das Ein-für-alle-Mal des Christusereignisses ist also nicht die datierbare Einmaligkeit eines historischen Ereignisses, sondern für alle Menschen aller Zeiten die Ermöglichung des Ausstiegs aus dem Aufgehen in der Zeit (in der Historie).

Jesus geht in den Tod im Vertrauen auf die Zukunft; und er erfährt im physischen Sterben, dass das Vergängliche, der Tod, keine Macht mehr über ihn hat (Auferstehung). Seitdem ist jeder, der an Christus glaubt, durch den Glauben bereits ausgestiegen aus der Verfallenheit an das Vergängliche, an die Zeit, an den Tod. Mit seiner welthaften Existenz steht der Mensch noch im „alten Äon", im Wechsel, in Zeit und Historie. Im Glauben an Christus aber hat die Zeit keine Gewalt mehr über ihn. Bultmanns Ruf nach Entmythologisierung[694] gilt der Rettung des „ein für alle Mal" bzw. des „für uns" von Leben, Kreuz und Auferstehung Jesu Christi[695]. Das Ereignis von Kreuz und Auferstehung ist – so lehrt er – so lange ein „Außen-vor" (Mythos), solange es nicht gegenwärtiges Geschehen (Kerygma) ist. Die Bedeutung des Christusereignisses besteht nicht in einem ‚Was', sondern in einem ‚Dass'; sie ist gleichsam der Katalysator der Ek-sistenzialität der Existenz, des „Über-sich-selbst-hinaus-Seins", das den Menschen befähigt, statt aus der Vergangenheit aus der Zukunft zu leben.

Bultmann beantwortet die Frage nach dem Wesen des Christentums ganz ähnlich wie Adolf von Harnack. Auch ihm geht es um die Rückfrage nach

693 „Die Offenbarung vermittelt kein weltanschauliches Wissen, sondern *sie redet an.* Dass der Mensch in ihr sich selbst verstehen lernt, bedeutet, *dass er je sein Jetzt, den Augenblick, als einen durch die Verkündigung qualifizierten verstehen lernt.* Denn das Sein im Augenblick ist sein eigentliches Sein." (R. Bultmann, Der Begriff der Offenbarung im Neuen Testament, 30).

694 Vgl. R. Bultmann, Neues Testament und Mythologie; ders., Zum Problem der Entmythologisierung.

695 Zum Mitvollzug der Auferstehung, zur Freiheit, die in der Eigentlichkeit liegt, gelangt nur, „wer sich […] mitkreuzigen lässt", wer sich „durch das historische Faktum ein neues Verständnis seiner selbst erschließen" lässt: „ein Verständnis, das er nur im Entschluss ergreifen kann, in einem Entschluss, der die radikale Preisgabe seiner selbst bedeutet" (R. Bultmann, Die Bedeutung des geschichtlichen Jesus für die Theologie des Paulus, 207).

dem Jesus, der nicht Objekt unserer Begriffe und Interessen, sondern das Treibende, das Motivierende, das uns unbedingt Angehende oder – mit Heidegger gesprochen – „Wirklichkeit, weil Ereignis“ bzw. „Kerygma“ ist. Bultmann unterscheidet wie Harnack zwischen zwei Ebenen, einer sichtbaren und einer unsichtbaren, nämlich der des historischen Jesus und der des mich ergreifenden Christus. Aber im Unterschied zu Harnack glaubt der Exeget Bultmann nicht, dass man die Wirklichkeit Jesu, die in der Existenz des Gläubigen zum Ereignis wird, durch das bloße Abtragen dogmatischer Interpretationen erreichen kann. Deshalb fordert er eine immerwährende Entmythologisierung und Entbegrifflichung, ein nie endendes Bemühen um die Freilegung des Kerygmas, d. h. der von unseren Begriffen, Funktionalisierungen und Objektivierungen befreiten Wirklichkeit des Christusereignisses.

Karl Barth, der sich bewundernd und kritisch zugleich mit Bultmann auseinandergesetzt hat, legt den Finger intuitiv in die entscheidende Wunde. Diese sieht er in der Identifizierung des Christusereignisses mit dem Kerygma und in der Identifizierung des Glaubens mit der beschriebenen „Ek-sistenzialität der Ek-sistenz“. Barth wittert hier die katholische Einbeziehung der Kirche und der Synergie des Gläubigen in das Rechtfertigungsgeschehen. Deshalb stilisiert er seine Kritik zu dem Bekenntnis: Jesus Christus „bedarf nicht der Verkündigung, die Verkündigung bedarf seiner. Er fordert sie, er ermöglicht sie auch. Er macht sich zu ihrem Ursprung und Gegenstand. Er selbst ist der Eigentliche und bleibt der Herr über und in allem, was in ihm seinen Anfang und Anlass hat. Es ist das Verhältnis zwischen dem Bedeutsamen, das er in sich selbst ist, und allen Bedeutsamkeiten, die er für uns gewinnen mag, ein unumkehrbares Verhältnis“[696]. Barth wirft seinem Marburger Freund vor, die Bedeutsamkeit des Kreuzes aus dem Sterben des Erlösers in den existentiellen Nachvollzug des Kerygma-Empfängers zu verlegen und damit die „extra nos“ geschehene Versöhnung in einen psychologischen Selbstfindungsprozess umzudeuten[697]. Barth würdigt das pastorale Anliegen seines Kollegen, beweist

696 KD IV/1, 250.

697 „Ich sehe […] wohl ein, dass auch die Botschaft des Neuen Testamentes (etwa in den evangelischen Worten von der Nachfolge Jesu im Tragen des Kreuzes oder in der von Bultmann bevorzugt zitierten Stelle Kol 1,24) von einem Nachvollzug des Leidens und Sterbens Jesu Christi im Leben der an ihn Glaubenden redet. Ich sehe aber nicht ein, dass der neutestamentliche Glaube, in welchem der Hörer dieser Botschaft die Bedeutsamkeit des Kreuzes Christi auch für ihn realisiert, in diesem Nachvollzug bestehe. Ich meine vielmehr zu sehen, dass dieser Nachvollzug dort eine Konsequenz des Glaubens ist, in welcher der Hörer der Botschaft sich an das hält, was im Tode Jesu Christi ganz und gar außer ihm, ohne ihn, ja gegen ihn von Gott her für ihn geschehen ist.“ (K. Barth, Rudolf Bultmann, 20).

aber mit fast allen privat an ihn gerichteten Briefen[698] seine Abneigung gegen jede theologische Rezeption der Heidegger'schen Philosophie und verschärft seine Kritik zu der Anklage, Bultmann habe den Existentialismus des frühen Heidegger nicht nur formal instrumentalisiert, sondern zu einem Vorverständnis kanonisiert, das normativ festlegt, was wir in der Heiligen Schrift „für möglich, richtig und wichtig halten […] müssen“[699].

Bultmann hat den Glauben nicht ohne Grund mit der von Heidegger beschriebenen „Ek-sistenzialität der Ek-sistenz“ identifiziert. Denn er war davon überzeugt, dass der Mensch da, wo er wirklich Mensch ist, d. h. nicht in der Zeit aufgeht, sondern diese transzendiert, eo ipso Beziehung zu Gott und also „Anknüpfungspunkt“ der im Kerygma vermittelten Gnade ist. Und Bultmann war ebenso überzeugt davon, dass da, wo immer ein Mensch von außen (durch das geschehende Wort der Verkündigung) zum Vollzug der „Ek-sistenzialität seiner Ek-sistenz“ befähigt wird, Christus und das Kerygma identifiziert werden dürfen. Allerdings bleiben seine Antworten auf die Frage, ob der Glaube das Kerygma erst ermöglicht oder seinerseits vom Kerygma begründet wird, auffällig schwach. Wenn, wie Barth zu Recht postuliert, das Christusereignis den Glauben ermöglicht und nicht umgekehrt der Glaube das Christusereignis, dann muss die von Bultmann behauptete Identität des Kerygmas mit dem Christusereignis entweder von der geschichtlichen Kontinuität zwischen dem Ursprungsgeschehen und dessen aktueller Verkündigung oder von der Kirche als dem Subjekt der Verkündigung verbürgt werden[700].

dd) Dietrich Bonhoeffer

In dieser Schlussfolgerung kann man einen der Gründe erkennen, die einen weiteren Schüler Harnacks[701], nämlich Dietrich Bonhoeffer, zu seinem Versuch veranlasst haben, das von der Frage nach dem Wesen des Christentums unablösbare Problem der Vermittlung des Absoluten mit der Geschichte *ekklesiologisch* zu beantworten.

Was für Bultmann das Denken Heideggers, das ist für Dietrich Bonhoeffer (1906–1945) der ihm vor allem von Eberhard Grisebach (1880–

698 Vgl. B. Jaspert (Hg.), Karl Barth – Rudolf Bultmann, 129.164f.170f.196–199.

699 K. Barth, Rudolf Bultmann, 49.

700 „Ist das Kerygma selbst Teil des Heilsgeschehens, so gehört mit dem Predigtamt und mit dem Gottesdienst auch die Kirche, die das Kerygma je und je ausrichtet, zum Heilsgeschehen hinzu, eine Feststellung, die Bultmann den unangemessenen Vorwurf katholisierender Tendenzen eingetragen hat.“ (W. Schmithals, Bultmann, 392).

701 Dazu: C.-J. Kaltenborn, Adolf von Harnack als Lehrer Dietrich Bonhoeffers; R. Staats, Adolf von Harnack im Leben Dietrich Bonhoeffers.

1945) vermittelte Personalismus[702]. Nach 1925 wird die Bewunderung für Barth zunehmend spürbar – vor allem in den Schriften, in denen Bonhoeffer das christologische Zugleich von „wahrer Mensch“ und „wahrer Gott“ durch die Formel erklärt, Jesus Christus sei im Sinne einer Identität von Akt und Sein[703] zugleich Beziehung zum Du des Vaters und zum Du des Nächsten. Christus kann nach Bonhoeffer gar nicht an und für sich – d. h. ohne seine Beziehung auf das Du des Vaters und das Du des Nächsten – gedacht werden[704]. So erklärt sich die immer wieder zitierte Formel „Christus als Gemeinde existierend“[705]. Dabei sollte man beachten: Wenn Bonhoeffer Christus *und* Adam „Kollektivpersonen“[706] nennt,

702 Dietrich Bonhoeffer ersetzt in seiner 1930 publizierten Dissertation (Sanctorum Communio, bes. 19–35) das idealistische Subjekt-Objekt-Schema durch die Ich-Du-Relation, die zur Geltung bringt, dass niemand ohne ein Du zum Ich-Bewusstsein gelangt, dass aber das Du deshalb nicht bloßes Objekt oder Funktion des Ich ist. Der Andere ist als anderer (als Du) im wahrsten Sinne des Wortes einzig. Sein Ich bleibt für jedes andere Ich ein Du. Seine Beziehung zu meinem Ich und zu jedem anderen Ich ist einzig und allein *seine* Beziehung. Der Andere kann nicht erkannt, sondern nur anerkannt werden. Deshalb ist jedes Du ein Abbild Gottes, dessen Andersheit sich unserem Denken und Wollen grundsätzlich entzieht.

703 Vgl. K.-H. Menke, Aktualismus, 309.

704 „Das Sein der Person Christi ist wesenhaft Bezogenheit auf mich. Sein Christus-Sein ist sein pro-me-Sein. Dieses Pro-me will nicht verstanden sein als eine Wirkung, die von ihm ausgeht, als ein Accidenz; sondern es will verstanden werden als das Sein der Person selbst. Der Person-Kern selbst ist pro me. Dieses ist nicht eine historische, faktische, ontische, sondern eine ontologische Aussage. D. h. dass ich Jesus Christus nie in seinem An-Sich-Sein denken kann, sondern nur in seiner Bezogenheit auf mich. Das wieder heißt, dass ich Christus nur im existentiellen Bezug auf ihn und zugleich nur in der Gemeinde denken kann. Nicht ist Christus an sich und außerdem in der Gemeinde, sondern der Christus, der der einzige Christus ist, ist der Gegenwärtige in der Gemeinde pro me. […] Die Pro-me-Struktur bedeutet in dem Verhältnis Christi zur neuen Menschheit ein Dreifaches: 1.) Jesus Christus ist als der, der pro me ist, der Anfänger, das Haupt, der Erstgeborene der Brüder. Also die Pro-me-Struktur bezieht sich in erster Linie auf die Geschichtlichkeit Jesu. 2.) Er ist für seine Brüder, indem er an ihrer Stelle steht. Christus steht für seine neue Menschheit vor Gott, d. h. er steht an ihrer Stelle, stellvertretend für sie vor Gott. Ist das so, dann *ist* er die neue Menschheit. Dort, wo die neue Menschheit stehen sollte, steht kraft seiner Pro-me-Struktur er selbst. D. h. er *ist* die Gemeinde. Er handelt nicht mehr *für* sie, sondern *als* sie, indem er an das Kreuz geht, stirbt und ihre Sünde trägt. Darum ist in ihm die neue Menschheit gekreuzigt und gestorben. 3.) Weil er als die neue Menschheit handelt, ist er in ihr, weil sie in ihm ist, weil in ihm Gott die neue Menschheit richtet und begnadet.“ (D. Bonhoeffer, Christologie, 295–297).

705 Vgl. E. Bethge, Dietrich Bonhoeffer, bes. 93–122.

706 Bonhoeffer verwendet diese Bezeichnung schon in seiner Dissertation. Deshalb ist eine Verbindung zu Henry Wheeler Robinson auszuschließen, der mit einem Aufsatz des Jahres 1936 den Begriff „Korporativperson“ in die Exegese eingeführt hat. Joachim van Soosten (Anmerkungen des Herausgebers, in: D. Bonhoeffer, Sanctorum

dann nicht ohne ausführlichen Hinweis auf einen entscheidenden Unterschied. Obwohl Adam wesentlich auf den Anderen verwiesen und also in gewisser Weise „die Menschheit“ ist, erscheint er zugleich als einer, der das Du und das Wir verneint und deshalb „cor curvum in se“ wird. Er pervertiert sein auf den Anderen verwiesenes „Mit-und-Für-Sein“ in Vereinzelung und erweist sich so als Antipode zu Jesus Christus. Adam „steht nicht an der Stelle der anderen, sondern an seiner eigenen. Christus aber steht anstelle der Menschheit“[707]. Als Identität von Akt und Sein ist Christus Stellvertretung[708], ist er das Gegenteil der Vereinzelung. Er

Communio. Eine dogmatische Untersuchung zur Soziologie der Kirche [Werke I], München 1986, 229[49]) vermutet eine Abhängigkeit von Max Schelers Begriff „Gesamtperson“. Zum Begriff „Kollektivperson“ im Werk Bonhoeffers vgl. H. Ott, Wirklichkeit und Glaube, 181–186; G. L. Müller, Für andere da, 203f; K.-H. Menke, Stellvertretung, 207–219; H. F. Daub, Die Stellvertretung Jesu Christi, 87–155.

707 „Zerfällt die alte Menschheit in zahllose isolierte Einheiten, Adame, die als Gesamteinheit nur durch jeden Einzelnen hindurch aufgefasst werden, so ist die neue Menschheit ganz zusammengezogen auf den einen einzigen historischen Ort, auf Jesus Christus, und nur in ihm wird sie als Gesamtheit begriffen; denn in ihm als Fundament und Leib des Baues seiner Gemeinde vollzieht und vollendet sich das Werk Gottes; und zwar in einer Funktion, die die grundsätzliche Verschiedenheit zwischen Adam und Christus ins hellste Licht setzt, in der *Funktion* als *Stellvertreter* [...]. Adams Handeln ist nicht intendiert stellvertretendes Handeln, sondern im Gegenteil höchst egozentrisch. Dass die Wirkung der eines gewollt stellvertretenden Handelns sehr ähnlich sieht, darf über die *völlig verschiedenen Grundgegebenheiten* nicht hinwegtäuschen. In der alten Menschheit fällt mit jedem schuldig werdenden Menschen die Menschheit gleichsam aufs neue, während in Christus ein für allemal – das liegt eben im Wesen der *wirklichen* Stellvertretung – die Menschheit in die Gottesgemeinschaft gesetzt ist.“ (D. Bonhoeffer, Sanctorum Communio, 91f).

708 Bonhoeffer unterscheidet die Stellvertretung Christi von aller zwischenmenschlichen (ethischen) Stellvertretung. Ein Mensch kann für einen Mitmenschen Lebensgüter wie Besitz, Leib oder Ehre hingeben, nicht aber die eigene Person; er kann die Folgen eines fremden Vergehens auf sich nehmen, nicht aber die fremde Schuld oder die mit dieser verbundene Strafe als solche. Nur in Christus sind Akt und Sein identisch; er ist, was er tut; und er tut, was er ist. Seine Hingabe am Kreuz ist im wörtlichen Sinn ein Hintreten an die Stelle der Schuld des Anderen. Bonhoeffer fragt selbstkritisch: „Ist diese christliche Anschauung von einer Schuldstellvertretung ethisch zu halten? Die ethische Person will doch offensichtlich ihr Böses und Gutes selbst vor Gott verantworten. Wie kann sie ihre Schuld auf einen anderen legen?“ Und er antwortet: „Die Idee der Stellvertretung [...] *ist keine ethische Möglichkeit oder Norm, sondern allein die Realität der göttlichen Liebe zur Gemeinde, sie ist kein ethischer, sondern ein theologischer Begriff.* Durch das christliche Prinzip der Stellvertretung ist die neue Menschheit zusammengefaßt und gehalten.“ (D. Bonhoeffer, Sanctorum Communio, 99f). – In der klaren Unterscheidung zwischen Christi Stellvertretung und „ethischer Stellvertretung“ liegt bei aller Konvergenz der Unterschied zwischen dem Stellvertretungsdenken Bonhoeffers und dem von Emmanuel Levinas. Dazu: U. Espeel, Erwachsene Nähe, bes. 149–161; H. P. Lichtenberger, Stellvertretung und Verantwortung bei Dietrich Bonhoeffer und Emmanuel Levinas, bes. 297–299.

setzt sich so für den Anderen ein, dass er buchstäblich die „Stelle“ ist, an der der Andere er selbst sein bzw. werden kann. Christus bleibt kein Gegenüber des Sünders. An die Stelle der äußersten Vereinzelung und Kommunikationslosigkeit tritt der, der nicht nur Hingabe hat, sondern Hingabe ist und deshalb nie als „an-sich-seiender“, sondern nur als „für-seiender“ Christus – und das heißt: in der Gemeinde – gedacht werden kann. Er ist als Stellvertreter immer schon an der Stelle, auf die mein Ich wesentlich verwiesen ist; und deshalb bin ich bereits in Christus, sobald ich meine Verwiesenheit auf den Anderen (mein Person-Sein) nicht mehr verneine. Anders gesagt: Wo immer der Widerstand der Sünde gebrochen wird, entsteht aus der Vereinzelung der Adamsmenschheit *(Corpus Adae)* die Gemeinde der Christusmenschheit *(Corpus Christi)*[709].

Schon in seiner Dissertation über die Gemeinschaft der Heiligen verwendet Bonhoeffer häufig den Ausdruck „Christus als Gemeinde existierend“[710]. Später bemerkt er, Kirche werde durch das stellvertretende Handeln Christi konstituiert[711]; deshalb könne man Hegels Wort vom „heiligen Geist als Gemeinde existierend“ mit guten Gründen auf Christus anwenden. Er beruft sich auf das paulinische Bild von der Kirche, die als Leib Christi dennoch nicht mit Christus identisch ist. Denn „Christus steht auch der Gemeinde gegenüber“[712]. Als Transzendenz aber auf das Du und Wir, als Person, ist Christus ganz beim Menschen und ermöglicht es so dem Menschen, seinerseits Person zu werden, das Ich zu transzendieren auf das Du und das Wir. Nie ist der Mensch eine vollkommene Synthese von Akt und Sein. Aber durch, mit und in Christus kann er immer mehr Person werden. Dieser Prozess ist unsichtbar, insoweit die personale Gemeinschaft mit Christus verborgen bleibt[713]; er wird jedoch immer auch ein Stück weit sichtbar durch seine kirchliche Darstellung bzw. Aktualisierung[714]. Die Gemeinschaft mit dem, der Stellvertretung ist, muss sich in stellvertretendem Handeln äußern. Stellvertretung als Struktur der Einheit mit Christus ist ohne Stellvertretung als Struktur der Gemeinschaft mit den Brüdern und Schwestern gar nicht möglich.

---

709 Vgl. D. Bonhoeffer, Sanctorum Communio, 92; ders., Das Wesen der Kirche, 263–265.

710 Vgl. D. Bonhoeffer, Sanctorum Communio, 76.87.126–128.133f.139.142.144f.159.180.198.

711 Vgl. D. Bonhoeffer, Das Wesen der Kirche, 266–275.

712 D. Bonhoeffer, Das Wesen der Kirche, 272.

713 „Christus als Gemeinde existierend ist nicht anschaubar, sondern [nur] glaubbar.“ (D. Bonhoeffer, Das Wesen der Kirche, 272).

714 Vgl. D. Bonhoeffer, Das Wesen der Kirche, 275f. – Dazu detailliert: J. v. Soosten, Die Sozialität der Kirche, bes. 75–90.

Fragt man, wie Bonhoeffer das Wesen des Christentums im Unterschied zu seinem Lehrer Adolf von Harnack bestimmt, so wird auf Anhieb deutlich, dass er sich gegen dessen Individualismus ebenso wendet wie gegen dessen Unterscheidung zwischen einer uneigentlichen (sichtbaren) und einer eigentlichen (unsichtbaren) Ebene des Christentums. Das Absolute ist in Jesus Christus geschichtlich greifbar, weil der Erlöser das ganz beim Du des himmlischen Vaters und zugleich das ganz beim Du des Nächsten seiende Ich ist. In der Untrennbarkeit des Jesus Christus von der Ermöglichung und Bildung einer auf der Anerkennung der Andersheit des Anderen basierenden Gemeinde sieht Bonhoeffer das Wesen des Christentums. Von daher kann man aus seiner Sicht nicht in privater, innerlicher Beziehung zu Christus leben, sondern nur im Mitvollzug seines Für-Seins. Die „inklusive Stellvertretung" der Christen ist ganz und gar durch die „exklusive Stellvertretung" Christi ermöglicht und darf nicht im Sinne eines Synergismus missverstanden werden[715]. Aber ebenso klar ist, dass das Geschenk der Rechtfertigung von niemandem wirklich angenommen wird, wenn diese Annahme nicht im Modus der inklusiven Stellvertretung bzw. der Nachfolge[716] geschieht. Eine Zäsur zwischen Evangelium und Frühkatholizismus kann Bonhoeffer nicht erkennen. Was er Gemeinde nennt, ist zwar keineswegs identisch mit der Institution „römisch-katholische Kirche". Aber ein Christentum ohne sichtbar verfasste Gemeinde ist für ihn ebenso wenig denkbar wie für jeden Katholiken. Die folgenden Ausführungen über den dritten Strang der Wirkungsgeschichte von Harnacks Jahrhundert-Vorlesungen werden zeigen, dass wohl kein protestantischer Theologe der katholischen Wesensbestimmung des Christentums so nahe gekommen ist wie Bonhoeffer.

---

715 Die Unterscheidung zwischen exklusiver und inklusiver Stellvertretung übernimmt Bonhoeffer von Albrecht Ritschl. Dazu: J. v. Soosten, Die Sozialität der Kirche, 64–69.

716 Der Nachfolge-Begriff wird für den von den Nationalsozialisten inhaftierten Bekenner zur zentralen Charakterisierung des gelebten Christentums. Guido Vergauwen (Dietrich Bonhoeffers Ringen um eine Kurzformel des Glaubens) unterscheidet zwischen „Bekenntnis als Nachfolge", „Bekenntnis als verantwortlichem Handeln", „Bekenntnis als neuem Leben im Dasein-für-andere" und „Bekenntnis als Tat unter dem Kreuz".

b) Katholische Kritik

Auf katholischer Seite waren es vor allem französische Theologen, die sich von Harnacks Vorlesungen über das Wesen des Christentums zu einer Antwort bewegen ließen. Denn obwohl die Protestanten in Frankreich eine kleine Minderheit bilden, hatte sich mit der sogenannten Pariser Schule ein beachtlicher Ableger der Liberalen Theologie des deutschen Protestantismus entwickelt. Deren Chrakteristika waren besonders die konsequente Anwendung der historisch-kritischen Exegese und die religionsgeschichtliche bzw. religionspsychologische Befragung des Christentums. Als Vertreter der „Pariser Schule“ sind vor allem Louis Eugène Ménégoz (1838–1920)[717], Louis-Auguste Sabatier (1839–1901)[718] und Maurice Goguel (1888–1950)[719] zu nennen. Aber indirekt darf auch der Katholik Alfred Loisy (1857–1940) dazu gerechnet werden. Denn er lässt sich nicht nur von der historisch-kritischen Methode begeistern, sondern auch von den theologischen Thesen der „Pariser Schule“ herausfordern. Aufgrund des engen Kontaktes dieser Schule zur deutschen protestantischen Theologie begegnet er der theologischen Szene des Nachbarlandes und in ihr mit Vorrang Adolf von Harnack[720].

---

717 Louis Eugène Ménégoz entwickelte sich zum Haupt der deutschen Protestanten in Frankreich und begründete als Professor an der Sorbonne den sogenannten Symbolofideismus. Durch diesen wird das Wesen des Christentums ganz in den Glaubensakt des Einzelnen gelegt und jede Äußerung des Glaubens als Symbolisierung der unsichtbaren Ebene relativiert. – Dazu: K.-G. Wesseling, Ménégoz.

718 Obwohl strenger Calviner, öffnete Auguste Sabatier seine Exegese für die historisch-kritische Methode. Zugleich deutete er im Anschluss an Schleiermacher die Religion psychologisch und sah in Jesus deren vorbildlichen Vollender. Er wurde zum großen Anreger der von Rom als Modernisten bezeichneten Anhänger der Immanenzmethode. In verschiedenen Werken versuchte er, konfessionelle Unterschiede historisch-kritisch zu relativieren und so als zeitbedingte Objektivierungen der Wirklichkeit zu beschreiben, auf die jeder Gläubige immer schon bezogen ist. – Dazu: B. Reymond, Auguste Sabatier, 25–122; G. Forni, L'„essenza del christianesimo“, 11–34.

719 Maurice Goguel kann als Vorläufer der Pluralistischen Religionstheologie gelten. Denn er geht wie die meisten Vertreter der PRT aus von einer allen Menschen gemeinsamen Erfahrung des Grundes aller Wirklichkeit und relativiert die Symbole, Riten und Gemeinschaftsgebilde der einzelnen Religionen als nachträgliche Interpretationen der an sich unbegreiflichen Erfahrung des Absoluten. Ausschließlich induktiv will Goguel Kriterien für die Bewertung der einzelnen Phänomene der Religionsgeschichte ausmachen. Das Christentum – so betont er – ist in dem Maße eine integrierende Gestalt der Religionsgeschichte, als es dem einzelnen Christen immer wieder neu und immer intensiver zur Erfahrung des Grundes aller Wirklichkeit verhilft. Vgl. dazu die aufschlussreiche Analyse von G. Heinz, Das Problem der Kirchenentstehung, 100–121.

720 Albert Raffelt spricht von der Absicht Loisys, „die Spitzenpositionen kritischer protestantischer Exegese zu einer Apologie des Katholizismus zu verwenden“ (Age ut

aa) Alfred Loisy

Schon als junger Dozent am Institut Catholique musste Loisy erfahren, wie argwöhnisch das Lehramt der katholischen Kirche seine frühen Arbeiten über das Christentum innerhalb der Religionsgeschichte beurteilte[721]. Von 1894 bis 1899 vom Dozenten zum einfachen Hauskaplan degradiert, las er neben Louis-Auguste Sabatier auch die bis dahin erschienenen Werke Adolf von Harnacks und – nicht zuletzt – den von John Henry Kardinal Newman verfassten *Essay on the Development of Christian Doctrine*. Schließlich führte ihn der Plan, eine Apologie des Katholizismus zu verfassen, 1902 zur Abfassung seines vieldiskutierten und schließlich indizierten Werkes mit dem Titel *L'Évangile et l'Église*. Der Auslöser zur Abfassung des berühmt gewordenen Buches waren Harnacks Jahrhundert-Vorlesungen[722].

---

intelligas, 258). Loisys Hauptwerk – so weiter Raffelt – „ist die Antwort auf Adolf von Harnacks Vorlesungen über ‚Das Wesen des Christentums' mit ihrer Reduktion dieses Wesens auf eine individualistische Religion der Gotteskindschaft, wie sie Harnack der Predigt Jesu als ‚Kern' entnimmt. Harnacks Synthese gewann ihre Durchschlagskraft aus der Autorität des Historikers, der mit der Überzeugungskraft wissenschaftlicher Objektivität schreibt. Eine Entgegnung musste zunächst auf dieser Ebene die analytischen Voraussetzungen klären. Dies tat Loisy, und damit war er natürlich gleichzeitig auf die Themen Harnacks festgelegt: eine Diskussion der Quellenlage, eine Interpretation der Evangelien einschließlich der christologischen Frage, eine Erklärung des Überschritts des Christentums in die heidnische Welt mit der Problematik der paulinischen und der johanneischen Theologie; schließlich die Diskussion der Legitimität der weiteren Entwicklung der christlichen Kirchen, kurz das Problem der ‚Hellenisierung'." (Ebd.). – Dazu auch: G. Forni, L'„essenza del cristianesimo", 73–98.

721 Loisy – darin dem Protestanten Troeltsch ähnlich – will das Wesen des Christentums dadurch vor dem Forum der Wissenschaft verteidigen, dass er es als die von der Religionsgeschichte selbst ausgewiesene Wahrheit über den Sinn von Welt und Geschichte ausweist. Zu diesem Zweck verfasst er in den Jahren 1898–1900 sechs Artikel unter dem Pseudonym „A. Firmin": Le développement chrétien d'après le cardinal Newman, in: Revue de clergé français 17 (1898) 5–20; La théorie individualiste de la religion, in: Revue de clergé français 18 (1899) 202–214; La définition de la religion, in: Revue de clergé français 18 (1899) 193–209; L'idée de la révelation, in: Revue de clergé français 21 (1900) 250–271; Les preuves et l'économie de la révelation, in: Revue de clergé français 22 (1900) 126–153; La religion d'Israel, in: Revue de clergé français 24 (1900) 337–363.

722 Die ersten Sätze der Introduction lauten: „Les conférences de M. Harnack sur l'essence du christianisme ont eu un grand retentissement dans le monde protestant, principalement en Allemagne. Profession de foi personnelle en forme d'aperçu historique, elles répondaient sans doute à un besoin de beaucoup d'intelligences, et elles résumaient tout un ensemble d'idées où plusieurs se sont retrouvés avec satisfaction. Mais les suffrages des théologiens ont été partagés. Quelquesuns ont formulé des réserves, et il en est aussi qui ont critiqué vivement une façon d'entendre le christianisme qui élimine de son essence à peu près tout ce qu'on est accoutumé à regarder comme croyance chrétienne. L'ouvrage aurait fait sans doute plus de bruit en France,

Während Harnack glaubt, das reine Evangelium vom Schutt der Interpretationen befreien zu können, betont Loisy: „Was man auch theologisch von der Tradition denkt, ob man ihr traut oder misstraut –, man kennt Christus nur aus der Tradition, durch die Tradition, in der frühchristlichen Tradition.“[723] Wenn Loisy vom „Wesen des Evangeliums“ (*l'essence de l'Évangile*) spricht, dann nicht, um die Verkündigung Jesu von ihren zeitbedingten Schalen zu befreien und „als reine Größe“ zu eruieren. Dies ist, wie er Harnack mit dessen eigenen Methoden zu beweisen versucht, gar nicht möglich[724]. Nein, der Ausdruck „Wesen des Evangeliums“ drückt im Werk von Loisy aus, dass die Schriften des NT – allen voran die synoptischen Evangelien – Ausdruck der von Jesus selbst ausgehenden Wirkungsgeschichte sind. Und wenn Loisy vom „Wesen des Christentums“ (*l'essence du christianisme*) spricht, dann nicht, um von der uneigentlichen Ebene des geschichtlichen Jesus zur eigentlichen Ebene des individuellen Immediatverhältnisses zwischen der Einzelseele und dem himmlischen Vater vorzustoßen[725]. Im Gegenteil, für Loisy ist das Wesen des Christentums nie die Sache des einzelnen Individuums und schon gar nicht auf einer geschichts-transzendenten Ebene angesiedelt, sondern stets Erneu-

---

et même parmi les catholiques, s'il n'était venu après l'*Esquisse d'une philosophie de la religion,* de M. A. Sabatier, dont l'esprit et les conclusions étaient à peu près semblables. Cependant, une traduction française vient de paraître, et quelques revues catholiques avaient attiré dejà l'attention de leurs lecteurs sur cette publication remarquable, en en donnant des analyses où se mêlaient certaines rectifications.“ (A. Loisy, L'Évangile et l'Église, V-VI).

723 „Quoi que l'on pense, théologiquement, de la tradition, que l'on s'y fie ou que l'on s'en défie, on ne connaît le Christ que par la tradition, à travers la tradition, dans la tradition chrétienne primitive.“ (A. Loisy, L'Évangile et l'Église, XXI).

724 „M. Harnack n'a pas évité cet écueil. Sa définition de l'essence du christianisme n'est pas fondée sur l'ensemble des textes certains, mais elle repose, en dernière analyse, sur un très petit nombre de textes, on pourrait presque dire sur deux passages: ‚Nul ne connaît le Fils, si ce n'est le Père, ni le Père, si ce n'est le Fils', et ‚Le royaume de Dieu est en vous‘, qui ont chance l'un et l'autre d'avoir été influencés, sinon produits, par la théologie des premiers temps. Ce parti pris de sa critique pourrait donc avoir exposé l'auteur à la suprême infortune, pour un théologien protestant, d'avoir fondé l'essence de l'Évangile sur une donnée de la tradition chrétienne. Le mal ne serait pas grand, au point de vue de l'histoire, si l'on n'isolait pas ces textes en leur donnant la préférence sur tous les autres.“ (A. Loisy, L'Évangile et l'Église, XIX-XX).

725 „Wer wissen will, was das Reich Gottes und das Kommen dieses Reiches in der Verkündigung Jesu bedeuten, der muss seine Gleichnisse lesen und überdenken. Da wird ihm aufgehen, um was es sich handelt. Das Reich Gottes kommt, indem es zu den *Einzelnen* kommt, Einzug in ihre *Seele* hält, und sie es ergreifen. Das Reich Gottes ist Gottes*herrschaft*, gewiss – aber *es ist Gott selbst mit seiner Kraft.*“ (A. Harnack, Das Wesen des Christentums, 45).

erung von Welt und Menschheit[726]. Unter dieser Voraussetzung ist der immer wieder zitierte, aber gegen die Intention des Verfassers gelesene Satz zu verstehen: „Jesus kündete das Reich Gottes an, gekommen ist die Kirche."[727] Gemeint ist die Untrennbarkeit der real existierenden Kirche von der Reich-Gottes-Botschaft Jesu. Man kann mit guten Gründen die These vertreten, dass Loisy zumindest in *L'Évangile et l'Église* (1902) die Reich-Gottes-Botschaft Jesu und die Christus-Verkündigung der Kirche nicht erkenntnistheoretisch als zwei verschiedene Ebenen betrachtet, von denen die erste die objektive, empirisch zugängliche, weil geschichtliche, und die zweite die dem Glauben – zwar nicht des Individuums, sondern der kirchlichen Gemeinschaft – entspringende und also nicht objektive, weil nicht geschichtlich gegebene, ist. Es lassen sich eine ganze Reihe von Aussagen anführen[728], in denen Loisy die Dogmen der Kirche als Auslegungen und Entfaltungen der Reichsverkündigung Jesu bezeichnet. Wenn Loisy aufgrund seiner historischen Kritik des NT betont, dass Jesus selbst die Kirche nicht gegründet habe, dann nicht, um ihr Entstehen wie die liberale protestantische Exegese als Abfall vom Ursprung zu erklären, sondern im Gegenteil, um zu zeigen, dass die Kirche dem Willen Jesu durchaus entspricht und also auf seiner Reich-Gottes-Botschaft basiert. Auch noch in dem Werk, mit dem Loisy den Kritikern von *L'Évangile et l'Église* antwortet – in der 1903 publizierten Replik *Autour d'un petit livre* –, will Loisy mit seiner Unterscheidung zwischen einer Kirche, die auf einen formellen Gründungsakt des historischen Jesus zurückgeht, und einer Kirche, die auf der Reich-Gottes-Botschaft des historischen Jesus gründet, keine Gräben aufreißen[729]. Wörtlich bemerkt er: „Man scheint nicht zu bemer-

726 Vgl. A. Loisy, L'Évangile et l'Église, 45f.

727 Der Kontext des Zitates lässt keinen Zweifel an der Intention des Autors : „Mais il y a quelque chose de bien plus étranger encore à sa pensée et à son enseignement authentique, c'est l'idée d'une societé invisible, formée à perpétuité par ceux qui auraient foi dans leur cœur à la bonté de Dieu. On a vu que l'Évangile de Jésus avait déjà un rudiment d'organisation sociale, et que le royaume aussi devait avoir forme de societé. Jésus annonçait le royaume, et c'est l'Église qui est venue. Elle est venue en élargissant la forme de l'Évangile." (A. Loisy, L'Évangile et l'Église, 153). – Zu der Verhältnisbestimmung Christus / Kirche bei Loisy: G. Heinz, Das Problem der Kirchenentstehung, 122–139; I. Böhm, Dogma und Geschichte, 136–179; A. U. Müller, Christlicher Glaube und historische Kritik, 283–333.

728 Vgl. ebd. 182–188.

729 Allerdings: „Die Pauschalität der Darstellung Loisys in ‚L'Evangile et l'Église' lässt freilich die Problematik der Konstruktion unvermeidlich deutlich werden. Auch wenn man die eben genannten Absicherungen bemerkt, bleibt der Eindruck naheliegend, das faktisch so Gewordene rechtfertige sich letztlich durch seine Faktizität selbst. – Dieser Eindruck entspringt vor allem der Anwendung eines Entwicklungsbegriffs,

ken, dass die göttliche Einsetzung der Kirche ein Objekt des Glaubens, nicht ein historisch beweisbares Faktum ist und dass die wohlverstandene apostolische Tradition die Kirche eher als *auf* Jesus (vgl. Eph 2,20) denn *durch* ihn gegründet voraussetzt oder dass sie – wenn sie ihm die Einsetzung zuschreibt – diese auf den auferstandenen Christus, nicht auf den das Evangelium des Reiches predigenden Erlöser bezieht."[730]

Einer der prominentesten Vertreter des Historismus, nämlich Ernst Troeltsch, hat Loisy gelobt, weil mit ihm endlich auch ein katholischer Theologe die historisch-kritische Methode anwende. Er hat ihm jedoch vorgeworfen, mit umgekehrtem Vorzeichen denselben Fehler wie Harnack zu machen. Denn während Harnack das Wesen des Christentums aus seinen vielen Schalen (Frühkatholizismus, griechische Philosophie, Scholastik) zu befreien trachte und also in einem der Geschichte enthobenen „Kern" suche, identifiziere es der Franzose mit einer der Geschichte enthobenen Kirche[731]. Troeltsch anerkennt die *Intention* Loisys, das Wesen des Christentums nicht jenseits der Geschichte suchen zu *wollen*. Aber er vermisst bei ihm die entsprechenden Schlussfolgerungen[732]. Zu diesen gehören aus seiner Sicht:

---

der geschichtliche Besonderheit zu stark einebnet und gerade das Dogma letztlich funktional zu Bewusstseinsentwicklungen des Christentums relativiert." (A. Raffelt, Age ut intelligas, 259).

730 „On ne semble pas s'apercevoir que l'institution divine de l'Église est un objet de foi, non un fait historiquement démontrable, et que la tradition apostolique, bien entendue, suppose l'Église fondée sur Jésus plutôt que par lui, ou bien, si elle lui en attribue l'institution, la rapporte au Christ ressuscité, non au Saveur prêchant l'Évangile du royaume." (A. Loisy, Autour d'un petit livre, Paris 1903, 161f).

731 „Der Widerspruch Loisys gegen Harnack mag Recht haben, wenn er die sachliche Auffassung des Wesens bei Harnack oder die einseitige Abstraktion des Wesens von der Predigt Jesu bekämpft. Ja, er mag das Wesen darin finden, dass das Christentum überhaupt zu komplex und uneinheitlich für eine solche Abstraktion ist. Aber Unrecht hat er, wenn er den Wesensbegriff durch den der Kirche ersetzen will. Darin kommt bei ihm ein Rest unhistorischen, katholisch-dogmatischen Denkens zum Vorschein. Die Historie fordert den Fortgang vom Detail der Erzählung zum Wesensbegriff, einerlei wie weit hierbei ein solcher sich wirklich geschlossen ergeben mag. Wollen wir wirklich auf historischem Wege über das Christentum klar werden, so können wir gar nicht anders als die historische Einzelarbeit zu einem Wesensbegriff verarbeiten, wie immer dieser Begriff ausfallen möge." (E. Troeltsch. Was heißt „Wesen des Christentums"?, 398).

732 Loisy verwendet im Blick z. B. auf die Dogmengeschichte nicht nur den Begriff développement, sondern auch den mit dem Implikat eines notwendigen Prozesses behafteten Terminus „évolution". Er verwendet auch die Metapher von Keim und Pflanze. Und er glaubt zumindest retrospektiv erweisen zu können, dass die von der römisch-katholischen Kirche repräsentierte Lehrentwicklung unter einem doppelten Aspekt *notwendig* war: im Blick auf das Ursprungsgeschehen, d. h. auf das Christusereignis,

- der Verzicht auf die Annahme, irgendein Phänomen der Geschichte sei einzig im Sinne von „unüberholbar";
- der Verzicht auf die Anwendung *organologische*r Metaphern (z. B. Keim → Pflanze) in der Geschichtsbetrachtung;
- der Verzicht auf die Annahme, wenigstens im Nachhinein lasse sich ein Phänomen der Geschichte als *notwendige* Entfaltung des Ursprungs ausweisen.

Das römische Lehramt hat Loisy verurteilt[733], weil er die Lehrentwicklung des Christentums ohne Rekurs auf die Autorität des kirchenleitenden Amtes und also ausschließlich mit den Mitteln des Historikers erklären wollte. Troeltsch hingegen kritisiert Loisy exakt aus dem gegenteiligen Grund. Aus seiner Sicht ist der Franzose ein inkonsequenter Historiker, der das Dogma seiner Kirche nicht derselben historischen Kritik unterwerfen will, mit welcher er – löblicherweise – die neutestamentlichen Quellen befragt hat.

Kurzum: Aus der Sicht des Historismus (Troeltsch) versucht Loisy die Quadratur des Kreises, wenn er das Dogma der Kirche ebenso wie den historischen Jesus als geschichtliches Phänomen bezeichnet, zugleich aber Kategorien (Notwendigkeit; unüberholbare Wahrheit; organische Entwicklung) anwendet, die nicht aus der Geschichte selbst abgeleitet sind. Und aus der Sicht des kirchlichen Lehramtes ist Loisy ein Modernist bzw.

und im Blick auf die Denkformen veränderter Zeiten und Kulturen. Troeltschs Kritik kann sich auf diese Anhaltspunkte berufen. Sie ist nicht ungerecht, wenn man einmal von der Stelle (vgl. E. Troeltsch. Was heißt „Wesen des Christentums"?, 404) absieht, in der er Loisy aufgrund einer positiven Erwähnung des englischen Hegel-Rezipienten Edward Caird (1835–1908) eine hegelianische Geschichtskonstruktion im Sinne einer „notwendigen Entwicklung" vorwirft. Albert Raffelt erklärt, dass die Applikation organologischer Metaphern auf die Dogmenentwicklung seit Vinzenz von Lérins als geradezu klassisch bezeichnet werden kann; und dass zur Zeit Loisys auch die Begriffe der Entwicklung und der Notwendigkeit nicht immer mit der Absicht verwandt wurden, die man aus heutiger Sicht vermuten möchte. Vor allem aber verweist Raffelt auf die intensive Newman-Lektüre Loisys. Von daher bedürfte es einer eigenen Untersuchung, ob Loisy nicht ähnlich wie Newman immer dann von einer *notwendigen* geschichtlichen Entwicklung spricht, wenn er ein Phänomen anhand bestimmter Kriterien als *legitime* Entfaltung ausweisen kann. Zu diesen Kriterien zählt Newman: „die Permanenz des Typs oder die Bewahrung der Grundidee; die Kontinuität der Prinzipien; die Kraft zur Assimilation; die entwurfhafte Antizipation dessen, was sich später vollkommen realisiert; die logische Folge; die schützende Funktion des Vergangenen; den geschichtlichen Zusammenhang [... und] dass die Entscheidung über die Wahrheit ein kollektiver Akt [...] und somit auf Autorität bezogen ist" (A. Raffelt, Das „Wesen des Christentums" nach Alfred Loisy, 187)

733 Dekret des Hl. Offiziums „Lamentabili" vom 3. 7. 1907 (DH 3401–3466).

Immanentist, weil er die Bedeutung Jesu ausschließlich durch historische Kritik eruieren will.

Was mit dem vom Lehramt erhobenen Modernismus-Vorwurf näherhin gemeint ist, wird exemplarisch deutlich, wenn man Loisys Christologie in den Blick nimmt. Es geht um die Frage, ob seine historische Reduktion zum göttlichen Selbstbewusstsein Jesu Christi vordringt[734]; es geht um die von Blondel gegen Loisy gerichtete Frage, „ob die Entwicklung des Christentums aus dem Wirken und (expliziten) Wollen Christi hervorgeht oder ob er nur einen Keim gelegt hat, den der historische Determinismus eigenmächtig ausfaltet“[735]. Loisy – so Blondels Vorwurf – erklärt Jesus historisch-kritisch als einen Menschen, der sich auf besondere Weise berufen weiß; der sich von einem gewissen Zeitpunkt an mit dem von den Juden erwarteten Messias identifiziert hat, aber ganz gewiss nicht in dem ihm von Johannes unterstellten Bewusstsein gelebt hat, der präexistente Logos zu sein[736]. Die dogmatische Deutung Jesu als des Fleisch gewor-

734 Dazu: H. Riedlinger, Geschichtlichkeit und Vollendung des Wissens Christi, 110–120; A. Raffelt, Das „Wesen des Christentums“ nach Alfred Loisy, 193–197; J. Hulshof, Wahrheit und Geschichte, 116–121; D. Bader, Der Weg Loisys zur Erforschung der christlichen Wahrheit, bes. 65–172; A. U. Müller, Christlicher Glaube und historische Kritik, bes. 298–305.

735 A. Raffelt, Age ut intelligas, 261.

736 „Jésus lui-même a vécu sur la terre dans la conscience de son humanité, et il a parlé selon cette conscience; il a vécu dans la conscience de sa vocation messianique et il a enseigné selon la conscience qu'il avait de cette vocation. Ses discours, sa conduite, l'attitude de ses disciples et celle de ses ennemis, tout montre que le Christ était homme parmi hommes [...] La divinité du Christ est un dogme qui a grandi dans la conscience chrétienne, mais qui n'avait pas été expressément formulé dans l'Évangile“ (A. Loisy, Autour d'un petit livre, 116f). – „Demander au plus croyant des critiques si Jésus, au cours de sa vie terrestre, avait conscience d'être le Verbe éternel, consubstantiel au Père, est lui poser une question inutile. L'historien ne voit pas que la pensée humaine du Christ ait été déterminée selon les catégories de la pensée chrétienne des temps postérieurs à la diffusion du quatrième Évangile. Aussi répondra-t-il que Jésus n'a pas donné cet enseignement sur sa personne ; mais le croyant ajoutera que la définition ecclésiastique n'en est pas moins elle qui convenait à l'objet défini. Le sentiment que Jésus avait de son union avec Dieu est au-dessus de toute définition. Il suffit de constater que l'expression qu'il en a donnée lui-même est, autant qu'on peut la saisir, équivalente en substance à la définition ecclésiastique.“ (Ebd., 137f). – „Quand nos théologiens disent que la personne du Christ aurait toujours connu, par sa science divine, ce que sa science humaine aurait pu ne pas contenir, en sorte que Jésus, au moins dans l'étage supérieur de son être, ne pouvait rien ignorer, j'ai peur que les vrais philosophes ne se croient en présence d'une construction mécanique et artificielle, non d'une conception rationnelle, et que le sublime de la théorie ne leur semble pas exempt de fragilité.“ (Ebd., 140). – „L'Église a qualité pour dégager constamment du symbole ancien les applications que comporte une situation qui ne cesse pas de se renouveler. Elle a toujours eu autre chose à faire que de philosopher sur le rapport de ces applications avec la forme historique de l'Évangile;

denen, ewigen, dem Vater wesensgleichen Logos erscheint dann wie ein übernatürliches Stockwerk über dem natürlichen Souterrain der Reich-Gottes-Botschaft bzw. der Selbstaussagen Jesu. Auf den Punkt gebracht: Loisys historisch-kritisch eruierter Jesus ist nicht der Christus der Kirche.

Nachdem er exkommuniziert war (1908), hat Loisy noch radikaler als Troeltsch die geschichtliche Vermittlung aller Wahrheit als die zentrale Entdeckung seiner Epoche erklärt. Im Unterschied zu Troeltsch verzichtet er fortan auf jeden Versuch, das Christentum als zumindest vorläufige oder gar endgültige Vollendung der Religionsgeschichte zu erweisen. Vielmehr befragt er die von dem historischen Jesus wie von anderen großen Gestalten der Religionsgeschichte ausgehenden Impulse nach deren Bedeutung für die Gegenwart und für die Zukunft („für uns"). Vorläufig – so meint er mit einem gewissen antirömischen Affekt – kann der Staat die bisher von den Kirchen wahrgenommene Funktion des Wächters über eine stets fortschreitende *évolution* des moralischen Bewusstseins übernehmen – jedenfalls so lange, bis sich weltweit eine universale *réligion de l'humanité* etabliert hat[737].

bb) Maurice Blondel und Karl Rahner

Unter den katholischen Intellektuellen Frankreichs war es vor allem Maurice Blondel (1861–1949), der das Problem des Modernismus durchschaut und eine tragfähige Antwort angeboten hat. Die Tragik seines Lebens liegt weniger in den gegen ihn selbst gerichteten Verdächtigungen des römischen Lehramtes als vielmehr in den Zerwürfnissen mit Denkern wie Alfred Loisy, Henri Bremond oder Friedrich von Hügel, die nicht verstanden, warum er sich trotz mehrfach geäußerter Sympathie ihrer Position nicht einfach anschloss.

Blondel hatte sein Hauptwerk *L'Action* (1893) längst geschrieben und auch schon so etwas wie einen eigenen Entwurf der Begründung des christlichen Glaubens[738] (1896) vorgelegt, als ihm Alfred Loisy im November 1902 ein Exemplar seines Buches *L'Évangile et L'Église* zukommen ließ. Schon nach einer ersten Lektüre dieses Werkes antwortete Blondel nicht nur mit Lob, sondern auch mit kritischen Bemerkungen vor allem zu den Passagen, in denen Loisy das Bewusstsein Jesu dem Bewusstsein entge-

---

mais le critique ne peut se faire illusion sur ce rapport, et sans doute on n'est point sacrilège pour le constater." (Ebd., 144f).

737 Vgl. A. Loisy, La morale humaine, Paris 1919, 58ff; ders., De la discipline intellectuelle, Paris 1919, 117–125.

738 M. Blondel, Lettre sur les exigences de la pensée contemporaine.

genstellt, das die Kirche von Jesus entwickelt hat[739]. Aber erst nachdem Loisy seine Position in der 1903 publizierten Antwort an seine Kritiker erheblich zugespitzt hatte, ließ sich Blondel von seinen Freunden Fernand Mourret, Joannès Wehrlé und Lucien Laberthonnière zur Abfassung jener Artikelserie bewegen, der unter dem Titel *Histoire et Dogme* eine wirkliche Überwindung des Modernismus gelingt.

In diesen Artikeln[740] wendet sich Blondel zunächst gegen zwei zeitgenössische Gestalten der Verhältnisbestimmung von Geschichte und Dogma. Der von ihm so genannte *Extrinsezismus* der traditionellen (zumeist neuscholastischen) Schulapologetik versteht die Offenbarung wie eine Instruktion. Dieses Modell „kennt keinen inneren Bezug des Dogmas auf die Geschichte. Die historischen Fakten (z. B. Wunder) sind bloße ‚Zeichen‘, aus denen die Vernunft auf Gott als den einzig möglichen Urheber schließt, um auf Grund dieser Beglaubigung das ganze Dogma *en bloc* anzunehmen, ohne den Sinn und den Kontext der Fakten näher zu erforschen“[741]. Die zweite Gestalt der Verhältnisbestimmung von Dogma und Geschichte wird von Blondel als „Historizismus“ beschrieben. Dieses Modell geht von der Prämisse aus, Gott bzw. das Absolute bzw. der Sinn des Ganzen sei abzulesen aus dem, was uns die geschichtlichen Fakten aufgrund ihres Zusammenhangs – aufgrund ihrer Korrelation und Analogie – von sich aus sagen.

Blondel kritisiert an dem Modell, das er mit dem Etikett „Historizismus“ versieht, die mangelnde Reflexion der Frage, was denn überhaupt ein historisches Faktum ist. Nicht jedes Geschehen – so antwortet er selbst – ist ein historisches Geschehen, sondern nur ein solches, das auf einer nicht notwendig, sondern frei gesetzten „action“ einer mit Bewusstsein und Willen begabten Einzelperson oder Gemeinschaft basiert. Ein historisches Ereignis mit einer staunenswerten Wirkungsgeschichte ist – so betont Blondel – das Christusereignis. Dieses Ereignis bzw. diese „action“ wird nicht durch Begriffe oder durch historisch-kritische Methoden, sondern durch Zeugen tradiert, die Jesus Christus nicht nur denken oder untersuchen, sondern auch „tun“. Insofern mit dem Etikett „Tradition“ der Mitvollzug (Praxis) des tradierten Inhaltes durch die Tradenten gemeint

739 Vgl. dazu die deutsche Übersetzung der Korrespondenz zwischen Blondel und Loisy und deren Kommentierung in: A. U. Müller, Christlicher Glaube und historische Kritik, 150–225.

740 Eine ausgezeichnete Analyse und geistesgeschichtliche Einordnung bietet: G. Larcher, Modernismus als theologischer Historismus, bes. 65–214.

741 P. Henrici, Blondel und Loisy in der modernistischen Krise, 517.

ist, bezeichnet Blondel das eigene Konzept der Verhältnisbestimmung von Dogma und Geschichte als das Modell „Tradition“[742].

Hinter dieser Position steht die bahnbrechende Analyse des Phänomens der „action“, die Blondel nach zehnjähriger Arbeit 1893 der Sorbonne in Paris als Dissertation vorgelegt hat[743]. Zu Beginn dieses monumentalen Werkes schildert Blondel den Typus des dilettantischen Ästheten. Der Dilettant versucht sich einzuigeln in eine vermeintliche Autarkie, indem er jedes Wollen verneint. Aber aus der „noluntas“ – die sich in der Reflexion in ein „volo nolle“ übersetzen lässt – schält sich ein jedes Nichtwollen unterfassendes Wollen heraus. Blondel analysiert den Widerspruch zwischen der „volonté voulue“ und der „volonté voulante“. Er stellt dem dilettantischen Ästheten den „homme de sacrifice“ gegenüber, der sich der Tatsache beugt, dass er unendlich viel mehr will, als er in seinen einzelnen Willensakten erstreben kann.

Ausgehend von der Frage nach dem Sinn des menschlichen Lebens in seiner Ganzheit will Blondel keine Erkenntnistheorie betreiben, nicht nach dem Wesen der menschlichen Vernunft fragen, sondern den Lebensvollzug des Menschen als solchen (die „Aktion“) untersuchen. Blondel zeigt, wie das Missverhältnis zwischen dem, was der Mensch zu wollen glaubt, und dem, was er in einer tieferen Schicht seiner Seele tatsächlich will, zwischen dem erstrebten Gegenstand und dem spontanen Antrieb des Willens, kurz: zwischen dem gewollten Willen („volonté voulue“) und dem wollenden Willen („volonté voulante“) von keinem Menschen aufgehoben werden kann. Mit dem beschriebenen Missverhältnis ist kein bloßer Bewusstseinszustand, sondern die innere Logik des menschlichen Tuns selbst beschrieben. Denn wenn Blondel im Kern des menschlichen Willens ein Bedürfnis, ein Verlangen nach dem ganz Anderen, zu entdecken glaubt, so ist das nicht intrinse-

742 „Die Vermittlung zwischen den Fakten (die der Historiker nur reduziert wahrnimmt) und der Lehre, dem Dogma, dem Glauben geschieht durch Tradition. Diese ist nicht als mündliche Überlieferung des Nicht-Geschriebenen zu denken, nicht als Ersatz für fehlende historische Belege. Sie ist vielmehr eine bewahrende und erwerbende Kraft: Sie entdeckt die Wahrheit, aus der die Vergangenheit gelebt hat, ohne sie ausdrücklich ausgesprochen und definiert zu haben. Eine Philosophie des Tuns vermag das ‚natürliche‘ Substrat für diese These zu verdeutlichen: Das Tun bewahrt mehr als der schriftliche Niederschlag. Daher vermag keine historische Beschreibung das Leben der Kirche voll zu erklären. Diese bewahrt vielmehr im Vollzug, in der Glaubenspraxis, in der Tradition, den übernatürlichen Samen lebendig und vermag ihn so auch immer mehr zu explizieren.“ (A. Raffelt, Age ut intelligas, 262f). – Dazu auch: G. Forni, L’„essenza del cristianesimo“, 113–132.

743 Dazu vgl. die Darstellungen bei H. Bouillard, Blondel und das Christentum, bes. 75–156; R. Scherer, Der philosophische Weg Maurice Blondels; A. E. van Hooff, Die Vollendung des Menschen, bes. 56–233.

zistisch zu verstehen, als hieße es: „entdeckt in unserem Bewusstsein". Im Gegenteil: Im Blick auf die Ungläubigen setzt Blondel vielmehr voraus, dass dieses Bedürfnis in der Regel nicht empfunden wird. Er will aber *auf dem Wege rationaler Reflexion* beweisen, dass ein solches Bedürfnis im menschlichen Tun immer schon mitgesetzt ist.

Blondel zeigt, dass der Mensch nur im Tun, nur in der „action", der Andersheit des Anderen bzw. der Wirklichkeit (dem Sein) gerecht wird. Die Begriffe bzw. Ideen des reinen Denkens sind Abstraktionen von der Wirklichkeit (vom Sein) und erreichen diese daher nie. Nur in der „action" gelangt der Mensch zu einer freilich stets partiellen Synthese von Denken und Wirklichkeit bzw. Sein. Der Mensch weiß, dass er auch im Tun der Wirklichkeit (dem Sein) nie ganz gerecht wird. Er muss sich – so äußert sich die besagte *volonté voulante* – immerzu ausstrecken nach der Fülle des Wirklichen (nach dem ganz Anderen), obwohl er weiß, dass er von sich aus den Hiatus zwischen der Idee des ganz Anderen und der Wirklichkeit des ganz Anderen durch keinen seiner Akte *(volonté voulue)* schließen kann.

Weil der Mensch die „volonté voulante" wohl verdrängen, aber nicht auslöschen kann, tritt ihm die Wirklichkeit immer schon als radikale Andersheit, also in der Gestalt reiner Heteronomie, gegenüber, ist aber gleichzeitig eine intime Forderung seines innersten Selbst (seiner autonomen Vernunft)[744]. Angesichts dieses vordergründig paradoxen Befundes gelangt Blondel zu seiner berühmt gewordenen Definition des ganz Anderen bzw. Übernatürlichen: *„Es ist notwendig; und es ist unausführbar.*"[745] Absolut unmöglich und absolut notwendig für den Menschen, das ist genau der Begriff des Übernatürlichen. Das Tun des Menschen reicht über den Menschen hinaus, und das ganze Bemühen seiner Vernunft liegt darin, einzusehen, dass er dabei nicht stehen bleiben kann noch darf.

In seinem 1896 an die Kritiker seiner Dissertation adressierten „Brief über die Anforderungen des heutigen Denkens an die Apologetik und über die Methode der Philosophie bei der Untersuchung des Problems ‚Religion'" erklärt Blondel, dass seine Philosophie nur einem Ziel dient: dem Aufweis der Tatsache, dass die christliche Offenbarung nicht der übernatürliche Überbau über der Welt der Vernunft, sondern die Antwort schlechthin auf die Aporien einer sich in die eigene Immanenz verschließenden Existenz ist. Anders ausgedrückt: Blondel will zeigen, dass der unbedingte Sinn, nach dem alles Wollen

744 Dazu: G. Schwind, Das Andere und das Unbedingte, bes. 61–148.237–281.

745 „Il est impossible de ne pas reconnaître l'insuffisance de tout l'ordre naturel et de ne point éprouver un besoin ultérieur; il est impossible de trouver en soi de quoi contenter ce besoin religieux. *C'est necessaire; et c'est impraticable.*" (M. Blondel, L'Action, 319).

und Tun des Menschen sich ausstreckt, zwar vom handelnden und wollenden Menschen selbst nicht erreichbar ist, ihm aber in Jesus Christus als in Raum und Zeit geschichtlich anschauliche Verheißung vor Augen steht.

In Jesus Christus sieht Blondel den einzigen Menschen der Universalgeschichte, der den Terminus seiner *volonté voulante,* nämlich das schlechthin Andere, das schlechthin Übernatürliche, den Sinn des Ganzen, erreicht und deshalb in jedem seiner konkreten Akte *(volonté voulue)* realsymbolische Darstellung des Absoluten und also nicht bedingte, sondern unbedingte Anerkennung der Andersheit des Anderen ist. Biblisch gesprochen: Blondel sieht das Geheimnis dieses Einen und Einzigen in seinem Sohnesbewusstsein, in der Tatsache, dass er als wahrer Mensch dieselbe Beziehung zum Vater lebt, die der innertrinitarische Logos von Ewigkeit her ist.

Blondel prägt den Begriff „panchristisme"[746], um auszudrücken, dass der Sinn, der aller Schöpfung und aller Geschichte zugrunde liegt, dass der Sinn,

746 Zur Erklärung dieses nicht selten missverstandenen Begriffs: P. Henrici, Glaubensleben und kritische Vernunft; A. E. van Hooff, Die Vollendung des Menschen, 425–447; ders., Der Panchristismus. – Hansjürgen Verweyen sieht die mit dem Begriff „Panchristismus" verbundene Theorie in der Nähe zu Rahners „übernatürlichem Existential". Er bemerkt in seiner meisterlichen Einführung zu Blondels Schrift über die Methode der Religionsphilosophie (*Lettre sur les exigences de la pensée contemporaine en matière d'apologétique et sur la méthode de la philosophie dans l'étude du problème religieux*): „Die andere Frage ist, wieso Blondel von einem ‚verschuldeten Verlust' im Hinblick auf solche sprechen kann, denen sich Christus noch nicht konkret angeboten hat. Dieses Problem führt uns unmittelbar zu dem anderen [...], das man, im Anschluss an die Terminologie Karl Rahners, Blondels Theorie vom ‚übernatürlichen Existential' nennen kann. Die Formulierung dieser Theorie, wie wir sie in der *Action* gefunden haben, ist klarer als die kurzen Hinweise in der *Lettre*. Ich muss gestehen, dass mich weder Blondel noch Rahner in diesem Punkte befriedigen, und dies vor allem wegen der Ambiguität, in der die Theorie (besonders bei Rahner) erscheint. Einmal dient das ‚übernatürliche Existential' zum bloßen Ausdruck dafür, dass man gemäß der kirchlichen Lehre die Hypothese einer ‚natura pura' nicht aufgibt. Es bedeutet dann nichts anderes als die über die hypothetisch angenommene ‚rein natürliche' Vernunft hinausgehende transzendentale Voraussetzung des Hörens von Offenbarung, eine Voraussetzung, die den Menschen ohne eine faktisch ergehende Offenbarung in einem verzweifelten Zustand belässt. [...] Zum anderen aber fungiert das ‚übernatürliche Existential' bei Rahner sowohl wie bei Blondel als eine Art Surrogat für die faktische Begegnung mit Christus in der Kirche. Während Blondel in dieser Hinsicht von einer Zugehörigkeit nur zur ‚Seele der Kirche' (im Unterschied zu den Gliedern des ‚Leibes der Kirche') spricht, kann Rahner durch eine Ausweitung des Begriffs vom ‚Leibe Christi' auch die ‚anonymen Christen' als hierzu gehörig begreifen. In seiner Inkarnation hat der Logos menschliches Fleisch überhaupt angenommen, und damit steht alles menschliche Fleisch in einer mystischen Gemeinschaft mit dem Leibe Christi." (H. Verweyen, Einleitung, 91f). – Albert Raffelt sieht die Rahner zugeschriebene These von einem „anonymen Christentum" zumindest der Sache nach von Maurice Blondel vorweggenommen. „Wenn auch nicht unter diesem

nach dem die *volonté voulante* jedes Menschen sich ausstreckt, in jenem Einen und Einzigen mit dem Namen Jesus Christus Fleisch (geschichtliches Faktum) geworden ist. Von daher kann man mit Blondel sagen, dass jeder Akt der Erkenntnis von Wirklichkeit ein Akt der Verähnlichung mit Christus sein muss. Oder einfacher formuliert: Ohne Liebe keine Erkenntnis des Wirklichen (des Seins)! Die vertikale Inkarnation des ewigen Logos – so erklärt Blondel – findet ihre Vollendung erst dann, wenn alle Menschen sich wechselseitig unbedingt anerkannt und alle Materie zum Medium ihrer wechselseitigen Liebe gemacht haben (horizontale Inkarnation). Denn erst dann ist Christus „alles in allem und in allen“ (vgl. Kol 1,15–20; 3,11)[747].

Blondel bestimmt das Wesen des Christentums als „Christopraxis“[748]. Denn das Wesen des Christentums ist weder die Geschichte Jesu als solche (nicht das Sein als solches), noch das Christus-Dogma als solches (das Denken als solches), sondern die Synthese von Sein und Denken im „Tun“ (in der „action“). Mit dem „Christus-Tun“ wird kein Mensch je fertig. Aber es gibt ein Fortschreiten hin zu einer immer tieferen und umfassenderen Synthese. Und weil das „Christus-Tun“ letztlich immer Anerkennung des jeweils Anderen bzw. Liebe ist, ist es immer schon sozial verfasst. Es gibt aus der Sicht von Blondel kein Christentum ohne Kirche. Denn erst die Kirchlichkeit des eigenen Christus-Tuns garantiert, das der Einzelne sein Christentum nicht in einer privat-innerlichen Beziehung zu Gott sucht, sondern die „action“ Gottes, nämlich das Ereignis der geschichtlichen Inkarnation, geschichtlich mitvollzieht bzw. durch die eigene „action“ zwischenmenschlich darstellt.

So wird noch einmal deutlich, warum Blondel seine Alternative zum Extrinsezismus und Historizismus mit dem Etikett „Tradition“ versieht[749]. Denn mit diesem Begriff bezeichnet er nicht die Konservierung bestimmter Inhalte bzw. Lehrsätze, sondern das „Christus-Tun“ der Kirche. Die Gesamtheit de-

---

exakten Etikett, vgl. vor allem den Briefwechsel mit Joannès Wehrlé, zum Stichwort ‚anonym‘ z. B. M. Blondel / J. Wehrle, Correspondance, Bd. I (Paris 1969) 169, 185 und passim sowie die Quellen in *Au cœur de la crise moderniste*, hg. v. R. Marlé (Paris 1960) 255ff. Die Diskussion unter dem Stichwort ‚âme de l'Église‘ wäre heranzuziehen, vgl. M. Blondel, Le problème de la philosophie catholique (Paris 1932) (= Cahiers de La Nouvelle Journée 20) 160.“ (Rahner und Blondel, 17[2]).

747 Dazu: H. Verweyen, Gibt es einen philosophisch stringenten Begriff von Inkarnation?

748 „Die Aneignung der übernatürlichen Gabe – ohne diese zu denaturieren – erfolgt im Sich-Einlassen auf den in den ‚Dogmen und geoffenbarten Geboten‘ zum Vorschein kommenden Willen Gottes: ‚Die Dogmen und Glaubensüberzeugungen sind für das Denken nur insofern belehrend, als sie Prinzipien des Tuns werden‘ [L'Action, 413; Die Aktion, 439]. – Die Praxis ist dabei notwendigerweise überindividuell, sie hat eine soziale Funktion, ist Kooperation und Auferbauung.“ (A. Raffelt, Age ut intelligas, 255).

749 Vgl. dazu den mit „Historismuskritik und Traditionsbegriff“ überschriebenen Abschnitt bei G. Larcher, Modernismus als theologischer Historismus, 215–254.

rer, die Christus „tun“, kann die Wahrheit (den Sinn der Jesus-Geschichte) nicht verfehlen. Insofern ist das Wesen des Christentums aus der Sicht von Blondel weder die ungeschichtliche Beziehung des Einzelnen zum Vater Jesu Christi (Adolf von Harnack) noch die Deutung der Jesus-Geschichte, die sich auf Dauer durchsetzt (Ernst Troeltsch); auch nicht einfach das, was der historische Jesus faktisch für die Kirche bedeutet (Alfred Loisy), sondern die von den Gläubigen durch Christopraxis geleistete Übersetzung der vertikalen (Christusereignis) in die horizontale Inkarnation (Kirche).

Karl Rahner (1904–1984) hat die von den antimodernistischen Maßnahmen des römischen Lehramtes lange Zeit verdrängten Fragen Blondels faktisch neu aufgegriffen. Man darf, wie Albert Raffelt überzeugend erwiesen hat[750], zumindest von einem indirekten oder unterschwelligen Einfluss Blondels auf Rahners Denken sprechen.

Als er im Wintersemester 1937/38 seine akademische Lehrtätigkeit in Innsbruck mit dem Traktat *De Gratia Christi* begann, ist kaum jemandem aufgefallen, dass er bei aller äußeren Treue zur neuthomistischen Einteilung und Terminologie schon im Titel eine wichtige Korrektur vornahm. Denn er überschreibt seine erste theologische Vorlesung nicht einfach mit ‚De Gratia‘, sondern mit ‚De Gratia *Christi*‘[751]. Auf diese Weise deutet er schon im Titel an, was man später als wichtige Korrektur an der von Augustinus bestimmten Gnadenlehre gewürdigt hat, nämlich seine These: Es gibt keine Beziehung des Einzelnen zu Gott an Christus vorbei; und Christus ist ein geschichtliches Faktum. Also kommt alles auf die Beantwortung der Frage an, wie ein geschichtliches Faktum das Absolute, der Weg, die Wahrheit und das Leben für alle Menschen aller Zeiten sein kann.

---

750 Albert Raffelt bilanziert seine Nachweise wie folgt: „Dennoch ist ohne Blondel die thematische Entwicklung bei Rahner nicht leicht vorstellbar. Die Linien Rousselot-Maréchal und *nouvelle théologie* haben zu viele Blondelsche Implikate. Und die direkte Blondel-Lektüre wie die indirekte Vermittlung (über Warnach, Scherer etc.) bringen doch genügend an Kenntnissen des Blondelschen Ansatzes mit, die bei seinem eigenständigen Reflektieren über die Sachproblematiken mitgespielt haben dürften. Daneben wird man aber auch davon auszugehen haben, dass diese eigenständige Reflexion bei einer Parallelität des Ansatzes und der Absichten eben auch zu ähnlichen Lösungen geführt hat. Der kühne – vielleicht auch in gutem Sinne gegenüber den theologischen Fragen ‚naive‘ – Ansatz Blondels ist bei Rahner vielfach durch schultheologische Vorgaben gebremst, in deren Optik Rahner die komplexen Probleme bedenkt.“ (Rahner und Blondel, 32f).

751 Karl Rahner legte seiner Vorlesung das Lehrbuch seines Valkenburger Dogmatiklehrers (Hermann Lange SJ, De Gratia) zugrunde und fertigte für seine Studenten selbst ein Skript an mit dem Titel: De Gratia Christi. Summa Praelectionum in usum privatum auditorum ordinata. – Dazu: K. H. Neufeld, Die Brüder Rahner, 130–137.

Diese Frage kann als Mitte von Rahners gesamter Theologie bezeichnet werden. Und sie ist unbestritten das große Thema seiner großen Vorlesung (Münster 1968/69) mit dem Titel „Grundkurs des Glaubens". Rahner bezeichnet die Kirche nicht deshalb als das Grundsakrament, weil sie der fortlebende Christus oder zumindest dessen anschauliche Vergegenwärtigung, sondern weil sie die Gemeinschaft derer ist, die Christus – mehr oder weniger – „tun" bzw. durch ihre Existenz „bezeugen" bzw. „darstellen"[752]. Wie für Blondel. so ist auch für Rahner ein Glaube, der nicht „action", „Tat", „Christus-Tun" ist, kein wahrer, sondern eben ein desinkarnierter, rein innerlicher oder zur Idee verflüchtigter Glaube.

Auch die Rahner-Interpreten, die von einer Aufhebung des geschichtlichen Jesus in ein transgeschichtliches „Existential" sprechen, stellen die besagte Christozentrik nicht in Frage. Ihre Kritik betrifft allerdings das Zentralproblem der Modernismus-Streitigkeiten: den Nexus zwischen dem verkündigenden Jesus und dem Christus des Glaubens.

Karl Rahner geht von der Feststellung aus, dass es derselbe Logos ist, durch den alles geschaffen worden ist und der in Christus Fleisch angenommen hat. Er folgert aus dieser Untrennbarkeit von Schöpfung und Christusereignis eine Hinordnung aller Wirklichkeit zunächst auf das Ziel der Schöpfung, auf den ersten Adam, und zugleich eine Hinordnung auf den neuen Adam, auf Christus. Mit Teilhard de Chardin zeichnet Rahner seine Christologie ein in eine evolutive Weltanschauung[753]. Einerseits gilt: Das Christusereignis ist die Bedingung der Möglichkeit dafür, dass die auf den Menschen hin gedachte Schöpfung ihr Ziel erreicht. Andererseits gilt auch: Das Christusereignis ist Gnade im strengen Sinn dieses Wortes; es ist nicht notwendig, sondern faktisch erfolgt. Daraus folgert Rahner, dass man sich theoretisch die Schöpfung bzw. den Menschen ohne Christusereignis denken kann; dass eine solche Abstraktion („natura pura") aber nur sinnvoll ist, um die Nichtnotwendigkeit des Christusereignisses (der rechtfertigenden Gnade) zu bekennen. Faktisch, so meint er, ist das Christusereignis (die rechtfertigende Gnade) immer schon ein „Existential" jedes Menschen. Oder anders ausgedrückt: Rahner erklärt ein kontingentes Faktum, nämlich das Christusereignis, zu einer transzendental-

752 Vgl. F. Kaulbach, Einführung in die Philosophie des Handelns, 2–5; R. Schaeffler, Kultisches Handeln, 14–16; J. Meyer zu Schlochtern, Sakrament Kirche, 375f.

753 Vgl. K. Rahner, Die Christologie innerhalb einer evolutiven Weltanschauung, bes. 232–241.

ontologischen Bestimmung aller Menschen[754], zu einem „übernatürlichen Existential“[755].

754 Hansjürgen Verweyen verweist darauf, dass Rahner ein transzendentales Apriori eigener Art konstruiert. Es lassen sich – so erklärt er – drei Bestimmungen des Terminus „transzendental“ unterscheiden: „(a) ‚Transzendental‘ im Kantischen Sinn meint eine allgemeingültige Möglichkeitsbedingung von Erfahrung überhaupt, ein ‚Apriori‘ von Erfahrung, das schlechthin ‚a priori‘, d. h. ohne jeden ‚aposteriorischen Einschluss‘, absolut unbedingt von empirischen und geschichtlichen Vorgaben ist. […] – (b) Nun ist gerade die Philosophie Kants ein anschauliches Beispiel dafür, wie schwer es ist, ein schlechthin ‚apriorisches Apriori‘ sicherzustellen. […] Von daher liegt ein zweites Verständnis von ‚transzendental‘ nahe, das der Geschichtlichkeit des Verstehens Rechnung trägt. Das ‚Transzendentale‘ in diesem weiteren Sinn ist zwar immer noch ein Apriori, nämlich der Interpretationsraster zeitbedingter Erfahrungen, ein Vorverständnis, dessen Aufdeckung ja oft erheblicher Anstrengungen bedarf. Es ist aber nicht ein ‚Apriori schlechthin‘, sondern ein solches, das selbst durch bestimmte geschichtliche Bedingungen konstituiert ist. In diesem Sinn wird der Terminus ‚transzendental‘ mit der Entwicklung des hermeneutischen Bewusstseins zunehmend auch in der phänomenologischen Forschung verwandt, weitgehend mit impliziter Voraussetzung der Unvermeidbarkeit des ‚hermeneutischen Zirkels‘, d. h. der Annahme, dass ein ‚Apriori schlechthin‘ unmöglich sei. – (c) Erst unter Voraussetzung dieses Schritts von ‚transzendental Nr. 1‘ zu ‚transzendental Nr. 2‘ ist nun die Weiterentwicklung des Terminus zu jener dritten Fassung von ‚transzendental‘ zu begreifen […]. Wird nämlich ein Apriori anerkanntermaßen durch geschichtliche Vorgaben konstituiert, dann können solche geschichtlichen Vorgaben ja durchaus auch theologischer Art sein. Nimmt man darüber hinaus – wie K. Rahner mit seinem ‚übernatürlichen Existential‘ – eine *universale* geschichtliche Vorgabe an, ohne die überhaupt kein Mensch faktisch zur Welt kommt, dann scheint mit dem nun gewonnenen Begriff eines ‚theologischen Apriori‘ zugleich auch ein fließender Übergang von ‚transzendental Nr. 1‘ zu ‚transzendental Nr. 2‘ gewonnen, ein Übergang, der philosophisch nicht möglich ist. Dieses ‚übernatürliche Existential‘ nämlich wäre zwar (im Sinne von Nr. 2) eine geschichtliche Mitgift, nichtsdestoweniger aber (im Sinne von Nr. 1) schlechthin universal, Auszeichnung einer jeden existierenden Menschenvernunft. Die reflexive Erhellung dieses ‚transzendental Nr. 3‘ könnte allerdings […] nicht mehr rein philosophisch vonstatten gehen – man hat es ja nicht mit einer Vernunft ohne übernatürliche Bestimmtheit zu tun. Für ein solches Unternehmen wäre vielmehr ‚transzendentale Theologie‘ der angemessene Ausdruck. Und da der letzte Boden für eine solche transzendental-theologische Analyse immer eine (wenn auch noch so universal konzipierte) geschichtliche Bestimmtheit bliebe, dürfte man dann auch von einer (für Kant ein ‚hölzernes Eisen‘) ‚transzendentalen *Erfahrung*‘ oder ‚transzendentalen *Offenbarung*‘ reden.“ (H. Verweyen, Gottes letztes Wort, 126f).

755 Gemeint ist mit der von Heidegger inspirierten Wortschöpfung „übernatürliches Existential“ die Annahme, jeder Mensch sei transzendental hingeordnet nicht nur auf die Gemeinschaft mit Gott, sondern auch auf das geschichtliche Christusereignis. Einmal abgesehen von dem in der vorausliegenden Fußnote traktierten Problem, wie ein geschichtliches Faktum als transzendentales Apriori fungieren soll, stellt sich erneut die Frage nach dem Verhältnis von Wahrheit (Christusdogma) und Geschichte (historischer Jesus). Denn wenn jeder einzelne Mensch immer schon – unthematisch und unreflex – mit Christus verbunden ist, kommt das geschichtliche Christusereignis irgendwie zu spät bzw. ist nur noch Explikation des implizit immer schon Gegebenen. – Vgl. K.-H. Menke, Existential (übernatürliches).

Es gibt kaum einen zweiten Topos der Theologie Karl Rahners, der kontroverser diskutiert worden ist als seine Bezeichnung des Christusereignisses als „übernatürliches Existential“ und die darauf gegründete Theorie der „anonymen Christen“[756]. Heinrich Fries fasst das Pro und Contra wie folgt zusammen: „Von den einen wurde sie als befreiende und weiterführende, dem Kairos der geschichtlichen Stunde einzig gemäße und der gegenwärtigen Situation des Christentums entsprechende Kategorie gewürdigt, von andern als Versuch qualifiziert, der die Gefahr in sich schließe, die Mitte und die Unterscheidung des Christlichen nicht genügend bewahren zu können, den Unterschied von Christentum und Religion zu verwischen oder nur noch graduell bestehen zu lassen, das Neue, Singuläre und Unableitbare des Christlichen zugunsten einer evolutiven Christologie zu vernachlässigen, das Faktische aus einem philosophischen und anthropologischen Apriori, aus einer transzendentalen Subjektivität zu deduzieren. Dadurch werde einer ‚billigen Gnade‘ Vorschub geleistet, der missionarische Auftrag erschwert oder nicht mehr recht glaubwürdig gemacht und jener Auffassung der Weg gebahnt, die die Frage stellt, wozu man die Last des expliziten, namentlichen und ausdrücklichen Christentums übernehmen solle, wenn es den leichteren Weg des anonymen Christen und Christentums gibt.“[757]

Auf der einen Seite ist es in besonderer Weise Karl Rahner, der alle sakramentalen Vollzüge der Kirche aus ihrer heilsindividualistischen Verengung befreit und durchgängig betont, dass man in die Kirche nicht primär für sich selbst, sondern für die „anderen Brüder und Schwestern“ berufen wird; und dass alles unthematische und implizite Verbundensein mit Christus immer schon unterwegs ist zum expliziten Christsein und zur intensiven und extensiven Verstärkung der sakramentalen Katholizität des Christentums. Andererseits hat es zumindest den Anschein, dass Rahner den geschichtlichen Jesus in eine transgeschichtliche Wirklichkeit – nämlich in das Apriori des „übernatürlichen Existentials“ – aufhebt.

Die bisher skizzierte Geschichte der Bestimmungen des Wesens des Christentums mündet in diese Fragen:

---

756 Kritisch äußern sich u. a.: H. U. v. Balthasar, Cordula oder der Ernstfall, 102–112; L. Bouyer, Der Verfall des Katholizismus, bes. 92–104; Henri de Lubac, Geheimnis, aus dem wir leben, 149–154. – Eher verteidigend äußern sich z. B.: Walter Kern, Außerhalb der Kirche kein Heil?, Freiburg 1979, bes. 69–77; H. Waldenfels, Begegnung der Religionen, Bd. I, 53–74; N. Schwerdtfeger, Gnade und Welt, 382–407; T. Fößel, Gott – Begriff und Geheimnis, 785–940.

757 H. Fries, Der anonyme Christ, 25.

- Ist die Geschichte Jesu bloßer Katalysator des „Immediatverhältnisses" des je einzelnen Gläubigen zu Gott" (Harnack; Bultmann)?
- Ist die Geschichte Jesu bloßer Ursprung einer Deutungsgeschichte (Loisy)?
- Ist die Geschichte Jesu bloße Explikation einer implizit bzw. unthematisch immer schon gegebenen Wirklichkeit (eines „übernatürlichen Existentials")?
- Oder ist die Geschichte Jesu als solche *und* deren sakramentale Vermittlung durch die Kirche „das Heil der Welt"?

Yves Congar[758] betont im Unterschied zu Rahner: Die rechtfertigende Gnade Christi hat nicht „immer schon" alle Menschen aller Zeiten erreicht, sondern sie bedarf der extensiven und intensiven Sakramentalität der Kirche. Diese Kirche hat schon zu existieren begonnen, wo der erste Mensch seine natürliche Hinordnung auf den Fleisch gewordenen Logos in Glaube, Hoffnung und Liebe bejaht hat (ecclesisa ab Abel)[759]. Ihre Sakramentalität durchschreitet deshalb die gesamte Menschheitsgeschichte[760]. Die Untrennbarkeit der Einzigkeit und Heilsuniversalität des Grundsakramentes Kirche von der Einzigkeit und Heilsuniversalität des geschichtlichen Jesus war Congars theologisches Grundanliegen – und Thema auch des nicht zufällig zur Jahrtausendwende promulgierten römischen Lehrschreibens „Dominus Iesus".

Rahners bedeutendster Schüler Johann Baptist Metz hat sich gegen Rahners Redeweise vom „immer schon" gewandt, weil sie aus seiner Sicht die Geschichtlichkeit des Christusereignisses nicht ernst nimmt, sondern überspringt bzw. in ein geschichtstranszendentes Apriori auflöst. Das von Metz verfasste Vorwort zur deutschen Ausgabe von Blondels Abhandlung

758 Vgl. Y. Congar, Außer der Kirche kein Heil, 114–157.

759 Vgl. J. Beumer, Die altchristliche Idee einer präexistierenden Kirche; Y. Congar, Ecclesia ab Abel.

760 Congar wendet sich gegen die seiner Meinung nach auch von Sebastian Tromp SJ vertretene Entgeschichtlichung der Gnade. Nachdem er zahlreiche Zeugen der Tradition angeführt hat, bemerkt er: „Mais il suffit de relire ceux des auteurs que nous avons cités au cours de cet article: pour eux l'Église qui a commencé avec Abel (ou Adam), est l'Église visible à laquelle nous appartenons, à laquelle le Christ et les apôtres ont révélé l'Évangile, qui célèbre les sacrements du salut et est organisée hiérarchiquement. Qu'on relise, par exemple, parmi tant d'autres, les énoncés de la Glose [Walafridus Strabus, Glossa ordinaria. Epistola ad Colossenses: PL 114, 610 C], d'Anselme de Havelberg [Dialogi: PL 188, 1144 C], de Godefroid d'Admont [Homiliae festivales: PL 174, 1014 C], de Jacques de Viterbe [De regimine christiano, éd. Arquillière, Paris 1926, pars 1, c.2], de […]: il n'ya a aucun doute qu'il s'agisse de notre Église catholique, du corps ecclésial visible institué ou fondé par le Christ." (Ecclesia ab Abel, 97).

mit dem Titel „Geschichte und Dogma" ist in dieser Hinsicht besonders aufschlussreich. Und anschaulich wird die Metz'sche Rahner-Kritik in der Applikation der bekannten Parabel vom Wettlauf zwischen Hase und Igel auf das Verhältnis von Glaube (Wahrheit) und Geschichte[761]. Metz unterstreicht die Geschichtlichkeit der Selbstmitteilung Gottes und die Geschichtlichkeit der Annahme dieser Selbstmitteilung von Seiten des gläubigen Christen. Wenn Gott sich „immer schon" unsichtbar und innerlich mitgeteilt hätte, dann wäre nicht nur das Christusereignis überflüssig, sondern auch der wahre Christ mit dem Igel vergleichbar, der am Feldrand dem sich zu Tode rennenden Hasen zuruft: ‚Ich bin immer schon da'! Metz ergreift Partei für den Hasen und erklärt dessen Existenzweise zum Kriterium des wahren Christseins. Denn – so seine Begründung – der Glaube an Christus bzw. die Erfahrung seiner lebendigen Gegenwart geschieht in der von Blondel apostrophierten ‚action', in der Weise des sich für den Nächsten verausgabenden ‚Hasen'.

5. Die Ideologieanfälligkeit der ‚Wesensfrage'

Was Blondel und Metz auf je eigene Weise als Bindung des Christseins an die Geschichte Jesu oder als Untrennbarkeit der Christo-Praxis des Christen von der Inkarnation des Logos erklären, würde – so darf man vermuten – die volle Zustimmung von Dietrich Bonhoeffer und Wolfhart Pannenberg finden. Man kann unter dieser Rücksicht von einer Konvergenz der Bestimmung des wesentlich Christlichen zwischen katholischen und protestantischen Harnack-Interpreten sprechen. Auf katholischer Seite erwähnenswert sind neben Blondel und Metz auch Theologen wie Guardini[762] und – mit Berufung auf die Tradition der sogenannten Tübinger

761 Vgl. J. B. Metz, Glaube in Geschichte und Gesellschaft, 138f.

762 Als ‚Ergebnis' seines Versuchs einer Bestimmung des wesentlich Christlichen präsentiert Romano Guardini die Sätze: „Es gibt keine abstrakte Bestimmung dieses Wesens. Es gibt keine Lehre, kein Grundgefüge sittlicher Werte, keine religiöse Haltung und Lebensordnung, die von der Person Christi abgelöst und von denen dann gesagt werden könnte, sie seien das Christliche. Das Christliche ist er selbst; das, was durch ihn zum Menschen kommt und das Verhältnis, das der Mensch durch ihn zu Gott haben kann. […] Die Person Jesu Christi in ihrer geschichtlichen Einmaligkeit und ewigen Herrlichkeit ist selbst die Kategorie, welche Sein, Tun und Lehre des Christlichen bestimmt. […] Die Schwere der praktischen Zumutung, jene Freiheit aufzugeben, welche das Verhältnis zur Norm gewährt und sich unter eine Person als letzte Gültigkeit zu stellen, kommt in der Gefahr des Ärgernisses zum Ausdruck; einer Gefahr, um die Christus selbst gewusst hat" (Das Wesen des Christentums, 68f). – Dazu: T. Ruster, „Das Christliche ist *er selbst*".

Schule[763] – Gottlieb Söhngen[764] oder – mit Anmerkungen – auch die entsprechenden Arbeiten von Hans Küng[765]. Auf protestantischer Seite sind neben Bonhoeffer[766] vor allem – aber keineswegs nur – Gogarten[767] und Ebeling[768] zu nennen. Protestantische und katholische Theologen betonen in Absetzung von Harnack, dass der geschichtliche Jesus nur dann das Heil ist, wenn die Annahme der rechtfertigenden Gnade ein darstellendes

763 Vgl. M. Seckler, Christentum.

764 „Drey und Möhler lassen nämlich die Idee oder ideelle Wahrheit des Christentums auf der Tatsachenwahrheit des historischen Prozesses aufruhen. Denn die ‚Wahrheit' des Christentums ist kurz gesagt Überlieferungswahrheit, das heißt Wahrheit auf dem Grunde oder Fundamente einer lebendigen Überlieferung. […] Die christliche Offenbarung als das absolute geschichtliche Faktum, in dem Gott zum Heile der Welt in das Geschehen der Welt eingreift, verlangt darum eine Überlieferung ganz eigener Art. – Es handelt sich aber bei der Überlieferung […] nicht um eine Angelegenheit, die am ‚Rande' nur liegt, sondern um das zentrale Anliegen unserer christlichen Existenz. Es geht beim Christentum wirklich zuerst und grundlegend um die Frage des Überliefertseins, um das Gegebensein aus heiliger und lebendiger Überlieferung." (G. Söhngen, Vom Wesen des Christentums, 298f).

765 „Das Christentum […] meint in seinem Wesen nicht irgendeine ewige Idee (und sei es auch die der ‚Gerechtigkeit' oder der ‚Liebe'), nicht irgendein Dogma (und sei es auch das feierlichste), nicht irgendeine Weltanschauung (und sei es die beste), sondern meint die alles bestimmende Bedeutung einer konkreten menschlichen Gestalt: des Christus Jesus." (H. Küng, Das Christentum, 43). – Angesichts der Schlussformulierung erhebt sich die Frage: Ist die Bedeutung des Menschen Jesus das, was Küng als Wesen des Christentums bestimmt, oder doch Jesus der Christus? – Zu den Tendenzen und Einseitigkeiten von Küngs Erhebung des ‚Wesens' aus der Geschichte des Christentums empfiehlt sich eine Relecture seines viel diskutierten Bestsellers „Christ sein" von 1976 und der Stellungnahme (1977) der deutschen Bischöfe.

766 Vgl. D. Bonhoeffer, Akt und Sein; ders., Nachfolge. – Dazu: H. F. Daub, Die Stellvertretung Jesu Christi, bes. 375–412.

767 Vgl. F. Gogarten, Was ist Christentum?, bes. 19–37. – Im Unterschied zu Karl Barth (vgl. P. Lange, Karl Barth und Friedrich Gogarten, 151–276) spricht Gogarten von der „Möglichkeit, Gott mit seinem ganzen Wesen zu entsprechen" (Annahme der eigenen Endlichkeit bzw. Angewiesenheit durch „Ver-ant-wortung"), und von der Möglichkeit, „sich ihm zu versagen" (Leugnung der eigenen Endlichkeit bzw. Angewiesenheit durch „Selbstmächtigkeit" (F. Gogarten, Die Wirklichkeit des Glaubens, 57). – Dazu: P. Henke, Friedrich Gogartens Christsein „in der Welt von heute".

768 „Das ist das Wesen des Glaubens, dass er selbst und allein die Welt bewältigt, dass er an der Welt sein Material, seinen Gegenstand, seinen Widerstand, seine Konkretion und damit seine Wirklichkeit hat. Was heißt denn ‚Ich glaube an Gott den Vater' oder ‚Ich glaube an Jesus Christus' oder: ‚Ich glaube an den Heiligen Geist'? An sich sind es bestimmte Gedanken, Bekenntnisaussagen und Lehren, und diese stehen wohl in einem notwendigen Zusammenhang mit dem Glauben. Aber nur in konkreter Situation, d. h. angesichts dessen, im Aushalten dessen, im Standhalten gegenüber dem, was dem konkret im Weg steht und widerspricht, dass Gott mein Vater, dass Jesus der Christus, dass der Heilige Geist ausgegossen ist, kann konkret geglaubt werden." (G. Ebeling, Das Wesen des christlichen Glaubens, 208). – Dazu: P. Knauer, Zu Gerhard Ebelings „Das Wesen des christlichen Glaubens".

Handeln bzw. Christusnachfolge ist. Und dennoch bleibt zwischen den Konfessionen eine Differenz, die nicht wenige Autoren auf beiden Seiten als ‚Grunddifferenz' bezeichnen. Es geht um die konträr beantwortete Frage, ob das Kirche- bzw. Gemeinde-Sein der „Christo-Praktiker" nur Epiphänomen (protestantische Tradition) oder Kriterium bzw. Konstitutivum (katholische Tradition) des Christseins ist. Anders ausgedrückt: Gibt es Christus-Gemeinschaft, die nicht durch die Kirche vermittelt ist? Ist die Einzigkeit und Heilsuniversalität Christi untrennbar von der Einzigkeit und Heilsuniversalität der Kirche?

Man kann in diesem Zusammenhang von einer typisch protestantischen und einer typisch katholischen Einseitigkeit der Bestimmung des wesentlich Christlichen sprechen. Die protestantische ist von Harnack vorgezeichnet, die katholische durch den Sakramentalismus und Integralismus weiter Teile der gegenreformatorischen Ekklesiologie. Es gab auf katholischer wie auf protestantischer Seite immer wieder Versuche, das Wesen des Christentums – je nach Konfessionszugehörigkeit – entweder mit dem Wesen des Protestantismus oder dem Wesen des Katholizismus zu identifizieren. Für die protestantische Seite seien exemplarisch genannt Karl Heim (1874–1958) und Emanuel Hirsch (1888–1972), für die katholische Seite Karl Adam (1876–1966) und Michael Schmaus (1897–1993).

a) Identifikation des Christentums mit ‚dem protestantischen Grundprinzip'

Karl Heims Bestseller „Das Wesen des evangelischen Christentums" antwortet auf eine Welle von Konversionen zum Katholizismus. Dessen Geschlossenheit, Lehrsystem und ritueller Glanz werden jedoch als Versuchung zum Abfall vom wahren Christentum demaskiert. Heim stellt der Gehorsamsreligion des Katholizismus die Gewissensreligion des Protestantismus gegenüber. Mit fast derselben Zuspitzung wie Emil Brunner[769] wendet er sich gegen

769 „Die Ekklesia des Neuen Testaments, die Christusgemeinde, ist gerade nicht das, was jede ‚Kirche' mindestens auch ist, eine Institution, ein Etwas. Die Christusgemeinde ist nichts anderes als eine Gemeinschaft von Personen […]. Das gerade ist das Wunderbare, Einzigartige, Einmalige der Ekklesia: dass sie als Leib Christi keine Organisation ist und darum nichts vom Charakter des Institutionellen an sich hat." (E. Brunner, Das Missverständnis der Kirche, Stuttgart 1951, 12f). Brunner richtet sich direkt gegen das Selbstverständnis des Katholizismus. „Ist die Kirche Institution", so bemerkt er, „dann ist Rom die kirchlichste Kirche, das Ideal des Kircheseins; denn in ihr ist die Institutionalisierung der Ekklesia vollendet – und in ihr allein. Meint man aber mit der Kirche etwas anderes als Rom, dann muss man sich darüber klar sein, dass man mit diesem ‚anders' bis zur Wurzel gehen muss; dann darf man

ein Christentum, das die Kirche zur notwendigen Tradentin oder gar zum Kriterium der Christusbeziehung des je einzelnen Gläubigen erklärt. Heim wörtlich: „Für jeden Menschen, dessen Gewissen zu erwachen beginnt, ganz einerlei, in welcher Kirche er steht, ist der Priester mit seinem großen Abreaktionsinstitut die letzte Versuchung, die ihn davor zurückhält, zu jener Einsamkeit zu kommen, in der Christus mit ihm reden kann."[770] Ähnlich wie Heim urteilen auch Friedrich Heiler (1892–1967)[771] und Walther von Loewenich (1903–1992)[772] über das Wesen des Katholizismus. Und es entbehrt nicht einer gewissen Ironie, wenn der katholische Theologieprofessor Eugen Drewermann die Katholizismus-Schelte von Harnacks Gefolgschaft zustimmend in folgende Kurzformel fasst: Der Katholizismus bläut dem Einzelnen mit seinem ganzen System ein: „Du bist kein Christ, du kannst überhaupt nicht in Beziehung zu Gott treten, wenn du nicht […] zuvor diese Lehren [über die Trinität und die göttliche und die menschliche Natur in einer Person] anerkannt, jenen Ordnungen [der sichtbaren Kirche] Gehorsam geleistet und bestimmte Vermittlungen [apostolische Sukzession; unfehlbares Lehramt] aufgesucht hast."[773]

Der Harnack-Schüler und Kierkegaard-Spezialist Emanuel Hirsch (1888–1972) identifiziert das Wesen des Christentums ausdrücklich mit dem Wesen des Protestantismus. Folgende Zeilen aus seinem Werk „Das Wesen des reformatorischen Christentums" bringen seine Position auf den Punkt: Der Katholizismus „formt Menschen, denen es Bedürfnis ist, in den letzten und höchsten Fragen des menschlichen Lebens, voran denn in denen des Gewissens und des Verhältnisses zu Gott, auf eine allgemeine als gültig sich behauptende Ordnung, Einrichtung und Korporation sich zu verlassen und durch sie Wahrheit, Gewissheit und Wegweisung zu empfangen. Das sind denn Menschen und Fromme, welche rein geistig ethisch nur als wohleingebettete und wohlbehütete Glieder einer societas

Ekklesia nicht mit Kirche übersetzen und darf man nicht im Namen Jesu Kirche wollen. Dann muss man erkennen, dass die Ekklesia des Neuen Testaments, die Christusgemeinschaft der ersten Christen keine Kirche war und keine Kirche sein wollte. Das Beispiel der römischen Kirche […] zeigt uns im Negativ, was uns das Neue Testament selbst im Positiv zeigt. Die Ekklesia als […] Leib Christi ist reine Persongemeinschaft, ohne allen institutionellen Charakter." (Ebd., 18f). – Dass Brunner nicht allein steht in der jüngeren protestantischen Theologie, beweisen z. B.: P. Tillich, Der Protestantismus als Kritik und Gestaltung; G. Maron, Kirche und Rechtfertigung; H.-M. Barth, Das Fundament des Glaubens.

770 K. Heim, Das Wesen des evangelischen Christentums, 95.

771 Vgl. F. Heiler, Der Katholizismus, bes. 237–346.

772 Vgl. W. von Loewenich, Der moderne Katholizismus, bes. 68–93.

773 E. Drewermann, Glauben in Freiheit, Bd. I, 542[31].

humana, und christlich-glaubend nur als mit der societas christiana in Harmonie befindliche Kirchenchristen zu leben vermögen. Sie bedürfen der Zustimmung der Repräsentanten beider Sozietäten, wenn sie nicht schwindlig werden sollen. Sie halten die Abhängigkeit, die sie der letzten subjektiven Verantwortung enthebt, für den Boden jener Vollmacht und Bewegungsfreiheit, die allein ihnen begehrenswert scheinen. Auch in den Fragen des verborgenen Ringens um das Gute und des heimlichen Umgangs mit Gott ist ihnen Beugung, Pietät, Umfangensein von menschlichen Bürgschaften, Aussagen und Richtweisungen das allein des Menschen und des Christen Würdige. Die Frömmigkeit des reformatorischen Rechtfertigungsglaubens hingegen formt Menschen und Christen, über welche da, wo es um Gott und das Gewissen, das Heilige und das Gute geht, selbst das menschlich und kirchlich hoch Angesehene und sicher Bestehende, keine entscheidende Macht hat. Gegebene heilige Anschauungen und Bräuche und Einrichtungen und Gebote, selbst dann, wenn sie in Gefühl und Erinnerung verwurzelt sind, bedeuten ihnen, wo nach dem Wahren und Ewigen gefragt wird, letztlich nichts, da sie ihnen neben Gott und dem Evangelium letztlich nichts bedeuten dürfen. Menschen dieser Art können in der societas humana an ihrem großen oder kleinen Platz tüchtige, fügsame und dienstbereite Glieder sein. Aber sie sind es aus einer den andern unheimlichen verborgenen Tiefe der Freiheit und Unabhängigkeit heraus, an welche Reden, Locken, Mahnen, Drohen und so fort der andern nicht zu rühren vermag."[774]

Die letzten Aussagen dieses Zitates erscheinen in einem besonderen Licht, wenn man bedenkt: Ihr Autor war Wortführer der „Deutschen Christen"[775], hat Kollegen (u. a. Karl Barth) und Studenten denunziert, Hitler schon 1932 anlässlich der Reichspräsidentenwahl als „einzige Hoffnung auf eine nationale Wiedergeburt" bezeichnet und sich am 11. 11. 1933 als Redner der Leipziger Veranstaltung zum „Bekenntnis der Professoren an den deutschen Universitäten und Hochschulen zu Adolf Hitler und zum nationalsozialistischen Staat" profiliert.

Wenn der geschichtliche Jesus als Zusage unbedingter Rechtfertigung und der Glaube als Entbindung von allen irdischen Repräsentanten Gottes einschließlich kirchlicher Autorität verstanden wird, ist Wahrheit das, was der je einzelne Gläubige dafür hält, und sittliches Gebot, was „das zu sich selbst befreite Gewissen" des je Einzelnen befiehlt. Wo Barth von der

774 E. Hirsch, Das Wesen des reformatorischen Christentums, 60.

775 E. Hirsch, Das kirchliche Wollen der deutschen Christen. – Dazu: K. Meier, Die Deutschen Christen.

Predigt des Wortes Gottes durch die Kirche spricht[776], redet Hirsch vom Gewissen des je Einzelnen[777]. Hirsch beweist am Beispiel seines eigenen Lebenslaufes: Die Reduktion des historischen Jesus auf einen bloßen Katalysator des ‚Immediatverhältnisses' des je einzelnen Gläubigen zu Gott hat die Reduktion der Kirche auf eine bloße Zweckgemeinschaft zur Konsequenz. Wo der geschichtliche Jesus nicht mehr das Wort Gottes ist, da ist auch die Kirche nicht die lebendige Überlieferung oder gar sakramentale Vergegenwärtigung dieses Wortes. Luther betont, dass der Mensch, der die ihm „ab extra" zugesprochene Rechtfertigung glaubt, dennoch Sünder bleibt und also stets in Versuchung ist, Gottes Willen mit dem eigenen zu verwechseln oder Gottes Wort in die ideologische Rechtfertigung des eigenen Vorteils umzulügen. Hirsch dagegen erklärt den an die Rechtfertigung glaubenden Menschen als zur Wahrheit befreit. Doch seine eigene Biografie zeigt: Wenn das Gewissen die Wahrheit *sein* will, entzieht es sich dem Gehorsam *gegen* die Wahrheit.

b) Identifikation des Christentums mit ‚dem katholischen Grundprinzip'

Während Hirsch sich nach dem Zusammenbruch des ‚Dritten Reiches' zurückgezogen hat, hat der katholische Dogmatiker Karl Adam (1876–1966) – trotz seiner im Nachhinein schier unglaublichen Anbiederung

776 M. Honecker (Kirche als Gestalt und Ereignis, bes. 124–204) sieht in der Ekklesiologie von Bonhoeffer und Barth eine Vermittlung zweier Extreme. Er sieht in ihrer Beschreibung der Gemeinde bzw. Kirche als „Ereignis der Versammlung" vermieden: einerseits das sakramentalistische Kirchenverständnis von Hans Asmussen und andererseits das einseitig personalistische Kirchenverständnis von Emil Brunner. – Ähnlich urteilen: W. Greive, Die Kirche als Ort der Wahrheit, 254–263; W. Huber, Evangelischer Glaube und die Frage nach der Kirche. – Zu Barths Position aus katholischer Sicht: H. Fries, Kirche als Ereignis; B. A. Willems, Christus und die Kirche; A. Skowronek, Sakrament in der evangelischen Theologie der Gegenwart, 42–74.

777 Gerhard Sauter bemerkt dazu: „In seinem Spätwerk ‚Das Wesen des reformatorischen Christentums' (Berlin 1963) beklagt Hirsch, dass christliche Heilserwartung und ihr Unsterblichkeitsglaube – nach seiner Überzeugung in religiöser Individualität verwurzelt – bedrohlich verkümmert seien. Mitschuld daran trage ‚die neueste Theologie' (gemeint ist die radikale Eschatologie der Dialektischen Theologie, aber auch mit einem Seitenhieb auf die geschichtstheologische Eschatologie in der ökumenischen Bewegung): sie habe ‚mit ihrem Ausbreiten der äußerlichen Seite der neutestamentlichen Zukunftserwartung und ebenso mit ihrer daraus hergeholten seelenlos abstrakten eschatologischen Ideologie' maßgebende reformatorische Einsichten in den Entscheidungscharakter des Glaubens verdunkelt." (Einführung in die Eschatologie, 181).

an das NS-Regime und dessen Ideologie[778] – jede Schuld geleugnet, die eigene Vergangenheit verdrängt und nach dem Krieg weitergemacht, als wenn nichts gewesen wäre. Seine in stetem Bezug auf Karl Heim unternommene Wesensbestimmung des Katholizismus ist zwar frei von jenen ideologischen Entgleisungen, die er anschließend während der Zeit des Nationalsozialismus vorgetragen und publiziert hat. Aber man wäre kurzsichtig, würde man zwischen seinem meistgelesenen Werk „Das Wesen des Katholizismus“ (Erstaufl. 1924)[779] und seinem Verhalten gegenüber dem Nationalsozialismus keinen Zusammenhang erkennen. So wie Hirsch die „evangelische Freiheit“ für seine Ideologie funktionalisiert, so Karl Adam Dogma und Autorität der Kirche[780]. Er versteht die katholische Kirche als Ordnungsmacht gegen alle Formen von Subjektivismus[781]. Die Nähe seiner Verteidigung von Institution, Autorität und Dogma zu Carl Schmitts Identifikation von Wahrheit und Ordnung ist unverkennbar[782]. Wo Hirsch das Einzelgewissen von der Objektivität des geschichtlichen Jesus und der

---

778 Dazu: J. Kreidler, Karl Adam und der Nationalsozialismus; C. Arnold, Karl Adams Aachener Rede; L. Scherzberg, Karl Adam und der Nationalsozialismus.

779 „Die katholische Kirche ist als der Leib Christi, als die Verwirklichung des Gottesreichs auf Erden die Menschheitskirche. Sie zielt wesensmäßig auf die Eingliederung der Menschen aller Zeiten und Orte in die Einheit des Leibes Christi. Damit ist ihre äußere und innere Katholizität von selbst gegeben, ihre Weltweitheit und ihre Weltoffenheit. Damit ist aber auch ihre *Exklusivität* gegeben, d. h. ihr Anspruch, die Menschheitskirche schlechthin, die ausschließliche Heilsanstalt für alle Menschen zu sein. Wenn und weil sich die Kirche als die Menschheitskirche weiß, als jenes Gottesreich, dem schlechthin alle Menschen dem Willen Christi nach grundsätzlich zugehören, kann sie nicht zugeben, dass die Menschen auch in einer anderen Gemeinschaft, die neben und gegen die ursprünglich von Christus gestiftete Menschheitskirche aufgerichtet wird, ihr Heil finden.“ (K. Adam, Das Wesen des Katholizismus, 175).

780 Thomas Ruster (Die verlorene Nützlichkeit der Religion, 197–207) ordnet Karl Adams Funktionalismus einem „katholischen Trend“ zwischen den Weltkriegen zu. Und der von Dominik Burkard und Wolfgang Weiß herausgegebene Sammelband „Katholische Theologie im Nationalsozialismus“ lässt nicht zuletzt (S. 217–275) in Bezug auf die Tübinger Fakultät (besonders umfassend dokumentiertes Beispiel: J. R. Geiselmann) erkennen, dass Adam keine Ausnahme war.

781 Selbst Johannes Kreidler – eher zur Verteidigung als zur Anklage Adams neigend – markiert in seinem Aufsatz „Karl Adams ‚Wesen des Katholizismus‘„ folgende Topoi einer bedenklichen Identifikation von Wahrheit und Ordnung: „Die Kirche mit ihrer festgefügten Organisation, ihrer klaren Lehre und ihren treuen Bischöfen, Priestern und Gläubigen kann den Menschen ‚Führer‘ sein, um den Weg aus dem Chaos zu finden.“ (88f). – „…, doch setzt Adam verschiedentlich das Christentum mit der katholischen Kirche gleich“ (89). – „Das Interesse Adams liegt an der Beschreibung des Wesenhaften und Bleibenden der katholischen Idee.“ (91). – „Kirche ist die Fortdauer der Menschwerdung Christi.“ (92).

782 Vgl. C. Schmitt, Römischer Katholizismus und politische Form. – Dazu: M. Dahlheimer, Carl Schmitt und der deutsche Katholizismus, 149–163.

Objektivität des kirchlich vermittelten Wortes trennt, enthebt Karl Adam die Autorität der Kirche der freiwilligen Einsicht und Zustimmung des Einzelgewissens. Die Folgen ähneln sich.

Der Münchener Dogmatiker Michael Schmaus (1897–1993) bietet im Unterschied zu seinem Freund Karl Adam keine ideologische Rechtfertigung der nationalsozialistischen Weltanschauung. Aber auch er hat sich schon 1933 für eine Symbiose von Katholizismus und Nationalsozialismus ausgesprochen[783]. Schmaus hat sich nie ausdrücklich entschuldigt, wohl aber faktisch eine Kehrtwende vollzogen. Seine ‚Nachkriegstheologie' ist erkennbar bemüht, jede unkritische Systematik zu vermeiden[784]. Offensichtlich in Anlehnung an den Bestseller seines Tübinger Kollegen hat er unmittelbar nach Kriegsende eine für weite Leserkreise gedachte Bestimmung des unterscheidend Christlichen versucht – unter dem bewusst überkonfessionell gedachten Titel „Vom Wesen des Christentums"[785]. Aber er konnte damit nicht einmal annähernd eine ähnliche Wirkung erzielen wie Karl Adam mit seinem auch nach dem Krieg mehrfach neu aufgelegten „Wesen des Katholizismus".

783 Vgl. M. Schmaus, Begegnungen zwischen katholischem Christentum und nationalsozialistischer Weltanschauung. – Dazu: L. Bendel-Maidl, Theologie der Geschichte; dies. / Rainer Bendel, Geschichte und Theologie in der Krisis, 169–173; N. Reck, Christliche Schuldgeschichte und Judenfeindschaft, 45.

784 Norbert Reck (Der Gott der Täter, bes. 35–45) spricht auch im Blick auf den „Nachkriegs-Schmaus" von seiner Gefangenschaft im Extrinsezismus des instruktionstheoretischen Offenbarungsmodells.

785 „Voraussetzung für den tatsächlichen Gewinn des Heiles ist die Teilnahme am Lebensschicksal Christi. Dadurch und nur dadurch, dass der Mensch an der Lebensbewegung Christi Anteil bekommt, bereitet sich die in Christus in der Geschichte verwirklichte Gottesherrschaft über den Einzelnen aus." (M. Schmaus, Vom Wesen des Christentums, 46). – „Christus zeigt diesen Weg nicht nur, er ist nicht nur der Wegweiser, er ist vielmehr selbst der Weg." (Ebd., 67). – „Die von Christus geschaffene Gemeinschaft ist anders als jede sonstige Gemeinschaft. Sie beruht nicht auf biologischer Grundlage. Sie gründet sich nicht auf kulturelle Interessen. […] Der Heilige Geist ist Herz und Seele der von Christus gegründeten Gemeinschaft." (Ebd., 186). – Dazu: R. Heinzmann, Der Gott der Philosophen; ders., Michael Schmaus – „Vom Wesen des Christentums".

B. DIE URVERSUCHUNG DES CHRISTENTUMS, ODER: DIE GNOSTISCHE VERLEUGNUNG DER INKARNATION

Wenn man auf die Geschichte der ,Wesensfrage' zurückblickt, darf man bilanzieren: Die vielen Trennungen bzw. Dualismen – des Wesens von der Geschichte; der Bedeutung vom Faktum; des wahren Evangeliums von der real existierenden Schrift; des Handelns Gottes vom Handeln seiner Adressaten – sind geradezu charakteristisch für die von Schleiermacher, Baur, Ritschl und Harnack unternommenen Bestimmungen des Christentums, und – wenn auch in modifizierter oder reduzierter Weise – ebenfalls für die Alternativen der Harnack-Kritiker von Troeltsch bis Loisy.

Es ist kein Zufall, dass Adolf von Harnack das reformatorische Grundanliegen im Kern schon von Marcion, dem ersten Begründer einer gegen Rom gerichteten Besinnung auf „das Evangelium Jesu", vorausgenommen sah. Wiederholt bezeichnet er diesen „ersten Reformator" des frühkatholisch und erneut judaistisch gewordenen Christentums[786] als Vorläufer Martin Luthers – zum Beispiel mit folgender Sentenz aus dem Vorspann seiner gesammelten Marcion-Studien: „Es wird für immer denkwürdig bleiben, dass auf der ersten römischen Synode, von der wir wissen, ein Mann vor den Presbytern gestanden hat, der ihnen den Unterschied von Gesetz und Evangelium darlegte und ihr Christentum für ein judaistisches erklärte. Wer denkt hier nicht an Luther!"[787]

Die Parallelen zwischen Marcion und Luther hielt Harnack für ganz offensichtlich: Beide kamen durch die Begegnung mit Paulus zu ihrer umstürzenden Erkenntnis des wahren Christentums. Beide wurden durch Rom exkommuniziert. Beide lehrten den Antagonismus von Glaube und Werk, Evangelium und Gesetz. Beide stehen für eine antimetaphysische, am Wort der Schrift orientierte Theologie; beide für ein inneres statt kirchliches Christentum[788].

Weil uns Marcion nur in den Interpretationen seiner Gegner begegnet, bleibt jeder Versuch, den wahren Marcion zu ergründen, ein mit vielen Unsicherheiten belastetes Unternehmen. Die 1984 in Oxford publizierte Monografie von R. Joseph Hoffmann stellt sogar jene biografischen Daten

786 Dazu: G. May, Marcions Bruch mit der römischen Gemeinde.
787 A. v. Harnack, Marcion, 26f.
788 Vgl. A. v. Harnack, Marcion, 24–28.231–261.

in Frage[789], die – auf Tertullian, Irenäus und Justin gestützt – lange Zeit als weithin unstrittig galten: nämlich dass Marcion aus dem Pontus stammte, um 140 nach Rom kam, dort Schüler des Gnostikers Kerdon war, 154 oder 155 Polykarp aus Smyrna begegnete, von diesem abgelehnt wurde, sich von der römischen Kirche trennte und dann zum Haupt einer eigenen Kirche wurde. Zumindest im Detail immer schon kontrovers diskutiert wurden die *theologischen* Thesen des antirömischen Rebells. Allerdings darf man ohne ungebührliche Schmälerung der jüngeren Forschung behaupten, dass die fünf Jahrzehnte umfassende Marcion-Forschung Adolf von Harnacks alle vorausliegenden Arbeiten bündelt, eine Materialsammlung „von geradezu enzyklopädischer Vollständigkeit"[790] bietet und die Sisyphos-Arbeit des Historikers so wagemutig mit dem Mut zur These und Synthese verbindet, dass Marcion-Forschung und Marcion-Interpretation nach Harnack im Wesentlichen Ergänzung, Diskussion oder Widerspruch zu seinem Werk sind. Das Erscheinen von Harnacks monumentaler Marcion-Monografie (1921) kommentierte der Münsteraner Historiker Georg Grützmacher mit der Bemerkung: „An keinem neueren Werke der Kirchengeschichtsschreibung ist mir die Stärke einer stark subjektiv eingestellten Geschichtsschreibung so lebendig zum Bewusstsein gekommen wie an diesem Buche meines verehrten Lehrers. Das Buch über Marcion ist eine Konfession seines eigenen Christentums, für das er mit tiefer innerer Begeisterung wirbt."[791] In der Besprechung des Frankfurter Kirchengeschichtlers Erich Foerster ist Harnack ganz einfach der Vollstrecker von Marcions bis dato unerfülltem Testament[792].

Harnack selbst war von der großen Resonanz auf seine Marcion-Monografie überrascht; ihm selbst erschien sie zu detailverliebt und akribisch, um damit ein breites Publikum zu unterhalten. Vielleicht erklärt sich der Erfolg zumindest teilweise durch die Publikation unmittelbar nach dem Ersten Weltkrieg. Harnacks Tochter Agnes von Zahn-Harnack jedenfalls meint: „Marcion predigte ‚den fremden Gott', d. h. den Gott, der mit der Schöpfung, dieser elenden, missratenen und befleckten Schöpfung und mit dem ganzen Ablauf irdischen Geschehens nichts gemein habe, weil er einer ganz anderen Sphäre angehört. Das musste die Leser ergreifen, denen durch Krieg und Revolution die Grausamkeit, die widergöttliche Sinnlosigkeit des Schicksals zum furchtbaren Erlebnis geworden war. Mar-

789 Vgl. R. J. Hoffmann, Marcion, 31–70. – Dazu: B. Aland, Marcion (ca. 85–160) / Marcioniten, 90.
790 W. Kinzig, Ein Ketzer und sein Konstrukteur, 254.
791 G. Grützmacher, Literaturbericht [Marcion-Forschung], 127.
792 Vgl. E. Foerster, Marcionitisches Christentum, 809.

cion aber lehrte *zugleich* das Kommen des Erlösers, der die vollkommene Liebe und nichts als die Liebe ist; keine Straf-Gerechtigkeit, keine Gesetzlichkeit mehr!"[793]

Harnacks Forschung hat Ergebnisse erzielt, die bis heute untermauert und bestätigt werden; besonders dass Marcions Denken klar unterschieden werden muss von dem der Gnostiker; dass sein Umgang mit dem Lukasevangelium oder den Paulusbriefen nicht vom heutigen Kanon her beurteilt werden darf; auch dass sein Konflikt mit der römischen Tradition wesentlich ein Streit um den Umgang des Christentums mit der jüdischen Bibel ist, ein Streit speziell um die Rolle der Kirche im Umgang mit der verschriftlichten Überlieferung[794]. Doch als unbestrittene Forschungsleistung ist Harnacks Marcion-Monografie voll von aktualisierenden, interessegeleiteten und tendenziösen Interpretationen. Und damit gemeint ist nicht nur seine berühmt gewordene These, was Marcion zu Recht gefordert und was Luther nur aus opportunistischen Gründen nicht gewagt habe, das müsse endlich realisiert werden: nämlich die Eliminierung des AT aus der christlichen Bibel. Ich denke ebenso an Harnacks Invektiven gegen den angeblichen Legalismus von Judentum und Katholizismus, gegen die typisch katholische Synthese von Natur und Übernatur, von Schöpfung und Erlösung, von Welt und Glauben. Harnacks Marcion-Monografie ist nicht nur ein Dokument historischer Forschung, sondern mindestens ebenso ein Dokument konfessioneller Interessen. Sie hat deshalb nicht nur einen Boom weiterer Forschungsprojekte evoziert, sondern auch neue Gestalten des Marcionismus.

---

793 A. v. Zahn-Harnack, Adolf von Harnack, 511f.

794 Im Sinne einer Verteidigung Harnacks bemerkt Wolfgang Schenk: „So ist auch das retrospektiv anachronistisch vom heutigen Kanon her argumentierende Vorurteil, Markion habe eben ‚Die Bibel/Die Schrift' generell gekürzt (nämlich sowohl im Lukasevangelium und den Paulusbriefen als dann sogar ‚das AT' überhaupt), nicht stichhaltig. Es geht nicht um ‚die' Kürzung ‚der' Schrift. Zunächst einmal ist ihm bei dem ihm überkommenen Umgang der Christen mit der Griechisch-Jüdischen Bibel unwohl geworden, weil sie den Eigenwert der jüdischen Texte nicht genügend berücksichtigt oder gar nicht erkannt hat. Überall haben sich Christen über sie hergemacht, um ihre Position herauszulesen, nachdem sie sie hineingelegt hatten. Das Motto, die Bibel mit der Kirche zu lesen (Iren 4,32,1), bedeutet im Klartext, sie ‚im Rahmen bekenntnisgebundener Auslegung zu lesen. […] Es ist dann letztlich so, dass nicht der biblische Text, sondern die kirchliche Überlieferung in der Streitsache entscheidet. Denn hier liegt die wirklich entscheidende Instanz in der Theologie des Irenaeus vor.' Das primäre Anliegen Markions ist dagegen eben eine Schranke gegen kirchliche Selbstherrlichkeit und Eigenmächtigkeit zu setzen (Analog zu Barmen 6)." (Die Jesus-Rezeption des Markion, 511f).

Diesen modernen Spielarten des Marcionismus sind die folgenden Analysen gewidmet. Es geht also nicht um einen Beitrag zur historischen Marcion-Forschung, auch nicht um eine Bewertung von Harnacks Studien zu Marcion, sondern um die maßgeblich von ihm ausgelösten Spielarten des Marcionismus im 20. Jahrhundert.

Die im Folgenden analysierten Autoren berufen sich selbst auf Marcion oder auf bestimmte Positionen seines Lehrgebäudes. Marcion ist nicht nur der Katalysator von Theorien, die im Nachhinein von Historikern als Marcionismen bezeichnet werden. Vielmehr gibt es immer wieder – gerade auch im 20. Jahrhundert – Autoren, die Marcion als Vorläufer, Wegweiser oder Reformator rehabilitieren. Alle im Folgenden geschilderten Marcionismen bleiben auf Marcion selbst bezogen, was nicht ausschließt, dass sie auch von Interessen geleitet sind und deshalb die Ergebnisse der historischen Marcion-Forschung mehr oder weniger stark instrumentalisieren.

1. Marcions Lehrgebäude im Spiegel der historischen Marcion-Forschung

Weil die im Folgenden untersuchten Marcionismen des 20. Jahrhunderts einen gemeinsamen Haftpunkt in den Lehren Marcions selbst haben, soll hier – wenn auch in der gebotenen Kürze und also thesenhaft – der Versuch unternommen werden, den gemeinsamen Bezugspunkt zu umreißen. Es geht bei diesem Versuch um die Benennung der als einigermaßen gesichert geltenden Erkenntnisse der historischen Marcion-Forschung[795].

a) Marcions Rede von „zwei Göttern“

Marcion spricht von zwei Göttern, von dem Schöpfer, dessen Grundeigenschaft die dem Gesetz entsprechende Gerechtigkeit ist, und von dem Erlösergott, dessen Grundeigenschaft die das Gesetz sprengende Liebe ist. Man würde ihn aber missverstehen, wollte man der Darstellung Tertullians

795 Neben der alles überragenden Monografie von Harnack sind zu nennen: A. J. B. Higgins, The Latin Text of Marcion and Tertullian; P. G. Verweijs, Evangelium und neues Gesetz in der ältesten Christenheit bis auf Marcion; E. P. Meijering, Tertullian contra Marcion; R. J. Hoffmann, Marcion: On the Restitution of Christianity; U. Schmid, Marcion und sein Apostolos. – Ein auf Vollständigkeit bedachtes Literaturverzeichnis bietet: B. Aland, Marcion (ca. 85–160) / Marcioniten, 100f.

folgen[796] und ihn unter den religionsgeschichtlichen Begriff ‚Dualismus' subsumieren. Schon Adolf von Harnack betont, dass Marcion mit den beiden Göttern, von denen er spricht, nicht zwei Ursprünge meint[797]. Barbara Aland zum Beispiel hält diese Feststellung für unbedingt zutreffend. Es gehe Marcion, so schreibt sie, nicht um zwei metaphysische Prinzipien, sondern um zwei Weisen, in denen sich der Mensch zu Gott verhält[798]. Unter dieser Voraussetzung ist Gott entweder identisch mit der Ordnung der Schöpfung bzw. der jüdischen Tora. Oder er ist der allem Innerweltlichen gegenüber ganz Andere, weshalb Marcion vom „*fremden* Gott des Evangeliums" spricht[799].

b) Marcions „Neues Testament"

Marcion ist der erste Theologe, der dem *Alten* ein *Neues* Testament gegenüberstellt. Er will das Alte Testament nicht ersetzen oder gar als Manifest des Bösen brandmarken. Er will lediglich sagen, dass die Predigt des Evangeliums in Schöpfung und Tora keine Anknüpfungspunkte findet und dass deshalb alle alttestamentlichen Erfüllungszitate der christlichen Tradition die jüdische Bibel ebenso verfälschen wie das Evangelium

796 „Tertullian stellt es […] so dar, als sei der Dualismus Marcions von Lk 6,43 sowie Jes 45,7 her inspiriert; von seiner ‚enormitas curiositatis' getrieben, habe er anhand dieser Bibelstellen die Frage ‚unde malum' meditiert. Jes 45,7 habe ihn gelehrt, dass der Schöpfer der Ursprung des Bösen sei; dann aber müsse ein anderer Gott (wie der gute Baum in Lk 6,43) existieren. So habe Marcion – mit Hilfe seines Lehrers Kerdon – eine dualistische Lehre gefunden." (W. A. Löhr, Die Auslegung des Gesetzes bei Marcion, 78).

797 Vgl. A. v. Harnack, Marcion, 97–120; P. G. Verweijs, Evangelium und neues Gesetz, 292–346; E. U. Schüle, Der Ursprung des Bösen bei Marcion; J. Woltmann, Der geschichtliche Hintergrund der Lehre Marcions vom „fremden Gott". – Apelles, der bedeutendste Schüler Marcions, versucht, das Denken seines Meisters mit den Kategorien der griechischen Philosophie zu vermitteln, und dürfte deshalb entscheidend zu dem Missverständnis beigetragen haben, Marcion spreche von einem guten und einem bösen metaphysischen Prinzip. – Dazu auch: G. May, Apelles und die Entwicklung der marcionitischen Theologie; ders., Marcions Genesisauslegung und die „Antithesen".

798 Vgl. B. Aland, Sünde und Erlösung bei Marcion und die Konsequenz für die sogenannten beiden Götter Marcions.

799 Enrico Norelli (Marcion: ein christlicher Philosoph oder ein Christ gegen die Philosophie?) meint, es gebe trotz der Aversion Marcions gegen die griechische Philosophie eine Gemeinsamkeit von Marcions „fremdem Gott" mit der mittel- und neuplatonischen These, dass „das Eine" bzw. „das Göttliche" das gegenüber allem Innerweltlichen schlechthin Andere, Transzendente und also „Fremde" ist.

Jesu. Marcion polemisiert gegen die christliche (allegorische) Auslegung der Septuaginta und spricht den Juden die textgerechte Auslegung ihrer Schriften zu. Anders als die Juden das Alte Testament auslegen, ist es – so betont er – von seinen Verfassern nicht verstanden worden. Aus Marcions Sicht haben selbst die Zwölf, die Jesus auserwählt und zu seinen Boten bestimmt hat, das Evangelium judaistisch verfälscht. Vor allem Petrus gilt ihm als „Gesetzesmensch"[800]. Die Urapostel waren zwar nicht Irrlehrer, aber doch in faulen Kompromissen befangen. Deshalb musste Paulus das Evangelium durch eine Entrückung statt durch menschliche Vermittlung empfangen und für die *Ersetzung* des Alten Testamentes durch das Neue Testament sorgen[801]. Das „Neue Testament" des Marcion besteht aus dem „Apostolikon" (10 Paulusbriefe) und dem „Evangelium" (restituierter Proto-Lukas). Mit Berufung auf Paulus – insbesondere dessen Galaterbrief – erklärt Marcion den Glauben an den von Jesus verkündeten Gott als das Gegenteil des Lebens aus der Tora. Zwar ist das Gesetz ebenso wenig wie die Schöpfung identisch mit dem Bösen oder der Sünde. Aber im Lichte des Glaubens an den ganz anderen Gott des Evangeliums erkennt der Mensch Schöpfung und Tora als Versuchungen zur Selbstrechtfertigung. Durch Tertullian wissen wir, dass Marcion aufgrund von Röm 7,12 dem Gesetz eine heilsgeschichtlich positive Funktion zuspricht[802]. Denn weil jeder Mensch an dem Versuch scheitert, das mosaische Gesetz zu erfüllen, ist die Tora für jeden ehrlichen Menschen der Spiegel der eigenen Sünde. Wer die Tora nicht als Mittel zur Selbstrechtfertigung missbraucht, erkennt in ihrem Spiegel, dass er sich nicht selbst erlösen kann. Doch wer auf Selbstrechtfertigung verzichtet, glaubt bereits an jene bedingungslos vergebende Liebe, die Marcion dem von Jesus verkündeten „fremden Gott" zuschreibt. Erst im Glauben an diesen ganz anderen, weil den eigenen Vorstellungen von Gerechtigkeit widersprechenden Gott erkennt der Mensch, dass er vor dem Tribunal des Gesetzes nur Sünder ist, dass ihn also nicht die eigene Leistung, sondern nur der Glaube an das von Jesus verkündete Evangelium rettet. Aus Marcions Sicht bezeugen die Briefe des Apostels Paulus, dass die Nachkommen Kains (die Heiden) demütig genug waren, um trotz ihrer Sünde an die bedingungslose Liebe des Erlösers

800 Vgl. G. May, Der Streit zwischen Petrus und Paulus in Antiochien bei Marcion.

801 Vgl. A. v. Harnack, Marcion, 37–39. – Dazu auch: E. Dassmann, Der Stachel im Fleisch, 176–192; G. May, In welchem Sinn kann Marcion als der Begründer des neutestamentlichen Kanons angesehen werden?

802 Über die antijudaistischen Implikationen von Marcions „Antithesen": E. Mühlenberg, Marcion's Jealous God; W. Bienert, Markion – Christentum als Antithese zum Judentum.

zu glauben, und dass die Nachkommen Abels (die Juden) der Versuchung erlegen sind, mehr auf die Tora als auf den von Jesus verkündeten Gott zu vertrauen.

c) Marcions doketische Christologie

Der für alle Gnostizismen charakteristische Dualismus zwischen einem guten und einem bösen Prinzip, zwischen dem guten Geist und der bösen Materie, zwischen Licht und Finsternis, ist Marcion fremd. Dennoch betont gerade die neuere Forschung[803], dass es mehr Gemeinsamkeiten z. B. mit der valentinianischen Gnosis gibt, als Harnack annimmt. Das beweist z. B. Marcions Christologie. Denn „der fremde Gott“ kann sich nicht *in* der Schöpfung und deren Gesetz, sondern nur *gegen* Schöpfung und Gesetz offenbaren. Marcion lehnt die Geburt Jesu aus Maria ab, weil der Leib des Erlösers nicht aus der Schöpfung stammen darf. Er spricht in seinem Lukasevangelium zweimal vom Erscheinen des Erlösers: am Anfang vom Erscheinen des Sohnes des fremden Gottes im 15. Jahr des Kaisers Tiberius und am Ende von dem Erscheinen des Auferstandenen. Aus den von Tertullian und Origenes gegen Marcion vorgetragenen Argumenten darf man schließen, dass er den Sohn des fremden Gottes (Jesus) als ein von oben kommendes Wesen betrachtet. Dafür spricht auch die Ausklammerung der Himmelfahrt; denn ein vom Himmel stammender Sohn muss nicht erst in den Himmel aufgenommen werden[804]. Jesus ist nicht wirklich, sondern nur nach außen hin ein Mensch. Nur weil das Evangelium des „fremden Gottes“ andernfalls nicht hörbar wäre, muss sein Bote Jesus „wie ein Mensch“ erscheinen. Der Preis dafür ist hoch; selbst die Jünger, die ihn drei Jahre lang begleiten, halten ihn für einen aus dieser Welt stammenden Menschen. Erst da, wo Jesus die Anklage derer, die ihn mit Berufung auf das Gesetz verurteilen, mit der Feindesliebe beantwortet, geht zumindest einigen seiner Jünger ein Licht auf; sie entdecken, dass die Tora mit der Liebe, die Jesus verkündet, nichts zu tun hat; dass es zwischen Judentum und Christentum keine Brücke gibt; dass der Glaube an die Gerechtigkeit, die Jesus schenkt, das Gegenteil der Gerechtigkeit ist, die aus dem Gehorsam gegenüber der Tora erwächst.

803 Jüngere Arbeiten verbinden die These, Marcion dürfe nicht als Gnostiker verstanden werden, mit dem Hinweis auf dennoch bestehende Gemeinsamkeiten: C. Markschies, Die valentinianische Gnosis und Marcion; D. W. Deakle, Harnack and Cerdo.

804 Dazu: M. Vinzent, Christ's Resurrection. The Pauline Basis of Marcion's Teaching; ders., Der Schluss des Lukasevangeliums bei Marcion.

d) Marcions Eschatologie

Marcions Eschatologie kennt keine Kontinuität zwischen Diesseits und Jenseits. Wie Jesus in keiner Weise aus der Schöpfung stammt, so auch der Auferstehungsleib der von ihm Erlösten nicht. Tertullian stellt der eigenen These „Sicut in Adam omnes *carne* moriuntur, ita et in Christo omnes *carne* vivificabuntur" die marcionitische These entgegen: „Sicut in Adam omnes *carne* moriuntur, ita et in Christo omnes *corpore caelesti* vivificabuntur." Von daher kann man Marcion als Vorläufer der eschatologischen These von der Ersetzung des alten durch einen neuen Menschen bezeichnen[805]. Jedenfalls darf es und kann es aus Marcions Sicht keine ontische Brücke zwischen dem aus der Schöpfung stammenden und dem erlösten Menschen geben[806]. So lässt sich erklären, was in der Literatur oft als paradox bezeichnet wird: dass ausgerechnet Marcion, der das Gesetz verwirft, zum Lehrer einer rigorosen Askese wurde. Denn die Loslösung von den Gesetzen der Schöpfung (Überwindung von Hunger, Durst und Schlaf und Verzicht auf Sexualität) und des Gerichtes (Schuld und Sühne, „Do ut des") ist für ihn der Ausweis des Glaubens an den ganz anderen, Schöpfung und Tora transzendierenden und also „fremden" Gott. Der Gläubige ist – wie Marcion im Anschluss an Paulus betont – zwar noch *in* dieser Welt, aber nicht mehr *von* dieser Welt. Und eben das beweist er durch seine Loslösung von leiblichen und innerweltlichen Bedürfnissen.

Bewusst spreche ich im Folgenden von Spielarten *des* Marcionismus. Denn alle Variationen nehmen explizit Bezug auf die vier skizzierten Grundpositionen seiner Lehre. Was die bloße Marcion-Rezeption zum Marcionismus macht, ist deren Instrumentalisierung für die theoretische Rechtfertigung eines jeweils bestimmten Interesses. Ein solches gibt es in der sich als katholisch

805 „Seit dem zweiten Abendmahlsstreit und durch die Theologie Johann Gerhards begründet hieß es [...] in der lutherischen Orthodoxie für hundert Jahre lang unisono: Nicht Verwandlung, sondern Vernichtung ist das letzte Schicksal der Welt." (J. Moltmann, Das Kommen Gottes, 295). Paul Althaus (Die letzten Dinge, 350) stellt dieser Tradition das von Irenäus über Augustinus bis zu Thomas von Aquin einhellig vertretene Motto „Verwandlung statt Vernichtung" entgegen, beschreibt aber gleichzeitig die Auferweckung Jesu und die Vollendung des Einzelnen als Neuschöpfung, ohne hinreichend zu erklären, worin die Kontinuität zwischen dem irdischen und dem zukünftigen Leben besteht (vgl. G. Greshake, Theologiegeschichtliche und systematische Untersuchungen zum Verständnis der Auferstehung, bes. 247–251). Es wäre – so meinen Christoph Hinz („Feuer und Wolke im Exodus") und Augustin Schmied (Erlösung vom Schöpfergott) – eine lohnende Aufgabe, einmal der Frage nachzugehen, wie weit die marcionitische Dissoziation von Schöpfung und Erlösung jüngere Entwürfe der christlichen Eschatologie bestimmt hat.

806 Dazu: A. Orbe, Marcionitica, bes. 239–241.

bezeichnenden Tradition des 20. Jh. ebenso wie in der Theologie des Protestantismus. Und – was im Blick auf Marcions Antijudaismus überraschen mag – es gibt in der „atheistischen Christologie“ von Bloch, Benjamin und Adorno auch einen jüdisch inspirierten Marcionismus.

2. Ein sich ‚protestantisch‘ nennender Marcionismus des 20. Jahrhunderts

In demselben Jahr, in dem Adolf von Harnack seine große Marcion-Monografie veröffentlicht hat, erschien aus der Feder des noch jungen Karl Barth (1886–1968) eine Schrift mit dem Titel „Grundlagen der christlichen Sozialethik“. Obwohl beide Theologen sich als Anwälte des anderen, des von Marcion als ‚fremd‘ bezeichneten Gottes verstehen, haben sie doch wenig gemeinsam. Ja, man kann mit guten Gründen die Position von Harnack marcionitisch und die von Barth antimarcionitisch nennen.

a) Adolf von Harnacks marcionitische Verhältnisbestimmung von Evangelium und Tora

Harnack bezieht die Andersheit „des fremden Gottes“ auf den nach seiner Ansicht gut paulinischen und zugleich gut lutherischen Gegensatz des Evangeliums zum Gesetz. Barth hingegen bezieht die Andersheit des biblisch bezeugten Gottes auf den Widerspruch des Evangeliums zu allem, was der Mensch von sich her ist und will und fordert. Dem Evangelium – so unterstreicht er – widerspricht der Sünder, nicht das Gesetz; im Gegenteil, Barth bezeichnet das Gesetz als vom Evangelium untrennbar. In einer 1935 entstandenen Abhandlung zu dem Thema „Evangelium und Gnade“ schreibt er: Freilich, das „Gesetz ist nicht das Evangelium, wie das Evangelium nicht das Gesetz ist […]. Wir müssten der ganzen heiligen Schrift widersprechen, wenn wir hier nicht unterscheiden wollten. Wir können aber […] auch nicht vom Evangelium zum Gesetz hinüberblicken als zu einem Zweiten neben und außer dem Evangelium. Wir müssten wieder der ganzen heiligen Schrift widersprechen, wenn wir hier trennen wollten. Wenn wir den einen und den andern Fehler vermeiden wollen, werden wir […] ausgehen müssen von dem unzweifelhaften Zeugnis der Schrift, dass *Jesus Christus* (von dem wir hörten: er ist die Gnade, er ist der Inhalt des Evangeliums) dem Gesetz genug getan, das Gesetz erfüllt, das heißt durch Gehorsam gegen seine Gebote gehalten hat. Von dieser

Tatsache, dass Jesus Christus, indem er die ‚erschienene Gnade Gottes' (Tit 2,11) war, zugleich die Gebote des Gesetzes gehalten hat, werden wir, wenn es um die Definition des Gesetzes geht, auf keinen Fall abstrahieren dürfen; wir werden vielmehr von ihr auszugehen haben. Sie wird nicht nur das Kriterium bilden, an dem wir alle von uns selbst gebildeten Gesetzes- und Normbegriffe zu messen haben. Sie wird auch der Kanon sein müssen zur Interpretation alles dessen, was uns im Alten und Neuen Testament als Gesetz begegnet: das Entscheidende, das eigentlich Gemeinte in jedem großen oder kleinen, inneren oder äußeren Gebot haben wir abzulesen aus der Erfüllung, die jedes von ihnen in Jesus Christus gefunden hat."[807]

In diesem Zitat wird deutlich, warum der Marcionismus Harnacks und der Antimarcionismus Barths in der jeweiligen Christologie ihre Erklärung finden. Bekanntlich hat Harnack die Trinitätslehre als hellenistische Verfälschung des biblischen Ursprungs verworfen und die These aufgestellt, Jesus sei zwar der Mittler des Evangeliums von der Rechtfertigung; doch gehöre nur der rechtfertigende Vater, nicht der Mittler, ins christliche Glaubensbekenntnis. Diese Position ähnelt der des Marcion. Denn der Sohn „des fremden Gottes" ist nicht selber Gott, sondern nur dessen Mittler. Er ist auch nicht ein aus der Schöpfung stammender Mensch, sondern nur der in Menschengestalt erscheinende Bote. Sein Menschsein ist ebenso irrelevant für die Annahme des Evangeliums wie das Gesetz, von dem die Juden sprechen.

Die exakte Gegenposition zu Harnack und Marcion vertritt Karl Barth: Er beschreibt das wahre Menschsein Jesu als Offenbarkeit Gottes selbst. Deshalb gibt es keine Gemeinschaft mit dem Vater außerhalb oder unabhängig von dem Menschsein Jesu. Und zu diesem Menschsein des Juden Jesus gehört die Erfüllung der Tora. Deshalb – so betont Karl Barth durchgängig – erfolgt die Annahme des Evangeliums von der Gnade bzw. Rechtfertigung nicht unsichtbar, privat oder rein innerlich, sondern im Modus der Verähnlichung mit dem die Tora erfüllenden Jesus.

Wenn man die Christologien von Harnack und Barth vergleicht, wird deutlich, dass die im Kontext des jüdisch-christlichen Dialogs immer wieder erhobene Forderung nach einer Deabsolutierung der Christologie mit dem Ziel der Annäherung des Christentums an das Judentum nicht nur aus christlicher, sondern auch aus jüdischer Sicht fragwürdig ist. Denn in dem Maße, in dem Jesus zum bloßen Mittler oder Boten degradiert wird, spielt sein Menschsein für die Offenbarung Gottes keine Rolle mehr. Und – was im Dialog der Christen mit den Juden oft vergessen wird – wenn

807 K. Barth, Evangelium und Gesetz, 6f.

Jesu Menschsein nicht Offenbarung Gottes ist, ist auch die von ihm gelebte Tora nicht, wie die Juden sagen, mit Gottes Willen identisch, sondern bestenfalls eine wirkungsgeschichtlich bedeutsame Interpretation des göttlichen Willens[808]. Also hat die Degradierung Christi zu einem bloßen Boten des ganz anderen Gottes die Degradierung der Tora zu einem bloßen Interpretament Jesu zur Folge.

Barth hat den logischen Zusammenhang zwischen Harnacks Mittler-Jesulogie, der Forderung nach der Eliminierung des Alten Testamentes aus der christlichen Bibel und seinem marcionitischen Antijudaismus erkannt[809]. Christlicher Antijudaismus – so lässt sich durchgängig zeigen – ist im 20. Jahrhundert immer dann manifest, wenn Jesu Menschsein nicht als Offenbarung Gottes, sondern ausschließlich als Medium oder Instrument einer dem zeitgenössischen Judentum gegenüber „ganz neuen Botschaft" verstanden wurde. Mit Marcion sieht Harnack die Trennlinie zwischen dem Gott der Juden und dem von Jesus verkündeten Gott darin, dass der Gott der Juden dem Menschen nach seinen Taten vergilt und dass der Gott des Evangeliums den Sünder bedingungslos rechtfertigt.

Es gibt eine ganze Reihe jüdischer Analysen zu Harnacks „Vorlesungen über das Wesen des Christentums"[810] von 1899/1900. Durch diese Rezensionen zieht sich wie ein roter Faden die Feststellung, dass Harnack

808 Vgl. R. Buchholz, „Zu diesem Kanon darf das AT nicht gestellt werden". Marginalien zu einer These Harnacks, in: ZKTh 131 (2009) 26–46.

809 „Das an die Welt gerichtete christliche Kerygma […] über diesen israelitischen Menschen Jesus bedeutet nicht mehr und nicht weniger als die Einbeziehung der Welt in den Bereich des Handelns Gottes mit dem Volk Israel. Es redet keineswegs allgemein von der Existenz eines für Viele (in der Absicht auf Alle) Mensch gewordenen Gottessohnes, sondern konkret davon, dass Jesus der gekommene Messias Israels […] ist […], auch in einer so ausgesprochen heidenchristlich orientierten Schrift wie dem Lukasevangelium. […] Erst im 2. Jahrhundert begann dann […] der partikulare Charakter des christlichen Universalismus […], sehr zum Schaden des Kerns der christlichen Botschaft, etwas zu verblassen. Es war Marcion, der ihn prinzipiell zum Verschwinden bringen wollte, indem er das Alte Testament als das Dokument der Bezeugung des Werkes und der Offenbarung eines anderen, geradezu bösen Gottes, des Demiurgen, verstand, von dessen Herrschaft uns Christus befreit habe, der es also als Quelle und Norm der christlichen Verkündigung eliminiert wissen wollte. Die Kirche hat sich, obwohl sie jetzt überwiegend eine Kirche aus den Heiden geworden war, dieser naheliegenden Versuchung instinktsicher erwehrt. Sie hat das später auch den Socinianern, später auch Schleiermacher und noch später auch Harnack gegenüber getan. Und so konnte die Anwesenheit des Alten Testamentes neben dem Neuen […] von Jahrhundert zu Jahrhundert dafür sorgen, dass […] die schlichte Wahrheit, ‚dass Jesus Christus ein geborener Jude war', jedenfalls nie ganz unsichtbar wurde." (KD IV/1, 182f).

810 L. Baeck, Harnacks Vorlesungen über das Wesen des Christentums; F. Perles, Was lehrt uns Harnack?; ders., Bousset's Religion des Judentums im neutestamentlichen

das Proprium des Christentums, nämlich die für Juden unannehmbaren Dogmen der Trinitätslehre und Christologie, aufgibt und *gerade deshalb* zu einer Ablehnung des Judentums gelangt, wie sie in ähnlicher Schärfe zuvor nur von Marcion formuliert wurde[811]. Weil Harnack den Boten Jesus *ontologisch* in keiner Weise von den alttestamentlichen Propheten abhebt, sucht er seine Besonderheit in seiner für das zeitgenössische Judentum „radikal neuen Botschaft". Er erklärt „das Evangelium Jesu" zum Gegenteil der jüdischen Tora. Harnacks antijudaistischer Marcionismus konstruiert einen Gegensatz zwischen dem „Außen" des Judentums und dem „Innen" des Christentums, zwischen der „Werkgerechtigkeit" des Judentums und dem „reinen Glauben" des Christentums, zwischen der „Diesseitsverhaftung" des Judentums und der „Jenseitsorientierung" des Christentums[812].

b) Adolf von Harnacks marcionitische Verhältnisbestimmung von göttlicher (geistlicher) und weltlicher (politischer) Herrschaft

Im Unterschied zu Marcion spricht Harnack nicht von zwei Göttern, einerseits dem der Schöpfung bzw. des Gesetzes *und* andererseits dem des Evangeliums. Wenn man aber bedenkt, was oben ausgeführt wurde: dass Marcion seine Unterscheidung zwischen Schöpfer- und Erlösergott nicht metaphysisch verstanden wissen wollte, ist die Konvergenz zwischen Harnack und Marcion größer, als sie vordergründig erscheint. Ich sehe diese

---

Zeitalter kritisch untersucht; J. Eschelbacher, Das Judentum und das Wesen des Christentums.

811 „Harnacks Argumentation, wonach Jesus das Wertvolle der israelitischen Religion vollendete, das Judentum aber im Ritualismus erstarrte und seine Lebensberechtigung verlor, fand ihren Höhepunkt darin, dass er ‚die ganze jüdische Bedingtheit der Predigt Jesu' als bald schon überwundene geschichtliche ‚Schale' wertete, die den Kern seiner Botschaft nicht berührte. Als endgültiger Überwinder des Judentums erschien ihm Paulus, der mit seiner Interpretation Christi als ‚des Gesetzes Ende' einen radikalen Bruch vollzogen habe und dessen weltgeschichtliche Leistung in der ‚Befreiung von dem historischen Judentum und seinen überlebten Religionsgesetzen' bestehe. Mit diesem Geschichtsbild – der Herauslösung der Gestalt Jesu aus seinen jüdischen Ursprüngen und der ‚Antijudaisierung' des Paulus – präsentierte Harnack ein klassisches Stück antijudaistischer Enterbungstheologie, das für eine vorurteilsfreie Wahrnehmung des Judentums seiner Zeit und für einen Dialog mit den jüdischen Interpreten der neutestamentlichen Zeitgeschichte keinen Raum ließ." (C. Wiese, Wissenschaft des Judentums und protestantische Theologie, 134f).

812 Aus der Sicht von Peter von der Osten-Sacken (Rückzug ins Wesen und aus der Geschichte) lassen sich die antijudaistischen Konsequenzen dieser „Antithesen" nicht nur bei Harnack selbst, sondern in abgemildeter Form auch bei seinem Bewunderer Rudolf Bultmann beobachten.

Konvergenz vor allem in Harnacks dualistischer Verhältnisbestimmung von innerer Herrschaft Gottes (Evangelium) und äußerer Herrschaft (Gesetz).

Augustinus versteht den Antagonismus von „civitas Dei“ und „civitas terrena“ zeitlich; er tröstet die von inneren und äußeren Anfechtungen bedrängten Christen seiner Zeit mit der Unterscheidung zwischen der zerbrechenden Gestalt dieser Welt und der anbrechenden Gestalt der Gottesherrschaft. Und Luther spricht von zwei Regimenten Gottes, wobei das weltliche Regiment nur so lange vonnöten ist, als das geistliche Regiment noch nicht vollendet ist[813]. Harnack hingegen steht für eine radikale Entzeitlichung der beiden antagonistischen Größen. In seinen Vorlesungen von 1899/1900 lesen wir: „Das Reich Gottes ist Gottes*herrschaft,* gewiss – aber es ist die Herrschaft des heiligen Gottes in den einzelnen Herzen, *es ist Gott selbst mit seiner Kraft.* Alles Dramatische im äußeren, weltgeschichtlichen Sinn ist hier verschwunden, versunken ist auch die ganze äußerliche Zukunftshoffnung. […] Er selbst ist das Reich, und nicht um […] Throne und Fürstentümer handelt es sich, sondern um Gott und die Seele, um die Seele und ihren Gott.“[814] Harnack will sich aller räumlichen und zeitlichen Vorstellungen von der Gottesherrschaft entledigen; er bezeichnet sie als Relikte des Judentums, die es zu beseitigen gilt. Für ihn ist entscheidend, dass die Gottesherrschaft im Inneren des je Einzelnen ankommt, und zwar nicht irgendwann, sondern jetzt. Hinter seiner Deutung des Evangeliums „steht als leitendes Interpretationsmodell eine Denkfigur, derzufolge ‚geistlich' als Synonym von geistig verstanden und mit dem ‚Innerlichen' gleichgesetzt wird. Dieses Geistig-Innerliche ist als solches etwas ‚Übersinnliches', ‚Überweltliches', ‚Himmlisches', ‚ewig Unwandelbares', dem das Äußerliche, Weltliche, Irdische, zeitlich Wechselhafte gegenübersteht. Das Evangelium, das von seinem Wesen her keine Beziehung zur Welt und zum Körperlichen hat, richtet sich daher nur an das Individuum, und bei ihm wieder bloß an seinen besseren, geistigen Teil, an die Seele.“[815]

Und wie das Evangelium eine wesentlich innerliche und geistige Größe ist, so ist auch die Gemeinschaft derer, die das Evangelium von der Rechtfertigung allein aus Gnade glauben, eine unsichtbare Wirklichkeit. Die wahre Kirche Jesu Christi ist also unsichtbar. Allerdings lehrt Harnack in Abgrenzung zu Rudolph Sohm, dass es mit der unsichtbaren Kirche nicht

813 Dazu: E. Kinder, Gottesreich und Weltreich bei Augustin und bei Luther.
814 A. v. Harnack, Das Wesen des Christentums, 45.
815 G. Heinz, Das Problem der Kirchenentstehung, 62f.

getan ist. Anders gesagt: Solange nicht alle Menschen glauben und solange der Glaube im Kampf mit dieser Welt liegt, bedarf es einer rechtlich verfassten Institution, deren Organisationsformen zwar wandelbar sind, aber stets dem Schutz und der Ermöglichung des wahren Christentums dienen sollen[816].

Die Sohm-Kritik Harnacks beruft sich auf Luther. Denn auch der Reformator bezeichnet das weltliche Regiment als ein notwendiges Übel, dessen sich Gott in dieser Welt bedient, damit – verborgen unter seinem Gegenteil – das geistliche Reich kommen kann[817]. Auf die Frage, „ob Kriegsleute auch in seligem Stande sein können", antwortet Martin Luther 1526: „Gott hat zweierlei Regimente unter den Menschen aufgerichtet. Eines ist geistlich, ausgeübt durchs Wort und ohne Schwert; dadurch sollen die Menschen rechtschaffen und gerecht werden, so dass sie mit dieser Gerechtigkeit das ewige Leben erlangen; und zwar bewirkt Gott diese Gerechtigkeit durchs Wort, welches er den Predigern befohlen hat. Das andere ist ein weltliches Regiment, ausgeübt durchs Schwert, damit diejenigen, die durchs Wort nicht rechtschaffen und gerecht werden wollen zum ewigen Leben, trotzdem durch ein solches weltliches Regiment gezwungen werden, rechtschaffen und gerecht zu sein vor der Welt; und zwar bewirkt Gott diese Gerechtigkeit durchs Schwert, und obwohl er

816 „Sohms Kirchenbegriff [...] hat sich als einseitig spiritualistisch [...] erwiesen. Die Definition der Kirche (und zwar der Kirche des Glaubens) muss lauten: Die Kirche ist eine rein religiöse Größe, Volk Gottes, Leib Christi; sie hat ihr Bürgerrecht im Himmel und ihre Heimat dort, wo ihr Haupt ist; aber [...] das Genossenschaftliche, Korporative kann auch vom sublimsten Begriff der Kirche nicht getrennt werden. [...] Das Genossenschaftliche ist nicht die Kirche des Glaubens selbst, aber es ist die Form ihrer irdischen Verwirklichung, so weit sie auf Erden verwirklicht werden kann." (A. v. Harnack, Entstehung und Entwicklung der Kirchenverfassung und des Kirchenrechts, 150f).

817 In einer Predigt über den ersten Timotheusbrief vom 25. 3. 1525 sagt Luther: „Das ist das Nötigste in der Welt, dass man ein streng weltliches Regiment hat. Denn die Welt kann nicht regiert werden nach dem Evangelium, denn das Wort ist zu gering geachtet, reicht nicht weit und ergreift wenige. Zu Tausenden nimmt man es nicht an. Darum kann man mit ihm kein äußerlich Regiment aufrichten. Der Hl. Geist hat einen kleinen Haufen. Die anderen sind alle Huren und Buben, die müssen ein weltlich Schwert haben. Wo ein weltlich Regiment sein Amt nicht streng ausübt [...], folgt Aufruhr, Morden, Krieg, Weib und Kinder schänden, da niemand sicher zu leben vermag. Herr Omnes ist nicht Christ. Könige, Fürsten und Herren müssen das Schwert brauchen und Köpfe abschlagen. Die Strafe muss bleiben, dass die anderen in Furcht gehalten werden und die Frommen das Evangelium hören und ihrer Arbeit nachgehen können." (WA 17/I, 149).

diese Gerechtigkeit nicht mit dem ewigen Leben lohnen will, so will er sie dennoch haben, damit Frieden unter den Menschen gehalten wird."[818]

Luther will das weltliche Regiment unterschieden wissen von der sichtbaren Kirche, die Wort und Sakrament verwaltet. Er kritisiert mehrfach die mittelalterliche Symbiose von Kirche und Staat, insbesondere, dass die Bischöfe zugleich Fürsten sind. Trotzdem hat er schließlich selbst das landesherrliche Kirchenregiment zugelassen. So kommt es im Protestantismus zu einer denkbar radikalen Trennung der unsichtbaren Kirche (der im Glauben an das Evangelium Gerechtfertigten) vom sichtbaren „Kirchenregiment"[819]. Die katholischen Fürstbischöfe haben in der Regel Priester- und Bischofsweihe empfangen; die protestantischen Fürsten sind Oberhäupter ihrer Landeskirchen, ohne ordiniert zu sein. Der Unterschied liegt in der Ekklesiologie: Während die katholischen Fürstbischöfe die von ihnen geleitete Kirche mit der wahren Kirche Jesu Christi identifizieren, erklären die protestantischen Oberhäupter der Landeskirchen ihr sichtbares Regiment als das weltliche, das den Leib betrifft, und das eigentliche Regiment der Seelen als das Regiment Christi. Luther hat die Ausübung der Kirchenleitung durch die protestantischen Fürsten nicht gewollt und doch durch seine Inkonsequenz beigetragen zur Überführung seiner Lehre von den zwei Regimenten *Gottes* – einerseits regiert Gott durch die kirchliche und andererseits durch die weltliche Obrigkeit – in eine Lehre von zwei getrennten Reichen: dem unsichtbaren Reich der Herrschaft Gottes und dem sichtbaren Reich der Herrschaft von Politik und Kirche.

Karl Barth weiß um den Unterschied zwischen der Zwei-*Regimente*-Lehre Luthers und der Zwei-*Reiche*-Lehre[820] Harnacks. Aber aus seiner Sicht hat schon Luther selbst die Weichen gestellt in die Richtung eines verhängnisvollen Dualismus. Der Lehre Martin Luthers von der Verborgenheit Gottes („Deus absconditus") unter dem Gekreuzigten als dem Ge-

818 WA 19, 629f.

819 „Den Schlüssel für das Verhältnis des ‚geistlichen' und des ‚weltlichen' Regimentes Gottes nach Luther bildet Luthers eigentümliche Unterscheidung des ‚Deus revelatus' und des ‚Deus absconditus'. Nur von dem ‚Deus revelatus' her, nur wenn man bereits unter dem ‚geistlichen Regiment' Gottes steht, also nur im Glauben und predigend, kann man nach ihm überhaupt von dem ‚Deus absconditus' hinter dem scheinbar widergöttlichen ‚Reich der Welt' und von dem ‚weltlichen Regiment' Gottes sprechen [...]; denn in seinem ‚weltlichen Regiment' handelt Gott als der verborgene, und sein Handeln hier hat keine offenbarende Wirkung." (E. Kinder, Gottesreich und Weltreich bei Augustin und bei Luther, 54[30]).

820 Mit Blick auf die nach seiner Meinung verheerende Wirkungsgeschichte der Zwei-Regimente-Lehre Luthers ersetzt Karl Barth 1922 in seiner Schrift „Grundfragen der christlichen Sozialethik" den Ausdruck „Zwei-Regimente-Lehre" durch den Ausdruck „Zwei-Reiche-Lehre".

genteil seiner selbst („sub contrario")[821] entspricht – so meint er – die Lehre von der Verborgenheit des geistlichen Regimentes Christi unter dem Gegenteil seiner selbst, nämlich dem landesherrlichen Kirchenregiment. Dieser – wie Barth schreibt – marcionitische Dualismus ist die Ursache für ein Luthertum, das den Bereich des Glaubens von dem der Öffentlichkeit, den der Moral von dem der Politik, den des christlichen Handelns von dem des weltlichen Handelns getrennt hat[822].

Karl Barth und Reinhold Niebuhr ziehen eine Linie von Luther über Friedrich den Großen und Bismarck zu Adolf Hitler[823]. Niebuhr spricht von der „kranken Sozialethik" Luthers[824]. Und Barth schreibt schon im Dezember 1939 in seinem berühmt gewordenen „Brief nach Frankreich": Das deutsche Volk leidet an der marcionitischen Erbschaft „des größten christlichen Deutschen: an dem Irrtum Martin Luthers hinsichtlich des Verhältnisses von Gesetz und Evangelium, von weltlicher und geistlicher Ordnung und Macht, durch den sein natürliches Heidentum nicht sowohl begrenzt und bestärkt als vielmehr ideologisch verklärt, bestätigt und bestärkt worden ist. […] Es wird […] nötig sein, weitere Entwicklungen auf der fatalen Linie von Friedrich dem Großen über Bismarck zu Hitler phy-

821 Luther versteht den von den griechischen Vätern entwickelten Gedanken der Idiomenkommunikation nicht so, dass dem Erlöser als der einen Person die Eigenschaften beider Naturen zugesprochen werden dürfen, sondern so, dass der menschlichen Natur nach der Inkarnation auch die Eigenschaften des göttlichen Logos zukommen. Dies wird besonders deutlich, wo er der menschlichen Natur die Ubiquität der göttlichen Natur zuspricht. Luthers Lehre von dem sich unter dem Gegenteil (*sub contrario*) seines eigentlichen Wesens verbergenden Gott (*Deus absconditus*) ist verbunden mit der fast schon doketischen Erklärung, als der göttliche Logos bleibe Christus jederzeit – auch in der scheinbaren (!) Ohnmacht am Kreuz – der Herr des Geschehens, der z. B. seine Kreuzigung zulassen oder nicht zulassen konnte. Dazu: M. Lienhard, Martin Luthers christologisches Zeugnis, 172–175; O. Bayer / J. Gleede (Hg.), Creator est Creatura.

822 Wenn man Luther-Zitate aus ihrem Kontext reißt, kann man einige Passagen anführen, die den besagten Dualismus stützen: „Christlich und brüderlich Handeln gehört nicht ins weltliche Regiment. Christlich und evangelisch Wesen gehören allein zum Regieren der Gewissen." (WA 24, 677). – „Zwei Personen und zweierlei Amt sind so auf einen Menschen geraten. Er ist zugleich ein Christ und ein Fürst, Richter, Herr, Knecht, Magd. Diese heißen eitel Weltpersonen, denn sie gehören zum weltlichen Regiment. […] Ein Christ bist du für deine Person, aber gegen deinen Knecht bist du eine andere Person." (WA 32, 390).

823 Dazu: H. Lehmann, Zum Antisemitismus protestantischer Pastoren; ders., Hans Preuß 1933 über „Luther und Hitler"; ders., Luther als Kronzeuge für Hitler; ders., „Muss Luther nach Nürnberg?"

824 "The weakness of the Lutheran position in the field of social ethics is accentuated to a further degree by its inability to define consistent criteria for the achievement of relative justice." (R. Niebuhr, The Nature and Destiny of Man, 197).

sisch unmöglich zu machen."[825] Barth hat sich nach dem Krieg durch die Fakten bestätigt gesehen. In seiner 1945 publizierten Rede mit dem Titel „Die evangelische Kirche in Deutschland nach dem Zusammenbruch des Dritten Reiches" lesen wir: „Nun hat das Unheil des Dritten Reiches sicher einen seiner Gründe darin, dass gerade die Evangelische Kirche Deutschlands es bis jetzt nicht verstanden hat, das Evangelium und das Gesetz und darum auch die Kirche und den Staat in ihrem Zusammenhang zu sehen und zu erklären und also die politische in die christliche Verantwortung einzubeziehen."[826]

Man kann mit guten Argumenten bezweifeln, dass es einen Zusammenhang gibt zwischen Luthers Christologie und Luthers Zwei-Regimente-Lehre. Und ganz sicher ist Luthers Lehre von den beiden Regimenten Gottes nicht einfach identisch mit der später im Protestantismus entwickelten Zwei-Reiche-Lehre. Aber Barth geht es um die Aufdeckung eines latenten Marcionismus im deutschen Luthertum. Er stützt sein hartes Urteil auf das Phänomen des nicht erst unter dem Druck des Nationalsozialismus, sondern schon 1921 gegründeten „Bundes für deutsche Kirche"[827].

Eine einflussreiche Gruppe protestantischer Pfarrer (Friedrich Andersen, Adolf Bartels, Ernst Katzer, Hans von Wolzogen) hatte bereits 1917 zur Vierhundertjahrfeier der Reformation eine Programmschrift vorgestellt mit dem Titel „Deutschchristentum auf rein evangelischer Grundlage. 95 Leitsätze zum Reformationsfest 1917". „Darin wurde der Versuch gemacht, das Christentumsverständnis durch Eliminierung judaistischer Bestandteile [...] der völkisch-antisemitischen Ideologie anzupassen. Das Alte Testament galt als ‚nicht zur Erklärung der christlichen Religion und zum Verständnis der Person Jesu erforderlich und verwendbar' (These 32)."[828] Zum ständigen Mitarbeiterkreis der Deutschkirche gehörte auch Richard Wagners Schwiegersohn Houston Stewart Chamberlain (1857–1927), dessen Briefwechsel mit Adolf von Harnack[829] den Zusammenhang zwischen dem Marcionismus Harnacks und dem Antijudaismus der evangelischen Deutschchristen dokumentiert.

825 K. Barth, Ein Brief nach Frankreich, 113f.

826 K. Barth, Die evangelische Kirche in Deutschland nach dem Zusammenbruch des Dritten Reiches, 26f.

827 Zur Entstehung und Geschichte des „Deutschchristentums": K. Nowak, Evangelische Kirche und Weimarer Republik; K. Meier, Die Deutschen Christen.

828 K. Meier, Der „Bund für deutsche Kirche" und seine völkisch-antijudaistische Theologie, 180.

829 Vgl. W. Kinzig, Harnack, Marcion und das Judentum.

Obwohl man die Zwei-Regimente-Lehre Luthers durchaus antidualistisch bzw. antimarcionitisch interpretieren *kann*[830], gibt ihre Wirkungsgeschichte allen Anlass zur Kritik. Verweisen lässt sich z. B. auf den von Wolfgang Huber und Ulrich Duchrow herausgegebenen Sammelband mit dem Titel: „Die Ambivalenz der Zweireichelehre in lutherischen Kirchen des 20. Jahrhunderts". Noch am 9. 10. 1970 – so heißt es dort – erklärte die Synode der Vereinigten Evangelisch-Lutherischen Kirche Deutschlands, dass es dem einzelnen Christen „geboten sein kann, das Recht des Nächsten notfalls auch mit Gewalt zu verteidigen oder zu erkämpfen"; dass aber die geistliche Kirche der wahrhaft Glaubenden „durch Anwendung von Gewalt […] ihre Bemühung um Versöhnung und Frieden unglaubwürdig machen"[831] würde.

3. Ein sich ‚katholisch' nennender Marcionismus des 20. Jahrhunderts

Wenn man so will, kann man von einer protestantischen und einer katholischen Spielart des Marcionismus im 20. Jahrhundert sprechen. Das Haupt der ersteren heißt Adolf von Harnack, das Haupt der letzteren Carl Schmitt (1888–1985)[832]. Richard Faber hat Schmitt in seiner Monografie mit dem bezeichnenden Titel „Politische Dämonologie. Über modernen Marcionismus" ein eigenes Kapitel gewidmet[833] und in einem weiteren Werk „Über Carl Schmitt den Römer und Katholiken" unterstrichen[834], dass man ihn von vornherein missversteht, wenn man seine Politologie von seiner Theologie trennt. Er ist „der Theologe der Jurisprudenz und der Jurist der Theologie". Und sein Marcionismus ist im Unterschied zu dem der Reformation antirevolutionär. Jacob Taubes, dessen Gespräch mit Schmitt m. E. zu den faszinierendsten Kapiteln der Geistesgeschichte des 20. Jahrhunderts gehört[835], charakterisiert das antirevolutionäre Grundin-

830 Vgl. dazu die Beiträge von Ernst Wolf, Heinrich Bornkamm, Wilfried Joest, Klaus Haendler, Ragnar Bring und Gustaf Wingren in dem von H.-H. Schrey edierten Sammelband „Reich Gottes und Welt". – Außerdem: G. Ebeling, Leitsätze zur Zweireichelehre.

831 In: Die Ambivalenz der Zweireichelehre in lutherischen Kirchen des 20. Jahrhunderts, 98.

832 Über verschiedene Zugänge zu Schmitts Werk und seinen vielen Interpretationen: H. Quaritsch (Hg.), Complexio Oppositorum; R. Mehring, Vom Umgang mit Carl Schmitt.

833 Vgl. R. Faber, Politische Dämonologie, bes. 93–137.

834 R. Faber, Lateinischer Faschismus.

835 Dazu: T. Palzhoff / M. Treml (Hg.), Carl Schmitt – Jacob Taubes.

teresse seines Gegenübers wie folgt: „Das Interesse von Schmitt war nur eines: dass die Partei, dass das Chaos nicht nach oben kommt, dass Staat bleibt. Um welchen Preis auch immer. Das ist für Theologen und Philosophen schwer nachzuvollziehen; für den Juristen aber gilt: solange auch nur eine juristische Form gefunden werden kann, mit welcher Spitzfindigkeit auch immer, ist es unbedingt zu tun, denn sonst regiert das Chaos. Das ist das, was er später den ‚Kat-echon' nennt: den Aufhalter, der das Chaos, das von unten drängt, niederhält."[836]

a) Carl Schmitts marcionitische Antithetik von Freund und Feind, Dezision und Diskussion, ‚Kat-echon' und ‚Antichrist'

Schmitt stellt sich mit dem ersten Entwurf seiner „Politischen Theologie" (1922) ausdrücklich in eine Reihe mit Joseph Marie Comte de Maistre (1753–1821), Louis Gabriel Ambroise Comte de Bonald (1754–1840) und Juan Donoso Cortés (1809–1853). Allerdings verändert sich seine „Politische Theologie" durch deren fortschreitende Verselbständigung gegenüber der kirchlichen Autorität.

Von Joseph de Maistre übernimmt Schmitt den antirevolutionären Grundgedanken, dass Gottes Souveränität sichtbar werden muss in einer sie auf Erden repräsentierenden Autorität und dass zu dieser Repräsentation die Unfehlbarkeit eines inappellablen Entscheidungsträgers gehört[837]. Doch er folgt de Maistre nicht bis in die These, dass nur die staatliche Autorität den göttlichen Willen repräsentiert, die sich der kirchlichen Autorität beugt[838]. Ganz allgemein ist die Anlehnung Schmitts an die Werke der französischen Traditionalisten von dem Interesse bestimmt, die eige-

836 J. Taubes, Die politische Theologie des Paulus, 139. – Vgl. J. Taubes, Ad Carl Schmitt.

837 Aus de Maistres Sicht ist die Unfehlbarkeit des Papstes überhaupt nichts Besonderes. Jeder souveräne Herrscher ist unfehlbar, weil es über ihm keine Instanz gibt, an die man gegen ihn appellieren kann. Wörtlich bemerkt de Maistre: „Il ne peut y avoir de societé humaine sans gouvernement, ni de gouvernement sans souveraineté, ni de souveraineté sans infaillibilité." (J. de Maistre, Du Pape, 123). – Dazu: H. Maier, Revolution und Kirche, 149–157.

838 „Le christianisme repose entièrement sur le Souverain Pontife, si bien qu'on peut établir comme principe de l'ordre politique et social auquel la France, par un décret providentiel, est chargée de présider, cette chaîne de raisonnements: Point de morale publique ni de caractère national sans religion, point de religion européenne sans le christianisme, point de christianisme sans le catholicisme, point des chatholicisme sans le Pape, point de Pape sans la suprématie qui lui appartient." (J. de Maistre, Lettre au Comte de Blacas, 22. 5. 1814, in: Correspondance V, 428).

nen Optionen durch selektive Rezeption zu untermauern. Bei de Bonald findet er eine sprachphilosophische Begründung[839] seiner These, dass jede innerweltliche Ordnung auf dem Prinzip der Vermittlung bzw. Repräsentation beruht[840]. Das Christentum ist aus der Sicht von de Bonald die einzig wahre Religion, weil nur das Christentum von Gott sagt, dass er sich selbst in dieser Welt durch den Boten des Erlösergottes, durch Jesus Christus vermittelt bzw. repräsentiert hat[841]. Entsprechend erscheint der römische Katholizismus als die einzig wahre Konfession des Christentums, als die Konfession der personalen Christusrepräsentation der Apostel, der Apostelnachfolger und insbesondere des Papstes[842].

Aus der Sicht von Thomas Vesting war die letzte *eine* Quelle, aus der sich Schmitts geistige und publizistische Existenz speiste, „sein Ringen um

839 Ein Schlüsselbegriff aller von de Bonald verfassten Werke ist der Terminus „Vermittlung". Gegen Descartes, Malebranche und Leibniz betont er: Was der Philosoph Wahrheit nennt, ist dem Menschen nicht a priori zugänglich, sondern *vermittelt* durch die Gesellschaft bzw. durch die Sprache. Da es keine Idee ohne Sprache gibt und die Sprache dem Bewusstsein aller menschlichen Gedanken *vermittelnd* vorausliegt, spricht de Bonald (Œuvres complètes III, 45.72) von einer ‚Uroffenbarung'. Gemeint ist, dass der Mensch die Sprache nicht erfunden hat wie ein Zeichensystem, mit dem er nachträglich seine Gedanken mitteilt; dass vielmehr die Sprache dem Menschwerden des Menschen vorausliegt. In der Sprache – so lehrt de Bonald (Œuvres complètes III, 200) – wird das Denken des Einzelnen klar und objektiv. Er vergleicht den Verstand mit einem Papier, das mit einer farblosen Flüssigkeit beschrieben wurde, und die Sprache mit dem chemischen Mittel, das diese unsichtbare Schrift sichtbar macht. Dabei beruft er sich auf den Johannesprolog und betont, dass Analoges von Gott selbst gilt; auch sein Denken ist untrennbar vom Logos, von dem Wort, in dem er sich selbst objektiv ist.

840 Zur Problematik eines antinominalistisch konzipierten Repräsentationsdenkens: B. Irlenborn, Repräsentation, Realismus und Antirealismus.

841 Robert Spaemann bemerkt zusammenfassend: „In Christus ist das Band zwischen Gott und Menschen real geworden. Die Leugnung der Gottheit Christi ist deshalb die Leugnung der realen Anwesenheit Gottes in der Gesellschaft [...]. Die Form [...], in der die daraus resultierende gott-menschliche Gesellschaft sich in absoluter Weise realisiert, ist die katholische Kirche." (Der Ursprung der Soziologie aus dem Geist der Restauration, 122).

842 Die Kirche ist „eine konkrete, persönliche Repräsentation konkreter Persönlichkeit. Dass sie im größten Stil die Trägerin juristischen Geistes und die wahre Erbin der römischen Jurisprudenz ist, hat ihr noch jeder zugegeben, der sie kannte. Darin, dass sie die Fähigkeit zur juristischen Form hat, liegt eines ihrer soziologischen Geheimnisse. Aber sie hat die Kraft zu dieser wie zu jeder Form nur, weil sie die Kraft zur Repräsentation hat. Sie repräsentiert die civitas humana, sie stellt in jedem Augenblick den geschichtlichen Zusammenhang mit der Menschwerdung und dem Kreuzesopfer Christi dar, sie repräsentiert Christus selbst, persönlich, den in geschichtlicher Wirklichkeit Mensch gewordenen Gott. Im Repräsentativen liegt ihre Überlegenheit über ein Zeitalter ökonomischen Denkens." (C. Schmitt, Römischer Katholizismus und politische Form, 31f).

‚die eigentliche katholische Verschärfung'"[843]. Und doch: Schmitt gelangt schon Ende der zwanziger Jahre zu der Überzeugung, dass die kirchliche Autorität eine zum radikalen Kampf gegen die revolutionären Mächte der Unordnung berufenen Staat auch behindern oder sogar lähmen kann. Nicht wenige Schmitt-Interpreten sprechen von einer fortschreitenden Enttheologisierung der staatlichen Autorität zur Beförderung einer von nichts und niemandem beeinträchtigten Entscheidungsinstanz[844]. Jedenfalls häufen sich in Schmitts Werk applaudierende Bemerkungen[845] zu Louis Veuillot (1813–1883), Georges Sorel (1847–1922), Ernest Hello (1828–1885) und Charles Maurras (1868–1952)[846], die – mehr oder weniger radikal – einen Dezisionismus jenseits von Legalität und Legitimität vertreten[847]. Besonders Charles Maurras und Juan Donoso Cortés werden für Schmitt Kronzeugen eines Weltbildes, das im marcionitischen Sinne gespalten ist und Erlösung von einer durch nichts und niemanden kontrollierten Diktatur der Ordnung erwartet[848].

Schon in der „Politischen Theologie" von 1922 bemerkt Schmitt: „Diktatur ist der Gegensatz zu Diskussion."[849] Und mit „Diskussion" ist nicht nur der Parlamentarismus, sondern auch der interreligiöse und interkon-

843 T. Vesting, Die permanente Revolution, 192. – Dazu: H. Meier, Die Lehre Carl Schmitts.

844 Ob Schmitt das Hobbes entlehnte Motto „Sed auctoritas, non veritas, facit legem" im Sinne eines reinen Dezisionismus verstanden hat, darf bezweifelt werden. Bei Hobbes selbst ist dieses Motto jedenfalls nicht Ausdruck eines leeren Voluntarismus. „Im Gegenteil: Sein Staatsmodell hat materiale Grundlagen, natürliches und göttliches Recht, sogar religiöse Wahrheit. Doch da diese den Streit über die Auslegung entfachen, erhebt sich die Frage ‚quis interpretabitur?', die Hobbes um des Friedens willen zugunsten der staatlichen auctoritas beantwortet." (J. Isensee, Die alte Frage nach der Rechtfertigung des Staates, 50[69]).

845 Dazu: M. Dahlheimer, Carl Schmitt und der deutsche Katholizismus, 149–163.

846 Man kann die von Maurras repräsentierte Position als *agnostischen Katholizismus* oder als *enttheologisierte politische Theologie* charakterisieren. Vgl. E. Nolte, Der Faschismus in seiner Epoche, 59–190.

847 „Ein schwacher Staat sucht […] nach Legalisierungen, Legitimierungen und Sanktionen und bedient sich ihrer, wie er sie findet. In einem Staatswesen, das […] als pluralistischer Parteienstaat zerteilt ist, stehen die Machtklumpen […] sämtlich unter dem gleichen Zwang: den Augenblick ihrer Macht auszunutzen, dem innerpolitischen Gegner zuvorzukommen und jede Art von Rechtfertigung als Waffe des innerpolitischen Kampfes zu betrachten. Legalität und Legitimität werden dann taktische Instrumente, deren sich jeder bedient, wie es im Augenblick vorteilhaft ist." (C. Schmitt, Legalität und Legitimität, 89f).

848 „Genügt die Gesetzlichkeit, um die Gesellschaft zu retten, dann die Gesetzlichkeit – genügt sie nicht, dann die Diktatur!" (J. Donoso Cortés, Der Abfall vom Abendland, 32).

849 C. Schmitt, Politische Theologie, 67.

fessionelle Diskurs gemeint. Schmitt bedauert den Zerfall einer den Staat einenden Konfession, weiß aber auch, dass man die konfessionelle Spaltung nicht beseitigen kann. Er betrachtet den weltanschaulich neutralen Staat als wohl nicht mehr revidierbares Ergebnis der neueren Geschichte, zieht aber daraus nicht dieselben Konsequenzen wie sein Kölner Antipode Hans Kelsen (1881–1973)[850]. Dieser entwarf eine von allen theologischen und metaphysischen Voraussetzungen abgelöste „reine Rechtslehre"[851]; Schmitt hingegen forderte eine von theologischen und metaphysischen Voraussetzungen unbehelligte Autorität der Ordnung gegen die Unordnung[852].

Im Anschluss an Charles Maurras charakterisiert Schmitt das Gegenteil der Ordnung oder, wie er zunehmend oft formuliert, „den Feind" mit den Etiketten Liberalismus, Demokratie, Sozialismus, Kommunismus und Anarchismus. Und wie Maurras fasst er all diese Begriffe unter die Sammelbezeichnung „Judentum"[853]. Die Juden sind aus seiner Sicht

850 „Schmitt und seine Schüler waren an dem Prozess der Verdrängung und Diskriminierung der jüdischen Wissenschaftler nicht nur beteiligt, sie profitierten auch von den nun frei werdenden Stellen. In diesem Zusammenhang weigerte sich Schmitt, eine Resolution zugunsten seines amtsenthobenen [jüdischen] Kollegen Hans Kelsen [1933 in die USA emigriert] zu unterschreiben. Diese Weigerung kann entweder als Zeichen für Schmitts grenzenlosen Opportunismus oder als Zeichen für seine tatsächlich nationalsozialistische Gesinnung interpretiert werden, denn gerade Kelsen verdankte Schmitt seine erst kurz zuvor erfolgte Berufung nach Köln. Wahrscheinlich war sie eine Kombination von beidem. Weitaus schwerwiegender liegen die Dinge aber in Bezug auf Schmitts Verhalten gegenüber seinem einstigen Bonner Kollegen Erich Kaufmann. Schmitt hatte hier emsig agiert, um durch eine antisemitische Attacke Kaufmanns weitere Lehrtätigkeit zu verhindern. Er schrieb an das Kultusministerium: ‚Eine solche, ganz auf Verschweigung der Abstammung und auf Tarnung angelegte Existenz' sei für ‚deutsches Empfinden' nur ‚schwer begreiflich', und es sei nicht nur ‚eine schlimme Verwirrung', sondern auch eine ‚seelische Schädigung' der deutschen Studenten, wenn der nationalsozialistische Staat einem ‚besonders ausgesprochenen Typus jüdischen Assimilantentums' heute von neuem die Möglichkeit gebe, sich an der größten deutschen Universität zu betätigen." (R. Gross, Carl Schmitt und die Juden, 48f).

851 Vgl. H. Kelsen, Reine Rechtslehre.

852 Dazu: R. Mehring, Geist gegen Gesetz.

853 Bei Maurras findet sich der Satz: „Si l'on n'était antisémite par volonté patriotique, on le deviendrait par simple sentiment d'opportunité." (Zit. nach R. Gross, Carl Schmitt und die Juden, 175). Und Schmitt schlägt vor, „Juden unter Anwendung von Folter als sogenannte Scheinchristen zu demaskieren" (R. Gross, Carl Schmitt und die Juden, 176f). Er feiert die Nürnberger Rassegesetze 1935 als „Verfassung der Freiheit" (C. Schmitt, Die Verfassung der Freiheit. – Dazu: R. Gross, Carl Schmitt und die Juden, 114–119), weil mit diesen Gesetzen klargestellt werde, dass es nur ein auserwähltes Volk geben kann, nämlich das deutsche (vgl. R. Gross, Carl Schmitt und die Juden, 179).

subversive Maskenmenschen bzw. Betrüger. Sie sagen „Menschheit" und meinen die Zerstörung der Nation[854]. Sie sagen „Gesetz" und meinen die Unterwerfung der staatlichen Autorität unter ein beliebig interpretierbares Abstraktum.

b) Carl Schmitts marcionitische Antithetik von ‚Nomos' und ‚Gesetz'

Schmitt fügt den marcionitischen Dualismen von *Freund und Feind, Dezision und Diskussion, Kat-echon und Antichrist* noch eine vierte hinzu, nämlich die von *Nomos und Gesetz*. Was Marcion als Ordnung von unten beschreibt, nennt Schmitt „Gesetz" oder lateinisch „lex"[855]. Und er denkt dabei stets auch an das jüdische Gesetz, weil die Tora für ihn Inbegriff aller Politik ist, die eine von unbedingter Autorität und also „von oben" bestimmte Ordnung ablehnt. Schmitt nennt die von unten kommende Ordnung der Demokratie „Gesetz" und die von oben kommende Ordnung „Nomos".

Schmitt, der den Protestantismus als Wegbereiter der Französischen Revolution, des Relativismus, Individualismus und Antiinstitutionalismus betrachtet hat, entlehnt den ‚Nomos'-Begriff ausgerechnet einer protestantischen Theologie[856]. Denn er hegt größte Sympathien für die soge-

854 Die Juden, so meint Schmitt, „treten immer maskiert auf, sind stets Betrüger; am schlimmsten sind die Vertreter universaler Begriffe: ‚Wer Menschheit sagt, will betrügen.' [C. Schmitt, Der Begriff des Politischen, 55]" (R. Gross, Carl Schmitt und die Juden, 177).

855 „Mit dem Kampf gegen die ‚Herren der Lex' knüpfte Schmitt an seine Weimarer Schriften an. Schon in ihnen hatte er sich dagegen gewandt, dass der Staat durch eine Souveränität des Gesetzes statt von einem politisch konkret existierenden Souverän beherrscht werde. Dies ist eine der Lehren aus seiner *Politischen Theologie* von 1922, die er nun, im Jahre 1934, erneut veröffentlichte und die bereits seinen Kampf gegen den Normativismus (Kelsens) enthält." (R. Gross, Carl Schmitt und die Juden, 80).

856 „In Anlehnung an Stapel behauptete Schmitt eine theologische Herkunft des rechtsstaatlichen Gesetzesbegriffs aus dem jüdischen Gesetz des Alten Testaments. Dieser Rückgriff auf den von der protestantischen politischen Theologie in die Diskussion eingebrachten Nomos-Begriff ermöglichte es ihm zugleich, ein neues ‚Recht' ohne die Verbindung zum bürgerlich-rechtsstaatlichen Gesetzesbegriff zu begründen. In seiner Schrift *Der Nomos der Erde*, die zwar erst 1950 veröffentlicht wurde, zum Teil jedoch bereits während des Zweiten Weltkriegs entstand, verband Schmitt völkerrechtliche Schriften der NS-Zeit mit seinen Überlegungen zum Nomos. Er widmet dem Zusammenhang von Nomos und Gesetz ein eigenes Unterkapitel." (R. Gross, Carl Schmitt und die Juden, 108). – Dazu auch: K. Scholder, Die Kirchen und das Dritte Reich, Bd. I, 124–150; M. Nicoletti, Tracendenza e Potere, 495–530.

nannte Volknomostheologie[857] jener Protestanten, die den Nationalsozialismus als Heilsereignis deuten. Er befreundet sich mit Wilhelm Stapel (1882–1954), der gemeinsam mit Albrecht Erich Günther von 1919 bis 1938 Chefredakteur der Zeitschrift „Deutsches Volkstum" war und als Chefideologe einer „protestantischen Theologie des Nationalismus"[858] unter Hitler Karriere gemacht hat. Schmitt stand auch in Kontakt mit dem deutschchristlichen Aktivisten und rheinischen Bischof Heinrich Oberheid (1895–1977)[859] und über diesen mit dem berühmt-berüchtigten Reichsbischof Ludwig Müller (1883–1945)[860] und dessen theologischem Berater Emanuel Hirsch (1888–1972)[861]. Schmitt hat Friedrich Gogartens „Politische Ethik" von 1932[862] ebenso begrüßt wie die 1933 von Paul Althaus publizierte Schrift „Gott und Volk" und Werner Elerts nationalsozialistische Publikationen „Bekenntnis, Blut und Boden" (1933) und „Politisches und kirchliches Führertum" (1934). Schon 1933 hatte sich Schmitt von seinen Ursprüngen so weit entfernt, dass er nicht mehr an eine Rekatholisierung der deutschen Protestanten glaubte, sondern in der „Volksnomostheologie" der genannten Protestanten das geeignetere Instrument zur Realisierung einer „nationalen Christusgemeinde aller Deutschen" sah.

857 Dazu umfassend: W. Tilgner, Volksnomostheologie und Schöpfungsglaube, bes. 88–211.

858 Wilhelm Stapels „protestantische Theologie des Nationalismus" spiegelt sich besonders in folgenden Veröffentlichungen: Der deutsche Mensch; Antisemitismus und Antigermanismus; Volk und Staat; Sechs Kapitel über Christentum und Nationalsozialismus; Preußen muss sein; Der christliche Staatsmann. Eine Theologie des Nationalismus; Versuch einer praktischen Lösung der Judenfrage; Die Kirche Christi und der Staat Adolf Hitlers. – Dazu: H. Thomke, Politik und Christentum bei Wilhelm Stapel; O. Schmalz, Kirchenpolitik unter dem Vorzeichen der Volksnomoslehre.

859 Dazu: H. Faulenbach, Ein Weg durch die Kirche. Heinrich Josef Oberheid.

860 Dazu: T. M. Schneider, Reichsbischof Ludwig Müller.

861 „Das wichtigste Werk, in welchem Hirsch den Ertrag seiner politischen Theologie zusammengefasst hat, ist das im Jahre 1934 erschienene Werk ‚Die gegenwärtige geistige Lage im Spiegel philosophischer und theologischer Besinnung'. Dieses Buch enthält die akademischen Vorlesungen des Jahres 1933, die Hirsch vor seinen Göttinger Studenten gehalten hat. Das bemerkenswerte Ergebnis dieser Vorlesungen liegt darin, dass Hirsch in der Theologie der Deutschen Christen sein eigenes Denken wiedererkennt und dass er im Nationalsozialismus Hitlers die neue Führungsmacht erblickt, die in der Bindung an den deutschen Nomos die Abrechnung mit den Fehlern der vergangenen deutschen Geschichte vollzieht." (W. Tilgner, Volksnomostheologie und Schöpfungsglaube, 146). So ist es „nicht verwunderlich, dass Hirsch in seinen akademischen Vorträgen die Volksnomoslehre Stapels übernimmt, dabei aber noch radikaler die volksbiologische Forderung aufstellt, ‚Volkstum als Blutbund zu verstehen, als politische Macht'." (Ebd. 147).

862 Dazu: D. Braun, Carl Schmitt und Friedrich Gogarten.

Wilhelm Stapel und Emanuel Hirsch entwickeln marcionitische Antithesen: auf der einen Seite die Herrschaft von unten; auf der anderen die Herrschaft von oben; auf der einen Seite die Idee einer säkularen Bürgernation; auf der anderen die Idee eines in seinem Führer geeinten Volkes[863]; auf der einen Seite das Gesetz als Konstrukt der ‚Plebs'; auf der anderen Seite der das Volk einende Nomos ‚von oben'[864]. Stapel billigt auch dem Judentum eine, wie er schreibt, eigene „Volkheit" zu; und diese ist wie die der Deutschen keine abstrakte, sondern eine nicht zuletzt biologisch bestimmte. Während das deutsche Volk das auserwählte Volk der Zukunft ist, sieht Stapel in dem Teil des Neuen Testamentes, den Marcion als „Apostolikon" betitelt hat, seine These bestätigt, Israel habe seine Erwählung verspielt. Wie Marcion und Harnack plädieren auch Stapel[865] und Hirsch[866] für die Eliminierung des Alten Testamentes aus der christ-

863 „In der völkischen Theologie Stapels handelt der von Gott gesandte Führer instinktiv volkhaft. Er verwirklicht mit einer sozusagen nachtwandlerischen Sicherheit das göttliche Gesetz der Volkheit. Seine Gegenwart ist darum für die Geschichte eines Volkes lebensentscheidend. […] Da der Führer den göttlichen Volkswillen repräsentiert, gibt es ihm gegenüber nur den unbedingten Gehorsam und die treue Gefolgschaft. Selbst wenn er ‚anders handelt, als man aus eigener Beschränktheit handeln würde, darf man ihm die Gefolgschaft nicht versagen'. Auch ist ein schlechter König bzw. Führer immer noch besser als ein gutes Parlament, weil in jenen das völkische Gottesgesetz verkörpert ist, während das aus zahlreichen Individuen zusammengesetzte Parlament von menschlichen Vorstellungen und äußeren Interessengruppen gesteuert wird. Das antidemokratische Denken der Völkischen Bewegung hat damit in dem Schrifttum Stapels seine innere Bestätigung und einen zuverlässigen Anwalt gefunden." (W. Tilgner, Volksnomostheologie und Schöpfungsglaube, 105).

864 „Jedes Volk wird zusammengehalten durch ein Gesetz des Lebens, das entsprechend seiner Natur seine innere und äußere Form, seinen Kult, sein Ethos, seine Verfassung und sein Recht bestimmt: durch den Nomos." (W. Stapel, Der christliche Staatsmann, 174).

865 Vgl. W. Stapel, Sechs Kapitel über Christentum und Nationalsozialismus, 14f.

866 „Hirschs Stellung zum Alten Testament zeigt […] eine Broschüre aus dem Jahre 1936 [*Das Alte Testament und die Predigt des Evangeliums*], in der es heißt, ‚dass wir Christen nichtjüdischen Blutes überhaupt kein unmittelbares Verhältnis zum Alten Testament haben (es geht uns als Gottesoffenbarung an sich selbst nichts an), sondern lediglich ein durch das Neue Testament vermitteltes Verhältnis' [ebd. 16]. In diesem Sinne ist für Hirsch die Opferung Isaaks (1. Mose 22,1–14) das Dokument einer fremden Religion, die für uns durch den Glauben an Jesus aufgehoben und zerbrochen ist'. Auch sind die Erzväter und die Propheten nicht ‚christliche' Gestalten, wie es im Neuen Testament und noch bei Luther behauptet wird, sondern sie sind ‚larvae' des Deus absconditus wie ‚jeder heidnische Gott'. Es besteht daher nach Hirsch ‚kein grundsätzlicher Unterschied mehr zwischen der alttestamentlichen Religion und anderen fremden Religionen […], die auch im Glauben an Jesus Christus aufgehoben sind als falscher Dienst unter einem Gott, den wir Christen so, wie er tatsächlich gedacht und angebetet wird, nicht als den wahren anerkennen' [ebd. 26f]." (W. Tilgner, Volksnomostheologie und Schöpfungsglaube, 153).

lichen Bibel. Und weil ein Jude selbst dann, wenn er sich taufen lässt, seine jüdische „Volkheit" nicht verlässt, fordern Stapel[867] und Hirsch[868] die Beendigung der protestantischen Judenmission. Aus ihrer „Volksnomoslehre" folgt die prinzipielle Unmöglichkeit, Juden und Christen unter einem für beide „Volkheiten" gleichen Nomos zu vereinen. Auch in diesem Punkt gibt es eine eklatante Übereinstimmung mit Carl Schmitt. Dies dokumentiert u. a. ein Briefwechsel zwischen Schmitt und Ernst Jünger. Der schrieb am 10. 2. 1945 an Schmitt: „Es gibt nur die Wahl zwischen dem Alten und dem Neuen Testament, jeder Angriff auf das Neue kommt dem Alten zugute. Dies ist einer der Gründe für die ungeheure Ausbreitung der jüdischen Moral, abgesehen davon, dass diese Moral durch die Exterminierung der Juden, an die sie gebunden war, nun frei und virulent geworden ist."[869] – Schmitt antwortete: „Was Sie über das Verhältnis des Alten und Neuen Testaments sagen, trifft offenkundig zu und ist der Schlüssel zu dem, was uns heute widerfährt." Beide Briefpartner, Ernst Jünger und Carl Schmitt, betrachten die Ermordung der Juden vor allem deshalb als Katastrophe, weil seitdem die jüdische Moral nicht mehr völkisch gebunden ist, sondern jetzt – frei fluktuierend – den Nomos anderer Völker infiziert.

Was Schmitt am nachhaltigsten mit der protestantischen ‚Volksnomoslehre' verbindet, ist die Antithese von Gesetz bzw. ‚lex' und ‚Nomos'. Skep-

867 „Deutsche und Juden haben ein Interesse daran, dass ihre realen Gemeinschaften – nennen wir sie hier kurz Deutschtum und Judentum – unverwirrt bleiben." (W. Stapel, Versuch einer praktischen Lösung der Judenfrage, 187). – Stapel stand aufgrund seiner These von der Unvereinbarkeit des Deutschtums mit dem Judentum vor der Frage, ob die Christianisierung der Germanen nicht rückgängig gemacht werden sollte, um den Nomos der Deutschen nicht nur von dem jüdischen, sondern auch von der christlichen Verfälschung zu reinigen. Dazu Näheres bei W. Tilgner, Volksnomostheologie und Schöpfungsglaube, 111–113.

868 „Als deutsch-christlicher Theologe hat sich Hirsch auch zur Rassenfrage geäußert und die Trennung von Judentum und Deutschtum gefordert. Für ihn ist das Zusammenleben beider Völker – auch unter christlichem Vorzeichen – undenkbar, weil das deutsche Christentum germanischen Ursprungs ist […]. Von dieser völkisch-antisemitischen Grundhaltung gehen auch die Gutachten zur Arierfrage aus, die von Hirsch verfasst worden sind. Nach ihm kann die völkische Erneuerung des deutschen Volkes nur unter Ausschluss des jüdischen Volksanteils vollzogen werden, zugleich jedoch in der Bindung an die christliche Tradition, weil das deutsche Volkstum einem germanisch-christlichen Nomos verhaftet ist. In diesem Zusammenhang ist es interessant, dass Hirsch versucht hat, das Leben Jesu als das eines arischen Menschen zu erweisen, der nicht aus jüdischem Blute ist, was jedoch in der breiten Öffentlichkeit nur wenig Zustimmung gefunden hat." (W. Tilgner, Volksnomostheologie und Schöpfungsglaube, 154).

869 Zit. nach: R. Gross, Carl Schmitt und die Juden, 103[248].

tisch aber blieb er gegenüber der These, der mit dem Führerprinzip verbundene ‚Nomos' könne ein Volk ganz durchdringen und innerlich einen. Schmitts Anthropologie bleibt radikal pessimistisch. Der ‚Nomos' muss von oben kommen, weil das, was die Natur bereitstellt, ständig bekämpft und in Schach gehalten werden muss[870]. So betrachtet ist Schmitt im Vergleich zu Stapel der konsequentere Marcionit. Mit Donoso Cortés will er in den Abgrund des Menschen blicken, in das Chaos, das – so meint er – nur durch ständigen Kampf gebändigt werden kann. 1950 widmet er dem bewunderten Spanier eine aus vier Teilen bestehende Monografie. Darin heißt es: Für Donoso Cortés „ist der Mensch ein widerliches, lächerliches, von der Sünde völlig zerstörtes Wesen, das, wenn nicht Gott selbst es erlöst hätte, verächtlicher wäre als das Reptil, das mein Fuß zertritt. Für ihn ist die Weltgeschichte nur das taumelnde Dahintreiben eines Schiffes mit einer Mannschaft betrunkener Matrosen, die gröhlen und tanzen, bis Gott das Schiff ins Meer stößt, damit wieder Schweigen herrscht."[871]

Was der Spanier als Alternative zwischen der bösen Diktatur von unten und der gegenteiligen Diktatur von oben beschreibt, schildert Schmitt in seinem 1938 publizierten Werk „Der Leviathan in der Staatslehre des Thomas Hobbes (1588–1679)" als Kampf zwischen den beiden mythischen Gestalten Leviathan und Behemoth, d. h. zwischen den katechontischen Mächten der staatlichen Autorität und den anarchischen Mächten der Revolution. Mit dem Terminus „Katechon" bezieht sich Schmitt auf die paulinische (2 Thess 2,6f) Vorstellung von dem Niederhalten des Antichrist[872]. Er spricht in seiner berühmt-berüchtigten Abhandlung mit dem

870 Schmitt begründet seine These vom dauernden Kampf auch mit dem Ende einer theologisch begründeten Staatlichkeit. Dazu: T. Vesting, Die permanente Revolution.

871 C. Schmitt, Donoso Cortés, 71.

872 „Bei Paulus findet sich die Rede vom ‚Katechon' sowohl im Genus masculinum (ho katéchôn) als auch im Genus neutrum (tò katéchon). Dass Schmitt ausschließlich die Maskulinform verwendet, erklärt sich durch sein personalistisches Repräsentationsdenken. Auslegungsgeschichtlich haben sich im Wesentlichen drei exegetische Varianten herausgebildet, von denen Schmitt [...] die erste favorisiert: In der alten Kirche, genauer gesagt seit Tertullian [...], sah man im vorerst noch heidnischen Römischen Reich und seit seinem Untergang in seinem Nachfolger, dem Heiligen Römischen Reich Deutscher Nation, das von Gottes Heilsplan auserwählte Bollwerk gegen das Eintreten des endzeitlichen Chaos. Dies war eine Vorstellung, die im Mittelalter als lebendiger Glaube fortwirkte, geschichtstheologisch eine geradezu ungeheure Bedeutung gewann und im 19. Jahrhundert eine Wiederbelebung im Interesse der rigoros antirevolutionär-konservativen Abstützung eines obrigkeitsstaatlichen Denkens erfuhr [...]. Einige neuere Interpretationen [...] vermuten hingegen hinter dem Katechon die Mission, die vor dem Ende nach Gottes Willen alle Heiden (bzw. bei Erik Peterson: die Juden) erreicht haben soll. Hierin sieht Schmitt eine fundamen-

bezeichnenden Titel „Totaler Feind, totaler Krieg, totaler Staat" (1937) von einer „absoluten Feindschaft", ohne deshalb den Feind als Verbrecher bezeichnen zu wollen[873]. Aber wer der totale Feind ist, darüber ist er so wenig im Zweifel wie Donoso Cortés. Es handelt sich stets um Juden, Liberale und Kommunisten[874].

Einerseits übernimmt Schmitt von Hobbes die Symbolisierung der guten bzw. katechontischen Mächte mit dem Bild des Leviathan; andererseits weiß er, dass dieses Symbol eigentlich nicht passt[875], weil der Leviathan in der Bibel (Ijob 40f) das Böse verkörpert.

Die Juden – so erklärt Carl Schmitt in Anspielung auf eine kabbalistische Deutung des Leviathan-Mythos – wollen den christlichen Staat, d. h. den auf die absolute Autorität des Stellvertreters Gottes auf Erden gegründeten Staat, „verspeisen"[876]. Schmitt „konstruiert eine Kette – bestehend

---

tale calvinistische Umdeutung des Katechon [...]. Eine dritte Auslegungsmöglichkeit schließlich erwägt, dass mit dem Katechon keine irdisch-menschliche, sondern eine überirdisch-mythische Größe, die den Chaosdrachen niederhält, gemeint sei." (G. Meuter, Der Katechon, 255f[220]).

873 „Von der Art des totalen Krieges her bestimmen sich Art und Gestalt der Totalität des Staates [...]. Der totale Krieg aber erhält seinen Sinn durch den totalen Feind." (C. Schmitt, Positionen und Begriffe, 236). – Noch nach dem Zweiten Weltkrieg schreibt Schmitt: „Das Kriterium des Politischen [...] ist heute der Intensitätsgrad einer Assoziation oder einer Dissoziation, das heißt: die Unterscheidung von Freund und Feind." (C. Schmitt, Politische Theologie II, 21f).

874 Für den Katholizismus des 19. Jahrhunderts ist die These typisch, dass Liberalismus und Judentum zwei Seiten derselben Medaille seien (vgl. O. Blaschke, Katholizismus und Antisemitismus im Deutschen Kaiserreich, bes. 48–52). Carl Schmitt teilt diese These, macht sich aber außerdem mit seiner Ideologie des Dezisionismus und der Feindbestimmung zum Komplizen der nationalsozialistischen Judenverfolgung. Dazu: M. Brumlik, Carl Schmitts theologisch-politischer Antijudaismus.

875 Carl Schmitt war der Meinung, das Bild des Leviathan passe so wenig zur Staatslehre von Hobbes wie zur Bezeichnung irgendeiner Ordnungsmacht, die Gottes Autorität repräsentiert. Denn Hobbes erklärt die Formel „Jesus is the Christ" zum Schlussstein seiner Staatslehre. Und Schmitts Essay „Römischer Katholizismus und politische Form" (1923) enthält den oft geflissentlich ignorierten Satz: „[...] wenn der Staat zum Leviathan geworden ist, so ist er aus der Welt des Repräsentativen verschwunden." (36). Allerdings spricht vieles dafür, dass das, was Schmitt in seinem Frühwerk „die göttliche Ordnung" nennt, nach 1933 „unter dem gewandelten Begriffsetikett des ‚Totalen' aufbewahrt ist" (G. Meuter, Die zwei Gesichter des Leviathan, 108).

876 „Denn nach kabbalistischer Meinung, so Schmitt, sei der Leviathan ein riesiges Tier, mit dem der ‚jüdische Gott' täglich einige Stunden spiele. Bei Beginn des tausendjährigen Reiches aber würde er geschlachtet und die seligen Bewohner dieses Reiches verteilten und verzehrten sein Fleisch. [...] Als ‚jüdische' Interpretation der Weltgeschichte beschrieb Schmitt den ständigen Kampf der heidnischen Völker untereinander. Im mythischen Ringen des Leviathan – der Seemächte mit dem Behemoth, den Landmächten – finde diese Sichtweise ihren symbolischen Ausdruck. Die Juden stünden bei diesem Kampf abseits und sähen zu, wie die Völker der Erde sich gegenseitig

aus jüdischen Denkern, die durch ihre liberalen, konstitutionalistischen Ideen den [christlichen] Staat in den Untergang zu treiben versucht hätten. Von Spinoza über Mendelssohn zu dem ‚jüdischen Philosophen Julius Stahl-Jolson' zeichnet er den Einfluss des Judentums auf die Verwandlung des Gesetzesbegriffs bis hin zur allgemeinen ‚Vergesetzlichung' und Umwandlung des Staates in ein ‚positivistisches Legalitätssystem'."[877] So macht er „den rastlosen Geist" des jüdischen Liberalismus und Demokratismus verantwortlich für die These von der „Überlegenheit des Innerlichen über das Äußerliche und [...] des Privaten über das Öffentliche"[878], kurzum: für die Unterminierung der von oben kommenden Ordnung durch die von unten kommende Emanzipation.

Wiederholt erinnert Carl Schmitt an die im sogenannten ‚Vormärz' 1848 geführte Kontroverse zwischen Karl Marx und dem junghegelianischen Philosophen und Publizisten Bruno Bauer (1809–1882). Nachdem Marx seinen Essay „Zur Judenfrage" im Februar 1844 in den Deutsch-Französischen Jahrbüchern publiziert hatte, begann der öffentlich ausgetragene Konflikt. Es ging im Wesentlichen um die von Bauer vorgetragenen These, die Emanzipation der Juden zerstöre die auf der Einheit von öffentlicher und privater Vernunft, von staatlicher Autorität und religiösem Bekenntnis basierende Ordnung[879]. Carl Schmitt stellt sich ganz auf Bauers Seite. Das Judentum steht aus seiner Sicht wie der Kommunismus für Behemoth, für den ‚Chaosdrachen' von unten.

c) *Carl Schmitts marcionitische Christologie*

Schmitt – so wissen wir von ihm selbst – hat Harnacks Marcion-Monografie wiederholt mit Begeisterung gelesen und seine eigenen Antithesen zunehmend häufig mit den zentralen Vorstellungen und Begriffen der marcionitischen Antithetik garniert. Besonders aufschlussreich ist seine Marcion-Rezeption in der „Politischen Theologie II" (1970). Dieses Spätwerk richtet sich mit dem Untertitel „Die Legende von der Erledigung jeder politischen Theologie" gegen die von seinem früheren Bonner Kol-

schlachteten. Nachdem die beiden Mächte sich getötet hätten, würden die Juden [...] das Fleisch der getöteten Völker essen und davon leben." (R. Gross, Carl Schmitt und die Juden, 273f).

877 R. Gross, Carl Schmitts ‚Nomos' und die Juden, 418.

878 R. Gross, Carl Schmitt und die Juden, 269.

879 Vgl. R. Gross, Carl Schmitt und die Juden, 196–224.

legen Erik Peterson (1890–1960)[880] vertretene These, dass die Lehre von der göttlichen Monarchie am trinitarischen Dogma scheitern müsse und dass deshalb eine politische Theologie à la Schmitt mit dem Christentum schlechthin unvereinbar sei[881].

Die von Peterson ausgelöste Debatte war im Wesentlichen ein Streit um den von Schmitt 1922 kreierten Begriff der „Politischen Theologie"[882]. Schmitt selbst liegt nichts ferner als die Gestaltung von Politik auf der Basis des theologischen Selbstverständnisses einer Religion. Ihm geht es nicht um die Kongruenz zwischen theologischem Dogma und politischen Institutionen und schon gar nicht um die Beteiligung an binnentheologischen Diskussionen. Als Jurist stellt er einfach fest, dass jeder Politik die Idee eines Absoluten zugrunde liegt; und nur deshalb will er von „Politischer *Theologie*" sprechen. Vor diesem Hintergrund leuchtet ein, warum er Karl Kautsky als den Theologen des Erfurter Programms der SPD bezeichnet, Benjamin Constant den „Kirchenvater der gesamten liberalen Geistigkeit", Karl Marx den „Kleriker des ökonomischen Denkens", Bakunin den „Theologen des Anti-Theologischen" und die eigene Zunft der Juristen die „Theologen der bestehenden Ordnung" nennt[883]. Schmitt ist überhaupt nicht interessiert an der binnentheologischen Frage, ob das Christentum an sich mit irgendeiner Form von Monarchie oder absoluter

880 Dazu: B. Nichtweiß, Apokalyptische Verfassungslehren Carl Schmitts.

881 Vgl. E. Peterson, Der Monotheismus als politisches Problem. – Manfred Dahlheimer kommentiert: „1934 rechtfertigte Carl Schmitt in seinem berühmt-berüchtigten Aufsatz ‚Der Führer schützt das Recht' das Morden vom 30. Juni 1934. Da machte es Sinn, dass Peterson unter dem Eindruck dieser erschütternden Parteinahme seine Polemik gegen Schmitt noch verschärfte und 1935 jede politische Theologie, die ‚zur Rechtfertigung einer politischen Situation missbraucht' wird, für theologisch erledigt erklärte. In diesem zeitgeschichtlichen Kontext erweist sich Petersons auf den ersten Blick streng wissenschaftliche, patristische Studie als eine hochpolitische Kampfschrift, ‚als eine gut getarnte, intelligent verfremdete Anspielung auf Führerkult, Ein-Parteien-System und Totalitarismus' […]. Peterson gebrauchte oder missbrauchte, je nach politischem Standpunkt, die Theologie für politische Zwecke und betrieb damit ebenfalls politische Theologie." (Carl Schmitt und der deutsche Katholizismus, 220).

882 Ernst-Wolfgang Böckenförde (Theorie und politische Theologie) unterstreicht zu Recht, dass Carl Schmitt unter politischer Theologie die mit theologischen Begriffen arbeitende Verankerung einer politischen Ordnung, Institution oder Autorität im Absoluten versteht. Der Begriff „politische Theologie" kann aber auch auf die Verhältnisbestimmung der politischen Ordnung zur Religion angewandt werden. Beispiele sind die Lehre Augustins über das Verhältnis von ‚civitas Dei' und ‚civitas terrena' oder die gelasianische Zwei-Schwerter-Lehre. Und schließlich kann der Begriff „politische Theologie" im Sinne von Johann Baptist Metz appellativ zur Beförderung eines glaubensmotivierten politischen Engagements der Christen verwandt werden.

883 Vgl. M. Dahlheimer, Carl Schmitt und der deutsche Katholizismus, 212.

staatlicher Autorität vereinbar ist. Aus seiner Sicht ist der sogenannte Cäsaropapismus[884] ein Faktum der antiken und mittelalterlichen Geschichte des Christentums; und deshalb – so konstatiert er – hat das Christentum de facto auf eine ganz bestimmte Weise „*Politische* Theologie" geschrieben.

Weithin unbeachtet geblieben ist der programmatische Schlusssatz in der Einleitung von Schmitts „Zweiter Politischer Theologie". Er lautet: „Die sach-thematische Weiterführung meiner Schrift Politische Theologie von 1922 verläuft in einer Gesamtrichtung [...] von der Politischen Theologie zur Politischen Christologie."[885] Mit dieser Bemerkung beruft er sich direkt auf die Christologie des Marcion. Denn dieser spricht von einem Christus, der den Erlösergott repräsentiert und jenseits von Legalität und Legitimität, ja sogar gegen das aus der Schöpfung („von unten") abgeleitete ‚Naturrecht' und gegen demokratisch („von unten") begründete Verfassungen und Gesetze in den Kampf zieht.

Hier sei daran erinnert, dass die Christologie des Marcion der des kirchlichen Dogmas diametral widerspricht. Denn in einer trinitätstheologisch fundierten Christologie geht es ja gerade darum, dass Jesus *als Geschöpf* – als wahrer Mensch! – *die Offenbarkeit des einen und einzigen (trinitarischen) Gottes* ist. Marcions Christus aber ist ein von oben kommender Bote, der nur äußerlich bzw. nach außen wie ein Geschöpf erscheint; denn aus Marcions Sicht steht alles, was „von unten", aus der sogenannten Schöpfung, kommt, in Feindschaft zu allem, was „von oben" kommt. Der Bote des „von oben" kommenden Gottes *ist* kein Mensch, kein Geschöpf; er *erscheint* lediglich wie ein Mensch, um den „von unten" bestimmten Menschen einen Weg „nach oben" zu zeigen. Wenn das inflationär verwandte Wort ‚Liebe' semantisch eines bedeutet, dann doch eine Beziehung zwischen mindestens zwei Personen. Da das Christentum in seinen Credo-Formeln von Gott sagt, er *habe* nicht nur Liebe, sondern er *sei* Liebe, kann Gott nicht nur eine Beziehung *haben*, sondern muss Beziehung

884 „Christus ist ‚Führer', ‚Feldherr', ‚Papst', ‚König' und ‚Weltheiland': Alle vergangenen, gegenwärtig und zukünftig relevanten Monarchen-Titulaturen werden zusammengetragen und auf den einen gehäuft, der [...] jenen ‚Führer' antizipiert, nach dem ‚der Ruf ... das nationalgesinnte Volk durchzittert', wie Eugen Rosenstock-Huessy [...] schreibt. – Schmitt ist der letzte, der die cäsaristische Stimmung nicht bemerkt hätte; er hat sie ‚rationalisierend' gefördert und seine Prophezeiung der ‚*neuen* Ordnung' im ‚Neuen Reich' des ‚Augustus' *Hitler* erfüllt gesehen, jenes – im de Maistre-Schmittschen Sinn – politischen ‚Papstes', als – im Weberschen Sinn – ‚charismatischen Führers'." (R. Faber, Politische Dämonologie, 117). – Dazu auch: R. Faber, Lateinischer Faschismus, 39–75.

885 C. Schmitt, Politische Theologie II, 10f.

sein, mindestens zwischen zweien – in der Terminologie der christlichen Tradition zwischen ‚Vater' und ‚Sohn'. Und da diese Beziehung, die Gott wesentlich *ist*, sich auch nach außen als das mitteilt, was sie ist, ist auch diese *Selbst*mitteilung nach außen nicht bloßes ‚Attribut' der Beziehung von Vater und Sohn, sondern ihrerseits ‚Person' – in der Terminologie der christlichen Tradition „die Person des Heiligen Geistes".

Der marcionitische Christus aber ist nicht die geistgewirkte Identität der Beziehung des Menschen (des Geschöpfes!) Jesus zum Vater mit der Beziehung des innertrinitarischen Sohnes zum Vater. Der marcionitische Christus ist ein Mittelwesen zwischen Gott und Mensch, ein „von oben" kommender Bote, ein Gesandter des Gottes, dem alles Geschöpfliche und Innerweltliche ‚fremd' ist und der deshalb von den an ihre Endlichkeit gefesselten Menschen als „der fremde Gott" empfunden und bezeichnet wird. Nur so eignet er sich für Schmitts theologische Fundierung der „Diktatur von oben" gegen den „Chaosdrachen von unten".

Schmitt beschließt seine „Zweite Politische Theologie" mit dem folgenden Entwurf einer durchgängig marcionitisch reformulierten *Politischen Christologie*: „Der gnostische Dualismus setzt einen Gott der Liebe, einen welt-fremden Gott, als den Erlöser-Gott gegen den gerechten Gott, den Herrn und Schöpfer dieser bösen Welt. Beide verhalten sich, wenn nicht in beiderseitig aktiv kämpfender Feindschaft, so doch in unüberbrückbarer Fremdheit, einer Art gefährlichen Kalten Krieges, dessen Feindschaft intensiver sein kann als eine Feindschaft, die sich in der Naivität einer offenen Feldschlacht bekundet und betätigt. [...] Das strukturelle Kernproblem des gnostischen Dualismus von Schöpfergott und Erlösergott beherrscht [...] nicht nur jede Heils- und Erlösungsreligion. Es ist in jeder änderungs- und erneuerungsbedürftigen Welt unentrinnbar und unausrottbar immanent gegeben. [...] Der Herr einer zu ändernden, d. h. verfehlten Welt (dem die Änderungsbedürftigkeit zugerechnet wird, weil er sich der Änderung nicht fügen will, sondern sich ihr widersetzt), und der Befreier, der Bewirker einer veränderten, neuen Welt können nicht gut Freunde sein. Sie sind sozusagen *von selbst* Feinde."[886]

Die im Protestantismus entwickelte ‚Zwei-Reiche-Lehre' leitet aus dem marcionitischen Dualismus zwischen Erlöser und Schöpfer die Trennung der innerweltlichen (sichtbaren) Herrschaft bzw. Ordnung von der göttlichen (unsichtbaren) Herrschaft bzw. Ordnung ab. Und der im nichtpro-

886 C. Schmitt, Politische Theologie II, 93f.

testantischen Christentum entwickelte Cäsaropapismus[887] leitet aus seiner tendenziell monophysitischen Identifikation des Repräsentanten (Jesus Christus) mit dem Repräsentierten (dem göttlichen Vater) eine weitgehende Identifikation der Macht des ‚irdischen Stellvertreters Christi' mit der Macht Gottes ab.

Im ersteren Fall wird das chalcedonische „ungetrennt", im zweiten Fall das chalcedonische „unvermischt" ignoriert. Beide Gestalten der marcionitischen Christologie des 20. Jahrhunderts, die revolutionäre einer bestimmten Zwei-Reiche-Lehre und die antirevolutionäre der Identifikation der göttlichen mit politischer oder kirchlicher Macht, verletzen das christologische Grunddogma von Chalcedon. Christoph Kardinal Schönborn hat diesen Zusammenhang in seiner ‚Christologie' zur Sprache gebracht und an die hellsichtige Kritik des russischen Philosophen Wladimir Solowjew (1853–1900)[888] erinnert. Er bemerkt: Auch im Politischen kann

887 Joseph Ratzinger – so bemerkt Kurt Kardinal Koch – hat die Erklärung des Zweiten Vatikanums über die Religionsfreiheit „zu den ‚wichtigsten Ereignissen des Konzils' gerechnet und als ‚das Ende des Mittelalters, ja das Ende der konstantinischen Aera in der Peterskirche' bezeichnet, und zwar in der Überzeugung, dass in den letzten fünfhundert Jahren der Kirche wenig ‚so sehr geschadet' hat, ‚wie das zähe Festhalten an überlebten staatskirchlichen Positionen'. Und er hat daraus die Konsequenz gezogen: ‚Dass die Inanspruchnahme des Staates durch die Kirche seit Konstantin mit ihren Höhepunkten im Mittelalter und im absolutistischen Spanien der frühen Neuzeit zu den bedenklichsten Hypotheken der Kirche in der Welt von heute gehört' […]. Auf diesem Hintergrund ist auch der Hinweis Ratzingers aufschlussreich, dass es der angelsächsische, der amerikanische und südamerikanische Episkopat und der Episkopat der so genannten Missionsländer gewesen sei, die sich am profiliertesten für die Erklärung der Religionsfreiheit ausgesprochen haben. Demgegenüber sind die heftigsten Gegner dieser Erklärung der italienische und spanische Episkopat gewesen, und zwar aus dem Grund, dass sie immer noch unter dem Schutz von staatlichen Protektionen gelebt und um ihre freilich anachronistisch gewordenen Konkordate gefürchtet haben." (Das Geheimnis des Senfkorns, 196[93]).

888 „Das wahrhaft zentrale Dogma des Christentums ist die innerliche und vollkommene Einung des Göttlichen und Menschlichen ohne Vermischung und ohne Trennung. Die notwendige Folge dieser Wahrheit (um uns auf die praktische Sphäre des menschlichen Daseins zu beschränken) ist die Umwandlung des sozialen und politischen Lebens durch den Geist des Evangeliums, es ist der christlich gewordene Staat und die christlich gewordene Gesellschaft. Anstelle dieser synthetischen und organischen Einung des Göttlichen und des Menschlichen, ging man den Weg der Vermischung dieser beiden Elemente. […] Zuerst *vermischte* man das Göttliche und Menschliche in der geheiligten Majestät des Kaisers. Ebenso wie Christus in der verworrenen Idee der Arianer ein hybrides Wesen, mehr als ein Mensch und weniger als ein Gott gewesen war, so vermischte auch der Cäsaropapismus – dieses politische Arianertum – die weltliche und die geistliche Macht, ohne sie zu vereinigen und machte aus dem Selbstherrscher mehr als ein Staatsoberhaupt, ohne aus ihm das wahre Haupt der Kirche machen zu können. […] Was das moralische Leben betrifft, so nahm man ihm

„man das zentrale christologische Dogma von der unvermischten und ungetrennten Einigung göttlicher und menschlicher Natur feststellen. Für die Vermischung stehen der Cäsaropapismus oder der politische Messianismus, wenn eine geschichtliche Realität mit dem Reich Gottes gleichgesetzt wird. Hier wird das Menschliche verschlungen. Und die Trennung führt dazu, die Inkarnation nicht ernst zu nehmen, wann immer zwischen Kirche und Welt zu sehr getrennt wird, wenn etwa der Glaube nicht mehr sozial, politisch, kulturell ‚inkarniert', nicht mehr in der Welt auch institutionell präsent ist."[889]

4. Der ‚messianische Marcionismus' von Ernst Bloch und Walter Benjamin

Es mag ja noch angehen, wider alle „ecumenical correctness" von einem tendenziell protestantisch und einem tendenziell katholisch gepolten Marcionismus zu sprechen. Aber die These, es gebe auch eine jüdisch perspektivierte Spielart, scheint auf den ersten Blick schon deshalb abwegig, weil ein Jude keine Christologie treibt und geradezu „contra Marcionem" die Tora als heilig und das Alte Testament als die einzige heilige Schrift betrachtet. Und dennoch: Nach den furchtbaren Zerstörungen des Ersten Weltkrieges entstand im assimilierten Judentum eine Rückbesinnung auf bestimmte Grundsäulen der jüdischen Religion, die in einem deabsolutierten Christus das genuin Jüdische entdeckt und mit Marcions Rede von einem absoluten Novum verbindet. Gemeint sind besonders Ernst

seine aktive Kraft, indem man ihm als oberstes Ideal die blinde Unterwerfung unter die Macht, den passiven Gehorsam, den Quietismus, das heißt die Verneinung des menschlichen Willens und der menschlichen Energie – die monotheletische Häresie – auferlegte. Endlich versuchte man, in einem übertriebenen Asketismus die leibhafte Natur zu unterdrücken, das lebendige *Bild* der göttlichen Inkarnation zu *zerbrechen* – eine unbewusste, aber logische Anwendung der Häresie der Bilderstürmer. Dieser tiefgehende Gegensatz zwischen der Rechtgläubigkeit, zu der man sich bekannte, und der Häresie war ein Prinzip des Todes für das byzantinische Reich. Darin liegt die wahre Ursache seines Untergangs. Es war gerecht, dass das Reich zugrunde ging und es war ebenfalls gerecht, dass es durch den Islam zugrunde ging. Der Islam ist der folgerichtige und aufrichtige Byzantinismus, befreit von jedem inneren Widerspruch. Er ist eine offene und vollkommene Reaktion des orientalischen Geistes gegen das Christentum, er ist ein System, in dem das Dogma eng mit den Lebensgesetzen verbunden ist, in dem der Glaube des einzelnen sich in einer völligen Übereinstimmung mit der politischen und sozialen Ordnung befindet." (W. Solowjew, Russland und die universale Kirche, 173f).

889 C. Schönborn, Gott sandte seinen Sohn, 148f.

Bloch (1885–1977), Walter Benjamin (1892–1940) und Theodor W. Adorno (1903–1969). Die Genannten wenden sich gemeinsam gegen das hegelianische Fortschrittsdenken des 19. Jahrhunderts, gegen den linearen Geschichtsoptimismus der Aufklärung und den wilhelminischen Machbarkeitswahn. Sie alle entdecken die teils vergessenen, teils verdrängten Wurzeln ihres Judentums in der Wiederentdeckung des Messianismus mit seiner Hoffnung auf das Kommen des nicht Machbaren, des „ganz Anderen".

a) Ernst Blochs marcionitischer Christus

Ernst Bloch beschwört 1918 in seiner berühmt gewordenen Denkschrift mit dem bezeichnenden Titel „Geist der Utopie" die Erwartung „des radikal Anderen"[890]. Mit ausdrücklicher Berufung auf Marcion nennt er, der Jude Bloch, Jesus Christus den Boten eines radikal fremden Gottes, der, weil er der gegenüber allem Innerweltlichen ‚ganz Andere' bzw. ‚Fremde' ist, erlösen kann. Wörtlich bemerkt er: „Marcion stellt [...] den stärksten [...] Anti-Jahwe dar, zugunsten Christi als des totalen Novum oder Paradoxes in Jahwes Welt."[891]

Trotzdem: Bloch bleibt seinen jüdischen Wurzeln insoweit verhaftet, als er Marcions globaler Ablehnung des Alten Testamentes widerspricht[892]. Er schreibt: „Marcion kommt nicht nur von Paulus, er kommt ebenso von Moses her, der wahre oder fremde Gott dämmert im Exodusgott, zwischen Ägypten und Kanaan. Allerdings dämmert er mitnichten im Weltschöpfer, in dieser opulenten Vergangenheits-Mythologie [...]; dazu steht nicht nur Jesus, sondern die Utopie des Messianismus insgesamt in Opposition. Wie erinnerlich, hatten schon die Propheten Jahwe als Weltschöpfer selten erwähnt, desto entschiedener beriefen sie sich auf einen neuen Himmel, eine neue Erde. Gänzlich gegen Jahwe, als Weltregierer, waren die Anklagen Hiobs gerichtet, zugleich mit der Hoffnung, dass [...] ein Exodus sei.

890 In die erste Aufl. von 1918 nimmt Bloch eine 1912 unter dem Einfluss Martin Bubers verfasste Abhandlung mit dem Titel „Symbol: Juden" auf, um so den Zusammenhang zwischen der von ihm ausgesprochenen Erwartung und dem jüdischen Messianismus zu bezeichnen. In der zweiten Fassung von „Geist der Utopie" (1923) ist diese Abhandlung eliminiert worden, aber in den Aufsatzband „Durch die Wüste" (1964) wieder aufgenommen worden.

891 E. Bloch, Das Prinzip Hoffnung, 1499.

892 Dazu: G. Sauter, Zukunft und Verheißung, 310f; ders., Erwartung und Erfahrung, 47–59.

Der Apokalyptiker Jesus [...] steht von oben bis unten in dieser Exodus-Idee."[893]

Bloch hat Harnacks Marcion-Monografie mehrmals gelesen und Marcion als dem Propheten eines radikalen Novum eine Abhandlung mit der Überschrift „Botschaft von einem fremden Gott ohne diese Welt" gewidmet[894]. Darin lobt er Marcion als den genialen Theologen, der die Antithetik des Apostels Paulus zwischen Gesetz und Evangelium, Gerechtigkeit und Gnade durch die These vollendet habe, dass der in Christus offenbare Gott nicht identisch sei mit dem Weltschöpfer.

Bloch sieht in der Dissoziation von Schöpfer und Erlöser die entscheidende Voraussetzung für ein Exodusverständnis, das Gott nicht als Projektion, sondern als den betrachtet, der alles Vorgegebene verändert. Blochs zweites großes Werk trägt den Titel „Atheismus im Christentum"; darin enthalten ist das besagte Marcion-Kapitel; und das Buch insgesamt will die These erklären: „Nur ein Atheist kann ein guter Christ sein, nur ein Christ kann ein guter Atheist sein."[895] Bloch erinnert daran, dass Sokrates als Atheist angeklagt wurde, weil er das Göttliche nicht mit den Göttern seiner Polis identifizieren wollte; und dass die ersten Christen von Nero als Atheisten angeklagt wurden, weil sie für ein Transzendieren ohne Idole und für die Identität der Gottesverehrung mit der Nächstenliebe eintraten. So erklärt Bloch seine These: Nur ein Atheist, d. h. nur ein Mensch, der die raumzeitlich lokalisierten Götter leugnet, ist ein guter Christ. Und nur ein Christ – d. h. nur einer, der das Unbedingte mit der Nächstenliebe identifiziert – ist ein guter Atheist.

Bloch hat im Unterschied zu vielen anderen Marcion-Interpreten verstanden, dass die radikale Askese, die der Prophet des Evangeliums vom „fremden Gott" seinen Anhängern empfiehlt, nicht gegen den Menschen und nicht gegen die Schöpfung gerichtet ist[896]. Vielmehr geht es um ein

893 E. Bloch, Das Prinzip Hoffnung, 1500.

894 In: E. Bloch, Atheismus im Christentum, 237–243.

895 E. Bloch, Atheismus im Christentum, 24.

896 „Keinen Zweifel allerdings lässt auch Marcion, dass diese so jubelnd entführend gemeinte Botschaft, dieser extremste Exodus weltfeindlich schlechthin anschlägt, also empirisch selber finster ist. Bringt sie doch nicht nur, wie der von Marcion ausgeschiedene, der große Archetyp Exodus im Alten Testament, aus der Gefangenschaft weg, sondern dazu noch aus Fleisch wie aus jedem Diesseits und in keinerlei besseres. Dies rein pneumatische, rein logos-mythische Weltvalet schlechthin hat in seiner Askese kein Land vor sich, worin auch nur vergleichsweise Milch und Honig fließt; und am wenigsten soll Christus gemäß diesem rein pneumatischen Doketismus der Marcioniten im Fleisch auferstanden sein. Ja, der wahre Christus war ihnen nicht einmal im Fleisch geboren; damit behaftet hätte nach Marcion die Botschaft vom völlig neuen, völlig fremden Gott gerade ihre *Reinheit* des Impulses nicht geben kön-

radikales Offensein für ‚das ganz Andere', für den alles Gewohnte transzendierenden Exodus in die Fremde, in die wahre Heimat. Wörtlich bemerkt Bloch: „Dies *empfangend Fremde*, Niegehörte, erst durch Christus überhaupt Ahnbare gibt für Marcions Anti-‚Gesetz', Anti-‚Gerechtigkeit', Anti-‚Weltschöpfer und Weltregierer' den gemeinten ‚Freiheits'-, ‚Gnade'-, ‚Heimkehr'-Sinn."[897] Blochs „Exodus-Christologie" will dem apokalyptischen Grundsatz entsprechen, dass es zwischen dem Geschöpflichen und dem Messianischen keine Vermittlung oder Kontinuität gibt. Bei Marcion findet er den Gedanken, dass Jesus nicht aus der Schöpfung hervorgeht, dass die Geschichte ihn nicht vermittelt, dass sein Erscheinen das Jahr null markiert, dass er aber gerade so, als der dieser Welt radikal Fremde, die Kraft der Hoffnung, des Transzendierens, des Exodus schenkt[898].

b) Der von Jacob Taubes gegen Bloch und Benjamin erhobene Vorwurf des Marcionismus

Jacob Taubes hat Bloch eine typisch marcionitische bzw. gnostische Verinnerlichung und Verjenseitigung des Messianischen vorgeworfen. Er schreibt: „Ernst Bloch [...] kann [...] diesen Weg nach innen antreten, weil er sich von der klassisch jüdischen Tradition gelöst hat. Der ‚Atheist' Ernst Bloch lebte nicht wie der bewusste Jude Gershom Scholem[899], der

---

nen. Indes, auch hier, auch mit diesem abstrakt und so oft banalisierten Asketischen, auch mit dieser Kehrseite der totalen Fremdheitsbestimmung an Marcions Gott zeigt sich keine Abkehr vom *Menschen* in dieser Welt; konträr: gedacht war ja desto vollere Zukehr zu ihm." (E. Bloch, Atheismus im Christentum, 240).

897 E. Bloch, Atheismus im Christentum, 241.

898 „Der fremde Gott, der nicht nur an der Welt unschuldige, von ihr unbefleckte, sondern ihrer sich erbarmende, berührte einzig in Christus, auch in ihm noch verhüllt, die Erde. Verhüllt auch noch in seinem Evangelium, und gerade dieses transzendente Absconditum soll in seiner Ferne das einzig Einleuchtende sein; denn bereits Sagbares kann hier nur entstellen. So beginnt Marcion seine Antithesis: ‚O Wunder über Wunder, Verzückung, Macht und Staunen ist, dass man gar nichts außerhalb seiner Freude über das Evangelium sagen noch darüber denken noch es mit irgendetwas vergleichen kann' [vgl. A. v. Harnack, Marcion, 118f]." (E. Bloch, Atheismus im Christentum, 242).

899 Gershom Scholem (1897–1982) – 1923 von Berlin nach Jerusalem emigriert und dort einige Jahre Assistent von Jacob Taubes – wirft sogar dem Erlösungsverständnis von Franz Rosenzweig (1886–1929) Flucht aus der Geschichte bzw. Verinnerlichung vor (vgl. G. Scholem, Judaica, Bd. I, 226–232). Was ihn stört, ist die Kategorie der Vorwegnahme des Messianischen. Denn diese Vorwegnahme kann ja nicht wirklich, sondern nur gedanklich – mithin als Utopie, als von Menschen konstruierte Antizipation – erfolgen. Solche Fiktion aber – so meint er – passt sich der christlichen

‚an Gott' glaubte, im Staate Israel, wo Theokratie einen blutig ernsten, konkret-historischen Sinn erhält, den zu überspielen nur Illusionisten sich erlauben können."[900] Und damit nicht genug: Taubes wirft Bloch vor, sich mit seiner Marcion-Rezeption auch das Virus des Antijudaismus eingefangen zu haben[901].

Wo Gott zur Utopie wird, ist er eine Fiktion des Menschen und also nicht der wirkliche, nicht der biblisch bezeugte Gott. Das – so betont Taubes – kann man nicht nur an Bloch, sondern auch an Walter Benjamin ablesen. Weil Benjamin den Messias als das der Welt und ihrer Geschichte gegenüber grundsätzlich Andere bzw. Fremde gegenüberstellt, bleibt sein Messias ein Gedanke, eine Utopie, eine Chimäre. Taubes plädiert für den biblischen Messias, der in diese Welt hineinkommt und sie wirklich umgestaltet: Veränderung nicht als Utopie, sondern als Realität in Welt und Geschichte; Gottes Volk und Gottes Land nicht als Idee, sondern als real existierende Theokratie! Einer der von Taubes bekämpften Texte Benjamins lautet: „Darum kann nichts Historisches von sich aus sich auf Messianisches beziehen wollen. Darum ist das Reich Gottes nicht das Telos der historischen Dynamis; es kann nicht zum Ziel gesetzt werden."[902] Mit anderen Worten: Es gibt keinen Anknüpfungspunkt des Messianischen in der real existierenden Geschichte[903]; das apokalyptisch hereinbrechende Messianische ist das radikal Fremde. Taubes kommentiert: Der „letztlich marcionitische Sinn dieser Sätze [ist ...] fast mit Händen zu greifen."[904]

Und auch darauf macht Taubes aufmerksam: Der Einfluss des Vordenkers Benjamin auf die Philosophen der sogenannten Frankfurter Schule

---

Unterscheidung zwischen dem Schon-gekommen-Sein des Messias (Fiktion) und der noch ausstehenden Vollendung (Realität) an (vgl. ebd. 25).

900 J. Taubes, Walter Benjamin – ein moderner Marcionit?, 139.

901 „Wenn Ernst Bloch den Geist Marcions durch die Geschichte der Ketzerei bis hin zu Karl Marx wirksam sieht, so nimmt er auch den metaphysischen Antisemitismus in Kauf, der dieser Opposition eignet. Dass aber Theokratie keinen ‚politischen', sondern ‚allein religiösen Sinn' habe, steht bei Ernst Bloch in der Konsequenz seiner ‚revolutionären Gnosis' im Geiste Marcions und des Joachim di Fiore (der neben und *mit* seiner Drei-Stadien-Lehre ein scharfes *adversus Iudaeos* verbindet), deren ‚irdische' Exekution bei Karl Marx im Aufsatz ‚Zur Judenfrage' sich findet, wo er den Sabbatjuden und weltlichen Juden unter ‚ein Prinzip' stellt; keine Gelegenheitsschrift, kein ‚Ausrutscher', sondern systematisch konsequent in der Linie von Marcion und Joachim di Fiore ins Weltliche gewendet (darum eine sozial-ökonomische Schrift des Antisemitismus höchsten Ranges [...])." (J. Taubes, Walter Benjamin – ein moderner Marcionit?, 139f).

902 W. Benjamin, Theologisch-politisches Fragment, 203.

903 Dazu umfassend: B. Wunder, Konstruktion und Rezeption der Theologie Walter Benjamins, bes. 83–154.

904 J. Taubes, Walter Benjamin – ein moderner Marcionit?, 142.

kann gar nicht überschätzt werden. Vor allem Theodor W. Adorno beschreibt – mit explizitem Lob auf Marcion[905] – das „messianische Licht" als Offenlegung des „Bannes"[906], der fortwährend Katastrophen anhäuft und deshalb nicht durch Anknüpfung, sondern nur durch Negation und Abbruch Erlösung verheißt.

5. Gegenwärtige Beispiele einer tendenziell marcionitischen Christologie

Marcions Christologie erscheint wie eine ständige Versuchung der Theologie bis in deren jüngste Entwürfe. Hier seien exemplarisch genannt: (a) die von dem französischen Religionssoziologen René Girard inspirierte Soteriologie des verstorbenen Innsbrucker Dogmatikers Raymund Schwager, (b) die zweibändige Dogmatik von Eugen Drewermann und (c) die von dem Dortmunder Systematiker Thomas Ruster entwickelte Alternative zum „verwechselbaren Gott".

a) René Girard und Raymund Schwager

Wie schon in anderem Zusammenhang (Theodizeefrage) dargestellt, erkennt der französische Literaturwissenschaftler René Girard in allen literarisch bezeugten Kulturen der Welt die Entwicklung eines Mechanismus, der die Zerstörung einer Gesellschaft durch rivalisierende Gruppen oder Akteure verhindert. Girard nennt diesen Mechanismus „Sündenbockmechanismus", wenn miteinander rivalisierende Gruppen oder gewaltsam gegeneinander agierende Mächte durch die gemeinsame Anklage eines Unschuldigen die Selbstzerstörung vermeiden[907].

905 Zur Marcion-Rezeption von Theodor W. Adorno: R. Faber, Politische Dämonologie, 32–44.

906 „Nach wie vor stehen die Menschen, die Einzelsubjekte unter einem Bann. Er ist die subjektive Gestalt des Weltgeists, die dessen Primat über den auswendigen Lebensprozess inwendig verstärkt. Wogegen sie nicht ankönnen, und was sie selber negiert, dazu werden sie selber. […] Von sich aus, gleichsam a priori, verhalten sie sich dem Unausweichlichen gemäß. […] Die Hegelsche Lehre von der Substantialität des Allgemeinen im Individuellen eignet den subjektiven Bann sich zu." (T. W. Adorno, Negative Dialektik, 337f).

907 Vgl. R. Girard, Das Heilige und die Gewalt, bes. 402–456; ders., Das Ende der Gewalt, bes. 14–52; ders., Der Sündenbock, bes. 148–163. – Dazu: W. Palaver, René Girards mimetische Theorie.

Girard verbindet die Aufdeckung dieses satanischen (auf der Lüge falscher Anklage basierenden) Mechanismus mit einer denkbar pessimistischen Anthropologie. Der aus dem Tierreich hervorgegangene Mensch ist – so erklärt er – von Natur aus ein mimetisches, rivalisierendes und mit einem erheblichen Aggressionspotential ausgestattetes Geschöpf. Wer durch Nachahmung der Artgenossen lernt, misst sich auch mit diesen Rivalen und sucht sich gegen sie durchzusetzen. Die Vernichtung des Gegners ist – darwinistisch betrachtet – ein Selektionsprinzip der Evolution. Auf der Ebene des zu Bewusstsein gelangten Geschöpfes aber entwickelt die Natur den besagten Sündenbockmechanismus. Auf diese Weise wird die Selbstzerstörung von Familien, Gruppen und Gesellschaften dadurch verhindert, dass nicht mehr alle Individuen gegen alle Individuen kämpfen, sondern viele oder gar alle sich gegen einen Einzigen verbünden. Der zu Unrecht zum einzig Schuldigen erklärte ‚Sündenbock' wird einerseits exiliert oder beseitigt. Er ist das Opfer, aber auch der Retter. So erklärt Girard die Entstehung aller regelmäßig wiederholten Opferriten. Der satanische Vorgang (Opferung eines Unschuldigen), der ursprünglich die Ankläger gerettet hat, wird sakralisiert und rituell wiederholt bzw. rituell vergegenwärtigt.

Der Begriff ‚Opfer' ist für Girard geradezu ein Synonym für Satan. Denn seine Verwendung erklärt Unrecht und Lüge für ‚heilsnotwendig' und ‚Gott wohlgefällig'. Das Abgründige des Sündenbockmechanismus – so betont Girard – liegt nicht in der Gewalt als solcher, auch nicht in der Tatsache, dass Unschuldige zu Opfern gemacht werden, sondern in der theologischen Rechtfertigung dieses Geschehens. Satan ist der Vater der Lüge; und er vollbringt sein Meisterwerk, wo Gewalt sakralisiert und die Opferlogik zum Bestandteil der Religion wird.

Nachdem Girard in allen möglichen Traditionen der menschlichen Kulturgeschichte den Sündenbockmechanismus als Konstante ausgemacht hat, spricht er von der Einzigkeit Jesu Christi, weil er nur in den Evangelien beides findet: eine *Entlarvung* des satanischen Charakters der Anklage des Unschuldigen, und zugleich den einzigen Weg zur *Aufhebung* des Sündenbockmechanismus. Denn indem der ans Kreuz geschlagene „Sündenbock Jesus" sich als das Gegenteil dessen offenbart, wozu ihn seine Ankläger und Richter stempeln, wird die Anklage der ihn kreuzigenden Henker als das entlarvt, was sie ist: nicht der Vollzug des göttlichen Willens oder der Gerechtigkeit, sondern die Realisierung eben der Sünde, die die Schuldigen mit der Anklage eines Unschuldigen von sich abwälzen wollen. Aber es bleibt nicht bei dieser Entlarvung. Denn der Eine, der durch seine Verfolger „zur Sünde gemacht" (2 Kor 5,21) wird, klagt nicht seinerseits seine

Ankläger an, sondern erweist sich durch seine Feindesliebe als das Gegenteil Satans, als Beseitiger der Opfer-Logik des Sündenbockmechanismus und also als der wahre Befreier und der wahre Erlöser.

Girard widerspricht der von den Exegeten Adrian Schenker und Bernd Janowski vertretenen These, der Sündenbockritus des nachexilischen Tempelkultes (Lev 16) sei so etwas wie ein „Sakrament" der Versöhnung zwischen JHWH und dem sündigen Israel. Aus seiner Sicht ist jedes Opfer, das als von Gott gewollt oder gar als von Gott gestiftet dargestellt wird, sakralisierte Gewalt[908]. Jede Gesellschaft der Menschheitsgeschichte – auch die des auserwählten Volkes Israel – entwickelt das Ventil des Sündenbockmechanismus. Was in Lev 16 als von JHWH gestifteter Ritus erscheint, ist – so betont Girard – in Wahrheit die Sakralisierung einer Selbstbefreiung auf Kosten eines unschuldigen Opfers. Als Israel dabei war, sich durch wechselseitig gegeneinander gerichtete Aggressionen selbst zu zerstören, erfuhr es Befreiung, weil die lange Zeit gegeneinander kämpfenden Rivalen sich auf Kosten eines einzigen Opfers einigen konnten. Anschließend wurde das Opfer zu einem von Gott selbst gestifteten Symbol der Versöhnung erklärt und mit dem jährlich am Versöhnungstag in die Wüste geschickten Träger aller Sünden (dem Sündenbock) institutionalisiert. In fast allen Kulturen der Menschheit – so versucht Girard in seinen religionsphänomenologischen Studien zu zeigen – wird das unschuldige Opfer *(victima)* durch den Akt des Opferns *(sacrificium)* in eine sakrale Größe transformiert. Letztlich, so meint er, sind alle kultischen Opfer, auch die des nachexilischen Tempelkultes, Ritualisierungen einer dem Sündenbockmechanismus folgenden „Gründungsgewalt" („violence fondatrice")[909]. So verortet Girard den Ursprung jeder durch Opfer erkauften

908 Dazu: B. Janowski, Azazel und Sündenbock; A. Schenker, Versöhnung und Sühne, bes. 121–144; R. Schwager, Versöhnung und Sühne. Zur gleichnamigen Studie von Adrian Schenker; A. Schenker, Sühne statt Strafe und Strafe statt Sühne, bes. 12f.

909 Natürlich weiß Girard um den Einwand der Ethnologen, dass die Phänomene des Sakralen auch anderes als Gewalt enthalten, nämlich „Ordnung wie Chaos, Frieden wie Krieg, Schöpfung wie Zerstörung" (R. Girard, Das Ende der Gewalt, 379). Aber wer so argumentiert, hat in seinen Augen nicht tief genug geblickt. Wörtlich bemerkt er: „Die Gründungsgewalt ermitteln heißt verstehen, dass das Heilige alle Gegensätze in sich vereinigt – und zwar nicht deshalb, weil es sich von der Gewalt unterscheidet, sondern die Gewalt sich von sich selbst zu unterscheiden scheint: bald stellt sie in ihrem Umkreis die Einmütigkeit wieder her, um Menschen zu retten und Kultur zu stiften, bald bemüht sie sich im Gegenteil verbissen darum, das von ihr Gestiftete wieder zu vernichten. Die Menschen verehren nicht die Gewalt an sich: sie hängen keinem ‚Kult der Gewalt' im Sinne der zeitgenössischen Kultur an; sie verehren die Gewalt insofern, als sie ihnen den einzigen Frieden bringt, dessen sie sich je erfreuen konnten. Die Verehrung der Gläubigen gilt nie der Gewalt selbst, die sie erstarren lässt, sondern immer der Gewaltlosigkeit. Gewaltlosigkeit erscheint als unentgeltliche

Ordnung – darin Sigmund Freud[910] und Walter Burkert[911] ähnlich – in einem als Befreiungsschlag erfahrenen ‚Gewalt-Akt'.

Er kennt den gegen ihn gerichteten Vorwurf des Antijudaismus; den Einwand, er stelle dem von der besagten Opferlogik durchzogenen Alten Testament die ganz andere Logik des Neuen Testamentes (Feindesliebe) antithetisch gegenüber. Deshalb räumt er ein, es gebe im Alten Testament Texte, die schon unterwegs seien zur Aufdeckung der satanischen Lüge. Doch von einer wirklichen Kontinuität zwischen AT und NT spricht er nicht. Denn von einer Aufdeckung und Durchbrechung des besagten Sündenbockmechanismus kann – so betont er immer wieder – erst im Blick auf Jesus gesprochen werden. In der Opferkritik der alttestamentlichen Propheten bahnt sich zwar ein Umsturz des Opferkultes an. Aber dann – so bedauert Girard – heißt es im Kontext der Gottesknechtlieder (Jes 53,10): „JHWH gefiel es, ihn, den Gottesknecht, durch das Leiden zu zermalmen."[912] Auch wenn JHWH nicht der Urheber des Leidens ist, das den Gottesknecht trifft, wird ein Sinnzusammenhang hergestellt zwischen dem Opfer des Gottesknechtes und Gottes heiligem Willen. Von daher folgert Girard: Erst das Neue Testament führt „zu Ende, was das Alte Testament unvollendet lässt."[913] Denn erst im Evangelium Jesu wird der Hiatus aufgedeckt, der sich zwischen dem Gottesbild der Opferkulte und dem Gott auftut, von dem Jesus spricht. Girard sieht in dem Jesus-Wort von Joh 8,43–44.59 einen Schlüsseltext des gesamten NT. Er über-

---

Gabe der Gewalt, und diese Annahme ist nicht unbegründet. Die Menschen sind ja nur dann zur Versöhnung fähig, wenn diese auf Kosten eines Dritten geht. Die bestmögliche Leistung der Menschen in Sachen Gewaltlosigkeit ist die Einmütigkeit minus eins des versöhnenden Opfers." (Ebd., 379f).

910 Aus der Sicht von Sigmund Freud ist das „heilige Mysterium des Opfertodes […], welches die Teilnehmer untereinander und mit ihrem Gotte einigt" (Totem und Tabu, 166f), eine rituelle Wiederholung jenes ursprünglichen Mahles, bei dem Brüder ihren Vater gemeinsam getötet und dann verzehrt haben: „Die Totemmahlzeit, vielleicht das erste Fest der Menschheit, wäre die Wiederholung und die Gedenkfeier dieser denkwürdigen, verbrecherischen Tat, mit welcher so vieles seinen Anfang nahm, die soziale Organisation, die sittlichen Einschränkungen und die Religion." (Ebd., 172). – Dazu: J. Negel, Ambivalentes Opfer, 378–411.

911 „Nicht im frommen Lebenswandel, nicht in Gebet, Gesang und Tanz allein wird der Gott am mächtigsten erlebt, sondern im tödlichen Axthieb, im verrinnenden Blut und im Verbrennen der Schenkelstücke. Heilig ist der Götterbereich: die ‚heilige' Handlung aber, am ‚heiligen' Ort zur ‚heiligen' Zeit vom Akteur der ‚Heiligung' vollzogen, ist das Schlachten der Opfertiere" (W. Burkert, Homo necans, 9). – Dazu: G. Baudler, Töten oder Lieben, 56–81.

912 Übersetzung von R. Girard in: Das Ende der Gewalt, 162.

913 R. Girard, Das Ende der Gewalt, 162.

setzt[914] wie folgt: „Warum versteht ihr nicht, was ich sage? Weil ihr nicht imstande seid, mein Wort zu hören. Ihr habt den Teufel zum Vater, und ihr wollt das tun, wonach es euren Vater verlangt. Er war ein Mörder von Anfang an. Und er steht nicht in der Wahrheit; denn es ist keine Wahrheit in ihm. Wenn er lügt, sagt er das, was aus ihm selbst kommt; denn er ist ein Lügner und ist der Vater der Lüge. [...] Da hoben sie Steine auf, um sie auf ihn zu werfen."

„Satan", so resümiert Girard, „ist eins mit den Mechanismen der Gewalttätigkeit, mit dem Gefangensein der Menschen in den kulturellen und philosophischen Systemen, die ihren modus vivendi mit der Gewalttätigkeit absichern. Darum verspricht er Jesus die Herrschaft unter der Bedingung, dass dieser ihn anbetet."[915]

Was Girard über den natürlichen Menschen und seine Evolution bzw. Geschichte schreibt, ist fast so pessimistisch wie das Schöpfungs- und Geschichtsdenken Marcions. Es gibt jedenfalls keinen Anknüpfungspunkt für den Erlöser in Schöpfung und Geschichte. Deshalb erklärt Girard im Sinne einer – bezogen auf die gesamte Religionsgeschichte – strengen Einzigkeit des Christusereignisses: Mit Jesus Christus „vollzieht sich eine zugleich winzige und gigantische Verlagerung, die in der direkten Verlängerung des Alten Testamentes liegt, aber auch einen gewaltigen Bruch darstellt. Zum ersten Mal wird *das Sakrifizielle vollständig beseitigt,* die göttliche Gewalttätigkeit hat ein Ende, die Wahrheit von all dem, was vorausgeht, wird endlich herausgeschält und sie erheischt eine totale Blickwende, eine geistige Metamorphose, die in der Geschichte der Menschheit noch nie dagewesen ist."[916] Jesus verkündet mit der Bergpredigt nicht nur den Verzicht auf jede Art von Gewalt, sondern fordert auch deren Umkehrung in das Gegenteil (Mt 5,38–40; Lk 23,11f)[917].

Jesus Christus kann – so meint Girard – nicht einmal als „*Anti*typos" des im nachexilischen Tempelkult sakralisierten Sündenbocks bezeichnet werden. Denn antitypische Exegese beschreibt stets neben der Differenz auch einen Anknüpfungspunkt (z. B. im Sinne einer komparativischen Überbietung). Den aber, so erklärt er, gibt es zwischen Christus und Satan, zwischen Wahrheit und Lüge, zwischen Freund und Feind nicht. In diesem Zusammenhang spricht Wolfgang Palaver – einer der gründlichsten Kenner von Girards Gesamtwerk – von einer Vergleichbarkeit der

914 R. Girard, Das Ende der Gewalt, 166.
915 R. Girard, Das Ende der Gewalt, 167.
916 R. Girard, Das Ende der Gewalt, 208.
917 Vgl. R. Girard, Das Ende der Gewalt, 203–208.

marcionitisch gefärbten „Antithesen“ in Carl Schmitts politischer Theologie mit den Antithesen in Girards Erlösungslehre[918]. Jedenfalls sieht Girard in der von unzähligen kirchlichen Verlautbarungen wiederholten Bezeichnung des Todes Jesu als des „Opfers für die Sünde der Welt“ eine horrende Verzeichnung des Evangeliums. Er fordert die radikale und endgültige Ausmerzung auch der letzten Reste von Opferdenken, „die unsere geheimsten Gehirnfalten verschmutzen und verdunkeln“[919]. Denn in der Wiedereinführung angeblich geläuterter Opferbegriffe oder ganzer Opfertheorien wie der scholastischen Satisfaktionstheorie sieht er den Grund für die Irrwege eines Christentums, das nicht grundsätzlich auf jede Opferlogik verzichtet hat. Zu dieser Logik gehört aus seiner Sicht auch die Bezeichnung des Kreuzes als „Selbst-Opfer“. Denn – so seine Begründung – „das Sich-Opfern“ ist nicht selten Ausweis eines Masochismus, der sich mit der Lüge rechtfertigt, Selbstzerstörung sei Gott wohlgefällig[920].

Eine Theorie, die nicht nur alle Opferriten, sondern auch alle zivilisatorischen Leistungen, die in Gestalt von Gesetz und Rechtsprechung, Sozial- und Gesellschaftsordnung zur Befriedung beitragen, auf die Opferlogik des Sündenbockmechanismus zurückführt, zieht – so Girards zahlreiche Kritiker – unweigerlich den Verdacht auf sich, durch striktes Ignorieren aller Differenzen überall Bestätigungen auszumachen. Und die allzu monokausale Erklärung einer Unzahl sehr heterogener Phänomene der Religions- und Kulturgeschichte ist aus theologischer Perspektive nicht der einzige Grund zur Metakritik. Denn die anthropologischen Prämissen von Girards Theorie sind mit der Anthropologie des Christentums unvereinbar.

Pointiert formuliert: Girard unterscheidet den Menschen nur graduell vom Tier[921]. Das „Ich“ des Menschen ist in seiner Anthropologie ein Epi-

---

918 Vgl. W. Palaver, A Girardian Reading of Schmitt's Political Theology; ders., Order out of Chaos in the Theories of Carl Schmitt and René Girard.

919 Girard, Das Ende der Gewalt, 212.

920 Vgl. R. Girard, Das Ende der Gewalt, 245f.

921 Grundprinzip der Natur ist aus der Sicht von Girard die „Aneignungsmimesis“, da sie – wie er ausführt – „den Tieren und den Menschen gemeinsam zu eigen ist“. Er vergleicht diese Hypothese mit den entsprechenden anthropologischen Hypothesen der Psychoanalyse und des Marxismus und schreibt: „Unsere Hypothese weist gegenüber der Psychoanalyse und dem Marxismus den Vorzug auf, dass sie die vermeintlichen Eigentümlichkeiten des Menschen eliminiert. Man darf nicht länger von den Inzestverboten oder vom wirtschaftlichen Beweggrund oder von der gesellschaftlich-politischen Unterdrückung ausgehen, sondern muss das Problem der Hominisation und des Symbolursprungs auf den Boden des Tierischen stellen. […] Wenn es uns gelingt, die Hominisation von der Aneignungsmimesis und den von ihr erzeugten Konflikten her zu denken, ersparen wir uns den sonst berechtigten Vorwurf, bei der

phänomen derselben Natur, deren zielführende Strategie die Gewalt mit ihrer Opferlogik (Sündenbockmechanismus) ist. Deshalb gelingt es der Natur auch in dem Stadium ihrer Entwicklung, in dem sie sich reflektierend objektivieren kann, kaum, ihr eigenes Wesen zu durchschauen. Dazu bedarf es nach Girard der Offenbarung einer Logik, die dieser Welt so fremd ist wie der Jesus des marcionitischen Evangeliums allem, was „von unten" (aus der Natur) kommt. Die Jesus-Offenbarung hat in Girards Theorie keinen Anknüpfungspunkt in der Natur; im Gegenteil, sie muss die Natur demaskieren als das Widergöttliche, ja Satanische. Die Erlösung durch Christus ist dann identisch mit dieser Demaskierung. Sie geschieht immer da, wo ein Mensch in Jesus die Wahrheit über seine Natur erkennt und sich seinerseits vornimmt, die Opferlogik durch christusförmige Feindesliebe aufzuheben.

Raymund Schwager (1935–2004) – m. E. der bedeutendste theologische Rezipient von Girards Analysen[922] – profiliert dessen Erlösungslehre durch die Naturalisierung der Erbsünde[923]. Er bezeichnet die Ursünde als Weigerung, sich vom Tierreich abzuheben. Gemeint ist nicht ein bestimmtes Ereignis, sondern eine „kumulative Entwicklung", nämlich das Festhalten an der vormenschlichen Evolution[924]. Weil diese Evolution auf der Gewalt und Durchsetzung des jeweils Stärkeren beruht, trägt sie das Aggressionsverhalten des Tierreiches in die beginnende Menschheit. Wo immer ein Mensch seiner Natur mehr gehorcht als dem Ruf, die eigenen

---

Bestimmung des Ursprungs einen Zirkelschluss zu begehen." (R. Girard, Das Ende der Gewalt, 90f).

922 Mathias Moosbrugger widmet seine Dissertation (Die Rehabilitierung des Opfers, bes. 141–354) den Differenzen zwischen Raymund Schwager und René Girard. Er kann überzeugend zeigen, dass Schwagers zunehmend trinitätstheologisch fundierte Kreuzestheologie auch den Opferbegriff rehabilitiert. Doch die Einseitigkeit, mit der er seinen Helden zum Girard-Kritiker stilisiert, widerspricht allen bisherigen Arbeiten über ihn. Nach der Lektüre von „Erbsünde und Heilsdrama" oder angesichts von Schwagers eigenen Hinweisen auf Marcion oder seiner Äußerungen über das angeblich ungeklärte Verhältnis von AT und NT ist das Verdikt einer zumindest tendenziell marcionitischen Dissoziation von Schöpfung und Erlösung zwar hart, aber weder neu noch abwegig (vgl. ebd. 353).

923 Vgl. R. Schwager, Der Gott des Alten Testaments und der Gott des Gekreuzigten; ders., Erbsünde und Heilsdrama.

924 „Dass Verhaltensweisen, die auf einer Stufe der Evolution ‚gut', ‚angemessen' oder ‚fördernd' sind, sich auf der nächsten Stufe als ‚schlecht', ‚schädlich' oder ‚störend' erweisen können, lässt sich durch andere Beispiele verdeutlichen. So liegt es auf der Ebene der Einzeller ganz im Sinne der Evolution, dass jeder sich so stark wie möglich vermehrt. Sobald aber der Schritt zum mehrzelligen Organismus geschehen ist, wird die unbeschränkte Vermehrungsweise des Einzellers zu etwas rein Negativen für den Mehrzeller, nämlich zum Krebs." (R. Schwager, Erbsünde, 66).

Triebe kritisch zu hinterfragen, bestätigt er die Erbsünde. Mit Carsten Bresch[925] und Eckhard Voland[926] vermutet Schwager, dass der von Girard analysierte Sündenbockmechanismus eine Naturgegebenheit ist. „Wenn", so bemerkt er, „die Menschheit durch den Kampf zwischen Gruppen das eigene Gehirnwachstum beschleunigt [hat], dann ist damit zu rechnen, dass aggressivere Individuen durch die Evolution bevorzugt wurden. Die Neigung oder Disposition zum Töten konnte so innerhalb der fortschreitenden Evolution Eingang in die biologische Struktur finden. Theologisch bedeutet dies, dass ein sündhaftes Verhalten das Gehirnwachstum gefördert und die weitere Entfaltung des Menschen geprägt hat."[927] Also ist die Erbsünde notwendiges Integral der Hominisation[928]. Das Theologumenon von der Erbsünde macht aus Schwagers Sicht „verständlich, weshalb Verhaltensformen, die wir im Tierreich als böse empfinden, [die] dort aber natürlich sind, bei uns Menschen in verschärfter Form wieder auftauchen können, nun aber, weil sie zugleich aus Freiheit entspringen, tatsächlich böse sind"[929]. Schwager treibt die Naturalisierung der Erbsünde bis in die These, dass der evolutive Umschlag des triebhaften Verhaltens in das reflexive Sich-Erkennen „ein (indirektes) Produkt der Sünde war"[930]. Der in Genesis geschilderte Griff nach dem Baum der Erkenntnis ist einerseits für die Hominisation notwendig, andererseits Sünde. Analoges gilt für die Erfindung des Gesetzes. Wie „das an sich gute Gehirnwachstum nicht zu einem größeren Frieden zwischen den Menschen und zwischen der Menschheit und Gott geführt, sondern wachsende Konflikte und bewusstere Sünden zur Folge gehabt hat, […] so manifestierte sich die negative Seite des [an und für sich guten] Gesetzes vorwiegend im Buchstaben, der tötet (vgl. 2 Kor 3,6)"[931]. Schwager scheut sich nicht, die Tora Israels

925 Vgl. C. Bresch, Zwischenstufe Leben, 196.

926 „Die Brutalität der Schimpansenkämpfe ist im Tierreich ohnegleichen und findet nur bei Menschen eine Parallele […]. In ihrer Affektstruktur und Brutalität, in Motivation, Entstehungskontext und Funktion ähneln deren Gruppenkämpfe auf verblüffende Art und Weise den menschlichen Verhältnissen. Es spricht also einiges dafür, dass die menschliche Bereitschaft zu kollektiver und koordinierter Aggression gegen Gruppenfeinde eine stammesgeschichtliche, also biologische Grundlage hat." (E. Voland, Hominisation, 85.87).

927 R. Schwager, Erbsünde, 70.

928 „Da das genetische Material bei den Menschen und bei den höchsten Tieren fast gleich ist, legt sich die Vermutung nahe, dass Verhaltensweisen nicht (nur) in den Genen, sondern vor allem im noch weithin ungeklärten ‚epigenetischen' System gespeichert werden." (R. Schwager, Erbsünde, 70[32])

929 R. Schwager, Erbsünde, 152.

930 R. Schwager, Erbsünde, 71.

931 R. Schwager, Erbsünde, 72.

mit dem Gehirnwachstum zu vergleichen, das für die Hominisation zwar notwendig, aber zugleich Ausdruck der Erbsünde ist[932]. Wie Marcion beschreibt er einen Dualismus zwischen Natur und Gesetz einerseits und dem Evangelium andererseits. Denn das, was Jesus bringt, ist der Natur und dem Leben aus der Tora so radikal „fremd", dass Schwager in manchen Passagen seiner Erlösungslehre die marcionitische These zu vertreten scheint, es gebe keine Kontinuität zwischen dem irdischen Jesus und dem auferstandenen Christus, zwischen dem sündigen und dem gläubigen Menschen. Wörtlich bemerkt er: „Wenn die Sünde in die Natur eingezeichnet wurde, dann kann das Böse nur voll überwunden werden, wenn die Natur selber stirbt und von Gott neu geschaffen wird. Tod und Auferweckung Christi erweisen sich so als jene radikale göttliche Heilsantwort, die [...] notwendig war, um die lange evolutive Sündengeschichte von ihrer Wurzel her zu heilen. Ein volles Heil kann es deshalb nur noch durch den Tod hindurch geben [...]. Der ‚alte' Mensch muss [...] mit Christus sterben (Röm 6,1–11; Gal 5,24f), damit in der Kraft des Hl. Geistes der neue geboren werden kann (Joh 3,3–8)."[933]

Mit ausdrücklicher Berufung auf Harnacks Marcion-Monografie erklärt Schwager die Verhältnisbestimmung von Altem und Neuem Testament für nicht hinreichend geklärt. Er verweist auf die vielen Reinterpretationen der Heilstaten Gottes im Alten Testament selbst und fragt mit Gerhard von Rad nach dem Kriterium der wahren Interpretation[934]. Ganz und gar unannehmbar erscheinen ihm alle Texte des Alten Testamentes, die Gewalt zur Eigenschaft Gottes erklären oder menschliche Gewalt mit dem Willen Gottes vereinbaren. „Kann man", so fragt er mit Bezug auf Ez 21,13–20 und Klgl 2,21f – „bei einem Gott, der in seinem Zorn schlachtet und diesen Tag wie zu einem Festtag macht, der vom Kind bis zum Greis niemanden entkommen lässt, – kann man [...] bei einem solchen Gott problemlos von einem maßvollen und gerechten

932 „Durch den Zusammenhang zwischen Gesetz und Gehirnwachstum erhält die lange Geschichte der Evolution des Menschen bis zu seiner heutigen Gestalt einen theologischen Sinn. Wie nach Paulus das Gesetz die Aufgabe hatte, das Volk Israel zu erziehen und bis zum Kommen Christi in Zucht zu halten (Gal 3,23–25), so wurde durch das Gehirnwachstum und durch die Entfaltung eines differenzierteren Erkenntnisvermögens die Menschheit auf die neue Wahrheit der Offenbarung vorbereitet." (R. Schwager, Erbsünde, 72f).

933 R. Schwager, Erbsünde, 79f.

934 Gerhard von Rad „muss deshalb selber feststellen, dass es im Neuen Testament zu einer ‚zweifellos immer nur eklektischen' Vergegenwärtigung alttestamentlicher Traditionen kam. Wie aber lässt sich die Frage nach der Wahrheit solcher Deutungen beantworten? Kann das, was von Rad als ‚eklektisch' oder an anderer Stelle als ‚charismatisch' bezeichnet, nicht auch als willkürlich verstanden werden?" (R. Schwager, Der Gott des Alten Testaments und der Gott des Gekreuzigten, 28).

Richter sprechen, wie Irenaeus dies tut? Hat hier Marcion nicht tatsächlich ein Problem gespürt, das durch die kirchliche Verkündigung nicht genügend geklärt wurde?"[935]

Es kann kaum überraschen, dass Schwager die Lösung des Problems bei Girard findet. Wenn man das Alte Testament unter der Voraussetzung liest, dass dessen stets zeitbedingte Texte nur langsam unterwegs sind zur Aufdeckung des Sündenbockmechanismus, dann erklärt sich einerseits der selektive Bezug des Neuen auf das Alte Testament; und dann darf man getrost die Teile des AT als überholt bezeichnen, die Gewalt theologisch rechtfertigen oder sakralisieren[936]. Während Marcion das gesamte AT als Urkunde des Gottes der Natur und des Gesetzes versteht, schlägt Schwager eine „Entmischung" der Texte des AT vor. „Jene Elemente", so schreibt er, „die von den Sakralwelten herrühren (z. B. die Aussagen über den feuerschnaubenden Zorn und die Rache Gottes), können als menschliche Projektionen ausgeschieden und müssen nicht mehr einem anderen Gott zugeschrieben (Marcion) oder gewaltsam mit dem Gott der Liebe vermengt werden (Irenaeus). Bei dieser Entmischung zeigt sich gleichzeitig eine eindeutige strukturelle Entsprechung zwischen der Verfolgung alttestamentlicher Gerechter und dem gewaltsamen Geschick Jesu, eine Entsprechung, die auch die Texte der Evangelien in fundamentaler Weise prägt. Bei den weit über tausend Zitaten und Anspielungen an alttestamentliche Texte, die sich in den neutestamentlichen Schriften finden, bleiben selbstverständlich manche Einzelinterpretationen, die auch in dieser neuen Sicht nicht […] gerechtfertigt werden können."[937]

---

935 R. Schwager, Der Gott des Alten Testaments und der Gott des Gekreuzigten, 23.

936 „Nach Girard sind die primitiven sakralen Vorstellungen Produkte kollektiver Aggressionen, die nach außen projiziert werden. Im Alten Testament wirken die Sakralwelten weiter; zugleich zeigt sich in ihnen aber ein neues Wort, das die vom Menschen entworfenen Gebilde zu entlarven beginnt. Aus dieser Sicht sind alle alttestamentlichen Texte als *Mischtexte* zu werten, die einerseits die alten sakralen Vorstellungen widerspiegeln und andererseits ebenso stark vom Impuls des neuen Wortes bestimmt werden. Der Anteil der beiden Komponenten kann dabei sehr unterschiedlich sein. Viele Texte verraten noch eine sehr große Verhaftung an die Sakralwelt, während in anderen dieser Anteil nur noch gering ist. Die Theorie Girards erlaubt eine klare Wertung, und sie führt dazu, dass gewisse Texte von selbst in die Mitte rücken und andere an den Rand treten. Bei dieser Deutung zeigt sich überraschend, dass gerade jene Texte zu Schlüsseltexten werden, die auch die neutestamentlichen Schriftsteller vorzugsweise als die Heiligen Schriften Israels aufgegriffen haben. Das Vorgehen der neutestamentlichen Autoren erscheint in diesem Licht plötzlich weit weniger eklektisch als selbst von Rad gemeint hat." (R. Schwager, Der Gott des Alten Testaments und der Gott des Gekreuzigten, 30).

937 R. Schwager, Der Gott des Alten Testaments und der Gott des Gekreuzigten, 30.

Mit anderen Worten: Raymund Schwager schlägt die Purgierung bzw. Entmischung des Alten Testamentes und teilweise auch des Neuen Testamentes mit dem Ziel vor, das Evangelium von allen Texten zu reinigen, die von einer Kontinuität zwischen Natur (Sündenbockmechanismus) und Gnade (Erlösung), zwischen Gesetz und Evangelium sprechen.

b) Eugen Drewermann

Während Schwager seine Erlösungslehre als Vermittlung zwischen den Positionen des Häretikers Marcion und denen des Kirchenvaters Irenäus beschreibt, stellt sich Eugen Drewermann einseitig auf die Seite Marcions[938]. Tertullian[939] und Irenäus[940] repräsentieren aus seiner Sicht eine antignostisch motivierte

938 E. Drewermann, Die Problematik der Gnosis, vornehmlich am Beispiel Marcions, in: Ders., Glauben in Freiheit, Bd. I, 227–244.

939 Tertullian „weist der künftigen Kirche den ‚rechten' Weg: die ‚Wahrheit' in ihrer dogmatisierten Form des Kirchenglaubens braucht nicht länger *gesucht* zu werden, sie liegt ein für allemal vor, es kommt nur darauf an, sie zu verteidigen und bei ihr zu bleiben – alles andere wäre Fahnenflucht und Desertion! [...] Diese ‚Argumentation' ist deutlich: sie zeigt die Parteilichkeit, das Freund-Feind-Schema, die *Intoleranz*, ja, die *Militarisierung* auf, die den Glauben heimsuchen *muss*, wenn man die Ebene vom Existieren ins Dozieren verschiebt: dann werden *notwendigerweise* Gedanken zu Waffen, dann werden ‚Bekenntnisse' zur Ausgrenzung Anders-‚Denkender' geschmiedet, dann wird die Übereinstimmung in der richtigen Formel zu dem ausschlaggebenden für den ‚Verbündeten' und den ‚Gegner'. Der *Maßstab* selbst aber für ‚richtig' und ‚falsch' kann dann nicht mehr intellektuell in der Stärke der Argumente und der entsprechenden Gründe liegen, sondern es *muss* rein positivistisch die ‚*Tradition*' entscheiden [...] ‚So steht es folglich fest', erklärt uns in aller wünschenswerten Deutlichkeit Tertullian, ‚dass jede Lehre, welche mit jenen apostolischen Kirchen, den Mutter- und Stammkirchen des Glaubens, in Übereinstimmung steht, für Wahrheit anzusehen sei, indem sie ohne Zweifel dasjenige besitzt, was die Kirchen von den Aposteln empfangen haben, die Apostel von Chrisus und Christus von Gott: dass hingegen von vornherein jede Lehre für falsch zu halten sei, welche der echten Lehre der Kirchen, und damit der Apostel und damit Christi und damit Gottes zuwiderläuft." (E. Drewermann, Glauben in Freiheit, Bd. I, 229f).

940 Charakteristisch für den ganzen Irenäus ist aus Drewermanns Sicht der folgende Passus (Adversus haereses III,16,6) über das Offenbarsein des unsichtbaren Gottes in dem sichtbaren Geschöpf Jesus: „Es ist also ein Gott Vater [...] und ein Christus Jesus, unser Herr, der durch die ganze Heilsordnung hindurch ging und alles in sich selbst zusammenfasste. Zu diesem ‚allen' gehört aber auch der Mensch, das Geschöpf Gottes, also fasste er auch den Menschen in sich zusammen, indem er, der Unsichtbare sichtbar wurde, der Unbegreifbare begreifbar, der Leidensunfähige leidensfähig, das Wort Mensch. So fasste er in sich das All zusammen, damit er, wie das Wort in den überhimmlischen und geistigen Dingen Herrscher ist, ebenso in den sichtbaren und körperlichen Dingen herrsche, indem er auf sich die Herrschaft nahm und sich zum Haupte der Kirche einsetzte, und damit er alles an sich ziehe zu der passenden Zeit." –

Identifizierung des geschichtlichen Jesus mit dem göttlichen Logos. In dieser „Verschmelzung" sieht er das größte Verhängnis der Christentumsgeschichte[941]. „Die entscheidende Verfälschung" – so bemerkt er – „liegt darin, aus der Person und Botschaft Jesu, die wesentlich in der Erfahrung der *Liebe* bzw. der *Nähe* Gottes besteht (bzw. in der *Entdeckung gründet*, Angst und Hass *überwinden* zu können durch Vertrauen und Güte), ein kompliziertes Lehrgebäude dozierbarer Inhalte gemacht zu haben, die sich wirklich nur durch ein autoritär verwaltetes, unfehlbares Lehramt überliefern und absichern lassen."[942]

Drewermann sieht Marcions entscheidende Entdeckung in der Unbedingtheit und Unvermitteltheit des wahren (und deshalb dieser Welt „fremd" erscheinenden) Gottes, der sich nicht abhängig macht von seiner Schöpfung, von den Projektionen der Menschen, von Riten oder Gesetzen, Dogmen oder Regeln. In Paulus entdeckt er neben Lukas den einzigen ntl. Zeugen, der das Evangelium nicht in einer objektivierbaren (und also geschöpflichen oder von Menschen konstruierten) Größe sieht, sondern in einer buchstäblich umwerfenden Erfahrung.

Erfahrungen lassen sich mitteilen, aber nicht objektivieren. Deshalb unterscheidet Drewermann mit Harnack und Bultmann zwischen Jesus als dem Objekt historisch-kritischer Forschung und dem je neuen Ereignis, in dem Jesus für den je Einzelnen das ist, was ihn unbedingt angeht. Mit Harnack sieht Drewermann in Marcion die Gestalt der frühen Christenheit, die den längst eingeschlagenen Weg in die „Katholisierung des Evangeliums" verhindern wollte. Ihm sei es um die Vermittlung der Erfahrungen gegangen, die Menschen wie der Zöllner oder die Ehebrecherin oder der Schächer am Kreuz mit dem Mittler des Gottes der unbedingten Barmherzigkeit gemacht hat-

---

Drewermann kommentiert diese seine Übersetzung wie folgt: „Man kann sagen, dass hier die ‚Gnosis' lediglich durch zwei Momente ‚überwunden' wird: zum einen [...] durch einen ‚gereinigten' *Schöpfungsglauben*, der alle Weltübel der Sünde [...] anlastet, und zum anderen durch den Herrschaftsanspruch der *Kirche*, die jetzt schon der Ort ist, an welchem die Weltvernunft (‚das Wort') begonnen hat, die ‚Weltherrschaft' zu verwirklichen, die ‚an sich' durch die Inkarnation in Christus bereits wirklich ist." (E. Drewermann, Glauben in Freiheit, Bd. I, 612f[63]).

941 In einer Fußnote bemerkt Eugen Drewermann (Glauben in Freiheit, Bd. I, 541[22]): „Vgl. zu diesem Prozess A. von Harnack: Das Wesen des Christentums, 11. Vorlesung, S. 120–125: ‚Sie [sc. die Identifizierung des Logos mit Christus] und die Verschmelzung der griechischen Philosophie mit dem apostolischen Erbe [sc. schon im 2. Jh. n. Chr.] gab einer geschichtlichen Tatsache [sc. dem Leben Jesu] metaphysische Bedeutung; sie zog eine in Raum und Zeit erschienene Person in die Kosmologie und Religionsphilosophie.' (123)."

942 E. Drewermann, Glauben in Freiheit, Bd. I, 596[35].

ten[943]. Alles, was „von unten" kommt – Interpretamente, Gesetze, Dogmen, Kategorien der Schöpfung bzw. des Menschen – ist ungeeignet, die Liebe des wahren (und also dieser Welt „fremden") Gottes zu repräsentieren. Denn, so bemerkt Drewermann: „Die Welt, wie wir sie sehen, die Ordnung der Natur, die sich uns darbietet, ist alles andere als liebend und gütig, sie ist ganz im Gegenteil gleichgültig, grausam und roh. [...] Anders als bis in die Gegenwart die kirchlichen Apologeten, erkannte Marcion, dass die Übel dieser Welt nicht durch nachträgliche Verderbnis (infolge des Sturzes der ‚gefallenen Engel' oder durch den Sündenfall Adams) in die Schöpfung hineingeraten sein können, sondern dass sie wesensnotwendig zu der Eigenart einer *materiellen* Welt gehören; es gehört zu dem *Gesetz* einer materiellen Welt, dass das eine Lebewesen das andere verdrängen und bekämpfen muss, dass das eine sich am Leben erhält durch Tötung des anderen, dass dort, wo das eine ist, das andere nicht sein kann."[944]

Indem Marcion den Gott, dessen Wirklichkeit Jesus bezeugt, von dem Urheber der Schöpfung trennt, will er aus Drewermanns Sicht nichts anderes zum Ausdruck bringen als die französische Dichterin Marie Noël, die in ihrem religiösen Tagebuch schreibt: Der, der die Welt *erschaffen* hat, hat seinen Geschöpfen nur ein Gesetz gegeben: „‚Friss', und was dasselbe ist: ‚Um zu fressen, töte.' ‚Wenn du mir nicht gehorchst, wenn du verweigerst, was du deinem Bauch schuldest, wirst du sterben. Denn das ist mein Wille. Jedes Geschöpf dient dem anderen als Weide.' – Der die Menschen *erlöst* hat, offenbarte ihnen ein anderes Gesetz: ‚Liebe'. Die Liebe weigert sich, den Nächsten aufzufressen. Die Liebe weigert sich zu töten – den Menschen, das Tier, die Pflanze. Jeder ist ihr Nächster. An den äußersten Grenzen der Liebe ist die Liebe ohne Grenzen in Todesgefahr. Die Liebe ist ein Ungehorsam gegen das Gesetz des Schöpfers. Nach der Ordnung des *Schöpfers* ist die einzige Aufgabe des lebenden Wesens, zu leben und das Leben zu fördern. Wenn es das Leben in sich zurückhält (Entsagung, Keuschheit), sündigt es gegen den Schöpfer, gegen das allerhöchste Wesen. Und seine Züchtigung ist zunächst im Aufruhr seiner

943 „‚An Christus', schreibt A. von Harnack [...], ‚hatte Marcion ihn [sc. den guten, den *fremden* Gott] erlebt und nur an ihm; daher erhob er den geschichtlichen Realismus des christlichen Erlebnisses zum transzendenten und erblickte über der dunklen und dumpfen Sphäre der Welt und ihres Schöpfers die Sphäre einer neuen Wirklichkeit, das heißt einer neuen Gottheit. – Sie ist Liebe, nichts als Liebe; schlechterdings kein anderer Zug ist ihr beigemischt. Und sie ist unbegreifliche Liebe; denn sie nimmt sich in purem Erbarmen eines ihr ganz fremden Gebildes [sc. des Menschen] an und bringt ihm, indem sie alle Furcht austreibt, das neue, ewige Leben. Nunmehr gibt es etwas in der Welt, was nicht von dieser Welt ist und sich über sie erhebt' [A. v. Harnack, Marcion, 228f]." (E. Drewermann, Glauben in Freiheit, Bd. I, 231).

944 E. Drewermann, Glauben in Freiheit, Bd. I, 231f.

Triebe. Der Trieb, dieses dunkle innere Gefühl des Leibes, das dem Leib den Oberbefehl über das Sein gibt und das, wenn der Mensch ihn übertritt, in ihm protestiert durch unversöhnliche verzweifelte Gewissensbisse des Fleisches und Blutes […], Gewissensbisse, die der Asket Versuchung nennt und gegen die er kämpft und betet. Er kämpft gegen den *Schöpfer.* Er ruft nach dem *Erlöser.* Gott im Gegensatz zu Gott."[945]

Drewermann nimmt an, dass Marcion selbst Repräsentant einer völlig undogmatischen Botschaft gewesen ist. Und sollte er – gezwungen von seinen Gegnern – ein eigenes Lehrsystem entwickelt haben, dann wäre er wider Willen in die Falle des Tertullian und des Irenäus getappt. Wahrscheinlich – so vermutet Drewermann[946] – hatte er ein ähnliches Bekehrungserlebnis wie der Mönch von Wittenberg oder wie Blaise Pascal. Dafür spricht der ihm von Harnack zugeschriebene Ausruf: „O Wunder über Wunder, Verzückung, Macht und Staunen ist, dass man gar nichts über das Evangelium sagen, noch über dasselbe zu denken, noch es mit irgendetwas vergleichen kann!"[947] Drewermann kommentiert: „Es muss ein Tag voll Lichts für ihn gewesen sein, aber auch voll Schauderns über die Dunkelheit, die dieses Licht in der Christenheit wieder geschwärzt hat, als er erkannte, dass Christus einen ganz neuen Gott darstellt und verkündet, ferner dass die Religion schlechthin nichts anderes ist als der hingebende Glaube an diesen Erlöser-Gott, der den Menschen umschafft, endlich dass das gesamte Weltgeschehen vorher das schlechte und widerliche Drama einer Gottheit ist, die keinen höheren Wert besitzt als die stumpfe und ekelhafte Welt selbst, deren Schöpfer und Regierer sie ist."[948]

Drewermann unterstreicht, dass Marcion das Alte Testament zwar aus der christlichen Bibel eliminiert sehen wollte, dass er ihm aber dennoch eine demaskierende Bedeutung zugesprochen habe. Als Beispiel erwähnt er die Geschichte von Kain und Abel (Gen 4,1–12). Nach der Vertreibung aus dem Paradies vertrauen sie nicht mehr einfach der Güte Gottes, sondern versuchen, ihn durch Opfer gnädig zu stimmen. Dieses Unterfangen aber führt zur Rivalität zwischen ihnen und schließlich zum ersten Brudermord. „Jenseits von Eden" wird Gott nur noch als Gesetz wahrgenommen, „als moralische Forderung nach Selbstzucht, Beherrschung und Durchsetzung des guten Willens […], und es zeigt sich, dass es dem Menschen unmöglich ist, sich rein moralisch zu ‚beherrschen' […]. Die Moral, das Gesetz, die sittliche Forderung, sogar und gerade wenn sie von Gott selbst erlassen werden, können […] dem

945 M. Noël, Erfahrungen mit Gott, 41f. – Hier zit. nach E. Drewermann, Glauben in Freiheit, Bd. I, 232f.
946 E. Drewermann, Glauben in Freiheit, Bd. I, 234.
947 A. v. Harnack, Marcion, 229.
948 E. Drewermann, Glauben in Freiheit, Bd. I, 236.

Menschen nicht helfen; im Gegenteil, sie treiben ihn geradezu dahin zu tun, was er niemals tun wollte! Anders gesagt: Um die Not des Menschen im Schatten eines selber strafenden und zürnenden Gottes zu lindern, nutzen ihm keine noch so klaren Vorschläge und Vorwürfe; was den verängstigten Menschen zu retten vermag, ist einzig die Liebe."[949]

Nicht nur die Tora, sondern jedwedes Gesetz ist aus Drewermanns Sicht die Negativfolie des Evangeliums. Und wer diese Meinung antijudaistisch nennt, dem hält er mit Marcion[950] entgegen: Hat Jesus „nicht das Gesetz fort und fort in seinem Leben und durch seine Anweisungen durchbrochen? Hat er nicht den Gesetzeslehrern den Krieg erklärt? Hat er nicht die Sünder berufen [...]? Hat er nicht den größten Propheten des alttestamentlichen Gottes, Johannes den Täufer, für einen unwissenden und Ärgernis nehmenden Mann erklärt [sc. Mt 11,6]? Und vor allem – hat er nicht kurz und bündig gesagt, dass nur der Sohn den Vater kennt [...], dass also alle, die vor ihm gewesen sind, einen falschen Gott verkündet haben?"[951]

Drewermann sieht zwischen der Tora und dem Evangelium keine Anknüpfungspunkte oder Brücken; Liebe ohne Vorbedingung ist mit jedweder Rede von Gerechtigkeit, Strafe und Gesetz unvereinbar. Die Abspaltung der marcionitischen Kirche von der durch Dogmen und Gesetze pervertierten Mehrheitskirche war aus seiner Sicht unvermeidbar. „Da gab es", so schwärmt er, „vor achtzehnhundert Jahren eine Kirche, die ohne beamteten Pomp (‚Würde'), ohne Amtsanmaßung und Überheblichkeit (‚Autorität') und ohne starres Reglement und ohne Moralismus (‚Kirchenzucht') auskam; in der man aus dem ‚Glauben' in und an Christus nicht einen Rechtstitel gegenüber den Un- oder Nicht-Gläubigen machte und keiner ‚Orthodoxie' bedurfte, um sich als ein ‚wahrer' Mensch zu fühlen; in der die Gemeinsamkeit miteinander wichtiger war als die kulturellen, rituellen und konfessionellen Unterschiede untereinander; [...] und nicht zuletzt: in der es keine festen hierarchischen, ‚sakramental' verewigten Rangunterschiede brauchte, um die Gemeinde Christi in ‚Laien' und ‚Kleriker', in ‚Volk' und ‚Führer', in Hörende und Lehrende, in Empfangende und Gebende aufzuspalten."[952]

Drewermanns durchgängige Elogen auf Harnack beziehen sich vor allem auf dessen mutigen Vorschlag, das Erbe Luthers durch eine längst fällige Marcionisierung des Protestantismus zu vollenden. Aber außer diesem „genialen Theologen" sind es eher Schriftsteller als Kirchenleute, die Marcion wirklich

949 E. Drewermann, Glauben in Freiheit, Bd. I, 237.
950 A. v. Harnack, Marcion, 31.
951 E. Drewermann, Glauben in Freiheit, Bd. I, 236.
952 E. Drewermann, Glauben in Freiheit, Bd. I, 240f.

verstanden haben. Leo Tolstoi ist so ein „marcionitischer Christ". Drewermann meint: „Was wir an direkten religiösen Aussagen von Marcion besitzen, könnte auch er geschrieben haben, und umgekehrt würde Marcion in Tolstois ‚*Elenden und Gehassten*', in seiner Auslegung der Bergpredigt [...] und in seinem Eifer gegen die gemeine Christenheit sich selbst wiedererkannt haben."[953] Ähnliches sagt er über Maxim Gorkis Schauspiel mit dem Titel „Das Nachtasyl": „Denn ‚der Fremde', der hier auftritt, ist der marcionitische Christus, und sein ‚Nachtasyl' ist die Welt."[954]

Wie eingangs ausgeführt, unterscheidet Harnack das Denken Marcions deshalb von allen Gnostizismen, weil der Lehrer des „fremden Gottes" keinen Dualismus der Weltanschauung oder Metaphysik, sondern der existenziellen Erfahrung vertritt. Drewermann macht sich auch diese Einschätzung zu eigen. Er wirft nicht nur der griechischen Christologie, sondern auch den außermarcionitischen Gnostizismen die Überführung von Erfahrungen in Lehren vor. Die typisch gnostische Lehre z. B. von der Gefangenschaft eines göttlichen Lichtfunkens im Gefängnis des Leibes erscheint ihm als Symptom derselben Vergeschichtlichung bzw. Verobjektivierung, die im Raum der griechischen Philosophie zu der Lehre von der Fleischwerdung des Logos und von der hypostatischen Union einer geschaffenen mit einer ungeschaffenen Natur geführt hat[955]. Was bei Marcion auf zwei antagonistischen Erfahrungen beruht, wird so zu einer Lehre über Gott, Welt und Mensch. Und wenn man – so meint Drewermann – einmal begonnen hat, die Beziehung Jesu zu seinem Vater in ontologische statt existenzielle Kategorien zu kleiden, dann wird auch das Verhältnis Christi zu den Christen bzw. zur Kirche von der Sprache der Erfahrung abgekoppelt. „Selbst der Geist", so folgert Drewermann, „wird jetzt [...] zu einer ‚Person' erklärt, zu einem objektiven Sein, in welches das gesamte subjektive Wollen und Sollen projektiv hineinverlagert wird"[956]. Bei einem

953 E. Drewermann, Glauben in Freiheit, Bd. I, 238f.

954 E. Drewermann, Glauben in Freiheit, Bd. I, 239.

955 „Ganz entsprechend zu der Entwicklung des kirchlichen Dogmas, ja, zum Teil in Vorbereitung der Lehre von der Fleischwerdung des ‚Logos' in Christus sowie von der ‚göttlichen' und ‚menschlichen Natur', die sich in der Person Jesu zu *einem* Wesen vereinigten, wird auch in der gnostischen Spekulation die *personale* Einheit zwischen Jesus und ‚seinem Vater' als eine *ontologische* Identität gedeutet. ‚Ich und der Vater *sind* eins' – dieses Wort aus Joh 10,30 drückt jetzt nicht mehr nur eine lebendige subjektive Beziehung der Liebe aus, sondern markiert fortan eine objektive Tatsache des Seins. Es ist der äußerste Punkt, bis wohin man die Intellektualisierung des ‚Glaubens' treiben kann: aus einer Lebensform ist ein Erkenntnisgrund geworden, aus wirklichem menschlichen Dasein ein göttliches Sein." (E. Drewermann, Glauben in Freiheit, Bd. I, 242f).

956 E. Drewermann, Glauben in Freiheit, Bd. I, 243.

Vergleich des objektivierenden Denkens des Mehrheitschristentums mit dem der Gnostizismen kommt Drewermann zu dem Schluss: Weil in den Gnostizismen das entscheidende Moment des Glaubens nicht der äußere Akt des Taufritus, sondern der innere Akt der Erkenntnis des eigentlichen Selbst ist, bleibt bei den Gnostikern anders als in der „altkatholischen Kirche“ zumindest „*ein Rest an psychischer Erfahrung* und Wirklichkeit erhalten“[957].

Jesus ist für Drewermann ebenso wie für Marcion ein Mensch, der die Angst um sich selbst durch Vertrauen in die Liebe des ganz anderen (fremden) Gottes überwunden und damit das Evangelium des Paulus mit seiner ganzen Existenz gelebt hat. Wer sich durch ihn aus den Mechanismen der Angst und Selbstsicherung in die Befreiung unbedingten Vertrauens führen lässt, der ist erlöst. Auf die Frage, ob der geschichtliche Jesus dann mehr sei als ein Katalysator des eigenen Vertrauens, antwortet Drewermann: Der in dieser Frage liegende Vorwurf einer Selbsterlösungslehre „verfehlt vollkommen den Ernst der Diagnose der Misère des Menschseins [...]. Gegen den Schock der Entdeckung der absoluten Wesensfremdheit des Menschen inmitten dieser Welt hilft kein anderer Trost als der *Glaube* an ein absolutes personales Gegenüber, das jenseits der seelenlosen Mechanik der Weltzusammenhänge uns selber *meint* und bejaht.“[958] Weil der erlösende Glaube nicht durch Projektion, sondern durch Jesus als den glaubwürdigen Boten der unbedingten Liebe geweckt wird, ist das Etikett „Selbsterlösung“ – so meint Drewermann – unangebracht. Die Geschichte Jesu allerdings ist für die Erlösung so irrelevant wie die Geschichte irgendeines anderen Propheten. Wörtlich bemerkt Drewermann: Jesus ist eine Person, „die uns die eigene Person so nahe bringt, dass, wer sie anredet mit ‚Du‘, gar nicht anders kann, als dahinter das ewige Du Gottes selbst anzusprechen, dem sie selbst sich verdankt. Wir begreifen auch, warum ein ähnliches in anderen Religionen geschieht und geschehen muss, wenn zum Beispiel Prinz Gautama angeredet wird als ‚der Buddha‘ oder als der ‚Bodhisattva‘“[959]. Entscheidend ist also nicht Jesus selbst. Entscheidend ist, ob er mich in die Unmittelbarkeit des Glaubens an unbedingte Liebe führt. Kurzum: Es geht nicht um das ‚An sich‘ irgendeiner Person, irgendeines Ereignisses oder irgendeiner Wahrheit, sondern ausschließlich um die gläubige Aneignung der umstürzenden Erfahrung des Marcion, des

957 E. Drewermann, Glauben in Freiheit, Bd. I, 243.
958 E. Drewermann, Glauben in Freiheit, Bd. I, 247f.
959 E. Drewermann, Glauben in Freiheit, Bd. I, 380.

Prinzen Gautama oder sonst eines Menschen, dessen Vertrauen absolute Liebe glauben lässt.

c) Thomas Ruster

Der in Dortmund lehrende Systematiker Thomas Ruster bietet ein drittes Beispiel tendenziell marcionitischer Theologie[960]. Er hat sich in Bonn mit einer Arbeit habilitiert, die den Titel trägt: „Die verlorene Nützlichkeit der Religion. Katholizismus und Moderne in der Weimarer Republik". Darin versucht er zu zeigen, dass die katholische Theologie zwischen den beiden Weltkriegen mehr oder weniger abbildet, was Carl Schmitt in der Zwischenkriegszeit als die politische Form des römischen Katholizismus beschreibt. Aus Rusters Sicht ist der Katholizismus des Sauerländers Schmitt das leitende Motiv eines Totalangriffs auf die geistigen und politischen Grundlagen des westlichen Liberalismus; der Nährboden für seine kulturkritischen Attacken auf die alles nivellierende Massengesellschaft in ihren wirtschaftlichen, kulturellen und gesellschaftlichen Facetten; die Legitimation seines Kampfes gegen die Gottunfähigkeit der modernen Welt, „gegen die Neutralisierer, die ästhetischen Schlaraffen, gegen Fruchtabtreiber, Leichenverbrenner und Pazifisten"[961]. Die römisch-katholische Kirche erscheint ihm wie das letzte Bollwerk gegen das seit der Französischen Revolution alle Bereiche erfassende „Verändern von unten", als „Wunderbau christlicher Ordnung und Disziplin, dogmatischer Klarheit und präziser Moral"[962]. Ruster spricht von den zwei Seiten ein und derselben Medaille, von der Anti-Haltung des Katholizismus der Weimarer Republik zur Moderne *und* dem gleichzeitigen Versuch, durch ein System der „Repräsentation von oben" – d. h. durch Hierarchisierung, Institutionalisierung und Zentralisierung – Macht zu gewinnen. Ruster schreibt: „Das bei Schmitt auf den Begriff gebrachte Prinzip der ‚Repräsentation von oben' entsprach [...] genau dem herrschenden Kirchenverständnis der Weimarer römisch-katholischen Theologie. Von ihm her konnte die Legitimität der kirchlichen Strukturen und Wahrheitsansprüche zusammen mit ihrem unaufhebbaren Gegensatz zu den Tendenzen der Zeit in letzter Klarheit erfasst werden."[963]

960 Unmittelbar auf Marcion bezogen ist das Kapitel: *Erlösergott und Schöpfergott. Zwei Konstellationen der Gottesfrage im 20. Jahrhundert* (T. Ruster, Der verwechselbare Gott, 86–123).

961 T. Vesting, Die permanente Revolution, 192.

962 C. Schmitt, Romantik, 160.

963 T. Ruster, Die verlorene Nützlichkeit der Religion, 382.

Die gesamte Habilitationsschrift von Ruster steht unter einer vorgefassten Prämisse: der These nämlich, die katholische Theologie der Zwischenkriegszeit habe – von ganz wenigen Ausnahmen (Joseph Wittig, Ernst Michel, Peter Lippert) abgesehen – den Katholizismus im Schmitt'schen Sinne als für die Bekämpfung von Liberalismus, Sozialismus, Kantianismus, Individualismus und Idealismus „nützliche Religion" konzipiert. Sie ist – so die Bilanz des Verfassers – auf der ganzen Linie ebenso gescheitert wie ihr Gewährsmann Schmitt. Mit Berufung auf Johann Baptist Metz plädiert Ruster für eine radikale Revision der gesamten Tradition des Christentums im Angesicht von Auschwitz, für ein schonungsloses Aufdecken der theologischen Identifizierung Christi mit Macht, Interesse und Institution. Er sieht die Zukunft von Kirche und Theologie in der „Entflechtung von Christentum und Religion" – so der Untertitel seiner viel diskutierten Schrift „Der verwechselbare Gott" (1999). Der Begriff „Religion" ist in seinen Augen nur negativ konnotiert. Er bedeutet dasselbe wie Nützlichkeit; er beschreibt den unausrottbaren Versuch, Christus und seine Kirche zu verzwecken und Gott mit den Wünschen, Interessen oder Bedürfnissen einer Gesellschaft oder des Einzelnen zu verwechseln. Gegen diesen „verwechselbaren Gott" stellt Ruster den „fremden Gott", den „ganz anderen" Gott der Bibel. Und so entdeckt er seine Sympathien für Marcion.

Weil Schmitt der Inbegriff dessen ist, was Ruster ablehnt, ist er für ihn der Anwalt des „verwechselbaren Gottes". Und weil der von den Nazis in den Tod getriebene Jude Walter Benjamin für alles steht, was Ruster unter Rettung und Befreiung versteht, ist er für ihn der Anwalt des „unverwechselbaren [von Marcion „fremd" genannten] Gottes"[964].

Mit Berufung auf Benjamin versucht Ruster zu zeigen, dass die Welt durch den Kapitalismus verdorben wird. Er bezieht sich vor allem auf das 1921 entstandene Benjamin-Fragment „Kapitalismus als Religion": Dieses „Fragment kreist um zwei Behauptungen: 1., dass ‚im Kapitalismus eine Religion zu erblicken' sei, und 2., dass sich ‚das Christentum […] in den Kapitalismus umgewandelt' habe."[965] Mit Benjamin beschreibt Ruster einen unüberbrückbaren Graben zwischen dem Gott des biblisch bezeugten Glaubens auf der einen Seite und dem Gott des Geldes, der Nützlichkeit und der Religionen auf der anderen Seite. Dieser Graben – so vermutet er – ent-

964 Es ist Ruster offensichtlich nicht bekannt, dass Schmitt sich auf Marcion beruft; dass sich in der Sekundärliteratur ganze Abhandlungen mit dem „Schmitt'schen Marcionismus" befassen. Von daher ist die Kennzeichnung Benjamins als Marcionit und die Charakterisierung Carl Schmitts als Antimarcionit fragwürdig; sie hätte zumindest eine ausführliche Begründung erfordert.

965 T. Ruster, Der verwechselbare Gott, 127.

spricht dem von Marcion beschworenen Hiatus zwischen dem unverwechselbaren Gott von oben und dem verwechselbaren Gott von unten.

Allerdings gibt es einen wichtigen Punkt, in dem sich Ruster von Marcions Antithetik distanziert. Marcions Gleichsetzung des Gottes von unten mit dem Gott der jüdischen Tora ist aus Rusters Sicht schlicht falsch. Die Tora, so erklärt er immer wieder, hat das Judentum bis heute davor bewahrt, den Glauben an Gott mit irgendeiner Religion zu verwechseln. Deshalb gilt nach seiner Ansicht ganz allgemein: „Nur die Tora schützt Gott vor der Verwechslung mit den Götzen; ohne Tora ist Gott immer Götze."[966]

Ob Jesus Christus als Erscheinung des ganz anderen, des gegenüber jeder Religion ‚fremden' und also des biblisch bezeugten Gottes verstanden wird, entscheidet sich für Ruster an der „Frage, wie Christus als die Tora für die Heiden verstanden und gelebt werden kann"[967]. Er definiert Christus als „das Sakrament Israels unter den Völkern"[968] und das Christentum als Teilhabe von Nichtjuden an der Berufung der Juden, die in der heidnischen Religiosität befangenen Menschen „an der klärenden Kraft der Unterscheidung zwischen Gott und den Götzen teilhaben zu lassen"[969]. Immer wieder unterstreicht er, dass sich „die Bibelgemäßheit des Christentums und seine von der Macht der Götzen befreiende Kraft" allein an der Tora-Treue entscheidet[970]. Jesus ist als die personifizierte Tora der Bote eben des „fremden Gottes", den Marcion als Widerspruch zu dem von unten, aus den Religionen kommenden, verwechselbaren Gott beschrieben hat.

Rusters an der Tora orientierte Christologie degradiert den Erlöser zu einem Repräsentanten des „unverwechselbaren Gottes". Der so deabsolutierte Christus ist nicht eigentlich selbst der Erlöser, sondern bloßer Mittler einer alle Projektionen (= Religionen) des Menschen durchkreuzenden Botschaft vom „fremden Gott". Nicht das, was Christus vor zweitausend Jahren für alle Menschen aller Zeiten getan hat, ist das Ereignis der Erlösung, sondern Erlösung geschieht überall dort, wo ein Mensch dem Gott der Nützlichkeit (dem

966 T. Ruster, Der verwechselbare Gott, 192.
967 T. Ruster, Der verwechselbare Gott, 192.
968 T. Ruster, Der verwechselbare Gott, 201.
969 T. Ruster, Der verwechselbare Gott, 198.
970 T. Rusters Bezeichnung Christi als „Tora für die Heiden" verkennt m. E. nicht nur die Mitte des Christentums, sondern auch den Kern des jüdischen Glaubens. Denn der Gott Israels ist nicht der ganz andere Gott jenseits von Schöpfung und Geschichte. Im Gegenteil: Die Tora ist das Medium, durch das Gott sich als Zukunft in die Zeit jedes Menschen hinein vermittelt. Die Tora ist viel mehr als eine Sammlung von Geboten und Verboten. Sie ist das Geschenk der Anwesenheit Gottes in Welt und Geschichte. Und Jesus ist diese Anwesenheit in Person.

verwechselbaren Gott) abschwört und dem „fremden Gott" der Tora (dem unverwechselbaren Gott) gehorcht.

Ruster macht sich zum Apologeten eines unüberbrückbaren und insofern zumindest tendenziell marcionitischen Grabens zwischen Gnade und Natur, zwischen Offenbarung und Vernunft, zwischen Glaube und Religion. Folgerichtig beschließt er seine Ausführungen über die „Entflechtung von Christentum und Religion" mit der Empfehlung[971], dem Mystiker Johannes vom Kreuz in die dunkle Nacht der Sinne und des Geistes zu folgen, um jenseits alles sinnlich Wahrnehmbaren und geistig Erdenklichen den wahren, weil fremden und unverwechselbaren Gott zu erfahren.

6. Peter Sloterdijk und die Aktualität des Marcionismus

Der Marcionismus, den man in der zeitgenössischen Theologie findet, ist symptomatisch für eine Tendenz, die sich auch in anderen Bereichen des Geisteslebens abzeichnet. Propheten, die auf eine Veränderung *in* Welt und Geschichte setzen, sterben aus. Dagegen haben Apokalyptiker und Gnostiker Konjunktur. Von Jakob Taubes stammt die Beobachtung: Wo der Prophetismus scheitert, entsteht Apokalyptik, und wenn auch die scheitert, entsteht Gnosis[972].

Gnostiker bzw. Marcioniten tauchen immer dann in der Kulturgeschichte auf, „wenn für größere Teile der Intellektuellen oder Para-Intellektuellen die Zusammenhänge der Zivilisation infolge ihrer wachsenden Kompliziertheit (und vielfach auch Brutalisierung) undurchschaubar werden, so dass die wechselseitige Kommunikation zwischen den verschiedenen

971 Vgl. T. Ruster, Der verwechselbare Gott, 205–214.

972 „In summa: ich plädiere für eine neue Lektüre der Quellen und ihrer Interpretationen, für die Möglichkeit, die gnostisch-marcionitische Figur als Krise jenes konkreten Messianismus zu lesen, der in dem Bar Kochba-Aufstand, auf den Martin Buber als Rahmenbedingung von Marcion hinwies, einen Höhepunkt erreichte. R. M. Grant: *Gnosticism and Early Christianity*, 1959, hatte schon auf den inneren Zusammenhang von Apokalyptik und Gnosis aufmerksam gemacht. Wenn Apokalyptik eine mögliche Antwort auf eine Situation ist, die Leo Festinger auf die Formel brachte: when Prophecy fails, so ist es vielleicht nicht zu verwegen, Gnosis auf die Formel zu bringen: when apocalypticism fails. Religionsgeschichtlich ist die geistige Situation komplexer als sie Martin Buber skizzierte, forschungsgeschichtlich nicht weniger. Aber mit hohem Gespür hat er geschichtliche Konstellation und ihre Interpretation geschichtlich gedeutet. Darin sind wir ihm verpflichtet, wenn wir auch den Streit um Marcion, einst und heute, in anderer Perspektive lesen." (J. Taubes, Das stählerne Gehäuse und der Exodus daraus oder ein Streit um Marcion, 15). – Zitiert von P. Sloterdijk in: Die wahre Irrlehre, 34.

Gesellschaftsschichten und Individuen nicht mehr möglich zu sein scheint und ein Zustand der totalen ‚Entfremdung' – ein gnostischer Begriff – eintritt"[973]. Wo Änderung nicht mehr durch Selbständerung – biblisch gesprochen, durch Reue, Schulderkenntnis und Umkehr – erwartet wird, „bleibt dann nur noch – mit Herbert Marcuse zu sprechen – die ‚große Weigerung' übrig – antik gesprochen die ‚anachōrēsis'"[974].

Obwohl man die nicht unerheblichen Differenzen zwischen den einzelnen Gnostizismen beachten sollte, sind Gemeinsamkeiten unverkennbar[975]. Da ist zunächst ein schroffer Dualismus zwischen Licht und Finsternis, geistiger und materieller Welt. Da ist zum Zweiten eine auf diesem Dualismus errichtete Anthropologie, die den um seine Uneigentlichkeit (Materialität) und Eigentlichkeit (Geistbegabung) wissenden Menschen, den ‚Pneumatiker', vom in der Unwissenheit verbleibenden ‚Sarkiker' unterscheidet. Hinzu kommt das Wissen um den Ursprung des Abstiegs der Seele in die Welt der Materie (Abfall) und um die Möglichkeit der Rückkehr in den Ursprung durch Befreiung von der Materie (Aufstieg). Der Kosmos erscheint nicht mehr als Ordnung, sondern als Ort der Bedrohung. Viele Gnostiker erklären den Leib und letztlich die gesamte Schöpfung als etwas, was besser nie entstanden wäre, weil es den Menschen in Versuchung führt, seiner Eigentlichkeit entfremdet und also zu seiner ‚Falle' wird. In der von Plato vertretenen Philosophie war ‚das Göttliche' Garantie der Weltwirklichkeit. In der Gnosis dagegen vollzieht sich die prinzipielle Entgegensetzung von Gott und Welt[976]. Der Kosmos erscheint als das, was überwunden werden muss. Er ist nicht mehr der dem Menschen adäquate Lebensraum, sondern geradezu das Gegenteil.

Der Modephilosoph Peter Sloterdijk – in seiner „Kritik der zynischen Vernunft" (1983) Anwalt einer radikalen Diesseitigkeit – ist mit seinem

973 J. Woltmann, Der geschichtliche Hintergrund der Lehre Markions vom „fremden Gott", 17.

974 J. Woltmann, Der geschichtliche Hintergrund der Lehre Markions vom „fremden Gott", 17.

975 Dazu: R. Haardt, Bemerkungen zu den Methoden der Ursprungsbestimmung von Gnosis; C. Scholten, Probleme der Gnosisforschung.

976 „Die Verschiedenheit zwischen der (Welt-)Seele des platonischen Timaios (und erst recht derjenigen der Stoa) und dem, was nach der Meinung der Gnostiker in diese Welt herabgestürzt ist, ist nicht zu übersehen, so dass ich nach vielen Recherchen und Überlegungen das Risiko eingehe, auch vor dem Hintergrund der gnostischen Kosmologie und Kosmogonie die These, dass die Gnostiker die Weltseele im platonischen und stoischen, d. h. in einem die sichtbare Welt positiv auszeichnenden Sinn nicht akzeptierten, nicht akzeptieren konnten und wahrscheinlich ganz bewusst ablehnten, aufrechtzuerhalten." (H. R. Schlette, Weltseele, 100f).

Buch „Weltfremdheit“ (1993) zum Gnostiker geworden[977]. Er sieht etwas der Moderne Entgegenstehendes heraufziehen und postuliert ein „Aus-der-Welthaut-Fahren“ als kritische Theorie des In-der-Welt-Seins[978]. Sloterdijk will das jüdisch-christliche Geschichtsdenken überwinden, besonders den Imperativ der Geduld und die Moral des Wartens auf den Messias bzw. auf den wiederkommenden Christus. Deshalb verweist er auf die Entwertung der Geschichte in allen Gnostizismen. Der Gnostiker ist ja innerlich schon ausgestiegen aus der Geschichte. Was wirklich zählt, geschieht für ihn nicht in der Zeit, sondern gerade in Ablösung davon. Jürgen Manemann erkennt in Sloterdijks marcionitischer Gnosis zugleich antijudaistische und antichristliche Denkfiguren[979]. Denn Juden sehen in der Tora die konkrete Einrede Gottes in jede nur erdenkliche Situation des Menschen. Die Tora ist für sie das Gegenteil jeder subjektiven Interpretation oder Deutung; sie ist Inbegriff der Geschichtlichkeit und Objektivität des göttlichen Willens. Und wenn Jesus in Joh 12,45 sagt: „Wer mich sieht, sieht den Vater“, ist sein Leben, Leiden und Sterben für jeden Christen nicht die Verbergung, sondern die letztgültige Auslegung der Tora bzw. der objektive Maßstab des Menschseins schlechthin.

Wäre der Erlöser – wie Marcion lehrt – nur äußerlich Mensch gewesen, dann wäre seine von den Evangelisten bezeugte Beziehung zum Vater nicht der Sieg eines Menschen über den Tod, sondern lediglich eine im Tod abgestreifte Larve gewesen. Für Marcion jedenfalls war Jesu menschliche Natur nur das Vehikel einer Botschaft und in keiner Weise die Offenbarkeit Gottes selbst. Dann aber ist Jesu Menschsein auch nicht „der Weg, die Wahrheit und das Leben“ (Joh 14,6). Im Gegenteil: Marcions Jesus wird zur Aufforderung, nicht im Menschsein die Gemeinschaft mit Gott (das Heil) zu suchen, sondern dieses irdische Leben möglichst abzustreifen – wenn nicht im wörtlichen Sinn, dann doch wenigstens mental in einer weltflüchtigen, leibfeindlichen und privatistischen Frömmigkeit. Der Gnostiker will sich selbst retten durch Loslösung von der im dualistischen Sinn als Gefängnis verachteten Welt, die für ihn nicht Schöpfung, sondern Abfall von Gott ist.

Was Peter Sloterdijk als marcionitische Erlösung anpreist, ist weit verbreitet: Rückzug ins Private und Innerliche, ins Utopische und Fiktive; Flucht in das ganz Andere oder ‚Fremde‘. Gemeint sind die von zeitgenössischen Feuilletons regelmäßig beschriebenen Phänomene einer „Wie-

977 Dazu: J. Manemann, Gnosis und Politik heute.
978 Vgl. P. Sloterdijk, Eurotaoismus, 13.
979 Vgl. J. Manemann, Gnosis und Politik heute, 75.

dergeburt der Religion" – einer von Dogmen, Regeln, Bindungen und Festlegungen befreiten Bedürfnisreligion des je Einzelnen. In demselben Maße, in dem Europa sich vom Christentum entfernt, boomt die Suche nach Erfahrungen jenseits des Alltäglichen, nach Unterbrechungen der Machbarkeitswelt, nach dem ganz Anderen, nach dem Transzendenten.

Marcionismus, das ist innerhalb aller geschilderten Spielarten immer irgendwie Trennung von Schöpfung und Erlösung, von In-der-Welt-Sein und Christ-Sein, von Immanenz und Transzendenz. Und es ist kein Zufall, dass sich diesen Dualismen in jüngster Zeit ein neuer zugesellt: nämlich der zwischen Inkarnations-Logik und Geist-Logik.

Das zur Jahrtausendwende promulgierte Lehrschreiben „Dominus Iesus" warnt vor einer Doppelung der Heilsordnung in eine von Christus und eine vom Heiligen Geist gewirkte. Wörtlich heißt es in diesem Dokument: „Von einigen wird [...] die Hypothese einer Heilsordnung des Heiligen Geistes vertreten, die einen universaleren Charakter habe als die Heilsordnung des fleischgewordenen, gekreuzigten und auferstandenen Herrn. Diese Behauptung widerspricht dem katholischen Glauben, der vielmehr die Inkarnation des Wortes zu unserem Heil als ein trinitarisches Ereignis betrachtet. Im Neuen Testament ist das Mysterium Jesu, des fleischgewordenen Wortes, der Ort der Gegenwart des Heiligen Geistes und das Prinzip seiner Aussendung über die Menschheit, und zwar nicht nur in der messianischen Zeit (vgl. Apg 2,32–36; Joh 7,39; 20,22; 1 Kor 15,45), sondern auch in der Zeit vor seinem Eintreten in die Geschichte (vgl. 1 Kor 10,4; 1 Petr 1,10–12). [...] Das Lehramt anerkennt die heilsgeschichtliche Funktion des Geistes im ganzen Universum und in der ganzen Geschichte der Menschheit, bekräftigt jedoch zugleich: ‚Es ist derselbe Geist, der bei der Menschwerdung im Leben, im Tode und bei der Auferstehung Jesu mitgewirkt hat und der in der Kirche wirkt. Er ist nicht eine Alternative zu Christus, er füllt nicht eine Lücke aus zwischen Christus und dem Logos, wie manchmal angenommen wird. Was immer der Geist im Herzen der Menschen und in der Geschichte der Völker, in den Kulturen und Religionen bewirkt, hat die Vorbereitung der Verkündigung zum Ziel und geschieht in Bezug auf Christus, das durch das Wirken des Geistes Fleisch gewordene Wort, um ihn zu erwirken, den vollkommenen Menschen, das Heil aller und die Zusammenführung des Universums.'[980] Das Wirken des Geistes geschieht also nicht außerhalb oder neben dem Wirken Christi. Es gibt nur die eine Heilsordnung des einen und dreifaltigen Gottes, die im Mysterium der Inkarnation, des To-

980 Johannes Paul II., Enzyklika „Redemptoris Missio", 275.

des und der Auferstehung des Sohnes Gottes Wirklichkeit wird und die durch die Mitwirkung des Heiligen Geistes vergegenwärtigt und in ihrer Heilsbedeutung auf die ganze Menschheit und auf das Universum ausgedehnt wird: ‚Die Menschen können demnach mit Gott nicht in Verbindung kommen, wenn es nicht durch Jesus Christus unter Mitwirkung des Geistes geschieht‘[981].“[982]

981 Johannes Paul II., Enzyklika „Redemptoris Missio“, 254.

982 Kongregation für die Glaubenslehre, Erklärung „Dominus Iesus“, § 12. – Dazu: L. F. Ladaria, Der fleischgewordene Logos und der Heilige Geist im Heilswerk.

C. INSPIRATION STATT INKARNATION?, ODER: DAS HETEROGENE PHÄNOMEN DER ‚GEIST-CHRISTOLOGIEN'

In der anglikanischen Kirche des 19. Jahrhunderts ist das Thema ‚Geist-Christologie' – lange Zeit unbeachtet vom Rest der Welt – in den Mittelpunkt des theologischen Diskurses gerückt und von da aus zur Basis jener Bewegung geworden, die man inzwischen weltweit mit dem Kürzel PRT (Pluralistische Religionstheologie) bezeichnet. Man kann sagen: Die PRT ist ursprünglich so etwas wie ein ‚Ableger' anglikanischer Geist-Christologie. Auf dem Kontinent wurde das Thema ‚Geist-Christologie' sehr viel später, und zwar im Kontext des interreligiösen, speziell des christlich-jüdischen Dialogs, zu einem Gegenstand besonderer Aufmerksamkeit. Symptomatisch für diese Verspätung ist die Tatsache, dass die in den neunziger Jahren erfolgte dritte Auflage des *Lexikons für Theologie und Kirche* den Artikel *Geist-Christologie* erst im Nachtragsband bietet. Man hatte übersehen, dass Hans Urs von Balthasar – wie auf vielen Feldern, so auch hier seiner Zeit weit voraus – schon Jahre zuvor, nämlich in den „Präludien" seines Werkes „Der Geist der Wahrheit" (Theologik III), die Frage stellt: „Gibt es eine Geist-Christologie? Und was ist Geist-Christologie?"

Der im *Lexikon für Theologie und Kirche* zunächst vergessene und deshalb erst in den Nachtragsband eingefügte Artikel *Geist-Christologie* unterscheidet zwischen „a) ‚relativierende[n] Modelle[n]', die das trinitarische Gottesverständnis ablehnen und Jesus als eine ‚Geist-Person' oder ‚geisterfüllte Person' auffassen", und „b) ‚integrale[n] Modelle[n]', die die Fülle des Mysteriums Christi durch eine dezidiert pneumatologische Orientierung interpretieren"[983]. Als exemplarische Repräsentanten der ersten Kategorie benennt der Verfasser John Hick, Paul W. Newman und Marcus J. Borg, als Vertreter der zweiten Kategorie Hans Urs von Balthasar, Jürgen Moltmann und Walter Kasper.

Wenn ich recht sehe, ist der Begriff ‚Geist-Christologie' inzwischen so überwiegend zur Selbstbezeichnung der Kategorie (a) und also hegelianischer, geistmonistischer und antitrinitarischer Entwürfe geworden, dass

983 M. Doss, Geist-Christologie. – Dass die Kirche von Anfang an um die Verhältnisbestimmung Christus / Geist gerungen hat, dokumentieren besonders eindrucksvoll: W.-D. Hauschild, Gottes Geist und der Mensch; H.-J. Jaschke, Der Heilige Geist im Bekenntnis der Kirche; W. v. Heyden, Doketismus und Inkarnation.

man – um Verwirrung zu vermeiden – für die geradezu gegenteilige Kategorie (b) eine eigene Bezeichnung suchen sollte.

In den folgenden Ausführungen werden zunächst (1) die ‚Geist-Christologien‘ charakterisiert, die sich als Alternative zu den sogenannten ‚Inkarnationschristologien‘ verstehen und deshalb von einem radikalen Paradigmenwechsel sprechen. Es handelt sich um unterschiedlich motivierte Entwürfe, die aber alle eines gemeinsam haben: Sie wollen hinter die von der griechischen Metaphysik bestimmte Christologie zurück auf den Boden der ursprünglichen Christologie der neutestamentlichen Schriften. Deshalb soll in einem zweiten Schritt (2) der Frage nachgegangen werden, wie und ob dieses Ziel einer enthellenisierten, schriftgemäßen Christologie erreicht wird. Erst in einem dritten Schritt (3) kommen dann die Autoren (Heribert Mühlen, Hans Urs von Balthasar und Walter Kasper) zu Wort, die ‚Inkarnationschristologie‘ und ‚Geist-Christologie‘ nicht als Alternative verstehen, sondern im Gegenteil die Aufhebung des ‚geschichtlichen Jesus‘ in den ‚pneumatischen Christus‘ für ebenso falsch halten wie eine ‚geistvergessene Inkarnationschristologie‘.

1. Antitrinitarische Geist-Christologien

Die Bezeichnung einer Christologie als ‚Geist-Christologie‘ bzw. ‚Spirit-Christology‘ ist relativ jung. Jedenfalls gibt es diese oder eine ähnliche Etikettierung weder in der Väterzeit, noch im Mittelalter. Wenn man die Genese des Terminus untersucht, zeigt sich rasch, dass sein Ursprung die Reaktion auf eine extrem einseitige Inkarnationschristologie im England des 19. Jh. ist.

a) Anglikanische Geist-Christologien

Die ersten Christologien, die sich selbst ‚Geist-Christologien‘ genannt haben, sind das Ergebnis der Antworten, die bestimmte Vertreter der anglikanischen Hochkirche auf die unausweichlich gewordenen Fragen der historisch-kritischen Exegese gaben. Dabei muss man wissen, dass diese Fragen in England auf die zum Beispiel in Oxford gelehrte These trafen, nach dem Ereignis der Inkarnation seien der menschlichen Natur des Erlösers auch die Eigenschaften (Idiomata) der göttlichen Natur zu eigen. Man kann deshalb von einer trinitätsvergessenen Identifikation *Gottes* mit Jesus Christus sprechen. Nicht nur innerhalb der verkündigenden, sondern auch innerhalb der wissenschaftlich reflektierenden Sprache der Theologen waren die Bezeichnungen „Gott" und „Jesus" austauschbar. Der trinitätstheologi-sche Grundgedanke, dass Jesus als wahrer Mensch in Raum und Zeit eben die Beziehung gelebt hat, die *Gott der Sohn* zu *Gott dem Vater* ist, war der Oxforder Inkarnationschristologie fremd.

Deren Vertreter waren nicht unempfindlich für die Einwände der historisch-kritischen Exegese; sie wollten das wahre Menschsein Jesu ernst nehmen, erklärten aber die Vereinbarkeit des wahren Menschseins mit dem wahren Gottsein des Erlösers nicht trinitätstheologisch, sondern im Gegenteil durch die Relativierung der göttlichen Person des Sohnes und der göttlichen Person des Heiligen Geistes als ‚Wirkweisen' des letztlich monopersonal verstandenen Schöpfers. Durch das Wort schafft der Schöpfer das nichtgöttliche Sein, und durch das Pneuma bewirkt er die Offenbarkeit des Logos in den Geschöpfen. Jesus ist dann das Geschöpf, das aufgrund seiner Geistbegabung den Logos des Schöpfers intensiver offenbart hat als jedes andere Geschöpf.

Charles Gore (1853–1932) – 1889 Herausgeber des einflussreichen Sammelbandes „Lux Mundi" und später Bischof von Oxford – versteht die Immanenz Gottes in seinen Geschöpfen als willentliches Sichoffenbaren des Absoluten im Begrenzten und Endlichen. Gore hält zwar fest an der Präexistenz des Logos; und er versteht dessen Offenbarung in Christus auch als geschichtliches Ereignis; aber er unterscheidet zwischen der Fülle des Logos in Gott und der Selbstbegrenzung des Logos in Jesus. Anders gesagt: Gore lehrt die Offenbarung des Logos *in* Jesus, aber nicht *als* Jesus. Ulrike Link-Wieczorek ordnet ihn deshalb den Kenotikern zu[984]. Sie weiß zwar, dass er selbst seine Christologie niemals als Kenosis-Christologie bezeichnet hat, findet aber auch bei ihm den Kerngedanken aller Kenotiker[985], dass die geistgewirkte Immanenz des Logos in Jesus sich *nur graduell* von der in den Propheten Israels unterscheidet. Von daher haben Gores Kritiker mit Recht die Frage gestellt, ob der Logos, der sich mehr oder weniger zurücknehmen bzw. einschränken muss, um im Raum von Schöpfung und Geschichte erscheinen zu können, nach seiner Erhöhung „nur *ohne* die angenommene Menschheit in der Fülle seines Wesens sein"[986] könne.

---

984 Vgl. U. Link-Wieczorek, Inkarnation oder Inspiration?, 117–151, bes. 150.

985 Dazu: M. Breidert, Die kenotische Christologie des 19. Jahrhunderts.

986 U. Link-Wieczorek, Inkarnation oder Inspiration?, 173. – Analog bemerkt Thomas Marschler in seinem jüngst publizierten Vergleich der Kenosis-Christologie von Wolfgang Friedrich Geß (1819–1891) mit der von Georg Essen: „Wird die Auferweckung Christi als Wiedereinsetzung des kenotisierten Sohnes in die *göttliche* Herrlichkeits-

Einer der Mitautoren des von Charles Gore herausgegebenen Sammelbandes „Lux Mundi" war John R. Illingworth (1848–1915)[987]. Er spricht von einer fortschreitenden Immanenz Gottes in Schöpfung und Geschichte, bezieht sich dabei rezeptiv und kritisch zugleich auf Hegel[988], wahrt aber im Unterschied zu anderen Theologen seiner Zeit[989] die Transzendenz Gottes gegenüber der Schöpfung. Illingworth erklärt das Inkarnationsgeschehen als Sinnziel der Evolution. Die Schöpfung, so lehrt er, gipfelt in der Entstehung des menschlichen Geistes und erreicht einen weiteren Höhepunkt in der Bildung der Persönlichkeit Jesu Christi, weil dieser eine qualitativ neue Stufe der Einheit von Gott und Mensch erreicht. Diese besondere Einheit ist ebenso wie alle Vorstufen nur dadurch erklärlich, dass Gott – verstanden als Mitteilung (Logos) und Geist (Pneuma) – im Anderen seiner selbst sein kann, ohne mit dieser Immanenz seine Transzendenz einzubüßen[990].

Ähnlich wie Illingworth denkt auch der in Cambridge lehrende Theologe Charles Raven (1885–1964); er geht aber insofern über die Autoren des Lux-Mundi-Bandes hinaus, als er Gott als „Creator Spirit" bezeichnet[991] und damit der ausdrücklich antitrinitarischen[992] Geist-Christologie sei-

---

gestalt verstanden, müsste man sie als Ablegung der menschlichen Existenz ansehen." (Kenosischristologie, 126).

987 Vgl. J. R. Illingworth, The Incarnation in Relation to Development.

988 Neben Thomas H. Green (1836–1882) stehen vor allem die Brüder John und Edward Caird für die britische Hegel-Rezeption. „Man könnte die gesamte Theologie von John Caird [1820–1898] als ein Ringen um das Problem des finitum capax infiniti verstehen: Wie kann die Endlichkeit der Welt als Feld der Verwirklichung des unendlichen Absoluten gedacht werden? Caird stellt das Problem zwischen die beiden Alternativen Deismus und Pantheismus, die er beide für unzureichende Lösungswege hält. Im Deismus nämlich komme es zu einem unüberwindbaren Dualismus zwischen Gott und Welt, in dem sie beide nicht mehr wirklich als lebendig gedacht werden könnten. Im Pantheismus hingegen wird die Welt durch das Unendliche absorbiert und aufgelöst. Ein Gottesbegriff muss vielmehr zu einem Konzept führen, das Differenzen überbrückt, aber nicht auflöst. Die Hegelsche Konzeption von der Auf*hebung* – nicht Auf*lösung* – des Differenten in eine absolute Einheit wird für Caird zum Leitmotiv seiner Theologie." (U. Link-Wieczorek, Inkarnation oder Inspiration?, 50).

989 Hier ist vor allem Reginald J. Campbell (1867–1956) zu nennen. Zu seinem radikalen theologischen Immanentismus vgl. B. G. Worrall, R. J. Campbell and his New Theology; U. Link-Wieczorek, Inkarnation oder Inspiration?, 62–64.

990 Vgl. J. R. Illingworth, Divine Immanence; ders., Divine Transcendence.

991 Vgl. C. Raven, The Creator Spirit.

992 „Im hebräischen Denken sind *Wort* und *Geist* nach Lampe 'parallel and interchangeable ways of conceiving of God in his relation to the world' (God as Spirit, 179). Diese schöpferische Gottesbeziehung erreiche in der Antwort Jesu ihr Ziel. Erst unter Einfluss hellenistischen Denkens sei der Geist hypostasiert und der Gottesbegriff

nes Nachfolgers Geoffrey Lampe (1912–1980) den Weg bereitet. Lampe hält nicht nur die Lehre von einem präexistenten Logos, sondern auch die Bezeichnung Jesu als „Gott der Sohn" für einen folgenschweren Irrtum, weil Jesus aus seiner Sicht keine Ausnahme bildet, sondern lediglich ein wirkungsgeschichtlich bedeutsames Ur- und Vorbild jener universalen Sohnschaft ist, die Gott als „creative activity" verwirklichen will[993]. Lampe geht von der Prämisse aus, die von der griechischen Metaphysik verfälschte Jesulogie des Neuen Testamentes habe die Identität (!) des Geschöpfes Jesus mit Gott durch eine Trinitätslehre erklärt, in der Gott der Vater für die Transzendenz, der präexistente Logos für die Immanenz und Gott der Heilige Geist für die Vereinbarkeit von Transzendenz und Immanenz zuständig zeichnen[994]. Aus seiner Sicht ist die Lehre von der hypostatischen bzw. personalen Union Jesu mit dem präexistenten Logos unvereinbar mit dem wahren Menschsein Jesu; und aus seiner Sicht verkehrt die aus dem Dogma von der hypostatischen Union abgeleitete Trinitätslehre den biblischen Monotheismus in einen Tritheismus.

Lampe hat mit seiner dezidiert antitrinitarischen Geist-Christologie vor allem in den USA, in Kanada und in Australien Anhänger gefunden. Der kanadische Protestant Paul W. Newman beruft sich auf ihn, weil er jedwede Rede über Inkarnation und Erlösung von der Vorstellung befreien will, hier handle es sich um einmalige Ereignisse. Inkarnation ist dann eine *Eigenschaft* des zum ‚absoluten Geist' erklärten Schöpfers; der göttliche Geist ist in jedem Geschöpf mehr oder weniger intensiv „inkarniert"; das Geschöpf Jesus ist so „in-spiriert", dass er „Sohn Gottes" genannt wird;

pluralisiert worden: Aus dem Sohn Gottes wurde Gott, der Sohn (ebd. 131ff). Besser als die anderen ‚bridge-words' (ebd. 35) *Logos* und *Weisheit* könne das Wort *Geist* die Erfahrung der Gegenwart Gottes ausdrücken. Denn ‚Geist' ist für ihn 'a functional term', 'linking transcendent deity with the experience of men' (ebd. 210f)." (M. Preß, Jesus und der Geist, 6).

993 Vgl. G. Lampe, God as Spirit, 206–228. – Dazu: B. Dahlke, Über das Dogma hinaus, 52–59.

994 "God the Son is conceptualized as Jesus the Son of God; the obedience of Jesus, the Servant and Son of God, the true Adam indwelt an inspired by God the Spirit, is attributed to God the Son; God the Son becomes eternally the subject of Jesus' selfdedication to his Father's will, and eternally the object of the Father's love which Jesus experienced so fully and communicated in turn to those who shared his own discipleship. This means in effect the abandonment of monotheism, for such a relation between God the Son and God the Father is incompatible with the requirement of monotheism that we predicate of God one mind, one will, and one operation." (G. Lampe, God as Spirit, 137f).

und die Erlösten sind so „in-spiriert", dass sie „Söhne im Sohn" werden können[995].

Ähnlich argumentiert auf katholischer Seite der amerikanische Jesuit Roger Haight in seinen Versuchen, mit dem Symbolbegriff die Vereinbarkeit von bleibender Transzendenz und realer Immanenz des einen und einzigen Gottes zu erklären[996]. Die drei Personen der Trinität sind, so meint er, Symbole von Gotteserfahrungen besonders inspirierter Menschen. Ein solcher Mensch war auch Jesus. Haight erklärt Jesu Einzigkeit nicht aus einer präexistenten Sohnschaft, sondern aus dessen *Bewusstsein*, von Gott dem Vater durch den Heiligen Geist zu einer besonderen Sohnschaft erwählt zu sein[997].

b) Niederländische Geist-Christologien

Auch wenn die beiden niederländischen Geist-Christologen Hendrik Berkhof und Piet Schoonenberg zuweilen auf die genannten Vertreter einer „neuen anglikanischen Christologie" – besonders auf Geoffrey Lampes Hauptwerk „God as Spirit" – Bezug nehmen, kann man nicht von einer durchgängigen Rezeption der anglikanischen Inspirationschristologie durch die Niederländer sprechen. Vielmehr führt der nachkonziliare Umbruch in den Niederlanden unter anderem auch zu der Ersetzung einer einseitigen Inkarnationschristologie durch eine gleichfalls einseitige Geist-Christologie[998]. Man kann die nachkonziliare Entwicklung in den

995 "It was Jesus' orthopraxy that constitues his primary significance for salvation. His way of the cross which was the way of the Spirit and the way of God's Reigning became the definitive meaning on which the church was originally founded. Baptism to enter the church was explained by Paul as dying with Christ and being raised with Christ. Baptism was also understood as the sign of the gift of God's Spirit that made Jesus' way of life possible and operative for people. Salvation according to the early church was a way of life, and these is no doubt the way of life as they knew it was Jesus' way of life. The language of God's Reigning that Jesus used so much was transposed into language about a way of life in the Spirit, but there can be no doubt that the substance of life in the Spirit and life in God's Kingdom were and are the same thing." (P. W. Newman, A Spirit Christology, 148). – Dazu: M. Doss, Christ in the Spirit, 3–34.

996 R. Haight (The Point of Trinitarian Theology) lässt nur die heilsökonomische Unterscheidung von Vater, Sohn und Geist gelten. – Dazu: B. Dahlke, Über das Dogma hinaus, 59–64.

997 Vgl. R. Haight, The Case for Spirit Christology. – Dazu: H. Wagner, Dogmatik, 210–218.

998 "By the beginning of the 1950s Dutch Catholicism was the best organized, most conservative and observant of traditional Catholic laws, and least ecumenical Catholic

Niederlanden mit der im England des ausgehenden 19. Jh. einsetzenden Entwicklung von der Oxforder Inkarnationschristologie hin zu einer antitrinitarischen Geist-Christologie vergleichen; aber von einer Abhängigkeit des späteren von dem früheren Phänomen darf man allenfalls punktuell sprechen.

Obwohl der als Barth-Interpret hervorgetretene protestantische Theologie Hendrik Berkhof die klassische Präexistenz- und Trinitätslehre radikaler noch als sein katholischer Kollege Piet Schoonenberg durch eine geistmonistische Christologie ersetzt hat, verdient das Werk von Schoonenberg aufgrund seiner ungleich größeren Wirkungsgeschichte mehr Aufmerksamkeit.

In Berkhofs Denkweg lassen sich zwei Phasen unterscheiden[999]. In einer ersten Phase – repräsentiert durch das erstmals 1964 erschienene Werk „De Leer van de Heilige Geest" – erklärt er die Einzigkeit Jesu mit der Formel, in ihm, dem Erlöser, erkenne der Vater sich selbst (seine Liebe zu den Menschen), um dann durch den Geist dieses Sohnes alle Menschen in dessen Sohnschaft einzubeziehen[1000]. In einer zweiten Phase – dokumentiert durch das 1973 publizierte Handbuch mit dem Titel „Christelijk Geloof" – ist die vormalige Unterscheidung zwischen der Erwählung Jesu und dessen Geistsendung aufgehoben zugunsten einer Erklärung der Erwählung des Erlösers und der Erlösten durch die geistmonistische Beschreibung des Bundes-Gottes, der sich in den Weisen von Anrede (Logos) und Inspiration (Heiliger Geist) nach außen mitteilt[1001].

---

population in industrial Europe." (J. A. Coleman, Evolution of Dutch Catholicism, 53f)

999 „Obwohl Berkhof den Doppelaspekt von Jesus als Träger des Geistes und Entsender des Geistes betont, ist seine Entwicklung von einer binitarischen Christologie in der ‚Theologie des Heiligen Geistes' (1964) zu einer unitarischen in ‚Christian Faith' (1979) unverkennbar. Sprach er 1964 noch davon, dass Gott sich selber im Sohn Bundespartner werde und Christus als Geist die Welt heilige, so ist in ‚Christian Faith' Jesus nur noch ein menschlicher Bundespartner Gottes." (M. Preß, Jesus und der Geist, 17).

1000 Vgl. H. Berkhof, De Leer van de Heilige Geest, 13–32.

1001 „De Vader is de goddelijke partner, de Zoon de menselijke representant, de Geest de band tussen beiden en tegelijk en daarom de band tussen de Zoon en den zonen die hij tot de Vader trekt. Gaat het dan om ‚één wezen in drie personen'? Neen, het gaat om één gebeuren van God uit, dus door de Geest voltrokken, en wel primair tussen twee personen, God en Jezus, maar waarin voortdurend nieuwe personen worden betrokken. Mogen we de Geest dan niet een persoon noemen? Neen, als we Hem daarmet apart stellen naast de persoon van God. Ja, als we begrijpen, dat deze naam het persoon-zijn van God uitdrukt in zijn handelen naar buiten toe. De Geest is juist God-als-persoon, God-in-relatie." (H. Berkhof, Christelijk Geloof, 348f).

Während Berkhof die klassische Zwei-Naturen-Lehre und deren Terminologie in ähnlich radikaler Weise wie Adolf von Harnack verwirft, würdigt Schoonenberg die legitimen Intentionen der klassischen christologischen Formeln. Allerdings kommt auch er zu der Erkenntnis, man könne das Menschsein Jesu nur wahren, wenn man die traditionelle Lehre von der Anhypostasie der menschlichen Natur verabschiede[1002]. Er will die überkommene Vorstellung von der Enhypostasie der menschlichen Natur in der Person des präexistenten Logos durch deren Umkehrung ersetzen. Gott sei nicht immer schon personal, geschweige denn dreipersonal, sondern *werde* erst personal durch seine Immanenz in der Person des Menschen Jesus. Obwohl Karl Rahner seine These über die Untrennbarkeit der immanenten von der heilsökonomischen Trinität nie im Sinne einer Identifizierung verstanden hat, legt Schoonenberg ihn so aus[1003]. Ausdrücklich wendet er sich gegen die Vorstellung, Gott sei auch vor und unabhängig von Schöpfung und Geschichte Vater, Sohn und Geist. Mit anderen Worten: Gott *wird* erst durch Schöpfung und Geschichte dreipersonal. In seinen „Thesen zur Lehre vom dreipersönlichen Gott" lesen wir: „Der Unterschied zwischen Vater, Sohn und Geist ist [...] heilsökonomisch personal zu nennen, innergöttlich aber höchstens modal. Gott in sich ist nicht als drei Personen, er ist es in der Heilsgeschichte. Man kann es auch so zusammenfassen: Gott ist in der Heilsgeschichte in dreifacher Weise Person."[1004]

1002 In seiner christologischen Pionierschrift – 1969 (Benziger Verlag, Einsiedeln) in deutscher Sprache (übersetzt von Heinrich A. Mertens) unter dem Titel „Ein Gott der Menschen" erschienen – fasst Piet Schoonenberg sein Grundanliegen in die Worte: „Was kann man denn wirklich über die *göttliche* Sohnschaft des *Menschen* Jesus sagen: Ist er *als Mensch* der eigene oder der angenommene Sohn Gottes? Und vor allem: Wie steht es mit der Enhypostasie und der Anhypostasie dieser individuellen menschlichen Natur? Ist Jesu menschliches Personsein in das Personsein des Wortes aufgenommen und ist er deshalb als Mensch entpersönlicht? Oder steht das menschliche Personsein als eigenes menschliches Zentrum von Handlungen, von Entscheidungen und Ichbewusstsein neben oder in Spannung zu der göttlichen Person des Wortes? Um die Schwierigkeit auf die Spitze zu treiben, könnten wir fragen: Führt uns das chalkedonische Modell zu einem verkleideten oder zu einem geteilten Christus?" (68).

1003 Ulrike Link-Wieczorek charakterisiert diesen Schritt Schoonenbergs über Rahner hinaus mit den Worten: „Seine Alternative [...] ist eine ‚heilsgeschichtliche' Konzeption der Trinität, nach der Gott in seiner Beziehung mit dem Menschen Jesus so mitgeht, dass er seine eigene Identität davon prägen lässt, so dass es zur ‚Personalisierung' seiner ‚Außenformen' Logos und Geist kommt." (Inkarnation oder Inspiration?, 272).

1004 P. Schoonenberg, Trinität, 116f.

Schoonenberg bemüht sich, die Begriffe der Tradition durch die „dynamische Denkweise“ seiner „neuen Theologie“ mit neuem Leben zu erfüllen. Der Anhypostasie des Menschen Jesus soll eine Anhypostasie des göttlichen Logos entsprechen und der Enhypostasie des Menschen Jesus im Logos eine Enhypostasie des Logos im Menschen Jesus. Doch was mit der Wortschöpfung „wechselseitige Enhypostasie“ für das wahre Menschsein Jesu gewonnen werden soll, bleibt unklar.

Schoonenberg meint, der neutestamentlich bezeugte Vater lasse sich von der Beziehung des Menschen Jesus zu ihm so bestimmen, dass er nur noch durch, mit und in diesem Sohn der Vater ist. Doch – so muss man ihn fragen – kann ein Mensch durch seine Beziehung zu Gott und durch Gottes Beziehung zu ihm auf die Ebene Gottes gehoben werden? Die Gottessohnschaft Jesu, die Schoonenberg beschreibt, ist jedenfalls nicht die, welche das ‚Dogma von der hypostatischen Union‘ als personale Identität des Menschen Jesus mit dem präexistenten Sohn beschreibt.

Nicht zufällig verbindet Schoonenberg seine vieldiskutierten „Thesen zur Lehre vom dreipersönlichen Gott“ mit der Überschrift „Der vollendete Bund“. Denn Jesus steht aus seiner Sicht für die Vollendung und Unwiderruflichkeit der Selbstbindung Gottes an die Menschheit. Aber er ist in Schoonenbergs Christologie nicht die geschichtliche Offenbarkeit derselben Beziehung, die der präexistente Sohn zum präexistenten Vater *ist*. Er *ist* nicht Gottes unbedingte Liebe; er *bezeugt* sie nur. Die Einzigkeit Jesu besteht nach Schoonenberg nicht in seiner Unvergleichlichkeit mit anderen Menschen. Vielmehr hat der Mensch Jesus für Gott eine unvergleichliche Bedeutung, weil er den Vater so sichtbar macht, dass er von sich sagen darf: „Wer mich sieht, sieht den Vater“ (Joh 12,45).

Die Alternative ist klar: Entweder gehört die Sohnschaft Jesu (als Sohnschaft des präexistenten Logos) zu Gott selbst; dann kann sie nicht erst durch einen von Josef gezeugten und Maria geborenen Menschen konstituiert werden. Oder Jesus ist im Sinne des nestorianischen Adoptianismus Medium des sich in ihm als adoptierender und inspirierender Vater darstellenden Gottes.

Schoonenberg nähert sich mehr und mehr der Position des Anglikaners Geoffrey Lampe an. Sein Spätwerk trägt den bezeichnenden Titel „Der Geist, das Wort und der Sohn. Eine Geist-Christologie“[1005]. Schoonenberg

1005 Gerhard Ludwig Müller stellt in seiner Rezension zu Piet Schoonenbergs Spätwerk „Der Geist, das Wort und der Sohn. Eine Geist-Christologie“ klar: „Wenn die Väter die hypostatische Union Jesu mit dem innertrinitarischen Logos als Grund für die Aussage betrachten, er sei wahrhaft Gott gewesen, dann nicht im Sinne einer Zusatzbestimmung, die der menschlichen Natur aufgesetzt oder in die Lücke eines zuvor

glaubt der Heiligen Schrift entnehmen zu dürfen, dass Gott erst durch die Freilassung wirklicher Andersheit – also im Prozess von Schöpfung und Geschichte – Vater, Sohn und Geist ist. Denn – so seine Begründung – erst wo Gott gegenüber seinen Geschöpfen wie eine Person erscheint, kann man ihn personal identifizieren.[1006].

Birgit Blankenberg hat in ihrer chronologisch analysierenden Schoonenberg-Monografie gezeigt[1007], dass Schoonenbergs Denken aufgrund der mangelnden Unterscheidung zwischen immanenter und heilsökonomischer Trinität in eine fast hegelianisch anmutende Geist-Christologie mündet. Es gelingt ihm nicht mehr, die Kontingenz der Schöpfung und des Schöpfungsaktes zu denken. Vielmehr erscheint Schöpfung als ein erster Schritt der Selbst-Unterscheidung Gottes, auf den die Ermöglichung der geschöpflichen Personalität des Menschen und die Selbst-Personalisierung Gottes in Jesus und der Kirche als weitere Schritte folgen.

c) Geist-Christologie im Kontext des christlich-jüdischen Dialogs

Man kann es kaum als Zufall betrachten, dass in demselben Jahr (1977), in dem das Hauptwerk der anglikanischen Inspirationschristologie (Geoffrey Lampe, God as Spirit) erschienen ist, auch jener Sammelband veröffent-

herausoperierten Teiles eingelassen würde, sondern es ist die *transzendentale Relation*, die eben diesen Menschen in seiner konkreten ontologischen und geschichtlichen Situation konstituiert. Dies nennt man die Hypostase oder die Person, die bei Jesus durch die Entscheidung Gottes, sich selbst in ihm als Heil der Menschen (in seinem ihm eigenen Wort) zuzusagen, verwirklicht ist. Deshalb kommt in Jesus die innere Verschiedenheit des Wesens Gottes […] als Vater und Sohn zur geschichtlichen Gegenwart" (129), und zwar so, dass die Unterschiedenheit von Gott und Jesus zugleich die Offenbarung der das Wesen Gottes kennzeichnenden Unterscheidung von Sohn und Vater ist – einer Unterscheidung, die im Heiligen Geist unbedingte Einheit ist.

1006 „Die Grenze zwischen Gott und uns ist *unsere* Begrenzung und seine Transzendenz entspricht seiner Immanenz in uns. Gott ist über uns erhaben, aber nicht dadurch, dass etwas von ihm ausgeschlossen wäre, sondern dadurch, dass er alles in sich einschließt." (P. Schoonenberg, Der Geist, das Wort und der Sohn, 168).

1007 Bilanzierend bemerkt Birgit Blankenberg: „Schoonenbergs Studien zur Geist-Christologie sind Ausdruck seiner Besinnung auf die *Immanenz Gottes* bzw. die *pneumatische Gegenwart Gottes in der Schöpfung*. Zu sehen ist Schoonenbergs Geist-Christologie auf dem Hintergrund des ‚pan-en-theistischen' Weltbildes, das seine Theologie kennzeichnet. In den späteren Jahren wird von ihm nicht nur das Verhältnis des Gottmenschen Jesus zu Gott dem Vater, sondern auch die Beziehung, die Gott in Schöpfung und Menschwerdung zur Welt hat, (in stärkerem Maße als zuvor) pneumatologisch entfaltet." (Gottes Geist in der Theologie Piet Schoonenbergs, 376).

licht wurde, der bis heute als Basis der ‚Pluralistischen Religionstheologie' fungiert. Die von John Hick unter dem Titel „The Myth of God Incarnate" edierte Programmschrift trägt jene antitrinitarische Geist-Christologie, die – wie oben erläutert – als Reaktion auf die extreme Inkarnationschristologie der Oxforder Tradition entstanden ist, in den Kontext des interreligiösen Dialogs[1008].

Um eine für andere Religionen dialogfähige Christologie zu ermöglichen, sammelt Hick alle Argumente der jüngeren Theologiegeschichte, die den historischen Jesus von dem Christus der griechischen Metaphysik trennen, die Verknüpfung des Inkarnations- mit dem Präexistenzgedanken als relativ späte Überhöhungsstrategie ausweisen und Jesu Erlöserfunktion von der Zwei-Naturen-Lehre abkoppeln. Aus seiner Sicht ist der Satz „Jesus ist Gottes Sohn" eine metaphorische, der Satz aber „Jesus ist Gott der Sohn" eine metaphysische Aussage; der Übergang von der metaphorischen zur metaphysischen Identifikation Jesu mit dem innertrinitarischen Sohn[1009] ist – so erklärt er – der sich schon im vierten Evangelium ankündigende und von den christologischen Konzilien zur Norm erhobene Sündenfall der christlichen Theologiegeschichte mit ihren Tendenzen zur Verabsolutierung eines sich imperialistisch gebärdenden Christentums[1010]. Die Identifikation Gottes mit dem Menschen Jesus sieht Hick in eklatantem Widerspruch zum biblischen Befund[1011]. Gott – so betont er – bleibt bei aller Selbstmitteilung jene transzendente Wirklichkeit, die sich als absoluter Geist graduell mehr oder weniger intensiv in der gesamten

1008 Vgl. J. Hick, God and the Universe of Faiths, 148–164; ders., Jesus and the World Religions; ders., An Inspiration Christology.

1009 "And as Christian theology grew through the centuries it made the very significant transition from ‚Son of God' to 'God the Son', the Second Person of the Trinity. The transposition of the poetic image, son of God, into the trinitarian concept, God the Son, is already present in the Fourth Gospel [...]." (J. Hick, Jesus and the World Religions, 175).

1010 "Thus the dogma of the deity of Christ – in conjunction with the aggressive and predatory aspect of human nature – has contributed historically to the evils of colonialism, the destruction of indigenous civilisations, anti-Semitism, destructive wars of religion and the burnings of heretics and witches. But on the other hand it is also possible to understand the idea of divine incarnation in the life of Jesus Christ mythologically, as indicating an extraordinary openness to the divine presence in virtue of which Jesus' life and teachings have mediated the reality and love of God to millions of people in successive centuries. Thus, whereas understood literally the doctrine of an unique divine incarnation in Christ has divided humanity and has shrunk the image of God to that of the tribal deity of the West, understood mythologically it can continue to draw people to God through Christ without thereby sundering them from the rest of the human family." (J. Hick, An Interpretation of Religion, 372).

1011 Dazu: P. Schmidt-Leukel, Theologie der Religionen, 513–576.

Schöpfung, in allen Menschen, vor allem aber in einzelnen Geistträgern wie Jesus offenbart.

Wie die niederländische nicht einfach ein Ableger der anglikanischen Geist-Christologie ist, so ist die im Kontext des jüdisch-christlichen Dialogs entstandene Pneuma-Christologie kein Ableger der Pluralistischen Religionstheologie, allerdings mit dieser durchaus in Kontakt. Als herausragende Beispiele für eine jüdisch perspektivierte Geist-Christologie seien hier die entsprechenden Arbeiten des Göttinger Alttestamentlers Hans-Joachim Kraus[1012] und die des Tübinger Systematikers Jürgen Moltmann herausgegriffen.

Es ist bemerkenswert, dass Kraus als Alttestamentler eine Systematische Theologie entworfen hat – 1975 unter dem Titel „Reich Gottes: Reich der Freiheit"; 1983 in revidierter und amplifizierter Fassung unter dem Titel „Systematische Theologie im Kontext biblischer Geschichte und Eschatologie". Das Zentrum beider Entwürfe bildet die Christologie. In der erstgenannten Fassung heißt das entsprechende Kapitel „Christus Jesus: Befreiender Gott – freier Mensch"[1013], in der letztgenannten Fassung „Jesus Christus in der Proklamation seiner Sendung"[1014]. Diese Veränderung dokumentiert eine Entwicklung: Kraus löst sich gänzlich von der altkirchlichen Christologie in ihrer dogmatisch-kirchlichen Tradition. In Absetzung von seinem 1975 edierten Handbuch spricht er nicht mehr vom Gottsein Jesu, sondern will Jesus nur noch vom Alten Testament her als den kommenden Messias Israels verstehen. Dabei wendet er sich gegen seine eigene Zunft. Der Versuch, durch historisch-kritische Forschung die wahre Bedeutung Jesu zu ergründen, ist, wie die Geschichte der Leben-Jesu-Forschung gezeigt hat, aussichtslos, und die Gefahr, dass der einzelne Forscher sein eigenes Interesse mit dem Ergebnis seiner angeblich vorurteilsfreien Forschung verwechselt, riesig. Aber, so betont Kraus immer wieder, es gibt eine Brille, die sich der Exeget aufsetzen darf, nämlich die des Alten Testamentes. Denn in den verschriftlichten Erwartungen des Volkes Israel liegen die Kategorien, mit denen sich Jesus selbst gedeutet und mit denen die Autoren des Neuen Testamentes ihn gedeutet haben. Kraus will den Jesus der neutestamentlichen Überlieferung hineinstellen in den Erwartungshorizont des Alten Testamentes und so für seine Christologie eine Kriteriologie gewinnen, die unabhängig vom Urteil des einzel-

1012 Eine summarische Charakterisierung der Christologie von Hans-Joachim Kraus bietet: S. Vasel, Philosophisch verantwortete Christologie und christlich-jüdischer Dialog, 27–120.

1013 H.-J. Kraus, Reich Gottes, 243–316.

1014 H.-J. Kraus, Systematische Theologie, 337–445.

nen Theologen ist[1015]. Das Kommen des Reiches Gottes in Jesus Christus hebt die eschatologische Erwartung Israels nicht auf; im Gegenteil, das Neue des Christusereignisses ist der Anbruch einer Herrschaft Gottes, die unwiderruflich im Kommen ist. Kraus wörtlich: „Der Gott Israels thront nicht auf dem Olymp, er gehört nicht zu denen, die ‚droben im Licht' wandeln (F. Hölderlin) und feiern. Die Geschichte seines Kommens ist die Geschichte eines unaufhörlichen Kampfes und Ringens (Jes 43,24). Dies gilt nun auch für die Sendung des Christus Jesus; [...]."[1016] Wenn mit dem Reich Gottes die neue Schöpfung anbricht, dann „wirken *schon jetzt* die Kräfte der zukünftigen Welt in die gesamte bestehende Weltwirklichkeit hinein – so wahr Jesus als *Autobasileia* erschienen ist."[1017]

Kraus erklärt seine Geist-Christologie nicht nur als Alternative zur Präexistenz- oder Zwei-Naturen-Christologie, sondern als die einzige Christologie, die der Heiligen Schrift entspricht[1018]. Er bestimmt Jesus als „den vom Gott Israels mit dem Geist Ausgerüsteten und Gesalbten (Jes 11,1ff;

1015 „Nicht mit dem historischen Jesus, sondern mit dem Alten Testament setzt eine biblisch beratene, sachgemäße Christologie ein. Denn das Auftreten des Jesus von Nazareth ist nichts Voraussetzungsloses. Würde man seine Worte vom Vorwort und seine Taten von der Vorgeschichte des Alten Testaments ablösen, dann wäre dies eine Auslieferung des Christus an heidnische Ideologien, fremde Kriterien und irreführende Kategorien. Die Gegenthese, nicht das Alte Testament eröffne das Verständnis des Evangeliums, sondern das Evangelium erschließe erst die wahre Bedeutung der alttestamentlichen Schriften, ist keine *Gegenthese,* sondern der Hinweis auf eine *unauflösbare Korrelation.* Doch steht zuerst – der Bewegung des kommenden Reiches entsprechend – das die Erkenntnis des Christus Jesus aufschließende Faktum der *Verheißungsgeschichte des Alten Testaments* zur Diskussion. Vom Alten Testament wird die Christenheit immer neu zu lernen haben, was eigentlich der Inhalt, der Sinn und die Absicht dessen ist, was wir ‚Christus' nennen. Nicht eine objektivierte Heilsgeschichte oder ein um Kongruenz bemühter Schematismus von Weissagung und Erfüllung ist gemeint, sondern die Verkündigungsgeschichte des Alten Testaments, das von den Stimmen der Zeugen begleitete Kommen des weltverändernden und welterneuernden Reiches Gottes. Es ist die zur universalen Vollendung hindrängende Geschichte des Bundes, auf deren Fluchtpunkt der Christus Jesus zu erkennen ist." (H.-J. Kraus, Systematische Theologie, 347).

1016 H.-J. Kraus, Systematische Theologie, 348.

1017 H.-J. Kraus, Systematische Theologie, 356.

1018 „Was [...] bis in die Gegenwart hinein nachwirkt, ist die sogenannte ‚Hellenisierung des Christentums', d. h. die Einfügung christlicher Lehre in den Kontext antiker Philosophie, vor allem in die Prinzipien des Supranaturalismus. Zur Erklärung: Supranaturalismus ist eine Weltanschauung, die der griechischen Philosophie erwachsen [sic!] ist. Der Supranaturalismus setzt eine Zweiteilung des Universums voraus, also einen kosmischen Dualismus. Zwei verschiedene substanzhafte Welten stehen einander gegenüber: die untere und die obere Welt, die natürliche und die übernatürliche (supranaturale) Welt, die physische und die geistig-spirituelle Welt. In dieses System des Naturalismus hat nun die christliche Theologie schon in ihren Anfängen

61,1ff)“[1019]. Er weist darauf hin, dass *ruach* seit der Richterzeit das Charisma des kämpfenden Retters ist, der an JHWHs statt handelt. Lukas erzählt im vierten Kapitel, wie Jesus in der Synagoge von Nazaret die Heilige Schrift aufschlägt, Jes 61 zitiert, das Buch dem Synagogenvorsteher zurückgibt und dann sagt: „Heute hat sich das Schriftwort, das ihr eben gehört habt, erfüllt“ (Lk 4,21). Kraus sieht in dieser Aussage nicht die Bestätigung der präexistenten Gottessohnschaft Jesu, sondern seine Ermächtigung durch das *chrisma*, das vom Gott Israels ausgeht. Kraus will nicht entscheiden, ob die Taufe Jesu im Sinne der nestorianischen Adoptionschristologie als „Initiationsvollzug“ oder eher als „Legitimationsaussage“ zu betrachten ist. Aber für ihn steht fest: Jesus wird durch die Salbung mit dem Heiligen Geist gesandt und ermächtigt, der Sohn Gottes zu sein. Er steht nicht immer schon auf der Seite Gottes; er wird durch den Geist auf die Seite Gottes gestellt. Was Jesus vor allen anderen Propheten der biblisch bezeugten Heilsgeschichte Israels auszeichnet, ist, so betont Kraus, die graduell alles Bisherige überbietende Fülle der Geistbegabung. Und Paulus ist für Kraus der Geist-Christologe des Neuen Testamentes schlechthin. Nach Röm 1,3 ist Jesus dem Fleisch nach aus Davids Geschlecht geboren, nach der Kraft des Heiligen Geistes aber in die Machtstellung des Sohnes Gottes eingesetzt seit der Auferstehung der Toten. Aus dieser Schlüsselstelle folgert Kraus: „Hier ist das Wesentliche zusammengefasst. Und hervorzuheben ist, dass Jesus die Bezeichnung und Würde ‚Sohn Gottes‘ durch den Empfang des Heiligen Geistes zugekommen ist.“[1020] Und wenn Paulus in 1 Kor 15,45 den ersten Adam, der nach Gen 2,7 zu einem *lebendigen Wesen* wurde, dem Adam gegenüberstellt, der zum *Geist* wurde, *der lebendig macht*, dann ist für Kraus klar, was der Völkerapostel in 2 Kor 3,17 mit dem Bekenntnis meint: „Der Herr aber ist der Geist, und wo der Geist des Herrn wirkt, da ist Freiheit.“ Nicht weil Jesus der Herr ist, ist er der Geist, sondern weil er der Geist ist, ist er der Herr – so jedenfalls lautet die Auslegung von Hans-Joachim Kraus. Im Rückblick auf die synoptisch tradierte Taufszene, mit Blick vor allem auf das Evangelium und die Apostelgeschichte des Lukas und nicht zuletzt aufgrund der soeben genannten Stellen aus Paulus folgert der Göttinger Alttestamentler: „So ist im Neuen Testament der Hoheitstitel ‚Sohn Gottes‘ ganz und gar Geistbestimmt. Und das heißt: nicht ‚göttliche Natur‘ oder Wesensbestimmung

ihre Lehre und eben vor allem die Christologie eingezeichnet.“ (H.-J. Kraus, Eine Christologie des Heiligen Geistes, 44). – Vgl. Ders., Systematische Theologie, 363.

1019 H.-J. Kraus, Systematische Theologie, 359.

1020 H.-J. Kraus, Eine Christologie des Heiligen Geistes, 42f.

kennzeichnen Jesus als den ‚Sohn Gottes', sondern allein Gottes Geist."[1021] Kurzum: „Das Geheimnis der Ermächtigung und der verborgenen Messianität Jesu ist die uneingeschränkte, vollkommene Gabe des Geistes, des Charismas der Rettung und Befreiung an Gottes Statt."[1022]

Kraus hat 1986 in einem schmalen Bändchen mit dem Titel „Heiliger Geist" betont, dass die Aussagen der frühen Kirche über Inkarnation und Jungfrauengeburt im Rahmen eines Vergleichs zwischen Jesus und anderen Gestalten der alttestamentlichen Heilsgeschichte ein „Mehr" aussagen wollen. Sie beruhen seiner Meinung nach auf der Überzeugung, dass Jesus nicht erst mit der Taufe im Jordan der erwartete Messias wird, sondern dies von Anfang an ist. Und in der Tat sei Jesus von Anfang an „ohne Maß" (Joh 3,34) mit dem Heiligen Geist begabt und also „Sohn des Allerhöchsten". Falsch werde diese Aussage erst, wenn sie mit der Zwei-Naturen-Lehre verknüpft werde. Erst dann komme es zu den allseits bekannten philosophischen Spekulationen über einen präexistenten Sohn Gottes, der nicht von einem menschlichen Vater gezeugt sein könne, aber doch wahrer Mensch sei[1023].

Neben dem Exegeten Hans-Joachim Kraus ist auch der Tübinger Systematiker Jürgen Moltmann als Repräsentant einer radikalen Reformulierung der traditionellen Christologie hervorgetreten. Auch er ist dabei zunehmend bestimmt vom interreligiösen Dialog, besonders vom Dialog mit den Juden. Er bestätigt in fast allen Punkten die Exegese des Göttinger Alttestamentlers, geht aber als Systematiker ausführlicher ein auf die dogmatischen Konsequenzen der geistchristologischen Kernthese, dass

1021 H.-J. Kraus, Eine Christologie des Heiligen Geistes, 43.

1022 H.-J. Kraus, Systematische Theologie, 360.

1023 „Liegt nicht das Geheimnis des Christus als des ‚Sohnes' tatsächlich darin beschlossen, dass er den Geist Gottes *ohne Maß*, in maßloser Fülle, empfangen hat? Kann *mehr* gesagt werden als dies: ‚*Alles* ist mir von meinem Vater übergeben worden …' (Mt 11,27)? Dieses ‚Mehr' wird in der christlichen Kirche mit den Aussagen über Inkarnation und Jungfrauengeburt bezeichnet. Sie stehen im Glaubensbekenntnis der Kirche. Doch nun ist gerade dies außerordentlich wichtig, dass das Mysterium der Inkarnation und Jungfrauengeburt (und es handelt sich in der Tat um ein *Mysterium!*) von der Geist-Christologie angezeigt wird. Matthäus und Lukas überliefern eine Geburtsgeschichte Jesu, die verkündigt: Jesus ist gezeugt und geboren ‚aus dem heiligen Geist' (Mt 11,20; Lk 1,35). Woher empfängt diese *Verkündigung* ihre Legitimation? Sie ist – vom Taufgeschehen motiviert – die prophetische Enthüllung, der ein entsprechendes Glauben und Bekennen korrespondiert: […] in seinem Ursprung und also in seinem ganzen Sein ist dieser Mensch Jesus von Nazaret ‚Sohn Gottes', ‚Gott von Art'. […] Nur sollte man […] nicht die aus der griechischen Geisteswelt stammende Zwei-Naturen-Lehre geltend machen, sondern im biblischen Kontext vom Wirken des Geistes Gottes auch und vor allem angesichts des Jesus von Nazaret sprechen." (H.-J. Kraus, Heiliger Geist, 35f).

der Heilige Geist nicht die personale Identität des präexistenten Sohnes mit dem Juden Jesus wirkt, sondern den Nazarener so inspiriert, dass er im Sinne der alttestamentlichen Messiaserwartung Gottes Sohn genannt werden darf. Moltmann hält ein historisches bzw. biologisches Verständnis der Jungfrauengeburt für abwegig. Er spricht von der mythischen Einkleidung der zutreffenden Erkenntnis, dass Jesus nicht nur in der Kraft des Heiligen Geistes *gewirkt* hat, sondern von Anfang an aus der Kraft des Höchsten *stammt*[1024]. Ohne die reichlich vorhandenen Gegenargumente der zeitgenössischen Exegese zu beachten[1025], setzt Moltmann als erwiesen voraus, dass die christologischen Konzilien den biblischen Befund einer Erhöhung Jesu (Röm 1,3: durch die Auferweckung) zum Sohn Gottes durch ontologisierende Kategorien der griechischen Metaphysik verfälscht haben. Als offensichtlich interessegeleitet bezeichnet Moltmann das Zustandekommen des Dogmas von der jungfräulichen Mutterschaft Marias. Er selbst will Maria in Analogie zu dem Heiligen Geist verstanden wissen, der – bildlich gesprochen – die jungfräuliche Mutter der Kinder Gottes ist. Entsprechend führt er aus: „Die Mutterschaft des Heiligen Geistes erfahren die Glaubenden in ihrer eigenen ‚Wiedergeburt' aus dem Geist Gottes. […] Werden die an Christus Glaubenden ‚aus dem Geist' zu Gottes Kindern ‚geboren' […], dann ist der Heilige Geist die göttliche Mutter der Glaubenden, und zwar selbstverständlich die ‚jungfräuliche Mutter'. Die alte syrische und die neue herrenhutische Lehre vom ‚Mutteramt des Heiligen Geistes' haben hier und in der Funktion des Parakleten, der wie eine Mutter tröstet, ihre Wurzel. Der Vergleichspunkt zum Verständnis der Geburt Christi ist nicht ein menschlicher Zeugungs- und Empfängnisvorgang, sondern die Geisterfahrung der zur Gotteskindschaft Wiedergeborenen. Weil diese Geisterfahrung in der Christusgemeinschaft gemacht wird, durch die Jesus Christus zum ‚Erstgeborenen unter vielen Brüdern' (Röm 8,29) und Schwestern wird, muss in diesem Erstgeborenen selbst das Urbild der Gotteskindschaft im Geist liegen. […] Maria ist dann als eine symbolische Verkörperung und als die menschliche Gestalt des Heiligen Geistes als der ewig-jungfräulichen und göttlichen Mutter Christi anzusehen und nicht als jene menschliche Frau, die vom Heiligen Geist, der männlich vorgestellt wird, schwanger wird."[1026]

Moltmann weiß, dass das Dogma von der Jungfrauengeburt bei den frühen Vätern alles andere als Ausdruck von Doketismus ist; denn Gott hat

1024 Vgl. J. Moltmann, Der Weg Jesu Christi, 101.
1025 Vgl. M. Preß, Jesus und der Geist, 99–288.
1026 J. Moltmann, Der Weg Jesu Christi, 103.

nicht nur einen von Josef gezeugten und von Maria geborenen Menschen als Medium benutzt, sondern hat selbst Fleisch angenommen. Eben diese „Inkarnation" im wörtlichen Sinn wird von Lukas durch die Ausschaltung der Vaterschaft Josefs (jungfräuliche Empfängnis) erklärt. Allerdings hält Moltmann diese Erklärung für das zeitbedingte Mittel einer weithin noch mythisch geprägten Welt. Es geht, so meint er, darum, die theologische Intention, dass Jesus nicht nur bewusstseinsmäßig, sondern von Anfang an und ganz und gar der geistgewirkte Sohn ist, zu retten, ohne deren mythische Einkleidung als notwendig zu betrachten[1027]. Dies ist aus seiner Sicht möglich, wenn man sich darauf besinnt, dass die messianische Erwartung des Judentums der ganz vom Geist erfüllte Mensch ist. Und wenn Gottes Geist als Mutter personalisiert wird, dann ist die Mutter des Messias die Verkörperung des Heiligen Geistes („voll der Gnade"). Kurzum: „Wenn man die Geburt Christi aus dem Geist ernst nimmt, dann verlagert sich vieles von dem, was die Kirche der ‚Jungfrau Maria' zugeschrieben hat, auf Gott den Heiligen Geist selbst, und Maria kann wieder sein, was sie war und ist: die jüdische Mutter Jesu. Nicht Maria, sondern der Heilige Geist ist die Quelle des Lebens, die Mutter der Gläubigen, die Weisheit Gottes und die Einwohnung des göttlichen Wesens in der Schöpfung, aus der heraus das Antlitz der Erde erneuert wird."[1028]

Wie Hans-Joachim Kraus, so betont auch Jürgen Moltmann, dass Jesus aufgrund seiner Geistbegabung „ohne Maß" (Joh 3,34) mit dem Heiligen Geist identifiziert werden darf (2 Kor 3,17). Moltmann wörtlich: „So wird der *Geist Gottes* definitiv zum *Geist Christi*, so dass er hinfort mit Christi Namen benannt und angerufen werden kann."[1029] Das ganze Christusgeheimnis besteht darin, dass das Handeln dieses geistbegabten Menschen Jesus zugleich das Handeln, Leiden und Sterben des Heiligen Geistes

1027 „Im heutigen Verständnis schränkt die Rede von der ‚Jungfrauengeburt' durch Maria die Menschlichkeit Christi gefährlich ein, sofern sie so verstanden wird, dass an die Stelle eines menschlich-natürlichen Vorgangs ein übernatürlich-menschlicher Vorgang tritt. ‚Es leuchtet auch keineswegs mehr ein, weshalb Jesus als Gottessohn anders zur Welt kommen sollte als andere Menschen.' Gerade wenn nach Joh 1,12 der Vergleichspunkt zur Geburt des Sohnes Gottes in der Wiedergeburt der Glaubenden aus dem Geist der Gotteskindschaft liegt, muss man keinen übernatürlichen Eingriff annehmen, sondern sollte den ganzen Vorgang der menschlichen Zeugung, Empfängnis und Geburt Jesu Christi als vom Heiligen Geist gewirkt ansehen. Die Geistgeburt Christi ist eine Aussage über das Gottesverhältnis Christi bzw. das Verhältnis Gottes zu Christus, sie muss nicht mit einer genealogischen Aussage verbunden werden." (J. Moltmann, Der Weg Jesu Christi, 105).

1028 J. Moltmann, Der Weg Jesu Christi, 106.

1029 J. Moltmann, Der Geist des Lebens, 75.

ist[1030]. Allerdings leidet der Geist nicht *als* der Mensch Jesus. Vielmehr ist er „die transzendente Seite des immanenten Leidensweges Jesu“[1031]. Das heißt konkret: Er ist „das ‚unzerstörbare Leben‘, in dessen Kraft Jesus sich stellvertretend ‚für viele‘ hingeben kann“[1032]. In Getsemani zum Beispiel „ist der göttliche Geist gegenwärtig und formt die Antwort des Sohnes: ‚Nicht mein Wille, sondern dein Wille geschehe‘„[1033]. Und weil der Heilige Geist die transzendente Innenseite Jesu auch im Tod bleibt, kann der Tod ihn nicht von Gott trennen. „Christus wurde durch die *ruah Jahwe*, die göttliche Lebenskraft, auferweckt, so dass seine Auferweckung und seine Gegenwart als ‚der Lebendige‘ die Offenbarung *des Geistes Gottes* ist, der diese vergängliche Welt zur neuen Welt des ewigen Lebens verwandeln wird.“[1034] Deshalb, so Moltmann, identifiziert Paulus den „neuen Adam“, der nur und ausschließlich in der Kraft Gottes lebt, mit dem „lebendigmachenden Geist“ (1 Kor 15,45)[1035]. Moltmann folgert, dass Jesus „*in* den Geist auferstanden“[1036] sei und deshalb gemäß 2 Kor 3,17 mit dem Geist identifiziert werden dürfe. Und Jesus werde mit dem Osterereignis „aus einem Objekt zum Subjekt der Sendung des Geistes auf die Gemeinde“[1037].

Ohne auf Schoonenbergs Geist-Christologie Bezug zu nehmen, tendiert Moltmann zu einer ähnlichen Verhältnisbestimmung von immanenter und heilsökonomischer Trinität[1038] wie der Niederländer. Gott ist stets der eine und einzige Gott Israels, der allerdings den Juden Jesus durch seinen Geist *(ruah Jahwe)* so personalisiert, dass er in ihm ein Gegenüber seiner Liebe gewinnt: „den Sohn und das Ebenbild“[1039]. Was die Tradition als Menschwerdung Gottes beschreibt, ist in der Trinitätslehre Moltmanns einzuordnen in die alttestamentlich bezeugte Geschichte der Selbsterniedrigungen Gottes. „Denn durch seine Schechinah nimmt Gott am Geschick der Menschen Anteil und macht die Leiden seines Volkes zu seinen

1030 J. Moltmann, Der Geist des Lebens, 75.
1031 J. Moltmann, Der Geist des Lebens, 75.
1032 J. Moltmann, Der Geist des Lebens, 77.
1033 J. Moltmann, Der Geist des Lebens, 77.
1034 J. Moltmann, Der Geist des Lebens, 79.
1035 „Gemeint ist, dass der auferstandene Christus aus dem ewigen Geist und in ihm lebt, und dass der göttliche Lebensgeist in ihm und durch ihn wirkt. Diese wechselseitige Perichoresis des gegenseitigen Einwohnens führt dazu, dass Christus zum ‚lebendigmachenden Geist‘ und der Geist zum ‚Geist Jesu Christi‘ wird.“ (J. Moltmann, Der Geist des Lebens, 80).
1036 J. Moltmann, Trinität und Reich Gottes, 138.
1037 J. Moltmann, Trinität und Reich Gottes, 138.
1038 Dazu: K.-H. Menke, Stellvertretung, 250–255; M. Haudel, Die Selbsterschließung des dreieinigen Gottes, 280–301.
1039 J. Moltmann, Trinität und Reich Gottes, 136.

eigenen. Durch seine Einwohnungen nehmen umgekehrt Menschen an seinem Leben und seinem Wirken Anteil: sie lieben mit seiner Liebe und leiden mit seinen Leiden mit. Der Gott, der in seinen Einwohnungen sich selbst gegenübertritt, wird erkennbar in dem menschgewordenen Sohn, der in der Welt dem Vater gegenübertritt.“[1040]

Moltmann hat in einer frühen Phase seines Denkweges[1041] – vor allem in seinem viel diskutierten Werk „Der gekreuzigte Gott“ – die Erklärung der immanenten durch die heilsökonomische Trinität bis in die These getrieben, dass Gott durch die Identifikation des alttestamentlich bezeugten Gottes mit dem gekreuzigten Nazarener das Andere seiner selbst sich im wahrsten Sinne dieses Wortes *zu eigen* und also zu seinem Sohn gemacht habe. Walter Kasper hat in seinem Kommentar zu Moltmanns Geist-Christologie erklärt, warum die mangelnde Unterscheidung zwischen immanenter und ökonomischer Trinität, zwischen dem präexistenten und dem gekreuzigten Sohn die Freiheit des Schöpfers und des Erlösers und auch die Freiheit der Erlösten untergräbt bzw. durch einen Prozess ersetzt, der im Sinne der Hegel'schen Religionsphilosophie die Geschichte von Entzweiung und Versöhnung als Geschichte Gottes selbst beschreibt[1042].

In Moltmanns Christologie ist es der vom Vater ausgehende Geist, der mit Jesus ein Gegenüber entstehen lässt, das ganz und gar zum Vater gehört, das wirklich sein Sohn wird – so sehr, dass der Vater selber leidet, was er leidet. Wenn aber Jesus erst allmählich zum Sohn *wird*, bleibt die Frage unvermeidlich[1043]: Kann dieser Sohn mehr sein als geschöpfliche „Außenseite“ einer göttlichen „Innenseite“ (des Heiligen Geistes)? Kann ein Mensch so von Gott „in-spiriert“ werden, dass er nicht nur den Weg zum Vater zeigt, sondern selbst dieser Weg ist?

1040 J. Moltmann, Trinität und Reich Gottes, 133.

1041 Vgl. die Reflexionen des Autors über den eigenen Denkweg: J. Moltmann, In der Geschichte des dreieinigen Gottes, 219–240.

1042 Vgl. W. Kasper, Revolution im Gottesverständnis? – Vgl. auch H. U. v. Balthasar, Theodramatik, Bd. III, 297–305.

1043 „Es bleibt […] Moltmann zu fragen, welchen christologischen Stellenwert der *Menschheit* des Logos noch zukommt, wenn einzig und allein alles darauf ankommt, dass *Gott* leidet. Es widerspricht jedenfalls dem altkirchlichen Glauben, die Menschheit des Sohnes zum äußeren Medium (zur Livrée) herabzusetzen, durch das Gott leidend die Glaubwürdigkeit seines Weltengagements unter Beweis zu stellen hat.“ (M. Schulz, Sein und Trinität, 659).

2. Das biblische Fundament der Geist-Christologien

Wenn man die neutestamentlichen Belege herausgreift, die mehr oder weniger ausführlich von allen genannten Geist-Christologen bemüht werden, dann ergeben sich folgende vier Topoi:

a) das Verständnis der von allen vier Evangelisten tradierten Taufszene (Mk 1,9–11; Mt 3,13–17; Lk 3,21f; Joh 1,29–34) im Sinne der Sohn-*Werdung* des Erwählten durch die Herabkunft des Heiligen Geistes;

b) die Deutung der lukanischen Aussagen über eine Salbung Jesu mit dem Heiligen Geist (Lk 4,18f; Apg 10,38) im Sinne der Einordnung dieses Geschehens in die alttestamentlich bezeugte Erwählungsgeschichte;

c) das graduelle Verständnis der Geistbegabung Jesu mit Berufung vor allem auf Joh 3,34;

d) die These, Paulus vertrete in Röm 1,3f eine Zwei-Stufen-Christologie in dem Sinne, dass Jesus auf einer ersten Stufe der von Israel erwartete Messias bzw. Davidide und auf einer zweiten Stufe (mit dem Ereignis der Auferweckung) durch den Heiligen Geist zum „Sohn Gottes in Macht" (→1 Kor 15,45; 2 Kor 3,17) eingesetzt worden sei.

a) Wird Jesus mit seiner Taufe im Jordan zu Gottes Sohn?

Die in den soeben skizzierten Geist-Christologien immer wieder vorgetragene These[1044], Jesus sei mit der Taufe im Jordan im Sinne der alttestamentlichen Texte Ps 2,7 (Adoption des davidischen Königs zum Sohn JHWHs) und Jes 42,1 (Erwählung als Geistverleihung) in ein besonderes Verhältnis zu Gott gesetzt worden und daher, wie Moltmann schreibt, „in ähnlicher Weise ‚der Sohn' wie Israel selbst (Dtn 32,6.18; Jes 3,4) oder Israels König (2 Sam 7,14ff)"[1045], steht exegetisch auf schwachen Füßen.

An Mk 1, dem ältesten Text, lässt sich exemplarisch aufweisen, dass der Evangelist von der Präexistenz eben des Sohnes ausgeht, der in der Taufszene durch den Geist proklamiert bzw. offenbart wird. Wenn man den Anfang des ältesten Evangeliums Zeile für Zeile analysiert, erkennt man, dass Markus in 1,2 den aus Ex 23,20 bzw. Mal 3,1 zitierten alttestamentlichen Text entscheidend verändert. Während JHWH in den Bezugstexten von einem Boten spricht, der ihm selbst den Weg bereitet, spricht Gott in

1044 Vgl. H.-J. Kraus, Rückkehr zu Israel, 154.173; J. Moltmann, Trinität und Reich Gottes, 82; P. Schoonenberg, Der Geist, das Wort und der Sohn, 23.

1045 J. Moltmann, Trinität und Reich Gottes, 83.

Mk 1,2 den Sohn an und redet von dem Boten, der dem Sohn den Weg bereiten soll. Entsprechend verhält es sich mit dem Zitat von Jes 40,1 in Mk 1,3: Während der Jesaja-Text vom Herrichten der Wege *für JHWH* spricht, heißt es im Markus-Text, dass *dem Sohn* die Wege bereitet werden sollen. Gott kommt in diese Welt, indem der präexistente Sohn in diese Welt kommt. Markus spricht von diesem Sohn auf genau dieselbe Weise, in der das Alte Testament von JHWH spricht[1046]; denn er „überträgt Aussagen auf Jesus, die im Alten Testament und im Frühjudentum ausschließlich auf Gott bezogen sind: Die Sturmstillung durch Jesus – Mk 4,41 (vgl. Ps 65,8; 89,10; 107,23–32; Jon 1,10.16); Jesu Erweckung einer Toten durch sein Wort – Mk 5,41 (vgl. Dtn 32,39; 1 Sam 2,6; 2 Kön 5,7 [...]); Jesus geht auf dem Wasser – Mk 6,48 (vgl. Hi 9,8) [...]“[1047]

Der Sohn, von dem die Taufszene spricht, gehört immer schon auf die Seite Gottes; er wird nicht nachträglich auf dessen Seite gestellt. Jesus wird in der Taufszene dem „Wassertäufer“ Johannes als der „Geisttäufer“ gegenübergestellt. Das heißt angesichts der unbestreitbaren Tatsache, dass im AT allein JHWH den Geist ausgießt und die Sünden vergibt: Der Sohn tut, was der Vater tut.[1048] Jesus wird nicht wie der Prophet Tritojesaja (Jes 61,1f) oder der in Israel erwartete Messias (Jes 11,2) geschichtlich mit dem Geist JHWHs ausgerüstet; vielmehr ist er aufgrund seines geistgewirkten Ursprungs immer schon *der* Sohn. Wenn Jesus, der Sündlose, sich vor Johannes einreiht in die Reihe der Sünder, dann ist das kein Hinweis auf sein bloßes Menschsein; im Gegenteil, mit diesem Faktum erweist er sich als der, der als der ganz Andere, nämlich als der Erlöser, zu den Erlösungsbedürftigen herabsteigt – schlussendlich bis ans Kreuz und in das Gefängnis der Sünde (Sheol).

1046 Wie sehr Markus die Präexistenz des Erlösers herausstellen will, wird exemplarisch deutlich in 12,35–37: „Als Jesus im Tempel lehrte, sagte er: Wie können die Schriftgelehrten behaupten, der Messias sei der Sohn Davids? Denn David hat, vom Heiligen Geist erfüllt, selbst gesagt: Der Herr sprach zu meinem Herrn: Setze dich mir zur Rechten, und ich lege dir deine Feinde unter die Füße [Ps 110,1]. David selbst also nennt den Messias ‚Herr‘. Wie kann er dann Davids Sohn sein?“ – Markus stellt in dieser Szene den Messias Jesus auf die Seite Gottes. Denn Jesus kann nicht dem Ursprung nach Davidide sein, wenn er „der Herr“ Davids ist.

1047 J. Weber, Geist-Christologie im Neuen Testament?, 69.

1048 Dazu: O. Hofius, Jesu Zuspruch der Sündenvergebung.

b) Wurde Jesus wie David zum Sohn Gottes gesalbt?

Wenn es in Apg 10,38 heißt, dass Gott Jesus von Nazaret mit dem Heiligen Geist *gesalbt* habe[1049], dann heißt das aus der Sicht der genannten Geist-Christologen[1050], dass Jesus – wahrscheinlich mit der Taufe im Jordan – so ähnlich wie ein König in Israel – zum „Sohn Gottes" bestellt wurde. Allerdings nimmt Apg 10,38 mit keiner Silbe Bezug auf die Taufszene. Und wenn man einen *alttestamentlichen* Bezugstext ausfindig machen will, dann wohl am ehesten Jes 42,1, wo die Begabung des Knechtes mit dem Geist Gottes eine besondere *Erwählung*, nicht aber so etwas wie eine *Adoption* durch JHWH aussagt. In Lk 4,18f überträgt Jesus mit dem Zitieren von Jes 61,1 eine Aussage auf sich, die ursprünglich die *Erwählung* des Tritojesaja und also alles andere als eine *Adoption* durch JHWH bedeutet. Natürlich sind die Erwählten der alttestamentlich bezeugten Heilsgeschichte Geistträger. Lukas spricht immer wieder von solchen Geistträgern, z. B. von Johannes dem Täufer (1,15), von Elisabeth (1,41) und Zacharias (1,67) oder von dem greisen Simeon (2,25). Aber da, wo er von der Überschattung Mariens durch den Heiligen Geist ohne Zeugung durch Josef spricht (1,35), kommt ihm alles darauf an, die völlige Ausnahmestellung des vom Heiligen Geist aus der materiellen Disposition Marias geschaffenen Menschen Jesus zu dokumentieren. Natürlich ersetzt der Heilige Geist nicht die Zeugung eines Mannes; natürlich ist das, was Lukas „Überschattung" nennt, von allen physizistischen oder gynäkologischen Vorstellungen zu befreien, wie Moltmann zu Recht fordert[1051]. Aber geradezu abwegig ist Moltmanns eigene These, dass der Heilige Geist biblisch gesehen niemals *schaffe*, sondern nur *zeuge* und *gebäre*[1052]. Und von keiner Silbe der Heiligen Schrift gedeckt ist Moltmanns feministisch inspirierte These, der Heilige Geist sei Jesu göttliche Mutter und Maria sei die symbolische Verkörperung dieser Mutter[1053].

1049 Über den geschichtlichen Hintergrund der Redeweise von der Salbung in Israel und der Bezeichnung Jesu als des „Christus": M. Karrer, Der Gesalbte, bes. 95–267.

1050 Vgl. H.-J. Kraus, Rückkehr zu Israel, 155; P. Schoonenberg, Der Geist, das Wort und der Sohn, 29.

1051 Vgl. J. Moltmann, Der Weg Jesu Christi, 97.

1052 Vgl. J. Moltmann, Der Weg Jesu Christi, 106.

1053 Vgl. J. Moltmann, Der Weg Jesu Christi, 106. – Abgesehen davon, dass Moltmanns These, Maria verkörpere die „Mutterschaft des Heiligen Geistes", nicht den geringsten Anhalt in Schrift und Tradition findet, sind auch seine religionsgeschichtlichen Anmerkungen zur ‚Jungfrauengeburt' historisch unhaltbar. Dazu: M. Hengel, Der Sohn Gottes, 41–67; J. Gnilka, Exkurs „Die Jungfrauengeburt Jesu"; K. Schubert,

Die neutestamentlichen Perikopen, die eindeutig die jungfräuliche Empfängnis Jesu bezeugen (Mt 1,18–25; Lk 1,26–38), stellen die traditionelle Messiaserwartung geradezu auf den Kopf. Denn Israel hatte einen Messias aus der Nachkommenschaft Davids, also aus dem eigenen Volk, erwartet, der dann gemäß 2 Sam 7,12–16 bei seiner Thronbesteigung zum Sohn Gottes adoptiert wird. In Mt 1,18–25 und Lk 1,26–38 aber verhält es sich im Sinne einer antitypischen Exegese genau umgekehrt: Hier ist der Messias von Anfang an seinem Wesen und Ursprung nach „der Sohn Gottes", der dann – nach seiner Geburt – von dem Davididen Josef adoptiert wird. Diese Antitypik ist, wie Lukas durchgängig bezeugt, die Voraussetzung dafür, dass *dieser* Messias an der Wurzel heilen, nämlich von der Sünde befreien (Lk 1,69; 5,20; 7,47–50; Apg 2,30.38; 4,12; 5,31; 10,43; 19,9; 26,18) kann.

c) Der Evangelist Johannes als Anwalt der Geist-Christologien?

Kraus und Moltmann sehen ihre Geist-Christologien nicht nur von den Synoptikern, sondern auch vom Johannesevangelium bestätigt[1054]. Sie berufen sich besonders gern auf Joh 3,34: „Denn der, den Gott gesandt hat, verkündet die Worte Gottes; denn er gibt den Geist unbegrenzt." – Doch abgesehen davon, dass die jüngere Forschung in dem zitierten Vers das unbegrenzte Geben des Geistes nicht mehr dem Vater, sondern eher dem Sohn zuordnet[1055], spricht der Kontext von der Präexistenz des Sohnes[1056].

Die Jungfrauengeburt im Lichte frühjüdischer Quellen; J. Kügler, Pharao und Christus?

1054 Vgl. H.-J. Kraus, Rückkehr zu Israel, 174; J. Moltmann, Der Weg Jesu Christi, 110; P. Schoonenberg, Der Geist, das Wort und der Sohn, 35f.

1055 Vgl. O. Hofius, „Er gibt den Geist ohne Maß".

1056 Michael Preß vermittelt einen konzisen Überblick über die Forschung zu Axiomen johanneischer Geist-Christologie (vgl. Jesus und der Geist, 163–181). Sein Resümee lautet: „1. Jesus Christus repräsentiert in seinen Worten und Werken Gott, den Vater. – 2. Vater und Sohn verherrlichen sich gegenseitig als Liebe, in die der Hl. Geist die Christen hineinnimmt. – 3. In Jesus Christus wird der präexistente Logos Fleisch. So können seine Worte ewiges Leben schenken. Dem Abstieg (Inkarnation) entspricht der Aufstieg des Sohnes zum Vater in der Erhöhung am Kreuz. Schöpfung und Erlösung sind durch den Sohn vermittelt. – 4. Der präexistente Logos ‚war' Gott. Der erhöhte Christus kann als ‚Gott' angebetet werden. – 5. Der Hl. Geist konstituiert nicht das Sohnsein Christi. Er repräsentiert die Gegenwart Gottes in Jesus und die Gegenwart des Erhöhten in der Gemeinde. Er ist sein Zeuge und Ausleger und seine Gabe. In ihm wird Gott in Wahrheit angebetet. – 6. Heil und Unheil des Menschen entscheidet sich an der Anerkennung Jesu als Sohn Gottes. – 7. Außerhalb des Geistwirkens ist Gott für die Welt unerkennbar." (Ebd., 180f).

In Joh 3,31 wird Jesus als der bezeichnet, der von oben, der vom Himmel kommt. Im nächsten Vers wird er als der erwiesen, der durch sein präexistentes Sehen und Hören beim Vater befähigt ist, die Worte des Vaters zu offenbaren. Die Verse 3,35f lauten: „Der Vater liebt den Sohn und hat alles in seine Hände gegeben. Wer an den Sohn glaubt, hat das ewige Leben; wer aber dem Sohn nicht gehorcht, wird das Leben nicht sehen, sondern Gottes Zorn bleibt auf ihm." Im Blick auf diese Verse bemerkt Hans-Christian Kammler in seiner großen Arbeit über die johanneische Verhältnisbestimmung von Pneumatologie und Christologie: „Weil der Vater von Ewigkeit her dem *präexistenten* Sohn an seiner göttlichen Machtfülle uneingeschränkt Anteil gegeben hat (3,35b), darum besitzt er als der *inkarnierte* die gottgleiche Macht, den Seinen den Geist in unerschöpflicher Fülle und damit die volle eschatologische Heilsteilhabe zu schenken (3,34b)."[1057]

Kurzum: Weil Jesus Christus in Joh 3,31–35 der von Ewigkeit her geliebte präexistente Sohn ist; weil ihm die göttliche Machtfülle von Ewigkeit her zu eigen ist (3,35); weil er das, was er als Präexistenter gesehen und gehört hat, offenbart (3,32); weil er der Eine und der Einzige ist, der *Gottes* Wort redet und den Geist in Fülle zu spenden vermag (3,34), ist er der mit dem Vater *wesenseine* Sohn, an dem sich für jeden Menschen das Verhältnis zu Gott und damit das ewige Heil oder Unheil entscheidet.

Dass Jesus – im Sinne der Geist-Christologien von Kraus, Schoonenberg oder Moltmann – das *Objekt* der Geistbegabung ist und also erst durch *maßlose* Geistbegabung zum Offenbarer der Worte des Vaters befähigt *wird*, lässt sich aus Joh 3,34 nicht einmal dann ableiten, wenn man den eben skizzierten Kontext ausblendet. Im Gegenteil: Die Grundbedingung „dafür, dass der Auferstandene Menschen mit dem Heiligen Geist beschenken kann, ist [...], dass ihm selbst der Geist – in derselben Weise wie Gott – *wesen- und ursprunghaft* eigen ist"[1058]. Felix Porsch kommentiert: „Zwar besitzt der Sohn das Pneuma in Fülle, aber nirgendwo wird im Johannesevangelium gesagt, dass es ihm erst gegeben werden muss."[1059]

1057 H.-C. Kammler, Jesus Christus und der Geistparaklet, 179f.

1058 H.-C. Kammler, Jesus Christus und der Geistparaklet, 181.

1059 F. Porsch, Pneuma und Wort, 104. – „Im Blick auf *das Verhältnis zwischen dem Geistparakleten und Jesus Christus* ist festzuhalten, dass weder der Geistparaklet die Person und das Werk des irdischen Jesus ersetzt oder qualitativ überbietet, noch umgekehrt die christologische Anbindung der johanneischen Pneumatologie zur Folge hat, dass das Sein und Wirken des Geistes vom erhöhten Christus so vollständig absorbiert und verschlungen werden, dass der Geist seine personale Eigenständigkeit verliert. Vielmehr ist der Geist gerade darin er selbst, dass er nichts anderes tut, als den mit dem irdischen Jesus identischen Erhöhten durch seine Christuspredigt zu verherr-

d) Paulus als Lehrer einer Zwei-Stufen-Christologie?

Paulus gilt den meisten Geist-Christologen als der sicherste Gewährsmann. Im Präskript des Römerbriefes sehen sie einen eindeutigen Beleg für eine Zwei-Stufen-Christologie[1060]. Denn da spricht der Völkerapostel von dem „Evangelium des Sohnes, der dem Fleisch nach geboren ist als Nachkomme Davids [erste Stufe], der dem Geist der Heiligkeit nach eingesetzt ist [zweite Stufe] als Sohn Gottes in Macht seit der Auferstehung von den Toten“ (1,3f).

Doch die Deutung dieser Stelle in dem Sinne, dass Jesus an Ostern durch die Kraft des Heiligen Geistes zum Sohn Gottes im Sinne von Ps 2,7 oder Ps 110,3 erhoben (adoptiert) werde, ist aus mehreren Gründen abwegig. Der Sohn, von dem in Röm 1,3f die Rede ist, wird nicht zum Sohn gemacht, sondern als der Sohn, der vom Vater ausgegangen ist und mit dem Osterereignis zum Vater zurückkehrt, ist Jesus „der Sohn in Macht“[1061]. Seine Herrschaft ist nicht erst im Kommen; nein, er ist eingesetzt zum Herrscher über das All. Seine Herrschaft ist keine irdische, sondern eine himmlische Herrschaft. Und deshalb ist der hier von Paulus verwandte Sohn-Gottes-Begriff auch nicht mehr der messianische (Ps 2,7; 2 Sam 7,12–16), sondern ein anderer: „Mit dem Begriff υἱὸς θεοῦ charakterisiert der Apostel Person und Wesen Jesu Christi, denn Jesus Christus ist für Paulus der υἱὸς θεοῦ, den Gott in die Welt sandte (Röm 8,3; Gal 4,4; vgl. Phil 2,7f). Dass Gott seinen Sohn in die Welt gesandt hat (Röm 8,3; Gal 4,4), setzt voraus, dass er von Ewigkeit her bei Gott existiert hat, zu einem bestimmten Zeitpunkt in die Welt gekommen und Mensch geworden ist. [...] Folgerichtig bezeichnet Paulus sowohl den irdischen (Röm 5,10; 8,32; vgl. 8,3; Gal 4,4) als auch den erhöhten (2 Kor 1,19;

---

lichen [...] Das nachösterliche Wirken des Geistes ist dabei als *heilsnotwendig* verstanden. Denn allererst der Geist führt das Heilswerk Christi [...] hinsichtlich seiner subjektiven Seite zum Ziel, indem er den Erwählten die Erkenntnis dessen schenkt, was der Gekreuzigte für sie getan hat.“ (H.-C. Kammler, Jesus Christus und der Geistparaklet, 183).

1060 Vgl. H. Berkhof, Theologie des Heiligen Geistes, 19; H.-J. Kraus, Systematische Theologie, 364; ders., Eine Christologie des Heiligen Geistes, 42f; P. Schoonenberg, Der Geist, das Wort und der Sohn, 57; J. Moltmann, Trinität und Reich Gottes, 103.

1061 „Schlechterdings ausgeschlossen ist demnach die Interpretation von Kraus, der die in Röm 1,4a ausgesagte Einsetzung Jesu zum Gottessohn an den *Empfang* des Heiligen Geistes gebunden sieht. Denn in Röm 1,4a ist vom Geistempfang nicht die Rede, da aufgrund der Wendung κατὰ πνεῦμα ἁγιωσύνης der Heilige Geist nicht Gabe, sondern wirkende Macht ist.“ (J. Weber, Geist-Christologie im Neuen Testament?, 160).

Gal 1,16; 1 Thess 1,10) Jesus als Sohn Gottes. [...] Jesus Christus *ist* nach Paulus [...] seinem Ursprung und Wesen nach der einzigartige Sohn Gottes *in Person*, er wird es nicht erst."[1062]

Otfried Hofius hat detailliert aufgewiesen: Wie dem paulinischen Sohn-Gottes-Begriff, so ist auch dem paulinischen Kyrios-Titel die Überzeugung von der Präexistenz Jesu eingeschrieben[1063]. Paulus nennt den Vater und den Sohn gleichermaßen „Herr" bzw. „Kyrios". Er spricht zum Beispiel in 1 Kor 8,6 von Christus in derselben Weise wie vom Schöpfer. An keiner einzigen Stelle bezeichnet Paulus den Erlöser als Geist-Gesalbten. Jesus ist nicht „die Inkarnation des Heiligen Geistes", wie Kraus und Schoonenberg mit Bezug auf 1 Kor 15,45 behaupten[1064]. Vielmehr ist in 1 Kor 15,45 von dem zum Vater erhöhten Kyrios die Rede, der durch die Sendung des Heiligen Geistes neues Leben schafft. Und auch in 2 Kor 3,17 ist Christus nicht die „Inkarnation des Geistes", sondern hier sagt Paulus, dass nur da, wo Jesus Christus ist, der lebendig machende Geist wirken kann.

3. Geist-christologisch begründete Inkarnationschristologien

Während die bisher skizzierten Geist-Christologien eine trinitätsimmanente Präexistenz des Sohnes ablehnen, unterscheiden die im Folgenden analysierten Entwürfe zwischen immanenter und heilsgeschichtlicher (ökonomischer) Trinität. Im Einzelnen handelt es sich um die Christologien von Heribert Mühlen, Hans Urs von Balthasar und Walter Kasper.

a) Heribert Mühlen

Schon in der Konzilszeit hat sich der Paderborner Dogmatiker Heribert Mühlen (1927–2006) für eine pneumatologische Perspektivierung der Präexistenz- bzw. Inkarnationschristologie ausgesprochen[1065]. Er unterscheidet strikt zwischen dem einmaligen Ereignis der Inkarnation (Aufnahme des Menschseins Jesu in die Person des göttlichen Sohnes) und dem Ereignis der Kirche (Vereinigung der vielen Personen mit der Person

1062 J. Weber, Geist-Christologie im Neuen Testament?, 170f.

1063 Vgl. O. Hofius, Paulusstudien, 1–14.33–49.

1064 Vgl. H.-J. Kraus, Christologie des Heiligen Geistes, 43; P. Schoonenberg, Der Geist, das Wort und der Sohn, 39f.

1065 Entsprechende Publikationen: H. Mühlen, Der Heilige Geist als Person; ders., Una Mystica Persona; ders., Im-Wir-sein.

Christi). Christomonistisch ist, so betont er, nicht die Unterscheidung des einmaligen Ereignisses der Inkarnation von dem geistgewirkten Entstehen der Kirche, wohl aber die These, die Kirche bilde mit Christus, ihrem Haupt, eine personale Einheit in Analogie zur hypostatischen Union des Menschen Jesus mit dem innertrinitarischen Sohn. Denn unter dieser Voraussetzung wäre die Kirche so etwas wie die Fortsetzung der Inkarnation des Logos.

Mühlen bezeichnet den Heiligen Geist als „eine Person in vielen Personen". Er drückt auf diese Weise aus, dass die Einheit, die Gottes Geist bewirkt, die vereinten Personen in demselben Maße zu ihrer je eigenen Personalität befreit, in dem er sie miteinander zu einer Communio zusammenschließt. Denn der Heilige Geist wirkt als ein und derselbe nicht nur unterschiedlich und unterscheidend, sondern er vertieft die personalen Unterschiede zwischen den Personen noch; allerdings so, dass diese Verschiedenheit die Einheit nicht schmälert, sondern potenziert. Mühlen beschreibt den Heiligen Geist auch als das „Wir", das nicht erst die Summe vieler einzelner Personen, sondern die Bedingung der Möglichkeit einer direkten Proportionalität von Einheit und Verschiedenheit ist. Wichtig ist ihm angesichts der vorkonziliaren Corpus-Christi-mysticum-Ekklesiologie, dass das paulinische Bild vom Leib Christi von der Vorstellung befreit wird, die geistgewirkte Personalisierung der Christus-empfänger sei so etwas wie eine „Einverleibung"[1066].

Allerdings bemüht Mühlen die dem Alten Testament entlehnte Vorstellung von einer „Korporativperson" bzw. einem „Groß-Ich", um die Personen, die durch den Heiligen Geist (= eine Person in vielen Personen) personal geeint werden, als wiederum personale Einheit (als ein „Wir") erscheinen zu lassen[1067].

Hans Urs von Balthasar hat Mühlens Bezeichnung der Kirche als „Groß-Ich" oder „Korporativperson" aus verschiedenen Gründen kritisiert[1068]:

1066 Theologiegeschichte geschrieben hat Mühlen mit seiner Formel von der Identität der ungeschaffenen Gnade (= der Heilige Geist als „eine Person in vielen Personen") bei gleichzeitiger Nichtidentität der geschaffenen Gnade in Christus und den Christen. Zu der Diskussion, die Mühlens univoker Personbegriff, seine Unterscheidung der trinitarischen Personen (Ich – Du – Wir) und besonders seine Verhältnisbestimmung von Christologie und Pneumatologie hervorgerufen haben, vgl. den Literaturbericht von Wolfgang Vondey: Die Rezeption der Theologie Heribert Mühlens.

1067 Dazu: S. Ackermann, Kirche als Person, 163–213.

1068 Vgl. H. U. v. Balthasar, Theodramatik II/2, 318–321; ders., Theologik III, 263f. – Die Begriffe „Korporativperson" und „Groß-Ich" wurden von H. W. Robinson (The Hebrew Conception of Corporate Personality) und J. de Fraine (Adam und seine Nachkommen) in die Theologie eingeführt. Robinson wendet diese Begriffe an auf die Repräsentanten des ganzen Volkes (Stammväter, Propheten, Priester), auf das Ich der Psalmen und der Gottesknechtlieder und auf das Phänomen der Verschrän-

(a) weil diese Bezeichnung im Alten Testament nicht in dem von Mühlen vermuteten Sinn verwandt wird;

(b) weil das Wirken des Heiligen Geistes der Inkarnation des präexistenten Sohnes nicht nur *folgt* (Sendung des Heiligen Geistes durch den zum Vater erhöhten Erlöser), sondern der Menschwerdung des Logos auch *vorausliegt* („empfangen durch den Heiligen Geist aus der Jungfrau Maria") ;

(c) weil die Darstellung der Kirche als geistgewirktes „Groß-Ich" in der Ekklesiologie der orthodoxen Kirchen den *Gegenüberstand* (das gründende und leitende ‚Voraus') Christi gegenüber der mit ihm durch den Heiligen Geist verbundenen Kirche zu wenig oder gar nicht wahrt.

Griechisch-orthodoxe Theologen wie Vladimir Lossky, Nikos Angelos Nissiotis und Ioannis D. Zizioulas werfen dem römischen Katholizismus Christomonismus bzw. Geistvergessenheit vor[1069]. Der Vater – so betonen sie – handelt stets durch den Heiligen Geist; er reicht uns Christus durch den Heiligen Geist; er verbindet die Kirche mit Christus durch den Heiligen Geist zu einer einzigen Groß-Person (Universalkirche); und er ermöglicht mittels desselben Geistes die Repräsentation dieser Groß-Person in jeder Ortskirche durch die Person des Ortsbischofs. Die Ortskirche ist so betrachtet eine vom Vater durch den Geist bewirkte Christus-Gemeinschaft, die sich darstellt in der Person des Bischofs; der Bischof ist Repräsentant der geistgewirkten Christus-Gemeinschaft, nicht aber Repräsentant des Gegenübers und des Voraus Christi vor der Kirche.

Heribert Mühlen hingegen wahrt das Gegenüber Christi zur Kirche auch da, wo er das in der orthodoxen Tradition gängige Bild von der Kirche als geistgewirkter Korporativperson verwendet. Christus und Kirche, so betont er, sind in keiner Weise *eine* Person. Nein, Christus steht seiner Kirche in demselben Maße *gegenüber*, in dem er sie durch den Heiligen Geist mit sich *vereinigt*. Nicht der Heilige Geist leitet die Kirche, sondern Christus durch den Heiligen Geist. Der Heilige Geist ist das Prinzip der

kung von Volk und Einzelperson in der Bundesbeziehung. Jede alttestamentliche Korporativperson ist ein Beispiel für das Phänomen einer direkten Proportionalität von Einheit und Unterschiedenheit der beiden Wirklichkeiten „Individuum" und „Gemeinschaft". Denn jede alttestamentliche Korporativperson realisiert ihr eigenes Wesen in dem Maße, in dem sie eine ihr zugehörige Gemeinschaft vertritt. Sie vermittelt Heil durch ihr „Für-Sein". Und umgekehrt: Sie vermittelt Unheil durch das „Für-sich-selbst-Sein".

1069 Vgl. V. Lossky, Essai sur la Théologie Mystique; N. A. Nissiotis, Die Theologie der Ostkirche im ökumenischen Dialog; I. D. Zizioulas, Christologie, Pneumatologie und kirchliche Institutionen aus orthodoxer Sicht.

sakramentalen Vergegenwärtigung des Gründers und des leitenden Hauptes der Kirche – zum Beispiel in der sakramentalen Bevollmächtigung der Apostelnachfolger. Kurzum: Die Sendung des Heiligen Geistes ist nicht so etwas wie das Ereignis, das nach dem erfolgreichen Abschluss der Inkarnation des Logos erfolgt, sondern im Gegenteil die bleibende Vergegenwärtigung des historischen Jesus; also nicht Ersetzung, sondern eher Potenzierung der Inkarnation des Sohnes.

b) Hans Urs von Balthasar

Die oben skizzierten Geist-Christologien erklären das Inkarnationsereignis durch die tendenziell hegelianische Identifikation des biblisch bezeugten Gottes mit „dem Geist", der jedem Geschöpf in unterschiedlichem Maße immanent ist und Jesus als einen besonders intensiv inspirierten Menschen ausweist. Gegenüber dieser Relativierung des Ereignisses der Inkarnation als eines unter anderen Phänomenen besonders intensiver Inspiration stellt Heribert Mühlen seine Unterscheidung zwischen immanenter und heilsgeschichtlicher Trinität. Anders gesagt: Die neutestamentlich tradierte Geschichte Jesu ist nicht die Geschichte der Gottes-Sohn-*Werdung* Jesu, sondern der präexistente Sohn offenbart seine Beziehung zum Vater (das, was er als zweite trinitarische Person ist) *als* der Mensch Jesus[1070].

Nicht der präexistente Sohn ist „Frucht" des Heiligen Geistes, wohl aber – so betont Hans Urs von Balthasar – das Ereignis der Inkarnation dieses Sohnes[1071]. Der Geist schafft aus der materiellen Disposition Mariens den Menschen, den er hypostatisch (personal) mit dem präexistenten Sohn eint. Balthasar spricht von zwei Stadien der Heilsgeschichte[1072]. Im ersten Stadium kommt dem Heiligen Geist eine aktive (spiratio activa) Rolle zu, im zweiten die passive (spiratio passiva) des Gesandtwerdens durch den erhöhten Christus vom Vater her. Balthasar bezeichnet die besagte „Dop-

1070 Dazu in Gestalt einer kritischen Analyse: J. B. Banawiratma, Der Heilige Geist in der Theologie von Heribert Mühlen, bes. 178–182.

1071 Vgl. H. U. v. Balthasar, Theodramatik II/2, 320f; ders., Theologik III, 41.44.156f.

1072 Zu den trinitätstheologischen und speziell pneumatologischen Implikationen der Balthasar'schen Unterscheidung zwischen dem „status exinanitionis" und dem „status exaltationis": G. Vandevelde-Daillière, L'inversion trinitaire chez H. U. von Balthasar; J.-N. Dol, L'inversion trinitaire chez Hans Urs von Balthasar.

pelrolle" des Heiligen Geistes mit dem Terminus „trinitarische Inversion" oder „heilsökonomische Umkehrung"[1073].

Balthasar kennt die oben skizzierte Geschichte der von England ausgehenden Geist-Christologie. Und er kennt Pannenbergs Bemerkung[1074], „dass jede Christologie, die mit der Gegenwart des Geistes in Christus beginnt, unfehlbar dem Adoptianismus verfällt"[1075]. Deshalb betont er,

1073 „Das Bewusstsein Jesu, die Sendung des Vaters empfangen zu haben und sie in der Welt gesamthaft zu verkörpern, ist unvordenklich. Aber es ist ein Bewusstsein, in der innersten Freiheit sich mit einem Auftrag identifiziert zu haben, der *gegeben* worden ist und um jeden Preis durchgeführt werden muss, der also vollkommenen Gehorsam erfordert. Gehorsam aber besagt: nicht selber verfügen, sondern sich verfügen lassen. Sofern nun ein solches Sich-verfügen-Lassen Jesu ebenso ursprünglich ist wie sein Ich-Bewusstsein, kann schon sein Menschwerden zwar ein freies und freiwilliges sein, aber nicht das Ergebnis eines Selbstverfügens. In der Freiheit des Bejahens der Sendung kann der gehorchende Sohn völlig eins sein mit dem frei sendenden Vater; aber wo die Differenz zwischen Verfügen und Gehorchen aufscheint, tritt notwendig auch eine ausgleichende Vermittlung zwischen Vater und Sohn auf, die nur dem Heiligen Geist zukommen kann. Die Aussage des Apostolicum: *et incarnatus* est *de Spiritu Sancto ex Maria Virgine* zeigt das Verhältnis von Sohn und Geist bei der Menschwerdung genau an, in unmittelbarem Anschluss an Lk 1,35, wo zwei aktive Verben das Wirken des ‚Heiligen Geistes' bzw. der ‚Kraft des Allerhöchsten' beschreiben (‚wird über dich kommen', ‚wird dich überschatten'), während das Produkt dieses Wirkens durch ein passives Partizip ausgedrückt wird (*to gennomenon*)." (H. U. v. Balthasar, Theodramatik II/2, 167f). – „Wird am Gedanken festgehalten, dass die Menschwerdung des Sohnes bereits ein Akt seines personalen ökonomischen Gehorsams ist, dann wird es unmöglich, die Überschattung der Jungfrau als einen den drei göttlichen Personen gemeinsamen Akt zu verstehen; sie muss ein dem Geist personal zukommender sein. Man könnte gegen die Idee, dass der Logos sich seine menschliche Natur nicht selber nimmt, Phil 2,7 anführen, wo von einem Nehmen (*labon*) ‚der Gestalt Mensch' die Rede ist. Aber dieser Aussage geht die andere voraus: dass der präexistente Christus an seiner Gottgestalt ‚nicht glaubte festhalten zu müssen, sondern sich ausleerte' (Phil 2,6) […]. Dieses primäre Nicht-Festhalten bestimmt die ganze Haltung des Sohnes in seinem Menschwerden: im dieses zum Ziel habenden Gehorsam *lässt* er sich durch den Geist in den Schoß der Jungfrau tragen, und der Tragende kann nicht er selbst sein, sondern nur der Geist." (H. U. v. Balthasar, Theologik III, 42). – „Es verdeutlicht sich auch, weshalb in der ökonomischen Trinität eine Inversion gegenüber der immanenten stattfinden musste: einzig um des Knechtwerdens des Herrn willen. Im Geist des gehorsamen Knechtes liegt es nicht, sich als der Herr über den Geist zu gebärden; da der Sohn seine ‚Gottgestalt' beim Vater ‚hinterlegt' und ‚sich ausleerte, indem er die Sklavengestalt annimmt', stellt er die in seiner liebenden Antwort an den Vater ewig schon vorhandene Bereitschaft ihm gegenüber heraus, jene Haltung, die dem reinen Geschöpf gebührt, aber urbildlich immer schon im ewigen Sohn liegt, so dass er ohne Veränderung seines Gottseins die Ähnlichkeit (oder Gleichheit) des Menschen annehmen […] konnte" (Ebd. 187).

1074 Vgl. W. Pannenberg, Jesus – God and Man, 120f.

1075 H. U. v. Balthasar, Theologik III, 33.

dass die besagte Abhängigkeit des Geschehens der Inkarnation vom Wirken des Heiligen Geistes nicht die innertrinitarische Differenz des Sohnes vom Vater, sondern die personale Union des göttlichen Sohnes mit dem aus Maria geborenen Menschen erklärt. Die Richtigkeit dessen, was er als „trinitarische Inversion“ beschreibt, hängt von der Betonung der Unabhängigkeit der immanenten von der ökonomischen Trinität ab.

Die Negativfolie der pneumatologisch gewendeten Christologie Balthasars ist die von Hegel vertretene. „Hegel“, so bemerkt er, „stellt ohne Zweifel den umfassendsten Entwurf einer Geist-Christologie dar“[1076]; aber zugleich das Gegenteil dessen, was dem Neuen Testament entspricht. Das Kriterium zur Unterscheidung einer biblischen von einer unbiblischen Geist-Christologie liegt in der Frage, ob der jeweilige Autor die immanente von der heilsgeschichtlichen Trinität unterscheidet. Und im Blick auf Hegels „Religionsphilosophische Vorlesungen“ bemerkt Balthasar: „Ja, Hegel zielt eine immanente Trinität an, aber so, dass sie die ökonomische in sich ‚aufhebt‘, indem sie beim Durchgang durch die Zeit ‚die Zeit tilgt‘.“[1077]

Mit der Erhöhung des Erlösers zum Vater sieht Balthasar die besagte Inversion aufgehoben. Der durch das Wirken des Heiligen Geistes aus der Jungfrau Maria geborene Sohn ist nach seiner Erhebung „zur Rechten des Vaters“ der mit dem Vater den Heiligen Geist Sendende[1078]. Kaum ein Theologe betont so dezidiert wie Balthasar, dass es keine Gnade oder Rechtfertigung, kein Verstehen Gottes an dem Fleisch gewordenen Sohn vorbei gibt[1079]: Stets zu beachten ist, so schreibt er, „dass der Heilige Geist nicht sein eigenes Werk betreibt, sondern das Werk Christi betreut und zur Entfaltung bringt: er ist sein Ausleger. ‚Die Gesundheit einer Pneumatologie ist ihr Hinweis auf Christus.‘ Der Geist lehrt uns bekennen: ‚Jesus ist der Herr.‘ (1 Kor 12,3). Seine ‚Charismen‘ haben deshalb insgesamt keine andere Absicht, als den ‚Leib Christi‘ aufzubauen (ebd. 12).“[1080]

Dem Verhältnis des zum Vater erhöhten Sohnes zum Heiligen Geist entspricht in Balthasars „Theologik“ die Unterscheidung zwischen objektiver und subjektiver Heiligkeit. Allerdings werden die dem inkarnierten

1076 H. U. v. Balthasar, Theologik III, 34.
1077 H. U. v. Balthasar, Theologik III, 35.
1078 Zur Problem- und Auslegungsgeschichte des „filioque“: P. Gemeinhardt, Die Filioque-Kontroverse zwischen Ost- und Westkirche im Frühmittelalter; B. Oberdorfer, Filioque; M. Böhnke / A. E. Kattan / B. Oberdorfer (Hg.), Der Streit um das Filioque.
1079 Vgl. H. U. v. Balthasar, Theologik III, 234–380.
1080 H. U. v. Balthasar, Theologik III, 363.

Logos entsprechenden Topoi objektiver Heiligkeit – Tradition, Schrift, Amt, Verkündigung und Liturgie, Sakramente, Kirchenrecht, Theologie – als Gnade (*gratia externa*) verstanden und also als Größen, die fruchtlos bleiben ohne die geistgewirkte Annahme durch den je einzelnen Gläubigen (*gratia interna*). Das objektive Christusereignis und dessen Ankommen im einzelnen Gläubigen durch den mit Christus verbindenden Geist gehören zusammen; *gratia externa* und *gratia interna,* objektive und subjektive Heiligkeit sind voneinander nicht trennbar.

Wo immer das Geistwirken unabhängig vom Inkarnationsereignis betrachtet und wo immer der zum Vater erhöhte Erlöser mit dem Heiligen Geist identifiziert wird, ist die Kirche nicht heilsnotwendiges Sakrament Jesu Christi, sondern nachträgliche Versammlung der vom Geist Inspirierten. Deshalb widmet Balthasar dem von Irenäus stammenden Bild von den beiden Händen (Sohn und Geist) des Vaters ein eigenes Kapitel, das er wie folgt einleitet: „Die zwei Hände des Vaters wirken nicht jede für sich nebeneinander, sie wirken auch nicht nacheinander (als käme der Geist erst, wenn Christi Werk abgeschlossen ist), sondern auf sehr differenzierte Weise mit- und ineinander, da ja der Geist immer auch der eigene Geist Christi ist."[1081] Von daher verbietet sich jede Parataxe einer geschichtlich bedingten „Kirche des Sohnes" und einer universalen „Kirche des Heiligen Geistes"; unbiblisch nennt Balthasar alle Gestalten von Joachimismus[1082] und

1081 H. U. v. Balthasar, Theologik III, 169.

1082 Joachim von Fiore (1130–1202) sieht das Grundprinzip der Geschichtsentwicklung in einer ständig fortschreitenden Vergeistigung der Menschheit. Er unterscheidet zwischen einem Zeitalter des Vaters, des Sohnes und des Heiligen Geistes. „Joachims Zeitalterlehre [...] stellt sich bei genauerer Betrachtung [...] komplizierter dar, als sie zunächst erscheint. Denn die einzelnen Zeitalter überlappen sich. Jede Epoche hat gewissermaßen einen doppelten Ursprung: die Zeit der Aussaat und die Zeit des Fruchtbringens. Entsprechend gibt es im Blick auf das Ende einen Zeitpunkt des Endes und des Sterbens. Das erste Zeitalter nahm seinen Anfang mit Adam und wurde endgültig aufgerichtet mit den Patriarchen und Mose. Das zweite Zeitalter keimte mit dem König Usija und beginnt Früchte zu tragen mit Jesus Christus und den Aposteln. Das dritte Zeitalter schließlich würde eingeleitet bereits durch den seligen Benedikt, dessen Ordensgründung in ihrem gegenwärtigen Zustand vorausgebildet ist durch die Jungfrau Maria vor ihrem Gebären. Es wird seine Frucht aber erst tragen in der Endzeit nach der Wiederkehr des Elija dem Geiste nach. Joachims Zeit ist somit als Zeit des Übergangs vom zweiten zum dritten Zeitalter gekennzeichnet: ‚Wie Christus den Schleier des Mose entfernt hat, so wird der Heilige Geist den Schleier des Paulus entfernen'." (R. Voderholzer, Die Einheit der Schrift, 405). – Joseph Ratzinger erklärt in seiner Habilitationsschrift zu Bonaventuras Kritik an Joachim: „Der Unterschied, der Bonaventura von Joachim trennt, [...] heißt: Christozentrik. Der Gedanke eines Zeitalters des Heiligen Geistes, der in der joachimschen Fassung die Mittelstellung Christi aufhebt, wird bei Bonaventura als

alle Antagonismen zwischen Amt und Charisma, Institution und Pneuma, Gehorsam und Freiheit, Dogma und Glauben, Aktion und Kontemplation, Gegenwart und Zukunft[1083].

Im Rahmen eines vergleichenden Überblicks kann der Reichtum von Balthasars Ausführungen über die Verhältnisbestimmung von Christologie und Pneumatologie nur angedeutet, nicht ausgeführt werden. Deshalb sei hier auf die entsprechenden Monografien von Tossou, Blättler, Schumacher und Endre verwiesen[1084].

c) Walter Kasper

Walter Kasper ist der erste Autor eines christologischen Handbuches, das die Grundanliegen der geschilderten Entwicklung aufgreift und zugleich kritisch scheidet und unterscheidet. Er hat schon in der ersten Auflage seiner Christologie den Grundfehler Piet Schoonenbergs in dessen mangelnder Unterscheidung zwischen immanenter und heilsgeschichtlicher Trinität gesehen und Rahner deshalb grundlegend anders als der Niederländer interpretiert[1085].

Man darf Kasper aufgrund seiner bahnbrechenden Habilitationsschrift über das Freiheitsdenken Schellings[1086] als Vordenker jener Freiheitsanalyse bezeichnen, die das Werk seines Schülers Thomas Pröpper durchgängig bestimmt. Jedenfalls unterscheidet sich die Geist-Christologie Walter Kaspers von allen Entwürfen, die das Gegenüber von Schöpfer und Schöpfung als Prozess des Absoluten bzw. als Selbstunterscheidung des Abso-

---

solcher nicht übernommen. […] So geht es Bonaventura darum, […] Christus als die wahre Mitte, den Wendepunkt der Geschichte zu erweisen. Der Grundgedanke von Bonaventuras Geschichtsschema, der zugleich eine entscheidende Abhebung von Joachim bedeutet, heißt: Christus die Mitte von allem.“ (J. Ratzinger, Offenbarungsverständnis und Geschichtstheologie Bonaventuras, 589f). – Zu dem noch wenig erforschten Phänomen immer wieder neuer Gestalten von Joachimismus in der europäischen Geistesgeschichte: E. Benz, Ecclesia spiritualis; G. Wendelborn, Gott und Geschichte; H. de Lubac, La posterité spirituelle de Joachim de Fiore; W. Gould / M. Reeves, Joachim and the myth of the eternal evangel in the nineteenth and twentieth centuries.

1083 Vgl. H. U. v. Balthasar, Pneuma und Institution, bes. 119–383.

1084 Vgl. K. K. J. Tossou, Streben nach Vollendung; P. Blättler, Pneumatologia crucis; T. Schumacher, Perichorein; H. Endre, Die Schwerpunkte der Pneumatologie Hans Urs von Balthasars.

1085 Vgl. Z. Joha, Christologie und Anthropologie, 216–220; M. Doss, Christ in the Spirit, 111–178.

1086 Vgl. W. Kasper, Das Absolute in der Geschichte, bes. 266–284.

luten verstehen. Kasper denkt den biblisch bezeugten Gott als die Liebe, deren Signatur unbedingte Freiheit ist. Gott als Vater ist das Geschenk unbedingter Andersheit und also der Sohn, der seinerseits unbedingte Anerkennung der Andersheit des Vaters ist. Von daher ist die Signatur Gottes als des Heiligen Geistes die Gleichursprünglichkeit unbedingter Einheit und unbedingter Unterschiedenheit. Der Gott, der Heiliger Geist bzw. unbedingte Liebe ist, ist eine Beziehung und als solche das Geschenk nicht notwendiger Andersheit, das Geschenk von Zeit bzw. Möglichkeit. Natürlich ist Gott als Quelle der Zeit nicht vergänglich (der Zeit unterworfen). Aber wo der Gott, der als die Liebe das Geschenk nicht notwendiger Andersheit (Freiheit) ist, das Andere seiner selbst, nämlich die Schöpfung, will, da entsteht etwas, was nicht notwendig und also „mit Freiheit aufgeladen" ist. Der Schöpfungsakt ist so wenig notwendig wie die Schöpfung. Gott konstituiert sich nicht durch die Schöpfung; und er personalisiert sich nicht durch den Menschen Jesus. Gott ist das Geschenk wirklicher (unbedingter) Andersheit bzw. Freiheit – als Schöpfer und als Erlöser. Eben deshalb verbindet Walter Kasper seine Trinitätslehre mit dem Postulat einer Reformulierung der traditionellen Analogielehre in Kategorien der Freiheit[1087].

Vor diesem Hintergrund ist offensichtlich, dass sich der amerikanische Jesuit Philip Rosato für seine „Spirit Christology"[1088] zu Unrecht auf Walter Kasper beruft. Denn im Unterschied zu diesem *identifiziert* Rosato die innertrinitarische Selbstunterscheidung des Sohnes vom Vater mit der geschichtlich gelebten Selbstunterscheidung Jesu vom Vater.

Mit Balthasar und gegen Mühlen betont Kasper, dass nicht nur die Universalisierung des Christusereignisses, sondern – im Sinne der oben beschriebenen „Inversion" – auch das Christusereignis selbst Frucht des Geistwirkens ist. Prägnant auf den Punkt gebracht: „Der Geist ist [...] die eigentliche Vermittlung zwischen Gott und Mensch in Jesus Christus (gratia unionis) wie zwischen Jesus Christus und uns (gratia capitis)."[1089]

Natürlich ist Christus nicht die Inkarnation des Heiligen Geistes, sondern die geistgewirkte Inkarnation des präexistenten Sohnes. Aber – und darauf kommt es Kasper an – die Einheit von Gott und Mensch in Christus lässt sich nur dann angemessen verstehen, wenn man pneumatologisch die Differenz ebenso im Blick hat wie die Einheit. Was das bedeutet, ist theologisch nicht einmal ansatzweise durchdacht. Geradezu program-

1087 Vgl. W. Kasper, Der Gott Jesu Christi, bes. 180–183.
1088 Vgl. P. Rosato, Spirit Christology. – Dazu: M. Doss, Christ in the Spirit, 138–149.
1089 W. Kasper, Aufgaben der Christologie heute, 149.

matisch formuliert Kasper in einem Beitrag über Anforderungen an eine künftige Christologie: „Die Wiederentdeckung der pneumatologischen Dimension stellt uns [...] vor die wohl wichtigste und weitreichendste Umorientierung in der Christologie. [...] Hat man das einmal verstanden, dann wird erst verstehbar, [...] wie die Kirche ganz der Botschaft Christi treu und doch auch ganz offen sein kann für die Fragen der Zeit, wie sie ganz Institution und ganz Charisma sein kann. [...] Wir werden zugeben müssen, dass wir mit einer solchen Pneuma-Christologie noch in den allerersten Anfängen stecken."[1090] In der traditionellen Schultheologie sieht Kasper kaum oder gar nicht beachtet, dass der Heilige Geist in der Inkarnation des präexistenten Sohnes Gott als ein Verhältnis, eine Beziehung offenbart, die, weil unbedingte Liebe, auch die Offenbarung des Überschusses und des Überschwangs „der Freiheit in der Liebe zwischen Vater und Sohn ist"[1091]. Kasper wörtlich: „Der Geist ist gleichsam der Überfluss und die Person gewordene Freiheit in der sich selbst mitteilenden Liebe zwischen Vater und Sohn. Er ist das Innerste in Gott, Einheit in sich selbst überschreitender Freiheit, und zugleich das Äußerste, die Freiheit und Möglichkeit in Gott, sich in einer neuen Weise, d. h. nach außen nochmals mitzuteilen. Der Geist ist also sowohl in Gott wie zwischen Gott und der Welt das Band der Einheit, einer Einheit in der Liebe, die, indem sie eint, zugleich freisetzt. Er ist die Freiheit und der Überfluss der Liebe Gottes."[1092]

Immer wieder betont Kasper, dass der Geist, der die Christen mit Christus verbindet, nicht nur der einende, sondern auch der freisetzende, nicht nur der „Spiritus Redemptor", sondern auch der „Spiritus Creator" ist[1093]. „Der Geist bewahrt das Evangelium nicht wie einen toten Besitz, er erhält es stets jung und frisch (*Irenäus, Adv. Haer. III,24,1).* Er ist nach dem Glaubensbekenntnis ein herrscherlicher, Leben spendender Geist *(Dominum et vivificantem),* der immer wieder für Überraschungen gut ist. Er rüttelt die Kirche auf, indem er charismatisch begabte Menschen be-

---

1090 W. Kasper, Aufgaben der Christologie heute, 146.149. – In seiner Einführung in einen pneumatologischen Sammelband bemerkt Kasper: „Die wichtigste wissenschaftliche Aufgabe besteht in der Erneuerung der Pneumatologie. Denn der Geist ist ja die subjektive Wirklichkeit und Möglichkeit der objektiven Offenbarung in Jesus Christus. Er ist deren Erinnerung und Vergegenwärtigung. Nur im Geist haben wir Zugang zu Jesus Christus (1 Kor 12,3) und zum Vater (Röm 8,15; Gal 4,6). Das Problem der spirituellen Dimension der Theologie lässt sich deshalb letztlich nur pneumatologisch lösen." (Einführung, 10).

1091 W. Kasper, Jesus der Christus, 372.

1092 W. Kasper, Die Kirche Jesu Christi I, 293.

1093 Vgl. W. Kasper, Die Kirche Jesu Christi I, 70.293.

ruft, die das apostolische Erbe vor Verkrustungen bewahren und es wieder frisch und jung machen, indem er Erneuerungsbewegungen anstößt, die bewährte alte Formen erneuern und neue Formen der Frömmigkeit und des geistlichen Lebens erschließen, und der Kirche, oft nach Zeiten der Krise, neu einen Weg in die Zukunft öffnen.“[1094]

Kasper spricht im Blick auf die nachtridentinische Kirche von drei Symptomen eines gewissen Christomonismus[1095]. Da ist erstens (1) die zunehmende Bindung des Geistes an die Institution und die Domestizierung des Geistes durch seine Beschreibung als Seele der hierarchischen Kirche. Da ist zweitens (2) die Fortschreibung der augustinischen These von dem gemeinsamen Handeln der drei göttlichen Personen nach außen bis dahin, dass man es in der Regel nicht mehr wagt, von der zum Eigensein befreienden Einwohnung des Heiligen Geistes in der Einzelperson jedes Gläubigen zu sprechen. Und da ist drittens (3) die gegen den Joachimismus (Lehre von einem Zeitalter des Geistes nach dem Zeitalter des Sohnes) und gegen Teile des Protestantismus gerichtete These, es könne keinen heilsgeschichtlichen Fortschritt über Jesus Christus hinaus geben. Mit Pannenberg[1096] betont Kasper, dass das Phänomen des Geistes wie das des Heiligen Geistes immer auch mit „Ek-stasis“, mit Selbstüberschreitung, verbunden ist. Das äußert sich auf Seiten der Empfänger in einem Gehorsam, der nicht Anpassung, sondern Christustreue und als Christustreue zum Beispiel Aufbrechen des Gegebenen ist. Kasper betont einerseits, dass Christus „das Kriterium für die Unterscheidung der Geister (1 Kor 12,3)“[1097] ist. Aber er schreibt auch: Die „Vergegenwärtigung Jesu Christi durch den Geist geschieht nicht nach der Weise des toten Buchstabens, sondern in der Weise der Freiheit[1098]. […] Wir können auch sagen: Durch Jesus Christus ist das endgültig und unüberbietbar Neue angekommen; der Geist stellt uns dieses Neue immer wieder in seiner Neuheit zur Verfügung; er ist der von Gott her offene Raum des je Neuen, die stets neue Macht des neuen Seins.“[1099]

Leonardo Boff hat die ekklesiologische Bezeichnung „Grundsakrament Christi“ schon in seiner Promotionsschrift durch die Erklärung der Kir-

1094 W. Kasper, Die Kirche Jesu Christi I, 74.
1095 Vgl. W. Kasper, Die Kirche Jesu Christi I, 281–288.
1096 Vgl. W. Pannenberg, Ekstatische Selbstüberschreitung als Teilhabe am göttlichen Geist; W. Kasper, Die Kirche Jesu Christi I, 290.
1097 W. Kasper, Die Kirche Jesu Christi I, 294.
1098 Über den für Kaspers Christologie und Ekklesiologie schlechthin zentralen Gedanken der geistgewirkten Stellvertretung Christi: K.-H. Menke, Stellvertretung, 339–354.
1099 W. Kasper, Die Kirche Jesu Christi I, 292f.

che als „Sakrament des Geistes" ersetzt[1100] und später für eine Substitution des christozentrischen durch ein pneumatozentrisches Modell von Kirche plädiert: „[Christozentrisches Modell:] Gott → Christus → Apostel → Bischöfe → Priester → Gläubige (In diesem Verständnis hat der Gläubige – außer dem Recht zu empfangen – nichts. Bischöfe und Priester haben alles bekommen: ein wahrer Kapitalismus. Sie produzieren die religiösen Werte, die das Volk konsumiert. Monarchischer und pyramidenhafter Stil) ↔ [Pneumatozentrisches Modell:] Christus / Heiliger Geist → Gemeinde als Volk Gottes → Bischof / Priester / Koordinator (Alle Dienste dem Volk Gottes, im Volk Gottes und für das Volk Gottes. Die Dienste kommen erst an zweiter Stelle, die Gemeinde kommt zuerst. Brüderlicher und gemeinschaftlicher Stil. Flexibel, Dienste je nach Bedürfnissen)"[1101].

Boff verlegt den eigentlichen Offenbarungsakt von der Ebene der Inkarnation auf die Ebene der Inspiration. So gesehen ist nicht das dem Logos hypostatisch geeinte Menschsein Jesu das Ursakrament, sondern die vom „pneumatischen Christus" inspirierte Kirche. Nicht die dreiunddreißig Jahre des Lebens und Sterbens Jesu sind die Offenbarkeit des Logos, sondern die vom pneumatischen Christus inspirierten Gemeinden. Der folgende Passus in Boffs Dissertation hat geradezu gnostische Züge: „Als Auferstandener wird Jesus von der Eingeengtheit, von der Vorläufigkeit und Abkapselung in der raumzeitlich gebundenen Vorhandenheit befreit und geht in den offenen Seinsbezug des Universums ein."[1102] Der verklärte Herr *ist* das Pneuma[1103]. Und die Kirche ist in Gestalt vieler Konfessio-

1100 Vgl. L. Boff, Die Kirche als Sakrament, 370f.

1101 L. Boff, Kirche: Charisma und Macht, 236. – Boff beschwört die geistgewirkte Einheit der Brüder und Schwestern anstelle einer durch Autorität erzwungenen Einheit der Institution. Seine Folgerungen für die Unterscheidung zwischen dem besonderen Priestertum der Apostelnachfolger und dem gemeinsamen Priestertum aller Gläubigen ergeben sich von selbst: „Die apostolische Sukzession", so schreibt er, „ist also nicht auf die Sukzession der hierarchischen Funktionen eingeengt und bringt damit keine Trennung von Anfang an in die Kirche zwischen denen, die solche Funktionen haben, und denen, die sie nicht haben. Diese Trennung in den Diensten kommt erst später." (Ebd. 219).

1102 L. Boff, Die Kirche als Sakrament, 374.

1103 „Die Wunder sind für Lukas, im Gegensatz zu Markus und Matthäus, keine Zeichen des Geistes Gottes, sondern Zeichen der Macht Jesu selbst, der voll des Heiligen Geistes ist (Lk 5,17; 6,19). Deshalb kann ein englischer Theologe [George Tyrell] mit Recht sagen: ‚Jesus hatte nicht den Geist, er war der Geist. Was Moses hatte, war er. Paulus setzt Christus mit dem Geiste gleich. Jesus selbst war *das große Sakrament* und das wirksame Sinnbild göttlichen Lebens und Geistes [...] Er war nicht ein Prophet, der im Namen des Geistes sprach, sondern der Geist selbst in menschlicher Form.'" (L. Boff, Kirche: Charisma und Macht, 257); L. Boff, Kirche: Charisma und Macht, 219.

nen und vieler Ortskirchen das Sakrament des Pneumas. Autorität gibt es nicht gegenüber den Ortskirchen und Gemeinden, sondern nur als deren Funktion. Wo immer der pneumatische Christus manifest wird, da ist Kirche – manchmal nur im Sinne einer Suchbewegung. Als Suchbewegungen sind alle Religionen anfanghafte Erscheinungen des pneumatischen Christus. Schon in seinem 1972 veröffentlichten Erstlingswerk bemerkt Boff: „Somit sind die Religionen ordentliche Heilswege zu Gott aufgrund der allgemein sakramentalen Heilsgeschichte. Indem sie ordentliche Wege zu Gott sind, vergegenwärtigen sie in verschiedener Weise Elemente, die in ihrer Fülle nur in der eschatologischen Gemeinschaft der Kirche (*sacramentum* im engeren Sinn) zum Ausdruck kommen."[1104]

Vor diesem Hintergrund mag es überraschen, dass auch Walter Kasper die Kirche als „Sakrament des Geistes" bezeichnet[1105]. Problematisch ist diese Bezeichnung nicht nur, weil sie von Leonardo Boff als Alternative zur Erklärung der Kirche als Grundsakrament Jesu Christi betrachtet wird. Ebenso fragwürdig ist die mit diesem Begriff verbundene Vorstellung, die sakramentale Darstellung des Heiligen Geistes in der Kirche insgesamt und in den einzelnen Christen könne etwas anderes oder zumindest „mehr" zum Ausdruck bringen als das, was man in der geistlichen Tradition „Christusförmigkeit" nennt. Allerdings stellt Kasper im Unterschied zu Boff unmissverständlich klar: „Das wichtigste und grundlegendste Kriterium für die Unterscheidung der Geister ist Jesus Christus. ‚Keiner, der aus dem Geist redet, sagt: Jesus sei verflucht! Und keiner kann sagen: Jesus ist der Herr! – wenn er nicht aus dem Heiligen Geist redet' (1 Kor 12,3). Der Geist will ja nicht aus dem Eigenen nehmen, sondern Wort und Werk Jesu Christi erinnernd vergegenwärtigen (Joh 14,24; 16,23f). So ist jede Geisterfahrung an das ein für allemal gesetzte Maß Jesu Christi gewiesen."[1106] Der Heilige Geist ist also keine zweite Selbstoffenbarung oder eine eigene Repräsentation des Vaters in Welt und Geschichte. Wo Kasper von der Sakramentalität des Geistes spricht, meint er ausdrücklich „die wirksame Gegenwart und geschichtliche Existenzform des Geistes Jesu Christi"[1107]. Er nennt in seinem erstmals 1976 veröffentlichten Aufsatz über die Kirche

1104 L. Boff, Die Kirche als Sakrament, 439.

1105 Vgl. den Aufsatz: W. Kasper, Die Kirche als Sakrament des Geistes (Erstaufl. 1976; 2008 aufgenommen in: Die Kirche Jesu Christi I, 281–305). – Zur Begründung des Terminus „Sakrament des Geistes" vgl. M. Kehl, Kirche – Sakrament des Geistes.

1106 W. Kasper, Einführung, 11. – Dazu: N. Podhorecki, Offenbarung – Schrift – Tradition, 265f.

1107 W. Kasper, Die Kirche Jesu Christi I, 297.

als Sakrament des Geistes drei Gründe für die Aufnahme dieser Bezeichnung in seine Ekklesiologie:

Erstens (1) will er der noch von Pius XII. in der Enzyklika „Mystici corporis“ (1943) vertretenen Auffassung entgegentreten, der Heilige Geist sei die Seele des Leibes der Kirche[1108]; insbesondere der damit verbundenen These, die Kirche Jesu Christi sei *identisch* mit der sichtbar im Papst geeinten römisch-katholischen Kirche[1109].

Zweitens (2) will Kasper mit der Verknüpfung der Begriffe „Geist“ und „Sakrament“ betonen, dass das Wirken des Geistes Christi immer in die Verleiblichung, in die konkrete, weil sichtbare Einheit führt. Im Unterschied zu Boff verwendet er den Begriff „Sakrament des Geistes“ nicht deshalb, weil eine Repräsentation des Geistes im Vergleich zu einer Repräsentation des historischen Jesus Christus dynamisch statt statisch, pluriform statt uniform ist. Kasper ist überzeugt, dass eine Kirche, die Spaltungen überwinden will, zu einer *sichtbaren* Einheit der *sichtbaren* Vielheit gelangen muss, statt in doketischer Manier die Einheit auf der *unsichtbaren* und die Vielheit auf der *sichtbaren* Ebene anzusiedeln[1110]. Allerdings, so meint

---

1108 W. Kasper verwendet die ekklesiologische Bezeichnung „Sakrament des Geistes“ auch in seinem 2011 publizierten Werk „Katholische Kirche“ (vgl. 208–211), urteilt darin (203) aber über die augustinische Bezeichnung des Heiligen Geistes als „Seele der Kirche“ weniger abweisend als in früheren Veröffentlichungen. – Zum Verhältnis von Christus, Geist und Kirche bei Augustinus: F. Genn, Trinität und Amt nach Augustinus, bes. 254–268.

1109 „Gegenüber einer solchen geschlossenen Konzeption des Verhältnisses von Geist und Kirche ergibt sich aus der Definition der Kirche als Sakrament des Geistes eine wesentlich offenere Sicht der Kirche […] Die Kirche ist eine Zwischenwirklichkeit, die ähnlich wie das alttestamentliche Gesetz ‚dazwischengekommen‘ ist, bis das eschatologische Reich Gottes sichtbar anbricht. Die Kirche ist also von ihrem Wesen her über sich selbst hinausgewiesen. Sie ist antizipatorisches Zeichen der Herrschaft Gottes, die einmal die gesamte Wirklichkeit umfassen soll, und die verborgen überall, also auch außerhalb der Kirche, am Durchbruch ist. […] Aufgrund des im Geist empfangenen eschatologischen ‚Vorschusses‘ ist die Kirche aller Welt Schuldner geworden. Ihre Aufgabe ist die geistliche Durchdringung der Welt. […] Wenn das Ökumenismusdekret des II. Vatikanischen Konzils sagt, der Geist bediene sich der anderen kirchlichen Gemeinschaften zur Vermittlung des Heils (eine der erstaunlichsten Aussagen des Konzils!), dann ist damit gesagt, der Geist habe es sich erlaubt, auf eine Weise zu wirken, wie er es nach unseren Schuldogmatiken eigentlich gar nicht hätte tun dürfen.“ (W. Kasper, Katholische Kirche, 299).

1110 „Der Weg müsste vielmehr führen in Richtung auf eine gegenseitige Anerkennung der vom einen Geist gewirkten ekklesialen Realitäten, die gegenseitig freilich nur dann ist, wenn das jeweils eigene Charisma jeder Kirche, und das heißt konkret: wenn auch die sichtbare, institutionelle, im Petrusamt sich zuspitzende Gestalt der katholischen Kirche in ihrer sakramentalen Bedeutung anerkannt wird.“ (W. Kasper, Katholische Kirche, 302).

er, sollte in der Kirche, die Sakrament des Geistes ist, die Einheit der Vielheit auch nicht vorgeordnet werden.

Als dritten (3) Vorteil des Terminus „Sakrament des Geistes" benennt Kasper die Tatsache, dass zur Kirche wesentlich auch „das Unabsehbare, das Neue, nicht Planbare und nicht Machbare"[1111] gehört. Wo dies mehr oder weniger gründlich vergessen wurde, darf man dem Westen „Geistvergessenheit" vorwerfen; nicht aber aufgrund der Einfügung des „filioque" in das nicänokonstantinopolitanische Credo[1112]. Bezeichnenderweise beschließt Kasper das „Geist-Kapitel" seiner Trinitätslehre mit den Sätzen: „Das Wirken des Geistes in der Kirche besteht [...] darin, Jesus Christus in seiner Neuheit immer wieder neu zu vergegenwärtigen. Gerade als der Geist Jesu Christi ist der Geist der Geist der Freiheit vom tötenden Buchstaben. Der Geist bewahrt die Kirche eben dadurch in der Treue zur Tradition, dass er sie prophetisch in alle Wahrheit einführt und ihr das Kommende kundtut (Joh 16,13). Er ist nicht eine Art ideologischer Absicherung des Status quo in der Kirche, sondern der Geist ständiger Erneuerung."[1113]

Walter Kasper gehört zu den Systematikern, die die Ergebnisse der in der Nachkonzilszeit zur theologischen Leitdisziplin avancierten historisch-kritischen Exegese positiv aufgegriffen haben. Sein zum Standardwerk avanciertes christologisches Handbuch ersetzt die überkommene Perspektive „von oben nach unten" (Deszendenzchristologie) durch die Perspektive „von unten nach oben" (Aszendenzchristologie) und erklärt die Einzigkeit Jesu (hypostatische Union), wie oben dargestellt, innerhalb einer pneumatologisch gewendeten Christologie.

Kasper plädiert für den Primat der historisch-kritisch eruierbaren Geschichte Jesu vor jeder Interpretation und für die Verabschiedung jeder Begriffsmetaphysik. Gefragt werden darf nach den transzendentallogischen Voraussetzungen dessen, was geschichtlich (faktisch) vorgegeben ist. Zu vermeiden aber ist – so betont er immer wieder – jede Verwechslung von Begriff und Wirklichkeit.

1111 W. Kasper, Die Kirche Jesu Christi I, 302.

1112 Vgl. W. Kasper, Katholische Kirche, 203–205.

1113 W. Kasper, Der Gott Jesu Christi, 359. – Zu den ekklesiologischen Konsequenzen einer pneumatologisch bzw. epikletisch konzipierten Ekklesiologie: M. Böhnke, Kirche in der Glaubenskrise, bes. 220–243.288–302.

D. DIE EINZIGKEIT DER WAHRHEIT UND DIE EINZIGKEIT CHRISTI, ODER: DAS GRUNDANLIEGEN DES DEUTSCHEN PAPSTES

Vor dem Hintergrund der Grundpositionen von Kaspers theologischer Erkenntnislehre erschließt sich die Schärfe seiner Auseinandersetzung mit Ratzingers „Einführung in das Christentum" (Erstaufl. 1968)[1114]. Diese enthält einen zweifachen Vorwurf: (1) den einer verkehrten Verhältnisbestimmung von Wahrheit und Geschichte; und (2) den einer verkehrten Verhältnisbestimmung von Vernunft und Glaube.

1. Das Verhältnis von Wahrheit und Geschichte

Kasper spricht in seiner Ratzinger-Rezension von einer mangelnden Reflexion des Verhältnisses zwischen dem neutestamentlich bezeugten Jesus der Geschichte und dem Christus des kirchlichen Glaubens. Er schreibt: „Was Ratzinger [...] als modernes Klischee des ‚historischen Jesus' darstellt, macht sich die Sache nun doch entschieden zu leicht. [...] Am auffallendsten ist das bei der Behandlung der Auferstehung Christi. Als Schriftfundament ist für Ratzinger selbst ein so fundamentaler Text wie 1 Kor 15,3–5 nicht nötig, es genügt Hl 8,6: ‚Stark wie der Tod ist die Liebe'. Von der Auferstehung kann deshalb gesagt werden: ‚Sie ist das Stärkersein der Liebe gegenüber dem Tod' (249). [...] J. Ratzingers Entwurf des Wesens des Christlichen stellt uns auf besonders dringliche Weise vor die Frage nach dem Ansatz und der Methode einer systematischen Theologie. [...] Die Sinnfrage ist [...] nämlich nur in geschichtlicher Vermittlung und im oft mühsamen Durchgang durch die konkreten geschichtlichen Probleme hindurch zu stellen und zu beantworten. Mit diesem Ausgangspunkt kommt man [...] zu einem weit größeren Ernstnehmen der konkreten Probleme [....] als es bei Ratzinger der Fall ist. [...] Die historische Rückfrage nach dem irdischen (historischen) Jesus wird damit zu einem

1114 Die durch Kaspers Rezension von Ratzingers „Einführung in das Christentum" (1968) ausgelöste Kontroverse umfasst: W. Kasper, Das Wesen des Christlichen; J. Ratzinger, Glaube, Geschichte und Philosophie; W. Kasper, Theorie und Praxis; J. Ratzinger, Schlusswort.

immanenten Element der Theologie, und es wird unmöglich sein, sie karikierend beiseite zu schieben.“[1115]

Ratzinger hat diese Kritik nicht nur abgewiesen, sondern seinerseits auf Kasper appliziert. Denn Kasper wolle mittels der historisch-kritischen Exegese eruieren, was die gegenwärtige Kirche zu glauben habe und was nicht. Das aber sei ein vermessenes Unternehmen[1116]. Wer – so repliziert Ratzinger – aus der Geschichte der Leben-Jesu-Forschung des 19. und des 20. Jh. nicht gelernt habe, dass der Historiker zwar scheiden und unterscheiden, nicht aber verbindlich entscheiden kann, laufe einem Phantom nach. Wörtlich bemerkt er in diesem Zusammenhang: „Die Voraussetzung, dass ein Text verbindliche Glaubensaussagen [neben anderen, nicht verbindlichen] enthalte, liegt außerhalb der historischen Methode. Wenn man also fragt, was hier zu glauben sei und was nicht, setzt man neben der historischen Analyse ein Wir des Glaubens voraus, das diesen Text nicht nur als Vergangenheit, sondern im Innern des Glaubens als Anspruch an die Gegenwart begreift. […] Eine Fragestellung dieser Art bewegt sich im Raum einer ‚dogmatischen‘ Hermeneutik, die ihren Leitfaden notwendig ebenso vom Text wie von dem Wir des Glaubens empfängt, der allein diesem Text eine über seine Gewesenheit hinausreichende gegenwärtige Verbindlichkeit geben kann; ‚Verbindlichkeit‘ schließt ein Wir und schließt Gegenwart ein, also die klassischen Strukturelemente des Dogmas, ob man es nun so benennt oder nicht.“[1117]

1115 W. Kasper, Das Wesen des Christlichen, 184–186.

1116 „Ich versuchte […] zu zeigen, dass der theologisch neutralisierte ‚historische Jesus‘ eben nicht der historische Jesus ist, sondern dass der wahre historische Jesus der Christus ist, dem wir glauben und der die Theologie in höchstem Maße angeht, weil ‚Jesus‘ und ‚Christus‘ untrennbar ist und auf dieser Untrennbarkeit die ganze Theologie beruht [S. 161ff.]. […] Im Übrigen – wenn heute die Exegese von einer ‚Wiederentdeckung des historischen Jesus‘ spricht, so setzt sie wohl selbst voraus, dass der historische Jesus der jetzt zu Ende gehenden Periode nicht die wirkliche Gestalt wiedergab. Seit A. Schweitzer wissen wir, dass der historische Jesus der Liberalen ein unwirkliches Wesen war; ich glaube, wir werden bald auch ganz amtlich wissen, dass dasselbe auch vom historischen Jesus der Bultmannschule gilt [soviel ich Bultmanns Theologie verdanke, was hoffentlich in meinem Buch deutlich wird], und vielleicht war mein einziger Fehler, dass ich [natürlich nicht allein] es ein paar Jahre zu früh gewusst habe.“ (J. Ratzinger, Glaube, Geschichte und Philosophie, 538f).

1117 J. Ratzinger, Glaube, Geschichte und Philosophie, 540f. – Wie treu sich J. Ratzinger in der hier verhandelten Sache geblieben ist, beweisen das Vorwort (Jesus von Nazareth I, 9–23) seines Jesus-Buches und die von Marius Reiser (Der Papst als Interpret Jesu) gegebene Einordnung der Identifikation des von den neutestamentlichen Autoren bezeugten mit dem wahren Jesus.

a) Der Streit des Professors Walter Kasper mit dem Professor Joseph Ratzinger

Hinter der Kontroverse zwischen Kasper und Ratzinger verbirgt sich ein Konflikt, der einerseits durch Kaspers Untersuchungen zur theologischen Erkenntnislehre der ‚Schulen' von Rom und Tübingen[1118], andererseits durch Ratzingers Bonaventura-Studien[1119] vorbereitet war. Die längst erarbeiteten Positionen beider Kontrahenten wurden in zwei Veröffentlichungen bilanziert, die schon drei Jahre vor der „Einführung in das Christentum" erschienen sind[1120]. 1965 hat Ratzinger gemeinsam mit Rahner die Nr. 25 der Reihe „Quaestiones Disputatae" unter dem Titel „Offenbarung und Überlieferung" veröffentlicht und in diesem schmalen Bändchen das Verhältnis von Offenbarung, Schrift, Tradition und Kirche behandelt. Und nur wenig später hat Kasper ein Opusculum mit dem bezeichnenden Titel „Dogma unter dem Wort Gottes" publiziert. Während Ratzinger betont, dass die schriftliche und mündliche Bezeugung der in Jesus Christus geschehenen Offenbarung der Kirche anvertraut ist, betont Kasper das Stehen der Kirche „unter dem Wort Gottes". Und als „Wort Gottes" bezeichnet er nicht nur Christus selbst, sondern auch die Heilige Schrift. Anders Ratzinger: Er unterscheidet mit Nachdruck zwischen dem Leben, Sterben und Auferstehen Jesu als der Selbstoffenbarung Gottes einerseits und der Bezeugung dieses Geschehens durch die Heilige Schrift andererseits. Deshalb hat er nie den ökumenischen Enthusiasmus geteilt, mit dem Kasper und andere Theologen die Studie des Tübinger Systematikers Josef Rupert Geiselmann über das Verhältnis von Schrift und Tradition in den vorbereitenden Verhandlungen und Texten des Trienter Konzils begrüßt haben[1121]. Geiselmann stellte fest, dass die Väter des Trienter Konzils ganz bewusst die zunächst vorgesehene Formulierung „partim in libris scriptis partim in sine scripto traditionibus" durch die Fassung „in libris scriptis et sine scripto traditionibus" ersetzt hatten. Daraus schloss er, dass die in der nachtridentinischen Zeit auf katholischer Seite immer wieder verteidigte These, es gebe zwei Quellen der Wahrheit, nämlich Schrift

1118 Vgl. W. Kasper, Die Lehre von der Tradition in der Römischen Schule; ders., Die Einheit der Kirche im Licht der Tübinger Schule.

1119 Gesammelt in Bd. II (Freiburg 2009) von J. Ratzingers Gesammelten Schriften unter dem Titel „Offenbarungsverständnis und Geschichtstheologie Bonaventuras". – Eine konzise Zusammenfassung der Ergebnisse von Ratzingers Bonaventura-Analysen bietet: H. Verweyen, Ein unbekannter Ratzinger, 44–72.

1120 J. Ratzinger, Ein Versuch zur Frage des Traditionsbegriffs; W. Kasper, Dogma unter dem Wort Gottes.

1121 Vgl. J. R. Geiselmann, Die Heilige Schrift und die Tradition, bes. 91–107.

und Tradition, so vom Trienter Konzil nicht gelehrt wurde. Das Streichen der ersten Fassung zugunsten der zweiten sei vielmehr so zu interpretieren, dass die Konzilsväter die inhaltliche Suffizienz der Schrift zumindest nicht bestreiten wollten. Kasper feierte diese Entdeckung seines Lehrers Geiselmann als entscheidenden Durchbruch des ökumenischen Gesprächs zwischen Katholiken und Protestanten. Ratzinger aber fragte: Was bedeutet die These von der inhaltlichen Suffizienz der Schrift zum Beispiel für die Mariendogmen von 1854 und 1950? Würde man – so bemerkt er kritisch – die Bezeichnung der Schrift als suffizient in dem Sinne missverstehen, dass sie die Offenbarung (das Christusereignis) nicht nur bezeugt, sondern in Worte fasst, dann wäre das Christentum eine Buchreligion; und die Offenbarung wäre eine in Sätze gefasste Instruktion. Von daher bezeichne der Ausdruck „Suffizienz der Heiligen Schrift" nicht mehr als die für alle nachfolgenden Generationen hinreichende Bezeugung des Christusereignisses durch die Autoren des Neuen Testamentes. Eine so verstandene Suffizienz aber schließe Sätze (Dogmen) nicht aus, welche aus der gelebten „paradosis" oder „traditio" der schriftlichen Christusbezeugung erwachsen, ohne als solche Bestandteile des NT zu sein.

Ratzinger unterscheidet in seiner ersten Replik auf Kaspers Rezension vier Ebenen: (a) das Christusereignis selbst, verstanden als geschichtliche Offenbarkeit des Absoluten (der Wahrheit schlechthin); (b) die Kommunikation der Gläubigen mit dem sakramental in Raum und Zeit gegenwärtigen Erlöser; (c) die im Raum der Kirche entstandene Sammlung kanonischer Schriften (das Neue Testament); (d) die teils historisch-kritisch prüfende, teils philosophisch argumentierende Vergewisserung der Treue der Kirche zu ihrem Ursprung. – Auf der Basis dieser Unterscheidungen ist das Glaubensbewusstsein der gegenwärtigen Kirche auf das in der Heiligen Schrift kristallin gewordene Glaubensbewusstsein der Urkirche verwiesen. Aber deshalb, weil das Glaubensbewusstsein der Urkirche im Vergleich zum Glaubensbewusstsein der späteren Kirche in einer zeitlich größeren Nähe zum Christusereignis steht, ist sein Christuszeugnis nicht automatisch reiner, tiefer oder gar umfassender[1122]. Das Privileg des Glaubensbewusstseins der Urkirche

1122 Vgl. J. Ratzinger, Ein Versuch zur Frage des Traditionsbegriffs, bes. 34–49. – Die nur hypothetisch mögliche Feststellung, dass ein Satz des NT auf Jesus selbst zurückgeht oder zumindest zum Urgestein des NT gehört, bedeutet aus Ratzingers Sicht keineswegs, dass darin ein tieferes Verstehen der Offenbarung als in einem chronologisch später anzusetzenden Zeugnis zum Ausdruck kommt. Die historisch-kritische Exegese kann die Eigenart des jeweiligen Zeugen eruieren, nicht aber entscheiden, ob z. B. Markus authentischer als Johannes von Jesus Christus spricht. Alle im NT versammelten Zeugnisse gemeinsam deuten in der vom Hl. Geist gewirkten Erinnerung (Joh 14,26; 16,13f) und mit Hilfe der Schrift – das ist im NT stets die Hebräische Bibel! – die Selbstoffenbarung Gottes in Jesus Christus.

gegenüber dem Glaubensbewusstsein späterer Jahrhunderte liegt ausschließlich in der Verschriftlichung. Wenn sich spätere Zeiten Rechenschaft geben müssen über die Treue des eigenen Glaubens zu dem verschriftlichten Glaubenszeugnis der Urkirche, dann – so betont Ratzinger – gewiss nicht im Sinne eines konservierenden Biblizismus.

Kasper setzt die Akzente anders. Er relativiert die Heilige Schrift nicht in gleicher Weise als kristallin gewordenes Glaubensbewusstsein der Urkirche, sondern erklärt sie zum Kriterium der kirchlichen Treue zum Evangelium Jesu. Einige Formulierungen nähren die Vermutung, er wolle die Heilige Schrift so untrennbar mit der Selbstoffenbarung Gottes verknüpfen wie das Menschsein Jesu selbst. Kasper grenzt sich zwar von der altprotestantischen These ab, dass der ewige Logos sich in der Heiligen Schrift ebenso authentisch mitteile wie im Leben, Sterben und Auferstehen des Erlösers selbst. Aber aus seiner Sicht geht es in der Exegese der Heiligen Schrift nicht nur um die Kontinuität zwischen dem Glauben der Gegenwart und dem Glauben der Urkirche, sondern auch um die primäre Quelle des Glaubens. Das Dogma der Kirche – so schreibt Kasper – führt „den ständigen Interpretations- und Redaktionsprozess fort, der zur Bildung der heutigen biblischen Schriften und des Kanons der Schriften im Ganzen geführt hat. Das Dogma ist das Ergebnis eines geschichtlichen Hörens auf die Schrift; es stellt einen Konvergenzpunkt verschiedener Schriftzeugnisse dar“[1123].

b) Die Wahrheit, die nicht Buch ist, sondern Person

Ratzinger hat, wie gesagt, seine theologische Erkenntnislehre vor allem im Rahmen seiner Habilitationsschrift über Bonaventura erarbeitet. Die Offenbarung Gottes – so betont er mit Bonaventura und gegen das instruktionstheoretische Offenbarungsmodell der scholastischen Theologie – ist identisch mit der *Person* Jesu Christi. Deshalb ist die Erkenntnis der geoffenbarten Wahrheit nicht zuerst eine Sache der „ratio“, sondern der „auctoritas“ bzw. der ihr entsprechenden „fides“.

Bonaventura spricht zwar von der verstehenden Aneignung (*ratio*) des Glaubens an Christus (*auctoritas → fides*), hält aber die Abstützung der *fides* durch die Argumente der *ratio* für eine der Schwäche des Glaubens geschuldete Vorläufigkeit. Er beschwört das antiaristotelische Ideal einer von

1123 W. Kasper, Dogma unter dem Wort Gottes, 125.

selbst einleuchtenden auctoritas[1124]. Dabei unterscheidet er sorgfältig zwischen der einen *auctoritas Jesu Christi* und den vielen *auctoritates*, die nur vermitteln: z. B. *scriptura* und *theologia*. Aufschlussreich ist das Beispiel, an dem Bonaventura erklärt, wie sich diese *auctoritates* zueinander verhalten. Er stellt fest, dass die in der Liturgie verwandte Konsekrationsformel nicht wörtliche Zitate aus den Evangelien enthält. Wenn aber, so fährt er fort, die Frage entsteht, welche Autorität höher stehe, die der Heiligen Schrift oder die der kirchlichen Liturgie, dann gilt ganz allgemein der Grundsatz: „Anzunehmen ist die Formel von den *Aposteln*, nicht von den *Evangelisten*, weil die Apostel die Kirche *einsetzten*, wie sie es vom Herrn empfangen hatten, während die Evangelisten die göttlichen Worte und Taten *erzählten* und dabei auf den Sinn, nicht auf den Wortlaut achteten."[1125] Ratzinger erklärt diese Aussage Bonaventuras mit der Bemerkung, dass die Über-

---

1124 Dies wird deutlich, „wenn Bonaventura am Ende eines Vortrages, der von der Auslegung der Schrift und insonderheit von ihrer Fruchtbarkeit für den Intellekt handelt, sagt: ‚Glaubt mir, es kommt die Zeit, da die goldenen und silbernen Gefäße' (Ex 3,22; 12,36), d. h. die Argumente, nichts mehr gelten, und es wird keine Glaubensverteidigung durch die *ratio* mehr geben, sondern nur noch durch die *auctoritas*. Um dies anzudeuten, hat sich der Erlöser in seiner Versuchung nicht mit Vernunft-, sondern nur mit Autoritätsgründen verteidigt, obgleich er sehr wohl um die Vernunftgründe gewusst hätte. Er deutete nämlich damit an, was sein mystischer Leib in der kommenden Drangsal tun wird'. Hier ist nicht nur der ‚getrennten *Philosophie*' das Recht bestritten, sondern das Ende jedweder Vernunft*theologie* vorausgesagt, also das Ende gerade auch jenes spekulativ-philosophischen Denkens, das seine wahre Aufgabe erkennt und sich der Theologie einfügt. Es wird also die Zeit kommen, in der die Scheidung von *lignum scientiae* und *lignum vitae* ihren äußersten Höhepunkt erreicht, in der es keinen Pakt mehr geben kann zwischen Vernunft und Glauben, sondern in strenger Scheidung sich *hic ratio – hic auctoritas* gegenüberstehen werden. [...] diese Prophezeiung Bonaventuras [ist] in mehrfacher Hinsicht aufschlussreich. Einmal bestätigt sie, dass es aufs Ganze gesehen für Bonaventura um viel mehr als um einen Widerspruch speziell zu Aristoteles und damit praktisch um eine innerphilosophische Streitfrage geht. Gerade jener Fluchtpunkt, auf den seine geschichtstheologische Linie zuläuft, beweist erneut, dass von vornherein viel mehr beabsichtigt ist, dass es sich zunächst um einen begrenzten Antiphilosophismus handelt, der aber schließlich einer grundsätzlich antidialektischen und antischolastischen Gesinnung zuläuft, die freilich der *jetzigen* Situation noch nicht angemessen ist, sondern erst in der Zukunft nötig sein wird. Das trifft sich aber eng mit jener Aussage Bonaventuras, in der er den jetzigen Franziskanerorden den Cherubim zuordnet und ihm aufgrund dieser Vorläufigkeit noch spekulative Wissenschaft gestattet, während der eschatologische Franziskanerorden seiner Zuordnung zu den Seraphim entsprechend ganz der beschauenden Liebe sich überlassen wird." (J. Ratzinger, Offenbarungsverständnis und Geschichtstheologie Bonaventuras, 635f).

1125 Bonaventura, In IV Sent. d. 8, p. 2, a.1, q. 2 (Quaracchi IV, 194a). – Deutsche Übersetzung bei: J. Ratzinger, Offenbarungsverständnis und Geschichtstheologie Bonaventuras, 750.

ordnung der *fides apostolica* über die *narratio biblica* wie ein roter Faden das gesamte Denken Bonaventuras bestimme. „Dabei" – so kommentiert er – „ist unter *fides* zunächst das *symbolum fidei*, das apostolische Glaubensbekenntnis zu verstehen, das (so glaubt Bonaventura [...]) von den zwölf Aposteln geschaffen wurde, die dazu eigens zusammenkamen und je einen Artikel beitrugen. Diese *fides* ist die *institutio apostolica*, in der die *auctoritas apostolica* gegenwärtig ist, von der her und auf die hin die Schrift ausgelegt werden muss. Mit anderen Worten: [...] Das von den Aposteln geschaffene Symbolum hat den Rang der autoritativen Einsetzung und ist daher die richtunggebende Norm des Glaubens; die Schrift hat demgegenüber bloß erzählenden Charakter und ist nach der apostolischen Norm zu interpretieren. Damit ist zugleich der Weg der Theologie bestimmt, wie er sich für Bonaventura darstellen musste: Theologie ist letztlich nichts anderes als die Anwendung und der lebendige Vollzug des vorgegebenen Ordnungsverhältnisses von *fides* und *scriptura*, sie ist ihrem Wesen nach Interpretation der Schrift nach der Norm der *fides*."[1126]

Bonaventura habe – so bilanziert Ratzinger seine Analyse – einen entscheidenden Beitrag zur Verhältnisbestimmung von Offenbarung, Tradition und Schrift geleistet – einen Beitrag allerdings, der in der Auseinandersetzung mit Luthers „sola scriptura" in Vergessenheit geraten war. Während in der „Confessio Augustana" zwei Kriterien für die Christusgegenwart in der Kirche genannt werden, nämlich die unverfälschte Lehre des Evangeliums und die rechte Verwaltung der Sakramente, nennt das Trienter Konzil außerdem noch das apostolische Amt (*auctoritas*). Ratzinger sieht in diesem Unterschied die entscheidende Differenz zwischen dem Christentum der Reformation und dem Christentum der römischen Tradition. Für Katholiken ist das apostolische Amt das Kriterium des Wortes. Es bürgt für das Wort. Bei den Protestanten ist es genau umgekehrt: „Das Wort erscheint als das Kriterium des Amtes, welches letztlich am Maßstab des Wortes zu überprüfen ist und von daher auch der Abweisung verfallen kann."[1127]

Ratzinger verweist[1128] in diesem Zusammenhang auf Harnacks „Eingeständnis", die altprotestantische These von dem sich selbst richtig auslegenden Evangelium habe sich im Vergleich mit der katholischen Überordnung der apostolischen Autorität über die Schrift als das schwächere

1126 J. Ratzinger, Offenbarungsverständnis und Geschichtstheologie Bonaventuras, 750f.

1127 J. Ratzinger, Ein Versuch zur Frage des Traditionsbegriffs, 28.

1128 Vgl. J. Ratzinger, Ein Versuch zur Frage des Traditionsbegriffs, 29.

Formalprinzip erwiesen. Als sich Erik Peterson – von dieser Einsicht angetrieben – immer deutlicher vom Protestantismus ab- und dem Katholizismus zuwandte[1129], schrieb Harnack an ihn: „Dass das sogenannte ‚Formalprinzip' des Altprotestantismus eine kritische Unmöglichkeit und ihm gegenüber das katholische *formal* das bessere ist, ist ein truism; aber material verwüstet das katholische Traditionsprinzip die Geschichte doch viel stärker (sowohl als wildes Gewächs, wie unter der Gartenschere des Lehramts), weil zum Glück das Neue Testament wirklich die besten Quellen umfasst. Die Barth'sche Rückkehr zum Biblizismus – selbst Calvin ging nicht so weit zurück – ist eine wissenschaftliche und auch religiöse Naivität, die nur in solchen Tagen, wie den unsrigen, in denen kleine und große Kapläne an der Vernunft und Wissenschaft verzweifeln, einen zeitweiligen Erfolg hat."[1130]

Wenn man ausschließlich Jesus Christus als „den Logos" bezeichnet, dann ist die Heilige Schrift das kristallin gewordene Glaubensbewusstsein der frühen Kirche und nicht – wie Luther und die sich auf ihn berufende Tradition des Protestantismus lehren[1131] – Wort Jesu Christi selbst. Eine Wahrheit aber, die Person ist, kann nicht durch ein Buch, sondern nur durch Personen sakramental repräsentiert werden. Die Kirche – so erklärt Ratzinger – ist Grundsakrament, weil und insofern sie keine apersonale Institution, sondern die apostolische Kirche ist. Sakrament ist sie, weil es in Gestalt zunächst der Apostel, dann auch der Apostelnachfolger ein Christi Autorität mit Vollmacht repräsentierendes Amt gibt, das der Heiligen Schrift als dem kristallin gewordenen Glauben der werdenden Kirche – ontologisch[1132] und chronologisch[1133] betrachtet – vorausliegt.

1129 Dazu: T. Ervens, Keine Theologie ohne Kirche, bes. 27–120.

1130 A. v. Harnack, Brief vom 22. 6. 1928 an Erik Peterson, in: E. Peterson, Theologische Traktate, 295f. – Ähnlich wie Peterson äußert sich jüngst auch Ulrich Wilckens in seiner mit Joseph Ratzinger weithin einigen „Kritik der Bibelkritik": „*Zu erkennen* ist diese Geschichte vielmehr nur aus dem Jahrhunderte, ja Jahrtausende hindurch tradierten Erfahrungswissen der *Kirche*, *für* die Gott ist, der er ist. Es ist die Kirche, an der Gott ständig aktuell handelt; und dieses Handeln ist im Gedächtnis der Kirche eingeschrieben – ‚eingeschrieben' im buchstäblichen Sinn: Die Bibel ist das Buch, das von Gott und seiner Geschichte mit den Menschen berichtet und in deren Hören das ‚uralte' Gedächtnis je neu aktuell wird. Das aus der Heiligen Schrift Gehörte wird im Leben der Kirche immer neu sakramental gemeinsam erfahren." (126).

1131 Dazu: J. Rahner, Creatura Evangelii, 53–183.

1132 Paulus spricht von dem präexistenten Plan Gottes, die Menschheit in Christus zu einen (1 Kor 3,17; 6,19; 2 Kor 6,16; Eph 1,22f; 2,14–22; 5,23–25; Kol 1,18.24; Hebr 12,22f); Augustinus entsprechend von der „ecclesisa ab Abel"; die mittelalterliche Theologie besonders gern von der Kirche als der „Braut Christi".

1133 Apg 1,15–26 (Versammlung der Zwölf; Nachwahl des Matthias) und Apg 2 (pfingst-

Der Protestantismus versteht unter der Apostolizität die Treue der nachapostolischen Kirche zum neutestamentlichen Kanon. Aus seiner Sicht „existiert die Kirche deshalb und nur deshalb in *apostolischer Sukzession,* weil und insofern sie *schriftgemäß* denkt, redet und handelt“[1134]. Mit dieser Sichtweise verbunden ist eine gänzliche oder zumindest weitgehende Identifizierung des Wortes, das Christus ist, mit dem Wort der Heiligen Schrift. Dagegen betont Ratzinger, dass es ein langer Weg war bis hin zur Ausbildung des Neuen Testamentes als *Schrift.* Denn – so seine Begründung – der Kanon der neutestamentlichen Schriften setzt immer schon zwei Prinzipien voraus, nämlich das Prinzip der apostolischen Überlieferung (*traditio apostolica*) und – davon untrennbar – das Prinzip der apostolischen Nachfolge (*successio apostolica*)[1135].

Unter der Voraussetzung, dass mit „*dem* Wort“ nicht die Heilige Schrift, sondern Jesus Christus gemeint ist, liegt die Wahrheit über Jesus Christus nicht in der Schrift als solcher, sondern stets in dem lebendigen (verkündigenden) Wort der entsprechend bevollmächtigten Zeugen. Denn: „Gerade wenn die wahre *successio apostolica* beim Wort liegt, kann sie nicht einfach bei einem Buch liegen, sondern muss als *successio Verbi successio praedicantium* sein, die wiederum nicht ohne ‚Sendung‘, also ohne *persönliche* Kontinuität von den Aposteln her, bestehen kann. Gerade um des Wortes willen, das im Neuen Bund nicht toter Buchstabe, sondern *viva vox* sein soll, ist eine *viva successio* erfordert. [...] Schließlich wird gerade und erst in solchem Verständnis der der Kirche verliehenen Gabe des Wortes der Mensch immer wieder in vollem Ernst in die Situation eines ‚Hörers des Wortes‘ verwiesen, eines Hörers, der selbst keine Gewalt über das Wort hat, sondern der in jenem reinen Empfangen steht, das ‚Glauben‘ heißt.“[1136]

Die Bindung der Schriftwerdung und der Schriftauslegung an das apostolische Amt ist – so erklärt Ratzinger – ein zutiefst christologisches Institut. Weil die Offenbarung identisch ist mit der Person Jesu Christi,

---

liches Sprachenwunder, verbunden mit der sogenannten Völkertafel) sind Hinweise darauf, dass die Kirche in ihrem Ursprung die Universalkirche ist. Paulus spricht nie im Plural über die Kirchen von Ephesus, von Rom oder Korinth, sondern stets im Singular von der einen Kirche Gottes *in* Rom, *in* Ephesus, *in* Korinth oder *in* Saloniki.

1134 E. Jüngel, Credere in ecclesiam, 19.

1135 „Bevor noch die Idee einer neutestamentlichen Schrift als ‚Kanon‘ formuliert war, hatte die Kirche bereits einen anderen Kanonbegriff gebildet; sie hatte zwar ihre Schrift im Alten Testament, aber diese Schrift bedurfte eines neutestamentlichen Auslegungskanons, den die Kirche in der durch die successio gewährleisteten traditio erblickte.“ (J. Ratzinger, Primat, Episkopat und successio apostolica, 47f).

1136 J. Ratzinger, Primat, Episkopat und successio apostolica, 51.

kann sie nicht einfach in ein Buch gefasst werden, sondern bedarf personaler Zeugen – zunächst der unmittelbaren Zeugen, die als Apostel von Christus selbst autorisiert sind; und dann der Apostelnachfolger. Während die eigentlichen Apostel dort, wo sie Christus bezeugen, persönlich unfehlbar sind, sind ihre Nachfolger, die Bischöfe, nur noch gemeinsam und in der Bindung an das Schrift gewordene Zeugnis der Urapostel irrtumsfreie Zeugen der mit Christus identischen Wahrheit. Die apostolische Sukzession und das Wort sind aus Ratzingers Sicht nur dann Gegensätze, wenn man mit dem Wort ausschließlich das geschriebene Wort, das Buch, meint. Kurzum: Wie die unmittelbaren Augenzeugen Christi durch das gesprochene Wort zum Glauben kamen, so auch die späteren Generationen „nicht als *Leser*, sondern als *Hörer* des Wortes“[1137].

c) Der Streit von Walter Kardinal Kasper mit Joseph Kardinal Ratzinger

Paulus „stellt einerseits sehr nachdrücklich die Einzigartigkeit seines Apostolats heraus, das auf einer Begegnung mit dem Auferstandenen beruht und ihn damit auf eine Stufe mit den Zwölfen stellt. Andererseits sieht er zum Beispiel in 1 Kor 12,28 ‚Apostel‘ als ein weit über diesen Kreis hinausreichendes Amt vor.“[1138] Ratzinger deutet diesen Befund wie folgt: Die Apostel erster Ordnung stehen der Gesamtkirche (Universalkirche) vor, während die Apostel zweiter Ordnung einer bestimmten Ortskirche zugeordnet sind. Wörtlich bemerkt Ratzinger: „Die [eigentlichen] Apostel waren nicht Bischöfe bestimmter Ortskirchen, sondern [...] der ganzen Welt und der in ihr zu bauenden ganzen Kirche zugeordnet: Die Universalkirche geht den Lokalkirchen voran, die als ihre konkreten Verwirklichungen entstehen. Um es noch deutlicher und unmissverständlicher zu sagen: Paulus ist nie Bischof eines bestimmten Ortes gewesen und hat es nicht sein wollen. [...] Auch ohne weitere Detailerörterungen können wir sagen: Das Apostelamt ist ein universales Amt, der ganzen Menschheit und so der ganzen, einen Kirche zugeordnet. Durch das missionarische Wirken der Apostel entstehen die Ortskirchen, die nun der verantwortlichen Leiter bedürfen. Ihnen obliegt es, die Einheit des Glaubens mit der ganzen Kirche zu gewährleisten, das innere Leben der Ortskirchen zu formen und die Gemeinden offenzuhalten, damit sie weiter wachsen und

1137 J. Ratzinger, Primat, Episkopat und successio apostolica, 50.
1138 J. Ratzinger, Kirchliche Bewegungen und ihr theologischer Ort, 374.

den noch ungläubigen Mitbürgern die Gabe des Evangeliums schenken konnten."[1139]

Ratzinger sieht das Christusereignis immer schon vermittelt durch die Apostel erster Ordnung, die ohne jede territoriale oder institutionelle Beschränkung Kirche bilden. Die Entstehung von Ortskirchen ist ein davon unablösbarer Vorgang. Doch die Vorsteher der Ortskirchen, die schon im zweiten Jahrhundert überall als Bischöfe bezeichnet werden, sind keine Apostel im ursprünglichen Sinn. Ratzinger spricht im Blick auf die werdende Kirche von dem Gegenüber zweier Ordnungen, „zwischen denen es gewiss Übergänge gegeben hat, die man aber doch klar unterscheiden kann: auf der einen Seite die langsam zu festen Formen wachsenden ortskirchlichen Dienste, auf der anderen Seite das apostolische Amt, das sehr bald nicht mehr bloß auf die Zwölf beschränkt war"[1140]. Die Ausweitung des universalen Dienstes der Apostel über den Kreis der Zwölf und des Paulus hinaus (vgl. 1 Kor 12,28; Röm 16,7; Eph 2,20) führte sehr bald zu Konflikten zwischen den universal zuständigen Aposteln und den lokalen Autoritäten. Am Ende stand die Übertragung der Aufgaben des Apostolates auf die Ortsbischöfe, die fortan als Nachfolger der Urapostel betrachtet werden. Schon Irenäus von Lyon zieht aus diesem Prozess die Konsequenz, dass jeder Ortsbischof nicht nur für die Einheit des Glaubens in seiner Ortskirche, sondern – in Gemeinschaft mit allen anderen Bischöfen – auch für die Einheit und Ausdehnung der Gesamtkirche Verantwortung trägt.

Obwohl Ratzingers Wort von dem chronologischen und ontologischen Prius der Universalkirche vor den Ortskirchen schon 1992 in ein Lehrschreiben der römischen Glaubenskongregation mit dem Titel „Communionis notio" eingeflossen und unmittelbar nach dessen Erscheinen von vielen Theologen kritisch kommentiert worden war, veröffentlichte Walter Kasper seine Stellungnahme erst sieben Jahre später in der Festschrift für den Hildesheimer Bischof Josef Homeyer – brisanterweise fast zeitgleich mit seiner Berufung in das römische Einheitssekretariat[1141].

1139 J. Ratzinger, Kirchliche Bewegungen und ihr theologischer Ort, 373.

1140 J. Ratzinger, Kirchliche Bewegungen und ihr theologischer Ort, 374.

1141 Die dadurch ausgelöste zweite Kontroverse zwischen Kasper und Ratzinger wird durch folgende Beiträge bestimmt: W. Kasper, Zur Theologie und Praxis des bischöflichen Amtes; J. Ratzinger, Die Ekklesiologie der Konstitution Lumen gentium; ders., Die große Gottesidee ‚Kirche' ist keine Schwärmerei; W. Kasper, Das Verhältnis von Universalkirche und Ortskirche; J. Ratzinger, The Local Church and the Universal Church. – Eine Bilanz der Diskussionen, die „der Streit der Kardinäle" ausgelöst hat, bieten mit auf Vollständigkeit bedachten Literaturverzeichnissen: T. Ruckstuhl, „Ecclesia universalis"; A. Buckenmaier, Universale Kirche vor Ort.

Kasper greift in seiner Kritik Argumente auf, die zuvor schon von Hermann Josef Pottmeyer[1142] und Medard Kehl[1143] vorgetragen wurden. Er unterstellt dem römischen Dokument „Communionis notio" die Abkehr von einem grundlegenden Anliegen des Zweiten Vatikanischen Konzils, ja sogar den Versuch einer ideologischen Rechtfertigung des römischen Zentralismus[1144]. Im Fokus seiner Kritik steht die Erweiterung der konziliaren Formel „Die Universalkirche existiert in und aus den Teilkirchen" (LG 23) durch die Formulierung „Die Teilkirchen existieren in und aus der Universalkirche". Durch diese Ergänzung werde die Vorstellung genährt, die Herkunft der Ortskirchen liege in der Universalkirche. Er selbst beschwört die dem Trinitätsgeheimnis analoge Gleichursprünglichkeit von Einheit und Vielheit, von Universalkirche und Ortskirchen. Schon die Jerusalemer Urgemeinde ist aus seiner Sicht nicht nur Universalkirche, sondern gleichursprünglich Ortskirche. Die von Ratzinger vertretene Darstellung der Apostelgeschichte ist – so betont er – eine „lukanische Konstruktion", die dem Befund der historisch-kritischen Forschung nicht standhält.

Ratzinger sieht in dieser Unterscheidung zwischen der Geschichte an sich und ihrer Deutung durch Lukas einen weiteren Beleg für die immer wieder gescheiterten Versuche einer historisch-kritischen Exegese, die „Wahrheit an sich" finden zu wollen. Mit einer gewissen Ironie verweist Ratzinger seinen Kontrahenten an einen Exegeten, dem man bestimmt keine Verteidigung des römischen Zentralismus unterstellen kann. Es war nämlich Rudolf Bultmann, der die These von dem Prius der Gesamtgemeinde vor den Einzelgemeinden als evidenten Befund bezeichnet hat[1145].

1142 H. J. Pottmeyer, Kirche als Communio; ders., Noch einmal: Zum Verhältnis von Universalkirche und Ortskirche bei Joseph Ratzinger.

1143 M. Kehl, „Communio" – eine verblassende Vision?

1144 Wörtlich spricht Walter Kasper von einer Verhältnisbestimmung zwischen Universalkirche und Einzelkirchen, „die praktisch mehr oder weniger eine Umkehrung bedeutet" (Zur Theologie und Praxis des bischöflichen Amtes, 43), und von dem „Versuch einer theologischen Restauration des römischen Zentralismus" (ebd.).

1145 J. Ratzinger (Die Ekklesiologie der Konstitution *Lumen Gentium*, 582[7]) beruft sich auf folgenden Passus: „Vielmehr ist die kirchliche Organisation aus dem Bewusstsein erwachsen, dass die Gesamtgemeinde vor den Einzelgemeinden besteht. Symptom dafür ist der Sprachgebrauch; ἐκκλησία bezeichnet zuerst überhaupt nicht die Einzelgemeinde, sondern das ‚Volk Gottes', die Gemeinschaft der Erwählten der Endzeit, so nicht nur in der Urgemeinde, sondern auch im hellenistischen Christentum. Und wenn hier auch alsbald die Einzelgemeinde als ἐκκλησία bezeichnet wird und im Plural von ἐκκλησίαι geredet werden kann, so ist doch die Vorstellung dann die, dass in der Einzelgemeinde die eine Gemeinde zur Erscheinung kommt. […] Die Vorstellung von der Priorität der Gesamtkirche vor der Einzelgemeinde zeigt sich

2. Das Verhältnis von Vernunft und Glaube und das Verhältnis von Freiheit und Gehorsam

Kaspers Ratzinger-Kritik betrifft zunächst Fragen der theologischen Erkenntnislehre. Doch seine Anfragen zielen auch auf Ratzingers gesamten Ansatz[1146]. Denn er spricht wiederholt von dessen Versuch, die zu glaubenden Fakten der Jesus-Geschichte aus dem Begriff der Liebe abzuleiten. Er spricht in seiner Rezension von Ratzingers „Einführung in das Christentum" von der mangelnden Unterscheidung zwischen Glaube und Liebe, zwischen Faktum und Begriff, kurzum von Platonismus, Hegelianismus und Rationalismus.

---

weiter in der Gleichsetzung der ἐκκλησία mit dem σῶμα Χριστοῦ das alle Gläubigen umfasst, wie sie tatsächlich von Paulus 1 Kor 12 vollzogen ist, ausdrücklich dann Kol 1,18.24; Eph 1,22f; 5,23ff; 2 Klem 2,1; besonders aber in den schon früh erwachsenen Spekulationen über die Präexistenz der ἐκκλησία die also aller ihrer historischen Realisierung vorausgeht, Eph 5,32; 2 Klem 14: Herm vis II,4,1 (vgl. I,1,6; 3,4)." (R. Bultmann, Theologie des Neuen Testamentes, Tübingen [9]1984, 96).

1146 „Die Positivität des Zufälligen und Äußerlichen lässt sich als das dem Menschen eigentlich Notwendige erweisen. [...] Mit dieser erstaunlichen These akzeptiert Ratzinger faktisch die Antwort, die Schelling und Hegel auf die Lessingfrage gegeben haben. Auch ihnen ging es darum, das geschichtlich Zufällige als das Notwendige und damit die Identität von Freiheit und Notwendigkeit zu erweisen. Hat man den latenten Idealismus in Ratzingers Buch (trotz 119ff) einmal erkannt, dann lassen sich auch viele andere Positionen Ratzingers in ihrer immanenten Logik verstehen. Man begreift jetzt, wie der Glaube für ihn zu einem geradezu weltanschaulichen Bekenntnis zum Primat des Logos über die bloße Materie (115), des Geistes über den Bios (279; vgl. 254), zur gedanklichen (116), ja logischen (35) Struktur des Seins, zur Welt als objektiver Geist (118), zur Frage nach dem Ursinn von Einheit und Vielheit (139), von absolut und relativ (141) [...] werden kann. [...] Der latente Idealismus und Säkularismus in Ratzingers Einführung ist letztlich in seinem platonisierenden Ausgangspunkt begründet, durch den das eigentliche christliche Skandalum des *‚Logos sarx egeneto'* (Joh 1,14) gegen den immer wieder erklärten besseren Willen des Autors und trotz seiner ständigen Betonung der Positivität des Christlichen (30ff, 62f, 153f, 199ff, 219f, 267f) doch immer wieder unter die Vorherrschaft und unter die Gesetzlichkeiten des Wirklichkeitsbegriffs der griechischen Philosophie gerät. Die nachträgliche idealistische Synthese von Vernunft und Geschichte erlaubt es dann Ratzinger, in ähnlicher Unentschiedenheit und Ambivalenz wie Hegel, das eine Mal existenzial, das andere Mal geschichtlich-leibhaftig zu interpretieren. [...] Philosophische Grundsatzüberlegungen lassen sich in der Theologie nicht ungestraft übergehen. Wer meint, keine Philosophie zu haben, bei dem wirken sich bestimmte Philosopheme umso unkontrollierter und verhängnisvoller aus." (W. Kasper, Das Wesen des Christlichen, 184f).

a) Zwei Ratzinger-Kritiken, die sich widersprechen

Wie fragwürdig Kaspers Fundamentalkritik ist, lässt sich schon daran ablesen, dass der Münsteraner Philosoph Klaus Müller den *gegenteiligen* Vorwurf an *dieselbe* Adresse richtet. Der Auslöser seiner Kritik war allerdings nicht Ratzingers „Einführung in das Christentum", sondern ein Vortrag, den der Kardinalpräfekt der Glaubenskongregation zunächst in Lateinamerika gehalten und dann unter dem unscheinbaren Titel „Zur Lage von Glaube und Theologie heute" im *Osservatore Romano* und in der *Internationalen Katholischen Zeitschrift Communio* veröffentlicht hat. In diesem Vortrag richtet sich Ratzinger gegen den Relativismus der sogenannten Pluralistischen Religionstheologie, kritisiert aber zugleich die These, das geistig erhellte Ich des Menschen liege der Sprache transzendentallogisch voraus und sei deshalb so etwas wie das Wahrheitskriterium oder Rückgrat aller hermeneutischen Bemühungen der Theologie. Wörtlich bemerkt er: „Freilich, der Versuch einer streng autonomen Vernunft, die vom Glauben nichts wissen will, sich sozusagen selbst an den Haaren aus dem Sumpf der Ungewissheiten herausziehen zu wollen, wird letztlich kaum gelingen[1147]. Denn die menschliche Vernunft ist gar nicht autonom. Sie lebt immer in geschichtlichen Zusammenhängen. Geschichtliche Zusammenhänge verstellen ihr den Blick [...]; darum braucht sie auch geschichtliche Hilfe, um über ihre geschichtlichen Sperren hinwegzukommen."[1148] Wenn die Vernunft durch das Eintauchen in die Tradition des christlichen Glaubens *zu sich selbst befreit* wird, wie Ratzinger behauptet, dann – so folgert Müller

1147 Mit dem Bild von dem Sumpf, aus dem sich eine scheinbar autonome Vernunft selbst befreien will, spielt Ratzinger an auf das von Hans Albert (Traktat über kritische Vernunft, 13) so genannte Münchhausen-Trilemma. Gemeint sind mit dieser Bezeichnung die drei Alternativen, vor die Albert jeden Versuch gestellt sieht, letztgültige Wahrheit zu begründen: Wer – so doziert er – eine Position gegen jeden möglichen Einwand verteidigen bzw. begründen wolle, gerate entweder in einen *regressus ad infinitum*, weil er gezwungen werde, für jeden Grund einen weiteren Grund zu suchen. Oder er gerate in einen *circulus vitiosus*, weil er das, was er begründen soll, im Gang seiner Begründung bereits voraussetze. Oder er erwecke nur den Schein einer hinreichenden Begründung, indem er seine Begründungskette irgendwo dezisionistisch abbreche und als vollendet deklariere.

1148 J. Ratzinger, Zur Lage von Glaube und Theologie heute, 369. – Ich habe die von Ratzinger an meinem Büchlein „Die Einzigkeit Jesu Christi" geäußerte Kritik (vgl. ebd., 372) zunächst ähnlich beurteilt wie Klaus Müller (Vernunft und Glaube, 131f; vgl. K.-H. Menke, Wahrheit und Geschichte, Theorie und Praxis, 154f), dann aber mein Urteil revidiert, weil das, was Ratzinger in diesem Zusammenhang als das Glauben der Vernunft beschreibt, kein bestimmter Inhalt, sondern der Entschluss (ein Glaubensakt!) des transzendentalen Ich zu sich selbst ist.

– könnte sie sich auch methodisch autonom Rechenschaft geben über die Gründe, die dafür sprechen, dass nicht irgendetwas, sondern nur der christliche Glaube Befreiung zur Freiheit ist. Aber ebendies schließe Ratzinger mit seiner Autonomie-Schelte aus. Deshalb spiele er – unabsichtlich! – denen in die Hände, die das transzendentale Ich für ein bloßes Epiphänomen von Sprache, Kultur und Geschichte halten. Er beschreibe die Vernunft des je Einzelnen ähnlich wie alle Vertreter des „linguistic turn" seit Wittgenstein und Gadamer als eine Gefangene von Traditionen und Sprachspielen.

Dass Menschen gewöhnlich nicht durch historisch-kritische und transzendentallogische Kritik, sondern durch Vertrauen zum Glauben gelangen, stellt Müller nicht in Frage. Aber er insistiert auf der sauberen Unterscheidung zwischen Transzendentalgenese und Transzendentallogik. Von Befreiung zum Selber-Sehen[1149] kann ja nur unter der Bedingung die Rede sein, dass der Befreite sich selbst von der Wahrheit der Tradition überzeugen kann, die ihn aus dem Sog der Irrtümer gezogen hat. Was Ratzinger das Selber-Sehen und Selber-Urteilen nennt, ist nichts anderes als Bezeugung einer zumindest formalen Unbedingtheit des transzendentalen Ich. Dieses Ich mag in vielen Fällen von den Bedingungen verschlungen erscheinen, in die es, mit Heidegger gesprochen, „geworfen" wird; und dennoch ist es nicht einfach ableitbar aus den naturalen und geschichtlichen Bedingungen seines In-der-Welt-Seins.

Müller sieht die Gründe für Ratzingers Identifikation von Transzendentalgenese und Transzendentallogik des Glaubens in einer gewissen Pieper-Rezeption[1150]. Er scheut sich nicht, beiden Denkern denselben Fideismus vorzuhalten, der den Siegeszug der Gadamer'schen Hermeneutik in theologischen Gefilden erklärt. Wörtlich bemerkt er: Ähnlich wie Gadamer verteidigen Pieper und Ratzinger jenen „Primat des Hörens auf die Tradition, für den Autorität und Wahrheit so gut wie in eins fallen"[1151].

Jedenfalls passen die Ratzinger-Kritik von Walter Kasper und die Ratzinger-Kritik von Klaus Müller nicht zusammen. Aus Kaspers Sicht ist Ratzinger ein Rationalist, der das geschichtlich Vorgegebene (die Tradition) als das Notwendige ausweisen will. Aus Müllers Sicht ist Ratzinger ein Traditionalist, weil er das Ich des je einzelnen Gläubigen wie die Vertreter des „linguistic turn" auf ein Epiphänomen des kulturell, sprachlich

1149 „Das geschichtliche Instrument des Glaubens kann die Vernunft als solche wieder freimachen, so dass sie nun – von ihm auf den Weg gebracht – wieder selber sehen kann." (J. Ratzinger, Zur Lage von Glaube und Theologie heute, 369).

1150 Eine genaue Analyse von Ratzingers Pieper-Rezeption bietet: T. Stübinger, Theologie aufs Ganze, 183–246.

1151 K. Müller, Vernunft und Glaube, 142.

und geschichtlich Vorgegebenen reduziert. Und doch haben beide Kritiker etwas gemeinsam: Sie übersehen gleichermaßen Ratzingers Ausführungen über die Ablösung der traditionellen Substanzontologie durch eine relationale Ontologie[1152]; näherhin seine Reflexionen über die direkte Proportionalität von Selbstsein und Bezogensein[1153].

1152 J. Ratzingers „Einführung in das Christentum" ist durchzogen von Formulierungen wie: „Person ist die reine Relation der Bezogenheit; nichts sonst." (144) – „Die Alleinherrschaft des Substanzdenkens wird gebrochen, Relation als eine gleichrangige Urweise des Wirklichen entdeckt." (144) – „Im Johannesevangelium sagt Christus von sich: ‚Der Sohn kann von sich aus nichts tun' (Joh 5,19.30). Das scheint die äußerste Entmächtigung des Sohnes zu sein; er hat nichts Eigenes, sondern da er eben der Sohn ist, kann er nur von dem her *wirken*, von dem aus er überhaupt *ist*. Damit ist [...] sichtbar, dass der Begriff Sohn ein Relationsbegriff ist. Indem Johannes den Herrn ‚Sohn' nennt, benennt er ihn auf eine Weise, die immer von ihm weg und über ihn hinaus verweist; er verwendet so eine Aussage, die wesentlich eine Beziehentlichkeit meint. Damit stellt er seine ganze Christologie in den Zusammenhang des Relationsgedankens. [...] Scheinbar steht es im Widerspruch dazu, wenn der gleiche Christus bei Johannes sagt: ‚Ich und der Vater sind eins' (Joh 10,30). Wer aber näher zusieht, kann sofort erkennen, dass in Wirklichkeit die beiden Aussagen sich gegenseitig setzen und fordern. Indem Jesus Sohn benannt und damit ‚relativ' gemacht wird auf den Vater hin, indem Christologie als eine Relationsaussage vollzogen wird, ergibt sich von selbst die totale Rückbezogenheit Christi auf den Vater. Gerade weil er nicht in *sich* steht, steht er in *ihm*, ständig eins damit." (145) – „Wenn so deutlich ist, dass das Sein Jesu als des Christus [...] ein Sein ‚von-her' und ‚auf-zu' ist, das nirgendwo an sich selber festhält und nirgendwo nur auf sich selber steht, dann ist zugleich deutlich, dass dieses Sein reine Beziehung ist (nicht Substantialität) und als reine Beziehung reine Einheit." (146) – „Der, der hier ist, ist Wort; er ist folglich Gesprochensein und damit die reine Beziehung vom Sprechenden her auf die Angesprochenen zu. So ist Logos-Christologie als Wort-Theologie abermals Eröffnung des Seins auf den Gedanken der Beziehung hin." (149). – Zur theologiegeschichtlichen Einordnung von Ratzingers „relationaler Ontologie": K.-H. Menke, Personalismus.

1153 Hans Urs von Balthasar bilanziert Ratzingers Position in dessen Bändchen mit dem Titel „Prinzipien christlicher Moral" wie folgt: „1. Der (außerbiblische) Mensch erwacht zum theoretisch-praktischen Selbstbewusstsein dank einem freien liebenden Anruf des Mitmenschen. Antwortend erfährt er (im cogito/sum) sowohl das Gelichtetsein der Wirklichkeit schlechthin (als wahr und gut), die sich von sich her erschließt und den Menschen auf sich hin freisetzt [...]. 2. Dem transzendental aufleuchtenden Guten ist der Mensch in seiner Verfasstheit un-bedingt [...] zugestaltet (synderesis, Ur-Gewissen) [...]. Weder das Sichverhüllen der ursprünglichen Lichtung, noch das Gezogenwerden durch unmittelbar vorliegende Güter, noch schließlich die Verdunkelung des Geschenkcharakters des Guten durch die Sünde können eine verborgene Ausrichtung des Menschen nach seinem Licht verhindern, weshalb auch die Heiden ‚durch Jesus Christus nach meinem Evangelium' (Röm 2,16) gerichtet werden. 3. Abstrakte Formulierungen der Zugestaltung zum Guten als ‚Naturgesetz' – etwa die Formulierung der Mitmenschlichkeit als ‚kategorischer Imperativ' – sind abkünftig und haben Verweischarakter." (Neun Sätze zur christlichen Ethik, 86).

b) Ratzingers Verhältnisbestimmung von Gewissen und Wahrheit

Ratzingers relationale Ontologie ist von Augustinus inspiriert. Aber sie unterscheidet sich von dessen neuplatonisch geprägter Metaphysik. Der Mensch, so lehrt Augustinus, ist nur *in* der Bejahung Gottes frei, nicht aber *gegenüber* Gott; Sünde ist also nicht Realisierung von Selbstbestimmung, sondern deren Aufhebung. Augustinus kann nicht denken, dass der Mensch, obwohl in Gestalt eines unbedingten Sollens auf den göttlichen Logos bezogen, nicht nur in der Befolgung dieses Sollens, sondern auch in der Verneinung des Wesensgesetzes seiner Freiheit (des Logos) ebendiese Freiheit realisiert. Ratzinger hingegen betont gerade dies – zum Beispiel in seinem Aufsatz mit dem Titel „Gewissen und Wahrheit"[1154]. Auch wenn jeder Mensch seinem Gewissen nicht nur folgen darf, sondern folgen muss, ist damit nicht gesagt, dass jedes Gewissensurteil wahr ist[1155]. Ratzinger geht es um die Hinordnung des Gewissens auf eine Ordnung, die nicht bloße Interpretation des je Einzelnen ist; um die apriorische Hinordnung des transzendentalen Ich auf einen ihm vorgegebenen Logos[1156].

1154 In: J. Ratzinger, Wahrheit, Werte, Macht, 29–62. – Dazu: M. Eller, Veritas creatrix incarnata, bes. 121–134; H. Nüllmann, Logos Gottes und Logos des Menschen, bes. 63–70.

1155 Vgl. J. Ratzinger, Werte in Zeiten des Umbruchs, 101. – Vgl. M. Scheuer, Zeugnis für die Wahrheit.

1156 „Die Einheit des Menschen hat ein Organ: das Gewissen. Es war die Kühnheit des heiligen Paulus, die Hörfähigkeit auf das Gewissen bei allen Menschen zu behaupten, die Heilsfrage so von der Erkenntnis und dem Einhalten der Thora zu lösen und sie auf den gemeinsamen Anspruch des Gewissens zu stellen, in dem der eine Gott spricht, der das wahrhaft Wesentliche der Thora einem jeden sagt: ‚Wenn die Heiden, die das Gesetz nicht haben, von Natur aus das tun, was im Gesetz gefordert ist, so sind sie, die das Gesetz nicht haben, sich selbst Gesetz. Sie zeigen damit, dass ihnen die Forderung des Gesetzes ins Herz geschrieben ist; ihr Gewissen legt Zeugnis davon ab …' (Röm 2,14f.). Paulus sagt nicht: Wenn Heiden sich an ihre Religion halten, ist es gut vor dem Gericht Gottes. Im Gegenteil, er verurteilt den Großteil der religiösen Praktiken jener Zeit. Er verweist auf eine andere Quelle – auf das, was allen ins Herz geschrieben ist, das eine Gute des einen Gottes. Hier stehen sich allerdings heute zwei konträre Gewissensbegriffe gegenüber, die freilich meist einfach ineinander geschoben werden. Für Paulus ist das Gewissen das Organ der Transparenz des einen Gottes in allen Menschen, die ein Mensch sind. In der Gegenwart hingegen erscheint das Gewissen als Ausdruck für die Absolutheit des Subjekts, über das hinaus es im Sittlichen keine Instanz mehr geben kann. Das Gute als solches ist nicht wahrnehmbar. Der eine Gott ist nicht vernehmbar. Was Moral und Religion angeht, ist das Subjekt die letzte Instanz. Das ist logisch, wenn die Wahrheit als solche unzugänglich ist. So ist im neuzeitlichen Gewissensbegriff das Gewissen die Kanonisierung des Relativismus, der Unmöglichkeit gemeinsamer sittlicher und religiöser Maßstäbe, wie es umgekehrt für Paulus und die christliche Tradition die Gewähr für die Einheit des Menschen und die Vernehmbarkeit Gottes, für die ge-

Würde man diese Hinordnung leugnen, dann – so bemerkt er wörtlich – könnte man meinen, „dass Hitler und seine Mittäter, zutiefst von ihrer Sache überzeugt, gar nicht anders handeln durften und daher – bei aller objektiven Schrecklichkeit ihres Tuns – subjektiv moralisch gehandelt hätten."[1157]

Nur wenn die Letztinstanzlichkeit des Einzelgewissens nicht nur formal unbedingte Freiheit, sondern zugleich Verwiesenheit auf den Grund alles Seienden ist, entgeht man dem Relativismus der Gleichsetzung von subjektiver Überzeugung und wahrem Urteilen[1158]. Ratzinger bemerkt: „Der Pharisäer weiß nicht mehr, dass auch er Schuld hat. Er ist mit seinem Gewissen völlig im reinen, aber dieses Schweigen des Gewissens macht ihn undurchdringlich für Gott und die Menschen, während der Schrei des Gewissens, der den Zöllner umtreibt, ihn der Wahrheit und der Liebe fähig macht. […] Das Gleiche finden wir auf andere Weise bei Paulus wieder, der uns sagt, dass die Heiden sehr wohl auch ohne Gesetz wussten, was Gott von ihnen erwartet (Röm 2,1–16). Die ganze Theorie von der Rettung durch Unkenntnis bricht an diesem Vers zusammen. Es gibt die gar nicht abzuweisende Gegenwart der Wahrheit im Menschen – jener einen Wahrheit des Schöpfers, die in der heilsgeschichtlichen Offenbarung auch schriftlich geworden ist."[1159]

Ratzinger beruft sich für seine These, die Letztinstanzlichkeit des Gewissens sei vereinbar mit dessen Bindung an den Logos des Schöpfers, auf die Anamnesis-Lehre Platons und auf John Henry Newmans Phänomenologie „der Innerlichkeit des Menschen und der Wahrheit von Gott

meinsame Verbindlichkeit des einen und gleichen Guten gewesen war. Dass es zu allen Zeiten ‚heilige Heiden' gegeben hat und gibt, liegt daran, dass überall und in allen Zeiten – wenn auch oft nur mühsam und stückweise – der Spruch des ‚Herzens' vernehmbar war, dass uns Gottes Thora in uns selber, in unserem geschöpflichen Wesen als Verpflichtung hörbar wird und uns so möglich ist, das bloß Subjektive zu überschreiten, aufeinander und auf Gott hin." (J. Ratzinger, Glaube – Wahrheit – Toleranz, 166f).

1157 J. Ratzinger, Werte in Zeiten des Umbruchs, 104.

1158 „Es ist *nie Schuld*, der gewonnenen *Überzeugung zu folgen* – man muss es sogar; aber es kann sehr wohl *Schuld* sein, dass man *zu so verkehrten Überzeugungen gelangt* ist und den Widerspruch der Anamnese des Seins niedergetreten hat. *Die Schuld* liegt dann woanders, tiefer: nicht in dem jetzigen Akt, sondern *in* der *Verwahrlosung meines Seins*, die mich stumpf gemacht hat für die Stimme der Wahrheit und deren Zuspruch in meinem Innern. Deshalb bleiben Überzeugungstäter wie Hitler und Stalin schuldig. Diese krassen Exempel sollen aber nicht dazu dienen, uns über uns selbst zu beruhigen, sondern sie sollten uns aufschrecken und uns den Ernst der Bitte eindrücklich machen: Von meiner unerkannten Schuld befreie mich (Ps 19,13)." (J. Ratzinger, Werte in Zeiten des Umbruchs, 120).

1159 J. Ratzinger, Wahrheit, Werte, Macht, 36f.

her"[1160]. Das Gewissen, so betont er wiederholt, bringt dem Menschen seine geschöpfliche Verwiesenheit auf den Schöpfer zu Bewusstsein. Denn die „ontologische Schicht des Phänomens Gewissen besteht darin, dass uns so etwas wie eine Urerinnerung an das Gute und an das Wahre eingefügt ist; dass es eine innere Seinstendenz des gottebenbildlich geschaffenen Menschen auf das Gottgemäße hin gibt"[1161]. Das Gewissen ist keineswegs identisch mit dem Logos des Schöpfers, wohl aber Antenne für die Anrede des Logos. Diese Anrede kann überhört, verdrängt oder falsch interpretiert und beurteilt werden, ist aber stets ein und dieselbe. „Sagt denn" – so fragt Ratzinger – „Gott zu verschiedenen Menschen Widersprüchliches? Widerspricht Gott sich selbst? Verbietet er dem einen bis hin zur Martyriumspflicht, was er dem anderen erlaubt oder sogar gebietet?"[1162]

Hansjürgen Verweyen kommentiert: „Wenn ich recht sehe, spricht Joseph Ratzinger in diesem Zusammenhang eine konstitutive Hinordnung des Menschen auf Offenbarung an, die Karl Rahner unter dem Stichwort ‚Hörer des Wortes' zu thematisieren versucht hat. Es handelt sich hier um ein elementares Apriori, ein ‚Vorwissen' der menschlichen Vernunft, das sich zwar nicht wie ein ‚Schatz von abrufbaren Inhalten' *kategorial* entfalten lässt, aber, aller Konkretion von Gut und Böse *transzendental* voraus, wahrhaft gültige von nur faktisch geltenden Ansprüchen an unser sittliches Handeln zu unterscheiden vermag. Wenn dieses Vorwissen auf eine dem Menschen haltgebende und ihn wirklich befreiende Autorität stößt, wird er dadurch in den Stand gesetzt, die geschichtlich-kulturellen wie auch die aus eigener Schuld erwachsenen Verdeckungen dieses ‚besseren Wissens um sich selbst' zu entlarven. […] Insofern Ratzinger jenes Grundwissen nicht nur als theologische These aufstellt, sondern wie Anselm von Canterbury[1163] davon ausgeht, dass in dem Augenblick, wo das Bild Gottes im Menschen wieder von seinem Schmutz befreit ist, der Mensch zum Verständnis ‚dessen, worüber hinaus nichts Besseres gedacht werden kann', aufgrund seiner natürlichen Vernunftbegabung fähig wird, darf man noch einen Schritt weiter gehen. Ein solcher befreiender Glaube macht wahre Philosophie nicht nur möglich. Er schickt vielmehr den Menschen geradezu auf die Suche, bis er den ganzen, dem Menschen durchaus vernehmbaren rationalen Grund (‚Logos') der Offenbarung kraft seiner natürlichen,

1160 J. Ratzinger, Kirche, Ökumene und Politik, 157.
1161 J. Ratzinger, Wahrheit, Werte, Macht, 116.
1162 J. Ratzinger, Der Auftrag des Bischofs und des Theologen, 531.
1163 Zu Anselms Versuch, den Glauben als Befreiung der Vernunft zu sich selbst zu verstehen: M. Kirschner, Gott – größer als gedacht, bes. 201–291.

ihm vom Schöpfer verliehenen Vernunft aus dem Schutt eigener oder gesellschaftlicher Verfremdung ausgegraben hat."[1164]

c) Der einzige Glaube, der den Menschen „zu sich selbst" befreit

Wenn Ratzinger von dem Glauben spricht, der allein den Menschen „aus Irrtümern herausziehen" kann, dann meint er die Untrennbarkeit der von Kant apostrophierten Transzendentalität des Menschen von der Bezogenheit auf den Logos Gottes, der als Schöpfer-Logos der Logos alles Seienden ist. Es geht um die direkte Proportionalität[1165] von Selbstsein und Bezogensein des Menschen. Wenn man diese voraussetzt, ist die nicht selten als antimodern gescholtene Kritik Ratzingers an der Transzendentalphilosophie[1166] weniger ein Verdikt als vielmehr eine Frage. Ratzinger fragt nach dem Geltungsgrund jenes unbedingten Sollens, das Kant als kategorischen

---

1164 H. Verweyen, Joseph Ratzinger – Benedikt XVI., 112f.

1165 Zur Problematik des Begriffs „direkte Proportionalität": M. Lersch, „Alleinwirksamkeit Gottes" oder „direkte Proportionalität"?, bes. 368–375. – Die in der Pröpper-Schule (vgl. M. Lerch, Selbstmitteilung Gottes, 134–139) übliche Unterscheidung der Termini „Vermittlungsverhältnis", „Grund-Folge-Verhältnis", „Entsprechungsverhältnis", „Bestimmungsverhältnis" und „Aufhebungsverhältnis" könnte zur Klärung des ‚eigentlich' Gemeinten beitragen, erlaubt aber auch das Etikett ‚Geheimnis', ohne sich deshalb den Vorwurf der Denkfaulheit einzuhandeln. Vermutlich könnte sich Ratzinger mit der folgenden ‚Verhältnisbestimmung' einverstanden erklären: „Kann die mit Subjektivität verknüpfte Freiheit […] nicht für ihr Aufkommen garantieren, dann erfährt sich das Ich insbesondere in seiner Freiheit weder als selbstursprünglich noch als seiner selbst mächtig, sondern als verdankt. Diese Verdanktheit der Freiheit zeigt sich nicht allein in der Bedingtheit meiner Freiheit, sondern darin, dass das Vermögen, das ‚Können' meines Wollens, Fühlens, Denkens, Handelns im Sinne einer ‚Freiheit wozu' ein passives Moment besitzt, denn es ist keine eigene Leistung, sondern eine sich ereignende Gabe." (S. Wendel, Der Körper der Autonomie, 114f).

1166 „Ratzingers Kritik an der Transzendentalphilosophie bezieht sich auf eine Form, die dem Du, dem Dialogischen nicht gerecht wird. Falls Ratzinger dazu auch Fichtes Ansatz rechnen würde, wäre seine Einschätzung in dieser Hinsicht korrekturbedürftig und Verweyens Hinweis [vgl. Joseph Ratzinger – Benedikt XVI., 111.159] auf die Intersubjektivitätstheorie von Fichte berechtigt. Ratzinger hat aber in der Regel Kants Denken im Blick, wenn er gegenüber der Transzendentalphilosophie eine kritische Stellung bezieht." (M. Schulz, Wenn das Salz des Evangeliums „dumm" geworden ist, 47). – Heiko Nüllmann (Logos Gottes und Logos des Menschen, 220–233) identifiziert Ratzingers Kritik an der Transzendentalphilosophie mit seiner Kritik an allen jüngeren Gestalten der Reduktion des Logos: auf das Gefühl (Schleiermacher), auf die historische Vernunft (Liberale Theologie), auf die Existenz (Bultmann), auf ein ungeschichtliches Apriori (Rahner), auf die Praxis (Politische Theologie) oder auf die kommunizierende Sprache (Habermas).

Imperativ erklärt[1167]. Ratzinger ist überzeugt: Weil der Geltungsgrund des Unbedingten nicht in etwas Bedingtem gründen kann, liegt er nicht in der Freiheit des Menschen, sondern im Logos des Schöpfers.

Paul Platzbecker hat in seinem Vergleich zwischen dem Kasper-Schüler Thomas Pröpper und dem Ratzinger-Schüler Hansjürgen Verweyen herausgestellt[1168], dass Letzterer den Geltungsgrund des unbedingten Sollens der theoretischen und praktischen Vernunft nicht im transzendentalen Ich, sondern im göttlichen Logos verortet – was ihm den Vorwurf eines Rückfalls hinter Kant zurück in das Denken René Descartes'[1169] eingetragen hat. Die Konsequenzen des hier aufbrechenden Dissenses sind beträchtlich. Wer das transzendentale Ich so radikal wie bestimmte Nominalisten vom Logos des Schöpfers trennt, gelangt fast automatisch zu der These, dass die „Gottesvorstellungen und Normativitäten" der christlichen Tradition und insbesondere des kirchlichen Lehramtes „nichts anderes darstellen als anthropogene Ausdeutungen des notwendig zu denkenden Absoluten"[1170].

Was aber – so möchte man fragen – unterscheidet diese These noch von der Pluralistischen Religionstheologie mit ihrer Unterscheidung zwischen

1167 J. Ratzinger kann die Kant'sche Maxime, dass „Freiheit moralisch genannt zu werden verdient, die ihrem eigenen Wesen entspricht" (M. Striet, „Erkenntnis aller Pflichten als göttlicher Gebote", 171), durchaus affirmieren. Aber er bezweifelt, dass das transzendentale Ich auch der Geltungsgrund der Moral ist. Und damit glaubt er sich in Übereinstimmung mit Kants Postulaten Gottes, einer unsterblichen Seele, einer ausgleichenden Gerechtigkeit etc. Striets Kant-Interpretation hingegen sieht den Geltungsgrund des moralischen Sollens nicht in Gott, sondern ausschließlich in der formal unbedingten Freiheit des transzendentalen Ich (vgl. ebd., 172).

1168 Vgl. P. Platzbecker, Radikale Autonomie vor Gott denken, 133–265; ders., „Freiheit als Prinzip aller Erscheinung", 27–33.

1169 René Descartes bemerkt in der dritten seiner „Meditationes de prima philosophia": „Es ist auch gar nicht zu verwundern, dass Gott mir, als er mich schuf, diese Vorstellung eingebrannt hat, damit sie gleichsam das Zeichen sei, mit dem der Künstler sein Werk signiert. Übrigens braucht dieses Zeichen gar nicht etwas von dem Werke selbst Verschiedenes zu sein, sondern einzig und allein daher, dass Gott mich geschaffen hat, ist es ganz glaubhaft, dass ich gewissermaßen nach seinem Bilde und seinem Gleichnis geschaffen bin und dass dieses Gleichnis – in dem die Idee Gottes steckt – von mir durch dieselbe Fähigkeit erfasst wird, durch die ich mich selbst erfasse." (Meditationen, 95). – Hansjürgen Verweyen kommentiert: „Das im radikalen methodischen Zweifel seinen unhinterfragbaren eigenen Boden der Wirklichkeit auslotende Denken erkennt im gleichen Akt die Gottesidee als notwendige Möglichkeitsbedingung des eigenen Zweifelns. Weitab davon, dass die Gottesidee eine sekundär in das Denken hineingebrachte Vorstellung wäre, weiß das Denken diese Idee als eine ihm ursprünglich eingebrannte Prägung; ja, es erkennt sich schließlich als nichts anderes denn diese Gottesidee, als Bild Gottes." (Gottes letztes Wort, 92). – In kritischer Distanz dazu der Abschnitt „Zur Diskussion mit H. Verweyen" in: T. Pröpper, Theologische Anthropologie, 437–441.

1170 M. Striet, *Ius divinum* – Freiheitsrechte, 104.

dem transzendenten Sinn an sich und den anthropogenen Interpretationen dieses an und für sich unzugänglichen Sinns? Magnus Striet antwortet: dies, dass es allem gegenteiligen Anschein zum Trotz ein Unbedingtheitskriterium gibt; einen Maßstab der Scheidung und Unterscheidung von Interpretationen des Logos. Dieses Unbedingtheitskriterium erkennt er in der Selbstverpflichtung der transzendentalen Freiheit auf die unbedingte Anerkennung anderer Freiheit. Die Entscheidung der Freiheit zu sich selbst ist – so betont Striet – keine anthropogene Interpretation des Unbedingten, sondern die unbedingte Instanz, welche die Interpretierenden vor dem Relativismus bewahrt[1171].

Gewiss, die transzendentale Freiheit ist nicht kausal ableitbar und insofen unbedingt. Aber kann sie auch der Geltungsgrund ihrer Selbstverpflichtung auf die Anerkennung anderer Freiheit sein? Ohne dass Gottes Logos die Sinnhaftigkeit der besagten Selbstverpflichtung garantiert, könnte sie auch die Folge eines genetischen Defektes oder das quälende Über-Ich des Sisyphos sein. Wer nicht an den Gott glaubt, der wirkliche Freiheit des Geschöpfes ermöglichende Liebe (der mit Christus identische Logos) ist, wird das unbedingte Sollen seiner theoretischen und praktischen Vernunft wohl nur so lange befolgen, wie ihm dies nützlich erscheint. Von daher hat Ratzinger vollkommen Recht: Es gibt so etwas wie eine apriorische Ausrichtung[1172] des transzendentalen Ich auf Gott, die – im Glauben (im Entschluss der Freiheit zu sich selbst) bejaht – das Gewissen an die Wahrheit (an den Logos) bindet. Und es ist die dialogisch mit Christus kommunizierende Kirche, die als apostolisch verfasste Einheit dann, wenn sie als Ganze mit letzter Verbindlichkeit unterscheidet, die Wahrheit zum Ausdruck bringt.

Während Verweyen die von Ratzinger explizierte Verhältnisbestimmung von Gewissen und Wahrheit unterstreicht[1173], erkennen Magnus Striet und Stephan Goertz in ebendieser Verhältnisbestimmung einen

1171 Vgl. M. Striet, *Ius divinum* – Freiheitsrechte, 98–101.

1172 Joseph Ratzinger will die Bezogenheit des transzendentalen Ich auf den Logos Gottes nicht so verstanden wissen wie Schleiermacher (vgl. Glaube und Zukunft, 83–86), von dem er sich auf ganz ähnliche Weise wie Thomas Pröpper (vgl. Theologische Anthropologie, 441–487) abgrenzt. Denn: „Weil das Gottesbewusstsein sich […] auf Gott als eine Wirklichkeit richten soll, die vom eigenen Ich und der Welt *verschieden* ist, muss es reflexe Momente beinhalten, damit die Differenz von Ich, Welt und Gott überhaupt als solche bewusst werden kann. […] Die Behauptung einer im Selbstbewusstsein bereits implizierten *wirklichen Gottesbeziehung* ist philosophisch unausgewiesen, wird sie doch bereits von einer freien Entscheidung getragen." (M. Lerch, Selbstmitteilung Gottes, 101f).

1173 Vgl. H. Verweyen, Joseph Ratzinger – Benedikt XVI., 112.

entscheidenden Grund für die Entfremdung des katholischen Christentums von der Moderne. Ausdrücklich[1174] wenden sie sich gegen die in der Enzyklika „Veritatis splendor" (1993) explizierte These: „Das Urteil des Gewissens begründet nicht das Gesetz, aber es bestätigt die Autorität des Naturgesetzes und der praktischen Beziehung in Beziehung zum höchsten Gut, dessen Anziehungskraft die menschliche Person erfährt und dessen Gebote sie annimmt."[1175]

Striet hält die Annahme einer apriorischen Ausrichtung des Gewissens auf den Logos der Schöpfung für zumindest tendenziell traditionalistisch[1176]. Ja, er vermutet, Gott selber wolle nichts anderes als dies: dass „durch Vernunftautonomie entschieden" werde, „was dem Leben dient"[1177]. Und Stephan Goertz meint gar, die Enzyklika Johannes Pauls II. wolle die verbal beteuerte Gewissensfreiheit nicht nur beschränken, sondern schlicht revozieren[1178].

3. Die Wahrheitsfähigkeit des Menschen und die Einzigkeit der Wahrheit

Ratzingers Verhältnisbestimmung von Vernunft und Glaube (bzw. von Freiheit und Gehorsam) wird immer noch oder sogar zunehmend kontrovers diskutiert[1179]. Unbestritten ist, dass er die Fähigkeit des transzenden-

1174 Vgl. M. Striet, *Ius divinum* – Freiheitsrechte, 96; S. Goertz, Autonomie kontrovers, 171–176.

1175 Johannes Paul II., Enzyklika Veritatis splendor, § 60.

1176 Vgl. M. Striet, *Ius divinum* – Freiheitsrechte, 92f.

1177 M. Striet, *Ius divinum* – Freiheitsrechte, 99.

1178 „Wer Gewissen primär als Mit-Wissen konzipiert, als Urteil, in dem sich im Menschen ‚die Wahrheit über das Gute' (Veritatis splendor 61) widerspiegelt, der denkt nach wie vor in vor-neuzeitlichen Kategorien. Das aber führt zu Vorbehalten gegen dem [sic!] Grundrecht auf Gewissensfreiheit […] Das Absolute in der Moral hat in *Veritatis splendor* wieder einmal seinen Ort gewechselt. Nun ist nicht mehr die Freiheit und Würde des Menschen absoluter Zweck, nun gerinnt das Absolute in einzelnen normativen Sätzen […]. Welche Gebote auf diese Weise gesichert werden sollen, ist kein Geheimnis. Es sind in erster Linie die bekannten Gebote, genauer Verbote im Bereich der Ehe-, Sexual- und Bioethik. Autonomie wird als Unterminierung von sozialer Ordnung begriffen. Weder die Autonomie der Moral, noch die Autonomie der Person werden anerkannt. So ist es nur ehrlich, dass sowohl im *Weltkatechismus* (1993) als auch im *Youcat* (2010) der Begriff Autonomie im Stichwortverzeichnis nicht auftaucht." (S. Goertz, Autonomie kontrovers, 174–176).

1179 Vgl. H. Verweyen, Joseph Ratzinger – Benedikt XVI., 28–34.100–113; U. Ruh, Joseph Ratzinger – der Kritiker der Moderne; C. Dohmen (Hg.), Die „Regensburger Vorlesung" Papst Benedikts XVI. im Dialog der Wissenschaften; M. Schulz, Wenn

talen Ich zur Selbstbestimmung und dessen gleichursprüngliches Bezogensein auf den Logos alles Seienden weder rationalistisch noch fideistisch verstanden wissen will. Seine Begründung ist allerdings keine philosophische, sondern eine christologische. Wie das wahre Menschsein Jesu nur in der hypostatischen Vereinigung mit dem göttlichen Logos existiert, so ist die Vernunft des einzelnen Menschen nur in einer zugleich unvermischten und ungetrennten Allianz mit dem Glauben sie selbst.

Ratzinger verweist auf die Entscheidung des dritten Konzils von Konstantinopel 680/81 gegen die Lehre, Jesus Christus sei nur ein göttlicher, aber kein menschlicher Wille zuzusprechen (Monotheletismus). Das Konzil, so betont er, „hält nachdrücklich fest, dass es einen eigenen Willen des Menschen Jesus gibt, der nicht vom göttlichen Willen absorbiert ist. Aber dieser menschliche Wille folgt dem göttlichen Willen und wird so nicht auf naturale Weise, sondern auf dem Weg der Freiheit ein einziger Wille mit ihm: Die metaphysische Zweiheit eines menschlichen und eines göttlichen Willens wird nicht aufgehoben, aber im personalen Raum, im Raum der Freiheit, vollzieht sich beider Verschmelzung, so dass sie nicht natural, aber personal ein Wille werden."[1180]

Wie Jesus in demselben Maße, in dem er dem Vater gehorsam (personal identisch mit dem innertrinitarischen Sohn) ist, ein wahrer Mensch mit einem unverkürzten menschlichen Willen, einer unverkürzten menschlichen Freiheit und einer unverkürzten menschlichen Vernunft bleibt, so ist jeder Mensch in eben demselben Maße er selbst (vernünftig und frei), als er auf die mit Christus identische Wahrheit bezogen ist. Ratzinger wörtlich: „Der Gläubige ist überzeugt, dass es zwischen rechter Vernunft und rechtem Glauben keinen Widerspruch geben kann. Glaube ohne Vernunft wäre nicht wirklich menschlich; Vernunft ohne Glaube bleibt weglos und lichtlos."[1181]

das Salz des Evangeliums „dumm" geworden ist; P. Hofmann, „Fides et ratio"; M. Eller, Veritas creatrix incarnata, 121–158; R. Weimann, Dogma und Fortschritt, bes. 79–163; W. Teifke, Offenbarung und Gericht; H. Nüllmann, Logos Gottes und Logos des Menschen, 99–246; T. Stübinger, Theologie aufs Ganze, bes. 183–246.

1180 J. Ratzinger, Schauen auf den Durchbohrten, 34f. – Zur kriteriellen Funktion des Dyotheletismus innerhalb der gegenwärtigen christologischen Diskurse: G. Essen, Die Freiheit Jesu, bes. 242–316; M. Lerch, Selbstmitteilung Gottes, bes. 239–442; ders., Die menschliche Freiheit Jesu als Selbstmitteilung Gottes.

1181 J. Ratzinger, Schauen auf den Durchbohrten, 37.

Man kann mit Klaus Müller[1182] der Meinung sein, Ratzinger habe so wenig wie Romano Guardini[1183] oder Karl Rahner[1184] geklärt, wie direkte Proportionalität von Glaube und Vernunft, von Gnade und Freiheit, von Bezogensein und Selbstsein logisch möglich ist. Das ändert aber nichts an der Tatsache, dass der Glaube, den Ratzinger als Selbstbindung der Vernunft an den Logos der Schöpfung beschreibt, zugleich Entscheidung der transzendentalen Freiheit zu sich selbst ist. Wo der Bochumer Religionsphilosoph Richard Schaeffler die eigene Vermittlung zwischen Transzendental- und Sprachphilosophie beschreibt, charakterisiert er – ohne dies zu beabsichtigen – auch Ratzingers Verhältnisbestimmung von Gewissen und Wahrheit: „Die Urteilsfreiheit des Subjekts ist durch den Anspruch des Objekts hervorgerufene und freigesetzte Freiheit. Diese bewährt sich gegenüber dem gleichen Objekt als freisetzende Freiheit."[1185]

Ratzinger erklärt seine erkenntnistheoretische Grundposition im Unterschied zu den Rezipienten der Krings'schen Freiheitsanalyse[1186] weniger durch philosophische als durch geistesgeschichtliche Analysen. Wenn man diese Analysen Revue passieren lässt, fällt auf, dass bestimmte Topoi in leicht veränderter Form immer wieder auftauchen. Zu diesen roten Fäden zählt u. a. Augustins Kommentar zu dem dreifachen Theologiebegriff des römischen Staatsbeamten und Gelehrten Marcus Terentius Varro (116–27 v. Chr.). Die Schlussfolgerungen, die Ratzinger aus diesem kleinen Kapitel der abendländischen Geistesgeschichte zieht, bestimmen schon seine Dissertation[1187], bilden den Kern seiner Bonner Antrittsvorlesung[1188], werden 1999 in einem Vortrag in der Sorbonne zu Paris[1189], in einem Kommentar zu der Enzyklika „Fides et Ratio"[1190], schließlich in der Regensburger Vor-

1182 „Konzepte, die mit der Formel eines ‚Bei-sich-seins(s) als Beim-andern-sein(s)' operieren oder von ‚relationale(m) Beisichsein' sprechen, versuchen sich, statt aufzuklären, in rhetorischer Verschleierung ihrer Ratlosigkeit." (K. Müller, Wenn ich „ich" sage, 120).

1183 Vgl. K. Müller, Vernunft und Glaube, 146–150.

1184 Vgl. K. Müller, Vernunft und Glaube, 150–153.

1185 R. Schaeffler, „Freiheit, die frei macht", 76. – Vgl. B. Irlenborn, „Veritas semper maior", 337–347.

1186 Vgl. H. Krings, System und Freiheit, bes. 15–68.161–184; T. Pröpper, Evangelium und freie Vernunft, 5–128.

1187 Vgl. J. Ratzinger, Volk und Haus Gottes, 349–360.

1188 Vgl. J. Ratzinger, Der Gott des Glaubens und der Gott der Philosophen, bes. 23–28.

1189 Vgl. J. Ratzinger, Glaube – Wahrheit – Toleranz, 131–147.

1190 Vgl. J. Ratzinger, Glaube – Wahrheit – Toleranz, 148–169.

lesung vom 12. 9. 2006[1191] und in der Pariser Ansprache „an die Welt der Kultur“ vom 12. 9. 2008[1192] aufgegriffen.

a) Christlicher Glaube als religionskritische Suche nach der einen und einzigen Wahrheit

Marcus Terentius Varro hält es für ganz selbstverständlich, dass jedes Volk seinen Ursprung, seine politischen Institutionen und Normen in Gestalt von Mythen und Riten mit göttlicher Autorität ausstattet. Die teils erzählende, teils rituelle Verankerung der Polis in der Religion bezeichnet der römische Gelehrte als „theologia mythica vel civilis“. Nicht selten verwendet er die Begriffe „theologia mythica vel civilis“ und „religio“ als Synonyma.

Varro charakterisiert die „theologia mythica vel civilis“ als das Gegenteil der „theologia naturalis“. Denn der Terminus „theologia naturalis“ bezeichnet nicht die erzählende oder rituelle Verankerung der Natur in der Religion, sondern im Gegenteil die religionskritische Suche nach der Wahrheit. Deshalb kann man ohne Abstriche behaupten, dass die „theologia naturalis“, von der Varro spricht, identisch ist mit der Philosophie.

Die abendländische Philosophie beginnt (vgl. Kap. I/A) mit der Frage nach dem Grund aller Gründe; sie war deshalb von Anfang an „theo-logia“ (Gespräch über die Götter), d. h. kritische Reflexion der Mythen, die sich alles Wirkliche durch Götter erklärten. Auch die polytheistische Religion der Polis Athen verehrte mehrere letzte Gründe und benannte diese in ihren Mythen und Kulten mit den Namen der einzelnen Gottheiten. Vor diesem Hintergrund kann es nicht überraschen, dass die schon von den Vorsokratikern vertretene These, dass es, wenn überhaupt, nur einen Gott geben kann, als subversiv, als die Ordnung des Staates gefährdend, angeklagt wurde. Die griechische Philosophie fragt nach der Einheit alles Vielen, nach dem, was die vielen Gründe, von denen die Mythen erzählen, gemeinsam haben; in fortgeschrittenem Stadium nach dem, was die vielen unterscheidbaren Gestalten des Mikro- und des Makrokosmos verbindet; nach dem, was bei allem Vergehen und Werden des empirisch Wahrnehmbaren das Bleibende ist. Die Vorsokratiker – auch „Hylemorphisten“ genannt – verstehen dieses Eine, das alles Viele und Vergängliche verbindet, als einen Grundstoff. Platon spricht von der Idee des Guten, Aristoteles

1191 Benedikt XVI., Glaube, Vernunft und Universität.
1192 Benedikt XVI., Ansprache an die Vertreter aus der Welt der Kultur.

von einem unbewegten Beweger, Plotin von der Weltseele. Diese Interpretationen mögen vordergründig sehr heterogen erscheinen, gründen aber in der gemeinsamen Überzeugung, dass alles Wirkliche einen Zusammenhang bildet, der nicht vom Menschen konstruiert wird, sondern, wie gesagt, die Wahrheit an sich bzw. der Grund aller Gründe ist.

Bekanntlich war es der Vorsokratiker Heraklit, der den alles Wirkliche verknüpfenden Zusammenhang zum ersten Mal mit dem Terminus „Logos" bezeichnet und so ausgedrückt hat, dass alles Seiende „Anrede" der göttlichen Vernunft an die Vernunft des Menschen ist. Ratzinger folgert: Ohne den biblischen Grundgedanken der Schöpfung alles Wirklichen durch das Wort eines personal gedachten Schöpfers zu kennen, beschreibt die griechische Philosophie den Grund aller Gründe als „Logos" – und damit alles Seiende als Sinnzusammenhang. Weil das Christentum sich mit der Philosophie verbündet, ist es von Anfang an mythen- und religionskritisch. Es unterscheidet die theologische nicht von der philosophischen Vernunft und spricht von Wahrheit nur im Singular. Ratzinger fasst diesen Sachverhalt in den Spitzensatz: „Im Christentum ist Aufklärung Religion geworden und nicht mehr deren Gegenspieler. Weil es so ist, weil das Christentum sich als Sieg der Entmythologisierung, als Sieg der Erkenntnis und mit ihr der Wahrheit verstand, deswegen musste es sich als universal ansehen und zu allen Völkern gebracht werden: nicht als eine spezifische Religion, die andere verdrängt, nicht aus einer Art von religiösem Imperialismus heraus, sondern als Wahrheit, die den Schein überflüssig macht. Und eben deshalb muss es in der weiträumigen Toleranz der Polytheismen als unverträglich, ja als religionsfeindlich, als ‚Atheismus' erscheinen: Es hielt sich nicht an die Relativität und Austauschbarkeit der Bilder, es störte damit vor allem den politischen Nutzen der Religionen und gefährdete so die Grundlagen des Staates, indem es nicht Religion unter den Religionen, sondern Sieg der Einsicht über die Welt der Religionen sein wollte."[1193]

b) Zwei unterschiedliche Konzepte zur Überwindung des postmodernen Relativismus

In dem Gespräch, das der Kardinalpräfekt der Glaubenskongregation ein Jahr vor seiner Wahl zum Papst in der Münchener Akademie geführt hat,

1193 J. Ratzinger, Glaube – Wahrheit – Toleranz, 137.

warnt er vor den Verirrungen der ungläubigen Religion ebenso wie vor den Sackgassen der ungläubigen Vernunft[1194].

Was eine ungläubige Vernunft ist, lässt sich relativ leicht erklären. Gemeint ist der Anspruch des Atheisten, gerade aufgrund seines Atheismus vernünftig zu sein. Aber was ist eine ungläubige Religion? Ratzingers Varro-Kommentar enthält die Antwort: Sobald eine Religion ihre Bücher, Erzählungen, Dogmen und Riten mit Gott verwechselt, hat sie Gott in ihre eigenen Begriffe oder Gewohnheiten aufgehoben und also auf das „quaerere Deum" verzichtet, das die Innenseite des Glaubens ist. Der Glaube *besitzt* Gott nicht, sondern *sucht* ihn, ohne ihn je zu begreifen.

Vor der Verwechslung von Begriff (Interpretation) und Wirklichkeit warnen auch die Väter der „Kritischen Theorie". Berühmt wurde der von Adorno und Horkheimer herausgegebene Sammelband mit dem Titel „Dialektik der Aufklärung". Die Autoren machen je auf ihre Weise deutlich, dass die Aufklärung mit ihrem Ziel der Herausführung des einzelnen Menschen aus jedweder Form von Abhängigkeit im Sinne einer Dialektik zu neuen Abhängigkeiten, Systematisierungen und Zwängen führt. Denn das Subjekt, das sich aus allen Vorgegebenheiten löst, ist seinerseits versucht, die Wirklichkeit den eigenen Begriffen zu unterwerfen. Die Vernunft, die von den Vertretern der Aufklärung und der an sie anknüpfenden Philosophie des Deutschen Idealismus gefeiert wird, ist in den Augen der Vertreter der „Kritischen Theorie" nichts anderes als die Fähigkeit zur Distanzierung, nichts anderes als die Möglichkeit, die Wirklichkeit zu konstruieren. Adorno empfiehlt in seinem weltberühmt gewordenen Buch mit dem Titel „Negative Dialektik" den Verzicht auf jedwede Konstruktion von Welt und Geschichte und also die kritische Hinterfragung der sich autonom gebärdenden Vernunft.

Die zweite Generation der Frankfurter Schule – allen voran Jürgen Habermas – will das „Projekt der Moderne", die Herausführung des Menschen aus aller Unmündigkeit, retten. Nicht die aufklärende Vernunft soll denunziert werden, sondern die Hybris des sich autonom gebärdenden Subjekts. Mit allen Vertretern des ‚linguistic turn' bindet Habermas das Subjekt an die Sprache. Seine Maxime lautet: Vernunft, die nicht kommuniziert, versteht die Wirklichkeit nicht, sondern vergewaltigt sie. Kurzum: Er stellt der konstruierenden und instrumentalisierenden die kommunikative Vernunft entgegen. Ihr allein spricht er universale Geltung zu, weil jeder Mensch, der ehrlich und zielorientiert an einem thematisch bestimmten Gespräch teilnimmt, immer schon einige universal gültige Normen bejaht. Anders gesagt: Wenn diskursiv eingebrachte Geltungsansprüche

1194 Vgl. J. Ratzinger, Was die Welt zusammenhält, 46f.

ergebnisoffen so lange miteinander kommunizieren, bis sie sich auf einen Konsens verständigt haben, ist das Resultat zumindest keine interessegeleitete Konstruktion der Wirklichkeit (Ideologie) und a priori gefeit gegen die Unterdrückung einer Minderheit durch eine Mehrheit[1195].

Ratzingers Kommentar: In der von Habermas entworfenen Kommunikationstheorie wird „Wahrheit [...] ersetzt durch den Konsens. Aber wiederum ist zu fragen: wessen Konsens? Dann wird gesagt: der Konsens derer, die argumentationsfähig sind. Weil man dann die elitäre Anmaßung einer solchen intellektuellen Diktatur nicht übersehen kann, wird gesagt, die Argumentationsfähigen müssten ‚advokatisch' auch für die einstehen, die zum rationalen Diskurs nicht fähig seien. All das kann wenig Vertrauen erwecken. Wie brüchig Konsense sind und wie schnell sich parteiliche Gruppen in einem bestimmten intellektuellen Klima als die einzig berechtigten Vertreter des Fortschritts und der Verantwortung durchsetzen können, steht vor unser aller Augen."[1196]

Die keineswegs erledigten Transzendentalphilosophien eines Hans Michael Baumgartner, Hermann Krings oder Dieter Henrich konfrontieren die unausgewiesene Basisthese des ‚linguistic turn' mit der Antithese, dass es sehr wohl ein mit sich selbst vertrautes Ich vor aller sprachlichen Reflexion gibt[1197]; dass mithin die Habermas'sche Kommunikationstheorie nicht auf einem beobachtbaren Faktum, sondern auf einer durchaus metaphysischen Grundentscheidung basiert. Im Übrigen hält Ratzinger seine These, dass die Vernunft allgemein verbindliche Antworten nur in der Bindung an eine den Sinn alles Seienden verbürgende Instanz (Gott) zu geben ver-

1195 Den Kern der von Habermas vertretenen Kommunikationstheorie beschreibt Helmut Peukert wie folgt: „Wenn ich überhaupt mit einem anderen in Kommunikation eintrete, so akzeptiere ich ihn grundsätzlich als jemanden, der sprechen, sich verständlich artikulieren und mir widersprechen kann; ich akzeptiere ihn als gleichberechtigten Partner und setze mich in dem, was ich sage, seiner Kritik und Gegenrede so aus, dass ich mich verpflichte zu versuchen, mit ihm zu einer Übereinstimmung über die Wahrheit von Behauptungen oder die Richtigkeit von Normen zu kommen. Diese grundlegenden und unausweichlichen Unterstellungen verlangen die primäre Anerkennung des anderen, und diese muss sich in gemeinsam zu findenden Handlungsanweisungen bewähren. Diese immer schon vorausgesetzte gegenseitige Anerkennung kann im Prinzip keinen Kommunikationspartner ausschließen, sie zielt vielmehr auf eine unbegrenzte Kommunikationsgemeinschaft. Sobald ich beginne zu sprechen, trete ich in ein universales Gespräch ein." (H. Peukert, Kommunikatives Handeln, 52).

1196 J. Ratzinger, Glaube – Wahrheit – Toleranz, 204.

1197 Strittig bleibt, wie sich das präreflexive Ich als reflexives konstituieren kann. Vgl. dazu die alle bisher vorgestellten Hypothesen abklopfende Analyse von Magnus Lerch: All-Einheit und Freiheit, bes. 180–198; ders., Selbstmitteilung Gottes, 76–103.

mag, für mindestens so ‚rational' wie die Grundthese des ‚linguistic turn', es gebe kein Denken ohne Sprache. Kants Transzendentalphilosophie erklärt Gott zwar zu einem Postulat der praktischen Vernunft, lässt aber nicht den geringsten Zweifel an der moralischen Pflicht des Menschen, an Gott zu glauben. Denn Kant war klar, dass kein Mensch und kein Diskurs dem Dasein des je Einzelnen und der Gemeinschaft Sinn verleihen kann.

c) Für jede Universität unverzichtbar: die Wahrheitsfrage

Wenn die Philosophie vor der Wahrheitsfrage resigniert, ist die Theologie – falls an der Universität noch vorhanden – deren einzige Instanz; dies allerdings unter der Voraussetzung, dass das Wort ‚Gott' kein ‚U-topia', sondern im Gegenteil etwas höchst Konkretes ist, nämlich ein personal verstandenes Absolutum, das sich in Raum und Zeit offenbart hat.

Bevor man hier vorschnell von fideistischen Prämissen spricht, sei an Ratzingers Ausführungen über Augustinus und Varro erinnert; daran, dass die christliche Offenbarung sich von Anfang an mit der Aufklärung der griechischen Philosophie verbindet und also keine doppelte Wahrheit – eine des Glaubens neben einer der Vernunft – duldet. Wenn das Christentum von dem in Jesus Christus offenbaren Gott spricht, denkt es nicht nur eine theologische Wahrheit, denkt es nicht nur Gott selbst, sondern auch den gesamten Bereich, mit dem sich die Einzelwissenschaften einer Universität befassen; denkt es alles Wirkliche in Raum und Zeit als Schöpfung, als Sinnzusammenhang; und bestimmt den Menschen als das singuläre Geschöpf, das sich zu seinem Schöpfer, zu sich selbst und zu allen Mitgeschöpfen frei verhalten kann. Wenn das Christentum von dem in Jesus Christus offenbaren Gott spricht, stellt es die gesamte Wirklichkeit unter das Sinnziel der Liebe, die sich mit keinen anderen Mitteln als denen des Gekreuzigten durchsetzt.

Die Aufgabe einer wissenschaftlich betriebenen Reflexion dieser Prämissen besteht erstens darin, den christlichen Glauben in allen Wissenskontexten Anfragen auszusetzen und ihn so zu bewähren; und zweitens darin, alle unstrittigen Ergebnisse der nichttheologischen Wissenschaften in sich zu integrieren. Nicht zufällig sind die ersten Universitäten im christlichen Abendland entstanden, und zwar auf dem Boden der oben benannten Prämissen. Sie betrachten die ‚universitas' aller Wirklichkeit als Schöpfung, als Sinnzusammenhang, als Einheit. Wenn man von einem Sinnzusammenhang generell absieht, hängt die Sonderperspektive der Einzelwissenschaft buchstäblich in der Luft. Es geht an der Universität ja nicht nur um eine Kommunikation der Einzelperspektiven miteinander. Es geht um den Sinn alles Seienden und insbesondere des Menschen und seiner Forschung. Die Frage nach dem wahren Sinn ist notwendig. Wo sie unterbleibt, ist die Universität, wie ihr Name schon andeutet, keine Universität mehr.

Ratzinger meint, dass diese Analyse auch den Professoren nichttheologischer Fakultäten vermittelbar ist, die das Christentum religions- oder kulturgeschichtlich relativieren. Denn eine Universitätsphilosophie, die sich auf Sprachanalyse und Wissenschaftstheorie oder im Sinne von Habermas auf die Moderatorenrolle universal bedeutsamer Diskurse beschränkt, kann und will die Frage nach dem wahren Sinn nicht beantworten. Dann aber fragt sich doch: Wer übernimmt diese Aufgabe? Wer konfrontiert die Einzelwissenschaften der Universität mit einer Antwort auf die Sinnfrage, die bereit ist, sich jeder kritischen Frage auszusetzen und jeder neuen Herausforderung der ‚scientific community' zu stellen?

Die sogenannten ‚life sciences' bestimmen zwar faktisch die gesellschaftlich meistbeachteten Diskurse der Gegenwart, geben aber keinen Grund zu der Hoffnung, sie würden in Zukunft die Sinnfrage beantworten oder wenigstens die ‚universitas' der Perspektiven wahren und schützen. Führende Vertreter der ‚life sciences' definieren alle Akte des Menschen als das notwendige Ergebnis neuronaler Prozesse. Sie halten den Einwand für spitzfindig, dann sei auch ebendiese These nur eine Darstellung der neuronalen Prozesse des sich entsprechend äußernden Gehirns. Es genügt ihnen die pragmatische Effizienz der eigenen Hypothese.

In einer Rede mit dem bezeichnenden Titel „Regeln für den Menschenpark" hat sich Peter Sloterdijk für eine Anthropotechnik ausgesprochen, die den Menschen der Zukunft vor der in seinen Genen angelegten Gewaltbereitschaft bewahrt[1198]. Doch selbst für den keineswegs erwiesenen Fall, dass moralisches Verhalten gentechnologisch beeinflussbar ist, müsste zuvor klar sein, was Sinn und Ziel des Menschen schlechthin ist. Auf diese Frage aber will und kann Sloterdijk keine Antwort geben, weil der Mensch sich nach seiner Auffassung unabhängig von irgendwelchen Wesensbestimmungen als Selbstexperiment begreifen soll. Sloterdijks Ansichten sind gewiss nicht repräsentativ. Aber sie zeigen doch mit überzeugender Eindringlichkeit, dass eine Universität ihre dem Menschen dienende Forschung nicht in einem sinnfreien Raum betreiben kann; dass sie die Frage nach dem wahren Sinn beantworten muss; dass sie ihre Einzeldis-

1198 Vgl. P. Sloterdijk, Regeln für den Menschenpark. – Dazu: M. Striet, Der neue Mensch?, 13–68.

ziplinen um ihrer selbst willen nicht nur mit philosophischen Positionen à la Sloterdijk[1199], sondern auch mit den Antworten konfrontieren sollte, die an ihrem geschichtlichen Anfang stehen[1200]. Die jüdisch-christliche Vorstellung von der Gottebenbildlichkeit des Menschen hat dem je einzelnen Menschen eben die unantastbare Würde zugesprochen, die bis in die Verfassungspräambeln weltanschaulich neutraler Staaten gelangt ist. Und es war, wie Jürgen Habermas im Unterschied zu Peter Sloterdijk, Herbert Schnädelbach[1201] oder Kurt Flasch[1202] weiß, das christliche Menschenbild, das „die Ideen von Freiheit und solidarischem Zusammenleben, von autonomer Lebensführung und Emanzipation, von individueller Gewissensmoral, Menschenrechten und Demokratie" generiert hat. Habermas wörtlich: Wir leben aus dem „Erbe der jüdischen Gerechtigkeits- und christlichen Liebesethik. In der Substanz unverändert, ist dieses Erbe immer wieder kritisch angeeignet und neu interpretiert worden. Dazu gibt es bis heute keine Alternative. Auch angesichts der aktuellen Herausforderungen einer postnationalen Konstellation zehren wir nach wie vor von dieser Substanz. Alles andere ist postmodernes Gerede."[1203]

1199 Für Peter Sloterdijk ist die jüdisch-christliche Beschreibung des Menschen als Ebenbild Gottes (Gen 1,26f) nur mehr „eine peinliche Idee aus der theologischen Kinderstube der Gattung" (Weltfremdheit, 37).

1200 Vgl. J. Ratzinger, Von der Schöpfung.

1201 Vgl. H. Schnädelbach (Der Fluch des Christentums) und die Reaktionen auf seine vernichtende „Jahrtausend-Bilanz" von Richard Schröder (Unkraut unter dem Weizen), Robert Spaemann (Die Taube auf dem Dach), Slavoj Žižek (Liebe ohne Gnade) und Hans Maier (Die Überwindung der Welt). – Arnold Angenendt bietet die historisch umfassend begründete Gegenthese von der humanisierenden Kraft des Christentums in seinen Werken: Toleranz und Gewalt; Die Revolution des geistigen Opfers.

1202 In Gestalt einer autobiografischen Rechenschaft bilanziert Kurt Flasch (Warum ich kein Christ bin, 257–262) in zehn Kapiteln das „Christentum der Unvernunft". Aus seiner Sicht ist die Geschichte des Christentums ein allemal interessantes Kapitel der Religions- und Ideengeschichte, das vom Erfindungsreichtum des Menschen, nicht aber von offenbarter Wahrheit zeugt. – In den geradezu gegenteilig argumentierenden Memoiren von Robert Spaemann (Über Gott und die Welt, 162) findet sich folgender Passus zu Kurt Flasch: „Kurt Flasch hat vor Jahren eine interessante Rezension meines Fénelon-Buchs geschrieben. Er fand, dass ich mir im Grunde das Urteil schon zu Beginn des Vorworts gesprochen habe, wo ich schreibe, man könne von großen Geistern der Vergangenheit wie Fénelon über die Sache selbst, zum Beispiel über Liebe, etwas lernen. Flasch hielt das für abwegig. Frühere Denker gehören der Vergangenheit an. Man kann sie zum Gegenstand interessanter Bücher machen, so wie Flasch es selbst als Spezialist für die Philosophen des Mittelalters tut. Aber was diese Philosophen gedacht haben, ist für uns nur ein kurioses Gedankenspiel. Man kann durch Studium etwas *über* Augustinus lernen, nicht aber *von* ihm."

1203 J. Habermas, Über Gott und die Welt, 191.

Habermas anerkennt das Sinnpotential der jüdisch-christlichen Position, glaubt dieses aber nur dadurch retten zu können, dass er es in eine säkulare, allgemein kommunikable Sprache übersetzt. Für dieses Unternehmen nimmt er die historische Relativierung der übersetzten Inhalte in Kauf. Ratzinger hingegen sieht in jeder religionsgeschichtlichen oder kulturgeschichtlichen Relativierung des christlichen Glaubens die Wahrheitsfrage und damit den innersten Kern des Christentums verraten[1204]. Er warnt die Theologie vor der Versuchung, sich um den Preis einer kurzfristigen Akzeptanz und Plausibilität in Religions- und Kulturgeschichte aufzuheben. Weil Menschen zu allen Zeiten religiös waren, fließen die Quellen reichlich, aus denen sich mit den Methoden der Geschichtswissenschaft erheben lässt, wie Menschen wann Gott gedacht bzw. sich selbst im Verhältnis zu Gott beschrieben haben. Aber: So wichtig die Methoden der Geschichtswissenschaften für die Theologie sind, die historische Betrachtung der Glaubensinhalte und der Glaubenspraxis ist noch keine Theologie. Ratzinger sieht besonders im deutschsprachigen Raum die Tendenz hin zu einer fortschreitenden Suspendierung der Wahrheitsfrage. Die Bezeichnung der Theologie als Kulturwissenschaft ist für diesen Trend bezeichnend. Man bedient einen Aspekt der Kulturanalyse und vergisst dabei, dass eine Theologie, die sich von der Wahrheitsfrage dispensiert, ihren vornehmsten Dienst an der Universität vergessen hat. Ratzinger ist sicher, dass diese Vergessenheit der Anfang vom Ende der Theologie als universitärer Wissenschaft wäre. Denn die geschichtswissenschaftliche Reflexion der Religiosität des Menschen könnten nichttheologische Lehrstühle ohne Niveauverlust übernehmen.

In diesem Zusammenhang verweist der Kardinalpräfekt auf einen amüsanten und doch tiefgründigen Passus bei Clive Staples Lewis[1205]. In dem kleinen Buch mit dem Titel „The Screwtape Letters“ („Anweisungen eines Oberteufels“) präsentiert der englische Schriftsteller ein fiktives Gespräch in der Hölle. Ein in der Hierarchie der Hölle zum Oberteufel aufgestiegener Lehrer in der Kunst der Menschenverführung wird von einem noch unerfahrenen Dämon um Rat gefragt. Der Schüler berichtet dem Lehrer, dass ausgerechnet die Talentiertesten unter den Menschen Bücher läsen, die voll von Weisheit und Wahrheit seien. Das, so meint er, könnte alle Künste der teuflischen Verführung zunichte machen. Darauf beruhigt der

1204 Zur theologiegeschichtlichen Einordnung dieser Position: H. Waldenfels, Auf den Spuren von Gottes Wort, 335–372; ders., „Mit zwei Flügeln“, bes. 37–55.88–108.
1205 Vgl. C. S. Lewis, The Screwtape Letters, 139f. [Dienstanweisung an einen Unterteufel, 117–121].

Lehrer den Schüler mit dem Hinweis, man habe die Gelehrten, von denen er spreche, längst davon überzeugt, dass sie alles, was sie lesen, nur historisch betrachten sollten. Und also würden sie fragen, was zuerst und was später entstanden sei, wie dieses oder jenes auf anderes einwirke usw. Und das würden sie so gründlich betreiben, dass keiner von ihnen mehr fragen würde, ob das Gelesene wahr sei[1206]. Derselbe Lewis, der die „Screwtape Letters" verfasst hat, ist auch der Autor eines Buches mit dem Titel „The Abolition of Man" („Die Abschaffung des Menschen")[1207]. Der Zusammenhang beider Veröffentlichungen – so erklärt Ratzinger – liegt auf der Hand. Der Mensch selbst hört auf, eine unbedingte Würde zu besitzen, wenn er nicht mehr nach dem Unbedingten fragt. Wo er sich auf das beschränkt, was sich empirisch oder historisch feststellen lässt, reduziert er sich selbst auf ein Tier. So erklärt sich der Buchtitel: „Die Abschaffung des Menschen".

d) Der Gottesbegriff der abrahamitischen Religionen, Assmanns Anklage und Ratzingers Erwiderung

In seiner viel kommentierten Pariser Rede vom 12. 9. 2008 hat Papst Benedikt XVI. die Selbstüberschreitung der Einzelwissenschaft nicht einfach als ein „quaerere veritatem", sondern ganz bewusst als ein „quaerere Deum" bezeichnet. Mit dem Gottesbegriff meint er keine transzendente Projektionsfläche, sondern ein ‚Du', das spricht und sich ansprechen lässt. In allen drei abrahamitischen Religionen ist Gott der Sprechende, der sich Offenbarende, der die Wahrheit von der Unwahrheit Scheidende.

Dies hat der Heidelberger Ägyptologe Jan Assmann in seinem Bestseller „Moses der Ägypter" klar erkannt: Moses bedeutet eine Revolution der vorausliegenden Religionsgeschichte. Bis dahin basierte die Religion auf der Unterscheidung zwischen rein und unrein oder heilig und profan und hatte überhaupt keinen Platz für die Idee falscher Götter, die man nicht anbeten darf. Den antiken Polytheismen war der Begriff einer unwahren Religion fremd. Die Götter polytheistischer Religionen sind gegenseitig ineinander übersetzbar. Erst mit dem Exodus Israels aus Ägypten tritt die „mosaische Unterscheidung" zwischen wahr und falsch auf den Plan.

1206 Vgl. J. Ratzinger, Glaube – Wahrheit – Toleranz, 149f.
1207 Vgl. C. S. Lewis, The Abolition of Man [Die Abschaffung des Menschen].

Was die Analyse betrifft, stimmt Ratzinger weitgehend zu; aber in der Schlussfolgerung widerspricht er Assmann in jedem Punkt[1208]. Der Weg der Religionsgeschichte vom Mythos bzw. Polytheismus zum Monotheismus ist für ihn so unvermeidlich wie die Religionskritik der griechischen Philosophie. Sie ist aus Ratzingers Sicht das notwendige Ergebnis einer nach dem Grund aller Gründe fragenden Vernunft. Assmann weiß, dass er das Rad der Geschichte nicht zurückdrehen kann. Aber er hält die mosaische Unterscheidung für die Wurzel aller religiös motivierten Gewalt und deshalb die Suspension der Wahrheitsfrage für ein Gebot der Stunde. Deshalb ist er ein Freund der Wittgenstein'schen Sprachspieltheorie[1209], des postmodernen Protestes gegen jedes Einheitsdenken und ein Freund auch der asiatischen Religionen.

Ratzinger weist in seiner Assmann-Besprechung auf die historisch unbestreitbare Tatsache hin, dass die polytheistisch geprägte Welt alles andere als gewaltfrei war; dass Israel Ägypten als Sklavenhaus erfahren hat. Und dies nicht zufällig. In jeder mythisch geprägten Welt wird alles Sein

1208 Vgl. Ratzinger, Glaube – Wahrheit – Toleranz, 170–186.

1209 Ratzinger bemerkt mit Blick auf Assmanns Wittgenstein-Rezeption: „Vielleicht ist es nützlich, bevor wir in die Auseinandersetzungen um diese Probleme eintreten, noch eine andere Variante der Absage an die Wahrheit in der Religion anzudeuten, die diesmal nicht von der Geschichte, sondern vom philosophischen Denken herkommt – die Thesen Wittgensteins zu unserem Thema: […] ‚1. Es gibt nichts wie das Wahrsein einer Religion. Dies wird etwa angedeutet, wenn man sagt: *Dieser religiöse Satz gleicht nicht einem Satz der Naturwissenschaft.* 2. Religiöser Glaube lässt sich eher der Verliebtheit eines Menschen als seiner Überzeugung vergleichen, etwas sei wahr oder falsch.' [L. Wittgenstein, Über Gewissheit, 29]. Dieser Logik entsprechend hat Wittgenstein in einem seiner vielen Notizbücher notiert, dass es für die christliche Religion nichts ausmachen würde, ob Christus irgendeines der von ihm berichteten Dinge tatsächlich so vollbracht oder sogar überhaupt existiert habe. Dem entspricht die These Bultmanns, an einen Gott, den Schöpfer Himmels und der Erde zu glauben, bedeute nicht, dass man glaube, Gott habe *wirklich* Himmel und Erde geschaffen, sondern nur, dass man sich selbst als Geschöpf verstehe und dadurch ein sinnvolleres Leben lebe. Ähnliche Vorstellungen haben sich inzwischen in der katholischen Theologie ausgebreitet und werden mehr oder weniger deutlich auch in der Verkündigung vernehmbar [konsequent durchgeführt von: Gotthold Hasenhüttl, Glaube und Mythos]. Die Gläubigen spüren es und fragen sich, ob man sie eigentlich an der Nase herumgeführt habe. In schönen Fiktionen zu leben, mag den Theoretikern der Religion gegeben sein; für den Menschen, der die Frage stellt, womit und wofür er leben und sterben könne, langen sie nicht. Der Abschied vom Wahrheitsanspruch, der der Abschied vom christlichen Glauben als solchem wäre, wird hier damit verzuckert, dass man Glaube als eine Art von Verliebtheit mit ihren schönen subjektiven Tröstungen oder als eine Art von Spielwelt neben der realen Welt weiter bestehen lässt. Der Glaube wird auf die Ebene des Spiels verlagert, während er bisher die Ebene des Lebens als solchen betraf." (Ratzinger, Glaube – Wahrheit – Toleranz, 174f).

und Geschehen auf Götter zurückgeführt. Das Aufkommen von Sturm und Wind, die Bewegung der Wolken, der Sterne, des Meeres – in alldem äußern sich die Kräfte der Götter. Helios bewirkt die Bewegung der Sonne, Athene bewirkt praktische Intelligenz, Apollos musikalische Entrücktheit, Aphrodite die Verliebtheit. Und – das erscheint Ratzinger in seiner Entgegnung auf Assmann wesentlich – auch für böse Gedanken, für Intrigen und Krieg, für Mord und Rache sind bestimmte Götter zuständig. Deshalb sind Krieg und Gewalt, Hass und Rache so selbstverständlich wie Sonne und Mond. Ratzinger verweist in diesem Zusammenhang auf Athanasius, der – mit der Religion Ägyptens wohlvertraut – in der Bekehrung der Völker zum Christentum ein Ende religiös motivierter Gewalt, ja, die Erfüllung der jesajanischen Vision von der Umformung der Schwerter zu Pflugscharen (Jes 2,4) sieht[1210].

Mit diesem Hinweis will Ratzinger in keiner Weise bestreiten, dass Menschen, die sich zu Unrecht Christen nannten und die sich zu Unrecht auf Christus beriefen, Gewalt angewandt und gemordet haben. Deswegen beschwört er ja die bleibende Gefahr einer Religion ohne Glauben, die Gefahr eines Christentums, das seine kulturelle Verwurzelung in Sprache, Nation, Kultur und Politik nicht mehr von Gottes Tora bzw. Logos richten und läutern lässt. Aber er richtet seinen kritischen Blick auch auf die von Assmann verklärte Welt des ägyptischen Polytheismus. Dort – so konstatiert er – gibt es gar keinen richtenden Logos, gibt es keine Unterscheidung zwischen Schöpfer und Schöpfung, zwischen Gott und Natur. Also ist alles, was ist und geschieht, göttlich. In der Welt des stets polytheistisch geprägten Mythos ist der einzelne Mensch auch dann, wenn er mordet oder Verrat begeht, nur das Phänomen einer in seinem Denken und Handeln epiphan werdenden Gottheit; es gibt keine Verantwortung des Menschen *gegenüber* Gott. Es gibt auch keine Menschenrechte und schon gar keine universalisierbaren Gebote und Verbote.

Im Unterschied zu den polytheistischen Religionen der Antike stellen die asiatischen Religionen zwar die Wahrheitsfrage, aber auf eine völlig andere Weise als die monotheistischen Religionen. Denn in den asiatischen Religionen ist die Wahrheit nicht Wort, nicht Tora und schon gar nicht Person, sondern das schlechthin Transzendente. Deswegen berufen sich die Protagonisten der Pluralistischen Religionstheologie nicht nur auf Kants Unterscheidung zwischen der unerreichbaren „Wahrheit an sich" und der stets relativen „Wahrheit für uns", sondern ebenso oft auf die buddhistische Relativierung alles Endlichen als bloßen Schein. Wörtlich bemerkt Ratzinger: Buddhas „Weg der Erleuchtung ist der Weg aus dem Durst nach Sein hinein in

1210 Vgl. Athanasius von Alexandrien, De incarnatione Verbi, 51,4 (S. 450).

das, was uns als Nichtsein erscheint, das Nirwana. Das bedeutet: In der Welt selbst ist keine Wahrheit. Die Wahrheit geschieht im Heraustreten aus ihr. In diesem Sinn ist die Wahrheitsfrage in die Frage der Erlösung aufgelöst, oder auch: in ihr aufgehoben. Die Götter gibt es, aber sie gehören der Welt des Vorläufigen, nicht dem endgültigen Heil zu. Nur im Hinayana ist diese Sicht streng durchgehalten. Das Mahayana kennt viel stärker die soziale Dimension, die Hilfe für die Erlösung des anderen und den Helfer. Aber die Grunderwartung auf das Erlöschen des Daseins und der Person des einzelnen hin bleibt doch erhalten, wenn auch weit hinausgeschoben."[1211]

Wenn die eine, alles umfassende Wahrheit, die der Gottes- und Logos-Begriff der griechischen Philosophie bezeichnet, kein ‚Du' ist, das spricht und sich ansprechen lässt, wenn die Wahrheit etwas Weltjenseitiges ist, dann sind letztlich alle Interpretationen gleich gültige oder gleich ungültige Projektionen; dann wird nicht selten ausgewählt (Eklektizismus) nach den Kriterien von Nützlichkeit und Effizienz (Pragmatismus) oder nach den Kriterien einer Leitwissenschaft (Szientismus). Es ist also nicht gleichgültig, ob eine Universität die Frage nach dem Ganzen – das „quaerere Deum" – mit dem Gottesbegriff des Polytheismus, des Buddhismus oder des Monotheismus verbindet.

Es ist auch nicht gleichgültig, ob das „quaerere Deum" von Judentum und Christentum oder von der Theologie des Islam betrieben wird. Das war ja die Frage, die Papst Benedikt in Regensburg[1212] zur Diskussion stellen wollte: Ist der Islam ebenso wie das Christentum daran interessiert, dass es nicht zwei Wahrheiten gibt, eine des Glaubens und eine der Vernunft? Ist auch der Islam bereit, sich in allen Wissenskontexten einer Universität den entsprechenden Anfragen auszusetzen und das durch die nichttheologischen Wissenschaften generierte Wissen in sich zu integrieren? Dann müsste er – z. B. – den Koran ebenso den Fragen der historischen Kritik aussetzen wie das Christentum seine Bibel.

1211 J. Ratzinger, Glaube – Wahrheit – Toleranz, 183.

1212 Vgl. dazu die gemeinsam mit der Regensburger Vorlesung von Papst Benedikt XVI. in dem Sammelband „Glaube und Vernunft" (Freiburg 2006) veröffentlichten Kommentare von Gesine Schwan („Mut zur Weite der Vernunft"), Adel Theodor Khoury (Ist Gott ein absoluter, ungebundener Wille?) und Karl Kardinal Lehmann (Chancen und Grenzen des Dialogs zwischen den „abrahamitischen Religionen") sowie die entsprechenden Aufsätze von Wael Farouq (Zu den Wurzeln der arabischen Vernunft), André Glucksmann (Typhons Schreckgespenst), Sari Nusseibeh (Gewalt: Rationalität und Vernünftigkeit), Robert Spaemann (Gedanken zur Regensburger Vorlesung Papst Benedikts XVI.) und Joseph Weiler (Neinsagen zu Gott) in dem Sammelband „Gott rette die Vernunft!" (Augsburg 2008).

Im Blick auf Judentum und Christentum stellt Ratzinger die These auf: Die Bewährung des Glaubens im Feuer der kritischen Vernunft ist keine von außen an das Judentum und an das Christentum herangetragene Forderung, sondern wesentliches Implikat der biblisch bezeugten Heilsgeschichte. Wörtlich bemerkt er: „Die Bibel ist nicht einfach Ausdruck der Kultur des Volkes Israel, sondern sie liegt ständig im Streit mit dem ganz natürlichen Versuch dieses Volkes, einfach es selbst zu sein, sich in seiner eigenen Kultur einzuhausen. Der Glaube an Gott und das Ja zum Willen Gottes wird ihm ständig gegen seine eigenen Vorstellungen und Wünsche abgerungen. […] Vom Zorn Gottes und des Mose gegen den Kult des goldenen Jungstiers am Sinai angefangen bis hin zu den späten nachexilischen Propheten geht es immerfort darum, dass Israel aus seiner eigenen kulturellen Identität und seinen religiösen Wünschen herausgerissen wird, dass es sozusagen den Kult der eigenen Nationalität, den Kult von ‚Blut und Boden' lassen muss, um sich dem ganz anderen, dem nicht-eigenen Gott zu beugen, der Himmel und Erde geschaffen hat und der der Gott aller Völker ist. Der Glaube Israels bedeutet eine fortwährende Selbstüberschreitung der eigenen Kultur ins Offene und Weite der gemeinsamen Wahrheit hinein. Die Bücher des Alten Testaments mögen in vieler Hinsicht weniger fromm, weniger poetisch, weniger inspiriert erscheinen als bedeutende Stellen der heiligen Bücher anderer Völker. Aber sie haben doch ihre Einzigartigkeit in diesem Streitcharakter des Glaubens gegen das Eigene, in diesem Aufbruch aus dem Eigenen heraus, der mit Abrahams Wanderschaft beginnt. […] Christus […] führt diese Grundrichtung des Alten Testaments zu ihrem logischen Ziel: Er bedeutet vollends die Universalisierung dieses Glaubens, der vom Eigenen einer völkischen Ordnung gelöst wird. Nun sind alle Völker eingeladen, in diesen Prozess der Überschreitung des Eigenen einzutreten, der zuerst in Israel begonnen hat; sie sind eingeladen, sich zu dem Gott hinzukehren, der sich in Jesus Christus seinerseits selbst überschritten […] hat (Eph 2,14). […] Glaube an Jesus Christus ist also seinem Wesen nach fortwährendes Sichöffnen, Einbruch Gottes in die menschliche Welt und darauf antwortender Aufbruch des Menschen zu Gott hin, der zugleich die Menschen zueinander führt. Alles Eigene gehört nun allen, und alles andere wird zugleich auch unser Eigen."[1213]

1213 J. Ratzinger, Glaube – Wahrheit – Toleranz, 160f. – Schon in seinen frühen Studien zu Origenes und Augustinus (vgl. Studien zur Theologie der Kirchenväter, 571–607) und zum Thema „Christliche Brüderlichkeit" (vgl. ebd., 608–648) thematisiert Ratzinger die Unterscheidung zwischen einer Einheit, die ethnisch, kulturell, ökono-

Judentum und Christentum würden sich selbst verraten, wenn sie sich einzäunen würden in eine Kultur, eine Rasse oder eine Nation. Analoges lässt sich auch vom Islam sagen. Der Unterschied zwischen Christentum und Islam liegt deshalb nicht in der besagten Überschreitung aller kulturell, methodisch oder perspektivisch bedingten Partialhorizonte. Der Unterschied liegt in der Beschreibung des Wortes Gottes. Es macht einen gewaltigen Unterschied, ob eine Person oder ob ein Buch als Selbstoffenbarung des Absoluten bezeichnet wird. Die Wahrheit, die Person ist, wird gerade da verfehlt, wo jemand sie mit heiligen Schriften, mit bestimmten Sätzen, Definitionen oder Interpretationen identifiziert. Eine Person wird von vornherein missverstanden, wenn man sie wie einen Gegenstand behandelt. Die einzige Logik, die einer Person gerecht wird, ist die Dia-Logik der Inter-Kommunikation bzw. Inter-Aktion. Deshalb ist alle Rede über die Wahrheit, die Jesus Christus ist – einschließlich aller „heiligen Schriften" und „Dogmen" –, etwas Nachträgliches gegenüber der Kommunikation mit ihm und mit den Menschen, die ihn als ihren Weg, ihre Wahrheit und ihr Leben bezeugen.

In der so angedeuteten Differenz des Christentums zum Islam kündigt sich die zweite Frage der Regensburger Vorlesung des Papstes an: Ist der Islam an sich ebenso unvereinbar mit jeder Form von Gewalt wie das Christentum an sich? Der Papst will sagen: Die Allmacht Gottes ist im Christentum keine andere Macht als die, welcher die Henker auf Golgotha zurufen: „Steig doch herab, wenn du kannst!" Die Allmacht Gottes wird durch den Gekreuzigten als die Liebe offenbart, die auf jede Gewalt, auf jeden Zwang verzichtet. Diese Liebe ist unbedingt, weil sie alles hofft. Aber sie erzwingt nichts.

Im Blick auf das Christentum stellt Ratzinger die These auf: Eine Universität, an der eine Theologie lehrt, die von Gott nichts anderes sagt als von Christus, erklärt den Logos alles Seienden als Liebe. Liebe aber kann es nur geben als Gewährung wirklicher Freiheit. Liebe setzt sich nicht mit politischen, rhetorischen oder ökonomischen Mitteln durch. Liebe will Gegen-Liebe; und die gibt es nur um den Preis der freien Einsicht und der freien Anerkennung. Also muss sich das Christentum um der Freiheit seiner Adressaten willen allen Fragen der suchenden Vernunft aussetzen – in der gelassenen Gewissheit, dass der Fleisch gewordene Logos kein Argument zu fürchten hat.

---

misch, politisch oder kultisch begründet ist, und der Einheit aller Menschen, die das Sinnziel der Erwählung Israels und der Auftrag der Kirche ist.

4. Die eine Wahrheit und die Einzigkeit Jesu Christi

Joseph Ratzinger schreibt in seiner berühmt gewordenen „Einführung in das Christentum“: „Jesus hat Gott wirklich aus-gelegt, ihn herausgeführt aus sich selbst, oder, wie es der 1. Johannesbrief noch drastischer sagt: ihn unserem Anschauen und unserem Betasten freigegeben, so dass der, den nie jemand gesehen hat, nun unserem geschichtlichen Berühren offensteht.“[1214] Diesem Bekenntnis des Jahres 1968 entspricht der programmatische Satz aus dem Vorwort des 2007 erschienenen Jesus-Buches von Papst Benedikt XVI.: „*Et incarnatus est* – mit diesem Wort bekennen wir uns zu dem tatsächlichen Hereintreten Gottes in die reale Geschichte.“[1215]

a) Eine grundlegende Gemeinsamkeit von Judentum, Christentum und Islam

Alle drei abrahamitischen Religionen Judentum, Christentum und Islam stimmen darin überein, dass der Einzigkeit Gottes die Einzigkeit der Wahrheit entspricht[1216]; dass es nicht mehrere Wahrheiten nebeneinander geben kann; und dass die alle Wirklichkeit begründende Wahrheit offenbar geworden ist in der Endlichkeit von Welt und Geschichte. Allerdings wird die Offenbarung in den drei abrahamitischen Religionen unterschiedlich erklärt. Wiederholt betont Ratzinger, dass man Judentum und Christentum mit der Bezeichnung „Buchreligion“ nicht erfasst; das Judentum deshalb nicht, weil die hebräische Bibel zwar authentische Bezeugung des göttlichen Willens, nicht aber Gottes Wort ist; und das Christentum noch weniger, weil in ihm ausschließlich die Person Jesu Christi mit Gottes Gegenwart in Welt und Geschichte identifiziert wird[1217]. Im Judentum ist die Offenbarkeit Gottes ein durch Erinnerung

1214 J. Ratzinger, Einführung in das Christentum, 31.
1215 J. Ratzinger / Benedikt XVI., Jesus von Nazareth, Bd. I, 14.
1216 Dazu: J. Ratzinger, Glaube – Wahrheit – Toleranz, 14–45.
1217 „Der Glaube bezieht sich nicht einfach auf ein Buch, das als solches einzige und letzte Instanz für den Glaubenden wäre. In der Mitte des christlichen Glaubens steht nicht ein Buch, sondern eine Person – Jesus Christus, der selbst das lebendige Wort Gottes ist und sich sozusagen in den Wörtern der Schrift auslegt, die aber umgekehrt immer nur im Leben mit ihm, in der lebendigen Beziehung zu ihm recht verstanden werden können. Und da sich Christus die Kirche, das Gottesvolk, als seinen lebendigen Organismus, seinen ‚Leib‘ gebaut hat und baut, gehört zur Beziehung zu ihm das Mitsein mit dem pilgernden Volk, das der eigentlich menschliche Autor und Eigentümer der Bibel ist […]. Wenn der lebendige Christus die eigentliche Norm der Bibelauslegung ist, so bedeutet dies, dass wir dieses Buch nur recht verstehen im

mündlich und schriftlich tradiertes *Geschehen* zwischen JHWH und seinem Volk Israel, nicht aber ein *Buch*. Und im Christentum ist die Offenbarkeit Gottes identisch mit Jesus Christus und dessen authentischer Bezeugung durch die aus ihm lebende Kirche. Das Neue Testament ist das für alle folgenden Generationen normative Christuszeugnis der frühen Kirche.

Das Judentum kennt zwar eine Heilige Schrift; aber es identifiziert auch die liturgisch verehrten und in einem Tabernakel aufbewahrten Tora-Rollen nicht mit dem Wort, sondern mit dem Willen bzw. dem Gesetz Gottes. Die Bücher der hebräischen Bibel sind nicht so etwas wie vom Himmel gefallene Instruktionen Gottes, sondern aus der Geschichte Israels erwachsene Interpretationen des Lebens Israels mit seinem Bundesgott JHWH. Diese Bücher bleiben toter Buchstabe, wenn sie nicht gelebt werden. Das Volk Israel liegt der hebräischen Bibel ebenso voraus wie die Kirche den Schriften des Neuen Testamentes. Die hebräische Bibel legt sich nicht selber aus. Sie bedarf vielmehr eines Volkes, das sie auslegt. Nicht der einzelne Israelit ist dabei frei von Irrtum, sondern nur Israel in seiner Gesamtheit. Was sich im Leben Israels als Interpretation des göttlichen Willens bewährt und auf Dauer rezipiert wird, findet Eingang in die Sammlung der kanonischen Schriften.

Im Kontext des jüdisch-christlichen Dialogs der letzten Jahrzehnte ist mehrfach die These vertreten worden, Jesus Christus sei letztlich nichts anderes als die Person gewordene Tora. Besonders der Prolog des vierten Evangeliums bietet sich für eine solche These an. Man könnte dann die ersten Zeilen des Johannesevangeliums wie folgt übersetzen: „Im Anfang war die Tora, und die Tora war bei Gott, und die Tora war Gott. Im Anfang war sie bei Gott. Alles ist durch die Tora geworden, und ohne die Tora wurde nichts, was geworden ist. In ihr war das Leben, und das Leben war das Licht der Menschen. […] Und die Tora ist Fleisch geworden und hat unter uns gewohnt" (Joh 1,1–4.14). Doch eine solche Übersetzung würde entscheidende Fakten ausblenden: zum einen das Faktum, dass kein Jude sagen kann: „Und die Tora war Gott." Und zum anderen die Tatsache, dass man die zitierten Verse nicht vom Rest des Prologs trennen darf. In Joh 1,17 lesen wir: „Denn das Gesetz wurde durch Mose gegeben, die Gnade und die Wahrheit kamen durch Jesus Christus." Offensichtlich unterscheidet der Verfasser sehr klar zwischen dem Wort, das Fleisch wird in Jesus Christus, und dem Gesetz (= Tora). Auch wenn Joh 1,17 keine Abwertung des Gesetzes bedeutet, bleibt der unbestreitbare Sachverhalt, dass der vierte Evangelist das präexistente, auf die Seite Gottes selbst gerückte und in Jesus Christus Fleisch gewordene Wort nicht als Konkretion,

gemeinsamen synchronen und diachronen Glaubensverständnis der ganzen Kirche." (J. Ratzinger, Unterwegs zu Jesus Christus, Augsburg 2003, 154).

Personifikation oder Wiederholung der Tora Israels, sondern umgekehrt als deren Grund, Ermöglichung, Kriterium und Maßstab betrachtet. Die Tora ist Interpretation des ewigen Logos und nicht umgekehrt der Fleisch gewordene Logos die bloße Veranschaulichung der Tora. Das Befolgen der Tora führt den Israeliten in die Gemeinschaft mit JHWH und ist deshalb Vermittlung desselben Heiles, das auch Jesus verkündet hat. Aber die Tora als solche *ist* im Unterschied zu Jesus Christus nicht die Gemeinschaft mit JHWH (das ewige Leben). Jesus ist mehr als die Tora[1218], weil er den Willen des Vaters nicht nur interpretiert, sondern „als der am Herzen des Vaters Ruhende“, als der „Einziggezeugte“ des Vaters, als der Einzige, der ihn gesehen hat, von sich sagen darf: *„Ich und der Vater sind eins“* (Joh 10,30). Und: *„Wer mich gesehen hat, hat den Vater gesehen.“* (Joh 14,9b). Und: *„Niemand kommt zum Vater außer durch mich“* (Joh 14,6). Papst Benedikt XVI. interpretiert Joh 1,18 im Vergleich mit Ex 33,18–22: Während die Bitte des Mose „Zeige mir, Herr, deine Herrlichkeit!“ (Ex 33,18) die Antwort erhält „Mein Angesicht kannst du nicht schauen. […] Du kannst meinen Rücken schauen, doch mein Angesicht darfst du nicht sehen“ (Ex 33,20–22), kommt Jesus „aus der unmittelbaren Berührung mit dem Vater, aus dem Dialog von ‚Gesicht zu Gesicht‘ – aus dem Sehen dessen heraus, der an der Brust des Vaters ruhte“[1219]. Weil Jesus im Unterschied zu Mose nicht nur Wesentliches über Gott den Vater gesagt hat, sondern das Wort des Vaters selbst war, ist er personal (hypostatisch) derselbe Sohn, der von Ewigkeit her die Selbstaussage des Vaters und also *der* Logos ist. Oder anders formuliert: Jesus hat in Raum und Zeit (als wahrer Mensch) dieselbe Beziehung zu Gott dem Vater gelebt, die der innertrinitarische Sohn ist.

Erst die dritte der abrahamitischen Religionen ist im strikten Sinne dieses Wortes eine Buchreligion. Jeder Satz des Koran ist ein Satz des einen und einzigen Gottes selbst. Deshalb ist es nicht verwunderlich, dass die meisten Koranschulen keine Orte historisch-kritischer Exegese oder philosophischer Reflexion sind, sondern Schulen der Rezitation und Rezeption.

b) Die Untrennbarkeit der horizontalen von der vertikalen Inkarnation

Wenn die Wahrheit Person ist, wird sie verfehlt, wo jemand sie mit einem Buch oder mit Dogmen identifiziert. Die einzige Logik, die einer Person gerecht wird, ist die Dia-Logik der Inter-Kommunikation bzw. Inter-

1218 Dazu: J. Ratzinger, Die Vielfalt der Religionen und der Eine Bund, 1088–1095.
1219 J. Ratzinger / Benedikt XVI., Jesus von Nazareth, Bd. I, 31f.

Aktion. Deshalb ist alle *Rede über* die Wahrheit, die *Jesus Christus* ist, etwas Nachträgliches gegenüber der Kommunikation *mit* ihm und *mit* den Menschen, die ihn als ihren Weg, ihre Wahrheit und ihr Leben bezeugen. Die Gemeinschaft der personal von Jesus Christus ergriffenen Menschen existiert schon vor dem Entstehen der Schriften des Neuen Testamentes. Die Kirche – so formuliert Papst Benedikt in seinem Jesus-Buch – „ist das lebendige Subjekt der Schrift; in ihr sind die biblischen Worte immer Gegenwart. Freilich gehört dazu, dass dieses Volk sich selbst von Gott her, zuletzt vom leibhaftigen Christus her, empfängt und sich von ihm ordnen, führen und leiten lässt.“[1220]

Die vertikale Inkarnation bezeichnet die Einzigkeit Jesu Christi, der als wahrer Mensch dieselbe Beziehung zum Vater gelebt hat, die der innertrinitarische Sohn von Ewigkeit her ist. Und die horizontale Inkarnation ist die intensive und extensive Ausweitung eines von Christus untrennbaren Mittels und Werkzeugs zur Heimholung aller Brüder und Schwestern. In seinen „Versuchen zu einer spirituellen Christologie“ bemerkt Kardinal Ratzinger: „Christsein ist in Wahrheit nichts anderes als Beteiligung am Geheimnis der Inkarnation, oder mit einer Formel des hl. Paulus: die Kirche, sofern und soweit sie Kirche ist, ist ‚Leib Christi‘ (d. h. eben Beteiligung von Menschen an der Kommunion zwischen Mensch und Gott, die die Fleischwerdung des Wortes ist). Ist dies begriffen, so ist auch die Untrennbarkeit von Kirche und Eucharistie, von sakramentaler Kommunion und gemeindlicher Communio offenkundig.“[1221]

Dass die Verschränkung von vertikaler und horizontaler Inkarnation den inneren Kern von Ratzingers Theologie bildet, wird nicht nur in seinen zahlreichen Beiträgen zur Christologie und Ekklesiologie, sondern gerade auch in seiner Eschatologie deutlich. Denn die Eschatologie ist der einzige dogmatische Traktat, den er systematisch ausfalten und im Jahr seiner Erhebung auf den Münchener Erzbischofsstuhl (1977) publizieren konnte. Dieses Werk lässt erkennen, was Ratzinger in seinen „Erinnerungen“ die „Vision des Ganzen“ nennt. Er schreibt: „Zunächst versuchte ich einfach, meine ganze Dogmatik neu zu konzipieren, mich neu den Quellen zuzuwenden und die laufende Produktion im Auge zu behalten. So wuchs mir allmählich eine Vision des Ganzen zu, die sich aus den vielfältigen Erfahrungen und Erkenntnissen speiste, mit denen mich mein theologischer Weg konfrontiert hatte. Ich freute mich darauf, etwas Eigenes, Neues und doch ganz im Glauben der Kirche Gewachsenes sagen

1220 J. Ratzinger / Benedikt XVI., Jesus von Nazareth, Bd. I, 20.
1221 J. Ratzinger, Schauen auf den Durchbohrten, 74f.

zu dürfen, aber es war mir offenbar nicht zugedacht. Eben als ich damit begonnen hatte, wurde ich in eine andere Aufgabe gerufen."[1222]

c) Christus alles in allem und in allen, oder: Die Fleischwerdung des göttlichen Dialogs mit dem Menschen

In der Einleitung zu dem Werk, das Ratzinger selbst sein „am meisten durchgearbeitetes Werk" nennt, gesteht der Autor eine Entwicklung ein, die für seinen Denkweg schlechthin entscheidend war. Er bekennt, dass er als junger Dozent in Freising zu jener Mehrheit von Theologen zählte, die mit dem Programm der Enthellenisierung die These verbanden, die griechische Anthropologie müsse eher als Antithese denn als Anknüpfungspunkt der biblisch-christlichen Anthropologie verstanden werden[1223]. Allerdings schwächt er schon in seinen ersten Beiträgen zur Eschatologie die These ab, dem Dualismus von Leib bzw. Körper und Geist bzw. Seele im griechischen Denken stehe das ganzheitliche Denken der Heiligen Schrift diametral entgegen. Er kann die Folgerungen nicht mitvollziehen, die protestantische Theologen wie Oscar Cullmann und Paul Althaus aus der antithetischen Gegenüberstellung von biblischer und griechischer Anthropologie ableiten. Gemeint ist insbesondere die sogenannte Ganztodhypothese, im Tod werde der Mensch nicht halbiert (Trennung der Seele vom Leib), sondern ganz und gar neu geschaffen[1224].

1222 J. Ratzinger, Aus meinem Leben, 176.

1223 Vgl. die beiden Aufsätze „Zur Theologie des Todes" und „Auferstehung und ewiges Leben" aus dem Jahre 1959, die erstaunlicherweise fast unverändert republiziert wurden in dem Sammelband: Dogma und Verkündigung, München / Freiburg 1973, 281–294.301–321. – Da heißt es z. B.: „Nach der ‚platonischen' Seinsskala kann […] das Materielle, der Leib, von vornherein nur eine Veruneigentlichung des wahrhaft Menschlichen, des Geistigen sein. Sterben ist dann einfach Freiwerden zum Eigentlichen, Befreiung, Erlösung. Der Tod ist dann der ‚Freund', der den Menschen aus der Kerkerhaft des Leibes befreit und in sein eigentliches Dasein hineinerlöst, in das unsterbliche, rein geistige und ewige Sein der Seele." (Ebd., 283). Und: „Tod ist nicht deshalb ‚Erlösung', weil etwa der eine gute Teil des Menschen endlich von dem anderen weniger wertvollen loskommt: Eine derartige Teilung des Menschwesens gibt es im Christentum nicht. Sondern der Tod ist Erlösung, Begnadigung, weil darin dies gesamte ungeläuterte, der Sünde verfallene und so falsch angelegte Dasein aufgearbeitet und umgearbeitet wird auf ein neues hin." (Ebd., 291f).

1224 Zur Frage nach der Identität des Menschen durch den Tod hindurch bemerkt Paul Althaus: „Ontologisch ist die Frage berechtigt: inwiefern ‚ist' und ‚bleibt' der Mensch denn nach der Zerbrechung seiner Lebendigkeit durch den Tod? Wird er aus dem Nichts neu gerufen? Oder wie unterscheidet sich sein Totsein vom Nicht-sein? Der Theologe kann zu alledem nur sagen *zuerst:* beide Erkenntnisse wollen und müssen

In der „Einführung in das Christentum" wendet sich Ratzinger nicht nur gegen die protestantische Ganztodhypothese, sondern auch gegen die These von der Unvereinbarkeit der biblischen mit der griechischen Anthropologie. Er spricht von zwei sich ergänzenden Denkformen. Die substantialistische Redeweise der Griechen von einer unsterblichen Seele bedeute in der geschichtlichen, aktualen Sprache der Bibel: „ein Wesen sein, das von Gott auf ewigen Dialog hin gerufen und darum seinerseits fähig ist, Gott zu erkennen und ihm zu antworten"[1225]. Ratzinger will an dem Terminus „Seele" festhalten, ohne deshalb eine dualistische Konzeption zu vertreten, „die der dialogischen und personalistischen Sicht der Bibel nicht gerecht werden kann"[1226]. In dem Aufsatz „Jenseits des Todes" von 1972 bemerkt er: „Mir scheint, dass es an der Zeit ist, eine Rehabilitierung der tabuisierten Begriffe ‚Unsterblichkeit' und ‚Seele' in der Theologie in Gang zu bringen. Gewiss, sie sind nicht unproblematisch, und die Erschütterung der vergangenen Jahre kann heilsam, ja notwendig sein. Man wird die Begriffe nicht mehr so einfach und ungeschützt gebrauchen können wie ehedem. Aber sie einfach in den Bann zu tun, ist im Grunde ebenfalls naiv und versperrt die Breite des Problems."[1227]

Nicht von sich aus, sondern weil der Mensch Geschöpf, weil er von seinem Schöpfer gewollt und geliebt, weil er Relation zu Gott ist, bleibt

---

in der Tat zugleich festgehalten werden: der Tod als Ende und die Un-endlichkeit des Gottesverhältnisses, das unser auch im Tode und jenseits seiner wartet. *Sodann:* beide Erkenntnisse werden zusammengefasst in dem Gedanken, dass Gott aus dem Tode, aus wirklichem Gestorbensein des ganzen Menschen erweckt. *Endlich:* sprechen wir im Ernste von ‚erwecken' und nicht von Schöpfung aus dem Nichts, so unterscheiden wir damit den Todeszustand vom Nichtsein. Aber wir können den Unterschied nicht in ontologischen Aussagen beschreiben, sondern nur theologisch behaupten und begründen. Wir haben also nicht die Möglichkeit, den Todeszustand vom Leben als Aufhören der Aktualität, vom Nichtsein als Bleiben der Potentialität zu unterscheiden. Auch das Bild des Schlafes kann nicht einen auch nur gleichnisweise denkbaren und vorstellbaren Zustand bezeichnen wollen. Der Todeszustand ist für uns vom Nichtsein zu unterscheiden nur durch den Blick auf Gottes Willen, der mit uns ‚bis in Ewigkeit und unsterblicher Weise' reden, der die durch ihn in den Tod Versetzten also erwecken will." (P. Althaus, Die letzten Dinge, 108f). – Vgl. die relativierenden, letztlich aber affirmierenden Anmerkungen zur eigenen Grundposition: P. Althaus, Retraktationen zur Eschatologie, in: Theologische Literaturzeitung 75 (1950) 254–258.

1225 J. Ratzinger, Einführung in das Christentum, 296.

1226 J. Ratzinger, Einführung in das Christentum, 296.

1227 J. Ratzinger, Die Entfaltung des dialogischen Verständnisses von Unsterblichkeit und Auferste-hung, 386.

er im Tod Person[1228]. Das heißt: „Unsterblichkeit ergibt sich nicht einfach aus der Selbstverständlichkeit des Nicht-sterben-Könnens des Unteilbaren, sondern aus der rettenden Tat des Liebenden, der die Macht dazu hat: Der Mensch kann deshalb nicht mehr total untergehen, weil er von Gott gekannt und geliebt ist."[1229] Ratzinger versucht den Nachweis, dass die Unsterblichkeitshoffnung des Alten Testamentes nicht auf griechische Einflüsse zurückzuführen ist, sondern dem dialogischen Verhältnis des Israeliten zu seinem Gott entlehnt ist. Denn der „Beter weiß im Glauben, dass Gott das Recht herstellen wird (Ijob 19,25f; Ps 73,23f); der Glaube ist überzeugt, dass diejenigen, die um der Sache Gottes willen gelitten haben, auch an der Einlösung der Verheißung Anteil erhalten werden (2 Makk 7,9ff)."[1230] Aus Ratzingers Sicht lässt sich das neutestamentliche Zeugnis von der Auferstehung Jesu nahtlos einzeichnen in diese dialogische Unsterblichkeitshoffnung des zeitgenössischen Judentums. Wörtlich bemerkt er: „Die Gestalt Christi bedeutet dem Glaubenden ja geradezu die Fleischwerdung des göttlichen Dialogs mit den Menschen. Wenn dieser Dialog die Auferweckung und das ewige Leben des Menschen ist, so heißt dies folglich, dass Christus selbst die Auferweckung und das Leben heißen darf (Joh 11,25). Das bedeutet weiterhin, dass das Eintreten in Christus, d. h. der Glaube, in qualifiziertem Sinn Eintreten in jenes Gekanntsein und Geliebtsein von Gott her wirkt, welches Unsterblichkeit ist: ‚Wer an den Sohn glaubt, hat ewiges Leben.' (Joh 3,36; 5,24; 3,15f). [...] Das im Glauben eröffnete Mit-Christus-Sein ist begonnenes Auferstehungsleben und daher den Tod überdauernd (Phil 1,23). [...] Der dem

1228 Gestützt auf die entsprechenden Arbeiten von Alois Grillmeier (Person II) und Carl Andresen (Zur Entstehung und Geschichte des trinitarischen Personbegriffs) verweist Ratzinger auf den Zusammenhang zwischen der prosopographischen Exegese der Antike und der Trinitätslehre, näherhin auf das Verstehen Gottes als eines dialogischen Wesens. Wörtlich bemerkt er: „Person heißt in Gott Relation. Die Relation, das Bezogensein, ist nicht etwas zur Person Hinzukommendes, sondern sie *ist* Person selbst, die Person besteht hier ihrem Wesen nach überhaupt nur *als* Beziehung." (J. Ratzinger, Dogma und Verkündigung, 211). Im Tod, so betont Ratzinger, erfahren wir „eine Unsterblichkeit der ‚Person'; während im Griechischen das typische Wesen Mensch ein zum Zerfall bestimmtes Wesen ist, das als solches nicht weiterlebt, sondern seiner heterogenen Artung aus Leib und Seele gemäß zwei verschiedene Wege geht, ist es nach biblischem Glauben gerade dieses Wesen Mensch, das als solches, wenn auch verwandelt, fortbesteht." (J. Ratzinger, Die Entfaltung des dialogischen Verständnisses von Unsterblichkeit und Auferstehung, 356).

1229 J. Ratzinger, Die Entfaltung des dialogischen Verständnisses von Unsterblichkeit und Auferstehung, 357.

1230 J. Ratzinger, Die Entfaltung des dialogischen Verständnisses von Unsterblichkeit und Auferstehung, 357.

Leib Christi Zugehörende steht schon im Raum der Auferstehung und hat von diesem Leib her an der Auferweckung Jesu Anteil, in der der Tod für ihn überwunden ist."[1231]

d) Fortschreitende Christifizierung, oder: Die Vollendung der Welt in Christus

Obwohl die soeben zitierten Sätze bis in ihre Terminologie hinein an die zunächst im protestantischen und später auch katholischen Raum vertretene These von der „Auferstehung im Tod" erinnern, unterscheidet Ratzinger zwischen der schon im Tod gewährten Teilhabe an dem auferweckten Leib Jesu Christi und der eigentlichen Auferweckung des Jüngsten Tages.

aa) Joseph Ratzingers Kontroverse mit Gisbert Greshake und Gerhard Lohfink
Ratzinger wendet sich gegen Gisbert Greshake, der zunächst in seiner Promotionsschrift mit dem Titel „Auferstehung der Toten" und dann – gemeinsam mit dem Neutestamentler Gerhard Lohfink[1232] – die Vorstellung von einer Auferweckung der Leiber am Jüngsten Tag für mythologisch erklärt hat[1233]. Dabei geht es ihm nicht um die Abweisung jeder Art von Entmythologisierung, sondern um die Verankerung aller Eschatologie im Leben, Leiden, Sterben und Auferstehen Jesu Christi. Ratzinger selbst unterscheidet zwischen religionsgeschichtlich bedingten und unaufgebbaren Interpretamenten[1234]. Unaufgebbar – so erklärt er – ist jeder Satz, der

1231 J. Ratzinger, Die Entfaltung des dialogischen Verständnisses von Unsterblichkeit und Auferstehung, 358f.

1232 Vgl. G. Lohfink: Zur Möglichkeit christlicher Naherwartung, bes. 54–75; ders., Das Zeitproblem und die Vollendung der Welt, bes. 148–151.

1233 Vgl. G. Greshake, Auferstehung der Toten, bes. 321–414; ders., Das Verhältnis „Unsterblichkeit der Seele" und „Auferstehung des Leibes" in problemgeschichtlicher Sicht; ders., Die Leib-Seele-Problematik und die Vollendung der Welt.

1234 „Der Christ von heute […] darf sich nicht begnügen, zu ermitteln, dass sich durch allerlei Drehungen und Wendungen schließlich auch noch eine Interpretation des Christentums finden lässt, die nirgends mehr anstößt. Wenn etwa irgendwo ein Theologe erklärt, ‚Auferstehung der Toten' bedeute nur, dass man täglich unverdrossen von neuem ans Werk der Zukunft zu gehen habe, so ist der Anstoß sicherlich beseitigt. Aber sind wir eigentlich ehrlich geblieben dabei? Liegt nicht doch eine bedenkliche Unredlichkeit darin, wenn Christentum mit solchen Interpretationskünsten als heute noch vertretbar aufrechterhalten wird? Oder haben wir, wenn wir zu solcher Zuflucht uns gedrängt fühlen, nicht vielmehr die Pflicht, zu gestehen, dass wir am Ende sind? Müssen wir uns dann nicht ohne Nebel schlicht der verbleibenden Wirklichkeit stellen? Sagen wir es scharf: ein in dieser Weise wirklichkeitsleer gewordenes Interpretationschristentum bedeutet einen Mangel an Aufrichtigkeit gegenüber den Fragen des Nichtchristen, dessen ‚Vielleicht nicht' uns doch so ernsthaft

in einem denknotwendigen Zusammenhang mit dem biblisch bezeugten Christusereignis steht. Und zu solchen Sätzen zählt er auch den Glaubensartikel von der endzeitlichen Auferweckung der Toten. Denn im Blick auf Christus selbst ist zu unterscheiden zwischen dem Hingehen des Gekreuzigten zum Vater und der Auferweckung seines Leibes. Analog – so folgert Ratzinger – unterscheiden wir zwischen unserem Heimgang zum Vater und unserer Auferweckung am Jüngsten Tag.

Ratzinger und Greshake berufen sich gleichermaßen auf die thomanische Formel „anima forma corporis“[1235]. Beide sehen in diesem Axiom zum Ausdruck gebracht, dass eine vom Leib getrennte Seele nicht das Subjekt der Anschauung Gottes sein kann. Greshake verbindet seine Thomas-Interpretation mit der Folgerung, man müsse unterscheiden zwischen dem Körper als dem ausgezeitigten Substrat des verstorbenen Menschen einer-

---

bedrängen muss, wie wir wünschen, dass ihn das christliche ‚Vielleicht‘ bedränge.“ (J. Ratzinger, Einführung in das Christentum, 32f).

1235 Mit der thomanischen Formel „anima forma corporis“ ist „die ungeheuere Aussage erreicht: Der Geist im Menschen ist so völlig eins mit dem Leib, dass auf ihn der Terminus ‚Form‘ mit seinem vollen Anspruch angewandt werden kann. Und umgekehrt: die Form dieses Leibes ist so, dass sie Geist ist und damit den Menschen zur Person macht. […] Damit ist das philosophisch unmöglich Scheinende gelungen und die geradezu widersprüchlich erscheinenden Forderungen der Schöpfungslehre sowie des christologisch umgewandelten Sheolglaubens sind eingelöst: Die Seele gehört dem Leib zu als ‚Form‘, aber das, was ‚Form‘ des Leibes ist, ist doch Geist, macht den Menschen zur Person und öffnet ihn so auf Unsterblichkeit hin. Dieser Begriff von Seele ist etwas völlig Neues gegenüber allen antiken Auffassungen der Psyche; er ist ein Produkt des christlichen Glaubens und seiner Ansprüche an das Denken – nur blanke historische Unkenntnis kann das leugnen.“ (J. Ratzinger, Auferstehung und ewiges Leben, 161). – Zum Vergleich folgender Passus aus der Feder von Gisbert Greshake: „Den gordischen Knoten des ewigen ‚griechischen Dilemmas‘ […] löst Thomas, indem er die Seele so konzipiert, dass sie beides zusammen in Identität ist: ihrem Wesen nach ganz Form des Leibes *und* ganz subsistenter unzerstörbarer Geist. Daraus folgt, dass der Materie kein eigener Seinsakt, keine irgendwie geartete eigene Bestimmung zukommt. Ihre ganze Bestimmtheit, ihr ganzes Sein (auch das des Leibes) ist das Sein der Seele, ‚die es sozusagen der Materie mitteilt‘ (ScG II,78). Das bedeutet – mit den Worten von Norbert Luyten – ‚der Geist ruht nicht auf der Materie auf, sondern in überraschender Umkehrung der Verhältnisse ruht die Materie im Geist […] Er […] teilt [sein Sein] dem Körper mit, so dass dieser innerhalb der Subsistenz des Geistes existiert.‘ Wie es also der Seele als Geistnatur wesentlich ist, ‚vor Gott‘ zu stehen, so ist es ihr ebenso wesentlich, materia zu aktuieren und sich in materia, d. h. im Leib und damit im Gefüge der Welt […] zu verwirklichen. […] In dieser Konzeption wird der Mensch nicht nur als radikale Einheit begriffen, sondern es kommt vor allem auch hierin zum Ausdruck, dass *der* Akt, mit dem der Mensch als ‚anima‘ vor Gott steht, der gleiche ist, mit dem er sich ‚in materia‘: in Leib, Welt und Gesellschaft verwirklicht.“ (G. Greshake, „Seele“ in der Geschichte der christlichen Eschatologie, 133f).

seits und dem Leib, der aufgrund einer lebenslang realisierten oder auch verweigerten Kommunikation zur Identität des Menschen über den Tod hinaus (zur Seele) gehört. Ratzinger hat vor allem die damit behauptete Trennung von Leib und Materie, näherhin die ganz und gar platonische Spiritualisierung des Leibes durch die Vertreter der These von der „Auferstehung im Tod", mit beißender Kritik überzogen[1236]. Unter Berufung auf ein wahrscheinlich von ihm selbst verfasstes Schreiben der Glaubenskongregation vom 17. 5. 1979 betont er: „1. Der Mensch lebt auch schon vor der Auferstehung weiter ‚beim Herrn'. 2. Dieses Weiterleben ist aber noch nicht mit der Auferstehung identisch, die erst ‚am Ende der Tage' kommt und der volle Einbruch der Herrschaft Gottes über die Welt sein wird."[1237] Ratzinger wirft Gisbert Greshake und Gerhard Lohfink vor, mit der Verlegung der Auferstehung in die Stunde des Todes eben die Anthropologie zu verraten, um die es auch ihnen selbst geht. Denn – so argumentiert er – das thomanische Axiom „anima forma corporis" kann doch nur so lange Ausdruck der biblischen Grundüberzeugung von der Untrennbarkeit von Seele und Leib sein, als der Leib weder vor dem Tod noch nach dem Tod identisch ist mit der Seele. Aus Ratzingers Sicht ist die allenfalls in Theologenkreisen verständliche Rede von einem Leib, der die lebenslang gelebte oder verweigerte Communio in der Identität des je einzelnen Menschen versammelt, nichts anderes als ein hypertropher Platonismus – hypertroph deshalb, weil der Leib gar nicht mehr von der Seele unterschieden, sondern letztlich mit dieser identifiziert wird. Aber damit der Kritik nicht genug: Ratzinger wirft den Vertretern der These von der „Auferstehung im Tod"

1236 „Beginnt man aber nun, Gewinn und Verlust dieser ganzen Denkoperation abzuwägen, so kann das Ergebnis nur bedenklich sein. Im Grunde ist mit der Ablehnung der Seele auch die Auferstehung zu Fall gekommen, denn eine Auferstehung, die nicht bis zur Materie und bis zur konkreten Welt der Geschichte vorstößt, ist eben keine Auferstehung. Wenn man aber ein Wort mit so vielen hermeneutischen Zusatzinstrumenten ausstatten muss, dass man es schließlich gegen seinen unmittelbaren Wortsinn gebrauchen kann, dann stehen Wort und Gedanke nicht im richtigen Verhältnis: Die Sprache (das zeigt sich hier konkret) ist nicht unbegrenzt manipulierbar. […] Denn man kann dem Gläubigen zwar schließlich beibringen, dass es eine Unsterblichkeit der Seele nicht gebe. Dass aber sein toter Freund soeben auferstanden sei, das kann ihm keine Sprache der Verkündigung einsichtig machen, weil diese Verwendung von ‚Auferstehung' typische *lingua docta,* historistische Gelehrtensprache, aber kein möglicher Ausdruck gemeinsamen und gemeinsam verstandenen Glaubens ist. Abgesehen davon, dass die hermeneutischen Windungen, die als Hintergrund zur Verständlichkeit der Formel nötig sind, niemals in die Verkündigung eingehen können, begibt sich der Theologe damit auch als Gelehrter in ein theologisches Sprach- und Denkgetto, in dem niemand mit ihm sprachlich und denkerisch kommuniziert." (J. Ratzinger, Auferstehung und ewiges Leben, 269f).

1237 J. Ratzinger, Auferstehung und ewiges Leben, 262.

auch eine gänzlich unbiblische Gegenüberstellung von Zeit und Ewigkeit vor. In der Heiligen Schrift – so betont er – ist die Ewigkeit Gottes nicht das Gegenteil der Zeit, sondern deren Zukunft.

Gisbert Greshake und Gerhard Lohfink haben diesen Teil von Ratzingers Kritik nie akzeptiert[1238]. Denn – so ihr Gegenargument – eine Seele, die insofern leiblich ist, als zu ihrer Identität die gelebte und verweigerte Communio gehört, geht ja im Moment des Todes nicht von einem unvollkommenen zeitlichen Zustand über in einen vollkommenen Zustand der Ewigkeit, sondern ist auch nach dem Ereignis des Todes das, was sie geworden ist, und also in der Regel unvollkommen. Greshake ist geradezu ein Verteidiger der Lehre vom Purgatorium und der Lehre von der Abhängigkeit der vollendeten Communio des Einzelnen mit Christus von der wechselseitigen Communio der Brüder und Schwestern untereinander[1239]. Ratzinger hat dies in späteren Publikationen zugestanden, ist aber bei dem Vorwurf einer unvermittelten Gegenüberstellung von Zeit und Ewigkeit einerseits und von Materie und Geist andererseits gegenüber allen Entwürfen einer sogenannten „Auferstehung im Tod" geblieben. Er selbst spricht von der Memoria-Zeit als einem Pendant zur Lehre des Aquinaten von der Seele[1240]. Denn durch die erinnerte Zeit bleibt die Seele über den physischen Tod hinaus bezogen auf ihren Leib und mit diesem auf die Welt und deren Geschichte insgesamt. Ratzinger äußert in diesem Zusammenhang Sympathie für die vom frühen Rahner entwickelte Unterscheidung zwischen „*A*kosmizität" und „*All*kosmizität"[1241]. Das heißt: Im Tod wird die Seele aufgrund ihrer Trennung von einem bestimmten Leib nicht *akosmisch*, sondern gewissermaßen *allkosmisch*. Ratzinger verbindet diesen Gedanken mit der Vision des Pierre Teilhard de Chardin von einer letztlichen Einheit von Geist und Materie. Mit Verweis auf den verklärten Leib Jesu (1 Kor 15,50) grenzt er sich ab sowohl gegen jede spiritualisierende

1238 Vgl. G. Greshake, Auferstehung im Tod.

1239 Vgl. G. Greshake, Leben – stärker als der Tod.

1240 Ratzinger will die „Memoria-Zeit" ebenso auf die physikalische Zeit bezogen sehen wie die im Tod von ihrem vergänglichen Leib getrennte Seele auf ebendiesen Leib und die Materie insgesamt. Das eine darf nicht – so betont er – in das andere aufgehoben werden. – Über Ratzingers Auslegung der augustinischen Verhältnisbestimmung von physikalischem und anthropologischem Zeitverständnis sowie zu Ratzingers Diskussion mit Gerhard Lohfink über die Verhältnisbestimmung von irdischer Zeit und Vollendungszeit: G. Nachtwei, Dialogische Unsterblichkeit, 74–115; V. Busch, In Gottes Gemeinschaft vollendet, 57–257; T. Marschler, Perspektiven der Eschatologie; K. Vechtel, Eschatologie und Freiheit, 283–317.

1241 Vgl. K. Rahner, Zur Theologie des Todes, 17–26.

Verflüchtigung wie gegen jedes physizistische Verständnis des Glaubensartikels von der Auferstehung des Fleisches.

Ratzinger spricht von einer doppelten Unvollkommenheit der Seele jedes Verstorbenen: Sie ist (a) vom eigenen Leib getrennt und (b) auch noch nicht zur vollen Gemeinschaft mit dem Leib Christi gelangt. Die Gemeinschaft mit dem Leib Christi *beginnt* in der Stunde der Taufe. Denn Taufe bedeutet „die Verbindung unseres Todes mit Christi Tod. Sie bedeutet, dass wir in die Wertungsänderung eingehen, die der menschliche Tod durch den Tod Christi empfangen hat. Dass unser Tod also den Wert eines Geburtsvorganges erhält, den wir ihm nicht selber geben können“[1242]. Mit der Taufe wird der Mensch Christus so inkorporiert, dass seine im physischen Tod von einem bestimmten Körper getrennte Seele dennoch nicht leiblos ist. Denn sie ist seit der Taufe inkorporiert in den unsterblichen Leib des Auferstandenen. Inkorporation in Christus ist kein Zustand, sondern ein Prozess, der erst dann an sein Ziel gelangt ist, wenn Christus alles in allen und in allem ist. Über die Bindung der vollkommenen Gemeinschaft des Einzelnen mit Christus an die vollkommene Gemeinschaft mit allen Brüdern und Schwestern bemerkt Ratzinger: „Ist nämlich einmal an die Stelle der Idee der *anima separata* die Vorstellung von dem einen, letztlich unteilbaren Geschöpf ‚Mensch‘ gesetzt, so ist damit ein weiter Umkreis dessen mitausgesagt, was zu diesem Menschen untrennbar gehört. ‚Mensch‘ ist seinem Wesen nach immer zugleich ‚Mitmensch‘ und wo der Mensch als Mensch ins Heil gesetzt werden soll, da muss dies in der mitmenschlichen Gemeinschaft derer geschehen, die mit ihm erst die volle Ganzheit des Menschseins auferbauen. So kann de Lubac mit Recht sagen, dass die *anima separata* einer zweifachen Trennung unterliegt: derjenigen vom eigenen Leib und derjenigen von der vollen Gemeinschaft des Leibes Christi. Und es versteht sich, dass das endgültige Vollwerden dieses Leibes, das sich am Ende der Zeiten im Jüngsten Gericht vollzieht, nicht bloß einen äußeren Annex zu einer an sich längst fertigen Seligkeit bedeutet, sondern erst deren wirkliche, letzte Vollendung schafft.“[1243]

bb) Die Materie als Integral der Vollendung des Leibes Christi

In der Rückschau auf die Kontroverse zwischen Ratzinger und Greshake bzw. Lohfink darf man feststellen, dass beide Kontrahenten sich in der

---

1242 J. Ratzinger, Die Entfaltung des dialogischen Verständnisses von Unsterblichkeit und Auferstehung, 305.

1243 J. Ratzinger, Die Entfaltung des dialogischen Verständnisses von Unsterblichkeit und Auferstehung, 320f.

Betonung des kommunialen Charakters der Vollendung jedes Einzelnen gegenseitig in nichts nachstehen. Greshake ist mit Recht in verschiedenen Dissertationen als „Communio-Theologe“ charakterisiert worden[1244]. Er vertritt noch dezidierter als Ratzinger die These, dass die in vielen Köpfen erfolgte Reduktion der Gottesbeziehung auf eine Ich-Du-Beziehung dem „Wir-Charakter“ des Glaubens, dem Leib-Christi-Gedanken und letztlich dem Zentraldogma der Christenheit, dem Dogma von der Trinität, diametral widerspricht[1245]. Greshake steht für eine ganz ähnliche Trinitätslehre wie Ratzinger[1246], der in seinen „Betrachtungen über den Dreieinen Gott“ vom Dialogwesen Gott, vom interpersonalen Grundmodell aller Anthropologie und Ontologie spricht[1247]. Er relativiert zwar die Spekulationen über den sogenannten Zwischenzustand[1248], unterscheidet aber doch zwischen dem Zustand, den der Sterbende im Tod erlangt, und der eigentlichen Vollendung der Gemeinschaft der Heiligen[1249]. Letztlich lässt sich die Differenz zwischen Ratzinger und Greshake reduzieren auf eine unterschiedliche Terminologie und auf die Frage nach der Vollendbarkeit der Materie. Greshake spricht auch in seinen jüngeren Beiträgen zur Eschatologie vom „Auferstehungsstand der Seele“[1250] und von einer Einbeziehung der Materie in die Vollendung des Leibes Christi nur unter der Bedingung, dass die Materie Medium der Kommunikation der Seelen mit Christus und untereinander ist. Ratzinger hingegen reserviert den Terminus „Auferstehung der Toten“ für das Geschehen der universalen Vollendung und charakterisiert diese Vollendung als Vollendung alles Seienden. Mit einem gewissen Einlenken hält er fest: „Das Auftreten jedes einzelnen Geistes in der Welt der Materie ist, kosmisch betrachtet, ein Moment an dieser Geschichte der Komplexion von Materie und Geist;

1244 Vgl. P. Kirk, Tod und Auferstehung, bes. 370–380; V. Busch, In Gottes Gemeinschaft vollendet, bes. 273–349; M. Bollig, Einheit in der Vielfalt, bes. 317–373.

1245 Vgl. G. Greshake, Communio – Schlüsselbegriff der Dogmatik.

1246 Vgl. G. Greshake, Der dreieine Gott, bes. 326–399.

1247 Vgl. J. Ratzinger, Der Gott Jesu Christi, 33–53.

1248 Vgl. G. Greshake, Theologiegeschichtliche und systematische Untersuchungen zum Verständnis der Auferstehung.

1249 Vgl. G. Greshake, Die Leib-Seele-Problematik und die Vollendung der Welt.

1250 Nimmt man an, „dass im Tod […] nicht eine ‚nackte Seele‘, sondern die konkrete Person von Gott her neue Zukunft und neues Leben erhält, so ist es außerordentlich sinnvoll von ‚Auferstehung im Tod‘ zu sprechen“. Aber – auch das ist klar – diese Bezeichnung trägt „den Charakter der theologischen Sprachregelung. Würde man die Definition dekretieren: ‚Unter Auferstehung soll allein das universale Vollendungsereignis am Ende der Geschichte verstanden werden‘, so ist per definitionem das individuelle […] Geschehen im Tod *nicht* Auferstehung“ (G. Greshake, Die Leib-Seele-Problematik und die Vollendung der Welt, 181).

denn merkwürdig genug – das Postulat der Materie nach Einheit erfüllt sich gerade vom Nicht-Materiellen, vom Geist her, der so nicht die Zersprengung des eigentlich Einigen ins Duale ist, sondern die notwendige und notwendig qualitativ neue Kraft der Vereinigung des aus sich Zerfallenen und Uneinigen. ‚Jüngster Tag', ‚Ende der Welt', ‚Auferstehung des Fleisches' wären dann Chiffren für das Zu-Ende-Kommen dieses Prozesses, das wieder nur von außen her, durch das qualitativ Neue und andere geschehen kann und doch darin der innersten ‚Drift' des kosmischen Seins entspricht. Es würde bedeuten, dass die Suche des werdenden Seins nach Einheit zu dem von ihm selbst nicht zu schaffenden und doch von ihm immer angestrebten Ziel kommt, zur Einbegreifung von allem in alles, in der jedes ganz es selber wird gerade dadurch, dass es ganz im anderen ist. Solche Einbegreifung würde dann heißen, dass Materie ganz neu und definitiv dem Geist zu eigen und dieser ganz eins mit der Materie sein wird; jenes Allkosmisch-Sein, welches der Tod eröffnet, würde dann zu universalem Austausch, universaler Offenheit und so zur Überwindung aller Entfremdung führen: Erst wo solche Einheit der Schöpfung ist, kann gelten, dass ‚Gott alles in allem' ist (1 Kor 15,28). Das bedeutet: Irgendwelche Einzelheiten der Auferstehungswelt sind unausdenkbar; gegen solche Versuche steht 1 Kor 15,50 ebenso wie Joh 6,63, und soweit Greshake sich gegen solche ‚physizistischen' Denkspiele wendet, ist ihm völlig recht zu geben [G. Greshake, Auferstehung der Toten, 386]. Wir können darüber keine Vorstellungen gewinnen und bedürfen ihrer auch nicht; von solchen Versuchen sollte man in der Tat endgültig Abschied nehmen. Was aber jenseits aller Bilder und unabhängig von ihnen bleibt, ist dies: Ein ewiges beziehungsloses und damit auch statisches Nebeneinander der materiellen und der geistigen Welt widerspricht dem Wesenssinn der Geschichte, widerspricht der Schöpfung Gottes und widerspricht dem Wort der Bibel. Deswegen muss, ohne die Verdienste von Greshakes Buch irgendwie zu schmälern, dem Satz widersprochen werden: ‚Die Materie an sich […] ist unvollendbar' (386). Das würde, den gegenteiligen Versicherungen zum Trotz, eine Teilung der Schöpfung und insofern einen letzten Dualismus bedeuten, bei dem der ganze Bereich der Materie aus dem Schöpfungsziel herausgenommen und zu einer Wirklichkeit zweiter Ordnung gemacht wird."[1251]

Ratzingers Eschatologie ist durchgängig bestimmt von dem Gedanken, dass die vertikale Inkarnation sich in der horizontalen Inkarnation der Christifizierung der Welt und der schließlichen Vollendung der Mensch-

1251 J. Ratzinger, Auferstehung und ewiges Leben, 196f.

heit durch die Gemeinschaft mit dem Leibe Christi vollendet. Die völlig singuläre Beziehung des Menschen Jesus zu dem Gott, den er ‚Abba' bzw. ‚Vater' nennt, ist die Erklärung für das, was die Osterpräfation der römischen Liturgie mit dem Bekenntnis meint: ‚Im Tod [gemeint ist der physische Tod] hat er den Tod [gemeint ist die seit Adam an den physischen Tod gebundene Sheol-Existenz] besiegt!' Durch die Taufe wird jeder Christ gleichsam so an Christus befestigt, dass er sich auch im Sterben an ihm festhalten kann. Dies ist möglich, weil der Mensch, der im physischen Sterben die Trennung vom Vater überwunden hat, seit dem Ostermorgen auch verklärter Leib (verklärte Materie) ist. So bleibt der Erlöser bezogen auf Welt und Geschichte. So ist es möglich, dass jeder Mensch, der in Gemeinschaft mit ihm steht, im Sinne einer geistgewirkten Inkorporierung Glied seines Leibes wird und gleichzeitig immer tiefer und intensiver – im Sinne eines fortschreitenden Prozesses – die Communio mit seinen Brüdern und Schwestern (mit den anderen Gliedern des Leibes Christi, der die Gemeinschaft der Heiligen ist) erfährt. Ratzinger bilanziert: „Die Lehre vom Leibe Christi formuliert […] mit jener letzten Konsequenz, die die Christologie ermöglicht, was an sich von der Anthropologie her zu erwarten ist: Jeder Mensch existiert in sich und außer sich; jeder existiert zugleich in den anderen, und was im einzelnen geschieht, wirkt auf das Ganze der Menschheit; was in der Menschheit geschieht, geschieht an ihm. Leib Christi heißt dann, dass alle Menschen ein Organismus sind und dass daher das Schicksal des Ganzen eines jeden eigenes Schicksal ist. Zwar steht der Entscheid seines Lebens im Tod mit dem Ende seines irdischen Wirkens fest; insofern wird er jetzt gerichtet und erfüllt jetzt sich sein Geschick. Aber sein endgültiger Platz kann doch erst bestimmt werden, wenn der ganze Organismus erbaut ist, wenn alle Geschichte ausgelitten und ausgetan ist. Die Sammlung des Ganzen ist doch auch ein Akt an ihm selber und ist so erst das endgültige allgemeine Gericht, das den einzelnen hineinrichtet ins Ganze und ihm seinen richtigen Platz zuordnet, den er erst im Ganzen erhält."[1252]

e) Entzeitlichtes und verzeitlichtes Christsein

Im ersten Teil seiner Eschatologie bietet Joseph Ratzinger einen instruktiven Überblick über die wichtigsten Antworten der protestantischen Theologie auf die von Johannes Weiß und Albert Schweitzer zu Beginn des

1252 J. Ratzinger, Auferstehung und ewiges Leben, 195.

20. Jahrhunderts aufgeworfene Frage, ob das Christentum nicht überall da missverstanden wurde, wo es sich als Lehre oder Institution versteht. Da erscheinen auf der einen Seite die Vertreter einer entzeitlichten Eschatologie und auf der anderen die Repräsentanten einer verzeitlichten Eschatologie.

aa) Die entzeitlichte Eschatologie von Rudolf Bultmann

Ratzinger spricht zunächst von dem „Posaunenstoß"[1253], mit dem Karl Barth in seiner Römerbriefauslegung ein Christentum aufruft, das Gott nicht als Objekt beredet, sondern sich von ihm ergreifen lässt. Mit anderen Worten: Christus ist kein Ereignis der Vergangenheit, aber auch kein Ereignis der Zukunft, sondern Gottes Wort, das jeden Einzelnen auf je eigene Weise in die Entscheidung ruft. Doch – die Frage drängt sich auf – warum dann eigentlich das ganze geschichtliche Drama, von dem die Schriften des Alten und des Neuen Testamentes reden? Dann – so folgert Ratzinger – muss man „fragen, wieso Gott nicht einen einfacheren Weg wählt, um als Geist dem Geist des Menschen zu begegnen"[1254].

Barth hat die dialektische Verkehrung seines Theozentrismus in den Anthropozentrismus Bultmanns scharf kritisiert, aber nicht sehen wollen, dass die eigene Einseitigkeit deren Gegenteil evoziert[1255]. Für Barth

1253 J. Ratzinger, Auferstehung und ewiges Leben, 75.

1254 J. Ratzinger, Sakrament – Typos – Mysterion, 211.

1255 Die Position Bultmanns und seiner Anhänger „geht in gewisser Hinsicht auf den Anstoß Karl Barths zurück, der durch seine radikale Entgegensetzung von Gottes Wort zu allen religiösen Versuchen des Menschen als erster die Möglichkeit schuf, die von J. Weiß eröffnete, von A. Schweitzer weiterverfolgte streng eschatologische Auslegung der Botschaft Jesu theologisch positiv aufzunehmen und sie zum Kern heutigen Vollzugs des Christlichen zu machen. […] Die konsequente Durchführung dieses Programms, die notwendig zur Konzentration der Theologie auf ein einziges Thema führen mußte, blieb freilich Bultmann vorbehalten, für den – anders als für Barth – die Vergegenwärtigungsfrage, das Problem der Gegenwart des Christlichen, zum entscheidenden Antrieb der ganzen theologischen Bemühung wurde, der in seinem Umkreis zur entschlossenen Abwendung von der Idee der Heilsgeschichte führte. […] das erste, was hier bedeutsam wird, ist der Vorrang des Wortes vor dem Ereignis, der für Bultmanns Denken konstitutiv ist. Man kann vielleicht sogar behaupten, das Wort, das Kerygma, sei das eigentliche Heilsereignis, das ‚eschatologische Ereignis', das den Menschen aus der Entfremdung seiner Existenz in die Eigentlichkeit führt. Dieses Wort ist Gegenwart da, wo es ertönt, und es ist die je gegenwärtige Möglichkeit des Heils für den Menschen. Es ist klar, dass dieser Primat des Wortes, das stets als solches gesprochen und so als jeweilige Gegenwart gesetzt werden kann, den Gedanken einer fortlaufenden Linie heilsgeschichtlicher Ereignisse im letzten entwertet; das Heil wird weitgehend enttemporalisiert, so wie der Begriff des Eschatologischen nachdrücklich aller zeitlichen Bestimmungen entkleidet wird. Damit kommt ein Weiteres zum Vorschein: die Trennung von Historie

heißt Christsein Hören auf das Wort Gottes, für Bultmann „nichts anderes als ‚eschatologisch existieren'„.[1256] Bultmanns eschatologische Reduktion erklärt Gott als das Gegenteil des Vorhandenen, des Objektiven, des Vorfindlichen. Aber dies um den Preis seiner völligen Entzeitlichung und Entweltlichung.

Es gibt, so hat Papst Benedikt während seines letzten Deutschlandbesuches in Freiburg erklärt[1257], eine Entweltlichung, die dem Christentum aufgetragen ist, und eine Entweltlichung, die das Christentum desinkarniert. Bultmanns entzeitlichte Eschatologie hat die Desinkarnierung des Christentums zur Konseqenz. Von dieser Art von Entweltlichung grenzt sich Ratzinger radikal ab, weil wahres Christsein niemals identisch ist mit dem, was den Einzelnen als Einzelnen angeht; weil wahres Christsein stets Mitvollzug der Bewegung des Logos von oben nach unten, Mitvollzug der Inkarnation, Inklusion in das Für-Sein des Erlösers ist[1258]. Ratzinger

---

und Geschichte; der Ereigniszusammenhang wird als ‚Historie' theologisch neutralisiert die theologisch bedeutsame ‚Geschichte' aber als Wortgeschehen dem objektiv feststellbaren Bereich der historischen Ereignisse entnommen und ins Nichtobjektivierbare hinein entrückt. Diese Sicht der christlichen Wirklichkeit führt konsequenterweise zu einer Scheidung im Kanon selbst, die nunmehr in Bezug auf die kontroverstheologische Situation ein höchst paradoxes Ergebnis zeitigt. Paulus und Johannes erscheinen als die authentischen Interpreten der Botschaft Jesu, weil sie aus der zeitbedingten Gestalt seiner temporalen naheschatologischen Verkündigung das eigentlich Gemeinte herausgelöst haben, das in der paulinischen Lehre von der Rechtfertigung des Sünders und auf andere Weise in der präsentischen Fassung der Eschatologie durch Johannes zum Vorschein kommt. Demgegenüber muss dann die Darstellung der Botschaft Jesu im Rahmen eines heilsgeschichtlichen Entwurfs, wie Lukas sie bietet, als die Verfehlung des Eigentlichen erscheinen, in der die Schale des Temporalen zum Kern gemacht, der wahre Kern aber weithin verdeckt und vergessen wird." (J. Ratzinger, Theologische Prinzipienlehre, 184f).

1256 J. Ratzinger, Auferstehung und ewiges Leben, 76.

1257 Vgl. Benedikt XVI., In Gott ist unsere Zukunft, 140–150.

1258 „Bei Bultmann gehört Jesus zwar zu den Voraussetzungen des Neuen Testaments, aber er selbst bleibt in der Welt des Judentums eingeschlossen. Die entscheidende Auswirkung dieser Exegese bestand nun darin, dass die historische Glaubwürdigkeit der Evangelien erschüttert wurde: Der Christus der kirchlichen Überlieferung und der von der Wissenschaft präsentierte historische Jesus gehören offenkundig zwei verschiedenen Welten an. Die Gestalt Jesu war durch die als letzte Instanz angesehene Wissenschaft aus der Verankerung der Tradition gerissen; so schwebte nun einerseits die Tradition wirklichkeitslos im Leeren und andererseits musste für die Gestalt Jesu erst eine neue Deutung und Bedeutung gesucht werden. Bultmann wurde also weniger durch seine positiven Aussagen als durch das negative Ergebnis seiner Kritik bedeutend: Der Kern des Glaubens, die Christologie, stand neuen Deutungen offen, weil ihre bisherige Aussage als historisch nicht haltbar verschwunden war. Zugleich war damit das kirchliche Lehramt desavouiert, das offensichtlich einer wissenschaftlich nicht haltbaren Theorie angehangen hatte und so aufhörte, als eine Instanz in

bemerkt im Rückblick auf Bultmanns zeitweilig enorme Wirkmacht: „Der unbezweifelbare sittliche Ernst dieser philosophischen Theologie erscheint uns heute merkwürdig leer. Seine außerordentliche Wirkung ist in der Tat wohl nur zeitgeschichtlich zu erklären. Sie beruht darauf, dass hier das Dilemma des modernen Christen gelöst schien, der sich vor der Wahl sieht, entweder im Blick auf die moderne Wissenschaft an seinem Glauben erhebliche Abstriche zu machen und so als Christ unredlich zu werden oder um der Integrität des Glaubens willen moderner Erkenntnis zu widerstehen und so als Mensch in ein fragwürdiges Niemandsland abzuwandern."[1259]

Die Kompatibilität des Christentums mit dem wissenschaftlichen Weltbild wird von Bultmann um den Preis der Abstraktion der Bedeutung Jesu aus Welt und Geschichte erkauft. Nur kurze Zeit konnte man übersehen, wie hoch dieser Preis war. Er bedeutet nämlich, „dass das Christentum außerhalb der Wirklichkeit, auf der Nadelspitze des Augenblicks angesiedelt wird. Ein Glaube aber, der mit der Geschichte (mit der erfahrbaren Wirklichkeit überhaupt) nicht mehr in Konflikt kommen kann, hat der Geschichte auch nichts mehr zu sagen."[1260] In der Rückschau kann es nicht überraschen, dass ebenso wie Barths Wort-Gottes-Theologie in den Existentialismus Bultmanns umgekippt ist, Bultmanns entzeitlichte Eschatologie in die verzeitlichte Eschatologie des Neomarxismus umschlagen musste[1261]. Mit kaum überbietbarem Scharfsinn hat Ratzinger

---

Sachen der Erkenntnis Jesu zu gelten. Seine Aussagen konnten nun nur noch als vergebliche Verteidigungen einer wissenschaftlich überholten Position gelten." (J. Ratzinger, Reich-Gottes-Erwartung und Theologie der Befreiung, 516).

1259 J. Ratzinger, Auferstehung und ewiges Leben, 77.

1260 J. Ratzinger, Auferstehung und ewiges Leben, 78.

1261 Bultmann hat „den alten Begriff ‚Hermeneutik' wieder zu Ehren gebracht und ihm eine neue Dynamik gegeben. In dem Wort Hermeneutik wird die Einsicht ausgedrückt, dass ein wirkliches Verstehen historischer Texte durch die bloß historische Interpretation nicht zustande kommt, da jede historische Auslegung schon gewisse Vorentscheidungen miteinschließt. Der Hermeneutik fällt im Anschluss an die Feststellung des historischen Befundes die Aufgabe der ‚Vergegenwärtigung' zu. In ihr geht es, wie die klassische Terminologie lautet, um die ‚Horizontverschmelzung' zwischen damals und heute. Sie stellt also die Frage: Was bedeutet das Damalige heute? Bultmann selbst hatte diese Frage mithilfe der Philosophie Heideggers beantwortet und die Bibel demgemäß existentialistisch interpretiert. Diese Antwort fand und findet derzeit kein Interesse mehr; insofern ist Bultmann in der heute gängigen Exegese überholt. Aber geblieben ist einerseits die Lösung der Gestalt Jesu aus der klassischen Tradition, und geblieben ist die Vorstellung, dass man diese Gestalt mit einer neuen Hermeneutik neu in die Gegenwart versetzen könne und müsse. An dieser Stelle setzt [...] an: die neue philosophische Lage der späten sechziger Jahre. Die marxistische Geschichts- und Gesellschaftsanalyse galt mittlerweile weithin als

früher als seine Professorenkollegen erkannt: „Der Leerraum, den Bultmanns ‚eschatologisch' konzipiertes Christentum geschaffen hatte, war eine der Voraussetzungen für die Faszination, die alsbald die marxistischen Verheißungen in der Theologie gewinnen sollten: In das entweltlichte Christentum kehrt die Welt mit Macht zurück. Ein rein formaler und aktualistischer Glaubensbegriff versagt in der Auseinandersetzung um den Menschen."[1262]

bb) Die verzeitlichte Eschatologie von Jürgen Moltmann und Johann Baptist Metz

Hellsichtig erkennt Ratzinger den dialektischen Zusammenhang zwischen entzeitlichter und verzeitlichter Eschatologie. Mit dem letzteren Begriff bezeichnet er die politisch-utopische Variante der Eschatologie. Sie ist klar zu unterscheiden von den durch Oscar Cullmann und Charles Henry Dodd vertretenen Entwürfen einer heilsgeschichtlichen[1263] oder präsentischen Eschatologie[1264]. Denn von einer Verzeitlichung kann erst da ge-

---

einzig ‚wissenschaftlich'. Das bedeutet, dass die Welt im Schema des Klassenkampfes gedeutet werden muss und dass es ausschließlich die Wahl zwischen Kapitalismus und Marxismus gibt. Es bedeutet weiterhin, dass alle Wirklichkeit politisch ist und sich politisch rechtfertigen muss. Der biblische Begriff des ‚Armen' bietet den Ansatz zur Verschmelzung zwischen dem Geschichtsbild der Bibel und der marxistischen Dialektik; er wird mit der Idee des Proletariats im marxistischen Sinn interpretiert und rechtfertigt damit zugleich den Marxismus als die legitime Hermeneutik für das Verstehen der Bibel. Weil nach dieser Auffassung es überhaupt nur zwei Optionen gibt und geben kann, ist Widerspruch gegen diese Auslegung der Bibel Ausdruck für das Bestreben der herrschenden Klasse, ihre Macht zu erhalten. Gutiérrez: ‚Klassenkampf ist eine Tatsache, und Neutralität in diesem Punkt ist schlicht unmöglich.' Auch von hier aus ist dem Eingriff des kirchlichen Lehramtes der Boden entzogen: Falls es sich gegen eine solche Auslegung des Christentums wenden sollte, beweist es nur, dass es auf Seiten der Reichen und Herrschenden gegen die Armen und Leidenden, also gegen Jesus selbst steht und sich in der Dialektik der Geschichte auf der negativen Seite eingeordnet hat." (J. Ratzinger, Reich-Gottes-Erwartung und Theologie der Befreiung, 517).

1262 J. Ratzinger, Auferstehung und ewiges Leben, 78.

1263 Aus Cullmanns Sicht ist Christus die Mitte der Zeit. „Glauben bedeutet danach Solidarität mit der Heilsgeschichte, Aufnehmen des heilsgeschichtlichen ‚Schon' und Wirken von diesem ‚Schon' her auf das ‚Noch-nicht' zu. Die ‚existentiellen' Kategorien Glaube, Hoffnung, Liebe werden mit den Dimensionen der Heilsgeschichte vermittelt: Glaube ist das Aufnehmen der geschehenen Geschichte, die durch die Liebe in Gegenwart transponiert und so erneut zur Hoffnung des Kommenden wird." (J. Ratzinger, Auferstehung und ewiges Leben, 81).

1264 Charles Henry Dodd sieht das Entscheidende des Christusereignisses in der Verwirklichung des zunächst in Gestalt von Gleichnissen verkündeten Reiches Gottes. Indem die Kirche auf das Christusereignis blickt, schaut sie auf den „Augenblick

sprochen werden, wo es nicht mehr „um die vergangene ‚Mittezeit', auch nicht um die Ewigkeit"[1265], sondern ausschließlich um die innerweltliche Zukunft geht.

Mit dem Phänomen einer verzeitlichten Eschatologie hatte sich Ratzinger schon im Rahmen seiner Bonaventura-Studien befasst[1266]. Denn in deren Rahmen begegnete er der Überzeugung des kalabrischen Abtes Joachim von Fiore (1130–1202), „dass Gottes Idee mit seinem Geschöpf Mensch nur dann gelungen sei, wenn sie auch auf Erden gelingt, und dass daher die Zeit der Kirche, wie man sie seit den Aposteln erlebte, noch nicht die eigentliche Form der Erlösung sein könne"[1267].

In einem weit ausgreifenden Beitrag zum Thema „Eschatologie und Utopie"[1268] erklärt Ratzinger die ideengeschichtlichen Zusammenhänge zwischen unterschiedlichen Formen und Gestalten einer innerweltlichen Realisierung der Eschata: angefangen bei Platons Visionen von einer idealen Polis über den Chiliasmus der jüdischen Apokalyptik und die „Utopoi" des frühen Mönchtums bis hin zur Geschichtslogik von Hegel und zur Geschichtsplanung von Marx. Was alle Spielarten einer Synthese von Eschatologie und Utopie verbindet, ist der unbiblische Gedanke „einer definitiven innergeschichtlichen Vollendung bzw. einer inneren Vollendbarkeit der Geschichte in ihr selbst"[1269]. Ratzinger bezeichnet die Hoffnung des Christen als Ausdruck der gegenteiligen Überzeugung. Denn christliche Hoffnung „drückt im Gegenteil die Unmöglichkeit der inneren Vollendung der Welt aus. Die verschiedenen Vorstellungselemente vom Weltende, die sich in der Bibel finden, haben gerade dies zum gemeinsamen Inhalt, dass sie eine Absage an die Erwartung eines definitiven innergeschichtlichen Heilszustandes sind. Diese Position ist auch rational betrachtet vollkommen sachgemäß, weil die Vorstellung definitiver Vollendung in der Geschichte nicht mit der bleibenden Offenheit und der bleibend zum Versagen hin geöffneten Freiheit des Menschen rechnet.

---

zurück, in dem das Entscheidende geschehen ist. Sie rekapituliert ihn in dem wirksamen Zeichen der Eucharistie, die man so nach Dodd als ‚Sakrament der verwirklichten Eschatologie' bezeichnen könnte." (J. Ratzinger, Auferstehung und ewiges Leben, 83).

1265 J. Ratzinger, Auferstehung und ewiges Leben, 84.

1266 Vgl. J. Ratzinger, Offenbarungsverständnis und Geschichtstheologie Bonaventuras, 571–590.

1267 J. Ratzinger, Auferstehung und ewiges Leben, 214.

1268 Vgl. J. Ratzinger, Die Entfaltung des dialogischen Verständnisses von Unsterblichkeit und Auferstehung, 394–411. – Dazu auch: Ders., Reich-Gottes-Erwartung und Theologie der Befreiung, 489–509.602–619.

1269 J. Ratzinger, Auferstehung und ewiges Leben, 214f.

Sie drückt damit letzten Endes eine tiefe anthropologische Verkehrung aus: Das Heil des Menschen wird dabei nicht aus seiner sittlichen Würde, nicht im Tiefsten seiner sittlichen Persönlichkeit erwartet, sondern von planbaren Mechanismen erhofft, also am eigentlich Humanen vorbei gebaut."[1270]

Ratzinger hat in Tübingen selbst erlebt, was er in der Rückschau als den schlagartigen Umschlag der Begeisterung für Rahner und Bultmann in die Begeisterung für Bloch, Moltmann und Metz beschreibt. In seinen „Erinnerungen" schreibt er: „1967 konnten wir noch glanzvoll das 150-jährige Bestehen der Katholisch-Theologischen Fakultät feiern, aber es war auch das letzte akademische Fest alten Stils. Fast schlagartig änderte sich das weltanschauliche ‚Paradigma', von dem her die Studenten und ein Teil der Dozenten dachten. Hatten bisher Bultmanns Theologie und Heideggers Philosophie den Rahmen des Denkens bestimmt, so brach das existentialistische Schema fast über Nacht zusammen und wurde durch das marxistische ersetzt. Ernst Bloch lehrte nun in Tübingen und machte Heidegger als einen kleinen Bourgeois verächtlich: in die Evangelisch-Theologische Fakultät wurde ungefähr gleichzeitig mit meinem Kommen Jürgen Moltmann berufen, der in seinem faszinierenden Buch ‚Theologie der Hoffnung' Theologie neu und ganz anders von Bloch her konzipiert hatte. Der Existentialismus zerfiel, und die marxistische Revolution zündete in der ganzen Universität, erschütterte sie in ihren Grundfesten. Jahre zuvor hätte man erwarten dürfen, die Theologischen Fakultäten würden ein Bollwerk gegen die marxistische Versuchung bedeuten. Nun war das Gegenteil der Fall: Sie wurden zum eigentlichen ideologischen Zentrum. Die Aufnahme des Existentialismus in die Theologie, wie Bultmann sie vollzogen hatte, war für die Theologie nicht ungefährlich gewesen. Ich hatte, wie gesagt, in meiner Christologie gegen die existentialistische Reduktion anzukämpfen versucht und da und dort – besonders auch in der Gotteslehre, die ich alsbald vorzutragen hatte – sogar Gegengewichte vom marxistischen Denken her gesetzt, das ja von seiner jüdisch-messianischen Wurzel her durchaus auch biblische Motive verwahrt. Aber die Zerstörung der Theologie, die nun durch ihre Politisierung im Sinn des marxistischen Messianismus vor sich ging, war ungleich radikaler, gerade weil sie auf der biblischen Hoffnung basierte und sie nun dadurch verkehrte, dass die religiöse Inbrunst beibehalten, aber Gott ausgeschaltet und durch das politische Handeln des Menschen ersetzt wurde. Die Hoffnung bleibt, aber an die Stelle Gottes tritt die Partei und damit ein Totalitarismus einer atheis-

1270 J. Ratzinger, Auferstehung und ewiges Leben, 215.

tischen Anbetung, die ihrem falschen Gott alle Menschlichkeit zu opfern bereit ist. Ich habe das grausame Antlitz dieser atheistischen Frömmigkeit unverhüllt gesehen, den Psycho-Terror, die Hemmungslosigkeit, mit der man jede moralische Überlegung als bürgerlichen Rest preisgeben konnte, wo es um das ideologische Ziel ging. Das alles ist an sich aufregend genug, aber zur unerbittlichen Herausforderung an den Theologen wird es dann, wenn die Ideologie namens des Glaubens vorgetragen und die Kirche als ihr Instrument benützt wird. Die blasphemische Art, in der nun das Kreuz als Sadomasochismus verhöhnt wurde, die Heuchelei, mit der man sich – wenn nützlich – weiterhin als gläubig ausgab, um die Instrumente für die eigenen Ziele nicht zu gefährden, das alles konnte und durfte man nicht verniedlichen oder wie irgendeine akademische Auseinandersetzung ansehen. Da ich auf der Höhe der Auseinandersetzungen Dekan meiner Fakultät, Mitglied des Großen und des Kleinen Senats und Mitglied der Grundordnungsversammlung war, habe ich dies alles hautnah erlebt."[1271]

Mit dieser Erinnerung an eine persönlich erlebte Revolution deutet Ratzinger an, warum er den dialektischen Umschlag von der Entzeitlichung (Existentialismus) in die Verzeitlichung (Marxismus) des Christentums für eine bis an die Wurzeln reichende Bedrohung hielt. Mit der Tübinger Erschütterung erklärt sich auch die Skepsis, mit der er die nachkonziliare Entwicklung der Kirche zunächst in den Niederlanden, dann in Nordamerika und schließlich – angestoßen von den durch Metz geprägten Befreiungstheologen – in Südamerika verfolgt hat. In einem Rückblick auf zehn Jahre Wirkungsgeschichte der Pastoralkonstitution „Gaudium et spes" bemerkt er: „Das Gefühl, dass es eigentlich keine Mauern zwischen Kirche und Welt mehr geben dürfe, dass jeder ‚Dualismus': Leib – Seele, Kirche – Welt, Gnade – Natur, ja, schließlich wohl gar Gott – Welt von Übel sei – dieses Gefühl wurde immer mehr zur richtunggebenden Kraft des Ganzen."[1272]

Ratzinger lässt in vielen Abhandlungen Sympathie für das Grundanliegen von Johann Baptist Metz erkennen[1273], der auf seinen Rat hin auf den

1271 J. Ratzinger, Aus meinem Leben, 150.

1272 J. Ratzinger, Der Weltdienst der Kirche, 444.

1273 Metz sieht wie Ratzinger jede Gestalt von Transzendentaltheologie (z. B. Karl Rahner), Existentialtheologie (z. B. Rudolf Bultmann) oder Geschichtstheologie (z. B. Wolfhart Pannenberg) in dieselbe Falle einer von Geschichte und Praxis abstrahierten Wahrheit gehen. Er unterstreicht wie Ratzinger die Geschichtlichkeit der Selbstmitteilung Gottes und die Geschichtlichkeit der Annahme dieser Selbstmitteilung von Seiten des gläubigen Christen. Wenn Gott sich „immer schon" unsichtbar und innerlich mitgeteilt hätte, dann wäre – so betonen Metz und Ratzinger unisono – das Christusereignis lediglich die geschichtliche Darstellung einer ungeschichtlich

Lehrstuhl für Fundamentaltheologie in Münster gelangt ist. Als Erzbischof aber verhindert er dessen Umzug von Münster nach München. Denn in Metz erkennt er den Ideengeber für jene Spielarten lateinamerikanischer Befreiungstheologie, die er in seiner Eigenschaft als Kardinalpräfekt der Glaubenskon-gregation 1984 und 1986 als mit der christlichen Eschatologie unvereinbar bezeichnet hat[1274].

cc) Die verzeitlichte Eschatologie von Gustavo Gutiérrez

Ratzinger selbst hat sich wohl aus Gründen seines Wechsels vom Amt des Professors in das des Erzbischofs und Kardinalpräfekten – nie systematisch mit der Fundamentaltheologie von Metz oder mit einem befreiungstheologischen Entwurf befasst. Er hat nur ein einziges Werk eines einzelnen Befreiungstheologen genau analysiert, und zwar das Hauptwerk des lateinamerikanischen Theologen Gustavo Gutiérrez. Dieser ist gewiss nicht der radikalste Befreiungstheologe. Aber er hat die Anliegen einer ganzen Bewegung exemplarisch vertreten und wurde wohl aufgrund seiner weit über Lateinamerika hinausreichenden Wirkung zum wichtigsten Kontrahenten Ratzingers auf dem Felde der Verhältnisbestimmung von Befreiung bzw. Politik und Erlösung. Von einer Kontroverse Ratzingers mit Gutiérrez kann aber nicht in demselben Sinne wie in Bezug auf Walter Kasper oder Gisbert Greshake gesprochen werden. Denn er war schon Präfekt der römischen Glaubenskongregation, als er sich zum ersten Mal zur Theologie

---

erfolgten Versöhnung; dann wäre der Glaube des Christen eine ungeschichtliche, unsichtbare und rein private Angelegenheit. Metz fasst die Grundversuchung des Christentums in folgende Frage: „Kehren wir Christen in diesem Lande um, oder glauben wir nur an die Nachfolge und gehen dann unter dem Deckmantel der geglaubten Nachfolge die alten, immer gleichen Wege? Lieben wir, oder glauben wir an die Liebe und bleiben unter dem Deckmantel der geglaubten Liebe die alten Egoisten und Konformisten? Leiden wir mit, oder glauben wir nur an das Mitleiden und bleiben unter dem Deckmantel der geglaubten ‚Sympathie' allemal die Apathischen?" (J. B. Metz, Jenseits bürgerlicher Religion, 11f). – Nicht schon mit dem Stellen dieser Frage, sondern erst mit deren Beantwortung entfernt sich Metz von Ratzinger. Metz möchte im Sinne der von Jürgen Habermas entworfenen Kommunikationstheorie eine „Identität des einzelnen Subjekts" außerhalb und unabhängig von der praktizierten Kommunikation ausschalten. Damit aber begibt er sich aus Ratzingers Sicht in denkbar große Nähe zu der marxistischen These, Freiheit oder Unfreiheit des einzelnen Menschen seien Epiphänomene der gesellschaftlichen Verhältnisse.

1274 (1) Instruktion der Glaubenskongregation „Libertatis nuntius" (6. 8. 1984) „über einige Aspekte der lateinamerikanischen Befreiungstheologie". – (2) Instruktion der Glaubenskongregation „Libertatis conscientia" (22. 3. 1986) „über grundlegende Elemente der christlichen Lehre über Freiheit und Befreiung". – Kommentar von Joseph Ratzinger: Reich-Gottes-Erwartung und Theologie der Befreiung, 562–581.

von Gutiérrez geäußert hat. Die folgenden Ausführungen behandeln deshalb weniger ein von zwei Kontrahenten auf gleicher Augenhöhe geführtes Gespräch als vielmehr eine von heftigen Reaktionen begleitete Kritik des römischen Kardinalpräfekten.

Ratzingers Kritik an Gutiérrez lässt sich im Kern auf zwei Argumente reduzieren: Das erste betrifft die Verhältnisbestimmung von theologischer Erlösung und politischer Befreiung, das zweite die Verhältnisbestimmung von Geschichte und Freiheit, von Gemeinschaft und Individuum.

Gutiérrez – so kritisiert der Kardinal – „schließt sich der These von Ernst Bloch an, dass Hoffnung als Vergegenwärtigung des Noch-nicht-Seins zu definieren sei und damit Veränderung der Gegenwart auf Zukunft hin einschließe"[1275]; er ersetzt die statische Ontologie des Seins durch „eine dynamische Ontologie des ‚Noch-nicht-Seins'"[1276] und gelangt so zu dem Fazit: „Wenn die menschliche Geschichte eine Hoffnung auf Zukunft ist, dann erscheint sie [...] als politischer Auftrag."[1277] Er degradiert Jesus Christus zu einem Katalysator der Emanzipation, der Selbstbefreiung und Selbsterlösung. Wörtlich kritisiert Ratzinger: „Die Utopie ist die Denkfigur, auf der die Synthese von Politik und Theologie steht, mit der Gutiérrez der Erlösungslehre einen neuen Inhalt und eine neue Praxis geben will. Die Utopie wird selbst nicht mehr gerechtfertigt; sie ist die eigentliche Glaubensvorgabe des Ganzen, deren Glaube sich freilich nicht auf Gott, sondern auf die Geschichte beruft. Man kann sagen: Die Geschichte ist die eigentliche Gottheit der Utopie, die nicht nur die Attribute und die Macht der Gottheit an sich gezogen hat, sondern auch ihren unbedingten Verehrungs- und Gehorsamsanspruch wie die Unbedingtheit ihrer Verheißungen. Der Gott ‚Geschichte', der so für das Ganze steht, ist aber eine durchaus irrationale Größe, für die es keinerlei irgendwie einsichtige Begründungen gibt. Die Frage, von wo her er mit einer solch zwingenden Evidenz in das Denken von Gutiérrez und vielen seiner Weggenossen eingetreten ist, dass eine Begründungspflicht gar nicht mehr erkannt wird – diese Frage bedürfte eigener Untersuchungen. Zweifellos steht eine bestimmte Lektüre von Marx und marxistischen Kirchenvätern im Hintergrund, deren als unbestreitbar geltende Wissenschaftlichkeit den unumstößlichen Autoritätsbeweis für die Rationalität ihrer Annahme liefert"[1278].

1275 J. Ratzinger, Reich-Gottes-Erwartung und Theologie der Befreiung, 526.
1276 J. Ratzinger, Reich-Gottes-Erwartung und Theologie der Befreiung, 526.
1277 G. Gutiérrez, Theologie der Befreiung, 15.
1278 J. Ratzinger, Reich-Gottes-Erwartung und Theologie der Befreiung, 538.

Im Prinzip wirft Ratzinger dem peruanischen Theologen vor, was schon Jahrhunderte zuvor Bonaventura an dem kalabrischen Abt Joachim von Fiore kritisiert hat: nämlich mangelnde Christozentrik. Jesus Christus – so erklärt Ratzinger – ist die Mitte der Geschichte und also kein bloßes Stadium. Er ist das Reich Gottes in Person[1279]. Mit anderen Worten: „Das Reich Gottes ist kein politischer Begriff und daher auch kein politischer Maßstab, von dem her unmittelbar politische Praxis aufgebaut werden kann und Kritik an politischen Verwirklichungen zu üben ist. Die Herbeiführung des Reiches Gottes ist kein politischer Prozess, und wo sie dennoch als solcher gefasst wird, wird beides verfälscht: die Politik und die Theologie. Dann entstehen falsche Messianismen, die ihrem Wesen nach und vom inneren Anspruch des Messianischen her, der hier auf die falsche Ebene tritt, zu Totalitarismen werden“[1280].

Mit Jesus Christus ist das Reich Gottes schon da. Christus hat die Menschheit schon erlöst. Allerdings – auch das betont der Kardinalpräfekt: Die Annahme dieses Geschenkes ist kein bloßes Empfangen, sondern Inklusion der Empfänger in die Stellvertretung des Erlösers. In vielen Werken Ratzingers spielt der Begriff „Stellvertretung“ eine zentrale Rolle[1281]. Denn mit diesem Begriff lässt sich ausdrücken, dass das „Schon“ der Erlösung das „Noch-nicht“ keineswegs ausschließt, sondern bedingt. Christus ist als der Erlöser so an die Stelle der von ihm Erlösten getreten, dass die Vertretenen als Empfänger zugleich Geber dessen sind, was sie empfangen. Im Fachjargon spricht die Theologie auch von der Untrennbarkeit der exklusiven Stellvertretung Christi („Schon“ der Erlösung) von der inklusiven Stellvertretung der Christen („Noch-nicht“ der Erlösung). Die besagte Verschränkung von vertikaler und horizontaler Inkarnation ist geradezu identisch mit der Verschränkung von exklusiver und inklusiver Stellvertretung.

1279 „Jesus Christus spricht im Präsens – das Reich Gottes ist nicht beobachtbar, und es ist gerade so mitten unter denen, zu denen er spricht. Es steht unter ihnen – in ihm selbst. ‚Jesus ist das den Jüngern von Gott gegebene Geheimnis des Gottesreiches in Person‘ (F. Mußner, Praesentia salutis, 95). In ihm ist die Zukunft Heute; in ihm ist das Reich Gottes da und doch so, dass man es übersehen kann, einer Beobachtung entzogen, die Symptome messen, Konstellationen berechnen will. Jesus ist nach einem schönen Wort des Origenes die *autobasileia,* das Reich Gottes in Person.“ (J. Ratzinger, Auferstehung und ewiges Leben, 64).

1280 J. Ratzinger, Auferstehung und ewiges Leben, 85.

1281 Vgl. J. Ratzinger, Christliche Brüderlichkeit; ders., Stellvertretung; ders., Vorfragen zu einer Theologie der Erlösung; ders., Identifikation mit der Kirche. – Dazu: K.-H. Menke, Stellvertretung, 321–339.

Wie Hans Urs von Balthasar, so identifiziert auch Ratzinger die Macht des Stellvertreters mit der Macht des Gekreuzigten. Darin – so betont er gegenüber Gutiérrez und anderen Befreiungstheologen – unterscheidet sich die Vollendung des Reiches Gottes von allen Strategien politischer Weltverbesserung, dass sie die Signatur des Kreuzes trägt. Christus setzt sich letztlich mit keinen anderen Mitteln als mit denen der gekreuzigten Liebe durch; und deshalb kann auch die Schar der inklusiven Stellvertreter (die Kirche) nur in dem Maße Licht der Welt und Salz der Erde sein, in dem sie dem exklusiven Stellvertreter gleichförmig wird. Ratzinger weiß um den Einwand, so diene das Christentum der Stabilisierung des Unrechts, statt dieses – falls nötig, mit Gewalt – zu beseitigen. Aber – so entgegnet er – noch immer hat der Versuch des Menschen, die Welt mit Gewalt zu verbessern, das tiefste Unglück provoziert. Der Mensch – so Ratzinger wörtlich – ist kein Gott; wo „er sich zum Gott macht, stellt er sich gegen die Wahrheit […]. Der wirkliche Gott-Mensch verfährt genau umgekehrt. Er ist Sohn und das heißt: er ist ganz die Gebärde des Sich-Verdankens und des Sich-Freigebens. Das Kreuz ist […] nur die letzte Radikalisierung der Sohnesgebärde. Nicht Prometheus, sondern der Kreuzesgehorsam des Sohnes ist die Stätte, in der die Gottwerdung des Menschen aufgeht. Der Mensch kann ‚Gott' werden, aber nicht dadurch, dass er sich dazu macht, sondern allein dadurch, dass er ‚Sohn' wird. Dort, in der Sohnesgebärde Jesu, nirgend anders, geht das ‚Reich Gottes' auf […]; deshalb die Seligpreisungen über diejenigen, die die Kreuzesform des Lebens darstellen und darin die Sohnesform."[1282]

Ratzinger unterstellt Gutiérrez die marxistische These, die Freiheit des einzelnen Menschen sei ebenso wie seine Unfreiheit stets nur das Ergebnis gerechter oder ungerechter Strukturen. Er spricht von dem Ziel, durch permanente Kulturrevolution einen neuen Menschen schaffen zu wollen[1283]. Aber – so fragt der Kardinal – ist denn die Freiheit des Menschen ein Epiphänomen äußerer Verhältnisse? Ist es nicht umgekehrt so, dass die Freiheit des Menschen allen äußeren Gegebenheiten vorausliegt?

Mit dieser Frage will Ratzinger in keiner Weise bestreiten, dass es ungerechte politische und wirtschaftliche Strukturen gibt; und dass diese Strukturen aufgebrochen und ersetzt werden müssen. Aber veränderte Strukturen mögen den Menschen von Abhängigkeiten befreien. Zu einem innerlich freien, innerlich unabhängigen, sittlich handelnden Wesen machen sie ihn nicht; jedenfalls nicht automatisch. Deshalb ordnet Ratzinger die Moral

1282 J. Ratzinger, Auferstehung und ewiges Leben, 90.
1283 Vgl. J. Ratzinger, Reich-Gottes-Erwartung und Theologie der Befreiung, 529–533.

bzw. Freiheit der Politik vor. Denn – so formuliert er programmatisch – „das Politische steht unter moralischen Normen, auch wenn die Moral als solche nicht Politik und die Politik als solche nicht Moral ist“[1284]. Und weiter: „Die Frage einer christlich verantworteten Politik gehört nicht in die Eschatologie, sondern in die Moraltheologie [...]. Wo Eschatologie und Politik ineinanderfallen, löst sich die Moral auf, weil sie identisch wird mit der Frage nach den zweckmäßigsten Methoden zur Erreichung des absoluten Zieles, das die einzige Norm bleibt.“[1285] Gegen Gustavo Gutiérrez folgert Ratzinger: Weil „die Politik immer auf der Freiheit und immer auf der sittlichen Verantwortung des Menschen ruht, [...] gibt es den endgültigen und endgültig zwingenden Fortschritt in ihr nicht. [...] Das politische Heil [bleibt] immer so gefährdet, wie menschliches Ethos gefährdet ist, [...] es kann nur durch immer neue Erleuchtung und Bildung der Gewissen, nur durch immer neues Erziehen und neue rationale wie moralische Anstrengung in jeder Generation begründet werden. Es gibt dann den addierbaren politischen Fortschritt nicht, sondern die ständige Notwendigkeit, dass der Mensch immer wieder Mensch werde und von den Kräften seiner empirischen und moralischen Vernunft her lebe, indem er beides immer wieder aus der Verantwortung vor Gott heraus erneuert. Diese Fragilität und Partikularität der politischen Verheißung ist es, die das Konzept einer Politik aus Ethos so schwach erscheinen lässt gegenüber dem Konzept einer Politik aus der begriffenen Geschichte, in der sich die Physik des Seins enthüllt.“[1286]

1284 J. Ratzinger, Auferstehung und ewiges Leben, 86.
1285 J. Ratzinger, Auferstehung und ewiges Leben, 86.
1286 J. Ratzinger, Reich-Gottes-Erwartung und Theologie der Befreiung, 543f.

Schlusswort
DIE EINGESTALTUNG DER MENSCHHEIT IN CHRISTUS, ODER: DAS WAHRE ISRAEL, MARIA UND DIE KIRCHE

Henri de Lubac hat den Heilsuniversalismus des Christentums in die Kurzformel gekleidet: „Das Christentum ist keine geschichtliche Größe: die Geschichte vielmehr ist eine christliche Größe."[1287] Denn biblisch betrachtet ist Christus die Offenbarkeit eben des Logos, durch den und auf den hin alles geschaffen worden ist. Der in Christus offenbare Gott will Mit-Liebende. Das ist der Grund des Ganzen und das Sinnziel der Geschichte. Als solcher kann er nichts erzwingen, nicht einmal das Ja-Wort eines Einzelnen, geschweige denn die auf freier Zustimmung basierende Communio aller Menschen. Doch genau das ist das Ziel seiner Hoffnung.

Gottes Geschichte mit dem Menschen ist eine Bundes-, eine Freiheitsgeschichte. Gott fängt mit dem Einzelnen an; denn ein freies Ja-Wort ist immer das eines Einzelnen. Die Auserwählung des Volkes Israel beginnt mit der Erwählung eines ganz bestimmten Menschen. Der trägt den Namen Abraham: „Der Herr sprach zu Abraham: Zieh weg aus deinem Land, von deiner Verwandtschaft und aus deinem Vaterhaus in das Land, das ich dir zeigen werde. Ich werde dich zu einem großen Volk machen, dich segnen und deinen Namen groß machen. Ein Segen sollst du sein" (Gen 12,1f).

Das Neue, das hier geschieht, deutet sich schon in den Erzählungen von Abel, Henoch und Noach an: Es geht um den Auszug aus dem, was gegen den Willen JHWHs gerichtet ist – veranschaulicht im Turmbau zu Babel, dem Ort, an dem die Menschen begannen, sich nicht mehr zu verstehen, sich zu misstrauen. Aus der Sicht eines Historikers betrachtet ist die Geschichte Abrahams völlig unbedeutend, nicht der Rede und erst recht nicht der Aufzeichnung wert. Und doch geschieht mit dem Auszug dieses Einzelnen etwas Revolutionäres, nämlich das Hineintragen (die Inkarnierung) des Willens Gottes (der Tora) in jeden Winkel von Raum und Zeit. Abraham bleibt auf der Wanderschaft; ihm ist es nicht erlaubt, sich irgendwo festzusetzen, sich irgendwo anzupassen. Und was für ihn persönlich gilt, das gilt auch für die Nachkommenschaft, die ihm schließlich doch noch wider alle biologische Wahrscheinlichkeit zuteil wird.

1287 H. de Lubac, Glaubensparadoxe, 69.

Wir wissen heute aufgrund historischer und archäologischer Forschung, dass die Volkwerdung der Abrahamiten nicht so verlaufen sein kann, wie sie die Schriften des Alten Testamentes darstellen, nämlich: Abraham zeugt Isaak und Isaak Esau und Jakob, und Jakob hat zwölf Söhne; und über einen von ihnen gelangt die Jakobsfamilie nach Ägypten, wird dort zur unterdrückten Minderheit und kann sich schließlich befreien und in Kanaan festsetzen. Wahrscheinlich liegt der Ursprung in einer Gruppe von Menschen, die sich dem Unterdrückungssystem der Städte entziehen und als ‚Outcasts' in Kanaan nicht in Städten, sondern auf dem Lande zu leben begannen. Einige Exegeten sprechen von einer Abraham-Gruppe, einer Isaak-Gruppe und einer Jakob-Gruppe, zu der dann eine aus Ägypten geflohene Mose-Gruppe gestoßen ist, was schließlich zur Bildung eines Stämmebundes führte – zunächst ohne ein Zentrum, ohne einen König und eine Königsstadt, weshalb Israel zunächst als ‚Volk unter den Völkern' erscheint.

In der Rückschau staunt das werdende Volk Israel über sein eigenes Anderssein. Und es beginnt sich das erstaunliche Faktum des eigenen Erwähltseins zu erklären. Was geistige, wirtschaftliche oder militärische Vortrefflichkeit betrifft, kann Israel nicht einmal annähernd Ähnliches aufbieten wie andere Völker. Und deshalb entsteht die Legende von dem göttlichen Angebot der Tora zunächst an die mächtigeren und größeren Völker[1288]. Aber die antworten JHWH, sie könnten nicht ohne Gewalt, nicht ohne das Töten ihrer Feinde und nicht ohne das Verlangen nach den Besitztümern der anderen leben und also sein Geschenk (die Tora) nicht annehmen. Schließlich wendet sich Gott an das unterdrückte und ausgebeutete Kleinstvolk aus der Nachkommenschaft Abrahams. Und ausgerechnet dieses Volk fragt nicht, ob die Tora mit den eigenen Interessen vereinbar ist, sondern es antwortet mit dem Befolgen der Tora. Im Buch Jesus Sirach (24,1–12) wird von der Weisheit bzw. dem Logos Gottes Ähnliches erzählt. Auf der Suche nach einer Heimstatt wird die Weisheit überall abgelehnt, nur nicht von Israel. Ausgerechnet in diesem wirtschaftlich und politisch unbedeutenden Volk findet sie ihre Heimstatt.

Was von Abraham gilt, gilt analog für das Volk der Tora. Im Buch Deuteronomium wird das Prinzip der Erwählung in die an Israel gerichteten Worte gekleidet: „Denn du bist ein Volk, das dem Herrn, deinem Gott, heilig ist. Dich hat der Herr, dein Gott, ausgewählt, damit du unter allen Völkern, die auf der Erde leben, das Volk wirst, das ihm persönlich gehört. Nicht weil ihr zahlreicher als die anderen Völker wäret, hat euch der Herr

1288 Vgl. G. Stemberger, Das klassische Judentum, 139f.

ins Herz geschlossen und ausgewählt; ihr seid das kleinste unter allen Völkern. Weil der Herr euch liebt und weil er auf den Schwur achtet, den er euren Vätern geleistet hat, deshalb hat der Herr euch mit starker Hand herausgeführt und euch aus dem Sklavendienst freigekauft, aus der Hand des Pharao, des Königs von Ägypten. Daran sollst du erkennen: JHWH, dein Gott, ist der Gott; er ist der treue Gott; noch nach tausend Generationen achtet er auf den Bund und erweist denen seine Huld, die ihn lieben und auf seine Gebote achten" (Dtn 7,6–9).

Wie die leidvolle Geschichte Israels zeigt, evoziert die Kategorie ‚Erwählung' den Neid und schließlich auch den Hass der Nichterwählten – und das, obwohl das Erwähltsein Israels alles andere als Bevorzugung im Sinne dieser Welt ist. Wie Abrahams Erwähltsein, so ist auch das Erwähltsein des Volkes Israel identisch mit der Zumutung, nicht die eigenen Interessen zu verfolgen, sondern die Tora JHWHs darzustellen – und das inmitten derer, die nach den Prinzipien der Rivalität und Macht leben. Denn „die Tora ist das von Gott selbst ins Werk gesetzte, für immer unüberholbare Unternehmen, auf dem Boden des Gottesvolkes sämtliche Dinge der Welt mit den Augen Gottes anzuschauen, das Richtige vom Falschen zu unterscheiden, das Falsche zu ändern und so alles der Herrschaft des einen Gottes zu unterstellen."[1289]

Die gesamte Geschichte Israels ist ein Kampf zwischen der Bindung an die Tora – ‚Glaube' genannt – und der Anpassung an das religionsgeschichtliche Umfeld. Es gibt nirgendwo in der Religionsgeschichte etwas mit den Schriften der hebräischen Bibel Vergleichbares. Während andere Kulturen und Völker die eigene Geschichte, sofern sie schriftlich interpretiert wird, verherrlichen und dabei meistens auch im Interesse des eigenen Ruhmes verfälschen, geht Israel ständig mit sich selbst ins Gericht, wo immer es den eigenen Interessen statt dem Willen JHWHs gefolgt ist. Und zugleich bezeugt es die Beantwortung jeder Untreue des auserwählten Volkes mit einer neuen Erwählung von Seiten JHWHs. So entsteht der Topos vom „heiligen Rest", der den Willen Gottes, die Tora, allen abgefallenen Mehrheiten zum Trotz doch noch darstellt. So bekennt Elija in 1 Kön 19,10: „Mit leidenschaftlichem Eifer bin ich für den Herrn, den Gott der Heere, eingetreten, weil die Israeliten deinen Bund verlassen, deine Altäre zerstört und deine Propheten mit dem Schwert getötet haben. Ich allein bin übrig geblieben und nun trachten sie auch mir nach dem Leben."

Elija weiß offenbar nicht, dass außer ihm noch ein Rest existiert. Denn so spricht JHWH in 1 Kön 19,18: „Ich werde in Israel siebentausend übrig

1289 G. Lohfink, Braucht Gott die Kirche?, 114.

lassen, alle, deren Knie sich vor dem Baal nicht gebeugt und deren Mund ihn nicht geküsst hat." Die Rede vom „heiligen Rest" wird zu einem festen Topos[1290]. Und dieser Topos verbindet sich mit der Redeweise vom „Rest von Zion" bzw. „Rest von Jerusalem", wobei die Termini ‚Zion' und ‚Jerusalem' für ganz Israel stehen. In Jes 6,13 erscheint der Rest wie ein übrig gebliebener Baumstumpf. In Zef 3,12–14 spricht JHWH die Trostworte: „Und ich lasse in deiner Mitte übrig ein demütiges und armes Volk, das seine Zuflucht sucht beim Namen des Herrn. Der Rest von Israel wird kein Unrecht mehr tun und wird nicht mehr lügen, in ihrem Mund findet man kein unwahres Wort mehr. Ja, sie gehen friedlich auf die Weide und niemand schreckt sie auf, wenn sie ruhen. Juble, Tochter Zion! Jauchze, Israel! Freu dich und frohlocke von ganzem Herzen, Tochter Jerusalem!" In Micha 4,7 überliefert der Prophet eine ähnliche Verheißung: „Ich mache die Hinkenden zum heiligen Rest und die Schwachen zu einem mächtigen Volk. Und der Herr wird ihr König sein auf dem Berg Zion."

Die nachexilische Zeit verbindet mit der Vorstellung vom heiligen Rest die Hoffnung auf ein endgültiges Heil. Wenn Israel als „Tochter Zion", als „Gottesknecht" oder „Menschensohn" bezeichnet wird, schwingt nicht nur die Vorstellung vom „heiligen Rest" mit, sondern auch die Hoffnung, dass JHWH doch noch seinen Plan verwirklichen und durch Israel die ganze Menschheit zum Heil führen wird. In Jes 41,8 und Jes 49,3 wird Israel ausdrücklich mit dem Gottesknecht identifiziert, der nicht um seiner selbst willen erwählt ist, sondern für die Völker. Gerhard Lohfink fasst diese stellvertretende Sendung in folgende Bilanz: „Bereits in Jes 43,8–13 werden die Völker zum Gericht versammelt und der Gottesknecht tritt in dieser Versammlung angesichts der Nationen als Zeuge für Gott auf. In Jes 49,1–6 wendet sich der Knecht dann in einer öffentlichen Rede an die Völker (‚Hört auf mich, ihr Inseln, merkt auf, ihr Völker in der Ferne!'). In Jes 49,7 werfen sich die Könige und die Fürsten nieder, als sie erkennen, dass der verachtete Gottesknecht von Gott selbst erhöht wird. Damit ist 53,1–11 vorweggenommen und angebahnt: Dort legen die Völker ein öffentliches Bekenntnis ab. Sie haben nun endlich begriffen, dass der verfolgte, getötete, aber von Gott wieder zum Leben erweckte Gottesknecht Israel *für sie* gelitten hat und ihnen zum Heil geworden ist. Dass es sich bei dem ‚Wir' des Abschnitts 53,1–11 um die Völker und ihre Könige handelt, geht aus den rahmenden Gottesreden 52,13–15 und 53,11–12 klar

1290 Dazu: U. Stegemann, Der Restgedanke bei Isaias, bes. 176–182; W. E. Müller, Die Vorstellung vom Rest im Alten Testament, bes. 85–92; J. Hausmann, Israels Rest, bes. 198–219.

hervor. Dort ist je zweimal von den ‚Vielen' die Rede, und diese ‚Vielen' sind die Nationen der Erde."[1291]

Israel erscheint in Jes 40–55 einerseits als die Gruppe der Verschleppten, als leidender Gottesknecht, andererseits als die „Tochter Zion" bzw. als die Mutter, die ihre Kinder verloren hat und die doch jubeln soll, weil sie – allem gegenteiligen Anschein zum Trotz – doch noch das Heil aller Völker sein wird (vgl. Jes 40,1–11; 49,9–50,3; 51,1–3; 51,9–16; 51,17–23; 52,1–10; 54–1–17). Der Menschensohn, von dem Daniels Vision (Dan 7) spricht, ist ebenfalls eine Personifikation des „heiligen Restes", eine Personifikation „der Heiligen des Höchsten", und also identisch mit dem „wahren Israel", durch das JHWH doch noch erreichen wird, was seine Erwählungen immer schon bezwecken. Denn in Dan 2,44 wird dem aus der Tora lebenden „Menschensohn" – und also dem wahren Volk Israel – die Überwindung des Anti-Menschen (der mit Bestien verglichenen Reiche aus Macht und Gewalt) zugesagt.

Während der Menschensohn, der Gottesknecht und die Tochter Zion keine historischen Gestalten sind, ist Maria *als historische Gestalt* Personifikation des ‚wahren Israel' bzw. des ‚heiligen Restes'. Sie wird zugleich Mutter und Jungfrau, Braut JHWHs und Tochter Zion genannt, weil sie Israel nicht nur wie der deuterojesajanische Gottesknecht repräsentiert, sondern tatsächlich Israel als Person *ist*[1292] . Als sie ‚Ja' gesagt hat zu ihrer Erwählung, da hat Israel ‚Ja' gesagt. Sie ist aufgrund ihres immakulaten Ja-Wortes die vollkommene Darstellung des Bundes, dessen Inhalt die Tora ist. Sie ist das immakulate Konzept, das JHWH von Anfang an von seiner Braut Israel hatte. Durch sie konnte Gottes Logos selbst Mensch werden.

Als Personifikation Israels steht Maria nicht auf Seiten des Erlösers, sondern auf Seiten der Erlösten. Sie ist die *Erst*erlöste. Ihr immakulates Ja-Wort ist ihr von JHWHs Erwählung ermöglicht – nicht im Sinne einer erzwingenden Prädestination, sondern vermittelt durch die Geschichte Israels, die ja keineswegs nur eine Geschichte der Auflehnung, sondern auch eine Geschichte der Bejahung – zum Beispiel in Gestalt des heiligen Restes, heiliger Personen wie Joachim und Anna, auch heiliger Institutionen wie der Sühneriten des nachexilischen Tempelkultes – ist. Wenn Gnade die Präsenz Gottes in Welt und Geschichte ist, dann ist Gnade wesentlich „gratia externa". Andernfalls würde sie ihre Adressaten zur Zustimmung

1291 G. Lohfink, Maria – nicht ohne Israel, 225.

1292 „Gott handelt nicht mit Abstrakta, nicht mit Begriffen; der *Typus*, von dem die Ekklesiolo-gie des Neuen Testaments und der Väter spricht, existiert als *Person*." (J. Ratzinger, Die Tochter Zion, 67).

zwingen. JHWH tritt gleichsam von außen – geschichtlich – an die heran, die er erwählt; auch an Maria. Die Väter nennen sie die „neue Eva“, weil sie ebenso wie die „erste Eva“ befähigt wurde, ganz ‚Ja‘ sagen zu *können*. Gnade bleibt auch da, wo sie in exklusiver Weise erwählt, Ausdruck der Liebe, die um ein freies Ja-Wort wirbt. Natürlich ist mit jeder Erwählung auch die Ermöglichung der besonderen Aufgabe verbunden, die Inhalt der Erwählung ist. Maria wird – so erklärt es das Dogma der Kirche (DH 2800–2804) – im Vorhinein befähigt, ganz und gar (von keiner Sünde beeinträchtigt) ‚Ja‘ zu sagen. Aber Befähigung heißt nicht Zwang; ist nicht identisch mit Prädestination; ist kein Handeln Gottes an der Erwählten ohne die Erwählte. Im Gegenteil: Sie hätte ihre Erwählung auch ablehnen können. Wenn das ‚Ave Maria‘ bekennt, Maria sei „voll der Gnade“, dann ist die Frucht ihres Ja-Wortes gemeint: Nachdem sie freiwillig ‚Ja‘ gesagt hat, ist sie so vollkommen in Gemeinschaft mit dem Logos Gottes, dass das Konzil von Ephesus sie „Mutter Gottes“ nennen durfte.

Der Epheserbrief (5,27) erklärt mit den Prädikaten ‚heilig‘, ‚makellos‘ ‚fleckenlos‘ und ‚leuchtend‘ die Schönheit des wahren Israel, das in Maria doch noch ganz und gar ‚Ja‘ gesagt hat zu seiner Erwählung[1293]. Seit diesem Ereignis ist Israel, das von Paulus in Röm 11 mit einem Ölbaum verglichen wird, zum Christusbaum geworden. Denn Christus ist der Logos Gottes, dessen Interpretation die Tora ist. Wer mit ihm Gemeinschaft hat, hat Gemeinschaft mit JHWH. Aber – so lautet die Verheißung des Völkerapostels – selbst die Zweige des Ölbaums, die den Shalom bzw. das Heil nicht in der Gemeinschaft mit Christus sehen und sich von ihm absondern, werden schlussendlich zur Gemeinschaft mit ihm gelangen. Röm 11,26: „Dann wird ganz Israel gerettet werden.“

Wie die Paten an der Wiege des Täuflings, so steht Maria an der Wiege jedes Christen. Denn ihr Ja-Wort ist nicht nur Darstellung des wahren Israel, sondern zugleich der Beginn der Kirche. Was ihr Ja-Wort in der Stunde der Verkündigung des Erlösers durch den Engel Gabriel, das ist für jeden weiteren Christen das Ja-Wort in der Stunde der Taufe. Ob dieses Ja-Wort – im Falle der Kindertaufe – zunächst stellvertretend durch die Eltern und Paten oder unmittelbar durch den Getauften selbst gesprochen wird, ist zweitrangig. In jedem Fall ist Taufe das Ergriffenwerden des Getauften durch die bis in den Sheol herabreichende Hand des gekreuzigten und auferstandenen Erlösers. Nur weil Jesus mehr war als ein weiterer Prophet; weil er das Wort des Vaters

1293 Vgl. H. Rahner (Hg.), Mater Ecclesia; ders., Maria und die Kirche, bes. 11–23; A. Müller, Ecclesia – Maria, bes. 46–205; G. Greshake, Maria – Ecclesia, bes. 121–300.

„in persona" in das Gefängnis der Verneinungen des Sünders getragen hat, *ist* er nicht nur Wegweiser zum Vater, sondern selbst der Weg zum Vater (Joh 14,6): und zwar für alle Menschen aller Zeiten; auch für die, die ihn (noch) nicht als solchen erkennen und bekennen.

Ihn erkennen und bekennen heißt sich taufen lassen. Und sich taufen lassen heißt nicht nur Empfang der Gemeinschaft mit Christus und also mit Gott, sondern gleichzeitig auch Inklusion in die Stellvertretung der herabsteigenden, fußwaschenden und gekreuzigten Liebe. Diese Eingestaltung in die Proexistenz Christi ist ein Weg, der mit der Taufe beginnt und mit der Eingestaltung in den verklärten Leib des zum Vater Erhöhten sein Ziel erreicht. Auch das lässt sich an Maria ablesen. Weil sie nicht bestimmt war von der Gespaltenheit zwischen Person und Natur, die jeden Sünder an der Realisierung des Guten hindert, war ihr Leib auf denkbar vollkommene Weise Ausdruck ihres Ja-Sagens zu Gott und zum Nächsten, Ausdruck ihrer Lauterkeit. Natürlich war ihr irdischer Leib wie der jedes Menschen an Raum und Zeit gebunden; aber unter dieser Voraussetzung war sie der ganz und gar beziehentliche (communiale) Mensch – ein Mensch „voll der Gnade" (Lk 1,28). Deshalb ist die Kirche im Laufe eines langen Reflexionsprozesses zu der Überzeugung gelangt (DH 3900–3904), dass ihr Leib bzw. ihre Natur auch im Sterben Ausdruck eines unbeeinträchtigten Ja-Sagens zum Willen Gottes war. Oder anders ausgedrückt: Ihr Leib wurde im Tod unmittelbar zu jenem verklärten Leib, von dem Paulus in 1 Kor 15,44 spricht. Als die ganz und gar in Christus Eingestaltete ist sie das Urbild nicht nur der irdischen, sondern auch der vollendeten Kirche (und Menschheit).

DOKUMENTE

Benedikt XVI.: Ansprache an die Vertreter aus der Welt der Kultur im „Collège des Bernardins“ in Paris, deutsche Fassung in der FAZ vom 14.9.2008.

Benedikt XVI.: Enzyklika *Spe salvi.* Auf Hoffnung hin gerettet, ökumenisch kommentiert von Bischof Wolfgang Huber, Metropolit Augoustinos Labardakis u. Karl Kardinal Lehmann, Freiburg 2007.

Benedikt XVI.: Glaube, Vernunft und Universität. Erinnerungen und Reflexionen, in: Glaube und Vernunft. Die Regensburger Vorlesung, Freiburg 2006, 11–32.

Der Lutherische Weltbund und die Katholische Kirche: Gemeinsame Erklärung zur Rechtfertigungslehre und Gemeinsame Offizielle Feststellung mit Annex, in: Dokumente wachsender Übereinstimmung III (2003) 419–441.

Deutsche Bischofskonferenz: Erklärung zu dem Buch „Christ sein“ von Professor Dr. Hans Küng. Sonderdruck aus der Schriftenreihe „Die Deutschen Bischöfe“ Heft 13, hg. vom Sekretariat der DBK, Bonn 1977.

Johannes Paul II.: Enzyklika *Veritatis splendor*, deutsche Fassung hg. von der Deutschen Bischofskonferenz (VApS 111), Bonn 1993.

Kongregation für die Glaubenslehre: Erklärung „Dominus Iesus“ über die Einzigkeit und die Heilsuniversalität Jesu Christi und der Kirche, in deutscher Übersetzung hg. vom Sekretariat der Deutschen Bischofskonferenz (VAS 148), Bonn 2000.

Kongregation für die Glaubenslehre: Instruktion „Libertatis conscientia“ (22.3.1986) über grundlegende Elemente der christlichen Lehre über Freiheit und Befreiung, in: AAS 79 (1987) 554–591 [DH 4750–4776].

Kongregation für die Glaubenslehre: Instruktion „Libertatis nuntius“ (6.8.1984) über einige Aspekte der lateinamerikanischen Befreiungstheologie, in: AAS 76 (1984) 890–899 [DH 4730–4741].

Kongregation für die Glaubenslehre: Schreiben vom 17.5.1979 zu einigen Fragen der Eschatologie, in: AAS 71 (1979) 940–942 [DH 4650–4659].

LITERATUR

Alle Abkürzungen folgen dem *Internationalen Abkürzungsverzeichnis für Theologie und Grenzgebiete* von Siegfried M. Schwertner (IATG²).

Wenn Werke antiker oder mittelalterlicher Autoren nicht ausgeschrieben sind, werden die im LThK (Nachtragsband XI, Freiburg 2001, 735–742) vorgeschlagenen Abkürzungen verwandt.

Die Väterschriften und ihre Ausgaben sind bibliografisch nicht erfasst, können aber über das Personenregister rasch erschlossen werden. Benutzt wird jeweils die neueste textkritische Ausgabe (CCL; CSEL; CGS), sonst PG/PL.

Ackermann, Stephan: Kirche als Person. Zur ekklesiologischen Relevanz des personal-symbolischen Verständnisses der Kirche (StSSTh 31), Würzburg 2001.

Adam, Karl: Das Wesen des Katholizismus, Düsseldorf ¹³1957 (Erstaufl. 1924).

Adorno, Theodor W.: Ästhetische Theorie (Gesammelte Schriften, Bd. VII), hg. v. Rolf Tiedemann, Frankfurt 1997.

Adorno, Theodor W.: Erpresste Versöhnung, in: Ders., Gesammelte Schriften XI, hg. v. Rolf Tiedemann, Frankfurt 1974, 251–280.

Adorno, Theodor W.: Minima Moralia. Reflexionen aus dem beschädigten Leben (Gesammelte Schriften, Bd. IV), hg. v. Rolf Tiedemann, Darmstadt 1998 (Erstaufl. Frankfurt 1951).

Adorno, Theodor W.: Negative Dialektik (Gesammelte Schriften, Bd. VI), hg. v. Rolf Tiedemann, Darmstadt 1997.

Ahlers, Rudolf: Der „Bund Gottes" mit den Menschen. Zum Verhältnis von Christen und Juden (Theologische Texte und Studien 11), Hildesheim 2004.

Aland, Barbara: Marcion (ca. 85–160) / Marcioniten, in: TRE XXII (2000) 89–101.

Aland, Barbara: Sünde und Erlösung bei Marcion und die Konsequenz für die sogenannten beiden Götter Marcions, in: Marcion und seine kirchengeschichtliche Wirkung. Vorträge der Internationalen Fachkonferenz zu Marcion gehalten vom 15.–18.8.2001 in Mainz (TU 150), hg. v. Gerhard May u. Katharina Greschat, Berlin 2002, 147–157.

Albert, Hans: Traktat über kritische Vernunft (UTB 2138), Tübingen 1968.

Albrecht, Barbara: Eine Theologie des Katholischen. Einführung in das Werk Adrienne von Speyrs, Bd. I. Durchblick in Texten; Bd. II. Darstellung, Einsiedeln 1972/73.

Althaus, Paul: Die deutsche Stunde der Kirche, Göttingen 1933.

Althaus, Paul: Die letzten Dinge, Gütersloh ¹⁰1977.

Althaus, Paul: Kirche und Volkstum. Der völkische Wille im Lichte des Evangeliums, Gütersloh 1928.

Althaus, Paul: Luther und das Deutschtum, Leipzig 1917.

Althaus, Paul: Retraktationen zur Eschatologie, in: ThLZ 75 (1950) 254–258.

Amor, Christoph J.: „Um unseres Heiles willen". Eine Hinführung zum Heilsverständnis bei Thomas von Aquin (ITS 81), Innsbruck 2009.

Andresen, Carl: Zur Entstehung und Geschichte des trinitarischen Personbegriffs, in: ZNW 52 (1961) 1–38.

Aner, Karl: Die Theologie der Lessingzeit, Halle 1929.

Angenendt, Arnold: Die Revolution des geistigen Opfers. Blut – Sündenbock – Eucharistie, Freiburg 2011.

Angenendt, Arnold: Toleranz und Gewalt. Das Christentum zwischen Bibel und Schwert, Münster 2007.

Anselm von Canterbury: Cur Deus homo. Warum Gott Mensch geworden ist, lat.-deutsch hg. v. Franz Seraph Schmitt, Darmstadt [3]1970.

Arens, Edmund: Christopraxis. Grundzüge theologischer Handlungstheorie (QD 139), Freiburg 1992.

Arens, Edmund: Im Fegefeuer der Fundamentaltheologie, in: Orien. 61 (1997) 152–156.

Arnold, Claus: Karl Adams Aachener Rede über „Die religiöse Situation des deutschen Katholizismus“ (1939) und ihr Echo im Rheinischen Reformkreis, in: Geschichte im Bistum Aachen 6 (2002) 253–275.

Arnold, Gottfried: Die erste Liebe der Gemeinden Jesu Christi – das ist wahre Abbildung der ersten Christen nach ihrem lebendigen Glauben und Leben, Frankfurt [2]1700.

Aschoff, Hans-Georg: Der Gottesbezug in den Präambeln der deutschen Verfassungen, in: Ders. (Hg.), Gott in der Verfassung, Hildesheim 1995, 1–41.

Assmann, Jan: Moses der Ägypter. Entzifferung einer Gedächtnisspur, München / Wien 1998.

Athanasius von Alexandrien: De incarnatione Verbi (Sources Chrétiennes 199), hg. v. Charles Kannengiesser, Paris 1973.

Bader, Dietmar: Der Weg Loisys zur Erforschung der christlichen Wahrheit (FThSt 96), Freiburg 1974.

Bader, Günter: Sünde und Bewusstsein der Sünde. Zu Schleiermachers Lehre von der Sünde, in: ZThK 79 (1982) 60–79.

Baeck, Leo: Harnacks Vorlesungen über das Wesen des Christentums. Sonderabdruck aus der „Monatsschrift für Geschichte und Wissenschaft des Judentums“, Breslau [2]1902.

Bahne, Thomas: Person und Kommunikation. Anstöße zur Erneuerung einer christlichen Tugendethik bei Edith Stein, Paderborn 2014.

Balthasar, Hans Urs von: Theodramatik, Bd. II/2. Die Personen des Spiels. Die Personen in Christus, Einsiedeln 1978.

Balthasar, Hans Urs von: Cordula oder der Ernstfall (Kriterien 2), Einsiedeln 1966.

Balthasar, Hans Urs von: Die Gottesfrage des heutigen Menschen, Wien / München 1956.

Balthasar, Hans Urs von: Herrlichkeit. Eine theologische Ästhetik, Bd. II/2. Fächer der Stile. Laikale Stile, Einsiedeln [3]1984.

Balthasar, Hans Urs von: Mysterium Paschale, in: Mysterium Salutis, Bd. III/2, hg. v. Johannes Feiner u. Magnus Löhrer, Einsiedeln 1969, 133–319.

Balthasar, Hans Urs von: Neun Sätze zur christlichen Ethik, in: Prinzipien christlicher Moral (Kriterien 37), hg. v. Joseph Ratzinger, Einsiedeln [2]1981, 67–93.

Balthasar, Hans Urs von: Pneuma und Institution. Skizzen zur Theologie IV, Einsiedeln 1974.

Balthasar, Hans Urs von: Theodramatik, Bd. III. Die Handlung, Einsiedeln 1980.

Balthasar, Hans Urs von: Theologie der Geschichte. Ein Grundriss, Einsiedeln [6]1979.

Balthasar, Hans Urs von: Theologik, Bd. III. Der Geist der Wahrheit, Einsiedeln 1987.

Balthasar, Hans Urs von: Umrisse der Eschatologie, in: Ders., Skizzen zur Theologie, Bd. I. Verbum Caro, Freiburg [3]1990, 276–300.

Balthasar, Hans Urs von: Was dürfen wir hoffen?, Einsiedeln 1986.

Balthasar, Hans Urs von: Wer ist ein Christ?, Einsiedeln 1965.

Banawiratma, Johannes Baptist: Der Heilige Geist in der Theologie von Heribert Mühlen. Versuch einer Darstellung und Würdigung, Frankfurt (EHS.T 159) 1981.

Bantle, Franz Xaver: Unfehlbarkeit der Kirche in Aufklärung und Romantik (FThSt 103), Freiburg 1976.

Barth, Hans-Martin: Das Fundament des Glaubens oder: Der Weg nach Emmaus, in: US 47 (1992) 2–11.

Barth, Karl: Die evangelische Kirche in Deutschland nach dem Zusammenbruch des Dritten Reiches, Stuttgart 1946.

Barth, Karl: Die Kirchliche Dogmatik [KD] Bde. I/1–2. Die Lehre vom Wort Gottes. Prolegomena zur Kirchlichen Dogmatik, München 1935 bzw. Zollikon / Zürich 1948; Bde. II/1–2, Die Lehre von Gott, Zollikon / Zürich 1940/42; Bde. III/1–4. Die Lehre von der Schöpfung, Zollikon / Zürich 1948/48/50/57; Bde. IV/1–3. Die Lehre von der Versöhnung, Zollikom / Zürich 1953/55/59.

Barth, Karl: Ein Brief nach Frankreich, in: Ders., Eine Schweizer Stimme 1938–1945, Zollikon / Zürich 1945, 108–117.

Barth, Karl: Evangelium und Gesetz (Erstaufl. in: Theologische Existenz heute, Heft 32, München 1935), in: Gesetz und Evangelium. Beiträge zur gegenwärtigen theologischen Diskussion (WdF 142), hg. v. Ernst Kinder u. Klaus Haendler, Darmstadt 1968, 1–29.

Barth, Karl: Rudolf Bultmann. Ein Versuch, ihn zu verstehen, Zollikon / Zürich 1952.

Barth, Karl: Theologische Fragen und Antworten. Gesammelte Vorträge, Bd. III, Zollikon 1957.

Barthélemy-Madoule, Madeleine: Bergson und Teilhard de Chardin. Die Anfänge einer neuen Welterkenntnis, Freiburg 1970.

Baudler, Georg: Töten oder Lieben. Gewalt und Gewaltlosigkeit in Religion und Christentum, München 1994.

Baum, Wolfgang: Gott nach Auschwitz. Reflexionen zum Theodizeeproblem im Anschluss an Hans Jonas (PSPK 38), Paderborn 2004.

Baumgart, Peter: Zinzendorf als Wegbereiter historischen Denkens, Lübeck 1960.

Baur, Ferdinand Christian: Der Gegensatz des Katholizismus und Protestantismus nach den Prinzipien und Hauptdogmen der beiden Lehrbegriffe. Mit besonderer Rücksicht auf Herrn Dr. Möhlers „Symbolik“, Tübingen 1834.

Baur, Ferdinand Christian: Die christliche Gnosis oder die christliche Religionsphilosophie in ihrer geschichtlichen Entwicklung, Tübingen 1835.

Baur, Ferdinand Christian: Die christliche Lehre von der Dreieinigkeit und Menschwerdung Gottes in der geschichtlichen Entwicklung, 3 Bde., Tübingen 1841–43.

Baur, Ferdinand Christian: Kirchengeschichte des neunzehnten Jahrhunderts (Ausgewählte Werke in Einzelausgaben, Bd. IV), eingel. v. Heinz Liebing, hg. v. Klaus Scholder, Stuttgart-Bad Cannstatt 1970.

Baur, Ferdinand Christian: Lehrbuch der christlichen Dogmengeschichte, Tübingen ²1858.

Baur, Ferdinand Christian: Über den Ursprung des Episkopats in der christlichen Kirche. Prüfung der neuestens von Herrn D. Rothe hierüber aufgestellten Ansicht (Tübinger Zeitschrift für Theologie, 1838, 1–185), in: Ausgewählte Werke in Einzelausgaben, Bd. I, hg. v. Klaus Scholder, Stuttgart-Bad Cannstatt 1963, 321–505.

Baur, Ferdinand Christian: Vorrede zu: Die christliche Lehre von der Dreieinigkeit und Menschwerdung Gottes in der geschichtlichen Entwicklung (Tübingen 1841), in: Ausgewählte Werke in Einzelausgaben, Bd. I, hg. v. Klaus Scholder, Stuttgart-Bad Cannstatt 1963, 287–302.

Bauschke, Martin: Der Sohn Marias. Jesus im Koran, Darmstadt 2013.

Bayer, Oswald / Gleede, Joachim (Hg.): Creator est Creatura. Luthers Christologie als Lehre von der Idiomenkommunikation, Berlin 2007.

Beckmann-Zöller, Beate: Frauen bewegen die Päpste, Augsburg 2010.

Beierwaltes, Werner: Denken des Einen. Studien zur neuplatonischen Philosophie und ihrer Wirkungsgeschichte, Frankfurt 1985.

Beierwaltes, Werner: Plotins Metaphysik des Lichtes, in: Die Philosophie des Neuplatonismus, hg. v. Clemens Zintzen, Darmstadt 1977, 75–117.

Bendel-Maidl, Lydia / Bendel, Rainer: Geschichte und Theologie in der Krisis. „Vergangenheitsbewältigung“ bei Joseph Bernhart und Michael Schmaus, in: MThZ 55 (2004) 168–181.

Bendel-Maidl, Lydia: Theologie der Geschichte und Eschatologie nach 1945. Michael Schmaus' Antwortversuch auf Leid und Schuld, in: Rainer Bendel (Hg.), Kirche der Sünder – sündige Kirche? Beispiele für den Umgang mit Schuld nach 1945 (Beiträge zu Theologie, Kirche und Gesellschaft im 20. Jh. 1), Münster 2002, 163–181.

Benjamin, Walter: Theologisch-politisches Fragment, in: Ders., Gesammelte Schriften, Bd. II/1, hg. v. Rolf Tiedemann u. Hermann Schweppenhäuser, Frankfurt 1977, 203–204.

Benz, Ernst: Ecclesia spiritualis. Kirchenidee und Geschichtstheologie der franziskanischen Reformation, Stuttgart 1964.

Berger, Klaus: Ist Gott Person? Ein Weg zum Verstehen des christlichen Gottesbildes, Darmstadt 2004.

Berger, Klaus: Wie kann Gott Leid und Katastrophen zulassen?, Stuttgart 1996.

Berkhof, Hendrik: Christelijk Geloof, Nijkerk 1973.

Berkhof, Hendrik: De Leer van de Heilige Geest, Nijkerk 1964.

Berkhof, Hendrik: Theologie des Heiligen Geistes, Neukirchen-Vluyn ²1988.

Berkovits, Eliezer: Faith after the Holocaust, New York 1973.

Bernhardt, Reinhold: Der Absolutheitsanspruch des Christentums. Von der Aufklärung bis zur Pluralistischen Religionstheologie, Gütersloh 1990.

Bethge, Eberhard: Dietrich Bonhoeffer. Eine Biographie, München ⁸2004.

Beumer, Johannes: Die altchristliche Idee einer präexistierenden Kirche und ihre theologische Anwendung, in: WiWei 9 (1942) 13–22.

Bienert, Wolfgang: Markion – Christentum als Antithese zum Judentum, in: Christlicher Antijudaismus und jüdischer Antipelagianismus. Ihre Motive und Hintergründe in den ersten drei Jahrhunderten (Hamburger Theologische Studien 3), hg. v. Herbert Frohnhofen, Hamburg 1990, 139–144.

Blankenberg, Birgit: Gottes Geist in der Theologie Piet Schoonenbergs, Mainz 2000.

Blaschke, Olaf: Katholizismus und Antisemitismus im Deutschen Kaiserreich (KSGW 122), Göttingen 1997.

Blättler, Peter: Pneumatologia crucis. Das Kreuz in der Logik von Wahrheit und Freiheit. Ein phänomenologischer Zugang zur Theologik Hans Urs von Balthasars (BDS 38), Würzburg 2004.

Blaumeiser, Hubertus: Martin Luthers Kreuzestheologie. Schlüssel zu seiner Deutung und Wirklichkeit. Eine Untersuchung anhand der Operationes in Psalmos (1519–1521), Paderborn 1995.

Bloch, Ernst: Atheismus im Christentum. Zur Religion des Exodus und des Reichs, Frankfurt 1968.

Bloch, Ernst: Das Prinzip Hoffnung (stw 554), Erstaufl. 1959, Frankfurt 1985.

Blondel, Maurice: Histoire et dogme. Les lacunes philosophiques de l'exegèse moderne, erstmals erschienen in : La Quinzaine 56 (1904) 145–167.349–373.435–458; aufgenommen in: Les premiers écrits de Maurice Blondel, Paris 1956, 149–228 ; deutsche Ausgabe: Geschichte und Dogma, hg. u. eingel. v. Albert Raffelt, ins Deutsche übers. u. kommentiert v. Hansjürgen Verweyen, Regensburg 2011.

Blondel, Maurice: L'Action. Essai d'une critique de la vie et d'une science de la pratique, Paris 1893 (Nachdr. 1950) – Deutsche Übersetzung v. Robert Scherer: Die Aktion. Versuch einer Kritik des Lebens und einer Wissenschaft der Praktik, Freiburg 1965.

Blondel, Maurice: La „Semaine sociale" de Bordeaux et le Monophorisme, Paris 1910.

Blondel, Maurice: Lettre sur les exigences de la pensée contemporaine en matière d'apologétique et sur la méthode de la philosophie dans l'étude du problème religieux, erstmals erschienen in : Annales de philosophie chrétienne 131 (1899) 337–347.467–482.599–616; 132 (1896) 131–147.255–267.337–350; aufgenommen in: Les premiers écrits de Maurice Blondel, Paris 1956, 6–96; ins Deutsche übers. v. Hansjürgen. u. Ingrid Verweyen: Zur Methode der Religionsphilosophie, Einsiedeln 1974.

Blumenberg, Hans: Matthäuspassion, Frankfurt [4]1993.
Blumenthal, David E.: Theodizee: Dissonanz in Theorie und Praxis. Zwischen Annahme und Protest, in: Conc(D) 34 (1998) 83–95.
Bock, Martin: Ihr aber, wer sagt ihr, dass ich sei? (Mk 8,29). Christologische Fragestellungen im christlich-jüdischen Gespräch nach 1945 (Beiträge zur theologischen Urteilsbildung 4), Frankfurt 1998.
Böckenförde, Ernst-Wolfgang: Theorie und politische Theologie. Bemerkungen zu ihrem gegenseitigen Verhältnis, in: Jacob Taubes (Hg.), Religionstheorie und Politische Theologie, Bd. I. Der Fürst dieser Welt. Carl Schmitt und die Folgen, Paderborn 1983, 16–25.
Boff, Leonardo: Die Kirche als Sakrament im Horizont der Welterfahrung. Versuch einer Legitimation und einer struktur-funktionalistischen Grundlegung der Kirche im Anschluss an das II. Vatikanische Konzil (KKTS XXVIII), Paderborn 1972.
Boff, Leonardo: Kirche: Charisma und Macht. Studien zu einer streitbaren Ekklesiologie, aus dem Portugiesischen ins Deutsche übers. v. Horst Goldstein u. Karel Hermans, Düsseldorf 1985.
Böhm, Benno: Sokrates im 18. Jahrhundert. Studien zum Werdegang des modernen Persönlichkeitsbewusstseins, Neumünster [2]1966.
Böhm, Irmingard: Dogma und Geschichte. Systematische Überlegungen zum Problem der Dogmenentwicklung in der Auseinandersetzung zwischen Alfred Loisy und dem Lehramt der katholischen Kirche, Bad Honnef 1987.
Böhnke, Michael: Kirche in der Glaubenskrise. Eine pneumatologische Skizze zur Ekklesiologie und zugleich eine theologische Grundlegung des Kirchenrechts, Freiburg 2013.
Bohn, Ursula: Thora in der Grenzsituation, in: Treue zur Thora (FS Günther Harder), hg. v. Peter von der Osten-Sacken, Berlin 1977.
Böhnke, Michael / Kattan, Assaad Elias / Oberdorfer, Bernd (Hg.): Der Streit um das Filioque. Historische, ökumenische und dogmatische Perspektiven 1200 Jahre nach der Aachener Synode (QD 245), Freiburg 2011.
Bollig, Michael: Einheit in der Vielfalt. Communio als Schlüsselbegriff des christlichen Glaubens im Werk von Gisbert Greshake (BDS 37), Würzburg 2004.
Bonald, Louis Gabriel Ambroise de: Oeuvres complètes III, Paris 1864.
Bonaventura: Commentarii in quatuor libros Sententiarum Petri Lombardi (Opera Omina, Bde. I-IV), Ad Claras Aquas (Quaracchi) 1882/85/87/89.
Bonhoeffer, Dietrich: Akt und Sein. Transzendentalphilosophie und Ontologie in der systematischen Theologie (Werke II), hg. v. Hans–Richard Reuter, München 1988 (Erstaufl. Berlin 1931).
Bonhoeffer, Dietrich: Christologie. Vorlesung im Sommersemester 1933, in: Werke XII. Berlin 1932–1933, hg. v. Carsten Nicolaisen u. Ernst-Albert Scharffenorth, Gütersloh 1997, 279–348.
Bonhoeffer, Dietrich: Das Wesen der Kirche. Vorlesung im Sommersemester 1932, in: Werke XI. Ökumene, Universität, Pfarramt 1931–1932, hg. v. Eberhard Amelung u. Christoph Strohm, Gütersloh 1994, 239–303.
Bonhoeffer, Dietrich: Nachfolge (Werke IV), hg. v. Ilse Tödt, München 1989 (Erstaufl. Berlin 1937).
Bonhoeffer, Dietrich: Sanctorum Communio. Eine dogmatische Untersuchung zur Soziologie der Kirche (Werke I), hg. v. Joachim von Soosten, München 1986.
Borchert, Wolfgang: „Draußen vor der Tür" und ausgewählte Erzählungen, Hamburg 1956.
Bornkamm, Heinrich: Luthers Lehre von den zwei Reichen im Zusammenhang seiner Theologie, in: Heinz-Horst Schrey (Hg.), Reich Gottes und Welt. Die Lehre Luthers von den zwei Reichen (WdF 107), Darmstadt 1969, 165–195.

Börsig-Hover, Lina: „Im Wahrzeichen des Kreuzes" – Zur Mystik Edith Steins, in: Dies. (Hg.), Ein Leben für die Wahrheit. Zur geistigen Gestalt Edith Steins, Fridingen 1991, 102–123.

Böttigheimer, Christoph: Wie handelt Gott in der Welt? Reflexionen im Spannungsfeld von Theologie und Naturwissenschaft, Freiburg 2013.

Bouillard, Henri: Blondel und das Christentum, aus dem Franz. übers. v. Max Seckler, Mainz 1963.

Bouman, Johan: Gott und Mensch im Koran, Darmstadt 21989.

Bouyer, Louis: Der Verfall des Katholizismus, aus dem Frz. übers. v. Gisela Hesse, München 1970.

Bouyer, Louis: Die Kirche, Bd. I. Ihre Selbstdeutung in der Geschichte; Bd. II. Theologie der Kirche (Theologia Romanica IX-X), übers. v. Hans Urs von Balthasar, Einsiedeln 1977.

Brandscheidt, Renate: Jahwe, JHWH, in: LThK (Freiburg 1996) 712f.

Braun, Dietrich: Carl Schmitt und Friedrich Gogarten. Erwägungen zur ‚eigentlich katholischen Verschärfung' und ihrer protestantischen Entsprechung im Übergang von der Weimarer Republik zum Dritten Reich, in: Bernd Wacker (Hg.), Die eigentlich katholische Verschärfung. Konfession, Theologie und Politik im Werk Carl Schmitts, München 1994, 203–227.

Breidert, Martin: Die kenotische Christologie des 19. Jahrhunderts, Gütersloh 1977.

Bresch, Carsten: Zwischenstufe Leben. Evolution ohne Ziel?, Frankfurt 1979.

Breuer, Reinhard: Das anthropische Prinzip. Der Mensch im Fadenkreuz der Naturgesetze, Wien 1981.

Bring, Ragnar: Der Glaube und das Recht nach Luther, in: Heinz-Horst Schrey (Hg.), Reich Gottes und Welt. Die Lehre Luthers von den zwei Reichen (WdF 107), Darmstadt 1969, 290–325.

Brumlik, Michael: Carl Schmitts theologisch-politischer Antijudaismus, in: Bernd Wacker (Hg.), Die eigentlich katholische Verschärfung. Konfession, Theologie und Politik im Werk Carl Schmitts, München 1994, 247–256.

Brunner, Emil: Das Missverständnis der Kirche, Stuttgart 1951.

Buchholz, René: „Zu diesem Kanon darf das AT nicht gestellt werden". Marginalien zu einer These Harnacks, in: ZKTh 131 (2009) 26–46.

Büchner, Christine: Wie kann Gott in der Welt handeln? Überlegungen zu einer theologischen Hermeneutik des Sich-Gebens, Freiburg 2010.

Büchner, Georg: Dantons Tod, in: Ders., Gesammelte Werke, hg. v. Gerhard P. Knapp u. Herbert Wender, München 22002, 7–96.

Buckenmaier, Achim: Universale Kirche vor Ort. Zum Verhältnis von Universalkirche und Ortskirche, Regensburg 2009.

Bultmann, Rudolf: Das Befremdliche des christlichen Glaubens, in: Ders., Glauben und Verstehen. Gesammelte Aufsätze, Bd. III, Tübingen 41993, 197–212.

Bultmann, Rudolf: Der Begriff der Offenbarung im Neuen Testament, in: Ders., Glauben und Verstehen. Gesammelte Aufsätze, Bd. III, Tübingen 41993, 1–34.

Bultmann, Rudolf: Die Bedeutung des geschichtlichen Jesus für die Theologie des Paulus, in: Ders., Glauben und Verstehen. Gesammelte Aufsätze, Bd. I, Tübingen 91993, 188–213.

Bultmann, Rudolf: Geleitwort, in: Adolf von Harnack, Das Wesen des Christentums, Leipzig 1950, Neudruck als Siebenstern-Taschenbuch 27, München / Hamburg 1964, 7–14.

Bultmann, Rudolf: Gnade und Freiheit, in: Ders., Glauben und Verstehen. Gesammelte Aufsätze, Bd. II, Tübingen 61993, 149–161.

Bultmann, Rudolf: Neues Testament und Mythologie. Das Problem der Entmythologisierung der neutestamentlichen Verkündigung, in: Ders., Kerygma und Mythos, Bd. I, hg. v. Hans-Werner Bartsch, Hamburg [4]1960, 15–48.

Bultmann, Rudolf: Theologie des Neuen Testamentes, Tübingen [9]1984.

Bultmann, Rudolf: Zum Problem der Entmythologisierung, in: Kerygma und Mythos, Bd. II, hg. v. Hans-Werner Bartsch, Hamburg 1952, 179–208.

Bultmann, Rudolf: Zur Frage der Christologie, in: Ders., Glauben und Verstehen. Gesammelte Aufsätze, Bd. I, Tübingen [9]1993, 85–113.

Burkard, Dominik / Weiß, Wolfgang: Katholische Theologie im Nationalsozialismus, Bd. 1/1. Institutionen und Strukturen, Würzburg 2007.

Burkert, Walter: Homo necans. Interpretation altgriechischer Opferriten (RGVV 32), Berlin 1972.

Busch, Volker: In Gottes Gemeinschaft vollendet. Die Konzeption einer „Auferstehung im Tod" in der Theologie Gisbert Greshakes, Mainz 2001.

Camus, Albert: Die Pest (rororo 15), Hamburg 1995.

Casper, Bernhard: „Das Gebet stiftet die menschliche Weltordnung". Zum Verständnis der Erlösung im Werk Franz Rosenzweigs, in: Zeitgewinn. Messianisches Denken nach Franz Rosenzweig, hg. v. Gotthard Fuchs u. Hans Hermann Henrix, Frankfurt 1987, 127–150.

Casper, Bernhard: Gott des Erbarmens. Annäherungen über die KZ-Tagebücher von Emmanuel Levinas, in: Dem Leiden ein Gedächtnis geben. Thesen zu einer anamnetischen Christologie (Wiener Forum für Theologie und Religionswissenschaft 4). FS Johann Reikerstorfer, hg. v. Kurt Appel, Johann Baptist Metz u. Jan-Heiner Tück, Göttingen 2012, 145–150.

Casper, Bernhard: Illéité. Zu einem Schlüssel"begriff" im Werk von Emmanuel Levinas, in: PhJ 91 (1984) 273–288.

Casper, Bernhard: Zeit – Erfahrung – Erlösung. Zur Bedeutung Rosenzweigs angesichts des Denkens des 20. Jahrhunderts, in: Der Philosoph Franz Rosenzweig, Bd. II, hg. v. Wolfdietrich Schmied-Kowarzik, Freiburg 1988, 553–566.

Claret, Bernd J.: Geheimnis des Bösen. Zur Diskussion um den Teufel (ITS 49), Innsbruck [2]2000.

Claret, Bernd J.: Hoffnung in einer zerbrochenen Welt. Ein Antwortversuch auf die Sinnfrage, Mainz [3]2002.

Claret, Bernd J.: Warum ist Schöpfung so, warum nicht anders? Ein Denkversuch über „*die* eschatologische Frage" im Anschluss an Joseph Bernharts geschichtstheologische Reflexionen, Lindenberg im Allgäu 2011.

Claret, Bernd J.: Zu Karl-Heinz Menkes Option im gegenwärtigen Theodizee-Diskurs und einer der christlichen Theologie unhärenten Gefahr, in: Die Wahrheit ist Person. Brennpunkte einer christologisch gewendeten Dogmatik (FS Karl-Heinz Menke), hg. v. Julia Knop, Magnus Lerch und Bernd J. Claret, Regensburg 2015, 327–353.

Cobb, John Boswell / Griffin, David Ray: Prozesstheologie. Eine einführende Darstellung (ThÖ 7), aus dem Amerik. übers. v. Marianne Mühlenberg, Göttingen 1979.

Coleman, John A.: Evolution of Dutch Catholicism (1958–1974), Berkeley / Los Angeles / London 1978.

Congar, Yves: Außer der Kirche kein Heil, Essen 1961.

Congar, Yves: Ecclesia ab Abel, in: Marcel Reding (Hg.), Abhandlungen über Theologie und Kirche (FS Karl Adam), Düsseldorf 1952, 79–108.

Courth, Franz: Das Wesen des Christentums in der Liberalen Theologie dargestellt am Werk Fr. Schleiermachers, Ferd. Chr. Baurs und A. Ritschls (ThÜb 3), Frankfurt 1977.

Cremer, Hermann: Das Wesen des Christentums. Vorlesungen im Sommersemester 1901 vor Studierenden aller Fakultäten an der Universität Greifswald, Gütersloh [3]1902.

Cullmann, Oscar: Heil als Geschichte. Heilsgeschichtliche Existenz im Neuen Testament, Tübingen 1965.

Cullmann, Oscar: Christus und die Zeit. Die urchristliche Zeit- und Geschichtsauffassung, Zollikon / Zürich ²1948.

Cullmann, Oscar: Die Verbindung von Ur- und Endgeschehen mit der neutestamentlichen Heilsgeschichte, in: Ders., Vorträge und Aufsätze 1925–1962, Zürich 1966, 159–165.

Dahlheimer, Manfred: Carl Schmitt und der deutsche Katholizismus 1888–1936 (VKZG B 83), Paderborn 1998.

Dahlke, Benjamin: Über das Dogma hinaus. Anliegen und Problematik betont moderner Christologien, in: Cath(M) 67 (2013) 40–71.

Dalferth, Ingolf U.: „Was Gott ist, bestimme ich!" Theologie im Zeitalter der „Cafeteria-Religion", in: ThLZ 121 [1996] 415–430.

Dalferth, Ingolf U.: Die Kontingenz des Bösen, in: Ders. / Karl Lehmann / Navid Kermani, Das Böse. Drei Annäherungen, Freiburg 2011, 9–52.

Dalferth, Ingolf U.: Malum. Theologische Hermeneutik des Bösen, Tübingen 2008.

Daniélou, Jean: Vom Geheimnis der Geschichte, ins Deutsche übers. von Peter Henrici, Stuttgart 1955.

Danz, Christian: Grundprobleme der Christologie, Tübingen 2013.

Danz, Christian: Wirken Gottes. Zur Geschichte eines theologischen Grundbegriffs, Neukirchen-Vluyn 2007.

Dassmann, Ernst: Der Stachel im Fleisch. Paulus in der frühchristlichen Literatur bis Irenaeus, Münster 1979.

Daub, Hans Friedrich: Die Stellvertretung Jesu Christi. Ein Aspekt des Gott-Mensch-Verhältnisses bei Dietrich Bonhoeffer, Berlin 2006.

Deakle, David W.: Harnack and Cerdo. A Reexamination of the Patristic Evidence for Marcion's Mentor, in: Marcion und seine kirchengeschichtliche Wirkung. Vorträge der Internationalen Fachkonferenz zu Marcion gehalten vom 15.–18.8.2001 in Mainz (TU 150), hg. v. Gerhard May u. Katharina Greschat, Berlin 2002, 177–190.

Deissler, Alfons: Die Bundespartnerschaft des Menschen mit Gott als Hinwendung zur Welt und zum Mitmenschen – Eine unüberholbare Botschaft der frühen altbundlichen Offenbarung, in: Weltverständnis im Glauben, hg. v. Johann Baptist Metz, Mainz 1965, 203–223.

Descartes, René: Meditationes de prima philosophia, deutsch: Meditationen über die Grundanliegen der Philosophie (PhB 250a), hg. v. Lüder Gäbe, Hamburg ³1992.

Diels, Hermann: Die Fragmente der Vorsokratiker. Griechisch und Deutsch, hg. v. Walther Kranz, 3 Bde., Dublin / Zürich 1969/72/73.

Dobhan, Ulrich: Ave Crux – Spes unica, in: Würzburger Diözesan-Geschichtsblätter 74 (2012) 371–399.

Dobhan, Ulrich: Einführung, in: Edith Stein, Kreuzeswissenschaft: Studie über Johannes vom Kreuz (ESGA 18), Freiburg 2003, XI-XXX.

Dobhan, Ulrich: Zur Christusmystik Teresas von Avila, in: Praesentia Christi (FS Johannes Betz), hg. v. Lothar Lies, Düsseldorf 1984, 456–466.

Dohmen, Christoph (Hg.): Die „Regensburger Vorlesung" Papst Benedikts XVI. im Dialog der Wissenschaften, Regensburg 2007.

Dohmen, Christoph: „Eifersüchtiger ist sein Name" (Ex 34,14). Ursprung und Bedeutung der alttestamentlichen Rede von Gottes Eifersucht, in: ThZ 46 (1990) 289–304.

Dol, Jean-Noël: L'inversion trinitaire chez Hans Urs von Balthasar, in: RThom 100 (2000) 205–236.

Donoso Cortés, Juan: Der Abfall vom Abendland, Wien 1948.

Dörnemann, Holger: Freundschaft. Die Erlösungslehre des Thomas von Aquin [unveränderte Neuaufl.von: „Freundschaft als Paradigma der Erlösung" (BDS 25)], Würzburg ²2012.

Doss, Mohan: Christ in the Spirit. Contemporary Spirit Christologies, Delhi 2005.

Doss, Mohan: Geist-Christologie, in: LThK³ XI (Freiburg 2001) 87–88.

Dostojewskij, Fjodor M.: Die Brüder Karamasow, aus dem Russ. übers. v. Hans Ruoff u. Richard Hoffmann, München ¹²1993.

Drehsen, Volker: Neuprotestantismus, in: TRE XXIV (1994) 366–383.

Drescher, Hans-Georg: Ernst Troeltsch. Leben und Werk, Göttingen 1991.

Drewermann, Eugen: Glauben in Freiheit, Bd. I. Dogma, Angst und Symbolismus, Düsseldorf / Solothurn 1993.

Drewermann, Eugen: Strukturen des Bösen, Bd. III. Die jahwistische Urgeschichte in philosophischer Sicht, Paderborn 1988.

Duchrow, Ulrich / Huber, Wolfgang (Hg.): Die Ambivalenz der Zweireichelehre in lutherischen Kirchen des 20. Jahrhunderts (Texte zur Kirchen- und Theologiegeschichte 22), Gütersloh 1976.

Dunn, James D. G.: The New Perspective on Paul, in: Ders., Jesus, Paul and the Law. Studies in Mark and Galatians, Louisville / London 1990, 183–214.

Duns Scotus, Ioannes: Opera omnia, Bd. X (*Ordinatio* III, dist. 26–40), hg. v. Barnabas Hechich, Benedykt Huculah, Josip Percan u. Saturnino Ruiz de Loizaga, Città del Vaticano 2007.

Ebeling, Gerhard: Das Wesen des christlichen Glaubens, Freiburg 1993.

Ebeling, Gerhard: Leitsätze zur Zweireichelehre, in: Ders., Wort und Glaube, Bd. III. Beiträge zur Fundamentaltheologie, Soteriologie und und Ekklesiologie, Tübingen 1975, 574–592.

Egan, Harvey D.: „Der Fromme von morgen wird ein ‚Mystiker' sein". Mystik und die Theologie Karl Rahners, in: Herbert Vorgrimler (Hg.), Wagnis Theologie. Erfahrungen mit der Theologie Karl Rahners, Freiburg1979, 99–112.

Elert, Werner: Bekenntnis, Blut und Boden. Drei theologische Vorträge, Leipzig 1934.

Elert, Werner: Politisches und kirchliches Führertum, Berlin 1934.

Eller, Matthias: Veritas creatrix incarnata. Über das Wahrheitsverständnis im theologischen Werk Joseph Ratzingers (Pontes 53), Münster 2011.

Endre, Horváth: Die Schwerpunkte der Pneumatologie Hans Urs von Balthasars im Spiegel der kritischen Nachfragen, Budapest 2011.

Epikur, Von der Überwindung der Furcht, hg. u. übers. v. Olof Gigon, Zürich 1968.

Ernst, Josef: Pleroma und Pleroma Christi. Geschichte und Deutung eines Begriffs der paulinischen Antilegomena, Regensburg 1970.

Ervens, Thomas: Keine Theologie ohne Kirche. Eine kritische Auseinandersetzung mit Erik Peterson und Heinrich Schlier (ITS 62), Innsbruck 2002.

Eschelbacher, Joseph: Das Judentum und das Wesen des Christentums. Vergleichende Studien, Berlin 1905.

Espeel, Urs: Erwachsene Nähe. Stellvertretung nach Emmanuel Lévinas. Stellvertretung und Sühne, Ethik und Erzählen, Würzburg 2011.

Essen, Georg: Die Freiheit Jesu. Der neuchalkedonische Enhypostasiebegriff im Horizont neuzeitlicher Subjekt- und Personphilosophie (Ratio Fidei 5), Regensburg 2001.

Essen, Georg: Die Offenbarung Gottes in Jesus Christus als dogmatisches Kriterium für die Terminologie der Trinitätslehre. Christologische Auswege aus trinitätstheologischen Sackgassen, in: Die Wahrheit ist Person. Brennpunkte einer christologisch gewendeten Dogmatik (FS Karl-Heinz Menke), hg. v. Julia Knop, Magnus Lerch und Bernd J. Claret, Regensburg 2015, 73–100.

Essen, Georg: Die Personidentität Jesu Christi mit dem ewigen Sohn Gottes, in: IkaZ 41 (2012) 80–103.
Essen, Georg: Geschichte als Sinnproblem. Zum Verhältnis von Theologie und Historik, in: ThPh 71 (1996) 321–333.
Essen, Georg: Hellenisierung des Christentums? Zur Problematik und Überwindung einer polarisierenden Deutungsfigur, in: ThPh 87 (2012) 1–17.
Essen, Georg: Historische Vernunft und Auferweckung Jesu. Theologie und Historik im Streit um den Begriff geschichtlicher Wirklichkeit (TSTP 9), Mainz 1995.
Essen, Georg: Sinnstiftende Unruhe im System des Rechts. Religion im Beziehungsgeflecht von modernem Verfassungsstaat und säkularer Zivilgesellschaft (Essener Kulturwissenschaftliche Vorträge 14), Göttingen 2004.
Europäische Gesellschaft für Theologie, Dominus Iesus, in: Michael J. Rainer (Hg.), „Dominus Iesus" – Anstößige Wahrheit oder anstößige Kirche? Dokumente, Hintergründe, Standpunkte und Folgerungen, Münster 2001, 334–335.
Faber, Richard: Lateinischer Faschismus. Über Carl Schmitt den Römer und Katholiken (Kulturwissenschaftliche Studien 6), Berlin / Wien 2001.
Faber, Richard: Politische Dämonologie. Über modernen Marcionismus, Würzburg 2007.
Faber, Roland: Der Selbsteinsatz Gottes. Grundlegung einer Theologie des Leidens und der Veränderlichkeit Gottes (StSSTh 16), Würzburg 1995.
Falter, Jürgen W.: Hitlers Wähler, Darmstadt 1991.
Farouq, Wael: Zu den Wurzeln der arabischen Vernunft, in: Gott rette die Vernunft!, Augsburg 2008, 49–96.
Fascher, Ernst: Adolf von Harnacks und Karl Barths Thesenaustausch von 1923, in: Ders., Frage und Antwort. Studien zur Theologie und Religionsgeschichte, Berlin 1968, 201–231.
Faulenbach, Heiner: Ein Weg durch die Kirche. Heinrich Josef Oberheid, Köln 1992.
Feinendegen, Norbert: Denk-Weg zu Christus. C. S. Lewis als kritischer Denker der Moderne (Ratio Fidei 37), Regensburg 2008.
Feldkamp, Michael M. (Hg.): Die Entstehung des Grundgesetzes für die Bundesrepublik Deutschland 1949. Eine Dokumentation, Stuttgart 1999.
Feldmeier, Reinhard: Der Gekreuzigte im „Gnadenstuhl". Exegetische Überlegungen zu Mk 15,37–39 und deren Bedeutung für die Vorstellung der göttlichen Gegenwart und Herrschaft, in: Marc Philonenko (Hg.), Le Trône de Dieu (WUNT 69), Tübingen 1993, 213–232.
Ferrer, Urbano: Spuren von Johannes vom Kreuz im Werk Edith Steins, in: Edith Stein. Themen – Bezüge – Dokumente, hg. v. Beate Beckmann u. Hanna-Barbara Gerl-Falkovitz, Würzburg 2003, 135–146.
Feuerbach, Ludwig: Vorrede zur zweiten Auflage von: Das Wesen des Christentums, Neuaufl. der dritten Ausgabe von 1849 (Reclams Universal-Bibliothek 4571), Stuttgart 1969.
Fichte, Johann Gottlieb: Erste Einleitung in die Wissenschaftslehre, in: Gesammelte Werke, Bd. I. Zur theoretischen Philosophie I, hg. v. Immanuel Hermann Fichte, Berlin 1971 (fotomech. Nachdr. der Ausg. v. 1845), 417–449.
Fiedler, Peter: Jesus – kein Sündenbock, in: Józef Niewiadomski / Wolfgang Palaver (Hg.), Dramatische Erlösungslehre. Ein Symposion (ITS 38), Innsbruck 1992, 19–36.
Fischer, Hermann: Die Christologie des Paradoxes. Zur Herkunft und Bedeutung des Christusverständnisses Sören Kierkegaards, Göttingen 1970.
Flasch, Kurt: Warum ich kein Christ bin. Bericht und Argumentation, München 2013.
Foerster, Erich: Marcionitisches Christentum. Der Glaube an den Schöpfergott und der Glaube an den Erlösergott, in: ChW 35 (1921) 809–827.
Foitzik, Alexander: Unverfügbar. Die Diskussion um den Gottes-Bezug in der Verfassung muss geführt werden, in: HerKorr 48 (1994) 58–59.

Forni, Guglielmo: L'„essenza del cristianesimo". Il problema ermeneutico nella discussione protestante e modernista (1897–1904), Bologna 1992.

Fößel, Thomas Peter: Gott – Begriff und Geheimnis. Hansjürgen Verweyens Fundamentaltheologie und die ihr inhärente Kritik an der Philosophie und Theologie Karl Rahners (ITS 70), Innsbruck / Wien 2004.

Fößel, Thomas Peter: Gottes sakramental wirksame Wirklichkeit. Beobachtungen zum Theoriestatus des Gott-Welt-Mensch-Verhältnisses im Theologiekonzept von Karl-Heinz Menke, in: Die Wahrheit ist Person. Brennpunkte einer christologisch gewendeten Dogmatik (FS Karl-Heinz Menke), hg. v. Julia Knop, Magnus Lerch und Bernd J. Claret, Regensburg 2015, 277–303.

Fraine, Josef de: Adam und seine Nachkommen. Der Begriff der „Korporativen Persönlichkeit" in der Heiligen Schrift, Köln 1962 (frz. Originalfassung 1958).

Freitag, Josef: Geist-Vergessen – Geist-Erinnern. Vladimir Losskys Pneumatologie als Herausforderung westlicher Theologie (StSSTh 15), Würzburg 1995.

Freud, Sigmund: Totem und Tabu. Einige Übereinstimmungen im Seelenleben der Wilden und der Neurotiker (Gesammelte Werke IX), Frankfurt [4]1968.

Freyer, Thomas: Vergessener Monotheismus? Zur gegenwärtigen Trinitätslehre, in: Jahrbuch für Politische Theologie 4 (2002) 93–106.

Fries, Heinrich: Der anonyme Christ – das anonyme Christentum als Kategorien christlichen Denkens, in: Elmar Klinger (Hg.), Christentum innerhalb und außerhalb der Kirche (QD 73), Freiburg 1976, 25–41.

Fries, Heinrich: Kirche als Ereignis. Zu Barths Lehre von der Kirche, in: Cath(M) 11 (1958) 81–107.

Fuchs, Ottmar: Dass Gott zur Rechenschaft gezogen werde, weil er sich weder gerecht noch barmherzig zeigt? Überlegungen zu einer Eschatologie der Klage, in: Das Drama der Barmherzigkeit, hg. v. Ruth Scoralick, Stuttgart 2000, 11–32.

Fuchs, Ottmar: Der zerrissene Gott. Das trinitarische Gottesbild in den Brüchen der Welt, Ostfildern 2014.

Gäde, Gerd: Christus in den Religionen. Der christliche Glaube und die Wahrheit der Religionen, Paderborn 2003.

Geerlings, Wilhelm: Christus Exemplum. Studien zur Christologie und Christusverkündigung Augustins, Mainz 1978.

Geiselmann, Josef Rupert: Die Heilige Schrift und die Tradition. Zu den neueren Kontroversen über das Verhältnis der Heiligen Schrift zu den nichtgeschriebenen Traditionen (QD 18), Freiburg: Herder, 1962.

Gemeinhardt, Peter: Die Filioque-Kontroverse zwischen Ost- und Westkirche im Frühmittelalter, Berlin 2002.

Genn, Felix: Denn dazu bin ich gekommen. Betrachtungen zum Codex Egberti, Trier 1997.

Genn, Felix: Eine Theologie aus dem Geist der Exerzitien, in: IkaZ 34 (2005) 186–201.

Genn, Felix: Klartext Glaube. Ein Bischof stellt sich ungeschminkten Fragen, hg. v. Rainer-Matthias Müller, Freiburg 2007.

Genn, Felix: Trinität und Amt nach Augustinus (SlgHor NF 23), Einsiedeln 1986.

Gerdes, Hayo: Das Christusverständnis Sören Kierkegaards. Drei Arbeiten zu Kierkegaards Christologie 1960–1982, neu hg. v. Hans M. Müller, Göttingen 2002.

Gerl, Hanna-Barbara: Unerbittliches Licht. Edith Stein: Philosophie – Mystik – Leben, Mainz 1991.

Gerl-Falkovitz, Hanna-Barbara: „Im Dunkel wohl geborgen". Edith Steins mystische Theorie der „Kreuzeswissenschaft" (1942), in: IkaZ 36 (2007) 463–477.

Gerl-Falkovitz, Hanna-Barbara: Romano Guardini (1885–1968). Leben und Werk, Mainz [4]1995.

Gestrich, Christof: Christentum und Stellvertretung. Religionsphilosophische Untersuchungen zum Heilsverständnis und zur Grundlegung der Theologie, Tübingen 2001.

Gestrich, Christof: Das ontologische Fundament und das Potential der Stellvertretungs-Kategorie, in: Stellvertretung. Theologische, philosophische und kulturelle Aspekte, hg. v. J. Christine Janowski, Bernd Janowski u. Hans P. Lichtenberger, Neukirchen-Vluyn 2006, 149–176.

Gestrich, Christof: Die Wiederkehr des Glanzes in der Welt. Die christliche Lehre von der Sünde und ihrer Vergebung in gegenwärtiger Verantwortung, Tübingen 1989.

Gigon, Olof: Der Ursprung der griechischen Philosophie. Von Hesiod bis Parmenides, Basel 1968.

Girard, René: Das Ende der Gewalt. Analyse des Menschheitsverhängnisses, übers. v. August Berz, Freiburg 1983.

Girard, René: Das Heilige und die Gewalt, übers. v. Elisabet Mainberger-Ruh, Zürich 1987.

Girard, René: Der Sündenbock, übers. v. Elisabet Mainberger-Ruh, Zürich 1988.

Glucksmann, André: Typhons Schreckgespenst, in: Gott rette die Vernunft!, Augsburg 2008, 97–118.

Gnilka, Joachim: Die Nazarener und der Koran. Eine Spurensuche, Freiburg 2007.

Gnilka, Joachim: Exkurs „Die Jungfrauengeburt Jesu“, in: Das Matthäusevangelium, Bd. I (HThK I/1), Freiburg 1986, 22–33.

Goerlich, Stephan: Sehnsucht nach der Wahrheit. Ein Versuch, Simone Weil zu verstehen (BDS 41), hg. v. Karl-Heinz Menke, Würzburg 2006.

Goertz, Stephan: Autonomie kontrovers. Die katholische Kirche und das Moralprinzip der freien Selbstbestimmung, in: Nach dem Gesetz Gottes. Autonomie als christliches Prinzip, hg. v. Stephan Goertz u. Magnus Striet, Freiburg 2014, 151–197.

Gogarten, Friedrich: Die Wirklichkeit des Glaubens. Zum Problem des Subjektivismus in der Theologie, Stuttgart 1957.

Gogarten, Friedrich: Politische Ethik, Jena 1932.

Gogarten, Friedrich: Was ist Christentum?, Göttingen [3]1963.

Gombocz, Wolfgang L.: Geschichte der Philosophie, Bd. IV. Die Philosophie der ausgehenden Antike und des frühen Mittelalters, München 1997.

Gorki, Maxim: Nachtasyl, Ditzingen (Reclam) 1986.

Görtz, Heinz-Jürgen: Tod und Erfahrung: Rosenzweigs „erfahrende Philosophie“ und Hegels „Wissenschaft der Erfahrung des Bewußtseins“, Düsseldorf 1984.

Gould, Warwick / Reeves, Marjorie: Joachim and the myth of the erternal evangel in the nineteenth and twentieth centuries, Oxford 2004.

Graef, Hilda: Edith Stein. Versuch einer Biographie, Frankfurt [4]1963.

Graeser, Andreas: Geschichte der Philosophie, Bd. II. Die Philosophie der Antike 2. Sophistik und Sokratik, Plato und Aristoteles, München [2]1993.

Grant, Robert M.: Gnosticism and Early Christianity, New York [2]1966.

Greiner, Michael: Gottes wirksame Gnade und menschliche Freiheit, in: T. Pröpper (Hg.), Theologische Anthropologie, Freiburg 2011, 1351–1436.

Greive, Wolfgang: Die Kirche als Ort der Wahrheit. Das Verständnis der Kirche in der Theologie Karl Barths (FSÖTh 61), Göttingen 1991.

Greshake, Gisbert: „Seele“ in der Geschichte der christlichen Eschatologie. Ein Durchblick, in: Seele. Problembegriff christlicher Eschatologie (QD 106), hg. v. Wilhelm Breuning, Freiburg 1986, 107–158.

Greshake, Gisbert: Auferstehung der Toten. Ein Beitrag zur gegenwärtigen Diskussion über die Zukunft der Geschichte (Koinonia 10), Essen 1969.

Greshake, Gisbert: Auferstehung im Tod. Ein „parteiischer“ Rückblick auf eine theologische Diskussion, in: ThPh 73 (1998) 538–557.

Greshake, Gisbert: Communio – Schlüsselbegriff der Dogmatik, in: Günther Biemer / Bernhard Casper / Josef Müller (Hg.), Gemeinsam Kirche sein. Theorie und Praxis der Communio (FS Erzbischof Oskar Saier), Freiburg 1992, 90–121.

Greshake, Gisbert: Das Verhältnis „Unsterblichkeit der Seele" und „Auferstehung des Leibes" in problemgeschichtlicher Sicht, in: Naherwartung – Auferstehung – Unsterblichkeit. Untersuchungen zur christlichen Eschatologie (QD 71), Freiburg [4]1982, 82–120.

Greshake, Gisbert: Der dreieine Gott. Eine trinitarische Theologie, Freiburg 1997.

Greshake, Gisbert: Die Alternative „Unsterblichkeit der Seele" oder „Auferstehung der Toten" als ökumenisches Problem, in: TThQ 123 (1975) 13–21.

Greshake, Gisbert: Die Leib-Seele-Problematik und die Vollendung der Welt, in: Naherwartung – Auferstehung – Unsterblichkeit. Untersuchungen zur christlichen Eschatologie (QD 71), Freiburg [4]1982, 156–184.

Greshake, Gisbert: Gnade – Geschenk der Freiheit. Eine Hinführung (tt 521), Kevelaer 2004.

Greshake, Gisbert: Gnade als konkrete Freiheit. Eine Untersuchung zur Gnadenlehre des Pelagius, Mainz 1972.

Greshake, Gisbert: Leben – stärker als der Tod. Von der christlichen Hoffnung, Freiburg 2008.

Greshake, Gisbert: Maria – Ecclesia. Perspektiven einer marianisch grundierten Theologie und Kirchenpraxis, Regensburg 2014.

Greshake, Gisbert: Menschsein als Berufung zur Gemeinschaft mit Gott, in: Andreas Bsteh (Hg.), Der Gott des Christentums und des Islams (BzR 2), Mödling 1978, 166–187.

Greshake, Gisbert: Rezension zu: Joseph Ratzinger, Eschatologie – Tod und ewiges Leben, in: ThRv 74 (1978) 481–483.

Greshake, Gisbert: Theologiegeschichtliche und systematische Untersuchungen zum Verständnis der Auferstehung, in: Ders. / Jacob Kremer, Resurrectio mortuorum. Zum theologischen Verständnis der leiblichen Auferstehung, Darmstadt 1986, 163–371.

Greshake, Gisbert: Wenn Leid mein Leben lähmt. Leiden – Preis der Liebe?, überarb. Aufl. Freiburg 1992.

Greshake, Gisbert: Zum römischen Lehrschreiben über die Eschatologie (17.5.1979), in: Ders. / Gerhard Lohfink, Naherwartung – Auferstehung – Unsterblichkeit (QD 71), Freiburg [4]1982, 185–207.

Griffin, David Ray: God, Power and Evil: A Process Theodicy, Philadelphia 1976.

Grillmeier, Alois: Jesus der Christus im Glauben der Kirche, Bd. I. Von der apostolischen Zeit bis zum Konzil von Chalcedon (451), Freiburg [3]1979.

Grillmeier, Alois: Person. II. Theologische Wortverwendung, in: LThK VIII (Freiburg 1963) 290–292.

Gross, Raphael: Carl Schmitt und die Juden. Eine deutsche Rechtslehre, Frankfurt 2005.

Gross, Raphael: Carl Schmitts ‚Nomos' und die Juden, in: Merkur 47 (1993) 410–420.

Gross, Walter: Biblische Perspektiven, in: „Ich schaffe Finsternis und Unheil!". Ist Gott verantwortlich für das Übel?, hg. v. Walter Gross u. Karl-Josef Kuschel, Mainz [2]1995, 15–59.

Gross, Walter: Neuer Bund oder Erneuerter Bund. Jer 31,31–34 in der jüngsten Diskussion, in: Bernd Jochen Hilberath / Dorothea Sattler (Hg.), Vorgeschmack (FS Theodor Schneider), Mainz 1995, 89–114.

Grützmacher, Georg: Literaturbericht [Marcion-Forschung], in: ThG 15 (1921) 123–128.

Grützmacher, Richard H.: Alt- und Neuprotestantismus, Erlangen 1920.

Guardini, Romano: Das Wesen des Christentums, Würzburg 1938.

Guardini, Romano: Vom Sinn der Schwermut, Mainz [5]1993.
Gutiérrez, Gustavo: Theologie der Befreiung, München / Mainz 1973 [spanische Erstaufl. 1972].
Haardt, Robert: Bemerkungen zu den Methoden der Ursprungsbestimmung von Gnosis, in: Kurt Rudolph (Hg.), Gnosis und Gnostizismus (WdF 262), Darmstadt 1975, 654–667.
Habermas, Jürgen: Replik auf Einwände, Reaktion auf Anregungen, in: Rudolf Langthaler / Herta Nagl-Docekal (Hg.), Glauben und Wissen. Ein Symposium mit Jürgen Habermas (Wiener Reihe. Themen der Philosophie 13), Wien 2007, 366–414.
Habermas, Jürgen: Über Gott und die Welt. Eduardo Medieta im Gespräch mit Jürgen Habermas, in: Befristete Zeit (Jahrbuch politische Theologie 3), Münster 1999, 190–209.
Habermas, Jürgen: Vorpolitische Grundlagen des demokratischen Rechtsstaates?, in: Dialektik der Säkularisierung. Über Vernunft und Religion, hg. v. Florian Schuller, Freiburg 2005, 15–37.
Haendler, Klaus: Luthers Zwei-Reiche-Lehre und ihre Gegenwartsbedeutung, in: Heinz-Horst Schrey (Hg.), Reich Gottes und Welt. Die Lehre Luthers von den zwei Reichen (WdF 107), Darmstadt 1969, 242–276.
Haight, Roger: The Case for Spirit Christology, in: TS 53 (1992) 257–287.
Haight, Roger: The Point of Trinitarian Theology, in: TJT 4 (1988) 191–204.
Hammer, Karl: Deutsche Kriegstheologie (1870–1918), München 1971.
Hammer, Karl: Adolf von Harnack und der Erste Weltkrieg, in: ZEE 16 (1992) 85–101.
Hardt, Peter: Genealogie der Gnade. Eine theologische Untersuchung zur Methode Michel Foucaults (Religion – Geschichte – Gesellschaft 34), Münster 2005.
Harnack, Adolf von: Mission und Ausbreitung des Christentums in den ersten drei Jahrhunderten, Bd. I. Die Mission in Wort und Tat, Bd. II. Die Verbreitung, Leipzig [4]1924.
Harnack, Adolf von: Antwort auf die Streitschrift D. Cremers: Zum Kampf um das Apostolicum (Leipzig 1892), in: Ders., Reden und Aufsätze, Bd. I, Gießen [2]1906, 265–311.
Harnack, Adolf von: Das Apostolische Glaubensbekenntnis. Ein geschichtlicher Bericht nebst einer Einleitung und einem Nachwort [1892], in: Ders., Reden und Aufsätze, Bd. I, Gießen [2]1906, 219–264
Harnack, Adolf von: Das Wesen des Christentums, neu hg. mit einem Geleitwort [1950] von Rudolf Bultmann, München / Hamburg 1964.
Harnack, Adolf von: Entstehung und Entwicklung der Kirchenverfassung und des Kirchenrechts in den zwei ersten Jahrhunderten. Nebst einer Kritik der Abhandlung Rudolph Sohm's: „Wesen und Ursprung des Katholizismus" und Untersuchungen über „Evangelium", „Wort Gottes" und das trinitarische Bekenntnis, Leipzig 1910.
Harnack, Adolf von: Lehrbuch der Dogmengeschichte, Bde. I–III, Reprogr. Nachdr. der 4. Aufl. von 1909, Tübingen 1990.
Harnack, Adolf von: Marcion. Das Evangelium vom fremden Gott. Eine Monographie zur Geschichte der Grundlegung der katholischen Kirche, reprogr. Nachdr. der zweiten Aufl. von 1924, Darmstadt 1996.
Harnack, Axel von: Der Aufruf Kaiser Wilhelms II. beim Ausbruch des Ersten Weltkrieges, in: Die neue Rundschau 64 (1993) 612–620.
Hartenstein, Friedrich: Die Geschichte JHWHs im Spiegel seiner Namen, in: Gott nennen. Gottes Namen und Gott als Name, hg. v. Ingolf U. Dalferth u. Philipp Stoellger, Tübingen 2008, 73–95.
Hartshorne, Charles: Peirce, Whitehead und die sechzehn Ansichten über Gott, in: Die Gifford Lectures und ihre Deutung. Materialien zu Whiteheads ‚Prozess und Reali-

tät', Bd. II (stw 921), hg. v. Michael Hampe u. Helmut Maaßen, Frankfurt 1991, 194–216.

Hasenhüttl, Gotthold: Glaube und Mythos, Bd. I. Offenbarung, Jesus Christus, Gott; Bd. II. Mensch, Glaubensgemeinschaft, Symbolhandlungen, Zukunft, Mainz [2]2001.

Haudel, Matthias: Die Selbsterschließung des dreieinigen Gottes. Grundlage eines ökumenischen Offenbarungs-, Gottes- und Kirchenverständnisses (FSÖTh 110), Göttingen 2006.

Haun, Johannes: Zur Zwei-Reiche-Lehre Luthers, München 1973.

Hauschild, Wolf-Dieter: Gottes Geist und der Mensch. Studien zur frühchristlichen Pneumatologie, München 1972.

Hausmann, Jutta: Studien zum Selbstverständnis der nachexilischen Gemeinde (BWANT 124), Stuttgart 1987.

Hebblethwaite, Brian L.: Some reflections on predestination, providence and divine foreknowledge, in: RelSt 15 (1979) 433–448.

Heesch, Matthias: Kants Wirkung auf Schleiermacher. Eine Studie zur Nachwirkung Kants im frühen 19. Jahrhundert, in: Werner Thiede (Hg.), Glauben aus eigener Vernunft? Kants Religionsphilosophie und die Theologie, Göttingen 2004, 207–230.

Hegel, Georg Wilhelm Friedrich: Grundlinien der Philosophie des Rechts oder Naturrecht und Staatswissenschaft im Grundrisse (Suhrkamp-Ausg. 7), Frankfurt 1970.

Hegel, Georg Wilhelm Friedrich: Vorlesungen über die Philosophie der Religion (Suhrkamp-Ausg. 16–17), hg. v. Eva Moldenhauer u. Karl Markus Michel, Frankfurt 1980.

Hegel, Georg Wilhelm Friedrich: Wissenschaft der Logik, Bd. II. Die subjektive Logik (Krit. Ausg. Bd. 12), hg. v. Friedrich Hogemann u. Walter Jaeschke, Hamburg 1981.

Hegner, Susanne: Sperare contra spem. Die Hölle als Gnadengeschenk Gottes bei Hans Urs von Balthasar (BDS 51), Würzburg 2012.

Heid, Stefan: Kreuz – Jerusalem – Kosmos. Aspekte frühchristlicher Staurologie (JAC.E 31), Münster 2001.

Heidegger, Martin: Sein und Zeit, Tübingen [11]1967.

Heiler, Friedrich: Der Katholizismus. Seine Idee und seine Erscheinung, München 1923.

Heim, Karl: Das Wesen des evangelischen Christentums, Leipzig [3]1926.

Heinz, Gerhard: Das Problem der Kirchenentstehung in der deutschen protestantischen Theologie des 20. Jahrhunderts (TTS 4), Mainz 1974.

Heinzmann, Richard: Der Gott der Philosophen und die Systembildung in der Theologie. Zur Christozentrik der Dogmatik von Michael Schmaus, in: Peter Neuner / Manfred Weitlauff (Hg.), Für euch Bischof, mit euch Christ (FS Friedrich Kardinal Wetter), St. Ottilien 1998, 441–456.

Heinzmann, Richard: Michael Schmaus – „Vom Wesen des Christentums", in: Das Christentum der Theologen im 20. Jahrhundert. Vom „Wesen des Christentums" zu den „Kurzformeln des Glaubens", hg. v. Mariano Delgado, Stuttgart 2000, 114–122.

Hemmerle, Klaus: Judentum und Christentum nach Franz Rosenzweig. Ein Gespräch zwischen Emmanuel Levinas, Klaus Hemmerle, Hans Hermann Henrix, Bernhard Casper, Heinz-Jürgen Görtz und Herman J. Heering, in: Ders., Ausgewählte Schriften, Bd. V. Gemeinschaft als Bild Gottes, hg. v. Reinhard Feiter, Freiburg 1996, 326–340.

Hengel, Martin: Der Sohn Gottes, Tübingen 1975.

Henke, Peter: Friedrich Gogartens Christsein „in der Welt von heute", in: Das Christentum der Theologen im 20. Jahrhundert. Vom „Wesen des Christentums" zu den „Kurzformeln des Glaubens", hg. v. Mariano Delgado, Stuttgart 2000, 52–60.

Henrici, Peter: Aufbrüche christlichen Denkens (Kriterien 48), Einsiedeln 1978.

Henrici, Peter: Blondel und Loisy in der modernistischen Krise, in: IKaZ 16 (1987) 513–530.
Henrix, Hans Hermann: Machtentsagung Gottes? Ein Gespräch mit Hans Jonas im Kontext der Theodizeefrage, in: „Landschaft aus Schreien". Zur Dramatik der Theodizeefrage, hg. v. Johann Baptist Metz, Mainz 1995, 118–143.
Hermanni, Friedrich: Das Böse und die Theodizee. Eine philosophisch-theologische Grundlegung, Gütersloh 2002.
Hevensi, Gábor: Scintillae Ignatianae, Wien 1705.
Heyden, Wichard von: Doketismus und Inkarnation. Die Entstehung zweier gegensätzlicher Modelle von Christologie, Tübingen 2014.
Hick, John: Jesus and the World Religions, in: Ders. (Hg.) The Myth of God Incarnate, Philadelphia 1977, 167–185 (deutsch: Jesus und die Weltreligionen, in: Ders., [Hg.], Wurde Gott Mensch? Der Mythos vom fleischgewordenen Gott, Gütersloh 1979, 175–194).
Hick, John: An Inspiration Christology for a Religiously Plural World, in: Stephen T. Davis (Hg.), Encountering Jesus, Atlanta 1988, 5–22.
Hick, John: An Interpretation of Religion. Human Responses to the Transcendent, New Haven [2]1992.
Hick, John: God and the Universe of Faiths. Essays in the Philosophy of Religion, London 1973.
Higgins, Angus John Brockhurst: The Latin Text of Marcion and Tertullian, in: VigChr 5 (1951) 1–42.
Hinz, Christoph: „Feuer und Wolke im Exodus". Kritisch-assistierende Bemerkungen zu Jürgen Moltmanns Theologie der Hoffnung, in: EvTh 27 (1967) 76–109.
Hirsch, Emanuel: Das Alte Testament und die Predigt des Evangeliums, Göttingen 1936.
Hirsch, Emanuel: Das kirchliche Wollen der deutschen Christen. Aufsätze, Berlin [2]1933.
Hirsch, Emanuel: Das Wesen des reformatorischen Christentums, Berlin 1963.
Hirsch, Emanuel: Die gegenwärtige geistige Lage im Spiegel philosophischer und theologischer Besinnung. Vorlesungen zum Verständnis des deutschen Jahres 1933, Göttingen 1934.
Hirsch, Emanuel: Geschichte der neuern evangelischen Theologie im Zusammenhang mit den allgemeinen Bewegungen des europäischen Denkens, Bd. IV, Gütersloh [4]1968.
Hirschmann, Johannes: Schwester Theresia Benedicta vom Heiligen Kreuz. Meditation auf dem 86. Katholikentag in Berlin 1980, in: Hirschberg. Monatsschrift des Bundes Neudeutschland 34 (1981) 124–126.
Höfele, Philipp: Vergebung für die Täter? Überlegungen zur intersubjektiven Dimension des eschatologischen Gerichts, in: ThPh 85 (2010) 242–260.
Hoff, Gregor Maria: Aporetische Theologie. Skizze eines Stils fundamentaler Theologie, Paderborn 1997.
Hoff, Gregor Maria: Ist die „reductio in mysterium" irrational? Zu Armin Kreiners Quaestio Disputata, in: ZKTh 121 (1999) 159–176.
Hoffmann, Heinrich: Die Frage nach dem Wesen des Christentums in der Aufklärungstheologie, in: Harnack-Ehrung. Beiträge zur Kirchengeschichte ihrem Lehrer Adolf von Harnack zu seinem siebzigsten Geburtstage (7. Mai 1921) dargebracht von einer Reihe seiner Schüler, Leipzig 1921, 353–365.
Hoffmann, Heinrich: Zum Aufkommen des Begriffs „Wesen des Christentums", in: ZKG 45 (1926) 452–459.
Hoffmann, Norbert: Kreuz und Trinität. Zur Theologie der Sühne (Kriterien 61), Einsiedeln 1982.
Hoffmann, R. Joseph: Marcion: On the Restitution of Christianity. An Essay on the Development of Radical Paulinist Theology in the Second Century, Oxford 1984.

Hoffmann, Veronika: Skizzen zu einer Theologie der Gabe. Rechtfertigung – Opfer – Eucharistie – Gottes- und Nächstenliebe, Freiburg 2013.
Hofius, Otfried: „Er gibt den Geist ohne Maß" Joh 3,34b, in: ZNW 90 (1999) 131–134.
Hofius, Otfried: Jesu Zuspruch der Sündenvergebung. Exegetische Erwägungen zu Mk 2,5b, in: JBTh 9 (1994) 125–143.
Hofius, Otfried: Paulusstudien (WUNT 51), Tübingen 1989.
Hofmann, Peter: „Fides et ratio": Der Glaube und seine Vernunft. Zu Joseph Ratzingers fundamental-theologischem Ansatz, in: Joseph Ratzinger. Ein theologisches Profil, hg. v. Peter Hofmann, Paderborn 2008, 139–159.
Hohmann, Rainer: Was heißt in der Geschichte stehen? Eine Studie zum Verhältnis von Geschichte und Menschsein (MPhS NF 25), Stuttgart 2005.
Höhn, Hans-Joachim: Beim Wort genommen. Über die Zwecklosigkeit des Betens, in: Magnus Striet (Hg.), Hilft beten? Schwierigkeiten mit dem Bittgebet, Freiburg 2010, 59–86.
Höhn, Hans-Joachim: Gott – Offenbarung – Heilswege. Fundamentaltheologie, Würzburg 2011.
Holl, Karl: Briefwechsel mit Adolf von Harnack, hg. v. Heinrich Karpp, Tübingen 1966.
Honecker, Martin: Kirche als Gestalt und Ereignis. Die sichtbare Gestalt der Kirche als dogmatisches Problem (FGLP 25), München 1963.
Hooff, Anton Emmanuel van: Der Panchristismus: Innerer Bezugspunkt von Blondel's L'Action, in: ZKTh 108 (1987) 416–430.
Hooff, Anton Emmanuel van: Die Glaubenstat schafft sich die Tradition, in: Tradition – Dynamik von Bewegtheit und ständiger Bewegung. 100 Jahre Maurice Blondels „Histoire et Dogme" (1904–2004), hg. v. Peter Reifenberg u. Anton Emmanuel van Hooff, Würzburg 2005, 102–112.
Hooff, Anton Emmanuel van: Die Vollendung des Menschen. Die Idee des Glaubensaktes und ihre philosophische Begründung im Frühwerk Maurice Blondels (FThSt 124), Freiburg 1983.
Horkheimer, Max / Adorno, Theodor W.: Dialektik der Aufklärung, Frankfurt 1969.
Hösle, Vittorio: Wahrheit und Geschichte. Studien zur Struktur der Philosophiegeschichte unter paradigmatischer Analyse der Entwicklung von Parmenides bis Platon, Stuttgart 1984.
Hossenfelder, Malte: Geschichte der Philosophie, Bd. III. Stoa, Epikureismus und Skepsis, München 1985.
Hossfeld, Frank-Lothar: Der eine Gott des Ersten und des Neuen Bundes, in: PB(K) 47 (1995) 66–71.
Hossfeld, Frank-Lothar: Die vielen Bünde und der eine Gott, in: PB(K) 47 (1995) 165–171.
Huber, Wolfgang: Evangelischer Glaube und die Frage nach der Kirche, in: Das Wesen des Christentums in seiner evangelischen Gestalt. Eine Vortragsreihe im Berliner Dom. Mit Beiträgen von Christine Axt-Piscalar, Wolfgang Huber, Eberhard Jüngel, Wolf Krötke und Martin Kruse, Neukirchen-Vluyn 2000, 62–86.
Hübner, Kurt: Die Wahrheit des Mythos, München 1985.
Hübner, Thomas: Adolf von Harnacks Vorlesungen über das Wesen des Christentums unter besonderer Berücksichtigung der Methodenfragen als sachgemäßer Zugang zu ihrer Christologie und Wirkungsgeschichte, Frankfurt 1994.
Hulshof, Jan: Wahrheit und Geschichte. Alfred Loisy zwischen Tradition und Kritik, Essen 1973.
Illingworth, John R.: Divine Immanence. An Essay on the Spiritual Significance of Matter, London 1898.
Illingworth, John R.: The Incarnation in Relation to Development, in: Charles Gore (Hg.), Lux Mundi, London ^{14}1895, 132–157.

Illingworth, John R: Divine Transcendence, London 1911.
Irlenborn, Bernd: „Veritas semper maior". Der philosophische Gottesbegriff Richard Schaefflers im Spannungsfeld von Philosophie und Theologie (Ratio Fidei 20), Regensburg 2003.
Irlenborn, Bernd: Repräsentation, Realismus und Antirealismus, in: Die Wahrheit ist Person. Brennpunkte einer christologisch gewendeten Dogmatik (FS Karl-Heinz Menke), hg. v. Julia Knop, Magnus Lerch und Bernd J. Claret, Regensburg 2015, 251–276.
Irsigler, Hubert: Von der Namensfrage zum Gottesverständnis. Exodus 3,13–15 im Kontext der Glaubensgeschichte Israels, in: BN 96 (1999) 56–96.
Isensee, Josef: § 87 Würde des Menschen, in: Handbuch der Grundrechte, Bd. IV. Grundrechte in Deutschland: Einzelgrundrechte I, Heidelberg 2011, 3–135.
Isensee, Josef: Die alte Frage nach der Rechtfertigung des Staates. Stationen in einem laufenden Prozess, in: Recht – Staat – Gesellschaft. Facetten der politischen Philosophie, hg. v. Petra Kohner u. Harald Korten, Freiburg / München 1999, 21–68.
Iserloh, Erwin: „Mit dem Evangelium lässt sich die Welt nicht regieren" – Luthers Lehre von den beiden Regimenten im Widerstreit, in: Ders., Kirche – Ereignis und Institution. Aufsätze und Vorträge, Bd. II. Geschichte und Theologie der Reformation, Münster 1985, 163–180.
Iserloh, Erwin: Die Kirchenfrömmigkeit in der Imitatio Christi, in: Kirche – Ereignis und Institution. Aufsätze und Vorträge, Bd. I. Kirchengeschichte als Theologie, Münster 1985, 151–167.
Janowski, Bernd: Azazel und Sündenbock. Zur Religionsgeschichte von Lev 16,10.21f, in: Ders., Gottes Gegenwart in Israel. Beiträge zur Theologie des Alten Testaments, Neukirchen 1993, 285–302.
Janowski, Bernd: Das Leben für andere hingeben. Alttestamentliche Voraussetzungen für die Deutung des Todes Jesu, in: Volker Hampel / Rudolf Weth (Hg.), Für uns gestorben. Sühne – Opfer – Stellvertretung, Nukirchen-Vluyn 2010, 55–72.
Janowski, Bernd: Sühne als Heilsgeschehen. Studien zur Sühnetheologie der Priesterschrift und zur Wurzel *KPR* im Alten Orient und im Alten Testament (WMANT 55), Neukirchen 1982.
Janssen, Hans-Gerd: Das Theodizee-Problem der Neuzeit. Ein Beitrag zur historisch-systematischen Grundlegung politischer Theologie (EHS XXIII/198), Frankfurt 1982.
Jaschke, Hans-Jochen: Der Heilige Geist im Bekenntnis der Kirche. Eine Studie zur Pneumatologie des Irenäus von Lyon im Ausgang vom altchristlichen Glaubensbekenntnis (MBTh 40), Münster 1976.
Jaspers, Karl: Vom Ursprung und Ziel der Geschichte, München [8]1983.
Jaspert, Bernd (Hg.): Karl Barth – Rudolf Bultmann. Briefwechsel 1922–1966 (Barth-Gesamtausgabe V/1), Zürich 1971.
Joest, Wilfried: Das Verhältnis der Unterscheidung der beiden Regimente zu der Unterscheidung von Gesetz und Evangelium, in: Heinz-Horst Schrey (Hg.), Reich Gottes und Welt. Die Lehre Luthers von den zwei Reichen (WdF 107), Darmstadt 1969, 196–220.
Joha, Zdenko: Christologie und Anthropologie. Eine Verhältnisbestimmung unter besonderer Berücksichtigung des theologischen Denkens Walter Kaspers (FThSt 148), Freiburg 1992.
Jonas, Hans: Der Gottesbegriff nach Auschwitz. Eine jüdische Stimme, Frankfurt 1987.
Jüngel, Eberhard: Credere in ecclesiam – Eine ökumenische Besinnung, in: Kirche in ökumenischer Perspektive (FS Walter Kardinal Kasper), hg. v. Peter Walter, Klaus Krämer u. George Augustin, Freiburg 2003, 15–32.
Kaftan, Julius: Das Wesen der christlichen Religion, Basel [2]1888.

Kaftan, Julius: Die Wahrheit der christlichen Religion, Basel 1888.
Kahle, Michael: Singularität und Universalität des Heilsmysteriums. Ein Kommentar zu den christologisch-religionstheologischen Kapiteln der Erklärung *Dominus Iesus* (TThSt 78), Trier 2012.
Kaltenborn, Carl-Jürgen: Adolf von Harnack als Lehrer Dietrich Bonhoeffers, Berlin 1973.
Kammler, Hans-Christian: Jesus Christus und der Geistparaklet. Eine Studie zur johanneischen Verhältnisbestimmung von Pneumatologie und Christologie, in: Otfried Hofius / Hans Christian Kammler, Johannesstudien. Untersuchungen zur Theologie des vierten Evangeliums (WUNT 88), Tübingen 1996, 87–190.
Kant, Immanuel: Kritik der praktischen Vernunft, in: Weischedel-Ausgabe Bd. VI (Darmstadt 1968) 103–302.
Karrer, Martin: Der Gesalbte. Die Grundlagen des Christustitels (FRLANT 151), Göttingen 1991.
Kasper, Walter: Aufgaben der Christologie heute, in: Arno Schilson / Walter Kasper, Christologie im Präsens. Kritische Sichtung neuer Entwürfe, Freiburg 1974, 133–151.
Kasper, Walter: Barmherzigkeit. Grundbegriff des Evangeliums – Schlüssel christlichen Lebens, Freiburg 2012.
Kasper, Walter: Das Absolute in der Geschichte. Philosophie und Theologie der Geschichte in der Spätphilosophie Schellings, Mainz 1965.
Kasper, Walter: Das Verhältnis von Universalkirche und Ortskirche, in: StZ 218 (2000) 795–804.
Kasper, Walter: Das Wesen des Christlichen, in: ThRv 65 (1969) 182–188.
Kasper, Walter: Der Gott Jesu Christi (Gesammelte Schriften 4), Freiburg 2008.
Kasper, Walter: Die Einheit der Kirche im Licht der Tübinger Schule, in: Theologie als Instanz der Moderne. Beiträge und Studien zu Johann Sebastian Drey und zur Katholischen Tübinger Schule, hg. v. Michael Kessler u. Ottmar Fuchs, Tübingen 2005, 189–206.
Kasper, Walter: Die Kirche als Sakrament des Geistes, in: Ders. / Gerhard Sauter, Die Kirche – Ort des Geistes (KÖS 8), Freiburg 1976, 13–55.
Kasper, Walter: Die Kirche Jesu Christi. Schriften zur Ekklesiologie I (Gesammelte Schriften 11), Freiburg 2008.
Kasper, Walter: Die Lehre von der Tradition in der Römischen Schule (Die Überlieferung in der neueren Theologie 5), Freiburg 1962 [neu hg. als Bd. 1 der Gesammelten Schriften, Freiburg 2011].
Kasper, Walter: Dogma unter dem Wort Gottes, Mainz 1965.
Kasper, Walter: Einführung, in: Ders. (Hg.), Gegenwart des Geistes. Aspekte der Pneumatologie (QD 85), Freiburg 1979, 7–22.
Kasper, Walter: Einzigkeit und Universalität Jesu Christi, in: Gerhard Ludwig Müller / Massimo Serretti (Hg.), Einzigkeit und Universalität Jesu Christi. Im Dialog mit den Religionen, (SlgHor NF 35), Einsiedeln / Freiburg 2001, 155–172.
Kasper, Walter: Jesus der Christus (Gesammelte Schriften 3), Freiburg 2007.
Kasper, Walter: Katholische Kirche. Wesen, Wirklichkeit, Sendung, Freiburg 2011.
Kasper, Walter: Revolution im Gottesverständnis? Zur Situation des ökumenischen Dialogs nach Jürgen Moltmanns „Der gekreuzigte Gott“, in: Michael Welker (Hg.), Diskussion über Jürgen Moltmanns Buch „Der gekreuzigte Gott“, München 1979, 140–148.
Kasper, Walter: Theorie und Praxis innerhalb einer theologia crucis. Antwort auf Joseph Ratzingers „Glaube, Geschichte und Philosophie“, in: Hochl. 62 (1970) 152–157.
Kasper, Walter: Was heißt eigentlich christlich?, in: Die Kirche im Wandel der Gesellschaft, hg. v. Joseph Schreiner, Würzburg 1970, 87–101.

Kasper, Walter: Zur Theologie und Praxis des bischöflichen Amtes, in: Auf neue Art Kirche sein (FS Bischof Josef Homeyer), hg. v. Werner Schreer u. Georg Steins, München 1999, 32–48.

Kaulbach, Friedrich: Einführung in die Philosophie des Handelns, Darmstadt ²1986.

Kehl, Medard: „Communio" – eine verblassende Vision?, in: StZ 215 (1997) 448–456.

Kehl, Medard: Eschatologie, Würzburg 1986.

Kehl. Medard: Hinführung zum christlichen Glauben, Mainz ²1987.

Kehl, Medard: Kirche – Sakrament des Geistes, in: Walter Kasper (Hg.), Gegenwart des Geistes. Aspekte der Pneumatologie (QD 85), Freiburg 1979, 155–180.

Kelsen, Hans: Reine Rechtslehre. Einleitung in die rechtwissenschaftliche Problematik, Darmstadt 1994 (Neudruck der ersten Aufl. von 1934).

Kermani, Navid: Warum hast du uns verlassen?, in: Neue Züricher Zeitung (Ausg. v. 14.3.2009).

Kern, Walter: Außerhalb der Kirche kein Heil?, Freiburg 1979.

Kessler, Hans: Gott und das Leid seiner Schöpfung. Nachdenkliches zur Theodizeefrage, Würzburg 2000.

Kessler, Hans: Irdischer Jesus, Kreuzestod und Osterglaube. Zu Rezensionen von August Schmied und Hansjürgen Verweyen, in: ThG 32 (1989) 219–229.

Kessler, Hans: Schöpfung. V. Systematisch-theologisch, in: LThK IX (Freiburg 2000) 230–236.

Kessler, Hans: Sucht den Lebenden nicht bei den Toten. Die Auferstehung Jesu Christi in biblischer, fundamentaltheologischer und systematischer Sicht, Düsseldorf 1985; erweiterte Neuausgabe Würzburg 1995 [darin 419–504: Erörterung der neuesten Kontroversen und aktuellen Fragen].

Kessler, Hans: Was macht Religionen pluralismusfähig (und authentisch)? Fragmente einer Theologie des religiösen Pluralismus – jenseits von ‚Dominus Iesus' und Pluralistischer Religionstheologie, in: Markus Witte (Hg.), Der eine Gott und die Welt der Religionen. Beiträge zu einer Theologie der Religionen und zum interreligiösen Dialog, Würzburg 2003, 277–314.

Khoury, Adel Theodor: Ist Gott ein absoluter, ungebundener Wille? Bemerkungen zum islamischen Voluntarismus, in: Glaube und Vernunft. Die Regensburger Vorlesung, Freiburg 2006, 77–96.

Kierkegaard, Sören: Der Begriff Angst. Eine einfache psychologisch-hinweisende Überlegung in bezug auf das dogmatische Problem der Erbsünde, übers. v. Gisela Perlet, hg. v. Uta Eichler, Stuttgart 1992.

Kinder, Ernst: Gottesreich und Weltreich bei Augustin und bei Luther. Erwägungen zu einer Vergleichung der „Zwei-Reiche"-Lehre Augustins und Luthers, in: Reich Gottes und Welt. Die Lehre Luthers von den zwei Reichen (WdF 107), hg. v. Heinz-Horst Schrey, Darmstadt 1969, 40- 69.

Kinzig, Wolfram: Ein Ketzer und sein Konstrukteur. Harnacks Marcion, in: Marcion und seine kirchengeschichtliche Wirkung. Vorträge der Internationalen Fachkonferenz zu Marcion gehalten vom 15.–18.8.2001 in Mainz (TU 150), hg. v. Gerhard May u. Katharina Greschat, Berlin 2002, 253–274.

Kinzig, Wolfram: Harnack, Marcion und das Judentum. Nebst einer kommentierten Edition des Briefwechsels Adolf von Harnacks mit Houston Stewart Chamberlain (Arbeiten zur Kirchen- und Theologiegeschichte 13), Leipzig 2004.

Kirk, Pamela: Tod und Auferstehung innerhalb einer anthropologisch gewendeten Theologie. Hermeneutische Studie zur individuellen Eschatologie bei Karl Rahner, Ladislaus Boros, Gisbert Greshake, Bad Honnef 1986.

Kirschner, Martin: Gott – größer als gedacht. Die Transformation der Vernunft aus der Begegnung mit Gott bei Anselm von Canterbury, Freiburg 2013.

Klappert, Berthold: Jesus Christus zwischen Juden und Christen. Gegen eine Christologie der Trennung vom Judentum, in: Erläuterungen zum Synodalbeschluss der Rheinischen Landessynode „Zur Erneuerung des Verhältnisses von Christen und Juden“, hg. v. Berthold Klappert u. Helmut Starck, Neukirchen-Vluyn 1980, 138–166.

Kleden, Paulus Budi: Christologie in Fragmenten. Die Rede von Jesus Christus im Spannungsfeld von Hoffnungs- und Leidensgeschichte bei Johann Baptist Metz (Religion – Geschichte – Gesellschaft. Fundamentaltheologische Studien 21), Münster 2001.

Kleinschwärzer-Meister, Birgitta: In allem auf Christus hin. Zur theologischen Funktion der Rechtfertigungslehre, Freiburg 2007.

Knapp, Markus: „Wahr ist nur, was nicht in diese Welt passt“. Die Erbsündenlehre als Ansatzpunkt eines Dialogs mit Theodor W. Adorno, Würzburg 1983.

Knauer, Peter: Der Glaube kommt vom Hören. Ökumenische Fundamentaltheologie, Freiburg ^{6}1991.

Knauer, Peter: Zu Gerhard Ebelings „Das Wesen des christlichen Glaubens“, in: Das Christentum der Theologen im 20. Jahrhundert. Vom „Wesen des Christentums“ zu den „Kurzformeln des Glaubens“, hg. v. Mariano Delgado, Stuttgart 2000, 74–83.

Knop, Julia: Stellvertretung und Solidarität. Versöhnung und Befreiung. Zur Diskussion soteriologischer Paradigmen, in: Die Wahrheit ist Person. Brennpunkte einer christologisch gewendeten Dogmatik (FS Karl-Heinz Menke), hg. v. Julia Knop, Magnus Lerch und Bernd J. Claret, Regensburg 2015, 181–207.

Knop, Julia: Sünde – Freiheit – Endlichkeit. Christliche Sündentheologie im theologischen Diskurs der Gegenwart (Ratio Fidei 31), Regensburg 2007.

Koch, Kurt: Das Geheimnis des Senfkorns. Grundzüge des theologischen Denkens von Papst Benedikt XVI. (Ratzinger-Studien 3), Regensburg 2010.

Koch, Kurt: Der Gott der Geschichte. Theologie der Geschichte bei Wolfhart Pannenberg als Paradigma einer philosophischen Theologie in ökumenischer Perspektive (TTS 32), Mainz 1988.

Koch, Kurt: Die Kirche Gottes. Gemeinschaft im Geheimnis des Glaubens, Augsburg 2007.

Koch, Kurt: Gottlosigkeit oder Vergötterung der Welt. Sakramentale Gotteserfahrungen in Kirche und Gesellschaft, Zürich 1992.

Koch, Kurt: Schöpferischer Lockruf Gottes im Prozeß der Welt. Perspektiven der Gottesfrage in der amerikanischen Prozeß-Theologie, in: ThBer 12 (1983) 129–171.

Köhler, Walther: Geistesahnen des Johannes Acontius, in: Festgabe von Fachgenossen und Freunden Karl Müller zum siebzigsten Geburtstag dargebracht, Tübingen 1922, 198–208.

Krämer, Hans: Die Grundlegung des Freiheitsbegriffs in der Antike, in: Josef Simon (Hg.), Freiheit. Theoretische und praktische Aspekte des Problems, Freiburg / München 1977, 239–270.

Kraschl, Dominikus: Das prekäre Gott-Welt-Verhältmis. Studien zur Fundamentaltheologie Peter Knauers (Ratio Fidei 39), Regensburg 2009.

Kraus, Hans-Joachim: Eine Christologie des Heiligen Geistes, in: Jesusbekenntnis und Christusnachfolge, hg. u. eingel. v. Martin Stöhr, München 1992, 37–63.

Kraus, Hans-Joachim: Heiliger Geist. Gottes befreiende Gegenwart, München 1986.

Kraus, Hans-Joachim: Reich Gottes: Reich der Freiheit. Grundriss Systematischer Theologie, Neukirchen-Vluyn 1975.

Kraus, Hans-Joachim: Rückkehr zu Israel. Beiträge zum christlich-jüdischen Dialog, Neukirchen-Vluyn 1991.

Kraus, Hans-Joachim: Systematische Theologie im Kontext biblischer Geschichte und Eschatologie, Neukirchen-Vluyn 1983.

Kreidler, Johannes: Karl Adam und der Nationalsozialismus, in: Rottenburger Jahrbuch für Kirchengeschichte 2 (1983) 129–140.

Kreidler, Johannes: Karl Adams „Wesen des Katholizismus“, in: Das Christentum der Theologen im 20. Jahrhundert. Vom „Wesen des Christentums“ zu den „Kurzformeln des Glaubens“, hg. v. Mariano Delgado, Stuttgart 2000, 84–96.

Kreiner, Armin: Anfragen an die Pluralistische Religionstheologie, in: Religionsunterricht an Höheren Schulen (rhs) 41 (1998) 83–91.

Kreiner, Armin: Das wahre Antlitz Gottes – oder was wir meinen, wenn wir Gott sagen, Freiburg 2006.

Kreiner, Armin: Gott und das Leid, Paderborn 1994.

Krenski, Thomas: Passio caritatis. Trinitarische Passiologie im Werk Hans Urs von Balthasars (SlgHor NF 28), Einsiedeln 1990.

Kreutzer, Ansgar: Kenopraxis. Eine handlungstheoretische Erschließung der Kenosis-Christologie, Freiburg 2011.

Krings, Hermann: System und Freiheit. Gesammelte Aufsätze, Freiburg / München 1980.

Krings, Hermann: Transzendentale Logik, München 1964.

Kuckenburg, Martin: Lag Eden im Neandertal? Auf der Suche nach dem frühen Menschen, Düsseldorf / München 1997.

Kugelmann, Lothar: Antizipation. Eine begriffsgeschichtliche Untersuchung (FSÖTh 50), Göttingen 1986.

Kügler, Joachim: Pharao und Christus? Religionsgeschichtliche Untersuchung zur Frage einer Verbindung zwischen altägyptischer Königstheologie und neutestamentlicher Christologie im Lukasevangelium (BBB 113), Bodenheim 1997.

Kuhn, Peter: Gottes Trauer und Klage in der rabbinischen Überlieferung (AGJU 13), Leiden 1978.

Kuhn, Peter: Gottes Selbsterniedrigung in der Theologie der Rabbinen (StANT 17), München 1967.

Kühn, Rolf: „Johanneischer Logos“ und Unmittelbarkeit des „fleischlichen Lebens“. Lebensphänomenologische Christologie und Religionsphilosophie in Affinität zu Johann Reikerstorfers „anamnetischer Christologie“, in: Dem Leiden ein Gedächtnis geben. Thesen zu einer anamnetischen Christologie (Wiener Forum für Theologie und Religionswissenschaft 4). FS Johann Reikerstorfer, hg. v. Kurt Appel, Johann Baptist Metz u. Jan-Heiner Tück, Göttingen 2012, 361–377.

Küng, Hans: Christ sein, München [4]1980 (Erstaufl. 1976).

Küng, Hans: Das Christentum. Wesen und Geschichte, München / Zürich 1994.

Küng, Hans: Dominus Iesus?, in: Michael J. Rainer (Hg.), „Dominus Iesus“ – Anstößige Wahrheit oder anstößige Kirche? Dokumente, Hintergründe, Standpunkte und Folgerungen, Münster 2001, 253–255.

Küng, Hans: Projekt Weltethos, München 1990.

Kuschel, Karl-Josef: Geboren vor aller Zeit? Der Streit um Christi Ursprung, München / Zürich 1990.

Kuschel, Karl-Josef: Theologische Perspektiven heute, in: „Ich schaffe Finsternis und Unheil!“. Ist Gott verantwortlich für das Übel?, hg. v. Walter Gross u. Karl-Josef Kuschel, Mainz [2]1995, 170–213.

Ladaria, Luis F.: Der fleischgewordene Logos und der Heilige Geist im Heilswerk, in: Gerhard Ludwig Müller (Hg.), Die Heilsuniversalität Christi und der Kirche. Originaltexte und Studien der Glaubenskongregation zur Erklärung „Dominus Iesus“, Würzburg 2003, 87–99.

Lampe, Geoffrey: God as Spirit, Oxford 1977.

Lange, Peter: Konkrete Theologie? Karl Barth und Friedrich Gogarten „Zwischen den Zeiten“ (1922–1933). Eine theologiegeschichtlich-systematische Untersuchung im Blick auf die Praxis theologischen Verhaltens (BSHST 19), Zürich 1972.

Langemeyer, Bernhard: Konziliare Mariologie und biblische Typologie. Zum ökumenischen Gespräch über Maria nach dem Konzil, in: Cath(M) 21 (1967) 295–316.

Langthaler, Rudolf: Gottvermissen – Eine theologische Kritik der reinen Vernunft. Die neue Politische Theologie (J. B. Metz) im Spiegel der kantischen Religionsphilosophie (Ratio Fidei 4), Regensburg 2000.

Lanzmann, Claude: Shoah, aus dem Frz. übers. v. Nina Börnsen u. Anna Kamp, Düsseldorf [2]1986.

Larcher, Gerhard: Modernismus als theologischer Historismus. Ansätze zu seiner Überwindung im Frühwerk Maurice Blondels (EHS.T 231), Frankfurt 1985.

Lauter, Hermann-Josef: Der Inbegriff des Christlichen, in: PB 43 (1991) 258–268.

Lehmann, Hartmut: „Muss Luther nach Nürnberg?" Deutsche Schuld im Lichte der Lutherliteratur 1946/47, in: Ders., Luthergedächtnis 1817 bis 2017 (Refo500 Academic Studies 8), Göttingen 2012, 176–188.

Lehmann, Hartmut: Hans Preuß 1933 über „Luther und Hitler", in: Ders., Luthergedächtnis 1817 bis 2017 (Refo500 Academic Studies 8), Göttingen 2012, 151–159.

Lehmann, Hartmut: Luther als Kronzeuge für Hitler. Anmerkungen zu Otto Scheels Lutherverständnis in den 1930er Jahren, in: Ders., Luthergedächtnis 1817 bis 2017 (Refo500 Academic Studies 8), Göttingen 2012, 160–175.

Lehmann, Hartmut: Zum Antisemitismus protestantischer Pastoren in der Zwischenkriegszeit, in: Ders., Protestantisches Christentum im Prozess der Säkularisierung, Göttingen 2001.

Lehmann, Karl: „Judenmission". Hermeneutische und theologische Überlegungen zu einer Problemanzeige im jüdisch-christlichen Gespräch, in: Hubert Frankemölle / Josef Wohlmuth (Hg.), Das Heil der Anderen. Problemfeld „Judenmission", Freiburg 2010, 142–167.

Lehmann, Karl: Chancen und Grenzen des Dialogs zwischen den „abrahamitischen Religionen", in: Glaube und Vernunft. Die Regensburger Vorlesung, Freiburg 2006, 97–133.

Leiner, Martin: Überwindung und Reform der gegeben Kirchen. Zu Kants Rede von der Kirche, in: Werner Thiede (Hg.), Glauben aus eigener Vernunft? Kants Religionsphilosophie und die Theologie, Göttingen 2004, 159–190.

Lengerke, Georg von: „Ich will den Mann nicht sehen!" Das Kreuz mit den Armen, in: Kreuz-Zeichen. Zwischen Hoffnung, Unverständnis und Empörung, hg. v. Julia Knop u. Ursula Nothelle-Wildfeuer, Mainz 2013, 276–291.

Lengerke, Georg von: „Was ich bin, das gebe ich dir". Anmerkungen zum christlichen Unterschied in der Liebe, in: Die Wahrheit ist Person. Brennpunkte einer christologisch gewendeten Dogmatik (FS Karl-Heinz Menke), hg. v. Julia Knop, Magnus Lerch und Bernd J. Claret, Regensburg 2015, 419–439.

Lerch, Magnus: All-Einheit und Freiheit. Subjektphilosophische Klärungsversuche in der Monismus-Debatte zwischen Klaus Müller und Magnus Striet (BDS 47), Würzburg 2009.

Lerch, Magnus: Die menschliche Freiheit Jesu als Selbstmitteilung Gottes. Überlegungen im Anschluss an Thomas Pröpper und Karl Rahner, in: Die Wahrheit ist Person. Brennpunkte einer christologisch gewendeten Dogmatik (FS Karl-Heinz Menke), hg. v. Julia Knop, Magnus Lerch und Bernd J. Claret, Regensburg 2015, 151–179.

Lerch, Magnus: Selbstmitteilung Gottes als Freiheitsgeschehen. Eine kritische Analyse des freiheitstheoretischen Offenbarungsmodells von Thomas Pröpper, Georg Essen und Magnus Striet (Ratio Fidei 56), Regensburg 2015.

Lersch, Markus: „Alleinwirksamkeit Gottes" oder „direkte Proportionalität"? Zur „Sakramentalität" als möglicher lutherisch-katholischer Grunddifferenz, in: Die Wahrheit ist Person. Brennpunkte einer christologisch gewendeten Dogmatik (FS Karl-Heinz Menke), hg. v. Julia Knop, Magnus Lerch und Bernd J. Claret, Regensburg 2015, 355–376.

Lersch, Markus: Triplex Analogia. Versuch einer Grundlegung pluraler christlicher Religionsphilosophie, Freiburg / München 2009.
Lessing, Gotthold Ephraim: Sämtliche Werke, Bd. II, hg. v. Karl Lachmann u. Wendelin Maltzahn, Leipzig 1838.
Leuven, Romaeus: Heil im Unheil. Das Leben Edith Steins: Reife und Vollendung (ESW 10), Freiburg 1983.
Levin, Christoph: Die Verheißung des neuen Bundes in ihrem theologiegeschichtlichen Zusammenhang ausgelegt (FRLANT 137), Göttingen 1985.
Levinas, Emmanuel: Judentum und Christentum nach Rosenzweig. Ein Gespräch, in: Klaus Hemmerle, Ausgewählte Schriften, Bd. V. Gemeinschaft als Bild Gottes (Beiträge zur Ekklesiologie), hg. v. Reinhard Feiter, Freiburg 1996, 326–340.
Levinas, Emmanuel: Schwierige Freiheit. Versuch über das Judentum, Frankfurt 1992.
Lewis, Clive Staples: The Abolition of Man, or Reflections on Education with Special Reference to the Teaching of English in the Upper Forms of Schools (Touchstone Edition), New York 1996. [Deutsche Übersetzung durch Martha Gisi: Die Abschaffung des Menschen (Kriterien 50), eingel. v. Hans Urs von Balthasar, Einsiedeln [4]1993].
Lewis, Clive Staples: The Screwtape Letters with Screwtape Proposes a Toast, London [15]1965. [Deutsche Übersetzung durch den Herder-Verlag: Dienstanweisung an einen Unterteufel (Herder-Tb. 545), Freiburg [21]1980].
Lichtenberger, Hans Peter: Stellvertretung und Verantwortung bei Dietrich Bonhoeffer und Emmanuel Levinas, in: Stellvertretung. Theologische, philosophische und kulturelle Aspekte, hg. v. J. Christine Janowski, Bernd Janowski u. Hans P. Lichtenberger, Neukirchen-Vluyn 2006, 287–312.
Lienhard, Marc: Martin Luthers christologisches Zeugnis. Entwicklung und Grundzüge seiner Christologie, aus dem Französischen übers. v. Robert Wolff, Göttingen 1980.
Link-Wieczorek, Ulrike: Inkarnation oder Inspiration? Christologische Grundfragen in der Diskussion mit britischer anglikanischer Theologie (FSÖTh 84), Göttingen1998.
Locke, John: Reasonableness of Christianity [Die Vernünftigkeit des Christentums]: 1695 (SGNP.Q 5), aus dem Engl. ins Deutsche übers. v. Carl Winckler, hg. v. Leopold Zscharnack, Berlin 1914.
Lockmann, Ute: Dialog zweier Freiheiten. Studien zur Verhältnisbestimmung von göttlichem Handeln und menschlichem Gebet (ITS 66), Innsbruck 2004.
Loewenich, Walter von: Der moderne Katholizismus. Erscheinung und Probleme, Witten [4]1959.
Lohfink, Gerhard / Weimer, Ludwig: Maria – nicht ohne Israel. Eine neue Sicht von der Unbefleckten Empfängnis, Freiburg 2008.
Lohfink, Gerhard: Braucht Gott die Kirche? Zur Theologie des Volkes Gottes, Freiburg [3]1998.
Lohfink, Gerhard: Das Zeitproblem und die Vollendung der Welt, in: Naherwartung – Auferstehung – Unsterblichkeit. Untersuchungen zur christlichen Eschatologie (QD 71), Freiburg [4]1982, 131–155.
Lohfink, Gerhard: Zur Möglichkeit christlicher Naherwartung, in: Naherwartung – Auferstehung – Unsterblichkeit. Untersuchungen zur christlichen Eschatologie (QD 71), Freiburg [4]1982, 38–81.
Lohfink, Norbert: Der Begriff „Bund" in der biblischen Theologie, in: ThPh 66 (1991) 161–176.
Lohfink, Norbert: Der niemals gekündigte Bund. Exegetische Gedanken zum christlich-jüdischen Dialog, Freiburg 1989.
Lohner, Alexander: Der Tod im Existentialismus. Eine Analyse der fundamentaltheologischen, philosophischen und ethischen Implikationen, Paderborn 1997.
Löhr, Winrich A.: Die Auslegung des Gesetzes bei Marcion, den Gnostikern und den Ma-

nichäern, in: Stimuli. Exegese und ihre Hermeneutik in Antike und Christentum (FS Ernst Dassmann. JAC.E 23), hg. v. Georg Schöllgen u. Clemens Scholten, Münster 1996, 77–95.
Loisy, Alfred: Autour d'un petit livre, Paris 1903.
Loisy, Alfred: De la discipline intellectuelle, Paris 1919.
Loisy, Alfred: L'Évangile et l'Église, Paris [4]1908.
Loisy, Alfred: La morale humaine, Paris 1919.
Löser, Werner: „Universale Concretum" als Grundgesetz der Oeconomia Revelationis, in: Handbuch der Fundamentaltheologie, Bd. II. Traktat Offenbarung, hg. v. Walter Kern u.a., Freiburg 1985, 108–121.
Löser, Werner: Das Sein – ausgelegt als Liebe. Überlegungen zur Theologie Hans Urs von Balthasars, in: IKaZ 4 (1975) 410–424.
Löser, Werner: Im Geiste des Origenes. Hans Urs von Balthasar als Interpret der Theologie der Kirchenväter, Frankfurt 1976.
Lossky, Vladimir: Essai sur la Théologie Mystique de l'Église d'Orient (Foi vivante 246), Paris [3]1990.
Lubac, Henri de: Die Freiheit der Gnade, Bd. I. Das Erbe Augustins; Bd. II. Das Paradox des Menschen, aus dem Frz. übers. v. Hans Urs von Balthasar, Einsiedeln 1971.
Lubac, Henri de: Geheimnis aus dem wir leben (Kriterien 6), übers. von Karlheinz Bergner u. Hans Urs v. Balthasar, Einsiedeln / Freiburg [2]1990.
Lubac, Henri de: Glauben aus Liebe. „Catholicisme", aus dem Frz. übers. u. eingel. v. Hans Urs von Balthasar, Einsiedeln 1970.
Lubac, Henri de: Glaubensparadoxe (Kriterien 28), Einsiedeln / Freiburg [2]2005.
Lubac, Henri de: La posterité de Joachim de Fiore, vol. I. De Joachim à Schelling, Paris 1979; vol. II. De Saint Simon à nos jours, Paris 1981.
Lubac, Henri de: Teilhard de Chardins religiöse Welt, aus dem Frz. übers. v. Karlheinz Bergner, Freiburg 1969.
Lubac, Henri de: Über Gott hinaus. Tragödie des atheistischen Humanismus, aus dem Frz. übers. v. Eberhard Steinacker, eingel. v. Hans Urs von Balthasar, Einsiedeln 1984.
Lübbe, Hermann: Religion nach der Aufklärung, Graz 1986.
Lüke, Ulrich: Das Säugetier von Gottes Gnaden. Evolution – Bewusstsein – Freiheit, Freiburg 2006.
Lustiger, Jean-Marie: Die Verheißung vom Alten zum Neuen Bund, aus dem Französischen übers. v. Dominic Schubert, Augsburg 2003.
Lustiger, Jean-Marie: Gotteswahl. Gespräche mit Jean-Louis Missika und Dominique Wolton, aus dem Französischen übers. v. Thorsten Schmidt, München 1992.
Lustiger, Jean-Marie: Wagt den Glauben. Artikel, Vorträge, Predigten, Interviews 1981–1984 (Theologia Romanica 414), aus dem Franz. übers. v. Hans Urs von Balthasar, Einsiedeln 1986.
Luyten, Norbert A.: Das Leib-Seele-Problem in philosophischer Sicht, in: Geist und Leib in der menschlichen Existenz (Naturwissenschaft und Theologie 4), Freiburg / München 1961, 150–177.
Luz, Ulrich: Kann die Bibel heute noch Grundlage für die Kirche sein? Über die Aufgabe der Exegese in einer religiös-pluralistischen Gesellschaft, in: NTS 44 (1998) 317–339.
Luz, Ulrich: Was heißt ‚Sola Scriptura' heute? Ein Hilferuf für das protestantische Schriftprinzip, in: EvTh 57 (1997) 28–35.
Luz, Ulrich: Wirkungsgeschichtliche Hermeneutik und kirchliche Auslegung der Schrift, in: Die prägende Kraft der Texte. Hermeneutik und Wirkungsgeschichte des Neuen Testaments. Ein Symposion zu Ehren von Ulrich Luz (SBS 199), hg. v. Moisés Mayordomo, Stuttgart 2005, 15–37.

Maas, Wilhelm: Gott und die Hölle. Studien zum Descensus Christi (SlgHor NF 14), Einsiedeln 1979.

Maaßen, Helmut: Offenbarung, Mythos und Metaphysik: Drei Gottesbegriffe der Tradition und Whiteheads bipolarer Gott, in: Die Gifford Lectures und ihre Deutung. Materialien zu Whiteheads ‚Prozess und Realität', Bd. II (stw 921), hg. v. Michael Hampe u. Helmut Maaßen, Frankfurt 1991, 217–233.

Maier, Hans: Die Überwindung der Welt. Auf dem Christentum liegt kein Fluch. Eine Antwort auf Herbert Schnädelbachs Polemik, in: Feuilleton der *ZEIT* (Ausgabe vom 11.5.2000) 24–25.

Maier, Hans: Revolution und Kirche. Studien zur Frühgeschichte der christlichen Demokratie 1789–1901, Freiburg ^{2}1965.

Maier, Hans: Vom Ghetto der Emanzipation, in: Joseph Ratzinger / Hans Maier, Demokratie in der Kirche. Möglichkeiten und Grenzen (Topos 348), Limburg / Kevelaer ^{2}2005, 47–77.

Maistre, Joseph Marie de: Correspondance V (Oeuvres complètes XII), Lyon 1886.

Maistre, Joseph Marie de: Du Pape. Édition critique avec une Introduction par Jacques Lovie et Joannès Chetail (Les classiques de la pensée politique 2), Genf 1966.

Manemann, Jürgen: Gnosis und Politik heute, in: Kirche und Israel 125 (1997) 71–87.

Marcel, Gabriel: Werkauswahl (hg. v. Peter Grotzer u. Siegfried Foelz): Bd. I. Hoffnung in einer zerbrochenen Welt? Vorlesungen und Aufsätze; Bd. II. Metaphysisches Tagebuch 1915–1943; Bd. III. Unterwegssein. Ansätze zu einer konkreten Philosophie. Dialog mit Zeitgenossen, Paderborn 1992.

Marion, Jean-Luc: Das Böse in Person, in: IKaZ 8 (1979) 243–250.

Markschies, Christoph: Die valentinianische Gnosis und Marcion – einige neue Perspektiven, in: Marcion und seine kirchengeschichtliche Wirkung. Vorträge der Internationalen Fachkonferenz zu Marcion gehalten vom 15.–18.8.2001 in Mainz (TU 150), hg. v. Gerhard May u. Katharina Greschat, Berlin 2002, 159–176.

Maron, Gottfried: Kirche und Rechtfertigung. Eine kontroverstheologische Untersuchung, ausgehend von den Texten des Zweiten Vatikanums (KiKonf 15), Göttingen 1969.

Marquard, Odo: Lob des Polytheismus, in: Philosophie und Mythos. Ein Kolloquium, hg. v. Hans Poser, Berlin 1979, 40–58.

Marquardt, Friedrich-Wilhelm: Das christliche Bekenntnis zu Jesus dem Juden. Eine Christologie, 2 Bde., München 1991/92.

Marschler, Thomas: Kenosischristologie. Strukturen und Probleme, in: Die Wahrheit ist Person. Brennpunkte einer christologisch gewendeten Dogmatik (FS Karl-Heinz Menke), hg. v. Julia Knop, Magnus Lerch und Bernd J. Claret, Regensburg 2015, 101–128.

Marschler, Thomas: Perspektiven der Eschatologie bei Joseph Ratzinger, in: Joseph Ratzinger. Ein theologisches Profil, hg. v. Peter Hofmann, Paderborn 2008, 161–188.

Martelet, Gustave: La dialectique des Exercises, in: NRTh 78 (1956) 1043–1066.

May, Gerhard: Marcion und der Gnostiker Kerdon, in: Ders., Marcion. Gesammelte Aufsätze, hg. v. Katharina Greschat u. Martin Meiser, Mainz 2005, 63–73.

May, Gerhard: Apelles und die Entwicklung der marcionitischen Theologie, in: Ders., Marcion. Gesammelte Aufsätze, hg. v. Katharina Greschat u. Martin Meiser, Mainz 2005, 93–110.

May, Gerhard: Der Streit zwischen Petrus und Paulus in Antiochien bei Marcion, in: Ders., Marcion. Gesammelte Aufsätze, hg. v. Katharina Greschat u. Martin Meiser, Mainz 2005, 35–41.

May, Gerhard: In welchem Sinn kann Marcion als der Begründer des neutestamentlichen Kanons angesehen werden?, in: Ders., Marcion. Gesammelte Aufsätze, hg. v. Katharina Greschat u. Martin Meiser, Mainz 2005, 85–91.

May, Gerhard: Marcions Bruch mit der römischen Gemeinde, in: Ders., Marcion. Ge-

sammelte Aufsätze, hg. v. Katharina Greschat u. Martin Meiser, Mainz 2005, 75–83.
May, Gerhard: Marcions Genesisauslegung und die „Antithesen", in: Ders., Marcion. Gesammelte Aufsätze, hg. v. Katharina Greschat u. Martin Meiser, Mainz 2005, 43–50.
Mehring, Reinhard: Geist gegen Gesetz. Carl Schmitts Destruktion des positiven Rechtsdenkens, in: Bernd Wacker (Hg.), Die eigentlich katholische Verschärfung. Konfession, Theologie und Politik im Werk Carl Schmitts, München 1994, 229–245.
Mehring, Reinhard: Vom Umgang mit Carl Schmitt. Zur neueren Literatur, in: GuG 19 (1993) 388–407.
Meier, Heinrich: Die Lehre Carl Schmitts. Vier Kapitel zur Unterscheidung Politischer Theologie und Politischer Philosophie, Stuttgart 1994.
Meier, Kurt: Der „Bund für deutsche Kirche" und seine völkisch-antijudaistische Theologie, in: Kurt Nowak / Gérard Raulet (Hg), Protestantismus und Antisemitismus in der Weimarer Republik, Frankfurt / New York 1994, 177–198.
Meier, Kurt: Die Deutschen Christen. Das Bild einer Bewegung im Kirchenkampf des Dritten Reiches, Halle / Göttingen [3]1967.
Meijering, Eginhard P.: Tertullian contra Marcion. Gotteslehre in der Polemik. Adversus Marcionem I-II, Leiden 1977.
Meister Eckhart: Deutsche Predigten und Traktate, hg. u. übers. v. Josef Quint, München / Wien [7]1963.
Menke, Karl-Heinz: Aktualismus. II. Theologisch, in: LThK I (1993) 308–309.
Menke, Karl-Heinz: Analogia fidei, in: LThK I (1993) 574–577.
Menke, Karl-Heinz: Antizipation. II. Systematisch-theologisch, in: LThK I (1993) 777–779.
Menke, Karl-Heinz: Argumente statt Verdikte. Eine kurze Replik auf Oberdorfers „rhapsodische Anmerkungen", in: Cath(M) 63 (2009) 138–142.
Menke, Karl-Heinz: Brücken zu Christus, Innsbruck 1986.
Menke, Karl-Heinz: Christ, in: LThK II (1994) 1100–1102.
Menke, Karl-Heinz: Das Gottespostulat unbedingter Solidarität und seine Erfüllung durch Christus, in: IKaZ 21 (1992) 486–499.
Menke, Karl-Heinz: Das Kriterium des Christseins. Grundriss der Gnadenlehre, Regensburg 2003.
Menke, Karl-Heinz: Definition und spekulative Grundlegung des Begriffes „Dogma" im Werke Johann Sebastian von Dreys (1777–1853), in: ThPh 52 (1977) 23–56.182–214.
Menke, Karl-Heinz: Deontologische Glaubensbegründung. Antonio Rosmini (1797–1855) und Maurice Blondel (1861–1949), in: ZKTh 109 (1987) 153–172.
Menke, Karl-Heinz: Devotio moderna und Devotio postmoderna, in: IKaZ 24 (1995) 61–72.
Menke, Karl-Heinz: Die „älteren Brüder und Schwestern". Zur Theologie des Judentums bei Joseph Ratzinger, in: IKaZ 38 (2009) 191–205.
Menke, Karl-Heinz: Die Annahme der Gnade als Mitvollzug der Erlösung. Ökumenische Reflexionen über das Verhältnis von Rechtfertigung und Kirche, in: Cath(M) 47 (1993) 1–19.
Menke, Karl-Heinz: Die Assensus-Lehre des Antonio Rosmini-Serbati. Dargestellt in ihrem Verhältnis zu Newmans „Grammar of Assent", in: ThPh 62 (1987) 43–58.
Menke, Karl-Heinz: Die Einzigkeit Jesu Christi im Horizont der Sinnfrage (Kriterien 94), Einsiedeln / Freiburg 1995.
Menke, Karl-Heinz: Die Sakramentalität der Eucharistie, in: IKaZ 42 (2013) 249–269.
Menke, Karl-Heinz: Die Vermittlung des Glaubens an Gott mit der Geschichte der Shoah. Eine Auseinandersetzung mit Christoph Münz, in: Wege der Theologie: an der Schwelle zum dritten Jahrtausend (FS Hans Waldenfels), hg. v. Günter Riße, Heino Sonnemans u. Burkhard Theß, Paderborn 1996, 219–243.

Menke, Karl-Heinz: Existential (übernatürliches), in: LThK III (1995) 1115.
Menke, Karl-Heinz: Fleisch geworden aus Maria. Die Geschichte Israels und der Marienglaube der Kirche, Regensburg 1999.
Menke, Karl-Heinz: Handelt Gott, wenn ich ihn bitte? (tt 331), Regensburg ³2008.
Menke, Karl-Heinz: Jesus ist Gott der Sohn. Denkformen und Brennpunkte der Christologie, Regensburg ³2012.
Menke, Karl-Heinz: Musste einer für alle sterben? Eine kritische Bilanz der Opfer-Christologie, in: Volker Hampel / Rodolf Weth (Hg.), Für uns gestorben. Sühne – Opfer – Stellvertretung, Neukirchen-Vluyn 2010, 191–222.
Menke, Karl-Heinz: Personalismus. III. Systematisch-theologisch, in: LThK VIII (1999) 57–59.
Menke, Karl-Heinz: Rechtfertigung: Gottes Handeln an uns ohne uns? Jüdisch perspektivierte Anfragen an einen binnenchristlichen Konsens, in: Cath(M) 63 (2009) 58–72.
Menke, Karl-Heinz: Sakramentalität. Wesen und Wunde des Katholizismus, Regensburg ²2012.
Menke, Karl-Heinz: Stellvertretung. Schlüsselbegriff christlichen Lebens und theologische Grundkatergorie (SlgHor NF 29), Einsiedeln / Freiburg ²1997.
Menke, Karl-Heinz: Thesen zur Christologie des Bittgebetes, in: Hilft beten? Schwierigkeiten mit dem Bittgebet, hg. v. Magnus Striet, Freiburg 2010, 87–105.
Menke, Karl-Heinz: Und ist Fleisch geworden, Regensburg 2005.
Menke, Karl-Heinz: Vernunft und Offenbarung nach Antonio Rosmini. Der apologetische Plan einer christlichen Enzyklopädie (ITS 5), Innsbruck 1980.
Menke, Karl-Heinz: Wahrheit und Geschichte, Theorie und Praxis. Fragende Erinnerungen eines „Achtundsechzigers“, in: ThGl 96 (2006) 148–170.
Menke, Karl-Heinz: Wort Gottes. II. Theologie- und dogmengeschichtlich. III. Systematisch-theologisch, in: LThK X (2001) 1299–1302.
Merk, Otto: Paulus-Forschung 1936–1985, in: ThR 53 (1988) 1–81.
Merklein, Helmut: „Nicht aus Werken des Gesetzes ...“. Eine Auslegung von Gal 2,15–21, in: Ders., Studien zu Jesus und Paulus, Bd. II, Tübingen 1998, 303–315.
Merklein, Helmut: Sühne. 2. Neues Testament, in: LThK (Freiburg 2000) 1099–1101.
Metz, Johann Baptist: Erlösung und Emanzipation, in: Erlösung und Emanzipation (QD 61), hg. v. Leo Scheffczyk, Freiburg 1973, 120–140.
Metz, Johann Baptist: Glaube in Geschichte und Gesellschaft. Studien zu einer praktischen Fundamentaltheologie, Mainz ⁵1992.
Metz, Johann Baptist: Gott vor uns. Statt eines theologischen Arguments, in: Ernst Bloch zu Ehren. Beiträge zu seinem Werk, hg. v. Siegfried Unseld, Frankfurt 1965, 227–241.
Metz, Johann Baptist: Im Angesichte der Juden. Christliche Theologie nach Auschwitz, in: Conc(D) 20 (1984) 382–389.
Metz, Johann Baptist: Jenseits bürgerlicher Religion. Reden über die Zukunft des Christentums, München 1980.
Metz, Johann Baptist: Plädoyer für mehr Theodizee-Empfindlichkeit in der Theologie, in: Worüber man nicht schweigen kann, hg. v. Willi Oelmüller, München 1992, 125–137.
Metz, Johann Baptist: Theodizee-empfindliche Gottesrede, in: „Landschaft aus Schreien“. Zur Dramatik der Theodizeefrage, hg. v. Johann Baptist Metz, Mainz 1995, 81–102.
Metz, Johann Baptist: Theologie als Theodizee – Beobachtungen zu einer aktuellen Diskussion, in: ThRv 95 (1999) 179–188.
Metz, Johann Baptist: Theologie als Theodizee?, in: Theodizee – Gott vor Gericht?, hg. v. Willi Oelmüller, München 1990, 103–118.

Metz, Johann Baptist: Theologie versus Polymythie oder Kleine Apologie des biblischen Monotheismus, in: Einheit und Vielheit (XIV. Deutscher Kongreß für Philosophie Gießen, 21.–26.9. 1987), hg. v. Odo Marquard, Hamburg 1990, 170–186.

Metz, Johann Baptist: Zukunft aus dem Gedächtnis des Leidens. Eine gegenwärtige Gestalt der Verantwortung des Glaubens, in: Conc(D) 8 (1972) 399–407.

Meuter, Günter: Der Katechon. Zu Carl Schmitts fundamentalistischer Kritik der Zeit (Philosophische Schriften 11), Berlin 1994.

Meuter, Günter: Die zwei Gesichter des Leviathan. Zu Carl Schmitts abgründiger Wissenschaft vom „Leviathan“, in: Metamorphosen des Politischen. Grundfragen politischer Einheitsbildung seit den 20er Jahren, hg. v. Andreas Göbel, Dirk van Laak u. Ingeborg Villinger, Berlin 1995, 95–116.

Meyer zu Schlochtern, Josef: Sakrament Kirche. Wirken Gottes im Handeln des Menschen, Freiburg 1992.

Miggelbrink, Ralf: Der Zorn Gottes. Geschichte und Aktualität einer ungeliebten biblischen Tradition, Freiburg 2000.

Möllenbeck, Thomas: Der Kardinalfehler – Theologische Spekulation mit *Intelligent Design*?, in: ThGl 98 (2008) 261–286.

Moltmann, Jürgen: Das Kommen Gottes. Christliche Eschatologie, Gütersloh 1995.

Moltmann, Jürgen: Der Geist des Lebens. Eine ganzheitliche Pneumatologie, München 1991.

Moltmann, Jürgen: Der gekreuzigte Gott. Das Kreuz Christi als Grund und Kritik christlicher Theologie, Gütersloh ²2002.

Moltmann, Jürgen: Der Weg Jesu Christi. Christologie in messianischen Dimensionen, München 1989.

Moltmann, Jürgen: In der Geschichte des dreieinigen Gottes. Beiträge zur trinitarischen Theologie, München 1991.

Moltmann, Jürgen: Trinität und Reich Gottes. Zur Gotteslehre, München 1980.

Moosbrugger, Mathias: Die Rehabilitierung des Opfers. Zum Dialog zwischen René Girard und Raymund Schwager um die Angemessenheit der Rede vom Opfer im christlichen Kontext (ITS 88), Innsbruck 2014.

Mühlen, Heribert: Der Heilige Geist als Person. Beitrag zur Frage nach der dem Heiligen Geiste eigentümlichen Funktion in der Trinität, bei der Inkarnation und im Gnadenbund, Münster 1963.

Mühlen, Heribert: Im-Wir-sein. Grundlegung der Wir-Wissenschaft. Beitrag zu einer wirgemäßen Lebens- und Weltordnung, aus dem Nachlass hg. v. Wilhelm Maas, Paderborn 2008.

Mühlen, Heribert: Una Mystica Persona. Die Kirche als das Mysterium der heilsgeschichtlichen Identität des Heiligen Geistes in Christus und den Christen, Paderborn ³1968.

Mühlenberg, Ekkehard: Marcion's Jealous God, in: Disciplina Nostra. Essays in Memory of Robert F. Evans (PatMS 6), hg. v. Donald F. Winslow, Philadelphia 1979, 93–113.203–205.

Müller, Alois: Ecclesia – Maria. Die Einheit Marias und der Kirche (Par. 5), Fribourg ²1955.

Müller, Andreas Uwe: Christlicher Glaube und historische Kritik. Maurice Blondel und Alfred Loisy im Ringen um das Verhältnis von Schrift und Tradition (FThSt 172), Freiburg 2008.

Müller, Andreas Uwe: Einführung in: Edith Stein, Endliches und ewiges Sein. Versuch eines Aufstiegs zum Sinn des Seins (ESGA 11/12), Freiburg 2006, XIII–XXXIV.

Müller, Andreas Uwe: Grundzüge der Religionsphilosophie Edith Steins (Symposion 97), Freiburg / München 1993.

Müller, Gerhard Ludwig: Analogie. II. Theologisch, in: LThK³ I (Freiburg 1993) 579–582.

Müller, Gerhard Ludwig: Erkenntnistheoretische Grundprobleme einer Theologie der Religionen, in: Ders. / Massimo Serretti (Hg.), Einzigkeit und Universalität Jesu Christi im Dialog mit den Religionen (SlgHor NF 35), Einsiedeln / Freiburg 2001, 17–48.
Müller, Gerhard Ludwig: Für andere da. Christus – Kirche – Gott in Bonhoeffers Sicht der mündig gewordenen Welt, Paderborn 1980.
Müller, Gerhard Ludwig: Gemeinschaft und Verehrung der Heiligen. Geschichtlich-systematische Grundlegung der Hagiologie, Freiburg 1986.
Müller, Gerhard Ludwig: Maria – die Frau im Heilsplan Gottes (Mariologische Studien 15), Regensburg 2002.
Müller, Gerhard Ludwig: Rezension zu: Piet Schoonenberg, Der Geist, das Wort und der Sohn. Eine Geist-Christologie, aus dem Niederl. ins Deutsche übers. v. Wilma Immler, Regensburg 1992, in: MThZ 44 (1993) 125–129.
Müller, Gerhard Ludwig: Vom Vater gesandt. Impulse einer inkarnatorischen Christologie für Gottesfrage und Menschenbilds, Regensburg 2005.
Müller, Karlheinz: Die jüdische Apokalyptik. Anfänge und Merkmale, in: TRE 3 (1978) 202–251.
Müller, Klaus: Fegefeuer oder Feuerchen?, in: Orien. 61 (1997) 239–241.
Müller, Klaus: GegenSchattenMacht. Ein Predigt-Lesebuch zum Osterfestkreis, Regensburg 2003.
Müller, Klaus: Vernunft und Glaube: Eine Zwischenbilanz zu laufenden Debatten (Pontes 20), Münster 2005.
Müller, Klaus: Wenn ich „ich" sage. Studien zur fundamentaltheologischen Relevanz selbstbewusster Subjektivität (RSTh 46), Frankfurt 1994.
Müller, Matthias: Christliche Theologie im Angesicht des Judentums. Bausteine einer Phänomenologie des Wartens, Stuttgart 2009.
Müller, Werner E.: Die Vorstellung vom Rest im Alten Testament, ergänzt u. überarbeitet von Horst Dieter Preuß, Neukirchen-Vluyn 1973.
Münz, Christoph: Der Welt ein Gedächtnis geben. Geschichtstheologisches Denken im Judentum nach Auschwitz, Gütersloh 1995.
Münzebrock, Elisabeth: „Denn in der Mitte der Seele ist eine Wohnung für Gott". Die „Seelenburg" der Teresa von Avila, in: Zeitwende 58 (1987) 210–231.
Murrmann-Kahl, Michael: Die entzauberte Heilsgeschichte. Der Historismus erobert die Theologie 1880–1920, Gütersloh 1992.
Mussner, Franz: Christus, das All und die Kirche, Trier ^{2}1968.
Nachtwei, Gerhard: Dialogische Unsterblichkeit. Eine Untersuchung zu Joseph Ratzingers Eschatologie und Theologie (EthS 54), Leipzig 1986.
Negel, Joachim: Ambivalentes Opfer. Studien zur Symbolik, Dialektik und Aporetik eines theologischen Fundamentalbegriffs, Paderborn 2005.
Neufeld, Karl Heinz: Adolf Harnacks Konflikt mit der Kirche. Weg-Stationen zum „Wesen des Christentums" (ITS 4), Innsbruck 1979.
Neufeld, Karl Heinz: Adolf von Harnack. Theologie als Suche nach der Kirche (KKTS 41), Paderborn 1977.
Neufeld, Karl Heinz: Die Brüder Rahner. Eine Biographie, Freiburg 1994.
Neuhaus, Gerd: Atheismus oder anonymes Christentum? Ein Versuch transzendentaler Hermeneutik des Gottesglaubens in Auseinandersetzung mit Feuerbach, Marx, Horkheimer und Benjamin, Annweiler 1985.
Neuhaus, Gerd: Der „Fels des Atheismus"? Die neuzeitliche Radikalisierung der Theodizeefrage im Spiegel der Literatur, in: Leid erfahren – Sinn suchen. Das Problem der Theodizee, hg. v. Michael Böhnke, Freiburg 2007, 106–144.
Neuhaus, Gerd: Frömmigkeit der Theologie. Zur Logik der offenen Theodizeefrage (QD 202), Freiburg 2003.

Neuhaus, Gerd: Fundamentaltheologie. Zwischen Rationalitäts- und Offenbarungsanspruch, Regensburg 2013.

Neuhaus, Gerd: Theodizee – Abbruch oder Anstoß des Glaubens? Eine Annäherung von ausgewählten Beispielen der Literatur her, in: „Landschaft aus Schreien". Zur Dramatik der Theodizeefrage, hg. v. Johann Baptist Metz, Mainz 1995, 9–55.

Neuhaus, Gerd: Theodizee und Glaubensgeschichte. Zur Kontingenz einer Fragestellung in: Mit Gott streiten. Neue Zugänge zum Theodizee-Problem (QD 169), hg. v. Harald Wagner, Freiburg 1998, 11–47.

Neuhaus, Gerd: Theologie nach Auschwitz, in: Wie glaubwürdig ist das Christentum?, hg. v. Günter Lange, Bochum 1994, 25–50.

Neuhaus, Gerd: Transzendentale Erfahrung als Geschichtsverlust? Der Vorwurf der Subjektlosigkeit an Rahners Begriff geschichtlicher Existenz und eine weiterführende Perspektive transzendentaler Theologie, Düsseldorf 1982.

Neuhaus, Gerd: Urvertrauen – eine notwendige Lebenslüge?, in: KatBl 118 (1993) 8–13.

Neuhaus, Gerd: Zwischen Protestatheismus und Erlösungsgewissheit. Auf dem Weg zu einer christologischen Theodizee, in: Fundamentaltheologie – Fluchtlinien und gegenwärtige Herausforderungen, hg. v. Klaus Müller, Regensburg 1998, 101–118.

Neusner, Jacob: Die Wiederaufnahme des religiösen Streitgesprächs auf der Suche nach theologischer Wahrheit, in: IKaZ 36 (2007) 293–299.

Neusner, Jacob: Ein Rabbi spricht mit Jesus. Ein jüdisch-christlicher Dialog, aus dem Amerikanischen übers. v. Karin Miedler u. Enrico Heinemann, Freiburg 2007.

Newman, Paul W.: A Spirit Christology. Recovering the Biblical Paradigm of Christian Faith, Atlanta 1987.

Nichtweiß, Barbara: Apokalyptische Verfassungslehren Carl Schmitts im Horizont der Theologie Erik Petersons, in: Bernd Wacker (Hg.), Die eigentlich katholische Verschärfung. Konfession, Theologie und Politik im Werk Carl Schmitts, München 1994, 37–64.

Nicoletti, Michele: Trascendenza e Potere. La teologia politica di Carl Schmitt (Religione e Cultura 3), Brescia 1990.

Niebuhr, Reinhold: The Nature and Destiny of Man, Bd. II. Human Destiny, New York 1943.

Nietzsche, Friedrich: Also sprach Zarathustra, in: Kritische Studienausgabe, Bd. IV, hg. v. Giorgio Colli u. Mazzino Montinari, Berlin 1988.

Nietzsche, Friedrich: Nachgelassene Fragmente 1884–1885, in: Kritische Studienausgabe, Bd. XI, hg. v. Giorgio Colli u. Mazzino Montinari, Berlin 1988.

Nigg, Walter: Der exemplarische Mensch, Köln 1967.

Nikolaus von Kues, De non-aliud – Das Nicht-Andere, in: Ders., Philosophisch-Theologische Schriften. Lateinisch-Deutsch, Bd. III, hg. v. Leo Gabriel, übers. v. Dietlind und Wilhelm Dupré, Wien ^{2}1989, 443–565.

Nikolaus von Kues, De visione Dei – Die Gottesschau, in: Ders., Philosophisch-Theologische Schriften. Lateinisch-Deutsch, Bd. III, hg. v. Leo Gabriel, übers. v. Dietlind und Wilhelm Dupré, Wien ^{2}1989, 93–219.

Nissiotis, Nikos Angelos: Die Theologie der Ostkirche im ökumenischen Dialog. Kirche und Welt in orthodoxer Sicht, Stuttgart 1968.

Nitsche, Bernhard: Gott und Freiheit. Skizzen zur trinitarischen Gotteslehre (Ratio Fidei 34), Regensburg 2008.

Noël, Marie: Erfahrungen mit Gott, übers. v. Agnes Heitzer, eingel. v. Karl Pfleger, Mainz 1961.

Nolte, Ernst: Der Faschismus in seiner Epoche. Die Action française. Der italienische Faschismus. Der Nationalsozialismus, München 1963.

Norelli, Enrico: Marcion: ein christlicher Philosoph oder ein Christ gegen die Philosophie?, in: Marcion und seine kirchengeschichtliche Wirkung. Vorträge der Internationalen Fachkonferenz zu Marcion gehalten vom 15.–18.8.2001 in Mainz (TU 150), hg. v. Gerhard May u. Katharina Greschat, Berlin 2002, 113–130.

Nowak, Kurt: Evangelische Kirche und Weimarer Republik. Zum politischen Weg des deutschen Protestantismus zwischen 1918 und 1932, Weimar 1981.

Nüllmann, Heiko: Logos Gottes und Logos des Menschen. Der Vernunftbegriff Joseph Ratzingers und seine Implikationen für Glaubensverantwortung, Moralbegründung und interreligiösen Dialog (BDS 52), Würzburg 2012.

Nusseibeh, Sari: Gewalt: Rationalität und Vernünftigkeit, in: Gott rette die Vernunft!, Augsburg 2008, 119–146.

Oberdorfer, Bernd: „Ohne uns"? Rhapsodische Anmerkungen zu Karl-Heinz Menkes Frontalangriff auf die lutherische Rechtfertigungslehre, in: Cath(M) 63 (2009) 73–80.

Oberdorfer, Bernd: Filioque. Geschichte und Theologie eines ökumenischen Problems (FSÖTh 96), Göttingen 2001.

Ohlig, Karl-Heinz: Ein Gott in drei Personen? Vom Vater Jesu zum „Mysterium" der Trinität, Mainz / Luzern 1999.

Orbe, Antonio: Marcionitica, in: Aug. 31 (1991) 195–244.

Osten-Sacken, Peter von der: Evangelium und Tora. Aufsätze zu Paulus, München 1987.

Osten-Sacken, Peter von der: Logos als Tora? Anfragen an eine neue Auslegung des Johannesprologs, in: KuI 9 (1994) 138–149.

Osten-Sacken, Peter von der: Rückzug ins Wesen und aus der Geschichte. Antijudaismus bei Adolf von Harnack und Rudolf Bultmann, in: WPKG 67 (1998) 106–122.

Ott, Heinrich: Wirklichkeit und Glaube, Bd. I. Zum theologischen Erbe Dietrich Bonhoeffers, Zürich 1966.

Otto, Elisabeth: Welt – Person – Gott. Eine Untersuchung zur theologischen Grundlage der Mystik bei Edith Stein, Vallendar 1990.

Palaver, Wolfgang: A Girardian Reading of Schmitt's Political Theology, in: Telos (New York) 93 (1992) 43–68.

Palaver, Wolfgang: Order out of Chaos in the Theories of Carl Schmitt and René Girard, in: Patrick Brady (Hg.), Chaos in the Humanities, Knoxville (USA) 1995, 87–106.

Palaver, Wolfgang: René Girards mimetische Theorie. Im Kontext kulturtheoretischer und gesellschaftspolitischer Fragen (BMT 6), Münster 2003.

Palzhoff, Thorsten / Treml, Martin (Hg.): Carl Schmitt – Jacob Taubes. Briefwechsel, München 2011.

Pannenberg, Wolfhart: Begriff und Antizipation, in: Ders., Metaphysik und Gottesgedanke, Göttingen 1988, 66–79.

Pannenberg, Wolfhart: Christsein ohne Kirche, in: Ders., Ethik und Ekklesiologie. Gesammelte Aufsätze, Göttingen 1977, 187–199.

Pannenberg, Wolfhart: Die Bedeutung der Kategorien „Teil" und „Ganzes" für die Wissenschaftstheorie der Theologie, in: ThPh 53 (1978) 481–497.

Pannenberg, Wolfhart: Die Begründung der Ethik bei Ernst Troeltsch, in: Ders., Ethik und Ekklesiologie. Gesammelte Aufsätze, Göttingen 1977, 70–96.

Pannenberg, Wolfhart: Einführung, in: Ders. (Hg.), Offenbarung als Geschichte, Göttingen 1963, 7–20.

Pannenberg, Wolfhart: Ekstatische Selbstüberschreitung als Teilhabe am göttlichen Geist, in: Claus Heitmann / Heribert Mühlen (Hg.), Erfahrung und Theologie des Heiligen Geistes, München 1974, 176–191.

Pannenberg, Wolfhart: Erwägungen zu einer Theologie der Religionsgeschichte, in: Ders., Grundfragen systematischer Theologie. Gesammelte Aufsätze, Bd. I, Göttingen 1967, 252–295.

Pannenberg, Wolfhart: Heilsgeschehen und Geschichte, in: Ders., Grundfragen systematischer Theologie. Gesammelte Aufsätze, Göttingen 1967, 22–78.
Pannenberg, Wolfhart: Jesus – God and Man, Philadelphia / Westminster 1968.
Pannenberg, Wolfhart: Problemgeschichte der neueren evangelischen Theologie in Deutschland, Göttingen 1997, 322–332.
Pannenberg, Wolfhart: Systematische Theologie, Bde. I-III, Göttingen 1988/91/93.
Pannenberg, Wolfhart: Wissenschaftstheorie und Theologie (stw 676), Frankfurt 1973.
Pawlikowski, John T.: Ein oder zwei Bünde? Zeitgenössische Perspektiven, in: ThQ 176 (1996) 325–340.
Pawlikowski, John T.: Judentum und Christentum, in: TRE 17 (1993) 386–403.
Pemsel-Maier, Sabine: Rechtfertigung durch Kirche? Das Verhältnis von Kirche und Rechtfertigung in Entwürfen der neueren katholischen und evangelischen Theologie (StSSTh 5), Würzburg 1991.
Pemsel-Maier, Sabine: Wirken Gottes in der Welt. Anstöße aus Theologie und Metaphysik, in: Die Wahrheit ist Person. Brennpunkte einer christologisch gewendeten Dogmatik (FS Karl-Heinz Menke), hg. v. Julia Knop, Magnus Lerch und Bernd J. Claret, Regensburg 2015, 305–326.
Perilli, Lorenzo: Logos. Theorie und Begriffsgeschichte, Darmstadt 2013.
Perles, Felix: Bousset's Religion des Judentums im neutestamentlichen Zeitalter kritisch untersucht, Berlin 1903.
Perles, Felix: Was lehrt uns Harnack?, Frankfurt 1902.
Pesch, Otto Hermann: Die Theologie der Rechtfertigung bei Martin Luther und Thomas von Aquin.Versuch eines systematisch-theologischen Dialogs, Mainz 1967.
Pesch, Otto Hermann: Existentielle und sapientiale Theologie. Hermeneutische Erwägungen zur systematisch-theologischgen Konfrontation zwischen Luther und Thomas von Aquin, in: ThLZ 92 (1967) 731–742.
Pesch, Otto Hermann: Gottes Gnadenhandeln als Rechtfertigung und Heiligung des Menschen, in: MySal IV/2 (Einsiedeln 1973) 831–920.
Peterson, Erik: Der Monotheismus als politisches Problem. Ein Beitrag zur Geschichte der politischen Theologie im Imperium Romanum, Leipzig 1935.
Peterson, Erik: Theologie und Theologen (Ausgewählte Schriften IX/1), hg. v. Barbara Nichtweiß, Würzburg 2009.
Peterson, Erik: Theologische Traktate, München 1951.
Peukert, Helmut: Kommunikatives Handeln, Systeme der Machtsteigerung und die unvollendeten Projekte der Aufklärung und Theologie, in: Edmund Arens (Hg.), Habermas und die Theologie, Düsseldorf 1989, 39–64.
Peukert, Helmut: Wissenschaftstheorie – Handlungstheorie – Fundamentale Theologie. Analysen zu Ansatz und Status theologischer Theoriebildung (stw 231), Frankfurt 1978.
Philipp, Franz-Heinrich: Zinzendorf und die Christusmystik des frühen 18. Jahrhunderts, in: Glaube – Geist – Geschichte (FS Ernst Benz), hg. v. Gerhard Müller u. Winfried Zeller, Leiden 1967, 339–342.
Platon: Der Staat, in: Sämtliche Dialoge, Bd. V, übers. u. hg. v. Otto Apelt, Hamburg 1988.
Platzbecker, Paul: „Freiheit als Prinzip aller Erscheinung". Anmerkung zu einem Zentralbegriff in der Kontroverse zwischen Hansjürgen Verweyen und Thomas Pröpper, in: Unbedingtes Verstehen?! Fundamentaltheologie zwischen Erstphilosophie und Hermeneutik, hg. v. Joachim Valentin u. Saskia Wendel, Regensburg 2001, 23–41.
Platzbecker, Paul: Radikale Autonomie vor Gott denken. Transzendentalphilosophische Glaubensverantwortung in der Auseinandersetzung zwischen Hansjürgen Verweyen und Thomas Pröpper (Ratio Fidei 19), Regensburg 2003.

Podhorecki, Norbert: Offenbarung – Schrift – Tradition. Walter Kaspers Beitrag zum Problem der Dogmenhermeneutik (EHS.T 719), Frankfurt 2001.

Pohlenz, Max: Die Stoa. Die Geschichte einer geistigen Bewegung, 2 Bde., Göttingen (1948/49) ^{4}1970.

Pohlenz, Max: Griechische Freiheit. Wesen und Werden eines Lebensideals, Heidelberg 1955.

Porsch, Felix: Pneuma und Wort. Ein exegetischer Beitrag zur Pneumatologie des Johannesevangeliums (FTS 16), Frankfurt 1974.

Potterie, Ignace de la: Le Christ, Plérôme de l'Église (Eph 1,22–23), in: Bib 58 (1977) 500–524.

Pottmeyer, Hermann Josef: Kirche als Communio. Eine Reformidee aus unterschiedlichen Perspektiven, in: StZ 210 (1992) 579–589.

Pottmeyer, Hermann Josef: Noch einmal: Zum Verhältnis von Orts- und Universalkirche bei Joseph Ratzinger, in: PB 45 (1993) 345–347.

Preß, Michael: Jesus und der Geist. Grundlagen einer Geist-Christologie, Neukirchen-Vluyn 2001.

Preuß, Horst Dietrich: Theologie des Alten Testaments, Bd. I. JHWHs erwählendes und verpflichtendes Handeln, Stuttgart 1991.

Pröpper, Thomas: Erlösungsglaube und Freiheitsgeschehen. Eine Skizze zur Soteriologie, München ^{3}1991.

Pröpper, Thomas: Evangelium und freie Vernunft. Konturen einer theologischen Hermeneutik, Freiburg 2001.

Pröpper, Thomas: Schleiermachers Bestimmung des Christentums und der Erlösung. Zur transzendental-anthropologischen Hermeneutik des Glaubens, in: TThQ 168 (1988) 193–214.

Pröpper, Thomas: Theologische Anthropologie, Freiburg 2011.

Pröpper, Thomas: Thesen zum Wunderverständnis, in: Bittgebet – Testfall des Glaubens, hg. v. Gisbert Greshake u. Gerhard Lohfink, Mainz 1978, 71–91.

Quaritsch, Helmut (Hg.): Complexio Oppositorum. Über Carl Schmitt. Vorträge und Diskussionsbeiträge des 28. Sonderseminars der Hochschule für Verwaltungswissenschaften Speyer (zu „Carl Schmitts Stellung in den Rechts- und Geisteswissenschaften des 20. Jh."), Berlin 1988.

Raffelt, Albert: Age ut intelligas. Eine Skizze zur pragmatischen Dogmenhermeneutik im französischen Modernismus, in: Dogmengeschichte und Katholische Theologie, hg. v. Werner Löser, Karl Lehmann u. Matthias Lutz-Bachmann, Würzburg 1985, 251–274.

Raffelt, Albert: Das „Wesen des Christentums" nach Alfred Loisy. Zur Interpretation und werkgeschichtlichen Einordnung seiner Schrift „L'Évangile et l'Église", in: WiWei 35 (1972) 165–199.

Raffelt, Albert: Rahner und Blondel, in: Was den Glauben in Bewegung bringt. Fundamentaltheologie in der Spur Jesu Christi (FS Karl Heinz. Neufeld), hg. v. Andreas R. Batlogg, Mariano Delgado u. Roman A. Siebenrock, Freiburg 2004, 17–33.

Raffelt, Albert: Spiritualität und Philosophie. Zur Vermittlung geistig-religiöser Erfahrung in Maurice Blondels „L'Action" (FThS 110), Freiburg 1978.

Rahner, Hugo (Hg.): Mater Ecclesia. Lobpreis der Kirche aus dem ersten Jahrtausend christlicher Literatur, Einsiedeln 1944.

Rahner, Hugo: Ignatius von Loyola als Mensch und Theologe, Freiburg 1964.

Rahner, Hugo: Maria und die Kirche. Zehn Kapitel über das geistliche Leben, Innsbruck ^{2}1962.

Rahner, Johanna: Creatura Evangelii. Zum Verhältnis von Rechtfertigung und Kirche, Freiburg 2005.

Rahner, Karl: Frömmigkeit früher und heute, in: Schriften VII (Einsiedeln 1966) 11–31.
Rahner, Karl: Grundkurs des Glaubens. Einführung in den Begriff des Christentums, in: Sämtliche Werke XXVI, Freiburg 1999.
Rahner, Karl: Meditation zum Buß-Sakrament, in: Sämtliche Werke XIII, Freiburg 2006, 89–95.
Rahner, Karl: Probleme der Christologie von heute, in: Sämtliche Werke XII, Freiburg 2005, 261–308.
Rahner, Karl: Theologisches zum Monogenismus, in: Schriften I (Einsiedeln 1954) 255–322.
Rahner, Karl: Zur Theologie des Symbols, in: Sämtliche Werke XVIII, Freiburg 2003, 423–457.
Rahner, Karl: Zur Theologie des Todes (QD 2), Freiburg 1958.
Räisänen, Heikki: Ein Sturmzentrum der Paulusforschung, in: VF 33/1 (1988) 40–56.
Räisänen, Heikki: Paul and the Law, Tübingen [2]1987.
Räisänen, Heikki: The Torah and Christ. Essays in German and English on the Problem of the Law in Early Christianity, Helsinki 1986.
Ratzinger, Joseph (Benedikt XVI.), Jesus von Nazareth, Bd. I. Von der Taufe im Jordan bis zur Verklärung; Bd. II. Vom Einzug in Jerusalem bis zur Auferstehung; Bd.III. Prolog. Die Kindheitsgeschichten, Freiburg 2007/10/12.
Ratzinger, Joseph: Auferstehung und ewiges Leben, in: Gesammelte Schriften X (Freiburg 2012) 31–276.
Ratzinger, Joseph: Aus meinem Leben. Erinnerungen (1927–1977), Stuttgart [3]1998.
Ratzinger, Joseph: Christi Himmelfahrt, in: Ders., Dogma und Verkündigung, München / Freiburg1973, 361–366.
Ratzinger, Joseph: Christliche Brüderlichkeit, in: Gesammelte Schriften VIII/1 (Freiburg 2010) 37–118.
Ratzinger, Joseph: Der Auftrag des Bischofs und des Theologen angesichts der Probleme der Moral in unserer Zeit, in: IKaZ 13 (1984) 524–538.
Ratzinger, Joseph: Der Gott des Glaubens und der Gott der Philosophen. Ein Beitrag zum Problem der theologia naturalis, neu hg. v. Heino Sonnemans, Leutesdorf [2]2005.
Ratzinger, Joseph: Der Gott Jesu Christi. Betrachtungen über den Dreieinen Gott [1976], Neuaufl. München 2006.
Ratzinger, Joseph: Der Weltdienst der Kirche. Auswirkungen von „Gaudium et Spes“ im letzten Jahrzehnt, in: IKaZ 4 (1975) 439–454.
Ratzinger, Joseph: Die Ekklesiologie der Konstitution Lumen gentium, in: Gesammelte Schriften VIII/1 (Freiburg 2010) 573–596.
Ratzinger, Joseph: Die Entfaltung des dialogischen Verständnisses von Unsterblichkeit und Auferstehung, in: Gesammelte Schriften X (Freiburg 2012) 279–485.
Ratzinger, Joseph: Die große Gottesidee ‚Kirche' ist keine Schwärmerei, in: Frankfurter Allgemeine Zeitung vom 22.12.2000.
Ratzinger, Joseph: Die kirchlichen Bewegungen und ihr theologischer Ort, in: Gesammelte Schriften VIII/1 (Freiburg 2010) 363–390.
Ratzinger, Joseph: Die neuen Heiden und die Kirche, in: Gesammelte Schriften VIII/2 (Freiburg 2010) 1143–1158.
Ratzinger, Joseph: Die Tochter Zion (Kriterien 44), Einsiedeln 1977.
Ratzinger, Joseph: Die Vielfalt der Religionen und der Eine Bund, in: Ders., Gesammelte Schriften VIII/2 (Freiburg 2010), 1078–1140.
Ratzinger, Joseph: Dogma und Verkündigung, München / Freiburg 1973.
Ratzinger, Joseph: Ein Versuch zur Frage des Traditionsbegriffs, in: Offenbarung und Überlieferung (QD 25), hg. v. K. Rahner u. Joseph Ratzinger, Freiburg: Herder, 1965, 25–69.

Ratzinger, Joseph: Einführung in das Christentum, München 1968.
Ratzinger, Joseph: Eschatologie – Tod und ewiges Leben, Regensburg 1977 [Gesammelte Schriften X, 36–257].
Ratzinger, Joseph: Freiheit und Befreiung. Die anthropologische Vision der Instruktion „Libertatis conscientia", in: IKaZ 15 (1986) 409–424 [Gesammelte Schriften X, 562–581].
Ratzinger, Joseph: Glaube – Wahrheit – Toleranz. Das Christentum und die Weltreligionen, Freiburg 2003.
Ratzinger, Joseph: Glaube und Zukunft [1970], Neuaufl. München 2007.
Ratzinger, Joseph: Glaube, Geschichte und Philosophie. Zum Echo auf „Einführung in das Christentum", in: Hochl. 61 (1969) 533–543.
Ratzinger, Joseph: Identifikation mit der Kirche, in: Gesammelte Schriften VIII/1 (Freiburg 2010) 178–192.
Ratzinger, Joseph: Jenseits des Todes, in: IKaZ 1 (1972) 231–344 [Gesammelte Schriften X, 372–389].
Ratzinger, Joseph: Kirche, Ökumene und Politik. Neue Versuche zur Ekklesiologie, Einsiedeln 1987.
Ratzinger, Joseph: Kirchliches Lehramt – Glaube – Moral, in: Prinzipien christlicher Moral (Kriterien 37), hg. v. Joseph Ratzinger, Einsiedeln [2]1981, 41–66.
Ratzinger, Joseph: Offenbarungsverständnis und Geschichtstheologie Bonaventuras. Habilitations-schrift und Bonaventura-Studien (Gesammelte Schriften II), Freiburg 2009.
Ratzinger, Joseph: Politik und Erlösung (NRW-Akademie der Wissenschaften, Vorträge G 279), Opladen 1986 [Gesammelte Schriften X, 524–561].
Ratzinger, Joseph: Primat, Episkopat und successio apostolica, in: Episkopat und Primat (QD 11), hg. v. Karl Rahner u. Joseph Ratzinger, Freiburg 1961, 37–59.
Ratzinger, Joseph: Reich-Gottes-Erwartung und Theologie der Befreiung, in: Gesammelte Schriften X (Freiburg 2012) 489–641.
Ratzinger, Joseph: Sakrament – Typos – Mysterion, in: Gesammelte Schriften XI (Freiburg 2008) 197–232.
Ratzinger, Joseph: Schauen auf den Durchbohrten. Versuche zu einer spirituellen Christologie, Einsiedeln 1984.
Ratzinger, Joseph: Schlusswort, in: Hochl. 62 (1970) 157–159.
Ratzinger, Joseph: Stellvertretung, in: HThGb II (München 1963) 566–575.
Ratzinger, Joseph: Studien zur Theologie der Kirchenväter, in: Gesammelte Schriften I (Freiburg 2011) 555–663.
Ratzinger, Joseph: The Local Church and the Universal Church, in: America 185 (2001) 7–11 [Gesammelte Schriften VIII/1, 597–604].
Ratzinger, Joseph: Unterwegs zu Jesus Christus, Augsburg 2003.
Ratzinger, Joseph: Volk und Haus Gottes in Augustins Lehre von der Kirche, in: Gesammelte Schriften I (Freiburg 2011) 43–550.
Ratzinger, Joseph: Von der Schöpfung, in: Ders., Gott und die Welt. Glauben und Leben in unserer Zeit. Ein Gespräch mit Peter Seewald, München 2000, 97–106.
Ratzinger, Joseph: Vorfragen zu einer Theologie der Erlösung, in: Erlösung und Emanzipation (QD 61), hg. v. Leo Scheffczyk, Freiburg 1973, 141–155.
Ratzinger, Joseph: Wahrheit, Werte, Macht. Die pluralistische Gesellschaft im Kreuzverhör, Frankfurt 1999.
Ratzinger, Joseph: Was die Welt zusammenhält. Vorpolitische moralische Grundlagen eines freiheitlichen Staates, in: Dialektik der Säkularisierung. Über Vernunft und Religion, hg. v. Florian Schuller, Freiburg 2005, 39–60.
Ratzinger, Joseph: Werte in Zeiten des Umbruchs. Die Herausforderungen der Zukunft bestehen, Freiburg 2005.

Ratzinger, Joseph: Zur Lage von Glaube und Theologie heute. In: IKaZ 25 (1996) 359–372.

Ratzinger, Joseph: Zwischen Tod und Auferstehung, in: IKaZ 9 (1980) 209–223 [Gesammelte Schriften X, 258–276].

Raven, Charles: The Creator Spirit, London 1928.

Reck, Norbert: Christliche Schuldgeschichte und Judenfeindschaft. Überlegungen zu alten und neuen Formen des Antisemitismus, in: Neuer Antisemitismus? Eine Herausforderung für den interreligiösen Dialog, hg. v. Hansjörg Schmid u. Britta Frede-Wenger, Berlin 2006, 41–66.

Reck, Norbert: Der Gott der Täter. Subjektverbergung. Objektivismus und die Unschuldsdiskurse in der Theologie, in: Ders. (Hg.), Von Gott reden im Land der Täter. Theologische Stimmen der dritten Generation seit der Shoah, Darmstadt 2001, 29–45.

Reifenberg, Peter: Verantwortung aus der Letztbegründung. Maurice Blondels Ansatz zu einer Logik des sittlichen Lebens (FThSt 166), Freiburg 2002.

Reikerstorfer, Johann: Politische Theologie als „negative Theologie". Zum zeitlichen Sinn der Gottrede, in: Ders. (Hg.), Vom Wagnis der Nichtidentität (FS Johann Baptist Metz), Münster 1998, 11–49.

Reiser, Marius: Bibel und Kirche. Eine Antwort an Ulrich Luz, in: Ders., Bibelkritik und Auslegung der Heiligen Schrift (WUNT 217), Tübingen 2007, 39–61.

Reiser, Marius: Der Papst als Interpret Jesu. Eine kritische Würdigung, in: TThZ 121 (2012) 24–42.

Reiser, Marius: Drei Präfigurationen Jesu: Jesajas Gottesknecht, Platons Gerechter und der Gottessohn im Buch der Weisheit, in: Ders., Bibelkritik und Auslegung der Heiligen Schrift. Beiträge zur Geschichte der biblischen Exegese und Hermeneutik (WUNT 217), Tübingen 2007, 331–353.

Reitz, Helga: Was ist Prozesstheologie? Analyse eines Neuansatzes in der nordamerikanischen Theologie der Gegenwart, in: KuD 16 (1970) 78–103.

Rendtorff, Trutz: Kirchlicher und freier Protestantismus, in: NZSTh 10 (1968) 18–30.

Reymond, Bernard: Auguste Sabatier et le procès théologique de l'autorité, Lausanne 1976.

Rhonheimer, Martin: Die Perspektive der Moral. Philosophische Grundlagen der Tugendethik, Berlin 2001.

Richter, Liselotte: Camus und die Philosophen in ihrer Aussage über das Absurde, in: Albert Camus, Der Mythos von Sisyphos, Reinbek 1996, 113–141.

Riedel-Spangenberger, Ilona: Einleitung in: Edith Stein, Eine Untersuchung über den Staat (ESGA 7), Freiburg 2006, IX-XXVI.

Riedlinger, Helmut: Geschichtlichkeit und Vollendung des Wissens Christi (QD 32), Freiburg 1966.

Rieger, Reinhold: Rezension zu: Hubertus Blaumeiser, Martin Luthers Kreuzestheologie, in: ThRv 93 (1997) 479–482.

Ringleben, Joachim: Der Gott des Sohnes. Christologische Überlegungen zum Verhältnis von Judentum und Christentum, in: KuD 40 (1994) 20–31.

Ritschl, Albrecht: Die christliche Lehre von der Rechtfertigung und Versöhnung, Bd. I. Geschichte der Lehre, Bonn ^{2}1882; Bd. II. Der biblische Stoff der Lehre, Bonn ^{3}1889; Bd. III. Die positive Entwicklung der Lehre, Bonn ^{3}1888.

Ritschl, Albrecht: Die Entstehung der altkatholischen Kirche. Eine kirchen- und dogmengeschichtliche Monographie, Bonn ^{2}1957.

Ritter, Adolf Martin: Adolf von Harnack und die Frage nach dem Wesentlichen des Christentums in altkirchlicher Perspektive, in: Wilfried Härle / Heinz Schmidt / Michael Welker (Hg.), Das ist christlich. Nachdenken über das Wesen des Christentums, Gütersloh 2000, 37–48.

Robinson, Henry Wheeler: The Hebrew Conception of Corporate Personality, in: BZAW 66 (1936) 49–61.

Röd, Wolfgang: Der Weg der Philosophie, Bd. I. Altertum, Mittelalter, Renaissance, München 1994.

Röd, Wolfgang: Geschichte der Philosophie, Bd. I. Die Philosophie der Antike 1: Von Thales bis Demokrit, München ²1988.

Rohrmoser, Günter: Das Elend der kritischen Theorie. Theodor W. Adorno – Herbert Marcuse – Jürgen Habermas, Freiburg 1970.

Rosato, Philip: Spirit Christology. Ambiguity and Promise, in: TS 38 (1977) 423–449.

Rosenzweig, Franz: Das neue Denken. Einige nachträgliche Bemerkungen zum „Stern der Erlösung" (1925), in: Ders., Die Schrift, hg. v. Karl Thieme, Königstein 1984, 186–211.

Rosenzweig, Franz: Der Mensch und sein Werk (Gesammelte Schriften, Bd. II. Der Stern der Erlösung), Den Haag-Dordrecht 1980.

Roth, Ulli: Gnadenlehre (Gegenwärtig Glauben denken 8), Paderborn 2013.

Ruckstuhl, Thomas: „Ecclesia universalis", Das sakramentale Universalitätsverständnis als hermeneutischer Schlüssel für die Kirche in der Moderne (FTS 65), Frankfurt 2003.

Rudolph, Enno: Platons Weg vom Logos zum Mythos, in: Ders. (Hg.), Mythos zwischen Philosophie und Theologie, Darmstadt 1994.

Ruelius, Peter-Felix: Mysterium spes. Gabriel Marcels Philosophie der Hoffnung und ihre Relevanz für die Eschatologie (StSSTh 14), Würzburg 1995.

Ruh, Ulrich: Joseph Ratzinger – der Kritiker der Moderne, in: Der Theologe Joseph Ratzinger (QD 222), hg. v. Frank Meier-Hamidi u. Ferdinand Schumacher, Freiburg 2007, 119–128.

Ruster, Thomas: „Das Christliche ist *er selbst*" – Größe und Grenze toralosen Christentums, in: Das Christentum der Theologen im 20. Jahrhundert. Vom „Wesen des Christentums" zu den „Kurzformeln des Glaubens", hg. v. Mariano Delgado, Stuttgart 2000, 97–113.

Ruster, Thomas: Der verwechselbare Gott. Theologie nach der Entflechtung von Christentum und Religion (QD 181), Freiburg ⁴2000.

Ruster, Thomas: Die verlorene Nützlichkeit der Religion. Katholizismus und Moderne in der Weimarer Republik, Paderborn 1994.

Sanders, Ed Parish: Paul, the Law and the Jewish People, London 1985.

Sanders, Ed Parish: Paulus und das palästinensische Judentum. Ein Vergleich zweier Religionsstrukturen, Göttingen 1985.

Sauter, Gerhard: Das verborgene Leben. Eine theologische Anthropologie, Gütersloh 2011.

Sauter, Gerhard: Einführung in die Eschatologie, Darmstadt 1995.

Sauter, Gerhard: Erwartung und Erfahrung. Predigten, Vorträge und Aufsätze, München 1972.

Sauter, Gerhard: Was heißt nach Sinn fragen?, München 1982.

Sauter, Gerhard: Zukunft und Verheißung. Das Problem der Zukunft in der gegenwärtigen theologischen und philosophischen Diskussion, Zürich / Stuttgart 1965.

Schaede, Stephan: Stellvertretung. Begriffsgeschichtliche Studien zur Soteriologie (BHTh 126), Tübingen 2004.

Schaeffler, Richard: „Freiheit, die frei macht" – Zur Weiterentwicklung eines transzendentalen Gottesbegriffs, in: Gott und Vernunft. Neue Perspektiven zur Transzendentalphilosophie Richard Schaefflers (Scientia et Religio 11), hg. v. Bernd Irlenborn u. Christian Tapp, Freiburg / München 2013, 68–93.

Schaeffler, Richard: Kultisches Handeln. Die Frage nach Proben seiner Bewährung und nach Kriterien seiner Legitimation, in: Ankunft Gottes und Handeln des Menschen.

Thesen über Kult und Sakrament (QD 77), hg. v. Richard Schaeffler u. Peter Hünermann, Freiburg 1977, 9–50.

Schäfer, Peter: Die Geschichtsauffassung des rabbinischen Judentums, in: Ders., Studien zur Geschichte und Theologie des rabbinischen Judentums, Leiden 1978, 23–44.

Schäfer, Rolf: Christentum.Wesen des, in: HWP I (1971) 1008–1016.

Schäfer, Rolf: Welchen Sinn hat es, nach dem Wesen des Christentums zu suchen?, in: ZThK 55 (1968) 329–347.

Schärtl, Thomas: Kommentar zu: Magnus Striet, Gottes unbeschränkte Freiheit – Balanceakte eines Grenzbegriffs, in: Alois Halbmayr / Gregor Maria Hoff, Negative Theologie heute? Zum aktuellen Stellenwert einer umstrittenen Tradition (QD 226), Freiburg 2008, 34–37.

Schärtl, Thomas: Rezension zu Klaus von Stosch, Glaubensverantwortung in doppelter Kontingenz, in: ThRv 100 (2004) 42–50.

Schärtl, Thomas: Was heißt es, überzeugt zu sein? Anmerkungen zur rationalen Verantwortung für religiöse Überzeugungen, in: ThPh 79 (2004) 200–217.

Schelling, Friedrich Wilhelm Joseph: Philosophische Untersuchungen über das Wesen der menschlichen Freiheit und die damit zusammenhängenden Gegenstände, in: Ausgewählte Werke. Schriften von 1806–1813, Darmstadt (WBG-Nachdruck) 1990, 275–360.

Schenk, Richard: Keine ‚unica vera religio'?, in: Thomas Eggensperger / Ulrich Engel (Hg.), Wahrheit. Recherchen zwischen Hochscholastik und Postmoderne, Mainz 1995, 167–185.

Schenk, Wolfgang: Die Jesus-Rezeption des Markion als theologisches Problem, in: Von Jesus zum Christus. Christologische Studien (FS Paul Hoffmann), hg. v. Rudolf Hoppe u. Ulrich Busse, in: BZNM 93 (1998) 507–528.

Schenker, Adrian: Sühne statt Strafe und Strafe statt Sühne! Zum biblischen Sühnebegriff, in: Josef Blank / Jürgen Werbick (Hg.), Sühne und Versöhnung (ThzZ 1), Düsseldorf 1986, 10–20.

Schenker, Adrian: Versöhnung und Sühne. Wege gewaltfreier Konfliktlösung im Alten Testament. Mit einem Ausblick auf das Neue Testament (BiBe 15), Freiburg (Schweiz) 1981.

Scherer, Georg: Verblendung und Todeshorizont. Zum Denken Theodor W. Adornos und Gabriel Marcels im Hinblick auf das Problem Erbsünde, in: Norbert Lohfink / Alexander Sand (Hg.), Zum Problem der Erbsünde. Theologische und philosophische Versuche, Essen 1981, 105–187.

Scherer, Robert: Der philosophische Weg Maurice Blondels, in: PhJ 69 (1961) 221–254.

Scherzberg, Lucia: Karl Adam und der Nationalsozialismus (Theologie. Geschichte. Beiheft 3), Saarbrücken 2011.

Scheuer, Manfred: Zeugnis für die Wahrheit. Franz Jägerstätter und die Frage des Gewissens auf dem II. Vatikanischen Konzil, in: Die Wahrheit ist Person. Brennpunkte einer christologisch gewendeten Dogmatik (FS Karl-Heinz Menke), hg. v. Julia Knop, Magnus Lerch und Bernd J. Claret, Regensburg 2015, 401–418.

Schilson, Arno: Geschichte im Horizont der Vorsehung. G. E. Lessings Beitrag zu einer Theologie der Geschichte (TTS 3), Mainz 1974.

Schiwy, Günter: Abschied vom allmächtigen Gott, München 1995.

Schleiermacher, Friedrich Daniel Ernst: Der christliche Glaube nach den Grundsätzen der evangelischen Kirche im Zusammenhange dargestellt. Ausgabe von 1821/22 (Krit. Gesamtausg. I/7,1–2), hg. v. Hermann Peiter, Berlin 1980.

Schleiermacher, Friedrich Daniel Ernst: Der christliche Glaube nach den Grundsätzen der evangelischen Kirche im Zusammenhange dargestellt. Ausgabe von 1830/31 (Krit. Gesamtausg. I/13,1–2), hg. v. Rolf Schäfer, Berlin 2003.

Schleiermacher, Friedrich Daniel Ernst: Ueber die Religion. Reden an die Gebildeten unter ihren Verächtern (Krit. Gesamtausg I/12), hg. v. Günter Meckenstock, Berlin 1995.

Schlette, Heinz Robert: Weltseele. Geschichte und Hermeneutik, Frankfurt 1993.

Schlette, Robert: Epiphanie als Geschichte. Ein Versuch, München 1966.

Schmalz, Oliver: Kirchenpolitik unter dem Vorzeichen der Volksnomoslehre. Wilhelm Stapel im Dritten Reich, Frankfurt 2004.

Schmaus, Michael: Begegnungen zwischen katholischem Christentum und nationalsozialistischer Weltanschauung, Münster 1933 [²1934].

Schmaus, Michael: Vom Wesen des Christentums, Augsburg 1947.

Schmelter, Denis: Gottes Handeln und die Risikologik der Liebe. Zur rationalen Vertretbarkeit des Glaubens an Bittgebetserhörungen, Marburg 2012.

Schmid, Ulrich: Marcion und sein Apostolos. Rekonstruktion und historische Einordnung der marcionitischen Paulusbriefausgabe (ANTT 25), Berlin / New York 1995.

Schmidbaur, Hans Christian: Gottes Handeln in Welt und Geschichte. Eine trinitarische Theologie der Vorsehung (MThS.S 63), St. Ottilien 2003.

Schmidinger, Heinrich (Hg.): Identität und Toleranz. Christliche Spiritualität im interreligiösen Kontext (Salzburger Hochschulwochen 2003), Innsbruck 2003.

Schmidt, Ludwig / Steinwede, Dietrich (Hg.): Vom Glauben erzählen. Lesebuch zum Evangelischen Gemeindekatechismus, Gütersloh 1981.

Schmidt-Leukel, Perry: Das Pluralistische Modell in der Theologie der Religionen. Ein Literaturbericht, in: ThRv 89 (1993) 353–364.

Schmidt-Leukel, Perry: Theologie der Religionen. Probleme, Optionen, Argumente (Beiträge zur Fundamentaltheologie und Religionsphilosophie 1), Neuried 1997.

Schmidt-Leukel, Perry: Was will die pluralistische Religionstheologie?, in: MThZ 49 (1998) 307–334.

Schmied, Augustinus: Erlösung vom Schöpfergott, oder: Wiederkehr Marcions?, in: ThG[B] 16 (1973) 47–53.

Schmithals, Walter: Bultmann, Rudolf (1884–1976), in: TRE VII (1981) 387–396.

Schmitt, Carl: Der Nomos der Erde im Völkerrecht des Ius Publicum Europaeum, Köln 1950.

Schmitt, Carl: Donoso Cortés in gesamteuropäischer Interpretation. Vier Aufsätze, Erstaufl. 1950, Berlin ²2009.

Schmitt, Carl: Der Begriff des Politischen. Text von 1932 mit einem Vorwort in drei Corollarien, 5. Nachdruck der Ausg. V. 1963, Berlin ⁷2002.

Schmitt, Carl: Der Leviathan in der Staatslehre des Thomas Hobbes. Sinn und Fehlschlag eines politischen Symbols, Erstaufl. 1938, hg. u. komm. v. Günter Maschke, Köln 1982.

Schmitt, Carl: Legalität und Legitimität, Erstaufl. 1932, Berlin ⁷2005.

Schmitt, Carl: Politische Theologie II. Die Legende von der Erledigung jeder Politischen Theologie, Erstaufl. 1970, Berlin ⁵2008.

Schmitt, Carl: Politische Theologie. Vier Kapitel Lehre über die Souveränität, Erstaufl. 1922, Berlin ⁹2009.

Schmitt, Carl: Positionen und Begriffe im Kampf um Weimar – Genf – Versailles 1923–1939, Hamburg 1940.

Schmitt, Carl: Romantik, in: Hochland 22/I (1924/25) 157–171.

Schmitt, Carl: Römischer Katholizismus und politische Form, Erstaufl. 1923, Stuttgart ⁵2008.

Schmitz, Hermann-Josef: Frühkatholizismus bei Adolf von Harnack, Rudolph Sohm und Ernst Käsemann, Düsseldorf 1977.

Schnädelbach, Herbert: Armes Christentum! Vorläufiges Schlusswort einer erregten Debatte, in: Feuilleton der *ZEIT* (Ausgabe vom 11.5.2000) 26–27.

Schnädelbach, Herbert: Der Fluch des Christentums. Die sieben Geburtsfehler einer alt gewordenen Weltreligion. Eine kulturelle Bilanz nach zweitausend Jahren, in: Feuilleton der *ZEIT* (Ausgabe vom 11.5.2000) 6–12.

Schneider, Michael: „Unterscheidung der Geister". Die ignatianischen Exerzitien in der Deutung von E. Przywara, K. Rahner und G. Fessard (ITS 11), Innsbruck ²1987.

Schneider, Thomas Martin: Reichsbischof Ludwig Müller. Eine Untersuchung zu Leben, Werk und Persönlichkeit, Göttingen 1993.

Scholder, Klaus: Die Kirchen und das Dritte Reich, Bd. I, Frankfurt 1977.

Scholem, Gershom: Art. ‚Kabbalah', in: EJ 10 (1978) 489–653.

Scholem, Gershom: Die jüdische Mystik in ihren Hauptströmungen, Frankfurt 1967.

Scholem, Gershom: Judaica, Bd. I, Frankfurt 1963

Scholem, Gershom: Über einige Begriffe des Judentums, Frankfurt 1970.

Scholem, Gershom: Walter Benjamin und sein Engel, in: Zur Aktualität Walter Benjamins, hg. v. Siegrid Unseld, Frankfurt 1972, 87–138.

Scholten, Clemens: Probleme der Gnosisforschung: alte Fragen – neue Zugänge, in: IKaZ 26 (1997) 481–501.

Schönborn, Christoph von: Gott sandte seinen Sohn. Christologie (Amateca 7), Paderborn 2002.

Schönemann, Eva: Bund und Tora. Kategorien einer im christlich-jüdischen Dialog verantworteten Christologie, Göttingen 2006.

Schoneveld, Jacobus: Die Thora in Person. Eine Lektüre des Prologs des Johannesevangeliums als Beitrag zu einer Christologie ohne Antisemitismus, in: KuI 6 (1991) 40–52.

Schoonenberg, Piet: Der Geist, das Wort und der Sohn. Eine Geist-Christologie, aus dem Niederl. ins Deutsche übers. v. Wilma Immler, Regensburg 1992.

Schoonenberg, Piet: Ein Gott der Menschen, aus dem Niederl. ins Deutsche übers. v. Heinrich A. Mertens, Einsiedeln 1969.

Schoonenberg, Piet: Trinität – der vollendete Bund. Thesen zur Lehre vom dreipersönlichen Gott, in: Orientierung 37 (1973) 115–117.

Schrey, Heinz-Horst: Aufhebung oder Erfüllung der Geschichte? Ein Beitrag zum Verständnis der Lehre von den zwei Reichen, in: Ders. (Hg.), Reich Gottes und Welt. Die Lehre Luthers von den zwei Reichen (WdF 107), Darmstadt 1969, 70–84.

Schrey, Heinz-Horst: Luthers Lehre von den zwei Reichen und ihre Bedeutung für die Weltanschauungssituation der Gegenwart, in: Ders. (Hg.), Reich Gottes und Welt. Die Lehre Luthers von den zwei Reichen (WdF 107), Darmstadt 1969, 101–104.

Schröder, Markus: Die kritische Identität des neuzeitlichen Christentums. Schleiermachers Wesensbestimmung der christlichen Religion, Tübingen 1996.

Schröder, Richard: Unkraut unter dem Weizen. Das Christentum und die Geschichte seiner permanenten Selbstkritik Eine Replik, in: Feuilleton der *ZEIT* (Ausgabe vom 11.5.2000) 13–15.

Schubert, Christiane: *mere passive?* Inszenierung eines Gesprächs über Gnade und Freiheit zwischen Eberhard Jüngel und Thomas Pröpper (Ratio Fidei 55), Regensburg 2014.

Schubert, Kurt: Die Jungfrauengeburt im Lichte frühjüdischer Quellen, in: ThG(B) 16 (1973) 193–199.

Schüle, Ernst Ulrich: Der Ursprung des Bösen bei Marcion, in: ZRGG 16 (1964) 23–42.

Schulz, Hartmut H. R.: Johann Salomo Semlers Wesensbestimmung des Christentums, Würzburg 1988.

Schulz, Michael: Die Gretchenfrage der Pluralistischen Religionstheologie: Einer ist Gott, nur einer auch Mittler?, in: Gerhard Ludwig Müller / Massimo Serretti (Hg.), Einzigkeit und Universalität Jesu Christi. Im Dialog mit den Religionen (Slg.Hor NF 35), Einsiedeln / Freiburg 2001, 113–153.

Schulz, Michael: Karl-Heinz Menkes Trinitätstheologie als „Begriff" der Selbst-Offenbarung Gottes, in: Die Wahrheit ist Person. Brennpunkte einer christologisch gewendeten Dogmatik (FS Karl-Heinz Menke), hg. v. Julia Knop, Magnus Lerch und Bernd J. Claret, Regensburg 2015, 47–72.

Schulz, Michael: Sakramentale Theodizee: die Krankensalbung. Anthropologie, Theologie und Spiritualität eines Sakramentes, in: ThGl 91 (2001) 69–86.

Schulz, Michael: Sein und Trinität. Systematische Erörterungen zur Religionsphilosophie G. W. F. Hegels im ontologiegeschichtlichen Rückblick auf J. Duns Scotus und I. Kant und die Hegel-Rezeption in der Seinsauslegung und Trinitätstheologie bei W. Pannenberg, E. Jüngel, K. Rahner und H. U. v. Balthasar (MThS.S 53), St. Ottilien 1997.

Schulz, Michael: Wenn das Salz des Evangeliums „dumm" geworden ist. Zu Joseph Ratzingers / Papst Benedikts XVI. Verhältnisbestimmung von Glaube und Vernunft, in: Der Glaube ist einfach. Aspekte der Theologie Papst Benedikts XVI., hg. v. Gerhard Ludwig Müller, Regensburg 2007, 19–53.

Schulz, Siegfried: Die Mitte der Schrift. Der Frühkatholizismus im Neuen Testament als Herausforderung an den Protestantismus, Stuttgart / Berlin 1976.

Schumacher, Thomas: Perichorein. Zur Konvergenz von Pneumatologik und Christologik in Hans Urs von Balthasars theodramatischem Entwurf einer Theologik (Wortmeldungen 7), München 2007.

Schürmann, Heinz: Die Frage nach der Verbindlichkeit der neutestamentlichen Wertungen und Weisungen, in: Prinzipien christlicher Moral (Kriterien 37), hg. v. Joseph Ratzinger, Einsiedeln [2]1981, 9–39.

Schwager, Raymund: Der Gott des Alten Testaments und der Gott des Gekreuzigten. Eine Untersuchung zur Erlösungslehre bei Marcion und Irenaeus, in: Ders., Der wunderbare Tausch. Zur Geschichte und Deutung der Erlösungslehre, München 1986, 7–31.

Schwager, Raymund: Erbsünde und Heilsdrama. Im Kontext von Evolution, Gentechnologie und Apokalyptik, Münster 1997.

Schwager, Raymund: Versöhnung und Sühne. Zur gleichnamigen Studie von Adrian Schenker, in: ThPh 58 (1983) 217–225.

Schwan, Gesine: „Mut zur Weite der Vernunft". Braucht Wissenschaft Religion?, in: Glaube und Vernunft. Die Regensburger Vorlesung, Freiburg 2006, 33–76.

Schwanke, Johannes: Freier oder unfreier Wille? Die Kontroverse zwischen Martin Luther und Erasmus von Rotterdam, in: Werner Zager (Hg.), Martin Luther und die Freiheit, Darmstadt [2]2012, 41–58.

Schweitzer, Albert: Geschichte der Leben-Jesu-Forschung, Gütersloh [3]1977.

Schwerdtfeger, Nikolaus: Gnade und Welt. Zum Grundgefüge von Karl Rahners Theorie der „anonymen Christen" (FThSt 123), Freiburg 1982.

Schwind, Georg: Das Andere und das Unbedingte. Anstöße von Maurice Blondel und Emmanuel Levinas für die gegenwärtige Diskussion (Ratio Fidei 3), Regensburg 2000.

Seckler, Max: Christentum. II. Die Frage nach Wesen und Identität des Christentums, in: LThK II (1994) 1107–1115.

Seifert, Paul: Die Theologie des jungen Schleiermacher, Gütersloh 1960.

Semler, Johann Salomo: Gedanken über die bedenklichsten Einwendungen gegen die Untrüglichkeit der Kirche, und über die Frage: ob und wiefern die katholische, oder doch die christliche Religion für die alleinseligmachende zu halten sey?, Salzburg 1794.

Semler, Johann Salomo: Ueber historische, gesellschaftliche und moralische Religion der Christen, Leipzig 1786.

Senft, Christoph: Wahrhaftigkeit und Wahrheit. Die Theologie des 19. Jahrhunderts zwischen Orthodoxie und Aufklärung, Tübingen 1956.

Siebenrock, Roman A. / Amor, Christoph J. (Hg.): Handeln Gottes. Beiträge zur aktuellen Debatte (QD 262), Freiburg 2014.

Skowronek, Alfons: Sakrament in der evangelischen Theologie der Gegenwart. Haupttypen der Sakramentsauffassungen in der zeitgenössischen, vorwiegend deutschen evangelischen Theologie, Paderborn 1970.

Sloterdijk, Peter: Die wahre Irrlehre. Über die Weltreligion der Weltlosigkeit, in: Ders. / Thomas H. Macho (Hg.), Weltrevolution der Seele. Ein Lese- und Arbeitsbuch der Gnosis von der Spätantike bis zur Gegenwart, Bd. I, Gütersloh 1991, 17–54.

Sloterdijk, Peter: Eurotaoismus. Zur Kritik der politischen Kinetik, Frankfurt 1989.

Sloterdijk, Peter: Kritik der zynischen Vernunft. Zweiter Band (es 1099), Frankfurt 1983.

Sloterdijk, Peter: Regeln für den Menschenpark: Ein Antwortschreiben zu Heideggers Brief über den Humanismus, Frankfurt 1999.

Sloterdijk, Peter: Weltfremdheit (es 1781), Frankfurt 1993.

Soden, Wolfram von: Jahwe „Er ist, Er erweist sich", in: WO III/3 (1966) 177–187.

Sohm, Rudolph: Kirchenrecht, Bd. I. Die geschichtlichen Grundlagen, Nachdr. der 2. Aufl. v. 1923 (Berlin), Darmstadt 1970.

Sohm, Rudolph: Wesen und Ursprung des Katholizismus, Nachdr. der 2. Aufl. v. 1912 (Leipzig / Berlin), Darmstadt 1967.

Söhngen, Gottlieb: Die neuplatonische Scholastik und Mystik der Teilhabe bei Plotin, in: PhJ 49 (1936) 98–120.

Söhngen, Gottlieb: Vom Wesen des Christentums, in: Ders., Die Einheit der Theologie. Gesammelte Abhandlungen, Aufsätze, Vorträge, München 1952, 288–304.

Solowjew, Wladimir: Russland und die universale Kirche, in: Werke, Bd. III, hg. v. Wladimir Szylkarski, Freiburg 1954, 145–419.

Soosten, Joachim von: Anmerkungen des Herausgebers, in: Dietrich Bonhoeffer, Sanctorum Communio. Eine dogmatische Untersuchung zur Soziologie der Kirche (Werke I), München 1986, 200–298.

Soosten, Joachim von: Die Sozialität der Kirche. Theologie und Theorie der Kirche in Dietrich Bonhoeffers „Sanctorum Communio" (Öffentliche Theologie 2), München 1992.

Spaemann, Robert: Bemerkungen zum Paradigma von Whiteheads Kosmologie, in: Whiteheads Metaphysik der Kreativität, hg. v. Friedrich Rapp u. Reiner Wiehl, Freiburg / München 1986, 169–181.

Spaemann, Robert: Der Ursprung der Soziologie aus dem Geist der Restauration. Studien über L. G. A. de Bonald, Stuttgart [2]1998.

Spaemann, Robert: Die Taube auf dem Dach. Gott ist nicht der Veranstalter des Bösen. Ein Einspruch gegen Schnädelbachs Ökumene der Absurditäten, in: Feuilleton der *ZEIT* (Ausgabe vom 11.5.2000) 16–21.

Spaemann, Robert: Gedanken zur Regensburger Vorlesung Benedikts XVI., in: Gott rette die Vernunft!, Augsburg 2008, 147–170.

Spaemann, Robert: Grenzen. Zur ethischen Dimension des Handelns, Stuttgart 2001.

Spaemann, Robert: Über einige Schwierigkeiten mit der Erbsündenlehre, in: Zur kirchlichen Erbsündenlehre. Stellungnahmen zu einer brennenden Frage (Kriterien 87), hg. v. Christoph Schönborn, Albert Görres u. Robert Spaemann, Einsiedeln / Freiburg 1991, 41–66.

Spaemann, Robert: Über Gott und die Welt. Eine Autobiographie in Gesprächen, Stuttgart 2012.

Sparn, Walter: Vernünftiges Christentum, in: Rudolph Vierhaus (Hg.), Wissenschaft im Zeitalter der Aufklärung, Göttingen 1985, 18–57.

Spiegelhalter, Eva-Maria: Objektiv evident? Die Wahrnehmbarkeit der Christusgestalt im Denken Hans Urs von Balthasars und Hansjürgen Verweyens (FThSt 177), Freiburg 2013.

Staats, Reinhart: Adolf von Harnack im Leben Dietrich Bonhoeffers, in: ThZ 37 (1989) 94–122.
Stapel, Wilhelm: Antisemitismus und Antigermanismus. Über das seelische Problem der Symbiose des deutschen und des jüdischen Volkes, Hamburg 1928
Stapel, Wilhelm: Der christliche Staatsmann. Eine Theologie des Nationalismus, Hamburg 1932.
Stapel, Wilhelm: Der deutsche Mensch, in: Jungdeutsches Wollen. Vorträge gehalten auf der Gründungstagung des Jungdeutschen Bundes auf Burg Lauenstein vom 9.–12. August 1919, Hamburg 1920.
Stapel, Wilhelm: Die Kirche Christi und der Staat Adolf Hitlers, Hamburg [4]1933.
Stapel, Wilhelm: Preußen muss sein. Eine Rede für Preußen, Hamburg 1932.
Stapel, Wilhelm: Sechs Kapitel über Christentum und Nationalsozialismus, Hamburg 1931.
Stapel, Wilhelm: Versuch einer praktischen Lösung der Judenfrage, in: Was wir vom Nationalsozialismus erwarten. Zwanzig Antworten, hg. v. Albrecht Erich Günther, Heilbronn 1932.
Stapel, Wilhelm: Volk und Staat, in: Philosophie der Gemeinschaft. Sieben Vorträge gehalten auf der Tagung der Deutschen Philosophischen Gesellschaft vom 1.–4. Oktober 1928 in Leipzig, Berlin 1929.
Stegemann, Ursula: Der Restgedanke bei Isaias, in: BZ 13 (1969) 161–186.
Stein, Edith: Aus dem Leben einer jüdischen Familie und weitere autobiographische Beiträge (ESGA 1), Freiburg 2002.
Stein, Edith: Beiträge zur philosophischen Begründung der Psychologie und der Geisteswissenschaften (ESGA 6), Freiburg 2010.
Stein, Edith: Brief an Papst Pius XI., in: Beate Beckmann-Zöller, Frauen bewegen die Päpste, Augsburg 2010, 237–239.
Stein, Edith: Eine Untersuchung über den Staat (ESGA 7), Freiburg 2006.
Stein, Edith: Endliches und ewiges Sein. Versuch eines Aufstiegs zum Sinn des Seins (ESGA 11/12), Freiburg 2006.
Stein, Edith: Geistliche Texte II (ESGA 20), Freiburg 2007.
Stein, Edith: Kreuzeswissenschaft: Studie über Johannes vom Kreuz (ESGA 18), Freiburg 2003.
Stein, Edith: Selbstbildnis in Briefen. II. 1933–1942 (ESGA 3), Freiburg 2000.
Stein, Edith: Selbstbildnis in Briefen. III. Briefe an Roman Ingarden (ESGA 4), Freiburg 2001.
Stein, Edith: Was ist der Mensch? Eine theologische Anthropologie (ESW 17), Freiburg 1994.
Stein, Edith: Zum Problem der Einfühlung (ESGA 5), Freiburg 2008.
Steinbart, Gotthelf Samuel: System der reinen Philosophie oder Glückseligkeitslehre des Christenthums für die Bedürfnisse seiner aufgeklärten Landsleute und andrer, die nach Wahrheit fragen, eingerichtet, Züllichau [3]1786.
Steinmair-Pösel, Petra: Gnade in Beziehung. Konturen einer dramatischen Gnadenlehre (Beiträge zur mimetischen Theorie 27), Münster 2005.
Stemberger, Günter: Das klassische Judentum. Kultur und Geschichte der rabbinischen Zeit, München 1979.
Stephan, Horst: Die heutigen Auffassungen des Neuprotestantismus, Gießen 1911.
Stickelbroeck, Michael: Das Heil des Menschen als Gnade, Regensburg 2014.
Stosch, Klaus von: Das besondere Verhältnis von Judentum und Christentum als Lernort Komparativer Theologie, in: Hubert Frankemölle / Josef Wohlmuth (Hg.), Das Heil der Anderen. Problemfeld „Judenmission“, Freiburg 2010, 113–136.
Stosch, Klaus von: Glaubensverantwortung in doppelter Kontingenz. Untersuchungen zur Verortung fundamentaler Theologie nach Wittgenstein (Ratio Fidei 7) Regensburg 2001.
Stosch, Klaus von: Gott – Macht – Geschichte.Versuch einer theodizeesensiblen Rede vom Handeln Gottes in der Welt, Freiburg 2006.

Stosch, Klaus von: Jesus als Gott der Sohn? Eine Auseinandersetzung mit der Christologie von Karl-Heinz Menke, in: Die Wahrheit ist Person. Brennpunkte einer christologisch gewendeten Dogmatik (FS Karl-Heinz Menke), hg. v. Julia Knop, Magnus Lerch und Bernd J. Claret, Regensburg 2015, 129–149.

Stosch, Klaus von: Komparative Theologie – ein Ausweg aus dem Grunddilemma jeder Theologie der Religionen?, in: ZKTh 124 (2002) 294–311.

Stosch, Klaus von: Komparative Theologie als Wegweiser in der Welt der Religionen, Paderborn 2012.

Strauß, David Friedrich: Das Leben Jesu kritisch bearbeitet, 2 Bde., Tübingen 1835–36 (3. veränderte Aufl. Tübingen 1838–39; 4. mit der ersten wieder zusammenstimmende Aufl. 1840; hier benutzte Aufl. Leipzig 1864).

Streminger, Gerhard: Gottes Güte und die Übel der Welt. Das Theodizeeproblem, Tübingen 1992.

Striet, Magnus: „Erkenntnis aller Pflichten als göttlicher Gebote". Bleibende Relevanz und Grenzen von Kants Religionsphilosophie, in: Kant und die Theologie, hg. v. Georg Essen u. Magnus Striet, Darmstadt 2005, 162–186.

Striet, Magnus: Das Ich im Sturz der Realität. Philosophisch-theologische Studien zu einer Theorie des Subjekts in Auseinandersetzung mit der Spätphilosophie Friedrich Nietzsches (Ratio Fidei 1), Regensburg 1998.

Striet, Magnus: Der neue Mensch? Unzeitgemäße Betrachtungen zu Sloterdijk und Nietzsche, Frankfurt 2000.

Striet, Magnus: Die Zeit. Systematisch-theologische Überlegungen, in: Zeit schenken – Vollendung erhoffen. Gottes Zusage an die Welt (Theologische Module 8), Freiburg 2013, 103–124.

Striet, Magnus: Erlösung durch den Opfertod Jesu?, in: Ders. u. Jan-Heiner Tück (Hg.), Erlösung auf Golgotha? Der Opfertod Jesu im Streit der Interpretationen, Freiburg 2012, 11–31.

Striet, Magnus: Hoffen – warum? Eschatologische Erwägungen im Horizont unbedingten Verstehens, in: Gefährdung oder Verheißung? Von Gott reden unter den Bedingungen der Moderne, hg. v. Karsten Kreutzer, Magnus Striet u. Joachim Valentin, Mainz 2007, 123–140.

Striet, Magnus: In der Gottesschleife. Von religiöser Sehnsucht in der Moderne, Freiburg 2014.

Striet, Magnus: *Ius divinum* – Freiheitsrechte. Nominalistische Dekonstruktionen in konstruktivistischer Absicht, in: Nach dem Gesetz Gottes. Autonomie als christliches Prinzip, hg. v. Stephan Goertz u. Magnus Striet, Freiburg 2014, 91–128.

Striet, Magnus: Kommunikative Vernunft und Theodizee. Versuch einer Perspektive, in: „... und nichts Menschliches ist mir fremd". Theologische Grenzgänge (Ratio Fidei 41), hg. v. Ottmar John u. Magnus Striet, Regensburg 2010, 247–264.

Striet, Magnus: Konkreter Monotheismus als trinitarische Fortbestimmung des Gottes Israels, in: Ders. (Hg.), Monotheismus Israels und christlicher Trinitätsglaube (QD 210), Freiburg 2004, 155–198.

Striet, Magnus: Selbst-Erlösung? Anmerkungen zu Nietzsches Subjektkritik, in: Natürlich: Nietzsche! Facetten einer antimetaphysischen Metaphysik (Forum Religionsphilosophie 1), hg. v. Klaus Müller, Münster 2002, 29–47.

Striet, Magnus: Versuch über die Auflehnung. Philosophisch-theologische Überlegungen zur Theodizeefrage, in: Mit Gott streiten. Neue Zugänge zum Theodizee-Problem (QD 169), hg. v. Harald Wagner, Freiburg 1998, 48–89.

Striet, Magnus: Vorwort, in; Ottmar Fuchs, Der zerrissene Gott. Das trinitarische Gottesbild in den Brüchen der Welt (Ostfildern 2014) 9–12.

Striet, Offenbares Geheimnis. Zur Kritik der negativen Theologie (Ratio Fidei 14), Regensburg 2003.

Stübinger, Thomas: Theologie aufs Ganze. Zum dreifachen Konstruktionspunkt des theologischen Denkens Joseph Ratzingers (ESt 71), Regensburg 2014.

Studer, Basil: Hypostase, in: HWP III (Basel 1974) 1255–1259.

Swinburne, Richard: The Coherence of Theism, Oxford 1977.

Tafferner, Andrea: Gottes- und Nächstenliebe in der deutschsprachigen Theologie des 20. Jahrhunderts (ITS 37), Innsbruck 1992.

Taubes, Jacob: Ad Carl Schmitt. Gegenstrebige Fügung, Berlin 1987.

Taubes, Jacob: Das stählerne Gehäuse und der Exodus daraus oder ein Streit um Marcion, einst und heute, in: Ders. (Hg.), Religionstheorie und politische Theologie, Bd. II. Gnosis und Politik, München 1984, 9–15.

Taubes, Jacob: Die politische Theologie des Paulus, hg. v. Aleida u. Jan Assmann, München 1993.

Taubes, Jacob: Walter Benjamin – ein moderner Marcionit? Scholems Benjamin-Interpretation religionsgeschichtlich überprüft, in: Antike und Moderne. Zu Walter Benjamins „Passagen“, hg. v. Norbert W. Bolz u. Richard Faber, Würzburg 1986, 138–147.

Taubes, Jacob: Zur Konjunktur des Polytheismus, in: Mythos und Moderne. Begriff und Bild einer Rekonstruktion, hg. v. Karl-Heinz Bohrer, Frankfurt 1983, 457–471.

Teifke, Wilko: Offenbarung und Gericht. Fundamentaltheologie und Eschatologie bei Guardini, Rahner und Ratzinger (FSÖTh 135), Göttingen 2012.

Teilhard de Chardin, Pierre: Der Mensch im Kosmos, aus dem Frz. übers. v. Othon Marbach, München 1959.

Teilhard de Chardin, Pierre: Die Entstehung des Menschen, aus dem Frz. übers. v. Günther Scheel, München 1961.

Teilhard de Chardin, Pierre: Mein Weltbild, aus dem Frz. übers. v. Karl Schmitz-Moormann, Olten 1975.

Teilhard de Chardin, Pierre: Über die Weisen des göttlichen Wirkens im Universum, in: Ders.: Mein Glaube, aus dem Frz. übers. v. Karl Schmitz-Moormann, Olten 1972.

Theiler, Willy: Philo von Alexandria und der hellenisierte Timaeus, in: Der Mittelplatonismus (WdF 70), hg. v. Clemens Zintzen, Darmstadt 1981, 52–63.

Theobald, Michael: Sünde. 2. Neues Testament, in: LThK IX (Freiburg 2000) 1120–1123.

Thiede, Werner: Der gekreuzigte Sinn. Eine trinitarische Theodizee, München 2007.

Thomas von Aquin: Summa contra gentiles, lateinisch-deutsche Ausgabe der WBG, 4 Bde., Darmstadt [2]2001.

Thomke, Helmut: Politik und Christentum bei Wilhelm Stapel, Mainz 1973.

Thonhauser, Gerhard: Über das Konzept der Zeitlichkeit bei Søren Kierkegaard mit ständigem Hinblick auf Martin Heidegger, Freiburg / München 2011.

Tilgner, Wolfgang: Volksnomostheologie und Schöpfungsglaube. Ein Beitrag zur Geschichte des Kirchenkampfes (AGK 16), Göttingen 1966.

Tillich, Paul: Die bleibende Bedeutung der katholischen Kirche für den Protestantismus, in: Ders., Der Protestantismus als Kritik und Gestaltung (Gesammelte Werke, Bd. VII), Stuttgart 1962, 124–132.

Timm, Hermann: Remythologisierung? Der akkumulative Symbolismus im Christentum, in: Mythos und Moderne. Begriff und Bild einer Rekonstruktion, hg. v. Karl-Heinz Bohrer, Frankfurt 1983, 432–456.

Tittmann, Johann August: Pragmatische Geschichte der Theologie und Religion in der protestantischen Kirche während der zweiten Hälfte des 18. Jahrhunderts. Erster Teil bis zur Erscheinung der kritischen Philosophie, Breslau 1805.

Tolstoi, Leo: Unsere Armen und Elenden, übers. v. Hermann Roskoschny, Leipzig 1888.

Tossou, Kossi K. Joseph: Streben nach Vollendung. Eine Studie zur Pneumatologie im Werk Hans Urs von Balthasars, Münster 1982.

Trennert-Hellwig, Mathias: Die Urkraft des Kosmos. Dimensionen der Liebe im Werk Pierre Teilhards de Chardin (FThSt 153), Freiburg 1993.

Troeltsch, Ernst: Die Absolutheit des Christentums und die Religionsgeschichte und zwei Schriften zur Theologie. Nachdr. der erweiterten zweiten Aufl. von 1912, hg. u. eingel. v. Trutz Rendtorff, München / Hamburg 1969.

Troeltsch, Ernst: Die Bedeutung des Protestantismus für die Entstehung der modernen Welt, in: Kritische Gesamtausgabe, Bd. VIII, hg. v. Trutz Rendtorff u. Stefan Pautler, Berlin 2001, 199–316.

Troeltsch, Ernst: Luther, der Protestantismus und die moderne Welt, in: Ders., Gesammelte Schriften, Bd. IV. Aufsätze zur Geistesgeschichte und Religionssoziologie, Tübingen 1925, 202–254.

Troeltsch, Ernst: Moderne Geschichtsphilosophie, in: Gesammelte Werke, Bd. II. Zur religiösen Lage, Religionsphilosophie und Ethik, Neudr. der zweiten Aufl. Tübingen 1922, Aalen 1962, 673–728

Troeltsch, Ernst: Über historische und dogmatische Methode in der Theologie, in: Ders., Gesammelte Werke, Bd. II. Zur religiösen Lage, Religionsphilosophie und Ethik, Neudr. der zweiten Aufl. Tübingen 1922, Aalen 1962, 729–753.

Troeltsch, Ernst: Was heißt „Wesen des Christentums"?, in: Ders., Gesammelte Schriften, Bd. II. Zur religiösen Lage, Religionsphilosophie und Ethik, Neudr. der zweiten Aufl. Tübingen 1922, Aalen 1962, 386–451.

Tück, Jan-Heiner: Christologie und Theodizee bei Johann Baptist Metz. Ambivalenz der Neuzeit im Licht der Gottesfrage, Paderborn 1999.

Tück, Jan-Heiner: Das Unverzeihbare verzeihen? Jankélévitsch, Derrida und die Hoffnung wider alle Hoffnung, in: IkaZ 33 (2004) 174–188.

Tück, Jan-Heiner: Einheit der Kirche durch Vielfalt der Konfessionen? Zur Kritik der „pluralistischen Ekklesiologie" in Dominus Iesus, in: IKaZ 30 (2001) 261–281.

Tück, Jan-Heiner: In die Wahrheit kommen. Das Gericht Jesu Christi – Annäherungen an ein eschatologisches Motiv, in: Thomas Herkert / Matthias Remenyi (Hg.), Neues von den letzten Dingen, Darmstadt 2009, 99–122.

Tück, Jan-Heiner: Jesus – das Wort Gottes in Person. Zum Disput zwischen Joseph Ratzinger und Jacob Neusner, in: Helmut Hoping / Michael Schulz (Hg.), Jesus und der Papst. Systematische Reflexionen zum Jesus-Buch des Papstes, Freiburg 2007, 48–59.

Tück, Jan-Heiner: Mit dem Rücken zu den Opfern der Geschichte? Zur trinitarischen Kreuzestheologie Hans Urs von Balthasars, in: Monotheismus Israels und christlicher Trinitätsglaube (QD 210), hg. v. Magnus Striet, Freiburg 2004, 199–235.

Tück, Jan-Heiner: Unversöhnt in alle Ewigkeit? Hartmut Langes Novelle *Das Konzert* und die Hoffnung auf Versöhnung, in: Die Wahrheit ist Person. Brennpunkte einer christologisch gewendeten Dogmatik (FS Karl-Heinz Menke), hg. v. Julia Knop, Magnus Lerch und Bernd J. Claret, Regensburg 2015, 225–248.

Urbanek, Regina: Die Goldene Kammer von St. Ursula in Köln, Worms 2010.

Vandevelde-Daillière, Guy: L'inversion trinitaire chez H. U. von Balthasar, in: NRT 120 (1998) 370–383.

Vasel, Stephan: Philosophisch verantwortete Christologie und christlich-jüdischer Dialog. Schritte zu einer doppelt apologetischen Christologie in Auseinandersetzung mit den Entwürfen von Hans-Joachim Kraus, Friedrich-Wilhelm Marquardt, Paul M. van Buren, Paul Tillich, Wolfhart Pannenberg und Wilfried Härle, Gütersloh 2001.

Vechtel, Klaus: Eschatologie und Freiheit. Zur Frage der postmortalen Vollendung in der Theologie Karl Rahners und Hans Urs von Balthasars (ITS 89), Innsbruck 2014.

Vergauwen, Guido: Dietrich Bonhoeffers Ringen um eine Kurzformel des Glaubens in Zeiten der Gefahr, in: Das Christentum der Theologen im 20. Jahrhundert. Vom

„Wesen des Christentums“ zu den „Kurzformeln des Glaubens“, hg. v. Mariano Delgado, Stuttgart 2000, 207–221.
Verweijs, Pieter Goefried: Evangelium und neues Gesetz in der ältesten Christenheit bis auf Marcion (STL 5), Utrecht 1960.
Verweyen, Hansjürgen: „…gestorben für unsere Sünden“. Stellvertretung ohne Sühnetod?, in: Die Wahrheit ist Person. Brennpunkte einer christologisch gewendeten Dogmatik (FS Karl-Heinz Menke), hg. v. Julia Knop, Magnus Lerch und Bernd J. Claret, Regensburg 2015, 209–224.
Verweyen, Hansjürgen: „Auferstehung“: ein Wort verstellt die Sache, in: Ders. (Hg.), Osterglaube ohne Auferstehung? Diskussion mit Gerd Lüdemann (QD 155), Freiburg 1995, 105–144.
Verweyen, Hansjürgen: Botschaft eines Toten? Den Glauben rational verantworten, Regensburg 1997.
Verweyen, Hansjürgen: Ein unbekannter Ratzinger. Die Habilitationsschrift von 1955 als Schlüssel zu seiner Theologie, Regensburg 2010.
Verweyen, Hansjürgen: Einleitung, in: Maurice Blondel, Zur Methode der Religionsphilosophie (Theologia Romanica V), aus dem Frz. (Lettre sur les exigences de la pensée contemporaine en matière d'apologétique et sur la méthode de la philosophie dans l'étude du problème religieux) ins Deutsche übers. v. Hansjürgen u. Ingrid Verweyen, Einsiedeln 1974, 13–100.
Verweyen, Hansjürgen: Fundamentaltheologie – Hermeneutik – Erste Philosophie, in: ThPh 56 (1981) 358–388.
Verweyen, Hansjürgen: Gibt es einen philosophisch stringenten Begriff von Inkarnation?, in: Incarnation, hg. v. Marco M. Olivetti, Padova 1999, 481–489.
Verweyen, Hansjürgen: Gottes letztes Wort. Grundriss der Fundamentaltheologie, Regensburg ^{3}2000.
Verweyen, Hansjürgen: Ist Gott die Liebe?. Spurensuche in Bibel und Tradition, Regensburg 2014.
Verweyen, Hansjürgen: Joseph Ratzinger – Benedikt XVI. Die Entwicklung seines Denkens, Darmstadt 2007.
Verweyen, Hansjürgen: Ontologische Voraussetzungen des Glaubensaktes. Zur transzendentalen Frage nach der Möglichkeit von Offenbarung, Düsseldorf 1969.
Verweyen, Hansjürgen: Philosophie und Theologie. Vom Mythos zum Logos zum Mythos, Darmstadt 2005.
Verweyen, Hansjürgen: Rezension zu Hans Kessler (Sucht den Lebenden nicht bei den Toten. Erste Aufl.), in: ZKTh 108 (1986) 71–74.
Verweyen, Hansjürgen: Was ist die Hölle? Fragen in der Spur Hans Urs von Balthasars, in: IkaZ 37 (2008) 254–270.
Vesting, Thomas: Die permanente Revolution. Carl Schmitt und das Ende der Epoche der Staatlichkeit, in: Metamorphosen des Politischen. Grundfragen politischer Einheitsbildung seit den 20er Jahren, hg. v. Andreas Göbel, Dirk van Laak u. Ingeborg Villinger, Berlin 1995, 191–202.
Vinzent, Markus: Christ's Resurrection. The Pauline Basis of Marcion's Teaching, in: StPatr 31 (1997) 225–233.
Vinzent, Markus: Der Schluss des Lukasevangeliums bei Marcion, in: Marcion und seine kirchengeschichtliche Wirkung. Vorträge der Internationalen Fachkonferenz zu Marcion gehalten vom 15.–18.8.2001 in Mainz (TU 150), hg. v. Gerhard May u. Katharina Greschat, Berlin 2002, 79–94.
Voderholzer, Rudolf: Die Einheit der Schrift und ihr geistlicher Sinn. Der Beitrag Henri de Lubacs zur Erforschung von Geschichte und Systematik christlicher Bibelhermeneutik (SlgHor NF 31), Freiburg 1998.

Voderholzer, Rudolf: Henri de Lubac begegnen, Augsburg 1999.
Voderholzer, Rudolf: Offenbarung, Tradition und Schriftauslegung. Bausteine zu einer christlichen Bibelhermeneutik, Regensburg 2013.
Voland, Eckhard: Hominisation, Homologie und Heuristik. Ein Plädoyer für den Tier / Mensch-Vergleich, in: Evolution. Eine Kontroverse (Interdisziplinäre Forschungen 2), hg. v. Gerhard Haszprunar u. Raymund Schwager, Thaur 1994, 83–94.
Vondey. Wolfgang: Die Rezeption der Theologie Heribert Mühlens im internationalen Raum, in: FKTh 20 (2004) 186–203.
Vorgrimler, Herbert: Randständiges Dasein des dreieinigen Gottes? Zur praktischen und spirituellen Dimension der Trinitätslehre, in: StZ 220 (2002) 545–552.
Vorgrimler, Herbert: Überlegungen zur Geschichtsmächtigkeit Gottes, in: Kommunikation und Solidarität. Beiträge zur Diskussion des handlungstheoretischen Ansatzes von Helmut Peukert in Theologie und Sozialwissenschaften, hg. v. Hans-Ulrich von Brachel u. Norbert Mette, Freiburg (Schweiz) / Münster 1985, 131–139.
Vorster, Hans: Das Freiheitsverständnis bei Thomas von Aquin und Martin Luther (KiKonf 8), Göttingen 1965.
Wagenhammer, Hans: Das Wesen des Christentums. Eine begriffsgeschichtliche Untersuchung (TTS 2), Mainz 1973.
Wagner, Harald: An den Ursprüngen des frühkatholischen Problems. Die Ortsbestimmung des Katholizismus im älteren Luthertum (FThSt 14), Frankfurt 1973.
Wagner, Harald: Dogmatik, Stuttgart 2003.
Wagner, Harald: Für ein „inwendiges Reich Gottes“. Die Theologie des Pietisten Gottfried Arnold, in: Una Sancta 26 (1971) 339–346.
Waldenfels, Hans: Auf den Spuren von Gottes Wort. Theologische Versuche III (Begegnung 13), Bonn 2004.
Waldenfels, Hans: Begegnung der Religionen. Theologische Versuche I (Begegnung 1), Bonn 1990.
Waldenfels, Hans: Die Offenbarung. Von der Reformation bis zur Gegenwart (HDG I,1b), Freiburg 1977.
Waldenfels, Hans: Gottes Wort in der Fremde. Theologische Versuche II (Begegnung 5), Bonn 1997.
Waldenfels, Hans: Kontextuelle Fundamentaltheologie, Paderborn [2]1988.
Waldenfels, Hans: Mit zwei Flügeln. Kommentar und Anmerkungen zur Enzyklika „Fides et Ratio“ Papst Johannes Pauls II., Paderborn 2000.
Wallmann, Johannes: Johann Arndt und die protestantische Frömmigkeit, in: Chloe 2 (1984) 50–74.
Weber, Jörg: Geist-Christologie im Neuen Testament? Erwägungen zu einer exegetischen These über das Verhältnis von Jesus Christus und dem Heiligen Geist, Trier 2000.
Weichselmann, Sonja: „Einer trage des andern Last“. Der Topos der Stellvertretung bei C. S. Lewis (Pontes 49), Münster 2011.
Weihs, Andreas: Die Deutung des Todes Jesu im Markusevangelium. Eine exegetische Studie zu den Leidens- und Auferstehungsansagen, Würzburg 2003.
Weiler, Joseph H. H.: Neinsagen zu Gott: Anmerkungen zu der Regensburger Vorlesung und zwei Predigten Benedikts XVI., in: Gott rette die Vernunft!, Augsburg 2008, 171–192.
Weimann, Ralph: Dogma und Fortschritt bei Joseph Ratzinger. Prinzipien der Kontinuität, Paderborn 2012.
Weimer, Ludwig: Christsein angesichts der Religionen, Bad Tölz 2002.
Weissmahr, Béla: Bemerkungen zur Frage der Möglichkeit eines nicht durch Geschöpfe vermittelten göttlichen Wirkens in der Welt, in: ZKTh 96 (1974) 426–430.
Weissmahr, Béla: Gibt es von Gott gewirkte Wunder? Grundsätzliche Überlegungen zu einer verdrängten Problematik. In: StZ 191 (1973) 47–61.

Weissmahr, Béla: Gottes Wirken in der Welt – Das Verhältnis von göttlicher und innerweltlicher Ursache, in: Rainer Isak (Hg.), Glaube im Kontext naturwissenschaftlicher Vernunft, Freiburg 1997, 23–42.

Weissmahr, Béla: Gottes Wirken in der Welt. Ein Diskussionsbeitrag zur Frage der Evolution und des Wunders (FTS 15), Frankfurt 1973.

Weissmahr, Béla: Kann Geist aus Materie entstehen?, in: ZKTh 121 (1999) 1–24.

Weissmahr, Béla: Kann Gott die Auferstehung Jesu durch innerweltliche Kräfte bewirkt haben?, in: ZKTh 100 (1978) 441–469.

Weissmahr, Béla: Menschliche Geistigkeit und Evolution, in: Günther Pöltner / Helmut Vetter (Hg.), Leben zur Gänze. Das Leib-Seele-Problem, Wien 1986, 68–81.

Weissmahr, Béla: Philosophische Gotteslehre (Grundkurs Philosophie 5), Stuttgart 1983.

Welker, Michael: Universalität und Relativität der Welt. Theologische Kosmologie im Dialog mit dem amerikanischen Prozeßdenken nach Whitehead, Neukirchen 1981.

Welte, Berrnhard: Auf der Spur des Ewigen, Freiburg 1965.

Wendel, Saskia: Der Körper der Autonomie. Anthropologie und ‚gender', in: Antonio Autiero – Stephan Goertz – Magnus Striet (Hg.), Endliche Autonomie. Interdisziplinäre Perspektiven auf ein theologisch-ethisches Programm (Studien zur Moraltheologie 25), Münster 2004, 103–122.

Wendelborn, Gert: Gott und Geschichte. Joachim von Fiore und die Hoffnung derr Christenheit, Leipzig 1974.

Wengst, Klaus: Wie wäre von „universaler Heilsbedeutung Jesu" nach dem Römerbrief des Paulus zu reden?, in: Das Heil der Anderen, Problemfeld „Judenmission" (QD 238), hg. v. Hubert Frankemölle u. Josef Wohlmuth, Freiburg 2010, 311–327.

Wenz, Gunther: Der Kulturprotestant. Adolf von Harnack als Christentumstheoretiker und Kontroverstheologe, München 2001.

Werbick, Jürgen: Die Gottverlassenheit des Gekreuzigten: Urdatum einer anamnetischen Christologie?, in: Dem Leiden ein Gedächtnis geben. Thesen zu einer anamnetischen Christologie (Wiener Forum für Theologie und Religionswissenschaft 4). FS Johann Reikerstorfer, hg. v. Kurt Appel, Johann Baptist Metz u. Jan-Heiner Tück, Göttingen 2012, 51–65.

Werbick, Jürgen: Gnade (UTB 3842), Paderborn 2013.

Werbick, Theologische Methodenlehre, Freiburg 2015.

Werbick, Jürgen: Vom entscheidend und unterscheidend Christlichen, Düsseldorf 1992.

Wesseling, Klaus-Günther: Ménégoz, Louis Eugène, in: BBKL V (1993) 1255–1256.

Wetter, Friedrich: Die Lehre Benedikts XII. vom intensiven Wachstum der Gottesschau (AnGr SFT B 31), Rom 1958.

Wetter, Friedrich: Die Trinitätslehre des Johannes Duns Scotus (BGPhMA 41), Münster 1967.

Wetter, Friedrich: Verantwortung vor Gott, Augsburg 2002.

Whitehead, Alfred North: Prozeß und Realität. Entwurf einer Kosmologie, aus dem Amerik. übers. v. Hans Günter Holl, Frankfurt ^{2}1984.

Wiese, Christian: Wissenschaft des Judentums und protestantische Theologie im wilhelminischen Deutschland. Ein Schrei ins Leere?, Tübingen 1999.

Wilckens, Ulrich: Das Kreuz Christi, die Mitte des Glaubens aller Christen, in: Volker Hampel / Rudolf Weth (Hg.), Für uns gestorben. Sühne – Opfer – Stellvertretung, Nukirchen-Vluyn 2010, 17–32.

Wilckens, Ulrich: Der Brief an die Römer (EKK VI,1–3), Zürich / Neukirchen-Vluyn ^{2}1987–89.

Wilckens, Ulrich: Kritik der Bibelkritik. Wie die Bibel wieder zur Heiligen Schrift werden kann, Neukirchen-Vluyn 2012.

Wilckens, Ulrich: Rechtfertigung als Freiheit. Paulusstudien, Neukirchen-Vluyn 1974.

Willems, Bonifac A.: Christus und die Kirche. Zum ekklesiologischen Gespräch mit Karl Barth, in: TThZ 67 (1958) 257–273.
Wingren, Gustaf: Welt und Kirche unter Christus, dem Herrn, in: Heinz-Horst Schrey (Hg.), Reich Gottes und Welt. Die Lehre Luthers von den zwei Reichen (WdF 107), Darmstadt 1969, 339–349.
Wintzek, Oliver: Ermächtigung und Entmächtigung des Subjekts. Eine philosophisch-theologische Studie zum Begriff Mythos und Offenbarung bei D. F. Strauß und F. W. J. Schelling (Ratio Fidei 35), Regensburg 2008.
Wittgenstein, Ludwig: Über Gewissheit, hg. v. Gertrude Elizabeth Margaret Anscombe u. Georg Henrick Wright, Frankfurt 1969.
Wobbermin, Georg: Das Wesen des Christentums, in: Beiträge zur Weiterentwicklung der christlichen Religion, hg. v. Adolf Deissmann u. a., München 1905, 339–386.
Wobbermin, Georg: Wesen und Wahrheit des Christentums (Systematische Theologie nach religionspsychologischer Methode 3), Leipzig 1925.
Wohlmuth, Josef: Zur Bedeutung der „Geschichtsthesen“ Walter Benjamins für die christliche Eschatologie, in: EvTh 50 (1990) 2–20.
Wolter, Johannes: Apparitio Dei. Der theophanische Charakter der Schöpfung nach Nikolaus von Kues (BGPhMA NF 67), Münster 2004.
Woltmann, Jörg: Der geschichtliche Hintergrund der Lehre Marcions vom „fremden Gott“, in: Wegzeichen (FS Hermenegild M. Biedermann), hg. v. Ernst Christoph Suttner, Würzburg 1971, 15–42.
Worrall, Bert G.: R. J. Campbell and his New Theology, in: Theology 81 (1978) 342–348.
Wunder, Bernhard: Konstruktion und Rezeption der Theologie Walter Benjamins. These I und das „Theologisch-politische Fragment (Epistemata 223), Würzburg 1997.
Yerushalmi, Yosef Hayim: Zachor. Erinnere Dich! Jüdische Geschichte und jüdisches Gedächtnis, Berlin 1988.
Zahn-Harnack, Agnes von: Adolf von Harnack, Berlin [2]1951.
Zeller, Eduard: Die Philosophie der Griechen in ihrer geschichtlichen Entwicklung, Bd. I/1–2. Allgemeine Einleitung. Vorsokratische Philosophie; Bd. II/1. Sokrates und die Sokratiker. Plato und die alte Akademie. Im Anhang: Der gegenwärtige Stand der Platonforschung von Ernst Hoffmann; Bd. II/2. Aristoteles und die alten Peripatetiker; III/1–2. Die nacharistotelische Philosophie, Nachdr. (Olms) Hildesheim 1990.
Zenger, Erich (Hg.): Der Neue Bund im Alten. Zur Bundestheologie der beiden Testamente (QD 146), Freiburg 1993.
Zinzendorf, Nikolaus Ludwig Graf von: Der Teutsche Socrates, Leipzig 1732.
Žižek, Slavoj: Die Puppe und der Zwerg. Das Christentum zwischen Perversion und Subversion, aus dem Engl. übers. v. Nikolaus G. Schneider, Frankfurt [3]2003.
Žižek, Slavoj: Liebe ohne Gnade. Auch eine Antwort auf Herbert Schnädelbachs Polemik: Der Segen des Christentums offenbart sich in der Abwesenheit Gottes, in: Feuilleton der *ZEIT* (Ausgabe vom 11.5.2000) 22–23.
Zizioulas, Ioannis D.: Christologie, Pneumatologie und kirchliche Institutionen aus orthodoxer Sicht, in: Kirche im Wandel. Eine kritische Zwischenbilanz nach dem Zweiten Vatikanischen Konzil, hg. v. Giuseppe Alberigo, Düsseldorf 1982, 124–140.
Zschoch, Hellmut: Martin Luther und die Kirche der Freiheit, in: Werner Zager (Hg.), Martin Luther und die Freiheit, Darmstadt [2]2012, 25–39.

NACHWEIS DER ERSTVERÖFFENTLICHUNGEN

Der Gott, der jetzt schon Zukunft schenkt. Plädoyer für eine christologische Theodizee, in: H. Wagner (Hg.), Mit Gott streiten. Neue Zugänge zum Theodizee-Problem (QD 169), Freiburg (Herder) 1998, 90–130.

Die Frage nach dem Wesen des Christentums. Eine theologiegeschichtliche Analyse (Veröffentlichungen der Nordrhein-Westfälischen Akademie der Wissenschaften G 395), Paderborn (Schöningh) 2005.

Die Diagnose und Bekämpfung des Bösen. Epiphänomen der Natur oder Ausweis formal unbedingter Autonomie?, in: Theodizee. Das Böse in der Welt, hg. v. B. Claret, Darmstadt (WBG) 2007, 37–66.

Der Leitgedanke Joseph Ratzingers. Die Verschränkung von vertikaler und horizontaler Inkarnation (Veröffentlichungen der Nordrhein-Westfälischen Akademie der Wissenschaften G 415), Paderborn (Schöningh) 2008.

Was ist das eigentlich: „Gnade"? Sechs Thesen zur Diskussion, in: ThPh 84 (2009) 356–373.

Quaerere Deum. Joseph Ratzingers Plädoyer für die Unabdingbarkeit der Wahrheitsfrage, in: ThGl 100 (2010) 133–148.

Spielarten des Marcionismus in der Geistesgeschichte des 20. Jahrhunderts (Veröffentlichungen der Nordrhein-Westfälischen Akademie der Wissenschaften G 429), Paderborn (Schöningh) 2011.

Das heterogene Phänomen der Geist-Christologien, in: Mein Herr und mein Gott. Christus bekennen und verkünden (FS Walter Kardinal Kasper zum 80. Geburtstag), hg. v. George Augustin, Klaus Krämer und Markus Schulze, Freiburg (Herder) 2013, 220–257.

Stellvertretung oder: Die versöhnende Macht der gekreuzigten Liebe. Edith Stein als Wegweiserin Europas, in: Edith Stein Jahrbuch 19 (2013) 61–92.

Der wahre Dornbusch, oder: Das Kreuz als Offenbarkeit des trinitarischen Gottes, in: IKaZ 43 (2014) 519–536.

Das Kreuz als Mitte der Geschichte, oder: Was Christus für alle Menschen aller Zeiten getan hat, in: IKaZ 44 (2015) 85–107.

Sakramentalität als Inbegriff des unterscheidend Christlichen, in: Freude an Gott. Auf dem Weg zu einem lebendigen Glauben (FS Kurt Kardinal Koch zum 65. Geburtstag), hg. v. George Augustin u. Markus Schulze, Freiburg 2015, 541–580.

PERSONENREGISTER